中国社会科学院国家高端智库研究报告

70年中国发展
与人类命运共同体建设

中外联合研究报告（No.8）

China's 70-Year Development
and the Construction of
the Community with a Shared Future for Mankind

（上　册）

王灵桂／主编

社会科学文献出版社
SOCIAL SCIENCES ACADEMIC PRESS (CHINA)

序 言

2019 年 11 月 5 日至 6 日，由中国国务院新闻办主办、中国社会科学院承办的第二届虹桥国际经济论坛 "70 年中国发展与人类命运共同体" 分论坛在上海举行。来自 100 多个国家和地区的智库界、媒体界 400 余人齐聚一堂，共同研讨 70 年中国发展理念和经验，共话智库媒体在推动构建人类命运共同体中的责任和作为。

与会人士一致认为，举办第二届进口博览会充分展现了中国支持多边贸易体制、推动自由贸易的一贯立场。习主席在开幕式上发表的主旨演讲，提出共建世界经济 3 点倡议，宣布推进对外开放新举措，展现了中国继续深入参与推动经济全球化的信心与决心，彰显了中国愿同国际社会一道构建人类命运共同体的责任和担当。70 年来，中国立足国情，取得了全方位的发展成就，表明了广大发展中国家可以依据自身历史文化和现实国情探索多样化的现代化道路。中国积极参与经济全球化，为各国经济增长和联动发展带来机遇，在维护世界和平发展、推动全球治理体系变革等方面发挥日益重要的作用。人类命运共同体理念揭示了各国相互依存和人类命运与共的规律，找到了共建美好世界的最大公约数。智库和媒体应该发挥纽带作用，倡导和平发展，促进合作共赢，为推动构建人类命运共同体贡献智慧和力量。

经过两天会议，论坛达成了《70 年中国发展与人类命运共同体上海共识》。强调，面对单边主义、保护主义、霸权主义等诸多挑战，开放包容、合作共赢才是应对挑战的唯一途径；中国提出共建人类命运共同体理念，对于凝聚各方携手应对全球性挑战、谋划人类可持续发展作出了重要贡献。共识指出，70 年来，中国人民用汗水和智慧创造了美好的生活，将一个曾经封闭落后的国家建设成为全球第二大经济体，取得了全方位发展进步，中国的发展实践和经验也为广大发展中国家探索多样化现代化道路提供了新的模式选择；中国提出共建"一带一路"倡议，促进参与各国投资贸易发展和基础设施互联互通，推动不同文化不同制度的国家和民族互利合作，为增强各国联动发展提供了新平台，中国与世界的良性互动为世界各国发展提供了更多机遇；中国提出共建人类命运共同体理念，对凝聚各方携手应对全球性挑战、谋划人类可持续发展作出了重要贡献。共识强调，各国需要树立风雨同舟、命运与共的理念，加强对话协商，增强团结互信，维护开放型世界经济，推进开放、包容、普惠、平衡、共赢的新型经济全球化，夯实人类共同繁荣发展的基石。共识呼吁，各国智库和媒体应以本次论坛为契机，拓展交流平台，构建合作机制，围绕关乎人类命运的发展和治理议题，开展更广泛、更深入的对话研讨，推动治国理政经验交流，促进不同文明互学互鉴，为推动构建人类命运共同体贡献智慧和力量。

与会人士从不同的角度，分别发表了国别观点、对世界秩序的看法、对推动构建人类命运共同体的理解和诠释、对合作共建"一带一路"倡议的美好祝愿和建议、对文明交流互鉴的赞赏与期许，对中国模式的惊羡与期望、对中国与世界互动的展望、对多双边关系未来发展的描绘、对可持续发展的深忧关注。各位与会人士的发言，既有宏大叙事、又有微观看法和建议，既有对全球经济社会未来发展的深深思考、又有对中国之于世界未来贡献的诸多期待。来自不同的肤色、不同的语言和迥异文明背景的深邃思考，在上海这片中国的热土上，汇集成了中国好世界好、世界好中国好的信心主旋律，汇集成了积极顺应经济全球化历史潮流的强有力声音，正如长江、尼罗河、亚马孙河、多瑙河昼夜不息、奔腾向前，虽然会出现一些回头浪，虽然会遇到很多险滩暗礁，但大江大河奔腾向前的势头是谁也阻挡不了的。大家一致高度评价习主席在第二届进博会开幕式主旨演讲中指出的观点："世界经济发展面临的难题，没有哪一个国家能独自解决。各国应该坚持人类优先的理念，而不应把一己之利凌驾于人类利益之上。我们要以更加开放的心态和举措，共同把全球市场的蛋糕做大、把全球共享的机制做实、把全球合作的方式做活，共同把经济全球化动力搞得越大越好、阻力搞得越小越好"。综合"70年中国发展与人类命运共同体"分论坛上来自各方的发言，大家普遍认为：

一是各国经济融合是大势所趋，共建开放合作世界经济是解决全球共同挑战的唯一正确道路。当今世界，全球价值链、供应链深入发展，你中有我、我中有你，各国经济融合是大势所趋。距离近了，交往多了，难免会有磕磕碰碰。面对矛盾和摩擦，协商合作才是正道。只要平等相待、互谅互让，就没有破解不了的难题。应该坚持以开放求发展，深化交流合作，坚持"拉手"而不是"松手"，坚持"拆墙"而不是"筑墙"，坚决反对保护主义、单边主义，不断削减贸易壁垒，推动全球价值链、供应链更加完善，共同培育市场需求。

二是新一轮科技革命和产业变革正处在实现重大突破的历史关口，创新发展是引领世界经济持续发展的必然选择。各国应该加强创新合作，推动科技同经济深度融合，加强创新成果共享，努力打破制约知识、技术、人才等创新要素流动的壁垒，支持企业自主开展技术交流合作，让创新源泉充分涌流。为了更好运用知识的创造以造福人类，应该共同加强知识产权保护，而不是搞知识封锁，制造甚至扩大科技鸿沟。

三是应该构建开放共享的世界经济，谋求包容互惠的发展前景，共同维护以《联合国宪章》宗旨和原则为基础的国际秩序，坚持多边贸易体制的核心价值和基本原则，促进贸易和投资自由化便利化，推动经济全球化朝着更加开放、包容、普惠、平衡、共赢的方向发展。要落实联合国2030年可持续发展议程，加大对最不发达国家支持力度，让发展成果惠及更多国家和民众。

四是深信中国开放的大门只会越开越大，中国正在成为世界的机遇。中国共产党十九届四中全会制定了关于坚持和完善中国特色社会主义制度、推进国家治理体系和治理能力现代化若干重大问题的决定，其中包括很多深化改革、扩大开放的重要举措。这表明中国将继续坚持对外开放的基本国策，坚持以开放促改革、促发展、促创新，持续推进更高水平的全方位、全领域对外开放。中国有近 14 亿人口，中等收入群体规模全球最大，市场规模巨大、潜力巨大，前景不可限量。2019 年 10 月 24 日，世界银行发表《2020 营商环境报告》，中国营商环境排名由 46 位上升到 31 位，提升 15 位，这表明中国通过不断完善市场化、法治化、国际化的营商环境，放宽外资市场准入，继续缩减负面清单，完善投资促进和保护、信息报告等制度，继续坚持不懈地营造尊重知识价值的环境、完善知识产权保护法律体系、大力强化相关执法、增强知识产权民事和刑事司法保护力度。截至 2019 年 10 月底，中国已同 137 个国家和 30 个国际组织签署 197 份共建"一带一路"合作文件，这表明中国将继续秉持共商共建共享原则，坚持开放、绿色、廉洁理念，以实现高标准、惠民生、可持续目标，不断推动共建"一带一路"高质量发展，继续造福各个合作共建合作方。塞尔维亚前总统托米斯拉夫·尼科利奇表示，所有见证和参与了当代中国发展的人士，都应该为中国所取得的巨大成就感到自豪。习近平主席提出的共建"一带一路"倡议，充分尊重各地区和各种文明的多样性，真正体现了互利共赢的理念。中国正在以自身的努力，按照新发展理念的要求，实施创新驱动发展战略、培育和壮大新动能、推动转方式调结构增动力，不但实现新的高质量发展，并将为世界经济增长带来新的更多机遇。

五是中国发展是属于全人类进步的伟大事业。中国社会科学院院长谢伏瞻在论坛上指出，中国共产党领导中国人民成功开辟了适合中国国情、充满生机活力的中国特色社会主义道路，使中国大踏步赶上了时代，也为广大发展中国家走向现代化提供了成功经验，为解决人类问题贡献了中国智慧、提供了中国方案。泰国前副总理、泰中文化促进委员会主席披尼·扎禄颂巴认为，在短短 70 年里，中国人民的生活发生了翻天覆地变化，中国不仅在经济上、脱贫上获得了重大成就，同时也非常关注科技与创新发展。中国的发展方向与时代的发展相一致，中国的发展既造福了中国人民，又为推动世界各国经济发展带来动力和机遇。俄罗斯科学院世界经济与国际关系研究所所长、院士沃托洛夫斯基·根里霍维奇认为，发展中国家快速增长为跨国贸易和投资带来新机遇，已经成为推动经济全球化的重要力量，这也将推动全球治理体系加速变革。捷克前总理帕鲁贝克表示，中国在经济、社会各方面都取得了令世人瞩目的发展成就，最近几年中国进一步放开对外商投资的限制，实施一系列扩大开放的举措，让全球共享中国市场的巨大潜力和增长机遇，中国提出的"一带一路"倡议致力于增进商贸往来，提升发展中国家的基础设施水平和国际合作，让相关国家的经济得到了增长，成为目前为止全球范围内类似项目中规模最大、造福世界各国的典范，是中国对世界做出的巨大贡献。英国学者马丁·雅克表示，中国文明史表明，文明具有差异性和多样性，现代化具有多元性而非单一性，西方道路不是唯一选择。敦煌研究院名誉院长樊锦诗表示，不同文化之间唯有兼容并蓄，取长补短，才能使本国、本民族的文化不断创新发展，获得更为持久的生命力，这是古老的敦煌莫高窟贡献给人类命运共同体的中国智慧。

在中国社会科学院国家高端智库理事长谢伏瞻研究员、首席专家蔡昉研究员的悉心指导下，智库秘书处的全体同仁们经过辛勤工作，将与会人士的发言精心梳理汇编，形成了《70 年中国发展与人类命运共同体建设》（上下册）一书。

该书的形成和付梓，对有兴趣了解中国与世界互动的读者们提供了一个窗口，也有可能会让大家在阅读中产生更深的思考和创造更新的成果。我们也期望有更多的智库和媒体同我们一道，更好向世界讲好中国故事，阐述好人类命运共同体的时代意义和全球价值。若如此，则我们必将深感荣幸。

以上赘言，是为序。

王灵桂

中国社科院国家高端智库副理事长、研究员

2021 年 3 月 23 日

目 录
C O N T E N T S

上 册

主题报告

国别观点

世界秩序

中国论坛发言

人类命运共同体

"一带一路"

文明交流互鉴

下　册

中国模式

中国与世界

多双边关系

可持续发展

主题报告

人类命运共同体是推动世界发展的新范式

王灵桂

中国社会科学院国家高端智库副理事长、研究员

人类命运共同体是中国为当今世界提供的、不同于以往的新型发展范式，这一新范式的核心是改变传统的发展思路，加强合作，共享未来。泰国前总理蓬拉军认为，"人类命运共同体"既是中国对本国的承诺，也是对世界的承诺，反映出中国不仅愿意与其他国家合作共处，也愿意与其他国家共同解决问题，以应对复杂的挑战。联合国食品法典委员会秘书长迪特马尔认为，人类命运共同体方案鼓励我们采用一种新的思维模式来建构世界。柬埔寨皇家科学院秘书长杨鹏认为，打造"人类命运共同体"是国际关系的一种新模式，它强调的是合作共赢，能够促进我们更好推动人类文明的可持续发展。

一 人类命运共同体是推动世界发展的新范式

随着全球化进程的加快，国与国之间的相互依赖日趋上升，增长问题、贫富差距、恐怖主义、环境问题、气候变化等一系列全球性问题正在构成人类未来发展的重大挑战。面对日趋增多的全球问题，西方发展模式是不是人类发展道路的终结者？[1] 未来的人类发展道路是不是可以

---

[1] 1989年，日裔美国学者弗朗西斯·福山（Francis Fukuyama）在美国新保守主义期刊《国家利益》上发表了一篇题为《历史的终结》的论文（后在此基础上整理成书《历史的终结与最后的人》），引起了强烈的反响。该文认为，自由民主的理念已无可匹敌，历史的演进过程已走向完成，由此福山向人们宣告，目前的世界形势不只是"冷战"的结束，也是意识形态进化的终点；西方的自由民主已是人类政治的最佳选择，也是最后的形式，因此构成了历史的终结。

有新的选择？对此，与会学者给出了基本答案。

一是人类命运共同体为世界各国发展带来重大机遇。泰国前副总理披尼表示，打造人类命运共同体，事关国际发展，是中国站在历史的角度，承担更多的使命和责任，为全球人民带来了重大机遇。文莱学者卡丁尼认为，"人类命运共同体为应对未来挑战提供了很好的发展方向和动力，我们要拒绝隔离以及割裂发展，要致力于发展多边主义"。马来亚大学学者张添才认为，打造人类命运共同体，会给亚洲带来繁荣、和平、和谐的新世纪。

二是人类命运共同体体现的是新型全球关系。阿尔巴尼亚前总统迈达尼认为，习近平与特朗普的提法大相径庭，"美国优先"是特朗普的主基调，而习近平主席的提法则更多的是基于经济全球化。保加利亚扎哈里耶夫认为，我们不是推进全球化的欧洲化，或者美国化，或者中国化，而是真正的多元化，即人类命运共同体。孟加拉国学者马哈茂德认为，中国正在以创新方式主导未来，实现包容发展，所有国家和平共处。巴基斯坦学者孙达尔认为，地区经济发展不平衡以及国家内部发展的不平衡问题，需要在人类命运共同体框架下去寻求答案。

三是人类命运共同体超越了西方传统的自由主义发展思维，强调共同利益的最大化。长期以来西方自由主义注重竞争而非合作，考虑个人如何实现利益最大化，等等。对此，非洲国际关系研究人员利比亚代表认为，我们要改变自己的思想，不要专注于一国利益，而要专注于全人类的利益，不能让任何一个国家落后，最终目标是实现贫困减少以及经济发展。乌克兰学者西登科认为，人类命运共同体有五个支柱：服务公共利益而非追求私利；追求双赢而非赢家通吃；考虑长期效果而非短期效果；追求多样性发展模式而非单一性发展模式；新时代下新的哲学思想，即全球人民共享思想，相互吸取经验，共同解决危机和挑战。

四是人类命运共同体强调求同存异，倡导多边合作。人类命运共同体反对干涉别国内政，强调共同发展，诉诸对话协商来化解分歧、解决国际争端①。巴哈伊国际社团代表杜加尔认为，人类命运共同体的理念

---

① 徐艳玲、陈明琨：《人类命运共同体的多重建构》，《毛泽东邓小平理论研究》2016 年第 7 期。

是协商而非对抗。保加利亚学者潘特夫认为，通往共赢的道路需要各个大国之间协调好彼此之间的关系，唯有四个全球领导者（美国、欧盟、俄罗斯和中国）合作，才能完成命运共同体的构建。尼日利亚中国问题研究中心代表认为，建立人类命运共同体，需要每一个国家考虑其他国家的一些重大关切，促进国与国之间的共同发展。

五是人类命运共同体建设是可行的。在看到新自由主义发展模式在现实世界中不断受挫之后，我们也在尝试提出解决人类问题的新方案，如政治哲学家托马斯·博格（Thomas Pogge）指出："我并不提倡更大程度上的相互孤立，而是倡导一种不同的全球化路径，涉及政治和经济的一体化，这将在世界范围内实现人权，使各地的人们都有机会来分享全球经济增长的收益。"① 博格所强调的"各地的人们都有机会分享全球经济增长的收益"，与今天中国强调的人类命运共同体有着异曲同工之妙。不过，与西方提出的解决方案不同的是，人类命运共同体方案是中国在自身发展进程中提出的，有着较为深刻的实践背景，也更增添了中国方案的可行性。

二 新中国 70 年发展是人类命运共同体建设的典范

新中国 70 年发展，是创造人类奇迹的 70 年。在数百年的世界工业化历史进程中，从未有过超 10 亿的人口大国在短短几十年完成了经济发展的壮举，人均收入从 100 多美元迅速接近 10000 美元，贫困人口也从原来的 8 亿迅速减少，乃至即将完全消除绝对贫困人口，中国的发展为世界提供了新的样板。

第一，改革开放之后的中国用事实证明工业化是可以在世界范围内实现的。中国有 14 亿人口，占世界人口 21% 以上，中国工业化进程以人口众多、速度飞快著称，这在人类历史上是前所未有的。② 中国工业

---

① 托马斯·博格：《重新设计全球经济安全与正义》，载戴维·赫尔德、安东尼·麦克格鲁主编，王生才译《全球化理论：研究路径与理论论争》，社会科学文献出版社，2009，第 255 页。

② 黄群慧：《中国的工业化进程：阶段、特征与前景》，《经济与管理》2013 年第 7 期。

化一旦完成，将会使全世界工业社会的人口翻一番。有学者指出，"现阶段的中国工业化进程是一段让全球工业化的版图发生巨大变化的世界历史变迁时期。同世界其他大国的工业化进程相比，在许多方面，中国实行对外开放的速度和广度是罕见的"。① 中国的工业化不仅意味着人口大国可以从不发达阶段迈向发达阶段，也预示了工业化在世界范围内实现的可能性。② 也正因此，人类可以通过非对抗性的方式实现工业化，这与西方发达国家的零和发展思路完全不同。

第二，走向共同富裕不是梦想，是可以在全球范围内实现的。新中国 70 年的发展证明共同富裕是可以实现的，中国贫困人口的急剧减少就是一个例证。1978 年，以当时中国政府确定的贫困标准即每人每年100 元为计算标准，不足温饱的农村贫困人口为 2.5 亿人，占农村总人口的 30.7%。之后，中国不断提高扶贫标准，即便这样，中国贫困人口减少仍然呈不可逆转之势。从 2015 年底至 2018 年底，农村贫困人口从5575 万人减少至 1660 万人，贫困发生率从 5.7% 下降到 1.7%，贫困地区农村居民人均可支配收入从 7653 元增长到 10371 元。1981～2013 年间，按照世界银行标准界定的全世界绝对贫困人口，即每天收入不足1.9 国际美元（2011 年不变价）的人口，从 18.93 亿减少为 7.66 亿，同期中国从 8.78 亿减少为 2517 万，中国对全球扶贫的贡献率为75.7%，力争到 2020 年彻底消除绝对贫困。

第三，中国正在为世界发展提供新动力。邓小平说："我们执行对外开放政策，学习外国的技术，利用外资，是为了搞好社会主义建设，而不能离开社会主义道路。我们要发展社会生产力，发展社会主义公有制，增加全民所得。我们允许一些地区、一些人先富起来，是为了最终达到共同富裕，所以要防止两极分化。这就叫社会主义。"③ 在谈到中国模式时，习近平指出，"这是一条把人民利益放在首位的道路。中国秉持以人民为中心的发展思想，把改善人民生活、增进人民福祉作为出发

① 金碚：《世界分工体系中的中国制造业》，《中国工业经济》2003 年第 5 期。
② 许旭红：《浅析中国走新型工业化道路的世界意义》，《哈尔滨学院学报》2006年第 11 期。
③ 《邓小平文选》第 3 卷，人民出版社，1993，第 195 页。

点和落脚点，在人民中寻找发展动力、依靠人民推动发展、使发展造福人民"①，"这是一条在开放中谋求共同发展的道路。中国坚持对外开放基本国策，奉行互利共赢的开放战略，不断提升发展的内外联动性，在实现自身发展的同时更多惠及其他国家和人民"②。自"一带一路"倡议提出之后，一方面不断向外界阐释中国的新外交理念和主张，如提出"正确的义利观""亲诚惠容"，等等，另一方面则不断加大国际公共产品供给。近年来，中国向共建"一带一路"国家每年提供 10000 个政府奖学金名额，对 29 个国家实现公民免签和落地签，与 61 个国家建立 1023 对友好城市，占到中国对外友好城市总数的 40.18%。世界银行等国际机构研究表明，"一带一路"倡议下的国际合作可推动 2019 年全球经济增速至少提高 0.1 个百分点。

与会学者对中国 70 年发展及其世界意义做了如下评价。一是中国的成就令世界称奇。与会的克罗地亚前总统梅西奇认为，"中国的经济模式是经受了实践检验的"，"过去 70 年，中国取得了空前的经济成就，值得赞叹，令人印象最为深刻的是中国在社会主义制度下减贫的巨大成就，是人类历史上减贫最成功的国家"。美国彭博新闻社首席内容官马蒂·申克认为，"每个国家的发展机遇都独一无二，世界历史上从来没有像中国这样的人口大国在如此短的时间里获得了如此之大的经济转型"。

二是西方道路不是唯一选择。泰国前副总理披尼表示，中国 70 年发展既成就了中国人民，又造福世界人民，其经验和做法值得世界各国借鉴，有助于各国找到更好地符合自己国家发展所需要的方法。南苏丹学者纽亚特认为，发展中国家迫切希望学习中国"以人为本"的方法，致力于减贫工作。英国学者马丁·雅克表示，"中国人口最多，经济发展最快，发展最具创新性"。尼日利亚学者奥努奈居认为，"从自身出发，通过科学的方法，每一个国家都可以找到走向繁荣、走向现代化发

---

① 2017 年 1 月 17 日习近平在世界经济论坛 2017 年年会开幕式上发表的题为《共担时代责任　共促全球发展》的主旨演讲。

② 2017 年 1 月 17 日习近平在世界经济论坛 2017 年年会开幕式上发表的题为《共担时代责任　共促全球发展》的主旨演讲。

展的途径"。

三是包容性发展的典范。亚美尼亚国家和国际研究中心创始人兼主席、亚美尼亚第一任外长拉菲奥瓦尼相认为，无论是国家元首、政府首脑，还是国际组织前领导人、前政要，我们都把中国作为一个标杆，思考自己的国家如何与中国对标。印度学者乌帕迪耶认为，目前中国超过8亿人脱贫，本身就是命运共同体非常好的典范模式。英国学者马丁·雅克表示，改革开放是一个巨大的公共产品，对发展中国家具有非常大的参考价值。

三　共同推动人类命运共同体建设

作为一种新范式，"人类命运共同体"现已成为一个世界性概念，推动人类命运共同体建设实际上是对资本负能量的抑制，是对人性的回归，即发展是为了更多的人过上幸福生活，而非为了资本而发展，将以追求共同发展、公平发展和可持续发展为理念，以共商共建共享为原则，通过合作共同创建市场，共同享有技术成果，最终完成工业化的世界进程，从根本上修正原有的世界体系存在的对抗性关系。

第一，推动人类命运共同体建设已取得基本共识。2017年1月，习近平主席在联合国日内瓦总部发表演讲时提出"构建人类命运共同体，实现共赢共享"。① 一个月之后，联合国社会发展委员会第55届会议协商一致通过"非洲发展新伙伴关系的社会层面"决议，呼吁国际社会本着合作共赢和构建人类命运共同体的精神，加强对非洲经济社会发展的支持，决议欢迎并敦促各方进一步促进非洲区域经济合作进程，推进"一带一路"倡议等便利区域互联互通的举措。② "人类命运共同体"首次被纳入国际组织中，成为解决发展问题的新举措。

第二，发展中国家力量的崛起为人类命运共同体建设提供了基础力量。第二次世界大战之后，发展中国家的综合实力处于稳步上升的阶

---

① 2017年1月18日习近平主席在联合国日内瓦总部发表的题为《共同构建人类命运共同体》的主旨演讲。

② 《联合国决议首次写入"构建人类命运共同体"理念》，新华社联合国2017年2月10日电。

段。发展中国家占世界 GDP 的比重从 1970 年的不到 20% 上升到 2019 年的 40%。发展中国家进口规模日益扩大，占世界进口规模的比重从 20% 左右上升到 2019 年 40% 以上，特别是消费品进口在上升，占世界进口规模的比重大幅度提升。更为重要的是发展中国家制度建设能力日趋走向成熟。根据世界贸易组织统计，发展中国家之间以及发展中国家和发达国家之间签署的自由贸易区协议约占世界全部自由贸易区的七成左右，标志着发展中国家应对世界挑战的能力提升。

第三，正确的义利观和共商共建共享为人类命运共同体建设提供基本准则。墨西哥学者桑切斯认为，传统的全球治理体系是以国家利益为基础的，导致对全球利益的解释非常狭隘，可能会阻碍我们追求共同的未来、共享的未来的能力。因此，人类命运共同体建设需要打破传统的思维理念。一要坚持正确的义利观。习近平总书记指出，"我们要在发展自身利益的同时，更多考虑和照顾其他国家利益。要坚持正确义利观，以义为先、义利并举，不急功近利，不搞短期行为"[①]。义利观的核心是在利益面前，要有自我克制、自我约束，同时要有一定的奉献精神，既要把蛋糕做大，又要保证分配合理，具体体现在三个层面，一是不能被资本牵着走，不能唯利是图，不能不顾当地民众的诉求，不能走掠夺式逐利之路；二是要有平等精神，不能走殖民老路；三是牢记发展的最终目的，"坚持要合作而不要对抗，要双赢、多赢、共赢而不要单赢，不断寻求最大公约数、扩大合作面，引导各方形成共识，加强协调合作"[②]。二要坚持共商共建共享，各国协商讨论面临的各类问题；要将理想中的利益转化为现实利益，需要中国与沿线国家的共同努力；经济发展成果为沿线各国所享有，需要明晰的利益分配，这样才有助于后续的合作，也才能有助于进一步的发展。

为推进人类命运共同体建设，与会学者提出以下几个方向性举措。一是加强全球统一市场建设。孟加拉国政策研究所所长萨塔尔认为，如

---

① 2016 年 4 月 29 日习近平在中共中央政治局第三十一次集体学习时强调借鉴历史经验创新合作理念，让"一带一路"建设推动各国共同发展。

② 2016 年 9 月 27 日习近平在中共中央政治局第三十五次集体学习时强调，加强合作推动全球治理体系变革共同促进人类和平与发展崇高事业。

果我们想要全球经济体共同发展，必须学会分享经济增长，需要共建全球市场。二是推进技术合作。发展中国家科学院、苏丹国家科学院主席哈桑建议，建立电子化"一带一路"，实现数据共享；加快落实"一带一路"沿线国家国际科学联盟；建立科学学院网络，实现学术的交流和共享。泰国学者陈普恩帕建议要加强未来技能的培训。三是加强绿色合作。加拿大学者查特吉认为，可沿着"一带一路"倡议找到一条生态可持续发展的道路，通过技术创新来实现更加可持续发展。新加坡国际事务研究所高级顾问胡逸山建议互通互联基础设施建设应该以一种可持续、绿色方式进行，不能忽略环境保护。四是帮助他国消除贫困。尼日利亚《蓝图报》总编拉沃尔认为，中国需要更好地输出技术，才能帮助非洲脱贫。印度学者韦吉拉朱认为，中国有责任将自己的一些知识分享给其他国家，尤其要开展减贫合作。五是建立永久性与中国对话的论坛。拉丁美洲和加勒比经济体系常任秘书长维拉德认为，永久性对话论坛有利于共同讨论发展的问题。六是加强智库合作。柬埔寨皇家科学院秘书长杨鹏认为，智库在追求人类命运共同体目标中将扮演非常重要的建设力量。荷兰学者萨贝尔认为，智库应该通过更加创新和更加契合实际的方式找到更多的解决方案，并推动这些解决方案得以实施。

国别观点

塞尔维亚视角看"70年中国发展与人类命运共同体"

托米斯拉夫·尼科利奇（Tomislav Nikolic）

塞尔维亚前总统

很高兴以塞尔维亚共和国前总统、现任塞尔维亚对华、对俄合作国家委员会主席的身份受邀参加这次会议，并代表塞尔维亚为新中国成立70周年献出绵薄之力。欧洲这一独有的机构明确展示出塞尔维亚对中塞合作的重视，因为仅塞尔维亚一国拥有由前国家元首领导的机构。该机构由九名政府部长组成，其中包括三名副总理。俄罗斯与中国是世界大国，同时也是塞尔维亚的友好伙伴。塞尔维亚对华、对俄合作国家委员会旨在执行与两国的协议，加深与两国的合作。

塞尔维亚既不是领土和人口大国，也不是拥有较大国际关系影响力的国家，但它却是充满伟人的国家——尼古拉·特斯拉（Nikola Tesla）、米哈伊洛·普平（Mihajlo Pupin）、米卢廷·米兰科维奇（Milutin Milanković）、诺瓦克·德约科维奇（Novak Djoković），还有至今在中国仍广为流传的电影人物"瓦尔特"的扮演者巴塔·日沃伊诺维奇（Bata Živojinović）。塞尔维亚重视自由，能辨敌友。

塞尔维亚为拥有与中国的友谊而感到自豪。两国间没有悬而未决的问题，也没有争议。我相信我们两国相互尊重与理解的关系是伙伴关系中的楷模。塞尔维亚和中国在历史上都经历了许多挑战与困境，从中我们都学会了如何谨慎地选择朋友。有一句古语深得我心："有真朋友的人是富翁。"

塞尔维亚人将永远牢记近期最黑暗的时刻里中国伸出的援手。我们永远不会忘记，在 1999 年北约轰炸行动中，中国与塞尔维亚同样遭受了痛苦。当时，炸弹落在贝尔格莱德的中国大使馆，使许多中国人失去了生命。

在我担任总统期间，中塞缔结友好盟约，如今，在国家委员会的带领下，两国关系将更加紧密。2013 年 8 月，我首次对中国进行了总统访问，并与习近平主席共同签署了《中华人民共和国和塞尔维亚共和国关于深化战略伙伴关系的联合声明》。短短三年后，两国关系升级为全面战略伙伴关系。今年，两国签署了双边合作计划，重申两国在基础工程、能源、工业、农业、贸易、金融、卫生、环境保护、文化、教育和技术等方面展开互利合作。

我们从未在塞尔维亚见过如此多的中方投资，而且这些投资往往都能获得批准。目前，塞尔维亚与中国共同实施的项目总价值约为 100 亿欧元。我想在这里介绍一些我们引以为傲的投资——中国河钢集团收购斯梅德雷沃钢铁厂、中国紫金矿业与博尔铜矿确立战略合作关系、山东玲珑轮胎股份有限公司的塞尔维亚工厂项目。

中国对塞尔维亚为本国发展做出的努力表示赞赏，并表示愿意与我们一道为实现塞尔维亚发展目标而努力，这些目标包括减少失业，提高经济竞争力，扩大出口和投资潜力。与最初针对基础设施与能源的期初投资不同，如今我们见证了越来越多的公司间合作和绿地投资项目。在过去几年中，学术、医疗、教育、旅游、军事和警务合作取得了巨大的成功。军事与警务合作的成功意味着如今中塞两国警察要并肩巡逻塞尔维亚的三个主要城市。

2018 年一份关于中东欧国家同中国关系与合作的欧洲议会文件指出，塞尔维亚是在该领域与中国合作的"四大国"之一。

众所周知，当今全球政治体系的转变被许多西方国家视为主要威胁。俄罗斯的崛起和中国在欧洲日益增强的影响力促使大多数欧洲国家的政府调配资金，以对抗"中国影响"，并对俄罗斯实施制裁。对抗不可避免之事是徒劳无用的。世界不再是单极的，以后也不会是单极的，因为单一权力中心对全球政治的控制已将众人赶尽杀绝。许多国家都渴望平等，希望有一个所有人都有发言权、没有任何附加条件、不用施加武力就能解决问题、全民遵守国际公法的多极世界。

中国在联合国的行动已向众人证明，它拥护这些普遍和世界公认的价值观，而这些价值观是这个至关重要的国际组织的核心。对于塞尔维亚，中国始终倡导尊重联合国安理会第1244号决议（1999年）。此外，中国对不断扩散的叙利亚和伊朗危机的立场也充分证明了她的价值观。小国与弱国在中国都有盟友。

如果没有中国采取特殊的国际合作方式，一切都不可能发生。"一带一路"倡议的理念、规模与创造性都极为独特。该倡议的独特之处也体现在它能针对潜在合作伙伴的想法、条件与可能性进行灵活调整。我相信，该倡议成功的主要原因在于，它承认国家与国家的不同，承认各政府开展工作方式的不同，承认不同文化不能死守一种合作模式。每个州或集团都可以根据适合自己的条款与中国进行谈判，并根据各自的基准达成协议。

今天，我们在这里首先要共同庆祝新中国成立70周年。在习近平主席的领导下，中国迎来了最辉煌的时期。参与建设新中国的每一个人都可以为过去几十年来的成就感到自豪，而包括塞尔维亚在内的中国友国自然也倍感振奋。

70年前，中国遭受外来影响，饱受屈辱，而今天却站在时代的最前沿，成为众多领域的全球领袖——高铁、可再生能源、电子商务、人工智能、创新……这是多么惊人的发展速度，没有人可以熟视无睹。当我们回顾中国过去70年取得的所有成就时，我们能预见的是令人钦佩的进步与创新。

中国去年在研发领域的投资约为2800亿美元，超过了欧盟在该领域的总预算，这一情况足以说明，中国可以花更短的时间取得进步。这只是中国为进一步发展经济而获取专门知识与技术专长的方式之一。人民币正式加入国际货币基金组织一篮子货币；中国公司数量日益增长；武装部队实现现代化；大城市污染有所减少；在《财富》世界500强排行榜中，有119家中国公司，121家美国公司，然而20年前，中国仅有不到8家公司上榜。世界四大银行之一有中国银行。

所有成就加在一起，可以加速实现习近平主席在 2017 年 10 月中国共产党第十九次全国代表大会报告中为中国设定的一个主要目标——到 2050 年，中国将成为世界最具影响力的国家。这也直接印证了主席在今年阅兵中所说的话：没有人可以阻止中国的发展，中国有能力抵抗任何袭击。

最后，让我重新审视塞尔维亚与中国的纽带，尽管两国之间距离遥远，却具有相似的道德价值观。我想借此机会回顾一下 1962 年一次众所周知的事件。当时，第一个卫星信号承载着最能代表地球人类的东西进入太空，展现出人类最辉煌的成就。卫星信号所选定的图像中，有中国和塞尔维亚的象征——中国的长城和塞尔维亚米勒雪瓦修道院的"白色天使"壁画。我们相信，如今每个明理之人都会视这些形象为自由、和平与爱。这是我们给予世界共同的礼物，也是对建立人类命运共同体做出的贡献。

（余育凡 译）

克罗地亚视角看"70年中国发展与人类命运共同体"

斯捷潘·梅西奇（Stjepan Mesic）

克罗地亚前总统

我很荣幸在全球知名的虹桥国际经济论坛上发言。中国有许多杰出的经济学家和经济机构，其经济模式在实践中得到了证明。尽管当前存在中美贸易战之类的挑战，但中国专家对中国经济增长产生的影响炳炳凿凿、不可或缺。从20世纪90年代至今，世界银行和其他全球金融机构预测，从1994年到2015年，中国GDP每年的增长速度不会超过5%。尽管这表明中国会一直发展下去，人们却往往低估了中国的发展潜力。

在新中国成立70周年之际，我要祝贺全体辛勤工作的中国人民、领导和专家。他们一直是中国向中等收入国家转型的主要驱动力，也同美国一样是技术与人工智能的领先力量。

我还要感谢中国社会科学院大学邀请我来到美丽的上海。

本次国际经济论坛是在第二届中国国际进口博览会（CIIE）的框架下举办的，在我看来，这是中国对全球贸易保护主义趋势的非常具体和慷慨的回答。希望德国可以在欧洲效仿。

我明白，从1949年到2019年的70年是中国改革的道路，也是中国为改变和记忆而奋斗的道路。最近，著名汉学家、历史学家王赓武在新加坡 Think China 杂志发布会上说道："中国改革与共产主义革命并不矛盾，中国改革巩固了共产主义革命。"

中国有许多人类历史上前所未有的、令人钦佩的经济成就，但我对中国在社会主义旗帜下的减贫成就印象最为深刻。在人类历史上，消除贫困最成功的国家就是中国。中国 40 年的发展使 8.5 亿国民摆脱了贫困。根据世界银行的数据，中国为全球减贫做出了超过 70% 的贡献。中国中产阶级人数已增长至 4.2 亿。

希望明年在斯德哥尔摩的诺贝尔奖颁奖仪式会有所不同，祝愿中国经济学家与领导的卓越成果可以获奖。

现在，我将借此机会对名为"人类命运共同体"的中国方案发表自己的看法。

在我看来，中国是目前世界上唯一一个追求为全人类建设更美好世界的国家。

中国对改革本身的热情与奉献让我坚信，中国有能力依赖更强劲的多极化维持世界秩序，基于共享发展理念践行新多边主义。由中国国家主席习近平设想的"一带一路"倡议已有了进展。

我与清华大学国际关系学院院长阎学通教授都认为，对任何一个国家来说，领导力是至关重要的。中国领导人的经验、实用主义思想和在地方、国家和全球范围内进行战略思考的能力，对中国的历史性胜利至关重要。

在过去的 40 年里，我看到中国领导人不仅有建设国家的能力，而且还使中国从世界工厂发展成为世界实验室和 5G 经济引领者。实现经济发展是每个政府的主要职责之一。人民的福祉与和平是发展的根本目标。

在几次中国高级别会议和论坛间隙，我见到了中国国家主席习近平。我不是在这里评判谁能被称为历史人物，只是习近平主席在"一带一路"倡议之外所提出的思想、价值观和工作，对中国乃至世界都是历史性的。

"一带一路"倡议是充满预见性的！

"一带一路"倡议是中国与世界之间新型关系的缩影，是构建新时代人类命运共同体的重要平台。

我参加过许多在中国和欧洲举行的关于"一带一路"倡议的论坛，阅读了许多相关文章和书籍，我完全同意全球著名外交政策专家王义伟的分析，即"一带一路"倡议的背后是中国为连接世界所做的努力。

在我看来，习主席的"人类命运共同体"是一个强有力的理念，可以改变几个世纪以来以权力政治为基础的世界秩序结构。

对全球而言，该项目绝对是一个新项目，需要漫长的道路来消除地缘政治给全球带来的障碍，消除贫穷、殖民主义、新自由主义、不公、贸易保护主义和民粹主义所造成的痛苦，创造一条符合人们追求美好生活愿望的可持续发展道路。

我曾多次访问中国，目睹了中国为自己和世界创造惊人经济与社会进步的能力。

因此，我乐观地认为，中国能够与其他国家一道建设人类命运共同体。

感谢聆听。

（余育凡 译）

捷克视角看"70年中国发展与人类命运共同体"

伊日·帕鲁贝克（Jiří Paroubek）

捷克前总理

中国给人民带来的利益是与本次会议高度相关的一个话题。中国是一个有着五千年历史和两千多年封建王朝历史的独特文明社会。与此相比，70年的现代史则成了中国历史上一个相对较短的时期。

70年前，有5.42亿中国人开始尝试改变这个工业并不发达的农业国家。曾经，这个国家饱受日本侵略和随后内战的摧残，人民的文化程度低，平均寿命也很短。但一切都会好转的，不是吗？前30年，中国的发展并不明朗，尽管当时中国的经济仍在增长。内战以后，大多数专家和专业人士离开了祖国，这对中国而言是一个巨大的挑战——如果中国想要成功，就必须培养一批新的专家和管理人员，而这似乎是不可能的事。

工业化始于20世纪50年代初，当时许多捷克斯洛伐克的专家帮助中国共同创建新工业。

自1978年以来，邓小平作为国家领导人，带领中国经济蓬勃发展。自那时起至今，中国经济的增长实际上一直是全球经济增长的强劲推动力。这使中国经济在全球名列第二，对未来的抱负也越来越远大。这样的经济增长，尤其是在过去40年中的经济增长，是有特殊原因的：中国一直在进行国内外巨额投资。中国经济以计划经济和国家干预为基础，同时也具有市场经济特点，由高度积极的劳动力推动发展。

　　中国还成功地扫除了文盲，改善了医疗保健，提高了国民的平均寿命。中国妇女的从属地位也得到了提升，女性获得了权力，人才数量大幅增长。很大一部分中国人已经摆脱了贫困，成千上万的人如今已加入日益扩大的中产阶级行列。毋庸置疑，人民生活水平得到提高，华人社区发展稳定，令人钦佩。这是中国对当今世界做出的巨大贡献。

（余育凡 译）

泰国视角看"70年中国发展与人类命运共同体"

颇钦·蓬拉军（Bhokin Bhalakula）
泰中文化经济协会会长；泰国最高行政法院副主席；
泰国前副总理；泰国前国会主席兼下议院院长

感谢中国社会科学院亚太与全球战略研究院，特别是中国社会科学院国家高端智库常务副理事长兼秘书长王灵桂教授，邀请我参加本次会议，并就2019年11月5日至6日在上海举行的高级别国际论坛"第二届中国国际进口博览会"框架下的"70年中国发展与人类命运共同体"进行发言。

自2014年以来，我收到来自中国组织者的邀请超过15次，这些组织者包括：中国共产党、中国政府、隶属于中国共产党或中国政府的协会与基金会、中国学术机构、大学和中泰私营部门实体。他们邀请我发表演讲，参加各种关于中、泰、印尼"一带一路"倡议的活动。

自2012年以来，我已阅读习近平主席的大部分声明，并阅读了两本关于中国治理的大部头书籍，这些书整合了习近平主席自2012年至2017年的所有演讲，不禁让我开始思考中国特色社会主义的三个基本理念、人类命运共同体和"一带一路"倡议（曾经名为"一带一路"）。

令人惊讶的是，中国作为一个社会主义国家，自1949年至今得以延续，尤其是在过去40年中发展成为世界第二大经济体。中国在减少社会不平等现象，尤其是减贫方面做得非常好。极端贫困人口数量从1987年的8.36亿下降到2010年的1.56亿。2015年，农村地区贫困人口数下降至约5600万人。到2020年，中国将消除贫困。这是坚持合理政策与理念的结果，是正确执行政策理念的结果，也是中国共产党、中国政府与人民辛勤劳动的结果。

放眼第一个社会主义社会，即1871年卡尔·马克思（Karl Marx）仍在世时的"巴黎公社"，尽管公社社员控制着整个巴黎，但他们既没有像布尔什维克党和俄国共产党那样形成强大而集中的集体，也没有为新社会主义城市建立合适的经济与社会平台。最终，公社社员被当时的法国政府军击溃，超过18000人丧生。不过从那以后，公社一直是社会主义革命者的榜样。弗拉基米尔·列宁（Vladimir Lenin）领导的1917年俄国革命使俄国从专制主义转变为社会主义。马克思主义意识形态的第一次体现是布尔什维克党于1918年更名为俄国共产党。党组织完全由"中央委员会"、"中央政治局"和"党秘书长"等集中领导和控制。俄国共产党要做的最困难的事就是寻找适合马克思主义的经济与社会平台。值得注意的是，马克思时期（1818～1883年）的经济形势，尤其是他1848年与恩格斯共同撰写著名的《共产党宣言》和1860年代出版三卷《资本论》时的经济形势，同当今的经济与社会环境有所不同，因为政治、经济、社会平台与国际关系都发生了很大的变化。

对中国而言，由毛泽东领导的中国共产党夺取旧政权的胜利与1949年新政权的建立都倍受中国人民的称赞。

尽管如此，中国仍要接受同样的挑战。哪种经济与社会模式最适合中国？不难理解，最初，以毛泽东主席为首的中国学习并模仿的是苏联模式。我认为，毛主席对马克思主义理论与意识形态的解读非常严格。工人、资本家、技术与创新之间的关系相较今天是完全不同的。因此，在1976年毛主席去世后，中国新领导人邓小平面临着巨大挑战。在邓小平的带领下，中国于1978年开始实施经济改革。邓小平提出，中国应借鉴富裕国家，允许工农产生新思想。他说："否则，我们将无法摆脱贫困与落后局面，也无法赶上先进国家的脚步，更别说要超越它们。"冷战始于二战后，其爆发根源在于，以美国为首的西方集团与以苏联为首的社会主义集团或者说东方集团之间深刻的政治与经济差异。双方都害怕自己被进攻和入侵。因此，世界各地都会爆发代理战争。美国与右翼政党和军队合作，煽动其控制不发达国家，认为这样就可以阻止社会主义的扩张。1991 年，冷战结束，苏联解体，俄罗斯联邦成立。

"中国特色社会主义"和"社会主义市场经济"是中国经济改革的核心理念。要根据中国共产党的现状和发展趋势来理解和贯彻马克思主义理论，不仅要给中国人民带来和平、幸福与稳定，而且要推动国际社会和平绿色可持续发展，在谈判、合作与相互尊重的基础上消除贫困。因此，人人都要参与构建人类命运共同体。

过去 40 年，中国经济与社会发展速度惊人，弥补了自 1839 年以来西方势力入侵、鸦片战争、太平天国起义、抗日战争、二战和内战所耽误的 110 年左右的时间。背负着这些伤痛的回忆，中国共产党必将带领中国向前迈进，满足人民的愿望，实现中华民族伟大复兴的中国梦。

针对这一点，地处达州的四川文理学院马克思主义学院教师刘世仁在《马克思主义哲学视域下人类命运共同体的哲学解读》中指出，这一理念是 21 世纪马克思主义哲学的新发展。他坚信，由于马克思主义是一个开放的体系，马克思主义理论仍然是国家意识形态的核心，并且正在蓬勃发展。中国社会将马克思主义基本原理与中国具体实际相结合，在实践中不断推进理论创新，这便是马克思主义生命力的源泉。他总结道，"人类命运共同体"是对马克思主义的继承与发展，是用联系和发展的眼光看世界，是通过正面联系促进国家的发展。然而，这一理念较为复杂，为了更好地理解，需进行进一步研究。

"人类命运共同体"一词自 2012 年胡锦涛主席在任时出现，一直延续到习近平时代。（最初，这个理念被翻译成"community with a common destiny"。）2017 年 1 月，习近平在联合国日内瓦总部发表题为《共同构建人类命运共同体》的主旨演讲，全面、系统地阐述了人类命运共同体理念。他呼吁国际社会："让和平的薪火代代相传，让发展的动力源源不断，让文明的光芒熠熠生辉，是各国人民的期待，也是我们这一代政治家应有的担当。中国方案是：构建人类命运共同体，实现共赢共享。"

我认为，中国领导人和中国共产党提出的构建人类命运共同体的提议，对中国乃至世界来说，既是内在承诺，又是外在承诺。这一理念反映出中国人民想要与其他国家和平相处，团结一致，共同面对世界经济的复杂形势，克服各种困难的决心和意图，因为没有一个国家可以置身事外。2017年2月，该理念首次被写入联合国决议；2017年3月，该理念首次纳入联合国安理会决议；2017年9月，联合国大会通过决议，将"共商共建共享"原则首次纳入全球经济治理理念。

最终，2018年3月，十三届全国人大一次会议通过宪法修正案，将"推动构建人类命运共同体"写入宪法。

有趣的是，中共中央政治局委员杨洁篪在2019年2月第55届慕尼黑安全会议上的主旨演讲中说道："单边主义、保护主义持续上升，国际多边秩序和全球治理体系遭到挑战。世界面临单边与多边、对抗与对话、封闭与开放的重大选择，处于何去何从的关键十字路口。习近平主席指出，多边主义是维护和平、促进发展的有效路径，世界比以往更加需要多边主义。"我完全同意这一说法。奇怪的是，冷战期间，中国被排除在当时以西方国家自由贸易和多边主义为特征的世界秩序之外。一方面是因为中国想在国家内部建立无产阶级政权，担心受到来自外部资本主义的干扰。另一方面，由于担心共产主义扩张，西方集团更倾向于制裁和孤立中国。

然而，随着邓小平经济理论的到来，中国加入了世界贸易组织。在中国共产党的领导和指挥下，中国学会了如何使其经济、意识形态和部分社会制度适应由美国主导的世界秩序。最终，中国得以实现其消除贫困的目标，并且在过去40年里，先进的工业和技术都得到了发展。

今天，尽管中国正推进构建人类命运共同体，寻求建立新的世界秩序，美国总统唐纳德·特朗普（Donald Trump）却反而希望将美国与世界隔绝，无论是民主国家还是社会主义国家。此外，美国还假借自己与他国贸易赤字为由，对许多国家（主要针对中国）挑起贸易战。我同意哥伦比亚大学教授杰弗里·萨克斯（Jeffey Sachs）的观点："美国真正的战斗不是和中国，而是和美国自己的大企业进行的。这些大企业中，许多都在赚大钱的同时，没有给自己的员工支付体面的薪水。美国的商业领袖和超级富豪推动减税和更多可以获取更大利润的东西，却拒绝任何促使美国社会更加公平的政策。"

杨洁篪明确解释了多边主义的含义。他反复强调，多边主义首先包括主权平等原则；第二，对话协商；第三，遵守法律；第四，合作共赢。他在回答上述问题时强调，中国要做四件事：第一，相互尊重，积极构建伙伴关系；第二，同舟共济，携手维护普遍安全；第三，合作共赢，共谋全球发展繁荣；第四，改革创新，推动完善全球治理。

我认为，中国通过"一带一路"倡议推动经济发展是明智的，这是使"人类命运共同体"成为现实的必不可少的工具，由此可以取代由特朗普领导的美国主导和扭曲的旧世界秩序。

我很荣幸应中国政府邀请于今年 4 月参加在北京举行的第二届"一带一路"国际合作高峰论坛，来自世界各国的众多政要都参加了此次论坛。所有与会者都很期待习近平主席的讲话，他也不负众望。"共建'一带一路'、开创美好未来"的主题直接反映了人类命运共同体理念。习近平主席重申："我们将坚持走和平发展道路，推动构建人类命运共同体。"

据"一带一路"官网称，截至今年 4 月，已有 131 个国家、30 个国际组织与中国签署了共建"一带一路"合作文件。

就个人而言，我希望将"一带一路"倡议作为所有国家必不可少的工具，坚持上述原则和做法，从而稳步推进构建人类命运共同体理念。无论如何，我们应该意识到，当前的经济形势将影响所有的努力。我们必须做好准备，帮助彼此克服障碍。谈到这里，贝克·麦坚时（Baker McKenzie）的一份报告对 2020 年代"一带一路"倡议未来发展提出了五大设想。

一、"一带一路"倡议沿其当前轨迹继续发展。

将在电力、制造业和铁路等领域进行大量投资，撒哈拉以南非洲地区所占投资比例最大。如果按照这一设想发展，预计到 2020 年代，"一带一路"相关投资将达到 9100 亿美元。

二、如果中国决定放弃"单极发展模式"，选择将政府、私人资本和多边开发银行加入到合作中来，那么"一带一路"相关投资或将飙升至 1.32 万亿美元。能源、铁路、港口、制造业将会是投资的主要领域。

从更大的角度看，这对中国是最有利的，因为它消除了对其工程的政治性反对，并保证了其长期利润与投资的成功。

三、如果中国吸取国家建设热潮的教训，专注于可持续发展举措，那么这将助力多边开发银行投资"一带一路"项目。虽然这可能会使"一带一路"相关投资减少到 1.2 万亿美元，但从长远来看，中国工程建设公司将更具竞争力，这在财政上也是可行的。

能源建设、电力设施、供水、医疗、制造业和铁路建设将会是投资的关键领域，其中撒哈拉以南非洲地区所占投资比例最大。

四、如果中美贸易战持续到 2020 年代初，那么制造业可能会转移出中国，东南亚将成为"一带一路"倡议投资的最大赢家。然而，有报告估计，"一带一路"倡议投资将降至 1.06 万亿美元。

五、最后是世界末日般的设想："一带一路"倡议的利益相关者将遭受最大的损失。假设中美贸易战持续到 2020 年代初，全球经济放缓加剧，那么签署"一带一路"倡议的国家可能不会再想投资"一带一路"项目。

尽管投资主要集中在电力和铁路方面，投资总额可能仍会降至 5600 亿美元，和最佳设想的投资总额 1.32 万亿美元相比，中国"一带一路"相关投资将会损失近 8000 亿美元。

因此，由于以下原因，持续进行的中美贸易战对未来"一带一路"相关投资至关重要。

第一，再过几个贸易年，保护主义或将成为美国主导的世界秩序的国际准则。高关税和出口疲软也将扰乱中国发展，减缓"一带一路"相关投资。

第二，在"一带一路"生态系统中，专利技术会纳入贸易保护主义范畴内。

中国多措并举强化能力建设，经济以出口为导向，在电动汽车、混合动力汽车、人工智能和 5G 等未来技术中愈发占据主导地位。华为也继三星后成为第二大 5G 专利拥有者。

如果贸易战持续下去，签署"一带一路"倡议的欧洲和非洲国家可能会希望投资当地能力建设，从而使"一带一路"倡议毫无意义。

以上的分析可能是准确的，也可能不是完全准确的，但我们应该记住，任何形式的战争都不会给人类带来好处。只有和平与合作共赢才能给人类带来繁荣与幸福。

　　总而言之，我认为中国表现得非常出色，回顾 70 年风雨路，通过建设中国特色社会主义，推进构建人类命运共同体，践行"一带一路"倡议，中国在经济、社会和政治方面克服了重重困难。目前，就经济和军事实力而言，中国是世界超级大国之一。但是我相信，在中国共产党和习近平主席的领导下，中国会坚持走和平发展道路，与世界各国互相尊重，互利共赢。不过我也相信，中国不会屈服于任何像殖民时期时那样逼迫其低头、强迫其接受不公平待遇的国家。

　　我谨恳求各方保持耐心，公正无私，用智慧去理解"人类命运共同体"这一伟大理念，因为我们是生活在同一个世界的兄弟姐妹。

　　谢谢。

（余育凡 译）

阿富汗视角看"70 年中国发展与人类命运共同体"

S. 萨达特·曼苏尔·纳德里（S. Sadat Mansoor Naderi）

阿富汗 SMN 基金会主席

前城市发展与住房部部长

感谢大家邀请我参加本次国际研讨会。这是反思过去几十年中国发展，讨论如何共创美好未来的重要平台。

感谢中华人民共和国举办本次活动，并邀请我参加本次研讨会和在上海举行的国际进口博览会。

今天，我将根据阿富汗的经验讲几句话。作为一个阿富汗公民，一个全球公民，我感到很骄傲。阿富汗是一个历史悠久的国家，浓缩了我们这代人所面临的主要挑战。中阿两国情深潭水，日益倍增。

在我开始前，请允许我祝贺中华人民共和国成立 70 周年。在这重要的一年，人们庆祝和反思中国在各个领域（包括经济发展、减贫、国际贸易与国际企业）所取得的巨大进步。在这具有历史意义的一年来到中国，我感到很荣幸。

女士们先生们，

站在东西方文明的十字路口，阿富汗有着丰富的文化历史。作为中国的西方邻国之一，阿富汗在坚持"命运共同体"原则的基础上与中国建立了积极友好的关系。阿富汗正在摆脱由地缘政治等因素造成的数十载的战争年代。阿富汗有约三分之一的人口生活在贫困线以下，问题严重亟待解决。建设和平与追求和平是阿富汗发展与减贫的基础。我们正为此努力进步。最近，我们以相对和平的方式举行了总统选举。

"人类命运共同体"的理念和框架有助于我们找到长远的解决方案。在现代社会，没有国家可以独善其身。我们有共同的命运和未来。如今，个体、家庭、村庄、城市、国家和地区的安全与财富之间的联系比以往任何时候都更加紧密。

"人类命运共同体"理念向我们提出挑战，让我们跳脱陈旧的思维，为区域与全球的和平与发展寻求新思路。建设性对话、尊重和协商必须是解决冲突的基础。国家主权与其在国际地缘政治背景下的平等待遇是有效参与区域行动的基础。

这一理念还重申，人类的发展与安全是相互联系的，必须齐头并进。区域经济失衡和国家内部不平等这两个关键问题，只有在"共同未来"与集体责任意识的推动下，才能得到更好的解决。怎么投资、往哪儿投资、投资受益者是谁，这几个问题至关重要。

女士们、先生们！

在准备这些讲话时，我回顾了中国在过去 70 年中取得的重大进展。我在想，是什么原因使中国发展得如此迅速？

在我看来，有以下三个关键领域加快了中国发展的速度：

第一，促进经济发展，为所有人创造谋生机会。过去几十年里，中国大规模扩展制造业，被视为"世界工厂"。近日，"一带一路"倡议使中国以出口为导向的经济稳步增长，区域日渐稳定，合作愈发紧密。在"一带一路"经济走廊沿线，阿富汗的战略地位凸显。受中国启发，阿富汗跨越国界，放眼全球。尽管阿富汗是内陆国家，但战略价值未曾改变。"一带一路"经济走廊沿线的基础设施投资对于释放阿富汗主导的发展与繁荣潜力至关重要，这将加速经济增长，使整个地区受益。

第二，国内乃至不同文明之间的相互学习与交流似乎已成为中国近代发展的重要催化剂。全球在社会、政治、文化和生态上紧密联系，因此，我们必须更好地了解彼此，共同行动。我们必须维护和尊重文明的多样性，因为这也是我们与地球、与历史、与彼此之间联系的根源。中国已经证明，对外开放能为全国人民和全人类带来巨大利益。

第三，基础设施投资。中国已经展现了投资重要基础设施项目、促进人类和经济发展的重要性。对港口、道路和机场的投资带来了高度发达的社会生产力。在许多国家基础设施投资水平下降之际，中国向世界证明了，宏大的基础设施定向投资对人类发展至关重要。让人欣喜的是，近日，中国优先在绿色基础设施领域进行了巨额投资，如太阳能农场，用以收集太阳能发电。同样值得称赞的是，中国已经站在了技术和基础设施投资的最前沿。

女士们、先生们！

最后，请允许我再次感谢组织者邀请我分享对"70 年中国发展与人类命运共同体"的想法和思考。

在这具有历史意义的一年，我们可以适时反思 70 年中国发展经验，看看包括阿富汗在内的人们可以学到什么，以期切实改善地球上所有人的生活。

对任何一个国家而言，并没有什么明确可遵循的"蓝图"。因此，这样的研讨会尤为重要，这有助于我们分享经验，吸取教训，寻求新的思想和工作方式，从而努力促进集体发展。

谢谢。

（余育凡 译）

英国视角看"70年中国发展与人类命运共同体"

马丁·雅克（Martin Jacques）
英国伦敦经济学院（LSE）亚洲研究中心客座教授

1949 年民主革命任务完成时，谁能想到中国会在往后 70 年内彻底改变世界。这不足为怪。自 19 世纪初期以来，中国一直处于衰败、分裂、半殖民与闭关锁国的境地，没有跟上欧洲、美国和日本经济革命的步伐。当时的中国几乎被世界忽略和遗忘，在厚重的历史尘封下，前途渺茫，无人问津。没有人能猜到未来会发生什么。

1949 年民主革命任务的完成标志着全球现象的进一步推进。1945 年联合国成立时，只有 51 个成员国，世界上仍有多个殖民地，而今天已有 193 个成员国。直到 1947 年，印度才宣布独立。1945 年至 1965 年间，全球最重要的趋势就是去殖民化，而中国的革命正是去殖民化的一部分。去殖民化标志着大批遭受西方与日本殖民统治的人类开始得到解放。在过去 200 年时间里，西方国家都在主导世界。事态本将持续到今天，尽管形式已大大弱化。但随着时间的流逝，去殖民化和民族解放正在为全人类参与全球治理创造越来越多的可能性。如今，这种可能性正迅速成为现实。20 世纪 70 年代中期，占世界人口 85% 的发展中国家仅占全球 GDP 的三分之一；如今已占 60%。

发展中国家转型的关键因素在于中国的崛起。中国是人口最多的国家，在经济发展上，一直是最先进的。中国是现代化的典范。迄今为止，中国一直是最具创新性的国家，它向世界表明，现代化有多种途径，并非只能模仿或受制于西方。中国既是发展中国家的有机组成部分，又是其引领者。如"一带一路"路线图所示，中国与发展中国家的关系是其外交政策的轴心。的确，发展中国家虽然既没有也无意取代原有国际体系，却因其构成、首要任务、社会规范与价值观的不同，有力地呈现出一种新型的后西方国际体系。

我们正在见证一个新时代的到来，世界上的多数人（生活在发展中国家的人们）将逐渐成为未来世界的仲裁者。新规范与新价值观方兴未艾。发展将会是本世纪的主题。新的区域性和全球性机构即将建立。正是在这样的背景下，我们应该理解"人类命运共同体"理念。以中国为代表的发展中国家的崛起，为建立一个更加包容和民主的世界创造了条件。如今，世界上越来越多的人参与现代化进程，这意味着他们愈发需要共同面临与应对问题，其中气候变化构成的威胁就是较为经典与核心的例子。实际上，从整体角度思考，人类命运共同体理念是扎根在华夏历史土壤之中的。不同于西方民族国家压倒一切的统治理念，古代中国的"天下"观是无国界的概念，是基于整个世界的概念。世界观念是古代中国思维方式的核心。

1949 以前一直没有存在感的中国，直到 1978 年以后才在某些关键领域进入大众视野，这意味着当时世界上绝大多数人对中国知之甚少。他们了解西方的一切，却对中国一无所知。要克服这种缺陷需要花很长时间。如今仍有很多人不了解中国，而这种无知很容易转变成偏见。但是随着中国对外开放，世界也在以飞快的速度认识中国。大量的疑问与负面反应自然是不可避免的，毕竟中国与西方截然不同。人们对西方世界已如此熟悉，也一直默认用西方思维思考问题。但随着世界开始了解中国，探索的画卷正徐徐铺开。

21 世纪无疑被视为中国的世纪，这不仅仅是因为中国经济的崛起和影响力的增长，更重要的是，当现代世界开始熟悉中国，中华文明和全新中国特色的轮廓愈发清晰：中国是一个文明国家，国家与社会之间独特的关系和其政治制度等也充分说明了这一点。熟悉中国文明有助于世界了解文明的差异性和多样性，明白现代性是多元而非单一的，认清西方思想方式不是唯一的标准。

不过也并非只有历史原因。中国的非凡崛起仰赖于其文明遗产，但也离不开高度的创新。改革开放起源于国家与社会紧密的历史关系，同时也是中国为解决发展问题而做出的创造性举措。毫无疑问，这是自1945 年以来世界上最具影响力和最成功的经济战略。一直以来，中国因其未能向世界提供公共产品而受到指责（尽管亚洲基础设施投资银行的成立和"一带一路"倡议的推进改善了这一状况），而改革开放恰恰作为一项公共产品，为发展中国家应对自身发展挑战提供了重要的指导意见。我想进一步进行简要说明，随着对中国文明和历史的日益熟悉，人们会发现这是中国给世界最好的馈赠，人类的知识水平和能力会得到普遍提升。中国一向是出色的学习者，改革开放时期的表现尤为突出，世界人民也将通过了解与学习中国而更加充实。

当然也不能盲目复制或移植中国的行为方式：必须根据不同情况、不同条件，以创新的形式加以调整和运用。与过去的苏联或现在的美国不同，中国一直敏锐地意识到自身的与众不同：其悠久历史的连续性，庞大的规模和作为一个文明国家的独特性，意味着中国永远无法也不应被盲目模仿或复制。尽管如此，中国在自身发展过程中获得的经验仍然可以为其他发展中国家提供大量经验。的确，中国经验是发展中国家思想和专门知识的源泉，同时，中国的显著成就也不断激发出发展中国家灵感的火花。

（余育凡 译）

保加利亚视角看"70年中国发展与人类命运共同体"

扎哈里·米尔洛夫·扎哈里耶夫 (Zahari Mihailov Zahariev)

保加利亚"一带一路"全国联合会主席；联合国教科文组织欧洲科学、文化和人文学院院士；斯拉夫大学校长

保加利亚这个名字在中国非常响亮，乍一听似乎很奇怪，因为中国是一个拥有 13 亿人口的国家。在与中国官员、中国外交部和中共国际事务部外交官的接触中，还有同这个亚洲大国的普通公民的接触中，我确信了这一点。这并非偶然。一般来说，中国人都是通过一件事开始了解和看待保加利亚的，即保加利亚实际上是 1949 年继苏联之后第二个承认中华人民共和国的国家，如今苏联已不复存在。

需要注意的是，尽管 20 世纪下半叶到 21 世纪初的国际形势发生了变化，但过去整整 70 年，双边关系会受一个共同因素的影响。那就是善意，即在危难时刻，不应预先决定两国关系发展走向，更不应破坏中保两国建立友好关系的共同愿望。或者打个比方，即使是在"文化大革命"时中国与华约和欧洲协调委员会成员国之间关系破裂的关键时期，也不应将两国关系打入洲际关系的"冷宫"。即使那样，保加利亚仍在很大程度上反对这种解决共产主义国家国内政治和社会经济问题的方法。当时的保加利亚媒体没有发表过任何言论议论中国，或中国的世界政治影响力，或中国的经历对社会主义和全球未来的意义。

现在我们可以肯定地说，中保关系正在取得积极的、建设性的发展。这既是因为过去 30 年中国与世界发生的巨变，也是因为保加利亚

自身发展遇到了严重的变化和问题。在过去 30 年双边交流中，我们见证了中国的伟大发展，在很大程度上，这是 21 世纪世界文明发展的主要决定因素。实际上，中国已经成为社会经济、科学和技术成功发展的典范。中国管理社会各部门与协调不同社会群体不同利益的非传统方式，描摹出这个国家令人印象深刻的整体面貌。例如，1951 年的中国人均国民收入约为 20 美元，而如今是 10000 美元。再者，根据档案资料的时间数据统计，我们可以看到，按照联合国的标准，在 20 世纪 50 年代初期，中国约有 75% 的人口生活在贫困线以下。如今，中国已成为社会繁荣独有的例子，因为中国只有 4% 的人口处于贫困边缘。因此，中国领导人设定的 2020 年彻底消除贫困的目标是完全现实可行的。再举一个科技革命的例子。据专家研究，到 2020 年，人工智能领域 30% 的成就将在中国的经济和治理下实现。而美国将占 17%，德国将占 12%，俄罗斯将占 3%。

中国的发展，很大程度上得益于科技。中国的数字经济占国内生产总值的 34% 以上。中国是全球许多大型科技公司的总部，其中包括电子商务巨头阿里巴巴和科技巨头腾讯。这些得益于近年来网络的蓬勃发展。根据中国互联网络信息中心的官方统计数据，截至 2008 年底，中国的网络用户总数为 2.98 亿，占当时人口的 22% 以上。而 2019 年 6 月底，总数已经上升到 8.54 亿，超过总人口的 60%。

根据官方统计数据，在中国，超过 99% 的中国网民能用移动设备上网。而数据网站 eMarketer 的统计数据显示，在美国，只有 92% 的互联网用户通过手机上网。中国对移动业务的关注，帮助企业迅速、大规模地推出产品。而中国的崛起也正在威胁美国在技术领域的历史强势地位。爱马仕投资管理公司投资主管约恩·默里（Eoin Murray）在 CNBC 的"欧洲应答机"（Squawk Box Europe）节目中表示："我们从美国获得的技术控制，目前实际上正被中国瓦解。"

不过，中国科技产业的崛起，被一些对知识产权盗窃的指控，以及对中国科技公司抄袭的指控所败坏。无论是中国设计的类似苹果 iPhone 的手机，还是与谷歌或亚马逊相比的中国搜索引擎或电子商务公司，中国长时间都给人留下"科技模仿者"的形象。

但这个形象正在改变。

"多年来,硅谷看不起中国科技,认为它只是在抄袭。但现在看来,人们已经意识到,中国正在某些技术领域进行创新并取得领先。"《来自中国的科技泰坦们》(*Tech Titans of China*) 的作者瑞贝卡·范宁 (Rebecca Fannin) 告诉 CNBC。

而且,现在已经有一些美国大型科技公司模仿中国公司的迹象出现。脸书去年推出了一款名为 Lasso 的短视频软件,以抵御来自中国字节跳动公司旗下"抖音"的竞争。"抖音"已经在美国消费者中取得了不俗的成绩。

过去几年,中国已经公开表达了自己发展重要未来科技的雄心壮志。比如人工智能以及次世代超快移动网络 5G。早在 2017 年,在中美贸易战开始之前,中国就表示,希望在 2030 年成为全球人工智能科技的领头羊。一些中国的科技巨头,包括阿里巴巴、华为、腾讯、百度,都在人工智能方面有很大的投资力度。就在上周(译者注:2019 年 9月),阿里巴巴紧随华为的脚步,发布了自己的人工智能芯片。

此外,中国还表示,半导体也是"2025 中国制造"计划的一个重要领域。这项计划旨在促进高价值产品生产。中国希望制造更多的芯片。与此同时,全球最大的电信设备制造商华为比竞争对手诺基亚和爱立信获得了更多商业 5G 合同。5G 有望带来超高速的数据传输速度和支持自动驾驶汽车等新技术的能力。

科技已经成为中美贸易战一个关键的部分,尤其是被卷入漩涡中的华为。这个中国科技巨头已被列入美国的"实体清单",该名单限制其接触美国技术。然而,这只会让华为更加专注于开发更多其所需要的部件和软件。该公司一直在发布自己的智能手机处理器,最近还推出了自己的操作系统,以减少对美国市场的依赖。

美国政府对中国科技行业崛起的回应,一直是遏制,而不是试图保持领先。"目前为止,美国主要注重削弱中国以及防止重要技术外流中国。"美国智库外交关系委员会报告的作者之一亚当·谢加尔(Adam Segal) 告诉 CNBC,"尽管国会和白宫越来越认识到,美国需要采取更多行动来加速国内创新,但到目前为止,他们的反应还不够"。

这些有说服力的事实足以客观地证明中国科技的进步和新技术领域的发展。这就是我们口中的中国。而现在让我们看看"勋章"的背面——保加利亚的局势。

在这里，我们可以看到，历史并不总是向前发展的。近 30 年，保加利亚几乎没有任何建设性发展。所有前社会主义国家亦是如此，尽管可能没这么夸张。如今保加利亚正在尝试再工业化，试图回到 1989 年的水平，以便适应 21 世纪社会经济政治现实。从这个角度看，中国案例、中国经验对我国至关重要。因此，如果在保加利亚外交政策问题上能够达成共识，那一定是因为我们对中保关系动态发展的负责任、建设性态度。两国立法机构间友好小组活动和保加利亚的频繁访华证实了这一点。另外，保加利亚对 2011 年（译者注：原文如此，应为 2012 年）启动的旨在促进中国与中东欧国家关系全面发展的新合作机制"16 + 1合作"的建设性态度也证实了这一点。我已一再表示，随着希腊的加入，该合作机制已经变为"17 + 1"，成为一个实验平台，中国国家主席习近平提出的"一带一路"倡议的构想也由此开始。

有鉴于此，中保两国签署关于建立战略伙伴关系的联合声明是合乎逻辑的结果。但是，我们不应过多地在这件事上欢欣雀跃，因为这一重要文件早该签署。我们不是第一批签署国，甚至不在与中国签署类似文件的欧盟成员国（如法国、德国、意大利、奥地利等）行列之内。我们可以举一些保加利亚增加对中国出口和自中国进口的例子。与中东欧其他国家相比，保加利亚在该方面的数据令人悲喜交加。

总体而言，中保关系继续向好发展、向既定目标发展，但这又过于假想，关系到不确定的未来，没有联系我国对外文化经济政策的新现实。

同样重要的是，我们必须集中精力寻找新的方法，以解决中国在保加利亚的投资问题。在这方面确实有一些鼓舞人心的努力。中国国家开发银行向保加利亚开发银行开放了信贷额度，以发展两国经济关系。中国政府为此提供了超过 10 亿欧元的资源。但是，如果要问我们已经使用了多少资金，那么答案就太悲观了。到目前为止，仅使用了 2500 万至 3000 万欧元。更可怕的是，使用这笔钱的组织对中保经济关系发展并没有重大贡献，甚至毫无兴趣可言。这些公司的经营领域与中国的出口利益和未来科学技术合作前景相去甚远。同时，真正可以推动中保经济关系发展的项目也被阻断。投资首先适用于已经与中国经济组织有某种形式的合作或伙伴关系的项目。中国公司实力雄厚，不畏失败，愿意投资我国并参与新的保加利亚经济基础设施建设，尤其是那些对保加利亚极为重要的行业，如交通运输基础设施、高科技产品、现代科技园创建和旅游开发等。

同时，双边贸易发展迟缓，令人失望。我再举一个与保加利亚开发银行有关的例子。该银行受部长理事会控制。十年前，中国开放了5000万美元的信贷额度，以促进保加利亚对中国的出口，刺激两国之间的对外贸易。听起来有些奇怪，但已用金额不足4%。大约五六年前，因为我方认为是初始金额小的缘故才导致经济联系无法加强，所以中国将信贷额度从5000万增加到了1亿。开放1亿美元信贷额度后重蹈覆辙。因此，信贷额度无论多少，不管是仅用于外贸还是用于重大的投资机会，都会引起恐慌，如果没有有效的机制用于分配信贷资源，即使有100亿美元也达不到预期的目的。另一项危险则来自保加利亚的官僚体制。现有的权力腐败也是一种风险。

这是如今真实的情况。一方面，中保关系健康发展，互信互利，另一方面，在具体效果和实际成果方面，我们严重落后于我们在巴尔干的邻居和中东欧国家，更不用说那些对欧盟和欧洲经济区发展至关重要的国家。

然而我认为，我们不应陷入不必要的悲观情绪，而应努力使中保关系得到最大的发展。我要指出，之前谈到的差异使许多非政府组织开始涌现，这些组织代表着保加利亚某些经济团体的利益，在中保关系中发挥作用。这些组织执行两个功能。第一，它们使中保关系"回温"。第二，对过于"一成不变"的保加利亚来说，它们起着"轴承"的作用。

两年前，我们成立了保加利亚"一带一路"全国联合会，团结起一切民间团体力量。与此同时，我们为自己设定任务，充分利用各种私营经济实体、保加利亚工商会和保加利亚工业协会所拥有的极其强大的资源。在科学领域，我们有保加利亚科学院和包括索菲亚技术大学、索菲亚国家经济和世界经济大学、普罗夫迪夫农业大学和保加利亚大学校长理事会等在内的一流大学。对精神文化生活的热爱使国内各大创意联盟和一些独特的文化机构（例如伊万·瓦佐夫国家剧院）被纳入国家协会的范畴。

在我看来，要解决中保关系的问题，或者打个比方，要度过中保关系的"瓶颈"期，首先要协调民间部门与政府机构之间的关系。只有这样，我们才能成为建设性的、积极的中国合作伙伴，最大程度地发挥潜力。在中国，在另一种政治与社会模式下，这种协调方式特别有效。中国在现代社会各个领域的卓越成就和非凡表现证实了这一点。

如果必须找一个最准确的词来定义中保关系目前的进程、发展前景和需要达到的目标，那就是"创造力"。创造力能够在实质上满足我们所有的要求和期望，它也是更积极充分地发挥社会潜力的客观需要。

（余育凡 译）

上海合作组织视角：中国70年发展与构建人类命运共同体

弗拉基米尔·扎哈罗夫（Vladimir Zakharov）

上海合作组织秘书处顾问

一个多月前，中国隆重地庆祝了中华人民共和国成立70周年。

在相对较短的历史时期内，中国已经成为世界经济发展的领跑者，我们看到，随着经济潜力逐渐地转变为政治潜力，中国已然成为有威望的世界大国，这也与其联合国安理会常任理事国的地位相符。中国在世界上的影响力不断扩大，在解决地区和全球性问题中发挥出越来越重要的作用，同时，这也给走近世界舞台中央的中国带来了许多新的挑战。

全球治理和国际秩序的根本性变化正在加速。国家间的相互联系和相互依存度不断增强，国际力量的对比变得越来越趋于平衡和平等，追求和平与发展已经成为这个时代的主题。

经济全球化导致全球资源重新分配，国际格局发生深刻调整。同时，社会的信息化又将世界更为紧密地凝聚在一起，各种文化的交流与融合进一步促进了文化的多元化发展。

这些变化显示了历史前进的方向，并与世界各国人民的福祉息息相关，它需要我们共同来捍卫。与此同时，全球的不稳定性和不确定性因素也在增多：经济增长动力不足，贫富差距日益扩大，一系列尖锐问题困扰着许多地区，恐怖主义、网络犯罪和气候变化等非传统安全威胁正在全球蔓延，人类面临着许多共同的挑战。

作为联合国安理会常任理事国和世界第二大经济体，中国在解决全球和地区问题上负责任地承担起了与自身地位相符合的责任，为国际社会的和平与和谐发展做出了自己应有的贡献。

中华人民共和国国家主席习近平为此提出了构建人类命运共同体的重要倡议，建议在政治、安全、经济、文化、生态五个方面同时推进，以建设持久和平、普遍安全、共同繁荣、开放包容、清洁美丽的新世界。

由此，中国为世界提供了一个人类发展的新模示，即世界应以和平的方式获得发展。随着中国与世界各国合作的不断扩大，人类命运共同体的理念日益得到国际社会更多国家和人民的认可与支持。

和平、发展、合作、互利是时代的潮流。面对国际局势的深刻变化，考虑到所有国家的客观需求，世界各国必须共同努力，推动建立一种新型的国际关系，即以合作和互利为核心的国际关系新模式。

上海合作组织是世界发展的新模式

从概念上讲，人类命运共同体的理念与上海合作组织的主要原则十分近似，即上合组织奉行的是不结盟、不针对其他国家和组织与对外开放的原则，以及平等互利，通过相互协商解决所有问题的原则。

上海合作组织旨在建立一个民主、公平的国际关系架构。本组织的发展潜力在于：所有成员国一律平等，组织内不存在任何支配、压力或胁迫的因素。本组织是一个典范，表明大小不同、发展水平不同、文化和民族传统不同的国家可以和睦共存。上海合作组织为成员国之间就协调发展和实现共同目标及价值进行对话创造了条件。

本组织最具吸引力的是上海精神：互信、互利、平等、协商、尊重多样文明、谋求共同发展。

本组织充分认同青岛峰会对人类命运共同体理念的深刻阐释："成员国重申恪守《上合组织宪章》的宗旨和任务，遵循《上合组织至2025 年发展战略》，继续加强政策沟通、设施联通、贸易畅通、资金融通、民心相通，发展安全、能源、农业等领域合作，推动建设相互尊重、公平正义、合作共赢的新型国际关系，确立构建人类命运共同体的共同理念。"

在随后召开的比什凯克峰会上，成员国领导人再次强调了这一立场："成员国强调，倡议推动建设相互尊重、公平正义、合作共赢的新型国际关系，形成构建人类命运共同体的共同理念十分重要。"

因而，上海合作组织可以被视为一种典范，它创造性地建立起一种开放的新型国际关系模式。定期对涉及国际和地区的关键问题进行多边磋商的机制运作得十分成功，这就是一个很好的例证。这为解决牵扯各方切身利益的问题提供了良好的平台和共同的基础。本组织还在积极寻求制定长期多边经济合作纲要，包括形成合理的地区经济发展机制。本组织与其他国际和区域组织，首先是与联合国建立了伙伴关系。总之，上海合作组织已成为一个具有影响力的国际组织，在国际舞台上发出的声音越来越有分量，许多国家都期望与之合作。

上海合作组织的活动具有特殊的现实意义，因为在当今世界，打击恐怖主义、制止散播极端主义意识形态和煽动恐怖主义行为的斗争日益紧迫。上海合作组织成员国尤其关注在这一领域的行动，全力以赴地防范社会激进化，努力预防任何形式的极端主义、种族不容忍和仇外情绪的发生，并且在这方面积累了一些经验，能够为其他国际和地区组织的相关活动提供一定的借鉴。

上海合作组织成员国间建设性的伙伴关系，允许成员国利用地理邻近、经济互补的优势，进一步挖掘多领域多学科的合作项目。

所有这一切与联合国设定的发展目标与价值观完全吻合，即和平、发展、公平、正义、民主和自由，同时这也更为接近当前国际关系的现实。

在这方面的互动与合作对于确保欧亚空间和世界的稳定与安全具有重要的战略意义，因为上海合作组织涵盖的地区曾是几乎所有主要文明、宗教和文化的摇篮和传播中心。它们塑造了现代世界的精神形态，对国际社会的所有领域——政治、经济和文化道德——的发展都产生过巨大影响。

随着印度和巴基斯坦的加入，上海合作组织已成为世界上最大也最具普遍性的区域组织。上海合作组织也是该地区主要大国展开对话的唯一组织机制和平台。上海合作组织成员国位于欧亚大陆的中心，它们与上海合作组织观察员国和对话伙伴一起，构成了在欧亚空间广泛合作的框架。

最后，我要指出上海合作组织与中华人民共和国的密切关系。我要强调的是，中国在发展上海合作组织方面发挥了建设性作用。

首先，贵国积极支持成立上海合作组织的倡议，成为上海合作组织的创始成员国。上海合作组织是第一个在中国领土上宣布成立的国际组织。上海合作组织的总部设在中国的首都。中国也是当今世界上闻名遐迩的"上海精神"的诞生之地。

目前，世界上和区域内有关问题的解决都需要考虑北京方面的意见。对世界而言，中国作为联合国安理会常任理事国，其维护国际安全与稳定的作用至关重要。

其次，我要指出，上海合作组织的确是一种新型的国际组织。它代表了建立平衡有效的国际关系体系的未来模式，体现了人类命运共同体的理念。

世界文明面临着新的挑战，建立人类命运共同体是应对这一挑战的方式之一，而上海合作组织正在世界重塑中扮演着关键角色。

值此中华人民共和国成立 70 周年之际，我谨代表上海合作组织秘书处和我本人，衷心地祝贺中国这一伟大的节日，并祝所有的中国朋友们节日快乐！

（张苏琴 译）

巴哈伊国际社团驻联合国办公室
看 70 年中国发展与人类命运共同体

巴尼·杜加尔（Bani Dugal）

巴哈伊国际社团驻联合国办公室首席代表

1949 年中华人民共和国成立至今，中国人民一路走来，意义非凡。发展规模空前庞大，生活条件显著改善的人数有了前所未有的提升。同样值得注意的是，社会问题已经或正在被解决。社会如何选择传统文化的哪些要素能服务共同利益、应该保留，哪些有害、应该消失？如何在用非货币方式造福人类的同时，稳步提高人民的经济条件？这些是每个国家都要面临的问题。当中国寻求这种动态平衡时，不仅可以行使经济领导权，还能行使社会、道德和人道主义领导权。

中国在新兴的全球文明背景下走自己的发展道路，可以有意识地协助其他国家与文明，实现自身的伟大。这种开放的眼界是不可或缺的，因为构建人类命运共同体不可能只靠一个国家的努力。而这些努力的核心是一个远大的计划，是中国社会和许多国家一直以来的梦想：建立合理的全球秩序，所有人拥护和平，坚守正义，相互尊重，待人友善。中华民族在这样一个包罗万象的框架下一路发展过来，值得赞扬，鉴于这一点，巴哈伊国际社团很高兴加入这一行列，共同探索该理想如何在世界各地不同文化、文明和宗教中产生共鸣。

过去 70 年，中国的发展道路具有许多特征，其中有四点特别值得思考。第一，中国治理体系具有强大的凝聚力。许多治理体系都是基于内部竞争和社会组织中固有的利益制衡。尽管这种体系旨在防止权力的滥用与过度集中，但也可能会使之失去条理，造成分裂。而中国模式具有强大凝聚力，一旦达成共识，就可以果断采取行动。

第二，中国国家治理往往基于协商和集体决策，而不是竞争和对抗。当然，任何国家在推进某些利益的同时都会牺牲一些别的利益。然而，中国一向具有的集体愿景与行动有利于促进社会和谐，提升凝聚力。在正义和尊重的背景下，这种和谐既是发展的真正动力，也是发展的必然结果。

第三，中国文化一直非常重视共同利益，确保集体福祉。区域优势与整体优势的互补互利互惠对任何社会的健康发展来说都不可或缺。中国发展道路的核心是探索如何通过满足集体利益来实现个人繁荣。

第四，提高认识、统一思想是重点。这是中国政府明确的目标，各级官员都要参与正式研究、会议、访问和对话。当然，思想若要有效统一，就必须成为人民表达自身具有现实可能性的愿望的途径，而非外在施加的产物。而由于人们的真实愿望是彼此契合的，统一思想就成了社会持续进步与变革的最强大动力之一。

以上几点促进了多个领域的进步，其中最重要的是经济发展。举个例子，在联合国千年发展目标的背景下，1990 年至 2005 年间，中国约有 4.7 亿人摆脱了极端贫困。然而，尽管一路走来备受瞩目，但中国发展经验和西方一样着重强调了一个核心的道理：脱离了精神与道德基础的物质进步是不可持续的，本质上是虚幻的。可以看出，无论是东方还是西方，即使是当今世界上技术和经济最先进的国家，都在被诸如自利、偏见等破坏性社会力量所困扰。反过来，这又与许多社会弊病有关，从贫穷和犯罪到腐败和伪善，从自然环境的恶化到社会结构的瓦解，从冲突和敌对到疏远和冷漠。

长期以来，中国文化始终强调良好的品格与道德在人际关系中的重要性，反对将社会生活视为经济交易的竞技场。中国经验一直在寻求个人道德提升、经济发展和社会转型之间的正确关系，而不是任选其一摒弃其他。这一定程度上保护了中国人民免受某些无节制行为造成的侵害。然而，坚持崇高的理想和成为理想的化身并不是一回事。因此，值得赞扬的仅仅是，许多中国人在努力使上述理想更加贴近当地人民的现实生活。

在中国为更加全面的发展模式奋斗的同时，基本问题越来越凸显出来。发展的目的是什么？什么样的生活方式才能带来真正的满足感和成就感？要如何与自然环境相处才能确保个人和集体繁荣？如何审慎地运用新技术并有意识地选择和管理其社会影响？不同的文化如何共存，并携手让所有人过上更好的生活？这些问题在未来会变得愈发重要。中国人民不断努力，深入探索，与世界有关，于世界有益。

人类命运共同体就是承认世界上越来越多人的生活都切实地联系在一起。除此以外，全球化新未来就是承认人类是一家。对巴哈伊教徒而言，人类的统一性是当今社会发展阶段的决定性特征。巴哈欧拉在 19 世纪时写道："你们是同一棵树上的果实，同一树枝上的叶子。"在那个充满政治分裂和竞争的时代，他宣称："世界各族人民都是一个单一的地球祖国的公民。"

人类构成一个民族的假设在本质上得到了广泛的认可。确实，世界各地的人们——尤其是年轻人——越来越多地呼唤社会更加统一、公正与文明。多样化的人口正以前所未有的规模会聚起来，世界日益互联互通。然而，不同的社会主流正在使人们分裂而非团结。近日，巴哈伊世界信仰的世界管理机构——世界正义院写道：

> 随着各个民族和群体争相定义自己、确立自己的国际地位、急于思考应如何行事，人类陷入了身份危机。如果没有共同身份和共同目标，就会陷入意识形态竞争和权力斗争。近乎无数的"我们"和"他们"对群体身份的定义越来越狭窄，彼此之间形成了对立面。随着时间的流逝，这种瓦解成不同利益集团的行为削弱了社会本身的凝聚力。

这些挑战表明，要朝着真正的共同未来迈进，需要思想、行动和目标在各个层面的日益统一。社会机构需要为人民建立共同身份和共同目标。同样，它们必须毫不含糊放弃为谋取政治利益而煽动种族、宗教或其他紧张关系的行为。群体需要培养广泛参与社会事务和决策的文化，并积极吸纳过去被排斥的群体。同时，个人要真诚地拓展自己内心和良知的深度，不断扩大交友范围，并要有足够的道德勇气，消除一切偏见与固执。

需要注意的是，人类大家庭的多样性与其单一性并不矛盾，反而赋予了它丰富性。从这个角度来看，统一中包含了多样性。的确，这就是统一性区别于一致性的原因。坚持真实的正义也同等重要。如果无法坚定不移地维护正义，那么对团结统一的呼唤就可能成为压迫和暴政的幌子。

这次周年庆典让人们回顾已取得的进展，并确定进一步发展的机会。中国独有的历史与文化赋予了中国人民——无论男女老少，贫穷或富有，工人或干部——独特的天赋。这一年也让他们开始探索如何充分利用这种天赋为繁荣的世界文明做贡献。这关乎着人类的命运，因此十分重要。巴哈伊著作高度赞扬中国人民。早期有一位信仰巴哈伊教的领导人说，中国人"求真务实"，"能被理想的动机所激励"。他宣称，中国能够培养出"如此非凡的人物，每个人都可以成为人类世界的璀璨蜡烛"。希望这些能力得到越来越充分的释放，希望中国树立榜样，为人类大家庭的每个成员谋福祉，促进步。

（余育凡 译）

阿富汗视角看"70年中国发展与人类命运共同体"

展鹏（Mohammad Yousuf Rahnaward）

阿富汗喀布尔大学执行院长

丝绸之路研究中心主任

女士们、先生们：

早上好！

很高兴参加本届国际经济论坛"70年中国发展与人类命运共同体"分论坛，我要感谢中国社会科学院国家高端智库组织召开并邀请我参加这次重大活动。

首先让我祝贺中华人民共和国成立70周年。在过去70年里，中国改写了世界的历史。中国是一个统一的国家，在过去70年中，尽管面临着许多挑战，仍然取得了无数难以置信的成就。中国制定了严谨的战略计划，已成为世界超级大国和世界第二大经济体。

如今，中国拥有最完整的现代工业体系，是第一大工业国、第一大货物贸易国和第一大外汇储备国，近两年来，中国的外汇储备从1.5万亿美元增长到了2万亿美元。过去五年，中国为全球经济增长发挥了重要作用，贡献率超过了7%。

在过去70年中，中国人民的生活水平也得到了显著提高，人均预期寿命从1949年的35岁提高到2018年的77岁，7亿人成功脱贫，占同期全球减贫人口总数4%以上（译者注：原文如此，应为70%）。此外，中国居民年收入增长近6倍（译者注：原文如此，应为60倍），中国成为全世界中产阶级人口最多的国家。

中国的发展和进步势不可当。作为未来的区域领导者和世界经济超级大国，中国扮演着促进全球和平与合作的关键角色，在未来世界起到关键作用。区域的和平与安全离不开中国的发展，特别是包括"一带一路"倡议在内的大规模经济建设的成功经验。

我们相信，中国作为区域大国，一定能确保区域内，尤其是邻国范围内的安全与和平。过去 40 年里，阿富汗一直处于冲突和暴力之中，但阿富汗能够在中国的安全进程中，尤其是在关乎双方的反恐问题上发挥重要作用。另外，阿富汗的地缘政治位置使其可以充当经济门户。作为中亚、南亚、中东和东亚经济圈的连接点，阿富汗能为区域经济项目与合作，特别是诸如中国"一带一路"等项目提供便利。正如阿富汗总统阿什拉夫·加尼（Ashraf Ghani）所想的那样，他可以将全球与区域竞争转变为经济合作的平台，这不仅需要全国的共识和强大的政府，更需要周边国家乃至全世界的支持与合作。中国是阿富汗的友好邻邦和长期伙伴，在经济合作平台上，中国可以发展经济，扶贫减贫，推进和平进程，并与恐怖主义等问题做斗争。

阿富汗在国际社会的关注下走过了 18 年，却未能保障人民安全，建立有效的政府，无法自给自足，实现经济的可持续发展，甚至有一半的人民生活在贫困中。尽管阿富汗在地理上拥有丰富的自然和地下资源，却仍被认为是仅次于索马里的世界上最贫穷的国家。近日有一份阿富汗人口普查局 2008 年初的报告显示：从阿富汗的教育状况、健康、生活水平、就业和生命安全五大因素来看，有 1% 的人口处于极端贫困之中。当然，城市贫困率为 18%，首都喀布尔的贫困率为 15%，农村贫困率为 61%，库奇人口贫困率为 89%。

尽管阿富汗在过去的 18 年里获得了大量援助，但 80% 的援助并未有效改善阿富汗普通民众的生活和经济状况，贫穷与不安全仍被认为是阿富汗最大的问题。这主要是因为，大多数项目捐助国，尤其是大型项目捐助国，都与外国公司签有合同，导致有些阿富汗的项目合同仅获得了 30% 到 50% 的资金，而 50% 到 70% 的资金没等进入阿富汗就已退还给捐助国。管理不善、政府缺乏定期计划和劳动力管理不当是造成阿富汗贫困的另一个主要原因，尽管每年有超过 10 万的劳动力进入市场，但目前仍有 600 万人没有工作。阿富汗对此无所适从，失业率超过 40%，缺乏安全感是阿富汗贫困的另一大挑战。阿富汗对家庭成员的数量缺乏适当的控制，这也可能直接影响经济发展和劳动力市场，因为有超过 61% 的家庭生活在贫困中，而这些家庭中，每个家庭都有超过 10 个成员，却只有一个养家糊口的人，文盲率达到 60%。政府部门内腐败现象普遍，对农业发展缺乏足够的关注，这也是造成阿富汗贫困的重要因素。

总体而言，阿富汗已陷入贫困多年，但近年来，通过实施与区域国家的经济合作项目，阿富汗在经济可持续发展和减贫方面前景广阔。为了减少贫困，阿富汗开展了一些项目与工程，例如：包括阿中"空中走廊"在内的三条新的过境走廊；查巴哈尔港的开放运营；Casa - 1000 项目、TAPI 天然气管道项目和阿塔穆拉特—伊马姆纳扎尔（土库曼斯坦）—阿基纳（阿富汗）新铁路等区域工程的开工建设。这将会给人们带来希望与美好的明天。

于 2016 年正式加入的"一带一路"倡议和 CPAC（译者注：中巴经济走廊的延伸，中巴阿走廊）对阿富汗来说也是不错的选择。"一带一路"倡议和 CPAC 经济价值高，可实行性高，对扶贫大有裨益，为区域各国间加强合作提供基础。

阿富汗地处亚洲中心，历史悠久，在丝绸之路上发挥着关键作用，并为以上项目与区域合作提供许多便利。

2019 年 11 月 2 日

（佘育凡 译）

阿富汗视角："中国70年的发展与人类命运共同体建设"

穆罕默德·詹·阿尔克扎伊（Mohammad Jan Alkoza）
阿富汗阿尔克扎伊部落理事会主席
穆罕默德·可汗·瓦尔达克（Mohammad Khan Wardak）
阿富汗孔子学院研究员

在过去的七十年或一百年中，中国与阿富汗既有共同点，也有不同之处。中华民族与阿富汗民族有着相似的特点。两国人民都始终站在反对帝国主义和殖民主义的前列，为国家的主权、独立和领土完整做出巨大努力和牺牲。百年来，两国一直在根据自身情况发展政治制度和寻求发展道路，在实现工业化和现代化的道路上拥有丰富的经验并解决了许多困难。自阿富汗独立和新中国成立以来，两国奉行不结盟政策，争取和平发展和友好睦邻，坚决反对侵占、单边主义和外国干预。

自1949年中国人民政府成立以来，该政府一直坚持弘扬文化传统，大力发展文学、艺术、戏剧和电影等文化领域。中国政府用新文化和新艺术取代了旧文化。政府将所有文物转移到博物馆和旅游景点，将中国的历史力量传递给子孙后代。

中华文化的发展体现了中国政府的坚韧精神，凭借该精神、中国政府在过去的70年中取得了显著的成就。中国各民族不断深化和拉近文化根基，并且中国政府一直致力于社会与宗教的和谐发展，特别是在文化产业方面，为此建立了文化管理体系。在中国文物返还祖国方面，中国在国际上创造了健康的竞争环境。随着对华文物返还数量的增加，技术人员就业机会也相对增加。

中国政府向民众弘扬良好的道德品质,包括爱国、守法、诚实、团结、友谊、勤奋和自信。民众在这些方面的奉献精神加强了社会道德、职业道德和家庭美德的教育。中国每年都要建立一个强大的社会主义思想道德体系,这受到了许多社会精英的称赞,并作为范例应用到各国社会中去。

2009年,中国政府启动了一项振兴中国文化产业的计划,支持文化企业进军股票市场。通过买卖文化资产股票,为社会创造买卖竞争平台。

北京奥运会也展示了中国文化的一部分,这在世界上是独一无二的。不仅实现了一个多世纪以来中国人民举办奥运会的梦想,而且它以独一无二和前所未有的思想和行动向世界展示了中国政府履行国际义务的决心和能力。

中国为保护文化遗产于2004年加入联合国教科文组织《保护非物质文化遗产公约》,并于2011年发布了《非物质文化遗产法》。中国在支持《非物质文化遗产法》方面取得了显著的成果。截至今日,包括中国戏曲、中国长城、中国书法在内的36个项目已被列入世界著名文化遗产名录。

中国的历史文化景点吸引了大量中东游客的关注。这些文化古迹在介绍中国历史的同时,还为其他国家的游客提供了高质量的文化产品和服务,并为社会创造了更多的就业机会。

中国正在不断加强与丝绸之路沿线国家的文化交流与合作。2013年9月,中国国家主席习近平访问了中亚四个国家。他首次提出跨越亚洲和欧洲的"丝绸之路经济带"联合建设战略,以提高文化交流水平,促进人才交流和增进互信。

"文化中心"是文化交流的重点。自2013年底以来,中国已在海外开设了多所文化中心,中国政府拥有其所有权。中国已与102个国家签署了建立文化中心的谅解备忘录。"文化中心"是外国人了解中国和中国文化的窗口和桥梁。

中国政府正在建立规范化的文化服务体系,以加快农村地区文化项目的实施。这些项目将广播、电视和 5G 互联网覆盖范围扩展到每个村庄。还包括电影放映工程，文化信息资源共享工程，农民书店工程和城乡文化站一体化工程。通过将更多的卫星送入太空，已经在城市和乡村中建立了强大的互联网，该举措可以让农村居民的生活进一步被认识和了解。

中国政府在体系年轻化方面取得了重大进展。大多数政府办公室由年轻人管理。对祖国的热爱使得境外的中国人返回中国，为祖国服务。这些人在中国复兴的历史中发挥了重要作用。中国人民拥戴政府，这个伟大民族的团结值得称赞。华人从全世界各地返回中国，对促进民族共识，维护民族团结，弘扬和平的爱国主义精神具有不可比拟的作用。海外华人在他们居住的国家是中国文化的代表。这些华人是中国与其他国家之间的桥梁。他们忠于祖国和祖国的文化，守护自己的传统文化，将传统的文化传递给下一代视为使命。所有中国人都为实现中国成为最富强国家的梦想而共同努力。

中国政府一直坚持与邻国政府走和平交往的道路，坚定遵循自主独立的和平外交政策，绝不会干涉其他国家的内政。中国政府将自己的利益与世界人民的利益联系在一起，作为一个负责任的大国，更积极地参与国际事务。通过与其他国家的合作，解决全球挑战。

中国政府坚持和平共处五项原则，全面地与其他国家开展友好合作。中国正在努力改善与发达国家的关系，与大国之间建立新的关系。中国坚持并巩固与周边国家的友好关系，深化相互合作。中国正在努力让自己的发展既使本国受益，也使邻国受益。中国政府致力于加强与其他发展中国家的团结与合作，维护其合法权益。积极参与多边事务，大力促进公共外交和文化交流。中国努力建立国际秩序，以更公正和合理的方式加强与其他发展中国家的关系。另外，中国支持平等互信，相互包容、学习与合作，并建立维护国际正义的国际关系。遵循《联合国宪章》的目标和原则，致力于促进民主，维护世界和平与稳定。尊重并支持世界文明和发展道路的多样性，相互学习，以不同方式促进人类文明的发展。支持人类的共同命运，建立更加平等平衡的全球伙伴关系，以发展合作和分担责任的方式保护人类共同利益。

中国支持和平发展与合作的旗帜，支持发展互惠互利的合作战略。中国政府致力于维护世界和平，促进共同发展。中国一向渴望国家间的和平发展与合作。这符合中国人民和其他国家的利益。为世界和平、发展与援助提供新的机会，以促进世界持久和平与共同繁荣。中国人民热爱和平、梦想和发展，愿不懈努力，与世界各国合作，为世界带来和平与安宁。

此外，中国坚定致力于和平外交的独立自主政策与和平共处五项原则。1964 年，中法两国政府发表联合声明，宣布建立使馆级别外交关系。法国是第一个迈出这一步并成为外交典范的西方大国。20 世纪 60 年代，法国在国际社会中营造了一种友好和平的氛围。另外，在 70 年代，中国见证了国际形势。1971 年 10 月 25 日，联合国恢复了中华人民共和国的合法成员国身份资格，包括安全理事会的常任理事国席位。这是外交领域上的一项重大进步。从那时起，中国在处理国际事务中发挥了更加重要的作用。

2013 年 11 月 21 日，中国与欧盟制定了中国与欧盟合作战略规划。在此合作计划中，明确了和平、安全、社会福利、可持续发展和加强文化交流方面的中欧共同合作目标。中欧双方都清楚，中欧关系只能在互惠互利的前提下共同发展。2013 年 6 月 7 日，中国国家主席习近平会见了美国总统奥巴马，双方就美中关系的未来发展达成了重要协议。两国正在共同努力建立一种包含相互尊重在内的新型国家关系。

在"发展、一体化和工业化合作"中可以看到陆海空的连通性和文化交流。金砖国家——巴西、俄罗斯、印度、中国和南非共同努力发展，促进贸易，经济，金融，基础设施和人员交流方面的合作，以实现市场一体化的目标。

最后也是最重要的一点，中国在战略和经济发展方面进行了全面的国际交流。在求同存异的前提下，已经制定计划并执行相应措施，并取得经济交流与合作方面的进步。这项举措从政治和法律方向为经济一体化创造了"绿灯"，促进了中国与世界其他地区之间更广泛的经济交流与合作。

中国政府向阿富汗提供援助

2015 年 9 月，中国国家主席习近平在纽约联合国总部向国际妇女峰会致辞。他提出性别平等和妇女全方面发展在内的四点主张并宣布中国将在未来五年内邀请 3 万名来自发展中国家的妇女到中国接受培训。这表明了中国对促进世界妇女事务发展的负责任态度，受到了此次峰会与会嘉宾的一致好评。

中国履行其承诺的过程中，许多发展中国家妇女的视野和能力得以扩大和提高，这表明了中国在世界范围内于妇女可持续发展方面上做出的服务和成效。在过去的四年中，中国邀请了来自亚洲、非洲、拉丁美洲、东欧和太平洋岛屿超过 3000 名妇女参加公共管理、社会组织、经济、商业、教育、医疗、农业、林业、畜牧业和渔业等各项培训课程。中国为发展中国家举办了落实 2030 年可持续发展议程的培训课程。在培训课程中，他们分享了在妇女和儿童发展方面上的经验。中国妇女协会多次组织女性领导人培训课程，培训了 84 个发展中国家的政党和妇女组织领导人。中国的湖北、湖南、广西、云南和山西的妇女协会联合与周边国家合作开展了许多培训计划。这些培训的参与人员游览了北京、浙江等地并与当地妇女交换了意见。中华女子学院制定了名为女性领导能力和社会发展的三年制硕士培训项目。去年，一名阿富汗妇女从该大学的社会工作系毕业，受到该大学众多教授和外国学生的赞许。

实际上，阿富汗学生已经参与到由中国组织的各种妇女培训项目中。因为在妇女事务领域上的合作是中阿战略伙伴关系的重要一环。中国政府和中国驻阿富汗使馆对此给予了密切关注。在过去的四年中，290 名阿富汗女性专家应中国的邀请到中国参与各项培训计划。与会人员欢迎专门针对政府礼宾官、经济事务负责人的培训课程，并表示这些课程内容丰富且实用。在过去的四年中，在中国政府的财政支持下，15 名阿富汗年轻女性到中国进修；36 名心脏病女性患者得到治疗；喀布尔武术团女子队参观了中国。中国还资助在马扎里沙里夫修建女子小学，支持并援助在巴达赫尚省的泽巴克县修建女子培训学校。此外，中国向阿富汗妇女事务部捐赠培训资料，并分别邀请阿富汗各省的女性代表、阿富汗妇女协会和其他组织的负责人参加上海合作组织妇女论坛和其他国际会议。同时,中国还参与到坎大哈的米尔韦斯医院,喀布尔共和国医院,喀布尔大学一些教学设施、住宅公寓和职业培训中心的建造中。这一切都使阿富汗妇女深深受益。

中国还帮助阿富汗妇女接受了教育和人才培养。2016年至2019年,喀布尔大学孔子学院每年都有众多优秀的大学生参加阿富汗地区的"汉语桥"中文比赛,其中3名女学生荣获一等奖并赴中国与来自世界各地的"中国迷"进行"汉语桥"比赛的决赛。2018年5月,中国驻阿富汗大使馆邀请阿富汗古拉姆·穆罕默德·迈马纳吉艺术学校的两位女老师前往中国,并在北京故宫博物院举办画展。2019年3月,在中国大使馆的帮助下,阿富汗女性摄影师法蒂玛·侯赛尼举办了摄影展。阿富汗政府女性官员、女性议员、孔子学院女性教职员工和学生以及来自其他国家的女性外交官等150名女性参观画展。2019年是阿富汗独立100周年。在过去100年中,阿富汗妇女在维护国家独立和发展方面的杰出贡献令人瞩目。她们是受战争影响最大,也是最渴望长久和平的那么一群人。

习近平主席表示:"环顾世界,各国各地区妇女发展水平仍然不平衡,社会对妇女潜能、才干、贡献的认识仍然不充分,我们必须继续努力,扩大推进妇女发展的领域。"希望阿富汗妇女更好地发挥"半边天"的作用,为阿富汗带来和平,建设一个更加繁荣与和平的世界。

（余育凡 译）

土耳其视角看"70 年中国发展与人类命运共同体"

艾德恩·努尔汉（Aydin Nurhan）
土耳其亚洲战略研究中心研究员、主席顾问

尊敬的同事们，女士们，先生们：

感谢论坛主办方中国国务院新闻办和承办方中国社会科学院完美组织本次活动并热情邀请我们参加。

亲爱的朋友们！

正如论坛主题与议题所述，我们知道，中国在化身新时代全球领袖的同时，也在探索如何应对内部挑战与全球性挑战。

在探索的过程中，我要重点强调两个关键点。第一，美国全球领导权的合法性正在减弱，中国是否有能力接替美国？第二是内部挑战，是对中国乃至整个世界的挑战，是世界人口城市化的挑战。

首先让我引用拿破仑·波拿巴（Napoleon Bonaparte）的一句话：

"中国是一头沉睡的东方巨狮。让她睡吧，因为她一旦醒来，必将会震惊世界。"

还有第二句：

伊本·赫勒敦（Ibn Khaldun）的比喻："国家就像人类；出生，成长，成熟，死亡"。如今，西方文明已达到顶峰，而中国正在崛起。

第三句来自塞缪尔·亨廷顿（Samuel Huntington）：

"……这种合作的最突出形式是儒教—伊斯兰教的联系，这样的联系已经出现，对西方的利益、价值和权力提出挑战。"

最后一句来自安德烈·弗尔切克（Andre Vltchek）：

"新丝绸之路是中国国际主义的旗舰。"

亲爱的朋友们！

首先我想和贵团体说一说"地球村的合法性"。

我之所以认为这个概念非常重要，是因为人类历史上仅持续56年的短暂片段——从1945年9月2日到2001年9月11日的"美国合法领导全球的时代"——即将过去。

既然合法性是领导的先决条件，那么哪些新兴大国有资格迅速填补美国留下的空缺，合法领导全球呢？

在全球的合法性游戏中，首先要充分相信自己是受人民爱戴的。到了第二阶段，不再受人民爱戴时，要让他们尊重你。最后，当不再被尊重时，要让他们敬畏你。这就是全球合法性的最后阶段。美国总统特朗普近日威胁要摧毁伊朗和土耳其经济，这就是一个很好的例证。"……如果土耳其做了任何在我伟大与无人能及的智慧看来是越界的事情，我将彻底摧毁土耳其的经济（我以前做过！）。它们必须与欧洲和其他国家一起受到监视……"

希望这可以活跃气氛，打破僵局。

亲爱的朋友们！

中国可能并不想取代美国成为全球领导者。中国不以"山巅上的光辉之城"、"昭昭天命"、"白人责任论"和"文明使命论"为傲。

然而，经济影响力带来军事影响力，而军事影响力又带来政治影响力。在这个地球村，要让中国重返历史时期的孤立主义并不容易。一个更美好公正的世界正在来临，势不可当。

从历史上看，均势意味着平衡，任何力图脱颖而出的势力都可能破坏这种平衡，陷入"修昔底德陷阱"，最终引发大规模灾难。这时，我们要进一步发问：人类是否应该恐惧大国崛起或大国衰落可能带来的毁灭性破坏？就如同人类，如果一个国家自觉强大而美丽，那一定是自信的，也应该是仁慈的。但如果自觉软弱和丑陋，则可能会做出丑恶之事。

全球合法性和领导力仰赖于强大的文明，而中国有。文明有一个强大的特征，那就是它会被"模仿"。如今我们会谈论一个戴着美国棒球帽，穿着美国运动鞋，听着美国音乐，看着好莱坞电影的世界青年。地球村渴望的中国生活方式是什么样的？一味地模仿吗？中文会代替英语成为世界通用语言吗？

再进一步说，对西方世界来说最重要的，是那些唯物主义者对"生活方式"的追求。他们热衷于这种生活。不只是他们，全世界被西方化的年轻人都是如此。甚至是阿富汗、伊朗和阿拉伯国家的年轻人也一样！事实上，土耳其的年轻人也同样如此。

那么问题来了：

我们被西方化到什么程度了？

从早到晚的日常生活中，多少事有传统文化的影子，而又有多少有现代西方文化的影子呢？

哪些西式设施可以被舍弃？

先别管西装领带，我们能让自己的孩子丢掉美国棒球帽吗？

我们能禁止西方网游、音乐和电影吗？

不可能。

的确，中华文明与亚伯拉罕诸教对应的西方文明是截然不同的。在这个信息时代，中华文明会为世界提供什么样的生活方式、艺术和价值观？美国之所以失去全球领导权的合法性，关键是因为信息技术将其公然且毫不掩饰的谎言、对政客的操控、将主流媒体作为战争机器的行径暴露无遗。在信息技术的时代，中国能否为国际社会提供一个更诚实、更合乎道德的媒体论坛？

从本质上讲，文明很容易宣传，外来文化的进入能使其更为充实，它会自行消化、综合这些文化，然后将其传播回原来的地方。纵观历史，文明之间相互交流，有些文明相互融合，有些文明相互延续，奥斯曼帝国文明正是波斯文明、阿拉伯文明和拜占庭文明的综合与延续。

中国正在这地球村中崛起，因此我们想知道这个密闭的盒子里装了些什么。基督文明与伊斯兰文明的行为模式从古至今都不难预测，与之相比，中国的近代历史将其领导全球的使命蒙上了一层面纱。我相信中国友人也在寻找答案。

美国的生活方式似乎将在很长一段时间内引领世界。然而，随着美国政治合法性的加速减弱，新一代世界人民在期待一个全新的世界，在这个世界上，能力不是法则，而是像土耳其总统埃尔多安（Erdogan）所说的，正义才是法则。国际社会能相信中国有这种领导能力吗？

美国的一大败笔在于，它只与欧洲和以色列交好。它只听到欧洲和以色列的声音。也许这就是为什么其合法性减弱得如此迅速的原因。

有人质疑中国是否能与"所有文明"共同构建人类命运共同体，而不是排斥"其他文明"。塞缪尔·亨廷顿（Samuel Huntington）表示，伊斯兰国家同西方国家泾渭分明，但和中国是可以合作的。

西方资本主义文明正在衰落，中国如何有力解决问题？全新的世界文明即将诞生，中国有何应对策略？未来的中国能否取得现实政治与理想政治的平衡？

中国的神秘性使其无法被合法性游戏所束缚。正如我在开头所说，美国的合法性时代只持续了约半个世纪。回顾其"带来民主"的所作所为，我们看到的却是在越南、阿富汗、伊拉克、叙利亚、利比亚、也门和巴勒斯坦等地数不尽的毁灭、灾难与苦难。我们看到的，是人类历史上最具杀伤力的"失败的超级大国"，是一个文职与军事人员不受总统控制的国家。这是美国民主制度的严重缺陷，也是人们关注的焦点。

亲爱的朋友们！

我们来谈谈城市化和世俗教育普及化。

有人预测，到2050年，联合国将有250个成员国。中国打算如何应对加速袭来的权力分散和微观民族主义风潮？

还有人估测，到2050年，全球约80%的人口将生活在城市中。正如德国谚语所说，"城市的空气使人自由"。压迫孤立的乡村农民不难。然而与之相比，城市人民受过更高的教育，个个我行我素，不言听计从，比较容易反抗。

随着城市人口从传承数千年的"宗教传统中的道德和人性价值"（马克思的"宗教鸦片论"）转向城市世俗的唯物资产阶级伦理，世俗教育将进一步促进唯物主义的发展。

在不久的将来，全球不公将引发世界范围内的城市骚乱。如今，我们在巴黎、巴塞罗那、圣地亚哥、加拉加斯、雅典、贝鲁特、罗马等地都看到了先兆。阿拉伯国家特别容易出现严重起义。随着中国农民拥入城市，中国也必须做好准备，应对挑战。

不公正现象频发，资本在少数人手中集中，大规模失业现象出现，我担心西方民主国家会滑向专制政权，而不是从专制走向自由民主。年轻一代前途黯淡。

"民族国家"这个相当年轻的概念和权力分散与微观民族主义风潮一样，可能无法撑过本世纪，取而代之的是为数不多市值万亿美元的公司，这些公司发展成为极权主义精英，在奥尔德斯·赫胥黎（Aldous Huxley）或乔治·奥威尔（George Orwell）描绘的未来世界里成为分散集团的统治者。

亲爱的朋友们！

介绍了这么多，现在让我对论坛的主题进行逐一分析：

首先是"开放"。

当东道主描述"人类命运共同体"时，他们用了"共同"一词，向我们传达了一个信息，即他们不想自我封闭、独自行动，而是希望对整个国际社会开放。

说到"全球社区"，我们首先想到的是"地球村"与"全球化"。全球化的神奇之处在于"交流"。不久的将来，地球上的每个人都将联结在一起。我们能阻止吗？我们应该阻止吗？

社会媒体上充斥着富有表现欲的年轻人。政府和市值万亿美元的公司呢？他们使用的新处理器速度比现有处理器快一百万倍。保密性又有多高？

世世代代接受世俗的、唯物主义的、统一的教育，渴望新的生活方式的同时牢记技术会使个体趋于统一（如智能手机的使用），这是不是就意味着人们即将拥有统一、共同的全球"身份"？

因此，我发现，新一代地球村的唯物主义世界哲学包含三个重要因素，即：世俗教育、城市消费生活方式和信息技术。

这里有一个重要的问题：回想雷·库兹韦尔（Ray Kurzweil）所说，信息技术是否会使全球社区趋于统一，在全球精英的统治下，所有文明和生活方式是否会进一步融合为一？

亲爱的朋友们！

既然开放是大势所趋，那我们来看看如何进行对话。

文明大多基于宗教，而宗教往往会吹嘘绝对的真理，因此，各文明之间会产生冲突。而今天，我与亨廷顿等人有不同的看法，我不认为文明在将来会产生冲突。为什么？因为世俗教育。全球范围的世俗教育在唯物主义的旗帜下将全球青年结成一体，达成共识。这是用唯物主义世界观和方法论淘汰数千年的旧式精神教育。我们或许会看到冲突，是的，但绝不是文明的冲突，而是物质利益的冲突。

今天是关于信息技术的基层对话。全球青年都已参与进来。他们如同战士，在网络上训练他们的猛兽。管制似乎无用。没有人知道社会媒体能否向好发展，用在正途。如果没有，则可能造成国内外混乱。

当我们谈论不同文明间的对话时，许多人会将其传统地理解为宗教或政治领导人之间的对话。但是，如果没有普通人、非政府组织、社会媒体和国际组织等基层的参与，领导人之间的对话将无济于事。

基于奥地利哲学家汉斯·科赫勒尔（Hans Köchler）的说法和伊朗总统穆罕默德·哈塔米（Mohammad Khatami）的倡议，联合国将 2001 年定为"联合国不同文明间对话年"。

另一项倡议——文明联盟于 2005 年由西班牙首相何塞·路易斯·罗德里格斯·萨帕特罗（José Luis Rodríguez Zapatero）提出，并由当时的土耳其总理雷杰普·塔伊普·埃尔多安（Recep Tayyip Erdogan）共同发起。

然而，所有文明都觉得自己至高无上。如今的西方文明已经疲倦，它是否做好了与其他文明平起平坐、平等对话的准备？伊斯兰与奥斯曼文明的哲学和历史实践是"和谐共存"，而不是消灭或同化其他宗教与文明。21 世纪的我们能做得更好吗？

我们需要共情。世界上还没有人试图让西方世界倾听他们的担忧。西方媒体作为地球村的主流媒体，其重心不在推进不同文明和谐共存，不在弘扬道德，也不在维护正义，而是延续西方国家在地球村的统治地位。

有什么补救办法？社会媒体。对新一代而言，社会媒体正在逐渐取代代表政府和资本主义利益的建制媒体。当权者自然而然会限制这种现象。

这将带来最后一个问题，不同文明间的合作。

正如我们所说，每个文明都是一个开放的接收系统，会不断综合丰富的外来信息。然而，所有文明都觉得自己至高无上。尤其是宗教对文明产生的深远影响，使其很难互相让步。

回想最近对不同宗教信仰对话的努力，第一反应是：宗教是神的真实话语，它们之间不能有任何让步，但对话之所以被称为对话，是因为这有助于不同宗教信徒和谐共处。

合作并不一定意味着平等国家的共同努力。相反，不同国家可能是不平等的。地球村是否能在强国与弱国间建立公正的关系？我是一名两鬓斑白的退休外交官，据我一生所见所闻，答案并不乐观。

然而，信息技术正在改变以宗教为基础的文明，它带来的是务实的、真实的、唯物的"生活方式"，而不是哲学的生活方法。自然的统一不一定需要合作。

说到合作，我还想知道，西方文明是否具有普遍性？看起来似乎是普遍的，但也有缺陷和不足。那么我们能否研究并保留西方文明中积极的部分，并将其与未来的全球文明综合起来，而不是被动等待？实际上，这是一个自然过程，而不是社会工程。

回顾历史，人们总在物质与灵魂之间来回磨搓。西方改革、文艺复兴和工业革命时期，物质是王道。唯物主义的不公会将人类推向精神文明吗？

没有明确的答案。一切都会自然发展，不会跟着社会运转。

然而还是会有疑问：信息技术会破坏人类的自然进化吗？

如果会，那么在这个被技术操控的人造未来里，讨论文明、全球领导力与合作又有什么用？

那么，还有必要选择一个全新的民族国家来领导世界吗？

感谢您的耐心聆听。

（余育凡 译）

中国70年的发展和社区建设与人类共同的未来

维森特·乌加尔德·萨尔达尼亚（Vicente Vgalde Saldaña）

墨西哥亚洲太平洋研究中心学术副主席

近年来，中国一直与经济发展这一理念联系在一起。在过去的20年中，令人印象深刻的经济增长率、制造业产出的加速增长以及同许多国家保持的贸易往来，使中国成为一个与其他经济体竞争激烈的国家。所有专家都欢迎并认识到这种情况，甚至对这种经济模式持保留意见的人也承认它对社会现代化的影响。关于对这种经济模式的成功和挑战的评价可能是多方面的，但事实是，由于所有国家的命运都在历史的权威之下，我们不得不承认并为中国人民在过去的70年中取得的成就欢呼。

在世界任何地方，加速的工业化、迅速的城市化以及城市生活所带来的种种困难是与经济发展有关的悬而未决的挑战。更大的挑战来自人们意识到不仅需要保障大量居民在有限的土地上共存，还需要满足当今人口的需求并不应损害子孙后代满足其需求的能力。这些是本文提出的工业化、城市化和城市生活可持续性的一些挑战。

当前的情况和对城市系统未来几年的预测预示着城市化进程的巩固。联合国预计，到2050年，地球人口将达到98亿，而且这种增长将主要发生在城市：城市人口将从2018年的42亿增加到2028年的50亿，2041年增加到60亿，2050年达到67亿；换句话说，在这22年中，城市人口将增加25亿，而世界人口将从76亿增加到

98 亿①。城市化表现为人口集中在大城市；根据《世界人口评论》，目前有 65 个城市的人口超过 100 万，而有 360 个城市的人口在 10 万至 100 万之间。牛津大学的一份报告指出，到 2035 年，全球最大的 100 个城市中有 34 个将出现在中国②。这些城市将成为经济增长的引擎，到 2027 年，亚洲城市的 GDP 总量将首次超过北美和欧洲城市的 GDP 总量。该报告指出，将由城市主导经济增长，到 2035 年，上海将与伦敦并列，以 GDP 衡量，排在最重要的城市经济体的第四位，仅次于纽约、东京和洛杉矶。如果 2019 年至 2035 年，世界经济以平均每年 2.6% 的速度增长（按不变价格计算的 GDP），那么 780 个主要城市的年经济增长率将达到 2.8%，仅在中国，排名前 10 位的城市中就有 4 个（上海、北京、广州和深圳）。

实际上，到 2011 年底，中国的人口主要是城市人口（51.27%），其中城镇人口 6.9077 亿，农村人口 6.5656 亿③。据估计，到 2020 年，城市人口将达到 8 亿，这意味着在基础设施、交通、能源、饮用水以及废水和废物处理等方面有巨大的需求。

因为增长率较高或较低的城市化现象无处不在，这一简短的挑战清单并不是世界某个国家或地区独有的。本文不打算详尽无遗地叙述，值得注意的是，中国的城市化和城市的多样化扩张不仅涉及人口状况，而且涉及城市生活的可持续性，都需要采取一些预防措施④。以下是国际

---

① United Nations, Departament of Economic and Social Affairs, Population Division (2019), World Urbanization Prospects, The 2018 Revision. (ST/ESA/SER. A/420). New York：United Nations.

② Holt, Richard (2018), Global Cities：The future of the world's leading urban economies to 2035. Oxford, UK：Oxford Economics.

③ Naciones Unidas estima que la población urbana en China pasó de 42. 5% a inicios de 2010 a 55. 5% al iniciar 2015. United Nations, Departament of Economic and Social Affairs, Population Division (2019), op. cit., p. 18.

④ Una clara explicación de cómo las diferencias del sistema de ciudades de China se expresa en la expansión urbana observada puede verse en Guangdong Li y Feng Li (2019), "Urban sprawl in China：Differences and socioeconomic drivers", *Science of the Total Environment*, 673, p. 376 – 377.

组织对城市可持续性概念的一些解释，即采取何种类型的措施和预防手段；将以中国为例，回顾一些具体的措施，将实现城市可持续性的要求转化为具体的行动，但总的来说，保护环境是可持续发展的必要条件之一。

联合国在三个主题框架下对可持续城市化提出了这些挑战：可持续性、包容性和复原性①。关于包容性，提出了有关实现空间和社会平等以及领土均衡分配和进入公共空间的选择。关于复原性，建议加强风险管理，避免在增加人口暴露和脆弱性的地区进行城市化，甚至将城市暴力降至最低。关于可持续性问题，开发计划署建议考虑减轻城市交通负担的发展选择，这将加强高效和综合的公共交通系统，并制定政策阻止私家车的使用。在能源方面，它提出了在环境成本最低的前提下进行能源生产，在建筑物中采用节能措施，实行对建筑物的能源效益机制进行投资的激励措施，以及采取对可再生能源投资的激励措施。最后，它提出了废弃物管理方面的选择，不仅包括通过废物的处理、再利用和再循环来减轻这些废物对环境退化的影响，而且还包括从废物中产生能量，同时减少温室气体排放。

面临的巨大挑战是制定能够促进可持续和公平的城市发展政策；在城市发展中，所有居民都能分享由此带来的好处。在另一份文件中②，联合国提出了与可持续发展目标 11 相联系的建议，以使城市具有包容性、安全性、复原性和可持续性。总的来说，有人建议城市应该致力于创造财富和体面的就业机会，而不是阻止外来人口；建议提供必要的基础设施，以向这些人群提供水和卫生、能源、运输和通信条件；努力维持健康的环境，确保平等地获得住房。联合国还建议考虑妇女、青年和老年人的需求，特别是为了促进健康老龄化；最值得关注的是贫困人口和残疾人。这些挑战是多方面的，不仅涉及如何管理城市发展，而且涉及基础设施和交通政策、就业政策、决定土地使用模式的政策，以及关

---

① UNDP（2016），*Sustainable Urbanization Strategy. UNDP's Support to Sustainable, Inclusive and Resilient Cities in the Developing World.* New York：United Nations Development Program.

② United Nations，Departament of Economic and Social Affairs，Population Division（2019），*op. cit.，*

于人口和领土活动的分配和安置的政策。这些政策也与那些寻求保护环境的政策相关，本文将探讨他们最近的一些发展情况。

通常，关于经济活动加速对自然资源需求并导致污染增加的学术思考是丰富的[①]。Stephen K. Ma[②] 分析了经济全球化给中国带来的环境挑战，并质疑这是否对国家环境政策的制定产生了影响。正如我们将看到的，近年来，政府为保护环境采取的干预措施成倍增加。原因很多，例如，认识到环境保护对于保证可持续的经济发展至关重要，或是国际上的承诺，或者正如经济科学所承认的那样，因其外部性或者公共产品属性，国家对环境问题的干预是合理的[③]。为此，作者回顾了中国政府为解决该国环境恶化问题所做的一些努力。与其他任何国家一样，经济发展特别是在其初期阶段，意味着在环境保护方面的存在疏漏，或至少在环境保护方面的努力往往不足。就中国而言，已经制定了一项环境保护政策，旨在应对地球环境恶化的挑战。

自 20 世纪 70 年代初以来，中国政府采取了一些有针对性的举措。1972 年参加斯德哥尔摩人类环境峰会后，中国启动了一些有关环境保护的法律规定。一方面，制定《野生动物保护法》；另一方面，也是在1973 年，制定了《工业"三废"排放试行标准》。此外，1956 年颁布的《工业企业暂行设计卫生标准》也在这一年进行了修订。

1978 年将环境问题写入宪法，并在随后的几年中将应对环境保护挑战的决定在立法、学术和政府各级转化为具体措施。一方面，起草了几项重要的法规：《环境保护法》、《森林法》和制定保护水生资源、农业灌溉用水质量和鱼类养殖用水质量的标准，以及安全使用杀虫剂的标准。同年，中国环境科学学会成立，1982 年成立城乡建设环境保护部。由于排放和城市地区人口集中带来的挑战，协调经济发展与环境保护的

---

① Por citar un ejemplo, Diez Jordi y O. P. Dwivedi（2008），*Global Environmental Challenges. Perspectives from the South.* Toronto：Broadview Press.

② Ma, Stephen K.（2008），"Environmental Management in China：Globalization and its Challenges", en Diez y Dwivedi *op. cit.*，pp. 43 – 62.

③ Bacache-Beauvallet, Maya（2008），"Marché et droit：la logique économique du droit de l'environnement，*Pouvoirs*，127，pp. 35 – 47.

努力不得不成倍增加①。从那时起，城市问题与环境问题之间的联系就出现了。实际上，从 20 世纪 70 年代，人们开始关注平衡城市系统，推进有利于中小城市发展的规划；合理限制大城市的扩张；除此之外，还建立并推广了对建设项目的影响评估。在关注环境问题时，科学家和中国科学院发挥了重要作用②。分布在许多教学和研究中心的科学家和技术人员在环境科学方面的专业知识助力于该国的环境保护。

近年来，有效和迅速的经济增长不断考验现有的环境保护措施。这些日益严峻的环境挑战无疑是从 2011 年起对《环境保护法》进行重大修订的原因。这一修订过程很有趣，因为展示了不同的观点，其中一些更具有改革性，另一些则赞成对《环境法》进行渐进的改革。此举在公开讨论环境问题并随后将其转化为立法文书方面取得了重大进展③。

2014 年，通过了修订后的《环境保护法》，以改善计罚的定义，加大处罚力度。还采取措施保障公众在环境问题上的知情权，并加强执法机构的能力以及地方政府的问责机制。近年来进行的另一项改革与 2016 年初生效并为防止和控制环境污染的法律相关，该法特别关注污染源、排放量和污染物密度。此外，2013 年至 2016 年间，政府发布了三项十点行动计划，以实施有关空气、水和土壤污染问题的新法律法规。这项新的法律制度的执行需要对环境保护部的行政机构进行一些调整，特别是污染防治部门和总污染物控制部门，在三个领域进行了重组：空气、水和土壤④。这些修改带来更严格的执行环境立法，包括加强地方政府

---

① Ma, Stephen K. (2008), "Environmental Management in China: Globalization and its Challenges", en Diez y Dwivedi *op. cit.*, 52 – 53.

② Ma, Ibíd.: 48, Véase también Qu, Geping y Woyen Lee, [eds.] (1984), *Managing the Environment in China.* Dublin: Tycooly Internationa publishing.

③ Sobre el proceso de revisión de la Ley de protección ambiental iniciado en 2011 véase Lei Zhang, Guizhen He, Arthur P. J. Mol & Xiao Zhu (2013) Power politics in the revision of China's Environmental Protection Law, *Environmental Politics*, 22: 6, 1029 – 1035. DOI: 10.1080/09644016.2013.843866.

④ 13 Véase Bo Zhang, Cong Cao, Robert M. Hughes y Wayne S. Davis (2017), "China's New Environmental Protection Regulatory Regime: Effects and Gaps", *Journal of Environmental Management*, 187, pp. 464 – 469.

的控制以及对污染企业进行大量的检查和实施严厉的制裁。仅在 2015 年，就检查了 177 万家企业，对 19.1 万家公司提起了诉讼，共关闭 2 万家企业，部分关闭了 2.4 万家企业①。由于污染控制法律框架的这些变化，对环境问题进行了司法处理。张和他的同事提到了 50 多起民事和行政诉讼，其中，两个非政府组织（"自然之友"和"福建绿色之家"）获得法官的命令，要求对无证采石场作业造成的森林和土地损失进行索赔并实现生态恢复②。

由于现有环境资料的质量，他们认识到仅凭这些修改无法立即对环境产生明显的改善作用，因为与该问题有关的信息是最近的，且仅在最近几年才制定了传播措施；一些作者表示，环境目标的定义和减少污染的定义并不完全基于有关环境能力或人类健康的科学信息③。尽管如此，事实上，不仅通过政策手段及能力的逐步改进，降低经济活动对环境的影响，为环境的显著改善铺平了道路，而且也代表中国政府对环境保护的承诺，因此该国在环境保护方面的领导地位得到了加强。从这个意义上讲，尽管其结果在环境层面上并不明显，但地方政府建立的环境保护绩效评估系统表明，通过一定之规，可以快速实现调整和改进环境管理。但最重要的是，它反映了一项强有力的政治承诺，尽管这还不够，但对于改善环境管理至关重要④。十多年来，Stephen K. Ma 在认同全球化时毫不掩饰自己的乐观态度，这不仅是中国出口行业的引擎，也是国际需求对当地生产方式提出要求的载体，使其对环境的危害更小。根据该作者的说法，诸如 2005 年，数百万加仑的有毒液体泄漏到松花江或奥运会前北京的天气状况等灾难已经引发了环境政策的适当变化⑤，例

---

① Zhang et al. , Ibíd. , p. 465.

② Zhang et al. , Ibíd.

③ Zhang et al. , Ibíd.

④ Estas son algunas de las conclusiones del estudio realizado en la ciudad de Shenzhen. Lei Liu, Martin de Jong y Ying Huang（2016），"Assessing the Administrative Practice of Environmental Protection Performance Evaluation in China: the Case of Zhenzhen", *Journal of Cleaner Production*, 134, p. 51 – 60.

⑤ Ma, op. cit. p. 60.

如对《环境保护法》以及与动物、渔业、残留物和林业活动有关的其他法律的修改，以及在本文中所述的环境管理手段的逐步使用。

　　环境可持续性还取决于城市生活的消费模式。尽管城市居民比农村居民消费更多，消耗更多的能源，并产生更多的 CO_2 排放，但这些消费方式的变化可能对可持续性产生明显影响。城市生活是协调发展与环境保护的契机，在中国及其众多大城市中，日新月异的变化和技术创新将在未来的几年引领这一潮流。

（余育凡 译）

乌拉圭视角看"70年中国发展与人类命运共同体"

韦欣顿·鲁本·杜伦·科雷亚（Washington Ruben Duran Correa）
乌拉圭国际关系委员会委员
工业总会对外贸易委员会主席

首先，我要感谢中国社会科学院国家高端智库，特别感谢你们邀请乌拉圭国际关系委员会（CURI）和我前来参会。另外，作为乌拉圭国家工程院的正式成员，我非常荣幸能在中国社会科学院组织的论坛上与杰出的同仁们分享一些想法。

这个主题是为引发我们思考而提出的，值得深入的分析，不可能在简短的报告中进行全面的讨论。因此，只提出一些我们认为与经济发展有关、能以最公平与环境可持续的方式有效促进人类包容性发展的观点。

尽管可能多余，但我必须在进入主题之前进行一些思考；因为我无法从自己的硬科学学术训练中抽象出来，因此我需要对要提到的概念加以定义，以便后续展开。

很显然，经济增长与发展不同。但是，社会发展水平有时候是根据其增长或经济能力来定义的——通常——以人均国内生产总值来衡量。一个特定国家的人均国内生产总值可能相对较高，但其人民的发展水平可能无法与其他有同等收入的国家相提并论。我个人认为，这完全适合用来形容乌拉圭。

尽管从国际角度而言，中国和拉丁美洲国家都属于发展中国家，但仍无法比较两者在某些领域的发展水平。

乌拉圭的人均国内生产总值几乎是中国的两倍，但两国的发展水平却大相径庭。

中国是世界第二大经济体，并且正在成为世界第一大经济体，而大多数拉丁美洲国家在萧条与停滞中挣扎，受制于高额公共债务和巨额财政赤字。

所有事实表明，在发展水平和促进经济增长的能力方面，两地之间存在显著差异。

另外，我们也需要阐明包容性发展这一概念。对此的国际定义相对复杂，为比较不同国家现实状况而建立的世界经济论坛给出了它们的定义。

一般而言，定义指明了国家要如何将人口包括到各种社会和经济项目的考虑范畴中。但是此刻，我们想谈一谈，该如何将不同国家纳入世界经济体系中，因为在目前的情况下，有许多国家，或者说几乎整个大陆都处在被排斥的边缘。

这导致当今世界面临许多问题。大规模的人口迁移（无论是出于经济原因、区域战争还是逃离恐怖主义）就是这种排斥所带来的负面影响。有的国家存在部分人口流失问题，有的国家被迫接收大量人口，这些人不是天差地别，就是可能会带来一连串的问题。

因此，为了一个国家居民的包容性发展，有必要为全球所有国家创造包容性发展的机会。虽然这是共同责任，但最强大的经济体有必要承担起各个领域合作的责任，创造有效的包容性发展氛围。

我们认为，这次活动是为各国更多地参与全球经济和治理的好机会。显然，每个国家都应对自己的命运负责，但是在全球经济和信息加速发展的时代，国际环境扮演着愈发重要的角色，决定着最需要帮助的国家的可能性。因此，需要通过国际合作来消除全球化的负面影响。

然而需要提醒的是，强国不应趁弱国寻求援助之际掀起新一轮殖民主义浪潮。古代西班牙和葡萄牙在拉丁美洲的殖民地应被视为独立的发展中国家。

拉丁美洲，尤其是更小的经济体，都被排除在国际价值链和新科技发展领域之外，不参与协商超越关税贸易之外的新贸易规则，这些新规则强加了技术、卫生和其他方面的准则，但目的根本不是保护人类健康与环境，而是保护强国经济。我们有必要依靠多边组织寻求规范融合之道，而不是直接将弱国排除在国际贸易之外。

自 20 世纪末以来的中国经济的高速增长一直是世界贸易增长的动力，同时主要也是那些原材料、能源与食品供应国的动力，因为中国需要购买这些物资，以维持自身发展，改善人民生活质量。

总体来说，供应国增加对中国的出口和进口就是最好的印证。如果我们不做进一步分析，根据大量数据可以发现，在某些案例中，中国与发展中国家之间的贸易是平衡的；中国一向支持发展中国家。

但是，如果我们深入分析可用数据，会发现中国的进出口贸易流量存在一些质的差异。这是一个普遍问题，大多数发展中国家与中国的商业关系中都有类似情况。

为避免其他国家发生同样的情况，我们以乌拉圭为例。尽管乌拉圭是很小的经济体，人口只有 350 万，比上海某些区的人口还要少，但我们可以把乌拉圭看作一般情况的代表。

乌拉圭对中国出口的产品主要有以下 5 种——肉类、大豆、纤维素、木材和羊毛，占乌拉圭对华出口总量的 90% 以上。

乌拉圭从华进口贸易更为分散，十种主要进口产品加起来不超过总量的 30%。这些产品包括手机、化学药品、计算机、电视、其他电气与电子设备和汽车。

如你所见，乌拉圭对华出口和从华进口的产品在集中程度和制造水平上都存在显著差异。

这也体现在产品的内在价值上，产品以某种形式反映了技术含量。根据过去八年的平均水平来看，按美元计价，中国出口到乌拉圭的产品每公斤价值要比乌拉圭出口到中国的高出 5 倍。

正如我们所说，尽管这是来自乌拉圭的统计数据，但有国际资料证实，即便个别产品不同，其他国家也有相似的情况。

另一个用于分析国家之间经济联系的相关数据是投资数据。尽管 2016 年到 2018 年的乌拉圭由于各种原因经历了外国撤资，但在之前几年外国直接投资非常重要的时期，中国在乌拉圭的投资仅占投资总额的

2%。另外，在有负投资记录的近三年里，中国的平均投资减少比例为 15%。换句话说，相比积极的市场趋势，中国在乌拉圭的投资更易受消极市场趋势的影响。

之所以这么说，是因为投资是增长乃至发展的基础。

显然，拉丁美洲国家吸引投资的任务尚未完成：提高内部成本、生产力、基础设施、物流、劳资关系、安全、教育与科技发展项目的投资，改善国家成本与服务之间的关系。这是所有拉丁美洲国家或多或少必须尽早面对的问题。这不仅是政府的任务，也是个人的任务，无论是商人还是工人，科学家还是学生，我们都必须全力以赴，而不是一味等待外界的帮助。无论如何，必须通过国际合作解决问题，决不拖延。

这个词改变了世界，但也反映了现实。变化一直是文明发展的特征，如今不同的是变化的速度。今天制造的产品放到十年或十五年后可能已经过时了，所以我们需要永久创新。这也标志着合作必须跟上变化的脚步，以帮助构建一个具有共同命运的、更具包容性的全球社会。

谢谢大家。

上海，2019 年 11 月 5 日

（余育凡 译）

尼日利亚视角看"70年中国发展与人类命运共同体"

查尔斯·奥克丘库·奥努奈居（Charles Okechukwu Onunaiju）

尼日利亚中国问题研究中心执行主任

尊敬的与会人员：

很高兴来到中国著名的国际大都市——上海参加这一重要活动。借此机会，我要感谢中国社会科学院国家高端智库的邀请。

70年前新中国的成立和1917年俄国布尔什维克革命的胜利，是20世纪发生的为数不多的大事件。在此之前，普通劳动人民打破历史屏障、敢于掌握命运并建立起当家做主的政治与社会秩序的想法大多属于马克思主义科学理论和哲学思考范畴，而哲学和历史都化作了解放大众的武器。中国革命在历史的洪流中脱颖而出，成为人类最宏伟的事业，往后的70年从此掀开了人类历史的新篇章。

新中国成立70年以来取得了巨大进步，1922年7月的中国共产党第二次全国代表大会充分体现了科学的世界观，会议阐述了党的性质，要求中国必须走适合中国独特国情与社会现实的道路。大会还表示，"中国共产党不是知识分子的学术团体，也不是脱离开群众的空想组织，而是无产阶级中最有革命精神的群众性的为无产阶级利益奋斗的先锋队"，"党的一切运动都必须深入到广大的群众中去，都必须是不离开群众的"。当今发展阶段，中国共产党从对历史轨迹的深刻审问和经验中认识到，人类愿望的集中体现是推动人类社会前进的普遍趋势。当今国际秩序主要是二战后形成的，目前尚不能反映人类对命运共同体和包容性国际秩序的广泛期望。当今人类的历史背景与社会现实客观地挑战了战后国际秩序，使其顺应科学技术飞跃带来的现代人类愿望。虽然领土完整和国家主权仍是当今与以后国际秩序的基石，但现代国家必须接受，人类愿望没有界限，正在融为一体。尽管国家主权和领土完整应当受到尊重，国家边界神圣不可侵犯，任何国家不能干涉别国内政，但是主权国家也应为人类的共同愿望提供方便，为构建人类命运共同体出一份力。

人类结成利益共同体是客观的历史趋势，它自成一体，制造了机会，却也带来了挑战。

习近平主席于5月（译注：2017年5月）在北京举行的第一届"一带一路"国际合作高峰论坛上发表了主旨演讲，对这一发展趋势提出了重要的见解。他说："从历史维度看，人类社会正处在一个大发展大变革大调整时代。世界多极化、经济全球化、社会信息化、文化多样化深入发展，和平发展的大势日益强劲，变革创新的步伐持续向前。各国之间的联系从来没有像今天这样紧密，世界人民对美好生活的向往从来没有像今天这样强烈，人类战胜困难的手段从来没有像今天这样丰富。"然而，对人类美好前景与机遇如此丰富而热情的描述和严峻的挑战并存。

习主席在会上还强调："从现实维度看，我们正处在一个挑战频发的世界。世界经济增长需要新动力，发展需要更加普惠平衡，贫富差距鸿沟有待弥合。地区热点持续动荡，恐怖主义蔓延肆虐。和平赤字、发展赤字、治理赤字，是摆在全人类面前的严峻挑战。这是我一直思考的问题。2013年秋天，我在哈萨克斯坦和印度尼西亚提出共建丝绸之路经济带和21世纪海上丝绸之路，即'一带一路'倡议。"

"一带一路"国际合作框架并不是宣告新霸权国家到来的宏伟的政治词汇，世界不应为此感到"震惊与恐惧"。它是对人类现状、其带来的机遇与挑战和前瞻性规划进行严格科学考量的结果。尽管当今国际秩序很不合理，却在试图通过让所有国家广泛参与、广泛磋商，维护全球利益相关者的共同利益，建设国际社会实体联盟，以弥补不足。

中国的"丝绸之路经济带"与"21世纪海上丝绸之路"（也叫"一

带一路"倡议），是涵盖了陆地、海洋和数字基础设施的全球连通性的庞大框架，不仅符合人类意之所趋，并且采取有力行动，参与全球一体化，将全球化的对象从资本家转回到全人类。

当今"一带一路"新型国际关系与合作框架是人类强大创新、智慧、文化与精神力量协同作用的结果，其灵感来源是古代丝绸之路，赋予其卓越的历史底蕴。与之类似的还有跨撒哈拉贸易路线，该路线将撒哈拉以南非洲与北部阿拉伯国家和欧洲相连接。实际上，在 19 世纪因欧洲资本主义兴起而沦为奴隶贸易路线之前，这条路线主要用于贸易、文化、知识交流与宗教传播。

跨撒哈拉贸易路线本质上是 7 世纪至 14 世纪连接撒哈拉以南非洲、阿拉伯国家与欧洲世界的商品过境路线，交易的商品包括贵金属（例如黄金）。跨撒哈拉贸易路线后来有所延长，与连接欧洲和中东的更为成熟的丝绸之路贸易路线相交。

在跨撒哈拉贸易路线上交易的商品中，黄金资源广为撒哈拉以南非洲国家（例如古加纳王国、马里帝国和苏丹地区）所追捧，而欧洲国家则以盐为主进行贸易。除商品贸易外，跨撒哈拉贸易路线还促进了非洲与阿拉伯的文化交流，促进了伊斯兰教的传播。

摩洛哥旅行者伊本·白图泰（Ibn Battuta，1304～1377）是穿越跨撒哈拉贸易路线与神秘丝绸之路的非洲重要的历史人物之一。

新兴国际体系的特点是广泛包容、各方参与与多方联系。古代丝绸之路、跨撒哈拉贸易路线和伟大人物伊本·白图泰的精神赫然耸现。

尽管古代丝绸之路、跨撒哈拉贸易路线和其他类似的为构建人类命运共同体做出的历史努力无法完全顺应当代复杂的国际体系，但它们共同传承着人类永恒的精神，即使地域广泛、种类繁多，彼此也能找到归宿。

古代丝绸之路和其时代精神的重新发现为中国"一带一路"倡议下的国际合作奠定了基石，展现出持久而强大的人类精神，尽管经历了风雨，最终还是规划出一条最好的道路。

因此，将历史画卷与关乎全人类未来的当代挑战联系起来，是不可思议而又深刻的理论探索。

"一带一路"倡议是当代科学发现之一。过去的路线图已经做到兼收并蓄，可以适应全球一体化的客观需求，却未能建立起关键性的基础设施，无法推动构建人类命运共同体，而"一带一路"倡议脱颖而出，解决了这个棘手的问题。有少数派人士认为，这是中国加速统治的宏伟战略，但无论如何，我们都不能过分强调"一带一路"进程带来的理论与科学影响。

"一带一路"倡议的提出并非偶然，它不是什么力量的投射，也不是新兴世界警察的地缘政治演算。它是无产阶级政党和其领导的政府与人民认真努力的理论结果，是对当代社会现实进行科学审讯的完美体现，是对事实进行高度检验、对改革道路进行反复尝试、对真理进行深入探索的结晶，是中国共产党最新的理论成就，贯彻落实了习近平新时代中国特色社会主义思想。

"一带一路"倡议是在对当代现实进行客观分析与质疑中提出的，是对人们构建人类命运共同体的共同愿望和全球趋势的深刻把握。"一带一路"倡议涵盖的高深莫测和严谨的思想是其社会成就的具体化，其宏伟的实物路线图和高度的全球包容性体现了为广大人民利益艰苦奋斗的中国无产阶级的足智多谋，他们身负重任，旨在增进中国人民福祉、促进共同繁荣。有趣的是，他们认为，中国人民与世界人民的福祉与繁荣是相辅相成的。

客观上看，和平与发展、包容与参与是人们普遍的共同的愿望，而国际秩序中现存的孤立主义和单边主义与之背道而驰。前者渴望实际表达，而后者仍坚持冷战时期的强权政治与霸权主义意识形态。

与此同时，新型国际合作具有前所未有的精神，这是一种意识形态和知识层面活跃激荡的思想，它使冲突的范式具有合理性和可能性，使其成为国际交流的原动力，也成为一个富有魅力的学术课题。最近的一次典型，是美国哈佛大学肯尼迪学院贝尔弗科学与国际事务中心主任格雷厄姆·艾利森（Graham Allison）撰写的《注定一战：美国和中国能否逃脱修昔底德陷阱?》，尽管其反响并没有 1902 年（译者注：原文如此，应为 1989 年）弗朗西斯·福山（Francis Fukuyama）提出的"历史的终结"之说来得强烈。

古希腊历史学家修昔底德指出，"雅典的崛起所引起的斯巴达的恐惧"是伯罗奔尼撒战争爆发的根本原因。格雷厄姆·艾利森教授称，在过去五百年里，发生过 16 次新兴大国挑战守成大国的案例，其中 12 次发展成了战争，只有 4 次实现了和平过渡。教授进而发问："中美关系正受到一种修昔底德式态势的推动——崛起的中国是否会冲击占据主导地位的美国？"

尽管他表明，可以在维护两国切身利益的前提下施展战略想象力以避免"冲突"，但他对新兴的国际趋势——地缘政治演算服从于客观促进人类共同愿望融合的当代一体化机制——并不感兴趣，反倒是沉迷于战略冲突管理。

虽然格雷厄姆·艾利森的"修昔底德陷阱"理论是在当代中国崛起与美国现实生存困境中提出的，在很大程度上却呼应了塞缪尔·亨廷顿（Samuel Huntington）教授提出的"文明冲突论"。

然而，20 世纪 70 年代初期与时任美国总统理查德·尼克松（Richard Nixon）共同开创现代中美关系的美国外交元老亨利·基辛格（Henry Kissinger）在他 1704 年（译者注：原文如此，应为 2015 年）发表的颇有见地的著作中问道："通信的方便快捷和无处不及能够突破社会和个人之间的壁垒吗？在透明的世界里，能让古老的人类共同体梦想变成现实吗？还是正好相反，由于大规模杀伤性武器、网络透明度、缺乏隐私，人类被迫进入一个没有任何界限或秩序的世界，在无法理解的危机之中挣扎？"

然而，尽管人类现状的复杂性有助于发展对知识的思索，但仍需要以包容、参与为原则，运用更为严谨的理论来认知不断发展的轨迹，从而在全球范围内就该框架和物理与组织架构图达成广泛共识。

中非双方领导人于去年（译者注：2018 年）9 月在北京举行的中非合作论坛（FOCAC）上对中非命运共同体表示高度肯定，共同倡议"世界各国同心协力，构建人类命运共同体，建设持久和平、普遍安全、共同繁荣、开放包容、清洁美丽的世界，建设相互尊重、公平正义、合作共赢的新型国际关系，维护和促进世界和平与发展。"

中非合作论坛北京峰会的成功召开明确提出了当代世界体系的基本架构，即通过积极参与与合作，推动构建包容性国际秩序。

中非两国是命运共同体的典范，他们通过中非合作论坛向世界证明，尽管各国的地域、社会制度与政治组织千差万别，但只要彼此真诚、务实合作、相互尊重、亲切友好，一切皆有可能。

中非关系是以真诚友好为原则的当代国际合作的趋势，是重新定义国际关系，抛弃冷战后零和博弈、强权政治与霸权主义旧观念的强大动力和难得机会。

手握庞大而恶性的特殊利益，蜷缩在过时的国家政治舞台角落里，要让他们突破老旧的冲突范式和联盟范式、承接起发展国际合作伙伴关系的历史使命绝非易事。推动构建人类命运共同体是顺应历史潮流的结果。

中国是推动建立包容性和合作性国际秩序的强大动力，它并非所谓的"超级大国"，而且在我看来，它也不想成为"超级大国"。

曾经的副总理邓小平消除了一切对中国"霸权"的误解。他在1974 年 4 月 10 日召开的联合国大会特别会议上发表了一次具有里程碑意义的讲话，他将超级大国定义为"到处对别国进行侵略、干涉、控制、颠覆和掠夺，谋求世界霸权的帝国主义国家"，他宣告，"中国永远不称霸，永远不做超级大国"。

邓小平坦率地告诉世人："如果中国有朝一日变了颜色，变成一个超级大国，也在世界上称王称霸，到处欺负人家，侵略人家，剥削人家，那么，世界人民就应当给中国戴上一顶社会帝国主义的帽子，就应当揭露它，反对它，并且同中国人民一道，打倒它。"

邓小平是中国第三代（译者注：原文如此，应为第二代）中央领导集体核心，他对中国的改革开放有着深刻的见解，因此受到广泛赞誉，向世界描摹了包容性发展与参与国际合作的历史轨迹。50 年后的中央领导核心习近平主席于去年（译者注：2018 年）9 月在中非合作论坛北京峰会上宣布："面对时代命题，中国将积极参与全球治理，秉持共商共建共享全球治理观。"

习近平主席指出，"中国愿同国际合作伙伴共建'一带一路'。我们要通过这个国际合作新平台，增添共同发展新动力"，并郑重许诺："中国把为人类做出新的更大贡献作为自己的使命。中国愿同世界各国携手构建人类命运共同体。"

中国在全球各地区都有发展足迹与伙伴关系，因此，中国一定会恪守诺言，坚守其推动包容与公平的世界秩序的历史愿景。

"一带一路"倡议下的国际合作新模式和人类命运共同体的美好愿景是当今时代两个重要的问题，对其重视的程度将直接影响人类的命运。

（余育凡 译）

概述：70 年中国发展与构建人类命运共同体

朗·潘哈里斯（Panharith Long）

柬埔寨合作与和平研究院研究员

介　绍

今年 10 月 1 日是中华人民共和国成立 70 周年。在这 70 年里，中国取得了里程碑式的成就，从第三世界国家一跃成为世界经济强国。中国与世界关系的深刻变化使 8 亿人口在相对较短的时间内摆脱了贫困。在过去几十年里，国际贸易和投资一直是中国经济转型不可或缺的一部分。近来，全球出现了气候变化和恐怖主义等众多危机与非传统安全威胁，为了应对这些问题，中国提出了人类命运共同体的新概念。该提议旨在让每个国家获利，以建立繁荣的全球社区。

以下内容将探讨中国过去 70 年发展和基于利益共同体和责任共同体的人类命运共同体理念。

70 年发展：改革、成就与挑战

1949 年，中华人民共和国刚刚成立时，还是世界上最贫穷的国家之一，人均国民总收入略高于 700 美元，仅为当时美国的 5%。[1]

---

[1]　Bert Hofman, "Commentary：The People's Republic of China at 70 – Reforms, Achievements, and Challenges," CNA, September 28, 2019, p. 1. Hereinafter "Hofman's Commentary", https://www.channelnewsasia.com/news/commentary/china – 70 – years – xi – jinping – challenges – us – trade – war – ccp – reforms – 11945014.

中华人民共和国成立初期，中国的计划经济取得了长足发展。1952
年，中国解决了通货膨胀问题，走上了集体化道路，成立了国家计划委
员会，制定了中国第一个五年计划。毛泽东提出的社会主义改造总路线
使国有化与集体化得到了加强。中国的计划经济受到了苏联模式的影
响，一直持续到 1978 年。①

改革的第一阶段：对外开放

经过 40 年的改革开放，中国发展成为世界第二大经济体、第一大
工业制造国和货物贸易出口国、第二大研发支出国。② 如今，大多数中
国人居住在城市。③ 中国有望在未来 10 年内成为高收入国家，并在明年
基本消除极端贫困。中国人均国民总收入从 1978 年的 308 美元持续增长
到 2018 年的 8800 美元（译者注：原文如此，应为 2017 年的 7329 美
元），增长了 25 倍。④

中国的减贫成就很大程度上归功于 1978 年后改革所带来的经济持
续快速增长。邓小平有句名言："贫穷不是社会主义，更不是共产主
义。"价格放开，所有权多元化，允许私营部门蓬勃发展，加强产权保
护，并大力投资基础设施和人员培训。宏观经济相对稳定使得高储蓄转化
为高投资和快速城市化，这使得快速的结构转型和生产力增长成为可能。
"大跃进"后，邓小平于 1962 年首次发表对经济改革的看法——"不管
黑猫白猫，捉到老鼠就是好猫"，这也成了改革家务实工作的信条。⑤

---

① Jeffrey Sachs, （2005）*The End of Poverty：Economic Possibilities for our Time*, New
York：The Penguin Press. pp. 155 – 157.

② "China Maintains World's Largest Pool of R&D Personnel," Xinhua, accessed
October 29, 2019, http：//www. xinhuanet. com/english/2019 – 07/23/c _
138250922. htm.

③ Michael Wines, "Majority of Chinese Now Live in Cities," *The New York Times*（The
New York Times, January 17, 2012）, https：//www. nytimes. com/2012/01/18/
world/asia/majority – of – chinese – now – live – in – cities. html.

④ "China," *Forbes*（Forbes Magazine）, accessed October 29, 2019, https：//
www. forbes. com/places/china/.

⑤ Ibid. p. 3.

在领导层的指导下，改革往往从少数地区开始，只有在取得成功后才扩大到全国范围，还要根据各地的发展水平和实施能力进行调整。国有企业的发展空间与道路就是这么逐步确定的，而非盲目照搬休克疗法等预设的发展方式。与此同时，地方官员也被激励着要成功地实施改革——官员的绩效评估取决于所在地区的成功，各地竞相招商引资，为经济增长创造了良好条件。①

改革的第二阶段：开放市场

1993 年到 2003 年是中国改革的第二阶段，真正意义上开启了中国的经济体制改革。1993 年的中共十四届三中全会将社会主义市场经济体制确定为中国基本经济体制。②

1993 年十四届三中全会做出了关于中国经济体制若干问题的决定，包括税收分成，建立制定和执行货币政策的现代中央银行，终止商业银行的"政治任务"。另外，亚洲金融危机之后，在"抓大放小"的口号下，进行积极的国有企业改革。措施致使国有小型企业的出售、住房再分配和社会保障监管机构独立建制。③

2001 年，中国加入世界贸易组织，跟上了经济体制改革的步伐，从此成为亚洲供应链的首选平台。④ 出口激增，在改革带来的生产率提高的推动下，中国经济年增长率连续多年超过 10%，直到全球金融危机爆发。

---

① 陈钰，"Reform and Opening Up：A Boon for China and the World，" Reform and Opening Up：A boon for China and the world-Chinadaily.com.cn，accessed October 29，2019，http：//www.chinadaily.com.cn/a/201812/19/WS5c19f320a3107d4c3a001ab4.html。

② "As China Ponders Economic Changes，Lessons From a 1990s Reformer，" *Voice of America*，accessed October 29，2019，https：//www.voanews.com/east – asia/china – ponders – economic – changes – lessons – 1990s – reformer.

③ Hofman's Commentary，p.2.

④ "China's Accession to WTO Has Been a Boon，Not an Error，" *Financial Times* (Financial Times，February 15，2018)，https：//www.ft.com/content/9ebf9e36 – 1271 – 11e8 – 940e – 08320fc2a277.

改革的第三阶段：巩固市场

在改革的第三阶段，中国经济稳步发展。市场化改革有以下两个表现：第一，完善社会保障制度，如养老保险、健康福利计划和农业税的大幅度减免。第二，产业政策重回舞台。① 2006 年，中国制定了为期 15 年的科技发展长期规划，为中国从劳动密集型的低附加值产品生产国转变为创新型工业强国奠定了基础。②

该规划的具体化便是名盛一时的《中国制造 2025》，这是与美国贸易争端的根源。2013 年中共十八届三中全会肯定了国有企业在经济发展中发挥的领导与决定性作用，全球金融危机也肯定了这一点。

2013 年印发的《关于当前意识形态领域情况的通报》向公众表明，中国将坚持共产党的领导，不会实行西方的自由市场经济。中国还表示，全球金融危机在一定程度上证明，西方制度已经失败，不能再以之为榜样。③ 党的反腐败运动还旨在提高国家治理水平。官商一体在中国改革初期起到了很好的作用，而如今已经成为腐败的根源。④

2017 年中共十九大确定了新的政策方向：以市场为导向，以公有制为主体，以产业政策和科技为重点，实现新时代第一阶段（2020 年到 2035 年）奋斗目标。

---

① Social Security System，" *China Labour Bulletin*，October 24，2019，https：// clb. org. hk/content/china's – social – security – system.

② China Issues S&T Development Guidelines，accessed October 29，2019，http：// www. gov. cn/english/2006 – 02/09/content_ 183426. htm.

③ Alicia García-Herrero， "Ten Years after the Crisis：The West's Failure Pushing China towards State Capitalism，" *Bruegel*，accessed October 29，2019，https：// bruegel. org/2018/10/ten – years – after – the – crisis – the – wests – failure – pushing – china – towards – state – capitalism/.

④ Eric Baculinao， "China's President Xi Beefs up His Anti-Corruption Crackdown，" NBCNews. com （NBCUniversal News Group，February 27，2018），https：// www. nbcnews. com/news/china/china – s – president – xi – beefs – his – anti – corruption – crackdown – n851491.

挑　战

中国正在向高收入国家迈进。但与此同时，中国的人均收入水平仅为经合组织（OECD）平均水平的四分之一。要实现百年目标，中国仍需要相对快速的发展。然而，农村剩余劳动力枯竭，人口红利缩减，名义资本利得率下降，中国要维持快速发展变得越来越困难。2013 年召开的十八届三中全会和 2017 年的十九大报告都反映出中国领导层已经认识到，中国的增长将越来越依赖于生产力的提高和创新。

全球金融危机以来，包括中国在内的全球生产率增长停滞不前。中国对国有企业的相对重视未见成效，因为大量证据表明，国有企业效率低下，部分原因是即使降低效率，企业也不会破产。还有证据表明，市场上大量的国有企业阻碍了民营企业的加入，而新企业的加入对发展至关重要。是的，经合组织中还没有拥有大量国有企业的高收入国家。中美贸易争端是阻碍未来发展的第二个原因。造成这种冲突的原因有很多，贸易战正迅速演变成一场科技战，甚至可能会升级成一场新的冷战。这是美国对国内政治考量的结果，而中国向市场经济和开放政体的过渡也是主要原因。

要想达成协议，各方都需要达成共识，但要长久解决这一冲突，则需要中国进行更多的变革——巩固市场结构，发挥中国混合经济的作用，进一步扩大市场，提高创新能力与战略技术，赶上先进国家的步伐。对外开放的进一步扩大也将提高企业竞争力、激发创造力、提高生产率，这将成为未来发展的主要动力。

最后，中国作为国际贸易体系的受益者，将大力推进其改革。尽管中国和其对手一样遵守世贸组织规则，但有关产业政策、财政补贴和国有企业的规定却模棱两可，而地方安全法律法规则过于详尽。改善该状况将有助于解决双方乃至世界其他地区的冲突。

人类命运共同体：利益共同体与责任共同体

人类命运共同体是众多中国官员在各大会议中提到的口号。该理念的首次提出是在 2013 年习近平主席在莫斯科发表的演讲中。① 此后，主席在多个场合提到该词，包括 2015 年联合国大会②和2017 年联合国日内瓦总部③的演讲。在这些讲话中，习主席表达了对世界文明的热情关切，并呼吁世界人民共同努力解决消除贫困和地缘政治等全球问题。2017 年，"构建人类命运共同体"理念首次被写入联合国决议。④

　　然而，众多学者和官员曾对该理念持不同看法，认为其描述较为宽泛。中国外交部部长王毅在 2016 年的讲话⑤中表示，该倡议从发展进程看，可以分为"利益共同体"、"责任共同体"和"命运共同体"三个阶段；利益共享、责任共担，为打造命运共同体提供重要基础和必由之路。王义桅⑥认为，利益共同体是指经济上的相互依存，而责任共同体

①　Ministry of Foreign Affairs of the People's Republic of China.（March 23，2013）. *Xi Jinping Calls for the Building of New Type of International Relations with Win-Win Cooperation at the Core in a Speech at the Moscow State Institute of International Relations.* Retrieved from，https：//www. fmprc. gov. cn/mfa_ eng/topics_ 665678/xjpcf1_ 665694/t1024781. shtml.

②　UN.（2015）. *Working Together to Forge a New Partnership of Win-win Cooperation and Create a Community of Shared Future for Mankind. Retrieved from*，https：//gadebate. un. org/sites/default/files/gastatements/70/70_ ZH_ en. pdf.

③　Xinhuanet.（2017）. *Work Together to Build a Community of Shared Future for Mankind：Speech by H. E. Xi Jinping.* Retrieved from，http：//www. xinhuanet. com/english/2017 – 01/19/c_ 135994707. htm .

④　United Nations.（2017）. *Seventy-Second Session.* Retrieved from https：//www. un. org/ga/search/view_ doc. asp? symbol = A/C. 1/72/L. 53.

⑤　Ministry of Foreign Affairs of the People's Republic of China.（May 31，2016）. Work Together to Create a The community of Shared Future for Mankind：Wang Yi. Retrieved from，https：//www. fmprc. gov. cn/mfa_ eng/wjb_ 663304/wjbz_ 663308/2461_ 663310/t1369269. shtml.

⑥　Jacob Mardell.（2017）. The 'Community of Common Destiny' in Xi Jinping's New Era. *The Diplomat.* Retrieved from，https：//thediplomat. com/2017/10/the – community – of – common – destiny – in – xi – jinpings – new – era/.

是从政治和安全维度的考量。另外，贾文山①还说，建设"普遍安全"的世界也是推进构建人类命运共同体的途径。

利益共同体

尽管世界各国在历史上的不平等关系随处可见，但共同利益仍将各国联结在一起。近年来，在国际社会单边主义和贸易保护主义背景下，中国坚定不移推进经济全球化，加强"一带一路"国际合作，努力与各国实现合作共赢。中国促进全球开放合作所做的努力的是至关重要的，也是合乎时宜的。"一带一路"倡议取得长足发展，实现了多个目标。如今已有 70 多个国家成为合作伙伴，各国间联系愈发紧密。此外，这也将全球化进程推向新的水平，更多的国家看到"一带一路"的优势并参与进来。

目前，全球化进程正面临困境。然而要提醒的是，只有对外开放才能促进发展与繁荣。相反，闭关自守意味着孤立隔绝，最终会导致经济崩溃。因此，各国要为发展而拼搏，有应对全球化挑战的毅力。举例来说，柬埔寨作为世界上最不发达的国家之一，明白要尽可能面向国际开放，以获得更多的发展援助和外国投资。本着这一想法，柬埔寨将中国当作关系密切的友好伙伴。中国对柬埔寨经济发展做出了重要贡献，柬埔寨正积极响应中国的各项倡议，如"一带一路"倡议（BRI）和澜沧江 - 湄公河合作（LMC）。与此同时，中方也知道与东南亚国家建立密切友好关系的重要性，因为这对中国的经济与政治利益有直接与间接的好处。过去二十年里，中国多次同东盟展开了政治与经济方面的合作。

责任共同体

中国已在国际舞台上表示，要推动建设相互尊重、公平正义、合作

---

① Jia Wenshan. （2019）. "Shared Future for Mankind Highlights Interactional Dynamics", *CGTN*. Retrieved from, https：//news. cgtn. com/news/3d3d674e786 b444e33457a6333566d54/index. html.

共赢的新型国际关系，构建人类命运共同体。① 中国与世界分享了人类命运共同体理念和多边主义价值取向，为国际和平稳定、繁荣发展贡献力量。中国还积极参与应对气候变化、网络安全、恐怖主义、重大自然灾害等全球性问题，中方认为，这对普遍安全构成了威胁，应采取全球对策加以应对，共同维护地区和全球公共卫生安全。

为此，中国已成为东南亚最大的军事援助国，其中柬埔寨就是被援助国之一。在"金龙"联合军演中，中柬两国在多个关键领域展开了合作。"金龙"联合军演②最初有一个针对自然灾害救助的考核项目，后来逐渐扩展到其他领域。第二次"金龙"联合军演于 2018 年 3 月举行，约有 500 人参加，为期两周。最后，经过双方数周的彩排以后，第三次军演于 2019 年 3 月 13 日举行，动用了各级人员和直升机、枪支、弹药、坦克与其他重型战斗设备。双方还致力于打击恐怖主义、维持和平、人道主义援助和灾害救助。此外，中柬两国肩负着联合国维和的责任，拥有共同的普遍安全价值观念。

结 论

中国的发展确实反映了和平与稳定的重要性。只有当国家维持稳定，并保持长期投资，发展与投资才会源源不断。此外，这也反映了渐进式发展和符合当地现实的实用主义。发展的过程就像汽车在十字路口转弯，要求驾驶员缓慢行驶。否则，车速太快可能会导致严重事故。除此之外，驾驶员还必须了解道路状况，以提高行车舒适性。由此及彼，领导者需要了解人民状况，秉持务实态度，实施总体战略规划，以获得

① Ministry of Foreign Affairs of the People's Republic of China（2019，February 17）. *Working for a Community with a Shared Future for Mankind by Promoting International Cooperation and Multilateralism.* Retrieved from tps：//www. fmprc. gov. cn/mfa_eng/zxxx_ 662805/t1638512. shtml.

② Prashanth Parameswaran. （2019，March 21），"China and Cambodia Hold Their Biggest Military Exercise Yet"，*The Diplomat*，Retrieved from https：//thediplomat. com/2019/03/china – and – cambodia – hold – their – biggest – military – exercise – yet/

最大收益、取得有效发展。

另外，人类命运共同体这一倡议在某种程度上尚显宽泛，仍有发展的空间。总体而言，这一理念大有裨益，对经济合作与政治安全，尤其是人类未来都有好处。因此，还能进一步改善与推动构建人类命运共同体。

● 中国与合作伙伴的交往不应局限于政府层面。尽管目前已经有奖学金项目和文化交流项目，但规模仍然有限，因此有待扩大。此外，除个人以外，还要让更多的机构参与到合作中来。

● 中国的财政援助应更加透明。应将更多的资金和贷款投向研发。此外，新成立的中华人民共和国国家国际发展合作署应更多地发挥其协助国际社会的作用，与他国政府、人民保持紧密合作。公众的认知可能与政府产生巨大偏差，他们会看到许多负面影响，如果仅同政府协商而忽略民意，则可能会对中国的发展产生负面的认知。

（余育凡 译）

巴基斯坦视角看"70年中国发展与人类命运共同体"

赛义德·阿西夫·萨拉胡丁（Syed Asif Salahuddin）
巴基斯坦独立新闻社总编辑

今天，我在本届庄严论坛上演讲的主题是扶贫减贫的中外比较与启示。的确，这是全球面临的难题，每个国家都需努力让人民过上更加美好的生活。在这方面，中国的成就是惊人的。多年来，中国已成为全球减贫的典范。巴基斯坦也正面临着贫困与饥饿的挑战，我很高兴地告诉大家，就在一年前，我们的总理伊姆兰·汗（Imran Khan）上台后表示要借鉴中国的模式，并向全国人民许诺建立一个健康繁荣的社会。从那天起，他就一直在贯彻落实中国模式，努力降低巴基斯坦的贫困率。巴基斯坦媒体也试图向政府与社会传播贫困给社会经济总体发展带来的负面影响。甚至是我在巴基斯坦独立新闻社的同事也经常撰写文章和新闻，谈扶贫工作在发展中的重要性。

据我了解，社会不公、不平等和经济剥削是贫穷的根源。作为国家的主人，我们必须使用一切可能的手段遏制邪恶，实现期望的目标。得知今年是中华人民共和国成立 70 周年，我很高兴。今年，中国似乎举办了各式各样的活动，但由于 2020 年要确保打赢脱贫攻坚战，消除贫困显然是当务之急。值得注意的是，脱贫作为农村发展目标之一，是中国领导人对中国人民特别是农村人民的庄严承诺。不得不说，在过去 40 年里，中国经济快速转型，在扶贫方面同样也取得了令人瞩目的进展。值得注意的是，中国正朝着消除贫困的目标迈进，中国领导人承诺 2020

年消除绝对贫困。因此，如果我们将中国在减贫领域的成就与世界其他地区进行比较，中国是做得最好的，因为中国在最短的时间内改善了国民的生活条件。因此，我必须祝贺中国与其领导人在社会经济发展中发挥的领导作用。

最后，我希望我们的好朋友——中国——始终坚持走和平发展道路，不仅为中国人民，更是为整个世界。感谢大家的耐心聆听。

（余育凡 译）

世界秩序

中国论坛发言

何塞·路易斯·森特拉·戈麦斯（Jose Luis Centella Gomez）

西班牙共产党（PCE）主席

如今，我们生活在这样的一个时刻，在这一时刻中，我们越来越明显地处于人类历史的尽头，在这一时刻中，仍有许多未知的事物存在，仍有许多危险存在，这其中就包括一些可能危害到地球上生命生存的危险，正如迄今为止我们所知道的那样。

问题是，我们在面对这一历史性时刻的时候，是站在旧的和过时的一边，还是决定站在建设未来的一边，做出这样的决定很可能会带来一些风险。

从这一角度出发，我们必须认识到改革开放政策对这一历史性时刻的重要贡献，它提出建立一个使世界各国人民都能过上有尊严的生活的多极世界，这一建议超越了建立在我们称之为"北大西洋轴心"基础上的单极世界。

为此，习近平主席提出了一个以文明之间开放、合作与对话为基础的国际关系新框架，其主要目标是确保利用地球的自然资源和财富来改善地球上所有居民的生活质量，让他们都能生活在他们居住的地方，而战争也不再被用来作为某些国家征服和控制其他国家的工具。

必须指出的是，这项提议绝不是"心血来潮"，而是与自 1949 年 10 月 1 日毛泽东主席在天安门广场城楼上宣布中华人民共和国成立以来的外交政策一脉相承。

不同的是，由于改革开放政策的成功，目前中国在世界舞台上的地位使其得以凝聚力量、形成共识，从而使这个关于多极世界的提议能够成功地挑战试图将北大西洋轴心强加于他人的世界霸权主义。

从这个意义上讲，本文提出将 1949 年革命的胜利与当前的现实联系起来，为建设一个全新的中国铺平道路。当前，"一带一路"倡议被认为是对世界各国的最佳贡献，使得它们能够在互利共赢与和平共处的原则上，以团结、合作的方式建立新型关系，这意味着形成一个没有新殖民主义模式的多极世界。

一组数据揭示了中国革命极大地改善了中国人民的生活质量——从 1949 年到 1975 年，中国人民的预期寿命翻了一番，从 32 岁上升到 65 岁，识字率从 15% 提高到 85%。同时，曾经身处地狱的妇女得到了解放，她们不再裹脚，包办的女童婚姻被废除，普遍的压迫被取消，她们得到了曾经从未享受过的权利。这场革命不仅提高了中国人民的生活质量，而且带来了一种全新的理解国际关系的方式，这种理解方式超越了集团政治，也确立了和平共处五项原则。

1953 年周恩来总理提出的这一建议包括互相尊重、互不干涉内政、平等互利、互不侵犯、通过谈判和对话解决国际冲突实现和平共处。

习近平主席将这些原则适用于当前的全球形势，为建立一个能够缩小国家间贫富差距、造福于地球所有国家的利益共同体铺平了道路。

有必要让那些在历史上一直被所谓的第一世界掠夺的人民能够拥有自己的自然资源和财富，在一个和平发展的世界当中，以平衡、可持续的方式，将人的发展权置于经济、政治和生态的中心地位。这清楚地表明，和平不是通过鼓励激进的军国主义和由国际货币基金组织（FMI）和中央银行（BC）主导的殖民经济来建立的，而是通过改变国际秩序和赋予《联合国宪章》的本来意义为基础的。

"一带一路"倡议计划以五大洲的基础设施网络建设为根基，发展各种社会、经济和文化合作项目，通过加强能力和协调发展战略，促进有困难的亚非拉国家实现改善生活水平的目标，但将这一倡议定位为专门的经济和商业项目是错误的，因为"一带一路"远远超出这一范畴，它甚至可以被视作基于世界各国人民之间的合作、团结之上建立一个新的国际秩序的绝佳机会。

从这个意义上讲，有必要强调习近平主席将这条新丝绸之路与我们已经谈到的和平共处五项原则联系起来的重要性，因为它被认为是建立多边主义以结束强权法则、恢复联合国组织成立宪章的最佳工具。

换句话说，今天的"一带一路"倡议代表着建立一个新世界的巨大可能性，这个新世界将给全世界数十亿人民带来希望，他们今天正在遭受贫困、可医治的疾病和各种匮乏带来的折磨。

正如我在演讲开始时所说的那样，庆祝革命的前70年可以使我们全方位地理解宣布新中国成立的意义，因为如果没有在这70年中建立的政治和意识形态支柱，就不可能取得目前的成功。

尽管如此，让我从西班牙的角度，对"一带一路"的当前设计做出贡献，将希腊的比雷埃夫斯港与西班牙的巴塞罗那港和阿尔赫西拉斯港相连，以保持其穿过地中海的连续性，它们通过大西洋打开了一条与拉丁美洲的新通道，这样，新丝绸之路将带来完整的世界之旅。

在这个框架中，必须牢记，占主导地位的经济利益集团正在施加压力，要求保持其统治地位，把中国描绘为一个必须与之对抗的危险竞争对手，但我来这里是要指出，在西班牙社会中，存在着来自不同的经济、社会和政治部门的很大一部分力量，他们正在利用中国对西班牙文化日益增长的兴趣，特别是西班牙对中国的兴趣，努力克服各种困难，增强经济、商业、文化、社会联系、寻求帮助，以便在所有人之间达成共识，使西班牙在这一倡议中发挥重要作用。

在演讲的结尾，请允许我回答我在演讲开始时提出的问题，我要说，现在是为未来而努力的时候了，是成为必须诞生的新世界的一部分的时候了。这个新世界是一个多极、团结与和平的世界，它将使地球上的所有居民过上有尊严的生活。

（余育凡 译）

共商、共建、共享与全球治理

法泽尔·卡里姆·法泽尔（Fazel Karim Fazel）

阿富汗总统高级顾问

阿富汗沙姆沙德传媒集团总裁

介　绍

政府间合作是全球发展伙伴关系的核心，为实现全球发展目标发挥着至关重要的作用，不仅能提供资源和技术援助，而且能参与政策与准则的制定。全球治理过程中，国家与公民遵循制度、政策、准则、程序和倡议，为应对跨国挑战带来更多可预测性、稳定与秩序。有效的全球治理只有通过有效的国际合作才能实现。一些亚洲国家之所以饱受治理不善、社会动荡和暴力之苦，一部分是因为超级大国和恐怖主义的干扰。人们为这些阻碍发展的不确定因素付出了巨大的代价。目前遗留的问题是：地球的这里到底怎么了？区域国家的和平与安全、难民、恐怖主义和影响经济与社会进步的种种问题，都与全球治理的根本问题有关。

讨　论

世界各国处于不同的发展阶段，有着不同的历史和文化，但和平与发展是各国人民的共同愿望。这也是各国统治者的目标和承诺，为的是提高国家经济和社会发展水平，使人们摆脱贫困，改善生活质量。各国人民一致认为，国家在寻求自身发展时也应顾及他国正当关切，所有国家共同发展是国家实现其可持续发展的唯一途径。

有人表示，国际合作和由此产生的治理机制运作不佳。第一，当前的全球治理体系没有适当的条件来应对国家之间日益增长的经济一体化和相互依赖的关系，而当前的全球化进程使情况更加复杂。第二，全球治理的结构和规则在使用、范围和结果方面具有严重的不对称性。尽管发展中国家必须承担全球治理规则与条例带来的影响，但在制定与修改规则方面的影响却是有限的。同时，全球化的不平衡性意味着当前全球治理机制并未涵盖（或只有略微涵盖）涉及共同利益的重要领域，而对其他领域却考虑过多。这些不足导致国家之间产生不对称，也使国家间出现不平等现象。最后，当前的全球治理方法和全球规则对国家之间相互依赖关系的管理超过了应有的程度，这一现象在发展中国家尤为明显；这也使国家内部不平等现象无法减少。

区域国家应致力于新的全球秩序观、安全观、发展观和文明观，为共商、共建、共享与全球治理奠定基础，为促进区域持久和平、稳定与发展创造现实价值。

共商、共建、共享是新时代大国外交思想的重要组成部分，是各国参与全球治理的基本原则，是构建人类命运共同体的有效途径。发达国家和发展中国家应共商发展计划，共同解决问题，共同建立合作机制，共创美好未来。所有参与国应加强互信，通过磋商共同解决国际政治争端和经济矛盾。为了本国的繁荣发展，所有国家都应遵循四大黄金原则：共商、共建、共享与全球治理。

总　结

国际秩序新理念和国际治理新规则是建立共商、共建、共享的机制。所有国家在国际事务中都应有平等的发言权，这一点很重要。因此，通过合作，我们可以向他人学习，弥补不足，推进人类文明，促进合作共赢，提高人类命运共同体意识。此外，还要促进区域国家之间的关系，以找到应对上述挑战的共同对策，这一点也很重要。需要一个全面的治理理念，以维护持久和平与普遍安全。

（余育凡 译）

探寻新自由主义没落后的
全球秩序替代方案

沃罗迪米尔·西登科（Volodymyr Sidenko）
乌克兰前总统对外经济政策顾问
乌克兰国家科学院拉祖姆科夫中心高级研究员

20 世纪 90 年代，新自由主义全球化进程似乎取得了不可逆转的胜利。福山在其 1992 年出版的名噪一时的畅销书《历史的终结及最后之人》①中认为，苏联解体后，西方自由民主制度取得最终胜利，成为人类最后一种统治形式。

然而，短短十年后，2008 年至 2009 年的全球金融经济危机打破了新自由主义全球化日益增长的发展趋势。此外，世界多个地区（尤其是后苏联地区、北非和中东伊斯兰国家）的市场化民主化转型遭受严重挫折，不仅造成了巨大的经济和社会损失，而且还使全球遭遇长期挫折与不确定性。事实上，日益明显的去全球化趋势表明，以新自由主义经济正统论和西方民主制度范本为基础的世界秩序模型是存在缺陷的。然而，这不是要羞辱失败者，而是要激励成功者，新兴市场经济体成功地改变了全球力量不平衡的局面，重塑了全球经济政治秩序。

美国总统唐纳德·特朗普（Donald Trump）采取新的贸易政策，在"美国优先"原则的指导下，大范围拆除世界秩序的基本支柱。该政策主张美国民族主义、单边主义、贸易保护主义，并在一定程度上倡导孤

---

① Fukuyama, Francis (1992), "*The End of History and the Last Man*", Free Press.

立主义，以取代几十年来推动新自由主义全球化的美国跨国主义。为此，世界各地各种反全球化运动和组织都提供了大力支持。退出《跨太平洋伙伴关系协定》、《巴黎气候协定》、联合国教科文组织，阻挠世贸组织争端解决机制正常运转（如果理事会不按照美国的看法进行改革，美国将退出世界贸易组织），通过大规模贸易保护主义措施加剧中美贸易争端，这些都只是全球治理体系瓦解过程中最突出的几件事。以来势汹汹的民族主义为基础的强权政治激化了世界上众多或明或暗的冲突（与 20 世纪 30 年代相类似），甚至给最繁荣的地区带来了冲击与动荡，最明显的表现就是欧盟内部的危机进展。

然而，在这种情况下，我们最不该做的就是后悔、遗憾和指责。我们要究其根源，设法找到可行的补救方法，以解救全球当前的苦难。事实上，我们见证了涵盖政治和商业领袖、学者、非政府组织和全球网络的另类全球化运动的繁荣发展。

自 20 世纪 90 年代新自由主义全球化达到顶峰以来，世界各地展开了包含替代法在内的多种开创性科学研究。这场大规模的思想政治运动使一些想法和建议得以萌芽。其中，有人提到一项旨在通过结构重组、民主化和恰当的全球化管理来帮助贫穷国家的广泛服务计划，建立发达国家与欠发达国家之间的全球社会交往［斯蒂格利茨（Stiglitz），2006年］[1]。在已经提出的广泛的智慧理念和政治解决方案中，有些思想特别值得注意。

首先，肯定是文化多样性和不同文明间必要对话（或伙伴关系）的理念（见表 1）。

第二，我们要说的是发展模式多样化理念。这与 2001 年 11 月 2 日联合国教科文组织通过的《世界文化多样性宣言》[2] 密切相关，该宣言的第三条宣称，文化多样性是发展的因素。但更重要的是，发展模式多样化理念还包括了一个新的理念——经济发展模式多样化。

---

① Stiglitz, Joseph E, *Making Globalization Work*, New York – London：W. W. Norton & Co., 2006.

② UNESCO Legal Instruments, http：//portal. unesco. org/en/ev. php – URL_ ID = 13179&URL_ DO = DO_ TOPIC&URL_ SECTION = 201. html.

表 1　不同文明间对话（伙伴关系）理念对发展的主要贡献

国家或国际组织	创始人与发起者
联合国	2001 年 11 月 9 日,联合国大会通过了《不同文明对话全球议程》,阐明了跨文化对话的原则和目标。
联合国	联合国文明联盟(UNAOC)于 2005 年成立,是时任联合国秘书长科菲·安南(Kofi Annan)的政治倡议,由西班牙和土耳其政府共同赞助。其任务是由高级别专家小组带领,探索社会文化两极分化的根源,并提出解决该问题的行动纲领。 联合国文明联盟秘书处设立在纽约。联盟维护包括国家、国际组织、地区组织、民间社会团体、基金会和私营部门在内的全球合作伙伴网络。联盟的四个优先行动领域包括:教育,青年,移民和媒体,并有可能将"妇女作为和平调解人"确立为联合国文明联盟第五大支柱①。
国际非政府组织 多边论坛	"文明对话"(DOC)世界公众论坛于 2002 年由印度的贾格迪什·卡普尔(Jagdish Kapur)、俄罗斯的弗拉基米尔·亚库宁(Vladimir Yakunin)和美国的(译者注:原文如此,应为希腊)尼克拉斯·帕帕尼克劳(Nicholas F. S. Papanicolaou)联合创办。 从 2003 年开始,每年召开罗德论坛,召集国际非政府组织、全球媒体和南北美洲、欧洲、亚洲研究中心代表前来参加,建立起广泛的国际专家网络。 2013 年获得联合国经济及社会理事会(ECOSOC)特别咨商地位,并与教科文组织展开合作。
德国 (在莫斯科、维也纳设有代表处)	文明对话(DOC)研究所,于 2016 年中创立的独立智库,其任务是在文化、文明、经济、统治与地缘政治领域进行研究并提出应对国际社会所面临主要挑战的解决方案,在平等对话的基础上解决冲突。
俄罗斯联邦	库扎克(B. N. Kuzyk)和尤·雅科维茨(Yu. V. Yakovets)②的基本著作针对全球社会经济秩序可能发生的系统性转变提出了系统的解决办法。 国际科学教育季刊 Partnership of Civilizations 会定期讨论这些问题。 该季刊于 2011 年由皮季里姆·索罗金-尼古拉·孔德拉季耶夫国际研究所、俄罗斯经济战略研究所、罗蒙诺索夫莫斯科国立大学全球进程系和莫斯科国立国际关系学院国际研究所文明和伙伴关系中心等机构联合出版。

① United Nations Alliance of Civilizations：Who we are，https：//www. unaoc. org/who – we – are/

② Yakovets，Yu. V. Selected Works，Volume III：Strategy for Sustainable Development and Partnership of Civilizations. Moscow：Saimon Kuznets International Institute，2017；Kuzyk B．N．，Yakovets Yu. V. Civilizations：Theory，History，Dialogue and the Future. Vol. 1，Moscow：Institute for Economic Strategies，2006.

资料来源：作者根据不同信息来源编写。

　　为此，已经展开了大量深入的研究。例如，强调文化基础与发展和新实用主义之间的联系；新实用主义是针对未来发展的战略方法，在特定的、时空不断变化的发展决定因素的影响下，朝着预期的方向积极发展［科洛多科（Kolodko），2011年］①。美国学者罗德里克（D. Rodrik）在2007年②提出了令人信服的证据，证明了政策空间的不一致，阐明了当地知识和制度多样性的重要性。他特别指出，发达国家领导人必将为穷国留足空间，使其发展本国制度建设战略和经济赶超战略。

第三，是处于时代前沿的经济增长与社会进步重新结合理念，这尤其离不开前基尔世界经济研究所所长、倡议建立全球解决方案的丹尼斯·斯诺尔（Dennis Snower）的努力。自2017年开始，每年举办一次全球解决方案峰会（G20峰会配套活动），参会人员来自100多个国家，同时出版全球解决方案季刊，倡导全球范式向可持续发展的世界秩序转换（参见斯诺尔2019年发表的文章）③。文章强调，要协调经济和政治范式，合作互惠，守护个人自由与社会团结，创造道德叙事，维护社会利益，控制个人利益，将公司从股东价值最大化转化成以社会目标为导向，这些都是非常重要的。全球解决方案反对民族主义和全球主义，支持多样性、身份的多重性与多层次性，呼吁建立新的多边国际制度，以解决紧迫的全球性问题。

第四，多个组织机构共同协助世界经济格局的绿色（生态友好型）重组。其中最具影响力的是全球经济和气候委员会，该委员会由前政府首脑、财政部部长和经济、商业与金融领域的领导人组成，现已发起"新气候经济"项目（旗舰项目）（见2018年报告）④。

因此，我们见证了迅速发展的、旨在重塑现有世界经济政治与社会秩序的思想政治运动。在这种背景下，中国的人类命运共同体理念就显

---

① Kolodko, Grzegorz W. *Truth*, *Errors*, *and Lies*: *Politics and Economics in A Volatile World*, translated from the Polish by William R. Brand, New York: Columbia University Press, 2011.

② Rodrik, Dani. *One Economics*, *Many Recipes*: *Globalization*, *Institutions and Economic Growth*, New Jersey - Woodstock: Princeton University Press, 2007.

③ Snower, Dennis J. , "Toward Global Paradigm Change", *Global Solutions Journal*, issue 4, March 2019, pp. 12 – 32.

④ Global Commission on the Economy and Climate. Unlocking the Inclusive Growth Story of the 21st Century: Accelerating Climate Action in Urgent Times: the 2018 Report, https: //newclimateeconomy. report/2018/.

得特别重要。这不仅仅是因为它是由超级大国最高政治领导人提出的：该理念最初习近平主席在 2012 年 11 月召开的中国共产党第十八次全国代表大会上提出，后来习近平在联合国（日内瓦总部）演讲和 2017 年 10 月中共十九大所作报告①中进一步阐述。此外，该理念之所以引起人们广泛关注，还因为它体现了一种全新的中国政策立场，即采取果断行动，加强全球治理，探索合作共赢的世界发展新模式。更重要的是，这似乎成了世界发展新时代中一种新的哲学范式（赵晓春，2018 年）②。对该理念认知的程度取决于一系列基本特征：

（1）该理念具有多面性，组成部分包括经济、政治、安全、生态和文化层面；

（2）该理念广泛吸收了世界范围内发展起来的替代世界秩序的最佳思想，本文仅对其做了部分和简要的介绍；

（3）该理念着眼于未来与创造力，强调探索新技术突破带来的新机会，旨在实现共赢，摒弃零和游戏和技术统治；

（4）该理念的创新之处在于，它拒绝利用自身所处大国地位一味实现本国利益，而是自觉承担更大的全球责任；

（5）该理念与塞缪尔·亨廷顿（Samuel Huntington）"文明冲突论"中的统一性和多样性思想并不冲突，并在此基础上寻求多样性中的统一：它认为多样性不是冲突的根源（冲突事实上表现在当今世界"我们与他们"的分歧和对"别人"的敌意），而是创造性发展的源泉；

（6）该理念标志着人类彻底摒弃"征服自然"的政策，转而向人类社会与自然共同发展的目标迈进，这不仅是为了人类的生存，更是美

---

① Xi Jinping, "Secure a Decisive Victory in Building a Moderately Prosperous Society in All Respects and Strive for the Great Success of Socialism with Chinese Characteristics for a New Era," work report delivered at the 19th CPC National Congress, Beijing, October 18, 2017, http：//www. xinhuanet. com/english/download/Xi＿ Jinping's＿ report＿ at＿ 19th＿ CPC＿ National＿ Congress. pdf.

② Zhao Xiaochun, "In Pursuit of a Community of Shared Future. China's Global Activism in Perspective", *China Quarterly of International Strategic Studies*, Vol. 4, No. 1, 23 － 37, doi：10. 1142/S2377740018500082.

学（文化）的当务之急；

（7）相比之前重塑世界秩序所做的努力，该理念更有作用，因为它依赖于大规模资源分配，其最明显的表现是"一带一路"倡议实施过程中的基础设施分配。

表2总结了传统新自由主义全球化理论与提出的"命运共同体"理念的基本特征的实质差异。

表 2 全球化替代理念的主要特征：新自由主义与人类命运共同体

	新自由主义理论	人类命运共同体理念
一般方法论依据	明确的经济思维主导：经济是社会进步之源	经济、社会与人类发展的多方面综合、相互支撑
主要政策目标	谋求更大的个人（集体、国家）收益与利润（投资资本回报率）	寻求共同利益，大国承担更大责任；以最高的经济效率服务公共目标
政策制定模型的基础	一刀切的方法	多样性统一原则
政策结果：收益分配	零和游戏："赢家通吃"	通常是双赢
环境保护	强制削减有害排放与环境污染，避免负面外部效应	绿色经济是文化当务之急
社会可持续性	教育与健康是个人人力资本＋个人物质福利的提高	教育与健康是公共（社会资本）资产＋个人物质福利的提高和广泛定义的社会政策
竞争/合作与团结	竞争是普遍现象	必要时把握竞争、合作与社会团结三者之间的平衡（缺一不可）

当今全球化进程出现逆转，不仅是因为旧贸易保护主义政策复兴，而且也是全球化发展向替代模式过渡的迫切需要。这种过渡可能需要极其艰难的努力。人类行为具有惯性，在形成生活偏好、建立对社会制度的信任方面的社会传统根深蒂固，这是实现过渡的最大障碍。

实际上，我们往往会根据个人经验和兴趣来认知具有社会意义的想法。方法论上的个人主义以新自由主义经济社会模型为基础，极大地利用了人类以自我为中心展开行动的倾向。对某些国家（代表盎格鲁－撒克逊模式的国家）而言，不受限制的个人自由是基本的文化基础。然而，在其他社会经济模型中，我们看到另一幅场景：个人与社会基础明确地交织在一起，承载着共同的利益和价值观念——这同样是一种文化现象。这种文化的差异说明了一个非常重要的问题：如果我们的"文化基因"不同，那该如何建立人类命运共同体？

历史经验证明，让其他国家采用最先进国家的制度，也无法有效解决这一问题——无论是进行"最佳经验共享"、给予政治建议或附加条件的外国金融援助还是将其作为融入地方社区（如欧盟）的前提。好的制度对发展和经济繁荣确实很重要——达龙·阿西莫格鲁（Daron Acemoglu）和詹姆斯·罗宾森（James Robinson）关于该问题的众多发现都是正确的。然而，国家的文化基础比制度更重要：与正式制度安排相比，文化基础是人性中更为根深蒂固的，且不易受快速变化的影响。改革正式制度可以很快，但改革文化和由文化决定的非正式制度却不行。人类文化是同人类社会共同进化的。

因此，要使不同文化结构接近彼此并提供共享基础，只能通过不断的、广泛的合作和共同的努力，实现重大公共目标。持续不断且对双方都重要的互动更容易促使共同制度的产生。

该方法论有三个重要原则，我们的政策要以此为重点：

• 在适当考虑国家安全问题的情况下，为各国创造更多交流的机会；

• 在关乎共同利益的领域进行更多的投资，在科技进步的同时使人们能够平等使用各种现代商业与社会基础设施，享有平等的机会；

• 注重长期收益总额而不是短期盈利能力，注重广泛的社会效率而不是有限的经济利润。

全球化政策必要的、彻底的进化性变化还取决于新的全球领导力与全球责任。它与旧的中心－外围关系不相容，拒绝将制度模板强加给欠发达国家，也不会惩罚那些背离自己的国家。与那些强行过早开放欠发达国家金融市场与土地市场的领导大国和国际金融机构不同，那些负责制定全球发展议程的人将重点放在发展中国家的资本形成和创新能力上，而不是放在财政紧缩上。财政紧缩并不意味着不负责任的货币与预算政策。但是，为了更好地治理全球，我们必须意识到，全球经济的金融化进程已经过度：给实体经济部门发展蒙上了阴影，扭曲了社会经济长期增长效率的标准。

以自私的"经济人"（Homo oeconomicus）为基础的未来全球新经济很难实现。几个世纪以来，"经济人"这一概念一直是世界经济学的基本原理和基础。新的全球领导力需要对人类行为的性质有更深刻的了解，这必将成为元经济学问题。中国的人类命运共同体理念基于对人类精神本质和社会关系形式的丰富见解，为全球协调发展开辟了新的前景。

（余育凡 译）

新世界，权力与正义的构建

西莱曼·森索伊（Süleyman Sensoy）

土耳其亚洲战略研究中心主席

国家性质和生活；新生态系统

告别了"机器地球"的时代，我们处在以"知识和知识产品"为基础的新经济时代，全球竞争在"微观民族主义""一体化"和"不可预测性"中展开。国家性质正在改变，期望管理也变得愈发重要。"资源共享危机"，"生产－消费－发展"模式的不可持续性，"中产阶级的消失"，"能源、粮食、水资源的不安全"，生活各领域走向"第四维度"，"劳动力中的人力资源缩减"，"硬实力向软实力转变"，上述挑战将决定国家性质和生活。

在此背景下，人工智能、虚拟/优化现实、自动化进入我们的生活。技术变革彻底改变了自然和人类生活。"4.0 工业"和"5.0 社会"等重要概念横空出世。

另外，中国在世界舞台上的影响力与日俱增，"一带一路"涉及海陆沿线 64 个国家，将世界连成一个整体，全球金融蛋糕将被重新划分。

伴随着这些发展，"安全生态系统"也在变化。今后，安全与民主的矛盾会更加常见。若某个国家中产阶级减少，影响安全的因素复杂繁多，那这个国家将很难实现民主。安全是否会带来专制政权？这个问题应该得到更多讨论。在缺乏中产阶级的国家，人们面临的选择只有两个——专制政权或混乱纷争。如何在地区和全球安全方面进行分工，如何分担成本，这是我们要面临的问题。发展新安全联盟时，要分析各国的风险和举措，土耳其尤其如此。

"财富"和"权力"的概念不断变化。英国脱欧使西方世界再现类似于二战前的两极分化，而分化的结果将决定欧盟的未来。世界大国俄罗斯宣布拥有新型武器；中国将人民币与黄金挂钩进行石油交易，树立了安全系统和货币储备的里程碑。相比而言，英国脱欧对世界平衡的影响便没那么大了。

未来的安全

"安全"一词产生于国际事务，且在一战中就早有定义，二战中该词被重新定义，冷战时有了最新含义。这些含义使安全体系制度化，安全体系产生于国际体系并受其控制。9·11 袭击后，美国宣布了打击全球恐怖主义的战略，所有利益相关者都涉及或参与到这一战略之中，传统意义上的安全又一次得到新的阐释。

20 世纪 90 年代以来，国际体系发生巨大改变，全球化推动了技术发展。当下的威胁正在变化，同时新的威胁又在产生。随着非国家行为者和非军事威胁被纳入国际体系，安全环境成了多维度的，因此更新斗争方法尤为必要。

直至冷战结束，"战争""权力"与"和平"等一直是安全领域最重要的术语。传统上人们认为，暴力趋势在未来将继续存在。此外，他们还认为吸取过去的教训是应对未来安全的唯一方法。力量的最大化也是安全的最大化。

冷战结束后，随着全球化和技术发展，安全的概念和模式发生了改变，定义传统安全观的术语也发生了变化。

安全的传统概念正在经历巨大转变，如军队、前线、武器和战场等概念都在变化；整个世界都成了战场。安全成了多维度的并面临着各种非对称威胁；此种威胁的来源、时间和形态都更难预料。

新的安全概念下，国际恐怖主义、有组织的犯罪集团、非国家武装行为者、网络恐怖主义、好战国家、常规武器和大规模毁灭性武器的扩散等问题威胁着各个国家。

根据克劳塞维茨（Clausewitz）的定义，战争是政治的延续。由此来看，只要政治空间存在，冲突和战争就会持续下去，尽管战争已经如前所述发生了演变。在战争的演变中，技术发挥了决定性作用。20 世纪下半叶，电子、通信和材料技术在军事领域取得了重大发展。这些进步在 21 世纪从根本上改变了战争的方式。

通信技术不断发展，地缘政治发生演变，非国家行为者（组织、微观民族主义、恐怖主义等）出现，这种情况下，战争有了新的手段、战术和体系，"第四代战争"随之诞生。第四代战争以网络为中心，各单位联系紧密，规模更小机动性更强，且已融入政治、经济和社会等各个领域。

利比亚战争、叙利亚战争、阿富汗战争是第四代战争的"首秀"。从中我们可以看到，国家利用非国家行为者来实现其政治和军事目标。在此过程中，并没有直接宣战，而是以"代理人战争"的形式进行斗争。游击战争、非正规战争继续发展；心理战、电子战、网络战被用到战术战略中。

技术在很多方面替代了人力，同样也在为安全活动提供支持。一些设备能够赋予人们十倍的能力，复杂的装置使人们毫无纰漏地发现威胁。这种战略部署的升级似乎体现了人道主义，但是其目的终究还是伤害人类。

无人安全在不久的将来将成为常态。当运载工具无人驾驶时，事实、目标、路径甚至结果都需要以不同方式的进行重新评估，进而战争乃至整个安全防御都将发生改变。

事实上，未来的安全将取决于需求和普遍的生活条件。在互联网上进行的一项研究中，甚至在 1996 年的出版物中，都有这样的论点，即"非政府组织的网络（如因特网）将利用信息革命和无形的、低强度的、面向机构的冲突"。

全球化下，"安全"的主旨变得模糊，长期以来一直在个人、社会和国家的层面上争论不休。在不久的将来，安全的主旨应该会变得清晰起来。尽管技术和个人需求会影响安全的主旨，但具体影响尚不清楚。

高级/低级政治在多大程度上被公众认可，这将决定安全的范围和手段。

未来的安全不是凭空想象，而是在安全语境下对可预见的未来做合理的评估。评估各项规划，确定优先次序。

期望管理

土耳其的一位学者优素甫·哈斯·哈吉甫（Yusuf Has Hacib）说："一支有许多士兵的军队对维持一个国家至关重要……拥有足够的维持这支军队的设施是必需的……这些设施依赖于生活富裕的人们……而繁荣富裕则取决于公正和适当的法律……如果其中的一点被忽视，那么剩下的三点就会出问题……如果四点都被忽视，那么国家的核心将会瓦解……"

保护公民的生命和财产安全，为公民提供繁荣的生活，国家才能继续存在。因此便可推断，国家的目标是"为尽可能多的人提供尽可能多的服务"。

国家的存在不仅取决于现行的举措，还依赖于公民对未来的期望。这意味着合法性和期望管理对于国家极其重要。

纵观历史，我们发现一些理论能够指导国家制定最佳措施，其中一些建议从个体出发，而另一些则着眼于社会。

根据个人主义方法，社会的幸福取决于每个个体的幸福。因此，要弱化国家作用。

相反，依据社会性方法，只有社会良好运作时，个体才能幸福、社会才能进步。因此，要扩大国家权力，必须使其在公共领域发挥核心作用。

众所周知，"民族国家"这一现代概念源于中世纪不断变化的政治结构。整个19世纪，民族主义日益发展，"民族"倾向于建立自己的国家，最终"民族国家"成了当时规范的政治结构。

极端民族主义运动的兴起导致了第一和第二次世界大战。在全球自由资本主义体系中，各国努力维持其功能。这在一定程度上导致了民族主义的扭曲，加剧了基于"共同市场"的一体化。单一民族国家开始向市场国家转变，欧共体/欧盟就是一个例子。

世界范围内，这种变化仍在继续。

国家形态有很多，例如社会主义，共产主义和自由主义。西欧国家采用"社会国家"的观念来统一不同社会阶层的意识形态，固定合法性。以中国为代表的"国家资本主义"模式正在摸索当中。

国家性质变化会导致内政外交的改变。有时，法规变化会导致战略趋势改变，一些战略趋势又会对国内政策产生主导影响。因此，内政和外交政策息息相关，两者必须相互配合。

随着国家性质的改变，我们一直在寻找新的系统解决方案。从这个意义上说，世界体系还没有达到国家层面的最终阶段，我们仍在寻找一个更好的制度。还可以说我们正在经历一场长期的制度危机。

随着国家性质的变化，人们不断研究新的方法去解决福利、失业、社会保障和社会平等问题。

"资本主义会继续存在吗？"，"美国的领先地位还能维持多久？"，这些问题仍没有确切的答案。然而，我们可以通过合法性来做出预测，合法性是政治学的基本概念之一。

合法性的概念必须分别从国家和国际的层面来解读。在国家层面，合法性意味着国家必须针对民众的担忧和期望提出令人满意的方案。国家需要公民的信心与支持，这也是国家对内对外政策的前提。

国际层面，合法性是延续现行国际体系的关键。只要满足国际体系所有有效行为者的期望，其合法性就可以保持。

就当今的恐怖行为而言，民族国家应该追责武力的合法使用。不能使用武力可能导致恐怖组织与合法国家之间的"战争"。时至今日，在伊拉克、叙利亚、索马里、阿富汗、巴基斯坦等国家的冲突和紧张局势中，这些思想仍继续存在。

在我们这个时代，经济控制着生活的方方面面。期望管理也逐渐成为全球大国关注的优先事项。要在确保国家合法性和协调好内外政策的同时，通过公共外交努力影响其他国家的外交政策。

期望管理不仅是衡量国家成功的标尺，还是决定内政外交政策的行动方针。因此，在未来一段时间内，期望管理将会决定安全。像土耳其这样的国家可以通过控制外部影响、增强内部凝聚力来良好地管理公民期望。但是若设施有限经济不足，无法实现良好的期望管理，那这个国家将不可避免地陷入混乱，被人操纵。

良好的期望管理必须做到以下几点。例如保持国家的诚信形象，少承诺多服务，使政策具有超前性，保持公民与国家的良好沟通。定期对政策做出科学的报告，并根据反馈改进政策。

最重要的一点是保持公民对国家的信心，要让他们为自己的国家感到自豪。在这方面仍需继续推进。

除了内部和平与社会动荡之类的问题外，仍需保持社会的内部完整性和国家的连续性，特别是在跨境地区；加强国家和社会之间的合法性联系。这将加强国家的安全力量，特别是在军事和外交方面。

如果国家性质受到质疑，除了制定基本的政策外，还必须考虑诸如期望管理等重要方面。因此，要重视社会不同阶层、学术界、非政府组织和智库的贡献，为其提供沟通平台。

除了哲学上的讨论之外，一些国家因无法顺应"国家性质的改变"，所以在工业革命或火器发明中慢于人后，遭受损失。这个世纪，全球竞争将在"微观民族主义""一体化"和"不可预测性"中展开。无法顺应国家性质的变化则仍将遭受痛苦。因此，认识到国家性质的改变后还要采取相应措施。

建立文明、权力和正义

现代化起源于西方，在过去的几个世纪里，西方文明一直宣称自己是最先进的文明，并向其他文明发出挑战。但是，其他文明经受住了时间的考验，在全球化中影响力逐渐加大。

就认知存在而言，西方文明把自然和人割裂开，并把人与自然的关系变成一种支配关系。因此，对立和斗争成了常态。归根结底，"文明的"人类陷入一场斗争，这场斗争中，生产消费方式和社会形态都达到了疯狂的程度。

尤努斯·埃姆雷（Yunus Emre）曾说过，"为了真主，珍爱所有生灵"；谢赫·埃德巴里（Sheik Edebali）则说，"为了国家生存，让人类活着"，他们的话体现了以安纳托利亚为中心的文明对存在的认知。只有基于这些主张的文明，才可能化解人类面临的威胁，如犯罪、环境退化等。

今天，人们从经济利益的角度来评价国家和社会的关系，伦理和道德已失去重要性。在领会安纳托利亚文明的基础上，复兴"存在、人类和正义"已变得日益重要。因此，我们要重新理解如何与他人共存；在自由、安全、和平、安逸的社会中，要关注每一个阶层，解决每个阶层面临的问题。

在充满活力的全球化进程和文明交流中，土耳其与中国一样独特而又重要。安纳托利亚连接欧亚非大陆，促进着不同文明的交流；人类古老的文明在这里留下浓墨重彩的一笔。安纳托利亚承载了历史的沉淀，同时还紧跟现代化步伐。从这个意义上来说，土耳其直接反映，并全面经历了南北矛盾，同时还有东西矛盾、传统和现代的矛盾、经济和政治的矛盾。

土耳其和中国不但能秉承东方的古老智慧，还能吸收西方的理性思维；不但有北方的经济生产能力，还能不忘南方所寻求的全球正义，做到这些难能可贵。要用不同的方法和策略来正确理解、诠释、指引这样的转变。

在当今的消费时代，人们与历史脱节，与未来分离。换句话说，时间和空间的关系出现了问题，资源正迅速地枯竭。有人预言，倘若消费狂潮仍然持续，那大自然在数百万年甚至数十亿年间生成的化石燃料，将在仅仅一个或几个世纪后消耗殆尽。

环境危机与现代性并存，"人类主宰自然"成为矛盾，人们不惜破坏生存安全而追求自由。在现代社会，人们将自然视为取之不尽用之不竭的资源，不负责任地加以支配，引发自然灾害，威胁万物生存。人类间的相互竞争说到底是对自然要素的争夺。基因科学和克隆技术不断发展，化学和放射性物质的使用变得普遍，环境问题越来越复杂。当前，在生存安全和自由方面，对"人类"的定义有了新的维度。

另一方面，大肆使用现代技术造成了许多无法弥补的环境问题。若不能实现消费模式的关键性改善，我们将无法为子孙后代留下宜居的世界。

此外，当前的消费模式下，消费力决定了社会地位，基本的文明价值观变得毫无意义，社会开始分化解体。这些问题的解决依赖于人们对文明正确且深刻的理解，亚洲文明起着关键作用。

在保护公民价值观时，我们要认真评估能源、水资源和环境问题，还有伴随着技术发展、工业化和城市化产生的问题，并应制定适当的政策加以应对。我们也应该以这种角度重新评估城市规划、水安全、能源安全、环境安全等领域。

这里所要解释的问题，既是寻求资本主义经济增长的原因，又是寻求资本主义经济增长的结果。也就是说，如果不采取必要的措施，当前的问题将会在短期内迅速增加，变得更加复杂。由于人口流动不平衡，健康和气候问题日益令人担忧。解决这些问题需对文明进行深层探索。

如今，科技发展与消费文化关系密切，人们的不满情绪越来越深，野心也越来越大。人们梦想着赚快钱消费享受，对黑手党和恐怖组织产生兴趣。

金钱、人口和毒品贩卖空前猖獗，国际黑手党组织发展壮大。为满足自己的野心，人们可以不择手段为所欲为，民众对此屡见不鲜。这种情况下，网络恐怖主义和网络安全等概念产生并发展起来。

从根本上解决这一问题，不能依靠技术安全措施，而要实施长期的文明项目。

亚洲国家的崛起，尤其是中国，动摇了西方国家的地位，西方国家需要修改社会保障政策。在这一点上，可以通过加强民间网络来减轻国家负担，并使独特的文明机构（如基金会）发挥作用。

当前，各国面临种种挑战。微观民族主义倾向尤为突出。一些外部势力利用微观民族主义倾向，将其转变成民族主义运动，来扩大他们在某些国家或地区的势力范围。不幸的是，大多数国家的政策使合法性遭受破坏，进一步加剧了微观民族主义运动。为解决这类问题，一些国家在自由主义/资本主义、共产主义/社会主义等20世纪常见的国家模式中发展出新的综合模式，如"社会民主主义"或"自由经济、共产主义管理"。

对世界的消极看法会引发一系列混乱，进而又加剧了非法性。面对当前的问题，民族国家束手无策，国内外的非国家行为者却发展壮大。

马里和索马里等非洲国家的运动便是显著的例证。国际上目前采取的措施并不足以解决这类问题。事实上，一些渴望解决这些问题的国家，因方法不当常常适得其反。充分利用各种历史和文明积累，以人道主义方法来解决此类问题才是可行的方法。

城市建设若仅依靠中央政策和机械政策，则会引发一系列问题。这些问题涉及经济、社会、建筑等诸多领域，长期来讲是不可能解决的，因为人们总是把社会安全和总体安全置于首位。城市的更好发展需要人道主义和道德价值发挥重要作用。某种文明下，若城市并非繁荣宜居，那么该文明便不能在全球范围内被接受，更不能为新的世界秩序做出贡献。

从时间和地点的因素来看，在文明出现、发展、成形和保留的过程中，精神场所和社会机构（如基金会）有着极为重要的意义。此外，历史上的重要人物和舆论领袖也非常重要。

随着时间的推移，道德（如信任、良好的邻里关系和耐心等）将对文明起到保护作用，而国家与社会的关系在文明中起到决定性作用。一些特定的人、价值观和场所促进了文明的形成，我们有必要对其进行宣传、发扬和保护。

我们要让智库和非政府组织更加活跃，使其充当补充力量，提升国家形象，使国家社会关系更加健康，增强国家在社会中的合法性。

若国家以权力和正义为基础，以公共行政、公司、城市、社会和文化结构为标志，那么，在这样的国家中各种思维可以相互碰撞，创新不断产生。这样的国家引领着人类的发展，全世界的人都可以高喊"我想生活在这个国家中"。而我们生活的意义就是为建立这样的国家而奋斗。

（冯慧 译）

当前多极化趋势下的国内外特点

阿里·沙阿（Ali Shah）

巴基斯坦社会科学与人文学院中国研究中心主任

回归多极化是当前国际体系的重大变革。它几乎触及了人类活动的所有重要领域。国际关系和国家内部关系不可避免地因此变化。多极化趋势下，世界会更加安全稳定还是愈发动荡多变？这取决于各个国家的反应。国际体系下，多极化和全球化在权力分布上息息相关——包含积极力量和消极力量，两股力量影响着国家、区域和全球政治。积极力量的特点是推崇合作，而消极力量则偏向竞争和冲突。

支持多极化趋势的国家主张国际合作；反对这一趋势或因此不安的国家，则倡导竞争和冲突。当前的竞争驱动型国家曾在威斯特伐利亚体系中长期占据优势地位。讽刺的是，现在质疑全球化的国家，不久前曾是其支持者。这一转变是这些国家特权地位的相对改变而导致的。

18世纪中叶至1914年一战爆发期间，欧亚体系中曾出现过多极化。但是，当前的多极化趋势与旧多极化在系统文化传播的方向上有所不同。旧多极化体系中，社会和文化传播主要是自西向东。当今的多极化趋势下，自东向西的文化传播日益增加。以后文化西进将更加普遍，可能还会出现新的传播形式。支持和推进文化东进的国家是世界体系中重要的合作驱动型国家。

众所周知，东进的历史是曲折不易的。物质进步硕果累累，但成果分配却不平等，这主要归咎于统治战略、零和强权政治。发展和强权政治一起出现时，权力政治通常受到推崇，因为它被视为发展的必要条件。

在主导文化东进的国家中，国际竞争政治和国内竞争政治同时存在。对这些国家来说，国际竞争是国内社会群体冲突的自然外化；国内利益集团的斗争是国家间摩擦的自然内化。"普遍冲突"的概念造成了一种封闭的世界观，进而使人们陷入无休止的竞争，反复不断的竞争引发了权力政治的路径依赖。所以形成双赢战略、摆脱侵略和冲突，必会遭到竞争驱动型国家的抵制和阻止，这是合作驱动型国家要面临的一个问题。因此，未来一段时间内，在国际体系中推行利他主义并非易事，尽管它是避免冲突的有效方式。

若两个国家寻求合作避免竞争，则有可能实现共赢，甚至在交往中还可能采取利他主义；若遇上竞争驱动型国家，合作驱动型国家想再创造上述成果便没那么容易了，因为竞争驱动型国家往往是顽固的。它们对霍布斯主义的执迷使其无法摆脱权力政治和冲突①。在多极化趋势下，这些国家仍抵制东方文化向西传播，国际体系因此出现倒退，不同类型的冲突和动荡在欧亚大陆的主要地区加剧。

国际体系的稳定与和平很大程度上取决于竞争驱动与合作驱动国家之间的关系，还有其国家内部关系。在双重秩序下，中国新一代领导人提出了新型国际关系的愿景，这给合作驱动型国家提供了指导②。

就国家内部关系而言，在当代国际体系中至少有四类国内秩序。其主要区别在于起领导或主导作用的力量。第一种类型是自由放任或市场主导的国内秩序，市场提供发展动力，国家和社会次于市场。这种秩序

---

① 竞争驱动型国家之间也进行合作，但它们之间的相互合作主要是为了维持竞争的国际关系。因此，这种形式的合作不能使它们成为合作驱动的国家。另外，合作驱动型国家可能处于竞争环境中，但这并不使它们成为竞争驱动型国家，因为它们是国际体系中竞争的回应者而不是发起者。

② 这并不是说在这些秩序中不存在各国之间的多样性。这一概括也不意味着国家内部的主导力量在历史上没有发生改变。这种分类不意味着一种力量发挥主导时其他力量就不再重要或不再相关。例如，在国家主导的国内秩序下，市场也非常发达；在市场主导的国内秩序下，国家也很强大。例如，在国家主导下，中国的市场化改革和社会发展都非常成功；自由市场下，美国的政府又十分强大。

首先出现在英国，然后在北美和西欧国家建立起来。

第二种是国家主导的国内秩序，国家为市场和社会提供指导和发展动力。这种秩序在中国、日本、俄罗斯、韩国、新加坡和土耳其等国家以不同的形式存在。

第三种秩序是社会主导的国内秩序，社会交往领域对国家和市场的发展起着至关重要的作用。这一秩序在玻利维亚和委内瑞拉等南美洲国家很常见。在这些国家中，社会运动主导国家政府并产生政治领导。

第四种是无主导力量的国内秩序，上述三种力量都没有起到主导作用。这种秩序存在于许多撒哈拉以南地区的国家。

国内秩序与国际政治中的合作和竞争是有关的；大多数自由市场主导国内秩序的国家反而推崇竞争，而大多数国家主导国内秩序的国家的却在促进国际合作。社会主导国内秩序的国家，以及无主导力量的国家是支持竞争还是合作，要取决于它们与自由市场主导国内秩序的国家和国家主导国内秩序的国家之间的关系。

若合作驱动型国家能与大多数自由市场主导国内秩序的国家建立长期伙伴关系，并吸引更多社会主导国内秩序的国家以及无主导力量的国家与之合作，大家在诸如全球贸易、相互依存、减轻贫困、国际体系改革、消除冲突等关键问题上采取类似立场，那么合作驱动型国家将成功建立中国领导人设想的新型国际关系。合作驱动型国家发挥这一作用，先决条件是国家主导的国内秩序为国内平衡发展创造必要条件，经济和社会不受国家指示性领域的影响。对这些国家来讲，维持国内的这种平衡并不容易，却能为其提供满足全球和平所需的经验。

国际政治中权力分配是不对称的，从这个意义上来讲，不同类别的国内秩序是重要的。权力政治的主导理论流派——结构现实主义或新现实主义——是基于一种片面的主张，即国家之间的"差异"是"能力而不是功能"①。这一论断忽略了一个事实，能力的差异会使不同的国家分布在世界体系的核心、边缘和半边缘区域，那么最终会导致功能的差

---

① Kenneth N. Waltz, *Theory of International Politics*, Reading, MA: Addison-Wesley Publishing Company, 1979, p. 96.

异。正如新现实主义指出的那样，这意味着每个国家都在"效仿其他国家的活动"①，但是由于不同国家在世界体系中的位置不同（核心、边缘或半边缘区域），它们在世界体系中履行的功能就不同。这种功能上的差异又维持了权力的差异。大多数不发达国家的国内秩序是社会主导的或是无主导力量的；而大多数发达国家的国内秩序是市场主导的；那些快速脱离边缘区域，正在进入或已经进入核心区域的国家，其国内秩序大多是国家主导的。知道这一点，我们便能够更好地理解促进双赢国际发展所需的战略和机制。

能力的差异会导致国家间的职能分化，所以合作驱动型国家不可能建立新的国际关系。作为世界上主要的合作驱动型国家，中国凭借优越的能力帮助较弱的国家来缓解权力不对等，促进更具包容性的世界，但这将是一个长期的全球进程。共同在实践中摸索如何消除零和政治，在这一长期过程中，可能就会实现竞争驱动型国家向合作驱动型国家的和平演变。

领导一直是国内、国际政治的关键因素。一方面，信息通信技术日趋发达，另一方面，政治、社会、经济和文化领域内呈现出新的形式，这些领域之间的联系更加密切，因此领导便更加重要。国内外政治竞争合作对国内经济和双边经济关系的影响，相较于 50 年前，更加迅速广泛。一个国家的社会运动不仅会影响该国的政治文化，还会波及其他国家。

如果合作的机会增加了，那么竞争的风险会增加。风险强度和机会把握度取决于国家和世界领袖的能力。有趣的是，在四种不同的国内秩序下，领导能力和水平也有所不同。高智商并不等同于高水平的领导能力。道德维度在形成卓越领导力时发挥着关键作用。遇到问题时，道德纬度要求谨慎自信地使用解决方法。领导人对道德纬度理解深入，则能够弱化竞争的消极影响，扩大合作范围和持续时间。这是社会变革管理成功的关键要素。

---

① Kenneth N. Waltz, *Theory of International Politics*, Reading, MA: Addison-Wesley Publishing Company, 1979, p. 96.

如果领导人不能将方法、手段同道德意识结合起来，那么这个社会抵抗冲击的能力将会很弱。这样的领导人无法领悟国家、社会和市场是复杂的适应性系统，因而他们便不能正确辨别哪些问题导致了政策、决策的缺陷。其实这些政策决策的根本矛盾在于，对一个部门或机构的治理改善往往会使其他部门受到影响①。若置之不闻，"问题－解决－问题"的模式便会循环往复，最终失去控制。问题扩散增殖是当今世界许多地区的危机根源。

如果不逆转这一情况，即使政治条件允许，改革依旧难以进行，方法仍然行之无效，尤其是在国内秩序由社会主导的或是无主导力量的国家。当前，除了国家主导国内秩序的国家，在其他类型的国家中，领导者处理国内外问题的成效普遍不高。对于市场主导国内秩序的国家而言，"逆转性极权主义"占主导地位可能会造成次优领导。"逆转性极权主义"下，企业权力渗透进政治领域，公民实质已"政治性地去动员化"②。在市场主导国内秩序的国家中，改革可能在方法技术上可行，却在政治方面行不通。如果发达国家领导者的社会变革管理技能衰退，国际体系将越来越不稳定。

这表明，领导能力与国家的发展水平无关。还表明领导者的行为与他们所处的社会政治体系或国内秩序有关。若在某种社会政治制度下，冲突能得到回报，这种制度将成为滋生冲突的温床；若在某种国内秩序下，合作被置于首位，这种秩序就会成为培育合作的沃土。

通过塑造和管理国内与国际行动者的期望，领导人便可以将和平或冲突最小或最大化。中国领导人将国内和国际的观念、行为聚焦于和谐、和平、稳定与繁荣等价值观，这有助于加强以规则为基础的国际秩序，同时也彰显了中国领导的卓越能力。中国擅长将其国内发展成果外部化并将发展成本内部化。发展成本内部化做得越好，国际制度的稳定

---

① Genrich Altshuller, *And Suddenly the Inventor Appeared*：*TRIZ*, *The Theory of Inventive Problem Solving*, trans. Lev Shulyak, Worcester, MA：Technical Innovation Center, 1996, p. 15.

② Sheldon S. Wolin, *Democracy Incorporated*：*Managed Democracy and the Specter of Inverted Totalitarianism*, Princeton, NJ：Princeton University Press, 2008.

性就越大。

在旧的多极化时代中，发展成本内部化被忽视，因此冲突加剧、多极化崩溃。这种疏漏如今依然存在于世界上许多重要地区，不过有越来越多人意识到了它的影响。对发展成本内部化的忽视要归咎于领导文化，这种领导文化源于对剥夺权利的恐惧以及由此形成的过度权利意识。害怕被剥夺权利这一共同认知造成了个人与集体行为中的侵略性和不安全感。

中国向来倡导双赢的国内和国际合作，双赢合作正在创造新的共同认知库，通过集体实践共同利用通用资源，但这一努力的成功取决于欧亚大陆是否摆脱零和政治。深化和加速多极化趋势，需要在政治、经济、社会和文化领域促进新形式的合作发展。集中每个领域可转移的资源和实践，实现这些领域的一体化和多样化。举个例子，政治战略可以用于经济和文化领域，反之亦然。

这还需要伊斯兰世界同中国建立多样而活跃的伙伴关系，这种关系已经通过双边和多边平台得到发展。基于相互不干涉的原则，这种伙伴关系还可能缓解伊斯兰世界的派系化。若真如此，全球和平将因此得益。一位杰出的中国思想家指出，世界上仅有两个文明国家，一个是中国，另一个就是现代的伊斯兰世界[①]。作为其战略目标之一，这种伙伴关系还应着力恢复伊斯兰世界知识生产和社会政治建设的悠久传统，这必将为当前的危机和问题提供非常新颖、可行和富有成效的解决方案和策略。

传统的恢复仅凭伊斯兰世界的力量还不够，但中国和穆斯林一起便能做到。此外，伊斯兰世界多数大国占据欧亚大陆的中南部地区，并充当了西端和东端之间的重要连接纽带，这有利于欧亚大陆的双向传播，促进稳定与和平。中东和南亚等欧亚重要地区可能因此告别动荡迎来和谐。

如果当前的多极化能融合并遵循渐进、循序和全面的原则，那么它

[①] Sheldon S. Wolin, *Democracy Incorporated*: *Managed Democracy and the Specter of Inverted Totalitarianism*, Princeton, NJ: Princeton University Press, 2008.

将能持久存在。渐进性有助于提高社会适应能力，以建立新的行事方式。循序性使多极化战略与紧急情况的内在逻辑保持一致。全面性将确保整改措施涵盖人类行为的所有领域、问题的各个方面，并且先解决主要方面再解决次要方面。令人鼓舞的是，中国对国内政治和国际关系的态度正是渐进的、循序的、全面的。

然而，必须防止有意地在国内和全球政治中保留老旧的因素和过时的惯例。这些因素和惯例虽然披着现代的外衣，实质却是腐朽落后的。它们在自由、公平的国内和国际发展中似乎必不可少，但由于其倒退的本质，终会不可避免地破坏发展进程。一旦在共荣合作中出现挫折，提供这些要素的人就会指责这体现了合作驱动型国家合作战略的弱点和不适应性。这些因素和惯例可能还会不断被包装成有吸引力的意识形态，但它们对人类进步的净影响是消极的。防止这种企图的最佳做法是加强多层面合作，巩固世界体系中的多极化趋势。

（冯慧 译）

地缘经济与当代国际体系中的权力转移

吉拉·阿提拉·丘尔高伊（Gyula Attila Csurgai）

瑞士世界学习协会科研主任

国际培训学校日内瓦多边外交和国际研究项目教授

引　言

冷战结束时，美国战略专家爱德华·勒特韦克（Edward Luttwak）声称，全球经济竞争将取代西方自由主义和共产主义集体主义的意识形态对抗。届时，贸易金融和掌握技术的重要性将胜于军事力量的重要性①。事实上，冷战后，国家间的关系被日益激烈的经济竞争所塑造。这些竞争包括"非市场"因素，例如国家机构与私营企业之间的情报共享；成功的经济外交；为削弱经济对手，操纵干扰非国家组织的各种技术。这些非市场因素的巨大影响说明了强调市场作用的自由经济理论具有局限性。2008年的金融危机、中国更多地通过金融手段实现全球地缘政治影响、俄罗斯利用能源作为外交工具的战略、美国将域外管辖权作为经济战的工具、国家资本主义经济发展模式、对稀缺资源日趋激烈的竞争，这些都说明了我们有必要重新考虑国家在经济安全方面的作用。

当前，世界正在从美国主导的西方霸权体系向多极体系过渡。经济和政治权力正在从欧洲－大西洋地区向亚洲和世界其他地区转移。中国迅速崛起，印度和东南亚经济在过去几十年里强劲增长，全球权力因此

---

① Edward Luttwak, "From Geopolitics to Geoeconomics: Logic of Conflict, Grammar of Commerce", *The National Interest*, No. 20. 1990.

转移。亚太地区已成为全球地缘政治和地缘经济的重心。当前的全球权力转移主要是经济方面的。美国仍然是世界上最重要的军事大国，其军事支出依旧位于世界首位。2018 年美国的军事支出达到 6490 亿美元①。2018 年美国军事预算排名第一，是紧随其后的 8 国军费预算的总和。2018 年中国的军费开支为 2500 亿美元，位居世界第二②。美国在海外超过 70 多个国家和地区拥有近 800 个军事基地，包括巨型基地和小型雷达设施；英国、法国和俄罗斯拥有大约 30 个海外基地。

提及全球权力转移的经济领域，按购买力平价（PPP）衡量，2014 年以来中国的 GDP 已经超过美国③。预测认为到 2050 年亚洲国家将在世界经济中占主导地位，中国将成为最大的经济体，印度第二，印度尼西亚第四，日本第五；美国则成为全球第三大经济体；在全球最重要的 5 个经济体中，没有一个欧洲国家④。根据《福布斯》2018 年全球最大公司榜单，亚太地区以 792 家公司名列榜首，占榜单的 40%⑤。至于人口因素，不得不提欧洲和美国人口的相对下降，亚洲的人口已经是北美和欧洲人口总和的 4 倍⑥。

中国在 2013 年发起的 "一带一路" 倡议就体现了全球权力的转移。"一带一路" 是一个具有里程碑意义的倡议，该倡议包含大规模的基础设施建设，通过海路和陆路将欧亚大陆和非洲与中国连通。"一带一路"

---

① References to data provided by SIPRI（Stockholm International Peace Research Institute）. https：//www. sipri. org/media/press – release/2019/world – military – expenditure – grows – 18 – trillion – 2018.

② https：//www. sipri. org/yearbook.

③ https：//mgmresearch. com/china – vs – united – states – a – gdp – comparison/.

④ https：//eu. usatoday. com/story/money/2019/01/11/china – india – gain – us – worlds – top – economy/2551849002/；https：//www. pwc. com/gx/en/world – 2050/assets/pwc – world – in – 2050 – summary – report – feb – 2017. pdf.

⑤ Data obtained from Forbes Global. The Forbes Global 2000 is a list of the world's largest corporations as measured by revenues，profits，assets and market value. ，https：//www. forbes. com/global2000/#7161a2a9335d.

⑥ United Nations，Department of Economic and Social Affairs，Population Division （2019），World Population Prospects 2019：Data Booklet（ST/ESA/SER. A/424）.

通过 6 条贸易走廊连接 60 多个国家，这些国家的人口总和占世界人口的 69%，其 GDP 总和占全球 GDP 的 51%。

地缘经济

地缘经济的概念出现于冷战末期，爱德华·勒特韦克的著作使人们开始考虑国家权力、经济和国际贸易之间的相互关系[1]。控制贸易路线、获取自然资源和占领市场是国际经济关系中的重要因素。11 世纪开始，威尼斯逐渐成为一个强大的地缘经济行动者；尽管威尼斯面积不大，但这个城邦却在贸易方面举足轻重，这要归功于其联盟建设战略、有效的外交、先进的造船技术、经济间谍活动、发达的金融部门等。随着 15 世纪至 18 世纪欧洲民族国家形成，重商主义开始崛起，重商主义提倡国家干预经济以维护本国安全。保护主义贸易和货币政策被用来实现贸易顺差，从而增加国家财富和权力。德国经济学家弗里德里希·李斯特（Friedrich List, 1789 - 1846）提倡经济民族主义（economic nationalism），以帮助实现国家工业化，并在总体上增强国家经济实力，确保安全和独立[2]。李斯特认为，选择干涉主义经济政策或自由主义经济政策是一个战略问题，这要取决于国家情况、经济发展和政治力量[3]。

无论战争还是和平时期，都可以发起经济战，在经济上削弱某个国家，从而减弱其政治和军事力量并（或）使其改变行为。经济战的一些手段包括贸易禁运、抵制、制裁、关税歧视、冻结资本资产、暂停援助、禁止投资和其他资本流动、财产没收、阻断自然资源通道。经济竞争常常导致地缘政治竞争，还有军事冲突等其他不同类型的冲突。一战和二战中，经济战在削弱军事对手方面发挥了关键作用。例如，日本袭击珍珠港前，1941 年 7 月入侵南印度支那，美国立即对日本实施了金融

---

[1] Ali Laidi, *Histoire Mondiale de la Guerre Economique*, Perrin, Paris, 2016

[2] Friedrich List, *National System of Political Economy*, Cosimo Classics, New York, 2013.

[3] Eckard Bolsinger, "The Foundation of Mercantile Realism Friedrich List and the Theory of International Political Economy". Paper presented at the University of Lincoln, 2004.

封锁和石油禁运①。

冷战期间，以美国为首的西方集团内部经济利益出现分歧，导致了局势的紧张。但是，这种紧张局势并没有破坏西方阵营内部的团结，因为西方联盟必须维持其凝聚力以对抗苏联集团。经济手段被认为是削弱共产主义集团的有效方式；美国20世纪80年代的战略就体现了这一点，主要包括以下内容：1）实施战略防御计划（SDI），利用地面和天基系统保护美国免受战略核弹道导弹的攻击。冷战背景下，苏联无力应付这一计划。2）1983年美国政府批准了《国家安全决策指示75》，实施严格的制裁制度来限制苏联的外交政策和军事活动。3）1985年美国对沙特阿拉伯施加影响，石油产量大增，油价大跌，苏联的石油出口收入受到巨大影响，而石油出口收入占苏联硬通货收入的80%左右。

冷战结束后，随着共产主义阵营解体，美国为首的西方阵营凝聚力减弱，地缘经济竞争给跨大西洋关系带来巨大影响。政治和军事盟国之间一直存在经济竞争，美国与欧洲大陆关系的进程就说明了这一点。最近，特朗普政府单方面对欧洲出口到美国的不同产品征收关税，欧盟和美国的贸易关系日益紧张。

当代经济力量对抗越来越多地采用非军事战争的方法：例如外国势力控制经济的战略部门，利用主权财富基金进行技术转让，各种信息操作和货币战争等②。此外，美国在伊拉克和阿富汗的干预措施说明：实现战略目标，用军事对抗和武装力量对某地区进行直接控制效果远不如借助间接策略和软实力（地缘经济的两个重要成分）。通过间接方式来扩散影响，这种策略不乏实例：1）中国的影响力与日俱增，从亚洲中东部直至拉丁美洲和非洲。2）由于有效借助金融、经济和文化力量，德国在其传统势力范围——中欧的影响力渐强。

---

① Edward S. Miller, *Bankrupting the Enemy: The U. S. Financial Siege of Japan before Pearl Harbor*, Annapolis, MD: United States Naval Institute Press, 2007.

② Christian Harbulot, *La Machine de Guerre Economique*, Economica, Paris, 1992 and *La main invisible des puissances*, Ellipses, Paris, 2007; Robert D. Blackwill and Jennifer M. Harris, *War by Other Means, Geoeconomics and Statecraft*, Harvard University Press, Cambridge, Massachusetts, London, England, 2016.

地缘经济说明了国家机构和各经济部门进行战略互动，以提高本国在当代国际体系中的权力地位。法国学者帕斯卡·洛罗特（Pascal Lorot）是法国杂志《地缘经济》的负责人，他定义地缘经济：

> 在政治背景下，分析国家经济战略，尤其是商业策略，以保护本国经济或某些重要部门，帮助本国企业获得技术或占领与产品生产、商业化有关的世界市场。这一过程中若能取得一席之地，实体——国家或国家企业的实力和国际影响力将会增强，经济和社会潜力也会增强。[①]

勒特韦克和洛罗特没有认识到的是，经济力量还可以推动外交成果。这些成果不仅仅局限于某个国家经济实力的增强。事实上，地缘经济可以指用经济手段促进和捍卫国家利益，实现特定的地缘政治目标。各国可以实施地缘经济战略，同时促进多种利益，如地缘政治、战略、安全、经济和发展。地缘经济的主要手段有贸易、投资、金融、援助、技术、信息力量和自然资源。

一个国家的信息力量在地缘经济中起着关键作用，它在很大程度上取决于信息战略管理的能力。信息通信技术（ICT），还有与之相关的大数据、人工智能和网络安全等技术的影响越来越大，环境因此更加复杂。因为信息通信技术的进步，变革对政治、经济、安全和军事产生的影响会更加迅速。经济情报（EI）是成功的地缘经济战略最重要的因素之一。经济情报被定义为信息的研究、分析和传播，能帮助特定商业实体行为者或国家，支持这些实体的地缘经济战略[②]。可以将经济情报视为把信息转化为知识，把知识转化为行为[③]。实现有效的地缘经济布局，要在国家层面和企业之间建立经济情报的战略网络。并非仅仅局限于信

① Lorot, Pascal, ed., *Introduction à La Géoéconomie*, Paris, Economica, 1999. p. 15.

② Gyula Csurgai, "Geoeoconomic Strategies and Economic Intelligence" in *Advances in Geoeconomics*, Ed. J. M. Munoz, Routledge, London, New York, 2017.

③ Carlo Jean, Paolo Savona, *Intelligence Economica*, Rubettino, Soveria Mannelli, 2011, p. 21.

息的研究、分析和传播；经济情报也经常被用于攻击性和间接的战略，如虚假信息、知觉管理、游说和破坏对手公司稳定。因此，企业和国家实体要同时发展经济情报的防御能力和进攻能力。与信息保护相关的防御战略非常重要，因为企业可能会成为竞争对手的目标，以获取其财务状况、市场渗透策略、客户、潜在客户和创新等方面的信息[1]。

2015 年，美国通用电气公司（GE）收购了法国公司阿尔斯通（Alstom）的能源部门，这又一次体现了经济情报和地缘经济分析的重要性。收购阿尔斯通能源部门，美国使用了"去稳定"战略，主要包括在美国逮捕并监禁其一名首席执行官；使用美国域外管辖权；游说；美国司法部对其处以 7.72 亿美元的巨额罚款，从而加剧了阿尔斯通能源部门的财务脆弱性[2]。

地缘经济下自由主义范式的问题

国际关系研究中，所谓的"民主和平"理论是自由主义范式的重要组成部分之一[3]。这一理论认为，民主国家的国内政治形式使国家难以动员战争，并得出了民主国家间无战争这一经验主义观察[4]。按当代标准来看，虽然一战前的德国、英国、法国、美国并不是成熟的民主国家，但它们也不是独裁制度，或多或少以议会制度为基础。这些国家之间有着密切的贸易联系。随着德国经济和军事实力的迅速崛起，法国、英国、美国将其视为巨大威胁。这一威胁无关政治制度而是权力平衡变化的结果；德国的国际影响力日益增强，甚至能够影响战争与和平的转

---

① Christian Harbulot（Ed.），*Manuel d'intelligence économique*，Paris，PUF，2015

② A detailed description of this take-over can be found in the book：Frédéric Pierucci，*Le piège américain*，Editions JC Lattès，Paris，2019.

③ Patrick A. Mello，"Democratic Peace Theory"，in *The SAGE Encyclopedia of War：Social Science Perspectives*，Paul Joseph（Ed.），Sage Publications，2017，on-line：http://dx. doi. org/10. 4135/9781483359878. n188.

④ Colin Elman，"Introduction：History，Theory，and the Democratic Peace"，*The International History Review*，23：4，Routledge，2001，on-line：http://dx. doi. org/10. 1080/07075332. 2001. 9640946.

变，英国、法国和美国对此深感威胁。随后，第一次世界大战爆发，英国、法国和美国企图大幅削弱德国的实力。战争结束后，主要战胜国在《凡尔赛条约》中将屈辱性条件强加给德国，英法美的意图昭然若揭。当代民主国家之间通过非军事手段争夺地缘经济霸权，民主和平理论对此并不能给出好的解释。事实上，正如罗伯特·D·布莱克威尔（Robert D. Blackwill）和珍妮·M·哈里斯（Jennfer M. Harris）所言，地缘经济是非军事手段的战争①。

当前，民主国家间会偶尔爆发经济战争。同样，政治和军事盟友也会利用激烈的地缘经济斗争来征服市场、控制技术、维持金融和货币统治等。跨大西洋关系就体现了"盟友－对手"关系的本质。尽管欧洲的北约成员国与美国结成了军事联盟，但欧盟与美国之间依然存在商业竞争，比如波音（Boeing）和空中客车（Airbus）就补贴问题在世界贸易组织中相互指控。还有一个更有力的例子，美国利用"埃施朗"和"棱镜"收集互联网和手机通信数据。"埃施朗"是美国主导并与其他英语国家合作组建的电子监控系统；"棱镜"是美国国家安全局实施的秘密监听计划。美国把通过"埃施朗"和"棱镜"收集的信息提供给经济行动者，用来促进美国的经济利益②。显而易见，这说明了国家机器在企业竞争中的作用。

国家机构和公司之间的合作有悖于新自由主义的原则。新自由主义主张高度放松管制，向国际交流和投资快速开放国内经济，实现大多数经济部门的私有化，限制公共部门。新自由主义模式在几个国家中均以失败告终，比如 1998 年至 2002 年间的阿根廷经济萧条、20 世纪 90 年代俄罗斯"休克疗法"的灾难性后果。与经济迅速自由化和放松管制相反，东亚国家选择逐步开放经济，并采取国家发挥作用的长期经济发展

① Robert D. Blackwill, Jennifer M. Harris, *War by Other Means*, *Geoeconomics and Statecarft*, Council of Foreign Relations, The Belknap Press of Harvard University Press, Cambridge, Massachusetts, 2016.

② Laris Gaiser, *Economic Intelligence and World Governance*, Reinventing States for a New World Order, Il Cerchio, Citta di Castello, 2016, pp. 177 – 186.

方针①。这种方法即国家资本主义。其中最显著的例子是：20 世纪 60 年代韩国还相当贫穷，然而到 20 世纪 90 年代，它逐渐成为一个繁荣发达的国家，拥有富竞争力的出口导向型经济部门②。

中国战略状态的要素与地缘经济方法

从地缘经济的角度来看，国家的重要性并没有降低；21 世纪，商业、金融、技术、文化等正发挥着日益重要的作用，为应对这一变化，国家必须调整其战略角色③。该"战略状态"的目标是为建立成功的地缘经济布局创造条件，使公私经济部门与政府机构之间产生协同作用。建立国家地缘经济合作框架主要通过教育培训、研发、商业战略、经济外交和经济情报等手段。这些要素组合在一起形成国家的地缘经济布局，它可能会决定该国在 21 世纪国际体系中的影响力，并极大地影响其社会经济发展。

这一进程受到文化、历史和地缘政治因素的影响。在提高国家经济安全方面，地缘经济起到了什么作用？公私部门的行动者对这个问题的认知也影响着这一进程。我们需要知道，各国在制订和实施地缘经济战略时采用的方法并不相同④。

在审视中国地缘经济方法的特点时，要从长远的角度将历史和文明因素考虑在内⑤。中国是世界上唯一一个有 2000 多年统一历史的国家，也是唯一一个有 5000 多年持续文明的国家。理解中国要更多地从文明的角度出发，而不是单纯地基于政治和意识形态。英国作家马丁·雅克

---

① Ezra F. Vogel, *The Four Little Dragons*: *The Spread of Industrialization in East Asia*, Cambridge, MA: Harvard University Press, 1993.

② Young-Iob Chung, *South Korea in the Fast Lane*: *Economic Development and Capital Formation*, Oxford University Press, Oxford, New York, 2007.

③ Hervé Kirsch (Ed.) *La France en guerre économique*, *Plaidoyer pour un Etat stratége*, Vuibert, Paris, 2008.

④ Christian Harbulot, *La Machine de Guerre Economique*, Economica, Paris, 1992; *La Main invisible des puissances*, Ellipses, Paris, 2007; *Manuel d'intelligence économique*, PUF, Paris, 2015.

⑤ 由于本文篇幅所限，中国的地缘经济战略方式和特点仅有部分提及。

（Martin Jacques）写道①：

> 当代中国的最基本特征并非形成于上世纪中国成为民族国家之际，而应追溯到两千多年前中国完全成为文明国家之时。也正是这些特征塑造中国人的认同感，它们包括：国家与社会的关系、独特的家庭观念、崇尚祖先、儒家的价值观、被称为"关系"的人际关系网络、中国饮食和饮食文化，当然还有汉语。

中华民族在中国人眼中享有合法性，其原因可追溯到国家与中华文明的关系。国家被视为中华文明的化身、守护者和捍卫者。维护中华文明或文明国家的完整统一与凝聚力是首要的政治任务。然而在西方，人们对国家抱有不同程度的怀疑甚至敌意。在西方，国家被视为局外人。在中国，国家是亲密的，是家庭的一部分，甚至还是小家的引领者。有趣的是，中国把民族国家称为"家国"②（nation-family）。中国教授张维为认为，中国有四个主要特征：人口众多、地域辽阔、历史悠久、文化深厚；这些特征影响了中国的发展模式，未来可能还将持续影响中国的发展轨迹③。悠长的中华历史有利于长期规划和长期战略的发展实施，中国的经济改革和"一带一路"倡议就是实例。

1979 年以来中国经济每十年增长一倍；对外贸易每五年增长一倍。1978 年，中国在世界贸易排名中位列第 34；2013 年中国已跃居榜首。1978 年实施经济改革以来，中国年经济增长率一直很高，几十年中一直保持在 10% 左右；最近几年，增长率平稳下降到平均 6% ~ 7%，相较于大多数国家，这一增长率仍是高的。尽管显著的经济增长并没有惠及国家的每一个地区，但自经济改革开始以来，中国已经使 8 亿多人摆脱

---

① Martin Jacques, *When China Rules the World. The Rise of the Middle Kingdom and the End of the Western World*, Penguin books, London, 2009, p. 195 – 203.

② Ibid.

③ Weiwei Zhang, *The China Wave: Rise of a Civilizational State*, World Century Publishing Corporation, 2012, New Jersey, USA.

了贫困①。根据 2018 年全球创新指数，在专利和科学出版物以及现有研究人员数量方面，中国位居第一；在研发支出方面位居第二②。同样值得关注的是：中国企业对关键技术的掌握与发展，在相对较短时间内实现了国际化。中国中车股份有限公司（CRRC）在几年时间内成为最大的地铁、高铁生产商。CRRC 有 18 万名员工，46 家子公司，产品销往 102 个国家。

20 世纪 70 年代末经济改革以来的 40 年中，中国用相对较短的时间，在社会经济发展方面取得了瞩目成就。这表明非西方的发展方式也能行之有效且正当合法。每个国家都有权选择自己的发展道路。

"一带一路"倡议有效说明了地缘经济战略如何影响经济发展和地缘政治。"一带一路"的主要战略利益包括：促进区域稳定、改善中国能源安全、发展出口市场、调整贸易方向。"一带一路"还有利于中国内陆地区的发展，增强中国的地缘政治凝聚力。"一带一路"将提升中国在东亚、东南亚、欧亚、中东、非洲、北极地区、拉美等地区的影响力。此外，超过一半的世界经济将会脱离美元主导的贸易和经济关系，人民币的全球作用得到加强。因此"一带一路"可能有助于国际金融新秩序的形成。如果美国再次爆发金融危机并向其他地区蔓延，这一过程甚至还会加快，"一带一路"将中国置于欧亚腹地的中心③，它将欧亚大陆主要的陆地强国——中国、俄罗斯和德国连接起来，这无疑具有重要的地缘政治意义。三个国家的合作与中国的海洋战略和陆地战略会对欧亚大陆边缘地区产生影响，欧亚大陆实力会因此增强；美国主导的牵制欧亚大陆的海权战略也将被削弱④。

---

① World Bank Overview on China, 2018, https：//www.worldbank.org/en/country/china/overview.

② Global Innovation Index 2018, WIPO（World Intellectual Property Organisation），Geneva.

③ http：//english.whigg.cas.cn/ns/es/201312/t20131211_114311.html.

④ 关于"边缘地带理论"，可参见：Nicholas J. Spy*km*an, America's Stragegy in World Politics, *The United States and the Balance of Power*, Harcourt Brace and Co, New York, 1942。

如果印度加入"一带一路"，国际体系的重心将发生重大改变，亚洲主导的全球化进程将对全球治理的规范、贸易规则和叙事产生重大影响①。全球力量从欧洲－大西洋地区向亚洲转移。要以历史和长远的视角来看待这一全球力量的转移。曾几何时，在长达几个世纪的时间里，中国和印度一直引领着世界经济②。

基于欧洲角度的结语

在 21 世纪全球力量转移的背景下，"一带一路"倡议为欧洲进行必要的地缘政治和地缘经济新定位提供了机遇。欧洲位于跨大西洋地区和欧亚大陆之间；前者日渐衰落而后者正在重新崛起。欧洲是欧亚大陆的一部分。欧洲与美国贸易局势紧张；在经济战争中美国把域外管辖权作为针对欧洲公司的武器；华盛顿出台单边政策（如美国退出所谓的伊朗核协议），以上种种问题皆暴露了欧洲与美国日趋加剧的矛盾。欧洲积极参与"一带一路"倡议可以平衡与美国的关系。此外，欧洲非常希望建立新的、稳定的、能够抵抗金融资本投机影响的金融基础设施。

（冯慧 译）

---

① Parag Khana, *The Future is Asian*, *Global Order in the 21ᵗ Century*, Weidenfeld Nicolson, London, 2019. p. 321.

② Alexandre Lambert, "China's Belt and Road Initiative in a New Era of Geoeconomic Rivalries", Conference Paper, GIGS (Geneva Institute of Geopolitical Studies) Summer Course "Geopolitics" 2019.

地缘政治变迁与大国责任

罗伯特·德·维克（Robert de Wijk）

荷兰海牙战略研究中心

美国的政治领导人往往过于依赖其经济和军事力量；而大多数欧洲政治家一味遵循自由主义学派规范原则，却忽视了现实主义学派基本的权力政治原则，结果导致其国际关系分析欠佳、权力思考不足、前后矛盾、短视并缺乏自我反思。这是由于数百年来它们一直主导全球，没有遇到过真正的挑战。而现在俄罗斯和中国正在发挥重要作用，两国领导人遵循的正是现实主义学派的权力政治原则。在变化的世界中，这是我们面临的问题。此文认为大国应该认识到地缘政治的转变会带来风险，要不惜一切代价避免错误认知。否则，构建人类命运共同体注定要失败。

自我形象、价值体系与地缘政治

可以肯定的是，新兴国家希望维护自己的地位。自我形象在地缘政治中的作用将越来越重要。换句话说，在一个多极化的世界里，追求文化卓越变得更加重要。这一愿景与民族主义的兴起有关。民族主义是一种强大的武器，能让领导人获取民众的支持，伴随着文化优越感给社会注入活力。皮尤研究中心 2003 年的一项研究断定，全球化背景下民族主义仍然是一种强大的意识形态。文化优越感存在于许多国家①，令人

---

① PEW Research Global Attitudes Project, Chapter 5, Nationalism, Sovereignty and Views of Global Institutions, 3 June 2003. http：//www. pewglobal. org/2003/06/03/chapter - 5 - nationalism - sovereignty - and - views - of - global - institutions/.

吃惊的是，文化优越感更多地存在于发展中国家；在发达国家中，美国认为自己的文化凌驾其他文化之上。2010～2020 年，这一观念愈发强烈。如果人们深信本国文化的优越性，他们便会自然而然地保护自己的生活方式不受外界影响。事实上，在皮尤研究中心调查的所有国家中，绝大多数人都赞同这一观念；在国际关系中发挥关键作用的国家也是如此。

如果遇上领土民族主义，这种优越感可能会引发危险。皮尤研究中心的研究显示，这一现象十分普遍。在亚洲，一半的日本人和 79% 的菲律宾居民认为他们国家的领土主张是合法的。超过三分之二的俄罗斯人认为邻国的部分地区属于俄罗斯。自皮尤研究中心开展这项研究以来，没有任何迹象表明民族主义文化优越感和领土观在减弱。相反，在俄罗斯、中国、日本、印度和南海周边国家，民族主义一直是强硬外交政策的推动因素。因此，新兴国家如何看待西方？这一问题很有趣。

不是每个国家都有能力把自己的游戏规则和价值观强加给世界，也不是每个国家都能扩大自己的影响。像美国这样的国家具备这种能力。它认为自己的文化非凡且承载了特殊使命，它把这种观念和权力结合在一起。随着多极化的发展，价值体系的冲突会越来越多。

从价值体系的角度思考早有先例。古希腊人古罗马人都认为自己比其他民族优越，西方启蒙运动期间也曾出现优越感。渐渐地，"普世"价值观念形成，比如人道、民主、社会和经济进步。这种想法根植于欧洲文化，并使欧洲人对持不同观念的国家生产误解妄见。鉴于欧盟的政治、经济和军事状况，非西方国家认为由此产生的威胁在减弱。然而，这种思维方式正促使许多非西方国家将自己同西方对立起来。亚历山大·卢金（Alexander Lukin）指出，西方认为俄罗斯人落后保守，大多数俄罗斯人对此非常不满[1]。卢金认为价值体系在世界政治中发挥着重要作用。此外，由于实力的增长，大国会更多地受其价值体系的主导。这强调了早先的观点，即未来的冲突将越来越多地发生在地缘政治断层线上。

---

[1] Alexander Lukin, "Eurasian Integration and the Clash of Values," *Survival*, vol. 56, no. 3, June-July 2014, p. 53.

美国是一个典型的例子，"追求独特"的思想指导着它的外交政策，这种现象被称为"例外论"。在制定外交政策时，乔治·W. 布什（George W. Bush）回归美国特殊性这一传统观念，也即美国信条或政治信条。自由、民主、个人主义和自由放任推动着美国的政治行动，也巩固了美国例外论。美国例外论可以追溯到美国的建立，反映了这个国家的理想主义观念。它也与宗教因素有关，19 世纪天定命运的观点就体现了这一点：美国人站在道德的高地，肩负着使命，必要时可以将自己的理想施加给别人。19 世纪，阿列克西斯·托克维尔（Alexis de Tocqueville）的两册《论美国的民主》也强化了美国"独特不同"这一观点。

"追求独特"与外交政策

美国安全研究领域的专家罗伯特·托梅斯（Robert Tomes）写道，在美国，关于例外论的讨论再次兴起[1]。例外论是 2012 年总统选举的主题之一。共和党候选人米特·罗姆尼（Mitt Romney）就此抨击了时任总统奥巴马："我们现在的总统认为美国只是众多国家中的一员。美国是一个与众不同的国家！"尽管与罗姆尼理念不同，但奥巴马同样信奉美国例外。叙利亚危机期间，奥巴马辩称 70 年来美国一直是维护全球安全的中流砥柱，美国使世界变得更加美好[2]。在西点军校的一次演讲中，奥巴马明确了例外主义的重要性："我对美国例外论深信不疑。我们例外，并不是因为我们能够藐视国际准则和法治，而是我们愿意通过行动来维护它们。"[3]

许多美国人认为美国肩负着上帝赋予的责任。众所周知，乔治·

---

[1] Robert R. Tomes, "American Exceptionalism in the Twenty-first Century," *Survival*, vol. 56, no. 1, February-March 2014, pp. 27 – 50.

[2] "Remarks by the President in Address to the Nation on Syria", http://www.whitehouse.gov/the – press – office/2013/09/10/remarks – president – address – nation – syria.

[3] "Remarks by the President in Address to the Nation on Syria", http://www.whitehouse.gov/the – press – office/2013/09/10/remarks – president – address – nation – syria.

W. 布什总统深受宗教影响。一个国家的总统认为自己的国家并非等闲之邦，而且是一个承载天赋使命的超级大国，那便不难理解他为何不想服从联合国等国际组织的决议；为何不想遵循国际法和国际条约；为何不愿将其公民交给国际刑事法院。此外，美国不希望任何国家干涉其内政，它将整个美洲大陆视为其势力范围。这一点可以追溯到 1823 年的门罗主义，20 世纪初，伍德罗·威尔逊（Woodrow Wilson）总统利用门罗主义干涉多米尼加共和国（1915~1934）和海地（1916~1924）的事务。在冷战期间，美国又利用门罗主义来阻止苏联向古巴和其他中美洲国家提供支持。苏联的解体强化了美国的例外论。美国国务卿玛德琳·奥尔布莱特（Madeleine Albright，1997 – 2001）甚至称美国是"不可或缺的国家"。

因此，几个世纪以来美国的外交政策形成了一些传统：单边主义，在必要时有权采取单边行动；对国际机构和国际法的工具主义观点，只有在它们符合美国的利益时才会被接受；有权捍卫西半球的利益；认为美国注定要在全球起决定性作用；文化和政治帝国主义因素；宣传美国所支持的理念，如民主和人权；遏制或打击可能对美国构成挑战的意识形态或国家。通常，新兴国家认为这是傲慢的、是对别国内政的干涉。特朗普总统并不否认美国例外论，但他的做法更趋近孤立主义。特朗普的"美国优先"政策导致了中美之间的贸易战、多边体系的崩溃、美国退出同盟组织放弃军事干预。其背后的逻辑是美国要保护自己的利益，防止其他国家的威胁。其强硬的作风愈发类似于中国和俄罗斯领导人。

中俄观点

和中国领导人一样，俄罗斯总统普京也坚持主权和不干涉的传统观念。这种观点基于宏大的理念，但和美国不同，迄今为止这两个国家都只是怀有区域抱负。普京对国内政治秩序的观点可用"主权民主"一词来表述。"主权民主"这一概念是克里姆林宫的理论家弗拉季斯拉夫·苏尔科夫（Vladislav Surkov）提出的。它主张俄罗斯发展自己的民主形式，摒除外国影响和规范压力。此外，普京总统利用一切机会强调俄罗斯人民的独特性和特殊性。为了强调爱国情感和典型的俄罗斯价值观，他将 2014 年定为文化年。他的做法得到了东正教的支持。东正教是近年来民族主义日益高涨的一个重要因素。大牧首基里尔一世（Patriarch Kirill I）支持普京"俄罗斯世界"的主张；"俄罗斯世界"是一个注重传播俄罗斯文化、语言和使命的软实力概念。乌克兰危机期间，基里尔还呼吁乌克兰重视两国共有的东正教价值观，不要与西欧同流。由于担心乌克兰信徒分离出去，他采取的立场比普京更加温和。

中国的民族主义根植于强烈的屈辱感，这主要是西方国家造成的。这个国家厌恶一切类似于外国命令或外国影响的东西，因为这让他们想起了曾经的百年屈辱。欧洲对外关系委员会（European Council on Foreign Relations）总结，欧盟和中国之间的关系基于这样一种旧观念：通过与欧洲做生意，中国将实现经济自由化，转型为立宪国家并变得更加民主。这种假设完全没有考虑到中国的经济和政治实力，也没有考虑到中国的发展方式是独立于西方价值观之外的[①]。例如，中国将朝鲜战争描述为"抵抗美国的战争"，这反映了中国对西方的看法。此外如上文所述，最近发生的一系列事件使中国相信美国正在实施反华政策。特朗普的贸易战更是强化了这种看法。

目前看来，中国和俄罗斯很有可能发展成为地区强国。但是正如"北京共识"所传达的，中国认为自己也肩负着世界的使命。对于那些民主传统并不根深蒂固的国家，"中国的使命"更具吸引力。越来越多的国家采纳了其中的一些内容。伴随着"一带一路"倡议，中国的软实力逐步上升。

分裂的世界

新的权力关系、经济中心的转移、对优越感的新思考，这些最终会产生什么后果？未来，世界可能沿着地缘政治断层分裂，价值体系和实体进一步发展：欧盟、中国、俄罗斯与其欧亚联盟伙伴、美国可能与其北约盟友、各种自由贸易协定团体。

[①] J. Fox and F. Godement, *A Power Audit of EU - China Relations*, London: European Council of Foreign Relations, 2009.

　　这些发展将导致一个更加分裂的政治经济结构，在这个结构中没有哪个国家或地区能够主宰国际秩序。伊恩·布雷默（Ian Bremmer）和鲁里埃尔·鲁比尼（Nouriel Roubini）称之为"零国集团"世界①。它指西方力量衰落、世界权力体系越发分散。莫伊塞斯·纳伊姆（Moisés Naím）等作家认为，在这样一个世界里，权力政治将不再有任何空间②。纳伊姆的论点似乎很有说服力，却仅仅建立在其主观想法之上。迄今为止，国际关系的发展符合现实主义理论；现实主义理论认为，国家是国际关系中的关键。出现问题时，国家会诉诸强权政治而不是超国家权威。只有面对共同挑战时国家间才会合作。

　　按照现实主义学派的观点，我们可以得出这样的结论：多极世界还没有我们现在的世界稳定。多极世界中，更有可能产生误解。玩家越多就越可能误判。还存在这样一个潜在危险：基于"追求独特"的理念，新兴国家和衰退国家都认为自己是对的，因而漠视其他国家的动机。这可能导致各种误解，进而引发频繁的冲突和危机。如上所述，民族主义、优越感或例外论正变得日益重要，它们使公民团结起来支持更加强硬的外交政策。领土民族主义已经在俄罗斯、中国、日本和南海周边国家（如越南、菲律宾）发挥了重要作用。地缘经济正变得越来越重要，因为新兴国家明白繁荣和安全离不开不受牵制地获取稀缺资源。根据定义，地缘政治的变化会产生赢家和输家。如果地缘政治变革继续下去，而且只要中国经济不崩溃，看起来就将继续下去，那么世界将不那么西方化。

　　国家盛衰轮回，自古历来如此。因为有美国掌舵，英国的衰落对西方世界无关紧要；但如果整个西方都衰落，那就影响甚大。本文的结论之一是，衰落的西方将不能按自己的喜好塑造世界秩序。因此，西方更无力保护自己的利益。实力下降可能导致繁荣程度下降，从而使社会和政治不稳定，因为自由贸易和原材料获取并不仅仅是新兴国家经济增长

---

① Vito Racanelli, "Davos：Who or what is G-zero?," *Barron's*, 26 January, 2011.

② Moisés Naím, *The End of Power：From Boardrooms to Battlefields and Churches to States. Why Being In Charge Isn't What It Used to Be*, New York：Basic Books, 2013.

的决定性因素。若自由贸易和原材料的获取受到威胁，西方国家就会采取措施，必要的话还会诉诸军事行动。这就威胁到了西方世界的稳定。此外，新兴国家的重商主义、国家资本主义政策都要求西方做出政治和经济回应。

西方力量相对衰落，我们既要接受地缘政治的变化，也要爆发新能量以适应新时代。现实主义学派预测，在面临巨大威胁时各国会更加支持广泛合作。但随着特朗普当选总统，目前的条件似乎并不利于扩大合作。

全球化进入了新阶段，世界上很多地方都出现了动荡。人们感到生活失去了控制，于是更加关注自己的国家、地区或城市。民粹主义领导人察觉到了更多的机会。政治分裂、两极分化可能出现；民主、自由市场等基本原则受到质疑；民族主义日渐加强。这些因素将进一步加剧衰退过程。出于这个原因，美国思想家弗朗西斯·福山（Francis Fukuyama）最近在《外交》中把美国描述成一个"腐朽和机能失调的国家"①。他举出例子，美国司法化蔓延，游说集团影响加剧，美国民众对政府失去信心。尽管如此，我们还是相信，随着对全球挑战的认识，人们会进行变革，会采取积极的政策阻止进一步的衰退。政策顺应国际关系发生改变，历来都是如此，如今也不例外。

结 语

这意味着什么？最重要的是，人们需要改变思维方式，尤其是在西方。由于这些变化，人们最终会意识到西方主导世界并非理所应当，必须调整策略以应对本文概述的地缘政治变化还有约瑟夫·奈（Joseph Nye）所谓的权力扩散和高级政治侵蚀。届时，西方国家必须重视与中国和俄罗斯等新兴国家的务实外交关系；必须更多地考虑这些国家的利益；在寻求妥协方案时表现出更大的意愿。我们必须更加清醒地认识到，国际关系越来越少地强调正确性，而更多地强调寻求共同利益，如

---

① Francis Fukuyama, "The Sources of Political Disfunctioning," *Foreign Affairs*, September-October 2014, p. 11.

应对气候变化、国际恐怖主义和防止破坏性的资源冲突。如若不然，世界很快就会面临危险。

改变思维模式就意味着西方政策要突破规范。政治领导人会减少人道主义干预；更多时候，只有在涉及西方共同利益时才进行干预。此外，进行干预时将更多地考虑到这样一个事实：政权更迭可能导致权力真空，某集团会趁机夺取国家权力，整个国家会陷入混乱，进而使全球稳定受到影响。

西方、俄罗斯和中国间每一次的冲突升级都是危险的，因为每一方都拥有大量核武器。欧洲专家们担心，如果波罗的海国家讲俄语的人发动反叛，俄罗斯可能公开给予支持，乌克兰就是前车之鉴；或者如果北约对乌克兰冲突进行军事干预，这种情况下核武器极有可能被动用。与西方不同，俄罗斯有大量中短程核武器，因此存在更早动用核武器的威胁。在亚洲，如果中国攻击美国航空母舰，那必会遭到美国的核报复。

可以肯定的是，由于乌克兰危机和南海危机的持续，东西方关系似乎在发生根本性变化。在欧洲，乌克兰危机似乎终结了 1990 年《巴黎宪章》建立的秩序。时代变化，鲜有西方政治家能洞悉这场地缘政治博弈并做出让人信服的反应。这种情况下，新的分裂似乎正在酝酿，势力范围再次扮演主要角色，正如冷战初期那般。

美国政治学家罗伯特·莱格沃尔德（Robert Legvold）认为，乌克兰危机和南海、东海危机使我们重新审视冷战的教训①。我们首先应该认识到，国家间的分歧可能导致失控的动态冲突，冷战期间就发生过这种情况。认识到这一点，就明白了根据理论定义国际关系的过渡阶段是不稳定的，因此会带来风险。减轻这些风险是对大国的关键要求。

冷战教训很简单，但必须要改变上述思维模式。第一，不信任往往是由于误解对方而导致的。误解很危险甚至会导致错误结论。因此，理解对方的意图至关重要。第二，危机不是一方造成的，而是在刺激和反应的过程中产生的。避免刺激 - 反应的循环必须要持温和立场、给对方

---

① Robert Legvolt, "Managing the new Cold War," *Foreign Affairs*, July-August 2014, pp. 82 – 84.

提供解决方法。第三，也是至关重要的一点，不要强迫对方改变想法，通常这只是徒劳，倒不如尝试去影响对方的选择。这意味着我们要重新审视强制或强制外交。第四，认真对待冲突管理机制，如通过欧洲安全与合作委员会和北约－俄罗斯理事会建立信任措施。

现在和冷战时期的巨大区别并不是对立力量集团间不可调和的意识形态分歧，而是势力范围和地缘政治断层在很大程度上决定了世界秩序，还可能进一步导致危机。最终，各大国要一起解决危及世界安全的棘手问题，如中东地区的冲突、朝鲜半岛的不稳定、气候变化、稀缺原材料的获取。尽管危机一直存在，但如果大国能够合作，危机的发展会更加可控。

（冯慧 译）

应对全球治理危机

索赫尔·阿布达萨拉姆·易卜拉欣·萨贝尔
（Sohair Abdalsalam Ibraheen Saber）
荷兰海牙全球司法研究所主席

如今，人类面临着越来越多的全球性问题，如多元战争，极端恐怖袭击，专制政权的压迫，非洲、东欧、大中东等地区的冲突，气候变化带来的日益严重的全球危险，波及广泛的经济冲击，日益复杂的网络威胁，这些问题亟待关注解决。任何一个国家或组织都无法单独解决这些相互关联的问题，我们不可避免地分担着彼此的安全责任。面对这些危及人类安全、人类发展与人类权利的挑战，当前的全球治理机构在运作和政治能力方面都显得捉襟见肘。这些机构大多建立于20世纪中叶，当时的意义固然重大但机构宗旨各不相同。

我们生活在一个殊途同归的时代，全球的联系愈发紧密。这既可能滋生混乱，又为解决如全球贫困、性别歧视和疾病传播等顽疾提供了机遇。对于环境退化这类新问题，2010~2020这十年更进一步突显出了殊途同归。当今，科学技术强大，高度关联的全球经济使人员、货物、服务、资本密集流动，这为推进世界各国领导人此前在联合国提出的《2015~2030年可持续发展目标》提供了新途径。在巴黎举行的《联合国气候变化框架公约》会议为实施应对气候变化议程提供了重要机会。联合国也在反思如何预防冲突、维持和平、建设和平；人们仍在持续讨论促进人权与国际法治的最佳方式。简而言之，全球治理和人类经验将在未来跨入新纪元。本报告将对这一前景展开充分讨论。

海牙全球司法研究所的"全球安全、正义与治理委员会"（Commission

on Global Security，Justice & Governance）提出了务实的改革方案。通过新工具和联系网建立更完善的全球机构，制定新的国际道德准则，使政策制定者、舆论领袖、国际民间团体重视我们将要面临的全球挑战，并为之寻求有活力有创造力的解决方案。应对新的威胁和机遇，我们要消除由来已久的分歧，也正是这种分歧引发了全球治理中的危机，但这一过程并不能一蹴而就。随着本报告的发布，各方开始为此努力，共同推动全球治理创新；随着 2020 年联合国成立 75 周年的到来，这一进程也会继续推进。

理解和应对当今全球治理威胁与挑战，理解公正与安全的交集至关重要。

在个人和集体层面，公正（包括法制）对保障人类安全至关重要；反过来，没有安全，公正社会就是空谈。从公正安全的角度分析重要的全球挑战，不但能使我们认识到公正和安全的相互制约，还能让我们管理加强公正和安全之间潜在的互补性。它带来了新的见解，并强调了解决国内外难题的紧迫性。

公正安全旨在打造一个相互支持的、可靠的、有效的全球体系与可持续和平。这一愿景植根于国际社会对人权和国际法的长期投入，也源于灵活发展的多边机构、国家和非国家行为者在全球治理中的关键作用。除了联合国和其他全球机构外，越来越多的区域组织在塑造全球趋势方面开始发挥作用，例如非洲联盟、东南亚国家联盟、欧洲联盟和南美国家联盟等。公民团体、商业界、地方当局和媒体也同样重要，他们提供独特的洞见和资源，其规模和影响范围各不相同。越来越多的全球行动者共同努力，通过网络式的合作，为解决全球难题探索包容的、创新的方案。

脆弱的环境、气候和人类，以及高度互联的全球经济成为全球治理面临的三大挑战和机遇。

第一，在脆弱的国家和地区，安全、公正和治理方面存在难以填补的巨大差距。尽管在世纪之交，联合国启动了大量维和与稳定行动，但应对国家脆弱性和暴力冲突依旧复杂困难代价高昂，每年用于发展可持续和平的费用高达十亿美元。国际恐怖主义和犯罪组织同期、反复地挑起国内冲突，颠覆了冷战结束后政治暴力缩减的趋势。仅 2014 年一年，难民人数就增加了 210 万，这一数字突破了纪录；而因武装冲突造成的境内难民人数增加了 520 万，又一次突破了纪录。与此同时，妇女、民间团体组织和商业团体的作用日益增强，现代通信技术的发展使他们拥有更多话语权，为有效建设和平、治理更新和变革正义提供了新的机遇。针对这些威胁、挑战和机遇，委员会的建议包括：

• 建设新一代联合国冲突调解与和平行动能力：提高资深调停人员（包括更女性）应对危机和预防冲突、建设和平的能力；建设部署文职、警察和军事人员的能力，以满足紧急维和需求；建设一支富有经验的团队，担任工作组负责人和高级管理人员；在过渡公正之外发展变革公正；与区域行动者和地方民间组织紧密协调各项活动，提供物质支持，特别注意将妇女纳入和平进程。

• 强化预防、保护和重建的责任：投资建设早期预警能力和保护责任（R2P）行动计划，使联合国所有机构和项目参与其中预防暴行；使联合国所有工作组的监察员都参与到 R2P 的实施中；为所有国际行动设定具体的、可实施的目标，以预防、应对大规模暴行并做好重建工作。

第二，政府间气候变化专门委员会（IPCC）接连发布报告，报告显示采取果断行动应对气候变化的诱因和影响已势在必行，同时还应利用公私合作等有效方式来应对气候挑战。全球温室气体排放不断增长；大气层和海洋温度上升，两极和冰川的冰层融化，海平面上升，海洋酸性增强，海洋生物和人类安全受到威胁。气候变化对适应性最低、可迁移性最弱的群体伤害最大。IPCC 预测 2025 年将有 1 亿人口成为气候变化的难民，到 2050 年这一数字将达到 1.5 亿。人类对全球气候的影响日渐明显，但是弱势群体得到的适应性支持太少，这一不公正现象并没有得到重视。为减缓与适应全球气候变化，我们需要重新理解 21 世纪安全和正义的定义。为应对这一典型的全球治理挑战，委员会坚定而又创造性地提出几点主要建议：

• 创新气候治理：以新形式促进《联合国气候变化框架公约》与其他国际机制、地方政府、民间社会和商业团体之间的交流接触；建立国际碳监测实体、全球气候行动交流中心和气候工程咨询委员会，审查与大气变化相关的实验；制定全球气候适应目标，控制大气升温，使其保持在 2 摄氏度之内。

• 使用绿色气候基金，发展绿色技术许可机制：发挥私营部门的创新，减缓和适应气候变化，特别要支持发展中国家的弱势群体。

第三，经济和技术全球化创造了高度互联的全球经济，造福许多人的同时，也加剧了经济的不平等，并对全球经济稳定以及公众、企业和个人的安全构成了新的威胁。2008 年和 2009 年的美国金融危机波及全球金融体系，导致银行损失超过 4.1 万亿美元，新增全球失业人口 3000 万人。国家和地区经济仍易受到资本外逃的影响，每年因非法资金流动而造成的损失高达数十亿美元，互联互通也助长了新型犯罪、间谍活动、知识产权盗窃、自然资源掠夺。如今，30 亿人口（这一数值仍在攀升）使用互联网和通信手段，促进了全球贸易的爆炸性增长。新技术的普及和全球经济的参与，有机会让千万人摆脱极度贫困，创造一个更安全、更公正的世界。针对这些固有的风险和机遇，委员会提出以下建议：

• 在全球经济合作框架下，20 + 国集团避免金融冲击并执行 2015 年后的发展议程：加强 20 国集团——联合国——布雷顿森林体系之间的协调，防止跨境金融冲击，促进包容性的经济改革，发展公平的经济增长以实现 17 个可持续发展目标。

• 反网络犯罪中心的全球网络，加强能力建设、提高互联网在南半球的普及：通过国际刑警组织（INTERPOL）和国家计算机应急反应小组（CERTs）提高全球应对网络攻击的能力。通过多种倡议，如国际电信联盟"连接 2020 议程"和网络健康推广，来提高南半球互联网使用率和网络安全。

重视并整合安全与公正问题，提出务实综合的改革方案，将有助于处理三个全球性问题，增强对性别、移民和反腐等的交叉性问题的理解。若能使高度关联的全球经济得到有效管理，国际和区域将能满足应对脆弱政权与冲突的要求。同理，新的通信技术和大数据革命可以激发人类的创造力，使我们共同行动来应对气候危机。同时，如果 10 亿以上人口无法得到安全与尊严的最基本保障，如果海平面上升、极端干旱、洪灾风暴、走私团伙和极端网络暴力依旧威胁千万人的生存、安全与幸福，那我们这个渺小、密集而又相互联系的世界又何谈繁荣。

明确全球治理改革，提高公正安全，要求创新精简全球机构，并更有效团结其他关键的区域组织、地方政府、商业团体和民间社会。推进改革进程需要深刻把握改革的阻力。这些阻力包括：（1）缺乏改革的政治意愿，尤其是在大国和顽固官僚体制国家中。（2）政策或机构改革设计欠佳、宣传欠佳。（3）维持改革的技术与投入不足。

非国家、地区性和地方行动者成为新兴网络治理的一部分，它们在对全球（政府间）机构改革加压的同时，也为全球性机构提供全新视角，是其有价值的合作伙伴。21世纪，联合国和其他全球机构应突破传统，以创新的方式容纳这些影响不断增加的实体，而不能仅局限于成员国。把握改善全球治理的良机，委员会提出以下建议：

• 建立联合国全球伙伴关系：通过新的社会契约、新枢纽与网络平台获取民间社会和商界的专业意见，使妇女权利、移民、培训现代劳动力等次要问题能够得到更多话语权。

• 增加联合国安理会成员，扩大非传统交流方式：为国家、区域组织、地方当局和非国家行为者创造更多机会，使之能够参与和平的缔造、维持与建设。同时增加安理会的合理代表性，限制使用否决权。

• 建立联合国和平建设理事会：效仿2005年人权委员会的做法，新设协调机构，获取新的资金知识来源，重视冲突预防，还可以通过"和平建设审计"，将联合国和平建设委员会提升为理事会。

• 加强并充分利用国际法院：扩大对世界法庭管辖权的接受率，以创新的方式利用其权威建议。

• 加强联合国安理会、国际刑事法院和联合国人权理事会间的工作关系：支持持续对话，通过制裁来实施判决与逮捕令，利用"人权先行倡议"的系统性冲突分析和早期行动建议，应对大规模人权侵犯。

• 筹建联合国议会网络：参照世界银行、国际货币基金组织、世界贸易组织和区域组织已经构建的网络，为联合国大会建立议会式咨询机构，提高联大对联合国治理的了解和参与。

国家和非国家行为者形成有效联盟，增加并维持对改革的支持，形成有效的改革战略。所有主体（包括政府、民间团体、商界、区域组织和地方当局）的理念、联系网、资源和领导技能，在全球治理改革启动的早期阶段都将受到评估、培养和利用。具有这些特点的例子包括：国际刑事法院联盟、国际禁止地雷运动、国际努力将 R2P 作为全球准则。明确的中期里程碑，完善沟通、监控和协调工作，对成功也很重要。具体来说，委员会建议采取一种混合方式来挖掘利用两个主要改革途径的优势，克服国际社会中根深蒂固的分歧：

● 并行改革承认多边改革的协商要以不同方式、不同进度进行。那么改革将基于紧急性、政治可行性和开支等标准确定先后顺序。

● 在 2020 年联合国成立 75 周年时，让涉及多个利益攸关方的全球机构改革正式多边谈判告终。一个世界性全球机构大会将号召联合各大联盟，为迫在眉睫的全球改革创造政治动力。在大会召开之前，尽最大努力让基层民间社会和弱势群体建言献策。

只有当人们意识到安全和正义全球治理的关键时，才有可能克服当下最紧迫的挑战。公正安全能够为切实可行的改革提供信息，使全球机构、法律、政策工具和关系得以创新。无论是强国还是新兴国家的领导人都要承担责任，确保联合国和其他全球机构持续激励和保障人权，让最弱势人群能心怀希望。保障各国人民享有安全与正义是我们这个时代的当务之急。公正安全追求的不仅仅是生存，更是繁荣体面。公正安全为全球伦理奠定基础，为全球治理提供新方向。

（冯慧 译）

"天下"——中国的国际秩序观

邵善波（Shiu Sin Por）

中国香港新范式基金会有限公司总裁

引　言

习近平主席说，世界正面临"百年未有之大变局"。这并不夸张，最近中美关系陷入危机，特朗普总统对国际关系的处理异于常规，这些无不显示了世界之大变。哈佛大学教授格雷厄姆·艾利森（Graham Allison）奔走世界，大肆向世人宣传"修昔底德陷阱"的可怕。但他本应待在美国游说自己的政府，因为根据他的研究，最有可能发动战争的是正在衰落的大国。

这种情况下，对国际关系理论和实践的研究达到了二战结束以来的顶峰。传统的国际关系理论主要包括现实政治、地缘政治、权力政治。它们仍然是世界外交和学术界的准则。但我们很难用这些理论来解释当今世事；更难将中国的行为融入简单的地缘政治框架。

中国正在崛起，已成为第二大经济体的中国正在迅速向第一大经济体发展。不可避免地，中国成为讨论的焦点；世人也极为关注中国对国际关系的看法。总会有人怀疑中国的企图和野心，虽然中国正努力解释自己的立场，但迄今为止收效甚微。

中国明确表示自己不是帝国主义国家，也绝不奉行霸权主义。可是中国提出全面的"一带一路"倡议，却招致了美国的强烈反对和许多国家的猜忌怀疑。南海争端更是引发了中国邻国和美国的不安。如何证明中国不断扩大的国际活动和影响力无关霸权追求？中国如何看待世界和国家的关系？

中国处理国际关系的基石

当代中国的国际关系原则可归纳为五个基本要素。它们都是1949年中华人民共和国成立后提出的，较早的要素在20世纪50年代初就已被提出，而大部分则是最近几年才提出。据我所知，这五个要素从未相互组合，也不是一个综合理论。中国处理国际关系的方法仍在形成阶段，因此这五个要素可能不是最终版本。但是，它们足以传达中国的世界秩序观。我将这些要素融进中国古代"天下"即"天下万物"的概念，这是一种赋予了当代内涵的古老概念。

中国国际关系理念的五个要素是：

1. 民族国家

肯定"民族国家"的概念是中国国际关系的基础。曾经，中国和中国人完全没有"民族国家"的概念。17世纪开始，"民族国家"的概念在西方诞生。直到20世纪，中国都完全没有这一概念。许多西方学者声称中国是一个文明国家而不是现代国家。白鲁恂（Lucian Pye）说"中国是一个佯装成国家的文明"，这一说法无疑是错误的。毫无疑问，中国的确是一个文明。西方民族国家是拥有明确界定的领土、公民身份和合法政府的实体，这对中国来说是陌生的。中国被强加了这三个标准。过去的中国没有明确的边界概念，没有明确的公民概念，也没有非法政府的概念（不合法的皇帝？）。19世纪中叶以来，中国被迫面对一个陌生的世界。经过痛苦的教训后，中国根据现实努力让自己重新理解世界和自己。中国并没有"佯装"已经成为一个民族国家；在过去的一百年中，中国一直在"竭力"成为一个民族国家。

现在中国完全接受了民族国家这一现代概念。虽然别无选择，但中国仍在竭力建设现代国家。中国不是单一民族的国家。在克服重重困难后，中国成为拥有56个民族的现代国家。如何使这些民族融入一个庞大的国家，这将是个长期任务。

尽管并不容易，但中国依然坚定地将民族国家这一现代概念作为国家关系的基础，并提出了和平共处五项原则作为处理国际关系的基础。

2. 和平共处五项原则

1953 年周恩来总理会见印度代表团时首次提出这五项原则，即互相尊重主权和领土完整、互不侵犯、互不干涉内政、平等互利、和平共处。1955 年印度尼西亚万隆会议中，五项原则再次被提并被纳入大会的最后公报。和平共处五项原则成为中国同世界各国关系的基石，并且完全符合《联合国宪章》。

中国坚定不移地奉行五项原则，将其视为国与国关系的基础。许多人指责中国干涉别国内政，却提供不出任何证据。

3. 新型大国关系

2013 年，习主席在与美国总统奥巴马会晤时提出了这一概念。当今世界，大国在国际事务中发挥着成比例或不成比例的影响。中国建议，世界事务的主要参与者发展特殊关系，充分协调与发挥领导力与影响力，能够管理分歧、减少冲突，在一个多极化、全球化和多样化的世界中促进合作，支持联合国的工作。

4. "一带一路"倡议

"一带一路"倡议让西方国家更为警惕中国的崛起。西方认为"一带一路"是中国应对产能过剩的出路。随后，他们又意识到"一带一路"不仅仅是为了解决中国国内的问题，还具有巨大的地缘政治意义。而此时"一带一路"倡议早已势不可挡。

"丝绸之路"一词蕴含着怀旧和诗情的韵味，以丝绸之路作为切入确实高明。如今已显而易见，"一带一路"倡议不是一个地理概念，它并不局限于中亚而是涉及全球。中国希望通过共同发展打造对外关系。

"一带一路"倡议不是中国的马歇尔计划，本质上来讲它并不是一个援助计划。各项目是在经济和商业的基础上进行的，援助只作为补充。它是中国发展经验的输出，基础建设是核心。但这不是"一带一路"倡议的全部，它有五个组成部分，分别是：

（1）政策沟通

（2）设施联通

（3）贸易畅通

（4）资金融通

（5）民心相通

"一带一路"倡议是构建国与国关系的综合举措。经济发展是重点，但不是唯一目的。因此，"一带一路"倡议引发了主要大国的政治担忧，这也情有可原。毫无疑问，"一带一路"倡议具有外交影响和地缘政治效应。

在这一倡议推动的过程中，中国提出了几条原则，即共商、共建、共享。这三条原则构成了"一带一路"倡议的基础。任何国家都是基于自主意愿参与进来的，并不能由谁胁迫，中国也是如此。

政策沟通、设施联通、贸易畅通、资金融通、民心相通，这与二战以来第三世界发达国家传统的对外投资活动大相径庭。有人将此解释为中国的"帝国主义"，但参与其中的国家并不认同。

中国处理国际关系的核心是以共同发展经济来推动国与国关系。这是在互利自愿、协商一致的基础上进行。中国认为消除贫困、发展经济可以帮助其他国家摆脱政治困境。虽然两者不一定存在明确的关系，但至少这种方法有所成效。这是中国和西方国家在处理国与国关系方面的本质区别。在发展两国关系时，中国并不预判对方的政权性质，这也是和平共处五项原则的体现。孰对孰错，历史自有答案。我想也早已有了答案，外部强加的政治制度往往难以奏效。

5. 人类命运共同体

人类利益共同体、命运共同体和责任共同体（Community of Shared Interests，Destiny and Responsibility）这一官方翻译颇为烦琐；我建议简单译为"人类命运共通"（The Common Fortune of Humanity）。这一表达看似夸张实则不然。全球变暖就是一个很好的例子，它说明了任何国家和个人都无法逃避共同福祉与责任。这样的问题需要大家的共同努力，否则将无法解决。而世界正面临着许多这样的问题，例如，难民和大规模移民、疾病和流行病、人口爆炸。这些问题给国际社会带来新的负担，需要各国一起努力。国际关系不能仅局限于地缘政治、现实政治还有自己国家的利益。

综上所述，在现代民族国家理论的基础上，中国建立了"天下"的国际关系观。民族国家理论可能有些过时但仍然具现实意义和必要性。心系人类利益与未来，在主要参与者的推动和支持下，通过共同努力来改善每个国家的经济状况。在我看来，以"天下"的眼光看待国家关系和世界就是中国的世界观。

为什么选择"天下"，而不是西方容易理解的概念？

如今，非拉丁词语进入西方词汇并不罕见。"麻将"就是一个很好的例子。不能直接将这种中国游戏称为西方的"桥牌"，因为麻将和桥牌有很多不同之处。唯一相似的地方就是两者都是四个玩家围着一张桌子玩。地缘政治、现实政治或权力政治的任何变体都不能反映"天下"的实质，相反，还会严重扭曲它。中国的国际关系概念与众不同而又复杂晦涩，想在英语或拉丁语系中找到或创造一个能准确传达这一概念的词，简直如海底捞针。既然人们可以习惯诸如"麻将"或"卡拉 OK"这样的词汇，希望未来他们也能够理解"天下"的含义。

该词的历史渊源

"天下"的字面意思是"天下万物"。"天"是天空，或者没有任何宗教内涵的天界；"下"表示下面。对中国人来说，"天下"实际上指的是已知世界，指的是他们和当时的世界。这就相当于"天下万物"，不过"天下"主要指人类和人类社会。费正清（Fairbank）认为"天下"就是中国的世界秩序观，这一观点是正确的。列文森（Levenson）认为"天下"是中国的文化和价值体系，创造了中国文化主义；而这只是"天下"这一概念的结果性或互补性因素。

过去使用"天下"一词，会被认为以自我为中心。已知的世界仅限于他们的认知。但是现在说"天下"是以中国为中心，这有悖历史。"中国"或"中央王国"，是一个当代术语，是中华人民共和国或中华民国的简称。从古至今，"中国"一词有着不同的含义。中国一直把自己视为世界中心，这种观点是不正确的。在过去的一百年里，情况肯定不是这样的。

中华民国成立后不久，中国终于认识到并接受了一个事实：她只是众多国家中的一个。"天下"这一概念不再将中国作为世界的中心，无论是政治上还是文化上。天下是每个人的天下，不仅仅是中国人的天下。中华民国的创建者孙中山先生应该是首位认同"天下"当代意义的中国人。他著名的宣言：天下为公——天下属于每一个人，用现代术语准确陈述了一个中国古代概念。

"天下"这个古老的词能够概括当代中国的世界秩序观，是中国的整体战略的前提和基础。它着眼于全人类，而不仅仅是一个民族国家。这一点意义重大，因为它从根本上背离了西方的理论。但它并不是否认民族国家的存在；相反，中国坚决捍卫国际社会的基本单位，尽管它并不完善。

探 讨

1. 世界治理

我所提出的"天下"概念与中国社会科学院赵汀阳教授的定义并不相同。他的"天下"概念始于"地球"，他声称人类有共同的意志，我猜他借鉴了卢梭的观点。赵教授认为建立世界政府、建立普遍政治制度、维护世界秩序是必要的。强调人类有共同利益无可厚非，但是宣称人类有共同的意愿则牵强附会、缺乏证据。它只能是一个理想、一个未来的目标。他认为共同意志可以通过世界政府来实现。而这仅仅是一个梦，看看联合国，我们很容易发现建立一个世界政府的想法多么不切实际。联合国最近资金紧张，其存在也遭受了前所未有的质疑。

尽管中国一直支持联合国，但中国从未设想能有强大而有效的世界政府。在可预见的未来，双边或多边的合作才是解决问题有效可行的手段，也是对联合国工作的支持。

2. 自我利益

中国的国际关系观与其自身利益有什么关系？即使"天下"是面向全人类的，但这并不一定意味着中国在处理世界事务时是完全无私的。

"天下"发源于民族国家，这意味着保护国家利益是首要任务，这与和平共处五项原则并不矛盾，与"天下"的概念也并不冲突。

3. 传统主权概念受到挑战

国家主权这一传统概念在现代世界不断受到挑战。很多时候，所谓的普世价值，如人权、自由民主、法治，成了干涉别国内政的借口。这是自《联合国宪章》起草以来的新情况，《联合国宪章》要求尊重每个成员国的主权。中国强烈反对干涉他国主权。只有当"天下"的概念被大多数国家接受时，这种情况才有可能被改变。

4. 马克思主义和天下

中国奉行马克思主义。在习近平主席的领导下，马克思主义思想得到复兴和加强。在马克思主义的人类社会理论下，如何解释"天下"这一概念？我认为，从长远来看，"天下"的概念是符合马克思主义理论的。虽然人们不再急于实现共产主义，人类共同体仍是摆在我们面前的事实，全球化背景下也变得愈发重要。地球村不再是一句口号而成了实实在在的现实。马克思主义要求为人类的共同命运而奋斗。在这方面，它与"天下"的概念是一致的。马克思主义把阶级斗争作为历史和社会发展的原动力，这一点也不一定与"天下"的概念冲突，因为阶级斗争有不同形式，有暴力的也有和平的。在这方面要做的还有很多。

结　语

中国的国际关系观是全面的、持续的、发展的。虽然都是以国家为基础，但它却不同于西方的地缘政治、现实政治、权力政治理论。中国的世界观始于国家，却始终以全人类为出发点。它提供了另一种视角，却不能取代西方模式。

西方人尤其是政府官员和学者，很难接受这种非西方的国家关系。事实胜于雄辩，不妨先看中国的行动，而后再听其言语。这一规则适用于世界事务中的所有行为。

最后，我想引用清末民初著名学者和历史学家梁启超先生（1873～1929）的话。在《先秦政治思想史》一书中，梁启超对西方的民族国家观念发起质疑，直接道出中国政治哲学与西方政治哲学的区别："欧洲国家，以古代的市府及中世的堡聚为其雏形。一切政治论，皆孕育于此种市府式或堡聚式的组织之下。此种组织，以向内团结、向外对抗为根本精神。其极也，遂至以仇嫉外人为奖励爱国冲动之唯一手段。国家主义之苗，常利用人类交相妒恶之感情以灌溉之，而日趋蕃硕。故愈发达而现代社会杌陧不安之象乃愈著。中国人则自有文化以来，始终未尝认国家为人类最高团体。其政治论常以全人类为其对象，故目的在平天下，而国家不过与家族同为组成'天下'之一阶段。政治之为物，绝不认为专为全人类中某一区域某一部分人之利益而存在。"

（冯慧 译）

世界秩序变化下的新范式

伊琳娜·塞梅年科（Irina Semenenko）

俄罗斯科学院普里马科夫世界经济和国际关系国家研究所研究员

在这个动荡的时代，人们日渐认识到安全威胁涉及社会生活的各个层面，也明白我们急需为新旧挑战找到应对之策。军事安全问题是国际政治的主要议题，在冲突不断的 21 世纪显得愈发重要；除此之外，个人和群体在日常生活中也面临着安全问题。应对社会中存在的风险已成为学术界和政界的关注焦点。在国际层面，政界还要面对有效治理带来的挑战；寻找、评估、促进有效方案是相关专家和政治家面临的首要任务。

中国提出了"人类命运共同体"的理念，对推动全球治理和国际合作做出了积极宝贵的贡献。这一理念涵盖了国家和国际发展战略，这两个层面对于推动积极发展十分关键。它有效提高了对当下风险及应对之策的认识。2013 年春天，习近平主席在莫斯科国立国际关系学院（我的母校）向师生们发表演讲时提出构建人类命运共同体。全球化背景下，发展要着眼于所有国家和人民的利益，这一理念无疑具有重大意义。

国家的发展模式多种多样，不同的政治文化传统、经济条件和资源引发了不同的发展模式。不同文化下的首要任务、文化变化中的身份认同，这些同样造成了发展模式的多样化。确定一致的首要任务，分享通用的方法，最重要的是推动实现目标的有效机制，这些是各国政治家所面临的挑战。中国在追求自身发展模式的同时还融入国际经济政治秩序，就是一个令人鼓舞的典范。

快速的变化影响着社会和个人的安全福祉，随着变化的加深，影响也逐渐加剧。社会和技术变革标志着"风险社会"的出现。"风险社会"一词是由德国社会学家乌尔里希·贝克（Ulrich Beck）提出的。在迅速变化的世界中，国际层面，政策反应往往滞后于公共需求。这造成了不确定性，并促使人们寻求新的发展模式，以便解决新的和无法预见的全球挑战。关于移民和多元文化不断变化的讨论，移民管理与融入的相关政策和政治活动都反映了滞后性。

有相当一部分人在现有的世界秩序中找不到自己的位置，这不仅仅局限于经济层面。于个人而言，这意味着对生命的威胁和永久的身份危机。以市场经济和福利制度为基础的长期社会契约，自由和人权的保障，对文化种族和宗教的包容也面临着严峻的挑战。无论是市场，还是我们现有的社会政策和福利机构，其本身都不能为长期发展提供平衡连贯的基础。

寻求平衡的身份政治是一个首要任务。这意味着要采取实际措施，促进积极的非物质价值观和负责任的消费；将战略愿景和创新实践融入教育领域。地方层面是一个重点，因为政策的实施最终在地方一级落实，并且个人和家庭的生活质量在地方一级上反映显著。从学术界到国家、从专家到教育者、从地方社会到地方政府，这些行为者能够为制定可持续发展议程献策。应对发展所引发的利益、价值和身份问题，个人、社区和国家都要参与进来。新的发展范式要以价值为导向，这样既可以吸引决策者，也可以吸引政策受益人。

到目前为止，还没有系统性限制来约束不负责任的发展。全球气候变化、污染和废物处理已成为严重的政治问题。如今，这一议题被广泛地讨论。可持续发展得到了政界、商界、国际组织和非政府组织大力的口头支持。另外，人们日益认识到，可持续发展和经济增长可以走不同的道路。社会包容性、良好的生活质量、有利的社会氛围是可持续的关键。

另一方面，可持续与首要任务的确立及实施密切相关，两者密不可分。在这种情况下，我们发现优先发展与面向未来的政策存在矛盾。三年前，我所在的"俄罗斯科学院普里马科夫世界经济和国际关系国家研

究所"发表的《2035 年全球预测》就提出了这一问题。我们正在准备
2040 年全球预测，在促进面向未来的可持续发展政策方面，要关注俄罗
斯、中国等大国做出的积极贡献，这一点很重要。俄罗斯学术界认为我
们今天讨论的问题是研究重点，也是专家对话与合作的坚实基础。

（冯慧 译）

西方现代化与其适用性

夏阿蒙·萨普马尔·阿尔维斯·贾亚辛赫

（Shyamon Sapumal Alwis Jayasinghe）

斯里兰卡国防部前秘书长

独立学者

摘　要

本文将简要追溯西方工业社会的出现，还有构成现代化社会的社会、经济、人口和文化产物。现代化具有一种内在动力，根据黑格尔的辩证法，现代化进程将不断推进。有人认为，这种内在动力将推动现代化向外扩张最终遍及全球。历史经验表明，这种动力能使现代化遍及全球，但由于各地情况不同，进行现代化的道路也不一样；这种情况下，现代化的适用问题更加明显。

定　义

现代化指从传统的、农村的、耕种的社会转变为世俗的、城市的、工业的社会。工业化是现代化的基础。但是，现代化不仅仅局限于工业化所带来的经济和技术；而且是面对挑战时，社会和个人的全面变化。

人类社会进程的飞跃

现代社会即工业社会。"如果将人类社会进程想象成一个 12 小时的时钟，那么现代工业时代最多仅仅是时钟上的最后五分钟。"人的社会进程曾发生过三次飞跃。工业革命和随之而来的现代社会这第三次飞跃，就速度和规模而言远超前两次。

50 多万年前人类开始狩猎、采集，社会进程进入第一阶段，那时人们过着四处漂泊的生活。粗略来讲，随着新石器革命的到来，社会进程进入第二阶段，四处游荡的狩猎者和采集者定居下来，开始发展农业和畜牧业。犁的发明带动了生产力的提高，从而产生了盈余。于是人们得以开拓其他领域，便出现了工匠、商人、神父和官僚等。公元前 4 世纪，城市兴起，贸易和市场开始发展。

一直持续到 17、18 世纪，社会进程又一次飞跃，我们进入了工业化时代和现代社会。西欧北部，特别是英格兰、荷兰、法国北部和德国北部率先开始这一进程。

思想背景

为什么西欧北部的这些国家率先开启工业时代，踏进现代社会？20 世纪的社会学家和经济学家马克斯·韦伯（Max Weber）对此进行了解释。韦伯研究了宗教思想与经济发展之间的联系，发表经典著作《新教伦理与资本主义精神》，这一著作具有里程碑式的意义。

韦伯认为，西欧北部的国家首先脱离罗马天主教，开始宗教改革并传播新教。他解释罗马天主教是典型地注重"来世"，强调沉思冥想放弃物质享受。天主教徒顺服于神父与教堂，认为一切都由上帝决定。他们所关注的是来世。事实上韦伯指出，甚至印度教和佛教等东方宗教也同样注重"来世"。

新教在精神层面则与罗马天主教完全不同。新教认为人类的救赎要靠自己的努力，而不应依附教会。工作是上帝赋予我们的神圣任务。我们是自己的神父，上帝将工作派给我们与我们同在。

韦伯说，新教徒特别是清教徒，非常注重辛勤工作和朴素节俭。他们认为物质上的成功，代表着上帝的祝福。

对新教徒而言，所有工作都是上帝所给予的宗教责任，一个人的成功是上帝对其努力工作的认可。

韦伯指出，从新教徒对工作的态度中，我们看到了一种适于工业和商业兴起与发展的思想或世界观。而这一情况正是在西北欧国家发生的。

马克斯·韦伯也指出，这样的世界观以理性和科学的观点为前提，十分利于工业和商业。

工业化的兴起及其影响领域

利于技术创新的思想氛围不断发展，进而引发了工业革命。工业革命最先发生在英国，工作主要转移到工厂，工人聚集在一起，分工生产。越来越多的手工工作由机器代替。人类和动物的力量被无生命的能源（例如煤和石油）所取代。

分工能有效提高生产力。由于生产分工，工人只要负责一小部分工作。亚当·斯密（Adam Smith）以生产大头针为例，指出分工增加了生产剩余，工人们无须整天在农场劳作。要知道在农业时代，家庭是生产、消费、社会化的单位。工业革命从城市工厂又发展到农业和畜牧业中，机械被引入农业和畜牧业。

这些进程都促进了盈余的增长。进而，一个新的服务行业出现了。于是有了专业商人和官僚；工作与个人生活分离，教会与国家分离。

与此同时，还有许多更加深远的变化。劳动市场出现，劳动不再束缚于封建与传统的关系和义务。企业家开始投资和经商，随着财富的积累，商业阶层越来越占主导地位。

农村劳动力大量过剩。所谓的"部门转型"发生了，制造业将大部分劳动力吸引到城市。例如在美国和英国，20世纪末制造业和服务业吸收了大部分劳动力；而工业化前，农业社会中超过97%的成年人口是农场主或农民。

工业和现代时代也见证了人口的爆炸式增长。18世纪欧洲的人口翻了一番，大约从1亿增至2亿左右；19世纪人口又翻了一番增至4亿。2006年（21世纪）这一数字达到65亿。创新药物的生产和医疗保健设施的发展是主要原因。

人口从农村向城市转移、城市和大城市增多是现代社会定义中的另一项人口变化。这体现了现代社会的另一个突出特征，即城市化现象。现代生活绝对是城市生活。在农业社会中，90%以上的人口是农村人口。

社会学家格奥尔格·齐美尔（Georg Simnel）解释了自从城市化成为一种生活方式后，它是如何带来一种新的文化。过度刺激的城市生活下，人们变得烦闷狂躁，开始追求风行一时的热潮和时尚。齐美尔指出一个悖论，"人们在大城市的人群中感到前所未有的孤独迷失"。但好的方面是城市提供了多样性和创造力，吸引了才华横溢的青年。卡尔·马克思（Karl Marx）讽刺了"农村生活的愚蠢"。

家庭的巨大转变是现代社会的另一个突出影响。农业社会中，家庭是一个自给自足的单位，包含工作和社会功能。生产从家庭转移到工厂后，家庭不再自给自足，而是越来越依赖外部结构和活动。家庭也未能避免个体化，大家庭被核心小家庭取代，家中仅有父母和受抚养子女这两代人。家庭的功能不断缩减直至成为私人生活的场所，照顾孩子、夫妻进行两性生活。

农业时代，人们在家庭中找到自己的身份。现在工作愈发重要，人们转而在工作中寻找身份，比如店员、机械师、工匠或医务人员等。

政教分离，世俗化

在当今生活中，世俗化是现代化的主要文化影响。关于现代化的世俗需求，马克思提出了重要观点。他提到"世界的祛魅"，由于科学、技术和工业化等现代化现象，前工业化时的世界观遭到摒弃。

这一发展源于欧洲宗教改革和文艺复兴。我们提到了新教改革和文艺复兴对工业革命的推动作用。文艺复兴对于促进科学发展和理性的世界观方面也十分重要。这一现象也是欧洲所特有的。

工业化前，人们祈求超自然力量赋予自己安定繁荣，认为自己经历的事情很大程度上由神灵掌握，宗教起着重要作用。此外，工业化和现代社会中，人们认为自然力量仅是造成自然灾害的原因。现代化彻底改变了旧时人们对外部力量的依赖。新世界强调，重要的是自己，命运在自己手中。技术、医学等方面飞速突破，在与世界和其他人类打交道时，人们感受到了自己的力量和控制感。

另一方面，人们也不应想当然地认为世俗化已普遍通用。即使在现代化社会中，宗教仍然在生活中发挥着作用。但是显然，世俗化是总的趋势。

教会和国家功能的日益分化是世俗化的另一方面。在大多数国家，政教不再混为一谈，被称为政治家的和平信徒领袖负责统治、治理国家。

显而易见，宗教信仰在现代人生活中正失去中心地位。宗教更多是一种仪式的象征。同时我们还要注意宗教狂热的复燃，这是不可避免的。

理性化与官僚体制

世俗化只是理性化的一方面，理性化是一个更宽泛的文化过程。理性化反映了科学的世界观，构成现代社会的基础。马克斯·韦伯指出了理性化如何影响社会科学以外的许多关键领域。对于现代治理中的官僚体制，韦伯较其他学者研究更深。官僚体制指为管理人类活动而建立的合理化机构、制度、规则的客观运作。在官僚体制中，韦伯看到"理性原则的最高发展"。要摒除亲戚关系和家庭利益的考量，依据纪律和秩序等公正标准。

美国和法国革命的影响

西欧北部成为工业化和现代化的起源地，一方面是由于宗教改革和新教兴起的推动，另一方面则受到了 18 世纪美国和法国革命的影响。这些爆炸性事件确立了现代社会的政治特征。在这些革命发生后，只有基于"人民的意愿"的政府才是合法的。法国贵族和学者亚历克西斯·德·托克维尔（Alexis de Tocqueville）在其著作《旧制度与大革命》（1856 年）和《论美国的民主》（1835～1840 年）中很好地阐明了这一点。

民主这种新的社会价值如此强大，就连法国的拿破仑三世（Napoleon III）和德国的阿道夫·希特勒（Adolf Hitler）这样的独裁者也不得不打着民主的口号来寻求其统治的合法性。希特勒称其政权是基于人民的意愿。今天，统治精英将广泛的民主价值视为一个宏大的目标。

以美国独立战争为例，自决原则是现代主义的另一政治表现。"民族自决成了自由和激进意识形态的最响亮口号之一，塑造了 19 世纪和 20 世纪的现代国家。

对非西方国家的适用性问题

显然，工业化是现代化的关键。工业主义和现代社会并存。我们已将现代化现象置于其发源地西方国家进行讨论。讨论现代化在非西方国家和文化中的发展则很有趣。

表面来看，西欧北部的工业化和现代化的一些驱动力并没有出现在非西方世界。比如宗教改革、文艺复兴、美国和法国革命。这还有文化差异的问题。在大多数非西方国家中，封建社会价值源自工业化前的农业时代，影响深远持久。因此，有人认为对非西方国家来说，工业化和现代化并不是一个固有过程。

有一点很关键，这种发源于西方的观念意识有着实实在在的吸引力，所以仍能在非西方国家传播开来。源于文艺复兴的世俗和科学的世界观符合实际并合乎情理。同样，工业化带来的物质利益，如生产力的提高，吸引着全世界的人。工业化蕴含强大的内部动力，任何国家都无法阻挡。随着工业化在全球的扩展和生产力的提高，没有哪个国家可以躲避自封，否则就是把自己置于死地。

非西方社会与文化凭着内在的适应力对工业化做出回应。这些国家自我调整，使自己适应工业化、现代化这一必要进程。

日本是成功进行工业化的第一个非西方国家。日本率先带头，并向世界表明实现现代化的途径有很多。19 世纪中叶，日本曾是一个贫穷的国家，被强大的西方国家羞辱。二战后接受美国援助不久，日本很快便开始工业化。这个国家非常厉害，短时间内就能和一些强大的西方国家相提并论。如今，日本已成为世界上收入最高、最富裕的国家之一。除了工业化，日本还经历了曾发生在西方的非经济和文化的变革。

1917 年俄国革命之后，亚洲、非洲和拉丁美洲的许多发展中国家纷纷根据中央制定的经济计划开始寻求工业化。即使在自由化的印度，印度国民大会党也通过中央制定的经济计划来指导工业化进程。后来中央计划在这些国家受阻，如今这些国家大多鼓励私人投资和创业计划。

结语：中国的例子

中国最初遵循苏联模式，实施高度集中的计划经济。在邓小平的领导下，中国取得了很多成就。邓小平并没有过多被国外影响束缚，他强调中国必须走自己的现代化道路。该指导方针再次印证了进行工业化有多种方式。自邓小平时代以来，中国一直是这样做的。此后，中国融入了私营企业和市场经济的力量。中国经济学家文一就中国在工业化方面的非凡成就写了一篇有趣的文章，文章的标题是《中国的快速崛起：在短短35年间从落后的农业社会到工业强国》。文一指出，中国仅用了35年的时间就发展为工业强国。他将这一飞跃描述为"250年前工业革命以来，最重要的经济和地缘政治现象之一"。中国幅员辽阔，未来在工业化和现代化进程中还有很长的路要走。文一提到，迄今为止中国已取得了非凡的成就。

到目前为止，现代化的社会和文化成果在西方已经确立，根本来讲，在非西方国家也显露雏形。各国采取的路线可能有所不同，会有本土化特色，但最终结果基本上是相似的。

（冯慧 译）

人类命运共同体

人类命运共同体下的两个伟大项目

雷杰普·迈达尼（Rexhep Meidani）

阿尔巴尼亚前总统

继《人类简史》（探讨过去）和《未来简史》（探讨未来）之后，尤瓦尔·诺亚·赫拉利（Yuval Noah Harari）几个月前发表新作《今日简史》，对现在进行探讨。作者认为，"主导世界政治数十载的自由主义故事已经走到尽头，生物技术和信息技术给人类带来前所未有的挑战"。作者认为，最重要的问题是我们如何避免核战争、生态灾难和技术破坏？我们如何应对贫困、种种不平等、恐怖主义的威胁和虚假新闻的泛滥？集体和个人如何在持续繁杂的变化中保持专注？我们真的能理解我们所创造的世界吗？

习近平主席去年提出并大力倡导"人类命运共同体"的概念，在我看来，这一概念就是应对这些挑战的有力对策。2017年1月18日，在联合国日内瓦办事处，习主席的分析非常特别。在那里，他发表了题为《共同构建人类命运共同体》的主旨演讲，他指出人类命运共同体是基于平等、互利、共赢的理念。习主席在支持全球化的同时，也为21世纪的国际关系注入了新的理念。恰恰相反的是，基于国家经济保护主义，唐纳德·特朗普总统提出"美国优先"，这一概念令世界愕然。不同的是，在全球化进程中，习主席的倡议反映了人类社会的主要利益；尤其是如今人类面临越来越多的全球性问题，如气候变化、恐怖主义、网络安全和重大传染病。这些问题不分国界，需要国际合作才能解决。为此，中国通过各种举措发挥了积极和建设性的作用，"17＋1合作"

机制和"一带一路"倡议就包含其中。

习近平主席在日内瓦的讲话中提到，"达沃斯世界经济论坛年会上，各方在发言中普遍谈到，当今世界充满不确定性……"，他强调说："我们要弄清楚一个最基本的问题，就是我们从哪里来、现在在哪里、将到哪里去？"……他认为，"人类正处在大发展大变革大调整时期……处在一个挑战层出不穷、风险日益增多的时代"……因此，面对当前和未来全球变化，习主席所提出的议题是"时代的命题"，通过它，我们定能"实现共赢共享"……习主席又在别处提到："各国和国际司法机构应该确保国际法平等统一适用，不能搞双重标准，不能合则用、不合则弃，真正做到无偏无党，王道荡荡……国际社会要从伙伴关系、安全格局、经济发展、文明交流、生态建设等方面作出努力。"

在这次非常重要的讲话中，习主席详细分析了这个概念；为维护和平稳定、促进共同发展提供了思路。对他来说，其中至关重要的是：

1. 对话协商，建设一个持久和平的世界……改进解决争端的机制和手段，缓解紧张局势，结束战争和冲突。同时，大国要尊重彼此核心利益和重大关切……构建不冲突不对抗、相互尊重、合作共赢的新型关系……大国对小国要平等相待，不搞强买强卖的霸道……

2. 共建共享，建设一个普遍安全的世界，因为世上没有绝对安全的世外桃源，尤其当今世界恐怖主义是人类公敌，因此，打击恐怖主义、加强协调和建立一个打击恐怖主义的全球统一战线……这是所有国家的共同责任……

3. 合作共赢，建设一个共同繁荣的世界，支持开放、透明、包容、非歧视性的多边贸易体制，构建开放型世界经济。如果搞贸易保护主义、画地为牢，损人不利己。

4. 交流互鉴，建设一个开放包容的世界，人类文明多样性是世界的基本特征，也是人类进步的源泉。文明只有特色、地域之别。

5. 绿色低碳，建设一个清洁美丽的世界，我们应该遵循天人合一、道法自然的理念，寻求永续发展之路。

习主席大力支持这些重要问题的解决，中国的决心不会改变，尤其是：（1）维护世界和平；（2）基于互利共赢的开放战略，追求共同发展；（3）打造伙伴关系，追求和平外交政策，在和平共处五项原则基础上发展友好合作；（4）进一步发展多边主义，多边主义是维护和平、促进发展的有效路径。

正如我们所看到的，当务之急是建立国际关系的新框架，促进和改善全球治理，促进人类的共同利益，而不是仅关注自己的国家。换句话说，为共同命运而共同努力，建设一个持久和平、共同繁荣的和谐世界已迫在眉睫。分享权利和共担义务，使全球发展伙伴关系更加公平平衡。我们清楚地看到，面对复杂的世界经济和全球问题，没有一个国家可以独善其身，没有一个国家能够独自应对人类面临的主要挑战。最重要的是，画地为牢终将自取灭亡。新的世界治理需要和谐合作与巧实力政治，而不能靠冷战与硬实力政治。面对文化同质化，人类要团结一致共同促进文化多样性；我们要促进多边贸易，不搞保护主义和孤立主义；要合作共赢，加强宏观政策协调，尊重各国特殊性；让各种文明、文化、宗教和谐共存、熠熠生辉。

我们清楚地看到，"构建人类命运共同体"的理念是基于对当前和未来的透彻分析。在很多方面，世界将面临重大发展、转变和调整。在这个关键的阶段，必须要解决两个重大问题，即构建什么样的世界？如何构建？要突破原有理论，寻求新的国际关系准则、国与国交往的新路；通过结伴合作发展国与国关系；建立更强大的全球伙伴关系网络。同时，发展新型国际关系要完全基于合作共赢、互惠互利、共同发展的原则。从这个意义上讲，"人类命运共同体"是人类社会的最高理想，适用于所有国家、地区、民族和文明。另一方面，构建人类命运共同体需要世界各地人民的共同努力和切实行动，构建更多方案和国际合作平台。

在构建人类命运共同体的框架下，中国在最近几年中发起了两项重要举措：

2012 年中国创建了"16＋1 合作"机制，通过这一举措，中国加强与 16 个中东欧国家（11 个欧盟成员国和 5 个巴尔干国家）的合作。随着希腊的加入，"16＋1 合作"机制扩大成"17＋1 合作"机制。

第二个举措是"一带一路"倡议，已有一大批国家对该项目表现出浓厚的兴趣或早已参与其中。实际上，它不是地缘政治而是经济合作框架，面向所有感兴趣的国家。"一带一路"建设不是另起炉灶，而是实现战略对接。该倡议世界影响不断加深，是中国参与国际事务的重要平台，现在 17 个欧洲国家对"17 + 1 合作"机制有了更好的了解，因为两个举措间有着非常紧密的联系。

在"17 + 1 合作"机制中的 17 个国家之间存在竞争，它们把守"老欧洲"的门户，拥有超过一亿消费者的市场。此外，在我看来，"17 + 1 合作"为中欧合作注入新动力，是一种巧实力战略。可以推动交流，发展相互贸易和投资，加强文化、科学和技术方面的联系与合作。中欧互联互通平台为欧盟 28 个成员提供了政策论坛或总体框架，以实现欧盟的政策协同，除此之外，每个欧盟成员国都可以奉行自己的对华双边政策。

不幸的是，由于竞争因素，这两项举措都遭到了欧盟及其官僚机构的质疑。但是，欧盟的担心毫无意义，因为他们的担心皆出于政治原因。他们将正常的经贸合作与欧盟的法律政治原则混为一谈。全球化背景下，欧洲国家与中国的任何经济合作都不会损害欧盟的政策。此外，中国对欧盟构成威胁、中国的举措可能破坏欧盟内部共识，这些说法都站不住脚，它们有悖于多边主义、自由经济和自由贸易。在我看来，"17 + 1 合作"是连接欧洲的桥梁，这并不局限于地理意义。中国与中东欧国家的合作，尤其是在发展该地区基础设施方面的合作，既促进实体互联互通，又推动了中欧经济一体化。从这个意义上说，"17 + 1 合作"正成为中欧合作的新动力，特别是在能源技术、工业项目、农业和交通运输等关键领域。

对中国"一带一路"倡议，目前欧盟还没有统一明确的立场。这并不意味着亚洲对欧盟不具进一步战略利益，亚洲是世界上人口最多、经济体量最大的大陆。但是英国脱欧、民粹主义、移民危机、加泰罗尼亚危机等问题对欧盟来说更加紧迫。在欧盟成员国层面，很多国家已经认可并加入"一带一路"，尤其是参与"17 + 1 合作"的国家。"一带一路"或"新丝绸之路"包含多个层面，涉及众多国家。"一带一路"将搭建中欧间的陆上和海上经济走廊网络，涵盖 65 个国家和地区、涉及世界 60% 的人口、75% 的能源和 70% 的 GDP。从这个意义上讲，中国的"一带一路"倡议让中亚与世界的联系更紧密，同时使中国经济进一步开放。2017 年 11 月，在邓小平领导的改革开放 40 周年之际，中国国家主席习近平谈道："继续坚持建设开放型经济，努力实现互利共赢。开放带来进步，封闭必然落后。中国不会放慢开放的步伐。"

在中国的开放进程中，阿尔巴尼亚努力寻找自己的位置。阿尔巴尼亚得益于"一带一路"倡议和"17 + 1 合作"，并高度重视两国的积极合作与友谊。两国的关系可以追溯到二战后，阿尔巴尼亚是首批与中国建交的国家之一，为中国 20 世纪 70 年代初重新获得联合国席位做出了贡献。中国在十几年的时间里取得了巨大成就，借中华人民共和国成立 70 周年之际，我想献上深深的敬意和钦佩！70 这一数字在中国代表着吉祥，70 岁被视为古稀之年，稀有而珍贵。我想再次强调，中国的发展尤其"稀有而珍贵"。

在新的形势下，阿尔巴尼亚和中国都有更多的机会。阿尔巴尼亚位处东西方之间，战略意义不容小觑，主要港口杜勒斯通过铁路与巴尔干腹地和欧洲其他地区相连。经济显示出好转的迹象，金融危机之后，阿尔巴尼亚去年经济增长了近 3.5%。但信用等级仍然是次级，不过标准普尔（Standard&Poor's）将阿的信用等级升级为 B +。在过去几年中，阿尔巴尼亚人均 GDP 增长了三倍。越来越多的中国公司在阿尔巴尼亚投资，传统的西方投资被取代。据中国商务部统计，2016 年双边贸易额达到 6.36 亿美元，同比增长 13.9%。目前，中国是阿尔巴尼亚的主要贸易伙伴和主要投资国，近年来两国贸易额稳步增长。中国超过了希腊和土耳其，成为阿尔巴尼亚第二大贸易伙伴，占阿出口比例的 8%。中国的公私企业对阿尔巴尼亚的战略部门展露兴趣。根据国家注册中心的数据，约有 150 家中国企业进入阿尔巴尼亚。此外，去年 90 多家中国公司访问了阿尔巴尼亚，以寻求投资机会、贸易伙伴、项目或其他合作机会。最重要的是，中国的投资已经开始涉及阿的一些重要领域。中国洲际油气公司以 4.423 亿美元收购了加拿大班克斯石油公司（Banker's Petroleum），获得阿尔巴尼亚两个油田的控制权。几个月前，另外两个中国集团宣布收购地拉那里那斯国际机场（Tirana International Airport）

的特许经营权；此举呼应了中国购买地中海沿岸主要交通枢纽股权的战略。这些投资使中国成了阿尔巴尼亚的战略投资者。

在"一带一路"倡议和"17 + 1 合作"机制下，中国和阿尔巴尼亚加强基础设施、生产能力、旅游业和农业领域的合作。中国大型公司表示有兴趣与阿尔巴尼亚的炼铬公司签订长期合同，这些公司是最大的铬矿买家。阿尔巴尼亚提供丰富的公共和私人投资机会，涉及能矿、运输、电子通信基础设施、城市废物、旅游、农业、渔业和经济区等众多稳定和发展的部门。

但是，受到各种地缘政治的影响，阿尔巴尼亚和巴尔干国家的一些项目进展缓慢。一方面，欧盟和美国试图控制巴尔干半岛，另一方面，利用在巴尔干半岛的对抗，土耳其和俄罗斯正重返该地区。但中国并不会利用对抗。现在需要的是速度，要在"一带一路"倡议和"17 + 1 合作"的基础上加速合作，我相信这两个倡议必将带来丰硕成果，"17 + 1 合作"对于巴尔干地区更是如此。

谢谢！

（冯慧 译）

国际经济新秩序下中国的转变和影响力：
中国如何为命运共同体铺路？

玄昕锡（Oh Seok Hyun）

韩国前副总理，战略和财政部长

我谨向国务院新闻办公厅主任和中国社会科学院院长表示最深切的感谢，感谢他们邀请我参加这一久负盛名的国际论坛。

能与各位相聚一堂，我感到十分荣幸与激动。

今天我想谈谈全球经济，发展中经济体面临的挑战，如何激发可持续包容性发展，国际政策协调，还有中国在世界上的作用。

全球经济展望

战后波及最广影响最大的经济危机已经过去十二年了。世界经济增长速度似乎慢于预期，全球经济同步稳定复苏希望渺茫。恢复强劲、平衡的全球增长是各国决策者们面临的巨大难题。世界经济受到的阻碍主要包括以下几点：宏观经济的持续不确定和波动；商品价格低，贸易流量下降；资本流动波动加剧；投资停滞，生产率增长减缓；收入分配持续恶化。

全球金融危机以来，在发达经济体中，尽管融资成本低廉，但实际投资和生产率增长依然疲弱。虽然发展中经济体，尤其是中国一直在带动全球增长，但全球增长的重心正开始转向发达经济体，特别是美国。发展中经济体与富裕国家的经济趋同正在放缓，这是一个新的现实。增长率相当缓慢，传统的增长模式受到周期性和结构性力量的破坏。

全球增长势头减弱，对抗衰退的政策空间受限，未来风险可能性增大。贸易紧张进一步恶化，相关的政策不确定性增加，因而增长可能会进一步放缓。市场信心仍有可能急剧下降。

全球风险还包括影响广泛的气候变化，对政府和政党的信任下降，这些风险严重阻碍了中期和长期发展。

随之而来还有观点两极分化，极端政策吸引力日益增强，它们妨碍了结构性改革的实施，阻挠了增长的产出、经济韧性的加强、对气候风险的抵御。中期前景更不容乐观。

实现可持续和包容性发展的国家首要任务

在应对共同挑战时，虽然没有普遍适用的政策，但存在一些通用原则。为了克服这些挑战实现包容性和可持续发展，我想首先明确一点——发展中国家最有能力推动自身的发展，尽管并不指望它们单独完成。

一些基本条件必须要先满足，即要实施健全的宏观经济政策，包括遏制通货膨胀，抑制盛衰周期和公共债务。稳健的财政状况和充足的国际储备使各国更有能力应对难以控制的不利冲击。强大的机构可以增强信心和可预测性，有利于政策实施和私人投资。满足这些条件后，各国还必须采取其他步骤来支持发展。

实际上，私营部门是发展的重要伙伴。发展金融部门，例如通过保护债权人权利，可以使个人和小型企业有更多机会获得基本金融服务。合理的税收和贸易制度可以帮助吸引外资并带来重要的发展收益。

除这些措施外，发展中经济体还必须致力于政策制定，均衡分配发展成果，防止环境破坏。实现这些目标的重要途径包括：提供有效的公共服务，使更多的妇女加入劳动大军，建立社会保护体系，获取碳定价权。

发展中经济体的生产率增长也有所放缓，这凸显了改善基础设施和投资人力资本的必要性。生产率不是一切，但从长远来看却至关重要。政府需要进行全面的结构改革，改善企业治理商业环境，提高竞争力。此外，体面工作、工作保障和就业福利也有助于促进发展中国家的生产率增长。劳动生产率的持续和可持续提高将使许多发展中国家创造更多体面的工作，增加劳动收入，并减少国家内部和国家之间的收入差距。

结构性改革有助于经济的长期发展。当创建新公司、扩大健康公司变得困难时，当劳动力不能轻易地从衰退部门转移到效率更高的部门时，生产率就会停滞不前。刺激不是万灵药，也不能取代迫切需要的改革。

实现包容性和可持续发展的国际政策协调

我知道对发展中国家来说，前面提到的任务十分艰巨。不过国际社会也应该给予支持，营造有利环境，协调行动，以应对超越国界的挑战。对于国际伙伴而言，合作不是一种选择而是一种责任和义务。

过去15年中世界的变化不容忽视。由于技术、贸易和金融的发展，全球经济联系日益紧密，导致了超越国界的溢出效应影响更大，各国之间的相互依存也更加紧密。

第二次世界大战结束以来，全球经济一体化是促进和平与繁荣的力量，国际社会对此达成共识。全球生活水平以前所未有的速度提高。全球化推动下，发展中国家相当一部分地区的人均收入差距缩小。

左派和右派皆出现民粹主义者，全球化目前正遭受政治困境。最近的英国脱欧公投和美国贸易战就是显著例子，除此之外还有许多其他国家的例子。自2007～2008年全球金融危机以来，贸易增长正在放缓，国际金融流动也陷入停顿。

全球化正在消亡吗？我不这么认为。全球化没有倒退而是在改变。人人都知道全球化遭遇了问题。然而，在经济和技术推动下，各国联系只会日益紧密。这给全球治理带来了前所未有的挑战。这种情况下，我们需要妥善管理下行风险，强化上行收益。

所有经济体都应继续促进潜在产出增长、改善包容性、增强经济韧性。在多边层面，以合作方式解决贸易分歧是各国的首要任务。不要增加扭曲性壁垒，否则放缓的全球经济会遭受进一步破坏。

这种情况下，国际政策协调至关重要。然而，金融市场愈发复杂；金融与实体经济间脱节加重；国家和国际层面，各利益攸关方追求的政策目标不同，这导致了长期失调和激励不相容，使政策协调变得越来越困难。

回顾过去，思考现在，展望未来，我看到国际政策协调的三项指导原则，即伙伴关系、承诺和灵活性。实现发展目标需要全面的伙伴关系，以推动合理政策的执行并为之提供所需资源。这意味着先进的新兴市场、发展中的经济体，还有私营部门和民间团体进行国内和国际合作。每一方都必须对可持续发展做出坚定承诺。换句话说，政治意愿可以提供火花，而长期的政治意愿才能维持火焰。发展要尽可能保持灵活。制定的政策要符合各个国家的独特情况，因为世界在发展所以政策还有调整的余地。

在这方面，我要强调一个和谐、团结和富有活力的国家，中国。中国在国际社会中发挥着越来越重要的作用，在世界转型中寻求全球经济增长的新模式来应对时代挑战。世界支持中国"人类命运共同体"和"新型国际关系"的愿景。

但是我们还想做更多。我建议在金融、政策和能力建设三大领域加强对发展中经济体的支持：

在金融领域，更加重视帮扶最贫穷和最脆弱的国家，使其更好地应对外部冲击。

在政策领域，推动更多人参与发展进程，对于不平等、性别和获得资金等问题，努力给予国家层面指导。利用伙伴机构的专业知识也至关重要。

在能力建设领域，加强能力建设，给予各国投资建议。将技术援助集中于最需要的领域，包括支持基础设施投资。我们还将在最需要能力建设的国家，也就是那些脆弱的受冲突影响的国家中，加大努力。

我们生活在一个相互依存、相互影响的世界中。金融、经济、社会、政治和环境等多种力量的影响波及全球。结果可能是变革性的但也可能是毁灭性的。国际合作是关键，建立"人类命运共同体"至关重要。从这个意义上讲，除了需要制定负责的政策来促进包容性和可持续发展之外，我们还应该增加五个优先领域：贸易、数字革命、援助、债务和环境，在这些领域发展国际合作尤为重要。

贸易：基于规则、非歧视和公平的全球贸易体系有利于发展中经济体。

数字革命：尽管数字革命是全球性的，但国家或地区的适应速度与政策反应速度并不同，这体现出每个国家不同的经济结构和社会偏好。偏好不同时，国际合作可以促进经验交流以找到最佳政策。

援助：有能力提供援助的先进经济体应注重增加援助，这对世界上许多最贫穷的国家至关重要。

债务：强化处理主权债务危机的体系，促进有效及时的解决问题。

环境：只有通过国际合作，全球变暖才能得到有效解决，包括限制二氧化碳排放，在应对气候变化时为低收入国家提供帮助。

中国在国际社会的作用

在过去的 70 年中，中国探索出了独特的发展道路和治理模式。

中国令世界震惊。伴随着快速的工业化，这个拥有 13 亿人口的国家经历了前所未有的高速增长，中国成为推动世界经济增长的重要力量。中国人的生活水平已大大提高，多达 6 亿人口摆脱贫困。

由于中国的工业化、城市化和全球化，世界自然很关注中国如何应对挑战确保持续稳定发展，如何解决失业、收入差距扩大、投资与消费失衡、环境保护和社会保障等问题。中国政府吸取其他国家的发展经验、根据自身情况做出调整，制订了发展政策，并对全国的发展情况密切追踪。

在促进经济持续增长、改善民生、促进社会全面发展方面，中国取得了显著成就。

对于中国来说，经济政策的首要任务是促进可持续发展，这是改善民生和实现广泛繁荣的关键。

中国执行经济政策时，有序渐进强调稳定。这体现了完善市场体系的基础设施不能一蹴而就，因为其中涉及法律法规框架、银行体系、会计准则、专业知识和机构能力。

长期以来，中国一直以极快的速度发展。全球金融危机时，这种发展模式开始发生了重大变化。中国经济开始摆脱对投资和出口的依赖，努力使创新成为发展源泉，使消费带动需求。

相比于改变之前，短时间内，无效投资减少可能会导致经济放缓。但从长远来看，因为摆脱了旧增长模式的收益递减，发展会变得更快。最重要的是，随着发展模式的变化，投资减少、生产率和消费增加，中国经济增长结构将发生变化。中国能在多大程度上完成这一转变，对全球经济特别是对发展中经济体影响重大。

全球化是我们时代的大事，它不仅在塑造经济，还在塑造社会、政治和国际关系。面对全球化，处理得当的话，我们将迎来一个无与伦比的和平、合作和繁荣的时代。如果做得不好，可能导致灾难性后果。

近年来，国际社会中单边主义和保护主义抬头。这种情况下，中国仍坚定地推进经济全球化，扩大"一带一路"国际合作，为各国间的双赢合作而努力。

中国一直是全球化的巨大受益者和贡献者，中国发展一直推动着全球经济，经济和金融危机时期更是如此。

中国并不认为全球化只有一种方式。中国参与国际事务时，向来尊重别国不同的发展道路，不搞外界干预。它从不采取一刀切的方式，而是根据自己的条件和经验灵活地参与到全球化进程中。中国从中华文明汲取智慧，对东西方各国博采众长，却不如法炮制一成不变。任何国家都不应将自己的方式作为唯一的方式。

在中国提出的"人类命运共同体"的愿景中，"人类"是一个"共同体"，所有国家都享有发展权。每个国家都追求利益，但是不能只顾自己，不惜损害他人的利益。中国和其他发展中国家是全球发展的最大贡献者。世界经济治理体系要能反映出这一事实。为了提高发展中国家的谈判能力，中国采取了"两条腿走路"的战略：提出新的举措，特别是"一带一路"倡议和亚洲基础设施投资银行等机构；同时改革战后布雷顿森林国际经济秩序。

此外，一致的价值观是可持续国际秩序的前提。"一带一路"倡议的精神强化了打造全球命运共同体的价值观。这一目标以中国自身与世界的历史和文化联系为灵感源泉，符合国际社会对和平与发展的期望。"一带一路"倡议在实施中遵循通过对话与合作实现共同增长的原则。

中国文化奉行和而不同，从不支持零和博弈。中国的发展道路已经非常明确，这是一条最佳的道路，并向西方敞开。实现世界的繁荣，各文化、文明之间的对话至关重要，对抗毫无作用。

中国正在成为国际社会的领导力量。和西方人不同，中国并不是将现有的规则强加给其他国家，而是靠规则体系吸引别国主动加入。中国明确要通过直接和间接手段发挥主要经济大国的作用，改变现有的国际秩序，并尝试按其愿景重塑全球体系。中国人很善于学习，采取务实的方法，并在需要时调整策略。

为促进国家之间的合作和有效沟通，中国应继续多管齐下，制定全球议程。首先，它应逐步增加在国际机构中的影响力，甚至要参与不涉及其直接利益的机构，这使中国可以从内部改变规则。其次，中国应该主导建立多边机构，这可以使其控制规则，还可以灵活地促进现有机构的变革。再次，它应该与立场相近的国家积极合作，建立相关机构，促进国家互信强化经济联系，加强合作防止潜在竞争。最后，中国可以有效利用其他部门扩大其全球金融影响力和实力，例如国有银行和发展机构等。中国转变其国际经济关系将促进"命运共同体"的实现。

结　语

各位尊敬的参会者，爱因斯坦（Albert Einstein）曾经说过："从昨天学习，为今天而活，对明天抱持希望。"的确，全球经济经历了翻天覆地的变化。快速的技术变革可能会带来全球繁荣。但是，决策者们不能守株待兔，而应立即采取措施增强经济潜在增长。此外，考虑到长期缓慢发展和全球可持续发展，国际社会需要继续努力改善政策协调。在这方面，中国社会科学院举办的国际论坛应发挥重要作用。最后，"事实胜于雄辩"，国际社会必须牢记于心。

谢谢！

（冯慧　译）

创建人类命运共同体

杰瑞·尤伯利（Jerrie Ueberle）

环球交流协会创始人、首席执行官

写这篇文章之前，我研究了2017年10月18日习近平主席在中国共产党第十九次全国代表大会上的报告，该报告题为《决胜全面建成小康社会 夺取新时代中国特色社会主义伟大胜利》。显然，中国领导人和中央政府对这些问题给予了长时间的高度关注。这次会议强化了人类命运共同体的理念，并推动了该理念的建设。

习主席讲话中提到的问题不仅事关中国，而且与整个世界都息息相关。在全球发展的关键时刻，我们要致力于人类的共同事业。作为全球公民，我们要考虑彼此的利益关切，通过沟通和协作实现人类的团结共赢。

构建人类命运共同体，首先要了解当前人类所面临的问题，其次各国要承诺共同寻找解决之道，不让任何一个国家掉队。构建命运共同体，必须关注所有人群的平等和多样。要相互尊重，相互包容，携手共进，共享成果。

2000年，联合国发起了千年发展目标，以解决人类极为关心的八个问题：饥饿、贫困、妇幼保健、教育普及、消除家庭暴力、疟疾和艾滋病、环境可持续性和全球伙伴关系。为期15年的千年发展目标虽然取得了巨大进展，但依然没有任何国家达成其中任何一个目标。虽有进展但问题仍未解决，我们还能做得更好！

在实现这些目标时，资源、战略、技术、知识和材料都不成问题，问题是领导力的缺乏。领导者并不少，但致力于这些目标的领导者却寥寥无几，心系人类和世界的领导者更是凤毛麟角。因此我们必须培养着眼人类未来，心怀平等正义的领导人。

我们能够将人类送上月球，却不能给饥饿中的孩子递上食物。我们能轻而易举地通过各种电子设备互通新闻研究、交流趣事想法，却不能把书本交给农村和偏远地区的孩子们。中学生和大学生越来越多，然而还有很多孩子从未进过教室接受教育，有很多孩子没有足够的技能让自己过上正常的生活且拥有体面的工作。老年人的寿命不断延长，然而依旧有大批婴儿、女孩和产妇从世上消失。产品制造和消费主义成倍增长，但货物的分配却极为不均。70%以上的食物未被消费，然而每天依然有儿童和成年人在饥饿中死去。

富裕的生活还伴随着种种负面影响，空气质量、海洋生物、水资源等问题引发了人们对健康和生活质量的担忧。我们有条件摆脱这些糟糕的状况，有办法解决世界上的许多问题。最重要的是为什么？既然这些可以预防、难以接受的社会问题有办法解决，那为什么没人领导呢？我们又是怎么发现领导力不足的？因为问题一直存在。全世界数百万人被边缘化，他们无法获得平等也看不到改善的希望，妇女儿童更是如此。为人类共同命运而奋斗，这次会议可能就是个转折点。

我们都相信世界会更美好。我们谈论着需要改变的事情。我们找出那些无法容忍、可以避免的问题。我们知道这些困扰各群体、各国家和全世界的问题可以被解决。然而，光知道是不够的。我们要根据所知采取行动，将理论付诸实践。我们会在行动与实践中与时俱进。临渊羡鱼不如退而结网。我们能在节约能源、改善健康、加强责任或社区变革方面做得更好。我们高谈阔论，却未曾起而行之。我们知道如何参与、贡献，但依旧未曾提供足够支持。我们是如何知道这些的？因为这些无法忍受的问题依旧影响着全球数百万人。是时候创造我们想要的世界了，创造一个人类命运共同体。

联合国可持续发展目标解决了构建人类命运共同体中的基本问题，回应了习近平主席在中共十九大讲话中所提到的情况，也回应了本次会议的议题。我们要明白，要达成这些目标，领导力必不可少。

联合国可持续发展目标一旦实现，中国人民的生活将向前迈进一大步，同时也将为世界建设和构建人类命运共同体树立典范。中国可以带头集中力量实现联合国制定的 2030 年发展目标。要实现这些目标，心系全人类的领导必不可少。

2019 年 6 月，来自世界各地的 6000 多名妇女参加在加拿大温哥华举行的会议——"妇女的影响"（Women's Reach）。会议指出，没有一个国家按原定进度向着联合国 2030 年可持续发展目标迈进。联合国制定的八个千年发展目标并未能在 2000 年至 2015 年间实现，新的 15 年（2015～2030）议程中，17 个目标被确立。我们要发挥领导力量，将资源力量集中于事关妇女儿童等弱势群体福祉的问题上。

中国是世界上人口最多的国家，因此面临的威胁也最多。接受这一挑战是明智的选择。我最近看到一个文件，上面写着："确保实现联合国可持续发展目标的 100 件事。"

- 让女童接受教育。
- 让妇女担任领导职务。

然后上面写……如果您做了 1 和 2 就不必再做剩下的 98 条了。这真的能解决问题吗？只做这两件事真的可以吗？让我们肩负责任找到出路，将重点放在妇女和儿童身上。这并不是说我们没有做过这方面的工作，我们做过。只是问题和挑战仍然存在。进展受到了阻碍……成功离我们还很远。

联合国可持续发展目标拥有大量数据，记录了 20 年中世界范围内哪些措施有效，哪些无效。缺少的是识别和培训，缺少的是充满热情和志向的领导者。这些领导者愿致力于妇女儿童工作，能集中资源实现联合国的可持续发展目标。世界女性未来发展学院就在这么做，该学院致力于在全球范围内提升女性的领导力。

未来是属于年轻人的，所以必须要让他们认清情况和参与方案的制定。大学生代表着一批在学术上有所建树的人。在这个时代里，他们所做的关于职业、生活和经济的决定将影响他们的未来。因为他们将是决策者、消费者，对于那些观察并模仿其生活方式的人，他们还是榜样，所以他们的选择将影响许多人的未来。

联合国可持续发展目标小组的研究和 17 个目标与习主席提出的人类命运共同体的愿景不谋而合，这些研究和目标为我们开展工作、评判工作提供了数据和基础。

目标 1 是消除贫困，目标 4 是确保优质教育；这两个目标息息相关。因为人们认识到，未受教育的人将很难在经济上自给自足。教育不能仅仅是传授基本技能、进行工作培训。由于人工智能的发展，劳动力必须要更加灵活机敏，不能仅仅做一些能由机器完成的工作，这样的技能是远远不够的。要教育人们如何进行交流，如何建立牢固的关系；教育人们重视健康和幸福。这不仅会增强他们的工作能力，还会提高其生活质量。教育可以让人们过上有意义的生活，不仅仅只是实现物质上的富足。

目标 2 是消除饥饿，目标 3 则是确保健康和福祉，这两个目标也相互交织。虽然数百万人仍饱受饥饿之苦，但世界上却有 70% 以上的粮食未被消费。这些粮食没有进入市场摆上餐桌，更没有到饱受饥饿之苦的人手中，而是在田地里等待收割或在工厂里等待加工。在消除饥饿方面，资源未被合理分配，商品没有得到有效利用，这正是缺乏领导力造成的。

充足的食物并不能保证健康，营养丰富均衡的优质食品才能让儿童生长发育。健康的身体是正常孕期的前提，而后才能保证胎儿和孕妇的生命安全。它使妇女享受良好的身心健康，有精力享受生活照顾家庭。幸福健康还能消除导致肥胖症的过度饮食，消除药物和酒精的滥用，还有其他有害健康的生活方式。

目标 6 确保水与环境卫生，目标 7 是发展负担得起的清洁能源。这两个目标谈到了令人担忧的环境问题，水污染和空气污染对人们的健康产生危害。科学家和环保主义者已经找到了相关方法和资源来预防改善这些问题。在解决生产制造和过度消费导致的污染问题时，领导力也还远远不够。生产制造会污染空气和河流，交通运输的排放物也会对环境造成污染。我们清楚这些问题也知道如何去解决，却没有可靠的领导来指导管理资源与政策，阻止问题进一步恶化。我们知道如何去做，却不敢实施相关法律政策来进行改变。我们看重商业和消费需求，只顾经济利益。

目标 8 是促进体面工作和经济增长，消除危害人们安全健康的工作。许多贫穷工人的工作处境简直如牲口一般，他们拖运木材和水、在田间耕地或在充满有毒物质的垃圾场干活。还有一些人冒着生命危险使用不安全的设备，在工厂长时间工作。那里的空气、噪音和照明都危害着他们的健康。安全和卫生条件都有待改善，领导者们可以改变这些条件。关注员工每天的工作时长和每周的工作天数，提高低廉的工资，倡导更人性化的管理。一些人的工作危害健康，他们的工资不足以满足基本需求，他们没有相关技能来提升就业水平；但是更好的教育可以让他们有更多的选择。

目标 9 是促进行业创新和基础设施，目标 12 是确保负责的消费和生产。在过度生产和消费下，重要的是数量而非质量，人们忽略实际需求过度消费，这进一步加剧了经济和教育差距。产品不断更新换代，人们认为最新的才是最好的，丢掉过时的产品继而开始新一轮消费。许多计算机、汽车、电子产品和手机被淘汰而沦为垃圾废物。这体现了不负责任的制造和领导。世界各地随处可见拆迁重建，然而依旧有人无家可归，这又说明了资源的滥用和不善的财政和资源管理。

目标 13、14 和 15 有关环境保护，涉及气候变化、海洋生物和陆地生物。这是近年来我们面临的紧迫问题，这些问题尚未获得足够的重视和支持。解决问题的方法比比皆是，但是我们解决问题的速度远远比不上问题产生的速度。许多物种已经灭绝，如果情况继续下去，毫无疑问，我们的福祉和生存将受到威胁。

目标 11 是建设可持续城市和社区，目标 16 有关和平正义与强大的机构，目标 17 关于伙伴关系，各国领导者都在关注这三个目标，但是没有足够的行动。更多的注意力被放在增长和数量上，而长期维持和受控增长鲜有人关注。人们愿意更换而不是修复，愿意扩大规模而不是提高效率，盲目地追求数量只会让问题更加恶化。领导者要负责深思，如何在避免鲁莽消费的情况下保持进步，这样才能保持适度，避免过剩。

目标 5 是实现性别平等，目标 10 是减少不平等。这两个目标影响的人数最多，创造的可能也最多。这两个目标让女性和其他弱势群体看到了希望。通过保障其教育、工作、医疗、财富、安全和幸福，他们能够独立起来自给自足，为家庭和社会做出贡献。他们的参与增强了我们的能力，增加了人力资源供应，推动了其他 15 项联合国可持续发展目标的实现。

女性占世界人口的 49.6%。她们无法享受和男性平等的权利、特权和机会，所以被认为是少数派。她们属于收入水平最低、接受教育最差的群体，她们的财富水平、赚钱能力和医疗条件都不如男性。我见证了女性生活条件的改善。每年有更多的女性接受教育，获得更好的保健，有更多的女性走向职场。然而，在经济、教育、健康和社会福祉这些方面，女性仍处于社会底层。

女性的境况每年都在改善，但依旧没有达到和男性同等的水平。

一些关于妇女和女童的数据提醒着我们，实现这些目标是何等的迫切。

- 四分之一的女孩出生在贫穷中。
- 分娩是 15 ~ 18 岁的女孩死亡的第一大原因。
- 发展中国家有一半女孩没有上高中。
- 三分之一的妇女经历过家庭暴力。
- 营养不良的人中有 60% 是女性。

关于担任领导职务的女性的数据同样令人震惊。

- 只有 24.3% 的国家议会成员是女性。
- 《财富》500 强公司的 CEO 中只有 5% 是女性。
- 只有 7% 的高管是女性。
- 标准普尔高层管理人员中只有 10% 是女性。
- 标准普尔公司中只有 19% 的公司董事会席位是女性。
- 薪酬最高的高管中只有 20% 是女性。

女性和男性一起工作会激发更多不同的观点和决策技能。当更多女性参与管理决策时，公司的财务底线会更高。

女性的参与改变了资源分配。与男性相比，在加强和控制地方粮食安全、制定法律、处理社会问题方面，女性具有更强的能力；女性更擅长团队合作，更擅长协调不同的群体使之形成共有的价值观。女性更具包容性，能带来不同的视角，为过程和结果创造附加价值。

不给少数群体和弱势群体参与和贡献的机会，那么权力和资源的不平衡将继续限制他们的未来。如果只有少数人参与社会决策，那么很多问题都会被忽视。

在中国的 70 年发展计划和人类命运共同体的愿景中，世界是大家的，不会有谁掉队，这样的愿景极具远见卓识。中国实现联合国可持续发展目标时，将成为世界其他地区的榜样。为了人类的需求，以联合国可持续发展目标为基础，推进女性平等、减少各群体和地区的不平等。

任务艰巨，时间紧迫。各级的参与和行动都会产生影响，推动未来的创造。我们要行动起来！我们需要构建命运共同体的世界领导者！

（冯慧 译）

人类命运共同体：中国与世界的新互动

哈维尔·曼纽尔·保利尼奇·维拉德（Javier Manuel Paulinich Velarde）

拉丁美洲和加勒比经济体系常任秘书长

引　言

　　20 世纪 70 年代末，中国开始了经济改革和贸易开放，旨在扩大私营部门的参与，发展市场经济。改革开放使中国摆脱贫穷、落后和封闭，成了一个不断发展的开放国家。在此过程中，中国经济高速而持久增长，实现了向市场经济的转变，这都是前所未有的。自 2001 年加入世界贸易组织后，中国积极承担义务。通过生产可出口商品和服务，中国积极参与经济全球化进程。中国不断创造有利的内部条件使经济持续高速发展，最终取得了国际竞争力。

　　中国成为强大的工业品出口国，拥有大量海外公司；还成为原材料、能源的主要买家，吸引了大量的外国直接投资，同时也是全球经济的关键参与者。2018 年，中国 GDP 增长了 6.6%，相当于美国的 66%，占全球生产总值的 16%，成为世界第二大经济体①。伴随着经济的显著增长，一些社会问题也显现出来，如城乡差距日益扩大、社会保障体系不稳定、环境破坏等，这些问题都亟待解决。

　　中国的成就离不开中国人民的努力与魄力，也离不开领导人的远见，他们知道中国必须向外界开放，吸引外资，发展对外贸易。邓小平

---

　　① https：//www.imf.org/es/Publications/WEO/Issues/2019/03/28/world – economic –
outlook – april – 2019.

提出了改革开放政策，也称为"中国特色社会主义"①，该政策为中国的经济发展和现代化指明道路，使中国经济成功增长。后来的领导人江泽民、胡锦涛和现任主席习近平继续贯彻这一发展政策，中国经济以惊人的速度增长。

整体背景

经过几十年的深刻变革，中国在世界政治和经济中取得了一席之地。经济层面的变化主要是由于中国积极融入全球价值链。虽然中国为应对气候变化做出了巨大努力，并对联合国《2030 年可持续发展议程》做出承诺。但是中国的市场经济呈指数增长，工业、矿业和林业部门的投入需求高，城市化进程加快。这些都造成了环境赤字，对可持续发展构成挑战。

政治上，中国向来是受人尊敬的对话者。自 1949 年 10 月 1 日成立以来，和平共处五项原则便是中国处理国际关系的准则，即互相尊重主权和领土完整、互不侵犯、互不干涉内政、平等互利、和平共处②。从那时起，中国便奉行对话、谈判、合作、追求共同利益、建立战略联盟。中国扩大与发展中国家的团结合作，在"平等互利、注重实效、形式多样、共同发展"③ 的基础上探索新的合作领域。

中国提出了"人类命运共同体"的理念，这为解决人类面临的重大问题提供了思路。依据这种理念，各国在追求自身利益时也要顾及其他国家，本国发展应促进世界共同发展。习近平主席在关于"新时期中国特色社会主义"的思想路线中强调，应从以下几个角度来理解"人类命运共同体"：1）帮助发展中国家突破瓶颈；2）应对环境挑战；3）使文化和文明发挥作用④。

---

① https：//www. cepal. org/es/publicaciones/11958 – evolucion – perspectivas – la – reforma – la – apertura – china.

② http：//espanol. cri. cn/1161/2013/09/18/1s290110. htm.

③ Qingmin, Zhang. *China's Diplomacy*, China Intercontinental Press. 2010. p. 5.

④ http：//spanish. xinhuanet. com/2019 – 08/10/c _ 138299189. htm. Enfoque de China：La diplomacia del jefe de Estado de China abre nuevos caminos.

　　"丝绸之路经济带"和"21世纪海上丝绸之路"即"一带一路"倡议将这一理念具体化。"一带一路"倡议为国际合作和对话提供了广阔的平台，参与者可以在经济全球化中实现共同发展。该倡议旨在加强亚洲、欧洲和非洲大陆之间的连通性，建立贸易网络和陆地、海洋基础设施，刺激地区的长期经济增长和发展，使所有参与国受益①。

　　中国政府为该倡议投入大量资金。为使不同的政府、公司和投资基金参与合作，创造政府和社会资本合作，中国建立了新的公共和私人融资工具。在此过程中，支持企业家、企业、贸易的政策和机构必不可少。

　　在全球化新时代中，"一带一路"倡议无疑具有创造性，它使世界繁荣和各国相互联系成为可能。中国为加强国际关系做出贡献，这彰显了一个大国的全球视野和责任。目前，"一带一路"倡议得到了全世界100多个国家和国际组织的广泛支持和参与，包括安提瓜和巴布达、玻利维亚、智利、哥斯达黎加、古巴、厄瓜多尔、圭亚那、巴拿马、秘鲁、乌拉圭、特立尼达和多巴哥与委内瑞拉②。在这种情况下，2014～2017年，贸易联系大幅增加。中国与其他国家的贸易总额超过4万亿美元，中国在这些国家的累计投资总额约为600亿美元③。

　　这种全球治理的理念有助于加强中国与其他国家间的双边关系，从而为新合作关系的建立、应对国际危机的磋商提供了新动力。此外，在贸易层面，该倡议可以刺激参与国的贸易和出口，因为这些市场中大多数产品的关税相对较低，运输成本和非关税措施是主要的贸易壁垒④。

　　中国政府一再表示有兴趣改革和重建新的世界秩序。"人类命运共同体"勾勒出了世界新秩序。在这一秩序中，中国是全球发展的主要引

---

① OMC，"órgano de Examen de las políticas comerciales. Informe de China"，Document WT/TPR/G/375，2018. p. 13.

② https：//www. dinero. com/internacional/articulo/los – paises – de – america – latina – que – forman – parte – de – la – nueva – ruta – de – la – seda – de – china/270108.

③ OMC，Idem.

④ OMC，"órgano de Examen de las políticas comerciales. Informe de la Secretaría. China"，Document WT/TPR/S/375/rev. 1. 2018. p. 20.

擎，世界和平与稳定的支柱。新秩序中，对话和协商将取代零和博弈；通过国际合作应对共同的挑战和风险；继续促进发展中国家的发展合作，使其能够融入全球价值链；破坏多边贸易制度、导致世界经济衰退的保护主义和单边主义将退出舞台；分享科技进步；2030 年可持续发展目标与各国中长期发展议程必须相互补充，以人为本，实现高质量发展①。

世界贸易中的中国

加入世贸组织巩固了中国的领导地位。中国在该组织施加的条件和要求下，融入了全球市场。作为世贸组织的一员，中国在与第三国进行贸易时，获得了平等待遇。中国承诺使其经济体制更加开放自由，以加强与世界经济的融合，并为贸易和外国投资提供更可预测的环境②。

中国加入世界贸易组织是一个双赢的举措。在市场准入条件下，中国报告称对国外生产的商品、外国公司在中国生产的商品③而言，其国内市场更加开放。这是一个有利的形势，因为中国需要吸引资本和技术来保持高增长率。取消关税壁垒后，因为消除了对外国资本的许多限制，所以中国的外国直接投资增加了，这些投资主要来自美国和欧盟国家。对外部门也受到出口增长的推动。中国还承诺在关税、农业和服务贸易领域给予外国企业国民待遇，从而使金融市场更加开放④。

此外，中国在国际贸易中的崛起也刺激了世界经济，为贸易自由带来了更大的法律确定性和透明度。例如，中国提供了更宽松的市场准入；开放或放宽了一些行业的投资，并开始保护知识产权和工业产权。因此，中国在过去 20 年表现出巨大的活力，成为全球最大的出口国和

---

① https：//www. youtube. com/watch？v = v8UrhWUAzlU Speech by Foreign Minister Wang Yi at the 74th session of the UN General Assembly.

② https：//www. wto. org/spanish/news_ s/pres01_ s/pr252_ s. htm.

③ https：//www. wto. org/english/thewto_ s/countries_ s/china_ s. htm.

④ https：//www. wto. org/spanish/thewto_ s/countries_ s/china_ s. htm.

第二大进口国①。此外，中国尊重多边贸易体系，积极参与 WTO 争端解决机构（DSB）的程序。2013 年至 2017 年，中国参与了向 DSB 提交的 7 起案件，其中 5 次作为被告，2 次作为申诉人②。

中国很快成了许多经济体的第一大伙伴。中国加强与发展中国家的贸易关系，减少了与发达国家的合作。与亚洲国家一起，成为全球价值链的主要参与者和中间产品的主要地区市场。中国组装从亚洲其他经济体进口的零部件，生产成最终产品，主要出口到欧盟和美国。然而，伴随着经济增长，中国对矿物、能源、食品和工业产品等原材料的需求也显著增加，这对国际市场和各种制成品、商品的定价构成了压力，其中包括纺织品、钢铁、石油③。

虽然降低关税促进了某些国家的出口。但中国产品带来的竞争也对拉丁美洲经济产生了负面影响。因此，一些发展中国家的出口增长受到了损害，纺织业和农业首当其冲，因为纺织业是中国的优势产业，为了粮食供应，中国又大力扶持农业发展。此外，美国是许多拉丁美洲国家的主要市场，然而由于中国产品更具竞争力，因此在美国市场，中国产品取代了很多拉美产品④。

外资限制的逐步取消使外国投资者对中国市场更加感兴趣。中国拥有丰富的劳动力、巨大的市场、完善的基础设施和优惠政策⑤。根据联合国贸易和发展会议发布的《2018 年世界投资报告》，在接受外国直接投资方面，中国仅次于美国位居第二，中国香港位居第三。2017～2019 年，中国经济在全球外资吸引力方面排名第二，仅次于美国。随着几年

---

① Campos, Rosario and Gaya, Romina. "China en la OMC: Política comercial y status de economía de mercado", BID, 2016. p. 91.

② Informe Secretaría OMC sobre China, p. 217.

③ Campos, Rosario, and Gaya, Romina. "China en la OMC: Política comercial y status de economía de mercado". BID, 2016. p. 90.

④ García, José Ramón. "Efectos de la adhesión de China en la Organización Mundial de Comercio e implicaciones para América Latina". 2006, P. 15.

⑤ Rosales y Kuwayama. "China y América Latina y el Caribe: hacia una relación económica y comercial estratégica", CEPAL, 2012.

的稳定增长，2016～2017 年外国直接投资流入继续增加，从 1330 亿美元增加到 1360 亿美元。这一增长得益于中国经济的开放，高科技部门的快速发展还有自由贸易区的建立①。

结　语

中国的经济发展使其能够在经济全球化进程中站稳脚跟。中国促进多边主义，反对保护主义；中国倡导贸易和投资的自由化与便利化，尊重解决贸易争端的现有渠道，并将其作为国家经济增长和可持续性的重要因素。

中国经济增长和更大程度的经济开放既带来了优势，同时也有不可避免的弊端。例如，中国的经济增长可能对气候变化产生影响。但解决气候问题，减少排放，需要全球协同努力。至于拉丁美洲，我们看到了机会。总的来说，如果中国想保持其经济和社会发展，那么就应该生产本国所需商品。增长因素应该从投资转向消费，从外部需求转向国内需求，从制造业转向服务业。

此外，习近平主席认为文化没有优劣之分，他呼吁找到不同文明之间的对话机制，缓解日益紧张的局势，使对话与协商代替争端与冲突。在这种背景下，习近平主席指出，中国文化的本质是追求世界的和谐共处，为人民带来福祉、稳定和繁荣。

在多边贸易体系下，基于广泛磋商、共同奉献和共享利益的做法，中国加强了发展中国家的谈判能力。尽管世贸组织争端解决制度有局限，但是它能促进各国遵守承诺，在解决双边冲突时一定程度上保护小国的权益。

中国可以发挥引领作用，促进全球治理问题的解决，支持多边主义共识的达成，共同开创人类美好未来。作为最大的发展中国家，中国对国际贸易做出许多贡献。它积极促进平等参与和协商，让更多的发展中国家分享经济全球化带来的机遇和利益，阻止贫富差距进一步扩大，使一些国家免于边缘化。

---

① https：//es. portal. santandertrade. com/establecerse－extranjero/china/inversion－extranjera.

关于加强拉丁美洲和中国之间联系的建议

基于中国建设"人类命运共同体"的愿景和拉丁美洲的状况，提出以下建议：

1. 促进南南合作，继续支持发展中国家追求发展权和改善人民生活质量，减少现有的不平等。

2. 与拉美和加勒比地区建立战略联盟，以和平发展为指导，追求相互尊重、公平正义、互利合作，来提高业务效率，吸引更多外国投资。

3. 中国是全球经济治理体系的重要参与者，也是多边贸易体系的坚定倡导者。中国可以分享其发展经验，加强与拉美和加勒比地区的伙伴关系，以支持多边主义，尊重市场，促进国家间的公平发展与和平。

4. 在促进贸易便利化和投资的政策框架内，必须考虑拉丁美洲各国作为农矿业商品出口国的作用，允许其更好地进入市场，避免拉丁美洲经济体的贸易金融活动被取代。可以考虑创建一种联合开发的形式。

5. 根据联合国 2030 年可持续发展目标，与拉美和加勒比地区制定协调一致的战略，克服制约因素，提高能力，实现可持续、包容、高质量发展。

6. 积极将拉美和加勒比地区纳入国际合作和全球治理的新模式——"一带一路"倡议。这将为世界带来更多利益。为中小企业提供特殊待遇，使其能利用互联互通项目带来的商业潜力。中小企业的国际化机遇将提高它们的竞争力，使它们能够在国际市场上发挥作用，并享受贸易的成果。

7. 建立一个中国－拉美合作论坛，拉美地区的政府间机构，如拉丁美洲和加勒比经济体要一直参与其中。促进磋商、探讨合作机制，加强以人民福祉为基础的经济和社会发展。

2019 年 10 月 17 日，加拉加斯

（冯慧 译）

参考文献

Campos，Rosario & Gayá，Romina. "*China en la OMC：Política comercial y status de economía de mercado*". Revista Integración y Comercio #40，June 2016. Intal Lab BID. ISSN 1995 – 9524. DNDA 5292070. Available at：www. iadb. org/inatl/icom.

CEPAL. "*Evolución y perspectivas de la reforma y la apertura en China*". Revista Cepal Agosto1994. Available at：https：//www. cepal. org/es/publicaciones/11958 – evolucion – perspectivas – la – reforma – la – apertura – china.

Cesarin，Sergio & Moneta，Carlos. "*China y América Latina. Nuevos enfoques sobre cooperación y desarrollo. ? Una Segunda Ruta de la Seda?*" Red de Centros de Estudio de Asia y el pacífico de América Latina y el Caribe. Proyecto BID – INTAl. 2005.

CRI Online. "*El Desarrollo diplomático de China*". 2013 – 09 – 18. Available at：http：//espanol. cri. cn/1161/2013/09/18/1s290110. htm.

Dinero Newsletter. "*La ruta de la seda de China llegó a la región：Colombia está por fuera*". April 2019. Available at：https：//www. dinero. com/internacional/articulo/los – paises – de – america – latina – que – forman – parte – de – la – nueva – ruta – de – la – seda – de – china/27010.

Estevadeordal，Antoni. BID. "*Inversiones de ALC en China：Un capítulo nuevo de las relaciones entre América Latina y el Caribe y China*". Sector de Integración y Comercio. 2014.

García，José Ramón. "*Efectos de la adhesión de China en la Organización Mundial de Comercio e implicaciones para América Latina*". Universidad Santiago de Compostela. 2006. p. 34.

Ghiotto，Luciana. "*La negociación sobre Reglas para la Facilitación multilateral de las inversiones：apuntes para la discusión*". Work document. Transnational Institute，2017.

Guardia，Alexis. "*China en la Globalización*". Revista de Estudios Internacionales. Instituto de Estudios Internacionales. Universidad de Chile. Vol. 37 N° 146 （2004）：July – September. DOI：10. 5354/0719 – 3769. 2011. 14543.

International Monetary Fund. "*World Economic Outlook*". April 2019. Available at：https：//www. imf. org/es/Publications/WEO/Issues/2019/03/28/world – economic – outlook – april – 2019.

Organización Mundial del Comercio. "*La Conferencia ministerial de la OMC aprueba la adhesión de China*". Comunicados de Prensa 2001. Press/252. Availableat：https：//www. wto. org/spanish/news_ s/pres01_ s/pr252_ s. htm.

Organización Mundial del Comercio. órgano de Examen de las políticas comerciales. "*Informe de China*". Document WT/TPR/G/375，June 2018. p. 25.

Organización Mundial del Comercio. órgano de Examen de las políticas comerciales. "*Informe de la Secretaría：China*". Document WT/TPR/S/375. rev. 1. September 2018. p. 217.

Organización Mundial del Comercio. "*China y la OMC*". Available at：https：//

www. wto. org/spanish/thewto_ s/countries_ s/china_ s. htm.

Rodríguez, Mario. "*La evolución de la política exterior China*". Araucaria. Revista Iberoamericana de filosofía, Política y Humanidades. Vol 18, N° 35, 2016.

Rosales, O and Kuwayama, M. " *China y América Latina y el Caribe: hacia una relación económica y comercial estratégica*", CEPAL, Santiago, Chile. 2012.

Santander, Trade Portal. "*China: inversión extranjera*". Available at: https://es. portal. santandertrade. com/establecerse – extranjero/china/inversion – extranjera Qingmin, Zhang. "*China's Diplomacy*". China Intercontinental Press, 2010. p. 160.

Xinhua español. *Enfoque de China: La diplomacia del jefe de Estado de China abre nuevos caminos.* 2019 – 08 – 10. Available at: http://spanish. xinhuanet. com/2019 – 08/10/c_ 138299189. htm.

Wang, Yi. *Speech by the Minister of Foreign Affairs of the People's Republic of China.* 74th session of the United Nations General Assembly. September 2019. Available at: https://www. youtube. com/watch? v = v8UrhWUAzIU.

探讨非关税措施，构建人类命运共同体

阿列克谢·克拉夫琴科（Alexey Kravchenko）
联合国亚洲及太平洋经济社会委员会经济事务协理干事

引　言

2018 年中国在全球贸易中所占份额最大。邓小平改革中国经济，实施改革开放政策，这一举措对中国至关重要，使中国加入了国际贸易的进程。从图 1 可以看出，自从 20 世纪 70 年代末中国改革开放以来，其贸易在 GDP 中的比重从不足 10% 上升到 2000 年的近 40%。2001 年加入世界贸易组织，中国的经济再次受到巨大推动；2000 年年中，中国贸易在 GDP 中的比重进一步增至 65%。伴随着贸易的迅速发展，中国的人均 GDP 也在增长。改革开放前，人均 GDP 年增长率为 3.2%，1978 ~ 2018 年则达到了 8.4%。至关重要的是，所有中国人都得益于国家的繁荣。贫困人口的标准是日生活费 1.9 美元，据此标准，1990 年中国的贫困人口数量超过 7.5 亿（全国人口 11.3 亿），而到 2015 年，这一数字就降至 1000 万（全国人口 13.7 亿）。在中国，贸易带动了经济的增长进而取得了减贫的巨大成就，毫无疑问这是一件了不起的壮举。

大多数观察家认为，要抓住贸易增长带来的发展机会，应该着重消除关税这一最突出的壁垒。但是本文却认为，现在应将重点转向非关税措施。过去二十年中，亚太地区的关税降低了一半，但是非关税措施却大幅增加（图 2），其中包括卫生和植物检疫措施（SPS）、技术性贸易壁垒（TBTs）等。无论是从相对还是从绝对的角度，非关税措施对贸易的阻碍作用均日益显著。虽然过去两年中，中美两国的高关税引人关

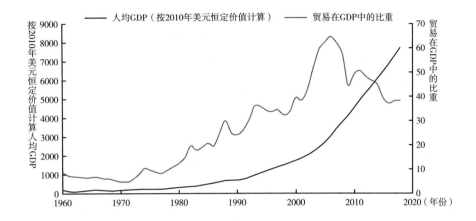

图1　1960～2018年，中国贸易在GDP中的比重、人均GDP

资料来源：作者根据世界银行的世界发展指标数据库计算，2019年10月访问。

注，但无论是在区域贸易还是全球贸易中，非关税措施的重要性将会日益突显（见框1）。事实上，贸易摩擦已从相对透明的关税战演变为实行歧视性非关税措施，其影响将更难预测。根据亚太经社会（ESCAP）和贸发会议（UNCTAD）的估计，非关税措施的贸易成本是普通关税的

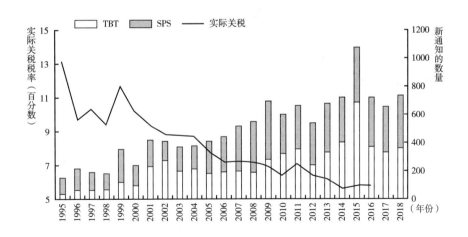

图2　亚太地区平均实际关税，WTO每年关于SPS和TBT的新通知

资料来源：亚太经社会，根据世贸组织和贸发会议的数据计算整理。

注：由于只通知拟议或修订的非关税措施，因此没有可靠的数据说明向世贸组织提交的通知有多少会生效。通常认为大多数是生效的，而且非关税措施基本上是逐年累积的。

两倍多。因此，非关税措施成了贸易者们的主要关切；一些决策者希望贸易继续支持可持续发展，这种情况下他们必须关注非关税措施。

框 1. 贸易争端与非关税措施

　　最近，新闻报道中的关税严格来讲并非普通关税，而是非关税措施。例如，美国于 2018 年 1 月 26 日向世贸组织通报，要对进口的太阳能板和洗衣机征收关税，美方称根据世贸组织《保障措施协定》，进口增加损害了其利益（《国际非关税措施分类》D 章节）。随后美国又发起保障措施，对钢和铝征收关税。世贸组织其他成员提出抗议，认为该举措并不符合《保障措施协定》（WTO，2018a）。《购买美国产品法》（Buy American Laws）要求美国联邦政府机构必须购买国内商品、产品或原料，其中包括钢铁和工业制成品，此举符合《政府采购限制》（Government Procurement Restrictions）（The White House，2017）。中美关税争端不断持续，美国农业生产者在贸易战中蒙受损失，联邦政府 2018 年向受影响的农民发放了 120 亿美元，并计划 2019 年再次发放 160 亿美元——《国际非关税措施分类》L 章节（补贴，不包括出口补贴）（USDA，2019；Congressional Research Service，2019）。

　　非关税措施通常被定义为有别于普通关税的政策措施，这些措施可对国际货物贸易产生潜在经济影响，将改变贸易量或价格或同时改变这两个方面（UNCTAD，2012）。非关税措施本身并不具有好坏属性，它们往往是为了满足一些合法的必要目的，例如保护人类、动物和植物或保护环境。另外，非关税措施对于实现 2030 年可持续发展议程也十分重要。例如，对进口车辆要符合严格的排放标准，这种技术性非关税措施旨在解决空气污染问题。此外，尽管食品标准等非关税措施通常会增加生产和贸易成本，但在某些条件下，它们也有可能促进贸易。

　　与此同时，非关税措施会增加生产者和贸易商的成本，这是该措施的另一关键特征。成本增加会抬高价格进而抑制国际贸易。非关税措施往往比关税更复杂、更隐蔽，也更难监测。因此，各国政府有时利用非关税措施，根据需要排斥某些进口产品，并且又能不违反全球贸易制度的非歧视原则。

本文结构如下：第一节概述亚太区域非关税措施的趋势和数量。第二节阐述非关税措施和可持续发展议程。第三节是与非关税措施相关的贸易成本估计。第四节进行总结，并就减少非关税措施提供成本政策建议。有人认为，在遵守国际标准的情况下，透明、非歧视性地使用某些非关税措施，能够确保在实现重要公共政策目标的同时，使贸易商和消费者免于承受更高成本。这样有助于构建人类命运共同体，符合2030年可持续发展议程。本文的分析主要来自《2019年亚太贸易和投资报告：引导非关税措施走向可持续发展》，其中有更详细的讨论。（ESCAP，2019）

第一节　亚太地区非关税措施的趋势和数量

世贸组织的一些协议规定了非关税措施的多边原则。2013年以来，全球每年上报给世贸组织的新的或变更的非关税措施大约有3000项。其中大多数为技术性贸易壁垒和卫生与植物检疫措施（见附件1《国际非关税措施分类》）。2018年，所有通报中有95%是卫生和植物检疫措施和技术性贸易壁垒，其余的属于条件性贸易保护措施（《国际非关税措施分类》D章节）。2018年全球新发起的卫生和植物检疫措施及技术性贸易壁垒达到3466项，比2017年增加了16%。

由于缺乏持续的通报，再加上不是所有经济体都是世贸组织成员，因此贸发会议与包括亚太经社会在内的许多国家、区域和国际伙伴合作，全面收集关于非关税措施的数据。收集非关税措施的数据，基于大量的国家立法文件，如法律、法令或指示。一旦确定了相关条款，那么便可将其划分为某类非关税措施并对应特定的海关编码。

数据库中的大多数措施是卫生和植物检疫措施、技术性贸易壁垒。从全球来看，数据库中41%的措施是卫生和植物检疫措施（30%在亚太地区），40%是技术性贸易壁垒（48%在亚太地区）。第三大类是出口相关措施，占全球总措施数量的9%，占亚太地区措施数量的13%。

就单个经济体而言，亚太地区非关税措施总量最大的是中国，其次是新西兰、韩国和澳大利亚等高收入经济体（见图3）。总的来说，非关税措施的总量与发展水平有关——较发达的经济体通常有更强的立法机制。但是，在比较各经济体措施总量时应谨慎行事。尽管为确保可比性做出了巨大努力，但各经济体的法律架构差异依旧很大，数据收集过程非常复杂（包括翻译过程）。

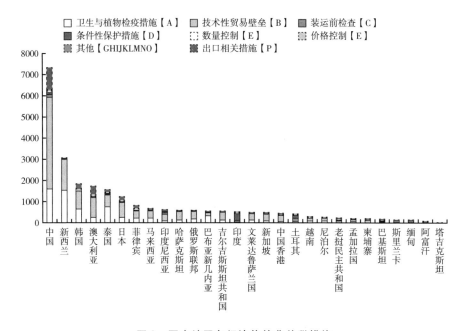

图 3　亚太地区各经济体的非关税措施

资料来源：贸发会议贸易分析和信息系统（TRAINS）数据库，2019 年 5 月访问。

第二节　非关税措施和可持续发展目标

2030 年可持续发展议程提及国际贸易推动了包容性经济增长和减贫，是实现可持续发展目标的重要推动力量。贸易和健康与安全、环境与气候、公共安全与和平等目标密切相关。因此广义上讲，非关税措施可以作为政策工具直接促进可持续发展，也可以通过贸易和投资间接影响可持续发展。

根据《2019 年亚太贸易和投资报告：通向可持续发展的非关税措施》，近一半的非关税措施直接涉及可持续发展目标。在亚太地区和全球范围内，与可持续发展目标相关的非关税措施中，直接涉及目标 3

（健康和福祉）的措施所占比例最高——图 4；实现此目标的非关税措施包括药品监管、食品安全、车辆安全技术监管、有关烟酒产品包装和贸易的法规。还有一些非关税措施涉及目标 12（负责任的消费和生产），受相关国际协议推动，例如《关于消耗臭氧层物质的蒙特利尔议定书》，这突显了国际合作在实现可持续发展目标时的重要性。总的来说，一个经济体实施的非关税措施越多，针对可持续发展目标的非关税措施的比重就越低。因此，尽管中国有许多非关税措施涉及可持续发展目标（实际上比其他经济体都多），但按照这一趋势，与可持续发展目标相关的非关税措施比重相对较低。

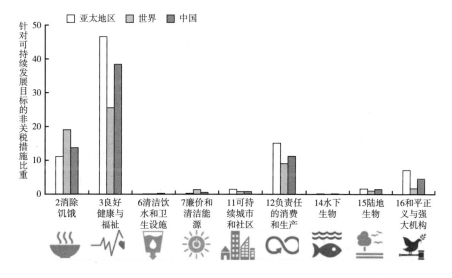

图 4　直接针对不同可持续发展目标的非关税措施

资料来源：亚太经社会根据贸发会议贸易分析和信息系统（TRAINS）数据库和亚太经社会与贸发会议开发的方法计算（详见 Kravchenko 等人，2019 年）。

虽然直接涉及其他目标的非关税措施较少，但这些目标对于可持续发展和人类共同体依然很重要（见图 5）。然而，分析表明贸易条例并未涉及所有的可持续发展目标。例如，只有大约 10% 的经济体有处理非法、不报和不管制捕鱼和非法木材贸易的非关税政策。中国似乎并没有涉及这两个问题的措施。因此，通过贸易措施来解决可持续发展中的这些问题，在这方面亚太地区仍有待进步。

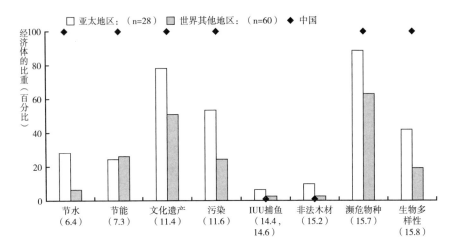

图 5　直接针对不同可持续发展目标的非关税措施

资料来源：亚太经社会根据贸发会议 TRAINS（贸易分析和信息系统）数据库和亚太经社会与贸发会议开发的方法计算（详见 Kravchenko 等人，2019 年）。

注：中国采用二元表示法；100 表示至少有一个衡量标准用于实现相应的可持续发展目标，0 表示没有。

许多非关税措施与可持续发展目标没有直接联系，但这并不能说这些措施缺乏公共政策目标。例如，虽然可以将机动车安全与减少交通事故死亡人数联系起来，但消费品和商业产品安全和可持续发展目标并没有直接联系。许多非关税措施同时影响几个可持续发展目标。某些情况下，一项非关税措施可能利于可持续发展的某个层面，却对其他层面构成负面影响。因此国家和各部门应该进行详细的可持续影响评估，以便对新的或现有的非关税措施进行准确的判定。

第三节　非关税措施对贸易和贸易成本的影响

虽然实施非关税措施常常是出于合法必要的目的，但它们增加了贸易成本。据估计，在亚太地区，非关税措施占进口平均综合成本的15.3%，而关税仅占 5.8%。在农业和汽车部门，非关税措施占进口总成本的 20%。虽然美国和欧盟的非关税措施更多，但亚太地区与非关税措施相关的成本较高，这表明亚太地区非关税措施的制定或实施效率较低。

　　国际贸易的私营部门对亚太地区的非关税措施进行了国家层面的调查研究，证实了贸易便利化对非关税措施负担的影响。图 6 显示了贸易便利化实施率和非关税措施负担的影响程度。该图表明非关税措施负担的影响程度与贸易便利化实施水平成反比。进一步说明加强贸易便利化使各国更容易进行贸易（与贸易便利化高的经济体进行贸易时，非关税措施负担较少）。中国是该地区贸易便利化实施率最高的国家之一，与预期相符，中国也是为数不多的非关税措施负担较低的国家之一。

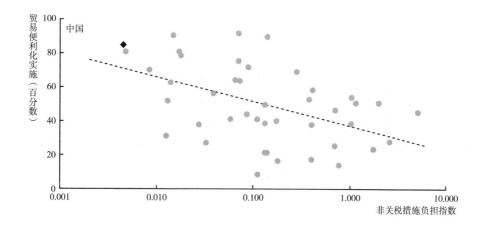

图 6　44 个亚太经济体中贸易便利化和非关税措施负担

　　资料来源：联合国贸易便利化和无纸化贸易实施全球调查，2017；ESCAP 和 ITC，2019。
　　注："非关税措施负担"是根据 2015 年各经济体中非关税措施发生率与出口贸易值之间的比率计算的。

　　此外，有报告称，非关税政策负担的主要原因是国内程序障碍（不是非关税措施中所包含的必要标准）。这种程序性障碍，不是非关税措施本身，却是由非关税措施造成的。这些问题包括时间限制、非正式或异常高的报酬、缺乏透明度、政府官员的区别对待、缺乏适当的检测设施。为了促进出口，政策制定者要通过贸易便利化解决国内程序性障碍，这要比改变出口伙伴的贸易法规容易得多。

　　随着不同国家措施的差异，与非关税措施相关的贸易成本也会增加，这对中小企业和中低收入国家的影响尤为严重。分析不同经济体之间非关税措施的相似性，结果表明与全球相比，亚太地区经济体的监管统一度较低。中国的非关税措施监管与其他亚太国家有很大不同，因此平均监管差异评分很高（0.22）（见图7）。菲律宾紧随其后，平均比率为 0.20。值得注意的是，菲律宾和中国之间的双边监管差异是该地区最高的，达 0.28。这表明两国仍需继续协调双边监管、促进双边贸易。

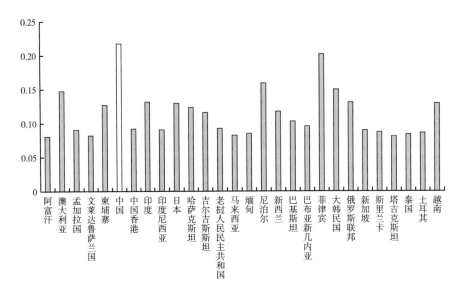

图 7　亚太经济体与区域贸易伙伴的平均监管差异

资料来源：亚太经社会，基于贸发会议贸易信息系统数据库整理。

相比于整体措施，直接影响可持续发展目标的措施的监管差异更大。然而，最值得注意的是，在亚太地区内部，与可持续发展目标相关的非关税措施监管差异更高，远高于该地区与欧盟和美国的差距。亚太地区仍需与地区外的主要贸易伙伴做好协调，监管可持续发展的非关税措施。

第四节　政策建议与结语

本文指出，由于传统贸易壁垒（关税）的相对重要性正在下降，非关税政策增多。许多非关税政策具有合法和重要的公共政策目标。同时，非关税措施的贸易成本是普通关税的两倍多。因此，要确保实现公共政策目标、实现可持续发展目标、建立人类命运共同体。在此基础上，不要使贸易商承受不必要的负担，将贸易成本降至最低。事实上，这些目标并非不可分割。中国使数亿人口摆脱贫困，创造了经济奇迹，这表明贸易本身就是实现可持续发展议程的关键手段。最后本文提出了一些政策建议，这些建议在《2019年亚太贸易和投资报告：引导非关税措施走向可持续发展》中有详细的阐述。

不同国家间的技术监管（动植物检疫、技术性贸易壁垒）差异较大，这就导致了贸易成本的增加。非关税措施对于保护健康、安全和环境是必要的，因此需要协调统一非关税措施，而不是消除它们。研究表明，如果监管协调得当，实现健康、安全和环境保护的成本将会更低。使用国际标准是监管协调的一种形式，这样可以缩小监管差异。国际标准是科学合理的，是评估国家措施和监管的基准。

确定适当的保护程度、降低遵循政策的成本、缩小合法非关税措施的差异，这些是实现利益最大化的关键。减轻非关税措施相关的负担、强化措施的积极影响需要区域合作和国内努力。虽然大多数非关税措施负担来自出口伙伴，但各国也需要改进本国非关税措施。提高非关税措施的净效益，需要审查现有措施，剔除不必要的措施，找出有待改进的措施。对新提议的非关税措施进行系统性评估，确保利益尽可能大于成本。

遵守非关税措施通常需要贸易商和贸易管制机构之间交流信息，其中包括国内交流和国际交流。利用网络应用程序和信息交换，预计最终可使亚太地区的贸易成本平均降低25%，使政府和贸易商每年节省超过6000亿美元。仍需继续努力提高贸易便利化，特别是在世贸组织贸易便利化协定（TFA）方面。实施跨境无纸贸易仍然是很大的挑战，《亚太跨境无纸贸易便利化框架协议》会有所帮助。

为最大限度地发挥非关税措施的可持续效益，贸易便利化措施不仅要惠及大贸易商，还要惠及那些往往被排斥或处于不利地位的群体和部门。根据《2019年联合国数字和可持续贸易便利化全球调查》，针对粮食和农业部门的措施执行得相对较好，但针对中小企业和妇女的贸易便利化的措施仍然很少。与此同时，值得注意的是，中国是该区域在实施数字和可持续贸易便利化方面表现最佳的国家之一（见图 8）。

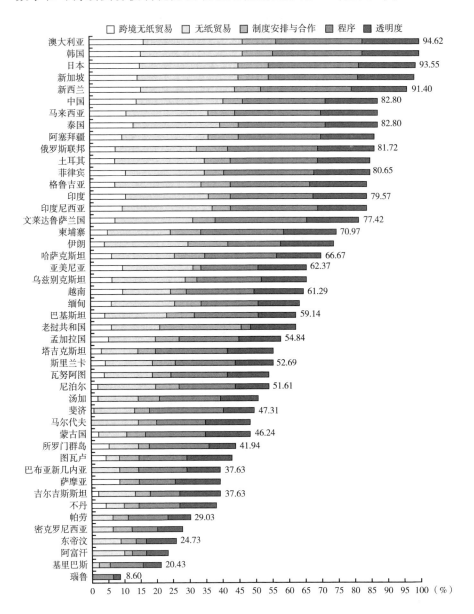

图 8　2019 年亚太地区数字化和可持续贸易便利化

资料来源：联合国数字和可持续贸易便利化全球调查，网址：untfsurvey. org。

近年来签署的协定中关于非关税措施的条款有所增加，这表明非关税措施越来越多地通过贸易协定来规定。大多数被审查的区域贸易协定都涉及技术性贸易壁垒和动植物检疫措施。政府采购条款并不普遍，尽管近年来有明显增加。关于风险分析和采取紧急措施的条款有助于实现可持续发展目标，特别是通过对人类和动植物的保护。通过区域贸易协定解决非关税措施的最佳做法包括：使用国际标准；对欠发达成员进行技术援助；避免重复措施；提高透明度；确保技术监管的约束力；在国民待遇的基础上实施监管。

相互认可能够降低与非关税措施有关的成本，在没有贸易协定的国家之间也是如此。与此同时，区域一体化能够简化区域内的非关税措施。例如，《2025 年东盟经济共同体蓝图》将降低非关税措施成本作为贸易便利化战略的核心。在欧亚经济联盟中，某些非关税措施是统一的，制定动植物检疫措施和技术性贸易壁垒需要所有成员国达成共识；若其成员认为某些措施不符合《欧亚经济联盟协定》，可通过专用的在线门户网站和协议解决矛盾。

参考文献

Bloomberg. (2018), "China's USMYM128 Billion Pork Industry is under Threat by A Deadly, Mysterious Virus", Retrieved from *South China Morning Post*：https：//www. scmp. com/business/commodities/article/2164631/chinas – us128 – billion – pork – industry – under – threat – deadly.

Congressional Research Service. (2019), "Farm Policy：USDA's 2018 Trade Aid Package", Retrieved from https：//fas. org/sgp/crs/misc/R45310. pdf.

Economist. (2019, August 6), "African Swine Fever Threatens 200m Pigs in China", Retrieved from *The Economist*：https：//www. economist. com/graphic – detail/2019/08/06/african – swine – fever – threatens – 200m – pigs – in – china.

Emerson, M., & Kovziridze, T. (2016), "Georgia and Europe：A Short Guide", Tbilisi：CEPS and Reformatics, Retrieved from http：//aei. pitt. edu/80164/1/Georgia_ pop_ edition_ FINAL. pdf.

ESCAP. (2019), "Asia-Pacific Trade and Investment Report 2019：Navigating Non-tariff Measures towards Sustainable Development", Bangkok：United Nations Economic and

Social Commission for Asia and the Pacific.

European Commission. （2018），"Food Trade Standards： How Georgia's Food Safety Standards are Improving under the EU – Georgia Deep and Comprehensive Free Trade Area"，Brussels： European Commission. Retrieved from https： //eeas. europa. eu/sites/eeas/files/food_ safety_ georgia_ en. pdf.

FAO. （2019），"ASF Situation in Asia Update"，Retrieved from Food and Agriculture Organization of the United Nations： http： //www. fao. org/ag/againfo/programmes/en/empres/ASF/situation_ update. html.

Global Trade Alert. （2018，March），"The GTA Handbook"，Retrieved from Global Trade Alert-Data and Methodology： https： //www. globaltradealert. org/data_ extraction.

Informbury. kz. （2018），*МСХ РК： Запрет Кыргызстана ввозить птицу из двух регионов Казахстана неправомерен.* Retrieved from https： //informburo. kz/novosti/msh – rk – zapret – kyrgyzstana – vvozit – pticu – iz – dvuh – regionov – kazahstana – nepravomeren. html.

Ji-hye，Shin. （2019，August 2），"S. Korea to Exclude Japan from Trade Whitelist in Retaliation"，Retrieved from *The Korea Herald*，http： //www. koreaherald. com/view. php? ud = 20190802000618.

Kursiv. kz. （2018），*Продуктовая война? Казахстан ввел запрет на ввоз мяса из Кыргызстана. .* Retrieved from https： //kursiv. kz/news/vlast – i – biznes/2018 – 10/produktovaya – voyna – kazakhstan – vvel – zapret – na – vvoz – myasa – iz – kyrgyzstana.

METI. （2019），"Update of METI's Licensing Policies and Procedures on Exports of Controlled Items to the Republic of Korea"，Tokyo： Ministry of Economy，Trade and Industry. Retrieved from https： //www. meti. go. jp/english/press/2019/0701_ 001. html.

RaboBank. （2019，April），"Rising African Swine Fever Losses to Lift All Protein Boats"，Retrieved from RaboResearch： https： //research. rabobank. com/far/en/sectors/animal – protein/rising – african – swine – fever – losses – to – lift – all – protein. html? qsl_ reqcnt = 1.

Sputnik. kg. （2018），*Почему Казахстан ввел запрет на кыргызское мясо? Ответ главного ветврача КР.* Retrieved from https： //ru. sputnik. kg/economy/20181016/1041565601/kyrgyzstan – kazahstan – zapret – myaso. html.

The White House. （2017），"Presidential Executive Order on Buy American and Hire American"，Washington： The White House. Retrieved from https： //www. whitehouse. gov/presidential – actions/presidential – executive – order – buy – american – hire – american/.

UNCTAD. （2012），"International Classification of Non – tariff Measures"，Geneva： UNCTAD.

UNCTAD. （2016），"Guidelines to Collect Data on Official Non – Tariff Measures"，Retrieved from United Nations： http： //unctad. org/en/PublicationsLibrary/ditctab2014d4_ en. pdf.

UNSD. （2012），"International Classification of Non-Tariff Measures （ICNTM）"，

Retrieved from https：//unstats. un. org/unsd/classifications/Family/Detail/2015.

USDA. （2019），"USDA Announces Details of Support Package for Farmers"，Washington：USDA. Retrieved from https：//www. usda. gov/media/press - releases/2019/07/25/usda - announces - details - support - package - farmers.

WTO. （2018a），"*Panels Established to Review US Steel and Aluminium Tariffs，Countermeasures on US Imports*"，Retrieved from https：//www. wto. org/english/news _ e/news18_ e/dsb_ 19nov18_ e. htm.

WTO. （2018b），"Understanding the WTO：The Agreements-Standards and Safety"，Retrieved from https：//www. wto. org/english/thewto_ e/whatis_ e/tif_ e/agrm4_ e. htm.

附录 1 - 国际非关税措施分类 （ICNTM）

非关税措施通常被定义为有别于普通关税的政策措施，这些措施可对国际货物贸易产生潜在经济影响，改变贸易量或价格或同时改变这两个方面（UNCTAD，2012）。非关税措施的定义很简单，但实际却是一个非常多样和复杂的体系。因此，多机构支持小组（MAST）建立了国际非关税措施分类（ICNTM）。如表 1 所示，非关税措施按照层次树的分类方法分为 16 个章节（A 到 P）。本分类仅指明存在哪些措施，不评判这些措施是否合理、是否恰当、是否必要或是否属于区别对待。

表 1　贸发会议贸易分析和信息系统中非关税措施的分类

进口	技术性措施	A	卫生和植物检疫措施
		B	技术性贸易壁垒
		C	装运前检验和其他手续
	非技术性措施	D	条件性贸易保护措施
		E	出于非卫生和植物检疫或技术性贸易壁垒原因而实施的非自动许可、配额、禁令和数量控制措施
		F	价格控制措施,包括额外税费
		G	财政措施
		H	影响竞争的措施
		I	与贸易有关的投资措施
		J	分销限制
		K	售后服务限制
		L	补贴(不包括归入 P7 类的出口补贴)
		M	政府采购限制
		N	知识产权
		O	原产地规则
出口		P	与出口有关的措施

资料来源：UNCTAD，2016。

非关税措施易与非关税壁垒混淆。非关税壁垒是由于区别对待和保护主义而对贸易产生不利影响的政策。与非关税措施不同，非关税壁垒没有被广泛接受的定义。某项非关税措施是否属于非关税壁垒，很大程度上取决于监管意图。非关税措施主要是为了服务公共利益。将某一措施归为非关税壁垒颇具争议，因为论及某项措施是否具有歧视性或是否出于保护意图时，贸易伙伴间往往难以达成共识。然而，严格来说，技术性非关税措施不是非关税壁垒，除非它们已经进入世贸组织争端解决程序（漫长而昂贵）。然而，人们普遍认为，一些技术性非关税措施确实具有歧视性，其贸易限制性超过必要程度（即它们是非关税壁垒），它们有时是政府的贸易政策。非技术性非关税措施大多是非关税壁垒。

补充：

1. 非关税贸易措施的分类见附录 1See G/SG/N/8/USA/10/Suppl. 3 & G/SG/N/8/USA/9/Suppl. 4。

2. 贸发会议贸易分析和信息系统网站：trains. unctad. org。

3. 世界综合贸易解决方案（WITS）平台网址：wits. worldbank. org；

4. ITC/UNCTAD/WTO 的全球贸易帮助台网址：www. globaltradehelp desk. org。

非关税措施的数量确实反映了一个国家的贸易限制。例如，一个国家针对某一产品有很多措施，针对某大型产品组只有少量措施。而且，不同措施的限制性是无法比较的，比如标签要求就不能与进口禁令相比。贸发会议详细描述了该数据库（2018 年，贸发会议贸易分析和信息系统：全球非关税措施数据库），比较各国数据的局限性和亟待改进的地方。

（冯慧 译）

人类命运共同体：中国与世界的新互动

鲁克萨纳·坎伯（Rukhsana Qamber）
巴基斯坦地区研究中心主席

　　社会有责任对个体进行完善。中国这种悠久理念与 21 世纪的治理理念还有生态公民等理念高度契合，这种理念有助于维护人类共同的未来。在我看来，这就是所谓的"中国道路"。它既不是斯大林模式，也不是西方的自由放任模式，而是一种明确目标的良好治理。但一些研究中国的人往往会忽视这些基本原则。我纵览许多蓬勃发展的中国中心、孔子中心和其他学术机构，试图探究中国自己的叙述。结论表明，中国社会科学院下属的智库可以增加与其他国家（尤其是巴基斯坦）智库的互动，来补救外国研究者对这些基本原则的忽视。智库间的交流不仅加强了国家间的联系，也加强了机构和个人间的联系。

　　本研究涵盖了共享、社会发展和未来前景等关键概念；简要概述了以孔子哲学为基础的中国道路。它强调共享。共享是形成共同体的关键，人类命运共同体也不例外。中国道路探求如何构建和谐与可持续的世界。数据的主要来源是中国智库的英文网页和英文文档，但也包含了其他信息。一旦完成初稿，我将与伊斯兰堡的汉学家和中国朋友讨论，并在地区研究所的内部圆桌会议上分享这篇文章。采纳建议和评论后，在中国国际问题研究院的国际会议上，该研究将作为我的发言依据。

　　首先要明确的是，即使遍布各个大洲，人类依旧是紧密联系的共同体。数字连接让人们前所未有地紧密相连。身在地球之村，我们不能也不该独善其身对周围环境漠不关心。社会责任对于人类、动植物乃至整个地球都至关重要。无论是生态还是其他方面，儒家思想向来主张责任而并非自我主义，更不是单一的制度运作。因此我们有必要不断重温儒家思想。

共享的理念离不开团体的概念；进而与个人和政府的道德、良好的社会关系、正义和真诚息息相关。儒家伦理将推己及人、真实诚恳和追求知识视为关键美德。审视"人类命运共同体：中国与世界的新互动"这一主题的第一部分时，有三个基本概念很有帮助。

理解"礼""义""仁"必须将其放在中国语境中。孔子曾对这三个概念进行过解读。此外，他把这些概念相互组合，为其注入新内涵。直到现在这些概念都为个人、机构和全人类提供指导。尽管我读不懂中文，但我的理解是孔子注重言传身教以身作则。几个世纪后，阅读孔子的著作，我们应该反思当社会和一些重要问题凌驾于个人之上时，我们该怎么办？

礼

"礼"的概念，或者说既定的礼节，在孔子之前就已经存在。孔子将"礼"的概念扩大，定义为"个人为建立理想社会做出的所有行为"。因此"礼"并不仅仅是遵守礼节规范。在儒家思想中，仪式不仅仅强调自我约束，还影响着社会变革、制度变革甚至全人类的变革。

对于孔子的追随者而言，"礼"最初意味着在正确的时间做正确的事，伦理决定了什么事是正确的。因此，为了社会进步，我们需要在传统与现代间寻求平衡。社会伦理使社会规范得以维持并延续；而伦理的完善需要选择性地违反一些规范，但是这么做并非易事。在孔子之前的时代中，如果符合伦理，礼是可以调整变通的。为了人类社会的进步，何时需要改变现有礼节（或者"礼"）？做出正确的判断并非易事。"礼"与"义"联系紧密，事实上两者相互依存；否则，在时代的变化中它们都会失去意义。这些原则对个人和对机构管理都是有用的。

义

"义"通常是指在各个方面的相互性。然而，它的含义既复杂又简单。相互性蕴含公正的意思，"义"也被翻译为公正，这是一个宽泛的概念。从这些复杂的含义中，我们可以推断出"义"意味着在特定的环境和正确的时间做正确的事。这种做法最符合伦理，也可用于管理机构。举一个简单的例子，饮茶是一种"礼"，即在正确的时间做正确的事情。这是在自己的团体内进行的。然而如果在对抗的情况下发起传统的饮茶礼仪，这就是在向对方放出和平的信号；进一步，对方便要回以相同的礼仪，即相互性与公正。这体现了建立持久和平时，双方要进行的两个重要环节。这不仅适用于个人，还适用于机构组织、地方社会或全球社会。

对孔子的追随者来说，"义"这个词与追求私利形成了对比。虽然追求自己的利益不一定是坏事，但是如果一个人能以团体的利益为重，那么他将会是一个更完善、更正直的人。因此"礼"的结果比"礼"本身更重要。与"义"联系起来，"礼"意味着出于正当的理由做正确的事，或道德上正确的事。"礼"背后的行为要符合"义"；同样的，"义"也离不开"仁"的原则和核心价值。这些都可以看作中国联系世界、构建人类命运共同体的方法论或新互动。

仁

"仁"包含五条原则。这五条原则常常被视为儒家基本美德，分别是恭、宽、信、敏、惠。做到了这五条，人们便自然而然地达成了"礼"，即正确的时间做正确的事，同时也达成了"义"，即出于正当的理由做正确的事。"仁"代表了至高无上的原则或美德，尽善尽美地履行了责任。这个概念对于实现人类命运共同体意义重大。

"仁"通常被翻译为"仁慈""人道"或"慈悲"。有些翻译还融入了"权威"和"无私"等概念。"仁"的这些内涵符合中国古代道德体系。孔子不谈神道。在他看来，人类是基于相互理解和同情而紧密团结的共同体。人类应该内化"仁"的五条原则，来构建一个可持续的世界。这种内化使个体行为符合"仁"的要求，进而能够体现出人道与慈悲。

"仁"的五条原则将把个体联系在一起，构成了一个恭、宽、信、敏、惠的共同体。这些原则指导着个人行为，其效果甚至优于遵守"义"出于正当的理由做正确的事。儒家讲究中庸之道。例如，真正的慷慨是恰如其分不多不少。简而言之，孔子将原则置于个人判断之上，实现变革应通过善意劝说而不是暴力强加。中国希望构建人类命运共同体，中国这种与世界的新互动的基础就是"仁"或者说人道，"义"以正当的理由做正确的事，"礼"在正确的时间做正确的事，这三个概念为中国与世界的新互动奠定了基础，使人类能够组成一个可持续的命运共同体。

让我们回到 2019 年，将目光从孔子转向中国国家主席习近平。习近平主席在北京举行的亚洲文明对话大会的开幕式上发表主旨演讲，呼吁共同创造亚洲文明和世界文明更加美好的未来。他强调了要共同构建亚洲命运共同体和人类命运共同体。为夯实命运共同体的人文基础，他提出了四点主张。这些主张以相互尊重、平等相待的原则为基础；要求欣赏一切文明之美；坚持开放包容、互学互鉴并要坚持与时俱进。用他自己的话来说，习近平主席为全球共同体提出的四点主张是：

1. 除了经济和技术实力外，人类还需要文化力量来应对共同的挑战、走向光明的未来。

2. 我们希望所有亚洲国家互尊互信、和睦相处，广泛开展跨国界、跨时空、跨文明的交往活动，共同维护比金子还珍贵的和平时光。

3. 如果各国重新回到一个个自我封闭的孤岛，人类文明就会丧失生机活力。

4. 文明交流互鉴应该是对等的、平等的，应该是多元的、多向的，而不应该是强制的、强迫的，不应该是单一的、单向的。

这四点主张体现了儒家的共情原则。他提及文明是建立在"礼"的基础上的，即在正确的时间做道德上和礼节上正确的事；同时又离不开"义"，即敬他人之所敬。习主席的最后一点则提到了在平等之上最有意义的"仁"或"互惠"。他说我们处在后殖民世界中，交流不是单方面的、强迫的、屈尊俯就的，而应该是多向的。

近年来，中国努力向世界开放。本着悠久的传统，中国鼓励其公民出国学习、学成回国。通过大规模的贸易和援助计划还有基础设施建设，例如宏大的"一带一路"倡议和中巴经济走廊，在物理意义上中国联通了世界。虽然中国的许多机构并不是其特有的，却拥有鲜明的中国特色，比如智库。如今中国的智库蓬勃发展，大多数都隶属于极富盛誉的中国社会科学院。

中国社科院很早便着眼世界，它设立了多个部门研究世界各个地区。中国社科院与这些地区的主要智库、学术机构和学者建立学术联系；其分支机构也注重对外学术交流。这些智库的紧密联系形成了人类思维的共同体，从而推动了人们构建更加美好、互联互享的未来。

通过中国社会科学院及其分支机构，中国与世界进行交流首先坚持用汉语，其次再用目标地区的主要语言。中国社会科学院在各地区和大学的附属机构也精通中国叙事。他们在对外交流中投射出这些叙事，并以恰当的表述为其添彩。这引起了外国学者的共鸣。在平等的基础上，对话双方双向交流呈现自己的观点，以实际行动践行着"仁"。为了拉近这些智库之间的距离，它们可以就各自管理方法交换信息进行交流。

长期以来，中外研究人员一直在按照上述儒家原则开展合作。例如，在保护环境方面，中国的研究团队借鉴了加拿大的观念，让国家发挥重要作用，因此产生了环境公民权的概念。在习近平主席的指导下，中国由追求"高速"增长转变为追求"高质量"增长，希望实现绿色GDP核算系统的完善。为实现这一目标，环境公民权的概念被广泛研究。环境公民权进一步催生了生态公民权，即超越国家和个人，强调公民社会的作用。未来，我们可以在构建人类命运共同体方面加强合作，将合作拓展到治理领域，特别是学术机构治理。这方面可以从研究智库治理入手。

今年是中华人民共和国成立70周年，善政已成为人们关注的焦点。在过去的70年中，中国探索了独特的发展道路和治理模式。国际社会可以借鉴这一模式将其应用于智库，并与中方分享自己的经验，以制定出自由、公正、经得起时间考验的最佳治理方式。总体而言，中国国家政治的治理模式的底层是民主，中间是摸索实验，顶层是精英管理。1978年邓小平带领中国实施自由市场改革，中国对外开放贸易和投资，结果是令人瞩目的。到2014年中国经历了前所未有的发展，过去几十年中国 GDP 平均增长率几乎保持在 10%，中国成为世界第二大经济体。最根本的是，中国式民主显示出一党制下政策连贯的优势。

中国成了全球增长的引擎。其经济伙伴关系不断扩大，这也赋予了它在全球事务中的政治影响力。中国的发展道路和治理模式为替代西方民主制度提供了方案。与西方民主进程不同，中国的治理模式在选拔领导人方面具有优势。它表明，除了西方民主之外，还可能有另一种制度取得成功。

中国的基层民主和社会主义模式使该国各地区平等发展，这一点值得世界学习。中国中央政府更关注不发达省份，利用发达省份的剩余资料帮助贫困省份发展。这保障并维持了中国体系的成功，实现共同发展，不让任何弱势群体和个人掉队。该做法与儒家的原则相得益彰。儒家强调共情，注重"礼"，即在正确的时间做伦理上正确的事；注重"义"，即敬他人之所敬，注重"仁"，即在平等的基础上让所有中国人互惠互利。

一花独放不是春，万紫千红春满园

这些理念正赢得世界人民的心。中国以其独特的治理和发展模式向世界展示了一条通向繁荣的道路。然而，实现全人类的和平与繁荣，仍然只是一个梦想。如果中国能克服对其内政外交政策的负面宣传，那么这个梦想可能在不久的将来成为现实。国内方面，西方媒体对中国一些地区的人权问题进行负面报道，中国可以在这些地区进行行政改革。这些西方媒体影响广泛，但是它们通常未经审核就发布报道。针对这种情况，国际智库可以很好地提出建议或进行反击，智库也能够很好地传播中国的观点。

此外，国际研究智库还可以为打击一些地区的极端主义献计献策，例如新疆。增强当地社会的信心，可消除对政府机构的负面宣传。

由于地理优势，巴基斯坦智库可以在这方面助中国一臂之力。中国与斯里兰卡合作建设汉班托塔港，外界纷纷质疑，巴基斯坦智库可以为中国发声，缓解外国势力对中国政府"一带一路"倡议的负面宣传。为了避免类似的误解，与中国合作交流的智库可以向世界介绍中国的历史、文化、政治运作和制度体系。通过中国智库的治理和管理方式，我们清楚地看到这些智库与政府机构关系良好而密切；而世界其他地方并非如此，尤其是巴基斯坦。中国智库为世界和中国自己提供了借鉴：实现人类命运共同体，应制定和实施经济政策并在全球治理体系中有效互动。

参考文献

Abi-Habib, Maria., "How China Got Sri Lanka to Cough Up A Port," *The New York Times*, June 25, 2018.

CASS website, accessed on October 10, 2019.

Melo-Escrihuela, Carme., "Promoting Ecological Citizenship: Rights, Duties and Political Agency," *ACME: An International e-Journal for Critical Geographies*, 7 (2), 113 – 134, *ACME Editorial Collective*, 2018.

Miller, James, "China Must Talk to its Religious Leaders to Create a Culture of Ecological Sustainability, *Blog*, September 25, 2009.

Qin Yaqin, "Culture and Global Thought: Chinese International Theory in the Making," *Revista CIDOB d'Afers internacionals*, No. 10, pp. 67 – 89.

Rachman, Gideon, "China, India and the Rise of the 'Civilisation State,'" *Financial Times*, March 4, 2019.

Singh, Swaran, "Hits and Misses of Xi's 'Civilizational Dialogue,'" *Asia Times*, May 15, 2019.

Tang, Frank, "Can China Realise Xi Jinping's Vision for A Green Measure of Sustainable Growth?" *South China Morning Post*, December 23, 2017.

Wee, Teo Cheng, "China Renews 'Green GDP' Initiative," *Environmental Protection* website, April 13, 2015.

Xi Jinping, *The Governance of China*. (Beijing: State Council Information Office, Party Literature Research Office and China International Publishing Group, two volumes), 2014 and 2017.

Xinhua Net, available at, www. news. cn, July 8, 2019.

（冯慧 译）

"构建人类命运共同体"离不开
我们的历史和民族经历

瓦苏德万·斯瓦米纳坦·贡登（Vasudevan Swaminathan Gounden）
南非非洲建设性解决争端研究中心创始人、执行主任

引　言

阿米尔卡·卡布拉尔（Amilcar Cabral）是非洲最重要的革命家之一。在构建人类命运共同体的路上，卡布拉尔的见解值得寻味。在1966年的三洲会议上，他说：

> 在这次三洲会议上，种种经验和例子启示着我们，无论我们所处的情况、面临的敌人多么相似，民族解放和社会革命都是不能完全复制的。虽然地方和国家政策的影响日益增大，外部因素也多少会产生影响；但从根本上讲，民族解放和社会革命是由每个民族的历史现实决定，其成功取决于克服或正确处理社会的各种内部矛盾①。

在论及中华人民共和国与其他国家70年来不断发展的关系时，尤其是与非洲的关系，上述引文如今依然具有借鉴意义。将世界其他地区特别是非洲与中国做比较时，有两种观点非常普遍。一方面，一些人总

---

① Cabral, A, "The Weapon of Theory", 1996, https：//www. marxists. org/subject/africa/cabral/1966/weapon－theory. htm.

是盲目地认为中国的发展历史与非洲和其他非西方地区并无差别；另一方面，一些人则认为中国的发展道路是可以被复制的，尤其是对南非而言。

然而，这样的叙事忽略了两个现实。首先，他们没有认识到，一些特殊的历史时刻和事件推动了中华人民共和国的发展，却阻碍了许多其他发展中国家。第二，这些人没有意识到，任何意识形态和发展计划都必须以特定的社会现状和社会需求为基础，这样社会才能发展。第二种观点呼应了卡布拉尔的看法，同时也与习近平主席的观点相得益彰，在下面一段话中，习近平主席强调了国情的重要：

> 70 年来，在中国共产党的坚强领导下，中国人民勇于探索、不断实践，成功开辟了中国特色社会主义道路，推动中国特色社会主义进入新时代①。

中国与其伙伴携手共创人类命运共同体。在这个过程中，必须将非洲一些国家的特殊情况和客观现实考虑在内，否则将无法取得预期结果。看看人类面临的挑战，这一论点并不是为了鼓吹"非洲例外论"，而意在陈述四个明确的事实。第一，长期以来，支持非洲发展的承诺并没有完全实现。第二，在人类进步和发展方面，大多数非洲国家的社会经济转型速度很慢，远远落后于其他大陆。第三，虽然有了非洲机构②，但要达到与中国相同的地位，成为实力相当的伙伴，非洲至少要用和中国同样多的时间。第四，非洲拥有世界发展所需的大部分资源③；矛盾的是，非洲人民必须付出加倍的努力才能为共同体创造必要条件。

---

① 参见习近平主席在 2019 年 9 月 30 日庆祝中华人民共和国成立 70 周年招待会上的讲话。

② 非洲机构体现了非洲对自身事务的掌控，包括将非洲发展新伙伴（NEPAD）转变为非洲联盟发展机构（AUDA）；当前非盟职能和结构的改革，还有在非洲建立自由贸易区。

③ 其中包括丰富多样的自然资源；农业和农业综合企业的可耕地；与其他老龄化严重的大陆相比，非洲年轻人口众多。

本文认为，在纪念中国发展 70 周年之际，我们要以全新的眼光看待非洲内部、与非洲有关的和非洲以外的发展，使人们了解非洲对于"构建人类命运共同体"的重要性。开放的对话、合作的精神和非洲公平的参与，这些对构建"人类命运共同体"尤为重要。

与非洲"新"国家的交往

我们必须认识到由于历史和地理战略位置不同，不同的国家和人民以不同的方式经历了全球变化和发展。但是非洲国家并非如此。70 年前，大多数非洲国家仍处于殖民统治之下。事实上，当时整个非洲大陆都在为独立而斗争；然而这些国家依然没有获得自由、主权和独立，依旧不能自行决定自己的事务。回顾同一时期的中国，我们便能发现两者的背景和经历是不一样的。

本次会议纪念中华人民共和国成立 70 周年，这 70 年的历程向世界展示了一个独立的、有组织、有秩序的国家是如何取得如今令人钦佩的成就。从 1949 年到 20 世纪 70 年代末，中国制定了明确的战略，来实现两大目标。一是在中国共产党的领导下巩固国家；二是基于国内情况，开始经济改革。而此时，大多数非洲国家仍在为改革殖民时期遗留下来的政治问题焦头烂额。尽管各国内部情况各不相同，但这一期间大多数非洲国家都忙于应对内部纷争、政治夺权还有后来的政变和反政变。如此便意味着在至少 20 年的时间里，当包括中国在内的其他国家忙于发展时，大部分非洲国家仍在被动地应对国内危机。

那个时候，尽管大多数非洲国家十分弱小，却依然通过许多小事巩固了中非之间的情谊。例如，在 26 个新独立非洲国家的支持下，1971 年中华人民共和国恢复联合国安理会常任理事国席位[①]。同样的，中国是非洲独立运动的坚定支持者，并在 20 世纪六七十年代向新独立的非洲国家提供援助。坦赞铁路就是一项引人注目的项目，中国在 1970 年至 1975 年间资助并修建了这条铁路（Brautigam，2010 年），铁路全长

---

① 参见 Africa-China Factsheet：https：//www. saiia. org. za/wp – content/uploads/ 2015/02/China – Africa – Factsheet. pdf。

1860 公里，连接赞比亚和坦桑尼亚。但不可否认的是，自 1949 年以来，最初的几十年里非洲与世界其他地区的关系，包括与中国的伙伴关系并不是平等的。这种情况下，中国向一些为解放而战的非洲部队提供支持①，这是值得赞扬的也必须赞扬。这种支持是中非关系转变的关键要素，且仍将继续影响中非关系的转变。

20 世纪 80 年代：改革时代

20 世纪 80 年代初正值改革时期，此时中国逐渐融入了国际体系的主流。中国加入了一些主要的国际经济组织，如国际货币基金组织和世界银行，并开始就关税和贸易总协定成员资格进行谈判。除了重新接轨国际经济体系，中国也实施改革开放政策②来进一步融入国际社会③。正是这个时候，中国开始逐渐接受一些领域的现行国际规则和规范（Wang & Rosneau，2009）。而对大多数发展中国家而言，特别是非洲国家，他们并不能自主掌握国际经济的参与进程。诸如结构调整之类的国际干预进一步削弱了本就微弱的国家作用，同时也大大加重这些国家的债务负担。这再次表明，在应对社会经济发展的挑战时，与全球机构的互动给一些非洲国家带来了直接的负面影响。

就国际关系而言，中国参与国际体系的过程是可控的、渐进的；然而其他发展中国家只能被迫地接受大多数规定。因此，中国共产党在国家利益的基础上实施改革，这改变了中国对国际秩序的姿态。例如，20世纪 80 年代中国稳步增加与国际体系的互动，尤其是在经济领域。77国集团就曾呼吁建立一个更加公平公正的全球秩序，尽管中国积极接受现有全球体系，但依然支持新的国际经济秩序。

---

① 参见 Alden，C & Alves，C，"History & Identity in the Construction of China's Africa Policy"，2008，*Review of African Political Economy*，No 115：pp. 43 – 58。

② 这种开放政策不同于其他国家。中国人的职业道德和奋斗精神对国家投资和发展十分关键，同时国家对关键的生产和市场流程保持强有力的控制。

③ 参见 2019 年 9 月 30 日，习近平在庆祝中华人民共和国成立 70 周年招待会上的讲话。

冲破新关系的迷雾

20 世纪 90 年代以来，中国释放了种种信号，表示要全面接受国际秩序，其外交政策的重大变化便体现出了这种全新的姿态①。然而，十年或二十年前这种情况是很难想象的，因为这就代表了中国政府对现有国际体系的认同，这是一个重大的转变。此外，这也反映了中国内部的政治共识，全球化下中国必须与世界接轨实现现代化，总体而言，参与全球经济体有利于中国的国家利益。

然而在此期间，大多数非洲国家顺应了民主化进程，采用了多党民主原则和与其相关的自由制度，多党民主在当时被视为国际商定的原则。一些国家是被迫接受这些变化的，因此国内出现了一系列冲突，影响了这些国家自主参与全球秩序的能力。关于如何继续确保在全球政治中的空间和节奏，中国表现出了另一个鲜明特征：大多数发展中国家不得不应对国内挑战，包括领导层更迭；而中华人民共和国保持了民族凝聚力，同时积极地参与到国际体系中。

讨论"人类命运共同体"时，必须考虑大多数非洲国家的现实状况，其中包括：

• 从根源上转变或解决结构性挑战（包括冲突）要花费 20 到 40 年的时间。

• 非洲正在加快速度以达到与中国等国家类似的发展水平，但是第四次工革命的快速发展速度又给非洲带来了挑战。

• 在地方和国家层面，社会冲突出现并蔓延，这削弱了大多数国家的凝聚力和稳定性。

上述挑战威胁着非洲，其中一些对其他大洲也造成了影响，其中的部分原因包括：

• 可持续就业机会的有限。

• 国家内部的不平等现象加剧，绝对贫困加剧，这对全球稳定产生

---

① 例如，中国签署并批准了《联合国人权公约》和《关于气候变化的京都议定书》。中国政府还为加入世界贸易组织做出了代价高昂的承诺。

了影响。

- 未能改变国民经济，数十年后国民经济可能依旧是相同的结构。

当然，对于解决这些问题，非洲也存在很大的潜力，主要包括：

- 到 2030 年，大约 40 个非洲国家将成为石油和天然气生产国。石油和天然气是推动第四次工业革命所需的关键资源。

- 2013 年非洲大陆的消费支出为 6800 亿美元，但 2030 年消费支出将增至 2.2 万亿美元。

- 全球 60% 的未开垦耕地在非洲①；其中 23% 的土地是森林。

- 到 2050 年非洲的年轻人口（18 岁以下）将突破 10 亿。

为构建命运共同体打好基础

根据国际关系的原则，人类命运共同体的理念并非完全为中国独有，这一概念的历史可追溯至中华人民共和国成立之初。1955 年在万隆举行的第一次会议上，中国和非洲人民的共同未来首次被提及②。根据《万隆宣言》，亚洲和非洲国家有望发展平等关系，并携手建设更美好的世界"。当时亚非的联系主要涉及政治领域，在中国的领导下，亚洲国家为非洲许多争取独立的国家提供了支持。

此外，中非合作论坛于 2000 年 10 月成立，巴西、俄罗斯、印度、中国和南非组成金砖五国，这些国家积极参与上述活动，勾勒出了美好共同体的愿景。在此背景下，中国外交政策的五项基本原则③中的两项必须成为建设"共同未来"的核心，即平等互利合作"与"和平共处"。

---

① 目前一些努力值得称赞。中华人民共和国派遣非洲农业方面的专家，这将有助于创造就业和粮食安全。还需要进行非洲农业部门的改革和现代化，确保非洲农产品公平进入其他市场。

② Final Communique of the Asian-African Conference of Bandung, available at：http：//franke. uchicago. edu/Final_ Communique_ Bandung_ 1955. pdf.

③ For more on the PRC's Five Principles, please see, Panda, A， "Reflecting on China's Five Principles, 60 Years Later, Sixty years what are China's five principles worth?"， *The Diplomat*， June 26，2014， available at：https：//thediplomat. com/2014/06/reflecting－on－chinas－five－principles－60－years－later/.

因此，借鉴中国的经验，我们认为以下几点对于创建人类命运共同体至关重要：

巩固国家的核心作用：

● 建设强大和社会凝聚力强的国家：这些国家能够认清国家首要目标，并提出对应的方案和战略来达成这些目标。在这方面，中国和非洲的关系不能回避相互合作对巩固社会凝聚力的重要性。

● 建立国家基础设施，以便政府妥善处理其内部矛盾：中国的社会契约并不能直接被他国复制，但是中国的经验是值得借鉴的。在社会不同部门之间架起桥梁至关重要，这么做可以为创造命运共同体奠定基础。越来越多的国家需要像中国一样，努力实现地方一级的稳定。在这里，可以进一步探讨现有的"中非和平合作伙伴关系"①，将其作为合作基础，以此促进一些非洲国家的稳定。

世界和平共处：

● 全球治理机构具体而彻底的变革：如果全球权力机构保持现状，依然维持二战后的权力平衡，命运共同体的实现则希望渺茫。为实现1955 年万隆会议的呼吁，必须利用中国与其伙伴（特别是非洲国家）间现有的结构性关系。

● 跨代与跨文明的对话：人类命运共同体的构建不能局限于一两种主导文化和意识形态，而应使所有文化相互交流百花齐放。当今人类面临的挑战是各文明故步自封的结果，只有各部门和利益相关者通过深入而持续的对话，这一问题才能得到解决。

互利合作：

● 技能、专长和技术进步的转移：中国等具有必要知识和专长的国家正在努力支持发展中国家取得技术领域的进步。只有加大世界上大多数国家的技术基础设施投资，使其能够参与第四次工业革命，当前的结

---

① See for instance, SAIIA: Opinion & Analysis, FOCAC's Present and its South African Future, available at: https://saiia.org.za/research/focacs - present - and - its - south - african - future/.

构性关系才能促进共同体的构建。

● 缓解全球贫困与不平等：中国与其他国家（尤其是非洲）发展结构性关系时，必须解决贸易逆差，并集中精力建立公平的伙伴关系。

结　语

本文具体介绍了中国与非洲国家关系的进程。尽管中国仍然是非洲最强大的伙伴之一，但双方的伙伴关系依旧需要加强。本文还反映了中非伙伴关系的重要性，它致力于解决非洲面临的一些紧迫问题，将解决这些问题作为建设人类命运共同体的基础。该论文的中心论点是：人类命运共同体的建设必须以平等的经济伙伴关系、平等的政治权力、积极应对贫困和失业等问题为基础。最后，中国给我们做出了表率，要建设强大的具有社会凝聚力的国家，这是关于"人类共同未来"建设性对话的重要基础。

（冯慧 译）

构建人类命运共同体，需使"软技能培养、信任建立"成为新前沿

奥乐·德林（Ole Doering）

德国全球健康研究所副主席

> 《论语·颜渊篇第十二》（12.7）：子贡问政。子曰："足食、足兵、民信之矣。"
>
> 子贡曰："必不得已而去，于斯三者何先？"曰："去兵。"
>
> 子贡曰："必不得已而去、于斯二者何先？"曰："去食。自古皆有死，民无信不立。"

信任的基础

信以立世，无信不立。这则来自中国政治哲学的古老格言，不禁让人联想到永恒而普遍的社会规律。情理是社会事务的基础。政治组织了各种手段，以协调个人和集体对共同财富追求的多样化。对治理合法性的信任，因超越了个人关注，该信任脱离了任何人的迫切需求，从而转变了权威的抽象信用，生成所需的前景和形式，以维持一个体制框架。即便随着时间的推移，这个框架仍能使所有人实质上或非实质上受益。

框架的第一条规定是温饱，满足人类的基本需求；第二条是安全，不受国内外的干扰，正常地在社会系统内运行。两者都取决于这样一种信心：通过投入大量的时间和精力，社会将能够提供比公共或个人企业更大的价值。有组织的分工需要可靠和有效的监管，这样文明才能有效发展。因此，当信心成功建立时，信任能成为人类蓬勃发展的最宝贵

财富。

这种前景有一个条件。它需要一个漏洞百出、强大而富有的国家，能允许人们将期望转化为信心，并激发忠诚的公民意识，从而能够承担上述两条规定。在 21 世纪的全球化背景下，我们认识到世界是一个相互联系的整体，安全已成为人类的一项跨国事务。除了人类内部的犯罪之外，我们不需要任何保护。现实中，"认真学习如何可持续和有尊严地生存"的阶段，实际上包含了有限的空间、资源和选择。视野开阔、机遇无限，这种看法早已过时。唯一适用于人类的模式是可持续的双赢结构。

我们依靠最优秀的人才，从最具独创性和最多样化的产业中，管理人类自身带来的问题，包括气候、生态、安全、健康和公平正义问题。这是古人在反复运用理性分析时没有预见到的情况。因此，三千多年前被视为有效的教化策略，现已成为人类生存的底线。要实施这样一项大胆、可行、周到、慎重、创新和公正的战略，必须凭借施政才能赢得对政府的信任。并且在学习和适应这门开放课程时，需要在最佳实践中取得进步。

与此同时，中国实现了自力更生和独立生存，成了创新活跃、科教兴国的经济强国，承担了越来越多的国际责任。根据上述规定，现在是在国内外增强信心和建立信任的恰当时机。

中国道路

由于过去两个世纪以来，主导着全球事务的其他国家相对衰落，负责任的中国政府起着更为重要的作用。与其说这是国家在政治经济或道德上的实力与表现，不如说是为不断学习做好准备。尤其是当一个真正全球化的世界秩序根据多边全球治理和真正伙伴关系的标准来定义时，如今步履维艰的 20 世纪大国很难在这种秩序中找到新定位。通常，概念、观念和策略都停留在过去。可这不仅是一个机会，更是一个巨大的问题，因为中国文化是以学习为基础并与他人取长补短的文化。对于中国这个国家而言，改革开放的前 30 年在发展方式和体制建设方法上受到外来启发，因此被认为是根据国际标准（但主要是外国标准）发展出实力和抗灾能力。

虽然中国已经设计出许多方法来调整、获取、植入和转化相关的方法和技能，来调动和获取价值，并设法拥有这些以便继续走中国的自强之路，但这些标准本身必须被理解为务实而临时的。它们不一定代表所有文化中的佼佼者，也不一定能使其蓬勃发展，却有助于它们主导时代的利益。例如，20 世纪 60 年代至 80 年代，欧洲进行了相关的批判性辩论，涉及压倒性的单边主义单一文化。该文化定义了科学质量评估、国际监管事务、产权、经济交易、可转换的教育证书和资格认证的管理标准，甚至更多，包括许多经验教训。它们具有短期成功的要素，并在可持续性和公平性方面带来了深层次的问题。由此可见，这些方法标准并不掌握人类命运共同体的秘诀。

这些教训涉及两方面，一是"西方"内部权力斗争的历史，它抑制了正义和价值的发展，二是关于"如何治理合作，实现利益共生"的问题。就这未经探索的问题质量而言，由于它与一些基本含义具有共同点，如：维护社会与非物质的产品和文化，这些价值高于商业定义。

根据国务院 2019 年 9 月发布的《新时代的中国与世界》白皮书，目前的情况可描述为：中国走出一条符合国情的发展道路。尤其"中国发展靠的是自力更生、艰苦奋斗"。因此，中国经济实力大幅提升，人民生活水平、国际地位和影响得到显著改善。所有这些都基于这样的认识，即中国不能靠寻求援助和等待来实现繁荣，只有努力工作是唯一的选择。

尽管仍有许多不足之处，可过去 40 年的每个见证者都将肯定这些非凡的成就。这句话虽是赞扬，但最重要的工作还是得完成，要使未来的成功变得可靠。这一议程要宏大得多，因为归根结底，它不是关于安全和粮食，而是关于信任。"建设繁荣美好世界是各国人民的共同梦想"——这一愿望肩负着重塑宏伟目标的艰巨任务，从测量可量化的物质进步到叙述文化和目的论。这些叙事提供意义而不受挫折，提供道理而不受教化，提供财富而不受不公，提供健康而不受侮辱，提供多样性而避免冲突。它需要协调各种途径，以实现未来一致的多中心同居。发出邀请很容易，但是在没有主人的情况下，以非排他性的方式设立餐桌规矩时，要做到这一点就困难得多。当没有正规的指导时，从实践中学习需要有目的性和开放性发展的方法。但这仅在某些获得信任的（至少是审慎的和暂定的）情况下才可行。

博弈规则

白皮书准确地指出，在大变局中把握历史机遇寻求进步是世界各国和全人类的任务。它需要精心安排步骤，朝着大胆的目标迈进，加强不同文明之间的交流互鉴，建立新型的国际关系，使所有国家都能遵守规则、增进信任和维护福祉。大国是维护世界和平的重要力量，是构建新型国际关系的关键因素。然而，如果没有家长主义的强权和双重标准，个别国家会很难理解，根据相互尊重、公平正义和互利合作的原则，行使这种权力意味着什么。另外，新兴或功能失调的国家、经济体或社群理应能根据其人民的尊严来决定其发展。理性要求，要以负责任的方式给予这种支持，避免被诱惑利用。

这是一个两难的问题：那些可安全管理劳动份额和持续创造价值的软技能国家，例如处于欧洲多样性核心的德国，作为文化工程的母体，在反映和传达其辉煌历史背后的文化研究方法论方面准备不足，因此，其能够轻松激发全球视野，造福所有人。欧洲仍然停留在20世纪的意识形态框架中。它的自负心源自启蒙运动和19世纪末形成的经济和社会改革，并且源自欧洲能在不同的政治体制下，区别于后来的政体，被冠以"民主国家"的标签。德国等国的领导人仍想当然地认为，某种政治制度可以保证优越性。他们往往低估了献身工作的基本要素，即在共同承担全球责任的情况下，通过全心投入工作来改变现实的社会、经济和政治成就。如果文明对话比所谓的"冲突"更为严重，中国就不会觉得有必要重新发明车轮，而是专注于适应21世纪需要的软技能。最不幸的是，自从17世纪徐光启和利玛窦（Matteo Ricci）第一次相识和共事以来，真正相互学习的机会并没有被适时抓住，无法实现各级互利。

19世纪末，在帝国覆灭的创伤和约翰·杜威（John Dewey）等西方学者的影响下，胡适、严复等中国知识分子对西方相对强势的根本原因做出了典型误读，这种因沟通与互动失败的插曲不应再次出现。发展全面的跨文化软技能早就应该开始了，这不仅是为了解决手头的问题，更重要的是，要创造更好的沟通和合作方式，阐明信任的底线。在语言、文化和前景方面，我们不能简单地忽视眼前的障碍和机遇。例如，在翻译规范性政治关键术语时，我们仍然会参考 20 世纪的教育资料和词典。这些翻译和它们的表述并不能说明科学在翻译研究、解释学和语言哲学领域取得的显著进展。"假朋友"或"错误的敌人"会引起巨大的误解和不必要的冲突。许多（即使不是大多数）德国人仍然相信"汉语没有语法"，和"中国人坚持完全不同或不兼容的道德标准"。人们甚至错误地认为，中国受"专制独裁统治"，许多人误将其与斯大林或希特勒政权联系在一起。

虽然常识往往能打破这般刻板和无知的概念，但如果国际研究向我们提供强有力的理论来解释这些缺陷为何是系统性的，以及是否能够通过反思性的和伦理相关的研究收集更多的实证证据，那将有助于探索我们各国人民之间的道德共性和实际差异。

相比之下，在过去 40 年里，人们对这些问题的关注明显不足。在中国，是因为德国的科学和文化在没有了解的情况下很难获得，而在德国，则因为国内的缺陷。值得注意的是，德国甚至连一个教"中国哲学"的大学教授职位都没有，而著名的柏林洪堡大学（Humboldt university of Berlin）不久前又为伊斯兰神学增设了四个教授职位。

随着世界在全球视野下共同成长，我们无法逃脱，既不能进入深奥或优越的梦想，也不能逃离现实的墙。这个新世界应该被接纳、探索和发展，使所有人获得成长受教的机会。正如圣雄甘地（Mahatma Gandhi）曾说过的那样，"世界能满足人类的需要，却满足不了人类的贪婪"，这意味着一种对价值观的反唯物主义态度和对劳动分配的现实主义态度。这是构建人类命运共同体的前沿和新挑战。再次强调，信任是最宝贵的财富。

共同挑战：科学治理的范例

最后，从这个意义上说，为建立新的世界秩序而进行的工作不仅是合理的，而且可以重建信任。此外，既定秩序的保障措施和质量保证措施，显然才刚刚开始显露，其在科学和技术关键领域是如何失败的。四十多年来，"生命伦理学"为反思与生命科学相关的规范性问题提供了叙事空间。作为一种职业，生命伦理学家已经成为全世界科学治理制度框架的一部分，为广泛的利益相关者（国家、企业、社会团体）提供分析和咨询服务。作为一门学科，它开发了一套独立于人文科学（尤其是哲学和历史）、社会科学（人类学）和医学的课程。

尽管包括中国在内的大多数国家和科学团体（即便是有所保留地）对一些生命伦理标准做出了贡献，并遵守了这些标准，但生命伦理学不能声称自己是为了科学和社会的利益而在概念启发和创新方面处于领先地位。在欧洲大陆国家，生命伦理学仍然与不同的学科相互竞争，例如医学伦理学、研究伦理学、技术评估和应用哲学或道德话语。由于生命伦理学最初把历史和文化的重点放到美国相关问题上，其中出现的一些方法、理论和组织问题指出了这个框架和制度的局限性。这些局限性有助于解决生命伦理学所提出的跨学科和跨文化主题的深度、多样性和流动性问题。

最近，在中美接受最高等科学教育的生物物理学家贺建奎博士，为了展示他最前沿的能力，将尚不成熟的基因工程技术（CRISPR基因编辑技术）应用在两个人类胚胎中。贺建奎热心创业，却忽视了全球道德共识、伦理程序和法律。这桩丑闻说明了全球治理迫切需要真正的新答案。丑闻也并非偶然，而是反映了国际科学的组织和管理成因。从结构上讲，自20世纪50年代以来，科学的完整性和自治性逐渐丧失，科学作为经济和其他非认知目的工具残缺不全，这是问题的根源所在。

中国科学家首先公开谴责贺建奎和他的国际伙伴的行为。当我们要从事实中寻找真理时，科学是纠正错误、走向正轨的最大希望。只有理解和克服了"允许这种违规行为在系统范围内发生"（虽然不经常以如此激烈的方式发生）的潜在结构和动机，才能重新获得对科学诚信的信任。例如，本体论、方法论和学科标准都基于还原论的假设，但这些假设不能代表跨学科情境化、整体框架化和致力于生物与健康的科学方法。

关于基本科学质量标准（DORA，Slow Science，WCRI）有效性的争论应该是跨学科的，并且要对生命科学家的课程产生影响。学科和利益相关者已成为国际科学的标准，违背了科学的整体起源，因此我们需要更深入地了解如何打破两者间的壁垒。现在是时候该克服内省型还原主义叙事，并动员统一的科学话语，来解决社会需求和理论一致性了。从历史的角度来看，这意味着要恢复对科学的传统理解。这是一种整合知识和智慧的整体系统方法。这种方法在德国以德语中的"科学"（Wissenschaft）著称，在中国则被称为"格物致知"。这将使未来的科学更加强大和可信。然而，它需要"忘却"那些基于权力而非合理推论、却盛行了几十年的错误概念。

幸存的一切

若要从现有且最佳的学习资源中提出创新的方法，就得重新获得科学的信任和负起科学的责任，并以此作为领导力、诚信和远见的来源，为跨国界的社会提供可持续的价值基础。为此，责任伦理提供了一种探索和论证的方法，且严格限制在人类跨文化理性的范围内。这是一个真正的选择，而不是关于善与恶，孰是孰非的主要道德争议。当我们相信理性和开放的合作时，答案在于更多更好地理解，而不是单方面声称拥有真相。归根结底，最重要的是民信立而已。剩下的就是美好的生活。

（李芷晴 译）

中国、以色列和命运共同体

巴鲁克·比纳（Barukh Binah）

以色列区域外交政策研究所副所长

写到有关中国和以色列的文章时，我愉快的回忆不禁被唤起。大约
28 年前，我站在以色列外长戴维·利维（David Levy）的身边，他将象
征着传统犹太住所的门柱圣卷（mezuzah）贴在了新落成的以色列驻中
国大使馆的门框上。这是一间简陋的临时办公室，但我们都知道不久将
建一间更固定的办公室，用来安置新使馆。我们以色列代表团的所有人
都认识到，这会是一段漫长旅程里的高光时刻。不过，需要说明的是，
尽管当时我担任官方职务，但以下内容完全是我个人的想法和思考，并
不代表以色列的任何正式立场。

开始的关系并不明朗。直到 19 世纪，犹太人和中国之间还没有多
少接触。的确，这两个文明都非常古老，三千多年来在许多领域激励了
人类，但它们没有直接的接触或真正的相互交流。公元 70 年，罗马帝
国摧毁了耶路撒冷第二圣殿和犹太国家后，犹太人散居在世界各地。因
此，它们的足迹遍布阿拉伯和伊斯兰世界、东欧和西欧、美洲和亚洲，
但在中国却几乎找不到。有证据表明，犹太商人在中世纪利用了古代丝
绸之路，但在中国的犹太侨民或自给自足的犹太社区寥寥无几。[1] 最著
名的还是河南省的一个小社区——开封犹太社区。尽管这些侨民在 19
世纪 50 年代几乎全部离开，但他们的记忆仍在继续，他们在 1163 年建

---

① Moshe Yegar, *The Long Journey to Asia*, Haifa, 2004 ［in Hebrew］, p. 18

造的老犹太会堂仍然存在，甚至在以色列特拉维夫大学的"大离散"博物馆中也有所描绘。①

在 19 世纪，来自印度、波斯、伊拉克和欧洲国家的犹太商人开始抵达中国的东海岸。犹太人在中国受到欢迎，1903 年，一位名为尼西姆·埃兹拉（Nissim Ezra）的巴格达迪犹太人建立了"上海犹太复国会"。显然，当地没有爆发反犹太情绪。在哈尔滨和上海发生的少数事件，要么是沙俄帝国挑起的，要么是后来日本人指使的。②

俄国革命后，许多俄国犹太人在哈尔滨避难。他们建立了一个约有25000 人的社区，有学校、医疗机构和各种社区组织。然而，在 1931 年日本占领哈尔滨后，该社区开始缩小，大部分成员都出国了。到 1949年，哈尔滨犹太社区几乎不复存在。③

在二战前的艰苦岁月里，特别是在大屠杀期间，中国为来自德国、奥地利和纳粹德国占领下的欧洲犹太难民提供了庇护所。这些难民约有33000 人，超过了约有 6000 名犹太人的巴格达迪犹太旧社区。④ 事实上，以色列人（和犹太人）都清楚地记得，中国为当时在欧洲和中东遭到追捕和迫害的犹太人提供了一些庇护。

在政治上，20 世纪的前五十年，全球的犹太人都在努力重建他们的民族独立国家，因此他们的主要精力都集中在西方列强上，如英国和后来的美国。但是，1949 年中华人民共和国成立后，新成立的以色列国很快就承认了中国新政府的合法性。1950 年 1 月 9 日，以色列首任外交部长摩西·夏里特（Moshe Sharett）以惯常的外交辞令致电中国外交部长

---

① See picture at：https：//www. google. com/search？q = kaifeng + synagogue + beit&rlz = 1C1GGRV_ enIL751IL751&sxsrf = ACYBGNTAGH9hBOf05MzT0pdZ0x HiK7rdZw：1570623062475&source = lnms&tbm = isch&sa = X&ved = 0ahUKEwjo2Nvtko_ lAhVLZ1AKHcjcAr4Q_ AUIEigB&biw = 1366&bih = 584#imgrc = JeTTJW40qGoxnM.

② Yegar, ibid. , pp 17 – 19

③ Aron Shai, *China and Israel. Equivocal Ties*：*Jews*，*Chinese*，*Jerusalem*，*Beijing*，Tel Aviv，2016［in Hebrew］，pp. 24 – 28.

④ Shai，ibid. pp 28 – 36.

周恩来，表示以色列承认新中国的合法性。周恩来礼貌地回答①，以色列是继缅甸、锡兰（今斯里兰卡）、巴基斯坦、英国和挪威之后第六个承认新中国的国家。②

然而，尽管两国欣然承认对方，但在未来许多年里，两国并没有建立正式的外交关系。以色列开国总理大卫·本·古里安（David Ben Gurion）在晚年回顾其早期外交政策时强调，"中国人民是维护世界和平的重要力量"③，两国曾多次尝试建立至少良好的经济关系。然而，在政治层面上，两国关系依然僵硬和冷淡。回首过去，两国似乎都无法跨越（中国）与阿拉伯世界或（以色列）与西方和美国的距离或承诺。因此，尽管有良好的初始开端，相互关系却不断恶化。直到 20 世纪 80 年代中期，以色列和中国才开始了缓慢而谨慎的"探戈之旅"。以色列的新方针是基于其对中国在国际政治和经济领域的重要性和作用的理解。另外，在后美苏对抗时期，中国开始意识到以色列是一个新兴创新和科技发达的小型经济体，与以色列建立更紧密的联系能带来好处，且这一举措有助于取得成果。尤其是考虑到伊拉克入侵科威特后，区域和平进程刚萌芽并在进行中，而伊拉克入侵科威特的行动以失败告终。

鉴于 1984 年的中英协定，即在 1997 年以前把英国进行殖民统治的香港归还中国，以色列在香港设立了总领事馆，以期在香港回归中国后促进与北京的相互联系。以色列驻香港领事馆成为推动中以关系发展的重要因素。它发起了高等教育机构之间的学术交流、倡导相互参加科学会议、建立各公司之间的贸易联系，还将许多以色列新技术引进中国。

这种合作氛围带来了包括国防在内的许多领域的交流。后来，以色列建造猎鹰系统，中以关系因此发生危机，这种氛围甚至促使以色列放弃了该系统。但是，那次失望也许推动了二十年的重大而充满活力的经

---

① E. Zev Sufott, *A China Diary*, London, 1979, p. vii.

② "Peking and Jerusalem" [in Hebrew] in Davar, 2/11/1979.

③ Moshe Gilboa, "David Ben Gurion and His Attitude towards the Third World and China", *International Issues*: *Society & State*, vol. 47 (1986) [in Hebrew], p. 82.

济和技术合作。今天，在"创新全面伙伴关系"的框架下，以色列和中国享有完善的政府间（government to government，简称 G2G）机制体系，各种协议和安排得以蓬勃发展。以色列被誉为"创新的国度"，（同新加坡、新西兰、爱尔兰、芬兰、丹麦和瑞士一样）是出色的小型先进经济体。例如，丹麦两年多前在以色列特拉维夫开设了第一家创新中心。事实上，以色列的技术现在可以应用到生活的各个领域和许多国家，包括中国。2019 年 3 月，中国国家主席习近平与以色列总理内塔尼亚胡（Benjamin Netanyahu）会晤后表达了这一认识。《中国日报》引述他的话说："以色列是世界著名的创新型国家，同时，中国也在推动创新驱动发展，因此创新已成为我们两国共同关注的焦点。这也是我们合作的重点。"①

以色列的高科技创新，如磁盘上的密钥、先进的手机或英特尔芯片，随处可见。只要举几个例子或提到与中国的合作，人们就能联想到农业，因为中国要实现五个"以色列式农场"的愿景，这离不开以色列的集约化农业方法。创建这些农场的目的是共同开发能确保食品安全的方法。以色列公司，如耐特菲姆（Netafim）向中国引进了滴灌系统，可以节约大量用水。作为一个邻近萨赫勒地区的国家，以色列敏锐地认识到干旱世界的缺水问题，并开发出海水淡化技术和系统，目前已提供该国约 80% 的用水量。

在医学上，以色列采用了诸如激光手术或肠道"药丸相机"等技术，使医生无须进行结肠镜检查就能给患者诊病。这项突破性技术现已在全球范围内得到应用。以色列的医生和急救人员有许多机会改进他们的方法，并愿意在国外分享他们的专业知识。因此，以色列公司目前向上海瑞金医院提供紧急设备和物资。

---

① An Baijie, "Xi: Innovation is Common Focus", *China Daily*, March 22, 2017, http://chinadaily.com.cn/china/2017 - 03/22/content_ 28633164. htm. Quoted by Haggai Shagrir, "Israel - China Relations - A Comprehensive Partnership in Innovation" [in Hebrew] memo №185 of *Israel National Security Studies*, Tel Aviv December 2018. See at: https://www.inss.org.il/he/wp - content/uploads/sites/2/2018/12/memo185_ China. pdf.

在文化方面，以色列人对丰富的中国历史和文化很感兴趣。这从他们对特拉维夫大学孔子学院的欢迎中便可见一斑。另外，世界著名的以色列爱乐乐团和巴斯·谢巴芭蕾舞团（The Bath-Sheba Ballet Ensemble）都曾在中国演出。中国出版社出版了许多以色列作家的译著，如大卫·格罗斯曼（David Grossman）、埃特加·凯雷特（Etgar Keret）、梅厄·沙莱夫（Meir Shalev），以及最重要的阿摩司·奥兹（Amos Oz）。他有 23 本小说被译成中文在中国出版。中国甚至将 2012 年称为"阿莫斯·奥兹年"。①

总的来说，大多数以色列人对中国持积极的态度。② 以色列是对中国态度最好的五个国家之一。③ 增进对彼此的了解意味着更多的民间（People - to - People，简称 P2P）来往或旅游。实际上，目前从特拉维夫附近的本·古里安机场到中国各地的航班每周约有 30 班，主要由中国航空公司运营。每年有超过 10 万以色列人来中国旅游，并且我们预计到 2019 年底将有 20 万中国游客访问以色列。

在高等教育方面，以色列和中国走过了漫长的道路。以色列科学基金会（ISF）和国家自然科学基金委员会（NNSF）共同推出了一个价值数千万美元的项目，并且已经资助了 130 多个基础科学联合研究项目。中国和以色列还建立了一个由两国七所顶尖大学组成的论坛，并设立了一个联合项目，向学生提供数百份奖学金。以色列的大学与中国多所大学建立了相互关系。最值得注意的是，世界十大顶尖理工类大学之一的海法以色列理工学院与汕头大学合作，创办了广东以色列理工学院。

在双边关系里的中国方面，中国游客对 2010 年上海世博会以色列馆的浓厚好奇心证明了中国人对以色列的兴趣，比如它的文化和它所能

① Yaniv Magal, "Looking at China: the Israeli Book Industry Attempts to Reach the Chinese Market" [in Hebrew] in *Globes*, *Israel Economic Daily*, 20 October 2014, at https://www.globes.co.il/news/article.aspx? did = 1000979264.

② https://www.pewresearch.org/global/2018/10/01/international - publics - divided - on - china/.

③ https://chinapower.csis.org/global - views/.

提供的机会。在为期 6 个月的展览期间，超过 300 万游客参观了以色列馆。①

中国现在将以色列视为 21 世纪海上丝绸之路的一员，因此，许多中国公司正积极参与以色列的先进项目。令人惊叹的卡梅尔山隧道位于海法市下方，可缩短前往以色列北部的旅行时间。该隧道由中国和以色列公司合作建造，耶路撒冷轻轨列车的延伸部分和特拉维夫红线轻轨列车也由双方公司共同建造。此外，目前约有 6000 名中国建筑工人在以色列各地帮助建设急需的住房项目。

2014 年，中国发起并运营了"亚洲基础设施投资银行"，以色列作为创始成员国加入。1992 年，两国之间的双边贸易额不到 5000 万美元，但到 2006 年，双边贸易额达到 45 亿美元②，而在 2018 年，双边贸易额达到逾 150 亿美元的峰值，以色列的出口主要集中在电子产品和农业技术上。近年来，中国已成为以色列的第二大贸易伙伴，两国目前都在探讨签订自由贸易协定的可行性，希望能在 2020 年顺利结束谈判。

这种经济增长也体现在外交上。过去，以色列在中国和英国殖民地只设有一个总领事馆，而现在，以色列在中国五个主要城市都设有代表处。以色列驻北京大使馆是以色列最大的大使馆之一。除此之外，以色列在上海、成都、广州和香港皆设有总领事馆。实际上，仅美国才会有更多的以色列外交使团。

随着中国成为世界大国，以色列遵循了中国构建命运共同体的崇高理念和中东治理的前提条件③，同习近平主席提出的"一带一路"倡议。"命运共同体"倡议的第一个原则，"己所不欲，勿施于人"，听起

---

① Yaffa Ben-Ari（editor），Israel Pavilion World EXPO 2010 Shanghai China，printed in China，2014.

② Israel's Central Bureau of Statistics，quoted in Yoram Evron，"A Retrospective view of Chinese-Israeli Relations：Obstacles，Successes and Potential Directions"，in Iyunim *Bitekumat Israel*（*Studies of the Israeli Revival*）［in Hebrew］，vol. 18（2008），pp. 237 – 264.

③ https：//www. tandfonline. com/doi/pdf/10. 1080/25765949. 2017. 12023314？needAccess = true.

来像是犹太教最重要的一条法令。我们的贤哲告诉我们，长者希勒尔（Hillel the Elder）是公元前 1 世纪最重要的律法思想家和阐释者。曾经有一个外邦人接近并要求希勒尔"立即"教他整个律法。对此，长者希勒尔简单地回答道："你所恨恶的，不要向邻舍行。这就是整个律法，剩下的只是注释，现在去学习吧"。① 因此，"命运共同体"倡议对以色列和以色列人来说既不奇怪也不陌生。

相信这项大胆倡议所包括的每一个项目都将根据国际公认的规范和标准进行，这似乎是一个非常好的想法，可以建设性地建设基础设施并促进稳定。与中国一样，以色列支持全球和区域稳定。以色列本着这种精神，并基于中国和以色列之间的友谊与合作，欢迎在中东采取平衡的做法。2016 年 1 月 21 日，中国国家主席习近平在开罗阿拉伯联盟总部的讲话中②，有许多立场受到以色列的欢迎，包括"中国坚定支持中东和平进程"和"支持建立新的中东问题促和机制"。与习近平主席一样，以色列也深知中东是一块"富饶的土地"，应该从"对话与发展"和政治解决中受益。

恢复对中东的治理，需要的不仅仅是解决巴勒斯坦问题。正如习近平主席在上述讲话中提到的，"叙利亚现状不可持续"，叙利亚、约旦、黎巴嫩、利比亚和也门的人民都需要得到帮助。③ 所有这些冲突都是本土的，与巴勒斯坦问题和以色列无关。如果中东各处的局部冲突有一个共同点，那便是恐怖主义。无论是由哈马斯、伊斯兰圣战组织、"伊斯兰国"和"基地"组织来实施，还是由伊朗来煽动德黑兰在新月沃土称霸的野心，恐怖主义都是地区动荡的主要根源。任何推动中东治理、构建全球命运共同体的愿望，都应着眼于反恐问题。我们应当牢记，在促进经济、发展和民间与政府间的和平政治接触时，必须坚决反对恐怖主义。

（李芷晴 译）

---

① Shabbat 31a：6，https：//www. sefaria. org. il/sheets/222？embed＝1.

② https：//www. chinadaily. com. cn/world/2016xivisitmiddleeast/2016 － 01/22/content＿ 23191229. htm.

③ President Xi Jinping，ibid

构建人类命运共同体

阿里安·斯塔罗瓦（Arian Starova）

阿尔巴尼亚国际研究所董事会成员

首先，我想和大家分享我的感激之情。我曾多次来访中国，上一次就在两年前，因此感谢此次活动的中国组织者，是他们让我有机会再次回到这里。以我的亲身经历而言，在大约二十年的时间里，我访问了中国数次，这似乎是中国快速发展的强有力证据。

我尤其感到荣幸的是，我有机会就中国奇迹般的发展发表一些愚见。我认为这是一个鼓舞人心的机会，能够促使我们思考和反思中国的经验，并从中吸取正确的教训。

中国的伟大成就属于中国人民

作为一名大学的社会科学教授，我认为没有必要过于关注中国发展的重大事实，因为这些事实的广泛普及很容易导致人们视其为理所当然。可以说，在短短 70 年时间里，中国保持经济较快发展，对减少贫困和提高人民生活水平产生重大影响，已成功转变为世界第二大经济超级大国。

世界银行中国局局长伯特·霍夫曼（Bert Hoffman）明智地提出了有关中国的思考，他说："越来越多的国家将中国视为榜样，希望效仿能使一代人从贫穷走向富裕的发展模式。"此外，世界银行的数据指出，这是"历史上持续增速最快的主要经济体，让超过 8 亿人摆脱了贫困"。

今年 9 月 27 日，在中国成立 70 周年之际，在题为《新时代的中国与世界》的白皮书中，人们可以看到"中国用几十年时间走完发达国家几百年走过的发展历程"的确是明显的事实。

这样，中国仍将是我们这个时代，特别是近几十年来一个伟大的成功故事。

最重要的是，中国发展的总体思路已经明确地表明，中国的发展始终着眼于低收入人群的福祉。

从经济和人文两方面来看，跳出对中国发展同其自然缺陷的各种看法，中国人生活水平的提高似乎是显而易见的。

德国研究人员阿格尼·布拉兹特（Agne Blazyte）在 2019 年表示，"中国的教育体系是世界上最大的国民教育体系。《中华人民共和国义务教育法》规定了九年义务教育。初中毕业后，学生可以在普通高中教育与中等职业教育之间进行选择。高中生还必须在社会科学和自然科学方向之间做出选择。"

中国国家行政当局对当代教育的浓厚兴趣，早在中国历史上就有了。社会研究者要查到这一点并不难。结合这些简单的教育数据与 55% 的互联网普及率、移动的交通设施、社交网络等，人们可以想象，这对人类的总体发展是一个多么大的推动。

从长远来看，中国特色的全面发展一直以人民的生活水平为目标，由人民重振旗鼓并身体力行。

中国作为未来的全球性超级大国，旨在构建人类命运共同体

像中国这样的大国取得成功后，必将会在世界事务中发挥更大的作用。这不仅是因为全球化进程，还因为大国经济和政策制定的各种需求的扩大。

在中国共产党第十九次全国代表大会（简称党的十九大）上，习近平主席宣布，"中国日益走近世界舞台中央"，到 2035 年底（译者注：原文如此，应为"到本世纪中叶"），"成为综合国力和国际影响力领先的国家"。

中国这一战略目标可能有许多方面需要具体阐述，但我只想强调，中国作为全球大国，在世界事务中占有主要核心地位。

简而言之，中国这一战略目标是邀请世界各国采取一种由"人类命运共同体"推动的国际新行动。尽管实现起来困难重重，但这的确是一个伟大的目标。对中国来说，开放、包容、合作、共赢是应对当今世界挑战的必由之路。构建人类命运共同体，为国际社会提供了新的选择。

然而，即使是国际联盟（今联合国的前身）背后的伟大构想，也被证明是难以付诸实施的。因此，最终至关重要的是，像中国这样的世界大国需要为人类的后代推广伟大的思想。

上述的（去年 9 月）白皮书提到，"中国的发展离不开世界，世界的和平发展、繁荣稳定离不开中国"。

中国正是在这一伟大理念的指引下，始终向世界敞开合作的大门，并为各国的经济发展提供重要的有利条件，例如以投资、经验、知识、技术、专家等方式提供贸易便利和资金等。中国也一直在提供经济管理改革方面的专业知识，并向非洲等其他发展中国家提供支持。

中国充分认识到环境污染和气候变化是全球经济发展的严重副作用，且在处理环境污染和减少全球气候的经济影响方面取得了进展。这一政策是中国特别重视人类命运共同体的又一层面。

陈德亮是瑞典哥德堡大学物理气象学教授和联合国政府间气候变化专门委员会（IPCC）的主要协调作者。一个（包括陈德亮的）国际研究团队最近在《科学进展》杂志上发表了一项研究。在这项最新研究中，陈教授说："我们的研究表明，过去十年，中国环保意识的提高和对环境的投资都取得了成效。"

我想说的是，中国提出的构建"人类命运共同体"倡议，最终将成为各国携手应对全球性挑战、实现全球可持续发展的重要贡献。

2013 年，中国提出了"一带一路"倡议，这是中国构建人类命运共同体的一个非常具体的例子。然而，这一倡议比现在看起来甚至重要得多，因为中国提出了一项有雄心的计划，即打算在 2049 年前建成一个跨越 152 个国家、由公路、铁路和海上航线组成的庞大网络，目前已获得超 9000 亿美元的投资预算。

中国奇迹般的成功源于人民自由意志的扩张

谈到中国最近的巨大发展和现代化时，人们不得不去思考和仔细阅读各种信息，并试图就这种惊人现象的原因得出结论。

几年前，在另一个类似的案例中，我在谈到中国发展的因素时，也只提到了中国的智慧领导和才华横溢的人民。

当我们看到习近平主席在（2017年10月）党的十九大上提出"倡导创新文化，强化知识产权创造、保护、运用。培养造就一大批具有国际水平的战略科技人才、科技领军人才、青年科技人才和高水平创新团队"时，领导层的决定性作用自然是显而易见的。

但是，今天，我想与大家分享一些中国发展的具体因素。在我的国家阿尔巴尼亚，我们或多或少会有一句老话，"掌握知识比拥有财富更重要"。基于这一点，我将列出中国近年来蓬勃发展的几项要素。

第一，我认为，中国几百年的治国经验是推动近期发展的一个关键因素，更具体地说，中国历代向来重视来自全国普通家庭的年轻人才，这项延续至今的传统是推动发展的要素。

第二，中国人民的思想道德主要是基于儒教与中国共产党的领导这两者间的兼容性。这两种不同类型的领导力融合在一起，意味每个人都可以通过结合智力和道德高尚，在自己的一生中成为有价值的人，从而产生所有社会和所有时代都迫切需要的人类智慧。

第三，严格落实依法治国，尤其是在反腐败法的实施方面，因为反腐败法的执行几乎是所有治理的永恒问题。

第四，实施对外开放政策，广纳贤才。

第五，热衷改善公民的生活质量，使人民生活水平不断得到提高。

第六，自由的逐步扩大，说明了在不同的国家和条件下，自由能以各种方式运作。

第七，通过特殊的法律手段，扩大人民在中国境内的活动自由。

第八，继续推行鼓励政府与非政府机构交流的政策。

第九，在社会各方面不断进行改革。

所有这些因素可能会激起讨论甚至辩论，但关于中国惊人发展的争论早已开始，这只是在原有的基础上增添几个罢了。

一些作者认为，中国的经验证明"威权政治制度不仅是合法的，而且也能够超越西方民主"〔马利德（Richard McGregor），《华尔街日报》〕。

我想提出不同的意见。据我所知，从近几十年来中国的发展中，可以得出一个非常重要的教训："社会的发展总是建立在自由的基础上，但它的运作方式在很大程度上取决于各国国情"。

一个强大的中国，对国际安全负有更多责任

在我们这个时代，国际安全有着非常宝贵的价值。威胁、风险和相关冲突在世界范围内不断扩大。不可预测性也成为国际安全的一大特征。作为一个全球大国，中国可以在这一领域提供很多服务，而且中国正在不断推进军事现代化，致力于成为能够在未来战争中成功作战的大国。到本世纪中叶，中国军队有望成为世界上最好的军队之一。而且，中国军事实力的增强，必将使中国在国际安全事务中发挥更大作用。

与此同时，中国通过更多地参与联合国维和行动，或最近与北约成员国德国在北约领土上开展医疗培训合作，来提升其国际影响力。这些事实证明，中国愿意为和平与国际安全开展国际合作。或许现在是时候把这种美好意愿转变为对国际安全承担更多责任了。

在这种情况下，北约作为一个非常成功的国际安全政治和军事联盟，已经认识到中国的军事实力，正在更仔细地考虑与其合作。2019 年 7 月，柏林墨卡托中国研究所（MERICS）分析师勒加达（Helena Legarda）和伦敦国际战略研究所（IISS）研究员温玫雅（Meia Nouwens）公开表达了他们对这种国际安全合作的看法。

我相信，为了我们共同的未来，这种合作可能很快就会开始。

面对中国前进的挑战

中国领导人非常重视，并决心要在未来几年保持和延续当前的成就。然而，发展越大，挑战就越大。

许多专家提到各种挑战，例如环境污染、人口老龄化、气候变化的影响、持续的腐败、社会两极分化、经济增长放缓、失业、外部因素如金融危机和军事冲突，都会对中国市场、国内人民的利益矛盾、知识产权法出台的必要性、依赖国外能源和原材料等方面造成影响。

我不想做任何预测，但我认为，可以肯定的是，中国成功的核心在于人民自由意志的扩张，那么，在今后几年中采取同样的方式将是该国在未来取得成功的可靠保证。

我相信，在中华人民共和国成立一百周年之际，中国将成为一个全面参与国际事务的世界大国，并成为促进人类文明和平、安全与繁荣的主要国家。

谢谢大家！

（李芷晴 译）

构建人类命运共同体：是否有蓝图？

普拉门·伊拉瑞诺夫·潘特夫（Plamen Ilarionov Pantev）
保加利亚安全与国际问题研究所主任

引　言

70 年前，保加利亚与中华人民共和国建立了外交关系。作为一个小国，我们感到自豪的是，我们是第一批承认这个新大国的国家之一，并在此期间和中国保持了长期和建设性的关系。尽管社会政治制度各有不同，但我们两国的双边关系正处于巅峰状态。中华人民共和国是保加利亚及其所属的欧洲联盟（简称欧盟）的重要伙伴。我个人非常感谢这次高级别研讨会的组织者，使我首次来访就了解到中国谚语的智慧。我想，这就是"百闻不如一见"。

中国证明了直接复制其他国家的经验和发展模式可能无济于事，这对所有人来说都是一个教训。从 20 世纪 70 年代末至今，中国在治国方略上的经验教训是：大处着眼、全面思考、实事求是、对外开放、坚持改革方向、调整改革战略是走向成功的正确方法。能够从过去的经验和智慧中汲取精华，真诚希望分享人类成就，这是中国的一项成就，值得包括我们国家在内的、当今和未来的政治家学习。

人类世界是什么？人类主要依赖什么？

人类是一个涵盖各个国家和民族的单一而全面的系统。每个国家和民族的发展都依赖于自身的努力，但是系统效应则依赖与其他国家的关系和交流。当今国际关系体系的状况如何？

第一，我们生活的世界应该是个单一的经济空间。尽管有人努力将个别国家的缺陷归咎于全球化，但无论这些国家有多么强大，这一点是显而易见的。不幸的是，我们离世界变成单一的经济空间还很远，现在无法保障每个人都拥有体面和正常的生活。

第二，世界始终是个单一的生态空间。人们对这一简单事实的迟钝认识，给人类造成了最危险的局面，即当前的气候变化和不足以应对气候变化的人类活动。

第三，我们的世界早已是个单一的信息空间。与早期的历史和技术时期相比，现有的无可比拟的巨大机会为人类建立了一个真正的社区。与此同时，电磁场和网络空间成了利己主义国家消费的特殊地缘政治领域。想要从中获取最大利益的诱惑，使人们忽视了安全威胁和危险。

第四，由于人类在经济、技术和社会方面的进步，世界已成为单一的人道主义空间。不同的国家为了保障每个人的全部人权，会优先考虑某些人，而暂时牺牲另一些人。尽管它们有着不同的看法和做法，但毫无疑问，与历史早期相比，如今的世界更具人道主义精神。对个人尊严和自由的追求与对各个民族社会和国家的责任相平衡，是当今世界的一个重要特征。

第五，一个世纪以来，世界是个单一的军事战略空间。从更和平与未来的角度看，防御能力也可以理解为人类不断发展的毁灭能力，包括自我毁灭的能力。然而，要活在这个清醒的现实中，就需要避免做出剥夺我们未来的错误决定。

当今世界的这五个特点构成了一个建设性的先决条件，使人类逐渐成为一个单一的星球文明。人类理应且能够假装将其创造力与和平能力扩展到地球以外。这就是我对构建人类命运共同体的想法。这是一个值得我们子孙后代学习的未来。

然而，如果没有当今全球性大国的充分领导，这个未来是不可能实现的。当前的全球性大国，一个是超级大国，另一个是有可能在未来二三十年内成为超级大国的国家。实现这一目标取决于以下全球行为体：美国、中国、欧盟、俄罗斯，可能还有印度、日本、印度尼西亚和巴西。全球四大主要行为体各有特定的规模与方向，并区别于其他行为体。这四大平行力量努力应对人类生存、人类的前进演化和未来全球文明形成的持续需求。这些政治态度的方向充满着国家关注、威胁认知和纯粹利益。而全球责任和国家义务之间的冲突，则迷惑了为人类未来而行动的意志。

是的，当前的国际关系体系面临许多挑战，但起草、设计一个世界主要大国都能接受的总体规划和路线图，为构建人类命运共同体提供指导，将成为当今的"超级挑战"。在很长一段时间内，围绕"美国世纪"来建立我们的世界观是正常的，但据我看来，"太平洋世纪"的概念也不足以应对国际体系的复杂性。构建人类命运共同体的空间构想框架应该更广泛，并涵盖全球。如果我们不得不承认，目前大国关系正处于不断变化中，那么同样地，我们需要迫切认识到，这些关系应该加以修补。

大国关系是否存在双赢的可能性？

没有世界大国的决策和行动，国际关系体系就不可能发生重大变化。冷战后的世界从单极时代发展到了现在具有多层次的大国多极化格局。在经济领域，我们看到了三个明确的权力极点：美国、欧盟和中国。军事核领域的权力两极仍是冷战时期的老对手：美国和俄罗斯。在常规武器领域，美国仍占据领导地位，但俄罗斯、中国和欧盟雄心勃勃的军事计划为这方面的竞争增添了新色彩。

这种状况与动荡和不可预测的国际关系体系不谋而合。修复这种局面的责任主要在于大国，因为大国朝着全球和多极力量均势平衡的新方向发展，使冲突与合作达到令人满意的平衡，尤其是在"全球公域"问题上的平衡。全球挑战和实际威胁严重到足以让各国在国际体系崩溃之前放下抱负。只是为了应对：

- 核武器和所有其他大规模杀伤性武器的扩散；
- 一些中小国家的权力真空；
- 恐怖主义，有组织犯罪和腐败；
- 气候变化及其严重影响，包括对北极、南极、海洋岛屿和各大洲沿海地区产生的地缘政治影响；

- 外层空间和如何通过合理参与外层空间活动来保障人类未来；
- 全球性流行病。

在大国关系的复杂格局中，实现双赢的局面必然要求将所有问题都转化为相互合作的动力因素。只有当美国、中国、欧盟和俄罗斯意识到它们有相同的问题需要解决，而且该解决方案对这些国家和组织，以及另外200多个国家都是有利可图的，这才有可能。那么，制定解决方案时，哪些障碍是最重要的？

首先，就全球四大主要行为体的实力而言，它们的地位并不平等。然而，就全球和平与稳定的效力而言，它们相互作用的合作效果要比各自取得的胜利更显著。这意味着，"它们中的每一个都应被视为新的全球力量平衡中的关键角色"，这种力量平衡有时被委婉地称为"新世界秩序"。如果这些主要大国能够达到这种心态，那么，或许就有可能通过起草国际法律规则，减轻地缘政治威胁的观念和野心。以规则为基础的国际秩序为和平与繁荣提供了更好的机遇。

这种做法在政治和内涵上都非常复杂。然而，这不仅是世界大国的责任，也是所有其他参与国际关系的国家的责任。为什么？因为积极解决上述问题将有利于各国的利益。也因为历史告诉我们，有时候大国的双赢结果是以牺牲弱小国家的利益甚至生存为代价的。这些国家也需要积极地实现自己的利益。另一个论点是，全球挑战和威胁需要所有国家的参与，因为即使是最强大的国家也无法独自应付这些挑战和威胁。

第二，美国现任政府和俄罗斯联邦实行削弱欧盟平等地位的政策。有论点称，欧盟不是联邦机构，由于有27～28个国家需要参与决策过程，欧盟无法迅速做出决策。虽然欧盟缺少单一武装力量和实行全面包容的外交政策，但这个共同体经历了数千年紧张关系的考验，其间发生过许多战争，包括两次主要集中在欧洲领土上的世界大战，它的实际能力往往是被低估了。欧盟不仅仅是一个主要的经济力量，而且融合了不同的国家社会，达到了一个新的层次，并持续了60多年的试验。欧盟还发展了一种新的政治文化、社会联系和涉及5亿人口和机构的个人关系，主要提高了各国政府的执政能力。欧盟的共同外交和安全政策与27～28个国家的外交和安全政策的相乘作用应该得到认真对待。最重要的是，欧盟和许多争夺欧盟成员国资格的国家，不允许华盛顿和莫斯科的任何现任或未来领导人剥夺欧盟人民摒弃战争的权利。而这一做法最有效的工具，就是欧洲大陆国家的政治工具——"扩大和深化欧洲一体化"。

尽管缺少能够发挥作用的联邦结构，但欧洲人争取和平的意愿是不可匹敌的。任何测试欧盟弹性的努力，正如我们所看到的，俄罗斯干预欧盟多个国家的选举，或美国刺激类似英国脱欧的行为，都注定要失败。目前的趋势是，欧盟越来越成为一个单一的、有效运作的，并为其价值观感到自豪的实体。

第三，缺少世界大国之间的充分信任，以双赢的方式共同解决问题是不可能的。互不信任的一个根源在于，四大世界权力中心有着不同的意识形态背景、目的和动机。客观现实是，每一个权力中心都希望从逻辑上把各自国家、经济和社会的成功与其选择的意识形态联系起来。概念上的辩论是生活的现实，正如在任何辩论中，这些权力中心应该承认，到目前为止，它们中的每一个都有其有效的论据和迄今采取的立场。为了开展对话，推动构建人类命运共同体，必须十分真诚地尊重其他伙伴的切身利益。同时需要这四个权力中心的代表接受更高层次的移情思维教育，同时摒弃零和战略思维。

在本世纪初，当世界权力中心真诚一致联合打击恐怖主义时，核能大国俄罗斯在 2008 年北京奥运会期间，对邻国格鲁吉亚动用了军事力量；并且在 2014 年对邻国乌克兰"动用军事力量"时，"吞并"了克里米亚半岛，并"控制"了乌克兰东部的大片领土。

数十年艰辛工作的成果，包括欧洲冷战时期的成就，促使 1975 年《赫尔辛基最后文件》的出台。它庄严地规定，除非通过和平谈判，否则现有边界不可更改。但这些成果都被莫斯科方面推翻了。苏联解体后，基辅自愿放弃了其军事核能地位；1994 年 12 月，俄罗斯在《布达佩斯安全保障备忘录》中承诺保障乌克兰领土完整，但在这之后，俄罗斯"入侵"了乌克兰。

这里的麻烦之处在于，一个权力中心决定不再像其他三个中心那样集中发展经济，而是专注于建立非生产性的和不刺激全球经济增长的军事化国家和社会，因此它很容易对其他国家造成侵略。除了对这类政策施加政治和社会压力外，在复杂的权力关系中，自我约束将是修复信任的关键。没有这种条件，双赢的行为和双赢的最终结果几乎是不可能的。

因此本文的结论是，世界需要主要权力中心相互合作，并共同实施全球经济项目，造福人类。如果没有"一带一路"这样规模的项目，没有南北极和外层空间在气候治理上的合作，没有粉碎全球恐怖主义和有组织犯罪活动，没有消除核武器和所有其他大规模杀伤性武器，没有安抚冲突领域和地区，那么人类命运共同体这样的星球文明也无法诞生。

结论：像保加利亚这样的小国应该扮演什么样的角色？

人类命运共同体，必然包括世界上超过70%的（就国家实力而言的）小国为此做出的努力。四大权力中心的愿景、领导力、责任和榜样，并不是为了寻求更有利的地缘政治、地缘经济和最终的地缘战略与军事地位，而使国际关系体系中的关系两极分化或联盟化。随着第一次世界大战、第二次世界大战和冷战的爆发，我们已经看到，全球人类文明逐步形成是客观趋势。这种做法将不利于该趋势的发展，因为这种文明是能够以构建人类命运共同体为理念运作的。

我的国家保加利亚，在这项人类和社会事业进程中又处于什么地位？

冷战结束后，保加利亚在东南欧发挥了主导作用，使克里米亚半岛从北大西洋公约组织（简称北约）和华沙条约组织之间的潜在战区转变为区域安全共同体。它的特点不是克服相互冲突的利益，而是以和平的方式处理这些利益。摆脱巴尔干半岛的战争并非易事，尤其是在南斯拉夫联盟毁灭性解体的情况下，但现在不争的事实是，在欧盟的支持下，东南欧已成为一个正常的和不受战争影响的欧洲地区。保加利亚是欧盟和北约的成员国，与美国建立了战略关系，分享有关保护环境、尊重国际法、民主、人权、防止核扩散、加入联合国支持的全球反恐联盟，打击恐怖主义等价值观，以上情况构成了我国过去25年不变的外交政策和安全战略。

对于保加利亚这个位于黑海西岸的国家来说，该地区在 2008 年和 2014 年之后的事态发展令人不安。俄罗斯对格鲁吉亚和乌克兰的"侵略"以最消极的方式标志着后苏联时期的到来。一个拥有核武器和庞大军力的大国，是不应该欺负弱小国家的。

中东欧九国，即所谓的布加勒斯特九国——波罗的海三国、维谢格拉德集团四国、罗马尼亚和保加利亚，都认为俄罗斯旨在通过暴力手段将该地区纳入其传统势力范围。

虽然保加利亚的外交政策是推动西巴尔干国家入盟进程，但阻止东部侵略的步伐并未停止，包括在北约的支持下，保持同盟与俄罗斯之间合作关系的渠道畅通。保加利亚认为，东西和南北战略走廊交汇于黑海 – 里海地区，双方都有着巨大的合作与繁荣机会。

任何一个小国都有能力为构建人类命运共同体做出贡献。这四个权力中心应该起到带头作用。

（李芷晴 译）

构建人类命运共同体：
非洲经济研究联合会的贡献

恩朱古纳·恩东古（Njuguna Ndung'u）

肯尼亚内罗毕非洲经济研究联合会（AERC）执行董事

引　言

2015 年 9 月 28 日，中国国家主席习近平在联合国日内瓦办事处举行的第 70 届联合国大会上发表讲话，提出并呼吁"构建人类命运共同体"后，该理念日益为人们所接受。"构建人类命运共同体"的理念继续受到国际社会的欢迎，并已列入联合国安全理事会决议、联合国人权理事会决议、《上海合作组织成员国元首理事会青岛宣言》和《中非合作论坛——北京行动计划（2019～2021 年）》等文件中。毫无疑问，"构建人类命运共同体"对维护世界和平稳定、促进各国经济发展大有裨益。福田康夫（Fukuda Yasuo）表示，"建立一个没有纷争、所有国家都获得发展、所有人都幸福生活的世界，是人类的共同理想"。

毋庸置疑的是，世界上大多数人都享有人类历史上前所未有的稳定和财富。然而，一些国家仍在遭受经济一体化的不利影响，包括诸如和平赤字、发展赤字与治理赤字等重大负面影响。此外，地区紧张局势和地方武装冲突仍然是发展面临的主要挑战。世界经济复苏缓慢乏力，贫富差距进一步拉大。非传统安全威胁层出不穷，传统安全威胁尚未得到有效遏制。

"人类命运共同体"的愿景确实体现了人类对共同利益和普世价值的不懈追求。它代表着一个持久和平、普遍安全、共同繁荣、开放包容、清洁美丽的世界。在这样的世界里，要推动经济和社会领域的国际合作齐头并进，统筹应对传统和非传统安全。只有包容和可持续的发展才是有意义的发展，共享未来必须建立在合作共赢、共同繁荣的基础上。命运共同体意味着一个开放包容的世界，其中文明交流更加频繁，不同文明平等对话、互学互鉴、多元一体。每一种文化都对整个人类做出了贡献。此外，命运共同体代表了一个绿色、清洁和美丽的世界。构建一个可持续的生态系统对人类的未来至关重要。国际社会的所有成员都在共同努力建设一个良好的全球生态环境。

简而言之，人类命运共同体反映了人类对和平、发展、合作与进步的共同愿望。由于非洲经济研究联合会（AERC）致力于建设非洲面向政策的经济研究能力，其抱负、使命和规划设计也反映了这一愿望。下一节将讲述非洲经济研究联合会的使命，并说明其使命与构建人类命运共同体的契合之处。

非洲经济研究联合会

非洲经济研究联合会（African Economic Research Consortium，AERC）成立于 1988 年，现已发展成为非洲最重要的能力建设网络。AERC 的重点是建设个人和机构的能力，并开展与政策相关的经济学研究和培训，为非洲大陆制定明智的政策。撒哈拉以南非洲的持续发展需要训练有素的本地专业经济学家，这是该联合会的使命和战略意图的基础。AERC 是由决策者、研究人员、教育工作者、国际专家、大学和国家智库组成的庞大网络，在能力建设、政策研究和培训方面进行合作。该联合会能力建设的主要手段是专题研究框架和三个研究生培养计划〔经济学硕士合作项目（CMAP）、农业与应用经济学硕士合作项目（CMAAE）、经济学博士合作项目（CPP）〕。

AREC 的愿景是基于良好的经济管理和知识社会，在撒哈拉以南非洲实现可持续发展。而实现这一愿景的任务是建设个人和机构的能力，并在严格和证据的指导下，开展政策性的经济研究，为非洲做出明智的决策。AERC 在研究和能力建设活动中的影响可概括为：在经济管理中更多地使用循证决策、增加知识储备和建立一个知识水平更高的社会。

这是通过研究能力建设中的专题研究和研究生培养、合作研究的高质量政策研究成果和政策推广实现的。正如其愿景和使命所拥护的，AERC的核心理念是，该地区的发展需要具备两个前提：一是可持续而又良好的经济管理；二是活跃的、博学的本土经济学家组织起来，以重大政策问题的研究成果支撑这样的管理。这种理念表明，我们高度重视能力建设，并将其视作非洲发展的基础，从而与人类命运共同体联系起来。

为了进一步实现其愿景和使命，AERC在过去的30年里发展成为一个复杂的、综合性的知识组织，致力于（1）为非洲政策行动者和其他人提供有关非洲发展的知识；（2）通过政策研究和培训，建立产生这种知识的能力；（3）加强非洲决策者制定和执行稳健经济政策的能力；（4）接触决策参与者，并促进决策者之间的对话和相互学习。在过去的30年里，AERC在撒哈拉以南非洲（SSA）进行经济政策研究与分析方面的能力建设。该能力建设取得了重大进展，为非洲的政策制定带来了严谨性和证据。在互动交流和政策推广计划的支持下，通过其研究和培养计划的协同合作和网络框架，AERC指导了来自35个国家的3400多名非洲经济学家，并完成了许多直接或间接影响非洲政策制定的合作研究项目，还培养了硕士研究生3200余人和博士研究生270余人。此外，AERC还通过定期召开高级政策研讨会，建立了由非洲高层决策者组成的高级政策网络。[1] AERC的研究和培训人员目前在各政策机构担任重要职务，包括最高级别的政策制定（例如，非洲中央银行行长）。[2] 尽管付出了这些努力，但当地大量合格的个人和机构尚未达到AERC所需维持的水平。

正如我们后面指出的，通过研究、研究生合作培养、政策推广与其

---

[1] 高级政策研讨会聚集了来自撒哈拉以南非洲（SSA）各国的财政和计划部长、中央银行行长、政府部门负责人和其他高级政府官员。高级政策研讨会提供了一个平台，使（1）AERC的合作研究成果服务于非洲高层决策和其他利益攸关方；（2）高层决策者向AERC反馈非洲（和其他）研究人员关注的当代政策问题；（3）促进决策者之间的对话和相互学习。

[2] 大部分AERC的研究和培训人员在政府和/或国际组织担任中高层决策者，在私营部门担任高级人员，或在公立大学任职。

庞大的网络，AERC 具有多样性和整体性，使它能够为构建人类命运共同体做出贡献。因此，AERC 以其独特的定位、经验和对非洲政策环境的深刻认识，在一定程度上促进了撒哈拉以南非洲的变革，从而推动了人类命运共同体的形成。

AERC 能力建设和知识生成模式

AERC 在研究和培训计划中进行知识生成。知识生成的主要渠道有：专题研究、合作研究和博士合作培养。专题研究与合作研究相辅相成。首先，研究人员本应进行专题研究方面的能力建设，并最终竞争参与合作研究项目。第二，大部分专题顾问以研究人员身份参与合作研究项目。图 1 展示了 AERC 的能力建设框架。

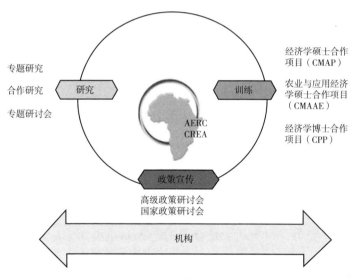

图 1　AERC 能力建设框架

专题研究

AERC 的专题研究计划随着时间的推移而发展，已成为非洲早期职业研究人员在政策性经济研究中进行能力建设的重点，这也是 AERC 开始的方式。它涉及与非洲决策有关的重要经济研究问题的概念化、构架化、设计和分析。尽管主题研究是能力建设的主要手段，但该过程竞争激烈。专题研究计划在能力建设方面使用了独特的框架，把以下内容都结合了起来，如：研究人员从实践中学习，同行进行审查，通过一年两次的研究年会进行指导和建立"社群"网络，通过学科前沿培训班与访问学者计划提高技能。一年两次的研究年会是 AERC 研究能力建设中最重要的活动。这是 AERC 研究能力建设模式的一项创新而持久的特征，它最大程度地将非洲经济学家和政策制定者，同来自非洲和世界各地的专家聚集在一起，并每年举办两次。[1] 一年两度的年会将 AERC 研究人员与他们的同行和专家联系起来，并接受建设性的意见和指导。

合作研究（CR）

AERC 创建了一个框架来进行专题研究。通过该框架，来自世界各地的资深非洲研究人员、专家和其他思想领袖就非洲目前关注的重大政策问题进行合作，例如非洲资本外逃、经济增长和脆弱性、减少贫困、气候变化等，这些单靠个人的努力是做不到的。通过汇集世界各地的顶级专家，这种合作研究模式使 AERC 为决策和其他利益攸关方提供高质量和政策性的研究，从而为明智决策创建"证据基础"。[2] 此外，合作研究的成果通常会在国际顶级期刊上发表和/或由牛津大学出版社或剑桥大学出版社等知名出版商成册出版，从而使研究产生更大的影响。

博士合作培养计划（CPP）

AERC 的研究框架推动了经济学硕士与博士合作培养计划的高度发展，从而使精选的非洲大学构成"社群"网络，合作进行了联合课程开发与联合标准执行，并通过共享设施联合提供选修课程。由于研究人员会将其部分论文发表到国际知名期刊上，博士合作项目也是一项研究能力建设计划。此外，非洲各公立大学的经济学系组成了一个"社群"网

---

[1] 非洲经济研究联合会年会，每年举办两次，每次约有 200 名参与者，其中包括约 120 名处于不同研究阶段的专题研究员与合作培养博士。

[2] 事实上，AERC 的一些合作研究成果已直接应用于非洲大陆的政策中，例如：非洲资金外逃项目，机构和服务提供项目，撒哈拉以南非洲地区（SSA）的贫困、收入分配和劳动力市场问题项目。

络，通过该合作培养计划，AERC 对网络中的设施和教员提供支持，以此参与了机构能力建设。

AERC 对人类命运共同体的贡献

前面的几节介绍了 AERC 的愿景、使命和计划活动，本节会简要概述 AERC 在非洲的能力建设和知识生成模式是如何为构建人类命运共同体做出贡献的。第一，基于良好的经济管理和知识社会，AERC 在撒哈拉以南非洲实现可持续发展的愿景和使命，与构建人类命运共同体的理念相一致。毫无疑问，在许多方面，不少非洲国家正努力赶上世界其他国家，而各个方面的能力建设对它们来说至关重要。AERC 致力于政策性经济研究和经济学研究生培养的能力建设。通过提供技术人才来管理撒哈拉以南非洲国家的经济，这已取得成效。实际上，有好些 AERC 培训的研究人员在非洲国家的重要政府部门和机构担任要职。身在其职，当谋其责，他们能够清晰表达 AERC 的愿景和使命，并为构建人类命运共同体做出贡献。

第二，通过这些研究计划，AERC 参与了政策性经济研究，还培养了青年研究人员的能力，以便使他们参与有关影响非洲经济的各种问题的研究。尽管在过去的二十年中，非洲的经济表现令人瞩目，但长期存在和新出现的挑战正威胁着非洲数十年的发展成果。这些挑战包括包容性增长、持续贫困、气候变化、粮食安全、自然资源管理等问题。通过专题研究、合作研究和培养计划，AERC 已成功解决其中大部分问题。在很大程度上，非洲的经济增长可以归因于非洲大陆经济政策分析能力的提高、更好的政策和"循证驱动"的新一代决策者。这是 AERC 对此做出的贡献。通过这一努力，非洲社会和决策者才能一直明智地根据客观研究做出正确的决定。确实，过去二十年来，非洲的经济环境有了很大的改善，其经济表现令人瞩目。同样值得注意的是，在国际金融危机期间，非洲的经济增长表现出了显著的弹性。非洲大陆的总体经济表现继续改善，预计 2020 年将达到 4.1% 的增长率[①]，低于中国和印度，但

---

① 见《2019 年非洲经济展望报告》（African Economic Outlook 2019）。

高于其他新兴和发展中经济体的整体水平。要实现持续的包容性增长和促进就业，挑战仍然存在。过去60年来，非洲一直在各个方面进行一体化。经济统一将是解决非洲发展困境的一部分。AERC是撒哈拉以南非洲的研究人员和机构网络，与其他国际组织和个体经济学家有联系。该网络汇集了撒哈拉以南非洲讲法语和英语的国家和机构。因此，该网络打破了语言、边界和大陆的障碍，在解决非洲大陆面临的共同问题上团结一致，形成统一战线。通过建立和强化这一网络，AERC为构建人类命运共同体做出了贡献。这包括平等的伙伴关系、相互磋商和相互理解；共同构建公平的安全格局，寻求开放、创新、包容、互利的发展前景；促进文明和谐交流；尊重自然和追求可持续发展——是构建人类命运共同体的必由之路。

前进之路

AERC将继续努力，建设非洲经济政策研究的能力，并在经济学研究生的培养方面开展合作，为共同构建人类命运共同体做出贡献。随着时间的流逝，虽然更多地使用循证决策对非洲起了良好的作用，但也导致对训练有素的经济学家的需求增加，且供不应求。AERC非常感谢迄今为止一直并将继续支持其实现长期愿景的合作伙伴。我们欢迎中国和亚洲的新伙伴，支持AERC为构建人类命运共同体所做的努力和贡献。

（李芷晴 译）

佛教角度下的人类命运共同体

卡皮拉·阿巴亚万萨·兰杜努·帕蒂兰内赫莱奇
（Kapila Abhayawansa Randunu Pathirannehelage）
泰国国际佛教大学副校长

中国提出的"人类命运共同体"理念，无疑是基于人类的共同愿望。这意味着通过人类的和谐共处，在全人类的共同基础上实现和平与幸福。无论种族、宗教和性别，人类的共同目标都是获得幸福和避免痛苦。正如 2500 年前佛教所指出的，渴望幸福和止息痛苦是人类的内在愿望①。由此可见，"人类命运共同体"构想与佛教中人类的本怀相一致，也符合佛教所宣扬的"众生皆乐"口号②。

虽然获得幸福和避免痛苦是所有人类个体的目标，但令人惊讶的是，大多数个体通过暴力手段来获取幸福，把自己的幸福建立在他人的痛苦之上。世界上大多数社会或国家都是如此。这是我们在个人、社会或国家之间经历不同类型的斗争、战斗、杀戮、屠杀和战争的主要原因。佛教教义以相对主义为基础，永远不会只接受个人布施而不考虑社会需求。它始终强调社会和个人的福祉。社会和个人必须共同努力，确保繁荣和进步。

一个人对自己和他人行动的结果具有双重作用，佛陀在《相应部》

---

① *sukhakāmā hi manussā – dukkha paṭikkū lā*"［Human beings seek pleasure and adverse pain］，Majjhima nikāya. PTS. Vol I.，p. 341；see also Saṃyutta nikāya，PTS. Vol IV，p. 127 ff.

② *Sabbe sattā bhavantu suhkhitattā*. Karaniya metta sutta，Suttanipāta.

的"念处相应"中指出："保护自己，就是保护他人；保护他人，就是保护自己"①。

文·尼亚纳波尼卡（Ven. Nyanaponika）对这两个相辅相成的句子进行了评论，并很好地解释了一个人的行为如何使行动者和他人都受益："现在，我们来更好地理解一下，文本中这两个互补的句子是如何协调的。自我保护是必不可少的基础。但是只有不与他人的保护相抵触，真正的自我保护才有可能；因为以牺牲他人为代价寻求自我保护的人，不仅会玷污自己，也会危及自己。另外，保护他人不得与四项原则相冲突，即耐心、非暴力、仁爱和同情；也不能像极权主义那样，干涉他人的自由精神发展。因此，在佛教的自我保护观念中，一切自私都被排除在外，且在保护他人时，暴力和干涉是没有立足之地的"②。

值得一提的是，中国已经正确理解了佛教所倡导的相互保护的价值。2012 年 11 月召开的中国共产党第十八次全国代表大会报告对这一问题做了很好的阐述。报告提出，"合作共赢，就是要倡导人类命运共同体意识，在追求本国利益时兼顾他国合理关切，在谋求本国发展中促进各国共同发展，建立更加平等均衡的新型全球发展伙伴关系，同舟共济，权责共担，增进人类共同利益"③。

毫无疑问，中国构建人类命运共同体的努力是基于佛教倡导的利他主义理想。当我们审视当今世界时，显然会发现，许多国家正在努力克服其社会和政治问题，因为这些问题会导致其人民不安与不幸。没有其他强国的援助，他们就无法开启发展活动。在这种情况下，中国提出"人类命运共同体"方案，且完全是为了实现人类和平和谐与幸福共存，这是值得称赞的。南达拉尔·蒂瓦里（Nandalal Tiwari）指出，这是

① Saṃyutta nikāya (S.), op. cit., Vol. V, p. 160.

② Nyanaponika Thera, Ven. "Protection Through Satipaṭṭhāna" (Kandy, Sri Lanka：Buddhist Publication Society, 1994). *Access to Insight* (*Legacy Edition*), 2 November 2013, http：//www. accesstoinsight. org/lb/authors/nyanaponika/bl034. html （Accessed 25 April 2015).

③ Hu Jintao, *Hu Jintao Wenxuan* (*Selected Works of Hu Jiangtao*), Volume. 3, Beijing：People's Publishing House, 2016, p. 651.

1982 年宪法公布施行后，首次对宪法中关于外交政策方面的内容进行充实完善。这标志着中国外交政策方向的明显转变，表明中国作为参与国际事务的大国，在坚持和平共处的同时，将致力于人类的全面发展①。

"命运共同体"的概念无疑是在向全球社会昭示，所有成员都能在和平共处的基础上幸福地生存，这正是佛教所追求的。通过有效贯彻实施中国提出的"命运共同体"，佛教提倡的慈爱（mettā）社会得以实现。只希望仁慈不会影响人们的生活。我们应该有一套系统的方案，将这一愿景付诸行动，从而在平等的基础上给全人类带来幸福。在这方面，中国当之无愧地被誉为第一个以"人类命运共同体"意识为基础，主动提出构建有意义和有效制度，并为全球和平、幸福与繁荣铺平道路的国家。经济、政治、文化、意识形态等方面的全球化为全球化社会提供了一个很好的机会，使人类能够向更高的层次转变。如果这一转变是由权威以正确的眼光和基于人类的真实本性来管理和引导，这将标志着人类的内心和身体能达到平衡发展状态。当我们批判性地审视当今世界盛行的全球化文化、意识形态、经济政策、时尚和政治观点时，有人怀疑，全球社会是不是全球化进程中一些心怀不轨的人或机构组织的产物。

通过促进世界不同地区的事件、决定和活动，当前全球化运动的形式将社会相互联系了起来。在一定程度上，这是对全世界人民需要或渴望的东西（商品和服务）的扩展。在此过程中，没有人试图让全球人民做出有益（attha-saṁhita）或有害的（anattha-saṁhita）选择。当我们思考，是什么因为全球化而几乎无缝地在世界各地流动时，十分明显的是，无论是有益的还是有害的，都能确保去任何地方都不受限制。因此，正如麦克格鲁（Anthony McGrew）所指出的，我们可以在全球社会中找到"从学术到性的几乎所有人类活动领域"的社会关系②。

显然，全球化进程源自西方自由社会，在我们看来，西方自由主义

---

① Nandalal Tiwari，"Community Of Shared Future For Mankind"，*The Rising Nepal*，http：//therisingnepal. org. np/news/22680（Accessed 03 – 10 – 2019）.

② Anthony McGrew，"A global society?"，in *Modernity and its Futures：Understanding Modern Societies*，Book Ⅳ（Stuart Hall，David Held and Tony McGrew，Eds.，Cambridge，U. K：Polity Press，1992，pp. 65 – 66.

社会更强调感官享受。西方自由主义原则，如自由公正的选举、公民权利、新闻自由、宗教自由、自由贸易和私有财产等，似乎都建立在道德原则之上。但应当指出，自由主义的一些原则，例如新闻自由和自由贸易，在全球化中日益明显，并没有太多的限制，正在给全球社会带来灾难性的后果。全球化是否由东西方世界的人或机构控制并不重要。更重要的是，应充分认识到，全球化的发展要最大程度地保障全人类的身心健康。然而，很明显，目前的全球化几乎没有这种意识流动。联合国教科文组织前任总干事费德里科·马约尔（Federico Mayer）先生四十年前曾预言，当前局势所涉及的危险如下："当今的科学知识和技术发展得太快，以至于无法融入我们的日常生活……如果最终没有采取预防措施，甚至会有巨大的风险，即出现一个'美丽新世界'，在那里，沉默的大多数将被那些拥有和控制知识、信息和通信的人所掌控。"①

中国试图通过提出人类命运共同体意识，建立一个以和平共处为原则的全球社会，这不能解释为中国企图控制世界上沉默的大多数。中国外交部长王毅明确地指出了中国未来外交的方向，他的讲话就是一个有力的证明。其发言如下：

> 中国共产党始终把为人类作出新的更大贡献作为自己的使命……这既是我们党同其他国家政党的重要区别，也是我们党树立起的国际形象……建设新型国际关系、构建人类命运共同体，中国有必要身体力行，做出表率，坚定不移地走出一条与传统大国不同的强国之路。这不仅是中国作为社会主义大国应当为人类社会发展承担的历史职责，也是中国共产党人为人类政治文明进步应当推进的历史使命。②

---

① *The Ethics of Life*, edited by Denis Noble, Jean-Didier Vincent; with contributions by György Ádaám … [et al.] Paris: UNESCO Publishing, 1997, p. 8（See the preface）.

② Charlotte Gao, China Power, "A Community of Shared Future': One Short Phrase for UN, One Big Victory for China?" https://thediplomat.com/2017/11/a-community-of-shared-future-one-short-phrase-for-un-one-big-victory-for-china/（Accessed 04-10-2019）.

夏洛特·高（Charlotte Gao）在评论这一言论时指出：“王毅实际上说的是，中国共产党的目的是为世界树立榜样，证明即使其独特模式与西方传统大国不同，中国也可以领导人类。”①

任何具有利他精神的活动都建立在正确的愿景，即佛教术语“正见”（sammā diṭṭhi）之上。人类命运共同体是人类和平、幸福、安康的正确愿景。因此，人类命运共同体无非就是正思维（sammā sankappa）。正思维的实践在于正思出离欲（nekkhamma-sankappa），正思无怨，于众生生起慈心（avyāpāda-sankappa），正思无害，于众生生起悲心（avihimsā-sankappa）。中国新采取的外交政策并非旨在扩张领土以控制其他国家。因此，不可能有贪欲。中国提出人类命运共同体理念，就是要在多样性中实现统一，在共同基础上实现和平、和谐、繁荣。因此，它有慈心。当我们了解人类命运共同体的三个维度时，这种慈心观是相当明显的。王义桅解释道：“理解‘人类命运共同体’，有三大维度：一是历史维度，继承和超越持久和平、普遍安全的共同传统；二是现实维度，开创共同繁荣、开放包容的国际体系；三是未来维度，构建清洁可持续的世界，并在人工智能革命和全球公域中寻求全球动态共识。”②

“无害行”也是命运共同体概念的一个相关特征。暴力涉及战事，而战争必然来自人心的嗔恨。中国的发展战略和中国与世界各国领导人的对话证明，中国没有为扩张领土而卷入战争的想法。亚太网英文版报道：“中华人民共和国成立 70 年来，从不穷兵黩武，从未主动对外发动战争，也从未占领外国一寸领土。历史已经证明并将继续证明，中国崛

① Charlotte Gao, China Power, “A Community of Shared Future'：One Short Phrase for UN, One Big Victory for China？” https：//thediplomat. com/2017/11/a－community－of－shared－future－one－short－phrase－for－un－one－big－victory－for－china/（Accessed 04－10－2019）.

② Prof. WANG Yiwei, “Where China's Belt and Road Initiative（BRI）Meets Indo－Pacific”, https：//www. car. chula. ac. th/upload/［CV］－Prof.－WANG－Yiwei. pdf（Accessed. 05－10－2019）.

起不会走大国称霸的道路。"①

佛教通过其社会戒律和经济政策，寻求一个和谐、和平与繁荣的全球社会。在那里，没有任何不公正现象导致的社会苦难。在达到八正道、通向涅槃的过程中，有几大要素直接诉诸社会方面，以此创造出一个理想的大同社会，即正见（sammā diṭṭhi）、正思维（sammā sankappa）、正语（sammā vācā）、正业（sammā kammanta）、正命（sammā ājīva）。如果佛教所列举的人类理想品质，如布施、施舍、同事、慈、悲、喜、舍，符合相应的战略计划，能在全球范围内的人类之间实施，那么人类命运共同体的梦想必将成真。佛教通过传说中的治世圣王（转轮圣王）提出大同世界②，与中国通过人类命运共同体提出全球社会并无区别。当我们审视中国为实现"人类命运共同体"梦想而提出的方案时，人们很快就能体验到佛教所追求的理想社会。

人类命运共同体另一个非常重要的含义是："要相互尊重、平等协商，坚决摒弃冷战思维和强权政治。走对话而不对抗、结伴而不结盟的国与国交往新路。"③ 这让我们联想起佛陀教导仙族王的不退转法（aparihānïya dhammā）④。团结合作很重要，因为它总能解决国家之间的共性问题，而不会发生争议。友好的讨论、对话、相互尊重和理解，必然会避免有害和危险的后果。

更有可能的是，习近平在庆祝中国共产党成立 95 周年大会上的讲话，为命运共同体理念在实践中的运用提供了意识形态背景和启示："中国坚持国家不分大小、强弱、贫富一律平等，尊重各国人民自主选择发展道路的权利，维护国际公平正义，反对把自己的意志强加于人，

---

① Asia-Pacific, ed. Li Xia, "Commentary：Building a Community with Shared Future for Mankind Key to Maintaining Peace", prosperity. http：//www. xinhuanet. com/ english/2019 – 06/02/c_ 138111345. htm（Accessed 5 – 10 – 2019）.

② See Cakkavatti-sïhanāda sutta in Dïghanikāya.

③ Xinhua, "China Keywords：Community with Sehared Future for Mankind", http：// www. xinhuanet. com/english/2018 – 01/24/c_ 136921370. htm（Accessed 06 – 10 – 2019）.

④ See Mahā parinibbāna sutta：Dighanikāya.

反对干涉别国内政，反对以强凌弱。"① 中国的这种美德信念与佛教"四摄法"（cattāro sangaha vatthu）中的"同事摄"（samānattatā）具有同等地位。平等的美德通过"同事"表达，"要求众生平等。要做到不偏不倚，就必须超越个人对性别、种族、肤色、宗教或国家的狭隘看法"②。这避免了以强凌弱，并期盼一切皆平等。在这种情况下，没有必要把自己的意志强加于人。

佛教的社会戒律致力于建立一个全球社会，使所有成员在平等的基础上享有社会权利和特权，能和谐快乐地生活在一起。当从佛教的角度考虑人类命运共同体的概念时，它无疑蕴含了佛教的一切社会戒律。尽管这些条例以最佳形式存在，但如果没有将它们应用于现实的方法，它们将永远只是概念而已。构建一个持久和平、共同繁荣的和谐世界，无疑是一项浩大的工程，因为它覆盖了全人类。幸运的是，中国已经认识到这一事实，并提出了能实现每个人梦想的有效方案。为了这项伟大的慈善事业，世界上所有的国家，无论大小，都有责任和义务，以个人和集体的方式，向中国提供最充分的支持。

（李芷晴 译）

---

① Xi Jinping, "Speech at the Congress of Celebrating the 95th Anniversary of the Founding of the Communist Party of China".

② Prof. G. A. Somarathne. "The Buddhist Concept of Hospitality: A Value That 'Connects' People", *IBC Journal of Buddhist studies* (IBCBS), Vol. 1. 2019, p. 218.

新的科学范式是构建
人类命运共同体的关键

瓦连京娜·邦达连科（Valentina Bondarenko）

俄罗斯科学院经济学院首席研究员

"我们不能因现实复杂而放弃梦想，
不能因理想遥远而放弃追求。"

——习近平

无论是在俄罗斯，还是在世界各国，研究解决"雪崩式增长"问题的需求变得愈加迫切。尤其重要的是，当前社会经济形势持续恶化，各国经济增速普遍下降，贫富差距日益扩大，世界各地紧张局势加剧，恐怖主义、网络犯罪、气候变化等安全威胁与日俱增。此外，世界经济、社会和政治形势的不断恶化，意味着我们长期掌握并应用的科学知识达不到预期的效果，也无法解决任何现存的问题。因此，长期以来，我们都迫切需要开发和应用一种新的科学范式。这是俄罗斯、中国和整个世界加速有效解决百年难题、制定统一发展战略的必要基础。

而这项任务的解决，无疑是一场"及时雨"。早在 20 世纪上半叶，阿诺德·汤因比（Arnold Toynbee）就提出了从有限的学科研究转向跨学科研究的必要性，在 1975 年，托马斯·库恩（Thomas Kuhn）出版了他的书，书中证实了科学范式必然会发生"范式变革"，或"科学革命"。在他看来，新的科学范式不应被视为一种当前的理论，而应被视作一个整体的世界观。在这个世界观中，新范式与其指导得出的研究结果并存。

让我们以俄罗斯为例，进一步阐明上述讨论。

在俄罗斯学术界，人人都熟知俄罗斯科学院世界经济和国际关系研究所（IMEMO RAS）学者、经济学教授兼博士弗拉基米尔·潘廷（Vladimir Pantin）的著作。2019 年 4 月，他发表了一篇题为《俄罗斯应该为战争做好准备》的文章，他在文中写道，未来几年极有可能（约 90%）发生一场局部战争，在这场战争中，俄罗斯将被迫捍卫其国家利益和独立生存的权利。康德拉季耶夫（N. D. Kondratiev）是一位伟大的学者，他在 20 世纪初提出了经济长周期理论。潘廷借用该理论，证实了自己的推论。潘廷将康德拉季耶夫的研究外推到俄罗斯和世界的现状，并辅以对时事和当前趋势的实证分析，得出俄罗斯需要为战争做好准备的结论。

潘廷在他的文章中证实了这一中心思想，他写道："基于对康德拉季耶夫周期的分析……，和基于实证研究……"，也就是说，经济现实中的科学知识危机、对人类系统的发展规律缺乏客观认识，导致全球陷入了"僵局"，或更确切地说，使人类走上了灾难性的发展道路。目前，在代表"第三范式"的经济学理论里，没有一个理论能够有效规避经济科学危机和人类系统发展危机。

另一个例子是：如今在《俄联邦战略规划法》下，俄罗斯正在拟订至少 23200 项不同层次的战略，以期实现这些目标。实际上，这类战略的数量远远大于引用的数字，因为该类战略是在 12 个国家项目内制定的，还要加上在子项目内制定的，等等。

每一种战略都有其项目评估的目标、指标和标准。2019 年 5 月 8 日，在俄罗斯联邦总统主持的会议上，与会者提到了另外 15 项指标，表明国家项目尚未完成。同时，实践证明，在国家规划"路线图"所列出的措施中，只有 25% 对实现国家目标有直接影响，而其余的措施都是从以前的国家项目中借鉴的，并没有取得任何"突破"。

另一个例子出现在世界实践中。按照设想，联合国 2015 年通过的 17 个可持续发展目标构成了未来世界的图景，但它们也有 169 项具体目标和 338 项全球指标，要再乘以区域和国家级指数，并且实现这些的目标的期限是 2030 年。

因此，有理由断言，上述俄罗斯批准的战略和联合国通过的可持续发展目标都不会实现，因为实现这些目标与系统、整体和全面的发展观背道而驰。

世界上最强大的 10 个国家和所有其他国家都采取了不同形式和内容的多种发展战略。也就是说，我们看到现有的经济理论和科学知识，在很大程度上没有揭示危机、风险等各种负面现象的客观原因，也没有向全球提供统一的发展战略和实现战略的有效机制。

到目前为止，经济知识的基础是，对过去经验数据进行收集和处理，并对数据实现与数据延伸做出主观判断，因此，对未来有较大的认可度和不确定性。这导致人们对世界的真实面貌有错误的认识。而且，没有人能明确具体地勾勒出俄罗斯和全世界未来的轮廓。

所有这一切意味着，探索新的科学范式是当今时代最及时、最紧迫的课题，汤因比和库恩在上个世纪也如是说。在托马斯·库恩的上述著作中，范式理论和科学革命理论表现得最为突出。根据这一理论，即使"第四范式"是自组织理论和协同理论，这一范式也没有提供有关描述经济现实的研究方法。

因此，现在比以往任何时候都更需要证实一种新的科学范式，这将有助于解决所有这些问题。

在这一点上，我们应该注意到，在 20 世纪 60 年代末，意大利经济学家奥莱里欧·佩切依（Aurelio Peccei）发起建立了一个国际非政府组织——罗马俱乐部。该俱乐部提出了全球性问题研究计划，任务是向社会提供能够可靠分析"人类困境"的研究方法。到目前为止，罗马俱乐部的成员还没有研究出这种方法。自 1968 年以来，罗马俱乐部总共发表了 40 多份报告。

题为《翻转极限》的新报告于 2017 年下半年发布。该报告的作者是魏伯乐（E. Weizsäcker）和安德斯·维杰克曼（A. Wijkman），他们实际上要求改变整个当代的生产和消费模式，但没有具体说明这种措施的目标和实现途径。因此，显而易见的是，如果要选择准确的道路，形成新的科学范式，就需要有相应的方法论。

经过多年的实证、政治经济和世界观研究，该文作者设想了一种研究手段，使其能够提出并解决以下四项任务。

作者提出的第一要务是，试着明确人类在地球上存在的目标。第二，看看是否可能将整体的、综合的、系统的和跨学科的发展模式统一为单一模式。第三，找出统一的指标。因为该指标，世界图景和发展道路能够一目了然。第四，则是找出人类系统和所有子系统发展效率的唯一可能标准。

如第一项任务的解决方案所示，人类在地球上的存在并非偶然。人类和个人唯一可能且客观设定的目标和使命，是在其发展过程中达到至高理性，因为他/她明白，为了满足任何人类的最高需求，如在身体、智力和精神上变得完美和达到高度意识水平，他/她需要做任何事情。否则，危机将蔓延到世界末日，自我将毁灭。

如果把这些方法（整体性、综合性、系统性、跨学科）相结合，并用于解决第一项任务，明确实现人类发展这一客观目标的途径，那么第二项任务的解决方案就是可行的。在这种情况下，当涉及实现的目标和途径（战略）时，有必要把所有的科学和灵性知识实际地结合起来，这将提供实际的交叉学科因素，或更准确地说，跨学科因素。也就是说，如果把这些方法统一起来，用于实现人类发展这一客观既定目标，就会取得真正的成果。

这里应该指出的是，已经有相当多的人尝试将科学成就与灵性知识结合起来。多数情况下，此类尝试是物理学家面对某些实际现象时做出的。这些现象无法用物理学中现有的知识或定律来解释。中国自古以来就把科学知识和灵性知识相结合，其中最著名的例子就是老子和孔子的学说。

这些例子证明，我们有充分的理由将它们视作新范式形成的开端。为什么？因为第二项任务的解决方案使我们了解，如何从人类发展的各个方面消除混沌、复杂性和不确定性，并在时间和空间上尽快找到解决所有问题的方法。然而，许多学者认为，混沌、复杂性和不确定性是发展的自然条件，学者们甚至开拓了新的知识领域，如协同学、复杂性科学，并建立了相应的智库，如美国圣塔菲研究所。在我们看来，发展过程中出现的复杂性意味着通过"尝试错误法"来达到目标。只有运用整体性、综合性、系统性相结合的方法和跨学科的知识，才有可能从人类系统发展的认知中消除混沌和复杂性，但这只有与"人类在地球上存在"的客观既定目标相联系才有可能。

迄今为止，跨学科研究被理解为，用其他学科的方法来解决一个学科的任务，或被理解为，用有限的科学学科方法，同时解决系统上诸如社会经济、金融、人口、生态和气候各个方面不同的问题，以及其他任务与过程的问题。其结果是众所周知的：人类系统发展的危机正在加剧。

找到指标将有助于衡量和并置所有其他指标无法衡量和并置的过程和现象，这就是解决第三项任务的条件。后者必须得到解决，以便所有这些衡量指标都能用于了解人类发展的各个方面与客观既定目标之间的关系。唯一能满足这些条件的指标，恰好是时间！

解决前三项任务后，也就自动解决了第四项任务，即确定人类系统发展中的单一效率标准。我们明白，对于整个人类系统与其任何子系统、每个具体的人类个体而言，这种效率标准是实现客观既定目标与现实的"间隔时间"，仅在特定的时刻出现。

如果"间隔时间"不可逆地减少并接近零（即没有危机），这将证明俄罗斯、任何其他国家或整个世界在其发展过程中都会客观并同步地接近目标的实现。似乎随着"间隔时间"的缩短，每个国家、社区、企业和个人都开始充分了解目标设定与实现目标的需要。

如我们的研究所示，如果所有参与者的"间隔时间"以不同速率增长，这意味着整个社区、社区的各个部分和所有人都会发现自己在不同空间的"间隔时间"，有不同层次的意识和不同的利益，彼此将更难达成一致。在这种情况下，冲突将不可避免地发展为战争。

今天，世界正处于这种关系的高峰，这些条件似乎没有机会为俄罗斯和世界提供普遍安全和经济安全。在这种情况下，潘廷警告说，俄罗斯在不久的将来可能爆发局部战争，这可能是正确的。

因此，最重要的是，要使所有国家与其居民的"间隔时间"相等，并同时将所有"间隔时间"减少至零。如此一来，需要制定统一的战略，以便（在时间和空间上）实现全世界同步和迅速的发展、命运共同体的构建。发展和实现这一战略的所有基础已经具备。解决这四个任务不仅有助于获得新的方法论，能在其基础上证实新的科学范式，而且有机会为全球和人类制定发展战略及其实现的机制。先前应用的新方法论取得了成效，因此证实了这种可能性已经存在。例如，截至今天，作者已经设法：

（1）基于（客观既定目标已实现，且"间隔时间"趋于零的）未来，制定预测未来的新范式。人类和社会的所有需求都是通过思想的层次和手段来实现的。即，当一个人变得完美并达到至高理性时，就可以预测未来。从零时间回归到今天后，就有可能只选择和实现那些有助于减少"间隔时间"的项目和解决方案，从而加速目标的实现，同时减少所有资源的消耗。

（2）把握人类社会发展规律，弄清系统性危机的本质，认识到世界上只有两种发展范式：一种发展范式以危机为特征，另一种发展范式向无危机发展过渡创造了一切条件。只有制定和实现俄罗斯和全世界的统一发展战略，这一目标才有可能实现。

制定俄罗斯和世界统一发展战略的实现机制。如果能迅速引入工业4.0 数字技术，所有国家的经济发展就能通过协调国家、企业、社会利益和人类个体利益来实现，并且如果这种协调最多元利益的机制可以实现，那么这一机制应该是可行的：

- 在实时状态下；
- 通过管理"间隔时间"来管理开发；
- 在地方各级实行自治；
- （例如，通过附加技术）实现用户命令下的个性化生产，不生产非需求产品，将所有自然资源保持在原始状态。

上述几点证明，我们已经具备了解决一切问题、制定统一发展战略、切实落实习近平主席关于构建人类命运共同体倡议的基本条件。所列的基本条件在作者的多篇论文中经过了多次验证，这些论文已在俄罗斯国内外受审的期刊上发表，在重要的国际会议上发表。

如今，工业 4.0 技术革命产生并迅速引入了数字设备、人工大脑、物联网、生物技术、神经技术与其他 21 世纪技术，在此条件下，俄罗斯和其他国家可能会经历人类系统发展的现有社会经济模式的三种转变之一。在新模式下，国家（政府）、社会、企业和具体人类个体之间的关系会根据所选择的发展目标而有所不同。

在第一种可能的未来模式中，社会（无意地）和一小群人（有意地）应该选择不同的发展目标。这些目标发展的方向应不同，并且发展应通过"尝试错误法"进行。在这种情况下，未来似乎充满不确定性，其实现时间会延长，而数字技术和其他技术的加速应用将造成巨大的人力和资源损失，并可能导致世界末日。

现有模式的第二种可能转变应该在现有模式的条件下进行发展，满足一小部分人的利益，从而实现目标和价值。在这种模式中，我们将技术奇点的出现视为趋势，其核心包括人工大脑、数字技术、生物技术和其他用于操纵和控制人类意识的技术。在这种模型中，最终目标是获得对整个世界和每个人类个体的控制，以便获得最大的利益。国家、整个国际社会和个人的风险将会增加。向新的社会经济发展模式过渡和构建命运共同体将变得不可能，因为既定的道路将增加出现诸如"伊斯兰国"意识形态等现象的可能性。所以，由此形成的价值观对许多人，尤其是年轻人来说具有吸引力，也正因如此，今天的数字革命和21世纪的其他高科技，除去积极层面，还会对人类生存构成巨大威胁。

但是，如果从俄罗斯、中国和世界上其他国家的所有公民利益出发，有意识地指导发展并理解最终的目标，如果地方各级能够实时协调这些利益，将创造一切条件，使现有的社会经济模式能够转变为人类命运共同体的第三种发展模式。它以每个人的不同利益为导向，将使人们能够在自己的命令下应用数字技术进行生产；不制造任何多余的产品；保留原始的自然和人力资源；提供更多自由时间，使自己变得完美。所有这些将是唯一可能的条件，能够激励每个人，尤其是年轻人，为实现这一目标进行可持续发展，并加速构建命运共同体。恰恰在这种情况下，技术（数字）奇点应与奇点同步，形成新的人际关系，使人类认识到，需要在进化和不可逆转的情况下进一步实现全球发展目标。

当今世界处于第一和第二种模式之间。但是，随着21世纪各种技术、数字设备、人工大脑、生物技术、神经技术和其他技术的迅速引进、国际关系的恶化、移民进程、制裁、贸易和外交战争，加上俄罗斯周边、美中、美欧等其他关系的负面发展，世界迅速进入第二个发展模式，其最终目标是控制整个世界和每个人类个体。其后果如上所述。风险将增加，国家可能会消失。

因此，至关重要的是，各国与其头号领导人为了维护自己和国家的安全，为了向全面、共同的可持续发展和命运共同体的实际构建过渡，必须参与其中。首先，要加快完成这一任务，形成第三种发展模式和战略，在被普遍理解和接受的未来实现第三种发展模式和战略。

只有对未来有了新的基础认识，并借助数字技术和其他先进的现代技术，才能使现有的社会经济模式转变为第三种发展模式。正是这种新生产关系和新生产力的关联，能使每个人变得高度自觉，身体上、精神上、智力上都变得完美，从而达到至高理性，实现全球目标。只有用最少的资源、减少的工作时间和完善自己的自由时间来构建命运共同体，才是可行的。

结 论

新方法论的提出和多年来的应用，加上已经取得的成果，为形成新的科学范式和获得有关人类系统发展规律的新知识奠定了基础。这些知识将有助于制定统一的发展战略，并为构建命运共同体提供基础，但前提是发展应针对每个人类个体。因此，发展不应通过"尝试错误法"来实现，而是通过理解最终目标和理解地球上每个人类个体的利益来实现。

的确，当建设成开放包容、清洁美丽、普遍安全的世界，涵盖人类生活的所有领域时，世界就会有所改善。当然，这样的世界不可能一蹴而就。但为此打下坚实的基础是当代学者、科学家、政策制定者和所有人的责任。否则，世界末日将不可避免，人类也将不复存在。

参考文献

Arnold J. Toynbee，*Study of History*，Vols. I - X，1934 - 1954.

Thomas Kuhn. Struktura Nauchnykh Revolyuysii.［*Structure of Scientific Revolutions*］. Translated from English by I. Z. Naletov. Moscow，1975.

Patin，Vladimir. Rossii Nado Gotovit'sya k voine.［*Russia Should Get Prepared for*

War〕. REGNUM IA, April 5, 2019, https：//regnum. ru/news/2606320. html.

FZ "O strategicheskom planirovaniyi v Rossiiskoi Federatsiyi"〔*Federal Law On Strategic Planning in the Russian Federation*〕, No. 172 – ФЗ of 28. 06. 2014 г. 〔E – resource〕URL：http：//www. kremlin. ru/acts/bank/38630（addressed on 24. 07. 2019）.

Bondarenko V. M. "Tsifrovaya ekonomika：videniye iz buduschego."〔*Digital Economy：Vision from the Future*〕. *Tsyfrovaya ekonomika*, 2019, Vol. 9, № 1/5. Pp. 36 – 42.

Bondarenko V. "Transition to Crisis-Free Development：A Myth or Reality?", *World Futures*, 2014, Volume 70, № 2, Pp. 93 – 119.

Valentina M. Bondarenko, *Ilya V. Ilyin & Andrey V. Korotayev.* Transition to a New Global Paradigm of Development and the Role of the United Nations in This Process, *World Futures*, 2017.

（李芷晴 译）

构建人类命运共同体，中国在非洲、马格里布地区和突尼斯的投资

尼扎尔·本·萨拉赫（Nizar Ben Salah）
马格里布经济论坛首席研究员

摘　要

中国国家主席习近平于 2013 年提出了"一带一路"倡议（BRI）。这是有史以来最大的基础设施项目。其目标是促进生产、贸易和投资、国际市场实体经济和数字经济的融合。"一带一路"倡议为中国投资提供了一个框架，以改善现有基础设施，建立新的生产基地和贸易路线，使中国更好地与世界接轨。

非洲是世界上原材料的主要来源地之一，这一点吸引了中国的投资，也证明了中国与非洲大陆建立双赢战略的兴趣。中国对非洲的直接投资超过1000 亿美元，主要是在"一带一路"倡议下实施的大型基础设施项目。

尽管中国与马格里布国家的经济关系可以分为直接投资、商品和服务贸易，但中国将该地区视作一个有吸引力的新市场和进入撒哈拉以南非洲的合作伙伴。尽管"一带一路"倡议旨在通过一"路"（译者注：21 世纪海上丝绸之路）将马格里布国家联系起来，但从数据上看，由于利比亚局势不稳、中国与阿尔及利亚双边关系加强，中国在马格里布五国的投资不平衡。

在马格里布地区，突尼斯的情况似乎有所不同。一方面，政治动荡被视为顺利进行双边合作的挑战，另一方面，突尼斯的地理定位是连接地中海与非洲国家的重要枢纽。

引 言

中国的第三世界定位使其能够在东南亚、拉丁美洲、中东，特别是非洲取得进展。自 1955 年（万隆会议）以来，中国与这些地区的关系呈指数级增长。中国政府于 2006 年 1 月发布的《中国对非洲政策文件》指出："中国与非洲国家建立和发展政治上平等互信、经济上合作共赢、文化上交流互鉴的新型战略伙伴关系。"

2013 年，中国国家主席习近平宣布了"一带一路"倡议，也被称为"新丝绸之路"。它的目标是通过海路和陆路将中国与 90 多个国家（主要是发展中国家）连接起来，这些国家占了全球 GDP 的四分之一以上。计划中的海路是从南部绕过亚洲大陆，将中国港口与孟加拉湾沿岸国家连接起来，然后穿过印度洋到达东非。有四个国家在这条路线上设有港口：肯尼亚、苏丹、埃塞俄比亚和吉布提。中国与非洲大陆的关系并非刚建立：中国在非洲有 52 个外交使团。根据约翰斯·霍普金斯大学的"中非研究倡议"（CARI），2014 年中非贸易额估计达到 2200 亿美元。法国国际关系研究所（IFRI）亚洲研究中心主任弗朗索瓦丝·尼古拉（Françoise Nicolas）表示，中国希望通过这个项目促进这些关系和交流，这将有利于中国制成品的出口和原材料的进口。中国被大宗商品所吸引，就像被非洲大陆的消费品市场所吸引一样。

中国在非洲：压力下的双赢

中华人民共和国是非洲大陆最大的贸易伙伴和最大的捐助国。尽管有无数关于中国方式和意图的谣言，但现实并非如此。现实的反差甚至比我们期许的还要大。

中国在非洲首先是政治存在。它源于 20 世纪 60 年代以来毛泽东对非洲独立的支持。20 世纪 90 年代，邓小平提出经济自由化，只有支持这种政策，中国在非洲才能有更多的经济面貌。20 年后，中国政府在非洲经济中的崛起打破了这种平衡，主要是向好发展。

在部分经济领域，中国必然参与，并赢得了一大部分（道路、桥梁、机场、住宅区……）建设合同。在这一领域，它及时发挥作用，并付出了极大的代价。中国向其合作伙伴提供了优惠贷款资助项目，以此作为交换，中国也签署了利润丰厚的原材料供应合同。这就是我们所说的"双赢"战略。

在实施"新丝绸之路"的同时，非洲国家也迎来了一轮融资潮。2000 年至 2015 年，中国向非洲国家提供了不低于 944 亿美元的贷款。"一带一路"项目也有助于推动非洲联盟《2063 年议程》，为非洲大陆60 年来主要的一体化项目提供了新的筹资机会。

事实上，中国计划在非洲修建 3 万公里公路。由于非洲的公路网密度是世界最低的，每 100 平方公里工地仅有 7 公里的公路，这些投资将改善非洲公路网密度。

中国商务部副部长钱克明表示，"新丝绸之路"的建设将帮助非洲达到 8500 万吨/年的港口吞吐能力。此外，还将增加 3 万多公里的输变电线路。根据非洲开发银行的数据，非洲每年基础设施赤字在 870 亿美元到 1120 亿美元之间，这些投资可以帮助非洲减少这些赤字。

非洲大陆是世界上运输成本最高的大陆之一，其港口、机场、公路和铁路的现代化将首先降低该大陆的运输成本。例如，2016 年，Infothep 的一份报告指出，"在乌干达坎帕拉和肯尼亚蒙巴萨之间运输集装箱所需的时间和金钱是从伦敦到蒙巴萨的两倍"。

据世界银行的统计，落后的基础设施使非洲企业生产率减少了40%。因此，"新丝绸之路"可以帮助减少这一缺口。根据布雷顿森林机构的数据，这也可能将非洲的人均 GDP 增长率从每年 1.7 个百分点提高到 2.6 个百分点。

最后，所有这些投资都应该对就业行业产生积极影响，并有助于降低非洲大陆的失业率。根据麦肯锡 2017 年 6 月的报告，中国企业已经在非洲创造了近 30 万个工作岗位。

新项目的增加

近年来，中国在非洲东部和南部进行了大量基础设施投资。近 40亿美元的投资使中国得以在近 756 公里的铁路线上将吉布提与埃塞俄比亚连接起来。在肯尼亚，中国进出口银行为连接港口城市蒙巴萨和内罗毕的铁路建设提供了90%的资金。中国在扩大该国铁路网方面投入了近130亿美元。

在莫桑比克和安哥拉，主要的基础设施项目由中国政府资助和开发。2018年，莫桑比克政府耗资7.25亿美元，在马普托湾建造了一座长680多米的悬索桥。该项目95%的资金来自中国，是一段公路的组成部分，确保了通过公路连接北非和南非。2000年至2014年，中国对莫桑比克基础设施投资近22.8亿美元。

中国驻安哥拉大使崔爱民表示，2017年，中国在安哥拉实施的基础设施项目价值超过100亿美元。这些港口也是中国巨头进行密集投资的项目。吉布提建设多拉莱多功能港需要5.8亿美元，中国政府提供了所需资金的85%。

《法国世界报》指出，随着这些融资的倍增，"'新丝绸之路'框架内的计划投资，有一半以上流向了非洲"。

中国在马格里布较弱的影响力

阿尔及利亚的原材料在吸引中国投资方面起着重要作用。与阿尔及利亚相比，中国更为谨慎，选择在摩洛哥和突尼斯进行逐步发展。中国政府与摩洛哥政府建立了新的战略伙伴关系，以深化双方在各领域的合作，特别是在创新领域的合作。摩洛哥企业家还在亚洲产品和欧洲产品之间争取公平的进口税。由于摩洛哥是欧盟的准成员国，欧洲产品可享受高达10%的税收优惠。如果突尼斯新政府公开表示希望中国投资，突尼斯当局也会做出努力，如审查包括亚洲在内的汽车进口配额。

中国与马格里布经济关系的重要性

在处理中国与马格里布经济关系时，存在三种偏见：直接投资、商品贸易（不包括服务贸易差额）和服务贸易。我们可以扣除某些收益费用，用于增加公共发展援助。这些援助可以采取体育场馆或歌剧院的形式，通常用来影响受援国的商业决策。当政府使用中国企业进行基础设施项目建设时，援助还可以采取利率补贴的形式，给政府提供买方信贷。在这两种情况下，这些都是直接或间接降低商品和服务差额成本的良好商业惯例。因此，就我们的目的来说，能够明确区分这些回扣并不重要，因为它们已经被计算在内了，尽管我们看不见。

至于外国直接投资（FDI），目前还没有马格里布可能在中国投资的信息。中华人民共和国商务部每年都会在其网站上发布一份《中国对外直接投资统计公报》，该公报自 2003 年以来确定了中国对外直接投资流量存量。对于马格里布来说，这是非常小的流量。因此，2015 年，马格里布占当年中国对外直接投资的 0.14%，占世界对外直接投资总额的 0.012%。2015 年，中国对马格里布的直接投资为 2.03 亿美元，是唐纳德·特朗普（Donald Trump）反对福特汽车公司在墨西哥投资建厂前的投资额的九分之一（Woodall and Shepardson，2017）。

中国企业之所以"投资基础设施"，不是因为中国企业参与了非洲其他国家和马格里布等地的基础设施建设，而是因为它们没有成为这些基础设施的所有者甚至持权者。这两种方式都产生了方向相反的资金流动：当中国公司投资时，它将资金转移到受援国；当中国公司提供服务时，它会从受援国收取款项。

经济合作与发展组织、国际货币基金组织等国际组织对外国直接投资的定义是……投资者意味着"拥有该企业 10% 或以上的股权或投票权"（OECD，2003，p.193），并希望参与该公司的长期管理。就中国建筑企业而言，它们的参与仅仅是提供服务，就像"安哥拉"一揽子协议那样，中国企业从服务（道路、大坝建设）中获得报酬，即获得使用自然资源的特权（以基础设施换取资源）。

中国与马格里布的贸易结构

统计数据显示，在利比亚危机和油价暴跌加剧了阿尔及利亚原油和天然气出口额的下降之前，马格里布与中国的贸易遵循着中国与世界贸易的总趋势。这一发现让人对中国与马格里布国家之间的交易性质产生了怀疑。

在出口方面，从 1995 年到 2015 年，马格里布国家对中国的出口很少（占马格里布国家出口总额的 3%）。另外，在同一时期，初级产品（矿石、金属和燃料）出口在北非（89%）和非洲（86%）的份额几乎相同，但从全球平均水平来看，初级产品出口仅占25%。因此，这是非洲大陆的特色，但它对每个国家与中国的交流有非常不同的影响。以马格里布为例，三个国家（利比亚、阿尔及利亚和毛里塔尼亚）几乎只向中国出口矿石、金属和燃料；它们占马格里布对华出口的近90%（利比亚和阿尔及利亚出口碳氢化合物，毛里塔尼亚出口铁和铜）。摩洛哥和突尼斯对中国出口此类商品的比重很小，在此期间对中国的总体出口也很少。除了利比亚外，在过去的二十年中，这些出口对马格里布国家进口的覆盖率相对较低。

如果所有类别的产品中都有中国产品，那么中国所占领的市场份额对马格里布国家传统伙伴会产生不同的影响。尽管发达经济体仍然占据了超过四分之一的市场份额，但中国在摩托车和自行车的销售上取得了实质上的垄断地位（75%），在服装销售市场上也明显占据了主导地位（53%）。在电信设备领域，发达经济体占据了超过三分之一的市场份额（38%），仅次于中国（35%），而其他经济体占据了四分之一的市场份额（28%）。然而，值得注意的是，海关记录的是中国制造的进口产品价值，但这并不意味着一定就是中国的制造商，或者如果是的话，那么同样的道理，在发达经济体中，超过三分之二（70%）的汽车生产商主导着汽车类别，而这一类别的汽车有不止一家分包商。

突尼斯崛起：中国投资重返突尼斯

要试图重新定位地缘战略，就要求中国深化与北非的经济关系，并在此框架内加强对突尼斯的支持。

突尼斯作为枢纽

上一届中非合作论坛（2018年9月在北京举行）标志着中国投资重返北非，特别是突尼斯：这受益于该地区的优势（地理位置、地中海的开放性、熟练和丰富的劳动力、大量较高购买力的中产阶级、吸引外国直接投资的政策），中国希望通过增加对该地区国家的预算，包括对突尼斯的投资和援助，来传达明确的信息。

尽管突尼斯没有丰富的自然资源，但它为中国出口提供了新的目的地，并打开了新的市场。此外，中国可以利用其地理位置，使其成为"枢纽"，促进整个北非，特别是阿尔及利亚和利比亚的政治和经济扩张。

另外，就像其他与中国有经济合作的非洲国家一样，通过巩固与中国的关系，突尼斯不仅将受益于伴随技术转让的中国对外直接投资流动，而且还将受益于中国政府将提供的经济援助和技术援助。

突尼斯与中国关系的展望

中突关系始于 20 世纪 50 年代，50 年代两国签订第一个贸易协定，突尼斯成为北非地区最早与中国建立贸易联系的国家之一。

为了促进这些新兴的经济联系（在两国相继批准了几项贸易协定之后），1983 年成立了"中国和突尼斯经济、贸易和技术合作混合委员会"。最近，在两国关系的推动下，两国于 2018 年 7 月 11 日签署了一份谅解备忘录，确认突尼斯加入习近平主席自 2013 年以来推动的"一带一路"倡议。这将为突尼斯在贸易、旅游和该国急需的投资方面开辟新的发展机会。

因此，两国承诺本着双赢的逻辑，并作为南南一体化方法的一部分，加强伙伴关系。但其中仍有很大的进步空间……事实上，考虑到中国和突尼斯的双边合作能在将来继续蓬勃发展，两国已经开始认识到航空运输的重要性。2014 年，两国已经签署了一份关于航空运输的谅解备忘录，允许突尼斯的国家航空公司每周有 21 个直飞中国的航班。但是，到目前为止，突尼斯航空公司（Tunisair）还没有在中国任何一个城市提供服务！

两国尚提到了在可再生能源领域建立伙伴关系的可能性。据非洲经济发展研究所（Africa Economic Development Institute）称，尽管欧洲和美国继续主导突尼斯的能源领域，但中国公司最近已开始进入这一市场。在突尼斯寻求发展可再生能源之际，中国政府可以利用这一机会加强其在突尼斯的投资基础。

突尼斯还应抓住信息和通信技术、航空和汽车等领域的机会，以促进与中国的战略伙伴关系。在这方面，邻国摩洛哥与突尼斯的潜力相似，该国去年启动了工业与住宅城市项目"丹吉尔穆罕默德六世科技城"，投资金额达 10 亿美元，这将为中国涉足上述领域的企业奠定基础。

旅游、信息技术、高附加值产业、国防、可再生能源、农业综合企业等多个领域可以成为中国和突尼斯战略伙伴关系的催化剂……在这方面，突尼斯必须做出许多努力，以吸引最大限度的外国直接投资，纠正突尼斯与中国贸易关系中存在的不平衡，加强与中国的货币和金融关系。

参考文献

UNCTAD（2016），Regular Shipping Connectivity Index, annual, 2004 – 2016, unctadstat. unctad. org/wds/TableViewer/tableView. aspx.

Mao Z. （1954），"Mao Zedong chuan 1949 – 1976 – shang"，［*Biography of Mao Zedong 1949 – 1976*，vol. 1］，Beijing，Zhongyang wenxian chubanshe，2003，p. 561，（http：//cpc. people. com. cn/GB/69112/70190/236641/16618563. html）.

Pairault Th. （2013），"Chinese Enterprises under the Direct Supervision of the Government Illustrated by Their Investment in Africa"，Review of the regulation，n°13，1st semester/Spring 2013，§ 16 – 21，http：//regulation. revues. org/10195.

Pairault Th. （2017），"Algeria：What Chinese Economic Presence？" In A. Adel，Th. Pairault and F. Talahite（dir.），*China in Algeria：Socio-economic Approaches*，Paris，Eska，pp. 33 – 68.

MOFCOM［Ministry of Commerce］（2016），Moluoge qiche chanye gaishu［Overview on the Automotive Industry in Morocco］，January 18，2016，ma. mofcom. gov. cn/article/ztdy/201601/20160101237004. shtml. https：//www. je uneafrique. com/26443/economie/dossier – chine – afrique – entre – mythes – et – r – alit – s/.

He Y. （2009），"Yiguo kailu"［Open the Way Abroad］，Zhongguo qiyejia［*The Chinese entrepreneur*］，No. 24，pp. 62 – 64.

（李芷晴 译）

构建中拉共同体是社会发展的关键

埃斯特班·安德烈斯·佐勒齐·桑切斯（Esteban Andres Zolezzi Sanchez）
智利拉丁美洲社会科学院秘书处高级研究员

自200年前脱离西班牙独立以来，区域一体化一直是拉丁美洲和加勒比地区历史的一部分。自19世纪以来，在领导人西蒙·玻利瓦尔（Simon Bolivar）的领导下，关于发展的争论包括了区域一体化的构想和实现途径。该区域经济和社会进步的目标一直与"携手共进、具备共同体意识和构建共享未来"相联系。

在过去的几十年里，该地区从注重社会问题的一体发展到更加重视商业和经济发展的一体化。如今，拉丁美洲国家已经转向了政治光谱中的右翼，这改变了该区域在一体化方面的立场。它们正朝着贸易方向发展，并特别关注加强与美国以外地区的联系，以实现发展和稳定增长。南美洲国家联盟（UNASUR）的不复存在、太平洋联盟（Pacific Alliance）的发展，特别是美国退出跨太平洋伙伴关系（Trans-Pacific Partnership）、中美洲和韩国展开自由贸易协定谈判并签署自贸协定（FTA）、南方共同市场（MERCOSUR）和欧盟达成协议，这是最近几年发生的一些主要事件，然而这些事件已经改变了拉丁美洲的局势。

中国在这一过程中发挥着重要作用。中国拥有13亿人口，是世界第二大经济体，按购买力平价计算是最大的经济体，也是2008年国际金融危机以来世界经济增长的最大单一贡献国。2005年以来，中国与智利签署了《中国-智利自由贸易协定》，这不仅是中国与拉美国家的第一个自贸协定，也是中国与一个国家而非地域集团之间的首个自由贸易协定。此后，中国先后与秘鲁、哥斯达黎加签署了自贸协定，哥斯达黎加是第一个与中国签署一揽子自贸协定的中美洲国家。今天，中国占世界贸易的 12.5%，已成为拉美第二大贸易伙伴，占拉美地区出口总额的 10%，进口总额的 18%，仅次于美国。中国已经成为投资大户，2005 年至 2018 年，中国向拉美国家提供了 89 笔贷款，总额超过 1.4 亿美元，主要投资能源、基础设施和矿业项目。

最近，中国展开了一项名为"一带一路"倡议（BRI）的全球性努力，以提升其全球地位。该计划最近也涵盖了拉丁美洲。中国和与中国签署共建"一带一路"合作协议的经济体（"一带一路"经济体）在世界经济中所占的份额一直在上升，这意味着中国成为合作和联盟的推动者，旨在发展全球基础设施，推动相关地区的进步。"一带一路"倡议取得的成就，必将进一步巩固中国在世界上的地位。根据世界银行（World Bank）的数据，"一带一路"基础设施的改善将使"一带一路"经济体之间的贸易总额增长 2.5% 至 4.1%。据世界银行称，这一举措的影响将促进长期协议的巩固和市场的开放。当今世界，其他大型经济体正在摆脱多边主义，而中国的"一带一路"倡议可能会成为推动世界贸易合作的一个重要因素。

然而，重要的是，中国的发展计划与合作议程不仅限于经济领域和与促进贸易相关的基础设施建设。尽管这些是促成经济增长的关键领域，但同样重要的是，需要制定倡议，帮助相关国家的所有社会群体实现这一发展，并为落实"2030 年可持续发展议程"做出贡献。如果不谈论包容性、获取基本资源、捍卫人权、平等和可持续性，就不可能从进步和发展的角度思考问题。如果中国政府与合作国家的不同社区之间进行更直接的交流，就必须有一个更为综合和全面的视角。这包括与不同的社会团体和部门制定倡议，听取社区的意见；与国际组织合作，帮助中国了解影响社区的不同问题；了解如何创建项目，帮助不同国家和地区解决社会问题。

中拉要抓住机遇，互学互鉴，构建命运共同体。当今世界正在经历这样一个时期：主要问题不再是地方性或区域性的，而是全球性的。建立新关系的敲门砖是相互理解和相互学习，共同克服这些问题。

气候变化的影响已经引发了无法被视为"自然"的灾害，因为这些灾难是由人类的直接或间接行为造成的。人类导致地球温度升高：洪水和干旱的加剧正在破坏农作物，减少水和食物的供应；极端风暴的增加正在摧毁家园；亚马孙河流域和非洲的森林大火正在摧毁一些"地球之肺"的重要功能。

第四次工业革命的推进，推动了各行各业前所未有的创新。前几次工业革命将人类从动物的力量中解放出来，使大规模生产成为可能，并为数十亿人带来了数字化能力。但是，第四次工业革命的本质却是不同的。它的特点是融合了物理、数字和生物领域的一系列新技术，并影响到所有学科、经济和行业。由此产生的变化和颠覆意味着我们生活在一个充满希望的时代。在这个时代，世界有可能通过数字网络更紧密地连接数十亿人，极大地提高组织的效率，甚至便于使用自然环境再生的方式管理资产，从而可能消除以往工业革命的破坏。但是，组织可能会无法适应。政府可能无法采用和规范新技术来获取其收益；权力转移将带来新的重大安全问题；失业率上升可能导致不平等现象加剧和社会分化。（Schwab，2017）

世界各地的人们纷纷走上街头，表达收入不平等、腐败、性别差异和人权等问题引发的社会不满。2018 年《世界不平等报告》指出，自1980 年以来，在北美、中国、印度和俄罗斯，最富有的 1% 人口在国民收入中所占的比例迅速上升，在欧洲则适度增加。然而世界经济论坛（World Economic Forum）表示，全球性别差距将需要 108 年才能消除，经济性别平等仍需 202 年才能实现。与此同时，"透明国际"（Transparency International）发布的全球清廉指数显示，绝大多数国家未能切实控制腐败，只有 20 个国家在最近几年取得了显著进展。发生在世界各地城市的抗议活动表明，民众要求在这一问题上做出改变，政府必须思考如何让发展惠及所有人。

最后，尽管当今面临着全球性问题，但仍有明显的政治趋势，即设法使各国摆脱多边主义和区域一体化。欧盟正在应对英国脱欧带来的政治、社会和经济不稳定，而美国正在重新谈判自由贸易协定，并在恢复其经济和生产独立性的运动中退出了跨太平洋伙伴关系协定。

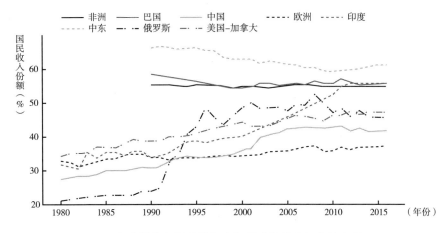

图1　各地的收入不平等都在加剧或保持在极高的水平：
1980～2016年全球前10%的收入份额

资料来源：2018年《世界不平等报告》，世界不平等研究机构。

在这种全球情况下，拉丁美洲和加勒比地区尤其脆弱。该地区主要依赖于石油、铜和大豆等大宗商品的出口，而贸易主要集中在美国。根据世界银行的数据，美国在2017年占该地区出口总额的44.76%和进口总额的32.13%。

拉丁美洲和加勒比经济委员会（简称"拉美经委会"，ECLAC）发布的《2018拉丁美洲社会全景》报告指出，拉美贫困人口达到1.84亿（占总人口的30.2%），其中极端贫困人口达到6200万（占总人口的10.2%，为2008年以来的最高比例）。该报告还显示，拉丁美洲和加勒比地区仍然继续是世界上最不平等的地区，其平均基尼系数高于非洲，几乎比欧洲和中亚高出三分之一。

该地区为克服社会问题做了许多工作。世界经济论坛在《2018年全球社会进步指数》报告中分析了教育和卫生的普及程度、包容性、自由、生活质量、基础设施、环境影响等因素，表明除了哥斯达黎加、智利和乌拉圭属于高水平，玻利维亚属于低水平外，大多数拉丁美洲和加勒比国家的社会进步已达到中高水平。在过去几年中，到目前为止所取得的成就没有太大变化，这使人们担心"中等收入陷阱"会导致经济停滞。然而，拉丁美洲和加勒比地区持续的脆弱局势，使人们越来越担心全球问题会影响该地区实现其社会发展潜力的机会。

据绿色和平组织（Greenpeace）称，到 2019 年 9 月 4 日，巴西、玻利维亚、巴拉圭和秘鲁的亚马孙森林大火共烧毁了 250 万英亩的森林。这不仅造成了环境问题，而且损害了巴西和法国之间的关系，危及南美重要的南方共同市场和欧盟之间的协议。

2018 年 11 月，在危地马拉举行的第 26 届伊比利亚美洲国家首脑会议上，发表了关于伊比利亚美洲气候变化和可持续发展的报告。该报告显示，气候变化每年造成约 170 亿美元至 270 亿美元的损失，到 2050 年可能达到 1000 亿美元，影响到儿童、妇女、老年人和农民。

委内瑞拉和尼加拉瓜的暴乱，以及最近智利和厄瓜多尔的骚乱，正在使这些国家陷入瘫痪，并造成一定程度的不稳定。这种不稳定可能在该地区蔓延，并可能影响投资和增长。毒品生产和贩运加剧了该区域若干国家（如秘鲁、哥伦比亚、墨西哥和中美洲国家）的暴力、腐败和社会问题。尽管这不是非法毒品生产国的次区域，却是毒品贩运的重要通道。据联合国难民署（UNHCR）称，暴力和政治动荡的加剧，导致拉丁美洲内部和从拉丁美洲到美国的移民增加，其中包括了 2019 年的 400 万委内瑞拉移民。

第四次工业革命中自动化的影响也增加了该地区的脆弱性。美洲开发银行（IDB）2018 年的调查显示，拉丁美洲国家有 60% 以上的工人因自动化而成为高风险失业群体，尤其是在危地马拉和萨尔瓦多，由于这一全球趋势，那里 75% 的劳动人口面临失业的风险。

中国的经验为拉丁美洲和加勒比地区提供了一个机会，使其能够减少在这一领域的脆弱性并继续发展。构建中拉共同体是社会发展的关键。

中国已经证明，成功的发展模式和治理模式不止一种。根据世界银行提供的数据，自 1978 年以来，中国国内生产总值年均增长近 10%，是历史上持续最快增长的主要经济体，使超过 8.5 亿人摆脱了贫困。从这个意义上讲，中国制定了促进基础设施建设的长期计划，这对于中国

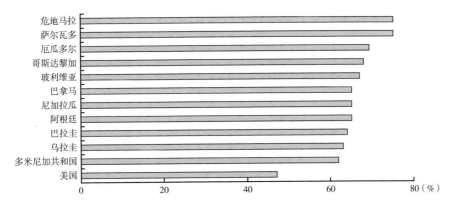

图 2　从事自动化高风险职业的工人百分比

资料来源：美洲开发银行（2018）。

的发展、包容、减贫和社会进步至关重要，特别是在交通和农业等领域。几十年来，中国发展了水利灌溉工程；实施以工代赈，建设县乡公路；计划在 1994 年至 2000 年的 7 年内使 8000 万人脱贫。自 2008 年以来，中国已经有超过 2.5 万公里的高速铁路线投入运营，远远超过世界其他地区运营的全部高速铁路。中国通过基础设施制定了减贫和促进包容的计划，这些经验为拉丁美洲和加勒比地区树立了榜样。

中国的经验也为技术、创新、研究和发展树立了榜样。根据美国外交关系协会（Council on Foreign Relations）的数据，中国的研发投资正以每年 18% 的速度增长，这意味着到 2030 年，中国研发投资占国内生产总值的比例将超过美国。华为等中国科技公司的崛起和《中国制造2025》（国家主导的产业政策，旨在使中国在全球高科技制造业中占据主导地位）的推出，正在将中国从发展中国家转变为创新和新技术的领导者。这是拉丁美洲和加勒比地区面对第四次工业革命时必须要走的道路。

不幸的是，中国在过去几十年的集约型增长也使该国二氧化碳排放量增加。这是气候变化的影响之一，因此，这也是中国和世界未来应该关注的一个方面。根据联合国《2018 年排放差距报告》，中国在 2017 年的温室气体排放量占全球总排放量的 26.8%，几乎是美国排放量的两倍，是全球第二大污染国。今天的中国正在朝着清洁能源的方向发展，不仅在制造业领域，而且在可再生能源技术的创新和部署方面都处于领先地位。目前，中国已成为可再生能源投资的最佳国家之一。2017 年，中国可再生能源投资占全球绿色能源投资的 45%。然而，中国仍然高度依赖石油进口。中国石油进口一直在稳步增长，主要城市的空气污染水平仍然是要克服的一大挑战。

在这一领域，拉丁美洲和加勒比地区做出的努力值得我们分析。哥斯达黎加和智利分别宣布到 2021 年和 2030 年要实现"碳中和"目标，并正在努力建设新的国家公园，使用清洁能源，推广电动公共交通。智利推出了全球第二大电动大巴车队。哥斯达黎加 98% 的电力来自可再生资源，且已经连续第二年投入使用电动大巴。除经济因素外，强化中拉联系将有助于从不同的解决方案中汲取经验教训，解决当今全球面临的问题。

教育是社会发展的关键因素

中国正在构建以合作共赢为核心的新型国际关系，要把合作共赢理念体现在政治、经济、安全、文化等对外合作的方方面面，倡导以合作取代对抗，以共赢取代独占。这种方法倡导各国相互依存、休戚与共；在构建人类命运共同体的过程中，共同承担责任和义务，相互尊重、平等相待，尊重主权、独立和领土完整，互利共赢、共同发展，同舟共济、发展互信，本着开放包容的精神，加强不同文明交流互鉴。

本着这种精神，要推动这一新战略理念的发展，最佳的方法是通过教育推广，并为国内外不同社会的意见和知识留出空间。教育是社会流动、发展和经济成功进入国际市场的关键。

各行业通过就共同问题交流想法和经验、创新和推广新知识、制定培养领导者的新计划、进行公开讨论并开设论坛，来生成和推广新知识。这是找到新的解决方案和构建人类命运共同体的基础。

世界银行称，教育促进了就业、收入、健康和减贫，劳动力每多受一年教育，收入将提高 9%（译者注：原文如此，应为收入提高 2.4%，GDP 增加 9%）。教育还能推动长期经济增长，促进创新，加强制度建设，培养社会凝聚力。在教育方面进行有效的投资，对于全球社会来说，是发展人力资本、消除极端贫困的关键。与国际组织的合作对于促进教育，开展新项目、论坛和会议是至关重要的。这些项目、论坛和会议旨在创造新知识，并为这种新型的国际关系培养领导人。

在拉丁美洲和加勒比地区，诸如拉丁美洲社会科学院（西语简称FLACSO）这样具有独特地位的组织，可能会对中国有利。该机构在社会科学研究和领导者培养方面已有 62 年的历史，目前在该地区的 13 个国家开展工作，致力于在贫困、不平等、获取资源、性别平等、歧视、国际合作和可持续发展等问题上促进教育和知识生产。该机构拥有超过98 个项目、博士学位、硕士学位和专业，并在整个拉丁美洲教授了13000 多人，这是因为拉丁美洲社会科学院的使命是促进这方面的教育，有了这一要素，才能产生积极的变化和制定旨在实现区域进步、社会包容和可持续发展目标的公共政策。

拉丁美洲社会科学院的声誉和与其他区域组织的合作［如：中美洲统合体（SICA）、拉美开发银行（CAF）、伊比利亚美洲总秘书处（SEGIB）、中美洲经济一体化银行（BCIE）］迈出了与这些机构沟通的重要一步，使中国能够在国际社会发挥其全部潜力，并能够超越经济因素，有效地为世界进步做出贡献。

推动教师继续教育的最佳实践；制定准则，消除拉丁美洲城市的歧视、种族主义和仇外心理；创造新知识，重新思考中美洲处理毒品贩运的方式；创造用于讨论和研讨会的空间。这些都是拉丁美洲社会科学院知识创新工作的一部分。本机构努力将拉丁美洲以外的地区和国家纳入这一进程，例如，共同举办研讨会以促进该地区与韩国之间的关系，并作为日本的区域伙伴共同参与交流项目《在一起！！日本》（Together！！Japan）。

从这个意义上讲，中国构建全球共同体、思考人类共享未来的立场值得赞赏。所有地区和国家都需要鼓励：共同努力创造知识，创新应对全球问题，提高人民的受教育程度和能力，促进人权和社会发展，使增长和繁荣惠及每一个人。

参考文献

学术论文及报告

ACNUR（2019）"Situación Actual de Venezuela". https：//www. acnur. org/situacion – en – venezuela. html.

Baniya, Suprabha; Nadia Rocha and Michele Ruta（2019）. "Trade Effects of the New Silk Road ". *Policy Research Working Paper 8694*. http：//documents. worldbank. org/curated/en/623141547127268639/pdf/Trade – Effects – of – the – New – Silk – Road – A – Gravity – Analysis. pdf.

Center for International Relations and Sustainable Development（2015）. "A New Type of International Relations-Writing a New Chapter of Win-Win Cooperation ". https：//www. cirsd. org/en/horizons/horizons – summer – 2015 – – issue – no4/a – new – type – of – international – relations – – – writing – a – new – chapter – of – win – win – cooperation – .

CEPAL（2019）. "Panorama Social de América Latina 2018". https：//www. cepal. org/es/publicaciones/44395 – panorama – social – america – latina – 2018.

CLACDS de INCAE（2019）. "índice de Progreso Social 2019". https：//www. incae. edu/es/clacds/proyectos/indice – de – progreso – social – 2018. html.

Gallagher, Kevin P. and Margaret Myers（2019）"China-Latin America Finance Database," Washington：Inter-American Dialogue. "https：//www. thedialogue. org/map_ list/.

Greenpeace（2019）. "Cifras actualizadas：2, 5 millones de hectáreas quemadas en el Amazonas". https：//www. greenpeace. org/argentina/issues/bosques/2438/cifras – actualizadas – 25 – millones – de – hectareas – quemadas – en – el – amazonas.

Inequality. org（2019）"Global Inequality", https：//inequality. org/facts/global – inequality/.

Interamerican Development Bank（2018）. "El futuro del trabajo en América Latina y el Caribe", https：//publications. iadb. org/publications/spanish/document/El – futuro – del – trabajo – en – Am% C3% A9rica – Latina – y – el – Caribe – % C2% BFUna – gran – oportunidad – para – la – regi% C3% B3n – （versi% C3% B3n – interactiva）. pdf.

OECD.（2018）. "China's Belt and Road Initiative in the Global Trade, Investment and Finance Landscape". *OECD Business and Finance Outlook 2018*. https：//www. oecd. org/finance/Chinas – Belt – and – Road – Initiative – in – the – global – trade – investment – and – finance – landscape. pdf.

Schwab, Klaus（2017）. "The Fourth Industrial Revolution". World Economic Forum. https：//www. weforum. org/about/the – fourth – industrial – revolution – by – klaus – schwab.

Segib（2019）. "Informe Cambio climático y desarrollo sostenible en Iberoamérica 2018". https：//www. segib. org/？ document = informe – cambio – climatico – y – desarrollo –

sostenible – en – iberoamerica.

Transparency International （2019）. "Corruption Perception Index 2018". https：// www. transparency. org/files/content/pages/CPI_ 2018_ Executive_ Summary_ EN. pdf.

United Nations Environment Program （2018）. "Emissions Gap Report 2018". http：// wedocs. unep. org/bitstream/handle/20. 500. 11822/26895/EGR2018_ FullReport_ EN. pdf.

World Bank （2010）. "China：Infrastructure, Growth, and Poverty Reduction". *Shanghai Poverty Conference：Case Study Summary.* http：//web. worldbank. org/archive/website00819C/ WEB/PDF/CASE_ S – 4. PDF.

World Bank （2019）. "China's Experience with High Speed Rail Offers Lessons for Other Countries". https：//www. worldbank. org/en/news/press – release/2019/07/08/chinas – experience – with – high – speed – rail – offers – lessons – for – other – countries.

World Bank （2018）. "Overview：Education". https：//www. worldbank. org/en/ topic/education/overview.

World Economic Forum （2019）. "Gender Gap Report 2018", http：//reports. weforum. org/global – gender – gap – report – 2018.

World Integrated Trade Solutions （2017）. "Latin America & Caribbean Trade at a Glance". https：//wits. worldbank. org/CountrySnapshot/en/LCN/textview.

新闻文章

Castro, Johnny （2019）. "Costa Rica superará 98% de generación eléctrica renovable porquinto año consecutivo". *La República.* https：//www. larepublica. net/noticia/costa – rica – superara – 98 – de – generacion – electrica – renovable – por – quinto – ano – consecutivo.

España, Sara （2019）. "Ecuador se retira de Unasur y abre la puerta a nuevas iniciativas de integración", *El País.* https：//elpais. com/internacional/2019/03/14/america/1552524533 _ 446745. html.

Fernandez, Oriana （2018）. "El plan que busca convertir a Chile en el segundo país con másbuses eléctricos del mundo". *La Tercera.* https：//www. latercera. com/nacional/ noticia/plan – busca – convertir – chile – segundo – pais – mas – buses – electricos – del – mundo/219064/.

Miller, S （2017）. "Donald Trump Keeps Campaign Promise to Abandon Trans-Pacific Partnership", *Washington Post.* https：//www. washingtontimes. com/news/2017/jan/23/ trump – pull – out – trans – pacific – partnership/? utm_ source = GOOGLE&utm_ medium = cpc&utm_ id = chacka&utm_ campaign = TWT + – + DSA&gclid = EAIaIQobChMI8I XLnfij5QIVT9yGCh3iQgeWEAAYASAAEgKFvfD_ BwE.

Van Overstraeten, Benoit （2019）. "France Will not Sign Mercosur Deal under Current Conditions：Minister Borne" *Reuters.* https：//www. reuters. com/article/us – france – mercosur/france – will – not – sign – mercosur – deal – under – current – conditions – minister – borne – idUSKBN1WN0LD.

Schwartz，John（2018）．"Más inundaciones y sequías extremas a causa del cambio climático"，*New York Times*．https：//www.nytimes.com/es/2018/12/14/cambio - climatico - inundaciones - sequias/．

（李芷晴 译）

构建人类命运共同体与国际关系

爱德华多·丹尼尔·奥维多（Eduardo Daniel Oviedo）

阿根廷国家科技研究委员会研究员；罗萨里奥国立大学教授

人类命运共同体①是中国政府为建立新型国际关系而提出的倡议。同时，这也是中国外交政策的目标，即与其他大国一样，寻求改变国际秩序和国际体系。为此，本文解释了中国提出这一理念的原因和"人类命运共同体"的概念；并试图思考中国在国际关系中面临的变化。这里提出的假设是，中国的崛起给国际秩序带来了变化，但中国仍然缺乏足够的实力和共识来改变秩序和体系。此外，人类命运共同体是中国学术思潮的一部分。尽管目前中国尚无能够解释和理解这一知识领域的学说，但"人类命运共同体"构建了一种概念和理念，能够丰富国际关系理论。

中国为什么提出构建"人类命运共同体"？

中国在国际上的崛起和大国地位都表明，中国已经从发展中国家和边缘国家向发达国家和中心国家过渡。因此，这个国家已成为国际体系中的新极。

中国新的国际地位要求中国政府与国际社会其他成员建立战略关系，形成文明联盟；以改变世界秩序和国际体系原则为目标，在具备足

---

① 虽然中国官方将"人类命运共同体"译成"Community with A Shared Future for Mankind"，但"Community of Human Destiny"才是最忠实的英译。

够能力和外部条件的情况下，增强国家实力，构建"中式和平"。

中国实施"中式和平"，需要有相应的实力和有说服力的意识形态，来说服其他大国接受中国在国际体系中处于主导地位的合法基础。"人类命运共同体"、"一带一路"等倡议，是巩固这一大国新极的政治手段。

因此，中国当前的国家行为将其外交行动定位为：达到世界秩序的第一位（国家利益的最大限度）或维持世界第二大国家的地位（国家利益的最小限度）。同时，中国也尽量避免实施过去大国的"炮舰外交"。在不使用武力的情况下实现其目标，这是长期的挑战。为了表明中国不同于西方列强，中国外交在国际事务中强调和平、发展和儒家思想（孙岩峰，2016）。

"人类命运共同体"是什么？

2012 年，胡锦涛主席在中国共产党第十八次全国代表大会中首提"人类命运共同体"。胡主席在讲话中提到："合作共赢，就是要倡导人类命运共同体意识，在追求本国利益时兼顾他国合理关切，在谋求本国发展中促进各国共同发展。"（胡锦涛，2012）可以看出，这一段出现了两个关键词："命运"和"利益"。

2017 年，习近平主席在联合国日内瓦总部发表演讲时强调，"中国方案"是构建人类命运共同体（习近平，2017）。习主席还阐明，《威斯特伐利亚和约》确立的平等和主权原则是构建人类命运共同体必不可缺的基本遵循（习近平，2017）。几个月后，赵可金教授（2017）指出："总之，人类命运共同体的理论价值在于纠正和超越了近代以来西方现代化道路、理论、制度，其是一种道路创新、理论创新、制度创新、文化创新。"

2018 年 3 月，第十三届全国人民代表大会第一次会议通过宪法修正案，在序言部分第十二段写入了"构建人类命运共同体"。最近，张少义（2019）断言："人类命运共同体是秩序观，也是价值观；是利益共同体，也是价值共同体；是责任共同体，也是行动共同体。"

中央党校（2018）在《光明日报》发表的一篇文章中解释了中国的

倡议。中央党校确定了四个外交方向：一是走出一条有中国特色的大国外交新路；二是为实现中华民族伟大复兴创造良好外部条件；三是深化和丰富和平发展战略思想；四是推动建设新型国际关系，构建人类命运共同体。最后一点是该倡议的核心重点。

改变秩序或改变体系，抑或两者都改变？

人类命运共同体的目标与建立新型国际关系有关，即改变世界秩序和国际体系。具体而言，国际关系发生了四大根本性变化：（1）体系变革；（2）体系变更；（3）秩序变革；（4）秩序变更。

国际体系是由大国组成的多头政治，各国在权力分散的结构中相互联系，并以协调原则进行约束管理。任何想要"变革体系"的行为者都必须改变其基本单元、结构或原则。这是随着近代欧洲中世纪体系的崩溃和三个成分的根本性转变形成的。威斯特伐利亚体系的国家主义政治、分权结构和协调原则分别取代了教皇和神圣罗马帝国的双头政治、集权结构和等级原则。鸦片战争后，西方列强摧毁中国的朝贡体系时，也出现了类似的情况。因此，改变这一体系意味着改变其三个成分，并对国际关系进行政治变革。

"体系变更"是指更改，它不会从根本上改变体系的基本单元、结构或原则。以"集体安全"为例，这是该体系最大的创新点，它在《国际联盟盟约》（1920）中付诸实践，并在《联合国宪章》（1945）中得以延续。它对国际关系的影响如此之大，以至于卡普兰（1957）和基辛格（2001）等著名学者错误地认为，"集体安全"体系淘汰了权力均势体系。尽管"集体安全"在《国际联盟盟约》和《联合国宪章》中是一种新机制，但在两次世界大战期间（1918～1939年）和第二次世界大战之后，均势仍然是国际关系的基础。"集体安全"是指面对未来不确定的冲突时，在决策方面具有灵活性的永久性联盟。它需要大国之间达成共识，并涵盖所有受限于国家利益、权力关系和权力均势的国际问题。这不是体系变革，而是体系的相应变更，因为国际关系仍然受到政治均衡原则和国际法构成的国家行为的制约。此外，殖民主义和非殖民化也是这一体系的另外两大变更。

其他两种变化与国际秩序有关。它们指的是"秩序变革"和"秩序变更"。当前国际关系理论争论的焦点正是找出产生这些变化的原因。国际秩序显示了大国在国际体系结构中的地位（Waltz，1979）和由此形成的一个历史时期的权力关系格局。这些关系受到政治均衡原则和国际法的约束，也就是说，这是在特定历史时期汇编大国政治行为的一套法律规范和原则。

均势能够防止国家单方面改变国际秩序，并为该体系提供生存能力。这是一项政治原则，可以机械地重组大国之间的关系，防止一个国家控制整个体系，并且能够将其他国家也纳入世界大国中，正如亚当·斯密（Adam Smith）以"看不见的手"调节经济。因此，单边主义就是把经济垄断概念转移到国际关系上，与国际体系无关。单极秩序意味着一个国家作为一种超国家力量凌驾于其他国家之上；该体系的前身是欧洲中世纪体系和中国朝贡体系（Oviedo，2003：52-72）。

原则上，国际秩序是随着大国实力的变化而改变的。但是，如何区分"秩序变革"和"秩序变更"呢？当主要大国的权力和合法性从根本上被改变时，就会发生"秩序变革"。大国权力基于物质和非物质的能力（Morgenthau，1986）。当大国权力随时间而演变，就构成了大国兴衰更替（Kennedy，1997）。合法性为权力格局提供了理由论据，赋予了体系稳定性和协商一致的治理方式。由于秩序是动态的，国际体系的历史演变表明，权力关系的变化和对既定秩序合法基础的质疑，为秩序的转变开辟了道路，使其能够转变为两种主要模式：改革（或秩序变革）和改良（或秩序变更）。

上一次国际秩序的革命式改变（即秩序变革）发生在1991年，当时苏联解体意味着两极格局结束，并塑造了以美国为主导的国际秩序。然而，尽管苏联解体导致冷战结束，但二战期间形成的规则和制度在秩序更替后依然存在，且在某些地区，如东亚，保持着相同的政治格局。

从威斯特伐利亚体系开始，就发生了体系变更、秩序变革和秩序变更（虽然最终也都是体系变更），但是没有发生体系变革。当前，由于中国是世界第二大经济体，并与其他大国共同管理国际秩序，因此中国和平崛起使国际秩序发生了变化。但是，中国一直未能改变这一秩序，即从"美式和平"过渡到"中式和平"（中国主导或非中国主导的秩序），因为中国在这方面仍缺乏足够的实力和共识。

但是中国改变体系的能力更小。从目的论的角度来看，我们时常以为中国是为了洗清"百年国耻"而试图实施另一个体系，来取代威斯特伐利亚体系，进行报复。但由于体系的阻力，这几乎是不可能的任务。事实上，中国应该更换基本单元、权力结构或协调原则这些主要成分。威斯特伐利亚式逻辑总是自动阻止一切想要消灭该体系的霸权主义。这就是国际体系的巨大能力，能通过既定的政治和法律原则，使各国融合、社会化和保持相互联系。

迄今为止，还没有出现"中式和平"和中国朝贡体系复兴的现象。然而，中国崛起是有重大意义的，因为它进入了对"美式和平"（进行秩序改革）的挑战阶段；尽管诸如台湾问题等内部因素限制了首先解决国家统一的行动能力。正如意大利和德国在 19 世纪下半叶完成了统一，当今中国外交政策的中心目标也是实现中国的统一。

进退两难：利益与命运

由于大国关系建立在利益共同体的基础上，人类命运共同体与国际关系之间存在着严重的分歧。命运是"大同"思想的一部分。在威斯特伐利亚体系中，利益组织着国家之间的关系。而问题的关键是命运与利益之间的对抗。

人类命运共同体强调共同的命运。然而，如果我们认同命运是人类无法控制的事物，那么分析命运就是毫无意义的学术工作，因为在孔子看来，"道之将行也与，命也；道之将废也与，命也"（Analects，14.36）。事实上，人民、国家和人类都不知道自己的命运。但人类如果连自己的命运都不清楚，又怎么能构建人类命运共同体呢？又如何从国家利益共同体过渡到人类命运共同体？没有超国家的全球治理机构，谁来决定人类的命运？国家领导人又怎么能代表每个人的命运？另一方面，子曰："小人喻于利"（Analects，4.16）。如果我们将孔子的利益观运用到现代，那么资本主义应该是由小人组成的经济体系；而维护国家利益的国际体系就是由"小国"构成的不道德体系。

利益分为共同利益和利益冲突（Friedrich，1968），命运也应该有两个方面：共同命运和命运冲突。人类命运共同体、美国"天定命运论"和其他国家对自己"命运"的主张是相互矛盾的。此外，其他国家可能不愿参与中国提出的"共同命运"；除非这种命运的具体表现代表了这些国家的利益，并且在这种情况下，另一方将必定获得潜在的收益，这才能进行合作。如此一来，人类命运共同体也就成了利益共同体。

正如国家利益在国际体系中主导国家关系一样，中国希望人类命运能够凝聚新的全球关系。然而，尽管国家利益论已成现实，但人类命运论却尚未得到落实。此外，儒家的命运论并不能帮助我们建立新的全球关系准则。我们可以详细地了解国家利益，但人类的命运是人们无法控制的，是难以理解的，并且是无法通过理性来理解的。因此，到目前为止，人类命运共同体是一个威斯特伐利亚体系原则支持的抽象概念。

未来展望

中国是国际体系的改革者，但中国为全球治理提出的新原则尚未付诸实践。当然，这是因为中国在近代国际关系上发展欠佳，但是这种情况正在迅速改变。

自 20 世纪 80 年代以来，中国专注于外国书籍的翻译工作；到 90 年代末，国际关系的研究已经转向分析西方的学说；如今，中国学者试图用中国的观念和思想丰富国际关系。当然，如果中国的实力继续增强，这种趋势还会增长。这就类似于国际关系从欧洲跨越到北大西洋后，权力不再由欧洲国家掌握，而是由美国主导。这种权力的转移伴随着国际研究中心的迁移，这些研究在美国创立，并为国际关系的主要理论注入了生命力。

或许，中国在未来会成为国际关系研究的中心，但目前中国还未充分展示这一领域的知识。人类命运共同体是一个特例，因为它表明了中国试图以自己的理论为国际关系研究做出贡献。

参考文献

FIEDRICH, Carl J. , *El hombre y el gobierno. Una teoría empírica de la política*, Tecnos, Madrid, 1968.

HU, Jintao, *Report to the Eighteenth National Congress of the Communist Party of China*, Beijing, November 8, 2012.

KAPLAN, Morton, *System and Process in International Politics*, John Wiley and Sons, New York, 1957.

KENNEDY, Paul, *Auge y caida de las grandes potencias*. Plaza & Janes, Barcelona, 1997.

KISSINGER, Henry, *La Diplomacia*, Fondo de Cultura Económica, México, 2001.

MAQUIAVELO, Nicolás, *Obras Selectas*, Editorial Gredos, Madrid, 2011.

MORGENTHAU, Hans, *Política entre las Naciones. La lucha por el Poder y la Paz*, Grupo Editor Latinoamericano, Buenos Aires, 1984.

OVIEDO, Eduardo Daniel, " Análisis del concepto multilateralismo en la política internacional", *Diplomacia* 94, pp. 52 – 72.

The Analects of Confucius, Chinese version.

WALTZ, Kenneth N. , *Theory of International Politics*, Random House, New York, 1979.

XI, Jinping, "Work Together to Build a Community of Shared Future for Mankind", United Nations Office in Geneva, January 18, 2017.

习近平，《共同构建人类命运共同体—在联合国日内瓦总部的演讲》，新华社，2017 年 1 月 19 日。

张少义：《人类命运共同体：维护世界和平与发展的"中国方案"》，《江西日报》2019 年 3 月 25 日。

赵可金：《人类命运共同体思想与中国外交新方向》，人民论坛，北京，2017 年 12 月 20 日。

中央党校习近平新时代中国特色社会主义思想研究中心，《中国外交理论和实践的重大转型》，《光明日报》2018 年 9 月 19 日。

孙岩峰：《中国儒家思想与"中拉命运共同体"》，现代国际关系研究院，北京，2016。

（李芷晴 译）

国际社会携起手来，为了人类共同的未来

拉基兹·阿里·穆罕默德·阿尔·扎雷尔（Rakez Ali Mahmoud Al Zareer）
约旦大学战略研究中心研究员

引　言

这项研究的框架内容是：中国政府在国际社会各成员国之间发起不同文明的对话，祝贺中华人民共和国成立 70 周年，以及中国为开展人道主义对话而付出的努力，旨在为全人类创造更安全、稳定和繁荣的未来。

在这种情况下，国际社会，特别是包括阿拉伯世界在内的发展中国家，在各个领域和各个部门面临着更多叠加的挑战，并站在这些挑战变化的最前沿。

这就是为什么我们越发紧迫地需要社会之间相互合作，进而造福人民。国际社会的合作已成为当务之急，必须予以认真对待。而国际合作在许多技术、文化、工业、经济和政治方面以及对国际合作的扶持等方面都有积极的影响，例如人权、集体与和平安全及其对减少全球恐怖主义的积极影响。

从这个观点出发，本研究将着重于解释对国际社会的思考，因为本研究的重点是陈述和探索国际合作的挑战。国际社会为人类共同的未来而合作是一个重要课题，因此有必要以科学的逻辑思维方式进行讨论和介绍。基于此，本文将分为五个主要话题。第一部分：国际合作及其对人类共同未来的技术、文化、工业、经济和政治的影响。第二部分：国际社会将为了保护人类的共同未来而在保护人权方面开展合作。第三部

分：国际安全和联合国在实现集体安全中的作用。第四部分：在反恐怖主义中为人类的共同未来开展国际合作。第五部分：人类未来共同面临的挑战。

研究目的

写作本课题的兴趣源于当今中国日益增长的国际地位和影响力，其在国际交流中发挥的重要作用，以及为了应对人类社会未来共同面临的人道主义挑战而开展的国际对话。

研究问题

1. 技术、文化、工业、经济和政治的国际合作基础是什么？它们对人类共同未来的意义是什么？

2. 国际社会为了人类共同的未来，在保护人权方面有哪些合作？

3. 出于集体安全的国际合作有什么样的原则？而联合国在其中发挥了什么样的作用？

4. 为了人类共同的未来，国际社会在打击恐怖主义方面开展的国际合作需要遵循什么样的原则？

5. 未来全人类面临的挑战是什么？

研究方法

将运用以下的研究方法：

1. 调查法：在先前相关研究发现的基础上，明确关于该研究课题的概念。

2. 分析法：为了提出合理的科学概念，参考书籍、文献和先前的研究。

话题一：在科技、文化、工业、经济、政治领域的国际合作及其对人类未来的影响

前言：

国家与社会寻求合作，而这种合作反映在技术、文化、工业、经济、政治以及现代国家的国际关系上，因此这种合作产生了许多积极

的效益，并将显现出来。本话题下的相关内容可以分为以下几个方面：政治的影响，科技的启迪，文化的思考，工业的启迪，经济的影响。

第一个方面：政治的影响

总体上，对政府的政治影响表明政府的重要地位受到动摇，而随着国家倾向于自愿或强迫性地放弃主权的传统表现形式，新的全球政治决策中心出现了。

世界见证了非常重要的事件，而这些事件推动了国际体系的变化，最显著的事件是美国和苏联之间采用了和解政策，20 世纪 80 年代两国之间的冷战结束。另外，时任美国总统罗纳德·里根（Ronald Reagan），苏联总统米哈伊尔·戈尔巴乔夫（Mikhail Gorbachev）共同签署了军备控制协议。1990 年拆除柏林墙。

"同一个世界中的邻居"是一个新兴体系的口号。在该体系中，国家将作为一个小型的国际村，引领一种建设性的模式，强调需要共同的价值体系、全球公民道德体系以及开明的领导能力。当下，政治和经济已全球化，政治已从选民投票、政府权力和统治者的权力中解放出来。而政府机构和代表机构不再做出决策，但决策已成为全球事务。

当代世界以一种深刻而独特的方式影响了我们今天正在经历的变革，现代经济通过与之相连的网络扩大了商品、技术、服务、资本和通信工具交换的动力，因而经济正在经历更为复杂的整合。从这个意义上而言，我们必然要假设政府绩效的标准发生了结构性变化，经济国际化、全球化或融入全球化经济网络的国家被纳入国际化或全球化的体系。在这里，国家主权的实质空缺。由于放弃立法领域的主权，国民经济也已全球化、国际化，民族主义者不得不完全依赖国际合作机制。

全球化的最大弊端之一是彻底废除了民族和区域特性，以及不同特性在全球范围内的融合，主要有以下几个方面：个人抑或大众都受其影响，丧失个人权威，放弃亲缘关系，完全摒弃民族和区域文化，与其地区的历史与文明遗产间有疏离感。一个人从父辈和祖辈那里继承了一种新的文化形式，这种文化形式关乎全人类，并非针对特定地理区域的人们。要摒弃国家利益，特别是在国家利益与国际合作的利益及其在各个领域的趋势冲突的情况下。要欢迎国际合作，更为广泛地对外开放，与任何阻碍我们实现目标的势力作斗争，尤其是以下两种情况：第一，和我们利益冲突的势力无法捍卫其自身权益；第二，本地区的政权实体赢弱。

第二个方面：科技的启迪

技术是国际合作最重要的成果。中国通过经济发展，在技术领域取得了巨大进步，使各国能够运用技术，而不同文化、民族和文明之间得以和睦相处，开展国际贸易。在人道主义和社区合作的发展与现代化中，中国运用技术，取得了巨大成就，使第三世界国家受益。

每个人都知道，受过教育和训练有素的人，无论是科学家，技术人员，经济学家还是技术工人，在任何国家都是最宝贵的财富，而许多阿拉伯国家花费数百万美元在国内外培养这些人才。人才最有能力，最有效率，最能为国家的建设和进步做贡献。如果是德才兼备之人，就能在其岗位上发光发热。而国家仍将继续适应现代民族国家的需求，不断发展适应本国的技术。

技术进步是国际合作的推动因素之一。世界正在进入太空、军备、微电子、基因工程和可再生能源领域的信息时代、新技术时代。这一发展带来了国际社会的重大变革，特别是在管理和经济领域。最大的金融和生产机构可以通过互联网和电信设备进行管理，因而不会出现边界、距离和其他问题。这些技术使机构能够获得与他们当前状况有关的任何信息。

自20世纪下半叶以来，人们见证了许多重大的变革，如科学技术的革命，体现在信息、图像、观念和通信方式的发展。这些变革影响了全球各国的社会、经济、政治和文化等方面，同时也进一步消除了各国、各地区间的界限与分歧。这正是全球化最为重要的方式之一，而变革最为重要的特征之一就是普适性，并致力于消除人与人之间的差异，无论他们生活在何处。而文化成为关注的焦点，人们为自身的地域文化感到自豪，可以体现出他们的身份认同和地域特点。

发达国家和发展中国家之间存在技术的差距，这将使得工业化国家在很长一段时间内保持信息领域的统治地位。而发展中国家也将受到影响，例如阿拉伯国家，面对西方的技术优势，将无法维持其政治独立性和文化安全。这些国家也很可能面临本国信仰、思想和意识形态的崩塌，与本国政治、文化和社会体系的冲突。

未来各国之间的竞争旨在夺取科技的控制权。因此，谁控制了互联网技术，谁就能够在未来占得先机。

当今这个时代的市场和竞争实际上符合达尔文的适者生存理论。无法竞争的国家、民族和人民没有光明的未来，这是因为发达国家和发展中国家之间存在巨大的技术差距。

而国家发展技术也会带来积极影响，促进国际合作，通过参与通信技术和信息的革命，使人们受益。而通信技术的传播可能会支持某一文化内部的文化多样性，允许社会中所有文化群体进行自我的文化表达。媒体的私有化并且允许私营部门的投资可能会加强民主，扶持民间的社会机构。

第三个方面：文化的思考

国际文化合作旨在建立一个无文化界限的世界，思想、信息、新闻、价值观以及社会风尚在全球范围内自由传播，而政府的干预很少。

文化领域的国际合作开创了全新的时代，其特殊性源于 20 世纪 90 年代关于智力和价值判断以及行为发展的理论，并处于理论发展的前沿。不同的文化兼容并蓄，相互影响。那些历史上文化孤立的地区现如今也实现文化开放。"文化开放"的出现，是因为国际合作的文化表现形式开始通过以下的方式呈现：

卫星电视和互联网等通信和信息技术飞速地发展，理念、思想和价值观在各大洲自由地传播。然而，在人类历史上，未曾有如此规模的开放和探索，因而人们无法控制思想、观念和价值观的传播。

信息可以自由流通，社会趋势、人们的喜好以及新闻可以自由传播。电视、电话、电子邮件和互联网成为数以百万计的人相互沟通的桥梁。

通过发展旅游业，不同国家的人可以自由流动，这在人类历史上是前所未有的。而迄今为止，旅游业的增长是单向的，这可能是因为国家之间的收入不平等。

消费文化在全球范围内传播，青年人到全球各地求学、生活，这些都是前所未有的。当今世界的一个重要标志就是消费文化及其背后的数字。西方的商品文化，尤其是美国的商品文化遍布全球，广受欢迎，无关乎某一国家或地区的经济水平、消费文化、价值观或趋势。

第三世界的人民已经被美国输出的大众文化吞噬，这是一种侵入性文化，而不是一种精英文化，其中更是缺失了文化的平等性。这种美国文化在阿拉伯伊斯兰世界的年轻人中广受欢迎，而年轻人在未来要承担责任。美国文化的盛行源于民族文化教育的缺失。我们应当看到，美国媒体在弘扬其国家形象时发挥了重要作用，例如好莱坞的电影业，电视新闻业以及出版行业。

我们能够看到，最为突出的负面影响是民众日益淡泊的文化身份认同，消费文化的盛行以及对普通人创造力的扼杀。

第四个方面：工业的启迪

大多数国家采用的发展战略是不可行的。这些国家已从半自给自足转变为对外国资源的完全依赖，这并没有导致制造业的出口增加，而是继续依赖战略性行业，特别是石油产业。阿拉伯国家的工业发展体系极不稳定，原因有两个。其一：以石油和天然气开采的战略性工业为主导，主要是数量有限的矿物和非金属矿石，以半定向的方式输出。其二：总体上，工业生产基础较薄弱，单一。非石油化工的制造业仍以轻工业为基础，包括食品、纺织、服装以及较小规模的机械和运输装备。这些产业都在小型企业中建立。

石油是阿拉伯国家的工业命脉。石油的商品属性，各类衍生物以及广泛的用途使其在经济和政治上的重要性日益增长。在可预见的未来，石油仍将占据重要的战略地位。世界各国，尤其是美国和其他工业化国家为了本国利益，正竭力控制石油资源。海湾阿拉伯国家是世界上主要的石油输出国，与全球总储量相比，其储量位居前列。

第五个方面：经济的影响

毋庸置疑，对于经济的影响是国际合作最重要的成果，包括阿拉伯国家在内的第三世界国家已从中受益。通过研究，我将回顾国际合作在经济领域的成果。

国际经济合作旨在建立一个没有"经济边界"的世界。在全球范围内，经济活动通过跨国公司进行，这些公司超越了传统国界的限制，得以自主地管理其所有生产业务。

我们能够看到全球贸易的增长，技术和资本的流动以及跨境就业的出现。与此同时，跨国公司的数量显著增加，通过合并和集团化发展壮大，进一步增强市场与全球金融贸易的相互依存关系。贸易和服务出现私有化和自由化的浪潮。"热链接经济"应运而生。

超级大国完全控制了发展中国家的当地市场，尽一切力量制约当地企业，夺取这些企业的市场份额。超级大国还"边缘化"一部分国家，尤其是那些无法融入国际合作潮流，共享全球经济腾飞的国家。而这样的举措无法解决全球经济不平衡的问题。因此，发展中国家的经济可能在全球经济发展的潮流中落后。全球各国都将受制于新的市场规则，这将影响第三世界国家，尤其是国家的重建阶段，因为这种全球经济体系将增加难民从发展中国家到发达国家的流动。

国际合作最重要的优势之一是，通过各国的开放，国家之间的壁垒得以打破。在 20 世纪初，一系列国际机构推动了各国间商品和服务的自由贸易，全球经济得以稳定发展。

国际的经济合作推动了全球贸易的扩大和繁荣。据报道，许多国家和地区在 1970 年到 1993 年间的对外出口量有所增长。

阿拉伯国家开展经济的国际合作，依赖世贸组织协定。在工业发展方面，阿拉伯国家和其他发展中国家面临相似的局面，这势必加剧国与国之间的竞争，旨在获取国际市场的产品和工业服务。这些国家必须与世界银行及其附属机构，国际货币基金组织（IMF）和国际标准化组织（ISO）合作，以适应世界贸易组织（WTO）在全球范围内的经济政策。这意味着这些机构对包括工业部门在内的全球经济发展都有绝对的"话语权"。乌拉圭公约中有一些例外，允许发展中国家在特定情况下对贸易施加限制，支持国内产业发展，但前提是必须在全球范围内的统筹协调之下。

话题二：为了人类共同的未来，国际社会在人权保护领域的合作

人权的概念是一种社会建构，与人类起源或存在相关。另外，人权这一概念和满足人们的需求，使其过上体面的生活息息相关。人们的需求包括个人生存的所有基本需求，包括生理、心理及物质需求。人们也需要在工作中发挥自己的创造力。此外，每个人都享有不受侵犯的隐私权。从这个意义上来说，人权有其法律基础，即满足自身或他人的基本需求。例如，《世界人权宣言》第 25 条规定，社会必须满足个人对食物、住房的基本需求。1948 年 12 月 10 日的《世界人权宣言》中也有类似的规定。

本话题将分为以下两个方面展开论述：人权与《世界人权宣言》和民主与公民社会原则。

人权与《世界人权宣言》

这一部分的论述可以分为三个方面：人权的定义、《世界人权宣言》以及加强公民社会建设。

人权的定义

在《联合国人权宣言》中，人权的定义如下：一般而言，人权是人与生俱来的权利。没有人权，我们就不能作为人类生活。

人权建立在满足人们需求的基础上，尊重和保护每个人的自尊和价值。

《世界人权宣言》曾指出，尊重人权和人的尊严是世界自由、正义与和平的基石。

人权是每个人都享有的，无差别的权利。无论在何种情况或政治制度下，尊重人权是前提。任何个人或团体的人权在任何情况下不得受到限制，除非他们侵犯了他人的权利。

联合国于 1945 年成立。后来，领导人会议强调，有必要将人权条款纳入《联合国宪章》。《联合国宪章》的起草是在世界政治动荡的背景下进行的。这些关于人权的原则，体现了联合国和一些非政府组织的共同努力。目前，越来越多的监督组织开展人权监察，人权思想也广为传播。因而，捍卫人权的运动日益盛行，鲜有公然反对人权的国家。

1993 年，世界人权大会召开，就"文化相对主义"展开了讨论，旨在探寻如何将人权的理论化为实践。

《世界人权宣言》

任何关于人权的定义都离不开《世界人权宣言》。1948 年 12 月 10 日《世界人权宣言》发布，见证了全人类为了追求更好生活而走过的漫漫长路。而该宣言也象征着人类追求公平正义的征程。

加强公民社会建设

《世界人权宣言》的条款保障了个人的自由，各项国际公约和宪法。

民主和公民社会原则

毋庸置疑的事实是，政府机构要关注实现工作背后的目标。政府机构本身并不具有价值，而是从委托其完成的工作中产出价值。政府机构要完成上级规定的目标，促进民主的发展，允许公民的政治参与，把控社会的舆论导向。如果控制公民的意识形态，而没有让公民真正地参政，这是意识形态的本质问题（阿里丁·希拉勒）。

根据统治阶层盛行的政治文化以及全社会传播的意识形态，可以确定政治制度的性质是民主还是专制。从这个意义上来说，确定民主和公民社会的概念对于确定不同机构，特别是民间社会机构对民主建设和实践的意义至关重要。

公民社会

公民社会这一概念最早出现在古希腊。亚里士多德曾说过：政治团体受法律约束。但是他没有区分"政府"和"公民社会"。在欧洲传统的政治思维中，政府就意味着公民社会，而一个政治团体由公民组成，这些公民认可政府的法律，以此来约束自身的言行。"公民社会"这一概念的发展如下：

伴随着 18 世纪资本主义生产关系的发展，"公民社会"这一概念应运而生，由此显现了政府和公民社会的区别。政治权力集中化的问题被提出，而社会运动是防止"暴政"的合理途径。

18 世纪末，西方政治思想强调，政府应重视公民的利益，而公民社会必须管理自身的事务。在 19 世纪，"公民社会"这一概念迎来了第二次转变，马克思认为公民社会是阶级斗争的舞台。在 20 世纪，葛兰西（Gramsci）在公民社会问题中引入了新的概念。其中心思想是，公民社会不是经济竞争的舞台，而是意识形态竞争的舞台。他从政治控制和意识形态权威之间的区别开始论述。

伴随着 17、18 世纪欧洲资本主义的发展，社会划分为利益各异或相互冲突的阶级，阶级斗争加剧。资产阶级（即统治阶级）必须实行有效的机制，处理和遏制这种冲突，以确保社会的利益和稳定。欧洲资本主义已经通过两种机制成功实现了这一目标。其一：政府机构直接进行管理。其二：在思想文化方面，个人可以自愿参与非政府组织的活动，从而解决他们的社会问题。"意识形态霸权"这一机制的重要性在于，它强调了各类社会群体对资本主义制度价值观的认可，接纳资本主义制度，并捍卫自身利益。从而确保统治阶级（资产阶级）有能力管理社会冲突，以支持制度的基础。由于这样的历史发展，资本主义及其意识形态有三个不同却又融为一体的概念：社会，政治社会，公民社会。

社会是包括全人类的，最全面的框架，在特定的经济和社会体系中调节人际关系。一个社会在各类团体的冲突之中不断发展。而政治共同体是政府的社会，其中包括各类机关、组织和政党。

公民社会由个人和非正式团体组成，这些个人和团体在教育、经济、家庭、卫生、文化、慈善和其他领域中发挥作用。公民社会由非政府组织、劳动和专业工会、企业、商会、工业等组成。倡导公民社会，旨在使这些非政府组织在社区事务的管理中承担更大的责任，从而在很大程度上成为自我管理的组织。家庭、部落、氏族、族裔、宗派或宗教团体都属于公民社会的范畴，但不包括政治和政府机构。一些机构和非政府组织开展志愿服务，这些机构和组织是公民社会的一部分。

但我们不可以就此得出结论，公民社会、官方社会和政府之间存在绝对的冲突。在软弱的政府之下不可能有强大的公民社会。因而，公民社会和政府之间应该角色互补，而非毫不相干。

将政党置于"公民社会"的定义之外，并不意味着政党与公民社会不相干。事实上，政党要为社会力量表达其自身利益，使社会力量在政府中获得权力。因而，政党热衷于公民社会机构的事务，并乐于从他们的队伍中招募人才。

"公民社会"的定义

一方面，人与人之间存在关系；另一方面，政府和个人之间也存在关联。这种联系的基础是利益的交换、契约、一致、谅解、差异、权利、义务和责任。而公民在有需要的时候可以追究政府的责任。这一双向的关系在现实中可以映射各类社会机构的运行。一方面，政府的合法性是通过基本原则而建立起来的，如经济、文化和人权。另一方面，公民可以对政府问责。

公民社会在很大程度上不受政府的直接监督。公民社会的特点是自治、自发组织、个人和集体的创新、志愿服务，热心公益以及捍卫弱势群体的权利。

在对"公民社会"这一理念的出现及发展历程开展学术和实证研究之后，人们认为，公民社会由一群自发组织组成，它们填补了家庭与政府间的公共领域。公民社会的职责是维护公民的利益，为公民提供服务或进行各类人道主义活动。此外，公民社会重视其价值观和标准，包容开放，很好地协调社会中多样性和差异性的问题。

公民社会有四个基本的组成部分

自发的行为

具有组织的架构

接纳自身和他人的差异及多样性

不谋求权力

公民社会的组成部分

公民社会机构属于社区组织的范畴，有成员开展一般工作、专业工作或志愿服务。公民社会的成员身份并非基于血缘或亲缘关系，如家庭，氏族，种姓和部落。因此，公民社会最重要的组成部分见表 1：

表 1   公民社会的组成成分

	专业工会
–体育和社交俱乐部 –青年中心和学生会 –工商会团体 –非政府组织，例如妇女权利保护中心以及发展和环境中心	–．贸易协会 –．社会运动 –．合作组织 –．私人协会 –．大学俱乐部 –．新闻、媒体和出版自由 –．研究中心及文化协会

公民社会的重要性

公民社会的重要性伴随着社会机构的发展而日益凸显。公民社会可以组织动员人们关注与人民群众生活息息相关的政策方针，公民社会可以唤起人们的"主人翁意识"，进行制度建设，提倡公民事务，强调公民意愿，呼吁人们包容开放，推动社会的重大变革，而避免统治精英大权在握的现象。

公民社会是资本主义社会中政治、经济和思想文化发生冲突的地方。"资产阶级"在其中实行文化专制，维护上层阶级的霸权。

工人阶级和劳动阶级必须面对甚嚣尘上的资本主义和文化意识形态，从而增强公民社会机构的独立性，强化其保护普通百姓免受政府权力干预的作用，加强其实行集体权力的能力。从这个意义上来说，公民社会是民主的支柱之一，在民主的建设和发展历程中发挥了重要作用。

话题三：国际安全与联合国在实现集体安全中的作用

第一个方面：国际安全的理念

通过有效的实行国际安全体系，可以消除在国际关系中动用武力和武装暴力的可能。在面对国际社会的强大力量时，任何意图武力侵略的国家都会退缩，因为其深知这其中的风险和结果。比方说，A 国家威胁了 B 国家，则 C、D、E、F、G 等国必须代表国际社会采取行动。任何一国意图动用武力，则必将与国际社会为敌。

国际安全体系中的重要组成部分如下：

1. 国际组织的职责是维护国际和平与安全，实现集体安全体系的目标。最早采用这种体系的组织是国际联盟，该联盟是根据《凡尔赛条约》（1919 年）建立的。后来，联合国成立，在《联合国宪章》第一条中就明确要"维护国际和平与安全"。

2. 国际安全体系的一项重要职责是，各国要为了维持现有秩序而努力，国际组织的各成员国应做好战斗准备，维护世界和平。

3. 国际安全体系必须以客观公正的方式运行，各国政府必须客观地应对影响世界和平与安全的问题，不能有偏颇地表达立场。举例说明，法国应准备保卫德国，英国应愿意参加对美国或俄罗斯联邦的集体制裁。国际安全并不认可传统的友谊或长期的敌对关系，也不支持联盟。两国之间应做出承诺，共同捍卫国家安全，而两国间的"互信"至关重要。相反地，如果两国间缺乏"互信"，尤其在政策实施方面，国际安全体系会出现动摇。如果没有先前的成功经验，国与国之间的政治互信需要双方的信任。

4. 国际安全体系需要各国的参与，所有国家都应加入这一体系，包括有利益冲突的国家。由于国际安全并不明确潜在的威胁，其假定任何国家都可能成为侵略者。任何威胁都会引起国家的重视。若某一国未被纳入这一体系，则意味着国际社会对其政权的合法性存疑。

5. 国际安全体系在特殊情况下可聚集各国的力量，以抵抗侵略者。这需要各国集体意志的捍卫。在此需要指出的是，国际安全体系的既定目标是维护世界和平，而非各国间权力的制衡。冲突是国际关系的常态，因而需要平衡各国的权力。但国际安全体系基于合作的国际关系，各国有共同的国家利益和维护世界和平与稳定的目标，并通力合作。

第二个方面：国际安全是实现世界和平的途径

国际安全的必要假设是，很可能会爆发战争，但一定可以阻止战争的爆发。国家之间的冲突可能由不理智的情绪所致，可能是精心策划的结果，抑或是解决国际争端的途径。发动侵略和战争，无论是意图还是行动，都违背了普通民众的意愿。联合国维护了国际和平与安全，联合国安理会要代表各成员国来行动。在各成员国的协助之下，安理会在国际问题上应采取合理的举措。

第三个方面：联合国及其在实现集体安全体系中的作用

联合国提出集体安全或国际安全的理念。在实际情况中，各国要实施集体安全的举措。这是国际组织中各成员国要遵循的原则，进而维护国际和平。为了使集体安全体系实现其目标，有必要建立科学管理的组织，通过动用军事力量维护国际和平。仅仅建立一个有效的集体安全体系，而不对军事力量有所约束，是无法维护国际和平的。集体安全体系的职责还包括：维护国际和平与安全，通过和平方式解决国际问题与争端。在解决问题时要遵循公平、公正、法治的原则，也要以维护国际关系为目标。在解决冲突时，若未能使各国达成一致，要发展各国间的友好关系。

《联合国宪章》第 39 条指出了在面对公然威胁国际和平的情况下，各国应采取的举措。第 44 条指出，可以不动用武力，采取和平方式。第 42 条允许动用军事力量，维护国际和平与安全。

《联合国宪章》第 41 条指出，安理会可以不动用武力，采取措施来执行其决议。安理会还可以要求联合国的任何成员国采取非武力的举措，这其中就包括第 43 条规定的中止经济改革或铁路建设。联合国的各成员国应做出承诺，安理会可征用其军事力量。而成员国要明确可征用军队的规模及类型，进而确保安理会可征用军队的军事力量和稳定性。《联合国宪章》的第七章专门针对威胁国际和平以及一部分国家实施侵略的行为。

《联合国宪章》中的规定允许建立相关的地区组织和机构，维护国际和平与安全。只要地区的组织和机构在开展行动时符合国家的宗旨和原则，其开展相应的行动就是合理妥当的。这样的地区组织和机构包括阿拉伯国家联盟和非洲国家组织。

联合国成功地干预了一些国际危机，阻止其发展成为主要大国介入的冲突。例如 1956 年的苏伊士危机，这是联合国首次面临可能引发大战的危机。当时组建了一支国际应急部队，由肯尼迪将军领导。联合国第二次干预的是 1960 年的刚果危机，这场危机可能引发大国间的暴力武装冲突。联合国通过派遣国际紧急部队前往刚果，使刚果政权和社会内部稳定下来，阻止内战转变为大国间的冲突，成功化解了危机。

联合国成功解决了这些国际危机。而海湾危机曾是威胁国际和平与安全的重大国际危机，联合国也成功地解决了这场危机。

海湾危机的突出特点是联合国力量的强大。联合国安理会能够发挥《宪章》赋予它的职能，对国际社会的安全负责。

伴随着新的世界秩序出现，新的术语应运而生：世界安全、国际兼容、大国制衡背景下的利益均衡以及武器装备的危险。

冷战的结束标志着联合国迈入了全新的时代，而联合国的基石则是各成员国间的相互理解与合作。但在苏联解体，世界单极化的大背景下，联合国还无法引领世界走向和平与安全。美国已间接控制了联合国。美国违背国际法，对联合国关于"第三次海湾危机"的决议置若罔闻，针对伊拉克发动战争。

联合国内部的安理会在海湾危机期间通过了许多决议，从伊拉克进入科威特开始到巴格达陷落结束，例如第 660、678、687 和 1441 号决议。

所有这些决议积极促进国际和平与安全，没有任何国家有权在无正当理由的情况下侵略另一个国家。联合国通过动用军事和经济手段，结束了这场危机，恢复了之前安全、和平的局面。

话题四：为了人类共同的未来，在打击恐怖主义方面开展国际合作

打击恐怖主义，需要各方的通力合作。国家、政府、学校和许多组织都应该竭力降低恐怖主义的威胁。许多国际协议和条款要求各国彻底根除恐怖主义。国际社会要携起手来，"恐怖主义"无国界，因而各国都应致力于根除恐怖主义。

为了进一步探讨这一话题，本文将从以下两个方面展开论述：何为国际合作，何为打击恐怖主义开展的国际合作；恐怖主义行径对于国际合作原则的影响。

第一个方面：何为国际合作，何为打击恐怖主义开展的国际合作

就合作与冲突的原则，我梳理了国际关系。各国建立国际关系的原则各异。两国之间建立合作或发生冲突，可能是国家的制度使然，抑或

和国家及地区形势相关。各国在不同领域有合作，主要是为了共同的目标和利益。各国也要应对各方面的威胁和挑战，政治、经济、社会、文化等方方面面。自美国9·11事件之后，我特别关注国际关系中的安全问题。全球不同地区都存在复杂多样的外部威胁。一部分恐怖主义又掺杂着极端宗教主义，甚至演变成"国际恐怖主义"。我们必须思考，如何打击恐怖主义，防止恐怖主义的蔓延。现如今地区冲突和能源冲突日益加剧，如阿拉伯国家和以色列的冲突，各国对水资源、石油资源等的争夺。现如今"国际合作"翻开了新的篇章，各国间就合作机制达成一致，共同实现国际人道主义社会的安全。

第一：基于相互理解的合作。国际合作要求各国共同解决国际问题。国际问题包括经济、社会、文化、人权等各方面。而各国为了共同的目标和利益也会在各领域开展合作。两国或多国要尽可能地消除差异，促进国与国之间的关系。

第二：伙伴关系。各国间的国际交往是在国际协定的基础上开展的。就商贸、经济、文化及科学等领域的国际交流而言，中国是阿拉伯国家最大的合作伙伴。双方可能没有一个特定的共同目标，但通过政策的实施，寻求更多的机遇和资源融合。

第三：融合。在各个方面，各国要致力于消弭差异，携起手来，在政治、经济、社会、文化及军事等领域开展合作。

各国相互合作，打击恐怖主义。遭受恐怖主义威胁的国家自发地联合起来，与恐怖主义行径作斗争，互换信息和技术，而这正是打击恐怖组织的前沿阵地。由于各国都面临恐怖主义的威胁，因而亟须开展打击恐怖主义的国际合作。这些恐怖组织的内部也有高度的合作。为了阐明这个问题，本文将从以下两个方面展开论述：军事对峙、政府数据及政治的解决方案。

军事对峙

政府可能通过直接的军事打击，摧毁恐怖组织的武装力量，进而消灭恐怖主义。为了实施有效的、地区或国际层面的军事打击，很有必要掌握恐怖主义的确切信息，从而实施精准的军事打击。

军事打击的类型各异，包括快速打击。在恐怖组织开展行动之前就实施打击，将恐怖主义行径扼杀在萌芽之中，避免人员伤亡。阿拉伯国家的历史上就曾有过极端恐怖主义的活动，政府通过派遣军队，打压了恐怖组织的嚣张气焰。

政府数据及政治的解决方案

各国政府都应在遭受恐怖主义威胁时开展必要的行动，打击、遏制本国范围内的恐怖主义。最为重要的措施包括：

1. 加强对港口和机场等国家主要出入境关口的监控，以防止恐怖分子携带危险器械入境。

2. 排摸恐怖组织的情况，便于及时发现恐怖分子。

3. 通过政府安全和情报服务收集有关恐怖分子和反政府政权的信息，并跟进国内外的组织，掌握其动态发展。

4. 建立重要场所的防卫体系，加强预警机制。

5. 发现有恐怖分子在国内渗透，立即开展行动。

6. 在必要情况下实施宵禁，必须阐明原因。不延长宵禁的时间，因为延长宵禁可能无形中便于恐怖分子开展行动。

7. 不提升防卫措施的级别，尤其是在机场等出入境关口，避免国内民众对于局势的恐慌。政府既要保障国内安全，又要让游客和本国公民安心。

民主的缺失，毋庸置疑，是全球任何国家恐怖主义泛滥的最重要原因之一。在民主制度缺位的情况下，没有新政权的诞生，也没有民主思潮，人们看不到生活的希望。而在民主制度之下，人们享有政治权利，而独立的政党可以公开透明地运转。

政党代表了所有的趋势、原则和思想，可以自主发行报纸，而任何有志于改革的人都能够加入政党，为实现改革目标出力。因此，政党无须默默无闻地在幕后工作。

每一个政党都可以通过其发行的报纸阐释政党的工作原则和目标。

在民主发展的历程中，各政治团体可以开展活动，通过合法的渠道自由地表达观点，在无官方的干涉下，对各自的观点和思想展开讨论。

民主的重要表现形式之一是国家顺应时代发展的变革。政府官员要进行人事变动，主要原因就是长时间从政带来的官僚主义和形式主义，在工作中出错，不考虑人民群众等。

政治的解决方案可以消灭恐怖主义，这要求政府接纳一部分人合理的基本要求，进而消弭争议。

在第四次工业革命的大背景下，恐怖组织和极端主义在运用先进技术。在打击恐怖主义的国际合作中，中国通过信息的发布和互换，取得了很好的效果。但各国仍要继续跟进恐怖组织借由先进技术发起的行动，尤其在网络安全领域。维护网络安全对于社会的安全、经济发展和每一位公民都至关重要。

第二个方面：恐怖主义行径对于国际合作原则的影响

暗杀、勒索和绑架是长久以来恐怖分子惯用的伎俩。这些恐怖主义行径主要是由个人策划并实施的。这些人反政府，反对和政府与社会运动紧密相关的公众人物。

恐怖主义无国界，而恐怖主义行径损害了两国或多国的利益，扰乱了国际秩序。在以下 4 种情况下，恐怖主义可以被列为国际性的犯罪活动：

1. 当恐怖分子或从事恐怖主义活动的人是同一国或多国的国民，而在其他国家实施犯罪活动。

2. 恐怖主义行径针对具有国际豁免权的人。

3. 在某一国策划了恐怖主义行径，而在另一国实施。

4. 在某一国实施了恐怖主义行动后，去往另一国寻找继续实施行动的机会。

现在的恐怖分子采取的行动和过去截然不同。过去的恐怖组织采取的行动仅仅局限于暗杀政府官员、公众人物和外交官，而现在的恐怖主义行径则包括劫机、劫持人质、扰乱破坏交通要道、轰炸居民楼、损坏电路、占领大使馆及国际组织的总部。

面对不断蔓延的恐怖主义以及恐怖分子采取的危险行动，打击恐怖主义的国际合作已变得尤为重要。

国际合作将继续为抵制恐怖主义奠定法律基础。全球的政府和非政府组织参与为打击恐怖主义而开展的国际合作。

为了打击危险的恐怖主义行径，开展国际合作是当务之急。在必要情况下，可以违背国际关系中"不动用武力或武力威胁"的原则。（《联合国宪章》第二条第四段）联合国不干涉国家内政，但有两个例外：个人和集体的正当防卫；当出现违背或威胁国际和平与安全的情况，或出现战争的迹象时，国际组织将介入。（《联合国宪章》的第41、42条）

数十年来，打击恐怖主义的行动使国际社会越发地意识到，在协调合作的框架下开展有效的共同行动是极其重要的。1972年，在联合国秘书长的倡议下，恐怖主义问题曾被列入联合国大会第二十七届会议的议程，但在这一方面未能取得具体的成果。

话题五：未来人类共同面对的挑战

在国际工业、商业和文明发展的大背景下，产生了具有约束力的，有国际标准的国际法，这被称为"综合管理"。因此，国际社会必须最大限度地调动人力资源，并在专业知识和经验的基础上建立专门的部门。

为了进一步阐述这个问题，本文将从以下两个方面展开讨论：国际社会合作面临的挑战和阻碍，未来国际社会合作发展的框架。

国际社会合作面临的挑战和阻碍

未来的世界将在很大程度上依赖科学技术、现代新发明、通信技术、电子商务、市场营销、媒体、广告以及顾客直接购买商品和服务。未来我们将惊讶于新的挑战，如第四次工业革命。我们需要适应各个领域的发展。社会和大众应通过紧密的合作，应对各种全新的产业。对于发展中国家的贸易体系，政府应更多关注科技设备。在明确的目标、有效的手段和一定时间内，建立工业体系，完成工业专利的研发。这并非难事，但需要政治经济的决策。因此，为了应对发展中遇到的阻碍，个人和机构都应做好准备。

主要的挑战是缺乏各国间的融合，例如在国际工业领域制定合作议题的一般原则、具体标准和推进完成有共同地区利益的项目，但最重要的挑战如下：

1. 在许多国家缺少合适的组织和战略架构，尤其是在工业领域。工业项目的发展缺少法律层面的理论引导。因此，经济融合对于地区和国际发展而言迫在眉睫。

2. 阿拉伯国家的国内市场规模有限，无法为其工业产品开拓广阔的地区市场。

3. 市场对于最受消费者喜爱的产品存在竞争。

4. 在阿拉伯国家重要的市场中，存在国际贸易集团。这些集团反对贸易自由化和世界贸易组织。其产品和国际上的商品货物展开激烈的竞争。而这些贸易集团应该创造好的条件，通过自由竞争，促进经济发展，提高人民的收入。

5. 通信与科学技术正在发生变革，国际贸易如火如荼地开展，各国间商品价格的竞争不断加剧，这种种变化使许多国家加入了国际合作的潮流。试想一下，石油价格不断下跌，这将推动经济发展，促进人口增长。

6. 许多国家都面临着百姓贫穷、失业、大病的问题，这一情况在非洲、亚洲和南美洲尤为突出。

7. 极端主义和恐怖主义。

8. 核扩散。

9. 科技发展。

10. 计算机系统的安全漏洞（网络安全）。

11. 减少、取消劳动津贴。

未来国际社会合作发展的框架

全球体系下的国际合作各有利弊，但利大于弊。各国应抓住发展机遇，努力创造收益。然而，由于各国的经济和工业水平不同，各国从国际合作中获得的受益也不同，决定因素包括了工业及经济发展程度、工业劳动力的生产力、工业发展过程中的行政效率以及该国在工业领域的相对优势。总的来说，生产力和服务是关键。各国要致力于投资基础设施和工业发展的研究，建立数据库、专利信息的网络以及国际技术数据库，大力培育工业和技术领域的人才。经济发展、行政管理和社会发展的需要不断变化，因而国家需要在不同产业间调整资源的分配。此外，要对于世界贸易组织协定的法规及制度做适当的修改。

尽管阿拉伯国家在工业发展领域取得了一定成就，建立了发展研究中心，培养了工业领域的人才，实施了联合或国际的工业项目，但阿拉伯国家未能达成其目标，仍有潜力可以挖掘，以抓住最好的发展机遇。这些国家应发展高收益的土地及建筑业，并努力使这些产业进入国际前列。

阿拉伯国家还应该关注科技，任何产业的发展都离不开接受科学知识的能力。此外，阿拉伯国家还应建立科学基地，在数据库的支撑下具备创新创造的能力；还应建立工业基地，推动技术发展，进行实际的应用性研究，并将科学技术的发展运用到现实场景中。

总 结

在过去的 70 年间，中国引领了世界。世界正在见证中国在经济、政治、科学和文化领域的巨大转变。这可能是国际合作的产物，抑或是中华民族悠久历史的积淀。所有国家，包括最渴望独立发展的国家，都或多或少地参与国际合作，无论它们是否接受。尽管所有国家都加入了国际合作的发展潮流，一部分国家毫不犹豫，充满热情，积极推动国际合作；而另一部分国家却犹犹豫豫，有些畏惧，甚至踌躇不前。

各国通过制定法律，解决社会的普遍问题，但法律无法解决某些问题，例如帮助重病的穷人，给无家可归者提供食宿，救济孤儿等问题。法律有时不适用于特定情况，有时不够完善。

"公民社会"很好地补充了政府的作用，缓解了公民的生活压力，在个人与政府间搭建了桥梁。公民社会为个人和团体提供帮助，解决他们的问题，致力于社会的稳定和发展，推动地区发展和人道主义事业的发展。

本文就此提出几点建议：

1. 为了全人类的美好未来，在政治、经济、文化和技术等方面开展国际合作，不断提高国际合作的水平，尤其是在经济发展和打击恐怖主义方面。

2. 推动工业项目和科技发展项目的结合；发展人力资源，特别是培养优秀人才，减少失业。现如今，失业已成为全球性的问题。

3. 通过加强私营企业的经济往来，实现共同的国际利益；政府和非政府组织携起手来，在扶持国际发展方面发挥积极作用。

4. 个人和组织要积极参与社会的发展。

5. 当前要尽快建设公民社会，扫除公民社会发展的障碍；鼓励公民参与社会发展，推动社会积极的转变。

国际合作仍然是极为重要的，国际合作的成果是各国共同努力的结果，而各国也将从中受益。在当下国际合作的时代，为了人类共同的未来开展合作已变得至关重要。正如我们所说，这条路上荆棘遍布。因此，我们更应该携起手来，为了全人类的福祉向前迈进。

中国通过其参与国际发展的成功经验为国际社会树立了榜样，尤其是第三世界国家。中国参与了国内外的经济建设及重建项目，推动技术和工业发展，而无论是规模还是质量，中国在农业、工业和科技领域的生产都是世界一流的。尽管国内存在贫富差距，中国仍旧将价格上具有竞争力的产品提供给国际市场。对于普通人而言，他们能够以最低的价格享受现代的科技产品，而这些产品可以提供给全世界的低收入人群和弱势群体。

而中国也定会在未来第四次工业革命的进程中发挥重要的作用，更好地服务全人类，特别是在科学、医药和疾病治疗等方面。未来的中国也将会是全世界最有人文关怀的社会。全世界人民正期待，在不久的将来，"中国智慧"将为人类社会带来什么。

参考文献

Ahmad Majdalani, Hamdi Abdul Rahman, Khaled Al-Wazani, Talal Atrissi, Ali Al-Qarni and Wissal Al-Azzawi, （2001）*Political and Cultural Implications of International Cooperation on the Arab World*, First Edition, Center for Middle East Studies, Amman, pp. 117 – 118.

Ayman Darawsheh, （2003）. "International Cooperation and its Impact on Third World Countries", *Journal of Education.* 32（46）: 230 – 234.

Dr. Ennis Claude, "*International Order and World Peace, Translation, Export and*

Comment", Abdullah Al-Arian, the Arab Renaissance House, Cairo , 1964.

Hassan Abdullah Al-Ayed, （2004）, *The Impact of International Cooperation on Arab Culture* . Arab Renaissance House.

Hassan Mohamed Hassan, and Mohamed Atwa, （2004）, *Education and Contemporary Issues of Society*, *Global for Publication and Distribution.*

Hussein Abdel Hamid Ahmed Rashwan, *Extremism and Terrorism from a Sociology Perspective*, University Youth Foundation, Cairo, 2002.

Hamad Al Maamari, （2001）. International Cooperation and the State of Qatar: Political, Economic and Cultural Dimensions . Unpublished Master Thesis, University of Jordan, Amman, Jordan.

Khairi Kittaneh, （2003）. The Impact of Informatics, International Cooperation and the Internet in Adapting Management Information Systems . Unpublished doctoral thesis, Al-Neelain University, Sudan.

Dr. Ahmed Thabet, 1999, *Egyptian Democracy on the Threshold of the Next Century*, *Al-Mahrousa Center for Research*, *Training and Publishing*, Cairo, First Edition.

Dr. Ibrahim Ahmed Shalabi, *International Organization: A Study in General Theory and International Organizations*, University House for Printing and Publishing, Beirut, 1984.

Dr. Hamed Khalil, 2000, "Arab World and Civil Society", *Strategic Papers*, Quarterly Journal published by the Center for Strategic Research, Damascus University.

Dr. Saleh Jawad Al-Kadhim, *Study in International Organizations*, Al-Irshad Press, Baghdad, 1975.

Dr. Mohamed Talaat El-Ghonemy, *General Provisions*, *in the Law of Nations*, Al-Ma'arif Establishment, Alexandria, 1971.

Saleh Abu Asba, and Izz al-Din al-Manasra, （1998）. *International Cooperation and Identity Papers Fourth Arab Conference of the Faculty of Arts and Arts*, first edition, Amman: Dar Majdalawi for publication and distribution.

Aladdin Naturieh, （2001）. *International Cooperation and its Impact in the Third World: Challenge and Response*, （I 1）, Amman: Dar Zahran.

Ali and Wadih Abu al-Enein, and Mohammed and Barakat, （2003）. *Philosophical Origins of Education*, （i 1）, Oman: Dar Al Fikr for Printing, Publishing and Distribution.

Omar Mohammed Suleiman Makhzoumi, The Concept of Terrorism in International Law, PhD Thesis submitted to the Institute of Arab Research and Studies, Department of Legal Research and Studies, Cairo, 2000.

Falah Said Jabr （2001）, Implications of International Cooperation and Trade Liberalization for Arab Industry, Arab Organization for Administrative Development Research and Studies.

Kamal Hammad, *Terrorism and Resistance under Public International Law*, University

Foundation for Publishing and Distribution, Cairo, 2003.

Mohammed Singlawi, (2001) . The Level of Knowledge of Secondary Social Studies Teachers of the Concepts of International Cooperation and Appreciation of the Degree of Importance . Unpublished Master Thesis, Yarmouk University, Irbid, Jordan.

Modjorian, L. O, *Terrorism Lies and Facts*, translated from *Russian*: *Engineer Abdul Rahim al-Mekdad, Engineer Imad Superstition*, i 1, Sham Press, Damascus, 1986.

Hansge Murkenthau, *Politics Between Nations*, Translation of Khairi Hammad, Part III, National Printing and Publishing House, Cairo, 1965.

Hansge Murkenthau, *Politics Between Nations*, Translation of Khairi Hammad, Part III, National Printing and Publishing House, Cairo, 1965.

Haifa A. Al-Tikriti (2010), *International Economic Cooperation Mechanisms and their Future Effects in the Arab Economy*, Al-Hamed Publishing and Distribution, Amman, Jordan.

Walid Siam, (2004) . " The Chances of Success of Small Enterprises , under International Cooperation ", *Economic Prospects.* 61 – 60: (100) 25.

（汤杰 译）

构建人类命运共同体：
全球治理面临的重大挑战

埃内斯托·贝拉斯科·桑切斯（Ernesto Velasco Sanchez）
墨西哥研究与分析中心副研究员

全球化与构建共同未来的挑战

全球化是当代国际关系中常见而普遍的力量，其特点是区域间社会经济互动越来越频繁和迅速（Held and McGrew，2000）。即使是信奉本土主义和孤立主义的政客，也必须与世界其他国家打交道，例如，保护边境安全，或获取本国工业所需的宝贵资源。然而，全球化的驱动因素变得越来越复杂。

多年来，自由贸易和资本流动国际化是各国日益紧密联系的最显著特征。许多国家成功地进入了区域和全球市场，取得了令人瞩目的经济增长率。在这方面，中国是个典型的例子。为维持国际经济稳定而建立的国际制度，其弱点在反复的危机期间暴露出来，周期性地影响着世界不同地区。2008年房市崩溃和随后漫长而痛苦的经济衰退，表明了国际范围内对经济自由的需求。荒谬的是，一套强大的国际机制只要通过强制执行有效的调控，防止和应对最坏的情况，衰退趋势就能得以控制。

在经济全球化不断巩固的同时，其他的相互依存关系在规模和速度上也变得越来越重要：环境问题，如大气臭氧层的破坏和人为造成的全球变暖、国际犯罪和恐怖主义、知识产权和产业创新、移民等问题，单一民族国家无法解决，即使是像中国或美国这样的大陆国家也是如此。

即使通过强大的精英体制，政府拥有最优秀的人才和巨大的资源，它们也不具备应对这些问题的全部知识、资源甚至合法性。而且鉴于它们的跨国性质，国际合作是至关重要的。因此，建立一种新的国际团结形式，促进合作，在今天仍具现实意义。

这不是一个新想法。在第一次世界大战结束后，威尔逊式乐观主义者讨论建立一个"国际社会"，以防止未来再次发生流血冲突。众所周知的是，国际联盟最终的结果不尽如人意。然而，在 20 世纪的大部分时间和 21 世纪的头几年，人们一直关注的焦点是，建立一个能够促进合作并防止冲突的超国家体系：布雷顿森林体系、世界贸易组织和 1945 年以来迅速发展的各种多边组织，都证明人们意识到，有必要建立一个有效的全球治理机制，使人类能够生活在一个繁荣、健康和安全的世界里。

有趣的是，本次会议征集了关于构建"人类命运共同体"这一主题的论文，这与上述提到的"国际社会"概念形成了对比。从经典的西方社会学传统来看，一个是由间接联系、契约关系和法律产生的社会，一个则是基于个人互动、基于传统和有机组织形式的共同体（Tönnies，2017；Weber，1978）。共同体是道德实体，而社会是建立在非人际关系化交换和理性基础上的。将这点放到世界舞台上，国际共同体需要一种道德纽带，这种纽带能够在拥有不同政治制度和文化底蕴的国家之间维持集体行动；而国际社会将主要基于实现国家之间的互利，即使这些国家以短期的推测为基础，并且会将困难的决定推迟到未来某个不确定的时刻。

实际上，我们的国际机制有两种体制缺陷，因为它已发展为一个混合体，既显示出一些社会的制度特征（如：国际贸易谈判、裁军协议等），也显示出共同体的制度特征（如：《世界人权宣言》或可持续发展目标等）。尽管渴望建立一个完美的国际治理模式是天真的，但目前的情况需要对现有机制进行重新设计，来确定要实现的目标和确保采取集体行动。有两项挑战是仍待克服的重大障碍：一方面，对于国际关系，仍有现实主义的看法，这导致民族国家间有掠夺性态度，不利于全球治理结构的合作和富有成效的改革。另一方面，与前者密切相关的是，民族国家缺乏足够的道德承诺，这导致它们选择那些更方便操作的问题和治理机制。我将进一步阐述这一点。

西方政治在世界范围内最为广泛的影响之一是，在外交关系中传播现实主义或新现实主义（Waltz，2010）。这一方法主张，既然没有上级国际权威，国际关系处于无政府状态，那么每个国家都出于自身利益而牺牲其他国家的利益（Mearsheimer，2001）。势力均衡是维持和平的唯一方法，但它会周期性地瓦解，并通过战争逐渐走向新的平衡。对外交关系的零和理解并不能准确地描述外交关系的运作方式，却形成了许多政府与其他政府打交道的方式，从而降低了团结和自愿合作的可能性。

新现实主义立场受到自由主义立场的挑战，因为自由主义承认国家以外的其他行动者的重要性，如多边组织、跨国公司等。从自由主义的角度来看，日益紧密的国家经济来往，改善了国家因寻求更大的安全或权力而产生的冲突（Keohane and Nye，1977）。实际上，复杂的跨国经济网络降低了国家在国际领域的重要性，因为这些网络无法完全控制人员、商品、服务和信息的不同流向。然而，即使对影响国际合作的因素有了更广泛的理解，也仍然是基于这样的假设：更紧密的关系可以带来足够的承诺，能够应对来自所有国家的全球挑战。但只要看看最近的政治立场——民族主义或孤立主义激增，世界上一些来往更为紧密的国家就会对这些假设提出质疑。

民族国家缺乏道德承诺，也导致各国政府不时涉足有争议的问题和不公的国际制度。例如，一个国家可以承诺自由贸易、支持诸如世界贸易组织（WTO）这样的机构，还可以通过《巴黎协定》和问责机制致力于应对气候变化，却拒绝接受国际刑事法院的管辖和联合国的人权审查。这导致了多个问题。一个是可信性：如果国家政府没有公平地参与国际治理机制，那么其他国家将怀疑其所做承诺的诚意。另一个是，如果一个国家择优挑选，其他的国家也会觉得有理由这么做。因此，我们最终建立了若干个不公的政府机制，机制里仅有少数几个国家进行有效的合作，且仅解决孤立的问题。由此可见，这些机制无法应对复杂的全球挑战。缺乏成效反而使各国更加厌倦加入，还使其他合作倡议无法得到认真对待。结合现实主义或自由主义处理国际关系的方法，择优挑选的行为推动了"向下竞争"，却与构建人类命运共同体背道而驰。

表1 全球治理观

	新现实主义	多元主义	自由主义/ 社会连带主义	世界主义民主
支持者	米尔夏麦尔 （Mearcheimer）， 克拉斯纳 （Krasner）， 沃尔兹（Waltz）	布尔（Bull）， 杰克逊 （Jackson）	罗西瑙（Rosenau）， 安娜（Anna）， 惠勒（Wheeler）， 全球治理委员会	海德（Heid）， 阿奇布基 （Archibugi）， 福克（Falk）
对现有全球 治理的评估	全球治理是不存在 的；尽管全球化日 益加剧，国际体系 仍处于无政府状态	国际法坚持国家 主权原则和不干 涉原则	国际机制是全球治理的 重要组成部分；次国家、 国家和超国家层面的治 理削弱了无政府状态的 影响	全球公民社会和全 球公民提倡更加民 主的全球治理
全球治理的 愿景	通过联盟实现稳定 的力量均势是全球 治理唯一的现实特 征		在许多领域，不仅是军 事领域，都需要全球治 理；法律框架以"团结 规范"为基础，并具有 内在的执行机制；"团 结规范"使个人权利与 国家主权平等	世界主义民主催生 了全球宪法，并重 新划定了领土边界

资料来源：Kjaer 2004，83。

除非使用新的手段来理解和支持国际政策制定，否则实现全球目标将仍然遥遥无期。作为替代方法，要求国际事务进一步民主化的要求正在增加。自20世纪90年代以来，强大的全球公民社会一直致力于敞开全球政策制定的大门。例如，圣保罗论坛和要求全球采取行动应对气候变化的环保运动。民族国家，即使是那些善意的国家，也往往无法摆脱其国内政治议程的狭隘视野，无法避免被公司或其他利益集团所吸引。民族国家的利益与全球共同利益之间的潜在冲突证明，需要更加开放的全球治理，使人民和民间社会组织能够更多地参与，从而可以对超越国界和利益的问题（如全球公共物品的联合管理）进行更大的检查和公众问责。

参考文献

Held, D. and McGrew, A. G. , 2000. "The Great Globalization Debate: An Introduction," in Held and McGrew (eds.), *The Global Transformations Reader*, Malden, Mass: Polity Press, pp. 1 – 45.

Keohane, R. O. and Nye, J. S. , 1977. *Power and Interdependence*, pp. 8 – 9.

Kjaer, A. M. , 2004. *Governance*. Polity Press.

Tönnies, F. and Loomis, C. P. , 2017. *Community and Society*. Routledge.

Waltz, K. N. , 2010. *Theory of International Politics*. Waveland Press.

Weber, M. , 1978. *Economy and Society*: *An Outline of Interpretive Sociology* (Vol. 1) . Univ of California Press.

Mearsheimer, J. J. , 2001. *The Tragedy of Great Power Politics*. WW Norton & Company.

（李芷晴 译）

在摇摇欲坠的支柱下构建
"人类命运共同体"

克里斯蒂安·梅尔森（Kristian Mehlsen）

马蒂耶斯·贝恩·比恩霍夫 （Mathias Behn Bjørnhof）

丹麦哥本哈根未来研究院

摇摇欲坠的支柱

"时代正在变革当中"，鲍勃·迪伦（Bob Dylan）唱道。这是 20 世纪 60 年代的一首歌。它标志着西半球处于社会动荡和不稳定的时期，歌颂了变革的必然性。的确，如果人类的文学艺术传统是值得信赖的，那么在变化和不确定的时代，针对过去和未来之间的模糊界限——现在，人们始终会存在着一种潜意识。

然而，人们往往高估对未来的短期影响，而对社会支柱的长期转变过程分析不足。我们所处的时代也不例外。我们确实目睹了这些支柱的结构性转变——如果有人敢看的话，我们眼前的时代正在变革当中。

过去几个世纪支撑着社会发展的支柱正在崩溃。我们正在目睹民主衰退、西方技术主导地位和西方全球化的终结，与此同时，我们还面临着加速的环境变化。至少从西方的角度来看，这四大支柱似乎是稳定的，几乎是永恒的，并且代表了我们西方对人类未来的看法。

那么，构建人类命运共同体的基础支柱正在发生怎样的变化？让我们从以下这些角度来讨论：弱化的西方技术优势和西方全球化，与中国对这些变化的影响。

"煤矿里的金丝雀"

纵观历史，世界各地的不同文明都有过新的发明和科学发现。古埃及人建造了巨大的纪念碑并发明了蒸汽机。希腊人擅长船舶设计，罗马人发明了圆屋顶、先进的攻城车和历经千年的混凝土。中国人发明了纸、机械钟、纸币、火药、火箭、活字印刷术和指南针。阿拉伯世界也有许多发明，包括风车磨坊、代数、先进的外科学、光学和其他令人瞩目的先进科学技术。世界第一所大学成立于摩洛哥非斯，世界第一所医院成立于埃及开罗。

因此，在历史背景下，直至工业革命时期，西方技术主导的强大支柱才出现。然而，西方主导的全球化与技术革命并驾齐驱。古代文明的发明创造是局部应用和缓慢传播的，而西方的创新是通过贸易和殖民网络在全球传播和实施的，并且通过熊彼特的"创造性破坏"理论进行大胆创新，提高生产力。随着不断地创新，西方的思想和价值观也随之形成。

但是，前"世界第三大经济体"（尤其是中国）的迅速扩张，正在挑战人们面临的现状。中国政府已经推出了几项"登月计划"，旨在巩固中国作为全球大国的地位。"一带一路"倡议将构建一个中国主导的、连接亚欧大陆的大型基础设施项目，在经济上将相关地区和国家联系起来，并为中国提供空前的机会，使其能够在亚洲和欧洲发挥影响力。

《中国制造 2025》规划是中国在科技领域处于领先地位的又一例子。该规划旨在使中国在信息技术、机器人、基础设施和交通、农业技术、生物技术和材料科学等新技术发展中处于领先地位。在其他领域，如研究产出和教育，西方也面临着中国的挑战。

随着东方的崛起，西方似乎很快就会在争夺技术优势的战斗中败下阵来。中国并不是唯一的非西方技术大国，韩国和日本在技术领域也处于世界领先地位。然而，中国在东方技术大国中似乎遥遥领先。这在一定程度上是因为中国在研发支出方面迅速赶超美国和欧洲（包括俄罗斯），而研发支出的衡量标准是购买力平价（PPP）。实际上，中国的研发支出在 2000 年至 2016 年间增长了 10 倍。尽管中国研发支出占 GDP

的比例仍低于美国或德国等发达国家，但这一比例正在增长。而且随着GDP 增速的加快，整体 GDP 支出有望迅速赶超。加上创纪录的博士学位产出和优秀研究人员招聘，这意味着中国很适合保持快节奏的技术发展。尽管到目前为止，这一发展主要是追赶型发展，但我们可能很快就会达到一个转折点，即世界其他国家必须努力赶上中国。

金丝雀在啁啾，时代正在变革当中。

逐渐起带头作用

由于中国市场的规模，中国有望率先提供 5G 网络和商业服务，并成为成本领先的国家。中国华为公司是 5G 设备的全球领导者。美国、澳大利亚、新西兰和加拿大已决定禁止或限制华为进入其国内市场。尽管这些禁令是基于安全考虑，但它们表明，中国有望成为 5G 网络的主要参与者，甚至是全球领导者。

在一个以大数据、物联网和人工智能为特征的未来，这些技术可以从根本上改变人类的未来，因此各国争相与世界最快的超级计算机竞争，以跻身前列。超级计算机在开发高级人工智能方面尤为重要。人工智能被视为未来几十年最重要的技术领域，在战争和情报、机器人、教育和智慧城市解决方案等领域都有应用。普华永道估计，到 2030 年，人工智能产品和系统将为全球经济贡献高达 15.7 万亿美元，中国和美国将成为主要的开发方。

西方或许主导了内燃机汽车的发展，但在电动汽车（EVs）方面，中国似乎处于领先地位。在全球十大电动汽车生产商中，有 5 家是中国企业，另外 2 家则全部或部分是亚洲企业。此外，驱动电动汽车的锂离子电池有 56% 产自中国。中国计划将产能扩大至世界其他地区总产量的三倍。自 2013 年以来，中国已有近 500 家电动汽车公司成立。大量的补贴和对燃油动力车的限制推动了国内对电动汽车的需求。但电动汽车的普及一直很缓慢，尤其是在西方国家。即便如此，鉴于逐步淘汰化石燃料对环境的重要性，以及可持续生产的电力成本迅速下降，几乎没有人会否认电动汽车将成为未来私家汽车的趋势。

即使在今天，中国仍是全球高铁的领导者。截至 2018 年底，中国高铁总里程超过 2.9 万公里，占了全球总里程的三分之二，仅在 2018 年，中国高铁里程就增加了 4100 公里，且其最高时速可达 350 公里/小时，创下了世界纪录。2019 年，中国计划再投入 6800 公里的新轨道。根据可行性研究的结果，中国可能还会开通从四川到西藏的 1700 公里高铁，横跨世界最深的一些山谷。仅这一项就有至少 350 亿美元的预算。近期的计划还包括建设泛亚铁路网，向南延伸至老挝、泰国、马来西亚和新加坡。早些时候，中国曾雄心勃勃地表示，要修建横跨俄罗斯到欧洲的高铁，使这两个地区以后能在几天内互运货物和人员。

2019 年 1 月，中国发射的航天器与巡视器在月球背面着陆，这是以前从未实现过的。尽管与美国探测巡视器登陆火星、探测器飞掠冥王星，或向木星和土卫六发射飞船相比，这并不引人瞩目，但由于地球和月球背面之间不可能直接通信，这一壮举也显得没那么容易。在接下来的几十年中，中国计划在 2022 年之前建立一个新的空间站（届时美国主导的国际空间站将逐渐退役），随后建立载人月球基地和执行火星探测任务。中国航天事业正以稳健的步伐向前发展，着重于稳步推进著名的"登月计划"——这也许是更好的长期战略。

中国正朝着成为电动汽车的世界领导者目标迈进，重点发展高速铁路和航空航天技术。这可能意味着西方将不再主导交通运输技术，同时还面临着 5G、人工智能、物联网和超级计算机等新兴领域的挑战。

"重新设计"的人类

这不仅是信息、实体产品和人员运输系统的技术重组，也是人类自身的重新设计。作为《中国制造 2025》战略的一部分，中国重点发展生物技术，并计划到 2020 年，生物技术产业占该国 GDP 的 4% 左右，约为美国的两倍。为此，中国有 100 多个生物科技园区，仅广州就有 93 个。中国在生命科学领域的投资已从 2013 年的不足 10 亿美元增长到 2018 年的 200 亿美元以上，这一趋势似乎并没有放缓（2017 年至 2018 年的投资几乎翻了一番）。

虽然中国人口占世界人口的 20%，但由于污染和高吸烟率，中国拥有全球 30% 的癌症病例，包括全球 36% 的肺部疾病病例。这使得癌症研究成为当务之急，而像 T 细胞治疗这样的生物技术是这一战略的重要组成部分。

令人担忧的是，与西方相比，中国生物技术的伦理标准较低（或可能只是不同）。2018 年 11 月，（位于深圳的）南方科技大学的中国科学家贺建奎宣布，为了提高对艾滋病毒的免疫力，他利用 CRISPR 技术编辑了一对新生双胞胎女孩的基因。这一消息成了全球头条，引起了西方科学家的强烈反应。有人称该实验"不合情理"，"在道德上或伦理上站不住脚"，甚至"骇人听闻"。2019 年 1 月，中国当局公开谴责了贺建奎的实验，宣称这是非法行为。贺建奎也被南方科技大学解雇。然而，这位科学家之前没有被阻止的事实，突显出监管生物技术研究的方法不同。

为长期博弈制定策略

这种技术优势从西方向东方转移的原因是什么？这仅仅是中国惊人的经济增长吗？如果是这样，为什么其他金砖国家在其鼎盛时期没有效仿呢？中国的人口规模是一个因素；印度的人口规模同样庞大，却几乎看不到印度取得技术优势。韩国和日本的人口和经济增长相对温和，对全球技术的影响却要大得多。当然，研发投资很重要，但中国的研发投资占 GDP 的比重不够高，远低于德国和美国等西方科技超级大国，甚至更落后于日本和韩国。个人和公共支出之间的比例似乎也没有真正发挥作用。政府在教育上的支出好像也不是一个因素，因为美国和西欧在教育方面的 GPD 支出比中国要多。

在技术方面，中国和其他亚洲国家（如日本和韩国）之所以能取得成功，可能是因为它们愿意将研究投资重点放在长期领域。中国提出的《中国制造 2025》规划旨在使中国成为领先的制造业大国。这无疑是一项长期规划，而大多数西方政府和企业的投资期限很少超过几年。在这一点上，不是一个西方式民主国家或许会对中国有所帮助，因为西方民主国家政府更迭，会定期转移投资重点，并在下届选举之前将重点转移到可能产生成果的项目上。西方的技术优势也许是企业相互竞争的结果，但矛盾的是，现在这也可能是使其失去优势的原因：企业既没有民族精神也没有耐心来进行大规模、长期的"登月计划"，但是这些项目却可能是 21 世纪技术领先的关键。

全球化［中国制造］

在过去的几十年中，中国从农业国向工业超级大国的惊人转型表明，在全球经济、科学技术竞争日益激烈的情况下，另一种政府体制如何既为人民提供财富和繁荣，又与西方民主体制相抗衡。从传统的经济全球化视角展望未来，"一带一路"倡议脱颖而出，并得到了《中国制造 2025》规划的支持。有人称其为中国版马歇尔计划，也有人担心它具有潜在的"债务陷阱外交"特征。但是，没有人能否认，它在规模和范围上都极具雄心。"一带一路"有关国家占全球经济总量的 55%，世界人口的 70% 和已知能源储备的 75%。

但并非所有项目都涉及砖块和钢材；作为"一带一路"建设的一部分，中国计划设立国际商事法庭来解决与"一带一路"相关的商事纠纷。正如美国战略与国际问题中心"重连亚洲"项目主任乔纳森·希尔曼（Jonathan Hillman）写道："这提醒我们，'一带一路'不仅仅关乎公路、铁路和其他硬基础设施……它也是中国制定新规则，构建反映中国利益的体制，重塑'软'基础设施的工具。"

人们理所当然地把现有西方主导的体制视作全球法治和世界秩序，而"一带一路"法庭很可能与这些体制形成对立。尽管在快速而激烈的赶超和全球领导地位之间有许多隐患，如人口下降、高债务水平和相对贫困人口，但中国已经彰显了其存在。如果这种趋势继续下去，历史上的第一世界将陷入动荡，而东方的势头依然强劲。也许现在是时候报名上汉语课了。中国正在推进"民主集中制"体系下的中国版全球化，强调与西方倡导的不同价值观。与此同时，这些价值观在西方也受到挑战和侵蚀。所以，时代确实正在变革当中。但是，在文化的差异和社会的动荡中，中国能否承担起构建人类命运共同体的重任？

"构建人类命运共同体"倡议要取得成功，关键在于确定人类的本质。当前，东西方的主要分歧是我们对人和人类的理解不同。这涉及人权、个人/集体和信任等问题。在实现"共享未来"之前，必须制定一个共同的定义，或承认我们之间分歧的协约，或制定一种诱人的、有抱负的方案，以替代西方价值观。

参考文献

Adolfo Arranz："Betting Big on Biotech"，*South China Morning Post*（2018），bit. ly/2GuwGze.

Antonio Regalado："What's a Moon Shot Worth These Days?"，*MIT Technology Review*（2014），bit. ly/2GlBKWF.

Arne Westad, Kathleen Burk, Hakim Adi & Margaret MacMillan："The Big Question：Why Did the West Dominate History for So Long?"，*History Extra*（2016），bit. ly/2TYocD8.

Copenhagen Institute for Futures Studies："Crumbling Pillars"，CIFS Members' Report 1/2019.

Copenhagen Institute for Futures Studies："Evaluating the Hype：3D print, Bitcoin, and electric cars - a reality check"，CIFS Members' Report 4/2016.

David S. Landes："Why Europe and the West? Why Not China?"，*Journal of Economic Perspectives*（2006），stanford. io/2T2haxc.

Dennis Normile："Three Chinese Teams Join Race to Build the World's Fastest Supercomputer"，*Science Magazine*（2018），bit. ly/2HV9bRy.

Jordyn Dahl："Why China's Electric-car Industry is Leaving Detroit, Japan, and Germany in the Dust"，*MIT Technology Review*（2018），bit. ly/2tkJZdj.

Julia Beliuz："Is the CRISPR Baby Controversy the Start of A Terrifying New Chapter in Gene Editing?"，Vox. com（2019），bit. ly/2GLm92i.

Leonard David："China's Chang'e 4 Moon Mission Faces Its First Big Freeze on Lunar Far Side"，Space. com（2019），bit. ly/2GCkgEJ.

Mercy A. Kuo： "The Quest for 5G Technology Dominance：Impact on US National Security"，*The Diplomat*（2019），bit. ly/2N6zGTf.

PwC："Nations Will Spar Over AI"（2018），pwc. to/2RLNLG8.

Reuters："Germany Considers Barring Huawei from 5G Networks"（2019），reut. rs/2GlO7Sv.

Robin Respaut & Julie Zhu："As China Builds Biotech Sector, Cash Floods U. S. Startups"，Reuters 2018，reut. rs/2UYEe0r.

TechNavio Blog："Top 21 Industrial Robotics Companies in the World 2018"（2018），bit. ly/2tgB8Ji.

The Economist："The Great Experiment：Can China Become A Scientific Superpower?"

（2019），econ. st/2SmrEey.

The Economist："Can the West's Democracy Survive China's Rise to Dominance?"，（2018）.

The Guardian："What is China's Belt and Road Initiative?"，（2018）.

TOP500：www. top500. org.

UNESCO Institute for Statistics："How Much Does Your Country Invest in R&D?"，bit. ly/2N2t4oK.

WEF："Why China Could Lead the Next Phase of Globalization"，（2016）.

WTO："World Trade Report 2008"，（2008）.

Zhao Lei："Airship to Carry Tourists, Cargo"，*Chinese Daily*（2018），bit. ly/2tgBHms.

（李芷晴 译）

"一带一路"

"一带一路"倡议的经济效应：以南高加索和中亚国家为例

瓦加尔·巴拉莫夫 (Vugar Bayramov)

阿塞拜疆经济与社会发展中心董事会主席

古米拉·萨法罗娃 (Gulmira Safarova)

阿塞拜疆经济与社会发展中心研究处处长

穆萨·加拉贾耶夫 (Musa Garajayev)

阿塞拜疆经济与社会发展中心研究员

摘　要

本文研究了"一带一路"倡议（BRI）对中国企业的影响，以及中国对南高加索和中亚国家的经济影响。总体而言，"一带一路"倡议对中国对外直接投资（OFDI）等活动产生了积极影响。然而，这种影响的走向和程度取决于"一带一路"沿线国家参与该倡议的意愿。本文概述了中国、南高加索地区和中亚地区之间经济发展的可能性和潜在的利益。

当前中亚和南高加索地区与中国的关系

中亚和南高加索地区（CASC）在地理上处于欧亚大陆的核心。尽管中亚和南高加索地区幅员辽阔，但人口只有8670万，其中乌兹别克斯坦人口最多（3180万），亚美尼亚人口最少（290万）。哈萨克斯坦的经济规模位居第一，是塔吉克斯坦和吉尔吉斯斯坦的20多倍。此外，哈萨克斯坦与邻国中国的贸易额明显处于领先地位，如表1所示。

表 1 中国与中亚和南高加索国家贸易额统计

单位：千美元

年份	阿塞拜疆	格鲁吉亚	哈萨克斯坦	乌兹别克斯坦	塔吉克斯坦	吉尔吉斯斯坦	亚美尼亚
2013	654971	646205	22708213	3971887	74919	1470999	452329
2014	760945	823860	17156707	3911280	79126	n/a.	585372
2015	565111	713157	10567932	4149908	88542	1064987	480670
2016	1085832	716700	8880577	3636026	95188	1544658	463127
2017	1298334	939510	10469926	4291130	1510342	1591166	584344

资料来源：中国国家统计局，2019。

哈萨克斯坦的外国直接投资（FDI）也最高，其次是乌兹别克斯坦（见表 2）。自 1991 年脱离苏联独立以来，这种增长的主要原因是大量的石油储量（Johannes F. Linn，2019）。尽管除了塔吉克斯坦（20 世纪 90 年代经历痛苦的内战）和吉尔吉斯斯坦（2010 年种族暴力事件）外，中亚国家的国内政治相对稳定，但该地区的大多数国家仍未能吸引外国投资。

表 2 中亚国家的外国直接投资（FDI）水平

单位：千美元

年份	哈萨克斯坦	乌兹别克斯坦	吉尔吉斯斯坦	塔吉克斯坦	土库曼斯坦
2014	7308112	757358	343010	326593	326593
2015	6577827	66489	1144221	454012	454012
2016	17220962	1663991	619220	241616	241616
2017	4713865	1797384	− 107212	185827	185827
2018	208064	623293	n/a.	220862	220862

资料来源：世界银行公开数据平台，2019。

另外，南高加索地区尚未实现这种和平（Leo Zucker，2019）。阿塞拜疆和亚美尼亚之间的冲突从 1988 年延续至今。当前的冲突阻碍了整个高加索地区经济关系的繁荣发展，因为该冲突妨碍了两个交战国之间的所有贸易或交通，使亚美尼亚无法参与大多数区域倡议。尽管存在公开冲突，阿塞拜疆的外国直接投资水平仍居该地区之首，这主要是由于其石油和天然气储量，而亚美尼亚则远远落后（见表3）。

表3　南高加索国家的外国直接投资（FDI）水平

单位：千美元

年份	阿塞拜疆	格鲁吉亚	亚美尼亚
2014	4430466	1817880	403898
2015	4047630	1659056	178295
2016	4499666	1570511	338115
2017	2867588	1829936	249760
2018	1402998	1184093	254261

资料来源：世界银行公开数据平台（2014～2018年的统计数据）。

过去几十年来，中国与南高加索国家的关系不断加强。该地区的国家通常出口低附加值的产品（格鲁吉亚葡萄酒、亚美尼亚铜），来换取中国的工业产品。南高加索国家与中国之间贸易的主要进出口产品是原材料、矿产和消费品（世界综合贸易解决方案2018年的统计数据）。

自2014年以来，中国政府一直致力于基础设施建设，鼓励投资和推动共建"一带一路"发展愿景。该倡议的一个重大进展是开通了跨里海国际运输通道（TITR），在中国、哈萨克斯坦、阿塞拜疆、格鲁吉亚和土耳其之间建立了铁路连接。除了中亚和南高加索地区，乌克兰于2016年1月15日也加入了跨里海国际运输通道。该通道使乌克兰产品能够绕过俄罗斯的禁运到达中国（John C. K. Daily，2016）。

中国对南高加索地区的经济政策

位于中国北京的亚洲基础设施投资银行（简称亚投行，AIIB）为跨安纳托利亚天然气管道（TANAP）项目提供了创纪录的6亿美元贷款。基于此，阿塞拜疆现在寻求一笔中国的大融资，用于建造新规划的炼油厂"SOCAR-GPS"。

2017年，亚投行首次向格鲁吉亚提供了1.17亿美元贷款，用于巴统绕城公路项目（译者注：原文如此，应为1.14亿美元）。阿纳克利亚深海港项目也引起了中国投资者的注意；但是，于 2017 年赢得合同的是格鲁吉亚与美国的一家合资企业——阿纳克利亚发展联盟（ADC）。

格鲁吉亚"波季港"似乎也在中国企业的利益投资范围内。2017年底，专注于能源领域的中国华信能源有限公司（简称中国华信，CEFC）成功买下了波季自由工业区 75% 的股份。通过这一行动，双方都计划将"波季港"打造成一个"共同市场区"，并使其成为金融和物流枢纽，同时成为中国产品出口到南高加索、中亚和欧洲地区的平台。同样，中国华信还成立了格鲁吉亚开发银行和格鲁吉亚建设基金。中国华信和欧亚投资有限公司都为该银行注资约 10 亿美元。这些项目将由中国华信负责管控。这些活动对当前中国与南高加索地区的关系，特别是与格鲁吉亚的关系非常重要。①

中国的通信公司也开始改善与所有南高加索国家的关系。其中尤其活跃的"华为"成了格鲁吉亚第二大手机供应商，现在正计划在那里开设一个新的技术园区。自 2002 年以来，华为在阿塞拜疆的业务使其成为该国最受欢迎的合作伙伴。现在，阿塞拜疆将近 40% 的人选择华为的设备。2017 年 3 月，华为宣布了"智慧城市"项目，在巴库全境提供公共 WI-FI 网络接入（Huseyn Valiyev，2017）。

潜在收益和风险

（一）对中亚而言

在中亚，中国投资已成为改善经济（尤其是在塔吉克斯坦），或者缓解经济衰退（尤其是在哈萨克斯坦）的一种方式，因为中国投资和贸易发展带来了经济增长。特别是在能源、矿产等领域，"一带一路"倡议可以更好地利用各国资源。从中国的角度来看，这些投资的主要目标是确保中国获得自然资源。对于中亚而言，随着出口和私营自然资源租金的增加，收益也越来越多。

投资交通基础设施，也能减少产品运输和个人旅行的时间和成本。

---

① www. potifreezone. ge/en/443/.

由于乌兹别克斯坦修建"安格连—帕普"铁路，缩短了从费尔干纳盆地到乌兹别克斯坦其他地区的旅行时间，乘客的运输成本降低了 35%，石油和产品的运输成本降低了 50%[①]（Ganiev，2019）。中国为该铁路的建设提供了资金，而世界银行则为铁路的电气化提供了资金。"一带一路"倡议投资还可以在自然资源租金和过境费中贡献大量财政资源。自然资源可以产生重要的财政收入。

（二）对南高加索地区而言

南高加索三国的首脑承认，中国的"一带一路"倡议和欧盟新发布的"欧亚互联互通战略"都与各自的外交政策目标有重叠之处，即将各自国家转变为欧亚互联互通的枢纽。因此，区域国家对快速发展的跨里海国际运输通道（TITR）进行了投资。[②]

"一带一路"倡议对中亚和南高加索各国的影响

这里将分析中亚和南高加索各国与中国"一带一路"倡议的关系。这些说明是由当地专家在有限的时间和资源条件下编写的，因此各自国家只能从本国角度出发，给"一带一路"倡议提供初步且可能局限的看法。为了更全面地了解"一带一路"倡议在这些国家的投资规模，还需要进行更广泛的研究。

（一）哈萨克斯坦

哈萨克斯坦是中国在中亚和南高加索地区贸易额最大的国家，也是中国政府的重要合作伙伴。中国西部所有主要的欧亚洲际走廊都必须经过此地。

在"一带一路"倡议开始之前，哈萨克斯坦就与中国保持着良好的经济关系。中国在哈萨克斯坦投资了 172 亿美元，哈萨克斯坦成为中国

---

① http：//projects. worldbank. org/P146328？ lang = en.

② https：//agenda. ge/en/news/2018/808？ fbclid ＝ IwAR1z3G － 4oAcAZfCAw
9ll nNQOppyWkxjTU6dHhj926Xf3JsLp6R9n5 － 1FDm4.

在中亚和南高加索地区最大的合作伙伴。中国对哈萨克斯坦的天然气和石油领域尤其感兴趣，经过一段时间后，中国成了哈萨克斯坦的第二大贸易伙伴。

哈萨克斯坦与中国的合作预计将扩大能源和基础设施建设的范围。中国在这些领域的持续投资（51 个项目）可能高达 270 亿美元。这些投资项目还包括工业、服务业、运输和物流服务。哈萨克斯坦对中国的债务总额（120 亿美元）仅占该国外债总额的一小部分（7%）。

民间（学生）交流也在扩大，但俄罗斯仍是哈萨克斯坦在这一领域最重要的合作伙伴。

（二）吉尔吉斯斯坦

吉尔吉斯斯坦是中国的小邻国，经济开放，多年来同中国保持着良好的关系。但"一带一路"倡议可以进一步加强这些关系和经济联系。2011 年至 2017 年，中国对吉尔吉斯斯坦各类投资累计 41 亿美元；去年，中国对吉尔吉斯斯坦的直接投资存量达 19 亿美元。在很长一段时间里，中国在吉尔吉斯斯坦创建了不同的基础设施项目。这些项目主要集中在能源和公路领域。其中大部分是为了改善吉尔吉斯斯坦国内交通网络连通性，包括其市内运输和燃煤能源供应网络的互联互通。

（三）塔吉克斯坦

近年来，中国成为塔吉克斯坦的主要捐助国和投资贸易伙伴。2015年，塔吉克斯坦与中国签署了"一带一路"合作备忘录。这意味着中国将在 2030 年前为塔吉克斯坦实施国家发展战略提供大量资金。中国还将特别关注交通和能源基础设施项目。此外，"一带一路"倡议可以使塔吉克斯坦从内陆地区转变为陆桥地区。许多中亚和南高加索国家也可以从这种关系中获得许多潜在的好处（贸易额、增长、交付产品成本的降低和企业竞争力）。但是，专家法尔霍德·阿米尔约诺夫（Farkhod Amirjonov）和巴赫罗姆·科尔马托夫（Bakhrom Kholmatov）指出了"一带一路"倡议在塔吉克斯坦存在的一些问题。

（四）乌兹别克斯坦

乌兹别克斯坦是一个国民经济多元化的国家，地处中亚中部，人口最多，这对"一带一路"建设至关重要。

此外，在能源领域，中亚—中国天然气管道的三条线路已经完工，第四条（从土库曼斯坦到乌兹别克斯坦、塔吉克斯坦和吉尔吉斯斯坦）管道正在建设中。第四条管道非常重要，因为它可以出口乌兹别克斯坦的天然气。正如专家加尼耶夫（Ganiev）在分析中指出的那样，由于近期"一带一路"投资的迅速扩大，乌兹别克斯坦有可能在广泛的领域和活动中获得重大利益，包括改善与中国、其他邻国和全球市场的联系。

（五）阿塞拜疆

阿塞拜疆是南高加索地区最大的经济体，对中国起着非常积极的作用。基于互联互通和外向型投资政策，两国拥有相似的发展战略。截至现在，中国已向阿塞拜疆经济投资了 7.79 亿美元；阿塞拜疆与中国之间的贸易额在此期间增长了 800 多倍，从 20 世纪 90 年代的 150 万美元增长到 2017 年的 13 亿美元，约占阿塞拜疆对外贸易总额的 6%。目前，中国是阿塞拜疆第七大贸易伙伴（Vasif Huseynov，2018）。

阿塞拜疆希望中国投资欧洲和东亚之间的陆路和高速铁路。巴库已向伊朗提供了 5 亿美元的贷款，用于修建拉什特—阿斯塔拉铁路，以通过阿塞拜疆连接伊朗和俄罗斯的铁路网。这条路线能让俄罗斯的货物到达波斯湾，但或许更重要的是，它将促进俄罗斯和印度之间需途经印度洋的贸易发展（Valiyev，2016）。

4 月 24 日，阿塞拜疆总统伊利哈姆·阿利耶夫（Ilham Aliyev）出席了在北京举行的第二届"一带一路"国际合作高峰论坛。在雄心勃勃的"一带一路"倡议下，中国和欧洲将通过新建或扩建的陆路和海上"过境交通走廊"连接起来，促进"一带一路"沿线国家之间的贸易和经济增长。在这种背景下，巴库有意加强和改善与北京的双边合作，努力推动更多的投资。阿利耶夫总统访华期间，陪同代表团中的阿塞拜疆多家企业代表与中方伙伴签署了 10 项新的合作协议（Emerging-Europe，January 3，2018）。

据报道，已签署的协议总价值达 8.21 亿美元，主要计划是建设苏姆盖特化工园区，生产汽车轮胎；在阿塞拜疆的丘尔达米尔区建造一个 300 公顷的温室综合企业；在库巴区、盖奥克恰伊区、哈奇马斯区建设农业产业园区。

（六）格鲁吉亚

中国对格鲁吉亚横跨黑海的港口感兴趣。此外，格鲁吉亚与欧盟的联系国协定也是一个吸引点。中国投资者可以通过格鲁吉亚与欧盟和其他市场建立联系。

中国有意在不同国家开展项目，促进跨里海连接。中国企业"华凌集团"——格鲁吉亚主要的外国直接投资者在库塔伊西创建了一个自由工业园区。该园区靠近阿纳克利亚深海港，而该港口是用来向欧洲运输中国货物的（Larsen，2017）。"华凌集团"在该园区投资了 4000 万美元，预计每年可处理 4000 万吨货物（Hualing Group Website）。此外，"中国华信"买下了位于波季港的波季自由工业区 75% 的股份（Inan & Yayloyan）。在能源领域，中国国有企业"东方电气"于 2015 年承诺投资 1.8 亿至 2 亿美元，在格鲁吉亚西部特基布利地区建设（150 兆瓦）燃煤电厂（Van Dijk & Martens，2016）。除了投资格鲁吉亚的自由经济区，中国企业还投资基础设施、能源、矿业、医疗、金融和农业等领域（Larsen，2017）。

"一带一路"倡议以欧亚国家的互联互通与合作为核心。因此，格鲁吉亚的目标是通过"一带一路"倡议成为中国与欧洲的贸易中转枢纽。实际上，它在黑海港口——巴统、波季、阿纳克利亚的位置可以使该国成为该地区的物流中心，并与土耳其东部尚未完工的黑海港口展开竞争。从长远来看，阿纳克利亚深海港可以提高格鲁吉亚作为中转枢纽的整体竞争力。

（七）亚美尼亚

亚美尼亚是一个内陆国家，与贸易和运输相关的经济往来有限。尽管迄今为止中国的外国直接投资有限，但中国对可再生能源和新能源（特别是太阳能和风能）、具有良好增长潜力的亚美尼亚互联网技术领域感兴趣。如今，中国企业正在对耗资 5 亿美元的亚美尼亚铜冶炼厂建设项目进行重大研究（KPMG，2017）。

信息和通信技术（IT）仍然是亚美尼亚经济增长最快的领域。亚美尼亚有 450 多家 IT 公司，年增长率高达 10%。这些公司虽然大多位于埃里温，但在该国其他地区的经营规模有不断扩大的潜力（Enterprise Incubator Foundation，2015）。然而，亚美尼亚年轻一代的人力资本绩效不佳，这表明亚美尼亚在苏联时代的教育经历已经过时了（World Bank，2017）。此外，世界银行的研究表明，技术并不是顶级大公司的主要考虑因素；在投资研发的公司中，有很大一部分仍认为技能是一种制约因素。

结　论

"一带一路"倡议为中亚和南高加索地区的互联互通提供了巨大改善的前景，使该地区的各个地方相互连接，也改善了与世界其他地区的联系。"一带一路"倡议推动更多对外直接投资流向欢迎中国经济参与的发展中国家，改变了中国国内政策对其发展模式的影响。此外，与其他领域的企业相比，建筑、基础设施、制造业和贸易相关领域的中国企业对"一带一路"倡议的响应更为积极。中国所影响的各国立场和变化也在考虑范围内。

参考文献

Vugar Bayramov, Dan Breban, Elmir Mukhtarov, "Economic Effects Estimation for the Eurasian Economic Union: Application of Regional Linear Regression", *Communist and Post-Communist Studies Volume* 52, Issue 3, September 2019, pp. 209 – 225, https://doi.org/10.1016/j.postcomstud.2019.07.001.

Bayramov, Vugar and Abbas, Gulnara, "Oil shock in the Caspian Basin: Diversification Policy and Subsidized Economies", *Elsevier*, *Resources Policy* 54（2017）: 149 – 156, accessed June 27, 2018 https：//doi. org/10. 1016/j. resourpol. 2017. 10. 006.

Bayramov, Vugar and Orujova, Laman, "Volatility, Diversification and Oil Shock in Resource-Rich Turkic Countries： Avenues for Recovery", *Bilig*, no. 83（2017）：303325, accessed June 27, 2018, http：//bilig. yesevi. edu. tr/yonetim/icerik/makaleler/2080 – published. pdf.

"Two Ways of Influence-building： The Eurasian Economic Union and the One Belt, One Road Initiative", *Europe Asia Studies*, https：//www. tandfonline. com/doi/full/10. 1080/09668136. 2017. 1373270.

"Framing A Welfare Reform： the Social Benefits Reform in Russia and Kazakhstan, Elena Maltseva", *Canadian Slavonic Papers*, Vol 58, 2016 Issue, https：//www. tandfonline. com/doi/full/10. 1080/00085006. 2016. 1202427.

"Oil Prices： Governance Failures and Geopolitical Consequences, Gonzalo Escribano and Javier Valdes", *Geopolitics*, Vol 22, 2017 Issue, https：//www. tandfonline. com/doi/full/10. 1080/14650045. 2016. 1254621.

"Natural Resource Policies and Standard of Living in Kazakhstan, Halil Burak Sakal", *Central Asian Survey*, Vol 34, 2015 Issue 2.

https：//www. tandfonline. com/doi/full/10. 1080/02634937. 2014. 987970.

www. potifreezone. ge/en/443/.

https：//www. ecfr. eu/article/essay_ eurasian.

https：//www. consilium. europa. eu/en/press/press – releases/2018/10/15/connecting – europe – and – asia – council – adopts – conclusions/.

https：//ec. europa. eu/commission/sites/beta – political/files/communication – modern – budget – may_ 2018_ en. pdf.

http：//projects. worldbank. org/P146328? lang = en.

https：//en. trend. az/business/economy/3044527. html.

https：//agenda. ge/en/news/2018/808? fbclid = IwAR1z3G – 4oAcAZfCAw9l1nNQOppyWkxjTU6 dHhj926Xf3JsLp6R9n5 – 1FDm4.

http：//vestnikkavkaza. net/analysis/China% E2% 80% 99s – changing – interests – in – South – Caucasus. html.

https：//jamestown. org/program/south – caucasus – eyes – becoming – a – hub – along – eu – china – transportation – route/.

http：//documents. worldbank. org/curated/en/836301554729486900/pdf/The – Belt – and – Road – Initiative – Reshaping – Economic – Geography – in – Central – Asia. pdf.

https：//jamestown. org/program/azerbaijan – eyes – more – cooperation – with – china – within – belt – and – road – initiative/.

http：//pubdocs. worldbank. org/en/823221550768548344/ECA – Talks – Feb – 2019. pdf.

https：//www. cacianalyst. org/publications/analytical – articles/item/13539 – towards –

a – central – asia – and – caucasus – trade – bloc – for – belt – and – road. html.

https：//www. ifri. org/sites/default/files/atoms/files/vliyanie ＿ kitaya ＿ v ＿ stranah＿ vostochnoy＿ evropy＿ i＿ yuzhnogo＿ kavkaza. pdf.

（李芷晴 译）

全球竞争力观察："一带一路"地区与非"一带一路"地区比较

郑宏泰（Zheng Wan Tai Victor）
香港中文大学香港亚太研究所副所长
郭华（Hua Guo）
香港中文大学香港亚太研究所研究员

引　言

2018 年是"一带一路"倡议在中国国家主席习近平于 2013 年发起后的第五年。正如其概念文件所述，该倡议旨在加强地区连通性、经济合作、文化交流，通过建设"丝绸之路经济带"和"21 世纪海上丝绸之路"，促进国家地区之间的相互学习（国家发展和改革委员会，2015）。换句话说，这是一项在各方面促进地区和国际合作、互动与发展的宏伟举措。然而，从提出"一带一路"倡议的那一天起，在世界不同地方就出现了各种各样的声音，包括乐观主义、悲观主义甚至观察主义（"一带一路，许多问题"，2017）。有些人将其视为对经济、政治、文化的威胁和挑战（"一带一路，许多问题"，2017；Mardell，2017）；而有些人将其视为实现共同繁荣的多维发展机遇（"欢迎各国加入互惠互利的一带一路"，2018；Liu & Dunford，2016）。尽管有不少从不同视角来探讨其背景、战略考虑甚至中国的深谋远虑的报告分析（Cai，2017；"拥抱 2018 年的 BRI 生态系统"，2018），但几乎没有关于其已经取得的成果、带来的影响、已经出现的问题以及关于怎样更好抓住机遇和降低风险的客观评价（Li and Schmerer，2017；Hillman，2018）。

根据世界银行的最新报告（2019），如果交通运输基础设施项目得到妥善处理，"一带一路"倡议可以大大改善贸易和外国投资并减轻参与经济体的贫困程度。世界银行估计，参与经济体的贸易将从 2.8% 增长到 9.7%，而就整个世界而言，贸易将增长 1.7%，达到 6.2%（世界银行，2019）。该报告还预计，由于建立了新的运输联系，特别是对于低收入的参与经济体来说，外国直接投资可能会显著增加（世界银行，2019）。如果世界银行的估计成立，那么"一带一路"倡议可以通过改善铁路连接和港口来提高参与经济体的全球竞争力。随着这一倡议的推进，基础设施的建设、经济因素的自由流通、资源的分配和市场的整合都将得到加强，因此人们可以期待它的多维潜力逐步释放。本文使用世界经济论坛的旗舰报告《全球竞争力报告》来评估"一带一路"地区与非"一带一路"地区的经济实绩。全球竞争力指数（GCI）是两组地区之间客观经济实绩比较的关键指标，以说明"一带一路"倡议可能做出的贡献。

全球竞争力指数简介

许多学者和政策制定者如 Smith（1776）和 Keynes（1936）认为，良性的竞争、利润最大化、自由市场、投资和资本积累、区域一体化和国际贸易是提升经济竞争力的基础（Rostow，1960；Barro and Sala-i-Martin，1995；Krugman，1995；Solow，2000；Armstrong and Taylor，2000；Friedman，2006；Suidek and Zawijska，2014）。Porter（1979，1985，1990）也认为竞争力是制度、市场和政策等各种因素的功能表现。

自 2004 年以来，世界经济论坛每年都会公布 GCI（全球竞争力指数），通过 Sala-i-Martin 和 Artadi（2004）的详细论述，运用 MacArthur 和 Sachs（2001）以及 Porter（2001，2005）提出的指数。由于该指数可以反映出不断增长的需求，需要考虑到一系列对经济增长会产生重大影响的综合因素，因此该指数迅速在国际上获得了知名度和影响力。竞争力是"决定一个国家生产力水平的一系列制度、政策和因素"（Schwab，2018，p. 317）。GCI 的表现"解释了国家和经济体之间超过 80% 的收入水平变化的和长期增长变化的 70%"（Schwab，2018，p. 2）。

GCI 有十二个支柱项目，分别代表经济竞争力的各个方面：制度、基础设施、宏观经济稳定性、健康与初等教育、高等教育与培训、商品市场效率、劳动市场效率、金融市场成熟性、技术设备、市场规模、商务成熟性、创新。这些支柱项目分为三个领域：基本要求（制度、基础设施、宏观经济稳定性、健康与初等教育）、效率增强手段（高等教育与培训、商品市场效率、劳动市场效率、金融市场成熟性、技术设备、市场规模），以及创新和成熟度因素（商务成熟性、创新）。

当 GCI 于 2005 年开始实施时，117 个国家或地区参与了评估。在随后的几年中，参加的国家数目一直在变化，但总体上呈逐渐增加的趋势。例如，在 2006 年和 2008 年，总数上升到 125 和 131。然后在 2010 年和 2012 年，总数上升到 139 和 142。在 2014、2016 和 2018 年，总数进一步变为 148、140 和 138。GCI 可以归纳出以下几个特征：（1）如果按照 GDP 计算，到 2018 年，选定的 137 个国家或经济体的世界经济份额会超过 98%（Schwab，2018，p. 12）。（2）正如预期的那样，发达经济体多数位居榜首，而发展中经济体则位列倒数。（3）近几十年来，欧洲和北美经济体的增长动力一直在减弱，而亚洲、非洲和拉丁美洲的发展中经济体增长势头却有所增强（Porter，2001，2005；Schwab，2018）。

数据和方法

本文比较了"一带一路"地区和非"一带一路"地区的支柱项目在 2008～2009 年和 2017～2018 年的表现。GCI 在 2008 年至 2018 年间使用了相同的支柱指标。2008 年在美国爆发的"金融危机"不仅是美国经济的分水岭，也是整个世界经济的分水岭。尽管有些经济体遭受了重创，但有些情况却没有那么严重。事后看来，全球经济下滑似乎标志着 2013 年中国"一带一路"倡议的构想。2018 年是宣布"一带一路"倡议以来的第五个年头。因此，我们选择了两个时间点，分别是 2008～2009 年和 2017～2018，以便对两种地区进行简要比较，以了解它们发生的变化，尤其可以阐释说明这些变化与伙伴经济体 BRI 实施的相关性。

在接下来的分析中，我们在两个层次上进行比较。首先是"一带一路"和非"一带一路"国家地区的竞争力和三个关键领域的总体评分，第二是每个单独支柱项目的评分。

BRI对覆盖范围没有严格的地理限制，甚至可以扩展到整个世界。按照它的经典定义和一个较为狭窄的范围，它仅包括两个部分：丝绸之路经济带和21世纪的海上丝绸之路。丝绸之路经济带涵盖中亚、西亚、中东和欧洲大陆。海上丝绸之路包括中国南海、南太平洋、印度洋和印度次大陆。我们的分析着眼于这些经典且较窄的覆盖范围。有必要指出的是，自2015年以来，签署该倡议的经济体数量一直在增加（图1）。在可预见的将来，尽管国际上对"一带一路"倡议的关注可能会减弱，但参与它的经济体的数量可能会增加。更扎实的合作工作可能会通过一个不显眼或是不太政治化的形式进行。补充说明一下，本研究仅跟踪参与经济体在2015年至2018年之间的变化。

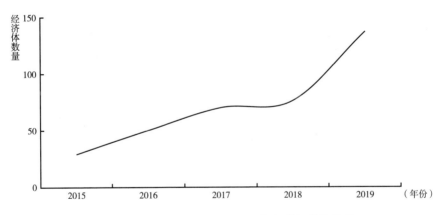

图1　2015－2019年"一带一路"伙伴经济体数量

资料来源：国家信息中心（2017）。

GCI涵盖了"一带一路"地区的大多数国家或经济体。除中国以外，GCI报告还提供11个东南亚国家、8个中亚和西亚国家、6个南亚国家、13个中东和北非国家以及19个中亚和欧洲国家的指数。这些经济体差异很大：一些经济发达，许多其他经济体不发达。这是促进国际互动与合作的巨大挑战和机遇。为了公平起见，中国内地和香港被认为是"东道国"经济体，因此不作比较。（表1）

表 1　该分析中包括的"一带一路"伙伴经济体

东南亚	南亚	中亚和西亚	中东和北非	中东欧
文莱达鲁萨兰	孟加拉国	亚美尼亚	巴林王国	阿尔巴尼亚
柬埔寨	不丹	阿塞拜疆	埃及	波斯尼亚和黑塞哥维那
印度尼西亚	印度	格鲁吉亚	以色列	保加利亚
老挝	尼泊尔	伊朗伊斯兰共和国	约旦	克罗地亚
马来西亚	巴基斯坦	哈萨克斯坦	科威特	捷克共和国
缅甸	斯里兰卡	吉尔吉斯共和国	黎巴嫩	爱沙尼亚
菲律宾		蒙古国	阿曼	匈牙利
新加坡		塔吉克斯坦	卡塔尔	拉脱维亚
泰国			沙特阿拉伯	立陶宛
东帝汶			叙利亚	北马其顿共和国 *
越南			土耳其	摩尔多瓦
			阿拉伯联合酋长国	黑山
			也门	波兰
				罗马尼亚
				俄罗斯联邦
				塞尔维亚
				斯洛伐克共和国
				斯洛文尼亚
				乌克兰

＊2019 年 2 月更名为北马其顿共和国。

总体竞争力比较

竞争力是"决定一个国家生产力水平的一系列制度、政策和因素"（Schwab，2018：317）。它是经济增长和人类发展的核心驱动力。从 2007 年到 2018 年，我们可以观察到"一带一路"和非"一带一路"地区总体竞争力发生了变化。2010 年之前，非"一带一路"地区的平均 GCI 高于"一带一路"地区。但是，2010 年之后，"一带一路"地区的平均 GCI 超过了非"一带一路"地区，并且持续上升，而非"一带一路"地区的平均 GCI 几乎停滞不前。"一带一路"地区在过去 11 年中 GCI 的平均得分增加了 0.2216（4.3573 - 4.1357），即 5.09%。而在非"一带一路"地区，得分值增加了 0.0377（4.2208 - 4.1831），即

0.01%。2008 年，美国爆发了金融危机。从那年起，"一带一路"地区的竞争力不断提高，但非"一带一路"地区竞争力持续下降直到 2013 年，即"一带一路"倡议宣布之年。自 2013 年以来，"一带一路"地区和非"一带一路"地区的竞争力都在逐步提高，但前者提高的略多一些。"一带一路"地区的竞争力得分较高，显然意味着其经济在未来几年中将比非"一带一路"地区保持更好的发展。

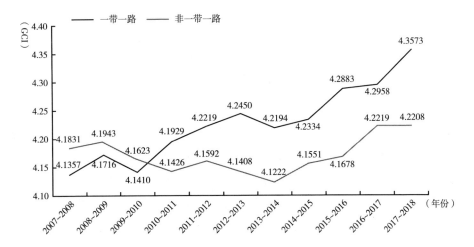

图 2　2007～2018 "一带一路" 和 "非一带一路" 经济体的 GCI 平均得分

资料来源：2007～2018 年全球竞争力报告。

具体领域的比较

经济的竞争力取决于发展的不同阶段。欠发达经济体竞争低廉的生产成本；中等发达经济体竞争效率；发达经济体竞争创新（Snowdon，2006）。具体领域的比较根据基础条件、效率增强以及创新和成熟度来比较"一带一路"地区和非"一带一路"地区的差异。这些领域与每个经济体的经济发展阶段一一对应。

基础条件包括经济发展的要素驱动阶段的支柱项目。处于此阶段的经济体竞争要素禀赋。在这个发展阶段的竞争力取决于运作良好的公共和私人制度（支柱 1）、发达的基础设施（支柱 2）、稳定的宏观经济环境（支柱 3）以及健康的、至少已获得基础教育的劳动力队伍（支柱 4）。

2008～2009 年间，"一带一路"地区的基础条件平均得分（4.4377）略低于非"一带一路"地区（4.4935）。而在 2018～2019 年间，"一带一路"地区的基础条件平均得分（4.7215）高于非"一带一路"地区（4.5157）。

在过去的十年中，"一带一路"地区的基础条件的平均分数提高了 0.2838（4.7215 – 4.4377），即 6.40%；在非"一带一路"地区，分数增加了 0.0224（4.5157 – 4.4933），即 0.50%。换句话说，在过去十年中，"一带一路"地区的基础条件得到了更多的改善。自"一带一路"倡议启动以来，它对经济活力做出了重大贡献。

效率增强包括经济发展的效率驱动阶段的支柱项目。在此阶段，经济体通过竞争来发展更有效的生产过程和制造更高质量的产品。竞争力取决于高等教育和培训（支柱 5）、高效商品市场（支柱 6）、运作良好的劳动力市场（支柱 7）、发达的金融市场（支柱 8）以及利用现有技术收益的能力（支柱 9）和大型的国内或国外市场（支柱 10）。

在 2008～2009 年间，"一带一路"地区效率增强的平均得分为 3.9614；非"一带一路"地区为 4.0417，后者的得分远高于前者。在 2018～2019 年间，"一带一路"地区（4.2326）和非"一带一路"地区（4.1253）的得分均有所提升，但前者提升幅度更大。

在过去的十年中，"一带一路"地区的变化为 0.2712（4.2326 – 3.9614），即 6.85%。非"一带一路"地区的变化为 0.0836（4.1253 – 4.0417），即 2.07%。同样，"一带一路"地区的经济体在过去十年中比"非一带一路"地区的经济体效率增强更高。

创新和成熟度因素包括经济发展的创新驱动阶段的支柱项目。经济体通过竞争来使用最成熟的生产过程（支柱 11）和进行创新（支柱 12）。非"一带一路"地区的国家大多是发达经济体，因此在这一领域得分较高。在 2008～2009 年，"一带一路"地区的创新和成熟度因素平均得分为 3.6308，而"非一带一路"地区的得分则为 3.8570，由此可见，它们之间的分数差距很大。从 2018 年到 2019 年，"一带一路"地区（3.7425）和非"一带一路"地区（3.8811）的得分相比 2008～2009 年均有所上升，但非"一带一路"地区的得分仍然高于"一带一路"地区。

在过去的十年中,"一带一路"地区的平均得分提高了 0.1117 (3.7425 - 3.6308),即 3.08%。非"一带一路"地区的得分提高了 0.0241 (3.8811 - 3.8570),即 0.62%。显然,甚至在创新方面,尽管非"一带一路"地区的平均得分高得多,但"一带一路"地区取得了更大的进步。(图 3)

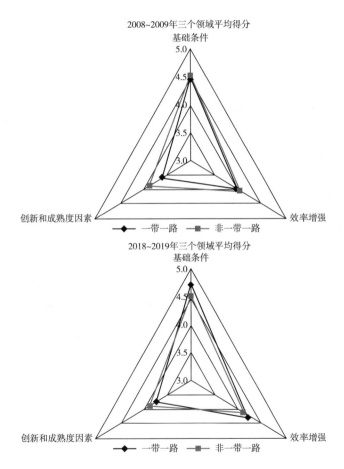

图3 "一带一路"和非"一带一路"地区三个领域的平均得分
(基于 2007~2018 年的经济体)

资料来源:《2007~2018 年全球竞争力报告》。

具体支柱项目的比较

具体支柱的变化可以使我们更深入地了解每个地区的竞争力。支柱1是对制度的评估，即"公共和私人利益相关者的效率和行为"（Schwab，2018，p.317）。它能评估法律体系、行政框架的质量，以及财务报告准则和透明度。

从 2008 年到 2009 年，"一带一路"地区的分数增加了 0.0811，而"非一带一路"地区的分数增加 0.0197。这种差异表明，在这方面，"一带一路"地区有更多的改善空间。"一带一路"地区 2017 年至 2018 年的变化值为 0.0226，非"一带一路"地区的变化值为 −0.0444。由此可见，自"一带一路"倡议实施以来，"一带一路"地区比非"一带一路"地区进步更大。

支柱2是对基础设施的评估，包括交通、电力供应和电信网络的基础设施。"一带一路"地区在 2009 年相比 2008 年，得分提高了 0.0664，而非"一带一路"地区提高了 0.0127。"一带一路"地区在 2017 年至2018 年的变化值为 0.1288；非"一带一路"地区的变化值为 0.0329。因此，"一带一路"地区比非"一带一路"地区进步更大。

支柱3是对宏观经济环境的评估。它评估了企业宏观经济环境的稳定性，这对于经济的可持续增长至关重要。从 2008 年到 2009 年，"一带一路"地区的得分提高了 0.0294，而非"一带一路"地区的得分提高了 0.0564。然而，"一带一路"地区在 2017 年至 2018 年之间的变化值为 0.0980，而非"一带一路"地区的变化值为 −0.0388。可见在最近一段时间，"一带一路"地区比非"一带一路"地区表现出更大的进步。

支柱4是对健康和初等教育的评估。人们认为，对健康和基础教育的投资可以提高工人的效率和生产力。从 2008 年到 2009 年，"一带一路"地区的得分提高了 0.0108，而非"一带一路"地区的得分降低了 0.0035。这种差异表明此支柱中的两种地区几乎没有变化。"一带一路"地区从 2017 年至 2018 年的变化为 0.0638，非"一带一路"地区为 0.0236。所以在最近一段时间，"一带一路"地区在这方面仍比非"一带一路"地区有所改善。

支柱 5 是对高等教育和培训的评估。它衡量中学和大学的入学率，教育质量和人员培训。从 2008 年到 2009 年，"一带一路"地区的得分增加了 0.0504，而非"一带一路"地区的得分增加了 0.0146。但是，"一带一路"地区 2017 年至 2018 年之间的变化为 0.0175，而非"一带一路"地区的变化为 −0.0032。在最近阶段，"一带一路"地区仍比非"一带一路"地区有所进步。

支柱 5 是对高等教育和培训的评估。它评估了中学和大学的入学率，以及教育和员工培训的质量。从 2008 年到 2009 年，"一带一路"地区的得分提高了 0.0504，而非"一带一路"地区的得分提高了 0.0146。但是，"一带一路"地区在 2017 年至 2018 年之间的变化值为 0.0175，而非"一带一路"地区的变化值为 −0.0032。因此，在最近阶段，"一带一路"地区仍比非"一带一路"地区有所进步。

支柱 6 是对商品市场效率的评估。如果供需条件可以被创造并交易，它能衡量产品和服务的正确组合比例。从 2008 年到 2009 年，"一带一路"地区的分数增加了 0.0251，而"非一带一路"地区的分数增加了 0.0267。"一带一路"地区在 2017 年至 2018 年的变化为 0.0020，非"一带一路"地区的变化为 0.0070。尽管变化都是正值，但两种地区在这方面最近都没有太大进步。

支柱 7 是对劳动力市场效率的评估。高分表示工人被分配到最有效的工作方式，并被激励着去尽其最大努力工作，劳动力市场灵活性较高，可以将工人们灵活地从一种经济活动转移到另一种经济活动。与 2008 年相比，"一带一路"地区的得分增加了 0.0458，而非"一带一路"地区的得分增加了 0.0197。对于两种地区来说，这一变化很小。但是，"一带一路"地区 2017 年至 2018 年之间的变化值为 −0.0275，而非"一带一路"地区的变化值为 −0.0014。所以在最近的时期，"一带一路"和非"一带一路"地区这方面都没有改善。

支柱 8 是对金融市场发展的评估，包括对成熟的金融市场的评估，金融市场使得从健全的银行业、受监管的证券交易所、风险投资和其他金融产品中获得的资本可以为私营部门的投资提供资金。从 2008 年到

2009 年，"一带一路"地区的分数降低了 0.0025，而非"一带一路"地区的分数降低了 0.0845。非"一带一路"的降幅大于"一带一路"地区。而"一带一路"地区 2017 年至 2018 年的变化值为 0.0480，非"一带一路"地区为 0.0212。在最近的阶段，"一带一路"地区的变化大于非"一带一路"地区。

支柱 9 是对技术准备情况的评估。它衡量了采用现有技术以提高行业生产率的敏捷性，特别强调利用信息和通信技术增强创新和竞争力的能力。从 2008 年到 2009 年，"一带一路"地区的得分提高了 0.1946，而非"一带一路"地区的得分提高了 0.1009。"一带一路"地区 2017 年至 2018 年的变化为 0.1925，非"一带一路"地区为 0.0411。由此可见，在最近的阶段，"一带一路"地区的变化大于非"一带一路"地区。

支柱 10 是对国内外市场规模的评估，这两者都可以带来规模经济。从 2008 年到 2009 年，"一带一路"地区的分数增加了 0.0849，而非"一带一路"地区的分数增加了 0.0198。"一带一路"地区 2017 年至 2018 年的变化值为 0.1050，非"一带一路"地区的变化值为 0.0366。因此，在最近阶段，"一带一路"地区的变化大于非"一带一路"地区。

支柱 11 是对商务成熟性的评估。它衡量一个国家的整体商务网络的质量以及单个公司的运营和策略的质量。2009 年与 2008 年相比，"一带一路"地区的得分增加了 0.0173，而非"一带一路"地区的得分增加了 0.0261。尽管"一带一路"地区与非"一带一路"地区之间的得分变化很小，但总体而言，"一带一路"地区的起点要比非"一带一路"地区低。然而，"一带一路"地区 2017 年至 2018 年的变化值为 0.0725，而非"一带一路"地区的变化为 0.0540。可以看出，在最近阶段，"一带一路"地区的进步略优于非"一带一路"地区。

支柱 12 是对创新性的评估。它评估在研发方面的投资充分性，特别是在私营部门的开发、高素质科研机构的数量、大学与工业界在研究与技术开发方面的广泛合作以及知识产权保护。2009 年与 2008 年相比，"一带一路"地区的得分降低了 0.0143，而非"一带一路"地区的得分降低了 0.0450。两种区域之间差异很小。"一带一路"地区 2017 年至 2018 年的变化值为 0.0261，非"一带一路"地区的变化值为 -0.0136。由此可见，最近"一带一路"地区在这方面的变化大于非"一带一路"地区。

总而言之，"一带一路"地区主要是发展中经济体，它们在各个支柱中具有更大的增长潜力。与非"一带一路"地区类似，它们在 2008 年金融危机后努力刺激经济增长，这种效果通常不会持续很长时间。然而，"一带一路"倡议却成为这些经济体的助推器，提高了它们的竞争力。除了支柱 6（商品市场效率）和支柱 7（劳动力市场效率），在最近阶段或是 2013 年实施该计划后的日子里，"一带一路"地区在所有支柱项目中的表现都比非"一带一路"地区要好（参见图 4），这表明"一带一路"倡议可以刺激或增强经济竞争力的许多方面。但竞争力的增长仍是内部驱动的，该倡议的外部影响不应被高估。

主要发现和研究局限性

根据以上发现，我们可以大体上得出，自 2013 年"一带一路"倡议以来，"一带一路"地区的经济与非"一带一路"地区相比发生了显著的积极变化。观察"一带一路"倡议的可能带来的效果，我们可以看到，由于"五通"可以直接加强经济的某些支柱，例如基础设施建设，所以参与"一带一路"倡议显然是有益的（Zheng and Luk，2019）。由于"一带一路"地区的大多数经济体正在崛起，因此它们的基础设施、宏观经济环境和金融市场绝非健全和完善。通过建设大型的基础设施项目，例如水力发电厂、高速铁路以及港口和集装箱码头，不仅可以大大提高运输能力和自然资源利用率，而且可以大幅度提升生产率和效率。此外，从 2008 年到 2018 年，"一带一路"地区和非"一带一路"地区经济体 GCI 的变化表明世界经济已发生了深刻变化。自 20 世纪 80 年代以来，即使在金融危机之后，中国经济的持续经济增长似乎仍是推动其周边经济体（"一带一路"经济体）增长的最重要力量。相反，金融危机给非"一带一路"地区，特别是发达经济体，带来了严重的负面影响。

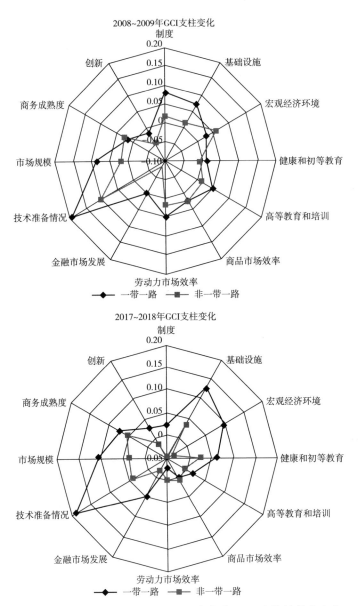

图 4　2008～2009 年和 2017～2018 年每个 GCI 支柱的得分变化

资料来源：《2007～2018 年全球竞争力报告》。

尽管将"一带一路"经济体的竞争力的所有变化都归功于该倡议时必须谨慎，但也难以否认中国因素对世界经济的影响，尤其是在 2008 年金融危机之后其对"一带一路"经济体的影响。这一点也可以通过类似的发现得到支持，如有研究表明，近几十年来这些地区在世界经济中表现出了活力。（PricewaterhouseCoopers，2017）

但是，我们也要注意这个研究的一些局限性。首先，并非"一带一路"地区的所有国家或经济体都包含在 GCI 中，因此，它所展现的情况并不完整。其次，GCI 仅关注经济和金融方面，因此无法对非经济方面（如政策协调和人与人之间的联系）进行更深入的评估，其影响可能会被低估。其次，计算 CGI 的标准来自西方基督教文化价值观，但许多"一带一路"地区受到伊斯兰、佛教或儒家的影响，因此，该指数可能带有文化偏见。

政策建议

1. 政策包容性。这些比较表明，在过去五年中，"一带一路"倡议通过"一带一路"沿线经济体基础设施建设大大降低了贸易成本。总体而言，"一带一路"倡议提高了这些经济体的福利。但是，与非"一带一路"经济体相比，"一带一路"经济体在商品市场效率和劳动力市场效率等各个方面的进步还是很小，这可能表明"一带一路"倡议带来的好处对这些经济体内的不同部门产生了不等的影响，并且影响缓慢。例如，劳动力市场可能难以适应"一带一路"倡议带来的变化。贸易效率的提高也可能使更多经济体与中国制造的商品直接竞争。根据世界银行的建议，"一带一路"倡议可能会产生"贸易引起的调整成本"（World Bank，2019：94），包括劳动力转移和进口竞争，这个问题可能需要更多的区域互补政策来解决。通过中国与"一带一路"经济体之间的政策协调，社会保障、住房、劳动保护、员工培训和人员流动性可以得到改善。其目的在于让那些经济体中的更多社会群体受益于"一带一路"倡议，而不是被排除在外。在政策层面上的协调可以指导投资项目来更好地利用这些福利，同时也为这些经济体中的广大公众服务。

2. 可持续发展。"一带一路"倡议的重点是通过基础设施建设和自然资源开采来提高贸易效率。如果管理不善，这些项目可能会产生巨大的环境、社会风险。东盟国家的一些水力发电项目、公路和铁路项目引起了人们对生物多样性、污染、山体滑坡、洪水、水土流失、森林砍伐等问题的担忧。"一带一路"的许多经济体都位于环境脆弱的地区，在这些地区，基础设施项目可能会给可持续发展带来高风险。正如"一带一路"倡议所建议的那样，绿色发展是减少环境成本的一项原则。但是一些报告表明，在许多项目中仍然没有很好地遵守这一原则（Tsinghua PBCSF, 2019；World Bank, 2019：114 – 122）。这个问题引起了很多对"一带一路"倡议的怀疑和质疑。为了遵循绿色发展的原则，"一带一路"倡议可以要求在实施前后将环境和社会成本效益评估纳入项目设计和审计中，避免在生态脆弱的地区执行项目，做出更好的安排以恢复环境、减轻影响并对环境造成的不利影响采取补偿措施。这可能还需要"一带一路"经济体之间进行政策协调，以遵循当前的国际标准和最佳实践框架。从与东南亚经济体进行贸易的悠久历史来看，香港在管理环境、社会和政府（ESG）风险方面具有知识和经验，首次在 2019 年成功筹集了 10 亿美元的绿色债券。香港可以提供一整套解决方案，从项目设计、财务、管理到"一带一路"倡议相关项目的可持续性评估。

3. 公众参与度。对"一带一路"倡议的怀疑之一是"一带一路"经济体可能承担的债务负担，其中大多数经济体经济基础薄弱。一些"一带一路"经济体在控制治理腐败方面也存在问题。目前，"一带一路"倡议的实施使国有企业更多地参与进来，并在国家层面进行了参与。这种不透明的信息传播安排可能加剧人们对财政和治理风险的怀疑。应鼓励公众参与整个计划，尤其是在具体项目中。第一步可以是增加资助具体项目的信息透明性，并开发项目以在国内和国际上建立更多的公私伙伴关系。如果成功以这种方式实施，"一带一路"倡议从长远来看可以帮助提高经济体制度和基础设施的竞争力。作为国际金融中心，香港可以按照国际最佳实践方案为"一带一路"项目提供财务支持和专业管理服务。

4. 争端解决机制。在过去的五年中，一些基础设施项目因马来西亚东海岸铁路线和雅加达—万隆高铁项目等各种争议而面临停工，其中一些是由于权力移交造成的，另一些是由于管理不善造成的，这些事件引起了人们对"一带一路"相关项目的从地缘政治到管理争议的担忧。当前解决争端的方法是通过国家级的政治谈判，这既昂贵又费时。随着

"一带一路"倡议涉及国家越来越多，可能会发生更多不同级别的争端，并且可能无法通过高层谈判解决所有争端。为了促进政策协调，"一带一路"倡议应鼓励通过既定手段或机构创新进一步解决争端。与"一带一路"沿线经济体一起，中国可以通过建立专门的中心或组织来帮助建立解决争端的多边机制。通过这些中心或组织，可以建立和实施一些解决争端的原则，从长远来看，这也可能有助于国际治理。香港是亚太地区争端解决的主要中心，其强大的法律基础设施、丰富的专业知识和优越的地理位置可以促进"一带一路"倡议建立争端解决机制。

总而言之，尽管在过去十年中，在大多数竞争因素中，一带一路的经济体似乎都比非一带一路的经济体表现更好，但这并不意味着两个群体之间存在零和竞争。非"一带一路"经济体也从金融危机中复苏过来并取得了进步。正如世界银行最新报告（2019年）所提出的那样，"一带一路"倡议被认为是有利于参与经济体以及其他经济体的，因为改善的基础设施可以接触和连接更多的经济体。德勤（Deloitte）的一份报告将"一带一路"倡议比作一场刚开始、还未接近终点的旅行，并建议投资者从更长远的角度看待这些项目："虽然我们不轻视风险，但我们认为风险不如许多人想象的那么严重。"（《共建"一带一路"生态系统——2018》，2018：2）

（沈依沁 译）

"17＋1"地区合作机制在中东欧

鲁道夫·福斯特（Rudolf Fürst）

捷克布拉格国际关系研究所欧盟亚洲关系中心主任

本文旨在通过次区域合作形式"17＋1"来追溯中国在欧盟东部外围地区前所未有的经济和政治存在。领土上，该多边平台组成情况如下：中欧维谢格拉德集团（V4），包括波兰、匈牙利、斯洛伐克和捷克共和国；波罗的海国家（立陶宛、拉脱维亚和爱沙尼亚）；巴尔干半岛国家（塞尔维亚、克罗地亚、斯洛文尼亚、黑山、北马其顿、波斯尼亚和黑塞哥维那、保加利亚、罗马尼亚、阿尔巴尼亚）；以及2019年加入的希腊。历史上，这些国家属于欧洲，是俄罗斯、土耳其和美国的利益及影响范围，而中国（二战后至20世纪80年代期间除外）则是后起之秀。2012年成立新的"16＋1"次区域组织时，该组织与中国"走出去"战略相吻合，也与其他中国设计的地区形式颇有相似之处，如非洲的中非合作论坛（FOCAC）、拉丁美洲的中国－拉丁美洲和加勒比国家共同体论坛（CELAC）。这引起了欧盟的关注，因为16个成员国中的大多数已被纳入中欧战略伙伴关系。

在众多学术著作中，"16＋1"被广泛解释为以基础设施、运输和能源行业为重点的国际合作计划。该计划与2010年后中国的投资热潮及其财政激励措施有关。不久，在2013年习近平主席正式宣布"一带一路"倡议全球项目后，这一改变游戏规则的引擎吸引了全世界的关注，这可能加速地缘政治从西方向经济和军事飞速崛起的中国倾斜。通过双边，甚至远比以前频繁的多边战略，中国明显增加其外交活动。这对美国主导的西方自由秩序形成新的挑战，也引出一系列新的问题，如将中国的影响力扩散到欧洲及欧洲地区、遏制跨大西洋国家行动，以及前所未有的经济和技术竞争。

本文总结了笔者2010年以来对中国－中东欧关系的研究成果，并对中东欧学术界眼中的"16＋1"议程作更新。在作者已有研究的基础上，增加的内容为2016年后中欧战略伙伴关系的变化，当时，欧洲主要国家和欧盟官方呼吁建立更加平衡的经济议程和投资筛选系统，因而欧洲采取了更为果断的态度并赋予德国和法国在欧盟的领导地位。欧盟对中国的看法正从战略伙伴关系转向战略竞争。最后，本文介绍了美国为应对中国在中欧的影响而孜孜不倦地做出外交努力的新主题。

中东欧国家希望中国给予经济刺激

"16＋1"中东欧成员国期盼从中国流入基础设施的外国直接投资日益增加，相关的经济刺激措施可能加快它们追赶富裕的西欧国家步伐并紧跟西欧－中国合作议程。可以肯定的是，16＋1的多边形式促进了高层政治联系，总理年会和部长级部门会议是中东欧国家中国议程的重要升级。此外，经济外交也取得长足进步，远非小国的有限能力可为。除此之外，在文化、学术、教育、研究和科学、人与人的接触领域也进步显著，这些都可谓积极成果。然而，早期对中国在中东欧投资的满满热情，在最近已成为过去式。除了巴尔干地区（主要是塞尔维亚和波斯尼亚）从中国获得了相关的能源和基础设施投资外，其他中东欧国家（如V4和波罗的海国家）仍然对来自中国的实际外国直接投资数额不满意。

首个对"16＋1"的系统研究是位于布拉格的国际关系研究院自2012年以来进行的①。该研究将国家利益概念化，以对所有16个中东欧国家及其与中国的双边议程中的优先事项进行自下而上的研究。国家利益的概念基于相关性、（外部）可接受性和共识三个标准②。这三个

---

① Rudolf Fürst and Filip Tesař(eds)，*China's Comeback in Former Eastern Europe：No Longer Comrades，Not Yet Strategic Partners*，Praha：ústav mezinárodních vztahů，2013.

② See for example Petr Drulák and Mats Braun（eds），*The Quest for the National Interest：A Methodological Reflection on Czech Foreign Policy*，Frankfurt am Main：Peter Lang AG Internationaler Verlag der Wissenschaften ，2010.

标准均通过评级系统进行操作，排名从 1（最低）到 10（最高）。结果如表 1 所示：（2014～2016）

"1 + 16"模式有益吗？对优先项和相互看法的评估：

单个国家看待中国：1. 政治上的相关性（与中国）；2. 贸易相关性；3. 投资流入的相关性；4.（与中国的）经济合作共识；5. 关于政治关系的共识；6. 政治上的接受度（对中国）。

中国看待单个国家：7. 政治意义；8. 贸易相关性；9. 中国对外投资的相关性（接受中国投资的国家）。

表 1　欧洲国家眼中的中国及中国眼中的欧洲国家

| | 欧洲国家眼中的中国 | | | | | | 1～6 项的平均数 | 中国眼中的欧洲国家 | | | 7～9 项的平均数 | 总平均数 |
	1.	2.	3.	4.	5.	6.		7.	8.	9.		
捷克	5/8	3/4	2/6	8/8	6/7	3/3	5/6	2/4	2/3	2/5	2/4	3/5
匈牙利	8/8	3 3	8/5	1010	9/9	9/9	8/7	3/4	2/3	4/4	3/4	5/6
波兰	6/7	7/5	3/3	8/8	6/6	6/6	6/6	4/4	4/3	3/3	4/3	5/5
斯洛伐克	3/3	3/2	2/1	7/6	7/5	7/5	5/4	2/2	1/	1/1	1/1	3/3
爱沙尼亚	3/3	1/1	1/1	6/6	7/7	3/3	4/4	2/2	1/1	1/1	1/1	2/2
立陶宛	4/4	1/1	1/1	7/7	8/8	2/2	4/4	2/2	1/1	1/3	1/2	3/3
拉脱维亚	4/7	1/1	1/5	7/7	7/7	3/3	4/5	2/4	1/2	1/1	1/4	3/4
阿尔巴尼亚	7/6	4/4	2/5	1010	109	8/8	7/7	3/3	2/2	1/3	2/3	4/5
保加利亚	8/8	6/5	5/5	1010	8/	9/9	8/8	4/4	3/3	6/6	4/4	6/6
波黑	5/5	3/3	2/6	7/9	6/6	7/8	5/6	2/1	1/2	2/5	2/4	3/4
黑山	5/5	5/5	1/3	7/7	6/6	8/8	5/6	1/1	1/1	1/1	1/1	3/3
克罗地亚	4/4	4/3	1/1	6/6	4/4	5/5	4/4	2/2	3/1	1/1	2/1	3/3
马其顿	4/4	3/2	1/2	8/8	7/7	9/9	5/5	2/1	1/1	1/1	1/2	3/4
罗马尼亚	8/7	6/5	3 6	1010	8/8	7/7	7/7	4/4	3/3	5/5	4/4	5/5
斯洛文尼亚	4/3	5/4	1/1	7/7	6/6	5/5	5/5	3/3	2/2	1/1	2/2	3/3
塞尔维亚	9/9	2/2	5/7	9/9	8/8	9 9	7/7	5/6	2/2	3/5	3/3	4/5

注：来自 2014 年的数据，2016 年更新，2016 年时的平均数。

表 1 揭示了所有 16 个国家在观念上的差异和多样性，以及各国与中国之间现有的共同利益水平。匈牙利，波兰和巴尔干多国（塞尔维亚、阿尔巴尼亚、罗马尼亚、保加利亚）的评分显示了它们的亲中立场（请参见表右侧的平均值）。布拉格国际关系研究院的此研究于2016 年结束，因而此论文并无后续数据。波罗的海国家增加了与中国的积极互动（里加的首脑会议）。最后，就投资、基础设施、政治和

文化联系而言，巴尔干国家与中国的互动仍然是最活跃的。由于对民主价值观、人权和西藏问题看法存异，波兰和捷克共和国与中国的政治关系仍然起伏不定。捷克共和国（2016 年习近平主席访问布拉格）、拉脱维亚（2016 年在里加举行"16＋1"峰会）、匈牙利（2017 年在布达佩斯举行峰会）、保加利亚（2018 年在索非亚举行峰会）和克罗地亚（2019 年杜布罗夫尼克峰会）的存在感暂时增强，这是"16＋1"组织的重要更新。在捷克共和国，媒体对总部位于上海的华信集团投资的负面报道使中国受到非议。最近在布拉格如火如荼的反华为安全警报（2018）、布拉格市代表由于文件中包含"一个中国原则"而终止布拉格－北京姐妹城市协议，这完全表明关于与中国的关系，公众舆论正在恶化。

然而，最具挑战性的一点是，与中国的贸易和投资关系收效并不明朗，这阻碍了中东欧国家与中国建立互信。流入维谢格拉德四国的外国直接投资中，10 亿欧元流向捷克（捷克国家银行）和波兰（荣鼎咨询），35 亿欧元流向匈牙利（匈牙利和荣鼎咨询的数据不同）。除巴尔干地区（主要是塞尔维亚和波黑）外，匈牙利是外国直接投资的主要接收国（40 亿欧元），因为仅仅大型项目——博苏化学（区域领先的化学原料制造公司）就吸收了中国在该国 70% 的外国直接投资。许多东欧国家视中国为重要的额外出口目的地，然而，与中国的贸易量增加了，但向中国的出口却鲜有进步。

可以肯定的是，加速与中国的政治对话、积极参加"16＋1"部门团体和各种部长级会议的做法极大地提高了中国作为未来合作伙伴的地位，但是，经济政策的基础仍然停留在双边层面。所有 17 个国家都利用多边平台追求自身利益，因为多边"17＋1"机制不会刺激成员国开发共同战略，相反，它们实际上仍是竞争者。此外，与来自西欧的外国直接投资和结构性资金、来自日本和韩国的外国直接投资相比，显然中国的投资在技术和制造业生产率方面缺乏刺激效应。结构性的经济兼容性和不同偏好在"17＋1"平台内划分出界限：大多数成员国没有看到实质性的收益，而其中一些成员国的地位却日益突出。继而"17＋1"平台的南部与地中海国家如希腊和意大利（非成员国）在海上运输和连通性方面愈加重要。将希腊加入到"17 + 1"机制、中国对意大利海港里雅斯特和威尼斯的投资即表明其重心向南转移。

欧盟重新审视中国为战略竞争对手，中美竞争涉及中东欧

在西欧，除了对"17 + 1"模式的附加价值存在疑问以及担忧与中国的交往破坏欧盟统一性外，欧盟官方普遍认为中国在东欧的存在还是相对无害的①。但是，2019 年新发布的《欧盟公报》中题为《中欧：战略展望》② 的文章立场则更为强硬，文章称其亚洲伙伴为"战略竞争对手"，主张实现"更加平衡和互惠的贸易与投资关系"、提升战略信息技术基础设施和 5G 网络的安全性，以及建立外国投资的筛选机制。同样，法国和德国的政治声明及官方文件中的语言也颇为坚定：德国工业联合会发表的论文称中国为"系统性竞争者"③。2019 年，欧盟委员会在 26 个成员国（总共 28 个成员国）的支持下推出筛选机制框架，剩下两个国家中一个是英国（即将退出欧盟），另一个是意大利④。

法国总统马克龙建议通过欧盟一级的措施与中国竞争，例如支持领先的欧洲工业集团和加强欧洲技术主权。马克龙（Macron）总统以及其他欧洲领导人的倡议包括对欧洲工业的保护、创造就业机会、相比于中国国有经济维持技术竞争力以及评估欧洲价值观等议题。此外，欧洲认

---

① Jeremy Garlick，"China in Central and Eastern Europe：the Case for and Against Offensive Mercantilism"，*Europe-Asia Studies*，5 September 2019，https：//www. tandfonline. com/doi/abs/10. 1080/09668136. 2019. 1648764？journalCode = ceas20.

② Joint Communication to the European Parliament，The European Council and the Council，EU-China - A strategic outlook，Document of the European Comission，Strasbourgh，12. 3. 2019，https：//ec. europa. eu/commission/sites/beta - political/files/communication - eu - china - a - strategic - outlook. pdf.

③ China-Partner and Systemic Competitor，BDI Publications，1. 10. 2019，https：//english. bdi. eu/publication/news/china - partner - and - systemic - competitor/.

④ Nicola Casarini，"Defend，Engage，Maximise：A progressive agenda for EU/China relations "，FEPS paper，11 October 2019，https：//www. feps - europe. eu/resources/publications/696 - com_ publications. publications. html.

为中国人对欧洲资本投资、商品和思想流动的部分谨慎态度与欧洲的广泛开放是不相匹配的。欧洲政策以中国参与为重点的两极希望利用中欧伙伴关系来维持多边贸易体系，共同应对全球气候变化挑战以及应对全球安全问题。总体而言，欧盟对中国的立场越发具有竞争性，但并非毫无遮掩的负面态度，也没有要求遏制中国。但是，尽管"一带一路"倡议在欧盟总部及欧洲主要国家获得了部分积极的评价，该倡议仍然引得人们对中国战略计划和意图心生猜忌。中国为建设欧洲基础设施做出的贡献并非令人生厌，但是，欧盟当局仍坚持要求欧盟遵守针对公共投资招标采购的内部规定和贸易规定。

美国重返中东欧

与欧盟对待中国日益强硬的态度相比，美国唐纳德·特朗普（Donald Trump）政府采取了相当公开的对抗性措施，在全球范围内遏制中国。美国与中国的贸易和技术发生冲突，贸易战也对欧盟带来负面影响，包括中东欧国家，这些国家仍在经历后共产主义结构转型，企图追赶西欧。美国与欧盟之间的贸易摩擦以及美国对欧洲出口产品征收的进口关税，极大地引起了包括后共产主义国家在内的整个欧洲经济前景的担忧。国际货币基金组织（IMF）董事克里斯蒂娜·拉加德（Chrisitne Lagarde）和欧洲中央银行（ECB）主席马里奥·德拉吉（Mario Dragi）指出了中东欧国家在结构上的这种脆弱性，并明确提到了罗马尼亚、斯洛伐克、捷克共和国和波兰的情况①。

通过"17＋1"区域平台，中国在中东欧地区的影响力日益增加，这被美国政府利益相关者确定为中国影响力增强的地区问题（主要是V4）。美国前负责欧洲和欧亚事务的外交大臣韦斯·米切尔（Wess Mitchell）指出，这片"地缘政治竞争如火如荼"的土地是"与俄罗斯

---

① IMF's Lagarde and ECB's Draghi warn against troubling developments in trade war, CNBC, 12 June 2019, https：//www. cnbc. com/2019/06/12/lagarde － and － draghi － warn － about － trade － war. html.

和中国一较高下之地"①。此外，美国国务卿迈克·蓬佩奥（Mike Pompeo）2019 年在布达佩斯和华沙访问期间还提到加强与该地区的联系，指出俄罗斯和中国在网络安全和华为问题方面的影响力在不断增强。《外交事务》杂志的政策和安全分析师也提到了可能挑战美国在欧洲利益的中俄联盟②。俄罗斯和中国共同努力建立地缘政治集团以替代西方主导的国际自由体系，对此，保守派智囊团批评不断，他们的声音也将塑造主流媒体的观点。

2019 年 3 月至 6 月期间，所有 V4 国家领导人（一位总统和三位总理）对华盛顿的高层访问也夯实了美国和 V4 国家间异常活跃的双边议程。跨大西洋关系是所有 V4 国家的关键主题，他们在白宫商谈其安全和经济等议题。与巴尔干国家和希腊不同，无论"17＋1"平台议程如何变化，V4 国家和波罗的海国家均采取坚定的亲西方政策，对中国却不置可否。

结　语

中国希望在南南层次模型上发展积极的经济和社会模型，这可能会刺激非洲和拉丁美洲的发展中国家，甚至一定程度上也惠及东欧（白俄罗斯、乌克兰、摩尔多瓦）以及巴尔干部分地区（在其加入欧盟前），然而却在较小程度上可以与已经是欧盟成员国的大多数"17＋1"成员国相匹配。在欧洲，过渡性后共产主义国家的经济结构需求与欧盟和西欧枢纽越走越近。迄今为止，历史上前所未有的中国基础设施和重工业驱动的投资激增更可能适用于巴尔干地区以及南欧海港。当下，两种趋势并存：一是"17＋1"平台地域扩张，其南部成员连连称赞；二是在17 国集团的北部地区收效如何令人怀疑。这种失衡可能对"17＋1"集

---

① Winning the Competition for Influence in Central and Eastern Europe：US Assistant Secretary of State A. Wess Mitchell, October 19, 2018, https：//www. atlanticcouncil. org/news/transcripts/winning – the – competition – for – influence – in – central – and – eastern – europe – us – assistant – secretary – of – state – a – wess – mitchell.

② Andrea Kendall-Taylor and David Shullman, "A Russian-Chinese Partnership Is a Threat to U. S. Interests", *Foreign Affairs*, https：//www. foreignaffairs. com/ articles/china/2019 – 05 – 14/russian – chinese – partnership – threat – us – interests.

团的未来发展提出关键性议题。

用经济机遇评估"一带一路"利益，建立区域和市政伙伴关系，在运输和物流方面建立联系，发展文化合作，在学术界、旅游业、科学技术、医疗保健领域扩大联系，所有这些领域合作都可能推动中国与中东欧关系发展。然而，由于欧洲对中国2016年以前在西欧的快速投资激增所做出的回应，《中国制造2025》战略计划，以及美国对中国贸易和技术的战略进攻，近来推广中国与中东欧"17＋1"平台的国际环境呈现恶化。欧盟担心其对中国的技术抛售换不来互惠的结果。

软实力问题长久以来是中国的劣势。中国参与国际领土争端和人权状况的表现激发了国际媒体对其的负面看法。此外，缺乏非政府行为者和基于民间社会的国际公共传播策略也揭示了中西方软实力观的重大分歧。前七年"16＋1"区域模式的历史（现在是"17＋1"）可能表明组织和机构处于困境，但是，基于政治议程设定的框架不一定会带来实际的经济影响。相比之下，活跃在欧盟和欧洲地区的其他亚洲利益相关者，如日本、韩国和中国台湾，虽然在全球范围内稍逊于雄心勃勃的中国大陆，但在商业和公共外交方面更为有效。

中东欧国家表示，"一带一路"倡议与中国积极的地区议程相呼应，但实际上，它们都遵循自己的国家利益。这17个成员国纷纷追求自己的双边目标，但在外交语言中表述为多边活动。欧盟与中国之间的贸易和技术竞争，加上中美的贸易战和全球遏制中国的努力，产生了最近的"脱钩"趋势，这意味着中东欧国家制定中国政策时的国际环境正在恶化。欧盟和美国因为中东欧国家参与中国议程和"17＋1"集团而对其施加越来越大的压力，这迫使这些国家向它们的西方战略伙伴表达忠诚以及对北约相关的安全做出承诺。

参考文献

Rudolf Fürst and Filip Tesař（eds）. *China's Comeback in Former Eastern Europe：No Longer Comrades，Not Yet Strategic Partners.* Praha：ústav mezinárodních vztahů，2013.

See for example Petr Drulák and Mats Braun（eds）（2010）. *The Quest for the National Interest. A Methodological Reflection on Czech Foreign Policy.* Frankfurt am Main：Peter Lang AG Internationaler Verlag der Wissenschaften .

Jeremy Garlick，"China in Central and Eastern Europe：the case for and against offensive mercantilism"，*Europe-Asia Studies*，5 September 2019，https：//www. tandfonline. com/doi/ abs/10. 1080/09668136. 2019. 1648764？journalCode = ceas20.

Joint Communication to the European Parliament，The European Council and the Council，EU-China – A Strategic Outlook，Document of the European Comission，Strasbourgh，12. 3. 2019，https：//ec. europa. eu/commission/sites/beta – political/files/communication – eu – china – a – strategic – outlook. pdf.

China-Partner and Systemic Competitor，BDI Publications，1. 10. 2019，https：// english. bdi. eu/publication/news/china – partner – and – systemic – competitor/.

Nicola Casarini，"Defend，Engage，Maximise：A Progressive Agenda for EU/China Relations"，*FEPS paper*，11 October 2019，https：//www. feps – europe. eu/resources/ publications/696 – com_ publications. publications. html.

IMF's Lagarde and ECB's Draghi Warn Against Troubling Developments in Trade War，*CNBC*，12 June 2019，https：//www. cnbc. com/2019/06/12/lagarde – and – draghi – warn – about – trade – war. html.

Wess Mitchell，"Winning the Competition for Influence in Central and Eastern Europe：US Assistant Secretary of State A"，October 19，2018，https：//www. atlanticcouncil. org/ news/transcripts/winning – the – competition – for – influence – in – central – and – eastern – europe – us – assistant – secretary – of – state – a – wess – mitchell.

Andrea Kendall-Taylor and David Shullman，"A Russian-Chinese Partnership Is a Threat to U. S. Interests"，*Foreign Affairs*，https：//www. foreignaffairs. com/articles/china/2019 – 05 – 14/russian – chinese – partnership – threat – us – interests.

（薄帆 译）

展望"一带一路"倡议在中亚

沙洛菲丁·纳扎罗夫（Sharofiddin Nazarov）

乌兹别克斯坦经济研究中心主任

长期以来，位于丝绸之路中心的中亚（CA）国家在加强国际贸易、经济和文化联系方面一直占有重要地位。因此，一带一路项目中的中亚国家虽然没有海港，但仍然十分重要，尤其是在实施联合运输和通信项目中。在此背景下，旨在进一步扩大丝绸之路国家之间的贸易和经济合作的"一带一路"项目对发展中亚国家的经济潜力也具有重要意义。

建立运输走廊。研究此问题的重要性和交通孤立带来的相关挑战，需要评估实施"一带一路"倡议对中亚国家带来的一些经济、社会和政治后果。

（1）对于中亚国家而言，通往伊朗和巴基斯坦港口的走廊尤为重要，因其可以提供通往南亚、中东和非洲新兴市场的外贸货运通道。这些走廊中任意一个成功运作，都将使中亚国家有机会吸引更多的过境货运。

（2）最近开通的安革连至琶布电气化铁路将费尔干纳河谷和乌兹别克斯坦主要区域连接起来，使通往中国的路程缩短了 270 公里，中国—吉尔吉斯斯坦—乌兹别克斯坦铁路走廊的实施将成为确保中亚国家纳入全球物流路线网络的关键要素。

这样，中亚国家不仅可以直接进入中国，而且可以直接进入中东。此外，这条路线的开通将使货物运输时间减少 5~6 天。

（3）通过铁路往返于中国和中亚国家的外贸货物运输有所增加。此外，往返中国的过境交通量也有所增加。近来，中亚国家与中国之间商品贸易的积极态势增进了人们开发有效的货物运输物流计划和运输基础设施发展的共同兴趣。

（4）建立乌兹别克斯坦—塔吉克斯坦—中国公路，从中亚南部地区（连接中亚国家与中国的替代走廊）通过塔吉克斯坦领土实现外贸运输路线多样化，这对于实现"一带一路"项目颇为重要。

实施区域发展项目。不仅建立运输和物流路线，通过中国和俄罗斯使中亚与南亚、东南亚和欧洲国家的市场连接起来，还要实施与贸易、投资、中亚国家矿产资源和人力资源相关的具体计划和大型项目。

为了加强沿中央走廊项目的实施，建议成立一个运输工作组，由项目有关的所有国家主管部门和工作人员组成，以提出优化路线、货物运输成本的意见，制定在中亚国家/地区通过铁路运输货物的关税。

实施高科技领域联合项目。该计划涉及建立综合工业技术园区、科学和创新集群和自由经济区。考虑到中亚国家市场当前的供求关系，生产手机、缝纫机、建筑材料、太阳能集热器和其他竞争性产品似乎是最合适的。

此外，鉴于农业部门的发展与实施科学进步成果的相关性，有必要投资建立种子行业的现代种植基地、发展生态园区和农产品加工中心，这些设施在高科技领域具有很高的生产潜力。

广泛利用巨大的旅游潜力。沿着丝绸之路，中亚国家有无数千年古城，这些优势还亟待挖掘。应指出的是，目前在中华人民共和国商务部帮助下，乌兹别克斯坦共和国的霍列斯姆地区的历史古迹正在得到修复（比如位于 Khiva 市的 Ichan Kala 古城的阿米尔·图拉·马达拉萨和哈桑·穆拉德·库什贝吉清真寺）。但是，这样的例子只是零星少数。

中国在阿富汗伊斯兰共和国（IRA）经济转型中的积极作用也将极大促进该国旅游业发展等区域项目的实施，包括恢复历史和文化遗产和在阿富汗领土内开发材料和原材料，开发横跨该国领土的新旅游路线。

中亚国家的高附加值商品在中国市场准入。消除乌兹别克斯坦产品在中国市场的非关税壁垒和限制，特别是纺织品和针织品、皮革和鞋类产品、食品和加工农产品、电缆和电线产品、建材的非关税壁垒，是中亚国家参与实施"一带一路"倡议中浓墨重彩的一笔。在此背景下，有效协调各利益相关方的海关程序和关税政策、引入现代海关控制技术手段（使移动式检查和货物扫描检查系统投入运营）对实现这一目标非常重要。

信息和通信技术领域的合作。在确保信息安全方面建立紧密的合作伙伴关系，通过扩大与中国公司（如阿里巴巴、腾讯、聚贸）的合作来发展电子商务，将会促进商品的推广并增加合作伙伴国家在数字市场上的出口。同样重要的是，在电信、安全城市、技术园等领域，培养高素质信息技术人才、为中亚国家的年轻专业人员组织培训和教育计划。

为了保证在"一带一路"倡议框架内执行合作的一致性，提出以下任务：

1. 加强相互联系，共同促进国际干线走廊的建设，并建立连接亚洲、欧洲和非洲区域的基础设施网络。

2. 对该区域各国奉行的社会经济政策进行协调，这意味着加强相互政治信任，在经济发展、区域合作领域寻求共同立场，开展建设性对话以解决紧迫问题，并为实施大型项目提供政治支持。

3. 通过开放自由贸易区、减少贸易壁垒和简化海关程序来促进贸易和投资。目前，在中亚国家与中国之间的"一带一路"框架内，尚未执行任何贸易项目（尽管存在所有必要的先决条件）。

4. 投资伙伴关系的优先领域是能源部门（煤炭、石油、天然气、水力发电和可再生能源的勘探和开发）。但是，吸引中国投资的过程应与发展燃料和能源部门和中亚国家强制遵守盈利能力的参数进行明确协调。

5. 实施投资项目，组织成品的生产和其向中国和其他市场的出口，这是吸引中国向电气行业、数字技术、电信、医疗设备生产、新建筑材料领域投资的重要手段。

6. 金融一体化影响了亚洲股票和债券市场的开放，阻碍亚洲基础设施投资银行和金砖国家开发银行发展，并破坏上海合作组织的融资机制。

总的来说，中亚地区积极推动丝绸之路经济带倡议，从一方面为确保区域安全和该地区的可持续发展创造了有利条件。该项目的积极成果之一是降低运输成本、发展物流、促进传播该地区的创新。这将有助于提高商品和服务的竞争力，改善生活水平和经济现代化。

另一方面，该倡议的执行不应成为加剧该地区经济和社会生活失衡的工具。

例如，在开展连接中国的运输项目后，中亚国家的国民经济多样化水平将下降，这可能导致这些国家国际收支失衡。

此外，相关措施和机制势在必行，以防止该地区某些国家沦为快速发展经济体的矿物和原材料附属国。该区域某些欠发达国家也极有可能增加对外部金融和投资的依赖。

大国之间的地缘政治紧张局势和制度性对抗已经对"一带一路"倡议的实施提出了挑战。愈演愈烈的中美"贸易战"、美国对中国商品加征关税可能会对参与"一带一路"倡议的国家的经济产生负面影响。

对美国市场出口减少将迫使中国政府扩大其产品对其他市场的出口，特别是那些参与中国运输项目的国家。因此，随着美中危机的加剧，人们可以预见中国对"一带一路"沿线国家的影响力将增加。

因此，这一重大项目的所有参与者必须坚持与领先国家建立平衡的、建设性的互利合作，全面深化政治、贸易、经济、投资、文化、人道主义和科技领域的互动，维护地区的地缘政治平衡。

（薄帆 译）

中国"一带一路"倡议及其对塔吉克斯坦共和国的意义

马夫祖纳·卡里莫娃（Mavzuna Karimova）

塔吉克斯坦科学院经济与人口研究所对外经济事务主任

中国在研究和重建伟大的丝绸之路方面扮演着重要角色，并对古丝绸之路沿线国家的政治、经济和文化建构产生了深远的影响。毫无疑问，丝绸之路的复兴将会极大地推动亚洲乃至整个欧亚大陆的经济、文化和旅游业发展。

中国的"一带一路"倡议旨在建立一个覆盖三大洲——亚洲、欧洲和非洲——的广阔经济空间，重点是改善现有的交通基础设施，建设新的运输走廊，发展和扩大世界各国之间的贸易往来。中亚国家自古以来就是连接东西方文明与贸易的重要通道，其所处的地理位置使其有可能再次成为丝绸之路经济带上的北斗之尊，即不可或缺的中心节点。

"一带一路"倡议是中国政府对"人类命运共同体"这一理念的具体实践，更是中国近年来的主要外交政策之一。

通过制定这样的全球项目，中国领导层向全世界展示了自己对全球治理和国际关系的深刻思考与战略愿景，这是建立在中国坚实的传统文化基础之上的。如今，人类的生存正面临着巨大的威胁与挑战。中国作为一个负责任的大国，将推动构建国家间的命运共同体视作路径的逻辑起点。中国的历史轨迹和文化传承影响着中华人民共和国对世界政治的看法和实践，她始终坚持独立自主的和平外交政策，这不仅有助于推进国家间相互开放的政策，也将有惠于各国的发展。

"一带一路"倡议是当前正在进行的最大的发展项目，它的实施将使中国在广阔的空间，首先是亚洲和欧洲地区，扩大自己的存在和活动，并有效地提升这一区域各国间互联互通的水平。

"一带一路"倡议是中华人民共和国向国际社会提供的重大公共产品，也是当今世界上最受欢迎的国际合作倡议。

作为公共产品，"一带一路"倡议可以为许多国家的贸易、投资、社会发展、经济进步提供有效的互动基础，并使人们更加关注人类长远的发展目标。"一带一路"倡议与可持续发展目标互为联系，是一种双赢战略。因为"一带一路"倡议框架内的项目特别关注可持续发展目标中最为关键的任务，如解决不平等问题及包容性问题等，并为解决这些问题给予了积极的影响。

借鉴了全球以国家和人民相互尊重、互利合作为基础建立世界秩序方面所积累的最佳和最先进经验，中国国家领导人创造性地提出"人类命运共同体"的概念，这将成为国际关系中一种新的文明模式。

习近平主席领导的中华人民共和国，利用现代经济手段，通过发展和完善交通运输体系，提倡全球信息共享，扩大贸易、资本、人员流动，在不同层次和不同领域建立能够达成相互谅解的合作机制或互动平台，并以此来推动建立"人类命运共同体"的理念和实践。如今经济和政治的全球化不断扩展，世界各国间的相互联系和相互依存度日益加深，人类命运已经被前所未有地捆绑在了一起。

塔吉克斯坦全力支持中国这一全球倡议，并试图从中获得最大利益。塔吉克斯坦已经与中国签署了 200 多项双边合作法律文件，这些文件几乎涵盖了所有重要的合作领域。

落实《塔吉克斯坦共和国经济发展和贸易部与中华人民共和国商务部关于推动共建丝绸之路经济带的谅解备忘录》（塔吉克斯坦共和国政府 2015 年 5 月 2 日第 292 号决定），对推动两国经济的持续发展至关重要。《塔吉克斯坦共和国科学院与中华人民共和国科学技术部关于设立部门间科技合作委员会的谅解备忘录》（塔吉克斯坦共和国政府 2017 年 8 月 26 日第 368 号决定），对进一步深化双边关系也很重要。

根据这一备忘录，部门间科技合作委员会的活动旨在分析中国和塔吉克斯坦科技合作的现状；确定科技合作的主要方向、优先领域和合作方式；制定和协调科技合作联合项目和方案；明确和解决合作中出现的问题；促进和协调两国之间大规模的、有意义的科学技术项目；创造有利于科学和技术发展的商业化模式和产品开发模式；促进和鼓励两国研究所、主要科学实验室和中心之间的合作；协助两国法人在两国现行法律框架内和千年发展目标下开展各种科技交流。

正如塔吉克斯坦和平与民族团结组织创始人、国家领导人、共和国总统埃莫马利·拉赫蒙 2019 年 4 月 26 日在北京第二届"一带一路"国际合作高峰论坛上的讲话中所指出的那样，"一带一路"倡议既是非常及时的，也是时代所需求的，因为它考虑到了新的全球现实，反映和汇聚了多国的经济利益。该倡议的主要目标就是在各方优势共享的原则基础上，促进共同的发展和繁荣，以造福于丝绸之路沿线的所有国家和人民。

塔吉克斯坦政府高度重视"一带一路"倡议的成功实施，愿与所有感兴趣的国家在这一倡议下开展富有成效的合作。相信这一倡议也有助于塔吉克斯坦实施自己至 2030 年前的国家发展战略，实现国家可持续发展的目标。

塔吉克斯坦领导人、共和国总统拉赫蒙为国家确定了三个战略目标：确保国家能源独立、实现国家粮食安全、改善国家运输和通信状况。中国的参与有助于塔吉克斯坦完成这一系列战略任务。

中华人民共和国从 2005 年开始向塔吉克斯坦提供资金援助，从 2006 年开始以优惠贷款的形式向塔吉克斯坦投资。这些年来，中国投资者不断地向塔吉克斯坦各个行业直接注入资金。优惠贷款是通过中华人民共和国进出口银行发放的。塔吉克斯坦的信贷资金是以美元和人民币的形式提供，每种货币的使用条件各不相同。中国提供的优惠贷款主要用于各种基础设施项目的建设，如，塔—乌公路改造项目（杜尚别至恰纳克）、杜尚别—库尔马公路修复改造项目（一期和二期工程），杜尚别—丹加拉地区和杜尚别—库尔马公路（塔吉克斯坦边境）修复改造项目，以及在杜尚别创建和实施"安全城市"交通管理体系。此外，中国还参与了杜尚别—库尔干秋别的铁路项目中瓦赫达特—亚旺段的建设。

塔吉克斯坦参与共建"一带一路"的主要预期是希望能够吸引来自中华人民共和国的大量投资。对塔吉克斯坦来说，这不仅能够促进其国内基础设施硬件的快速发展，而且能使塔吉克斯坦以更便捷的路径进入新的市场，创造新的收入来源和激发潜在的竞争力，特别是促进中小企业的发展，从而实现国家可持续发展的目标。据一些学者的研究，"一带一路"沿线国家基础设施的改善，特别是中亚、西亚和南亚运输网络和贸易的便利化，能够带动塔吉克斯坦 GDP 的增长，使其经济增长率提高 0.1% ~ 0.7%。

通过积极参与"一带一路"建设，塔吉克斯坦能从其大型跨区域的基础设施项目中获益，摆脱原本封闭的地理制约，受益于中国与世界其他国家之间的贸易和运输联系，成为一个过境国。中国有足够的财政和经济资源来建立连接东亚、西亚和南亚的运输网络，这为塔吉克斯坦的经济发展和跨境运输基础设施的改善创造了有利的条件。塔吉克斯坦若能被列入这些重大项目的缔约国名单，除了能改造现有的通往邻国乌兹别克斯坦的铁路外，还能获得借由乌兹别克斯坦而与中国的铁路连接，这条铁路将为塔吉克斯坦打开通往欧洲的窗口。

"一带一路"建设将会对塔吉克斯坦的经济产生重大影响。如今，中国在塔吉克斯坦境内的许多大型基础设施项目中占据主导地位，这些项目涉及采矿、能源、冶金、化学工业以及建筑业。中国在农业领域的地位也在不断提高。

为确保塔吉克斯坦的粮食安全，塔吉克斯坦共和国农业部和中华人民共和国农业部签署了《关于共建中塔农业科技示范中心的谅解备忘录》（塔吉克斯坦政府 2017 年 8 月 26 日第 369 号决定）。根据该决定，中华人民共和国将支持在塔吉克斯坦建设一个农业合作示范园区，旨在吸引有关公司参与合作，形成农产品加工产业集群创新模式，更好地推动农业进步。

因此，在塔吉克斯坦，被中国农民租用的土地数量正在不断增加。在过去的六年里，中国农民在塔吉克斯坦租赁的土地从 500 公顷增加到了 1.8 万公顷。当地的德罕农场没有足够的资源来有效利用自己所拥有的土地，租给中国农业生产商后，中国人引进了先进技术，并改良作物品种，从事水稻种植和棉花生产，如今这里是作物丰收、利润丰厚。在塔吉克斯坦北部的索格特地区，中国专家在当地的农业生产中引入了棉花滴灌系统，从而将棉花的产量提高了三四倍。双方将继续在向塔吉克斯坦提供农业设备和种子品种、建立示范农业园区和组织农民培训方面展开合作。

中国是塔吉克斯坦共和国扩大农产品对外贸易的战略伙伴。塔吉克斯坦向中国出口的农产品主要有水果、坚果、橄榄油籽、其他动物产品及棉纤维。近年来，塔吉克斯坦的农产品出口整体呈持续下降趋势。

中国对塔吉克斯坦经济领域的投资还在不断增加，专门从事建材生产、贵金属加工和农产品加工的工业项目也在持续增多。随着中国投资的流入，塔吉克斯坦生产企业的数量也越来越多，从而创造了新的就业机会，提高了国内的生产能力。与此同时，塔吉克斯坦也更加关注国家的战略优先事项，如扩大生产、创造就业机会、增加本国在世界贸易中的出口份额，等等。

世界经验表明，提高经济增长的质量、激发经济发展的活力、解决复杂的社会问题、减少贫困的程度和范围，提升人民的生活水平和生活质量，这些任务的完成在很大程度上取决于国内工业发展的性质，取决于国内工业、技术和生产结构的进步和完善。

改善工业状况并进行结构调整，增加附加值较高产品的生产比重，通过工业现代化改造形成全新的经济发展模式，这是塔吉克斯坦政府积极实施的工业政策的主要目标。因而，工业行业的复苏和发展目前受到了塔吉克斯坦各级政府的特别关注。

为实现这一目标，我们确定了以下任务：

• 扩大在国内和国外市场上具有竞争力的工业产品的生产和销售；

• 改善国内的投资环境，促进工业发展，为工业的可持续发展创造新的体制基础，建立高科技创新园区；

• 建立以加工当地资源为基础生产进口替代产品和出口导向产品的国家体系，特别是在农业领域（创建农产品加工综合体，促进产品出口），以及建筑业、有色金属、轻工和食品工业；

• 加速以资源为基础的制造业的发展（尤其要考虑到增加其附

加值）；

• 建立高效的人员培训体系，扩大能够掌握新的工业技术和创新工业产品的人才队伍；

• 创造新的就业机会；

• 实施有效的领土开发和工业选址政策，要充分考虑到对自然资源可持续性的综合利用。

世界经验表明，工业化的主要产业是能源、冶金和机械工程。

在我国水电潜力丰富的基础上，必须继续大力推进国家水力发电政策。确保能源安全和有效利用现有电力，已被宣布为塔吉克斯坦共和国发展经济的首要战略目标。

塔吉克斯坦政府在这方面的重点工作已经取得了实实在在的显著成果。中国专家为这些目标的实现做出了巨大的贡献。2018 年，杜尚别 2 号热电厂生产了 1.48 亿千瓦时的电力，占塔吉克斯坦总发电量的 6.8%。罗贡水电站的首台发电机组实现并网发电，也为提高新电能做出了贡献，它还将为新的工业企业提供其所需的电力。得益于低廉的电力成本，塔吉克斯坦可以发展以能源密集型为主的产业，这将成为塔吉克斯坦的竞争优势之一。

共和国最大的能源密集型工业是有色金属，即铝工业。这方面的当务之急是尽早完成国有独资企业——塔科布采矿选矿联合工厂的改建项目。值得一提的是，中国专家以"交钥匙工程"的方式交付了已建好的氟化铝冰晶石工厂，这为塔科布国有企业的发展做出重大贡献。2018 年，该厂生产的氟化铝和冰晶石数量分别为 3408 吨和 481 吨，分别比 2017 年的产量增加了 6.6 倍和 4.3 倍。这不仅确保了有效的进口替代，而且增加了出口数量。

这还只是初级铝制品产量的增长。需要注意的是，应该在单一初级铝制品的基础上，以塔科布国有企业为核心形成一个铝制品的产业集群，使塔吉克斯坦铝业公司及其子公司成为在国际市场上具有竞争力的企业。

另一个重要的方向是扩大黄金、锑、钨和其他稀有金属的开采和加工。这里值得一提的是，中国与塔吉克斯坦合资的泽拉尚夫公司为塔国内黄金产量的增长贡献了重要力量。

世界实践表明，任何国家的工业化都是从发展轻工业起步的（英国、德国、美国、俄罗斯、日本均是如此），因为轻工业领域需要的投资最少，却能在最短的时间里实现投资回报。此外，轻工业还是一个劳动密集型的行业，可以吸收大量妇女就业，这对社会领域的发展可谓至关重要。

按照人均纱线产量计算，塔吉克斯坦可以名列世界第二。在其他条件相同的情况下，从每公斤的棉花纤维中，可以产出约 10 平方米的纤维，并可生产出许多纺织产品，这是促进工业产出增长的一个巨大亮点。

为了加强该行业的原材料基础，必须建立生产人造丝、合成纤维和织物、各种化学品和染料及辅料的企业，也就是说，还需要大力发展我国的化学工业，因为在发展中国家和转型期经济国家，制造业需要形成有竞争力的供应链。

塔中合资的中泰（丹加拉）新丝路纺织产业有限公司已在塔吉克斯坦哈特隆州的丹加拉市建立了纺织工业园区，在此基础上形成了极具竞争力的纺织产业集群，这将会使轻工业成为塔吉克斯坦最有效率的产业之一。

食品工业也有增长的潜力。在实现国家两个战略发展目标——确保粮食安全和人民获得优质食品——的框架内，国家的农业正在快速发展，这是促进食品工业发展的重要基础。食品行业的企业不断增多，这不仅使得食品产量成倍增长，而且大大丰富了食品产品的种类和品牌。

在行业大企业的基础上，还应当建立高效的面包、糕点、通心粉、糖果类食品生产企业，以及生产葡萄酒（含香精和白酒）、饮料（含果汁等无酒精产品）、果蔬产品（罐头）等的食品加工企业。

工业企业数量的增加，意味着对建筑材料的需求也会急剧增加。在这方面，共和国的建筑材料工业将发挥关键的作用。首先要保证充分的原材料来源，它必须最大限度地为建筑业的生产提供必需的建筑原材料。因此，迫切需要加快原材料的生产，并使其多样化。在这方面，除了增强现有企业的生产能力外，还需要加快推进新的矿产勘探、开采和加工（大理石、花岗岩、玄武岩、石英砂等）。例如，可以利用廉价的玄武岩原料大力发展石材产业。显然，生产企业的增长，不仅会带动建筑材料的发展，还会带动其他行业（冶金、木材加工、机械工程等）的增长，这意味着在全国每个地区都需要建立大型的工业企业（如水泥厂等），庞大的需求将确保这些工厂能够获得可观的收益。

这里必须提到的是，塔吉克斯坦与中国合资的水泥企业对塔吉克斯坦的水泥生产做出了重大贡献。2018 年，华新亚湾水泥有限责任公司、华新索格特水泥有限责任公司、中材国际莫伊尔水泥有限责任公司生产的水泥占到了共和国水泥生产总量的 85%。

由此也催生了发展化学工业的必要性。这方面最重要的成果是，中国河南中亚控股集团与塔吉克斯坦政府签署了投资协议，对塔吉克斯坦哈特隆州萨尔班特市的开放式公司"阿佐特"进行现代化改造，并在原基础上成立新的化肥生产企业，生产合成氨和尿素，这将有效地提高农作物的产量。此外，还将创建一系列新的生产企业，诸如生产硫酸、冰晶石的企业等，以实现进口替代和增加出口。

化工企业本身就是促进轻工业、食品工业、有色及黑色金属冶炼、建筑材料及其他行业发展的重要环节之一。

机械制造业是构建共和国整个国民经济综合体的基础。在考虑到国内市场需求的情况下，可以确定以下领域为主要的发展方向：农业机械制造业、采矿和加工设备、机械工程设备、交通和运输设备，建筑和能源工程，家用电器和其他设备的生产等。目前，已经成立了生产农机、专用汽车和其他设备的合资企业。在第一阶段，主要是采用"引进"的模式，并且要认真地加以"吸收和消化"；第二阶段应该着力进行"创新"，对现有设备进行现代化改造，使其更适用于塔吉克斯坦的需求。中国公司在这方面发挥着重要作用，它们可以帮助我们的机械设备制造企业成为我国国民经济部门中最重要的一环。

发展机械化和电气化运输，首先是扩展铁路网，对塔吉克斯坦共和国具有重要的经济、战略和社会意义，尤其对塔吉克斯坦实现工业现代化目标起着至关重要的作用。

为了实现这些发展目标，必须充分利用各种机会，特别是塔吉克斯坦经济发展和贸易部与中华人民共和国商务部达成的有关加强基础设施建设合作的协议中所确定的那些机会。

完成上述经济发展目标将有助于进一步扩大塔吉克斯坦共和国与中华人民共和国之间经贸和投资合作的规模并提高效率。

"一带一路"倡议的实施将显著降低货物运往塔吉克斯坦的成本和时间，从而也会降低消费者和企业的成本，节省下来的资金可以用于提高人民的生活水平和实现经济现代化。需要指出的是，即使那些并不处在亚欧走廊沿线的国家也可以从中获得物美价廉的进口产品。例如，途经哈萨克斯坦的运输同时也会有效地降低吉尔吉斯斯坦和塔吉克斯坦的运输成本。

（张苏琴 译）

"一带一路"倡议：中国与欧亚秩序的再次兴起—挑战与机遇

雅各布·玛利亚·柏比博士（Dr. Jacopo Maria Pepe）
德国外交关系协会

引言：回到未来？

中华人民共和国成立 70 周年恰逢该国乃至整个世界体系的一个关键历史转折点：横跨大西洋的世界经济体系和自由世界秩序目前正经历着不亚于哥白尼革命的深刻变革。中国在经济和政治上的崛起无疑在这一过程中发挥了关键作用，但由于贸易保护主义、民族主义和贸易战困扰着国家和地区的经济发展，使全球稳定岌岌可危，目前尚不清楚谁将塑造合并后的新自由主义秩序。

在西方和欧洲，至少自中国提出"一带一路"倡议和唐纳德·特朗普（Donald Trump）当选以来，人们不再争论是否下一个世纪将属于中国或亚洲，而是讨论中国将如何影响欧洲和西方。基于这一解释，中国的崛起导致了全球经济和政治力量的转移，这标志着西方世界经济体系 500 年统治地位的终结以及美国领导下的自由世界秩序近 70 年霸权地位的结束，中国重返世界体系的中心。

西方认为这是一个历史性转折，这一事实将成为世界秩序的规范。但是我认为，这种规范既不是中国重新出现在世界舞台，也不是回归以中国为中心的世界秩序。

更重要的是，当前转变的核心是欧亚连接的世界体系和欧亚世界秩序开始重新崛起，这种体系在西方和欧洲霸权崛起前已经存在。这个重新崛起的世界更广泛地体现在欧亚大陆的商业、基础设施和工业结构调整方面，形式上，这与其第一次形成的全球化世界体系十分相似，这比15世纪欧洲的崛起还要早，那时欧洲在世界上还处于十分边缘的地位。[2]

但是，这个制度既没有以中国为中心，也没有政治上的统一（除了短暂的蒙古统治之外），并没有因稀疏的土地连接而简单地联系在一起。相反，它在地缘政治上是分散的、是多中心的，在经济上是联网的，在基础设施上是分支的。它的主要参与者是农耕和游牧帝国，还有私营商人。"丝绸之路帝国"不是像威斯特伐利亚体系中那样彼此明显分开的民族国家，而是领土相连的巨型实体，它们的边界绵延不断、势力范围重叠，而且拥有不同的秩序观。除了帝国层面，私营商人还通过一个个发达的城市和港口网络贸易经商。这些构成了所有欧亚次区域内部网络的中心节点。农耕帝国与中亚游牧帝国之间的渗透关系既是该系统的保证者也是威胁者。但是，分散和持续的经济增长创造了独立于政治冲突的供求机制。中国（特别是在汉唐时期）在这一体系中的融合作用，是促进因素和催化剂。然而，这只是整个体系运转的必要条件，而非充分条件。

布鲁诺·马卡斯（Bruno Macaes）最近声称，古丝绸之路从未深入地紧密联系在一起，并且亚洲和欧洲之间的小额贸易仅通过中转站运输。因此，当前与丝绸之路的关系更多是"过去的发明"。的确，从亚洲到欧洲，从没有任何商人完整地走完过这条路。但是从今天的一个非常有趣的角度来看，他根本不需要。首先，虽然物流链错综复杂，路线分散、危险，但经过几个世纪的发展，货物在中转站的重新装载得到完善，而且基本但有效的货运保险制度为遇到强盗或丢失货物时提供了一定保障。

另外，应该强调的是，欧洲绝不是唯一的销售市场。通常，其他区域市场也是商品的目的地，或者它们是产业内贸易的基本形式，如帕斯（Parths）与汉代之间的生丝和成品丝贸易。结果，与中国人一道，尤其是印度人、波斯人、东南亚人、中亚人和阿拉伯商人，在比欧洲人早得多的时候便加入该体系。

实际上，该系统不仅连接了中国和欧洲，还通过海上和大陆航线网络将印度、东南亚、西亚、中东、中亚、俄罗斯部分地区、东欧和东地中海地区连接起来。这些地区绝不是分开的，而是互补的，并提供了后勤上的灵活性。尽管受到地理障碍的影响，印度洋沿海地区和亚洲大陆的联系仍然远比 15 世纪后的西方殖民时代紧密得多。

一体化的欧亚体系从来没有导致政治上的统一，反而更多是导致重合但独特的秩序观。该体系比基于国家领土的威斯特伐利亚秩序或 19 世纪至 20 世纪的法制自由秩序更加不稳定。但这不仅仅是关于战争、衰败和破坏。这些因素绝不是贸易和交换的障碍。这也意味着，中国绝不是这个体系的唯一霸主。

从历史的角度来看，谁将塑造这个"新的旧世界秩序"，其特征是什么，中国及其"一带一路"倡议面临哪些挑战？现今这些国际议题仍然悬而未决。

一个新的旧世界：三个主要转变定义了复兴的欧亚秩序

今天，在 21 世纪初，所有这些特征似乎都以一种不同的、更复杂的形式重新出现，因为世界政治和经济体系目前正经历着三种不同的、相互联系的结构性转变：

第一，从全球化转向供应链和价值链的碎片化和区域化。物联网和能源转型等技术变革助长了这一转变，并正在影响工业生产、能源生产、物流、运输和贸易。

第二，从自由化向经济的地缘政治化和武器化的转变。这种转变意味着不断上升的技术、地缘政治和规范性竞争将给稳定带来更大风险，因为新兴经济体之间的力量不对称和潜在冲突可能会在全球价值链、供应路线、贸易等方面造成巨大破坏，并导致更为开放的冲突形式，这也是中美贸易战所证明的。

第三，从以跨大西洋为中心的自由主义全球秩序向跨欧亚/跨太平洋体系转变，在该体系中，对秩序的不同理解存在重合，但仍缺乏"共同规则"。这种从以大西洋为中心向以欧亚为中心的世界转变是一个长期趋势，它直接影响到主要大国、国家集团彼此之前关系的性质，特别是美国、中国、欧盟和俄罗斯之间的关系，也包括它们与中小型国家和地区的关系，例如伊朗、土耳其、印度、日本、中亚和中东欧等地区。

更好的连通性可理解为通过重新配置供应链和价值链、生产集群、能源生产和运输、人口－城市集中度来重新构造国家和地区的政治经济，这是促成全球化、技术与地缘政治力量平衡等所有转变的催化剂。同时，欧亚大陆横跨中东欧和东亚，这些转型和更好的连通性所产生的影响在这片土地上将更为明显。至少自2008年经济危机爆发以来，欧亚大陆在贸易、运输和安全方面一直紧密地联系在一起。这个超级大陆已经创造了世界GDP的29%，至2030年每年将需要1.3万亿美元用于基础设施投资。除了中国和俄罗斯这两个主要大国以外，不断增长的东南亚和印度市场、北非和中东（包括土耳其、伊朗、阿富汗和巴基斯坦）的危机圈都位于这片地理上连续的空间，在这里，海洋和大陆贸易路线越来越相互交叉，而不稳定因素也同样遍布整个地区。

第一种趋势的影响已经在不断集中的中产阶级、制造设施和产业集群方面有所体现，这一趋势不仅在中国的内地，而且在土耳其、伊朗和印度等国家也已十分明显。在这些国家中，沿海和内陆地区历史上受海洋地理和沿海经济影响，现在正缓慢但日益趋同。不过，这种发展也极大地改变了大陆国家和地区的功能和经济定位。结果，诸如后苏联地区之类的孤立国家已成为多中心系统中相互联系的过渡空间。特别是中亚，正从亚洲大陆孤立的中心转变为亚太地区的网络外围。

除了中美之间公开的商业和政治对抗之外，第二个和第三个地缘政治趋势在欧亚大陆也逐渐显现，诸如俄罗斯的欧亚经济联盟、印度的"西部大开发"、日本的基础设施倡议、哈萨克斯坦的"光明之路"（"Nurly Zhol"）、土耳其自己的"丝绸之路"概念，还有最突出的一点，是欧盟提出的互联互通，这既补充了中国的倡议，又或多或少地与之抗衡。尽管这些国家和地区同中国将成为欧亚一体化的重要推动因素，但这也将因由谁来出入和控制关键交界处（例如中东欧、中东、中亚和东南亚）而加剧冲突。这些地区已经处于政治不稳定的中心，或者已成为地区结构瓦解的标志。

"一带一路"倡议的起源与其对中国在欧亚立场的影响

在此基础上，"一带一路"倡议（BRI）主要催生了中国经济、监管和外交政策的雄心。它还为开拓新市场以及中亚、西南亚、东南亚和东欧的次区域增长扮演了潜在的催化剂作用。但是，经济联系的过程更可能源于长期趋势，其中一些趋势可以追溯到"一带一路"倡议发出之前的几年。因此，"一带一路"倡议不仅是中国在全球扮演新角色的蓝图，而且是对国内和亚洲的变化和挑战进行的战略回应，这远超中国一国的范畴。

自 2013 年中国国家主席习近平概述其目标以来，如今被称为"一带一路"的倡议已迅速成为中国在欧亚大陆外交政策的支点，并在全球范围内成为中国在国际舞台上空前行动主义的象征。经过近六年的努力，尽管这一庞大项目存在固有的风险，内部和外部存在困难，许多相关国家也抱有怀疑，但该倡议仍然具有吸引力。中国在地理、政治和经济上如此截然不同的空间进行基础设施和物流重新连接的想法，似乎是唯一能够在经济 – 政治民族主义兴起、复苏遥遥无期、危机四伏的背景下为全球经济提供新动力的"伟大远见"。这不仅是一个雄心勃勃的基础设施项目，而且实际上是针对欧亚大陆定义的"崩溃区域"所提出的跨地区工业和经济共同发展战略：这一区域从中国大陆边界延伸到了非洲亚洲的发展中经济体。迄今为止，这个宏大区域（连同非洲一些内部区域）代表了全球经济中最后一个较大的"脱节"空间；然而，与此同时，它在地理上与亚洲沿海的主要经济和人口增长国家相邻。

该倡议被认为是非霸权的，并向所有感兴趣的国家开放。迄今为止，中国已承诺投入约 9000 亿美元，其中包括设立丝绸之路基金和中国进出口银行等国家机构，亚洲基础设施投资银行（AIIB）等新的区域性多边机构和中国银行的信贷额度。但是，"一带一路"倡议与其相关机构既不代表新的马歇尔计划，也不代表中国计划逐步承担起确保世界自由经济秩序的任务。相反，习近平主席在 2017 年中国共产党第十九次全国代表大会讲话中将其纳入了宏伟的"民族复兴"计划中。实际上，"一带一路"倡议的逻辑看起来很复杂，并且在多个层面上都在前进：从本质上讲，必须将其定义为中国领导人对内部和外部三个重大结构性、长期和短期变化的积极反应，这些变化在国家发展的这个阶段产生影响，这些影响是国内/宏观经济上的、地缘经济/地缘政治上的、系统的/全球性的。这三个变化是相互联系并相互促进的。在国内和宏观经济方面，探讨"一带一路"倡议时经常提到一个关键因素：由于在雷曼兄弟（Lehman Brothers）于2008年倒台后采取了经济刺激措施，中国的重工业部门已出现产能过剩，特别是在钢铁和水泥行业；因此，银行积累了巨额流动资产，而在国内，内部消费的重要性日益增加，已成为促进国民经济进一步增长的决定因素。因此，该计划是将过剩的生产能力引导至国外市场、将流动资金投资至大型基础设施项目中的功能性工具。

然而，这种解释仅有助于理解"一带一路"倡议的偶然逻辑，但不能解释其结构起源。从地缘经济角度看，自21世纪初以来，中国刺激其生产系统逐渐但持续地发生转变。在中西部发展战略的推动下，中部和内陆地区的发展有了新的动力，以缩小区域发展差距，并消除中国东部边境地区动荡的风险。这种转型上的努力在中部和中西部地区（例如成都、重庆以及最近的乌鲁木齐和喀什）等城市创造了增长和生产，并且大规模发展了公路和铁路网络，以使这些地区与沿海地区和全国其他地区连接起来。最终，这将扩大整个欧亚空间的视野，中国的经济地理的变化也在大陆范围内产生了深远的地缘政治影响。今天，中国不仅可以规划大陆运输路线，而且可以规划替代海上路线的一系列多式联运海陆走廊，因为迄今为止，海上路线一直处于美国海军的严格控制之下。

因此，通过部分或完全取代旧路线的新路线，欧洲和其他新兴市场不再遥不可及。此外，其经济和政治合作伙伴的范围也扩大了：中国以这种方式不仅确保了能源供应的多样化，而且最重要的是确保了自由进入欧亚大陆南部一带的市场，从东南亚、印度到土耳其、伊朗和中东，直至非洲之角和北非。这样可以最大限度地减少对单个国家和路线的依赖，从而给中国带来更大的灵活性，同时也增加了中国在这种复杂网络中充当稳定但非霸权力量的责任。

新兴的欧亚秩序中的中国和"一带一路"倡议：应对挑战

实际上，"一带一路"倡议在亚洲大陆引发的转型以及为中国打开的新地缘政治机遇，已经产生了远远超出亚洲和欧亚大陆的系统性影响：由于涉及的空间非常大，而且涉及经济、人口和地理因素，对于中国而言，这一举措实际上是有机地迈向后西方全球秩序的第一步。然而，就目前而言，中国本身似乎尚未准备好在后西方的全球秩序中扮演领导角色，并且很可能会尝试在当前的框架与新的混合全球治理形式之间徘徊。实际上，"一带一路"倡议中的三个维度中每一个都会给中国带来风险，随着项目的发展和成熟，风险会成比例地增加。

在中国内部，经济增长进一步放缓、银行体系遭遇危机或土地价格的崩溃都可能严重破坏稳定和"正常增长"的新形势，而中国在这一倡议中领导角色的合法性正是建立于此。这样的情况将直接影响到"一带一路"倡议。

在中国外部，中国依赖与庞大国家和地区网络的关系，这些国家和地区在不同的形式和层次上，有理由担心或怀疑中国的行动：其中包括欧洲，当然也有美国这种感兴趣的外部观望者。

美国目前是"一带一路"倡议和中国面临的最大挑战，因为现任政府已明确将"一带一路"倡议和与"一带一路"倡议相关的项目作为贸易战的一部分，而欧洲作为中国在欧亚大陆最重要的贸易伙伴，对"一带一路"倡议也心生防备，在其自信的回应中颇显针锋相对。债务陷阱风险、许多在经济较弱国家建立的中国项目缺乏可持续性、在许多关键领域都面临越来越多的技术竞争，都使得欧盟为应对中国在欧亚大陆的枢纽作用而开发更具战略意义的举措，探寻类似的工具以制衡中国的市场力量，并通过与日本等国家建立新的互联互通伙伴关系来使其与亚洲的关系多元化。

此外（由于上述趋势和变化的结果），欧亚大陆的重新连接是一个先于并超越中国计划的过程。它的发现源于过去十五年所见证的转型，包括亚洲内部商业关系的多元化以及新的自主经济中心的出现。

欧亚大陆的主要参与者——从俄罗斯到土耳其和伊朗等中等国家，从中亚小国到印度，再到偏僻的日本——都在重新定位和准备，以应对中国的大陆和全球扩张所代表的挑战。这些国家并没有否认包括海洋和大陆在内的整个欧亚重新连接的概念的有效性，但是它们通过自己的价值观、规范、标准、战略、对策和新的轴心（例如印日同盟、东南亚国家内部联合，或者最近欧盟和日本的联系）来构想这个概念。

实际上，"一带一路"倡议的成功不仅取决于中国精打细算建立复杂关系网络的能力，还取决于如何为这一新兴、独特的欧亚秩序的所有参与者制定成功的"游戏规则"。

西方的自由主义机制显然不足以为塑造正在进行的变革提供框架，目前中国也还缺乏一个可供所有参与者接受的替代性框架和共同规则。在此框架下，"一带一路"倡议（和由此产生的机制）抓住了新的全球欧亚体系之分散、相互联系、流动、非制度化、具有竞争性和合作性的内核。它确定了开展项目所需工具和必要的行动：即在如今仍处于全球经济体系边缘的地区促进贸易、经济发展和区域互联互通。这样，凭借其利益、实力和明确的国家政策，"一带一路"倡议将中国置于区域和全球治理新实践的中心。但是，出于同样的原因，中国尚无法提供所有相关参与者都接受并共享的项目前景，这是一个比系统还要复杂的概念。考虑到欧亚的历史，中国应该谨慎地在追求自身合法利益、抱负、秩序观与融合欧亚大陆的其他概念、规范和标准之间寻求平衡，例如（但不限于）基于欧洲主导的多边模型。这样的结果一定是建立一个真正的"人类命运共同体"，这也是未来几年中国所面临的最大挑战。

参考文献

Bruno Macaes, *The Dawn of Eurasia-On the Trail of the New World*, Yale University Press, 2018; Peter Frankopan, *The New Silk Road-A New History of the World*, Bloomsbury

Publishing，2015.

Janet L. Abu-Loghud，*Before European Hegemony：The World System A. D. 1250 – 1350*，Oxford University Press，1991；Barry Gill，Andre Gunder Frank（editors），*The World System：Five Hundred Years or Five Thousand*? Taylor & Francis Ltd，1993.

Christopher Beckwith，*Empires of the Silk Road-A History of Central Eurasia from the Bronze Age to the Present*，Princeton University Press，2009.

"The World is Eurasian". Interview with Bruno Macaes. In：*Berlin Policy Journal*，March/April 2018. https：//berlinpolicyjournal. com/the – world – is – eurasian/.

Jacopo Maria Pepe，*Beyond Energy-Trade and Transport in a reconnecting Eurasia*，Springer Verlag，2018，Part 1.

Kent E. Calder，*The New Continentalism-Energy and 21st Century Geopolitics*，Yale University Press，2011；Kent E. Calder，*Supercontinent-The Logic of Eurasian Integration*，Stanford University Press，2018.

Wu Wehnua（National Development and Reform Commission，Transport Institute），On the Predicament of the Integration of Eurasian Transportation and its Breaking-through，Presentation at the First Eurasian Transport Conference，Astana，12 – 14. 11. 2014.

Full text of Xi Jinping's report at 19th CPC National Congress，Xinhua，03. 11. 2017，http：//www. xinhuanet. com/english/special/2017 – 11/03/c_ 136725942. htm.

See for example the latest EU-China strategy paper：European Union Commission，Eu-Chian strategic outlook，March 2019，https：//ec. europa. eu/commission/sites/beta – political/files/communication – eu – china – a – strategic – outlook. pdf.

European External Action Service，The Partnership on Sustainable Connectivity and Quality Infrastructure between the European Union and Japan，September 2019，https：//eeas. europa. eu/regions/africa/68018/partnership – sustainable – connectivity – and – quality – infrastructure – between – european – union – and_ en.

（薄帆 译）

充分利用中国的"一带一路"倡议（BRI）在非洲的发展

伊曼纽尔·乌佐马·纳多齐（Emmanuel Uzoma Nnadozie）

津巴布韦非洲能力建设基金会执行秘书

摘　要

中国的"一带一路"倡议为非洲提供了重大机遇，特别是在贸易、投资和基础设施互联互通领域。但是，人们很少关注非洲如何从"一带一路"倡议中获益和倡议对中非关系可能意味着什么。本文探讨了如何在非洲充分利用"一带一路"倡议，并探讨了该倡议对非洲的潜在影响，对非洲大陆的潜在利益和非洲人对该倡议的期望。该论文取材于非洲能力建设基金会（ACBF）关于非洲如何从"一带一路"倡议中受益的研究。研究结果表明，"一带一路"倡议具有极大改善非洲贸易、投资、基础设施和生活水平的潜力。但是，为了建立互惠互利的伙伴关系，非洲国家希望"一带一路"倡议下的项目和计划应支持非洲大陆发展优先事项，特别是非洲大陆自由贸易区（AfCFTA），以推动区域和全球贸易，促进私营企业发展，创造就业岗位以解决青年失业问题。此论文得出的结论是，如果没有能力建设（包括关键的技术技能和生产能力的发展），最大限度地提高"一带一路"的收益，使非洲公司在中国公司的国际价值链中处于战略地位以实现双赢合作，非洲大陆的优先事项就无法实现。

引　言

自 20 世纪 90 年代以来，非洲与中国的关系有了长足发展。尽管中非之间的历史联系可以追溯到几个世纪以前的经济互动，但现代中非关系始于 1956 年中埃建交。此后，有 48 个非洲国家与中国建立了密切联系。为了进一步加强中非友好合作，2000 年成立了中非合作论坛（FOCAC），作为集体磋商和对话的平台以及合作机制。

最近，2013 年启动的"一带一路"倡议通过使非洲和中国在推进共同发展议程方面进行更紧密的合作，为中非之间的双赢合作创造了更多机会。"一带一路"倡议是中国的全方位合作计划，旨在通过广阔的物流和运输网络（包括管道、机场、铁路、公路、跨国电网和光缆）将亚洲、欧洲、非洲和中东连接起来。从非洲的角度看，"一带一路"倡议侧重于旨在解决战略领域重大瓶颈的合作，例如基础设施的连通性（包括海上联系）；加强经济、金融、投资和贸易合作；生态和环境保护；提高生产能力；促进旅游、文化、社会和教育交流。

因此，"一带一路"倡议有望通过改善连通性、多样化和创造就业机会为非洲的社会经济转型提供重要的发展机会，从而带来更大的贸易和投资。从 2019 年非洲能力建设基金会关于非洲如何从"一带一路"倡议中受益的研究中汲取经验，本文探讨了如何充分利用中国在非洲的"一带一路"倡议，并探讨该倡议对非洲的潜在影响、对非洲大陆的潜在利益和非洲人对该倡议的期望。

"一带一路"倡议之概述

"一带一路"倡议的主要重点是通过基础设施和其他相关投资、政策协调、贸易畅通、金融一体化来增强中国与其他国家之间的联系，并加强人与人之间的互动。"一带一路"倡议是中国国家主席习近平在 2013 年 9 月和 10 月访问中亚和东南亚期间提出的。其想法是制定一个总体计划，共同开发丝绸之路经济带和 21 世纪海上丝绸之路，这立即引起了全世界的关注。该倡议旨在考虑当前的国际和区域发展趋势，并协助处于类似情况的国家在全球自由贸易体系的基础上在经济发展领域共同发展、共同合作。

从 2017 年开始，"一带一路"的投资项目和计划估计将在 10 年内为外国基础设施增加超过 1 万亿美元的资金。尽管诸如丝绸之路基金之类的新工具已经形成以帮助筹资，但中国为这些项目提供的资金实际上将来自国家主导的开发银行和商业银行。中国还支持包括多边开发银行和公私合作伙伴关系在内的多边投资方式（经合组织，2018 年）。从国家经济规划局到省级大学，中国各级政府都在争先恐后地参与"一带一路"倡议。中国几乎每个省份都制定了自己的"一带一路"计划以补充国家蓝图。大型国有政策和商业银行已经宣布了慷慨的融资计划，以实现习近平主席的伟大愿景。

"一带一路"倡议对非洲的影响

"一带一路"倡议的潜在影响可以分解为四个主要渠道，即贸易、投资、基础设施融资和经济援助。表 1 提供了一个说明性框架，总结了"一带一路"倡议对上述四个关键渠道短期和长期的潜在影响。

表 1 "一带一路"倡议对非洲的潜在影响分析框架

渠道	潜在影响		解释性说明
	短期	长期	
贸易	正面	负面	（＋）通过获得相对便宜的中国产品和向中国出口原材料,消费者的福利得到了提高。 （－）贸易赤字增加,非洲国家出口产品缺乏多样化和失业。
投资	＋正面/ －负面	＋正面/ －负面	（＋）如果将中国企业的投资引入适当且有针对性的领域,将会产生潜在的积极影响。 （－）如果没有保障措施来监控/缓解风险,投资可能导致环境状况恶化。
基础设施融资	＋正面/ －负面	＋正面/ －负面	（＋）由中国贷款资助的基础设施项目在刺激非洲国家的经济增长中发挥了重要作用,因此产生了积极影响。 （－）债务的不可持续性问题、对中国工人和设备的持续依赖、不仅是基础设施的建设,还包括对基础设施的维护,包括相对较低的生态/环境标准。
经济援助	＋正面	＋正面	（＋）各种形式的援助可以改善社会和人道主义服务、保健和教育成果。

资料来源：非洲能力建设基金会（2019）。

贸易和工业

"一带一路"倡议为非洲大陆提供了许多机遇，特别是在基础设施连通和贸易领域。废弃的运输网络正在复兴，新的运输网络也正在开放。但是，非洲的出口对经济增长的促进和维持作用却面临一些挑战。非洲的出口集中在初级商品上，初级商品的价格和数量都会波动。非洲出口贸易缺乏多样性，这是因为缺乏对非洲主要商品（如石油、矿产和农业商品）的本地加工。因此，当前的贸易结构短期内会带来潜在的正面影响，因为通过获得相对便宜的中国产品和向中国出口原材料，非洲消费者的福利得以提高。非洲有潜力，能够部分抓住 2030 年前将离开中国的 1 亿劳动密集型制造业工作岗位（孙辕，2017 年）。

此外，非洲工业部门的公司数量和平均规模均较弱，其特征是技术能力有限、基础设施差、人力资本低、国内市场规模小和企业家基数低（联合国贸易和发展会议，2013）。"一带一路"倡议不仅为南非、埃及和尼日利亚等国家（在全球制造业竞争力指数方面优于所在地区），而且为埃塞俄比亚、摩洛哥、卢旺达等新兴国家（所有这些国家最近都采取了促进制造业和工业发展的政策）创造了巨大的机遇。但是，非洲的制造业生产率仍然相对较低，目前人均制造业产出约为所有发展中国家平均水平的三分之一。非洲的人均制造业出口额约为低收入国家全球平均水平的 10%（非洲能力建设基金会，2019）。

投　资

就中国民营企业在非洲的投资而言，从某种意义上说，"双赢"的局面更有可能对托管投资的非洲国家和中国企业都产生了一些潜在的积极影响。麦肯锡公司（McKinsey&Company）（2017）通过对 8 个非洲国家（安哥拉、科特迪瓦、埃塞俄比亚、肯尼亚、尼日利亚、南非、坦桑尼亚和赞比亚）的调查结果表明，中国企业的大多数投资反映了它们对非洲的长期承诺，因为它们既不会增加债务，也不会急于放缓。更具体地说，在非洲接受调查的公司进行的投资中，多达 63% 的需要长期承诺。研究结果还表明，中国公司在非洲的投资往往与创造就业机会、技术发展、技术和知识转让相关，因此更有可能促进其所在国家的经济发展。"一带一路"倡议可以在何种程度上鼓励和支持这种形式的非债务创造和长期生产性的投资，将成为衡量其对非洲国家效用的重要标准。

基础设施融资

基础设施融资是中非之间大部分资金流动的渠道。由中国贷款资助的基础设施项目在帮助发展非洲相关经济方面发挥着关键作用。具体而言，以下几个考虑因素预计可能产生积极影响。首先，由于缺乏替代来源，中国已经成为许多非洲国家基础设施融资的现成来源。其次，中国的融资填补了传统发展金融机构留下的空白。最后，由于基础设施项目的酝酿期很长，中国投资者承担了风险，并提供了快速的解决方案和选择，非洲各国对此表示赞赏。尽管如此，仍需更加注意潜在的高负债水平。

经济援助

自 20 世纪 60 年代初以来，非洲各国家已经收到了经济援助。这通常涵盖各种形式，例如社会和人道主义服务，包括对健康和教育的支持。2018 年 9 月，中国对特定类别的非洲国家减免了债务，重点是最不发达国家、重债国、内陆和小岛屿发展中国家，这些国家无法清偿大部分由中国资助的基础设施项目所积累的债务（非洲能力建设基金会，2019）。

加强生态环境保护

非洲面临着严峻的挑战，例如森林砍伐、土壤侵蚀、荒漠化、湿地退化和虫害。其他问题包括生物多样性丧失、自然资源枯竭和生态挑战（Mabogunje，1995），这些挑战可能会因气候变化而加剧。在这些既有挑战的背景下，人们越来越关注由中国在非洲资助的大型基础设施项目的社会、生态和环境影响（Chen，2018）。因此，应认真考虑项目引起的生态和环境挑战，以减轻潜在的负面影响，包括使用低碳和环境友好的高质量材料和设备。

"一带一路"倡议的潜在益处

"一带一路"倡议的运输走廊有望改善基础设施和贸易、外国直接投资（FDI）和生活水平。为了使收益最大化，"一带一路"沿线国家应采取补充性政策改革，以增加透明度、减少腐败、改善债务可持续性、促进区域和全球贸易并减轻环境和社会风险（世界银行，2019 年）。

基础设施和贸易改善

"一带一路"倡议带来的交通改善将在两个关键方面有所帮助：减少通行时间并增加贸易和投资。世界银行（2019）估计，一旦基础设施项目完成，通行时间将减少多达 12%。据估计，与世界其他地区的通行时间平均减少了 3%，这表明非"一带一路"国家和地区也将从中受益。"一带一路"沿线国家的贸易预计将增长 2.8% 至 9.7%，世界贸易将增长 1.7% 至 6.2%。在时间敏感型输入方面（例如电子产品）具有相对优势的国家将是最大的赢家。从中国人建立的交通运输和其他基础设施连接中可以看出"一带一路"倡议在非洲的机遇。连接肯尼亚和吉布提、卢旺达、乌干达和南苏丹、苏丹和埃塞俄比亚的基础设施项目，说明中国为连接非洲各个国家提供了支持。

外国直接投资的增加

由于新的运输联系，低收入国家预计将实现外国直接投资增长的 7.6%。"一带一路"伙伴国家的外国直接投资总额预计将增长 5% 左右，其中撒哈拉以南非洲、东亚和太平洋等地区的潜在收益更多。外国直接投资的增加反过来可能对 GDP、贸易和就业增长产生积极影响，特别是对于低收入国家（Chen 和 Lin，2018）。

生活水平的提高

"一带一路"倡议的运输可以帮助减轻 760 万人的极端贫困和 3200 万人的中等贫困。实际收入增长可能达到 3.4%，一些国家预计会因基础设施成本高昂而遭受福利损失，所以各国实际收入增长预计会有所不同。（世界银行，2019）

非洲对"一带一路"倡议的期望

非洲国家希望"一带一路"倡议下资助的项目和计划将支持非洲大陆的优先事项，并增强生产能力，以支持诸如非洲自由贸易区这样的区域和全球贸易举措。他们还期望在关键技术技能的开发方面得到支持，通过商品和服务供应链中的前向和后向联系，促进企业发展和显著的就业增长，以发挥非洲年轻人口的优势。

支持非洲大陆优先事项

促进贸易和投资以支持非洲大陆自由贸易区。为了消除洲际贸易和投资壁垒从而加速工业化、促进经济多样化和包容性，2019年成功启动的非洲自由贸易协定仍然是一项历史性成就。"一带一路"倡议应通过为非洲企业进一步创造贸易和投资机会，为整个非洲这一前所未有的举措增加价值。

确保青年人得到大规模就业机会并实现人口红利。有估计表明，如果目前的状况保持不变，预计在未来二十年内将达到工作年龄的4.5亿非洲人中，大约有1亿人有望找到体面的工作（布鲁金斯学会，2019）。此外，鉴于受过教育的青年人口不断增长，在非洲实施"一带一路"倡议应为年轻人创造大量就业机会。

解决非洲能力问题

提高人力和体制能力以支持非洲的发展优先事项

能力限制仍然是影响非洲大陆优先事项执行的主要挑战，如果处理不当，将导致中非关系收益不佳。国际竞争力议程要求非洲国家发展低工资、劳动密集型产业的制造能力，从而随着中国工资不可避免地上涨，使自己从中国目前的出口市场份额中受益。更具体地说，扩大非洲的供应响应能力，就需要中非公司之间建立结构化的伙伴关系以促进技术转让、为非洲出口增值，并将非洲生产者纳入中国生产价值链，从而促进在当地增加由中国公司管理的零件、设备、劳动力和原材料的采购。非洲也严重缺乏帮助实现《2063年议程》第一个十年实施计划关键举措的关键技术技能和专业人才。因此，预计"一带一路"倡议的实施将以能力建设为基础，打造技术技能骨干队伍，确保各种项目和计划的持续发展。

增强工业生产能力以促进非洲公司融入中国国际价值链

作为"一带一路"倡议的一部分，2015 年中非合作论坛在南非会议上宣布成立中非工业能力合作基金。该基金的启动资金为 100 亿美元，主要侧重于制造业融资。在此之前，中国为埃塞俄比亚、毛里求斯、尼日利亚和赞比亚等几个非洲国家的一系列工业园区提供了资金。尽管如此，Pigato 和 Tang（2015，p. 8）认为"非洲公司似乎并没有在中国价值链中定位自己。因此，几乎没有证据表明中国正在利用非洲作为其全球出口的平台或将非洲公司纳入其国际价值链"。这些是非洲国家与其中国伙伴想要从"一带一路"倡议中获得最大利益时需解决的关键问题。

结　语

"一带一路"倡议与包括《2063 年议程》、《非洲大陆自由贸易协定》、《联合国 2030 年可持续发展议程》和许多国家发展框架在内的全球和区域框架保持战略契合。"一带一路"倡议鼓励政府、国际和地区组织、私营部门、民间社会和公民参与促进互联互通的国际合作以促进发展。然而，尽管"一带一路"倡议在改善贸易、投资、基础设施融资和发展援助方面为非洲国家带来巨大的潜在利益，但重要的是要考虑长期影响，要通过建设非洲发展能力以确保"一带一路"倡议项目和工程的良好实施。因此，非洲国家期望，应特别注意非洲的自由贸易协定和青年就业等非洲大陆优先事项，以及能力建设在实现发展优先事项中的作用。建立或加强人员和机构能力，包括发展关键技术技能以增强非洲的工业生产能力，将促进非洲公司融入中国的国际价值链。"一带一路"倡议应满足这些期望，以实现可持续发展并将潜在利益转化为非洲国家的实际利益。

参考文献

ACBF. 2019. How Africa Can Benefit from the Belt and Road Initiative（Forthcoming）

. The African Capacity Building Foundation: Harare.

Brookings Institution. 2019. Foresight Africa: Top Priorities for the Continent in 2019. Africa Growth Initiative, Brookings Institution.

Chen, Y. 2018. "Crossing Rivers, Feeling Stones: The Rise of Chinese Infrastructure Finance in Africa", *Bridges Africa*, Vol. 7, issue 5.

Chen, M. X. and Lin, C. 2018. Foreign Investment across the Belt and Road: Patterns, Determinants, and Effects. Policy Research Working Paper No. 8607. World Bank, Washington, DC.

Foreign Languages Press. 2017. Building the Belt and Road: Concept, Practice and China's Contribution. Office of the Leading Group for the Belt and Road Initiative.

Mabogunje, A. 1995. The Environmental Challenges in Sub-Saharan Africa.

McKinsey & Company. 2017. Dance of the Lions and Dragon: How Africa and China Engaging, and How will the Partnership Evolve?.

Pigato, M. and Tang, W. 2015. "China and Africa: Expanding Economic Ties in an Evolving Global Context", Investment in Africa Forum, Addis Ababa.

OECD. 2018. China's Belt and Road Initiative in the Global Trade, Investment and Finance Landscape. OECD Business and Finance Outlook.

Sun, I. Y. 2017. "The World's Next Great Manufacturing Center," *Harvard Business Review*, May-June Issue, 2017, pp. 122 – 129.

UNCTAD [United Nations Conference on Trade and Development]. 2013. "The State of Industrial Development in Africa", Policy Brief No 27, UNCTAD, Geneva.

World Bank. 2019. "Belt and Road Economics: Opportunities and Risks of Transport Corridors." Advance Edition. World Bank, Washington, DC. License: Creative Commons Attribution CC BY 3. 0 IGO.

（薄帆 译）

"一带一路"倡议，国际合作和对欠发达地区的启示

卡罗拉·贝亚特里斯·拉蒙（Carola Beatriz Ramon）
阿根廷国际关系委员会顾问成员、中国项目副协调员

中国在世界上的新角色：从落后的经济体到全球参与者

在过去的 70 年中，中国以前所未有的速度和规模实现了自身的转型。1949 年，中国封闭、不发达、主要是农业经济，农业部门雇用了近 80% 的人口。用了 70 年的时间，中国成为世界第二大经济体，这不仅是因为其国内生产总值排名第二，而且由于其在世界贸易中所占的份额举足轻重。尽管仍然存在地区经济差异，但中国已经使 8 亿人口摆脱了贫困，城镇人口从不到 20% 增长到近 60%。

中国需求的增长一直是全球贸易的重要推动力，这种加速的经济发展对世界其他地区有着深远影响。反过来，这导致中国与世界其他地区之间的相互依存度更高。此外，在未来几十年中，中国经济将继续发展并不断成熟。①

---

① 习近平经常提到的"中国梦"可以被表述为三个日期，即两个百年纪念和"中国制造 2025"，这几个日期已成为中国的主要国内政策目标。这两个百年纪念日期分别是 2021 年中国共产党成立 100 周年纪念和 2049 年中华人民共和国成立 100 周年纪念。到 2021 年，中国的目标是建成小康社会、消除极端贫困。到 2049 年，目标是成为一个发达、强大、和谐的现代社会主义国家。此外，中国国务院于 2015 年批准了"中国制造 2025"计划。该计划旨在显著增加从机器人技术到生物制药等十个关键领域的国内生产，将中国经济转变为高科技中心，这有望加速产业集约化。

自邓小平时代以来，中国国际政治一直遵循着二十四字方针："冷静观察、稳住阵脚、沉着应付、韬光养晦、决不当头、有所作为"。但是，中国似乎不再可能保持低调。经济的加速增长使中国在世界上扮演了新的角色。此外，目前美国等国家退出多边论坛，也促使中国在世界事务中更加积极主动。

在过去的十年中，中国参与国际事务出现了一个转折点。2008年奥运会表明中国正走近世界舞台中心。2016年杭州的G20峰会体现了这个新中国更加自信、更加积极地参与国际社会。中国采取的策略是双管齐下的。一方面，它并没有打破传统的西方制度。实际上，中国积极地参与了世贸组织、联合国和《巴黎协定》的活动，成为全球化和可持续发展的主要倡导者。另一方面，在"一带一路"倡议（BRI）的框架下，中国凭借其发展中国家的身份提出了新的制度和战略，以替代和补充世界秩序。这一框架是发展中国家领导的、具有中国特色的全球化进程。[1]

"一带一路"倡议：从国内发展到国际合作

"一带一路"倡议无疑是现代最具抱负的全球项目，并且有可能重新制定传统的国际合作多边机制。正如中华人民共和国外交部部长王毅所提到的那样，其重要性在于它基于具有两千多年历史的古老丝绸之路的精神，但在今天的新世纪被重新定义。因此，该倡议的指导原则是基于代表古代丝绸之路精神的和平合作、开放包容、互学互鉴、互利共赢，但其目的是解决当前的国际经济发展与合作问题。

习近平主席第一次提到"一带一路"，是他在2013年9月于哈萨克斯坦阿斯塔纳的纳扎尔巴耶夫大学发表题为《弘扬人民友谊 共创美好未来》的演讲时。当时他提到建立新的丝绸之路经济带，其主要目的是通过欧亚大陆将中国与欧洲联系起来，从而加强中国与中亚国家之间的

---

① Ramon-Berjano, Carola (2018) "G20: Multilateralism After China", Australian Institute of International Affairs, http://www.internationalaffairs.org.au/australia noutlook/g20 – multilateralism – ac – after – china/.

联系。同年 10 月，习近平主席在印尼国会发表演讲时提议建立 21 世纪海上走廊，以促进合作并加强东盟国家与中国之间的联系。此外，在那次会议上，他提议创建亚洲基础设施投资银行（AIIB），以资助该地区的基础设施和互连互通项目。一个月后，习近平主席在中国共产党第十八届中央委员会第三次全体会议上再次提到了这一倡议的重要性，特别强调对区域基础设施的投资需求。两年后，中国国家改革和发展委员会①于 2015 年 3 月发布了《推动共建丝绸之路经济带和 21 世纪海上丝绸之路的愿景与行动》文件，详细阐述了"一带一路"倡议的概念框架、主要合作领域和合作机制。尽管 2013 年 9 月和 2013 年 10 月的演讲仅提及一个陆地走廊和一个海上走廊，但 2015 年的演讲已经详细列出了总共六个陆地走廊和一个海上道路。

关于"一带一路"倡议，有几个方面值得分析。一方面，它为国内经济发展，特别是中国西部地区的发展做出了贡献。在 20 世纪 80 年代，中国改革开放以东部地区为重中之重，于是在沿海地区建立了经济特区。中国的三个主要经济中心——广东省的珠江三角洲、上海周围的长江三角洲和北京天津地区的渤海盆地都属于沿海经济特区。"阶梯式"发展后来转移到中国西部，"西部大开发"战略重点关注到重庆和成都等城市。②"一带一路"倡议优先考虑与西部地区的连通性和发展，例如，该倡议的六个走廊中有三个跨越新疆——中国最西部、最大的行政区。③

第二个方面是中国经济的进一步开放，与 80 年代那样仅通过沿

① "Vision and Actions on Jointly Building Silk Road Economic Belt and 21st – Century Maritime Silk Road", March 2015, National Commission for Reform and Development, Ministry of Foreign Affairs and Ministry of Commerce, http://en. ndrc. gov. cn/newsrelease/201503/t20150330_ 669367. html.

② Ramon-Berjano (2016), "La iniciativa "Un cinturón, un camino" y el desarrollo del oeste de China: Impactos domésticos e internacionales, CARI, Documento de Trabajo No 98, P: 43 – 66 http://www. cari. org. ar/pdf/dt98. pdf.

③ Ramon-Berjano, C. (2017), "La Iniciativa de la ruta de la seda: infraestructura, inversiones y oportunidades para nuestra región", Temas, November 2016, Año IX No 9.

海经济特区不同，此时还要通过中国西部实现开放。与80年代相似的是都要"走出去"，但要通过欧亚大陆的公路和铁路实现，这让人想起了英国地理学家哈尔福德·麦金德（Halford MacKinder）早在1904年提出的枢纽地区或世界岛的理论。① 因其为推动中国成为全球领先的参与者做出贡献，最终，"一带一路"倡议有了另一层面的意义。它不仅是一个具体的项目，而且是一个促进基于连通性和基础设施的包容性合作的框架，进而有可能重新制定国际经济关系，特别是针对发展中国家和新兴国家。在"一带一路"倡议框架下，合作的发展正在以一种新形式出现，因为它不仅出现在新兴国家的国家层面，而且出现在区域和国际层面的多个议程中。2017年5月在北京举行的共有55个国家参加的首届论坛上，"一带一路"真正的全球影响力已显而易见。在论坛举行的前几天，中国外交部部长王毅称："一带一路"是迄今为止中国为世界提供的最重要的公共产品。它是中国首创，但为各国所共享。②

自那时以来，"一带一路"倡议发挥了领导作用，并且各种倡议和论坛与其保持了一致，以此作为发展合作的框架。其中包括联合国可持续发展目标、南南合作、G20和多边与区域投资。在2017年峰会期间，联合国秘书长安东尼奥·古特雷斯（Antonio Guterres）将中国称为"多边主义支柱"，并将"一带一路"倡议与可持续发展的目标进行了比较，强调了它们对全球发展的共同愿景。"虽然'一带一路'倡议和《2030年可持续发展议程》的性质和范围不同，但它们均以可持续发展为主要目标。它们都致力于创造机会、全球公益和共赢合作。它们都希望加深国家和地区之间的'联系'：即基础设施、贸易、金融、政治之间的互联互通，也许更重要的是人与人之间的互联互通，为使参与该倡议的国家能够从这种互联互通的全部潜力中受益，至关重要的就是加强该倡议

---

① Mackinder, J. H. (1904), "The Geographical Pivot of History", *Geographical Journal*, Vol. 23, No. 4 (April 1904).

② "China to Gather Friends for Biggest Summit of Year on New Silk Road", April 18, 2017, Reuters, https://ca.reuters.com/article/topNews/idCAKBN17K0FL – OCATP.

与全球可持续发展目标之间的联系。这 17 个目标可以指导倡议框架下的政策和行动，以实现真正的可持续发展"。① 体现"可持续发展目标"与"一带一路"倡议具有共同目标的一个很好的例子是"共建'一带一路'实现可持续发展目标"项目，此项目旨在加强"一带一路"成员国决策者的能力，以评估"一带一路"倡议的潜力并制定政策实现可持续发展目标。②

2016 年，中国担任 G20 轮值主席国，主题为"构建创新、活力、联动、包容的世界经济"。其最后的宣言也被称为《杭州协定》，提出 G20 应从危机应对论坛转变为基于科学技术创新和发展、保护主义程度更低的世界经济论坛，通过加强多边贸易体系为世界其他地区的经济发展提供新途径。③

关于融资，新的机构已经成立，其中两个与"一带一路"倡议有着密切的联系，即亚洲基础设施投资银行和丝绸之路基金。亚投行成立于 2015 年，目前拥有 70 多个成员国和几个准成员国（最初有 57 个创始成员国），其初始资本为 1000 亿美元，其中 40% 来自中国；丝路基金成立于 2014 年，全部由中国政府提供资金，初始资本为 400 亿美元。亚投行与非洲开发银行和美洲开发银行等其他银行有多个谅解备忘录。实际上，根据《金融时报》的报道，由亚投行资助的 25 个项目中有 18 个是由世界银行、亚洲开发银行、欧洲复兴开发银行、欧洲投资银行和伊斯

---

① Guterres, A. (2017), "Remarks at the opening of the Belt and Road Forum", May 14 2017, https：//www. un. org/sg/en/content/sg/speeches/2017 – 05 – 14/secretary – general%E2%80%99s – belt – and – road – forum – remarks.

② 该项目已针对多个"一带一路"参与国家（阿塞拜疆、孟加拉国、柬埔寨、捷克共和国、格鲁吉亚、哈萨克斯坦、吉尔吉斯斯坦、老挝、蒙古国、缅甸、罗马尼亚、塞尔维亚、斯里兰卡和泰国）启动，https：//www. brisdgs. org/about – bri – sdgs。

③ Carin, B. (2016) "Implementing the 2030 Sustainable Development Agenda：A G20 Development Consensus with Chinese Characteristics", *Center for International Governance Innovation*, April 13 2016, https：//www. cigionline. org/articles/implementing – 2030 – sustainable – development – agenda – g20 – development – consensus – chinese.

兰开发银行共同资助的。其余的全部由亚投行资助。这显示了亚投行从单纯的一家亚洲银行到全球实体的"变形"。①

中国在国际发展援助中的作用

除了中国在经济上的新角色以及对世界问题更深入的参与之外，我们还见证了全球发展合作架构的变化。在 2015 年联合国可持续发展峰会上，中国在南南合作方面做出了更多承诺；中国在中非合作论坛上向非洲国家承诺资助数十亿美元；在 2011 年和 2014 年发布了两份有关发展援助的白皮书②；并于 2018 年成立了中国国家国际发展合作署（CIDCA）。

中国已成为传统西方援助的有吸引力的替代方案。新开发银行（NDB）③ 和亚投行（AIIB）的出现就是这种新金融架构的例子，这引发人们质疑包括世界银行和亚洲开发银行在内的现有机构的未来。尽管多边援助合作为中国提供了能力建设的机会并增强了中国在全球发展议程中的发言权，但它与传统捐助国和组织的接触仍在形成中，因为中国也在努力保持其作为发展中国家的身份。因此，亚投行可能与世界银行和亚洲开发银行等现存机构合作开展联合开发项目，最可能的情况是，中国的对外援助将越来越欢迎三边和多边发展合作的形式。

中国对官方开发援助（ODA）的定义超出了美国对援助的定义，其包括赠款、无息贷款、优惠贷款、基于市场利率的贷款、出口买方信

---

① "Beyond Doha, Freer Trade is under Threat—But Not for the Usual Reasons", *The Economist* (2008), October 9 2008, https://www.economist.com/special - report/2008/10/09/beyond - doha.

② 12 China's Foreign Aid (2011), http://english.www.gov.cn/archive/white _ paper/2014/09/09/content _ 281474986284620.htm and China's Foreign Aid (2014), http://english.www.gov.cn/archive/white _ paper/2014/08/23/content_ 281474982986592.htm.

③ 在 2014 年于福塔雷萨举行的第六届金砖国家首脑会议上，领导人签署了建立新开发银行（NDB）的协议，为新兴和发展中经济体的基础设施建设和发展项目动员资源，并加强金砖国家之间的合作，这将补充现有多边和区域金融机构的努力。

贷、信用证和一系列金融活动。但是，大型基础设施项目的优惠贷款一直是中国对外援助的最大组成部分（估计占中国援助总额的 50% 以上）。2014 年发布的白皮书表明，发展援助已逐步转向能力建设和国际合作，这也符合许多分析师的建议。

过去几年，中国对外援助的一个主要障碍是针对中国对外援助及其商业和自然资源利益相关的声誉风险的批评。此外，由于援助主要是由中国商务部管理，因此中国的对外援助被认为是出于商业考虑而非"援助"。因此，扭转这些质疑成为当务之急。此外，中央纪律检查委员会（CCDI）在 2014 年进行的一项调查得出的结论是，对援助项目的影响评定、监控和评估至关重要，因为监督不力可能导致负面的环境和社会后果，进而损害中国声誉。

因此，中国国家国际发展合作署于 2018 年 3 月成立，取代商务部成为中国对外援助的牵头协调机构，它吸收中国外交部的人员、接管其援助协调职能、并从外交部接过使援助目标与更广泛的外交政策目标保持一致的职责。中国国家国际发展合作署还有望在项目实施过程中提高协调和信息共享、问责制和效率、优先考虑质量和援助项目零腐败。中国国家国际发展合作署将努力应对与传统的西方援助捐助机构所面临的相同挑战，例如促进与其他捐助者的更多交流与合作、确保在国家和区域发展水平上针对特定国家的战略保持一致、促进有效的监测和评估；还有收集、编制和发布准确的数据，以使中国的援助体系更加透明和高效，并吸引更多利益相关者参与。

预计中国国家国际发展合作署还将向中国最高领导人提供有关重大对外援助问题的战略建议，例如如何协调援助与"一带一路"倡议。因此，中国国家国际发展合作署的建立是中国发展援助的一项重大进展，这不仅彰显了中国在国际事务中的作用日益增强，而且彰显中国通过提供更多的责任感和效率来提高其全球声誉的意愿。

文明的开放、合作与对话

开放、合作和对话在未来几十年将是至关重要的，这有助于成功实现发展合作并促进欠发达地区的包容性发展。如果地缘政治目标交织不清，国家之间的战略竞争不仅会影响贸易和经济，还会影响发展合作。在不敏感的议题上，地区或国家进行合作的可能性更大；而竞争更可能发生在重叠或敏感的议题（例如与技术相关的问题）上，或者发生在主要贸易路线附近的国家和地区，战略商品唾手可得，这些国家传统上被称作"后院国家"。从这个意义上讲，"一带一路"倡议被美国视为中国扩大其地缘政治控制力的平台，因此，该倡议更有可能面临的是竞争而非开放或合作。虽然许多批评家认为"一带一路"倡议是纯中国主导的项目，但正是由于缺乏合作才导致这一结果。更多的开放与合作将有利于更多的利益相关者，催生更好的项目选择标准、更高的透明度和效率，这反过来将使发展中国家受益。然而，缺乏开放与合作将使发展中国家置身于地缘政治对抗的前线，这不会导致任何真正的发展与进步。

在 2019 年 4 月于北京刚刚举行完的"一带一路"论坛上，习近平主席强调了对零腐败、环境和优质基础设施项目的承诺〔这让人想起日本在谈及"自由开放的印度洋—太平洋战略"（FOIPS）对基础设施投资时的措辞〕。① 习近平主席呼吁"一带一路"倡议与"自由开放的印度洋—太平洋战略"之间进行更多的合作而非竞争。据中国表示，这不仅是可能的还是令人盼望的。然而，人们仍然怀疑"一带一路"倡议最终只会使中国在经济和地缘政治上受益。

最后，为了实现真正的双赢结果并建立所有国家的命运共同体，与受援的较不发达国家进行更多对话将至关重要。为了充分利用中国在国际事务中的潜在新作用（以"一带一路"建设为加强联系、合作与发展的框架），发展中国家必须发挥积极作用并寻求互动合作。必须实现开放、合作与对话，以便达成共识并为项目发展制定可预测、透明和灵活的战略。

（薄帆 译）

---

① "自由开放的印度洋—太平洋战略"以日本、美国、印度和澳大利亚之间的合作为基础，旨在通过基础设施发展和加强经济伙伴关系提高国家间连通性。

文明交流互鉴

从亚美尼亚视角看亚洲文明的相互交流与人类命运共同体

拉菲·K·奥瓦尼相（Raffi K. Hovannisian）

亚美尼亚第一任外长

亚美尼亚国家和国际研究中心创始人兼主席

  亚美尼亚与中国和其他亚洲文明之间的关系和亲密联系可以追溯到远古时代，这些关系在现代也具有战略重要性。共同的文化、哲学、精神和地缘政治基础相结合，将构造人类未来的发展进程、物质条件、可持续性和社会结构。

  亚美尼亚曾经是一个强大而繁荣的国家，位于欧洲和亚洲的十字路口，几千年来一直是两大洲之间的重要纽带，东西方价值观通过这一纽带融合。伟大的丝绸之路证明了这种联系的存在，亚美尼亚是丝绸之路不可分割的一部分。当时，亚美尼亚产品在中国市场上广为人知，亚美尼亚商人的船只遍及亚洲东部港口至香港。

  据历史资料记载，亚美尼亚人在公元2世纪首次在中国被提及。他们出口了丝绸、地毯、药草和其他产品，亚美尼亚的小型殖民地是在13世纪初蒙古人第一次入侵之后建立的，当时数千名被俘的亚美尼亚人被安置在中国北方。后来他们深入中国，并定居在沿海城市，特别是在广州。

  在17世纪至18世纪，亚美尼亚商人在中国贸易中的地位已经相当明显。他们享有与英国人相同的权利，拥有自己的船只和工厂。中国的亚美尼亚人的社会组成各不相同。南方的居民主要是商人和知识分子

（医生、工程师、代讼人），而东部的大多是手工业者。亚美尼亚医生非常受欢迎。斯蒂芬·穆格迪斯（Stepan Mughdesyan）在哈尔滨领导过卫生部一段时间。历史记录中还提到了一个更为显著的事实，一位广州的亚美尼亚老师霍汉尼斯·加扎良（Hovhannes Ghazaryan）将《圣经》从英语翻译成中文，这本书被认为是第一本也是最好的中文译本。

亚美尼亚是公元 301 年接受基督教作为国教的国家，甚至在其无国籍状态的历史间隔中，也构成了欧洲和亚洲文明的存在之源。因此，特别是在 1991 年获得国家主权后，因同族儿女遍布世界各地，亚美尼亚不断发挥潜力，为消除不同文明之间不时出现的隔阂做出贡献。

有些人将我们视为一个独特的民族，认为我们拥有一个世界独有的品质：亚美尼亚人能够非常迅速地适应任何情况并接受正确的决定。据说，这是这个从种族灭绝边缘幸存的民族的特征，或者说是从 20 世纪初奥斯曼帝国对亚美尼亚人进行的屠杀和大规模民族掠夺中幸存下来的亚美尼亚人后代的特征。很难说这一观点正确与否，但是亚美尼亚人已经设法克服了历史的考验和磨难并走到了今天，这意味着某些不寻常的特质，也许是某些遗传基因中的生存力。

与我们友好的中国过去也有很多困难：在古代，游牧部落的突袭、王朝之间的内部冲突和漫长的裂痕一直存在于中国。这个国家的特征之一就是强调对外国人的宽容。中国人是一个勤奋、和平与创新的民族。中国被视为东方文明与哲学思想的摇篮、东方医学之乡，这是名副其实的。

这些品质——亚美尼亚人的快速适应性和找到正确方向的能力、中国人的勤奋和荣誉感——在当今瞬息万变的世界中是极其重要的品质，技术、科学、政治结构和世界观已经发生空前的变化。国家间的关系也不可避免地受到这些变化的影响，这是可以理解的，因为地球上没有任何一个国家不受地缘政治、经济和文化进程的影响。

一切都取决于连通性和相互依赖性。美国和欧盟的内部变化影响了对发展中国家的财政援助，这也改变了这些国家所处的形势。另外，有些问题是任何一个国家都无法单独解决的，如环境灾难、冲突、难民涌入、恐怖主义等是同时威胁很多国家的。过去存在的自然和人为灾难现在仍未消失，并且很可能仍将是对于国家和文明来说最严重的世界级挑战。打击它们的效力取决于旨在加强和平、稳定与合作的共同设计并执行政策的深度和广度。

在国与国层面，中国－亚美尼亚关系应当得到考虑。自然，两国关系之所以牢固，是因为它根植于数百年的友谊之中，并以相互信任和尊重为特征。27年前，随着两国外交关系的建立，我们宣布开始了一个新的合作阶段，为扩大和深化国家间关系创造了有利的先决条件。这种关系实际上是双边关系，但它涉及更广泛的利益。

这就是我们对两国之间的政治对话、密切合作、国际结构、区域和超国家层面的议题相互理解而甘愿付出并感到满意的原因。可持续和持久的国家间关系是建立在两国人民的实质性和精神上的和睦以及彼此友好的基础上的，这是通过不断加强和发展经济特别是教育和文化联系而实现的。

文化是国家的精髓，是世界上所有人民无须翻译即可理解的语言。坐落在埃里温的孔子学院和中国研究中心以及在大连外国语大学开设的亚美尼亚研究中心，均致力于促进中国和亚美尼亚的文化价值，建立后代之间的自由交往并掌握彼此的文化。教育机构在两国关系中具有象征意义。著名的思想家和哲学家孔子告诉后世："一年之计，莫如树谷；十年之计，莫如树木；终身之计，莫如树人。"

对我们来说，教育人民是最可取的选择，因为古典的机构和组织将逐渐退出21世纪并让位于个体公民，他们将在21世纪具有广泛的思维和适应性和创新的思想和观念。无论技术、人工智能系统和其他科学技术进步的推动因素如何发展，重建世界并创造新现实时代的关键价值将是人类，是受过良好教育的专业人员。

亚美尼亚和中国也参与了文明古国论坛框架内的合作，它们与另外七个国家（玻利维亚、希腊、埃及、意大利、伊朗、伊拉克和秘鲁）一起成为成员。这些国家已做出承诺，促进宽容、文化多样性和不同文明之间的对话。该论坛旨在保护和保存文化和人道主义遗产、创造性转变、传统文化的创新发展、和谐与多方面的文明交流。

中国是一个宏大的文明国家，可以丰富亚美尼亚的文化，同时也可以通过纳雷卡西（Narekatsi）的诗歌、摩米克（Momik）的缩影画、塔曼延（Tamanyan）的建筑才华、科米塔斯（Komitas）的迷人旋律和亚美尼亚十字架石碑（Khachkar）等欣赏亚美尼亚文化。

当然，国家的飞速发展取决于以知识为基础的经济，它需要科学和教育发展作坚实基础。迪利然国际学院（UWC），埃里温的美国、法国和斯拉夫大学，Tumo 技术创新中心（为 12～18 岁的儿童提供与信息技术相关的课程）正在为此目的服务。孔子学院也已成为中国－亚美尼亚合作的独特平台。结果，亚美尼亚在信息技术和精密工程领域取得了空前的进步，并将继续前进。

经济合作是中国－亚美尼亚共同利益的另一个重要领域，不幸的是，在取得明显成功的同时，仍然存在一些未利用的机会。中国是亚美尼亚仅次于俄罗斯的第二大贸易和经济伙伴。过去几年中，两国之间的贸易额一直在不断恶化，在 3.5 亿～5.5 亿美元之间波动。相比之下，在邻国格鲁吉亚，这个数字要高出 2.5～3 倍。据一些专家估计，2018～2030 年中国的进口将年均增长 8%。

亚美尼亚从中国进口服装、鞋类、机械和化学产品、设备、建筑材料、食品等。亚美尼亚向中国出口矿物，包括铜和金精矿、农产品、干邑白兰地、葡萄酒。每年，中国政府都会向亚美尼亚提供大量援助，包括中国的公共汽车、救护车等。

亚美尼亚是 2018 年 4 月至 5 月发生非暴力不流血的"天鹅绒革命"而没有经历国内重大政治紧张局势的少数几个国家之一，根据民主、法治、人权和其他进步指标，亚美尼亚现在远远领先于该地区许多国家，这是吸引投资的重要前提。有效改变革命后亚美尼亚的投资环境将从改变税收立法开始。

今天，亚美尼亚已与拥有约 2.5 亿人口的独联体国家签订了自由贸易协定。通过加入欧亚经济联盟（EAEU），亚美尼亚获得了进入 1.7 亿人口的共同市场的自由通道，拥有从欧亚经济联盟进口原材料的权利和从第三方国家获得 750 种产品的优惠进口条件。亚美尼亚方面表示愿意成为亚洲商人的利益中心，建议他们探索在亚美尼亚建立中国公司和其他亚洲公司的地区总部的可能性。能源行业对企业、南北高速公路项目

或亚美尼亚 – 伊朗铁路建设特别有吸引力，这些都完全符合 "一带一路" 倡议。

大名鼎鼎的古丝绸之路和新的 "一带一路" 倡议可以为旅游业提供有效合作，这对于经济和跨文化对话都十分重要。亚美尼亚的旅游业是发展最快的分支之一。反过来，这将促进航空业的发展，最终促进埃里温 – 北京直航的开通，这一直是亚美尼亚与中国关系的 "薄弱环节"。由于亚美尼亚丰富的文化底蕴、优良的地理位置和其他因素，这一旅游目的地为潜在的投资者带来良好的前景。

中国是一个文化大国。它具有丰厚的历史经验、强大的经济、先进的技术、丰富的民族传统和在国际政治中的领导地位。所有这些将使它有勇气担负起维持和平、稳定、该地区人文主义价值观的核心角色，以实现亚洲文明和整个人类的共同未来，并保证中东和欧亚地区统一、安全、和平。文明、地理、历史文化的现实描绘出这一美好前景。

很快，中国大使馆将在埃里温拥有一栋新大楼，其一楼于 2017 年 8 月建设。该大楼占地面积约 4 万平方米，是欧亚地区第二大建筑物。这栋美丽的建筑反映了亚美尼亚与中国之间友好的关系、不断扩大的合作规模和对未来的展望。

两国之间的地理距离完全不妨碍两国的关系发展。两千年前就没有障碍，在 21 世纪更不会有。我犹记得中国大使馆一位职员的巧妙描述："距离不能分开真正的朋友。"

再没有比这更精辟的话了。

（薄帆 译）

文明的开放、合作与对话

西斯汉姆·穆罕默德·埃尔齐马伊（Hisham Mohamed Elzimaity）
埃及外交委员会秘书长

我衷心祝贺中华人民共和国成立 70 周年，并向勇敢的中国人民取得的无与伦比的成就致以祝贺，感谢东道主在上海的热情款待。

40 年来创造的奇迹

要使 8 亿人摆脱贫困是一项艰巨的任务。中国人民近 40 年来在发展和消除贫困领域所取得的奇迹是无与伦比的。在这种情况下，中国定义了其国际发展模式或所谓的"北京共识"，其中包括投资主导型发展而不是外国援助型发展；资源用于基础设施交换而非援助，并且将重点放在技术转让、人力资源开发投资和能力建设项目上，以确保开发项目的可持续性。

为所有国家提供可持续的、可负担的优质基础设施对于"一带一路"倡议的成功至关重要。让包括中小企业在内的私营部门获得最大的发展资金，以有效地促进包容性增长，这使"一带一路"倡议成为减少贫困、不平等和促进共同繁荣的催化剂。

在过去的几十年中，中国经济经历了前所未有的快速增长，举世瞩目。中国的 GDP 在 2018 年猛增至 13.6 万亿美元，年均增长率为惊人的 9%。在过去的 30 年中，随着人均可支配收入的飙升，中国人民的生活水平也有了显著改善。这样的经济奇迹是世界历史上从未见过的。而且，无论是在工业革命期间的英国、南北战争之后的美国，还是第二次世界大战之后的德国和日本，中国的经济成就都是发达经济体无法比拟的。

中国抓住了全球化加速发展的历史机遇，通过进一步开放来促进改革和发展。中国凭借其在地理位置、劳动力质量、成本和产业链方面的相对优势，通过坚定不移地进行改革和开放，确实享受了全球分工的巨大利益。中国经济之所以创造奇迹，恰恰是因为它走了一条适合自己国情的道路，而不是盲目地遵循西方理论。

非洲和中东国家向中国取经

从中国过去几十年的经历中可以汲取许多实践经验。每个发展中国家，特别是非洲和中东的发展中国家，都有机会通过技术创新和结构转型，根据各个层次的比较优势发展自己的产业，从而加速其增长。换句话说，发展中国家必须快速增长、迅速积累资本并迅速升级其禀赋结构。

中国经历也提供了有益的经验，在改革过程中，发展中国家有利于摆正激励措施以提高生产率，同时采取双轨制，为那些没有生存能力的企业提供一些暂时性的保护以保持稳定，但降低进入该国具有相对优势的行业的门槛。这样的方法可以改善资源分配过程。通过采用这种方法，发展中国家还可以在其经济自由化进程中实现稳定和动态增长。

不幸的是，今天，我们生活在一个充满矛盾的世界中。一方面，随着物质财富的增长和科学技术的进步，人类文明空前发展。另一方面，众多区域冲突，诸如打击恐怖主义和难民危机之类的全球挑战、贫穷、饥荒、失业和国家内部与国家之间不平等程度的加深，都加剧了世界的不确定性。一些专家得出结论，世界上许多问题不一定是经济全球化造成的。

缺乏强劲的全球增长动力，使得全球经济的稳定增长难以维持，而全球经济治理不足也使其难以适应全球经济的新发展。全球发展不平衡很难满足人们对更好生活的期望。因此，应建立一个动态的、创新驱动的增长模型，并寻求一种完美协调、相互联系的方法来建立开放和双赢的合作模型，还要建立顺应时代潮流的公平、公正的治理模范。这样，通过改革创新、通过开放以实现共同发展，人民的利益将被置于首位。

中国提高经济增长表现，增加市场活力并为增长提供新动力，营造有利有序的投资环境，大力创建对外开放共同发展的环境。因此，意义深远的"一带一路"倡议带来的收益将远远超出中国国界，并将有助于实现双赢。

中埃历史悠久的友谊

中国和埃及之间的友谊已成功地经受了时间的考验。1956 年 5 月，埃及是第一个与中华人民共和国建立外交关系的非洲和中东国家。那年晚些时候，埃及因将苏伊士运河国有化而受到英国、法国和以色列的三方军事侵略。中国领导人毫不犹豫地将这一侵略行为视为对中国的直接威胁，表示愿意派遣志愿者捍卫埃及以表示对埃及人民的声援，甚至向开罗提供了 2000 万瑞士法郎作为象征性礼物。埃及人民始终对中国朋友心怀感激，因为他们的立场无可争议。63 年后的今天，中埃全面的战略伙伴关系以及它们通过"一带一路"倡议实现双赢合作的决心，为其他国家树立了团结和友谊的榜样。

中国、埃及、非洲和中东必须共同创造一个环境，以建立公平、公正和透明的国际贸易和投资规则体系，并促进生产要素的有序流动、有效的资源分配和市场整合，从而推动我们建立自由贸易区；促进平衡和面向发展的自由化和贸易投资便利化；通过加强在数字经济、人工智能、纳米技术和量子计算等领先领域的合作来追求创新驱动的发展，推动大数据、云计算和智慧城市的发展，从而通过软件互联将其转变为 21 世纪的数字丝绸之路，追求绿色发展的新视野、绿色低碳的生活和工作方式。我们必须共同建设教育丝绸之路和健康丝绸之路，在科学、文化和人与人之间进行交流。

苏伊士运河经济区被认为是"一带一路"的组成部分，可容纳数个大型工业、技术和物流区，以促进区域、非洲和国际层面的贸易、工业、运输和创新自由流通，以此为经济一体化创造机遇。埃及与欧洲、非洲和阿拉伯国家签订贸易协定将使中国投资产品可以享受更好的优惠市场准入。该区域的位置距离南部和东部地中海港口，沙特阿拉伯的吉达、吉布提港口和蒙巴萨只有几个小时的路程。

中国和埃及共同努力，使埃及成为"一带一路"倡议的关键枢纽，其中涉及与中国在基础设施项目上的合作，并在苏伊士运河经济区增加对工业化的投资，而且在开罗以外建设新的行政首都，此类项目与"一带一路"倡议相关，将成为倡议的丰硕果实。在这方面，令人欣慰的是，中国和埃及都是坚决打击恐怖主义的国家之一，因为恐怖主义损害双方确保安全和可持续的国际货物贸易、促进能源安全的全球战略利益。

习近平主席鼓励中国公司参与埃及的重大项目，包括开发苏伊士运河走廊和在开罗以外建设新的行政首都。中国和埃及已经逐步合作开展这些项目，这些项目有望为埃及青年创造 2 万多个就业机会。对中国的利益来说，在埃及开展的项目与"一带一路"直接相关，并被视为对该倡议的坚定支持。

中国，主要战略全球参与者

中国作为致力于维护和平、稳定、进步与发展的主要战略全球参与者和联合国安理会常任理事国，应继续作为世界和平的建设者，为全球发展做出贡献，在未来的 70 年里及以后坚持国际法治和秩序。早在 2015 年，国际社会就集体承诺通过遵守《2030 年可持续发展议程》，全面实现全球包容性增长。该议程是一体化、不可分割的，并在可持续发展的三个方面取得平衡：经济、社会和环境。该议程被认为是实现全球可持续发展的里程碑，也是实现全面繁荣的行动计划。

正如《2030 年可持续发展议程》所概述的那样，其目标和目的是提出一个富有雄心的变革性构想，让世界变得没有贫困、饥饿和疾病；摆脱恐惧和暴力；普遍识字；拥有平等和普遍的机会以享受优质教育、保健、安全的饮用水和卫生设施、改善的卫生状况；食物充足、安全、可负担且营养丰富。在这个世界上，人类栖息地将是安全、易恢复和可持续的，人类将普遍获得可负担、可靠和可持续的能源。

"一带一路"：改变游戏规则的倡议

习近平主席在"一带一路"国际合作论坛上发言时准确强调，要实现这一重要倡议，就需要一个和平与稳定的环境和国际关系的新精神，在这种精神中，各国应建立对话伙伴关系而非对抗关系，尊重彼此的主权和领土完整、彼此的发展道路和社会制度、彼此的核心利益和重大关切。他补充说，发展需要更具包容性和平衡性，贫富之间的鸿沟需要缩小，开放而有弹性的金融体系对于支撑可持续增长至关重要。发展中国家同意这一愿景。

随着恐怖主义的肆虐，某些地区的动荡正在造成不安全感。因此，所有国家都应加强反恐努力，解决其症状和根源，努力消除贫困，实现社会正义。我们各国必须共同创造一种环境，以建立公平、公正和透明的国际贸易和投资规则体系，并促进生产要素的有序流动、有效的资源分配和市场整合，从而推动我们建立自由贸易区；促进平衡和面向发展的自由化和贸易投资便利化；通过加强在数字经济、人工智能、纳米技术和量子计算等领先领域的合作来追求创新驱动的发展，推动大数据、云计算和智慧城市的发展，从而通过软件互联将其转变为 21 世纪的数字丝绸之路，追求绿色发展的新视野、绿色低碳的生活和工作方式。我们必须共同建设教育丝绸之路和健康丝绸之路，在科学、文化和人与人之间进行交流。

令人高兴的是，六年之内，影响深远的"一带一路"倡议得到了150 多个国家和国际组织的支持。他们中的大多数与中国签署了合作协议，中国公司通过在沿线国家启动重大项目，提供了超过 1600 亿美元的投资，在当地创造了许多就业机会，并具有巨大的增长和发展潜力。值得注意的是，丝绸之路基金（Silk Road Fund）得以成立，资本金为1000 亿美元，以埃及为创始成员之一的亚洲基础设施投资银行（Asia Infrastructure Investment Bank）投资 1000 亿美元，驱动实现双赢的目标。

许多人认为，"一带一路"倡议的成功取决于其沿线地区的稳定、安全和消除贫困的工作。这项伟大计划的成功取决于帮助处于历史悠久的丝绸之路经济带上的阿富汗、巴勒斯坦、叙利亚和伊拉克等国家恢复稳定，而也门、索马里、利比亚和非洲的萨赫勒地区都毗邻 21 世纪海上丝绸之路经济带。

中国作为致力于维护和平、稳定、进步与发展的主要战略全球参与者和联合国安理会常任理事国，在维护国际秩序的同时，应继续作为世界和平的建设者，为全球发展做出贡献。

中国在发展阶段始终把人民放在第一位，增加人民的利益，确保人民是自己的主人。中国有效维护了人民的发展权，开辟了中国特色的人权发展道路。

中国积极参与全球治理，促进包容性发展，努力为所有国家，特别是发展中国家创造条件和机遇，使他们共享发展成果。中国的这一立场尤其受到非洲国家的高度赞赏。

中国和非洲：合作发展的自然伙伴

非洲联盟于 2013 年启动的《2063 年议程》是雄心勃勃的 50 年愿景，由非洲战略家制定，希望在 5 ~ 10 年计划的指导下实现非洲的一体化和繁荣，国际合作议程将侧重于包容性增长和可持续发展、政治和经济一体化、良好治理、和平与安全、全球伙伴关系的建立。

非洲国家赞赏中国对和平与安全问题和非洲发展的持续支持，中国积极参与了 3000 多个基础设施项目，其中约有 25 万中国工人修建跨越非洲的道路、工业园区、铁路和港口网络，将它们连接到主要的全球海上航线和亚丁湾、红海和苏伊士运河等地区，这些地区是连接非洲与亚洲和欧洲的重要路线。今天，将近一百万中国公民居住在非洲，而超过 20 万非洲人则在中国居住和工作。

值得赞赏的是，中国把可持续发展目标方面的国际合作作为优先事项；2016 年 9 月 G20 杭州峰会的实质性成果上反映了这一点，这宣布了一个重要的里程碑，即"支持非洲和最不发达国家工业化倡议"。让这份倡议更重要的是：明确地侧重于支持农业工业；扩大生产基地；投资安全能源；发展弹性基础设施；利用国内和国际金融；促进科学技术和创新。

目前迫切需要进一步发展中非全面战略合作伙伴关系，特点为：政治平等互信、相互促进经济合作、相互充实文化交流、安全援助和国际事务协调。《2063 年议程》被认为是非洲实现稳定、发展与一体化的重要计划。部长们一致认为，改善非洲的农业价值链和农业加工对于促进非洲农业现代化至关重要。他们还回顾了中非十项合作计划的执行进展。

不用说，真正有效的国际合作对于为发展中国家提供促进其发展的适当设施至关重要。没有发达国家或国际金融机构的有效公共和私人伙伴关系，任何发展中国家或最不发达国家都无法部分或全部实现这些目标。这些伙伴关系应侧重于通过大量投资和发展筹资来释放人民、资源和比较优势的巨大潜力，这些投资和筹资可以促进企业家精神、人力与技术能力和可持续增长。

中国因定义其国际发展模式或某些人称为"北京共识"的特征而受到好评，这些特征包括：投资主导型发展而不是外国援助型发展；资源用于基础设施建设而非援助；投资于改善人民之间的纽带；重点放在技术转让、人力资源开发投资和能力建设项目上，以确保开发项目的可持续性。为所有人提供可持续的、可负担的优质基础设施，是确保"一带一路"倡议成功的非洲优先事项。

所有贸易伙伴，特别是来自中东和非洲的发展中国家，都希望多边贸易体系和世界贸易组织得以保留，并且贸易争端应在世界贸易组织的规则之内解决。它们都认为，在全球经济这个艰难关头，它们的两个最大的贸易伙伴之间不应有争端。

"一带一路"倡议在全球议程中应有的地位

最后，毫不夸张地说，"一带一路"倡议促进包容性发展、消除贫困和促进共同繁荣，应在全球发展议程中享有一席之地。这是在地方、区域和全球范围内实现《2030 年可持续发展议程》的具体例子。因此，我们应确保提供一切全球治理手段和机制，以充分实现这一至关重要的倡议，只要这项倡议基于互惠互利，便会给盼望未来真正繁荣的所有参与国人民带去希望。

（薄帆 译）

美德全球化：对孔子和亚里士多德的思考

克里斯托弗·乔治·瓦西洛普洛斯（Christopher George Vasillopulos）

国际普世对话学会主席

东康涅狄格州立大学教授

是巧合吗？

在过去的 30 年中，东方的儒家和西方的亚里士多德学术研究复兴了，这包括比较研究的兴起。学术上的蓬勃发展恰逢中国在世界舞台上的崛起。中国从贫穷的第三世界国家变成了世界第二大经济体、重要的军事大国、每个大洲的重要投资者和外交强国。这绝不是巧合，因为它不仅仅显示出学术上对中国和希腊两位伟大思想家之间惊人相似之处的好奇心。这些学术研究表明，人们日益认识到，推行全球美德伦理的可能性是存在的，这在世界历史上是十分特别的。

现在，在诸位将我打入学术乌托邦的灰烬之前，我要表明我对全球道德的概念绝非乌托邦。它基于对常规业务实践的现实分析。美德的全球化不会消除夫妻之间、父母与子女之间或民族国家之间的冲突。它的出现将简单地整理每天发生的数十亿笔跨越大洲、海洋和文化的商业交易。这些交易基于孔子和亚里士多德在 2000 年前明确主张的美德。它们不再依赖乌托邦思想，更不再需要单一文化的主导地位。它们确实基于这样一种假设，即人类共同的本性是五彩斑斓的文化和历史经验的基础。

人类本性使得我们有能力推理，做出基于事实的明智选择，承担个人责任，追求卓越、计划、竞争、合作以及表达自己的独特性。当然，将这些功能中的每一种应用于不同的历史时期和不同的文化背景时，都需要相当的素质。然而，正确理解这些普遍属性为美德全球化提供了合理的基础。我的论点基础得到了孔子和亚里士多德的天才的支持。

请允许我限定一个概念，在许多学者看来，这个概念在孔子和亚里士多德身上都用错了：个人还是个人主义。如果用"个人"来表示没有生物或社会影响的自治者，那么任何哲学家都不是个人主义者。但是以后任何人都不会相信这样的生物在任何意义上是人类。但是，如果将一个人视为父母的生物学、心理和社会产物，而他们又与更大的社会有着深厚的关系，那么孔子和亚里士多德就可以视为个人主义者。至少，他们是相信"多孔个人"概念的根本意义的哲学家。显然，它存在于"多孔个体"中。两位哲学家都强调个体追求自我掌控或自我完善的义务。两者都强调对家庭的尊重以及与大社会成员之间尊重关系的必要性。两者都重视友谊，将其作为完善自我掌控的最重要的关键之一。这些追求中的每一个都暗示着个人责任，即使在社会或政治障碍阻碍个人的情况下也是如此。美德始于个人。只有贤惠的个人才能与整个社会建立适当而富有成果的关系，只有贤惠的官员才能妥善统治。两位哲学家都不相信个人可以仅靠自己取得成功，也无法相信自己能够使自己降生。除了提供生存所需的材料外，社会秩序还必须教育个人的品德，必须塑造性格。只有这样，"多孔个人"才能充实自己，并适当参与追求共同利益。

古代中国和希腊的社会差异十分巨大。然而，尽管在地理、农业、规模、竞争对手、宗教和历史文化上存在巨大差异，中国和希腊还是产生了孔子和亚里士多德，这两个伟大的思想家对如何过上美好的生活有着极其相似的看法。他们的性情温和、稳定，这体现在对事实、传统和普通百姓的尊重上。他们对激进变革、暴君和帝国主义持怀疑态度。他们的思想以家庭的首要地位为基础，在父母的坚定和仁慈的控制下，建立良好社会。尽管存在诱惑和过度倾向，但他们认识到繁荣的必要性，这不可避免地需要超越自给自足的农业经济。尽管他们普遍怀疑贸易和盈利并且担心商业力量会强势和不受控制地改变社会，但他们知道社会稳定、甚至是社会生存，都取决于商业所能产生的财富。

在一定程度上，商业和贸易对于繁荣和社会秩序的生存是必不可少的，但必须减少贪婪积累的诱惑。赚钱在个人和社会层面都必须受到限制。只有这样，它才能为公共利益服务，而不仅仅是为那些赚钱的人服务。这将需要明智的税收政策和为社会产品做出贡献的诱因，例如国防、节日、宗教活动和文化活动。

如果有必要驯服商业这头潜在的野兽，那么同样有必要驯服官场这头潜在的野兽。对于孔子和亚里士多德来说，最好的政府是由贤明的君主统治的君主制。孔子认为，一个贤良的君主建立贤良的官僚制度是无可替代的。亚里士多德有更多选择。他将官僚制度定义为亚洲的霸权统治，并推崇希腊的城邦制度，因其对官员的需求更少。他心目中最好的政府是混合制的，因为仅依靠贤良的君主似乎太冒险了。他推崇的制度既不是多数人的统治（即民主制）也不是少数人掌权（种种寡头政治形式），混合制政府使得多数民众感到自己的声音能够被听到，而少数的执政者依据民众意见制定政策。亚里士多德认为，一个人统治的效率完全不如共享权力。孔子认为，除了一个善良的君主，别无选择。考虑到他们所处政治环境存在差异，他们俩都可能是对的。

古雅典：帝国的诱惑

我无须赘述古雅典与中国的差异。对于我们而言，它们之间的相似性更加重要。公元前 7 世纪的雅典主要是依靠农业，即使有出海口，也几乎不能养活自己。其人口从近三百年的黑暗时代灾难中恢复过来后，它不得不交易剩余的橄榄才能生存。雅典人熟悉大海，因此可以利用其长期存在的贸易优势，其贸易横跨数千英里，遍及亚洲。不久，雅典开始生产出口产品。商人阶级的发展最初是由富裕的农民产生的，但很快就变成了独立的商人阶级。

在发展的中期，即公元前 6 世纪初，农业的这些变化使小土地所有者感到不安，他们发现与大土地所有者竞争变得越来越困难。他们抵押自己的身体、借了钱，还常常失去自由和土地。内战迫在眉睫，是少数人和多数人的经典斗争。他们意识到战争是对所有人的生存威胁，于是在梭伦（Solon）的领导下建立了解决冲突的过程。他奠定了民法和争议裁决的基础，我们现在将其称为"正当程序"。可以预见的是，双方都对梭伦不满意，因为他们都没有得到梭伦所许诺的。幸运的是，他的改革是由"暴君"制度化的，"暴君"是夺权的统治者。重要的是我们要意识到，"正当程序"并非源于对正义的崇高本能或一系列神圣的法律。它的来源和目标是接地气的。解决双方不可避免的财产纠纷需要一个相互接受的过程。梭伦提供了它；庇西特拉图（Pisistratus）巩固了它。现在，稳定下来的雅典空前繁荣。

到了公元前 5 世纪初，雅典已经足够繁荣，可以组建一支击败波斯帝国的军队和海军。在取得这一惊人胜利之后，雅典成了希腊的主要城邦和新兴国际贸易的主要参与者。公元前 7 世纪和前 5 世纪之间缓慢的商业发展开始提速了。雅典变得富有而神圣。

同时，雅典变得民主，这是全世界前无古人后无来者的最具参与性的民主制。随着多数人加强政治控制，他们选择压迫相邻的城邦，喜欢劫掠胜过辛勤工作。希腊的各城邦在内陆斯巴达的领导下团结起来反对他们。雅典从未从伯罗奔尼撒战争的失败中恢复过来。亚里士多德对民主的很多怀疑是由于民主与帝国主义之间的联系所致。多数人很容易被贪婪吞噬。只对权力感兴趣的政治煽动者以一系列短视政策迎合他们。即使是杰出的伯里克利（Pericles），也不知道如何击倒帝国主义这只猛虎。理解危险的本质不足以消除危险。无论政府的形式如何，人民的支持都是必不可少的。避免压迫他人以获得利益的诱惑，需要美德。多数人的统治可能会使美德的推行步履维艰，但不是引起问题的直接原因。公民必须接受美德教育。只有这样，他们及其领导人才能制定出符合其长期利益的政策。

19 世纪的美国：贪婪的胜利

南北战争的灾难过后，不再受种植园奴隶制利益阻碍的美国经济开始腾飞。在战前，美国广泛的创业活动，包括农场主在内，已经工业化。得益于交通、通信和制造业的重大基础设施发展，美国的小镇变成了城市。随着来自世界各地的移民来到这片机遇之地，美国人口激增。很少有人注意到，第一次世界大战开始时，美国已成为世界领先的工业强国，并且发展迅速。快速变化总是使社会秩序混乱，因为其利益在经济中分布不均。

欧洲风格的阶级斗争第一次出现了，这使人们对经济巨头无与伦比的力量产生怀疑，这些巨头垄断了钢铁、煤炭、石油、糖、牛肉和铁路行业。坐拥新发现的财富，美国半推半就地登上了世界舞台。

虽然这些发展在19世纪的最后几十年和20世纪初期的几十年间放缓，但它们仍改变了美国社会的结构。农业社会的凝聚力开始放松。尽管从来都不是真正的农民阶层，但农场主们的影响力消失了，转而流向富裕的城镇阶级。杰斐逊主义的美德让位于资本主义的贪婪。尽管中产阶级继续扩大而且生活水平不断提高，但贫困的下层阶级在农村和城市地区也都不断扩大。

事后看来，对这些事态发展进行亚里士多德式分析似乎是合理的。随着民主的发展和杰斐逊/杰克逊（Jefferson/Jackson）任职，人们对权威的尊重逐渐减弱。民主越来越成为普通人群对普通人群的统治。受过教育的精英们正在不断退缩。办公室工作人员以缺乏教育为荣。公职人员严重无知的主要后果是，在内战之后政府对经济的管制成为强制性规定时，没人知道该怎么做。在人民眼中，公职人员的腐败和无知被视为对中央权威的怀疑，这剥夺了政府的地位。自由放任主义统治了当时的时代。贪婪战胜美德的原因是亚里士多德式的。成功的福音基于自主的个人观念。一个人的成功和失败都是自己的事情，只受运气影响。他的价值属于他自己，如果信教，那么他的价值有神圣的来源；如果不信教，他的价值由他自己创造。社会与此毫无关联。在友谊、传统、相互防御和美德教育中表现出来的个人与社会之间的相互作用不再重要。

在这种情况下，美国参加第一次世界大战并支持英国和法国是其进入全球事务中最戏剧性的事件，其后的行为非常容易预测。最初，威尔逊总统希望美国成为交战双方之间的诚实中间人。一旦意识到盟国将购买美国所有可生产的产品，做中间人的想法便退缩了。当美军在战斗中获得决定性胜利时，威尔逊总统曾喊出的"没有赢家的和平"便被抛在脑后。强权政治接管了战后处置，创建了一个贫穷而屈辱的德国，也为德国的复仇按下倒计时。美国失去了在世界事务中发挥良性作用的机会。我们很容易因这一切怪罪威尔逊总统。作为国家领导人，无论其政府的形式如何，都必须遵从其无法控制的力量的意志。威尔逊的善良本能很容易使其成为贪婪的政治现实主义的受害者。

近代研究亚里士多德的学者，尤其是维多利亚时代的英国人，认为在市场经济条件下，贪婪的胜利是不可避免的。毕竟，亚里士多德讨厌商业和贸易，而偏向于自给自足的农业经济。亚里士多德确实支持自给自足的经济，因为这不会诱惑人们从属国那里劫掠。但是，他不相信雅典没有贸易就可以自给自足。非农业的盈利至关重要。亚里士多德对商业的关注有两个方面：首先，它带来了快速的变化，即错位，需要异常智慧的城市来抵消。其次，它产生了一种幻想，即赚钱本身就是一个适当的目的，而不是适当目的的必要条件。大都市的目标是其公民的幸福，其定义是美德生活。金钱为幸福带来了休闲的可能性。它资助了学校、节日、宗教活动和国防。繁荣与美德远非对立，繁荣对美德而言至关重要。

中国奇迹

我相信我的分析引起了熟悉中国过去 40 年经济发展的人们的共鸣。尽管与古希腊之间存在巨大差异，中国还是遇到了一些相同的问题，并且采用了一些相同的补救措施。这些回应不需要理解亚里士多德才能做出，因为中国的孔子已经提倡过它们。

让我们考虑两个经济体中最大的三个差异。第一，尽管沿海商人进行贸易，但中国绝对是一个农业社会。第二，尽管中国面临着许多内部争夺权力的斗争，但它不必与强大邻国所构成的生存威胁作斗争。第三，中国有训练有素的官僚机构。当然，正如孔子所了解的那样，官员的专业素养和其极高的重要性给国家带来风险。他们的力量必须受到限制。为了限制官员滥用职权，孔子提出了义务教育，其目的是培养学者/官员，即将来的官僚，其美德将消除他们满足自私的诱惑。通过为人民服务、适当运用他们的专业素养，官员将为社会的最重要目标服务：稳定。只要人民相信官员考虑到他们的利益，人民就会接受政府的政策，并且会原谅政府的错误。

在近代，极具侵略性、富裕和技术先进的欧洲民族国家给中国带去困难。本质上是静态的中国和其农业自给自足的主要经济目标无法抵抗西方的入侵。中国几乎觉察不到哪里需要改变，因此任由那些正在发生深刻变革并希望剥削中国以实现繁荣的国家宰割。从西方的角度来看，中国的稳定被认为是落后和薄弱的，并且沦为成熟的剥削目标。

最有害的剥削形式是鸦片淹没中国。亚洲乃至世界上最先进、最精致的文明成为白人贪婪和傲慢的温床。更糟的还在后面。随着欧洲人相互破坏，一个新兴的亚洲国家取代了中国。一个无所不能的日本不满足于剥夺中国的财富，还想破坏其主权。

在第二次世界大战中日本战败后，中国得以改变其面貌。深刻的革命性变化发生了。

我无需向大家赘述中国取得的奇迹。但是，我可能有必要指出中国的成功有多少符合儒家价值观。这一提议所意味的远不止比较儒家价值观与基本的中产阶级价值观和公平交易的商业惯例的相似之处。它否认了"市场经济实质上是西方国家的产物，其全球传播是帝国主义的另一形式"的错误认知。声称公平、财产权、诚实、法治、审慎、个人责任、基于事实的分析和竞争是西方特有的价值观完全是错误的。所有这些是亚里士多德的价值观，也是儒家的价值观。它们基于人类本性，因此这不足为奇。这些概念的诞生远远早于现代民族国家。

而且，这些价值观与帝国主义相矛盾。结果是，它们越全球化，对帝国主义的破坏就越大。帝国主义的假设一直是，为了繁荣，先进的人民应该控制较不先进的人民。帝国主义者相信，要进步，就意味着先进国家比不先进的国家具有道德上的优势。因此，统治这些劣等人，向他们介绍优越的价值观，这对他们有利。有鉴于此，强调市场经济的价值观的力量得以彰显。它们本质上是跨文化的，因为它们假定一种普遍的人性，即以希望别人对待自己的方式对待别人。如果没有这个基本假设，那么每天数万亿美元的贸易将是不可想象的。我意识到，财产权、诚信的合同、诚实的谈判、公平的交易等"市场价值"在理想主义者看来似乎都是华而不实的美德。与正义或平等等更高的美德相比，这些算得了什么？市场美德难道不会以微不足道的物质利益分散大众心智，从而破坏提升高级美德的努力吗？如果它的拥护者向我展示与市场价值全球化所暗示的相同水平的共识，我将认真对待这些批评。在一定程度上，正义与平等的概念在文化上是依赖的，因此它们仍将是冲突的源头。当然，必须在每个社会中理清这些价值观。将它们强加于他人已导致了亿万人的死亡和数十亿人受压迫。尽管市场价值看上去华而不实，但正如孔子和亚里士多德所倡导的那样，它使世界变得更加紧密，使数十亿人摆脱了贫困，并有望改变另外数十亿人的生活。

当然，市场价值尽管很重要，但孔子和亚里士多德都不认为有了市场价值就足够了。它们本质上是创造繁荣、实现自我完善和自我掌控的手段，将帮助创建一个旨在提高尽可能多的公民生活水平的社会，这将使公民以道德活动的形式追求幸福。

（薄帆 译）

丝路文明

阿斯卡特·克西克巴耶夫（Askhat Kessikbayev）

国际突厥研究院常务秘书长

总　结

尽管"丝绸之路"的名称来源于历史上曾蓬勃发展的中国贸易，并主要表明贸易路线融入广泛的洲际网络，但它也是一个文明之间对话与互动的现代概念。众所周知，这些对话和互动是长期交流的结果。丝绸之路一直发挥着人文融合的作用。

无论长度和宽度如何，无论距离远近，所有道路都有其价值和实用性。在人类共同的世界遗产中，除了丝绸之路，没有其他道路可以如此大规模地促进相互理解、文化对话和空间的相互渗透。

毫不夸张地说，古代丝绸之路可以称为世界历史上人类最惊人、最重大的成就之一。丝绸之路的主要特征是将东西方古老、强大的文明融合在一起。两千多年前，这条古老的多功能道路具有全球意义。它是货物交换和文明进步从地中海出发跨过长城传播至中国的重要纽带。

从最普遍的意义上来说，东西方的相互作用是由于丝绸之路的存在。在其存在的千年中，古老的丝绸之路见证了宗教的兴起和发展、民族的迁徙、历史的演变，它千年以来一直是主要通道，因为这条环线道路带动了整个欧亚大陆和非洲的旧世界的繁荣。

应当指出，这条连接太平洋和大西洋的巨大动脉紧密联系着许多国家和人民的历史命运，不仅疏通商品和技术的流通，而且促进宗教和哲学观念的交流。丝绸之路最为深远的意义在于，它是价值交换的介质。

这种关系几乎没有改变，而沿着丝绸之路，政权、君主和大汗在每个世纪都发生改变。城市日益发展，新的文化萌生，宗教实现传播。丝绸之路在旧帝国衰落时期继续存在并发挥其作用，而且在新的大国和力量形成和壮大期间，丝路的交易仍然存在。这些帝国之间不断发生战争、内斗和其他内部政治冲突。但是，在 15 世纪（此时发生了地理大发现）以前，通过丝绸之路的交流从未中断。

仔细研究沿这条道路生活的民族、国家和部落的历史，让人有理由相信丝绸之路本身就是一种文明。尽管在欧亚大陆发生了各种戏剧性事件，但此文明仍然保持繁荣并为交流提供条件。

但是，与其他具有明确起点的文明不同，丝绸之路文明可以说是多维、多源文明。它紧密结合了中华文明的文化特征，也可以反映出中亚和整个 Turan① 人民的文化价值。此外，丝绸之路最重要的文明基于宽容。同处一片蓝天下，国与国之间应发展耐心、宽容的关系，这一思想沿着丝绸之路传播至远方。

中国发起的"丝绸之路经济带"倡议为古代丝绸之路注入了新的动力。结果，在 2013 年秋天，自中方发起"丝绸之路经济带"的宏伟倡议以来，围绕丝绸之路复兴的交通往来急剧增加。当然，这些过程的推动因素之一是中国使用其金融能力的意愿。

中亚国家本身，主要是哈萨克斯坦，也多次重申恢复古代运输路线的可行性。哈萨克斯坦共和国总统在 20 世纪 90 年代中期提出要复兴新丝绸之路，他认为中欧之间的陆路运输路线可以确保丝绸之路沿线所有国家的繁荣与发展。

近年来，随着欧亚大陆上国际经济关系全球化进程的加深和亚欧之间货运量的增长，建立一体化的欧亚大陆桥愈加迫切。

欧洲和亚洲之间的多条路线的建设符合欧亚大陆所有国家的利益，并且符合哈萨克斯坦的主要优先事项，因为连接欧洲和亚洲的主要运输走廊穿过我们的领土。

根据《哈萨克斯坦—2050 年战略》，哈萨克斯坦将成为中亚最大的

---

① 所有讲突厥语的地区。

商业转运枢纽；到 2020 年，过境交通量应增加两倍。因此，在国家元首最近通过的关于实施五项体制改革的计划中，特别强调了发展运输走廊，从霍尔果斯穿过哈萨克斯坦到阿克套港，再经过里海到阿塞拜疆，然后通过格鲁吉亚和土耳其进入欧盟市场。

现在，国家已经采取了积极的措施来发展跨哈萨克斯坦路线。在该国东部，在"霍尔果斯－东大门"经济特区的框架内，开展建立运输和物流枢纽的工作，这包括陆港和物流干线网络。新建的热孜卡兹甘－别伊那乌铁路使多斯特克和阿腾克里站到阿克套海港的运输距离缩短至1200 公里。目前在港口基础设施开发方面开展了积极的工作。

同时，作为向北扩建阿克套港项目的一部分，三个干货码头的建设也已完成。随着这些码头的启用，预计将把港口的设计能力增加至 300万吨，并为增长有望的交通创造更多机会。迄今为止，阿克套港是向俄罗斯、阿塞拜疆和伊朗的里海港口提供货物运输的主要枢纽。

乌津－别列克特－戈尔甘铁路线开通了一条南北走廊直达路线，连接俄罗斯、哈萨克斯坦、土库曼斯坦和伊朗，并通往海湾国家，从而缩短了 500 公里的路程，并大大降低了运输成本。"西欧－中国西部"项目的实施将为中国－哈萨克斯坦、中国－中亚、中国－哈萨克斯坦－俄罗斯－西欧的三个主要线路提供交通。该项目预计在 2016 年完成。该走廊是从中国到欧洲的最短线路，货物运输时长为 10 ~ 12 天。这条陆路运输线路比通过苏伊士运河的传统海路要短，后者是前者的 3.5 倍。

开展建立外部码头网络的工作，以促进运输和物流服务销售的代理网络并在国外市场推广哈萨克斯坦商品。因此，现在中国连云港港口的联合物流枢纽可以作为进出哈萨克斯坦的货物流的汇合点，这也是往返东南亚国家的重要中转港口。

总体而言，这些项目的实施将使海港的吞吐量达到 2500 万吨。从货运量增加的角度来看，哈萨克斯坦正在积极建设自己的商船队，并计划购买更多的干货船和渡轮。去年，国家运输公司首先开始运营两艘干货船。到 2020 年，计划将商船数量增加到 20 艘，还有 4 艘渡轮。投资额达 806 亿腾格。与其他国际项目开展的技术联系，例如建造新 Alyat港口、建设巴库－第比利斯－卡尔斯铁路，可以提高路线的效用。

这些项目的成功实施将吸引潜在的货运量，并为哈萨克斯坦出口产品和货物开辟直接运输路线。除基础设施项目外，还要采取一系列旨在提高运输服务质量、运输过程安全性并为国际运输建立统一法律框架的体制措施。众所周知，尤其是生产过程的自动化，将使在阿克套港口完成的货物和船舶处理时间减少三分之一。在这种情况下，应指出的是，为了扩大和加强里海地区国家运输部门之间的联系，哈萨克斯坦方面举办了众多重大活动。特别是，在 2015 年 5 月 21 日国际突厥研究院（ITA）的支持下，年度阿斯塔纳论坛的一部分专门讨论了里海过境运输走廊的专题。特别指出的是，国际突厥研究院（ITA）在第八届阿斯塔纳经济论坛上举办了"里海过境运输走廊：基础设施发展与经济合作"部分。国际组织代表、突厥语国家合作委员会（CCTS）的各国机构成员、铁路公司等积极参加了本节主题的讨论。

因此，如您所见，亚洲和欧洲区域之间的许多运输链都在逐渐扩展和转型。需要特别指出的是，在连接国家、城市和地区路线的多样化方面，"丝绸之路经济带"倡议、"光明之路"（Nurly Zhol）计划、"欧洲高加索亚洲运输走廊"（TRACECA）、"西欧 – 中国西部"国际公路运输走廊等重要举措发挥了更大的作用。许多组织的活动有助于各国有关机构之间迅速建立联系，以扩大和加深合作。这些组织之一是国际突厥研究院。它的活动不仅旨在加深突厥语国家之间的合作，而且旨在与主要邻国，如俄罗斯、中国、蒙古国和其他国家建立并加强多边友好和伙伴关系。

因此，哈萨克斯坦和其他中亚国家在历史上一直占据着古代丝绸之路所有路线的战略要地，而今天，它已经准备好连接欧亚大陆两个最重要的地区：欧洲和亚洲。

我们必须认识到，在现代世界中，西方（西方国家 – 欧元区国家）对于塑造欧亚空间议程的作用仍然是最重要的。碰巧的是，原材料的关键和主要消费者在西方，而这些资源来自东方。随着科学技术的进步和发展，西方国家的角色已愈加重要，如今，众所周知，当今世界上大多数最新技术都发源于西方。

应当公平地指出，东方或东方文明具有巨大但尚未充分发掘的发展潜力。从这个意义上说，丝绸之路的主要任务应该是确保不同文明之间的充分交流。

　　毕竟，没有人会说：太阳永远从东方升起，却只照耀西半球。基于此，今天我们看到，亚洲大国不仅在经济上，而且在文化上的崛起都为整个欧亚大陆的繁荣与稳定提供了新的机遇。在这一过程中，诸如丝绸之路文明复兴这样雄心勃勃的项目理应被置于重要位置。

（薄帆 译）

向数字化过渡的专业新闻教育：
乌兹别克斯坦的经验

阿利舍尔·马提亚库波夫（Alisher Metyakubov）

乌兹别克斯坦新闻与大众传媒大学学术事务副校长

直到最近，几乎没有人批评那些重视新闻技术的人，他们认为人为因素被低估了，因此被称为"技术人员"。事实足以证明，每一代新的媒体形式的出现首先是基于技术发明和信息分发的新方法。在这方面，海量信息的收集、处理和传播过程的数字化从根本上改变了新闻业。

什么是数字化？"数字化"就是将信息转换为数字形式。以离散信号脉冲编码的信息数据的数字传输方法，已在许多最新的电子通信系统中广泛使用（Zemlyanova，2004：104）。乌兹别克斯坦几乎与俄罗斯和中国同时开始掌握数字技术。这两个主要国家于 1994 年启用互联网，乌兹别克斯坦于 1996 年 5 月启用互联网。这时，总统办公室的信息中心在服务提供商 UzPAK 的帮助下将国家媒体连接到因特网，这是在俄罗斯电信运动 "Sovam-teleport" 的帮助下创建的。

最初，新技术的优势非常明显。首先，承载信息的信号传播速度非常快，每秒 30 万公里。打个比方，因特网信号可以仅仅在一秒钟内环绕地球一圈。其次，它可以传输、接收和存储大量信息，因为我们正在谈论的是不占据物理空间并且根本"没有重量"的电子。最后，使用简单，任何人都可以成功使用这项新的记录和传输数字的技术。我们可以回想起，直到近年来，每个移动电视台（MTS）还都需要大约十个人服务，此外，还必须以专门改装的汽车等形式来传输电视台信号。

不过，我们认为最主要的是，新技术部分有助于解决乌兹别克斯坦的老问题——审查制度。众所周知，乌兹别克斯坦共和国的审查制度于2002年正式关闭，当时乌兹别克斯坦第一任总统伊斯兰·卡里莫夫（Islam Karimov）的法令废除了保护新闻界涉及国家机密的行政结构。取而代之的是，新闻和信息委员会设立了媒体监测部，工作人员控制着乌兹别克斯坦法律所规定的国家媒体发布的报道。编辑人员经常收到有关违规行为的信件，这迫使他们发展自我审查制度。因此，审查和自我审查这一主题多年来一直并且仍然是乌兹别克斯坦最紧迫的问题之一。在某种程度上解决它有助于数字化的发展，从而有助于解决该领域的三个重要问题。

首先，数字技术正在极大地扩展信息源的范围，从客观上讲，很难控制它们。我们不是在谈论自独立的头几年，即自20世纪90年代初期以来在乌兹别克斯坦所观察到的趋势。其实质在于，在诸如"Pravda Vostoka"，"NarodnoeSlovo"，"XalqSo'zi"，"Uzbekistan Ovozi"等以前的"经典"出版物的基础上，增加了大量大众娱乐性出版物、节目和网站。

更具体地说，我们指的是大量的官方和非官方站点充斥着国家域名为"uz"的虚拟信息空间。许多知名和不知名的博主纷沓至来，很难控制他们的行为。结果，今天的乌兹别克斯坦有机会从世界各地获取各种信息，这迫使官方媒体改变其语调和节目内容，以挽留观众。也就是说，现代媒体创造了这样的条件：旧的传统报纸和杂志、广播和电视被迫向新世纪发展，而非过着舒适的生活。

其次，同样重要的是，信息传播的专业标准要求新闻在事件发生后的几分钟内到达消费者手中。这排除了预览信息并就是否发布消息达成共识的可能性，即审查制度的本质（官员在发布信息之前对信息进行初步检查）。因此，新技术和对信息快速传输的需求为信息传播领域的新闻工作者和业余爱好者创造了完全不同的参数。这些条件与任何个人都没有关系，这完全取决于现代新闻业。

最后，作者的数量急剧增加，为虚拟和传统媒体提供内容。没有受过专业新闻学教育的博主和其他业余爱好者是否算记者，这在今天的专家之间引起了严重的争议。众所周知，在这个星球上，这一问题上划分出两个阵营，可以称为采用西方观点的国家和采用东方观点的国家。

卡尔米科夫（A. A Kalmykov）谈到了第一种观点："关于互联网记者的辩论可能在第一个网站的创立时就有了。但是，正如您所知，这一辩论直到现在还没有结束。尽管有一天我们得知美国终于解决了这一问题。纽约州最高法院通过了判例法：它承认所有互联网站点，无论其内容和媒体的专业水平如何。从现在开始，在美国司法界看来，任何在互联网上发表内容的作者都被认为是新闻工作者，有权像专业媒体的雇员一样接收和传播信息。许多专家认为这一决定具有革命性意义——它在全球化背景下从根本上改变了新闻界的观点"（Kalmykov，2005：113 - 114）。可以预计，欧洲领先国家将在此问题上追随美国的做法。

一些东方国家持相反的观点。例如，在中国，为了获得传统或网络媒体记者的身份，人们必须在国家媒体中工作或在国家机构注册。因此，尽管中国在网络上工作的博主多如牛毛，但在官方层面上，他们不被视为记者。

我们可以确切地说，这种对网络博主的模糊态度是当今信息时代最困难的问题之一。乌兹别克斯坦在此问题上坚持中国的立场，博主要想获得官方认可，必须在该国注册。

让我们继续谈谈新闻教育。自 1949 年以来，中亚国立大学新闻系（今天的以 MirzoUlugbek 命名的乌兹别克斯坦国立大学）成立时，我们国家与哈萨克国立大学新闻系同行一起，为该地区的新闻专业培训奠定基调。中亚国立大学毫无例外地是当今中亚所有高等教育机构的前身。

苏联时期，新闻培训依照莫斯科大学的计划进行，新闻工作者的主要任务是对苏联共产主义建设提供思想支持。苏联解体的同时发生了几项根本性的重要事件。首先，所有原苏联国家陷入经济和政治崩溃，当时许多经济联系被立即切断，每个人都挣扎着谋求生存。其次，本国货币急剧贬值，导致群众明显陷入贫困。最后，到了这个时候，世界发达国家已经进入了信息时代，因此，原苏联国家也必须加入互联网，探索一个前所未有的新技术世界。

从新闻教育的角度看，乌兹别克斯坦媒体的数字化可以分为如下几个阶段。我们认为，这包括一个初级阶段和四个主要阶段。

初级阶段。这包括苏联时期的最后几年和乌兹别克斯坦独立的最初几年。这是在互联网时代到来之前，那时记者已经了解了互联网及其功能，但没有机会使用它们。

第一阶段，1996～1997年。乌兹别克斯坦与大众媒体建立了联系。在那时，或者更确切地说，在1996～1997年间，塔什干大学新闻学院（还有1999年以来的乌兹别克斯坦国立世界语言大学国际新闻学院）首次引入了与互联网相关的课程。

第二阶段，1997～2002年。建立了乌兹别克斯坦媒体运作的立法框架，并通过了与媒体有关的若干法律。然而，尽管存在法律，但实际上乌兹别克斯坦近年来的言论自由受到极大限制。

第三阶段。2002～2016年的新闻技术迅猛发展。全国媒体对数字化方法的掌握程度很高，数字化被积极地引入编辑活动中，并成为推动印刷、广播和电视新闻还有在线出版技术进一步发展的重要方法。

第四阶段，从2016年至今。数字化的进一步快速发展。乌兹别克斯坦新闻与大众传播大学于2018年在塔什干落成，当时数字化成为新型大学运作的主要方向之一，发挥了重要作用。可以说，新大学的第一个学院是互联网和社交网络，其课程包括许多直接实践数字化的课程。下面我们将对此做出讨论。

1991～1995年间，乌兹别克斯坦的新闻教育试图将以前的培训标准与国外的大学实践相结合。因此，主要的创新之一是将新闻和评论新闻、调查性新闻、媒体管理和媒体营销的原理引入新闻教育。至于数字化，它不仅在国家的媒体实践中，而且也在教育过程和媒体理论中随着互联网的引入而开始迅速发展。

我们有必要向当时的国家领导人表示敬意，尽管其他一些发展自由技术的领域仍遭禁止，但这并没有阻止乌兹别克斯坦互联网的发展。一个更实际和更富有成果的方法领导了此过程。总统府新闻中心设立了一个国际部门，以完成此任务。国家媒体的工作原则与互联网世界的融合发生在1996年5月，当时乌兹别克斯坦的编辑和新闻工作者在相关文件和国际信息中心新闻部研讨会的帮助下迅速掌握了数字化的基本知识。因此，1996年4月的乌兹别克斯坦报纸与同年6月的同一份报纸截然不同。当时，编辑部开始在实践中大量应用互联网方法并使用其资料。

新闻教育由什么组成？它来自传统的教育学科，包括人文学科和专业学科。今天，第一组和第二组学科已被数字化，没有这些，进一步的发展是不可能的。让我们思考一年多以前在乌兹别克斯坦建立的一所新大学的例子。

我们认为，新闻教育的数字化进程应分为两个层次：总体性的和部门性的。总体而言，将实现的数字化是：掌握互联网技能，为编辑人员配备现代数字设备，在新闻活动中有效利用现代音频和视频设备等。

行业数字化并提供数字技术，是新闻活动等领域的适当方法。

以下是未来新闻教育数字化的主要好处：

－为编辑工作创造新的技术和创作环境；

－发展新的高速思维能力，这对于新闻工作者来说即使不是最必要的也是非常重要的；

－与媒体迅速合作；

－快速找到并收集必要和相关信息的能力；

－处理和区分必要的主题信息；

－将必要主题、问题、障碍进行大量信息的分组；

－专门地、有针对性地与您的观众合作。

数字化还改变了记者的基本的人道主义和创作态度。主要变化为：

－信息技术在日常新闻活动中的地位、作用和重要性急剧增加；

－由于现代化的技术和创作环境，该专业的新价值得以发展；

－与观众和睦相处，确定新闻记者将来打算合作的人群；

－从简单信息到服务类型信息的转变；

－由于新的语义和主题性词组，一种新的交流语言得以发展；

－发展新闻业的新网络和数字道德；

－不断发展的数字鸿沟需迅速解决；

－需要能够在以下情况中同样有效地工作：

a）不同的速度模式；

b）同时使用不同种类的媒体；

c) 懂英语，其作用在不断提高；

d) 能够使用信息检索系统；

e) 能够处理广告等。

我们认为，与其他邻国的媒体相比，乌兹别克斯坦的新闻事业能够迈出决定性的一步，因为 2018 年 5 月 24 日我们的总统签署法令，建立了新闻和大众传播大学，这是独联体国家第一家有关此行业的专门的高等教育机构。

在 2018～2019 学年开始的时候，该大学开设的本科课程涉及互联网新闻、印刷媒体、媒体营销和广告、媒体设计、电视和广播新闻、国际新闻、体育新闻、信息服务和公共关系。

该大学研究生院（magistracy）有八个专业：印刷媒体、政治和法律新闻学、互联网新闻、出版和编辑、信息技术服务、电视和广播、媒体管理、新闻学高级课程。后者接受从新闻专业以外毕业的本科毕业生。因此，国家正试图解决在各个经济领域培训行业记者的问题。

几乎所有本科生和研究生专业领域都具有与数字化直接相关的现代学科。因此，印刷媒体领域的未来专家正在研究创作的基础以及印刷出版物的互联网版本的设计。电视和广播记者熟悉视频图像的基础知识。互联网用户学习虚拟空间的网络技术、视频图像和社交网络的博客圈。媒体设计专业的本科生特别关注数字照片、音频和视频材料的处理。

所有专业的未来大师们都在研究开放源和封闭源的工作机制、新闻业的可视化、数据新闻业等。今年，大学开设了军事新闻学的方向。

仅仅将数字化称为互联网新闻或现代出版系统是不可能的。最好将其视为所有专业领域和培养专家的通用方法。在 20 世纪 90 年代初，当记者转向大众互联网时，他们并没有将其分为印刷、电视和广播或公共关系，但每个人都对新网络及其无限的可能性感兴趣。专家们对全球网络的美好前景感兴趣，而全球网络的活动基于数字技术。新闻和大众传播大学与未来许多领域的数字技术专家一起研究并发展技能。

从这一观点出发，我们从获得性职业的数字化角度描述了新大学的许多学科。学士和硕士课程提供以下领域的数字技术研究：

• 网页设计基础

- 多媒体新闻

- 数码摄影基础

- 机器人新闻

- 移动新闻

- 练习远程科学和数字安装

- 视频图像基础

- 最新的脱口秀培训技术

- 出版物的图表和可视化

- 媒体设计软件

- 新媒体理论与实践

- 媒体管理中的数字技术

- 现代媒体格式

- 传统和数字公关技术

- 网络多媒体

一个严肃的问题是：新大学的教职工能够完成这些任务吗？确实，这并不容易。但是我们大学的职员还很年轻，他们非常认真地从事学生的教育和自我教育。

但是，认为乌兹别克斯坦目前和将来的新闻工作者数字化的成功发展将帮助一些新的特殊项目是错误的。这并不是万能钥匙。乌兹别克斯坦有一个所有记者都必须严格遵守的规则，即不断要求加快新技术的开发以处理和传播信息。乘上技术发展的快车将不断进步，反之则被抛在原地。别无他法。可以说，新大学的成立将有助于同时在许多新闻领域发展未来记者对现代数字技术的遗传倾向。

独联体其他国家也可能会效仿这条创建专门大学来处理大量信息的道路。信息时代没有其他选择，新的时代不是要求培养一般的新闻工作者，而是需要能够在上述领域进行专业工作的专家。

数字化的方式是多种多样且深奥的。网络社会的一位著名理论家曼努埃尔·卡斯特（Manuel Castells）写道："新技术也有利于虚拟现实社会空间的发展，它将开放性和实验性与角色扮演游戏结合在一起。其中最成功的是 SecondLife，它在 2008 年 2 月平均任意一天都有 1230 万注册参与者和大约 5 万名访客。这个虚拟空间具有如此强大的通信功能，甚至一些大学在 SecondLife 上建立了自己的校园，并将其作为一个教育平台进行实验……"（Castels，2017：116）。

参考文献

Zemlyanova L. M. , *Communication Studies and Information Media：English-Russian Dictionary of Concepts and Terms.* – M.：Izd-voMosk. UN-TA，2004.

Kalmykov A. A. , Internet Journalism. Uch. POS. – M.：UNITY-DANA，2005.

Castels M. ,"The Power of Communication," Uch. POS. 2nd ed. , DOP. – M.：Ed. *House of Higher School of Economics*，2017.

（薄帆 译）

人类命运共同体：开放务实的文明对话

胡逸山（Oh Ei Sun）

新加坡国际事务研究所高级顾问

2019 年 5 月 15 日，中国国家主席习近平在亚洲文明对话大会开幕式上的主题演讲中讲道"我们应该对我们的文明有更大的信心"。习近平主席发表上述讲话时我在现场，这句话使我印象深刻。考虑到历史背景，我们应该对各自的文明有信心。每个文明都是人类文明不可分割的一部分，因此亚洲的各种文明应该有自己的信心，并且应该通过自己的人民表达出来。我们应该增进各国人民之间的友谊和交流，在此基础上建立利益和命运共同体。

追求更好的生活仍然是全人类的共同愿望。那么文明是什么？文明是人们从旷野到定居、进步与发展的过程中所积累的成就，所有这些成就都可以互相交流和借鉴。文明之间的对话至关重要，因为它们可以减少不必要的、往往是人为的分裂人类的紧张局势。但是抽象对话通常仅限于从有关文明中选出的一小撮精英人士，因此影响不大。相反，文明间的对话应是开放性和实用性的，所有利益相关方应最大程度参与，以使它们确实可以在促进建设人类共同体方面发挥作用。

在这方面，我有几点建议。首先是关于旅游业，习主席也提到了旅游业。我认为有太多的亚洲人去亚洲以外的国家旅行，而忽略了他们所在的大陆上许多伟大的目的地，我自己也做同样的事情。我们可以做很多事情来改善这种情况。例如，我们可以在亚洲不同国家之间建立便捷的铁路和公路网络。同时，我们可以在亚洲主要城市之间开通直航。我的祖国是马来西亚的沙巴州，现在通过直飞航班连接到中国的 12 个主要城市。因此，如今前往沙巴的游客大部分是中国人。沿海城市的游客可以乘游轮从中国福建省的厦门到达沙巴。

当人们有机会在日常生活的狭窄范围之外旅行时，他们将不得不学习并习惯于旅行目的地的文化。他们还必须与当地居民互动。甚至他们品尝的当地美食也常常令人大开眼界。这样做，人们有望学会欣赏世界各地蓬勃发展的文化的生机与多样性。这也为理解奠定基础，理解对于不同文明之间的对话至关重要。

其次，文明及其对话应该是可持续的。中国于今年早些时候在北京结束了第二次"一带一路"峰会，会议结果可能超出了许多观察者的预期。"一带一路"倡议（BRI）是六年前中国国家主席习近平在哈萨克斯坦首次提出的，其概念是"丝绸之路经济带"，旨在激活古代大陆丝绸之路的发展。次年，习近平主席在访问印尼时介绍了该计划的"海上"版本，即"21 世纪海上丝绸之路"，追溯了见证东西方贸易与交流的古老海上航线。

在过去的五年中，随着"一带一路"倡议全面生效，"一带一路"沿线地区经历了巨大的、有时是根本的发展转型。"一带一路"倡议的五项原则之一是政策沟通原则，中国不仅与其邻国，而且还与远至意大利和瑞士等欧洲国家签署了合作备忘录或战略伙伴关系备忘录。根据设施联通原则，许多中国参与的基础设施项目在"一带一路"沿线不断开展，通过海、空、陆和网络将中国与其远近邻国联系起来，并将它们用良好的现代基础设施网络彼此连接。

从中国的角度来看，根据中国自身极其成功的发展经验，将广阔的、以前没有联系的地区与先进的基础设施联系起来也许是个好主意。中国有句俗语说，"要想富，先修路"。的确，连接中国大小城市的许多高铁线路和公路在它们所达之处几乎全都刺激了迄今未见的增长。更具企业家精神的中国公民（其中有许多人）将利用这些先进的基础设施来开发以前偏远的地区，以便在此过程中改善自己的生活和社区环境。

看到其许多发展中邻国的基础设施有些过时，中国很可能急于试图帮助它们改善交通，尤其是与中国的交通往来，以使其他一些"一带一路"倡议原则，如贸易畅通、资金融通和民心相通可以更有效地布局。这也许是两年前首届"一带一路"倡议峰会的主题，会上总结了已开展的一些主要基础设施项目并宣布了新的项目，并以资金和贷款形式提供了金融支持。"一带一路"倡议沿线的许多地区确实需要进行此类基础设施升级，以释放其发展潜力，而迄今为止，这些发展潜力由于缺乏基本便利条件而受到限制，例如通电和道路等。

但是仅仅两年后，全球社会经济和地缘政治格局都发生了一些变化。一方面，尽管在社会经济层面，"一带一路"沿线国家在全球经济持续低迷的情况下仍创造了新的财富，但往往并未公平有效地惠及许多地区的所有社会经济阶层。这种财富创造的可持续性便受到质疑。另一方面，从地缘政治上讲，美国仍然是世界上最大的经济体，它愈加不掩饰地实行孤立主义，摒弃了它在第二次世界大战后首次提出并长期坚持的自由贸易的概念和做法，转而支持伪装成"美国优先"的狂热贸易保护主义，径直为世界范围内公开采取贸易保护主义措施树立了负面榜样。设置非关税壁垒以阻止外国企业参与者进入国内市场是一回事；直接提高关税是另一回事。前者的举措使跨国公司不寒而栗。后者将对世界经济产生系统性的连锁反应。

在这些复杂的背景下，第二届"一带一路"倡议峰会揭幕。峰会的主题重点已经从过去的"硬件"建设转移到了目前可以被称为的"软件"推广。习主席在讲话中强调了"一带一路"倡议开放、廉洁、绿色的高质量发展的重要性。对"一带一路"倡议项目的这一最新强调预计将受到整个倡议地区的欢迎，因为开放将意味着，受影响社会的所有阶层的本地和外国的所有利益相关者都有望更多地参与"一带一路"倡议项目的实施。

这里的"廉洁"，是指在打击许多发展中国家，尤其是"一带一路"沿线国家的腐败和滥用职权等方面的共同努力。但最重要的是，"一带一路"倡议项目应该是"绿色的"，即它们应该把侵害环境的程度降到最小，并最大程度地利用可再生能源和可持续资源。许多国家在发展阶段基本上都是从头开始，它们必须走正路，尊重人民的愿望并保护其宝贵环境。毫无疑问，"一带一路"地区需要注资，但必须以一种廉洁、可持续的方式进行，大部分投资将用于提高当地人民的生计和保护其自然环境。

习近平主席在"一带一路"领导人峰会讲话中的要点与许多"一带一路"沿线国家对"一带一路"交易中"有来有往"的渴望和自由贸易的持续实践相呼应。这包括宣布进一步措施，即通过中国庞大的国内市场承诺采购更多外国产品，以深化和扩大中国的改革开放进程。当然，这与其他一些国家经常威胁提高关税以阻止外国商品进入其市场形成鲜明对比。

在"一带一路"峰会上，还重新强调了进一步建立民心相通。最终，这可能是"一带一路"倡议的最终成就，即一个命运共同体的建立，持久的和平与繁荣将成为现实。

我的第三个建议是关于教育的。例如，许多说英语的国家的人学习德语或法语，而支撑这样做的资源条件已有数百年的历史了。但是在马来西亚，我们仍然很难学习泰语。马来西亚大学几乎完全没有泰语专业。我认为来自亚洲不同国家的人们应该更多地了解彼此的语言。亚洲国家的大学可以组织冬季训练营或夏季训练营，以促进学校之间使用外语进行交流。

我认为学习彼此的语言非常重要。许多中国学生来到马来西亚学习，而在北京学习的马来西亚学生也一直是我的牵挂。我认为他们可以成为文化交流的使者，以改善今后的两国关系。中国的厦门大学在马来西亚很有名，甚至在该国建立了分校。我希望更多亚洲国家的知名大学来马来西亚进行交流，以促进相互学习。

我的第四个建议较为激进。我认为，联合国教科文组织世界遗产委员会应优先考虑通过多个国家共同提交的遗产保护请求。例如，排档小食是马来西亚和新加坡联合提出的。希望这项提议能够通过。通过从根本上鼓励各国关注其共同的遗产，文明间的对话有望在文化合作的过程中发芽。

各国沿着其发展道路前进时，应当采纳可靠、开放和务实的关于文明之间对话的建议。旅游、环境和教育是可以发掘共同点、推动合作的三个领域。当各国看到各自文化和文明中不可避免的共同特征时，它们将向着人类命运共同体一步步迈进。

（薄帆 译）

和平与和谐：亚洲佛教的文化多元化

维马尔·赫瓦马纳奇（Wimal Hewamanage）
斯里兰卡科伦坡大学佛教研究系高级讲师

引　言

　　佛教是一种起源于印度的外来宗教，其首先扩散到整个亚洲，然后传遍全世界。这是一条金链，将亚洲与文化方面的多元性联系在一起。文化由四个主要支柱组成，即符号、语言、价值观和规范。佛教连接了当地信仰和习俗，从古至今为丰富亚洲文化做出了显著贡献。佛教既代表宗教又代表哲学，其关于无我（anatta）、缘起（paticca-samuppada）、三法印（tilakkhana）等的哲学教义很可能是最为深奥的，但佛教的宗教方面更为灵活。宗教多样性存在于宗教间和宗教内。本文利用与三种佛教宗派相关的定性数据，重点关注文化的四个主要支柱，揭示了佛教的多元化方面；三种宗派分别为：南亚和东南亚的小乘、东亚的大乘和中亚的金刚乘。亚洲佛教的符号、语言、价值观和规范多种多样，非常丰富，而且很可能通过多种形式发挥美的作用。对上述问题的了解将有助于亚洲跨越国界的和平与和谐发展。

多元化与佛教教义

　　简而言之，多元主义是宗教多样性的概念，它是与原教旨主义相反的观点。艾伦·雷斯（Alan Race，1983）提出了与该讨论相关的三个立场，即排他主义、包容主义和多元主义。排他主义者的立场仅保留一套信仰主张或实践，这些主张或实践最终可能是真实的或正确的。多元主义提出了不止一套的信仰或实践，这些信仰或实践可能部分地、也可能全部地或同时地是正确的。包容主义处于排他主义和多元主义之间的中间位置。它认识到不止一种宗派可能是真实正确的，同时，某种宗派可能最完整地表达终极宗教真理。佛教关于文化多元性的概念更多与这样一种概念相关联，即不止一种的信仰或实践可能部分地、也可能全部地或同时地是正确的。

原则上，佛教驳斥"真理只有一个，其他所有都是虚假的"（*idamevasaccaṁmoghamaññaṁ*，Chalmers，1977a，170），这种想法可能出现在一个人不断沉湎于自己的观点和意识形态（*sanditthikarāga*）或是固执己见（*diṭṭhiparāmāsa*）时。顽固坚持自己宗教哲学理论的人认为，真理只有一个（*ye kecime diṭṭhiparibbasānā – idameva saccanti vivādayanti.* Anderson&Smith，1997，174）。哪里有多元主义，哪里就不可能有原教旨主义。哪里有原教旨主义，哪里就没有多元主义的余地（Karunadasa，2013，161）。

佛教关于局部真理（*paccekasacca*）的观念探讨了有限知识的重要性，而不仅仅是反驳。有些苦行者的看法是错误的；他们认为世界是永恒的、世界不是永恒的、世界是有限的，等等，并相信真理只有一个，其他的都是虚假的。由于这些错误的观点，苦行者一直生活在激烈的争斗、争吵、争执和相互攻击中（*bhaṇḍanajātā kalahajātā vivādāpannā aññamaññaṁ mukhasattīhi vitudantā viharanti*）。通过盲人摸象的寓言，探索了局部真理的概念。因此，佛陀既不反驳也不完全接受他们的解释。佛陀指出他们辩论的原因是他们不了解佛法和善（Steinhal，1982，67，68）。

佛陀住在羁舍子（Kesaputta）时对卡拉玛人（Kalamas）讲话时，强调了十一点，表达了他们所不接受的内容：一、不因为他人的口传、传说，就信以为真；二、不因为奉行传统，就信以为真；三、不因为是正在流传的消息，就信以为真；四、不因为是宗教经典文本，就信以为真；五、不因为根据逻辑，就信以为真；六、不因为根据哲理，就信以为真；七、不因为符合常识外在推理，就信以为真；八、不因为符合自己的预测、见解、观念，就信以为真；九、不因为演说者的威信，就信以为真；十、不因为他是导师、大师，就信以为真。此番言论探讨了采用多元方法来决定什么是好什么是坏的必要性（Bodhi，2012，280）。因此，它指出佛教在本质上并不支持原教旨主义，原教旨主义与多元主义对立、破坏和平与和谐。由于理论上佛教推崇宗教多样性以了解其实际背景，因此本文的讨论主要围绕四个子主题展开：重点关注亚洲佛教的符号、语言、价值观和规范。

亚洲佛教的符号的多样性

如开篇所述，佛教包含三个最重要的宗派：南亚和东南亚的小乘、东亚的大乘和中亚的金刚乘。它们都使用了真实的符号来传播佛陀的使命，但这并不妨碍领导者和追随者一起合作。某些符号在所有三种宗派中都是通用的，但有一些细微的差异。一些则与其他宗派完全不同。前者的例子为法轮（dharmacakra）和佛像，金刚铃则为后者。法轮常代表佛陀的教义，而八根辐条恰好代表八正道与四真谛。许多法令都描述的阿育王圣王之轮有 24 个辐条，也被称为法轮（dharmacakra），如今它已印在印度国旗上。佛陀的第一个讲道也是转法轮经（Dhammacakkappavattana），佛教徒的理想国王的概念也被称为普世君主或转轮王（cakkavatti）。同时，它代表着出生和死亡的过程，即巴利语说的轮回（samsara）。金刚乘（Vajrayana）中的转经轮的概念是"转动法轮"的体现。由金属、木材等制成的圆柱法轮外写有著名的大悲观世音菩萨咒嗡嘛呢叭咪吽（ommanipadme hum）。因此，法轮是佛教中最广泛使用的标志之一，在所有佛教宗派中都被使用。

佛像是迄今所有宗派中使用的佛教著名符号，它是在公元前 1 世纪佛陀涅槃（parinirvāna）的 500 年后产生的。佛像的历史证明，在希腊和本土艺术的影响下，佛像分为两个主要的宗派，即犍陀罗（Gandhara）和秣菟罗（Mathura）。尽管这些图像彼此之间存在很大差异，但这两种宗派恰恰在印度次大陆的佛教世界中很流行。对于斯里兰卡的佛教来说，保持与印度相似的佛像并不是很困难。后来，佛教传到了印度次大陆，佛像是根据其文化创造的。从历史上看，佛陀是印度裔男子，他出生于现代的尼泊尔。佛教晚期传播至东亚国家，首先是传至中国，佛教当时在那里是外来宗教。他们一时创造了具有中国人特色的中国佛像。中文称作观音的观世音菩萨（Avalokiteśvara Bodhisattva）的形象也随着中国特色而改变，后来又被描写为中国女性特色。目前，具有女性特征的观音图像在中国佛教徒中非常流行。具有中国特色的佛教图像联想帮助中国将佛教作为中国文化的一部分进行传播。斯里兰卡的佛像很可能代表印度特色，但东南亚佛像也已融合了自己的特色。因此，佛像为佛教艺术开启了文化多元性的大门。

Pagoda，*stūpa*，和"塔"是三个名词，是分别用英文、梵文和中文所表示的纪念性建筑。它与佛教寺庙建筑群相关联，通常竖立在圣人的遗骸或文物上。桑奇塔（Sanci）和阿马拉瓦蒂塔（Amaravatistūpas）是印度著名的建筑，后来也传播到其他国家。桑奇塔采用简单的半球形砖结构，于公元前2世纪由阿育王（Ashoka）建造在佛陀遗骸上。位于中国河北省开元寺的须弥塔、位于越南河内意喻幸福好运长期持久的延祐寺是东亚佛教建筑结构很好的例子。须弥塔建于正方形砖砌台基上，建于公元7世纪，高48米（157英尺），有多层屋檐和一个拱顶。塔的内部是空心的，但没有楼梯通往高处。

亚洲佛教的语言

基本上，语言是一种约定或协定（sammuti），它被用作交流的工具。即使最终的涅槃（nibbāna）不仅仅是出于对语言的理解而产生的，但语言也是一个支持因素。《非冲突分析》（Araṇavibhaṁgasutta）论述的实质是，不干涉该国的词源，也不过度强调共同性。它指出了当时所用的印度语中的七个辩证变异，即"碗"可以被表示为 pāti, patta, vittha, sarāva, dhāropa, pona, pisila（Chalmers，1977b，230–237；Kalupahana，1999，48–50）。自己的语言（sakāyanirutti）的概念也突出了佛教的语言自由。虽然有两位年轻的僧侣请佛陀将佛陀的教义转换为梵文（chandaso āropema），但佛陀拒绝了他们的要求，并建议他们使用自己的语言（Oldenberg，1995，139；Takakusu & Nagai，1966，1214）。戒律（Vinaya）中的评论将自己的语言（sakāyanirutti）解释为马嘎塔语（Māgadha language）并不符合当时的背景，这只是后来佛教徒的观点。因此，佛教的语言概念清楚地代表了语言的多元性。

佛教的历史证明，最早的小乘教徒较喜欢使用巴利语，而大乘教徒则在印度及其境外使用梵语。佛经、注释、小注释和其余文献均以巴利语和梵语撰写。佛教在其主要边界传播后，便与东道国的文化融为一体。由于语言是与当地语言相关的佛教文化的主要组成部分。因此，出现了四种规范的佛教语言，即巴利语、汉语、藏语和蒙古语。之后，他们将自己的语言用于佛教的日常实践。因此，诸如汉语、日语、韩语、蒙古语、越南语、藏语、僧伽罗语、尼泊尔语、泰语、缅甸语等语言是佛教传播的一部分。作为习惯，小乘佛教徒仍然更喜欢在宗教活动中使用巴利语，尽管追随者有时不知道经文的含义。例如，在小乘佛教的背景下，一位僧人用自己的语言要求大家背诵 *namaskāra*，受三皈五戒，但紧接着教徒用巴利语将其背诵为 "*namo tassa bhagavato arahato sammā sambuddhassa*" ——南摩世尊，阿罗汉，等正觉。然后，僧人用巴利语一一背诵三皈和五戒，教徒们跟着他背诵。引用自佛经的巴利语经文也表达三宝歌。其余场合中巴利语也得到了高度利用，这使得宗教活动更具力量。三宝歌如下：

人天长夜，宇宙黯黯，谁启以光明？三界火宅，众苦煎迫，谁济以安宁？大悲大智大雄力，南无佛陀耶！昭朗万有，祉席群生，功德莫能名。今乃知：唯此是，真正皈依处。尽形寿，献身命，信受勤奉行！

二谛总持，三学增上，恢恢法界身；净德既圆，染患斯寂，荡荡涅槃城！众缘性空唯识现，南无达摩耶！理无不彰，蔽无不解，焕乎其大明。今乃知：唯此是，真正皈依处。尽形寿，献身命，信受勤奉行！

依净律仪，成妙和合，灵山遗芳型；修行证果，弘法利世，焰续佛灯明，三乘圣贤何济济！南无僧伽耶！统理大众，一切无碍，住持正法城。今乃知：唯此是，真正皈依处。尽形寿，献身命，信受勤奉行！

中国佛教徒一般使用传统的汉语将其用于宗教活动甚至现代书籍中。其语言符合古典仪式，古代典籍中的内容直接按照梵语的发音音译；*mahāpragñāpāramitā* 译作"摩诃波若波罗密"、*sākyamunibuddha* 译作"释迦牟尼佛"便是两个例子。在清晨和傍晚诵经时，按如下方式吟诵三皈依：

> 自皈依佛，当愿众生，体解大道，发无上心；
>
> 自皈依法，当愿众生，深入经藏，智慧如海；
>
> 自皈依僧，当愿众生，统理大众，一切无碍。

在大乘佛教和金刚乘佛教中，咒语仍很可能用梵文吟诵，但有时发音风格与印度风格有所不同。

"唵嘛呢叭咪吽"（如意宝啊，莲花呦！）是在中国和藏传佛教中使用的著名的观世音咒。"唵"是神圣的音节，"嘛呢"是如意宝，叭咪是莲花，吽是金刚部心。古代咒语"嗡达咧都达咧都咧梭哈"与 Tara 有关（藏语为绿度母），也被称为"诸佛之母"，这句咒语也很受欢迎。

价值观与规范

价值观是抽象的思想，而规范是外部的行动。换句话说，价值观代表了一个社会团体所认为的道德上正确和善良的集体观念。规范代表着社会维护的行为标准。佛教强调十戒：肉体层面不杀生、不偷盗、不邪淫；语言层面不妄语、不两舌、不恶口、不绮语；精神层面不贪欲、不嗔恚、不邪见。佛教从根本上同意佛教社会的那些价值观和规范。要了解如何区分善恶，早期的佛教话语建议通过三种方式进行：心理调查、结果评估、事实和价值构成。

佛陀对住在羁舍子（Kesaputta）的卡拉玛人（Kalamas）讲话时探讨了进行心理认识的必要性。贪、嗔、痴被称为三不善根，而不贪、不嗔、不痴是三善根。正见正思是八正道的一部分，这是佛教的修行之道。由身体、言语或思想引起的自愿行为称为业（kamma）。如果没有自愿，那将仅仅是行为（Hardy，1994，415）。重复深思

（paccavekkhitvā）身体、语言和思维上所采取行动的结果，也是区分善恶的一种推荐方法。在这一点上，一个人的行动所产生的后果反映在自我、他人或者兼而有之。一个人的身体行为会导致自己的痛苦、他人的痛苦或两者兼而有之，这是不熟练的身体行为，带来痛苦的后果和结果。因此，应该放弃身体上的行为。如果行为不导致自己的痛苦、他人的痛苦或两者兼而有之，那这就是一种熟练的身体动作，带来令人愉悦的结果和后果。因此，这种身体动作适合您进行。"以自度他情"的概念（attūpanāyika-damma-pariyāya）也是理解善与恶的方法。在道德上，它被视为"黄金法则"，并且在许多宗教和文化中都被提倡。法句经中的两节经文就像对这一教导的总结：

> 一切惧刀杖，一切皆畏死，以自度他情，莫杀教他杀。
> 一切惧刀杖，一切皆爱生，以自度他情，莫杀教他杀。（Narada，1993，123，124）

因此，佛教徒在价值观和规范上的立场从根本上说是基于上述理论事实。对于俗家教徒甚至僧侣和修女，没有所谓的通用"僧衣"。小乘佛教僧侣的穿袍风格与大乘佛教和金刚乘佛教僧侣不同。根据《律藏》（Vinaya-Pitaka）所记载，佛陀要求他的常随侍者阿难陀（Ananda）为长袍设计一个稻田图案。这件被称为"三重袍"的长袍由三部分组成：uttarāsaṃga 是主袍，6×9 英尺的矩形布可以包裹住双肩。但是，通常情况下，它被用来覆盖左肩，而使右肩和手臂裸露。antarāvāsaka 穿在 uttarāsaṃga 之下，像莎笼一样缠绕在腰部，覆盖从腰部到脚踝的整个身体。saṃghāṭi 是一种额外的长袍，可以包裹在上身以保暖。小乘佛教风格是该长袍的最古老版本，其穿着风格与美索不达米亚文明领袖古地亚（Gudea）相似。斯里兰卡僧人继续采用相同的风格，其他的小乘佛教国家也沿用了斯里兰卡的风格，并稍做改动。由于斯里兰卡的气候很可能与印度相似，因此继续保持这一衣着传统并不难。

佛教传入远东后，中国的气候不允许他们继续使用传统的三重袍。因此，当地人发展了合适的着装规范，根据天气情况提供足够的保暖，类似于当地的名贵着装。对于印度次大陆而言，裸露一只肩膀是尊重的标志，但中华文化尊重的是遮盖肩膀和手臂在内的整个身体。由于在中国佛教中自己耕种比化缘更有价值，因此选择了一种更适合中国文化的新袍式。然后，它也传播到日本和韩国。外袖长袍通常是黑色、棕色或灰色。有趣的是，尽管风格有所变化，但即使在今天，他们在参加庆典活动时也穿着了类似印度风格的上衣。

藏袍由五个部分组成，即 dhonka，带盖袖的环绕式衬衫，它是蓝带缡边的栗色或栗色和黄色的混合；shemdap 是一条栗色长裙，由斑驳的布和多种褶制成，chogyu 类似于附加的袍子，覆盖上身，就像是 saṃghāṭi，是一种补丁制成的裹身，穿在上半身，黄色，在某些仪式和讲道时穿着；zhen 与 chogyu 类似，但它是栗色的，适合日常穿着；namjar 是较大的丝绸制的布，用于参与仪式，可以是金色或亮黄色的；在正式的庆典场合，穿着 uttarāsaṃga 风格的袍子，右臂裸露。

在这方面，所有宗派都同意使用长袍的基本要求。它们并没有损害佛教中的四个必备条件所描绘的对穿长袍的基本理解。我们可以思考，使用长袍仅仅是为了抵御寒冷，为了抵御炎热，为了抵御苍蝇、蚊子的侵害，或只是为了掩盖羞耻的身体部位。因此，与穿着睡袍有关的所有样式都遵循其基本要求，并且接受了多样性的存在。

在《律藏》的 Pācittiyapāli 中描绘的 75 个众学法（sekhiyā）中有29 条戒律与饮食道德直接相关。一些规定如吃东西不舔手、不用沾有食物的手去接装水的容器等在中国和许多东亚和东南亚地区均不适用。那是因为这些国家和地区普遍使用筷子。中国的寺院传统上崇尚使用公筷从主碗中取出每个人所需的食物，但这在中国民间并不流行。无论所处地区和传统如何，一般而言，在尊重佛教价值观的同时，僧侣们在饮食方面比俗家的人更为礼貌。

这次讨论的重要问题是佛教为什么接受文化多元主义。佛教早期论述中所描述的理论性讨论直接促进了对其他文化和观点的尊重，同时驳斥了"真理只有一个，其他皆为虚假"的观念。佛教语言政策促进了使用自己的语言的自由，并鼓励将语言视为一种用于交流的约定或协定（sammuti）。它强调，在表达其不冲突的必要性的同时，不要干涉国家的词源，也不要过度强调共同性。理论表明，关于抽象思想的伦理读物称为价值观，外部行为称为规范。心理调查指出了佛教通过解读人的思想来决定什么是善什么是恶。结果评估从根本上说明了注意行为的必要性。考虑到事实和价值，现代解释中的"黄金法则"对于区分善恶也非常有用。佛教提出了一个理论基础，即接受文化之间的真实性，宗教内部和宗教间的多样性，直到它们对社会无害为止。因此，在早期的论述中，佛教实践中对文化多样性的接受已经形成了其理论探讨。

结　语

作为现代世界的世界性宗教，没有所谓的"佛教文化"，因为它与各地的文化融合在一起。佛教与其传播所至的地区文化联系在一起。它受到道教、儒家思想和中国其他民间宗教的影响，日本的神道教也扮演了相同的角色。到达西藏后的佛教与当地的本土宗教苯教融合在一起。现代斯里兰卡佛教是与其早期本土文化融合在一起的结果，与印度早期佛教文化不同。尽管佛陀从一开始就是南亚人，但佛陀的形象在东亚却可以表现得像中国人和日本人。佛陀和他的信徒们用双手吃东西，但是在东亚用筷子很普遍。如上所述，在现代世界中，佛教僧侣没有通用的着装规范。佛教文化的其他形式，例如绘画、舞蹈、仪式和典礼，也都彼此不同。由于早期话语中佛教所描述的文化基本理论具有很强的理论性和灵活性，因此世界佛教的实践方式偏向多元主义而非原教旨主义。对宗教内部多样性的了解有助于以和平方式理解和尊重宗教之间的多样性。因此，佛教从理论和实践两个方面为通过文化多元化发展和平与和谐做出了充分贡献。

参考文献

Andersen, Dines & Smith Helmer (1997), *Suttanipāta*, Oxford: The Pali Text Society.

Bodhi Bhikkhu Tr. (2000), *The Connected Discourses of the Buddha a new Translation of the Saṁyuttanikāya*, Vol. 1 & 2, Boston: Wisdom Publications.

Bodhi Bhikkhu (2012), *The Numerical Discourses of the Buddha a new Translation of the*

Aṁguttaranikāya, Boston: Wisdom Publications.

Carpenter, J. E. Ed. (1976), *The Dīghanikāya*, Vol. III, London: The Pali Text Society.

Chalmers, R. Ed. (1977 a), *The Majjhimanikāya*, Vol. II, London: The Pali Text Society.

Chalmers, R. Ed. (1977 b), *The Majjhimanikāya*, Vol. III, London: The Pali Text Society.

Davids, C. A. F. Rhys Tr. (1990), *The Book of the Kindred Sayings* [*Saṁyuttanikāya*], Vol. II, London: Pāli Text Society.

(1995), *Dialogues of the Buddha* [*Dīghanikāya*], Vol. I, London: Pāli Text Society.

(1995), *Dialogues of the Buddha*, [*Dīghanikāya*], Vol. II & III, London: Pāli Text Society.

Dharmasiri, Gunapala (1986), *Fundamentals of Buddhist Ethics*, Singapore: Buddhist Research Society.

Feer, L. M. (1975/1991), *Saṁyuttanikāya*, Part I (1991), Part III (1975), Part V (1976), Part II (1989), London: Pali Text Society.

Hardy, E. (1994), *Aṁguttaranikāya Part iii*, London: The Pāli Text Society.

Jayatilleke, K. N. (1975), *The Buddhist Attitude to other Religion*, Kandy, Sri Lanka: The Wheel Publication Society.

Jayawickrama, N. A. (2001), *Suttanipāta*, Sri Lanka: Post-graduate Institute of Pali& Buddhist Studies, University of Kelaniya.

Kalupahana David J. (1999), *The Buddha's Philosophy of Language*, Sri Lanka: SarvodayVishwaLekha.

Karunadasa Y. (2013), *Early Buddhist Teachings the Middle Position in Theory and Practice*, The University of Hong Kong: Center For Buddhist Studies.

Ñānamoli, Bhikkhu & Bodhi, Bhikkhu Tr. (2009), *The Middle Length Discourses of the Buddha A new Translation of the Majjhimanikāya*, Sri Lanka, Kandy: Buddhist Publication Society.

Narada (1993), *The Dhammapada*, Taiwan: The Corporate Body of the Buddha Educational Foundation.

Normen H. C. (1970), *Dhammapada Commentary*, London: The Pali Text Society.

Oldenberg, Hermann (1997), *The Vinayapiṭaka*, Vol. I, *TheMahāvagga*, Oxford: The Pāli Text Society.

(1995), *The Vinayapiṭaka*, Vol. II, *The Cullavagga*, London: The Pāli Text Society.

Race, Alan (1983), *Christians and Religious Pluralism.* London: SCM.

Steinhal, P. (1982), *Udana*, London: The Pāli Text Society.

Takakusu, J. M. Nagai (1966), *SamantapāsādikāVinayapiṭaka Commentary*, Vol. V,

London：Pāli Text Society.

The Holy Bible New International Version（1984），United Kingdom：International Bible Society.

Wader, A. K. （1961），*A ṅ guttaranikāya* Part I, Second edition by London：The Pali Text Society.

Walleser, M. & Kopp, H. Ed. （1967），*ManorathapūraniA ṅ guttaranikāya Commentary Vol. II*, London：Pāli Text Society.

Walshe Maurice, Tr. （2012），*The Long Discourse of the Buddha*，*A Translation of the Dīghanikāya*，Boston：Wisdom Publications.

Warder, A. K. Ed. （1961），*Aṁguttaranikāya* Part I, London：The Pali Text Society.

（薄帆 译）

70年中国发展
与人类命运共同体建设

中外联合研究报告（No.8）

China's 70-Year Development
and the Construction of
the Community with a Shared Future for Mankind

（下　册）

王灵桂／主编

社会科学文献出版社
SOCIAL SCIENCES ACADEMIC PRESS (CHINA)

目　　录

C O N T E N T S

世界秩序

中国论坛发言

人类命运共同体

"一带一路"

下　册

中国模式

中国与世界

多双边关系

可持续发展

中国模式

从白俄罗斯的角度看
中华人民共和国成立 70 周年

阿纳托利·托济克（Anatoli Tozik）

白俄罗斯前副总理

敬爱的同事们，亲爱的朋友们！

这么多年来，我作为白俄罗斯 – 中国政府间合作委员会的联合主席、白俄罗斯驻华特命全权大使，也作为一名学者，始终与中国保持着密切的联系。2009 年时，我正好在中国工作，有幸亲眼看到了中国社会纪念新中国成立 60 周年，全国人民在浓厚的爱国主义氛围下充满着干劲，对中国美好未来的信仰在全体中国人的眼中闪耀！

整整 10 年已经过去了，我目前已经回到了白俄罗斯。我眼前的大屏幕上正转播着天安门广场上的庆祝活动，透过屏幕，我再次看到了成千上万的中国人，他们脸上洋溢的快乐与 10 年前相同。是什么令他们这么幸福？在我看来，今天的中国正是他们梦想中的样子，他们的期望没有落空。我相信，新中国成立 70 周年必将成为实现中华民族伟大复兴中国梦的又一重要里程碑。

虽然新中国的建设在艰苦的条件中进行，但是中国在改革开放 40 年中取得的社会经济发展成果在世界历史上是独一无二的。在这 40 年间（仅仅用了 40 年的时间！），中国已经从一个幅员辽阔、人口众多的国家转变为世界强国，这一现象在世界历史上绝无先例！

当我在研究中国社会经济发展的各个领域时，我越来越相信，中国积累的经验不仅对中国自身和亚洲其他国家的进一步发展有着重要的现实意义，而且对于世界其他国家在许多方面都能有所启发。很有可能的是，再过一段时间后，我们会得出这样的结论：中国正在形成的社会经济体系模式是 21 世纪的最佳模式。

如果不了解中国共产党参与着"中国现象"的创造，我们就无法理解"中国现象"的本质。我深信，中国共产党得到了中国人民的彻底信任和大力支持，是新中国真正的领导者。今天的中国发展成就是中国共产党和中国人民相互团结的结果，在我看来，正是这种团结塑造了中国的未来。

显然，中国对现代世界发展的影响和贡献越来越大，世界也越来越需要中国。为什么我会这么说？我清楚地记得当人们正从冷战时期走出来的时候，是充满着喜悦和期待的，但是当他们真的已经走出来时，他们原本激昂的情绪却渐渐消失——冷战后的世界并没有有所改善，反而它的未来变得更加不可预测，这一切都是因为随着冷战时代的结束，原先二战后各国间的制衡体系破裂，而先前正是这一体系为世界秩序提供了相对的稳定性和可预测性。

当今世界迫切需要一个新的制衡体系来应对 21 世纪的现实情况。在这个新的体系中，战争不再像上个世纪那样起着重要的作用，但政治、经济和道德因素将发挥决定性作用，并且必将发挥决定性作用，这一点毋庸置疑。在这新的制衡体系的形成过程中，中国在其中所起的作用无论怎样高估也不为过。因为中国越强大，它对世界新秩序体系的形成影响就越大，这就是为什么中国的发展和崛起对世界来说不是威胁，而是机遇。

为什么我会支持这种一观点，确信这样的评价呢？因为我很肯定中国充分认识到了在一个病态和功能失调的世界里，一个国家是不可能独自建立起一个幸福社会的。所以，若中国想使本国更加繁荣，就需要帮助其他国家和人民（至少是那些渴望繁荣的国家和人民）共同繁荣。

但同时，我们这个时代的另一个重要特征是：如果中国功能失调，那么世界将永远不会繁荣。换句话说，在 21 世纪，中国在世界经济与政治中的地位和作用是如此重要，以至于这可能是世界历史上第一次一个大国的战略利益和战略目标与全人类的战略利益和战略目标相一致。

基于对21世纪地球文明状况和主要发展规律的考量，中国提出了创建"人类命运共同体"和建设"一带一路"的倡议，该倡议与全人类都息息相关。这是一个伟大的国家向所有国家和所有人民发出的真诚呼吁，呼吁他们去意识到正笼罩在地球上的危险，呼吁他们共同建立更好的生活，互相帮助，扶持弱者。中国的这一倡议并非纸上谈兵，而是通过采取行动去实践。

白俄罗斯共和国是最早认可和支持"一带一路"倡议的国家之一。白俄罗斯地处丝绸之路沿线，位于丝绸之路经济带的边缘，其地理位置使得白俄罗斯能够利用包括贸易、经济、科学、技术、人道主义物流运输潜力和执法在内的全部资源参与项目的实施。在"一带一路"倡议方面，欧洲最大的中国-白俄罗斯工业园"巨石"的建设是最引人注目的合作项目之一。

在结束我在高级别国际论坛上的报告之前，我谨向中国人民表示对中华人民共和国成立70周年的诚挚祝贺，并祝愿他们成功实现中国梦。毕竟，中国梦和全人类的梦是共同携手走向未来的，我十分希望并且相信我们的子孙后代能实现这个梦。

（潘俊韬 译）

中国 70 年来的发展

孙达尔·纳思·巴特拉伊（Sundar Nath Bhattarai）

尼泊尔前驻泰国和东盟大使

尼泊尔中国研究中心主席

中国 70 年发展取得的成就被认为是本世纪国家经济发展史上的奇迹。我们都见证了中国在较短的时间内从贫困走向繁荣的过程，中国能取得这样的成就自然归功于五代中国领导人的睿智——从毛主席开始，经由最高领导人邓小平，再到现任主席习近平，他们拥有远见卓识和顽强的毅力，他们还拥有中国人民自律而又勤劳的品格，这些品格自中华人民共和国成立的 70 年来，在中国人民的身上生生不息。

10 月 1 日是中华人民共和国成立 70 周年，也标志着成功实现 70 年壮丽崛起的中国历史。在这一天，我们的中国同胞们观赏着这欢乐而又精彩的庆典，对于中国人民来说，这是战胜贫困、走向民族复兴的欢愉时刻，对此我们也由衷地表示赞赏与支持。

尼泊尔作为邻国，见证了中国的一步步崛起，见证了中国在国际事务中发挥重要的作用——中国同邻国发展睦邻友好关系；促进同南亚、东南亚国家和其他发展中国家的合作关系；与主要国家形成建设性和协调性的国际关系；奉行和平发展政策，朝着维护国际和平与稳定的方向前进，积极参加包括联合国维和行动在内的联合国事务，还活跃在其他国际组织中；为建立开放包容的全球治理做出贡献。自习主席领导下的新一代领导班子上任以来，中国将以上内容作为外交基本政策，并贯彻始终。

习主席在任上主动向世界提出了各种富有远见的倡议，如独一无二的"一带一路"倡议，其旨在尽可能地建立起各国、次大陆乃至全世界范围内的广泛联系，在互惠互利的基础上实现各国的共同利益。倡议的提出无疑是一个独特而又无与伦比的贡献，它已经被证明是促进互联互通与发展的有力引擎，是建设人类命运共同体的坚实平台。人类命运共同体应该是开放和包容的，它与特朗普总统提出的"美国优先"政策和一些西方国家日益狭隘、内向的民族主义心态大为不同，这样的心态危害和削弱了现有的全球化趋势、多边主义和以规则为基础的国际贸易体系。但值得高兴的是，习主席关于人类命运共同体的愿景得到了联合国和其他国际和区域组织的承认，这些组织设想各国能采取协调一致的行动。目前中美之间旷日持久的关税战和技术战对双方都没有好处，因此，为了两国能够获取更大的利益，希望两国间能够以双方都能接受的方式尽快和解。

在习主席的远见卓识和英明领导下，中国共产党第十九次全国代表大会批准并通过了《习近平新时代中国特色社会主义思想》作为以习近平主席为核心的国家治理指导原则。准确地说，习近平思想是中国在不同历史时期，在逆境和矛盾中吸取的经验教训的产物，是中国特色社会主义在新时期向完善形式迈进的产物，是吸收过去的思想、理论和其他与新时期相适应的崇高原则的产物。大会提出了习近平思想的 14 条基本方略，从保证党的领导到建设人类命运共同体。它还通过了两个百年目标的时间框架，即到本世纪中叶把中国建设成为一个富强民主文明和谐的美丽国家。大会还通过了修改宪法中关于国家主席任期限制的规定，这是延续目前国家管理的一项重要规定，这为在习主席带领下的领导班子提供了一个规划和指导未来行动的机会。从长远来看，修改宪法在实现中华民族伟大复兴的目标、推动中国成为具有国际影响力的大国方面发挥着有效的作用。

10 月 1 日，习主席在庆祝中华人民共和国成立 70 周年大会上发表讲话，承诺中国将坚持走和平发展道路，奉行互利共赢的改革开放战略。实际上，这一战略曾是中国经济增长的一个转折点，40 年来，9.2% 的年平均增长率将中国的全球地位提升到了目前的水平，使中国成为世界第二大经济强国。习主席还强调，"没有任何力量能够撼动我们伟大祖国的地位，没有任何力量能够阻挡中国人民和中华民族的前进步伐"。值得注意的是，在中国高速发展的今天，中国政府更加强调其包容性，旨在通过将人民置于经济发展的中心，实现公平公正地分享经济增长。其基本重点是将包容性概念纳入经济和社会发展政策和实践中，这些举措要求将经济增长与人力资本发展相结合，加快基本公共服务均等化，促进城乡一体化发展，深化收入分配制度改革，不断促进社会公平。

令人欣慰的是，在全球自由贸易遭受贸易保护主义的冲击之际，中国组织的第二届中国国际进口博览会（CIIE）正在上海举行，来自 150 多个国家和地区的 3000 多家参展商正在探索进入中国巨大的消费市场，用新能源和增强型能源振兴全球自由贸易。

尼泊尔高度赞赏中国以一切可能的方式帮助我们这样的最不发达的内陆国家。我们感谢中国帮助我们提高社会经济地位，中国通过开放海港和陆港，促进过境贸易，并在"一带一路"倡议下，修建跨喜马拉雅跨境铁路将两国相连，帮助我国基础设施和相关的其他发展项目的建设，使尼泊尔成为"陆联国"。10 月 12 日至 13 日，习近平主席对尼泊尔进行了国事访问，随后在马哈比拉普拉姆与印度总理莫迪举行了第二次非正式会晤，这对加强两国关系、强化中国与南亚的跨喜马拉雅联通都具有极为重要的意义。习主席访问尼泊尔期间共签署了 20 项协议、谅解备忘录、其他谅解书和 14 点联合公报，为两国在跨境公路、铁路、隧道、经济区和输电线路、能源、旅游、教育、健康和环境保护等领域开展富有成效的合作开辟了新的前景。专家们认为，此次访问在推动中尼关系迈上新台阶方面取得了历史性的成功，将中尼关系带入了更加光明、更富有成效的新时代。这一切都表明，中尼两国的合作和战略关系将不断发展，两国将永远紧密地联系在一起。

（潘俊韬 译）

不断变化的世界、挑战和中国模式是否带来了机遇？

哈利德·拉赫曼（Khalid Rahman）

巴基斯坦政策研究所执行主席、所长

当代现象及其性质、范围和动态

变化一直是人们生活的一个必要方面。虽然当代的一个重要特征是变革的进程比以往任何时候都要快，但变革的范围、传播和可持续性仍然取决于引起变革的因素，其中最重要的是自愿性质的变化和预期的积极结果。无论是直接的还是间接的改变，都会引起压力、不确定性和普遍不安。同样，以牺牲他人为代价为某些人谋取利益的变革，总是有可能引发冲突，多数情况下最终导致进一步的灾难性变革。毫无疑问，我们的世界面临着巨大的问题，需要在各方的共同努力下，做出所期望的改变，以此去实现一个共同的目标并克服这些问题。

在这一背景下，当今世界似乎发生了许多积极的变化，其中包括本世纪的标志性成就，如技术进步，经济增长，信息获取的快速、便捷与低成本，医疗和健康科学中奇迹般的发明与发现，新的有效生产资料，交通和通信等。随着 21 世纪第二个十年即将过去，这些变化似乎完全改变了人类的生活，全世界的人民、社会和经济正在一体化；距离在缩小；快捷的通信手段正在使人员、货物、资本、信息和知识的流动更加便捷。地理上的边界已不再是障碍，宇宙空间成了世界强国想要征服的新边界。第四次工业革命提高了世界科技进步水平，其重点在于"多样性"而不是"稀缺性"。在人工智能方面的实践正在彻底改变生活的方方面面。

虽然这种变化似乎已经覆盖了个人生活和集体生活的各个领域，如人类与社会关系、知识与教育、文化与社会、政治与经济；同样，产能与生产力对人类思想和生活的影响也是变化的一种表现。目前，经济在人类生活中占据着最重要的地位，它对生活的各个领域都有着压倒性的影响，同时也是整个变革过程背后的驱动力。

虽然这种对经济的重视促使经济显著增长，但这也给当代世界带来了一种范式的转变，在人类生活的各个领域都产生了一些负面影响。由于资本在其中承担了最重要的角色，它为拥有大量资本的人创造了利益，因此资本家也是这一过程的主要受益者。无论是在政治、冲突与战争，还是教育、卫生和其他社会服务部门的发展等方面，经济强国中经济实力雄厚的个人和团体在影响本国和全球决策方面起着关键作用。

即使在联合国、世界银行和国际货币基金组织（IMF）等全球机构中，一个国家所起的作用和在决策时的影响力也取决于该国的财政捐助。① 在社会和国家内部，没有足够资本的个人或政党是不可能担任领导职务并维持其领导地位的。因此，尽管公开强调和平、进步、民主、人权、脱贫、全民教育、全民保健和法治，但不断变化的世界所反映出的现实却暗指另一回事。

变革的后果

发达国家和发展中国家之间以及社会内部普遍存在着严重的不平等。只有少数几个国家和在某些情况下的一些机构或个人正在支配着其

---

① 这些组织不能被称为民主组织。联合国安理会有五个常任理事国拥有否决权。在拥有否决权的理事国中，美国的影响力最大，主要是因为它对该组织的捐助最多。国际货币基金组织的投票权是由对该基金的认缴资金的数额决定的，因此，表决并不是基于一个成员一票，而是基于一美元一票。虽然世贸组织的投票机制与其他许多国际组织不同，每个国家都有平等的投票权，但拥有非比寻常的人力、智力、财政资源和政治影响力的富国在表决方面会有更大的影响力。同样，七国集团的国家引导着当今世界在全球治理方面的决策，他们的影响力几乎涵盖了所有重要方面，尤其是在经济领域，发挥着关键的作用。

余的数十亿人口。在 21 世纪第二个十年结束之时，世界国内生产总值（GDP）的 80% 由 20 个富裕国家产出，而世界其他地区约 170 个国家仅靠世界 GDP 的 20% 维持生存。有趣的是，这一差距在过去 200 年中显著地扩大。即使是在当今世界最富有的国家，也大约有 12% 的人口生活在贫困线以下。①

世界上最富有的八个人拥有与世界上最贫穷的一半人口（37 亿人）② 相同的财富，而世界上一半的人口（将近 30 亿人）并没有从世界的发展中受益，他们每天靠不到两美元维持生活。世界上一半地区缺乏基本的卫生保健服务③；超过 20 亿人无法获得安全饮用水④，全世界约有 8 亿人遭受着饥饿和营养不良，即全球九个人中就会有一个人面临着这样的生活⑤，并且每年有 310 万儿童死于营养不良⑥。富人越来越富，穷人越来越穷。据联合国称，在所有高度工业化国家中，美国的收入不平等程度最高（2017 年）⑦。对财富、物质利益和经济的进一步关注也带来了与人、社会和安全相关的非传统性挑战，包括家庭观念的削弱、个人主义、贩毒和贩卖人口现象的增加，以及新面临的生态挑战。

不平衡不仅仅出现在经济财富方面和社会方面，军事力量和政治领域的不对称进一步加剧了这种情况。据估计，2018 年世界军费开支已增

---

① Semega，et. al. 2019，"Income and Poverty in the United States：2018" Report no. pp. 60 – 266，United States Census Bureau.

② Elliot，L. 2017，"World's Eight Richest People have Same Wealth as Poorest 50%"，*The Guardian*，16th of January，2017，https：//www. theguardian. com/global – development/2017/jan/16/worlds – eight – richest – people – have – same – wealth – as – poorest – 50.

③ News Release 2017，World Health Organization，https：//www. who. int/news – room/detail/13 – 12 – 2017.

④ WHO Report 2019，Drinking Water，https：//www. who. int/news – room/fact – sheets/detail/drinking – water.

⑤ https：//www. wfp. org/hunger/stats.

⑥ UNICEF 2018.

⑦ https：//inequality. org/facts/income – inequality.

至 1.780 万亿美元，按实际价值计算，2008 年以来世界军费开支增长了
12%，2000 年以来增长了 62%①。国防支出最高的前十个国家占世界国
防支出总额的 73%（1.347 万亿美元）。美利坚合众国（USA）拥有庞
大的开支预算，成了当前世界趋势的主要决定因素，其军费开支目前占
世界总额的 35%。值得注意的是，美国前总统奥巴马以"改革"的名
义赢得了选举，同时也获得了诺贝尔和平奖，但他也无法改变美国，使
其减少军费开支。② 作为联合国安理会 5 个常任理事国，中国、法国、
俄罗斯、英国和美国本应在维护全球和平与安全方面发挥关键作用，但
都与德国一起跻身 2018 年六大武器出口国之列。美国在全球武器出口
中的份额为 40%，英国以 19% 的份额位居第二。③

　　军费开支总额相当于世界国内生产总值的 2.1%，即全世界人均大
约 231 美元，④ 然而巨大的军费开支中，只有一小部分能够使全世界摆
脱目前的悲惨状况。将这一巨额数目与旨在维护和平与安全的世界组织
的总预算进行比较，可以认识到形势的严峻性。联合国及其所有机构和
基金会每年总支出约 480 亿美元（2016 年），即全世界人均约 6 美元
（就 2016 年的支出而言）。与大多数政府预算相比，这是一笔很小的数
目，甚至还不到世界军费开支的 3%。那么近二十年来，联合国面临财
政困难，虽然新的授权项目在增多，但其依然被迫削减所有领域的重要
项目也不足为奇了。许多成员国没有全额缴纳会费，并削减了对联合国
自愿基金的捐款。截至 2019 年 1 月，成员国对维持行动的欠款达 20 亿

---

① SIPRI 2019, Trends in World Military Expenditure, 2018, SIPRI Fact Sheet April
　2019.

② US Military Expenditure Rose by 63% in Real Terms between 2000, Just before George
　W. SIPRI Yearbook 2010, "Media Background—Military expenditure," 2 – 3, http: //
　www. sipri. org/media/media/pressreleases/pressreleasetranslations/storypackage_ milex.

③ Sabbagh, D. 2019, "UK Reclaims Place as World's Second Largest Arms Exporter",
　The Guardian, 30th *July 2019*, https: //www. theguardian. com/world/2019/jul/30/
　uk – reclaims – place – as – worlds – second – largest – arms – exporter.

④ http: //worldpopulationreview. com/countries/countries – by – gdp.

美元,其中美国拖欠 7.76 亿美元。①

跨国公司的出现影响了整个世界的行为。目前,全球前十大跨国公司从事于技术相关业务。这些公司的财务规模如此之大,如果从 GDP 的角度来比较,它们的收入甚至超过了一些国家的收入。例如,苹果公司在 2017 年的收入为 2290 亿美元,如果苹果公司是一个国家的话,这个数字会更高。由于跨国公司拥有巨大的资本资源和生产能力,因此它们能够在经济交易中自行决定条款内容,不受其他影响。跨国公司为了大量销售其产品,需要进入大型市场:然而关税问题、准入限制和类似的贸易壁垒是进入这些市场的障碍。跨国公司需要的是一个全球体系,使其商品自由流通。因此,它们利用其纯粹的经济影响力来影响国际贸易规则,通过其丰富的资源,聘请了在国际贸易组织中具有最高专业知识和影响力的人来做说客。②

在分析 21 世纪头 20 年发生的变化之后,我们发现,单边主义和预防性罢工理论实际上正在夺走世界在国际法、人权、平等和自由领域所取得的成就。霸权主义和强权政治以"国家利益"的名义继续在国际关系中存在,局部冲突和热点问题不断出现,就连联合国安理会(UNSC)这样的机构似乎也失去了它的作用。③

虽然联合国有接近 200 个会员国,但在许多情况下,在国际层面上做出决定和执行这些决定的权利在被选定的少数成员国手中,而不是在一些边缘化的国家手中。关于扩大联合国安理会的讨论已经进行了一段时间,但这些讨论通常是围绕着接纳一些立场相同的大国进入联合国而展开的,这只会进一步造成全球权力失衡。此外,除了决策过程之外,联合国决议的执行也是有选择性的。弱国容易成为被攻击的目标,而强

---

① https://www.reuters.com/article/us－un－peacekeepers－usa/u－n－members－owe－2－billion－in－debt－to－peacekeeping－u－s－owes－a－third－.

② Rahman, K. 2007, "MNCs and TNCs: Their Role and Socioeconomic Impact on Host Societies, *Policy Perspectives*", Vol. 4, No. 2, pp. 115－126.

③ 美国作为这个世界上最强大的国家,采取"先发制人的攻击"原则,不顾世界各地的反对而占领伊拉克,这是单边主义做法的一个明显例子。

国则可以轻易无视联合国的决议。① 国界可能遭到侵犯，国家主权似乎不再神圣不可侵犯，而被操纵的政权更迭正在神化。

这种做法对全球秩序、和平和安全构成了最大的威胁，并为非国家行为者提供了一个完美的环境去动员那些受到了不公正待遇，对全球秩序和各个国际组织日益丧失信心、日益沮丧的人们。从传统的国与国之间和国家内部之间的冲突，到致命核武器的全方位扩散，再到尚未解决的跨国犯罪，各种各样的挑战也是同一现象的表现。更重要的是，非常规威胁的出现对人类安全产生了严重的影响。无论是自然原因还是人为原因，粮食安全都令人担忧。能源安全也是一个不容忽视的大问题。大规模的环境退化、水资源危机带来的危险和"气候变化"现象所产生的影响都需要全球的关注和行动。

当今世界的政治毫无疑问正在发生深刻变化。长期的地缘政治现实正经历着根本性的变化、变革和兴衰。新的结盟、团体、友谊和逆境正在形成。这些年来，在地区层面而非全球层面出现了新的权力中心，存在感日益增强。非国家行为者在全球安全和区域安全方面的作用日益明显。

全球经济虽然仍主要由北部的发达国家控制着，但它正在经历一场变革。中国正以其非凡的发展步伐引领着全球经济的转型。除了中国的巨大经济增长之外，俄罗斯、印度和巴西等国的在全球经济中的份额不仅有所扩大，影响力也有所提高。

在 21 世纪初，联合国大会以"千年发展目标"的名义批准了 15 年的计划（2000～2015 年），但这些目标所取得的成就并不令人印象深刻。自 2016 年 1 月以来，联合国大会批准了新的发展目标，这些目标作

---

① 关于这方面的两个例子：2019 年 8 月 5 日，印度单方面采取行动，撤销查谟和克什米尔的宪法特殊地位；2018 年 5 月，特朗普政府在耶路撒冷设立美国大使馆。在联合国大会的辩论中，美国代表妮基·黑利（Nikki Haley）说："当我们再次被要求向联合国做出世界上最大的贡献时，我们将记住这一点，因此许多国家经常像这样呼吁我们付出更多，并利用我们的影响力来谋取利益。"她补充说道，"关于我们在耶路撒冷的大使馆，这是美国人民希望我们做的，这也是正确的，在联合国的任何投票都不会对这件事产生任何影响……"

为当前 15 年（2016~2030 年）的"可持续发展目标"（SDG）来运作。该计划包括 17 个可持续发展目标和 169 个到 2030 年要实现的目标。从查明问题的背景来看，联合国为此所做出的努力是值得肯定的，但对于迄今为止还未被实现的针对性目标来说，这意味着该问题不是那个需要被找出的问题，真正的问题仍待探索和纠正。

需要改变：超越主流范式

上述情况既是一个挑战，也是一个变革的机会。尽管上述每一个问题都需要有一个独特的、有针对性的对策，但若想找出一个可持续并且综合的解决办法，则需要注意引发问题的源头。这些都是当代生活和发展的范式。从本质上讲，这些问题必须在概念层面和操作层面加以解决，中国无疑在这一方面发挥着重要作用。

人类生活的多样性、身份认同问题和相互竞争，无疑是人类心理方面的一个常见的且不可分割的一部分。但为了和平与进步，人类心理需要在引导和规范下迈向良性竞争，并走向双赢的局面。

不幸的是，目前的主流范式是以"适者生存"为基础的，反之"强权即公"的现象将永远无法提供一个良好健康的环境，因为所谓"强权即公理"即在个人和集体层面上动用权力，在权力优先的情况下，道德原则便失去了意义，不论是武装冲突、肢体冲突还是许多其他形式的冲突都变得无法避免。

这就是我们在当今世界所发现的。当前的范式以资本主义模式为基础，以经济强国为主导，由援助机构和国际金融机构来推动，尤其是世界银行、国际货币基金组织、跨国公司等大型企业。以上机构拥有资本形成、市场经济、自由化、私有化和对外援助，它们使经济完全脱离道德、价值观和社会与平等主义的理想。这样的结果是：对与错、公平与不公平、平等与不平等、公正与不公正的概念与经济利益的斗争正变得格格不入。人们不再"发现、考虑和做出有关社会发展的道德性和原则性选择"，而是痴迷于发展的量和速度、资本形成、国外援助和资源分配。人们不关注人民福祉与社会福利，但是对利润和个人收益最大化的关注不断上升。不是正义和人民福祉，而是效率在这个范式中成了一个真正强调增长的关键词。减少贫困和人民福利是由这个范式中的"涓滴效应"所决定的，因此，该范式必须调整为"以人为本的进步与发展"。①

目前国际关系领域的范式体现在"国家利益"的概念上。在处理世界各国之间的国际关系时，必须进一步促进道德和伦理方面的工作，并将其真正付诸实践。如果世界秩序继续完全建立在"国家利益"的基础上，那么弱国的利益将继续被强者和强国所左右。因此，不仅是各国间的相互依存增强了互动、协商、对话与合作的重要性，而且对全面和可持续发展的日益需要也要求采取新的方式、国际政治与经济关系的新视野和范式的转变，比如从以牺牲他人利益为代价追求国家利益转变为以全面和整体的人民和社会福利为重点，并以相互合作、尊重和互利为基础。

回应需求：中国模式是否提供了机遇？

虽然许多人希望看到这一转变的发生，但中国或许是最有能力迎接挑战、引领这一范式发生转变的国家。中国拥有着世界五分之一的人口，也是世界上最古老的文明古国之一；中国是一个独特的例子，因为它既能维持现有的政治和经济制度，同时也能对无法避免的改革与现代化持开放态度；中国是世界第二大经济体和最大的贸易国之一，它在推动当今世界经济发展中起着关键作用。近年来，中国在能源资源、生态环境保护和科技发展等方面取得了巨大进展；它拥有世界上组织最严密、训练最有素、纪律最严明的军队之一；中国的能力与资历通过作为世界最高机构的活跃成员和安全理事会的常任理事国得到了证实，它与国际社会有着非常良好的双边和多边关系。

在现有特定情境下的问题是：为了人类的共同利益，世界能否走向一种合作模式，从为实现人类共同利益的互联互通中获益；是否能不以

---

① 更多信息请详见：Foreword by Khurshid Ahmad in *Pakistan's Economic Journey Need For A New Paradigm*, by Fasih Uddin, Islamabad: Institute of Policy Studies, 2018, xxvii – xxviii。

牺牲他人为代价，而是通过双赢的方式，携手实现共同繁荣？我们都知道这并不是一种新的模式，然而，在强大的全球参与者没有做出任何承诺的情况下，真正地将这一模式付诸实践仍是一个挑战。中国崛起并在全球事务中处于领导地位，确实预示着这种模式的实施前景。

这种情况为中国提供了两个相互矛盾的机会，即：由于中国现在在全球系统中有着更多的利害关系，所以中国是从目前全球模式中继续获益，还是主动挑战这一模式？因此，中国领导人面临着如何平衡其理论与实践的挑战。

中国历届领导人都非常清楚地表明了中国在这方面的观点。中国最杰出的领导人之一邓小平（于 1997 年逝世）明确指出：

> 中国不是一个超级大国，中国也绝不称霸。如果有一天中国要改变自己的面貌，变成一个超级大国，如果中国要在世界上扮演暴君，也欺负和剥削他国，世界人民尤其是发展中国家就应当给它戴上一顶'社会帝国主义'的帽子，同中国人民一起揭露它、反对它、打倒它。[①]

中国前国家主席胡锦涛在中国共产党第十七届人民代表大会上的讲话中也表达了相同的观点。[②] 在这段时间里，中国与世界各国领导人的互动经常反映出同样的立场，不妨引用中国外交部前部长杨洁篪 2010

---

① http://thinkexist.com/quotation/china - is - not - a - superpower - nor - will - she - ever - seek/550788.html.

② 这篇演讲中的一些摘录如下："我们坚持把中国人民的利益同各国人民的共同利益结合起来，秉持公道，伸张正义。我们坚持国家不分大小、强弱、贫富，一律平等，尊重各国人民自主选择发展道路的权利，不干涉别国内部事务，不把自己的意志强加于人。"
"中国发展离不开世界，世界繁荣稳定也离不开中国。中国人民将继续同各国人民一道，为实现人类的美好理想而不懈努力。"
"中国决不做损人利己、以邻为壑的事情。"
"我们支持国际社会帮助发展中国家增强自主发展能力、改善民生，缩小南北差距。"

年 2 月 5 日在慕尼黑安全会议上的讲话：

一个更加发达的中国将继续平等对待他国，决不把自己的意志强加于他人之上。一两个国家为全世界做决定的日子一去不复返了。中国一贯主张，所有国家，无论大小，强弱，贫富，都是国际社会的平等成员，必须相互尊重，平等相待。中国的外交就是以这个原则为指导的。我们要求的平等不仅仅是形式上的平等，更重要的是实质上的平等。我们所有人都应该以开放的心态拥抱一个多元化的世界。我们必须尊重各国的价值观，尊重各国自主选择发展道路的权利，尊重各国的核心关切，不干涉别国内政。同样，中国也会像世界上任何一个国家一样，在涉及核心利益和重大关切的问题上坚持原则，捍卫来之不易的平等权利和合法利益。①

一个更加发达的中国将承担更多的国际责任，决不以牺牲他人利益为代价追求自身利益。我们深知，在这个相互依存的世界上，中国的未来与世界的未来息息相关。当我们一同努力扩大共同利益、分担责任、谋求双赢时，我国和他国的利益也能得到最好的满足。这就是为什么中国在注重自身发展的同时，承担着越来越多与其实力和地位相称的国际责任。

中国国家主席习近平也经常强调同样的愿景。2019 年 9 月 3 日，习近平在中央党校开设干部培训班开幕式上讲话时强调：

中国有关社会福利、繁荣和互利的方法论不仅仅在国内，更在全球范围内传播，这向世界表明了，与西方的殖民发展中国家的外交方式相比，中国的治理具有特点和优势。②

---

① http：//www. china - un. org/eng/czthd/t656702. htm.

② Xin & Zheng， "Xi Jinping Rallies China for Decades-Long 'struggle' to Rise in Global Order, amid Escalating US Trade", *South China Morning Post*, 05th of September, 2019, https：//www. scmp. com/economy/china － economy/article/3025725/xi - jinping - rallies - china - decades - long - struggle - rise - global.

习近平主席的思想也能从他在金砖国家商业论坛开幕式上发表的演讲中体现，他说：

中国有句古话，"一箭易断，十箭难折"。我们应该发挥自身优势和影响力，促进南南合作和南北对话，汇聚各国集体力量，联手应对风险挑战。[①]

我还想引用习主席十九大讲话中的几句话：在讨论他明确提出的基本政策框架时，习主席指出中国特色大国外交的目标是培育新型国际关系，建设人类命运共同体；他强调"增进民生福祉是发展的根本目的"，并承诺要"坚持人与自然和谐共生"。

习主席强调要促进人类命运共同体的建设，并阐述道：

奉行互利共赢的开放战略，坚持正确义利观，树立共同、综合、合作、可持续的新安全观，谋求开放创新、包容互惠的发展前景，促进和而不同、兼收并蓄的文明交流，构筑尊崇自然、绿色发展的生态体系，始终做世界和平的建设者、全球发展的贡献者、国际秩序的维护者。

在讨论发展观时，习主席强调了"一带一路"倡议（BRI）的互联互通精神，他说：

坚持以"一带一路"建设为重点，坚持引进来和走出去并重，遵循共商共建共享原则实现共同发展，加强创新能力开放合作。

习主席对文化自信的论述也十分重要：

文化是一个国家、一个民族的灵魂。文化兴国运兴，文化强民

---

① http：//www.china.org.cn/business/2017 − 09/04/content_ 41525050. htm.

族强。没有高度的文化自信，没有文化的繁荣兴盛，就没有中华民族伟大复兴。

最后，他在讲话中强调了人与自然的关系，这一内容也极为重要；他说：

> 人与自然是生命共同体，人类必须尊重自然、顺应自然、保护自然。人类只有遵循自然规律才能有效防止在开发利用自然上走弯路，人类对大自然的伤害最终会伤及人类自身，这是无法抗拒的规律。我们要建设的现代化是人与自然和谐共生的现代化，既要创造更多物质财富和精神财富以满足人民日益增长的美好生活需要，也要提供更多优质生态产品以满足人民日益增长的优美生态环境需要。

为了实现上述理论与构想，中国领导人通过"一带一路"倡议提出了积极的互联互通计划。该倡议的根本目标是建立大规模市场，利用国际和国内市场来加强各国间的文化互动和相互理解，这很大程度上与中国模式的宗旨和内涵相一致。这一概念很宽泛，具有加强发展中国家和欠发达国家基础设施发展的潜力，这些国家不断受到目前经济发展的主流叙述的利用。

中国面临着的一个重要挑战是：在向世界展示这一新范式的同时也需要关注国内的情况。尽管中国目前强调和谐发展，但它也面临着不平等、腐败、不诚实、家庭观念弱化、道德和伦理标准降低和价值观框架不断变化等问题。这是可以理解的，因为在过去几十年里所倡导的实用主义指导下，优先发展经济。实用主义是一种哲学，它强调某个思想或命题的真理或意义在于其可观察到的实际结果，而不是任何形而上学的东西。所以"只要经济体制能够奏效，就是好的经济体制"。"不管黑猫白猫，能捉老鼠的就是好猫"。

因此，真理变化不定，没有人可以声称拥有最后或最终的真理，而这反过来又使道德原则变得无关紧要。在缺乏道德原则的情况下，法律并没有能力单方面去预防任何社会中的犯罪和冲突。

因此，中国模式值得被实施，它为世界提供了一个机遇，但是要使其可持续发展并真正具有适应性，仍有很长的路要走。

结　论

不断变化的世界正面临许多挑战。西方经济发展模式对发展中国家和欠发达国家来说，更像是债务陷阱恶性循环，因此要想找到可持续的解决办法，就要从西方经济发展模式所带来的痛苦和糟糕的经历转向公正和公平的制度。共同体和相互合作的概念为世界各地在全球治理、全球政治、经济发展和社会价值等领域的可持续转型提供了机会。中国在其宣称的人道主义模式下，完全有能力在这方面发挥主导作用。同时，世界也期待中国在以下领域发挥积极作用：

努力维护《联合国宪章》的目标和原则，遵守国际法、国际公约和公认的国际法准则，从而形成一个以正义为基础的全球体系。

在联合国安理会果断发挥作用，使其能真正代表所有成员国，并能够解决热点问题。

全球媒体已成为塑造人们思想的一个重要工具，积极活跃在全球媒体中以提供另一种方式和视角。

在全球事务中与志同道合的新兴发展中国家一起携手，在避免冲突的同时，确保世界稳定，实现有效的制衡。

继续在经济和技术领域与发展中国家分享其发展经验、知识和技术。有必要以更快的速度促进这种合作和可持续的基础设施发展。发展中国家越强大越繁荣，这些国家中不幸的人民遭受不公正待遇的机会就越小。

（潘俊韬 译）

成功的中国模式的秘诀："如何看待中国"

赫尔加·科尔斯廷·泽普·拉鲁什
（Helga Colestine Zepp La Rouche）

席勒研究所所长

我们西方国家不应将中国的崛起视为一种威胁，而应承认中国在过去 40 年中创造的前所未有的经济奇迹给人类带来的巨大利益。不幸的是，美国和欧洲大多数人对中国及其 5000 年文明知之甚少，这使得出于地缘政治动机的主流媒体和反华游说人士者能相对容易地描绘出一个完全扭曲的中国形象。

事实上，中国开辟了一个全新的、完全鼓舞人心的世界历史之都，它为所有其他发展中国家树立了一个无可辩驳的榜样，展示了如何能够在较短的时间内脱贫，并带领日益增长的人口到达一个良好的生活水平。40 年来，中国实施了人类历史上规模最大的脱贫攻坚计划，带领 8.5 亿中国公民脱离贫困，为全球扶贫做出了 70% 的贡献。中国在 1978 年至 2018 年的平均经济增长率高达 9.5%，即使在今年由于各种因素导致增长率下降到只有 6%，这仍然是欧洲国家和美国可望不可即的水平。世界银行的统计数据显示，中国自 2018 年以来一直是全球第二大经济体，但人均购买力排名第一。自 2015 以来，中国中产阶级人口数世界第一，习近平主席个人承诺到 2020 年帮助中国约 400 万极端贫困人口脱离贫困。欧洲约有 9000 万人生活在贫困之中，而美国有 4000 万人被视为贫困人口，但这两个国家都没有类似中国那样的计划。

今天，中国 30000 公里的高速铁路线路上，一节节列车以 350 公里的时速准时而又安静地在乡间驶过，它们连接着井然有序的现代化车站，车站里是一层层洁净的铺着大理石的楼层。如果现在去参观作为"一带一路"倡议的经济引擎的深广澳地区，你很难想象，在巨大变革前的中国曾经是多么贫穷和不发达。在邓小平提出改革开放政策之前，人们非常穷，经常吃不饱饭，并且技术落后。街道上挤满了数百辆自行车，汽车很少，许多城市间的道路基本上都是土路，农业没有机械化。

邓小平的改革创造了一个经济奇迹，使当时的所有人民与此后出生的两代人民都经历了一个不断上升的过程，使越来越多各社会阶层的人生活得更好。战后重建期间的德国在 20 世纪五六十年代出现了一个类似的上升趋势，也创造出了一个经济奇迹，但这样的经济奇迹因后来的反工业化绿色环保运动的兴起等一系列因素而结束，并反方向朝着去工业化的方向发展。相反，随着生活水平的提高、社会的进步和对其他国家，尤其是对亚洲、非洲和拉丁美洲的发展中国家的日益尊重，在中国产生了一种基本的文化乐观主义，这一特点与经历了罗斯福新政、肯尼迪遇刺，再到阿波罗计划的美国相同。

在此期间，中国面临一系列问题。据邓小平描述，在中国改革初期，世界仍然被殖民统治者所支配，他们试图压制中国和其他发展中国家的发展。因此，中国最初接受了在其沿海经济特区廉价生产领域的外国投资，这至少给中国带来了一些资本。从某种意义上说，中国是跨大西洋经济体系日益放松管制和货币化的主要目标，而跨大西洋经济体系将原来位于美国和西欧的生产力外包给中国和其他发展中国家，这是在伦敦金融城和华尔街，以及沃尔玛、凯马特、塔吉特等公司对利润贪图的驱使下所促成的。为此中国付出的代价是其带来的严重的环境问题，如地下水污染和空气污染，但中国政府已投入巨大努力试图扭转这种局面。

与此同时，邓小平通过邀请国外科学家来中国和派遣中国学生到其他国家学习，设法从国外获得国际资本和学习国外的高科技。但鉴于西方始终借"两用"论来否定中国真正先进的技术，以及自赫鲁晓夫执政以来，西方对苏联的态度日益敌对，邓小平强调中国必须主要依靠自己的力量。很少有西方国家能理解：若是没有中国人民力求发展的重大决心，没有中国人民勤劳、可靠、积极、高效和富有创造力等曾经也能在德国人身上找到的美德，中国就永远无法实现这一在范围与前景上史无前例的经济奇迹。

各方智库、主流媒体和政界人士试图抹黑中国的形象，声称中国的成功仅仅是基于对西方知识产权的窃取。当然，在目前中国人口已达 14 亿人的情况下，无法阻止工业间谍的存在，但不管是过去还是现在，这一情况在世界上的每个工业国家都曾存在。美国政府就经常鼓励这种剽窃行为。在美国 1791 年《关于制造业的报告》中，亚历山大·汉密尔顿（Alexander Hamilton）呼吁国家奖励那些从其他地方带来"具有非凡价值的改进技术和机密"的人。因为他知道，在大多数国家，机器的出口是被禁止的，违规将受到严厉的惩罚，所以他显然认为由国家支持的技术走私是构筑美国经济的合法手段。

但中国是如何在某些领域成为世界领头羊的呢？例如，中国的高速铁路目前已达到 3 万公里，已经建成了世界上最好、规模最大的高速铁路系统，中国还是唯一一个登上月球远端的国家。那它能从谁那里抄袭呢？

攻击中国的另一个角度是指责中国的社会信用体系，声称其证明了中国已经成为一个完全处于监控中的国家。这样的指责就好像爱德华·斯诺登（Edward Snowden）从未存在过一样。提出这一指控的情报机构和媒体代表显然是在向中国宣传他们对西方监控系统的理解。虽然中国在面部识别和许多生活领域的数字化等方面使用的人工智能比美国和欧洲更为先进，但这样的说法忽略了一个事实，即中国有一个与众不同的社会体系，这是一个自秦朝（公元前 221 ～前 206 年）（译注：原文如此，应为公元前 221 ～前 207 年）与汉朝（206 ～ 220 年）（译注：原文如此，应为公元前 202 ～ 220 年）以来，在科举制度和儒家传统的基础上发展了几千年的贤能社会。

中国文化乃至整个亚洲文化与西方文化之间最根本的区别之一在于：几千年以来的中国和亚洲文化中，社会的共同利益优先于个人权利。这背后是一种信念，即只有国家整体运作良好，个人和家庭才能发展得好。另一方面，突出个性是从文艺复兴和欧洲人文主义中积极发展起来的，也在极端自由主义（任何事都可以）的意识形态中得到了消极的发展，这一重要性对中国来说却小得多。这种深深植根于亚洲传统的历史文化差异，是导致认为中国加入世贸组织后会自动采用西方民主制度的这一想法从一开始就是一种幻觉的主要原因。同样，大多数中国人对社会信用体系持积极的态度，因为这与他们的信念相一致，即对那些为共同利益做出贡献的人应给予奖励，对那些在火车上制造酒后骚动的人应在下次拒绝其买票上车。这一观点完全违背了在西方盛行的自由主义时代精神，但我们西方在毒品合法化和破除一切禁忌方面是否做得正确，仍有待观察。那些将中国制度视为对西方"价值体系"重大挑战的人应该放心了：多亏了一些国家的绿色意识形态，堕落的娱乐文化和预期寿命的下降，这些都是由西方自己造成的！

反华宣传已不再是新鲜事，这是欧洲殖民列强故意激起对中国的憎恨。因为大英帝国的地缘政治政客担心东亚的发展可能会损害他们在世界上的力量，因此"黄祸"这个贬义词出现在 20 世纪初的各种书籍、短篇小说、素描和漫画中，不知不觉激起了人们对亚洲人民的恐惧。

塞缪尔·亨廷顿（Samuel Huntington）在他的《文明的冲突》一书中也展示了同样的想法。整本书充斥着无知，这种无知就像是最近美国国务院政策规划司前司长基隆·斯金纳（Kiron Skinner）发表的种族主义声明中，称美国首次面临与其相互竞争的是非"白种人"的超级大国时所体现的无知一般。

近年来，在欧美，越来越多的人对主流媒体及其传播的"假新闻"产生了理智的不信任感，在阅读报道中国问题的新闻时采取同样的谨慎态度并形成自己的看法，这是明智的。在这方面，建议大家去阅读习近平的讲话，目前他的讲话已经被翻译成多种语言，并已出版了两卷本的《习近平谈治国理政》。这些讲话给读者留下了一个深刻的印象，让读者了解了中国国家主席在政治谱系，在通晓中外历史文化方面的所具备的哲学深度与广度。显然，习近平重视中华民族的复兴，但不以牺牲其他国家为代价，而是寻求一种真正的共存新模式，即"人类命运共同体"。

如果从美国开国元勋本杰明·富兰克林（Benjamin Franklin）的道德观或从欧洲人道主义的立场来看待习近平，人们会觉得他的政策取向值得赞扬；但从洛克（Locke）、霍布斯（Hobbes）或滚石（Rolling Stones）的立场来看，人们只会看到个人"想做什么就做什么"的权利受到压制。在西方，政治领导人通常不关心民众的道德和文化教育，但这两方面恰恰是习近平所关心的。

在习近平与中央美术学院教授的对话中，他强调了美育对中国青年具有特殊重要性，因为美育是塑造美好心灵和创作新的伟大艺术作品的先决条件。他强调文学和美术在使人们认识到"真、美、善"，并拒绝"假、恶、丑"方面所起的重要作用。习近平指出，如果没有这种德育和美育，原本很优秀的人也可能最终养成不良习惯。

当然，这完全与美国和欧洲的时代精神背道而驰。但是与其把中国当成是一种威胁，我们更应该思考的是以儒家文化为导向的社会道德进步是否与中国模式的巨大成功有关。任何人都不应该说中国的一切都是完美的，也不应该说西方应采用这种中国模式，但要判断一个社会的质量，就需要看它的发展方向。在过去的四十年中，中国一直在崛起，因此大多数的中国人对中国的未来持乐观态度。

如果人们摆脱了对中国的偏见与无知，并且对中国和中国文化感到好奇，那么他很可能会像德国的伟大哲学家戈特弗里德·威廉·莱布尼茨（Gottfried Wilhelm Leibniz）那样认识到与中国合作的巨大潜力。因此，如果欧洲和中国等最发达的文化之间携手并进，它们可以将介于这两者之间的所有国家提升到更高的水平。

这同样适用于今天的美国和中国：如果世界上两个最大的经济体共同努力消除世界上的贫困，并一同开发核聚变和太空合作等方面的先进新技术，那么在整个未来，全人类都将从中受益。

（潘俊韬 译）

无人落后的发展：中国转型经验的借鉴

赛义德·穆尼尔·哈斯鲁（Syed Munir Khasru）

孟加拉国政策、倡导和治理研究所所长，首席执行官

介　绍

在过去的 30 年中，由于中国的国家规模和中国人民的勤奋努力，中国经历了前所未有的惊人增长。即使中国经济增长的速度放缓，中国的增长对许多国家来说依然可望不可即。今天的中国与 40 年前的中国形成了鲜明的对比，40 年前，数亿中国人在贫困、营养不良、基本权利被剥夺的困境中挣扎。中国曾是一个贫穷、落后，错过了两次工业革命的国家，现在它已成为世界第二大经济体（Chow，2010 年）。

在这个全球化的时代，各国之间的联系变得更加紧密。现在，一个国家的增长和发展在世界范围内产生了溢出效应。因此，各国必须共同努力、相互帮助，实现无人落后的发展。世界上许多发展中国家正面临着增长缓慢、贫困率高和许多其他问题，这和 40 年前的中国所面临的问题相同。因此，其他国家可以借鉴中国的经验，并将所学到的经验应用于实现经济增长和发展上（Yinuo，2016）。

本文着重分析了改革进程中的几个特征，这些特征帮助中国在 40 年里实现了翻天覆地的变化。本文将研究中国的发展与经济转型和对发展中国家的经验教训，但同时并未忽视中国模式目前面临的困境，但是将重点放在其三十年的成功上。

1978 年改革的原因

根据 Chou（2010）的说法，1978 年是中国采取经济改革的关键一年，原因有四点：

首先，由于"文化大革命"在中国不受欢迎，中国政府不得不通过改革以赢得民众的支持。

其次，根据多年经济规划的经验，政府官员知道了计划体制的缺陷，明白了改革的必要性。

第三，亚洲其他地区特别是"四小龙"① 的成功发展，向中国政府和人民表明市场经济比计划经济运行得更好。

第四，因为以上三点原因，中国人民都已经准备好支持经济改革。

中国人民的特质

儒家伦理极强调教育，因此中国拥有大量的高素质人口。1870 年，中国 21% 的成年人口识字率高于世界其他地区，如拉丁美洲的 15% 和南亚的 3%（Morrisson and Murtin，2005）。根据 Zhao（2018）的说法，中国成功的主要推动力之一是中国人民。中国伟大文化塑造了中国人民以目标为导向、刻苦、节俭、有强烈的家庭观念和渴望知识的特性。可能是中国人民的节俭使得中国有着极高的家庭储蓄率，这形成了推动中国发展的大部分投资。

当代中国的特点

根据 Dollar（2008）的说法，中国人把其经济改革计划称为"改革开放"，意思是"改变体制，打开大门"。这场帮助中国形成了当今格局的改革有四个特点：体制改革、贸易自由化、基础设施建设和农业改革。另一个对改革过程有很大帮助的特点是对研究与发展的广泛关注。

---

① 中国台湾、中国香港、新加坡和韩国。

改变体制

经济体制改革前，中国实行的是以农业集体化、国有企业（约占工业生产的 77%）和少数地方企业为基础的计划经济。改革这一经济体制意味着将从几乎完全的国有制转变为私有企业占主导地位的经济体制，这项改革使国有企业和非国有制企业得以共存与竞争。自 1995 年以来，私营企业蓬勃发展，到 2003 年，私营企业已占工业总产值的 72%。在这段时间内，许多集体企业和国有企业被私有化，并鼓励新私营企业进入（Dollar，2008）。世界银行 2005 年的一项调查显示，只有 8% 的企业是国有占多数，27% 是外资企业，大部分的是国内私营企业（Woo，1999）。

贸易自由化

在 1978 年之前，中国是世界上高度封闭的经济体之一（Dollar，2008）。中国共产党第十一届中央委员会通过了一项被称为"开放"的改革，这意味着贸易和外国直接投资的自由化（Chow，2010）。贸易权力下放是对这一政策的补充，中国各省被授予了从事贸易，履行配额以促进竞争并获得一定比例的外汇收入的权利（Joseph，1999）。这些政策帮助促进了贸易的迅速发展，并促使中国在技术、管理技能和全球化的生产网络方面实现了突破。在这一改革下，1990～2006 年间，中国的进出口以每年 16% 的速度增长。此外，中国作为制造业和贸易超级大国是接受外商直接投资最多的国家（Dollar，2008）。

在 1979 年时，深圳是一个人口只有 3 万的小渔村，但在改革开放政策下，深圳被设计成为新的经济特区，其引入的自由市场政策带来了能促进深圳繁荣的投资。据《经济学人》报道，从 1980 年到 2016 年，这座城市的年平均增长率高达 22%。如今，深圳有 1250 万人口，贫困已几乎消除，2016 年人均国内生产总值接近 5 万美元，这与美国的一些州持平。深圳的成功是中国过去 40 年所取得进步的一个缩影（Chen and Ogan，2016）。

高质量基础设施的发展

中国对外国人而言是一个充满活力的私营部门，其原因包括：高质量的硬基础和软基础设施、中国城市良好的投资环境，以及与许多发展中国家相比，官僚主义的繁文缛节负担较轻（Hallward-Driemeier, Wallsten and Xu, 2003）。

实物资本

基础设施的发展是支撑中国发展的重要因素（Yinuo, 2016）。为了跟上发展的需要，电力部门的用电容量以每年 10% 的速度增长。中国在实物资本方面投入了大量资金。一些研究表明，在改革后的几年里，实物资本投资对中国发展的贡献率达到了 50%。

工人的技能发展

中国致力于提升工人的能力，为此中国在这方面采取了一些措施，如：

i. 要求外国投资者在中国雇用大量的中国工人，并提供技能培训。

ii. 中国建立了非常先进的培训机构，专门从事技术技能的开发以为行业做好准备。

农业改革

中国作为一个人口稠密、资源匮乏的国家，这场改革始于占全国人口 80% 的农村人口。虽然农村每公顷粮食产量很高，但为广大农村群众增收依然需要采取一些相应的措施。农业部门的发展大大减少了农村的贫困。中国农村的极端贫困人口从 1978 年的 2.5 亿骤降到 2007 年的 1500 万。这种增长之所以能够实现，是得益于各种制度改革相结合，如采用集体农业的"家庭联产承包责任制"、通过研发系统进行的技术变革、从计划经济转向市场经济，还有农业投资（Huang and Rozelle, 2018）。

对研发的广泛关注

中国的领导层对研发的关注极大地推动了中国向服务型经济的转

变。中国把创新放在发展战略的中心位置，其研发支出占世界总支出的15%，而且这种支出会持续上升（Yinuo，2010）。正如 Cook（2010）所说，中国模式是实用主义、实验主义和渐进主义中的一种，它不断寻求成功，保留有效的方法而舍弃无效的方法。中国的这种方式体现在中国共产党的一些广为认知的口号中，如"摸着石头过河"。

改革在脱贫方面取得的成效

诺贝尔经济学奖获得者约瑟夫·斯蒂格利茨（Joseph Stiglitz）表示，"有史以来，没有一个国家像中国这样发展迅速，并在过去30年里让许多人脱离了贫困"。扶贫仍然是中国国内发展议程上的重中之重。

在1978年时，中国曾是世界上最贫穷的国家之一。但在这之后大约25年的时间里，中国为世界树立了前所未有的榜样，自1990年以来使4.39亿人摆脱了极端贫困。根据联合国开发计划署2015的数据，到2015年，中国已为全球脱贫做出了76%的贡献。

截至2014年，中国国内生产总值年均增长近10%，人均国内生产总值从1978年155美元增至2014年的7590美元，增长近48倍，使8亿人脱离贫困（Eckart，2016）。农业和非农业部门的发展都促进了脱贫的进程。

给南亚国家的经验教训

为什么南亚要吸取中国的经验教训？

世界上36%的穷人居住在亚洲地区，他们的发展和基础设施存在着差距。改革之初，中国也同样面临着三个问题：资金不足、基础设施薄弱与技术落后。面对经济增长、社会发展和环境保护这三个方面的问题，中国必须三管齐下，现在的中国已经能够成功做到。另一方面，从经济规模、人口规模、自然资源和文化等方面来看，与欧洲国家在内的其他国家相比，南亚国家与它的亚洲邻国更相似。因此，南亚国家为了实现可持续发展目标，应该学习中国的经验教训。

经验教训

i. 从中国的经验来看，显然各国必须重视提高农业生产率，提高在新技术没有普及的领域的工资。同时，还应强调在非农业部门创造就业机会。

ii. 随着时间的推移，为了维持所需的投资水平和可持续的经济增长，需要更多的国家储蓄和私人储蓄。

iii. 南亚地区发展的关键障碍之一是缺乏良好的实物资本。从中国的经验来看，良好的基础设施的重要性是显而易见的。因此，南亚国家需要重视基础设施建设的投资。

iv. 人力资本是中国实现超凡发展的诸多有利因素之一。因此，南亚国家需要投资于其劳动力的技能发展，以产生高质量的人力资本。

v. 南亚在农业研究和技术开发方面的投资很低，它们需要像中国一样增加投资。

vi. 南亚国家的税收占国内生产总值的比例低至10%，而中国接近20%。因此，通过扩大税基、加强税收管理和税收合规来增加国内资源尚有空间。为此，可以通过区域税收合作和税收创新来填补漏洞，防止税收流失。在孟加拉国和巴基斯坦，只有不到1%的人口要缴纳所得税，而在印度，这一数字不到3%，税收征管效率在29%至40%之间。据亚太经社会估计，该次区域各国之间的潜在税收差距（实际税收与潜在税收之间的差距）在17%至72%之间。

局　限

即使中国为南亚那些与中国有相同特点的国家提供了重要的经验教训，但由于某些原因，这些经验教训可能不全适用。

i. "自力更生"的毛泽东思想使中国在改革前没有经济债务，因此在国家启动经济改革时，中国几乎没有外债。另一方面，南亚国家在很大程度上依赖外国援助，并为其项目发展背负了巨额债务。

ii. 中国生育率的急剧下降，使得越来越多的年轻人组成了有一定规模的劳动人口。30年来，黄金年龄人口在总人口中所占的比例稳步上升，这创造了一个不同寻常的巨大人口红利，进而促进了经济增长（Cai and Wang，2008；Wei，2015）。

批 评

收入差距

中国的实际国内生产总值每年平均增长 15%①（CSB，2006）。然而，伴随着这种经济增长的是收入差距的扩大。自 20 世纪 80 年代中期以来，各地区之间特别是城乡居民之间的收入差距稳步扩大（Hang，Jun，Xu，Rozelle and Li，2007）。研究人员指出，中国的收入不平等状况正在恶化。例如，中国家庭收入的基尼系数从 1980 年的 0.33 上升到 1994 年的 0.40，2000 年上升到 0.46，这最后一个数字超过了泰国、印度和印度尼西亚三个国家的收入不平衡程度（Hart-Landsberg and Burkett，2004）。

环境退化

中国是世界上最大的二氧化碳排放国，2010 年的二氧化碳排放量为 82.9 亿吨，这是中国高度工业化所带来的副作用。它给人们的生活造成了负面影响。令人震惊的是，全球最脏的城市大约有 15 个在中国。

从中国的发展中吸取经验教训的国家应该注意这种快速发展的副作用，并采取相应的措施。

结 论

发展中国家可以借鉴其他成功国家的经验教训，并根据自己的发展情况进行调整。中国 40 年来在发展和脱贫方面取得的成功提供了十分吸引人的经验教训。除中国之外，几乎不可能再找到另一个国家能在如此短的时间内，发生如此巨大的经济变化，人民的生活水平实现飞跃（Yao，2018）。南亚国家可以借鉴中国的经验，但各国不应试图盲目照

---

① 从 1978 年的 440 亿美元增加到 2004 年的 16550 亿美元。

搬中国的发展经验，它们必须根据本国的历史、文化和社会情况进行调整，为本国的发展铺平道路。

参考文献

Chow，G. C.（2010），Important Lessons from Studying the Chinese Economy.

Dollar，D.（2008，February），Lessons from China for Africa，（4531），33.

Eckart，J.（2016，June 23），8 Things You Need to Know about China's Economy. Retrieved from World Economic Forum：https：//www. weforum. org/agenda/2016/06/8 – facts – about – chinas – economy/.

Hallward-Driemeier，M.，Wallsten，S.，& CollinXu，L.（2003），The Investment Climate and the Firm Firm-Level Evidence from China，POLICY RESEARCH WORKING PAPER.

Huang，J.，& Rozelle，S.（2018），"China's 40 Years of Agricultural Development and Reform"，In R. Garnaut，L. Song，& C. Fang，*China's 40 years of Reform and Development 1978 – 2018*，ANU Press.

Morrisson，C.，& Murtin，F.（2005）. The World Distribution of Human Capital，Life Expectancy，and Income：A Multidimensional Approach.

Yao，Y.（2018），"The political Economy Causes of China's Economic Success"，In *China's 40 Years of Reform and Development*，Anu Press，Retrieved from https：//www. jstor. org/stable/j. ctv5cgbnk. 13.

Yinuo，Y. L.（2016，March 16），*World Economic Forum*，Retrieved from https：//www. weforum. org/agenda/2016/03/what – lessons – can – we – learn – from – china – s – rapid – growth/.

Zhao，Y.（2018），*The Chinese Secrets for Success：Five Inspiring Confucian Values*，Morgan James Publishing.

（潘俊韬 译）

70 年中国经济发展与共同繁荣之路

扎伊迪·萨塔尔（Zaidi Sattar）

孟加拉国政策研究所所长

中国的背景

按照历史标准来看，自 1980 年以来，中国经济的快速发展简直就是一个奇迹。历史上没有任何一个国家的经济连续三十年都以两位数的速度增长。过去 70 年中国的迅速崛起典型地说明了向全球开放市场带来的影响。这种发展经验是独特的，进一步证明了出口导向型增长的范式。中国如今是全球领先的商品出口国，出口商品从纺织品到智能手机，2018 年出口额为 2.3 万亿美元。自 2001 年加入世界贸易组织以来，中国已成为世界工厂。2017 年中国实际的制造业增加值总额为 3.7 万亿美元，如今已经超过了美国、德国、韩国和英国的总和。在此过程中，中国对世界主要经济体实现了贸易顺差，因此，到 2018 年，中国外汇储备累计达到最高，总额超过 3 万亿美元。中国经济成功的关键在于其与全球经济的快速融合（见表 1）。贸易导向型增长经验创造了大量就业机会，使约 8 亿人摆脱了贫困。

众所周知，中国的快速发展在 2008～2009 年金融危机之前达到顶峰。全球经济需要再平衡，中国不得不促进国内消费。中国经济正在进行根本上的结构调整，从依赖出口转向依靠国内消费，以推动经济增长。这导致中国对世界经济的依存度下降，而国内消费需求使世界对中国经济的依存度有所上升①。这种再平衡的努力不仅导致全球经济增长

---

① 从 1978 年的 440 亿美元增加到 2004 年的 16550 亿美元。

放缓，还使中国 GDP 增速更温和，全年处于 6%～7%。按美元名义价值计算，即使是以这种增长速度，中国到 2030 年仍可能成为世界上最大的经济体。

表 1　中国与世界的融合

国内生产总值	按购买力平价计算，中国在 2014 年已经成为全球第一大经济体。目前，中国是仅次于美国之后的第二大经济体，国内生产总值已达到 14 万亿美元，占全球总量的 17.5%。
贸易	2013 年，中国成为全球第一大贸易国，占全球商品贸易总额的 11.4%。然而，服务贸易额仅占全球总量的 6.4%。中国如今是世界第一大出口国，2017 年出口额为 2.3 万亿美元，进口额为 1.8 万亿美元。
企业	中国拥有 121 家《财富》世界 500 强上榜企业，但这些企业的收入有 82% 来自国内市场，而标准普尔 500 强企业的平均比例为 56%。
资本	中国拥有全球第一大银行系统、第二大股票市场和第二大债券市场。
外商直接投资	2016 年，中国跃居第二大对外直接投资来源地（投资总额达 2210 亿美元）和第二大对外直接投资目的地（吸引外国投资 1440 亿美元）。
技术	2018 年，中国以 2930 亿美元的研发支出位居全球第二。
数据	中国拥有全球最大的网民群体（8 亿人），产生了海量数据，但跨境数据流动的规模有限。
旅游业	中国是全球最大的出境旅游客源国（2018 年出境旅游 1.5 亿人次）。
环境影响	中国在可再生能源方面的投资占全球的 45%，但依然是全球最大的碳排放源（占全球年总排放量的 28%）。

资料来源：麦肯锡全球研究院；谷歌；多方报告。

发展史

中国的社会和经济发展可以追溯到 5000 年前。在整个漫长的历史中，中华民族为人类文明的进步做出了巨大贡献，包括哲学、科学、艺术、文化和治理等领域。指南针、印刷术、造纸术和火药都是中国的发明。几个世纪以来，中国凭借儒家等永恒思想引领世界，宣称勤奋节俭有利于促进经济发展。

15 世纪新大陆的发现和工业革命的爆发使欧洲和美国成为世界经济重心，往后几个世纪，中国一直是一条"沉睡的巨龙"。然而，20 世纪初社会主义的到来激起了中国人民振兴中华的梦想。近 70 年以来的中国社会经济转型试验一直是民族复兴的核心目标。

20 世纪 70 年代的经济体制改革便是转折点。70 年代初，周恩来总理提出工业、农业、科学技术和国防的四个现代化。1978 年开始，由邓小平领导改革，将中国的社会主义经济体制从完全由国家计划控制转变为更多地依赖市场和私营企业。短短 30 年，中国成功从国家计划的封闭经济转变为全球最具活力的整合型市场经济之一。改革开放政策和经济体制改革产生了竞争性企业文化，引导资本积累集聚，提高生产力和收入水平，这些都是前所未有的。

1978 年改革之前的中国贫弱落后，大部分人处于极端贫困之中。1978 年后，中国在很短时间内实现了增长，这不仅仅是一次性针对所有部门的改革战略。这种发展战略遵循渐进和有条理的方法，先以特定的小部门为目标，再转向更大的改革战略。因此，改革的第一阶段从农村地区开始，然后逐步转向城市，开展以企业为中心的发展计划。改革首先从农业开始，然后是对外贸易和投资，后来又扩展到工业。之所以把改革重点放在农业上，是因为农业具有巨大的发展潜力，是进一步改革的良好起点。中国打破了集体农庄制度，赋予小规模农场主权力。农业产量猛增，创造了更多就业机会；农村收入和储蓄增加，后来在 80 年代到 90 年代用于投资乡镇企业（TVE）。中国将投资主要集中于劳动密集型产业，为庞大的劳动力创造就业机会。越来越多的人获得工作，消费增加，税收也随之增加，这些税收后来用于完善基础设施建设。改革每次只针对一个部门，然后在其他相关部门引起连锁反应，从而促进经济整体增长。这种小部门推动大改革的务实方针是为了避免对经济造成严重破坏。

在国际贸易和投资领域，中国经济开始对外开放，与世界经济进一步融合。对外贸易、外国直接投资、外部技术合作和各种形式的资本已成为被广泛接受的国家政策内容。2001 年加入世界贸易组织以来，中国加快对外开放程度，跃升为世界出口大国。

1978 年以来的中国经济发展战略

从 1978 年开始的改革持续了 30 年，包括以下三个核心战略：

1978 年以来的对外开放政策。1978 年末实行的对外开放政策鼓励外商投资，改变了中国与包括亚洲在内的世界的整体关系。中国充分利用了后发优势。

1990 年以来的睦邻友好政策。1990 年的睦邻友好政策主要针对中国的东南亚邻国。中国与东南亚、中亚等邻国建立友好的经济关系，旨在与邻国共享经济利益与繁荣。

2002 年以来的"走出去"战略。2002 年是中国加入世界贸易组织后的第一年，为中国带来了更多的机会，在世界贸易组织框架下与其他国家建立更紧密的政治经济关系。为此，中国领导人提出了"走出去"战略，旨在让中国企业走向海外。贸易、引进外资（IFDI）和对外直接投资（OFDI）的趋势标志着中国全球化的三个不同阶段。

全球化带给中国的经济利益超过了预期。开放市场维持了中国对世界产品的需求，同样，向全球开放的贸易政策维持了世界对中国产品的需求。中国对外资开放大门，通过鼓励竞争、教育，培养劳动力，提供先进的现代技术，从而提高了国内经济效率和生产率。从银行监管到产品标准，中国在许多领域引入了国外的做法。

中国与世界的融合为政策改革奠定了基础，从而使劳动密集型的制造业出口开始快速扩张，同时，一系列资本密集型和技术密集型制成品和工业原料的进口也迅速增长。经济活动优先考虑对基础设施和重工业的投资。除基础设施外，大量投资还集中在日益多样化和复杂的出口部门。

新的经济战略试图将市场机制与国家干预相结合，取得了两位数增长的巨大成功。经济快速增长，工资缓慢上升，提高了经济活动的利润份额。这样提高了储蓄率，从而为扩大投资奠定了基础。

概括起来，导致出口激增、快速增长和减贫的中国发展战略具有以下主要特点（世界银行，2013 年）。

务实有效的市场化改革。中国采取了一种"摸着石头过河"的战略。这些改革的一个主要特点在于其"双轨制"性质——在稳定原有优先行业的国有企业的同时，放开私营企业的准入（Lin，2010）。

在增长、社会与宏观经济稳定之间寻求平衡。1978 年改革之初的经济困难局面使经济增长成为迫在眉睫的重点任务。在经济和结构快速改变时期，政府采用财政、行政、就业等多方面政策的不同组合来保持社会稳定。这不是微不足道的成就，因为需要给额外的 900 万人提供工作，还要吸纳受到政策变化（譬如国企改革）而失业、摩擦性失业和结构性失业的工人。

地区之间的竞争。改革鼓励各级地方政府在吸引投资、发展基础设施和改善本地商业环境方面进行竞争。向地方分权的政策，包括 1994 年的财政改革，增强了要素的流动性，对经济增长提供最大限度政策支持。实现增长、外国直接投资、就业和社会稳定等重要改革目标的官员会受到奖励。

国内市场一体化。政策打破了商品、劳动力和资本流动的地区壁垒，并建立了全国统一的市场体系。优先推进连接内陆和沿海的基础设施建设，促进市场发展。

稳步融入全球经济。设立经济特区和加入世界贸易组织使中国不断扩大和深化与全球经济的融合。毗邻中国香港特别行政区和中国台湾的区位条件发挥了自然的优势。

价值链的融合。通过吸引外资，促进贸易便利化，中国已从某种程度上封闭自守的经济体发展成为高度融合的全球价值链制造中心。多年来，中国在交通、互联网和信息通信技术基础设施上进行了大量投资。全球价值链的融合有助于提高企业生产力和竞争力。如今的中国已位居全球三大生产制造中心之一；另外两国分别是美国和德国。

亚洲经济体与中国的联系因区域供应链而愈加紧密。麦肯锡全球研究所发现，全球价值链呈现出区域化属性加强、全球化属性减弱的态势。这种发展情况在亚洲尤为显著，例如马来西亚、新加坡和菲律宾这三个国家的最大贸易与投资伙伴都是中国。

近年来，中国在国际贸易中的角色已经开始转换。中国在全球价值链中提供的产品附加值越来越高。

人们普遍认为，中国经济增长速度可能会放缓。今后 20 年年均增长率预计将比过去 30 年低三分之一（从 10% 降低至 6.6%）。即使是以当前的增长趋势也足以推动中国到 2030 年跻身高收入国家，但增速放缓可能会对经济产生始料不及的后果。成功实施本报告所述改革政策，如提高投入要素的使用效率，增加人力资本投资，强化创新和转向高价值的服务业，使经济增长获得新动力，将有助于中国避开中等收入陷阱，在今后 20 年保持所期望的年均 6%～7% 的增长率水平（过去 30 年的年均增长率为将近 10%）。

实现共同繁荣的途径

长久以来，中国一直被称为沉睡的巨龙，而如今已经醒来。过去三十年里，中国经济持续以两位数速度增长，成为仅次于美国的世界第二大经济体。在这段时间内，中国人民收入大幅增长，贫困问题几乎被解决。而中国领导人——特别是习近平主席——正在推进泛亚社区建设的宏伟设计，其主题是整个社区的"共同繁荣"。中国领导人认为，在 21 世纪，如果亚洲有任何地方存在落后现象，那么中国自身的发展也就没什么意义。

中国有一句谚语："远亲不如近邻。"中国很重视与邻国的友好关系，自 1990 年起，中国与邻国建立起稳固的制度联系与外交关系，为亚洲地缘经济议程打下卓越的基础。"包容性"是根本，它秉承的是共同繁荣，不让任何人掉队。尽管这是向全球发出的信号，但重点对象是亚洲，因为中国领导人认为，亚洲是世界上最具活力和最有前途的地区。近年来，亚洲已成为驱动全球经济复苏与增长的重要引擎，与世界经济强国并肩努力，应对 2007～2008 年全球金融危机带来的挑战。亚洲对世界经济增长的贡献超过 50%，为全球复苏注入了必要的信心。

我们可以从中国政府的政策立场中看到他们对构建人类命运共同体的再次承诺，这意味着，如果没有命运共同体，那么中国不断壮大的经济实力和创造的财富对全人类来说都没有意义。为了追求命运共同体，中国政府奉行一项政策：尊重一切国家主权，尊重人民，无论种族与发展水平。"一带一路"倡议（BRI）与亚投行（AIIB）和金砖国家新开发银行（NDB）为这个在中国出现的新型地缘政治运动提供了地缘经济力量。

然而时代在改变。亚洲需要根据趋势及时转型和升级其发展模式，释放全部潜力。为了确保全球经济健康稳定发展，国际经济和金融体系与全球治理机制的改革至关重要。"共同发展"是可持续发展的基础，是命运共同体理念倡导的另一个主题，因为人类共处一个世界，地球是各国共同的家园。中国有句俗话："一花独放不是春，百花齐放春满园。"

中国发展得越快，越能为亚洲其他地区和国际社会创造发展机会。中国将积极推动亚洲和世界范围的地区合作，坚定支持亚洲与其他地区开放合作，促进共同发展。为此，中国将继续倡导并推动贸易和投资自由化，加强同各国的双向投资，打造合作新亮点。

"一带一路"倡议不仅仅涉及基础设施。除"一带一路"倡议之外，中国参与了多个重大国际项目，包括亚洲基础设施投资银行（AIIB）、金砖国家新开发银行（NDB）和丝路基金，亚非发展中国家的资源与基础设施需求之间存在巨大差距，这些项目主要就是为了弥补这些差距。"一带一路"倡议提出了中国全球化战略的新思路，而亚投行和金砖国家新开发银行就是多边金融工具。可以说，中国的"一带一路"倡议为全球化进入包容性新阶段奠定了基础。该倡议已经得到很多支持，福山（2016）认为，这是'中国与美国等西方国家开展的一场发展模式的历史性竞赛'的一部分。中国的重点是在国际范围内建立战略经济伙伴关系，加强多边信贷，以解决投资、基础设施、就业和经济发展问题。

"一带一路"倡议代表了中国对外开放发展和"走出去"的新思想。目前，已有 30 多个国家与中国签署了共建"一带一路"谅解备忘录，另有 40 多个国家对该倡议表现出兴趣，这说明"一带一路"倡议正在对世界发展产生深远影响。

尽管"一带一路"倡议蕴含着中国关于国际合作的新思路，彰显了中国为全球发展扮演更积极角色的雄心壮志，但其宗旨是维护全球自由贸易体制。实际上，市场与国家统筹管理是中国近期取得成功的基础（Dunford and Liu，2015）。因此，"一带一路"倡议从"看似不满的"新自由主义全球化中吸取了教训，展现出"包容性全球化"的框架。

中国发展经验：给发展中国家的经验与教训

发展中国家，尤其是那些仍然选择尽可能少地与世界经济融合的发展中国家，应该学习中国经验，通过贸易和投资与世界经济融合，为国民经济和当地人口带来机遇，促进增长，创造就业机会，实现减贫。

自 1978 年以来，在中国的对外开放和"走出去"改革过程中，令人印象最为深刻的成就就是使 8 亿多人摆脱了贫困，根据世界银行的贫困指标，贫困率从 1981 年的近 90% 降至 2% 以下。如今，发展中亚洲的许多国家都遭受了 1970 年至 1980 年代困扰中国的贫困。消除贫困还有很长的路要走，其中最有用的就是学习中国如何在市场化的头十年提高劳动密集型产业竞争力，然后转向更高附加值和技术密集型的服务业。对发展中国家而言，深入了解中国技术改造与创新的战略有很大的指导意义。最令旁观者感兴趣的是了解中国"治理"体系如何建立具有"中国特色"的多样化市场经济。非社会主义发展中国家可以从中国特色中学到什么？综上所述，有以下几个中国经验可供发展中国家优先学习：

（a）国家治理的政治经济学对中国经济产生影响。

（b）中国如何将社会主义控制与企业自由、企业家精神结合在一起？

（c）随着中国经济增长从要素驱动向技术驱动转变，有什么战略来应对第四次工业革命（IR4.0）带来的新挑战？

（d）全球经济受到中国长期的贸易和经常项目盈余的负面影响，面对重新平衡全球经济的任务，中国有何重要策略？

学习中国的结构性改革之路。中国的改革遵循的是循序渐进的发展道路，首先基于特定领域进行局部实验，当局部实验成功后，再扩展到其他领域。中国的改革并没有像 90 年代的苏联和东欧那样发生"剧变"，而是被生动地描述为"一系列小型可控的变革"。

中国没有采取全面改革方案，而是运用了循序渐进的方法，尤其是在改革的第一个阶段（1978~1993 年）。改革首先在农业、对外贸易与投资部门（沿海地区也是如此）进行，后来又扩展到工业部门。同样，外国直接投资的注入和竞争激烈的世界市场的增长使中国开始接受新思想与新技术，改变了封闭几十年的思想。投资、税收和外汇制度被建立起来，用于吸引几个经济特区（1980 年只有四个）出口导向型的外国直接投资，后来逐渐扩展到更多地区。

中国另一个成功的改革策略是在当地引入行业竞争机制。对工业部门的改革采取了以下方式：首先允许非国有企业发展，然后随着时间的推移，降低国有企业的重要性。这给国有企业增加了压力，迫使其提高效率。避免仓促草率的私有化的同时，还避免了"局部改革的陷阱"：暂时受益者由于担心失去已获收益而阻止进一步改革（Roy，2002）。一旦通过地方改革实现了最初的发展目标，转型期国家应尽快、高效地使其经济与全球经济融合。例如，中国内地可以通过香港的供应链主导全球贸易市场，这就是向其他经济体开放的好处。

中国领导人试图保留经济的社会主义特征，将公有制集中在关键经济领域，同时鼓励非国有部门的发展。巴里·诺顿（Barry Naughton，1995）在《计划外增长：中国经济改革（1978～1993）》中指出，中国改革既是自由放任的，又有政府对各种商业前景进行试验。他还提到，其他有抱负的国家无法完美地效仿中国的发展战略，因为中国的制度有政治领导人和高质量官僚机构助力，这些领导人能够直接影响经济政策。

林毅夫（2010）认为，中国的改革策略最为成功，因为它正确地利用了进出口市场，进口的世界皆知，出口的世界皆需。经济配置从某种程度上的封闭状态转向对外贸易与投资的开放状态，从而让出口带动增长，把外国直接投资作为当今经济发展的重要工具。中国作为全球化后来者，其创新、研究与开发费用不及西方先行者高。然而一方面，中国保护了国内优先发展产业的部门免受不良竞争的影响，另一方面，向私营企业、外国直接投资企业等开放具有比较优势的部门。这就是双轨制途径。这种途径为那些缺乏自生能力的企业提供了保护，同时，也降低了外企的准入门槛，为中国带来了竞争性企业文化。

发展中国家都视中国为执行、管理经济政策，保持经济增长的典范。尽管由于各个国家的地理位置、资源禀赋和政府政策都是独一无二的，所以制定类似的策略不一定都能获得理想的结果，但是有发展路线总是有好处的。创造城乡就业机会，实行私有化，引入外国直接投资，投资人力资本与高等教育，推进技术发展，减少繁文缛节，降低关税，与世界市场融合，这些都是其他具有类似经济利益的发展中国家可以进行的改革。很多时候，中国发展模式被曲解或过度简化了，认为这只不过是强有力的领导政策（Kaplan，2014）。中国著名哲学家孔子认为，"物质与精神世界的完美平衡可以使国家繁荣昌盛"，尽管许多国家都抛弃了这个思想，但在中国，这种思想已经成为实现经济繁荣必不可少的一部分。

参考文献

Materials drawn from （a）The World Bank，（2013），"China 2030 – Building a Modern，Harmonious，and Creative Society"，and （b）Ku，Samuel （2006），China's Changing Political Economy with Southeast Asia：Starting A Newpage of Accord. *Asian Perspective*，113 – 140.

Lin，Justin Yifu，2010，The China Miracle Demystified，The World Bank.

World Bank Group，（May 2019），China Economic Update.

Significant material on Chinese policy for this section has been derived from a chapter of the book，Xi Jinping：*The Governance of China Part I*，"*A Better Future for Asia and the World*"，Third Edition 2018，Published by Foreign Languages Pres Co，Ltd. Beijing.

Francis Fukuyama （2016），"Reflections on Chinese Governance"，*Journal of Chinese Governance*，1：3 379 – 391，DOI：10. 1080/23812346. 2016. 1212522.

Dunford，Liu （2016），Inclusive globalization：unpacking China's Belt and Road Initiative，Area Development and Policy-Taylor and Francis Group.

Roy，Alok，（2002），"The Chinese Economic Miracle：Lessons to be learnt"，*Economic and Political Weekly*，3835 – 3837 + 3839 – 3848.

Barry Naughton （1995），*Growing Out of the Plan-Chinese Economic Reform*，1978 – 1993.

Kaplan，S. D. （2014），"Development with Chinese characteristics：Ten lessons for Policymakers"，*GREAT Insights Magazine*，Volume 4，Issue 1. December 2014/January 2015.

（余育凡 译）

从批判角度看中国经济增长

阿利·库利巴利（Aly D. Coulibaly）

西非经济货币联盟委员会策略评估主任

引　言

中国的经济长时间以来飞速增长，并成为世界上最大的经济体之一。通过在海外广泛又日益增长的经济活动，中国增强了国家竞争力，也提高了国际影响力。中国成功的基础是一种混合经济，国家政府的支出一直是其增长的重要动力。

基于两个国际参考文献上近期发表的报告①，本论文将告诉读者有关中国经济增长的一些关键事实，重点关注其潜在风险，世界和非洲领导人可以从中学习的经验教训，中国的未来发展道路以及下一个战略挑战等。本文旨在对此动态变化进行批判性研究。

中国经济增长关键事实的简要回顾

2017 年 10 月是中国"新时代"的开始。在国内，它意味着中国领导人的个人权力得到巩固，共产党的控制力得以增强。在国外，它意味着中国将转变成全球领导者并按照其利益重塑世界。正如美国的一个著名口号一般，这一雄心壮志可以被概括为"实现中华民族的伟大复兴"。

从广义上讲，该战略有两个方面：第一，为中国成为世界一流工业和军事大国获得技术专长；第二，维护中国在世界范围内的经济领导地

---

① 出自麦肯锡全球研究所（2019 年 7 月）和经合组织（2019 年 4 月）。

位，使其成为美国的重要竞争对手，例如，将"一带一路"倡议（BRI）[①] 作为该国标志性外交政策的战略基础。

在过去的 40 年中，中国的经济体系发生了深刻的变化。尽管变化巨大，但中国的经济改革仍具有渐进性和试验性。改革开放政策使中国从相对落后的中央计划经济向日益由市场驱动的经济强国转变。在超过 45 年的时间里，中国的实际 GDP 增长率显著高于 G20 国家（图 1）。

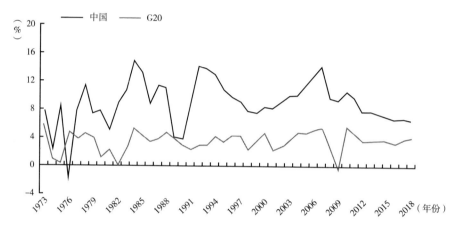

图 1　中国和 G20 国家 1973 年至 2018 年的实际 GDP 增长

资料来源：经合组织经济展望 104 数据库，2019 年 4 月。

如今，中国经济的特征是强烈的国内消费趋势，因此这是内生的，这也是征服新市场和投资的积极政策。

消费是由低失业率和稳定增长的收入支撑的，每个家庭在电子商务和共享服务等项目上的支出越来越多。多年来，特别是在内陆大城市，由于劳动力一直在萎缩，反映出来的人口老龄化、劳动力短缺问题使得

[①] 以丝绸之路项目为例，它被认为是一个"历史机遇"，但对于国内外的怀疑论者而言，它的潜力被夸大了。这就是一个浪费开支的借口。它有着 5 个模糊的目标：政策沟通、设施联通、贸易畅通、资金融通和民心想通（在六个不同的"经济走廊"上）。

"一带一路"倡议不是一个连贯的，涉及明确项目清单的方案，而是一系列广泛的政策目标。现在打着它的旗号的许多项目其实已经计划了多年（Miller，2019）。

工资不断增高。

中国通过庞大的政府支出推动了前期惊人的经济增长。政府战略上持有主导行业的重要公司，它控制着三大能源公司：中石油、中石化和中海油，尽管它们的利润率不如私营公司，资产回报率仅为4.9%，而私营公司为13.2%，但是政府的所有权使国家能够让这些公司享有高优先计划（"国家资本主义"的一种形式）。

对需要出口商品给中国的外国公司有以下要求：必须开设工厂来雇佣中国工人以及必须分享它们的技术，而中国公司则利用这些知识来自己制造产品。

中国的央行，即中国人民银行，严格控制人民币对美元的汇率，这样做是为了控制出口到美国商品的价格，它希望中国商品比美国生产的便宜一些。之所以能够做到这一点，是因为中国的生活成本低于发达国家。通过控制汇率，中国可以在这种差异中获利，由此引发了最近与美国的商业紧张关系。

中国的"新时代"由经济的快速增长拉开帷幕，为当前世界经济的发展做出了巨大贡献。根据长期持续增长推算，到2030年左右，中国对世界经济增长的贡献将超过经合组织国家（Guillemette and Turner，2018）。到那一年，中国在世界产出中所占的份额将达到27%的峰值。最近几年，中国更关注增长的质量而非增长的速度，并取得了成功，国家也为刺激国内消费、避免宏观经济失衡的加剧做出了努力。最近一段时间，经济的下行压力有所增加，部分原因是贸易紧张局势升级，促使政府迅速采取刺激措施来保持经济增长。

这种经济增长为中国提供了机会，让它可以重新崛起，即"复兴"，复原它曾失去的东西，并实现它想要改变自己与世界上其他国家之间关系的"新梦想"，如在贸易、公司、资本、人口、技术等方面（见图2）。

许多数据表明各国之间存在潜在冲突，如：

● 2017年，中国在全球商品贸易中所占份额为11.4%，而美国和德国分别为11.4%和7.8%（见附件1）；

● 经合组织许多部门的FDI管制约束性指数表明中国是开放程度较低的经济体，随着时间的推移该指数最高（见附件2）；

中国与世界：理解变化中的经济联系

从经济体量上看，中国已跻身全球大国之列，但仍有进一步与世界融合的空间。

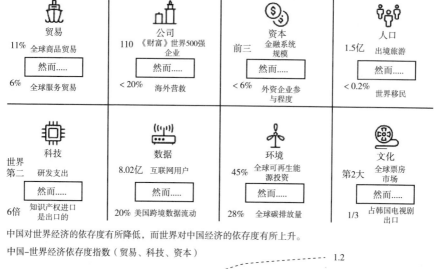

中国对世界经济的依存度有所降低，而世界对中国经济的依存度有所上升。

中国-世界经济依存度指数（贸易、科技、资本）

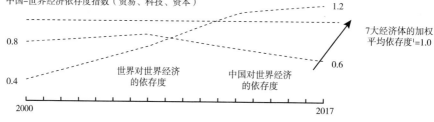

中国与世界经济联系的发展方向可能带来巨大的经济价值变动。

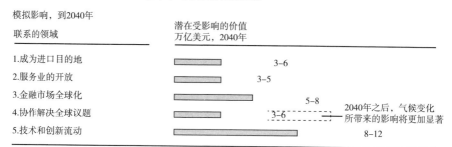

22万亿美元到37万亿美元之间的经济价值（到2040年，相当于15%~26%的全球GDP）
可能会受到中国和世界经济联系变化的影响。

图 2 中国与世界：理解变化中的经济联系

资料来源：麦肯锡全球研究所，2019 年 7 月。

• 中国和世界其他地区的技术市场份额在变化（见附件 3）

• 2007 年到 2017 年，中国的消费增长为国外市场提供了机会（见图 3）

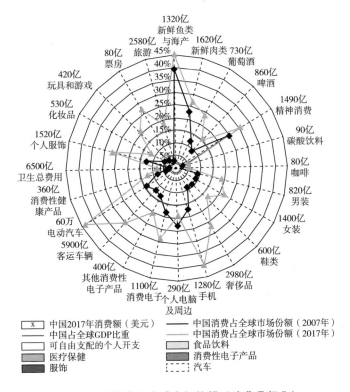

图 3 中国消费占全球市场份额（消费品行业）

大体上，中国经济有所增长，但仍有进一步与世界融合的空间，也展现出许多脆弱的迹象（见表 1）

表 1 中国发展的一些矛盾现象

	中国现在的规模	进一步与世界融合的空间
贸易	自 2013 年以来,中国一直是全球最大的商品贸易国,占 2017 年全球贸易额的 11.4%	但 2017 年中国仅占全球服务业贸易的 6.4%
公司	中国有 110 家《财富》世界 500 强公司,数量与美国相当	但这些企业的收入仍然主要来自国内市场（海外营收仅占收入的 18%,而标普 500 企业的平均比例为 44%）

续表

	中国现在的规模	进一步与世界融合的空间
资本	中国拥有庞大的金融体系（分别是最大的银行体系、第二大股票市场、第三大债券市场）	但是资本跨境流动（美国流动规模是中国的 3～4 倍）和外资参与度相对有限（银行、股票和债券的外资占比不到 6%）
人口	中国是全世界最大的留学生（2017 年高等教育阶段留学生中占比 17%）和出境旅客（中国游客在 2018 年出境旅行 1.5 亿次，居全球之首）来源地	但人员流动在地理位置上相对集中（60% 的出境学生流向美国、澳大利亚和英国），而流向中国的移民流仅占全球总数的 0.2%
技术	中国在研发方面进行了大量投资（是 2018 年全球投资第二大国，投资额为 2930 亿美元）	但仍然严重依赖进口技术（仅三个国家就为中国贡献了一半以上的技术进口）和知识产权（中国的 IP 进口量是出口量的六倍）
数据	中国拥有世界上最多的互联网用户（超过 8 亿），产生了大量数据	跨境数据流量有限（世界排名第八，但仅占美国流量的 20%）
环境影响	中国占全球可再生能源投资的 46%	但它仍然是世界上最大的碳排放源（占总量的 28%）
文化	中国在发展全球文化影响力方面投入了大量资金（2017 年全球票房排名中前 50 的电影有 12% 是在中国拍摄的，远高于 2010 年的 2%）	但是文化影响力仍然相对有限（电视剧的出口量仅是韩国的三分之一）

资料来源：麦肯锡，2019 年 7 月。

中国发展的风险

对于中国自身的风险

政府支出使总债务与 GDP 的比率达到 260%，其中包括政府、公司和消费者持有的债务。由于国家持有许多公司，因此必须将其包括在内。而消费者债务也可能造成资产泡沫。低利率加剧了投机活动，使得城市住房价格飞涨，而高增长水平牺牲了消费者的安全，导致公众对污染、食品安全和通货膨胀产生不满。

这种形势还滋生了一类希望获得更多个人自由的超富裕专业人士。因为大多数工作机会在城市地区，所以他们就住在那里，截至 2017

年，近60%的人口居住在城市地区，而在20世纪80年代，这一比例仅为20%。

地方政府负责提供社会服务，但不允许通过征税来资助这些服务。因此，人们被迫开始储蓄。因为利率一直很低，所以家庭的积蓄回报不高，人们不会花太多钱，这使得内需一直保持在较低水平，也减缓了经济增长的速度。

对于发展中国家的风险

贸易顺差使中国可以建立大量的外汇储备，将其投资于"一带一路"项目，建设其他市场和基础设施，特别是在发展中国家。

这些明显"轻松"的资金使发展中国家面临着承担太多中国债务的风险。然而，发展的诱惑往往超过依赖经济的风险，在某些情况下，这可能是一些国家可以接受的折中方案。

此外，中国的经济好转也引发了一些担忧：

• 在完成项目或建设基础设施的过程中加剧了发展中国家的某些不良形势，比如当地/国家劳动力的就业率不足、环境恶化、授予公共合同时的腐败问题等；

• 与合作伙伴之间不平衡的"双赢"战略（与现实远远不符）；

• 在项目结束时缺乏技术和知识转移；

• 非洲国家对基础设施进行投资时的过度负债（对公共财政产生重大影响）。

不考虑这些实际情况可能会导致一种对所有国家不利的"反华"心态。

世界和非洲领导人可从中国发展学习的经验教训

整个国际社会，特别是非洲领导人，都可以从中国独特的指导性发展经验中学到很多：

对于世界的启示

1. 中国与世界之间的关系正在发生变化（见图2）。中国惊人且可持续的增长引起了邻国的"嫉妒"。如今，这种优势已成为一种弱点，而机遇已成为真正的威胁。每个参与国都必须处理不确定因素带来的问题。

2. 从上面看，中国的技术价值链将越来越全球化，以实现更大的自主权（最近的商业紧张局势使美国成了一个非常有启发性的警告）。

3. 中国的消费可能会为世界其他国家提供机会（前提是新的"双赢"战略和"对世界开放"战略成为现实，而不仅仅是口号，并且相关障碍得以消除）。

4. 对于研究人员和政客来说，长期以来，在世界某些地区（主要是在非洲），马尔萨斯理论和人口红利观念是被质疑的。那如何解释一个拥有近 14 亿人口的国家已成为当今世界主要经济体之一呢？

对于大多数非洲领导人的启示

将近 60 年前，中国的发展水平刚好高于独立不久的非洲国家。而今天，情况有所不同。我们可以从中学到以下几点：

1. 我们必须有清晰的愿景和长期战略（由强大的领导人或政党起草），以保持公众对国家内部结构改革深度的关注，来应对各种国际冲击。

我们可以用中国驻马里大使的话①来说明这一点：

> 第一个解释是中国人的自信。中国知道自己来自何方，走向何处。对于像中国这样的一艘"大船"，需要一个有远见、头脑清醒、内心强大、做事果断的船长。在中国共产党长期坚强的领导下（长达 30 年甚至 50 年），这位船长从未迷失过方向，而他在方方面面，时时刻刻都吸取了经验教训，并且所有船员都严格遵守船长的命令。第二个解释来自中国人的逻辑，他们不会一成不变，也不会蹈

---

① 朱立英大使访谈，来自网站 https：//www. maliweb. net/international/celebration – du – 70eme – anniversaire – de – la – fondation – de – la – republique – de – chine – au – mali – en – trois – generations – seulement – la – chine – est – passee – de – zero – a – la – deuxieme – economie – du – monde – 2840562. html。

踌不前。40 年来，中国不断深化改革开放的政策。改革有助于提高经济生产力，加强社会凝聚力。

2. 相比在数千公里外才能听到的"警笛声"，文化层面的重要性以及"离散策略/外交"和"沉默的进步"的有效性更值得重视。在"表面和平"时期，发展政策的有效性未必是通过生产的坦克数量来衡量，而可以通过征服全球新市场的份额来衡量。

3. 可以寻找除了当前的主导成功模型（西方、中国）之外的其他成功发展模型（"避免独特性和单一性"）。每个国家都必须考虑自身的特殊性来找到自己的发展道路。

4. 没有殖民历史可以看作一种财富。

未来发展道路

中国领导人已采取步骤，从其 13.8 亿人口中拉动内需。强大的消费市场使中国减少了对出口的依赖，并且正在向更加以市场为基础的经济多元化迈进，这意味着要减少对国有企业的依赖，而要更多地依赖私营企业，以获得竞争环境的收益。

为了促进增长，中国需要更多的创新公司，这都来自创业精神。国有企业占工业总产值的 25%，低于 1970 年的 75%，但是中国还需要努力。

中国领导人意识到他们必须改革经济。为此，他们批准了"中国制造 2025"计划，推进了技术进步，特别是在大数据、飞机发动机和清洁汽车方面。中国已成为太阳能技术的世界领导者，同时它正在削减包括钢铁和煤炭生产在内的出口。

中国领导人现在走了一条正确的路，他们必须进行改革以消除资产泡沫，另一方面，随着增长放缓，生活水平可能下降，这可能会引起另一场革命，人们只会为了个人财富的快速增长，才会将个人权力移交给国家。

增加财富的一种方法是鼓励对中国股票市场的投资，这样一来，公司就可以减少对债务的依赖，而更多地依靠出售股票来为发展提供资金。这样还可以帮助在深圳交易所上市的科技公司。中国最近在大陆交易所和香港股市之间都安装了 Connect 程序。

接下来的战略挑战

追求"中国梦"已成为一种指导思想。首先，它是一种国内愿景。毕竟，如果国内不强大，中国就不可能伟大。它也与中国在世界上的地位密切相关。经过多年的准备，中国决心成为现代世界大国。自 19 世纪以来，政治领导人和知识分子一直在克制对"财富与权力"（富强）的追求。简略来说，就是"使国家富裕，增强军事实力"（Miller，2019）。

中国的意图是"结交更多的朋友"，并为人类打造"命运共同体"（mingyun gongtongti），目的在于创建一个由中国现金润滑的正式和/或非正式联盟网络。随着邻国和友国在经济上越来越依赖它，中国认为其地缘政治影响力将会增强。这种新的思想可以被看作"和平崛起"，它试图封装中国复兴的现实，同时又向世界保证它仍然是一股"良性力量"。

在国内外，中国的经济都将变得"富强"。作为一个大国，它必须积极参与全球事务，帮助制定国际规则，并接受批评家的意见，其中包括友国和盟国的批评（关于"中国新帝国主义""入侵""威胁"等）以及面临陷入傲慢和自大陷阱的风险，而这与中国文化恰恰相反。中国是一股更柔软的力量。

如今，中国必须深入探索如何在高度不确定的环境中摸索前进。为了取得成功，中国必须做到以下几点：

- 不屈服于回忆中过去的强大，不能卷入历史的报复逻辑；
- 从自身的错误以及世界上之前或当前的"大师国家"的错误中学习；
- 定义中国的长期"抱负"；
- 分享面向小国和新兴国家的"为建设命运共同体向世界开放的共赢战略"的理念，并将其转化为现实。毋庸置疑，中国的"双赢"外交，尽管被中国外交政策制定者提了多次，但它的宗旨是首先服务于中国的利益。

- 根据该战略优先考虑投资；
- 加大对国情的关注。

表 2 总结了中国适应环境的方式，其进行了必要的国内结构改革，以改善包容性和可持续增长的前景。该政策包括技能和教育、外国直接投资、基础设施和连通性、绿色金融、贸易、国有企业、土地利用和创新方面（经合组织，2019）。

表 2　适合中国环境的战略或计划

环境 ← （世界上其他国家）	战略	→
1. 分析动态变化 （国家、工业）	2. 形成战略选择	3. 执行 （根据战略优先选择）
*中国面临的主要外部变化（政治、经济、社会、技术、环境和法律）和不利条件是什么？ *如何分析这些变化，是机遇还是威胁？ *对市场规模、竞争压力和行业价值链有什么影响？	*着力点在哪里（如技能和教育、创新、竞争与贸易、外国直接投资开放度、产品和市场监管等方面）？采取什么方式提高竞争力（如设定一个长期愿景和新的指导思想：更加关注国情，"人类命运共同体"，更可靠的"双赢"方法）？ *中国如何改善或改变其价值主张？ *如何通过持续价值获取来提高长期盈利能力？	*如何识别弱点并将其转化为优势？ *需要哪些活动和（内部和外部）资源（人力、财务、技术等）来支持价值创造和创造优越的财政状况？ *中国需要在哪里培养敏捷性和实验性？

结　语

很少有人或组织敢于列出清晰的清单，列出他们可以承受的风险或可能影响他们的灾难因素，甚至更少的人会选择去创造避免这些情况的条件，或做好准备来减轻可能发生的不良后果。但这是非常积极的训练，它要求我们预测所有的可能情况，尽可能地量化它们的可能性，以减少不理想的可能性以及它们发生的不良影响。

"然而，历史告诉我们，一旦胆怯、盲目和拖延融合在一起，文明、

民族、商业、家庭就消失了，将勇气、清醒与意志结合起来才能幸存下来。"（ATTALI，2019）

像中国这样的国家，过去曾是入侵和殖民的受害者，骨子里有着儒家哲学，可以用来捍卫和平、平等、尊重、主权和不干涉世界其他国家内政的原则。在一个日益动荡的世界中，它需要合作与开放。

为了将"命运共同体"的梦想变为现实，中国必须展现出其愿景背后的核心意识形态（核心价值观和核心宗旨），这种观念可以使世界随着时间的流逝而团结在一起，并使自己变得有吸引力、敢于冒险。

如果实现这一构想，就可以真正改变世界。必须建立一种危机感，组建一个强有力的指导联盟，传达这一愿景，授权其他人来采取行动，计划并创造短期胜利，巩固改进的地方并制度化新的方法。

一个不插手其他国家的事务并尊重不干预和不结盟原则的"孤独力量"，能在矛盾问题轻易就跨越国界的世界中幸存吗？

如今，在世界局势动荡、渴望新的希望和治理源泉之时，中国可能成为参考之源，而孔子规定的对生活原则的尊重将越来越受到全球化和开放性的考验。对于非洲领导人而言，无论其经济增长如何，中国的过去都不应该是他们的未来，而应该是灵感的来源。为了赢得未来，他们必须投资现在。

如何达到"全球本土化"，即在全球化和开放化的同时，保持对本国国情和文化的关注？这对作为世界"新主人或超级大国"之一的中国来说，是一个前所未有的未知挑战。

（沈依沁 译）

附件1　2000年和2017年中国、美国和德国在全球增长中所占份额

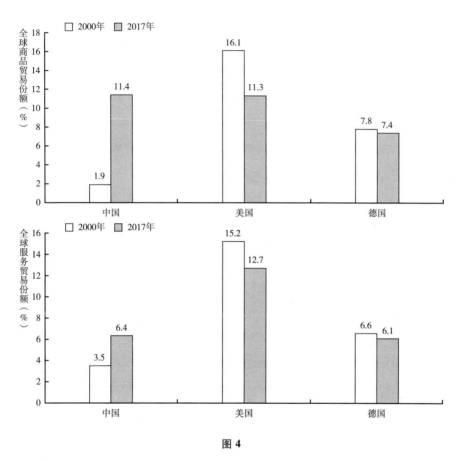

图4

资料来源：麦肯锡全球研究所分析。

附件2　经合组织外国直接投资监管限制指数

经合组织会衡量给定国家和部门对外国直接投资的限制，并给出一个反映该部门受限制程度的指数值。0代表开放，1代表封闭。

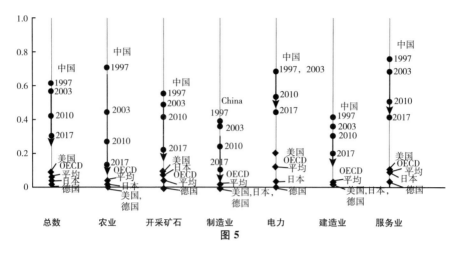

图 5

资料来源：经合组织；麦肯锡全球研究所分析。

附件3　中国和世界其他国家的技术市场份额

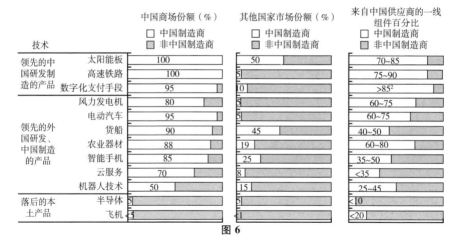

图 6

资料来源：年度报告；文献搜索；麦肯锡全球研究所分析。

1 基于 2018 年及最新数据。

2 比较了本土和进口软件开发的成本。

3 用于云存储的服务器。

4 只计算了工业用的机器人。

5 受可用数据限制，在此假设中国和其他国家的市场份额相同。

中国的多维现代化道路

艾哈迈德·A·赛夫（Ahmed Abdulkarem Abdulqader Saif）

也门舍巴战略研究中心主任

理论介绍

有的国家只实现了发展，有的国家只实现了现代化，但中国成功地实现了发展和现代化，这个过程无疑值得其他国家效仿。然而，大卫·阿普特（David Apter）总结出的这两个过程之间的区别：

> 普遍来说，发展是社区功能角色的扩散和整合。现代化是发展的一个特例。现代化意味着三个条件——一个能够不断创新且不会崩溃的社会体系……；有区别的、灵活的社会结构；以及生活在技术先进世界里所必备的提供技能和知识的社会框架。工业化可以定义为社会中的某个时期，并且在这个社会中，制造业与战略功能的角色相关。[①]

各种各样的术语被用来称呼欠发达国家（LCD's）。早期的一个标签"落后社会"体现的是一个殖民化的观点，体现出白人教化他人使命的正当性。随着非殖民化展开，"新兴国家"一词的盛行仿佛在说这些独立的国家没有历史一般，这体现出西方的卓越感和优越感。随后这个词

---

① Apter, David, *The Politics of Modernisation*, Chicago University Press, 1965, p. 426.

被"不发达国家"所取代，后者在现代化范式中表明这些国家目前仍不发达，但正在努力加入发达国家的行列。随着国际组织舞台的演变，出现了"发展中国家"这个较为乐观的术语。但最近"欠发达国家"（LCD's）一词在发展主义中盛行。①

"第三世界"是亚非国家所采用的第三种说法，这显示了他们对美国和原苏联领导的两个敌对阵营的公正立场，实现了不结盟运动。这一表达也暗含着他们想要打破"每个社会都必须沿着发达国家的道路走下去才能实现现代化"这一假设的企图。这也要求我们去识别到底什么是现代化。

传统社会和现代社会的区别是塔尔科特·帕森斯（Talcott Parsons）基于马克斯·韦伯（Max Weber）所提出的理论而得出的。一个社会被称为"传统社会"，那么在这个社会中，大多数关系是特殊的而不是普遍的（例如，基于与某个特定的人之间的关系，如亲属的关系，而不是基于整个特定阶级的一般标准）；在这个社会中，一个人的出生（归属）而不是他的成就决定着他是否能够得到一份工作或一个职位；情感而非客观性支配着各种关系（情感性和中立性之间的区别）；在这种关系中，角色并没有被明确区分——例如，王室也是国家机构（角色扩散性和角色特异性）。与这个社会相反的所有方面就组成了现代社会。其他通常被视为传统社会特征的有：分工水平低、对农业和原材料的依赖、生产增长率低、大规模的当地交易网络、有限的管理能力。现代社会则呈现出相反的特征。②

中国奇迹

发达国家与欠发达国家之间的经济和技术差距日益扩大，反映出了发展主义战略的失败，这导致 20 世纪 60 年代和 70 年代在理论方向和术

① Alavi, Hamza and Teodor Shanin, "An Introduction to the Sociology of Developing Societies", in Springer, *Studies in Comparative International Development*, vol. 17 March 1982, pp. 1 – 4.

② Parsons, Talcott, *The Structure of Social Action*, University of Colorado Press, 1952, pp. 58 – 67.

语上发生了转变。人们的注意力从关注传统主义与现代主义的区别，到关注特定社会中存在的问题。依附理论填补了理论空白，该理论强调第三世界在资本主义世界体系中的从属地位，它们的命运被经济和技术方面的不平等所操纵着。[①] 最近，人们注意到了一对新的主要概念：核心和边缘，这已经成为发展主义文献中最普遍的术语，左右翼评论家都在使用这两个概念。从这个角度看，中国已经成功突破了瓶颈。

传统与现代的二分法是一种普遍的观念。假设所有的社会都是相同的，他们将经历一系列与西方相同的现代化变化。但矛盾的是中国的发展道路反驳了这种观点，并突出了国家角色与西方经验完全不同的可能性。

另一种假设认为社会转型与发展本质上是与国家内部动力有关。这种内源性变化的假设并不是完全正确的，因为我们无法否认发达国家和新兴国际制度对一个国家所产生的影响。巴林顿·摩尔（Barrington Moore）正是代表了这样一种看法，他看到了通往现代化的道路：产生民主的传统资产阶级革命；地主阶级和现代化精英之间的反动联盟导致的自上而下的革命，催生了法西斯主义；自下而上的农民起义导致了社会主义的产生。[②]

雅瓜里比（Jaguaribe）也提出了三种发展模式：第一种模式是民族资本主义，民族资产阶级和中产阶级中那些正在推动现代化的人们，他们与无产阶级和动员起来的农民达成联合，与传统的产业部类相对抗。第二种模式是国家资本主义，即中产阶级在城乡群众的支持下对抗传统的精英阶层。在这里，国家在经济中扮演着主要角色，与私营的产业部类的差距很小。第三种模式是发展型社会主义，即知识分子在革命党派的组织下，得到了城乡群众的支持。[③] 了解了这三种模式后，我们发现

---

① Alavi, Hamza and Teodor Shanin, "An Introduction to the Sociology of Developing Societies", in Springer, *Studies in Comparative International Development*, vol. 17 March 1982, pp. 1 - 4.

② Barrington Moore, *The Social Origins of Dictatorship and Democracy*, Boston: Beacon, 1966, p. 23.

③ Jaguaribe, Helio, *Political Development: A General Theory and a Latin American Case Study*, Haper & Row, 1973, pp. 282 - 283.

中国在不同的时期采取了不同的发展模式，最终创造出了先进的可持续发展。中国所采取的方法使其避免了因突变而造成的混乱。摩尔和雅瓜里比的方法均排除了外部变量。罗克斯伯勒（Roxborough）注意到单纯仅由外部变量或是内部变量来决定发展模式的做法都是不全面的，应该将内部因素和外部因素结合起来形成一个完整的理论。①

一个成功的模式

在过去的 70 年里，中国在经历了翻天覆地的变化后实现了现代化，与最发达的国家平起平坐。中国现代化最重要的一个方面是结束了困扰其 150 年（译注：原文如此，根据后文鸦片战争至二战结束的时间来算，应为 100 年左右）的贫困问题，这场贫困始于 18 世纪末（译注：原文如此，应为 19 世纪中叶）的鸦片战争，一致延续到第二次世界大战末日本占领的结束。中国现代化的史诗始于 1949 年中华人民共和国成立。

为了证明中国走了多条现代化道路，我们必须审视发展的意义。然而，奇尔科特（Chilcote）② 将有关发展的研究分为五类。第一，以阿蒙德（Almond）等人为代表，运用民主和政治民主这两个理念，提出了政治制度和职能层次的概念。③ 沃尔特·罗斯托（Walt Rostow）的发展阶段理论试图划分一系列的发展阶段。④ 然而，对这一类发展的研究给了英美两国以启发。

第二类是关于国家建设的概念。他把民族主义与发展相结合，反映了非洲和拉丁美洲国家的当代经历。⑤ 第三类是关于现代化。列维

---

① Roxborough, *Theories of Underdevelopment*, London：Macmillan, 1979, p. 26.

② Roxborough, *Theories of Underdevelopment*, London：Macmillan, 1979, p. 26.

③ Almond, Gabriel and G. Binghour Powell, *Comparative Politics*：*A Developmental Approach*, Boston：Little & Brown and Company, 1966, pp. 16 - 14.

④ Rostow, Walt, 1960, *The Five Stages of Growth*，罗斯托认为从传统社会向现代社会的转变经历了五个阶段。他声称，所有的社会都会经历着唯一、独特顺序的一系列阶段。

⑤ 例如，请参照：Karl Deutsch, *Nationalism and Social Communication*：*An Inquiry into Foundation of Nationality*, 1953。

（Marion J. Levy）和阿普特（David Apter）的研究代表这一类看法，在这一领域中，结构功能主义被应用于现代化理论中。阿普特强调了两种现代化模式：西方的民主模式和神圣的集体主义模式。他在结构功能的框架内审视现代化和传统的特征。①

第四类是关于变革的研究。塞缪尔·亨廷顿（Samuel Huntington）就是一个很好的例子，他的研究中强调系统的稳定性。他声称，一旦发生了政治动员和政治参与，就会出现政治衰朽和不平衡。②

最后一类是关于批判民族中心主义发展理论。这些研究认为第三世界的不发达是由发达国家资本主义的发展所导致的结果。③

可持续发展

熊彼特认为，④ 西方在研究发展与增长之间的区别上有极大的困惑或漠视，在他们看来，这两个词几乎是同义词。萨伊赫（Sayigh）提到，这是因为西方已经拥有了政治、社会和经济基础设施、完备的资本和技术基础。⑤ 可能正是出于这个原因，西方社会思想家更注重把经济数字作为衡量经济增长和发展程度的指标。相比之下，欠发达国家的政治和社会经济基础仍然不完善，因此必须区分增长和发展。

---

① 这些材料的例子可以在列维的 *The Structure of Society* 和 David Apter 的 *The Politics of Modernisation* 一书中找到。

② 对于这一论点，请参照：Samuel Huntington，*Political Development and Political Decay*，Cambridge University Press，1965，pp. 386 - 430。

③ 例如请参照：Frank，Andre Gunder，*Capitalism and Underdevelopment in Latin America：Historical Studies of Chile and Brazil*，Hammonds worth：Penguin，1972。

④ 熊彼特在上世纪初（1911 年）曾试图明确区分经济增长和发展。他认为，增长包括一个逐步扩大生产的过程，采用相同的方法生产更多相同的产品。相反，发展则包括生产资料的重新组合、现有产品和新产品的生产、新的供应来源和开放市场。在以上每一种情况下都需要创新。更多内容请参照：J. A. Schumpeter，*The Theory of Economic Development*，New york：Oxford University Press，1961，pp. 66 - 78。

⑤ Sayigh，Yazid，'Gulf Crisis：Why Arab Regional Order Failed?'，*International Affairs*，vol. 67，issue 3，July 1991，pp. 6 - 8.

　　经济增长通常用国内生产总值（GDP）来衡量，以 GDP 总量或人均 GDP 来表示。① GDP 常常被错误地用作衡量平均社会福利的指标，那么在不改变财富和权力分配格局等社会政治因素的情况下，就可以实现经济增长。对于用 GDP 作为衡量指标，有人提出了批评意见，主要有以下四点原因：首先，人均 GDP 无法体现财富分配的情况。其次，这一衡量指标不包括非市场化的产出，如家庭生产。② 第三，若使用官方汇率进行国际 GDP 的比较，则会使得货币和货物的实际价值进一步失真③。最后，在食利经济体中，GDP 会产生一个误导性的概念，因为在该类经济中，大部分 GDP 不是收入而是资本的清算，而资本的清算产生的大部分收益不是可以长期维持的收入。

　　然而，一些经济学家，如库兹涅茨（Kuznets），已经注意到在社会政治发展的同时实现经济发展的重要性。他把一个国家的经济增长定义为一个国家长期不断发展的向其人民提供日益多样化的经济产品的能力。这种能力的提高是基于技术的进步以及它所要求的体制和意识形态调整。④

　　相比之下，发展的过程可以被视为政治、社会和经济进程的互补和累积演变。萨伊赫扼要地提出：

> 发展可以通过特定社会特征的有序增长和连续性来确定，在技术、社会、政治和经济框架下，发展必定是在重大的变化发生前或与之同时发生的。⑤

---

① Richards and Waterbury, *A Political Economy of the Middle East*, Westview Press, 1996, p. 10.

② 同上书，pp. 10 – 11。

③ 在使用官方汇率比较各国收入的情况下，会忽略非贸易商品（如住房和理发）与贸易商品（如小麦和汽车）之间的价格差异。欠发达国家的价格要低于发达国家。

④ Kuznets, "Modern Economic Growth: Findings and Reflections", *The American Economic Review*, vol. 63, no. 3, June 1973, pp. 247 – 258.

⑤ Sayigh, Yazid, "New Framework for Complementarity Among the Arab Economies", in M. Hudson, *Arab Resources: The Transformation of Society*, CRC Press Book, 1982, p. 136.

因此，中国正在做的就是一种全面的增量式发展。从1978年到现在，GDP每年大约增长8%，帮助7.5亿人摆脱贫困。改革开放政策的成功实施使中国的贫困人口从97.5%大幅减少到仅3.1%，离2030年实现完全脱贫的目标更进一步。

中国在农业和工业领域取得的巨大进步改变了世界贸易格局，推动了"一带一路"建设。"一带一路"能使中国的基础设施发展达到最先进的水平，也有助于推动沿线国家的发展。

环境与防沙治沙

中国在扩大绿化面积和防沙治沙方面发生了历史性变化，到上世纪末，年均治理面积达到1.04万平方公里，到今天，每年继续增加2.4万平方公里，提前实现了2030年的初步目标。现今，为了保持清洁无污染的环境，中国已成为太阳能和风能的最大能源生产国之一。每年仅通过风车风力发电就产生了超过18000兆瓦的电能。

寿命的延长

中国的医疗水平的大幅提高延长了寿命，人口的平均年龄从1949年的35岁跃升到2018年的77岁，这使得独生子女政策给未来带来了巨大挑战。尽管这一政策控制了人口的增长，但另一方面也导致了社会老龄化，年轻的劳动人口将出现短缺。此外，国家还将负担照顾老年人的额外费用。然而，中国政府已经推出了二孩政策以克服这一困境，尽管如此，中国人却不愿生第二胎，因为教育和医疗费用的急剧增加，为了确保能够提供给孩子良好的教育和医疗条件，大多数父母倾向于仅生一个孩子。此外，父母通常忙于工作，没有太多时间来照顾二胎。

教育大发展

从中华人民共和国建国之日起，中国领导人就意识到了建立起一个先进的现代化教育体系以缩小未来差距的重要性。70年后，这一目标取得了显著的成功。现如今，政府发起了一项综合性的奖学金项目，在该项目中，中国学生被送往全球最具国际领先地位的大学中学习深造。从中国国内来看，世界前 50 强大学中有一所以上的中国大学。中国在教育方面最显著的成就之一是对技术和人工智能的投资，这导致了前所未有的教育热潮。如今，中国的大学和学校不仅能容纳中国学生，而且已经成为许多海外学生的主要留学目的地。这有助于在全球范围内传播学习汉语的热潮，汉语有望很快成为世界最受欢迎的语言之一。

服务业

在过去的 70 年里，服务业已经发展成为当今中国经济中最大的行业，服务业增加值从 1952 年的 19.5% 上升到 2018 年的 4695.75 万亿元，年均增长 8.4%。

服务业对 GDP 的贡献率加快，2018 年时达到 59.7%，占同期外商投资的 68.1%。这使得服务业成为外商投资最受欢迎的行业。截至 2018 年底，该行业从业人员已达 3.6 亿人，从这一方面来说，服务业是中国最大的雇主。

空间技术

中国在航天领域的成就是多方面的。一个新的空间站已经发射升空，其先进程度与美国国家航空航天局相当，中国还启动了月球探测项目，利用一颗技术较为成熟的卫星进行探测。中国拥有世界上运行速度最快的计算机。另一方面，中国发布了 C919 飞机，目前已投入使用。中国还运行了一台名为 FAST 的 500 米口径球面射电望远镜，这是目前世界上最大的望远镜。此外，中国蛟龙号潜艇下潜至 7000 米的深水区，创下了新的纪录。

除此之外，世界上最快的复兴号子弹列车以 350k/h 的速度投入使用。港珠澳大桥也已建成，成为世界上最长的桥梁，桥隧全长 55 千米，由三座斜拉桥、一条海底隧道和四个人工岛屿组成。港珠澳大桥既是地球上最长的跨海通道，也是最长的公海固定运输通道。中国还已经启动了其他大型项目，在此不再一一赘述。

结　论

传统与现代的二分法是极为普遍的概念。假设所有的社会都是相似的，它们将经历一系列曾在西方发生过的现代化变化。但矛盾的是，并非所有的前资本主义社会都是一样的，封建社会和部落社会是不同的，现代社会与 15 世纪、16 世纪的欧洲封建社会所面临的外部因素也已大不相同。

二元性是欠发达国家最普遍的特征，即资本主义与前资本主义并存，后者被充分用于服务前者，整个过程与国家的实际利益无关。

另一种看法是认为社会转型与发展本质上与国家的内部动力有关，中国的情况基本上就是这样。

近年来值得注意的是，民族资本主义包括民族资产阶级和中产阶级中那些正在推动现代化的人们，他们与无产阶级和动员起来的农民达成联合，与传统的产业部类相对抗。民族资本主义与国家资本主义相伴相随，国家资本主义中的中产阶级在城乡群众的支持下对抗传统精英阶层。在这方面，国家在经济中发挥着主要作用，与私营产业部类的差距很小。这种模式是发展的社会主义，在这种模式下，知识分子组成革命党派并得到了由党派控制的城乡群众的支持。

关于本文中的个案研究，目前已被提出的发展理论，无论关于某个单一国家，还是关于一个集体的，都没有被接受或反对。取而代之的是，一个折中的概念框架将被建立起来，一些有效的概念和想法会随之衍生而来。中国就是从这一选择出发，成功地展现出了自己奇迹般的发展模式。

（潘俊韬 译）

国家，包容性发展和多极化：从中国案例分析看拉美面临的挑战和公共政策

贡萨洛·迪格斯 (Gonzalo Dieguez)

阿根廷促进公平与增长公共政策实施中心公共管理项目主任

中国在过去几十年里进行了人类历史上最伟大的经济革命，从来没有一个民族在如此短的时间内如此紧锣密鼓地改变了他们的物质生活条件。

这一时期，中国的经济革命是以 10% 年平均增长率实现的。中国的经济增长一直以出口和投资为基础。现在中国模式发生了变化，这是中国经济能够长期保持平衡和持续增长的必要条件。"再平衡"经济不仅对中国，而且对国际经济都有着广泛的影响。

中国通常将超过 40% 的 GDP 用于投资。工业生产几乎占国内生产总值的 50%，但服务业所产生的 GDP 却没有达到 40%。家庭储蓄率很高，而消费占 GDP 的 35%。

中国经济的这种结构和引起其与国际经济关系之间摩擦的一些问题有关。中国的生产远远超过了消费，其差额注定要出口。

通过这种方式，中国在许多国家中获得了高额贸易顺差，这引起了与其他经济大国的不满和冲突。随着近 30 年的改革进程，中国经济发生了深刻的变化，与外界的关系也发生了多方面的改变。

最重要的一点是，中国已成为包括工业化国家和拉丁美洲国家在内的世界其他国家的主要融资来源。

未来面临的一个重大问题是：中国能否保持过去 30 年来令人印象

深刻的发展速度。有理由认为，中国经济奇迹在未来仍将存在。从逻辑上讲，中国的经济增长率不会保持不变，但无论如何，其增长率仍会非常高。

为世界经济发展做出长期预测的国际组织和分析公司对于这种乐观的预测达成了相当广泛的共识。举个例子，咨询公司普华永道（PWC）在一项著名的具有前瞻性的研究中预测，到 2050 年，中国经济将成为世界第一，经济规模将超过美国 29%。普华永道的预测是基于这样一个事实，即中国经济在未来几十年中将保持 6.8% 的平均增长率，人均收入每年增长 4% 以上。

我们可以找到并列出中国经济增长和包容性发展所依赖的八个因素。在与拉丁美洲和加勒比地区的 23 个国家目前已有的和所缺少的经济增长和发展模式相比后，我在下面列出的这八个因素尤其具有战略意义。这八个关键因素如下：

1. 有大量的高素质劳动力。中国拥有高技能劳动力，在此基础上，中国的高技术产业（及其出口）已经有了重大的发展。

2. 对外开放的发展模式。中国经济的发展模式一直是面向国外，融入国际经济。

3. 市场力量的逐步发展。虽然改革政策是在谨慎中逐步推进的，但其果断地推动了经济体制的自由化和市场力量的逐步落实，改革是实现更高效率和高增长的有力工具。

4. 有利于经济增长和商业发展的制度框架。这个框架由各方面组成。

5. 在政府层面和整个社会层面中都有着一个良好积极的商业氛围。

6. 有利于谈判和达成共识的态度。这种态度是中国社会的一个传统文化特征，它对企业发展框架产生了良好的影响。

7. 政治与社会稳定。为中国制定的政治风险指标总体上是有效的，虽然近年来社会冲突有所增加，但相对较低。

8. 一个审慎渐进的改革过程避免了社会动荡和高昂的社会成本。

对于阿根廷和位于拉丁美洲及加勒比地区的 22 个国家而言，从中国的案例中汲取经验教训是一个去思考和规划包容性发展战略的绝佳范例。

阿根廷和拉丁美洲地区的大多数国家的经济都受到其主要出口产品价值波动的影响。需要引进生产资料和中间投入。这是实现经济增长、外部均衡和全社会生活水平逐步提高的唯一方法，这使得系统生产力的持续提高成为经济竞争力的关键。

在当前的全球经济形势下，对外汇的需求日益增长，这就要求生产系统与世界的联系越来越紧密，但这也需要国家付出更大的努力才能实现。

此外，全球的经济形势具有高度竞争性，如果我们将其放于全球价值链中，我们就会发现价值链中的生产地点会发生永久性的变化，并且大部分贸易会在优惠贸易协议的框架内流动。

如果阿根廷不正确地解读国际经济中正在发生的现象，那么生产、技术和知识上的孤立可能会带来高昂的代价。

这意味着，如果没有一种现代化、富有活力、具有竞争性和包容性的生产结构来及时地协调和补充市场信号和政策举措，就不会有可持续发展、生活水平与社会包容性的提高。

如果政府采取行动给予私营企业足够的激励条件，私营企业能够主动提供对发展过程至关重要的创新和业务活力。

从这个意义上讲，为了在阿根廷和拉美地区国家推广包容性发展战略，我们确定了四个战略组成部分：

1. 制定一个新的体制框架，在这个框架内，确定与发展战略相一致的博弈规则，并进行国家改革，逐步重建其结构并恢复其主要职能，消除酌情决定权并恢复专业的官僚制度。

2. 由公共投资支持宏大的基础设施建设计划，这其中也能有私营部门的战略参与。

3. 为扩大最具竞争力的生产部门制定适当的激励政策。

4. 促成推动多边、区域和双边谈判的国际参与战略的实质性改变。

最后，我要再次强调，必须从比较的角度来详细分析中国的发展模式。

拉丁美洲和加勒比区域的 23 个国家是世界上不平等程度最高的地区，对于这些地区来说，这一包容性经济发展的例子值得借鉴。

（潘俊韬 译）

权力政治平衡：以中国现代化为例

莫赫德·阿米努尔·卡里姆（Mohd Aminul Karim）

孟加拉国独立大学校长、教授

介　绍

作为历史轮回的一部分，一个正在进行中的伟大转型使权力平衡发生了重大变化。南海、东海、中国台湾、孟加拉湾、西太平洋、印度洋、马六甲海峡、克什米尔等地区都可能成为点燃这场博弈，并使其失控的导火索。重要且关键的海上交通线路在这里集结，大量的商品运输都会通过这里。事实证明，这些因素对于各个国家的利益来说尤为重要，比如来自波斯湾的能源对于中国、印度、日本、韩国、澳大利亚和美国等国的经济和发展都起到了关键作用。

尽管美国是一个地区外大国，但事实上美国参与了在伊拉克和阿富汗的灾难性战争之后，拥有了巨大的民族和国际影响力，甚至直到今天，它几乎仍可以在世界每个角落发号施令。即便如此，由于2008年到2009年的金融衰退，以及它近期在阿富汗和伊拉克战争的深度参与，使这个国家陷入窘境——为了维持自己在国际上的地位，美国现在似乎倾向于卷土重来。

另一方面，中国的经济和军事在过去的20年里都有了显著的发展。中国巨大的货币储备使其能够启动一个名为"一带一路"倡议（BRI）的宏大地缘经济战略项目，并由此产生了海上丝绸之路（MSR）——通过互联互通、贸易便利化、人际交往、经济合作等来吸引邻国的加入。"'一带一路'倡议的目标是通过经济策略来扩大中国的国际支持基础……这是中国政府外交政策的一个核心特点。"① 总体而言，如果该倡议成功实施了，那么最终美国可能被排除在该倡议所涉及的地区之外。然而最新趋势表明，中国在实施该倡议的过程中正面临着一些小问题，因为美国已经启动了一个更具对抗性的战略——首先是奥巴马总统领导下的"亚洲再平衡"，然后是特朗普政府的"加强印度－太平洋地区的四国合作"，两者基本上都是为了平衡中国的崛起。②

这种趋势显然导致了力量的两极分化。该区域各国之间存在着棘手的、历史上根深蒂固的国际问题与争端。除此之外，核问题也困扰着这些国家。为了确保国家的优势地位，有些国家已经宣布拥有核武器，有些国家即将拥有核武器，还有一些国家渴望拥有核武器。所有这些变量都会导致复杂的局势，而传统的、基于规则的国际秩序难以解决这些问题。传统的、基于规则的秩序似乎被渐渐淡化了。中国正在做出巨大努力来取代原先的这些秩序，特别是在经济领域和国际治理方面。

有趣的是，除了东海争端和台湾问题之外，日本也卷入了南海争端中，尤其是在它与美国签署了新的防务合作指南之后。作为防务合作指南的一部分，日本的行动范围现已扩大到了中国台湾和南海区域，并一心致力于发挥其平衡作用。日本甚至与印度在国家战略、民用核能和经济方面有着深层次的合作。印度在东亚也有着利益纠葛，尤其是在南海和马六甲海峡，因此，印度现已启动了一项更具活力和以行动为导向的"东进"政策。

在这个时候，南海的例子已经很明显了，美国作为世界上最强大的军事力量已经被卷入了这场争端中，以 2010 年由美国国务卿所提出的"航行自由、商业自由和飞越自由"为口号，美国用其最好的武器装备全天 24 小时在海上作战。但美国与下一个最强大的军事力量——中国产生了争执，中国也有着最好的武器装备，虽然它可能不如美国那样经

---

① Benjamin Tze Ern Ho, "PRC Turns 70: Five Elements of its Grand Strategy", *RSIS Commentary*, 30 September 2019.

② Muhammed Saeed, "From the Asia-Pacific to the Indo-Pacific——Expanding Sino—U. S. Strategic Competition", *China Quarterly of International Strategic Studies*, 3 - 4, pp. 499—512.

验丰富，但中国的固有优势在于靠近大陆。

尽管美国和中国之间存在着权力差距，但中国作为正在崛起中的大国仍有不断追赶的趋势。事实上，这种变化是在不断演变中的，这是由于权力权重（综合国力），尤其是其中经济实力的波动所导致的。综上所述，综合国力被应用于实现各国宏伟的战略目标，因此触发了另一轮平衡。

英国和美国在第二次世界大战后所采用的过渡理论在这里可能无法同样适用，因为不同国家之间的目标、文化、历史、背景、意识形态以及想要提升综合国力的愿望都是不同的。在当今世界，特别是在东亚，无法排除两个大国之间爆发战争的可能性。

美国国防部在年度军事报告中将中国列为潜在威胁和直接威胁。这份提交给美国国会的报告还建议，作为美国先发制人的遏制战略的一部分，美国应与其他亚洲国家结成联盟以形成共同反对和孤立中国的离岸平衡手。① 在美国的《2017 年国家安全战略》和《2018 年国防战略报告》两份文件中，美国将中国作为加强美国军事力量的关键目标和理由，并将中国列为美国的主要战略竞争对手。中国在 2019 年 7 月新发布的《新时代的中国国防》白皮书表明了这样一个事实：美国和中国现正在竞争超级大国，中国不断增长的军事实力可以对美国造成挑战。②

中国的国家领导层和中国军队应该清楚地意识到仍拥有世界上最强大军队的美国对它们所持有的这种看法。中国人对他们在不同朝代、不同时期所传承的文化和体现的气势感到非常自豪，中国在国际平衡战略或现实政治中也扮演着重要角色。2006 年 4 月 21 日，中国前国家主席胡锦涛在讲话中提到了中国引以为豪的历史背景：

① Michael T. Flynn, Annual Threat Assessment (Washington DC: Defense Intelligence Agency, 2014); Office of the Secretary of Defense, Annual Report to Congress: Military and Security Development Involving the People's Republic of China (Virginia, Arlington: US Department of Defense, 2015).

② Anthony H. Cordesman, "China's New 2019 Defense White Paper: An Open Strategic Challenge to the United States, But One Which Does Not Have to Lead to Conflict", Working Draft, Center For Strategic and International Studies (CSIS), 24 July, 2019.

在五千多年的历史长河中，中华民族为人类文明进步做出了巨大贡献，同时也走过了曲折艰辛的道路。特别是从 1840 年鸦片战争以来的 160 多年间，中国人民为摆脱积贫积弱的境遇，实现民族复兴，前仆后继，顽强斗争，使中华民族的命运发生了深刻变化。[1]

从中国最近的军事史来看，几乎找不到中国放大战略目标的例子。正如白鲁恂（Lucian Pye）所说的那样，中国更像是一个文明的国家，这个古老的文明有其内在的力量与韧性。中国固有的价值体系是强大的，但它需要以一种更恰当、更真诚的方式向外部国家去传播它的价值，以一种更微妙的方式去展现其强大的实力。中国不仅拥有压倒性的经济实力，而且从技术和军事实力上看，中国也正在迎头赶上。

军事是中国现代化建设的一部分，因此本文试图研究中国综合国力中的军事部分。虽然本文着重研究中国的军事，但考虑到与军事有关的因果效应，本文还将涉及中国的经济基础和其价值链的作用。本文将使用内容分析法和观察法。

长城精神

马哈蒂尔博士（Dr. Mohathir）曾经说过：[2]

中国从未入侵过马来西亚。虽然它曾经扩张到越南，但现在已经停止了扩张。与西方殖民政策相比，中国从心态上来说并不好战。这是一个以市场经济为中心的时代。我不认为中国有任何侵略

---

[1] Please see "Speech by Chinese President Hu Jintao at Yale University", at < http://ph.china - embassy.org/eng/xwdt/259486.htm > （searched date：1 May 2019）.

[2] See "Mohathir Mohammad, "cheng：xian zai shi xi qu ri ben xun de shi hou" （Mohathir Mohamad says that it is time to learn the lesson from Japan）, Zhongguo wang （china Net） （19 October 2019）, at > http：//www.china.com.cn/international/txt/2013 - 01/17/content _ 27712455.htm > （searched date：1 October 2019）.

日本或其他邻国的计划。

意大利耶稣会士利玛窦（Matteo Ricci）也用以下文字描述了中国人爱好和平的天性："他们对自己拥有的东西完全满意，并不寻求征服。"[①] 亨利·基辛格（Henry Kissinger）在其《论中国》一书中也进一步肯定了这一点：[②]

> 至早在宋朝（960～1279），中国的航海技术是领先于世界的。那时，中国的船队可以载着皇帝到处征服和拓展。然而，中国没有跨海殖民，甚至对海外疆土不屑一顾。中国没有理由去驯服蛮夷接受孔子和佛教的道义。

总而言之，中国人似乎始终遵循着长城精神，其中包括和平共处、防御反击和维护持久和平的原则。中国国防政策或军事理论就是基于这些原则制定的。这些原则展现出中国寻求持久和平以及和平邻里关系的愿望与决心，中国通常也能够与邻国和平共处。正如马哈蒂尔博士指出的那样，除非中国感到在其核心国家问题上，如南海、中国台湾、东海、西藏、朝鲜等问题上受到了威胁，否则中国没有任何想要征服其他国家领土的野心。毛泽东曾经说过："人不犯我，我不犯人；人若犯我，我必犯人。中国不挑事但也不怕事。"[③]

虽然越南和朝鲜都是中国的近邻，但历史表明，中国从未打算吞并这两个地区。表面上看，正是长城精神促使中国没有对这些国家进行军事入侵，中国的例子基本上是给越南和美国上了一课，因为在美

① Leften Stavros Stavrianos, Quan qui tong shi (A Global History) (Wu Xiangying and Liang Chimin trans.) (Shanghai: Shanghai Academy of Social Sciences, 1999), p. 14.

② Henry Kissinger, *On China*, Penguine Books, 2012.

③ Hua Li, "1959 nian zhong yin bian jie chong tu yin ji su lian fan ying tan xi" (Analyze the Causes of Sino-Indian Border Conflict and Soviet Reaction in 1959), Party Literature, 2 (2002), p. 64.

国可能是利己主义或沙文主义的民族主义热情在起作用。中国的长城精神也体现在与印度的关系上。1962 年，印度和中国在边境地区打了一场有限战争。在与印度的战争中，中国的确遵循了确保持久和平的原则。毛泽东明确表示："比起战争，我们更喜欢和平。如果我们面临战争……那么我们应该确保在中印边境至少能获得 30 年的持久和平"。①

防御反击的原则一般是指任何人侵略中国或中国的边界，或侵略中国的同盟国，为了保护本国和同盟国，中国会派遣军队进行反击。因此，根据防御反击原则，中国在朝鲜战争、中苏珍宝岛冲突和对越战争中，面对美国和苏联入侵中国及其邻国，中国采取了反击措施。

现代化驱动力

中国民族主义的目标是通过现代化建设，尤其是在经济和军事方面的建设，重新获得民族自信。沈大伟（David Shambaug）对中国现代化建设提出了自己的看法，"在过去的 150 年里，这种持续的现代化建设把一代又一代的中国人联系在一起，成为中国走向世界的共同核心战略"。② 泰利斯（Tellis）提出了这样一个观点，中国在过去 20 年里的军事现代化极大地推进了亚洲地区力量平衡的戏剧性转变。他坦言，"美国已经失去了 10 年前在核武器方面与中国极易拉开差距的主导地位"。③

既然如此，让我们来看看中国在 70 年代末进行的现代化建设，其

---

① Xue-jun Wang and Li-bin Zhao, "tou xi 1962 nian bian jing zi wei fan ji zhan ben zhi" （Analyze the Nature of the Political Warfare of Self Defense of China India Border in 1962）, *Theory Journal*, 3 （March 2012）, p. 105.

② David Shambaugh, "Thinking about China's Future," *The International Spectator*: *Italian Journal of International Affairs*, 47 - 2 （June 2012）, pp. 18 - 23.

③ Ashley J. Tellis, "Overview - Uphill Challenges: China's Military Modernization and Asian Security", in Ashley J. Tellis and Travis Tanner, ed., *Strategic Asia 2012 - 13—China's Military Challenge* （Seattle and Washington, D. C.: The National Bureau of National Research, 2012）, pp. 218 - 142.

中包括军事现代化和其他现代化。伟大的改革家邓小平通过开放经济实现了现代化建设的范式转换，自由经济和市场经济取代了计划经济。几十年来，中国经济开始迅猛增长，连续每年都有高增长，这给人民的社会经济状况带来了翻天覆地的变化。中国决心走出百年屈辱（1840～1950）的泥潭，在国际上获得应有的地位，中国付出的努力取得了巨大成功。正如邓小平所说，国防是继农业、工业和科学之后，在中国备受推崇的"四个现代化"中的第四个现代化。①

2004 年，中国国家主席、中央军委主席胡锦涛发表了他的理论指导，这一指导在今天仍然适用："全面履行新世纪新阶段军队历史使命……它提出了一系列更加多样化的军事使命，包括海上安全，太空、网络空间安全。"② 2019 年《新时代的中国国防》白皮书中提出了中国军事现代化的长远规划："到 2020 年基本实现机械化，信息化建设取得重大进展，全面推进军事理论现代化、军队组织形态现代化，力争到 2035 年基本实现国防和军队现代化，到本世纪中叶把人民军队全面建成世界一流军队。"③

任何一个国家的军事现代化都是其国家目标和国家资源的功能体现，其中国家资源主要指的是经济、技术和人力资源。你需要综合考量所有因素。考虑到国家的资源和目标，决定军事现代化建设的通常是 GDP 的规模和持续增长。经济发展被认为是国家安全的补充方面，是大国兴衰的重要决定因素。④

在军事上，尤其是在第一次海湾战争之后，中国意识到了这一特殊性。一些专家说，1979 年越南战争，海湾战争，1991 年北约对南斯拉夫联盟的持续空袭，1995 年和 1996 年的台湾海峡导弹发射演习，都凸

---

① Paul Kennedy, *The Rise and Fall of the Great Powers*, New York: Vintage Books, p. 454.

② Hu Jinatao quoted in David Shambaugh, *China Goes Global: The Partial Power*, New York: Oxford University Press, 2013, p. 279.

③ China's New 2019 National Defense White Paper, Beijing: International Office of the State Council of the People's Republic of China, 2019.

④ Renato Cruz De Castro, "Confronting China's Charm Offensive", *Issues and Studies*, 45 – 1 (March 2009): pp. 71 – 116.

显出了中国需要进行一次全面的军事提升，尤其是在技术和先进程度上（这意味着一次军事革命）①。举一个例子，美国拥有高度先进的反导弹防御系统，有人认为这是一种进攻性武器，美国的这种武器威胁着中国日益衰落的核能力所带来的威慑力。据了解，中国已经大幅度提高了核武器的效能。

中国如今最著名的洲际弹道导弹是东风 41 导弹，预估射程为 12000～15000 公里，这是中国第一枚能够击中美国任何地区的公路机动导弹，并且不易受到先发制人的攻击。这一导弹也可以从中国的晋级核潜艇上发射，在过去四年中，中国已经有六艘这样的潜艇投入使用。这给了中国反核攻击的能力。也就是说，东风 41 导弹最远可以发射到西雅图。中国正在开发新的导弹和潜艇来克服这一距离限制。中国的东风 17 高超音速滑翔飞行器能以超过 5 倍音速的速度在大气层外缘飞行。"东风 17 可以携带核弹头或通过撞击目标来摧毁目标"。2019 年 10 月 1 日，在中华人民共和国成立 70 周年之际，习近平主席在北京举行的展示尖端技术的盛大阅兵式上明确表示，"没有任何力量能够撼动我们伟大祖国的地位，没有任何力量能够阻挡中国人民和中华民族的前进步伐"。②

据斯德哥尔摩国际和平研究所统计，2016 年，中国军费开支排名第二，预算为 2150 亿美元，比 2015 年增长 5.4%。中国军费开支高于印度（559 亿美元）、日本（461 亿美元）和澳大利亚（246 亿美元）这三个国家的总支出。③ 里夫（Liff）和埃里克森（Ericson）根据美国国家情报委员会的数据得出的结论是：在 2020 年，按购买力平价计算，中

---

① Mohd Aminul Karim, "China's Power Politics and Modernization", Implications for Taiwan and the South China Sea", *Pacific Focus*, XXIX – 2（August 2014）, pp. 188 – 210.

② "Military Technology—Opening the Arsenal—Weapons Paraded in Beijing were Designed to Make Americans Tremble", *The Economist*, October 5th – 11th 2019. This missile can carry many decoys or, as is rumored, up to ten warheads - - - each to maneuver independently after re – entering the atmosphere.

③ Stockholm International Peace Research Institute, "World Military Spending：Increases in the USA and Europe, Decreases in Oil-exporting Countries", April 24, 2017.

国的 GDP 规模将超过美国，并在 2030 年左右超过美国的市场汇率。中国的 GDP 正在飞速增长，尽管最近出现了下滑趋势，并徘徊在 6% 左右。这就是说中国的国防开支至少在这一段时间里都是可持续的。[1] 哈什·潘特（Harsh Pant）观察到，中国的军事力量正在向人们普遍知道的东海和南海以外的海域扩张[2]，它的海军力量正在向更广阔的太平洋和印度洋进军。从胡锦涛主席 2012 年呼吁中国建成海洋强国，到"中国制造 2025"宏伟计划的宣布，中国的海洋实力正以惊人的速度发展着。中国正致力于发展成为"在开发海洋、利用海洋、保护海洋、管控海洋方面拥有强大综合实力的海洋强国"。[3] 在 1420 年时，中国明朝海军拥有 1350 艘战舰，其中包括 400 艘大型海上堡垒战列舰和 250 艘远洋巡航舰。为什么这么大的一支军队在历史上却被摧毁了呢?[4]

中国的 863 计划旨在发展民用和军用两用技术，追求先进的技术。中国文明最显著的特点是技术的成熟。11 世纪后期，中国北方有个巨大的钢铁工业，年产量约 12.5 万吨，主要用于军事和政府用途，这甚至远超工业革命早期英国的钢铁产量。[5] 中国神光激光项目可能会加快中国下一代热核武器和定向能武器的发展。中国下一代北斗卫星导航系统有可能增强中国人民解放军的全球航行、跟踪和瞄准的能力，为军用车辆、弹道导弹和巡航导弹、精确制导导弹和无人驾驶飞行器提供导航。北斗二号计划到 2020 年部署至少 5 颗地球静止卫星和 30 颗非地球静止

[1] Adam P. Liff and Andrew S. Ericsson, "Demystifying China's Defense Spending: Less Mysterious in the Aggregate", *The China Quarterly* (March 2013), pp. 1 – 6.

[2] Pant, Harsh, "China's Rising Naval Power Means Trouble for India", Observer Research Foundation, April 28, 2017.

[3] McDevitt, Michael, "Beijing's Dream: Becoming a Maritime Superpower", *The National Interest*, July 1, 2016.

[4] Paul Kennedy, *The Rise and Fall of the Great Powers*, New York: Vintage Books, p. 6.

[5] Paul Kennedy, *The Rise and Fall of the Great Powers*, New York: Vintage Books, p. 6.

卫星，实现全球覆盖。①

如今的中国有一个不断扩大的空间科学计划。人类太空飞行计划将很快到达月球；在 2007 年时，一个强大的军事太空计划通过摧毁一颗在高空轨道上的报废卫星来测试其地面反卫星系统是否有效。美国军方认为俄罗斯太空计划的复苏是一种威胁，中国太空计划的成熟也是一种威胁。自 1990 年至 1991 年的海湾战争以来，中国一直致力于缩小与美国在技术上的差距。在对中国的担忧下，特朗普总统已经指示他的军事指挥部去组建一支太空部队。②

反 思

为了更有效地实现外交政策上的目标，中国需要更好地培养其灵活应变的能力，加强团队协作和信任建设，展现自然领导力和软技能等。

中国似乎需要更为灵活地发挥实力，以一种更微妙的方式来直面与其他国家价值上的冲突。

中国需要齐心协力，至少在未来 30 年内继续保持经济活力，实现其政治、军事、外交和"一带一路"倡议方面的目标。

中国地域广阔，全国各地也可能免不了有一些小冲突，但是通过中国共产党领导的合法化，中国能够确保国家内部的团结一致。虽然一党制可能带来威胁，但物质繁荣和经济发展可以弥补其不足。但这些可能还不够，因为中国丰富的内在文明价值可以得到更好利用。中国还需要协调其内部价值体系和普遍价值体系。话虽如此，中国发展仍然非常顺利。

为了恢复中国在国际上的中心地位，军事现代化建设要持续进行。然而，中国应该通过提高其建设质量来增加国际威慑力。

（潘俊韬 译）

---

① Michael Raska, "China's（Secret）Civil-Military Megaprojects", *RSIS Commentary*, 2 September 2013.

② Joan Johnson-Freese, "The Next Race：The Geostrategic Contest in Space", *RSIS Commentary*, 1 October 2019.

中国经济发展模式

——对人类共同体遗产的重要贡献

德米特罗·埃夫雷莫夫（Dmytro Yefremov）
乌克兰外交部亨纳迪·乌多文科外交学院国际研究中心首席研究员

自古以来，中华文明就以建筑而闻名：勤劳的工人建造了宏伟的城市和宫殿，富有天赋的建筑师和工程师巧妙地设计了运河和水坝，专业的官僚和官员组织了堡垒和城墙的建造。中国的长城堪称世界奇迹。几千年来，中国发展和完善了其独特的建筑、修建和创造技能。中国不仅能够创造出实物，还能够创造出一个由众人组成的协作系统所体现的生命景观。将精力集中在个人目标上是中国人民的突出特点。

世界领袖是能够创造想法并向他人提出新想法的人。如果这些想法被其他国家和社会借用和效仿，那就说明这些想法得到了认可。如今，中国提出的为世界各国打造共享经济增长的理念越来越成为一个榜样。

中国国家领导人选择的中国发展道路是科学家和专家综合分析和建模的对象。中国的发展方式往往被认为是一种以出口为导向的发展战略，这是借鉴了日本、韩国、中国台湾等东亚国家和地区经验并对其进行了成功调整后的成果。在许多方面，中国发展的道路是以过度借用国家治理技术为特征的。从 GDP 的构成来看，中国的国民经济结构还包括显著增多的出口量、政府存在感和投资。20 世纪 80 年代，中国经济增长模式的加速发展主要来自对经济体系的大量投资，最初的投资是以家庭私人资金和资本初始积累的形式出现的。90 年代，国外直接投资促进了中国经济的发展，21 世纪初的公共基础设施投资也起到了推动作用。

通过扩大投资政策，中国迅速扩大商品出口，积极融入全球价值链，成为"全球工厂"。低廉的人力成本使投资者能够赚取巨额利润，并吸引他们在经济中进行再投资。中国积极扶持外向型企业，发展国有企业，大力投资基础设施建设，使经济长期快速增长。

这种行为的逻辑很简单：从投资基金中创造乘数效应，并以此确保经济高速发展。发达国家的经济体系对商品和投资流动持开放态度，他们自由兑换货币，也积累了大量债务，研究人员认为它们的国家刺激政策是低效率的（Christiano et. al, 2011；Ilzetzki et. al, 2011）。相反，中国作为有着高储蓄率的国家，能够控制对外贸易的稳定、汇率的固定以及适当的国债水平，因而中国能避免一些发达国家经济中的缺点，可以期望投资增加以带来切实的结果。在 70 年的发展中，中国提出了一种新的替代模式，这个模式中包含着难以协调的因素：持续改革、可持续发展和内部稳定。

中国的公共产业部门的设计演变经历了一个长期而又错综复杂的变化过程，其驱动力有：1）从中央管制经济向混合经济过渡；2）从传统经济向工业经济过渡；3）从农村社会向城市社会过渡；4）两个经济体之间从半易物形式到正式的货币化交易；5）从分散的区域国民经济到整合紧密的国内市场；5）从经济封闭，到进口替代，再到通过出口促进战略和积极利用国际贸易中的优势融入全球经济（Hussain and Stren, 2008，p. 14）。

中国经济增长模式的核心是一个强有力的国家，为了确保经济增长，它依赖于经济中特定的公共（政府）产业部门，而这一部门由一个特殊的行政系统来保障。在改革过程中，中国形成了世界上许多国家也同样拥有的中央财政体制和地方财政体制。但与其他国家不同的是，中国的公共产业部门保留了国有企业的主导地位，而国有企业在后社会主义国家的转型中失去了主导地位。

20 世纪 80 年代末 90 年代初，与中国经济结构相似的中东欧国家选择了一种独特的改革方式。世界银行的专家约翰·威廉姆森（J. Williamson）在一篇文章中概述了这一点（Williamson, 1990），并将其命名为"华盛顿共识"。该共识的主要内容是：商品市场、劳动力和资本市场的自由化，所有权的主导形式从公有制向私有制转变，以及公共产业部门的彻底改革。为了防止通货膨胀，该共识设想引入严格的财政纪律。在公共支出结构上，削减对低效生产的支持补贴，实施扩大税基的税制改革。

在经济自由化和消除价格监督之后，一些国家（波兰、捷克共和国、斯洛伐克、匈牙利）通过减少对国有企业的补贴份额成功迅速稳定了其国家预算。鲍尔斯洛维奇（L. Balcerowicz）将公共支出的整顿称之为"机会之窗"，最初由于政治说客迷失了方向而给公共支出留出了足够大的整顿空间，这虽然有利于行业利益，却未能适应全新的条件（Balcerowicz，1995）。中欧国家利用了这一"窗口"：在波兰，政府补贴占 GDP 的比例从 1989 年的 13% 下降到 1993 年的 2%，匈牙利从同期的 12% 下降到 5%。在一些后苏联国家，它们的改革进程被拉长，新的机会也没有得到有效利用，这是由于传统的政治说客保留了更多的影响力并适应了变化所造成的。

华盛顿共识的思想认为，国有企业私有化、放弃无效的资源配置的计划机制和经济关系自由化能自动为市场回归传统运作、恢复经济增长提供条件。相反，由于缺乏市场主体要求的基础设施，缺乏经验和政府支持，国民储蓄和投资急剧下降，生产量大幅下降，经济不但没有快速增长反而开始了长期衰退。

随着国家财政收入的急剧下降，这些国家在转型时期出现了严重的公共财政失衡。不活跃的国有企业减少了生产，这导致税收减少和失业率上升，迫使政府在社会保障项目上增加支出。国家资源的缩减大大限制了为这些项目提供的资金，这导致了新一轮的预算不稳定。"休克疗法"所引起的经济危机迅速席卷了后社会主义国家的私营产业部门和公共产业部门，这些国家的公民深受其害。按照华盛顿共识进行改革的后社会主义国家使其人民付出了高昂的代价，这表明华盛顿共识在这些国家并不适用。

中国从一开始就着眼于自己的国民经济改革道路，其目标不是减少公共产业部门在其中的作用，而是为了实现这些产业部门的现代化。这就是为什么中国公共产业部门的结构不同于西方国家的普通模式，因为前者有另一个功能——为民众提供公共产品和消除市场失灵。除了中央政府和地方政府（对公共产业部门的狭隘理解），国有企业、银行和金融公司都在中国的财政中发挥着积极的作用。职能（以及履行职能所需的资金）在各级行政部门之间分配不均：社会支出向行政垂直部门的较低层次转移，大部分财政资源集中在较高层次。

即使在今天，中国公共产业部门的规模仍然很小：中央和地方政府的总份额约占 GDP 的 21% ~ 22%，这是人均收入曾处于类似发展阶段的发达国家（1948 年的美国、1955 年的英国、1961 年的德国、1964 年法国）的一半水平。这在一定程度上是由于中国财政体制演变的特殊性所导致的，它是在中央政府、地方政府、大型国有企业和私营产业部门等宏观经济主体的利益中寻求妥协的基础上演变而来的。其结果是动态经济中的税收负担呈现出 U 型轨迹：从 70 年代占 GDP 的 70% 下降到 90 年代的 10% 左右，然后在 21 世纪末反弹到 20%。

公共产业部门保障了经济的安全增长，强化了中国在国际舞台上发挥有力的作用，这有助于全世界去认可和采用另一种以市场为基础的经济模式——中国特色社会主义。从经济上讲，这一模式是建立在保留国家对战略产业部门生产资料的所有权的基础上的。克罗伯（Kroeber）认为，中国对国有企业的依赖是由于改革之初，政府官员缺乏运用立法和监管制度的经验。显然，他们发现通过国有控股企业来规范转型经济更为方便，而不是通过为此设立国家机构和研究所（Kroeber, 2016, p.13）。

这种做法并不意味着完全否认经济主体之间的市场关系，而是明确界定其职能范围，并将其置于非正式的非经济控制之下。中国大力鼓励私营企业和外国公司为国家经济发展做出贡献，并尽可能多地创造就业机会。然而，竞争机制对最佳创业决策和最佳项目的筛选却带来了混乱和不稳定。国有企业总是在需要的时候处于国家的控制之下，因此为了这些"国家冠军"的利益，这种竞争机制被故意削弱。从新古典经济理论的角度看，对市场运作进行积极干预的做法导致了一般均衡机制的破坏，经济主体的价格信息信号的扭曲，社会福利的丧失和经济活动效率的降低。与西半球发达国家以经济关系为主导、政治由经济利益所驱动的情况不同，中国在经济利益上表现出明显的政治优势。

政府希望通过把中国特色社会主义制度的元素落实到国民经济中以实现以下目标：一是保持经济高速增长；二是提高公共服务质量，加强人口的社会保障；三是维护长期的政治稳定和对社会的管控；四是加强中国在国际舞台上的地位和影响力。

在建设该经济模式的最初阶段，在协调私营和公营产业部门的活动方面存在着一些困难。为国家预算提供了很大一部分税收的国营企业不得不从各级部委的照管转到税务部门的管理下。农村和小城镇的家族企业，以及在自由经济区的外国制造公司的合资企业开始出现。一开始，它们产生的收益要缴纳不同类型的产品税，后来（20 世纪 90 年代）由单一的增值税代替。

1994 年，中国国家税务局进行了改革，它从财政部门分离出来，直接隶属于中华人民共和国国务院。它的职责是在国库中征收国税，监视地方当局的税收活动，为此它的运作依赖于国家分级的税收系统。

中国强大的政府部门的财政基础是通过改变中央和地方政府之间的分税制来形成的：不是分配最终的财政税收，而是将每种税收的收入分别分配。如此一来，形成了一种以中央税、地方税和共享税组成的分税系统。这一系统加强了中央政府的偿债能力，降低地方政府隐瞒实际税收、降低税基的动机，以及帮助积累了资金以减少地区失衡的可能。这些都证明了中国模式在保持内部稳定的同时，对新环境也有着高度适应性。

从 2003 年到 2008 年，中国财政政策可以说是相对稳定的，相关规范立法措施已被采取，并取消一些过时的税收项目。中国在这一领域的进一步变革是由全球经济危机引发的，旨在维持其长期以来的高经济增长率。

特别是从 2009 年起，中国对从事固定资产更新的小微企业减征增值税，对进口生产性资产取消增值税；对在自由经济区范围内新设立的外企实行两年免税，对在创新发展或环境技术方面进行投资的国企实行所得税退税。

对公共财政结构变化的分析表明了财政政策在中国经济发展模式中

的重要性。从 2018 年开始，中国开始了新一轮的税收调整，重点是支持与美国进行经济贸易战期间的经济发展。制造业的增值税税率从目前的 16% 降至 13%，运输和建筑产业部门的增值税税率从 10% 降至 9%。购买新的电动汽车通常是免税的。个人所得税制度的结构正在进行调整，其方向是扩大免税和退税范围，调整税种限制和居住地纳税规则，以上的调整意味着税负从贫困和中等收入公民转移到富裕公民身上。总的来说，目前中国的税收制度力求增加透明度，使企业与居民和非居民的税收保持一致，通过扩大税基来减轻税负，并使国内的税收机制和执行达到国际标准。

与其他任何国家一样，旨在平衡人口福祉空间水平和各农村的经济发展水平的区域财政政策是中国税制的重要补充。鉴于中国各省之间发展不平衡且人口众多，不同地区间的转移和流动的调控尤为重要。

从改革之初到本世纪初最终形成自己的区域间转移模式，中国经历了几个重要阶段。1994 年以前，实行定额补贴办法，每个省在财政总收入中获得固定份额。由于这一办法不断遭受腐败问题的困扰，也并没有解决均衡各区域财政能力这一主要任务，因此逐渐由政府间定向转移支付所替代。自 1995 年以来，中国实行了税收优惠和社会转移支付制度；2000 年系统性地向贫困地区提供补助；2001 年到 2005 年，中国政府积极支持农业领域的管理工作，并取消了一些农业税，即便农业税的取消导致中国政府损失了很多税收收入。这些转变与中国税收政策的重大变化相吻合，证明了税收改革与转移支付政策的互补性，以及它们在中国金融体系中的重要性。21 世纪 10 年代，中国转移支付制度的重点转向支持基础设施项目的建设。

中国公共产业部门的另一个重要组成部分是国有企业。西方经济文献证明，在大多数情况下，中国的国有企业并不是自然垄断，而是一种结合了私营企业和国有企业特点的混合体。国家以优惠的劳动条件、低利率贷款和隐性补贴（如低价格的原材料）等形式予以扶持。国有企业也借鉴了私营企业在经营技术和经营自主权方面的经验。

国有企业的高盈利能力不是取决于其所有权形式或竞争上的成功，而是人为创造的非经济优势。90% 的国有企业是公司化的，它们有技术能力从各种来源筹集资金，其中还包括外资。

在国有企业内部，投资主要集中在基本建设和基础设施项目上，这体现了它们在党政执行中的作用，其中大部分投资于公共建筑管理、道路交通发展、电力和暖气的生产与供应、铁路运输等。国有企业通过与外国企业的合资在国内进行投资的情况并不罕见，这些外国企业通常来自香港或澳门，这两个近岸地区与中国商务有着密切的关系。就连国有企业也在积极实行合法的税款减免方案，为外资企业提供优惠待遇，增强了外资企业的经营自由度，让外国企业扩大了财务能力，帮助实现国家的产业发展目标。

国有企业仍然是劳动力的重要就业场所：约 45% 的城镇居民在国有企业中就业。国有企业在有着高就业的国民经济产业部门中发挥着积极作用，在这些部门中，农工综合体、电力、天然气和水的生产、研究和教育活动、向人民提供的公共服务等方面都有着明显的区别。国家机关和事业单位的报酬水平高于行业平均水平，尤其是在其活动成果有商业化基础的时候。

相对于投入资本的份额，国有企业的就业水平在整个经济中仍然很高，这表明除了基础设施政策之外，党在经济中给国有企业的使命增加了额外的社会负担。

因此，仅在制造业部门，根据官方统计数字，公共部门所占份额就在 25% 至 30% 之间。在服务业领域，国家控制着更大的份额——约 50% 的附加值，主要是由于大型银行和保险公司都归国家所有。但以上只是冰山一角，因为除了地方国企外，许多国企还拥有数十家子公司，分别以不同的名义控制着它们在国内各地区的运营。在一些省份，特别是人均区域产出较低的省份，国企一般有着一半以上的投资，它们为大多数居民提供了就业机会，并通过纳税对地方预算收入产生决定性影响。因此，地方政府优待在该地区经营的国有企业，并给予它们额外的行政优惠和优惠贷款。

通过国有企业控制价值链的初始（和部分中间）环节，中国政府有能力在国内系统地实施产业政策，并消除私营产业部门的垄断租金，利用这些资金加速经济发展。

因此，总的来说，超过 55% 的中国经济集中在党控制的公共产业部门，在此基础上，中国国家领导人实施了有关加速发展和工业突破的政策。这一政策将资金集中在尖端行业，限制了这些行业的非生产性使用和资本外逃。现代化政策的成功不仅确保了国家的高增长率，影响了全体人民的福祉，而且还反映在公民的忠诚和政治稳定上。公共公有的国企让私人企业在获得原材料和能源资源的渠道方面趋于一致，它们在市场上的排他性地位并不能保证垄断租金。在一些地区，国企履行着社会使命，并弥补公共产品的不足。

在高增长率和政府部门扩大作用的背后也存在着消极的一面，其表现出来的是资源利用效率低下，特别是资本、负债、银行体系稳定性下降、私人消费不足、产能过剩和基础设施项目模棱两可。

中国的社会主义模式近年来受到发达国家政府、学术界和商界越来越多的批评。公共部门机制下，中国对其国有企业在国外市场的支持引发了国际上对其引起的不公平竞争、滥用贸易条款和违反自由市场经济体规则等问题的指责。中国企业在一些全球市场取得的领导地位被西方视为一种挑战，并引发了科技落后和技术安全的新问题。然而，与此同时，为了让大家关注运输基础设施的恶化和世界各区域之间的低连通性，这还引起了就恢复尚未完善的国际贸易体制和规则改革、资本跨境流动、技术转让等问题的讨论。中国通过其国际倡议和国家经济关系模式，为人类提供了一个解决全球问题的全新且独立的方式。对此，世界各国会形成自己的评价和应对，但有一点是肯定的——只有在拥有多个倡议、治理模式、发展战略和竞争的情况下，才能造就全人类的双赢局面。

参考文献

Balcerowicz, L. (1995) *Socialism, Capitalism and Transformation*, Central European University Press, New York.

Christiano, L., Eichenbaum, M., Rebelo, S. (2011) "When is the Government Spending Multiplier Large?", *Journal of Political Economy*, Vol. 119.

Hussain, A. and Stren, N. （2008） "Public Finances, the Role of the State, and the Economic Transformation, 1978 - 2020" in *Public Finance in China*：*Reform and Growth for A Harmonious Society*/edited by Jiwei Lou, Shuilin Wang, World Bank, 2008.

Ilzetzki, E., Mendoza, E., Vegh, C. （2011） "How Big （small?） are Fiscal Multipliers?", *IMF Working Paper*, Research Department, WP/11/52.

Kroeber A. （2016） *China's Economy*：*What Everyone Needs to Know*, Oxford University Press.

Williamson, J. （1990） "What Washington Means by Policy Reform" in John Williamson, *Latin American Adjustment*：*How Much Has Happened?* Institute for International Economics, Washington, D. C., 1990.

（潘俊韬 译）

中国经济发展的新视角：包容性

卡米杜拉·诺穆拉多夫（Khamidulla Normuradov）

乌兹别克斯坦经济研究与改革中心首席研究员

最近的研究表明，并非所有的经济发展都能改善生活条件、改善医疗保健和延长普通贫困人口和绝对贫困人口的预期寿命。其中一个原因是财富不平等和发展不均衡。通常说整体人口生活质量较好，但实际上前五分之一人口和后五分之一人口的财富差距很大，这意味着全世界数百万人的生活状况实际上可能会更差。

在这些情况下，GDP 增长率或人均 GDP 增长率都不是衡量经济增长的好指标。因此，"包容性发展指数"的概念为评估各国的发展提供了一种新的方法。世界经济论坛①（World Economic Forum）的作者认为，这种新的评估方法除了 GDP 之外还考虑了经济发展的 11 个方面，能更准确地评估人口的福祉及其生活质量，也更为综合全面。

世界银行认为，包容性发展指的是发展的速度和模式，这两者是相互关联的，因此需要一同解决。在这种关系中，我们不仅要缩小贫富差距，而且要保障平等接受教育、医疗与安全的权利。因此，包容性发展提供了一项以生产性就业为基础的长期战略。

伴随着对外开放政策，包容性发展战略已经成为中国政府经济改革的一个组成部分。从 2004 年开始，中国通过了以包容性为原则的"和

---

① 2018 包容性发展指数，https://www.weforum.org/reports/the – inclusive – development – index – 2018。

谐社会"概念，其中涉及经济发展、社会平等、持续稳定发展三个方面。中国的和谐社会是民主法治、公平正义、诚信友爱、人与自然共存的社会。

包容性经济发展战略体现在中华人民共和国国民经济和社会发展五年规划纲要中，也体现在 2030 年和 2050 年之前的长期战略中，其主要目标是引领全球创新和加快建设创新型国家。

根据中国目前的五年规划，其经济战略的关键组成部分是创新的经济结构、密集型产业、区域协调发展、绿色发展、包容性社会、开放的世界观和经济体系。包容性社会关注教育、科学、文化和卫生，并努力消除贫困。包容性发展模式是建立在社会公正和刺激国内消费的基础上的。

中国在消除贫困方面已经表现得很出色。世界银行的数据显示，中国的贫困率从 1981 年的 88% 下降到 2015 年的 0.7%，超过 8.5 亿人摆脱了极度贫困，按 2011 年购买力平价来计算，中国的贫困率为每天等于或少于 1.90 美元。中国的贫困率与大多数发达国家的贫困率相一致，如美国的 1%、瑞典的 0.61%、德国的 0.19%、意大利的 1.5% 等①。

过去 10 年，为了调整方向刺激内需，中国经济增速放缓。实际 GDP 年均增长率为 6.4%，人均 GDP（根据购买力平价学说，此处以国际美元为单位）从 2000 年的 2936 美元增加到 2018 年的 18210 美元（见图 1）。

中国人均收入的增长伴随着贫富差距的缩小。世界银行的数据显示，由体现收入分配不平等程度的基尼系数来看，中国的基尼系数从 2010 年的 43.7 下降到 2015 年的 38.6。不过仍需注意的是，中国的基尼系数仍然很高，该数值与联合国确立的数值为 40 的社会动荡警戒线相近，中国较高基尼系数值意味着财富收入主要集中在某些人群。

中国包容性经济增长的重点之一是刺激内需和消费。在财政刺激

---

① "Extreme Poverty in Rich Countries: What We Know and What We Don't Know", *Esteban Ortiz-Ospina*, Feb 2013, https://ourworldindata.org/extreme - poverty - in - rich - countries - what - we - know - and - what - we - dont - know.

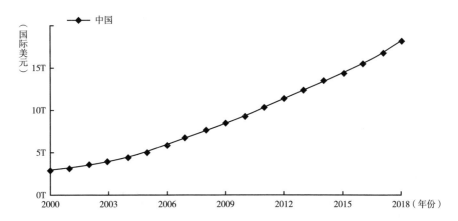

图1 中国2000～2018年人均GDP（根据购买力平价学说，以国际美元为单位）

资料来源：世界银行国际比较项目数据库

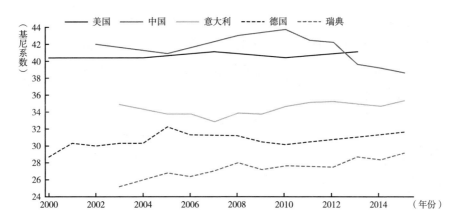

图2 基尼系数——中国、德国、意大利、瑞典、美国（2000～2015年）

资料来源：世界银行发展研究组

下，中国政府正在通过增加内需来减少对外需的依赖，这是中国经济维持增长的主要方法，但增速有一定的放缓。

中国通过部分地区的城市化正在缩小贫富差距，因为中国政府早在1970年初就意识到，只有在城市地区才有可能加快脱贫、扫盲的步伐。经过持续一段时间城市人口的高增长，其增长率从2000年初的4%以上下降到2018年的2.5%左右，但中国的城市人口增长率仍然是大多数欧盟国家的两倍（图3）。

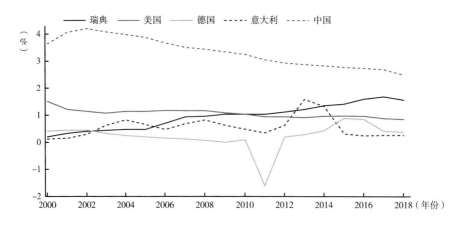

图 3　城市人口年度增长率——中国、德国、意大利、瑞典、美国

资料来源：世界银行发展研究组

与大多数欧洲国家和美国相比，中国的城市化率在 70 年代中期以前要低得多，目前仍低于 60%（图 4）。我们预测至少到 2030 年，中国将始终通过增加城市人口的比重来促进经济发展，届时中国的城市人口比重将接近或超过欧盟国家。

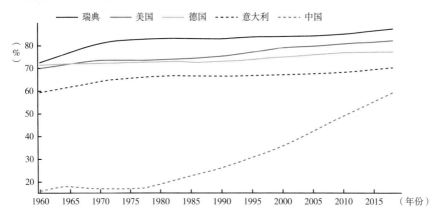

图 4　城市人口（占总人口的百分比）：中国、德国、意大利、瑞典、美国

资料来源：世界银行发展研究组

中国的地区生产总值主要分布在广东、江苏和山东三个省份（图 5），这三个省份也是人口最密集的省份，恰好论证了上文提出的城市化假设。

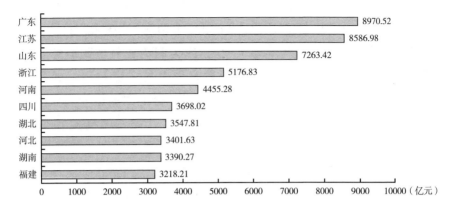

图 5　2017 年中国地区生产总值

资料来源：Statista，https：//www.statista.com/statistics/278557/gdp - of - china - by - region/。

通过实施区域经济发展战略和创新发展战略，开辟经济特区、工业区、经济技术开发区和出口区，创造良好的投资环境，上述省份集中了金融、工业、创新潜力和人力资本，生产地位遥遥领先。

根据世界经济论坛"2018 年包容性发展指数"报告，中国的包容性发展指数得分为 4.09 分，在 74 个发展中国家中排名第 26。金砖四国的表现参差不齐，俄罗斯联邦排名 19，中国，巴西、印度和南非的排名依次为 37、62 与 69。尽管中国自 2012 年以来在新兴经济体中的人均 GDP 增长率（6.8%）和劳动生产率增长率（6.7%）排名第一，但其整体得分却因包容性方面的表现不佳而下降①。在包容性发展这一评分项上，中国排名是 55，这是由于受到了收入和财富分配不均、人口负担系数（非劳动年龄人口与劳动年龄人口的比例）的上升，和二氧化碳排放强度等因素的影响。

中国得分较高的一项是"代际公平和可持续性"，在这一项中，中国在 74 个国家中排名第 17 位。这一项排名的提高是得益于中国较低的人口抚养比（每 100 名劳动年龄人口负担了 39 名非劳动年龄人口，这

① 2018 年包容性发展指数，世界经济论坛，http：//www3.weforum.org/docs/WEF_Forum_IncGrwth_2018.pdf。

在包容性发展指数中排名倒数第二）和占国民总收入 23% 的高储蓄率的调整（排名第七）。尽管 2012 年以来单位 GDP 碳排放量下降了 38%，但中国的碳排放强度仍然排在第 65 位，因为制造业对低碳服务业的利润所起的作用较小。在包容性发展指数报告中的"增长和发展"一项中，中国排名第九，这要归功于中国有超过三分之二的就业人口的高就业率（这在新兴经济体中排名第 20），和相对较长的健康预期寿命（68.5 岁，排名第六）[1]。

综上所述，我们可以得出结论，在现代社会，经济持续发展需要包容性。中国政府在认识到了未来的挑战和人类面临的全球性问题后，走上了一条与经济开放与经济创新相结合的国内发展道路，这有利于中国获得长期的社会经济效应，确保持续的经济增长，保障民众获得中高等教育和医疗资源的权利，在国内形成强大中产阶级并建设成为创新型国家。

（潘俊韬 译）

---

[1] 2018 年包容性发展指数，世界经济论坛，http：//www3. weforum. org/docs/ WEF_ Forum_ IncGrwth_ 2018. pdf。

全球化时代挑战下的中国
工业创新经济增长计划

艾琳娜·波伊克（Olena Boiko）
乌克兰国家科学院经济与预测研究所青年学者

中国经济发展的战略方向之一是工业企业的创新。根据全球竞争力指数，可以对中国与世界其他国家的经济安全水平进行定量比较。2018年，WEF专家开发了一种用于评估世界经济表现的新工具——全球竞争力指数4.0-2018。该指数反映了第四次工业革命背景下世界经济与其他国家的竞争力。根据全球竞争力指数4.0-2018，竞争力是根据12个因素评估的。这些因素是国民经济和收入长期增长的重要组成部分。

全球经济竞争力排名前十名是：美国、新加坡、德国、瑞士（连续五年竞争力领先）、日本、荷兰、中国香港、英国、瑞典、丹麦。根据《2018年全球竞争力指数4.0》，中国在2018年排名第28位。竞争力的主要因素如图1所示。

探索中国现代社会经济发展的经验时，我们不能忽略中国的发展历史，其主要方向是科学、技术和创新发展。邓小平的技术进步理论是这一发展的核心。该理论概述了几个主题：科学和技术是重要的生产力；知识工人（包括从事科学和技术领域的工人）属于工人阶级，他们的能力必须得到相应的报酬；进行旨在解放生产力的科学技术管理改革。

从1975年到1978年，中国一直处于"孵化阶段"，这与国家创新政策的实施有关。该政策的实质是政府直接下达文件，支持科创研究；购买外国技术（工业企业的成套设备）。

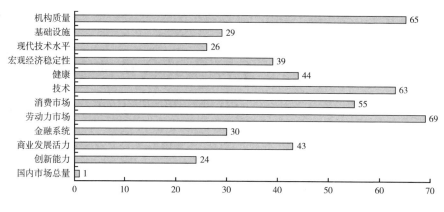

图 1　2018 年中国的全球竞争力指数 4.0

资料来源：1、The Global Competitiveness Report 2017 - 2018. - Geneva. Word Economic Forum. - 393 P.；Украина заняла 83 - е место в рейтинге глобальной конкурентоспособности, поднявшись на шесть позиций（Электронный ресурс）. Режим доступа：www. //gordonua. com/ news/money/ukraina - zanyala - 83 - e - mesto - v - reytinge - globalnoy - konkurentosposobnosti - podnyavshis - na - shest - poziciy - 432910. html. Отчет о глобальной конкурентоспособности 2018 года（Электронный ресурс）. Режим доступа：www. //https：//roscongress. org/materials/otchyet - o - globalnoy - konkurentosposobnosti - 2018 - goda/。

"实验"阶段（1979～1985 年）的一个特点是政府机构之间签署协议，开展合作。技术二元论的发展（类似于价格和所有权形式的二元论），以及多层次技术体系的形成（保留了传统技术和高科技的结合），扩大了研究和发展所需资金的来源。在外国经济活动领域，国家取消了部分限制，使国内的工业企业能够独立购买外国设备和技术。经济特区正在以积极开放的姿态吸引外资。

在 1986 年至 1995 年间实施了结构性改革，引入了项目（拨款）制度，支持科研发展和研究机构的遴选。

在 1996 年至 2005 年的这一阶段，通过积极的商业投资，国内生产总值有所提高。对工业企业和科研机构进行了私有化。针对国家高等院校研发的新技术，通过了新技术商业化的立法。通过为高科技工业等行业提供税收减免，开创了国家在科研创新领域融资的新形式。

2006 年至今，中国经济发展的主要目标是增强对科学技术运用的创新意识。十年间，中国在创新发展上的资金投入每年增长 21%。就创新发展的总资金投入而言，中国排名世界第二。用于创新发展的资金投入在中国 GDP 中所占的份额高于欧盟国家。来自中国高等院校的毕业生（获得学士学位）比日本、韩国、美国和德国的总和还多。与 2000 年相比，为中国经济做贡献的科学家和工程师人数增加了一倍。中国在半导体工厂建设的指标中所占的份额增加了 40%，而美国只增加了 8%。中国制造商在太阳能电池的生产以及飞机制造领域位居世界第一，同时也是锂电池的世界制造商。短期内，中国计划将经济对进口技术的依赖程度降低 30%，并将高科技产业在 GDP 中的比重提高 60%。

近几十年来，中国的知识产权成果专利（包括发明专利）的数量显著增加。根据世界知识产权组织的数据，中国在专利申请数量上全球领先。2016 年，中国的发明人提交了超过一百万件专利申请。在所有国家中，中国是唯一一个专利数量和专利申请人数量同时增长的国家。这源于中国高素质的研究者，发明专利的热潮以及人们保护知识产权，将自身发明商业化的意识。而在过去的 5 年中，人工智能领域的专利数量增加了 190%。[1].

尤其引人关注的是纳米技术领域的专利申请数量。在过去的 20 年中，中国已提交 209344 项专利申请。这是美国的两倍，而美国在该指标上排名世界第二。2016 年，中国科学家发表了全球约 33% 的纳米技术科学论文。

在创新基础上对中国的工业企业进行的监测表明，它们可分为以下几类：

–国营企业（"海尔"、"联想"、"奇瑞"、"SAIS"、"中兴"）和民营企业（"华为"、"格兰仕"、"奥克斯集团"、"吉利"）。

–大、中、小型企业。大型创新企业的份额占中国大型工业企业总数的 1%。其中许多企业是在大学和研究所的基础上创建的，例如北大（北京大学）的联想创始人。

---

① Фиговский О., Гумаров В. Инновационная система Китая – основа экономики страны［Электронный ресурс］. – Доступен из：http：//iee. org. ua/ru/ publication/298/.

－国有企业。在中国有 550 多家大型创新企业（实验基地）。三家机构授予这些企业"符合国家战略的创新企业"的称号：这三家机构是科学技术委员会、国有财产控制和管理委员会以及中华全国总工会。

－外资企业，中外合资企业，中资企业以及海外归国的中国专家开办的企业。

应当看到，在当前的市场中，中国的工业企业生产的创新产品占世界总量的 34% 以上。为了发展创新型企业，中国政府创造了良好的条件，推动了国内高科技产品制造企业的发展。除了税收减免和补贴外，政府还向科技领域的企业提供土地。就面积而言，这些土地的面积超过了建造工厂所需的土地面积。在其他地方，企业建造大楼或酒店，然后用于科学和技术开发的投资，弥补工厂的损失。国有银行为创新型企业提供低利率的贷款，而地方政府为这些企业偿还利息。

在中国，主要通过运用科学技术发展成果的法律、促进科学技术发展的法律以及促进中小企业发展的法律来管理科技创新活动。此外，在中国经济的某些创新发展领域，已批准以下内容：

－中华人民共和国国务院办公厅下发《关于创新管理优化服务培育壮大经济发展新动能加快新旧动能接续转换的意见》（2017 年）。设想采取措施，推动经济增长的新要素（提高公共服务的质量，发展创新活动的监管机制，刺激新生产要素的流动性；发展扶持机制和实行担保制度）。

－中华人民共和国国务院办公厅《关于创新农村基础设施投融资体制机制的指导意见》预计到 2020 年，建立多主体的金融投资机制和有效的市场秩序来组织建设，统一农村基础设施建设管理体系，显著提高建设质量。

－中华人民共和国国务院办公厅下发《关于发展县级经济增长的创新动力》的文件（2017 年），该文件的执行将加快生产的转型和现代化，建立卓越的创新型企业，实现创新人才和企业家人才的集中，推动工业园区和技术园区的建设，促进县级社会状况的改善，通过创新发展和有针对性的扶持"脱贫攻坚"，日益普及并实施技术创新计划。

　　－中华人民共和国国务院办公厅《关于组织第二阶段创新创业示范性支持中心建设的命令》（2017 年），规定在第二阶段成立 92 个此类支持中心，这其中有 45 个中心位于某些城市的开发区，26 个中心在高等学府和研究机构内，另有 21 个中心在国有企业中。

　　－中共中央办公厅和国务院办公厅《关于基于创新体制机制发展生态农业的通知》（2017 年），规定了推动职能专业化的改善和农业对象的空间布局，加强对资源及其经济利用的保护，加强对农业生产地区环境的保护，对农业生态系统的保护和恢复，激励机制的形成，减少对创新发展的限制。

　　－中华人民共和国国务院办公厅《关于扩大创新扶持措施的通知》（2017 年）旨在实施通过建立试点地区以全面促进创新改革的倡议：涉及京津冀地区、上海、广东、四川、湖北、陕西、辽宁在创新金融和技术，形成创新创业环境，引进外国专家，协调发展军事和民用工业等方面。

　　－中华人民共和国国务院办公厅《关于积极推进供应链创新与应用的指导意见》（2017 年），预计到 2020 年将形成一套新的供应链发展技术和模式，并培育 100 家左右的全球供应链领先企业。

　　除了中国境内工业企业创新的现行法律框架外，国家计划还规定了该行业发展的主要重点，其主要方面列于表 1。

表 1　中国创新政策实施方案

实施国家政策的项目名称	项目的基本方面
"关键技术"	该计划（1982 年）确定了中国创新发展的重点,特别是在科技和工业领域的教育及人才培养方面,通过工业发展领域的相关政策扶持,追赶上其他国家。
"攀登世界科技高峰"计划	该计划（1982 年）指出,必须"掌握在社会经济发展中发挥支柱作用的关键技术"。未来前景良好的主要产业类型包括农业、能源、电信、运输、新材料、资源勘探、环境保护和医疗。该计划主要由国家预算,地方预算和行业内部提供资金。值得关注的是,有大量研究人员参与该计划的实施。
"重点实验室"	该计划（1984 年）设想为重点实验室提供扶持。该计划的主要目标是:在大学、研究机构的 159 个实验室中开展研究和人才培养;建立一个完善的国家工程中心系统。

续表

实施国家政策的项目名称	项目的基本方面
国家重点基础研究发展计划："973 计划"	在中国科学技术部和国家社会科学基金会共同管理和资助下，实施了"973 计划"。该计划的目的是资助和扶持对国家社会经济发展至关重要的研究。优先在能源发展、新材料、农业、人口和卫生领域提供对基础研究的扶持。在 2016～2020 年计划实施期间，基础科学的优先发展方向包括数学、理论物理学、分子化学和量子催化、量子信息学和神经网络、蛋白质组学。该计划设想改革科学领域，以甄选并留住基础科学领域最优秀的科学人才。该计划还包括许多条款，其中包括任命行政管理人员的程序（高职称，年龄在 55 岁以下），在评级期刊上发布论文的奖金制度，以及引文索引。
"863 计划"（高科技支持）	第一阶段（1986 年）明确了发展目标（发展信息基础设施所需的基本技术；发展关键的生物、农业和制药技术；用以提高工业生产竞争力的新材料和新技术）并优先发展科学和技术的部分领域（生物技术、自动化、信息和激光技术、替代能源和新材料、太空探索技术的发展）。 随后，人们也关注到电信技术的发展（1992 年）以及海洋发展领域（1996 年）。该计划的资金（110 亿元人民币）超过了对其他计划的支持。根据该计划，当时正在制造国家级微处理器龙桑（天河超级计算机），这是中国第一架航天器。 实施该计划的主要机制是：通过鼓励创新活动来提高企业的创新潜力，这根据获得的专利数量来估算；加强和保护知识产权；平衡不同地区高科技的发展水平；开展国际合作。
"关键技术领域的研发工作计划"	该计划（1982 年）的目的是通过动员财政和人力资源，调整技术发展方向来改变传统工业的技术装备，推动传统工业的现代化，并形成新的产业。
"火花"计划	该计划（1986 年）的目标是支持农业发展领域的非关税措施。在计划实施期间，已资助了 90000 多个项目，总额超过 50 亿美元。主要资金中约 80% 由商业企业提供，16.8% 来自于银行贷款，另一部分是预算拨款。该计划缓解了中国的贫困问题，并为城市居民提供了食物。
"火炬"计划	该计划（1988 年）的目的是为高科技产业提供资金支持，并使技术创新商业化。经济的优先发展领域是新材料、生物工程、信息学、非传统能源、机械工程和电子学。 由于该计划的实施，国家在高等院校中建立了工业园区、企业孵化器和企业发展中心。 该计划的资金中超过 72% 来自商业部门，21% 来自于银行贷款，3% 为国家补贴，以及其他渠道。 该计划资助了高科技制造业领域的约 10261 个项目，并创建了 130 多个高新技术开发区（北京、天津、沈阳、武汉等）。对于这些行业，建立了特殊的税收和关税制度（对于将超过一半产品出口到国外的企业，所得税减少了 10%，技术开发设备的进口免征关税）。 在科技型城市和企业孵化器中建立了 28504 家高科技企业，创造了 349 万个新工作岗位。

实施国家政策的 项目名称	项目的基本方面
"国家优先实施科学技术发展计划"	该计划自1990年开始实施,旨在为有规划地、系统地引进先进技术创造有利的环境,先进技术将推动中国经济中科学和技术的发展。该计划应用了科学与商业的合作机制。资金来源包括贷款、资本投资、企业自有资金、公共资金积累、省市和企业资金。国家为个别项目分配了额外的资金。由于该计划的实施,中国工业企业的创新活动得到了关注。
"2006～2020年国家中长期科学技术发展规划纲要"	2006年,"国家中长期科学技术发展规划纲要"取代了"国家优先实施科学技术发展计划"。根据新计划,科技发展支出占国内生产总值的比重应达到2.5%(2005年为1.34%),科技进步对经济发展的贡献率应达到60%。这将使中国减少对进口技术的依赖,并在颁发专利和科学论文引用方面进入世界前五的行列。 该计划设想在以下领域发展科学创新系统:开展产业合作,高校与企业合作;增强国内自主创新的重要性;协调民用和军事研究,以及转化民用和军事研究;考虑到区域差异,创建区域创新系统;开发用于科技创新服务的服务系统。
"到2020年的国家中长期科学技术发展规划纲要"	该计划于2006年通过。其主要目标是加强国家科学技术发展的自主性,保障创新活动,通过发展国内生产来实现技术进步;发展以企业为主导的产学合作;协调民用和军事研究,并将后者转变为民用;考虑到区域之间的现有差异,创建区域创新系统;开发科学、技术和创新服务的服务系统。 该计划提出了两种主要的科学技术发展方法:传统方法(在国家的全力支持下实施重大科学项目)和新方法(工业创新的发展以及专有技术的商业化)。 重点介绍了科学技术的主要发展方向:替代能源、现代交通、机器人技术、生物技术、纳米技术等。
"十二五计划"	该计划的目标是创新发展,设想将中国社会研究和实验研发的支出从1.8%(2010年)增加到2.2%(2022年);每1万人的新发明专利数量几乎翻一番——从1.7(2010年)增加到3.3(2022年)。
国家社会发展科学技术计划	该计划于1996～2010年实施。其主要目的是提高生活质量,提升人力资本,改善人类生存环境,调节人与自然的关系,促进社会领域的科学技术进步。该计划实施的主要方向为:医疗卫生,保健;合理利用自然资源及其保护;改善环境;预防自然灾害的措施;城乡住宅建设。
"高科技新产品开发和评估"计划	该计划为基于新技术原理,概念和设计的产品提供优惠政策。 其主要任务是,高科技产业的军工企业正在准备朝着民用产品的生产方向迈进,这符合全球的发展趋势,也与科学技术开发成本的结构性变化保持一致;专家群体对高技术产业的竞争力水平进行监控,以发现前景良好的"经济增长点",同时考虑采用国内生产,以代替外国技术创新。
"2020计划"	该计划的主要任务是:通过自主创新,减少对外国技术的依赖程度,从而建设创新型经济;将工业企业和商业部门转变为国家基础设施建设的动力;在技术发展的战略领域取得突破。 优先发展的经济领域包括:能源和水资源的获取;开发环境技术,开发保护知识产权的技术,生物技术,航空、航天和海洋技术。

续表

实施国家政策的项目名称	项目的基本方面
"中国制造-2025"计划	该计划的目标是：按照研究机构和大学的类型创建国家制造中心，使基础产业现代化，将人工智能引入产业发展，开发环保技术，增强中国品牌的形成，并产生高附加值的产品。 为实施该计划，已建立了国家先进制造投资基金和国家集成基金，已投资 1590 亿元。 鼓励创新的经济活动是融资的优先领域。该计划假定政府投资基金和开发银行向重大产业的企业提供低利率贷款，并提供研究补助金。

注：该表格由作者整理*。

* Фиговский О. Л. Инновационная система Китая-основа экономики страны（Електронний ресурс）. Доступен из：http：//iee. org. ua/ru/publication/298/；Клавдиенко В. П. Национальная инновационная система Китая：становление и развитие//Инновации. – №4（210）. – 2016. – С. 97 – 103. ；J. Sigurdson. Technology and Science in People`s Republic of China. UK. Oxford. 2013. ；C. Huang, N. Sharif. Global technology leadership：The case of China//Science and Public Policy. Vol. 43. February 2016；Шулюк Б. С. ，Петрушка О. В. Світовий досвід реалізації фінансових проектів державно-приватного партнерства в економічній інфраструктурі Світовий досвід реалізації фінансових проектів державно-приватного партнерства в економічній інфраструктурі//ЕКОНОМІКА І СУСПІЛЬСТВО. – Вип. 17. – 2018. – С. 621 – 626. ；Шумська О. ДОСВІД РОЗВИТКУ ПУБЛІЧНО-ПРИВАТНОГО ПАРТНЕРСТВА У ПРОВІДНИХ КРАЇНАХ СВІТУ（Електронний ресурс）. Доступен из：http：//iee. org. ua/ru/publication/298/irbis – nbuv. gov. ua/. . ./cgiirbis_ 64. exe?. . ；Севальнев В. В. Развитие инновационного сектора економики КНР//Журнал зарубежного законодательства и сравнительного правоведения. – №2. – 2012. – С. 164 – 174；Кристофилопулос Є, Манцанакис С. Китай – 2025：научный и инновационный ландшафт. //Форсайт. – Т. 10. – №3. – 2016. – С. 7 – 16；Ковалев М. М. Китай в XXI веке — мировая инновационная держава/М. М. Ковалев，Ван Син. — Минск：Изд. центр БГУ，2017. — 239 с. ；Березин А. Н. Китай：национальная стратегия инновационного развития（електронний ресурс）. Доступен из：https：//files. scienceforum. ru/pdf/2012/2433. pdf；Биков О. М. Науково-технологічна складова зростання економіки Китаю в групі країн брікс//актуальні проблеми економіки – №9（135）. – 2012. – С. 55 – 62. ；Клочихин Е. Научная и инновационная политика Китая（Електронний ресурс）. Доступен из：https：//elibrary. ru/item. asp? id = 20788160；Ковалев М. М. Китай в XXI веке – мировая инновационная держава/М. М. Ковалев，Ван Син. – Минск：Изд. Центр БГУ，2017. – 239 с.

中国工业企业能够长期生产具有竞争力的产品。在分析了对这些企业的创新发展实施监管支持的特殊性后，我们应该考虑：

– 协助国家发展高科技产业，包括建立有效的技术转让体系。

– 国家支持各省市建立、发展现代形式的创新基础设施（集群、工业园区、经济特区、技术园区等），这其中包括科学、技术和工业的企业网，这些企业都有很高的科技发展潜力。

－利用现有的科学和技术潜力优先发展一部分产业（农业技术、生物技术、核技术和空间技术等）。

－为科学技术发展领域（化学技术和新材料、信息技术等）的研究创造有利条件。

－改进中国开展科学创新活动的监管机制。

－融入全球科技创新的浪潮。

特别引人关注的是中国开创并发展以优惠制度为特征的组织创新形式。特别是涉及五个经济特区（深圳、珠海、汕头、厦门、海南）。在现行体制下，各经济特区政府（理事会）在管理经济发展和制定监管机制方面享有省级政府的权利。而且，各经济特区政府可以独立地向国内外的信贷市场借贷。在中央政府规定的范围内，可以在国外发行债券。在这种情况下，各经济特区政府需自行承担相应的费用。

外国投资的上限为 5000 万美元。外国居民的投资必须至少为新成立企业内法定资本的 25%。

对于经济特区的企业法人，适用所得税优惠税率，五年免税期，全部或部分免税（前两年不征税，接下来三年享受当前价格的 50%）。到 2008 年，优惠所得税税率为 15%（对于优惠区以外的其他中国企业，当时的税率为 33%）。

根据中华人民共和国国务院发布的《关于实施企业所得税优惠过渡政策的通知》（2007 年），为企业确定了新税率的五年过渡期。自 2008 年 1 月 1 日起针对经济特区的企业法人：2008 年为 18.0%，2009 年为 20.0%，2010 年为 22.0%，2011 年为 24.0%，自 2012 年以来为 25.0%。这仅适用于在 2007 年 3 月 15 日之前注册且以前享受 15.0% 优惠税率的企业。对于在此之后登记的企业法人，自 2008 年 1 月 1 日起，为所有中国企业引入了一家公司，其所得税税率为 25%。对于以前使用 24% 的优惠所得税税率的企业（边境地区和沿海开放城市），该税率自 2008 年以来已提高到 25.0%。

对于从事工业、制造、维修和对外贸易的经济特区企业，中国全国适用 17% 的增值税率。但是在进口外国企业生产设备和原料时，占了经济特区企业的出口份额，在这种情况下不征收增值税和关税。

就消费税、个人所得税和其他类型的税款而言，经济特区的税率与其他地区相同。根据地方政府的决定，以出口为导向的高科技企业可能会获得非税收优惠（降低税率或完全免除土地、水、电、煤气、互联网、房地租金等）。

经济特区企业土地的最大租赁期限为：房屋建筑：70 年；工业用途，科技产品生产，保健，教育，文化，体育：50 年；贸易，旅游，娱乐：40 年；综合利用：50 年。支付地块的市场价值后允许租赁。不征收土地租赁税。租约到期后，可以每年续签合同，但需额外付费。

经济特区企业有权购买待售物业。购买时支付房地产价值的 1% ~ 2%，租赁时缴纳租金的 12%。

在中国市场上销售产品时，经济特区企业，包括外资企业，可以独立进行交易，也可以通过中介国有企业交易。在设定产品价格时，经济特区企业必须考虑当地价格监管部门的建议。产品价格应与其他中国企业的价格相匹配。

在中国东部沿海地区和海南建立了五个经济特区（1980 年）以吸引外国投资，而这几个经济特区继续在国民经济的发展中发挥重要作用。（见表 2）2017 年，经济特区的外贸总额比 2016 年增长 7.4%。贸易逆差达 3.8 万亿元人民币。出口高达 2.2 万亿元（增长了 5.9%），进口高达 1600 万亿元（增长了 9.6%）。经济特区在中国外贸成交量中的总份额为 13.7%（减少了 1%）。

表 2　中国自由贸易区 2017 年货物对外贸易

经济特区	数额（百万元）			增长率（%）		
	总量	出口	进口	总量	出口	进口
深圳	2801146	1653357	1147789	6,4	5,5	7,9
厦门	581604	325365	256239	14,3	5,2	28,4
珠海	299012	188298	110714	8,6	4,4	16,4
汕头（1 月~2 月）	52382	39195	13188	2,5	1,2	6,7
海南	70237	29566	40671	-6,5	110,4	-33,4
总量	3804381	2235781	1568601	7,4	5,9	9,6

注：表格由作者整理*。

* Фиговский О., Гумаров В. Инновационная система Китая – основа экономики страны（Электронный ресурс）. Доступен из: http://iee. org. ua/ru/publication/298/; Ван Чао Современная экономика Китая/Ван Чао, С. С. Полоник; Белорусский государственный университет. – Минск: Право и экономика, 2016. – 157 с.; 5 специальных экономических зон（Электронный ресурс）.

此外，中国有 219 个国家级技术经济开发区（北京，上海，广州，天津，大连，哈尔滨，乌鲁木齐，武汉，重庆，杭州，沈阳，长春，营口和其他主要城市）。现有的 12 个经济特区（天津，大连，广州，宁波，张江，海口，厦门，福州，青岛，汕头，珠海，深圳）和 11 个中央下属的试点经济特区：上海，天津，重庆，广东，福建，辽宁，浙江，河南，湖北，四川，陕西。

在中国国家经济政策创新发展的背景下，产业集聚是一大特色。值得关注的是，近几十年来，产业集聚成为新的趋势。在这段时间，共创建了 150 个产业集群。集群是在以下因素的影响下形成的：潜在集群的地理位置，产业（基于统计和文献数据），财政扶持或地区扶持的受益者（企业、高等院校、研究机构等）。表 3 显示了按经济领域划分的中国产业集群发展情况。

在中国建立产业集群的过程主要是通过"自上而下"的路径进行（建立咨询和监督机构，产业集群发展战略）。此外，产业集群也有混合模式（"自下而上"和"自上而下"两个路径的组合）。

根据国际的分类标准，中国现有的产业集群可以分为以下几类：

－"不活跃"或"表现不佳"（仅运行一部分教育功能）；

－"具有潜力"（显示出一些关键特征，缺乏生产资源，缺乏一定的规模）；

－"运作良好"或"表现出色"（能够生产大量产品，自给自足的集群）。

在中国，还存在基于技术参数特征的"集群分离"这一现象：分别是工业（从事传统商品生产）和创新（在产业集群的创新产品以及发展的创新基础设施中占有很大份额）。

应当指出，在中国，产业集群是在政府和地区的倡议下创建的，作为高科技产业（汽车，电气工程，手机制造）发展的特殊区域。高科技产业集群的优势在于它们专注于经济的结构调整并增强竞争力。但是，也存在一些弊端：大多数地区的经济发展模式相似，从而在相似技术上重复投资并过度投资；缺乏该区域发展的先决条件（对新技术的高度吸收，必要的资源等）以及工作岗位的减少。

表 3　中国产业集群发展情况

产业集群的排名	地理位置	产业集群的排名	地理位置
张江集成电路产业集群	上海	加热系统配件产业集群	台州
计算机软件产业集群	成都	工程建设机械产业集群	长沙
模具产业集群	黄岩	成套机械设备产业集群	沈阳
铁路运输设备产业集群	株洲	造船产业集群（2 个单位）： －"STX 公司"离岸与造船" －"中国船舶工业总公司"	大连
半导体和照明产品产业集群	扬州		
新材料产业集群	丹阳		
鞋业产业集群	晋江		

注：表格由作者整理*。

* Эффективность концентрации промышленных производств/Под ред. Л. В. Козловского, А. Д. Павловой. ‐ Минск, 1970. ‐ 145 с.；Ленчук Е. Б., Власкин Г. А. Кластерный поход в стратеги инновационного развития зарубежных стран（Електронний ресурс）. Доступен из：http：//www. institutiones. com；Клейнер Г. Б., Качалов Р. М., Нагрудная Н. Б. Синтез стратегии кластера на основе системно-интеграционной стратегии//Наука-Образование-Инновации. ‐ 2008. №7. ‐ с. 18 ‐ 21.；Войнаренко М. П. Концепція кластерів ‐ шлях до відродження виробництва на регіональному рівні/М. П. Войнаренко//Економіст. ‐ 2000. ‐ №1. ‐ с. 29 ‐ 33.；Развитие кластеров：сущность, актуальные подходы, зарубежный опыт/авт. ‐ сост. С. Ф. Пятикин, Т. П. Быкова. ‐ Минск：Тесей, 2008. ‐ 72 с.；Романова Ю. А. Организационно-экономические основы развития кооперации на региональном уровне（теория, методология, практика）：автореф. дис. …д-ра экон. наук：05. 00. 05/Романова Ю. А. Российский ун-т кооперации. ‐ М., 2008. ‐40с.

　　产业集群运作的参与者包括：专门发展重点行业的企业（组织、公司）；重点行业内企业的商品/服务供应商；从事公共事业管理（基础设施：运输、能源、环境保护等）的企业（组织、公司）；维护市场基础的组织（咨询、审计、保险、信贷等）；非营利性和公共组织，商业协会，商会；研究和教育组织；为中小型企业（工业园区、技术园区、企业孵化器、技术转让中心、节能中心、分包支持中心）组织创新基础设施，支持基础设施的组织；商业发展中心和机构，推动区域和市政发展，增强投资吸引力；支持商品出口的机构，国家和市政企业的支持资金，信贷支持资金，等等。

根据国家在创建和发展产业集群过程中发挥的作用，有几种类型的扶持：全周期的扶持（国家根据当地的产业特色，实施长期发展计划，有助于为产业集群发展的龙头企业创造有利条件）；部分扶持（为创建产业集群提供支持，通过经济政策来调整产业发展）。

与世界上其他国家一样，中国的产业集群计划以国家集群发展计划的实施为基础。其确定了政府支持的两个领域：通过国家层面的项目建设产业集群；支持现有的产业集群和自下而上的发展计划。此外，形成了集群策略（集群的组织和发展重点），明确了集群项目（措施、期限、负责执行人等）。集群战略是国家创新战略的一部分，在该战略中，政府仅仅确定一般的经济规则，而具体集群计划的实施由地区政府和市政当局负责。

集群与商会之间的合作是一个重要问题。商会积极地和集群开展合作，因为它们也是集群的一部分，有助于为集群的发展创造有利的投资环境。它们之间的合作形式有如下几种：

－商会有其自身的结构，参与集群的活动，为企业提供部分服务；

－商会在短时间内可服务不同领域的集群企业（企业的智力资源、创新支持、企业国际化等）；

－商会将其成员加入集群，并向成员说明创建集群、运行集群的过程。

在上述分析的基础上，我们可以得出以下结论：

－产业集群通过政府与地方自治，商业、科学、教育之间的相互作用来发挥其效应。

－有多种形式和方法来发展不同特征的产业集群，这是产业集群的发展理念。

－产业集群可以被视为国家经济发展的常规阶段；产业集群刺激了中小企业的发展。

－根据现行法律，某些政策手段可支持中国创建并发展的产业集群：产业集群的创建需经市政府的同意，并经由经济特区中央委员会的同意，才能发展高科技产业；中央政府选择高回报的企业（信息和生物技术）；为了减少中国与发达国家经济竞争力之间的差距，人们非常重视自主创新，提高产品的技术水平，从而在政府中建立了高校科研成果的网络。这促进了商业、学术和高校科研的合作，推动了研究成果的商业化，同时也加剧了竞争。

工业园区作为创新组织的新形式，很好地推动了工业企业的发展。而在中国有 54 个工业园区。创建工业园区要考虑以下几个因素：

－工业园区有助于提高对国内外投资者的投资吸引力，特别是高科技产品的生产；

－工业园区的发展使工业生产集中在大城市以外的有限区域；

－工业园区主要通过增加就业机会和增加平均工资来增加地方预算收入；

－支持各种类型企业的现代化和改组，以提高其盈利能力和竞争力；

－为提高该地区居民的待遇，提升他们的购买力创造条件；

－国家可"补贴"投资活动，减少实际业务成本。

中国最著名的，前景良好的工业园区如下[①]：

－中国的连云港新浦工业园区（江苏省）。占地面积 800 公顷，房

---

① Єгоров І. Ю., Бойко О. М. Інституційно-правові засади щодо функціонування індустріальних та технологічних парків в Україні：ризики та перспективи. Між народна науково-практична конференція "The Productive Capacity of a Nation：Case of Ukraine"（29 – 30 червня 2017 р.）. – К.：Київський національний університет ім. Т. Шевченка, 2017. – с. 123 – 127；Бойко О. М. Розвиток інноваційного середовища України в Європейському науково-технологічному просторі Економічний вісник університету：зб. наук. праць учених та аспірантів/ДВНЗ 《 Переяслав-Хмельницький державний педагогічний університет імені Григорія Сковороди》.

– Переяслав-Хмельницький：ДВНЗ 《 Переяслав-Хмельницький державний педагогічний університет імені Григорія Сковороди》, 2017. – с. 243 – 251.；Бойко Е. Н. Экономический пояс шелкового пути：перспективы для Украины. Стратегия развития экономики Беларуси：вызовы, инструменты реализации и перспективы：сборник научных статей. В 4 ч. Ч. 2/Национальная академия наук Беларуси, Институт экономики НАН Беларуси；редкол.：В. И. Бельский（и др.）. – Минск：Институт системных исследований в АПК НАН Беларуси, 2017. – с. 81 – 88.；Галасюк В. В. Індустріальні парки：світовий досвід та перспективи створення в Україні/Економічний аналіз. – Том. 28 №1. – 2018. – с. 40 – 50.

地产总面积 2 亿平方米。工业园区的产业特色是纺织生产，飞机制造，造船，贸易和销售，开展科学研究和开发，吸引投资额 40 亿元。

－中国杭州工业园区（1993 年）。占地面积 5000 公顷。工业园区中有 180 家外企（"IBM"，"LG"，"百事可乐"，"Merck Sharp&Dohme"，"Panasonic" 等）。每年的总收入超过 50 亿美元。工业园区的发展战略与该地区电子，食品生产，机械工程，生物医学等经济领域的发展有关。

－中新工业园区"苏州－新加坡"，占地面积 260 平方公里。园区内共有 330 家公司（世界上最大的 500 强公司中有 79 家）。员工人数为 3.5 万人。吸引投资 1000 亿美元。该工业园区的独特之处在于，它由中华人民共和国和新加坡共同创办（股份分配如下：52% 的股份属于中国企业，28% 的股份属于新加坡企业，10% 的股份属于香港和中石化，5% 的股份属于新加坡政府，而苏州新区高新技术产业股份公司的股份也占 5%），工业园区的法定资本最初为 5000 万美元。随后于 1995 年增加到 1 亿美元，到 2005 年达到 1.25 亿美元。为了发展该工业园区，已经建立了三级管理机构和工作机构，由中国和新加坡政府联合理事会，双边委员会，专门的联络机构组成。还建立了一个特殊的城市发展规划体系，该体系可用于制定详尽的城市规划，特别是将中国特色与新加坡在城市规划和建设，经济发展，公共行政等方面的经验相结合。到目前为止，已在药物分析，新药测试，药物筛选技术等领域与当地生物医学公司创建了六个最先进的技术平台。

－中国－白俄罗斯工业合作项目，总面积 112.5 平方公里。该项目是在中白政府间合作框架内开发的，并签署了相关的政府文件。任何公司，无论来自哪个国家或地区，都可以入驻该工业园区。国家法律以及国际协定都为工业园区的企业创造了有利的投资环境。特别是这些优惠，例如：根据"10＋10"公式进行的优惠税收（自注册为园区企业之时起十年内免收所有企业所得税，并在接下来的 10 年内将现行税率降低 50%）；自由的海关制度，该协定赋予了在进口货物（原材料）时无需进口关税（消费税）的权利，但条件是将这些货物进一步加工并出口到关税同盟国家之外；为工业园区企业的雇员确定固定的个人所得税税率，即 9%（比全国平均水平低 25%）；园区企业，包括其外籍员工，可免除工资中的强制性保险金。白俄罗斯共和国公民中超过该国平均月工资的部分，园区内员工的收入不收取强制性保险金；减免购买用于公园建筑和结构设计，建造和设备的货物（工程、服务、产权）时所支付的增值税；减免（从园区企业营利之日起的 5 年内）企业创立者应得股息的所得税；在工业园区企业与白俄罗斯共和国企业之间就设计和建设园区设施产生的交易进行支付时，允许使用外币，证券。免除因公园内占用或暂时占用农业用地和林地而造成的对农业和（或）林业生产损失的赔偿，免徐对动植物造成影响的赔偿①。

通过分析中国工业园区的特征，我们可以得出以下结论：

－在不同国家创建何种类型的工业园区取决于该国和地区的支柱产业。

－在建立工业园区时可考虑以下方式："从土地出发"（工业生产需要的土地）和"从任务出发"（选定特定产业）。

－知识产权形成和发展的特点是：毗邻园区，物流便捷，具有发展综合体的理念，提供现代通信服务；

－根据向园区企业提供的服务类型，可分为以下几个类型的工业园区：格林菲尔德园区〔提供企业未建的土地（购买和/或租赁）用于生产建设，可以根据要求提供建筑服务〕；布朗菲尔德园区（向现存工业园区企业购买和/或租赁现成的产品、仓库、行政管理、基础设施，可以重建或改造企业大楼）；综合园区（结合了之前两个工业园区的特

① Бойко Е. Н. Структурные составляющие инновационной среды национальной экономики: Украина и другие страны мира Материалы докладов международной научно-практической конференции 《 социально-экономическое развитие организаций и регионов Беларуси: эффективность и инновации 》, посвященной году науки. – Витебск: УО "ВГТУ", 2017. – c. 112 – 132.; Індустріальні парки в Україні: проблеми становлення та перспективи розвитку: монографія /Єгоров І. Ю., Бойко О. М., Грига В. Ю.; наук. ред. Єгоров І. Ю. – НАН України, ДУ "Інститут економіки та прогнозування НАН України", Міністерство економічного розвитку і торгівлі України, Науково-дослідний економічний інститут. – К., 2015. – 140 c.

征）；生态工业园，以共同所有制为基础的制造企业共同体，其中每个业务部门都寻求通过环境和资源问题的合作来改善环境，加强经济合作[1]。

– 工业园区将优先发展其传统优势产业，并以吸引投资为导向。

– 建立工业园区的发起者是：国家经济发展机构，管理公司，工业房地产和工业用地的所有者，大学；

– 在世界惯例中，有建立工业园区的计划：从现有企业购买土地和建筑，以现金的形式租给原企业或新企业；通过重建和开发，将土地和建筑租给新的企业。在长期租赁，特别是"义务建设"的保证下，为特定企业购买土地并建造相应的设施；设计并建设工业园区，为建好的场地和建筑寻找租户或买家；

– 在大多数工业园区中，都有一个独立的专业管理公司，负责寻找投资者；

– 国家对工业园区创建和发展的支持有两种模式 – 亚洲模式（国家可以为项目提供土地，提供激励措施以吸引劳动力，吸引国际资金用于基础设施建设，解决和建立工业园区相关的其他问题）；美国模式（公共发展机构负责工业园区的运营，通过实施国家和国际发展规划，开展工业结对项目。）

– 有不同的工业园区管理模式。在管理公司的支持下运作（为工业企业提供土地，基础设施和其他服务）；在没有管理公司的情况下开发工业园区（为已在工业园区内生产产品的企业提供必要的服务）；工业园区内的一家运营企业履行管理公司的职能。有趣的是中白工业园区的三层管理模式：一个政府协调委员会（协调机构），其主要功能是设定战略目标，并协调对园区工作的支持，解决双方政府需要共同解决的问题。工业园区（管理机构）的管理，按照"一个窗口"的原则，为投资者提供迅速，高质量的综合服务（获得必要的许可、批准和其他政府

---

[1]　Porter M. E. Clusters and Competition. /Porter M. E. //On Competition. Cambridge：Harvard Business Review. - 1988. - Nov. Dec. - Vol. 76. - No. 6. - p. 77.；Эффективность концентрации промышленных производств/Под ред. Л. В. Козловского，А. Д. Павловой. - Минск，1970. - 145 c.

服务）。工业园区开发公司，其职能是为商业发展和投资者建立基础设施和其他设施。

－在以下条件下，某一块土地可以被认定为"工业园区"：该块土地由管理公司所有或出租，并制定相应的区域发展规划。园区内有工程基础设施，而管理公司可以协助园区企业的通信，保护企业财产。管理公司扶持企业的运营，协调工业园区内的设施，并在投资者和区域行政部门之间构建起桥梁。管理公司还为投资者提供商务服务（秘书、快递、物流、会计、人力资源等）。

－国家对工业园区发展的支持类型：投资项目的共同出资（投资者代表工业园区内企业的建设项目；国家承诺提供部分资金，包括提供税收优惠，提供优惠贷款等）；间接降低投资者的成本，但工业园区的维护除外（国家提供培训，高素质专家的住宿，工业设施的安全，部分社会保险）；简化许可程序；给予税收和关税优惠。

－税收投资优惠政策的应用，特别是所得税优惠税率的问题，对于创建和发展工业园区尤为重要；免征工业园区参与者进口设备的关税；免征房地产税；免征土地税；免征土地租赁税；免除环境税等。

（汤杰 译）

中国的进步：70周年来尽管面临种种挑战，中国仍朝更大的目标进发

里维奥·桑托斯·德·雷特·里贝罗（Livio Santos De Leite Ribeiro）

巴西经济研究所高级研究员

在2019年10月上旬，中华人民共和国庆祝其成立70周年。中国已经从20世纪中叶的一个弱国发展成为一个超级大国，在世界范围内具有举足轻重的地位。中国的发展成就值得庆祝、值得纪念，也要继续向前。

在中国共产党的领导下的前三十年里，中国社会和经济有了更大的发展，但这过程也并不总是一帆风顺的。在开国元勋毛泽东的领导下，"大跃进"和"文化大革命"的发动原本旨在加速中国发展进步，但最终却产生了负面影响，违背了建国目标。中国与苏联的决裂和毛泽东去世后的国内政治动荡等其他事件将中国进一步推向了困境。

在这一时期的中国通常是被严厉评判的，尤其是外国人将这一时期视为混乱时期。然而，这一时期的中国在以下方面取得的重要发展成就值得铭记：如识字率大幅度提高，生活水平（以预期寿命来衡量）提高，工业能力得到加强，尽管这段时期的中国发展坎坷，但所幸持续时间并不长。

中华人民共和国第二个三十年是在1978年12月在邓小平的"改革开放"政策的指导下，开始的跨越式发展。改革从一个政治、经济上都不发达的偏僻农村开始，重新塑造了中国在全球的角色，帮助中国实现了有史以来最大的经济和社会转型。

经过 40 年的相关经济增长（有时以惊人的速度增长），按购买力平价计算，中国已逐渐成为全球最大的经济体，10 亿中国公民摆脱贫困。中国的这一进程改变了经济、地缘政治、物价和全球发展模式，无疑产生了深远的影响。

如今，几乎每个人都拥有在中国设计、生产的商品。中国惊人的生产能力和生产率导致全球各地工业品价格下降，电子产品等日常用品的价格更为低廉。中国想要发展、提高本国人民的生活水平和建设基础设施的迫切要求改变了全球对粮食、能源和矿石等大宗商品的需求平衡。

每个人都在谈论中国对大豆、铁矿石、石油和蛋白质的需求，然而分析者们却忘记了那些更引人注目的数据。例如，从 1949 年到 1979 年，只有 20 万中国人出国旅游，但在 2017 年，出国旅游的人数就达到了 1.31 亿①。显然，中国的崛起也对全球服务、文化和休闲需求产生了相关影响。

中国已经成为全球强国之一，在许多方面来说，也是最大的强国。它在全球经济中的份额从 1978 年的 1.8% 上升到 2017 年的 18.2%。2010 年末②，中国超过德国成为最大的出口国。1978 年，其人均 GDP 与赞比亚相当；到 2017 年，其人均 GDP 增长了 50 倍③。

2018 年 11 月，《南华早报》的一篇文章问道："是中国改变了世界，还是世界改变了中国？"④ 这个问题的答案显然是双向的。

无论如何，事物总是在发展中的。自 1979 年以来，主要以投资和

① National China Tourism Administration, Annual Report 2017, Available at: http://www.at0086.com/CNTA/.

② IMF World Economic Outlook（WEO）, multiple reports, Available at: https://www.imf.org/en/Publications/WEO#targetText=Description%3A%20Global%20growth%20is%20projected, to%20the%20outlook%20are%20mounting.

③ World Bank Database, Available at: https://data.worldbank.org/.

④ "Over 40 Years of Diplomatic Drama, A Rising China Opens Up to, and Transforms, the World", *South China Morning Post*, November 12, 2018, Available（in English）at: https://www.scmp.com/news/china/diplomacy/article/2172540/over-40-years-diplomatic-drama-rising-china-opens-and.

外部需求为主导的发展模式已经达到极限，该模式虽然给中国带去了发展，但也开始造成了急需解决的相关失衡问题，如债务上升、污染、效率低下、僵尸企业、不平等和生活水平下降。

有关经济增长转型的讨论始于 2000 年中期，但 2008～2009 年的全球金融危机推迟了该转型计划的实施。在这一特殊时刻，中国实施了一个全面的推进项目，该项目不仅能避免局部经济衰退，而且在全球范围内促进了经济增长。中国在全球经济中的突出地位在国内外都是有目共睹的，如果中国决策者不迅速采取行动避免经济增长出现更为明显的放缓，那么这一情况会恶化。

然而，变化是必需的。2012 以来，习近平主席一直在推动经济转型，转变中国的发展道路——投资和出口导向型经济为服务经济和国内吸收型经济提供了空间；供应调整的实施减少了一些关键部门的闲置产能；随着绿色能源和可再生能源的开发，污染已经减少；金融监管得到（持续）改进。

工资的上涨和社会福利结构的建立促进了消费，提高了生活水平。在政府的大力支持下①，在研发方面的投资②以及因中国和国外的一流机构所提供的更好的教育而积累起的人力资本的帮助下，中国的生产率得到了提高。很多人没有意识到，自 2015 年以来，中国已经是一个以服务业为导向的经济体（占 GDP 比重超过 50%），在绿色能源、电信和人工智能等顶级技术领域处于全球领先地位。

中国的经济增长率一直在下降，从 2007 年创纪录的 14% 以上下降到 2018 年的 6.6%。许多人对下降的增长率感到怀疑或担忧，认为中国经济正越来越接近硬着陆。实际上，人们的这种顾虑是完全没必要的。如果我们从结构因素来看，经济增长率必须或应该会有进一步的下降，这是由于人口增长率下降和投资的减少（反映储蓄减少或消费增加）。

---

① 《中国制造 2025》旨在到 2020 年中期增加中国工业的附加值，Discussion available at：https：//fas. org/sgp/crs/row/IF10964. pdf。

② 联合国教科文组织统计研究所显示，中国的研发预算仅次于美国，位居世界第二。按 GDP 计算，每年的研发投入略高于 GDP 的 2%，Available at：http：//uis. unesco. org/。

虽然具有重要性的生产率在提高（由于人力或物质资本积累），但这仍然不足以弥补其他两个方面的下降。经济增长转型的意义就在于量少质高。

国际角色的演变是和一个国家在发展中的经济状况同步的。经历了几十年的相对孤立主义和扮演在地缘政治问题上的次要国家角色，现在的中国已经成了国际舞台上的积极参与者。回顾过去，造成中国国际角色转变的事件似乎是 2008 年的全球金融危机：这场危机的根源在于发达国家（美国），这场金融危机展现出了由发达国家制定的规则或发展指令显然不是"一成不变的"。中国在经济危机出现时所起的积极作用不仅在国际上受到赞扬，也令其他国家感到向往，这次经济危机培养了中国在国际上的决策力和领导力。

在习近平的领导下，中国外交的积极作用达到了较高水平。在习主席的第一个五年任期内，他主持了五次全球峰会并访问了 56 个国家，使中国对全球发展产生了极为突出与深刻的影响。中国建立起亚洲基础设施投资银行（AIIB）与新开发银行（NDB），该银行又被称为金砖国家（巴西、俄罗斯、印度、中国和南非）① 开发银行，并且提出了"一带一路"倡议（BIR）。

此外，中国成为倡导经济自由主义和经济全球化的主导国家，推动世界贸易组织（WTO）、国际货币基金组织（IMF）、世界银行和联合国等现有多边组织进行改革。若不是在国际上仍无法突破一些阻力，中国将能够领导上述银行和多边组织。

中国品牌处于发展中，"中国模式"正在取代"美国模式"并且被成功推广。值得注意的是，这是一项由习主席亲自推动的官方议程，如"一带一路"倡议和孔子学院等已遍布全球。最近中国的官方发言清楚地体现了中国要在国际舞台上发出积极的声音，推动"中国特色社会主

---

① "Quarenta anos das reformas de Deng Xiaoping e o renascimento da China como potência", *EcoDebate*, December 12, 2018, Available (in Portuguese) at: http://www.ihu.unisinos.br/188 - noticias/noticias - 2018/585404 - quarenta - anos - das - reformas - de - deng - xiaoping - e - o - renascimento - da - china - como - potencia.

义"。引用习主席在 2017 年召开的中国共产党十九大会议上的讲话：

> 世界上高高举起了中国特色社会主义伟大旗帜……拓展了发展中国家走向现代化的途径，给世界上那些既希望加快发展又希望保持自身独立性的国家和民族提供了全新选择，为解决人类问题贡献了中国智慧和中国方案。①

最后一点非常重要，这就是中国的硬实力。中国欣然接受其军事领导人的角色，在中国海域、马六甲海峡、非洲之角和中东地区部署军事力量。通过与其他军事力量（特别是海上军事力量）进行联合演习、建立海外军事基地和参与维和行动，中国改变了长期的军事孤立战略，成为真正的全球事务参与者。

显然，现在的中国想在国际上定下基调。中国在国际上积极发挥作用不仅是因为其更广泛的全球经济相关性，而且也出于维护其利益和投资的正当必要性，但此外还受到了两次"权力真空"的影响。较早的一次是苏联解体在非洲和中亚留下了权力空白，这些空白正在逐渐被中国通过其影响力、资金、投资和驻军所填补。最近的一次更为重要的"权力真空"发生在特朗普总统执政期间美国的不同态度。

现任美国政府脱离了几条外部战线，退出了多个协议和多边组织。美国从全球秩序的缔造者和多边治理的领导者沦为了噪音和混乱的源头。这显然造成了国际领导的真空，中国再一次理所当然地将其视为推动其需求、利益和思想方式的机会。

总之，中国已经成为全球超级大国。为了巩固中国的发展模式，使之成为西方（美国）发展方式的可行替代，未来几年中国必须完成两项关键任务。

---

① "Secure a Decisive Victory in Building a Moderately Prosperous Society in All Respects and Strive for the Great Success of Socialism with Chinese Characteristics for a New Era", 19th National Congress of the Communist Party of China. Beijing, October 18, 2017. Available at: http://www.xinhuanet.com/english/download/Xi_Jinping's_report_at_19th_CPC_National_Congress.pdf.

首先，中国必须成为人均 GDP 的高收入经济体，从而跳出中等收入陷阱。为了调整发展模式，增大更好发展的可能性，中国官员不仅研究了成功案例（如韩国和日本），还研究了失败案例（如墨西哥和巴西）。经济发展转型和"中国制造 2025"框架下政府对创新和研发投资的支持都是为了使中国变成高收入国家。

其次，中国必须准确完成其"力量投射"，特别是在"一带一路"倡议和几家多边投资银行与机构方面。为了达成目标，应推进物流和金融一体化，建立一个以中国为核心的供应链，向世界展示一个可持续的高效发展模式。从回报本身来看，这能为每个参与者带来比成本更大的收益。

显然，中国的崛起将会困难重重，并且以上两个目标都不容易实现。当我们在中华人民共和国成立 70 周年之际发言时，外部世界——不仅只有美国——开始对中国想成为全球地缘政治领袖的意图感到担忧。甚至中国在经济和技术方面的领导地位已经使除美国之外的一些国家感到紧张。

从这个意义上讲，中美之间的贸易战和最近的技术战只是冰山一角。无论在过去还是将来，中美之间的矛盾从未关乎商品贸易，而是关于地缘政治、全球影响力和技术创新。最后这将关乎哪个国家将成为未来的超级大国。

每当大船起航，它的尾流就会激荡水面。有些人会用尾流加快行进速度，但另一些人会受到干扰。最重要的是中国必须让包括美国在内的全球参与者相信，中国激起的浪潮不会过于强大以至于使它们陷入险境。这也同样适用于发达国家和包括巴西在内的其他国家，他们会与更强大的中国和睦相处。

如果反对的声音依然没有减弱，那么中国必须加强其向前发展的意愿和权利。中国观察家知道：百折不挠、坚持不懈方能成功。中国最终会明白，为了实现一个更大的目标必须要做出牺牲。这个道理不管是在过去还是将来都适用。我要再次引用习主席的话，以下内容来源于习主席在 2019 年亚洲文明对话大会上的讲话：

人类只有肤色语言之别，文明只有姹紫嫣红之别，但绝无高低优劣之分。认为自己的人种和文明高人一等，执意改造甚至取代其他文明，在认识上是愚蠢的，在做法上是灾难性的！……中国经济是一片大海，而不是一个小池塘；狂风骤雨可以掀翻小池塘，但不能掀翻大海；经历了无数次狂风骤雨，大海依旧在那儿！①

自中华人民共和国成立以来，已经过了 70 年。尽管面临种种挑战，但中国还有更多的事要做，我坚信中国将继续向更大的目标进发。

（潘俊韬 译）

---

① Deepening Exchanges and Mutual Learning Among Civilizations For an Asian Community with a Shared Future, The Conference on Dialogue of Asian Civilizations, Beijing, May 15, 2019. Available at：https：//www.fmprc.gov.cn/mfa_eng/wjdt_665385/zyjh_665391/t1663857.shtml.

中国与世界

中国与全球化再平衡

格泽高滋·W·科勒德克（Grzegorz Witold Kolodko）

波兰前副总理

波兰考明斯基大学教授、主任

摘　要

两个世纪前，亚洲产量占世界产量的60%以上。到了20世纪中叶，比例却不到20%。目前，产量翻了一番，且仍在增长，最主要是因为中国的产量仍以世界平均水平两倍的速度增长。中国正努力通过外延式扩张投资来保持强劲的经济动力。该目标将通过具有巨大活力的基础设施项目来实现，而该项目就是中国面向70多个国家提出的"一带一路"倡议（或"新丝绸之路"）。尽管有些国家希望加快经济增长，但也有国家提出要警惕中国此举，以免对中国产生依赖。本文将分析这些挑战，并赋予其更具包容性的特征，指出全球化发展不可逆转的趋势，这也是中国在官方声明中着重强调的一点。

中国是亚洲的重要国家。如今，亚洲在经济和教育发展上都蒸蒸日上，在国际上崭露头角。因此，问题不在于中国是否孤身一人，而在于以中国为先锋的亚洲是否正逐步支配着世界。有人认为确实如此，即使这不是精英统治者有意为之，也至少符合历史进程的逻辑。按照这种解释，距离西方结束对世界的支配只剩下90至100年的时间，预计在22世纪初，东方即将取而代之（莫里斯，2010）。

亚洲的增长实力优于中国，其生产量和人口规模都在飞速增长。亚洲共拥有45亿人口，占世界人口总量的60%，中东地区以外的亚洲人口约占 55%，通常由于地缘政治的原因而被分开看待①。如此庞大的人口形成巨大的经济推动力，因此亚洲占全球生产总值（GWP）的 47.3%，略高于欧洲和北美的总和。换个角度来看，它比美国和欧盟的总和高出八个百分点。未来，由于亚洲的自然增长和经济增长率都高于世界平均水平，亚洲在人口和生产量方面所占的比重还将继续增长。人们将会意识到，在人类文明数千年的发展中，在 1820 年西方世界工业革命爆发之前，亚洲一直占全球生产总量的 60% 以上。虽然在 1950 年，亚洲占比还不到 20%，但经过两代人的努力，该比重已经翻了不止一番。

两百年前，工业时代尚未到来，中国还未实行闭关锁国政策，彼时的"中央王国"的生产量几乎占世界三分之一。然而，工业革命使得英国飞速发展，并进而辐射西欧，世界格局发生了翻天覆地的变化。五六代中国统治者对内执政失误，对外严格管控和限制贸易，再加上英国和日本对华的殖民统治，足以迅速拉低中国的生产力；半个世纪前，中国产量在世界占比低于 5%。基于上述事实，不少学者写过关于中国重返国际舞台的文章，也不足为奇了，因为中国曾经在世界上举足轻重（克莱伊，2011）。

现在暂时偏题一会儿。我多年来为避免反复提及"全球化的世界"这一用语做出了很大的努力，但似乎没有多大成效。无论在人们的日常对话，还是在科学文献中，这一用语的同义反复比比皆是！按照定义，世界和地球一样都是全球性的，因此世界不能被说成是正走向全球化（或具有全球性）；同样，地球也无法全球化，因为历来如此。真正经历全球化的是经济、贸易、资本流动、技术转让以及劳动力，尽管由于文化、社会和政治原因以及严格的经济区域划分，以及其他例

---

① 如果将拥有 9700 万人口的非洲国家埃及和拥有 120 万人口的塞浦路斯囊括其中，中东的人口约为 4.5 亿（在地理上，亚洲西奈半岛约有 140 万人口）。如果不算这两个国家，那么中东的人口总数是 3.5 亿，除了土耳其有 23764 平方公里的国土坐落于欧洲，其他中东地区按照地理划分全都位于亚洲，包括沙特阿拉伯、巴林、伊拉克、伊朗、以色列、也门、约旦、卡塔尔、科威特、黎巴嫩、阿曼、巴勒斯坦、叙利亚、土耳其和阿拉伯联合酋长国。

如恐怖主义等令人生厌的事物，全球化受到了很大的限制。全球化历来有之，是自由化和一体化进程自发产生的结果，将迄今为止在很大程度上孤立的正常运作的国家经济和地方商品市场转变成了一个巨大的、相互联系和交织的全球资本、商品和劳动力市场（科勒德克，2002a，2002b）。全球化的微观经济方面与生产和交换网络相关，尽管不少企业仍属于国民经济的范畴，但越来越多的管理过程跨越了国界，全球化将来自不同国家的企业纳入世界的生产和分销过程（斯曼斯基，2004，2011）。

可以毫不夸张地说，亚洲大陆在文化、政治和经济上都很多元化；地理意义上，亚洲大陆从西部的土耳其和以色列延伸到东部的日本和俄罗斯西伯利亚，以及远东的堪察加半岛和楚科奇半岛。除了俄罗斯的亚洲部分（这部分常常不囊括在亚洲的概念里），亚洲的四个主要构成部分是中国、日本和两个区域联合体——一个是位于东南亚的东南亚国家联盟（ASEAN，简称东盟）①，东盟中没有一个经济体占主导地位；另一个是南亚地区的南亚区域合作联盟（SAARC）②，以印度为主导〔人口 12.8 亿；经济按购买力平价（PSN）计算，占世界总产量的 7.4%；军事支出占国民生产总值的 2.5%〕。

世界上人口超过一亿的国家共 12 个，其中亚洲国家多达 7 个：中国、印度、印度尼西亚（2.61 亿）、巴基斯坦（2.06 亿）、孟加拉国（1.59 亿）、日本（1.26 亿）和菲律宾（1.05 亿）③。我们在这里省略了横跨欧亚大陆的俄罗斯，该国有 1.42 亿人口，其中只有四分之一居

---

① 东南亚国家联盟（东盟）的成员国是：文莱、菲律宾、印度尼西亚、柬埔寨、老挝、马来西亚、缅甸、新加坡、泰国和越南。该联盟人口约有 6.5 亿（占世界人口总数的 8.7%），生产量约占全球生产总值 10.5%（按人均购买力平价计算）。

② 南亚区域合作联盟的成员国包括：阿富汗、孟加拉国、不丹、印度、尼泊尔、马尔代夫、巴基斯坦和斯里兰卡。该联盟人口约有 17.7 亿（占世界人口总数的 24%），生产量约占世界生产总值的 13.7%（按人均购买力平价计算）。

③ 按人口规模排序，其他人口超过 1 亿的国家是美国（3.27 亿），巴西（2.08 亿），尼日利亚（1.91 亿），俄罗斯（1.43 亿），墨西哥（1.25 亿）和埃塞俄比亚（1.96 亿）。不久，埃及也将加入这一亚洲国家以外的人口大国队伍。

住在亚洲。在接下来的十年中，越南也将加入世界人口大国的队伍（2018 年越南人口已达 9700 万）。值得提及的是，在这些人口大国中，只有日本的人口在减少，且日趋老龄化；中位年龄高达 47.3 岁，意味着半数日本人口的年龄超过该数值。然而，亚洲也有很年轻的国家，比如印度（中位年龄为 27.9 岁）和孟加拉国（26.7 岁）。这些比较非常重要，因为老龄化社会中所谓的人口红利被剥夺，这会影响劳动力市场的劳动力供应。因此，在其他条件不变的情况下，印度的经济增长速度将快于中国。

世界上有 20 个经济体的生产量占世界总产量的 1% 以上，其中 9 个国家（中国、印度、日本、印度尼西亚、土耳其、韩国、沙特阿拉伯、伊朗和泰国）位于亚洲。因此，在思考亚洲的未来作用时，不能忽略亚洲几乎在各个方面都位于世界首位，包括人口潜力和文化、政治意义，以及最重要的经济影响。

难道西方已经的确变得如此被动，而东方如此优越，以至于美国不得不采取邪恶的贸易保护主义做法来拯救自己的民族？还是说中国确实在谋划和利用全球化试图支配世界？亚洲文明是否正在取代欧洲－大西洋文明成为世界的主流？中文是否已经超过英文成为世界上影响力更大的语言？

新丝绸之路

毫无疑问，中国的绝对地位日益显著——经济基础日益雄厚，政治和军事力量也日益强大（大国通常都具有此优势），对世界的影响力也不断增强（Huang，2017）。可以预见，中国还将继续壮大，它的发展势不可当，更不可能通过和平的手段或其他策略去扭转中国的发展势头了。其他国家都必须承认这一点，无论其自身的利益和偏见如何。当然，中国不会再像以往那样闭关自守或将自己孤立于世界之外。

国家的规模有其优势，但这也可以变成一个诅咒。挪威或新西兰，加拿大或澳大利亚，智利或马来西亚，突尼斯或保加利亚不必过度担忧权力问题，因为他们不可能独领天下。这些国家为自己的公民谋求福祉，这已足够。相反，如同美国和俄罗斯，甚至像印度、日本、法国和英国，以及区域意义上的巴西和尼日利亚那样，中国必须在经济、政治和军事上表现卓越。只有像新加坡或哥斯达黎加这样的国家才能采用和平主义的取向，但中国和美国绝不可能。

除了在瞬息万变的世界中找到自己合适的位置之外，更重要的是迈向未来，并寻求与他国和解。相较于从前，此事现在做起来容易一些，因为世界的运转方向已经不同于以前。一方面，中国不断吸引着西方企业的生产能力，西方企业将高新科技转移到国外的同时，中国也将本国越来越多的生产线转移出去，此时中国已经具备了现代化的制造技术。另一方面，富裕国家的直接投资仍然流向中国，但也流向其他劳工薪酬低于中国的经济体，不仅限于亚洲国家。这些受益者包括印度、巴基斯坦、越南、柬埔寨、孟加拉国和缅甸。随着人民币持续升值，这一趋势愈加显著。人民币越来越值钱，这意味着中国工人工资水涨船高，比方说，对于每月 3000 元人民币的工资，您必须花费约 475 美元，不像前几年，当时的名义工资只有现在的一半也就是 1500 元，汇率为 8.2，您只需花费 183 美元就足够了。随着人工生产成本的增长（最近每年以 20% 的速度增长）和人民币升值，中国的劳动力不再像以前那样具有竞争力。这样的事情曾发生于日本、新加坡、韩国、中国台湾，以及其他诸如马来西亚和泰国之类的国家或地区（后者规模较小，影响程度较轻），而如今这一过程再次重复①。

此外，在美国和其他西方发达经济体中，不难注意到，外包和离岸的趋势受到了抑制。在这种情况下，较低的劳动力成本在特定产品的生产和销售总支出中所占的比例相对较小。相关计算结果表明，2010 年在美国以 499 美元出售的 16KB 苹果 iPad，中国劳工成本仅为 8 美元，即 1.6%（Kraemer，Linden and Jason，2011），但事实上也许会更多，因为该计算包括"未识别的"人工成本类别，这些成本很可能是在美国和中

---

① 世界其他地区和后社会主义东欧经济体也经历了类似的过程，其中最为发达的经济体即使在低水平工资的情况下，竞争力仍然逐渐减小。例如，2017 年 12 月在波兰，按目前汇率计算，企业部门的月均总工资在 1450 美元左右波动，然而当时该汇率正不断强劲升值。这些数据仅适用于雇用 9 名以上员工的公司，因此对于波兰整个经济体而言，真正的金额甚至可能还要低数百美元。

国境外发生的。在这种情况下，加上所面临的政治压力，限制"向共产主义中国输出工作机会"，生产者很可能得出结论：即使他们为相同的劳动力付出了五倍的代价，商品仍将是"美国制造"（并且对外包和离岸的借口感到安心），其组装又将在旧金山附近进行，而不是在上海周边。成本的经济核算不会被推翻，但是政治叙述可以被"校正"。

这次，中国的挑战是源于商品的出口，更重要的是资本的出口。各种相关的外贸交易提升了中国的存在感。这可以在国际统计数据中得出，在世界各地旅行时也能亲身感受。此外，许多基础设施项目所产生的深远影响并非立竿见影，却意义重大，而这些项目的真正目的是交换原材料供应的长期战略合同。最典型的地区是非洲和拉丁美洲、中亚、中东、东欧，以及俄罗斯西伯利亚，但规模相对较小（俄罗斯名列在此十分有趣，值得关注）。今后，"新丝绸之路"动议将在这一问题上发挥关键作用，并产生根本性的变化。这一动议的官方名称为"一带一路"倡议，也就是人们所熟知的"Belt and Road Initiative"（简称 BRI）。这是一项重大的基础设施投资项目，旨在促进中国与来自西部、南部和北部的国家之间的贸易，增进中国与来自亚洲、中东、北非、东非、中欧和东欧的几十个国家之间的合作。

什么是"一带一路"？如何应对？这是政策还是机构？抑或是组织或结构？我认为最好像中国人一样，把它视作一个倡议，或是一个项目。任何项目背后总会有两个以字母"i"开头的关键词：想法和利益。现在情况确实如此，与当年毛泽东发动共产主义革命的时代不同，这次的思想隐于其后。尽管有人认为中国打算对外输出意识形态和政治体制，但"一带一路"倡议显然不是在鼓励其他国家走中国路线，抑或是强加中国的经济和政治模式之于他国，而是出于经济方面的动机。的确，在新丝绸之路沿线的一些地区，例如在中亚国家（几个世纪前，古老的丝绸之路就蓬勃发展并在中亚地区留下了深刻的烙印），中国特色的体制似乎比西方的自由民主更具吸引力；但是对于中欧和东欧，中国的体制则不那么具有魅力。

中国政界人士和经济学家强调坚持全球化的必要性，这不足为奇，因为在全球化过程中，中国比其他国家受益更多。同时，他们也强调必须改变当今全球化进程中的特征。这就是为什么"全球化的转型"频频被提起的原因，这种转型应具有包容性，并在所有领域公平地分配跨越国界的合作成果：从经济和自然环境到安全和技术再到科学和文化。在这种情况下，"一带一路"倡议的重要作用被反复强调。该倡议旨在帮助全球化从被当今许多国家抗拒转变为惠及世界各国的形式，比西方国家此前倡导的全球化更具有普世价值。这就是为什么非西方国家对它寄予厚望，而西方世界的不少国家对此表示了一定程度的担忧。前者很好奇这种"中国特色的全球化"会给它们带来什么，而后者可能根本不愿意去体验，还有一些国家则饶有兴趣地旁观……

谈到此处，自然要说到第二个"i"，也就是利益。就规模而言，"一带一路"是一个宏伟的项目，尽管它的具体规模连中方自己都不清楚。据说，"一带一路"倡议覆盖了65个来自亚洲、欧洲和非洲的国家，这些国家的人口占世界人口60%以上，人口分布面积占所覆盖国家总面积的38.5%以上。这些国家之间的贸易占世界贸易额的35%，总产值占全球生产的30%，家庭消费占全世界消费的24%。

"一带一路"倡议是包容性全球化的手段

正如中国当局所强调的那样，"一带一路"倡议在以下五个领域创造了巨大的合作机会：

——通过促进人际关系与合作进行文化交流；

——通过计划和支持大型基础设施开发项目进行政策协调；

——通过加强货币政策协调和双边金融合作实现金融一体化；

——通过鼓励跨境投资和供应链合作进行贸易和投资；

——通过建立设施加强一带一路沿线国家设施连通性。

尽管该项目的名称是"路"（Road）一词，但作者并没有对其进行清楚地描述。没有官方的地图显示这条道路通向何方，因此在规划时存在很大的灵活性，"一带一路"的地图正在绘制。当然，道路必须贯穿"一带一路"所涵盖的国家领土。"一带一路"倡议地图上还有 12 个非洲港口，其中 10 个位于埃及以外，然而埃及是该项目中唯一涵盖的非洲国家。重点就在于此：谁包括了谁，是在什么基础上进行的？

当然，是中国确定了项目的涵盖范围，尽管规则并不完全清楚。这是一个令人着迷的地缘政治和地缘经济的博弈，目标没有明确的定义，规则也不完全清楚。玩家不少，据说纸牌已经分发，但是没人知道游戏的全部。此外，该游戏是否仅在桌面上进行，桌面下方是否偷偷传递着纸牌？谁冒着怎样的风险？理论上有多大的胜算？政治宣言含糊其辞，令人生疑，当然里面尽是发起者善意的保证。但在欧亚大陆的许多国家，以及在世界其他地区，"一带一路"的政治宣言引起了人们的各种反思、怀疑和焦虑。经济目标仍然是粗略的，没有内容、原因、时间、地点，也不清楚出资方和资金运转方式，很难对其具体地分析和评判。这恰恰就是这种开放式游戏的特征。

受邀参与的国家对于"一带一路"倡议非常期待，预想此时加入这个项目不需要花费任何代价，日后还能为自己带来十分可观的经济回报。本国的声誉也不会受到威胁，因为尽管西方对中国的攻击火力日益猛烈，但它们之间的合作仍然十分密切。因此，没有人拒绝参与"一带一路"项目，即使是最近与中国关系不佳的国家，例如越南或菲律宾，也纷纷加入。此处必须特别强调的是，只有中国才能负担得起如此庞大的项目，并以自己的方式宣布和启动。

如果美国以"大美洲"的名义提出类似的倡议，囊括从阿拉斯加到火地群岛这整片区域，那将会是个错误的开始，因为加勒比海地区和一些拉丁美洲国家，例如海地和委内瑞拉等，一定无法从中受益。如果欧盟宣布启动一个"欧洲－非洲"的项目，没有事先做妥善的安排，一些后殖民国家很可能不会加入其中。只有中国才能让这么多国家，包括巴基斯坦和印度，波兰和俄罗斯，以色列和叙利亚，缅甸和孟加拉国，沙特阿拉伯和伊朗，尼泊尔和不丹等国，自愿、无条件地加入中国发起的项目。

在人们查看地图时，首先注意的便是地理准则。几乎所有亚洲国家和中东欧国家都被"一带一路"项目所吸引，包括埃及，因为如果不修建苏伊士运河，那这条新丝绸之路将毫无意义。除了韩国、朝鲜和日本由于政治原因未被项目囊括其中，几乎整个亚洲都参与了这个项目。而日本之所以被排除在外，是因为中国与发达的日本关系并不融洽，"一带一路"倡议需要国家之间认真商讨，但遗憾的是，中日之间不存在这样良好的商谈氛围。此外，"一带一路"地图的边缘少了芬兰和希腊，因为它们属于西欧国家；在地图的另一侧，也没有巴布亚新几内亚，因为它已经属于"澳大利亚和大洋洲"。因此，出于特定的政治正确和操作简便方面的考虑，"一带一路"项目地图中囊括了新丝绸之路的沿线国家（包括陆地和海洋），例如东帝汶或巴林，北马其顿和爱沙尼亚等，这些国家都各具特色，但它们很可能尚未与中国互通贸易，见不到骆驼和航船在丝路上的身影。

中国几乎没有询问其他国家是否希望被纳入该项目。除了上述例外，中方与项目涉及的所有国家签约，之后才宣布此事。此外，如果某国不在名单上，并不意味着它被完全排除。例如，希腊不是北约和欧盟的成员国，但比雷埃夫斯港口主要由中国的资本所有，也已被标记在项目中①。

拉美国家尚未被正式邀请加入"一带一路"倡议，但作为项目发起方的中国称其为该合作的"自然延伸"和"不可或缺的参与者"。换句话说，中国将像往常一样在拉丁美洲进行越来越多的投资，并鼓励本国公司打入拉美市场。然而拉美地区的北方邻国则不然，他们坦率地反对美国总统唐纳德·特朗普（Donald Trump）的类似举动，从而冒犯了某些拉美国家，特别是墨西哥和萨尔瓦多。与此同时，在达沃斯世界经济论坛上，美国总统与往常一样，发表了一些不尽符合事实的讲话。一年前，中国外交部长王毅出席了一次拉美加勒比共同体（CELAC）的所有33个成员国共同参加的会议，倡导反对贸易保护主义，并向该地区提出"互惠互利战略"（《经济

---

① 这又是一个悖论，但这是来自于西方的压力，尤其是所谓的三大巨头，即欧盟委员会、欧洲中央银行和国际货币基金组织，要求希腊应通过将国有财产私有化的手段来改善其财政状况，促使希腊政府出售比雷埃夫斯港口。投资者是中国远洋运输公司（COSCO Shipping Corporation）。

学家》，2018）。

实际上，没有国家确切知道中国在实施"新丝绸之路"项目时打算在陆路以及海路上分别投入多少，何时何地以及如何进行投资。4 万亿美元的预算一经宣传，即使对于最富裕的国家、处在新丝绸之路尽头的法国和英国而言，也无疑十分震撼，因为这一资金投入超出了这些国家的国内生产总值。难怪在法、英这两个国家中，庆祝活动都围绕着一列从中国驶来的货运火车，因为这列火车依托于现存的基础设施，也预示着现代化和开拓合作的必要性，很好地阐释了新丝绸之路的概念。波兰情况与此类似，2016 年 6 月，一列货运列车从中国抵达华沙，受到了当时正在维斯杜拉河两岸进行国事访问的总统安德烈·杜达（Andrzej Duda）和中国国家主席习近平的欢迎。此后，法国总统伊曼纽尔·马克龙（Emmanuel Macron）于 2018 年初访华，一个月后英国首相特雷莎·梅（Theresa May）比起安全和国际关系，更愿意谈论贸易和投资，也就不足为奇了。每个人都希望分一杯羹，成为 4 万亿美元的受益者，哪怕只是一点点……

对于较为落后的国家，中国为加强人力资本，在它们的基础设施建设上做出了巨大贡献，包括中小学和大学，诊所和医院。对此，这些落后国家使用软贷款工具，通常将其部分赎回并转化为捐赠。实力强大的中国建筑公司经常参与项目的实施，因此它们成为世界巨头并不奇怪。如果从这个角度看世界地缘政治地图，不难发现中国在西方的不足之处十分活跃。在过去的殖民时代，西方对于落后国家实行剥削，而不是伸出援手；后来在新殖民时代，西方时常利用潜规则牟利，而没有与落后国家真诚合作；如今在全球化时期，与其说西方在不同地区之间积极创造协同作用，不如说是进一步边缘化这些欠发达地区。

有趣的是，西方在苏联的失败之处也很活跃，特别是在以俄罗斯为核心的区域。苏联的失败至今仍然给哈萨克斯坦、吉尔吉斯斯坦、塔吉克斯坦、土库曼斯坦和乌兹别克斯坦的政治、经济、文化和思想方面蒙着阴影。地理和历史已经翻篇，但是在当今世界，各国都有自己的利益议程，这点在后苏联空间的中亚国家地区显而易见。这个地区很有趣，绝不会主动维护政治稳定或促进可持续发展。这是一个独一无二的混合体，因为它受到俄罗斯、亚洲和伊斯兰的深远影响，还颇有苏联的遗风。现在，中国与西方的影响力相叠加。其中，西方的影响力源于其在该地区打击国际恐怖主义方面的重要作用，在反恐中，西方将触角伸向了此地；而中国的影响力则来自其丰富的能源资源。

顺便说一句，有一点值得注意，那就是某些地方在经济和政治上并不突出，却因祸得福，例如夹在德国、法国、意大利和奥地利之间幸运的瑞士；然而也有可能是雪上加霜，比如位于伊朗、土耳其和沙特阿拉伯之间那可怜的伊拉克。依靠政治技巧和能力来实施有利于社会经济发展的国家战略，才能确定在新丝绸之路路线上占据重要地位的后苏联空间的中亚国家是否能将这一优势为自己所用，抑或是被他国利用。对于中美或欧盟与俄罗斯争夺影响力的地区而言，要想赢得胜利，就要付出很巨大的代价。为了成功，首先不能让自己与这些大国为敌，也不能太过亲近某一方。

中国的"全球扩张"

中国对扶贫事业和社会经济发展的大力支持有目共睹，但也正因为如此，西方世界屡屡怀疑中国的动机，指责其背后的缘由是意识形态灌输和政治腐败。如果确实如此，即使只是部分属实，也不能否认中国这一战略的功绩，它的确促进了不少经济体发展，这里指的是那些经济较为落后、仍在争取解放斗争的国家。而且，如果它威胁到世界大国影响力的平衡，那么与其对中国的扩张进行徒劳的批评，不如让富裕的西方国家提供支持，秉持务实精神，重新定位国际组织在西方主导影响下的范式和方向。

如果在出口资本和商品的同时，中国还"出口"软性基础设施领域的先进技术，将会更有裨益。这些恰恰是我们热衷于谈论的符合管理学逻辑的明智做法（Cieslik，2016）。就像在中国一样，即使是最快的火车也不能无视适当的交通法规的执行，再多的人才也无法凭一己之力保证社会经济进步；对于发展速度比不上中国的经济体而言，则更是如此。因此，这些国家可以并且应该多学习和借鉴，才能取得成功。知识和技能目前是特别有价值的"商品"。我故意对这个词加了引号，因为它不是字面意义上的商品，而是旨在用于市场交换的人力产品，通常属于非金融领域的交换。

成千上万的外国留学生因获得奖学金而得以居住在中国，学习有利于中国对外扩张的知识。当我在北京大学为 40 名留学生奖学金获得者讲课时，他们都来自"发展中国家"，其中最发达的国家是土耳其和哈萨克斯坦。除了汤加的波利尼西亚学生和巴哈马的加勒比学生以外，几乎所有这些海外学生都发现自己来自新丝绸之路的沿线国家，或是非洲国家，都能被中国的利益所惠及。我想这并不是巧合。

中国还利用其在国际组织（尤其是世界银行、国际货币基金组织和亚洲开发银行）中的席位和活跃度，在这些国际组织为其重点提供专家建议和财务援助的国家中，影响其体制改革方案，以及发展政策的导向和方针。但这绝不会超越西方的影响，尤其是在世界银行和国际货币基金组织这样由西方主导的机构中。但是在正处于民族解放阶段的经济体中，不难发现各种国际组织派来的中国专家的身影，不难感受到"中国精神"。

在上述举动之后，中国展开了外交攻势。目前，北京有 166 个使馆，在世界范围内也有中国的许多使馆。美国比中国多一个，即 167 个。但是，一旦有国家改变立场，不再承认中国台湾为"独立国家"，美国的大使馆数量将很快被超越。目前，如果把使馆和外交职位的数量都计算在内，中国有 268 个，美国有 273 个。相比之下，应该提到的是，俄罗斯拥有 242 个，而法国有 266 个。

中国是世界上约 80 个国家的最大或第二大的贸易伙伴。难怪中国经济领域的波澜在很大程度上决定了全球经济的起落。中国的出口总额达 2.2 万亿美元，最大的进口方是美国（18.2%），其次是日本（6.1%），韩国（4.5%），而德国也紧随其后。至于中国的进口，相比于出口额少了约 4250 亿美元，排名第一的出口商是韩国（10.0%），其次是日本（9.2%），德国（5.4%）和澳大利亚（4.4%），然后才轮到美国。美国对中国的出口额甚至还小于澳大利亚。请注意一件有趣的事：在新丝绸之路上，没有韩国和日本这两个邻国的位置，然而它们却占中国出口额的五分之一。在某种程度上确实如此，因为它们高度发达，也拥有先进的基础设施。

各国对中国经济的依赖是多方面的，远远不止简单的直接进出口。在主题文献中，有一个新名词是"中国依赖指数"（sinodependency index），即反映标普 500 股票指数变化的衡量指标[1]，该指数取决于其中包括的 135 家公司的排名以及在中国的经营收入（*Economist*，2012）。中国经济如果增长，证券交易所的报价也跟着上涨，反之亦然。2009 年至 2012 年间，由于全球经济危机的，"中国依赖指数"上升了近 130%，标准普尔 500 指数上升了 50% 以上。换句话说，如果中国的繁荣不能持续，那么包括许多最发达国家在内的多个国家的经济状况和股市交易将更加糟糕，因为它们在多方面反映了中国的经济状况。因此，希望中国衰落的国家，其实是在伤害自己。

结　论

中国在倡导全球化的同时，指出提高全球化包容性是必要的，意识到降低全球经济中商业和金融的规模不平衡必不可少，甚至比某些高度发达的国家更加关心生态平衡（这些发达国家多年前曾导致了生态平衡的瓦解），慢慢走上了新实用主义所主张的经济政策之路（Kolodko，2014；Baltowski，2017；Galbraith，2018）。新自由主义在中国几乎不存在，腐败的资本主义正逐渐减少（尽管速度太慢），并且与新实用主义相关的意识正在增强（Hu，2018）。

中国能够从根本上帮助塑造理想的未来面貌，限制日益增长的全球威胁，降低远超经济领域的灾难风险。如果说，一方面能够像往常一样将经济重新引导到新自由主义轨道上，另一方面无法控制新民族主义的升级，那么这种威胁就是真实存在的。但是，我们希望上述二者都不会发生，这在很大程度上要归功于中国[2]。

---

[1]　标普 500 是由标准普尔（Standard&Poor's）管理的证券交易所指数，其价值由纽约证券交易所和纳斯达克 500（NASDAQ 500）的报价确定。

[2]　这篇文章摘自《中国会拯救世界吗？》一书见华沙 Prószyński S-ka 出版社 2018 年版。

参考文献

Bałtowski M.（2017），*Evolution of Economics and the New Pragmatism of Grzegorz W. Kolodko*，TIGER Working Papers，No. 136（http：//www. tiger. edu. pl/Baltowski _ Evolution% 20of% 20economics% 20and% 20the% 20new% 20pragmatism% 20of% 20Grzegorz% 20W. % 20Kolodko_ III% 202017. pdf）.

Cieślik J.（2016），*Entrepreneurship in Emerging Economies：Enhancing its Contribution to Socio-Economic Development*，Palgrave MacMillan，Houndmills，Basingstoke，Hampshire.

Economist（2012），*Teenage Angst*，*The Economist*，August 25th（http：// www. economist. com/node/21560890）.

Economist（2018），*China Moves into Latin America*，*The Economist*，February 3rd（https：//www. economist. com/news/americas/21736192 – asian – giant – taking – advantage – other – powers – lack – interest – region – china – moves）.

Galbraith J. K.（2018），*Backwater Economics and New Pragmatism：Institutions and Evolution in the Search for a Sustainable Economics*，TIGER Working Papers Series，No. 138（January 2018），Kozminski University，Warsaw（http：//www. tiger. edu. pl/TWP% 20No. % 20138% 20 – – % 20Galbraith. pdf）.

Hu B.（2018），*The Belt and Road Initiative and the Transformation of Globalization*，Distinguished Lectures Series，Kozminski University，No. 26（http：//www. tiger. edu. pl/ publikacje/dist. htm）.

Huang Y.（2017），*Cracking the China Conundrum：Why Conventional Economic Wisdom Is Wrong*，Oxford University Press，New York.

Kolodko G. W.（2014），"The New Pragmatism, or Economics and Policy for the Future"，*Acta Oeconomica*，Vol. 64，No. 2，s. 139 – 160.

KraemerK. L.，Linden G.，Dedrick J.（2011），*Capturing Value in Global Networks：Apple's iPad and iPhone*，PCIC Working Paper，Personal Computing Industry Center，University of California，Irvine，July（http：//pcic. merage. uci. edu/papers/2011/value _ ipad_ iphone. pdf）.

Morris I.（2010），*Why the West Rules – for Now：The Patterns of History and What They Reveal about the Future*，Profile Books，London.

（张思圆 译）

中国：一个拥抱世界的国家

翁诗杰（Ong Tee Keat）

马来西亚国会下议院前副议长

马来西亚前交通部部长

马来西亚新亚洲战略中心主席

建国 70 年来，中华人民共和国经受了严峻的考验，有些考验的规模和持续时间是空前的。尤其是在头 30 年里，中国不得不与国内普遍的经济困境作斗争，同时还要抵制西方列强在冷战期间持续的孤立。

1978 年的改革开放政策是中国取得进步的分水岭。40 年后，中国已经转变为一个经济强国，在制造业、基础设施和技术创新方面处于世界领先地位。中国成功地使 8.5 亿公民摆脱了赤贫，这是人类历史上无与伦比的壮举。在我们努力推进全球治理的过程中，中国的故事鼓舞了世界，是一个值得效仿的理想模式。

统计数据说明问题

养活 14 亿人口（约占世界人口的 1/5）是一项不可思议的挑战，而更加难得的是这样的成就是在冷战的制约下取得的。中国 GDP 从 1978 年的 156 美元大幅增长到 2018 年的 9771 美元（相当于增长近 62 倍），这大大超过了同期美国（4.9 倍）、日本（3.5 倍）和印度（8.9 倍）的 GDP 增长。无论从哪一方面看，这样的增长都可以被看作奇迹了。

改革开放前的 1978 年，中国人均国内生产总值仅为 156 美元，而美国为 10587 美元，日本为 8822 美元。甚至与印度 203 美元的 GDP 相比，中国都相形见绌。

40 年后的 2018 年，中国的 GDP 惊人地增长了 61.6 倍（与 1978 年相比），达到 9771 美元。虽然美国的 GDP 增长仍然强劲，达到 62641 美元（增长率是 1978 年的 4.9 倍），但日本和印度的 GDP 分别为 39287 美元（3.5 倍）和 2016 美元（8.9 倍）。

正如一些中国评论家所说，中国从一个人口众多、经济疲弱的国家转变为世界第二大经济体，不能仅仅归功于它加入了世贸组织。他们不能忽视的是中国的成功是技术进步的结果，是一种顺应人民需要的治理形式发展的结果。

"一带一路"倡议（BRI）拥抱全球化

20 世纪 90 年代以来，自由贸易和多边主义被视为全球化的基石。但由于规则都是由发达国家制定的，世界市场从来就不是一个公平的竞争环境，而且很少考虑与贫困国家的经济差距。由于这些强大的经济体强行开发发展中国家的市场，因此被指责为贫富差距扩大的罪魁祸首。与全球供应链相连的第三世界却仍然处于贫穷和欠发达水平。这导致许多国家又重拾保护主义和单边主义，维护各自的国家利益。

因此，中国的"一带一路"倡议是一种强调互动性的新型经济合作模式，即：共商，共建，共享。这与普遍被认为是掠夺性的、有利于西方安全和经济利益的、以美国为首的做法形成了鲜明对比。

中国领导的"一带一路"倡议，是以共同繁荣、命运共享为原则的全球化新篇章。开放合作的精神是通过基础设施建设推进互联互通的关键。

自成立 6 年来，"一带一路"已积累了足够的经验，并不断加以改进。中国能更清楚地向全世界解释"一带一路"的愿景和使命，反驳西方日益增长的批评和负面报道。

此外，中国还必须提高对外交往能力，特别是应对民族、文化和文明构成多样化的国家。为此，应把更多的精力放在公共外交上，重点放在民间外交上，如智囊团、非政府组织和学术交流。同时，参与"一带一路"的中国企业应承担更多企业社会责任（CSR），以保证当地的关切和利益。这些企业是前线的步兵，代表着中国公司的企业形象。任何地方社会对中国中心主义的误解，都会为"一带一路"的批评者们提供素材，强化他们对中国霸权的主张。

打造"人类命运共同体"的愿景并不是乌托邦式的设想。在这个无国界的数字化世界中，所有民族国家的命运越来越紧密地交织在一起，面对威胁人类生存和发展的日益紧迫的全球形势时更是如此。在这种史无前例的情况下，中国应通过"一带一路"发挥主导作用，采取共生模式和价值导向，应对全球治理方面的挑战。

多年来，毫无疑问的是，尽管中国仍需要应对单极世界秩序的敌对环境，但是技术的进步提高了中国和世界上许多人的生活质量。

加上中国在消除贫困方面取得的显著成就，中国愿意通过"一带一路"在下一阶段的全球化（全球化2.0）中发挥领导作用，这应该受到国际社会的积极欢迎。

除了在发展中国家和不发达国家之间成功实现互联互通外，中国在消除贫困方面的成功，也是世界效仿的好榜样。这是中国成功的一个例子，可以帮助解决一些普遍存在的全球紧急情况。

虽然美国正在阻碍中国5G电信和无人机等尖端技术的市场准入，但世界应该怀着包容的精神，鼓励创新来提高全人类生活质量。

新的考验即将来临

中国在全球发挥的作用是不可阻挡的。加强国家间的合作与交流，必须把文明互动与对话放在首位，以打造命运共同体。这将形成培养跨文化宽容和理解的基础，并为今后的合作创造一个有利于环境的基础。

作为多极世界中崛起的大国，中国有望在这一趋势中发挥主导作用。为此，2019年5月在北京举行的亚洲文明对话就是一个恰当的例子。这应该在其他国家复制，甚至作为一项跨大陆倡议加以扩大。

这不同于中国已被证明具有世界标准的早期的技术挑战，这将使中国的软技能和软实力面临一系列新的考验。

吉隆坡，2019年11月1日

（汪安楠 译）

中国有能力加强经济全球化

贾思明卡·普雷尼克（Jasminka Plevnik）

克罗地亚地球经济论坛创始人、主席

前　言

大家下午好！我十分荣幸能在备受全球尊敬的虹桥国际经济论坛上发言，今年恰逢新中国成立 70 周年，我们无法否认中国的经济增长为世界的发展和稳定做出了独特的贡献。

克罗地亚地球经济论坛成立于 2004 年，第一次会议的主讲人是 1997 年发表经济全球化对马来西亚及其金融会产生危害的马哈蒂尔·穆罕默德总理。

然而，在 22 年之后，经济全球化在金融方面又开始动摇世界经济秩序。全球金融体系继续受到美国监管和美国金融体系的制约，美国在这个方面找到了单边政策的杠杆，这些政策的核心是破坏伊朗核协议，无视世贸组织，控制和限制中国企业的全球影响力。

经济全球化正处于一个决定性的时刻。

我演讲的主题围绕着中国自 2001 年至 2018 年以来，通过与世界建立经济相互依存关系的进程，实现经济全球化和地位转变的途径。在此背景下，我们将讨论中国通过改革和全球外交加强经济全球化的能力。

经济全球化在许多方面都被吹嘘为伟大的成就，然而，我们正目睹世界范围内贫富的强烈分化，贫穷国家甚至发达国家的劳动人民的状况也迅速恶化。这些趋势推动了认为经济全球化是造成这种状况的主要原因的政治民粹主义的形成。

然而，经济全球化的另一个名字——经济依存将必须继续下去，因为它是过去三十年来连接世界的重大的战略成功，而且它还把我们带到了美丽的中国上海。

2001～2018 年中国与经济全球化

中国经济与世界的相互依存关系在逐步发展，使得中国国民财富在经济世界秩序等级体系中的地位发生了变化。

1978 年，人们认为中国对外开放政策是吸引外国投资和扩大中国产品市场的工具。深圳和其他中国制造业和创新中心也是中国拥抱经济全球化的结果。

中国不仅接受冷战结束后制定的新的全球规则，还接受 1944～1945 年美国领导的为维护和平及发展而建立的经典全球治理机构的标准，并以此来表明中国在拥抱全球化。

2001 年 12 月 11 日，中国加入世界贸易组织，这是中国与世界建立经济相互依存关系史上的一件大事。中国加入世贸组织是一个漫长而复杂的过程，因为中国需要遵守欧盟和美国强加给中国的世贸组织规则和议定。欧盟同样严格地与巴尔干国家（欧盟成员国的候选国）接触，使它们承担比 2004 年或者以前加入欧盟的国家更为沉重和不切实际的经济和政治义务。想要加入世贸组织或者欧盟的国家所需满足的要求，已比创始者在创立这些组织之时所公布的规则和要求更高。这样的情况虽然不公平但确实存在。

中国和其他国家的全球化大多是在美国标准和规则塑造的经济全球化框架内进行的。

美国在帮助中国与世界接轨方面发挥了关键作用，但是实施开放是由中国自己决定的。中国根据自己的能力，遵循自己的利益，监督并建立了以市场为中心的跨国联系，这使中国能够发展其制造业基地，并增加其对高技术部门的参与。

中国允许国家干预的政策在与世界的经济一体化中发挥决定性作用，比起市场的力量，这种经济全球化的方式更好地保护了中国的利益。

欧洲东南部国家已经实现了自身的全球化，这与 2008 年全球金融危机前经济全球化中流行的"国家终结论"有关，金融危机消失，国家就恢复正轨了。其结果是，这些国家的财富不断减少，它们不得不出售旗下公司，银行业也出售给西方银行，这样的做法并不会让它们走向全球化。

自 2005 年以来，中国通过直接投资和援助计划，从资本进口国转变为全球投资者。2001 年，这些投资仅为 69 亿美元。到 2012 年，中国在海外投资达 870 亿美元，位居全球第三，仅次于美国和日本。2014 年底，商务部出台多项措施支持中国企业。因此，自 2015 年以来，除在特殊国家和地区或进行工业投资外，企业不再需要境外投资许可证。中国在海外的科技创业，对重点产业、重点行业的规划，和规避风险的方针，都符合党的十九大政策精神。中国监管机构继续限制对体育或娱乐行业的某些投资。一些人预测，尽管中国在海外的投资将放缓，以美国为中心的直接投资有所下降，但是中国在全球直接投资的影响力仍然显著。2018 年，中国是全球第二大海外投资者，仅次于日本。2018 年，中国累计海外直接投资（ODI）达到 1.98 万亿美元，仅次于美国和荷兰，位居第三。

2008 年，中国通过 20 国集团（G20）为解决全球金融危机提供了巨大帮助，但仍有人试图以新现实主义为基础进行解读，认为中国的全球治理显示了其将世界秩序转变为增强中国霸权的野心。

自 2013 以来，中国在经济全球化进程中的角色进一步得到提高，习近平主席启动了"一带一路"倡议，目的是提升亚洲、欧洲、非洲和南美洲的经济依存。

2017 年 1 月 18 日，习近平主席在日内瓦联合国总部发表的主题演讲中详细解释了"人类命运共同体"概念。

基于中国与世界经济的相互依存关系和中国世界第二大经济强国的地位，中国开始考虑建设一个有着共同未来的世界，但中国并不打算取代美国，在国际秩序上继续保持单极的旧格局，而是转向多边主义多极化。

1949 年的中国不是联合国、世界银行、国际货币基金组织（IMF）

的成员，而我们不难看出，当前中国对国际体系的要求与 1949 年时期的大不相同，这些国际组织对中国的要求也是如此。

在经历了 70 年的发展尤其是改革开放 40 年之后，中国已经成为贸易大国，世界第二大经济体，并且在 2018 年，于对外投资方面排名第二。中国的国际地位进一步提升了它的国际影响力。

中国的全球化进程还没有结束。人民币在全球金融体系中流通量的增加，对于进一步提高中国在金融全球化中的地位具有重要作用，因为相比中国在全球贸易中的地位，其在全球金融体系中的地位并不突出。

中国的全球影响力甚至扩大到欧洲东南部，当地的人们通过中国政府推出的 "17 + 1" 合作机制和 "一带一路" 倡议了解了中国的经济外交和中国企业。

在克罗地亚的中国公司正在引进新技术，建造佩列沙茨大桥，并投资一个绿色项目——在亚得里亚海沿岸的塞尼市附近建造 156 兆瓦的风电场。

在欧洲的中国企业的标准与欧盟的规范相适应，这种改变体现了建设全球经济以实现全球经济一体化的理念。

中国和东南欧国家之间的关系正在发展，处于新的经济一体化下的亚洲可能推动欧洲国家达到经济全球化新阶段。在过去 20 年里，以西方为中心的经济全球化方面的经验大多是消极的，因为这并非建立在更加公正、双赢的基础上。

经济全球化的挑战

我们生活在一个充满 "退出" 的时代——退出欧盟、退出联合国机构，甚至退出世界经济相互依存关系，这是在后冷战世界秩序中占主导地位的经济全球化意识形态最明显的 "产物"。

自全球金融危机以来，许多专门评估全球政治和经济风险的咨询公司都面临着反全球化的风险，这样的风险主要是由美国国内鼓励保护主义的经济和政治问题而产生的。

虽然当前的全球经济关系仍然可以用 "经济依存" 一词来界定，但当前的经济全球化与 20 世纪 90 年代的经济全球化有着显著的不同，当时的全球机构支持贸易、投资和金融不受限制的自由化及大量的出口。

美国前总统比尔·克林顿（1993～2001）鼓励并赞扬了中国的全球化。自 2001 年至 2016 年，美国对中国开放，并对不同形式的相互联系进行开放，美国希望与中国共同努力，建立"全球治理"的多边体系。奥巴马政府中有许多中国问题专家。布热津斯基提议发展一个新的非正式的 G-2 模式，在该模式下，美国和中国可以应对双边利益的全球性挑战。共享全球领导权的想法是基于世界会划分为两个区域的预测：以美国为主导的欧洲-大西洋地区和以中国为主导的亚洲地区。奥巴马总统有兴趣在经济、生态和解决金融危机影响等领域，让中国更有力地参与世界治理。中国从美国的全球化外交政策和世贸组织中获利，但它也回报给了美国和其他国家进入贸易体系之后所获得的好处。2018 年，美国政府减少了在多边层面上对世界舞台的干预，并对其传统贸易伙伴中国和欧盟表现出对抗态势。它对世贸组织和在一定程度上降低了人们对全球治理、全球贸易和市场信心的经济世界秩序提出了挑战。2018 年 6 月，美国开始发起对中国的贸易战，从而对世界经济相互依存的进程提出了挑战。在与华盛顿谈判的同时，中国也继续与美国确定共同的目标。人们很难想象在 21 世纪存在一个没有美国参与的稳定和多边的经济世界秩序。

美国政府公开强调短期的利益；单方面的经济利益损害了经济世界秩序和国际组织的信誉。我们需要了解的是，特朗普总统是一位主要致力于内政的政治家。一些中国问题专家在当下美国的学术界并不被认可。与之对比的是，美国的全球金融和工业公司继续支持经济全球化，并将其作为推动经济增长的核心动力。

经济全球化的未来

经济全球化的未来取决于未来十年美中关系的发展方向。经济全球化的持续和发展主要取决于两国领导人的政治决策。中国和美国是当今全球经济最重要的支柱，然而两国之间的分歧是巨大的。中美经济相互依存的问题日益显现，以至于有人将其视为"一个经济两种体系"。

当然，中国并没绝对地将其经济进步与经济全球化联系在一起。

中国对加强经济相互依存和发展全球治理中的多边主义的意愿并没有减少，但中国与世界的经济关系正在发生变化。"中国对世界经济的依存度相对下降，世界对中国经济的依存度相对上升。"早在美国现政府宣布其最大的国家收益得益于单边主义、保护主义和壁垒之前，美国就对进一步加深与中国的经济相互依存关系持怀疑态度。

美国是一个对自身和世界发展有规划的国家。20多年前，它就曾担心，如果中国在高价值服务业和消费品生产方面变得有竞争力，那么美国将何去何从。技术咨询公司佛罗斯特研究（Forrester Research）在2002年11月预测，到2015年，美国国内服务业将因信息技术产业导致的人才外流而失去300万个工作岗位。2004年，保罗·萨缪尔森（Paul A. Samuelson）认为，中国的发展不仅会危及美国和欧盟现有的相对优势，而且会危及它们在战略上占主导地位的领域。基于这样的观点，人们就更容易理解华为的境遇了。

中美经济相互依存关系破裂的代价将对两国、世界经济秩序和全球经济体制产生破坏性的影响。我们认为，强调这一点可能会使反全球化政策和措施越来越不被接受。这意味着经济全球化背后有着一股保证经济相互依存的重要力量，这种力量也保护着世界经济秩序的稳定。

经济全球化背后的中国驱动

中国是世界第二大经济体，这就要求中国像2008年那样参与国际经济关系的管理，当时中国以其经济增长稳定了全球经济而解决了全球危机。"一带一路"倡议于2013年启动，倡议的重点是建立中国与世界区域之间的经济相互依存。宣称中国通过"一带一路"在经济全球化治理中发挥了新的作用或许并不过分。"一带一路"倡议是一项长期战略，能够通过多边经济发展来促进经济全球化的发展。

中国计划推动将人民币纳入与"一带一路"沿线国家的贸易和金融关系，这既是提高人民币国际化程度的一种方式，也是增加人民币在全球金融体系中流通的一种方式。相比于中国在全球贸易中的作用，中国目前在金融全球化中的地位是脆弱的。

美国开始担忧2013年中国作为欧亚经济一体化的发起者而非领导

者的这一转变，因为中国的政策有可能减少美国在欧亚的影响力，并破坏 21 世纪的区域和全球力量平衡。因此，虽然"一带一路"不经过美国领土，但它们确实穿过对实现美国地缘战略和经济目标起关键作用的地区。

中国关于建设人类命运共同体的论述，不是关于全球未来的空谈。这种新型的全球关系并不能取代经济全球化，而是为经济全球化的发展提供了更多的方向。

中国开创和塑造了新的区域和全球金融机构，不是仿照旧的全球和区域金融机构，而是为了发展完善融资体系。根据中国的计划，亚洲基础设施投资银行（AIIB）和金砖国家新开发银行（BRICS New Development Bank）是区域和全球金融的推动者，并且具有支持和管理亚洲、欧洲、非洲和南美国家新的经济全球化进程的潜力。

中国在 20 国集团中一直致力于消除全球金融、投资和贸易增长的负面影响，通过创新促进工业增长，并起草联合国 2030 年可持续发展议程的行动计划。

不同于传统的对国家合作的探索，20 国集团是金融全球化的真正产物，能够在应对包括美国对中国的贸易战和国际货币基金组织（IMF）对新一轮经济全球危机的预测在内的众多挑战，所以 G20 在当前经济全球化中占据核心地位。

中国加快就亚太地区的区域全面经济伙伴关系协定进行自由贸易谈判。它致力于在发展与欧盟的自由贸易关系方面取得进展。

在中国的"十三五"规划（2016～2020 年）中，中国表明了其为了自身发展，会致力于维护世界秩序稳定、多边主义和互联互通。

结　论

从 1978 年至今，中国一直以来都在参与全球化进程，而中国的改革和对外开放没有像 20 世纪 90 年代东欧那样，采取激进的方法，希望在一夜之间得到改变。

经济全球化的力量和参与组织的市场模式并没有破坏中国的稳定，而是使中国得到了发展。中国共产党没有将全球化的意识形态视为能够提供科学答案的经济学说。中国一直在经济领域中承担着国家责任，却把经济全球化（开放经济、自由市场、全球自由贸易、投资和私有化）的主要思想作为建设发展的杠杆。

中国已经成为经济全球化的一个有影响力的参与者，也被认为是一个自 2017 年美国政府开始支持反全球化政治以来出现的能够填补经济全球化治理真空状态的国家。中国有能力领导未来十年的经济全球化进程，但我们似乎有理由问，这是否反映了中国的全球外交目标，以及这将如何适应中国对基于多极化世界秩序的看法。

中国国家副主席王岐山说："前进道路上会出现曲折，我们要坚守和平发展的信念，毫不动摇地推进经济全球化。"

继续推进经济全球化进程和影响其他大国使之符合中国全球化的利益，以此来支持全球化的新阶段的发展。在中国共产党的官方文件、军队的官方文件和学术文献中，全球化并没有被描述为一个中美合作的项目，而是被塑造成了一个符合历史发展的并且不可逆转的进程，中国就在这个进程的中心。

参考文献

Qingjiang Kong, *China and the World Trade Organization: A Legal Perspective*, Imperial College Pr; F First Edition edition, 2002.

Jasna Plevnik, *The Price of the New World Order: World Challenges to National Interests*, Zagreb: Golden Marketing-Tehnička knjiga, 2009: 129 – 157.

Jasna Plevnik, "Hrvatska i globalizacija", *Ekonomski pregled*, no. 50, （1999）: 1608 – 1629.

Jasna Plevnik, Stjepan Mesić "China A Special Power", in *China in the Balkans*, Zagreb: Plejada, 2013: 111 – 119.

Jasna Plevnik, The Belt and Road Initiative and Its Implications for Southeast Europe. Belgrade: Center for International Relations and Sustainable Development, 2016.

https: //www. eurasiagroup. net/media/eurasia – group – president – ian – bremmer – announces – top – risks – and – red – herrings – for – 2008.

Jasna Plevnik, Mesić Stjepan "Odnosi Amerike i Kine" in *Doba Ekonomske Diplomacije*, Zagreb: Plejada, 2011.

Jasna Plevnik, "Hurting China is Causing Damage to the World". *China Global TV Network*, Opinion（12：32, 24 May 2019）, https：//news. cgtn. com/news/.../share _ p. html.

Cameron Munter, CEO & President of The EastWest Institute, estimates that President's Trump measures are not fundamentally concern "Muslims or China-it is all about domestic politics. "See Aleksandar Miladinović," Intervju petkom-Kameron Manter：Sećanja na Srbiju – deset godina kasnije", BBC – Srbija, 1 November 2019, https：//www. bbc. com > serbian > lat > balkan – 50325131.

Melissa March, "Trump's Top China Expert Isn't a China Expert", *Foreign Policy*, （March 13, 2017）, https：//foreignpolicy. com/2017/03/13/peter – navarro – profile – national – trade – council – donald – trump – china – expert/.

Henry Kissinger, *On China*, Penguin Press HC, 2011.

"China and the World", *Full Report*, McKinsey, June 2019, https：// www. mckinsey. com > media > mckinsey > china > mgi – china – and – the. . . .

Paul A. Samuelson, "Where Ricardo and Mill Rebut and Confirm Arguments of Mainstream Supporting Globalization", *The Journal of Economic Perspectives*, volume 18, issue 3,（Summer 2004）：135 – 146.

Catherine Wong, "Globalisation is Best Way Through the Trade War", *South China Morning Post*,（8 Jul 2019）, https：//www. scmp. com/news/china/diplomacy/article/ 3017667/globalisation – best – way – through – trade – war – says – chinas – vice.

（汪安楠 译）

成立 70 周年的中国持续令世界惊叹

威廉·卡斯伯特·琼斯（William Cuthbert Jones）

美国《行政情报评论》华盛顿分社社长

1949 年 10 月 1 日毛泽东宣布中华人民共和国成立，这是中国一百多年来第一次获得了一个不受任何外国势力支配的统一政府。事实上，这是几个世纪以来，第一次有一个真正中国化、真正致力于人民利益的领导集团来统治一个统一的中国。

中华人民共和国的成立并没有得到多少国外的帮助。与中国有联系的西方国家大多是在中华人民共和国成立前的"百年屈辱"中得到殖民地利益的国家。尽管富兰克林·罗斯福领导下的美国在中国的抗日斗争中，包括在延安与共产党军队建立联系方面都帮助了中国，但这种联系最终以敌对状态结束。只有苏联是唯一支持新中国的大国。

但是，中国共产党赢得了中国人民的压倒性支持，因为共产党占据了一个最重要的因素——人心。即使是许多不认同共产主义事业的中国知识分子，也愿意以他们认为最适合的身份为国家服务。为了凝聚这些力量帮助国家重建，中国早在 1948 年就成立了中国人民政治协商会议，召集了其他民主党派、无党派人士、人民团体的代表和华侨，作为中央政府的顾问团体。

苏联的援助对于处在重建中，饱受战争蹂躏的最初阶段的国家而言至关重要。同时，中国在很大程度上依赖苏联的工业化模式，因为这有助于东北地区重工业的建设。但这种模式并不完全适合中国的情况，因为中国农村人口众多。而美国决定在随后的内战中继续给蒋介石提供后勤和物资支援，这让美国与中国的关系在中华人民共和国成立后又停滞了 30 年。两国以敌对的状态在朝鲜半岛相互对峙。

1960 年苏联突然决定撤走顾问之后，中国只能完全"听天由命"。中国经济是孤立的，所以当中国试图建立一个自给自足的经济结构时，就出现了许多错误和灾难，但其实这之前已经奠定了能够帮助中国摆脱困境的基础。早在 1963 年，周恩来总理就在工业、农业、国防、科学技术等方面提出"四个现代化"，这一号召将成为中国复兴的主旋律。

事实上，以农业经济和农村人口为主导的中国在 60 年代成功地研发出了火箭，并在 1964 年成功研制出了原子弹。但是，只有随着对外开放的逐步深入和世界对中国的逐步开放，这些"现代化"发展才能真正起飞。

尼克松访华与改革开放

尼克松总统 1972 年访华是两国关系的一个分水岭。虽然其他西方国家已经承认中华人民共和国，中华人民共和国也终于在联合国取得了合法席位，但美国承认中华人民共和国将消除中国作为正式伙伴进入国际社会的最后一道障碍。虽然直到 1979 年卡特政府时期两国才正式建交，但尼克松访华已经重启了两国关系。

1978 年，邓小平作为共产党领导人提出"改革开放"的新政策，这说明中国现在可以与西方国家进行更多的经贸互动。许多沿海地区向西方开放贸易。贸易事实上成为中国经济的推动力，中国也成了世界经济的制造中心。最初，中国的优势在于廉价的劳动力，尽管中国以大量廉价劳动力的优势进入世界经济，但是中国并不打算永远采取这样的模式。

第四个"现代化"，即科学技术的现代化，是摆脱这种模式的关键。教育和科学技术的复兴对于国家的向前发展是至关重要的认识，甚至远早于 1978 年 12 月十一届三中全会上宣布新的改革开放政策。1978 年 3 月，在邓小平访问东南亚回国后不到一个月的时间内，就召开了一次全国科学大会，开始了科研机构的改组和扩充。除了恢复中科院，他还成立了新的中国社会科学院，重建国家科学技术委员会，并下令起草新的七年科学计划。

此外，对西方的开放意味着中国可以向外输送留学生，很多人到了美国学习。在 20 年的时间里，这造就了中国之前从未有过的科学和知识骨干队伍，所以中国政府不会让这种能力白白浪费。随着改革开放，中国也在雄心勃勃地启动科学计划。早在 20 世纪 70 年代，中国就有了成为航天强国的想法，甚至已经在培养宇航员了，但直到改革开放，中国才有财力和科学技术使之变成现实。中国已在实施多种科技工程，如首先提出了中国太空计划的 863 计划和 985 工程；现在实施的是由习近平主席领导的创建中国一流大学和科学中心的 2.0 计划。正是这些项目帮助国家的公民集中精力从而将科学技术推向更高的水平。

应对金融泡沫

中国要进入国际金融体系并非易事。20 世纪 90 年代，当中国试图转变其经济模式以满足美国永久正常贸易关系待遇（PNTR）的要求（PNTR 是中国加入世界贸易组织的先决条件）时，美国国会进行了重重阻击。但是，中国金融体系进行一些相当严格和充满困难的改革和调整，中国在 2000 年成功达到了 PNTR 的严格要求，并在 2001 年加入了 WTO。

但中国进入了一个正处在动荡中的世界金融体系。早在 1997 年，泰铢的崩溃就宣告了亚洲金融危机的爆发，这有点用词不当，因为这场危机的真正对象并不是亚洲，而是伦敦－纽约主导的金融市场危机。具有讽刺意味的是，中国似乎并没有受到危机的影响。由于缺乏全面一体化，中国没有陷入西方银行体系的金融泡沫，因此能够在防止危机破坏亚洲经济方面发挥关键作用。但在未来十年内，过度膨胀的金融体系的脆弱性将通过更大的金融危机显示出来。

这个问题始于尼克松总统将美元从金本位制中剔除而导致 1971 年布雷顿森林体系的瓦解。这一措施允许美国随意印钞，美国在这一体系中的持续强势制造了一种美元和黄金一样好的假象。紧随其后的是美元的激增，尤其是以伦敦为基地的欧元－美元市场。

虽然布雷顿森林体系下的金融市场或多或少地符合它们作为实体经

济"侍从"的合法角色，但随着布雷顿森林体系的消亡，世界上的金融资产出现了天文数字般的增长，远远超出了实体经济的金融需求，由此也创造了新的和别具特色的投机市场。20 世纪 80 年代，美国经济学家林登·拉罗奇（Lyndon LaRouche）曾在尼克松放弃金本位制的那一刻预言了这种发展，他向几个国家的政府提出了建立两级利率体系，即以低利率发放贷款用于实物生产，并要求提高利率以获得更多的实物生产的投机性放贷，从而惩罚投机行为，促进对实体经济的放贷。

但格林斯潘领导下的美联储（Federal Reserve）奉行的政策更符合持有投机性债务的国际金融寡头的喜好。格林斯潘的解决方案只是通过印更多的钞票来覆盖所有的债务循环，如果有需要的话，通过对民众实施紧缩政策来削减成本，这两种方案都是大规模的，但未能解决美元体系的这一根本缺陷，而是导致了今天全球债务负担的大幅增加，并削弱了对实体经济的投资。这是造成当今世界"基础设施赤字"的根本原因。1987 年的经济危机，1997 年的亚洲经济危机，1999 年的俄罗斯卢布危机，2008 年的更大的经济危机，都源于这一失败体系的运作。我们现在面临着更大的经济危机爆发的风险。

1997 年的亚洲危机给中国和其他国家敲响了警钟。中国虽然在 2001 年加入了世贸组织，但它一直怀着谨慎的态度和忧患意识。正如中国从一开始就宣布的那样，它加入世界金融体系的同时也会提出为了这个体系变得更加有效和公平的倡议。

但 2008 年危机的爆发显示的贫富差距不断扩大的事实表明这一体系显然不再可行。第二次世界大战后，在布雷顿森林体系解体之前，亚洲四小龙的就已经基本成长起来了。此外，由于政治原因，西方给了这些国家回旋余地，让它们无视了占主导地位的"自由市场"教条，制定自己的"汉密尔顿"政策，允许它们在保护其新兴产业的关税规则下建设经济的行为。第三世界的其他国家没有得到这种选择，随着所谓的第二个发展十年的开始。除却资源开发行业，第三世界国家对西方国家吸引力下降。

"一带一路"开创新方向

2013 年 9 月，习近平主席提出的丝绸之路经济带和 21 世纪海上丝绸之路为经济发展提供了新的方向。从某种意义上宣告了中国开始在国际上崭露头角。中国在过去动荡的几十年里，一直在努力建设自己的经济，到 2013 年，中国已经成为世界第二大经济体，成为世界经济的真正推动力，习近平领导下的中国现在准备"走出去"，与世界分享成功，为其他发展中国家像中国一样脱贫创造可能，为其他国家提供一个也可以应用于本国的发展模式。

到 2013 年，中国发展了自己的重大项目融资能力。中国成为一个航天大国，并在包括人工智能、机器人、核科学等最先进的技术领域做出了最高水平的贡献。中国各地错综复杂的铁路网，特别是高速铁路网的发展，使其成为高速铁路的头号生产商。"一带一路"倡议的关键概念是"连通性"，而其中的大部分连通性都体现在交通上：建立一个可以将欧亚大陆连接起来的铁路网络。但是"一带一路"并不局限于欧亚大陆。基于同样的基础设施投资模式，中国在非洲和拉丁美洲的投资不断增长，在这些国家中激起了乐观的情绪。一些拉丁美洲国家在 70 年代已经走向相对繁荣，但是 80 年代的"贸易条件"将繁荣变成了贫穷。另一方面，非洲尽管在 20 世纪 60 年代曾试图进行发展，但从未真正起步，随着冷战的结束，非洲基本上被西方抛弃。

但即使在发达国家，"一带一路"倡议也受到热烈欢迎。负债累累的西方国家也看到了通过增加对亚洲国家的出口来恢复生产的机会。人们甚至希望在特朗普总统承诺为美国实施重大基础设施项目的情况下，他也能看到与中国投资联系的重要性，因为这可以帮助其完成这个项目。

但反对派开始悄然出现，它来自四面八方。在战略方面，新保守派人士的反应是，他们不准备欢迎中国加入国际社会，至少不愿意中国处于任何领导地位。他们不能容忍任何干扰英美主导的战后世界秩序的行为。此外，在经济方面，银行业的利益集团也不准备放弃所谓的"华盛顿共识"。与经济发展有关的规则必须由伦敦－纽约的银行家的计算决定，其中最有名的是夏洛克的格言，即所有债务都是神圣不可侵犯的，即使是以牺牲一个国家的生计为代价也必须要偿还。他们坚信，决策中心仍将是伦敦金融城及其在华尔街的初级合伙人。但迄今为止，世界债务已经超过了世界的生产能力，任何试图偿还全部未偿债务的行为都将宣判人类的"死刑"。那些坚持这种"银行家计划"的人不喜中国回避的态度以及为基础设施独立提供资金的行为。

许多国家现在正受到来自美国迫使它们脱离"一带一路"潮流的压力。欧洲国家将面临一个至关重要的决定：要么听从美国，失去重振经济的选择，要么继续与中国合作，发展基础设施和工业能力。美国正在努力通过建立美国国际发展金融公司来构建一个可以替代中国"一带一路"倡议的机制，并动员其"盟友"日本和澳大利亚提供发展计划资金，在不彻底改变国际金融体系的情况下，这些负债累累的西方国家削减世界"基础设施赤字"的可能性几乎为零。

更重要的是，"一带一路"倡议的更大的吸引力在于它在国际关系中创造了一种新的范式。习主席明确表示，他希望摒弃旧的思想：基于零和博弈的思想而产生的相互对立的"联盟"的地缘政治思维模式。"一带一路"倡议建立在相互协商、共建共享的基础上，对所有人开放。在上个世纪经历了两次世界大战、无数次规模较小的战争以及大国之间悬而未决的核冲突威胁的世界里，这样的范式是非常值得欢迎的。

尽管"一带一路"倡议显示了基于国家间相互连通的新的人类发展轨迹，但那些沉迷于旧思维模式的人却仍试图破坏这一项目，以维持他们作为"规则制定者"的角色。不过，随着世界走向另一场可能比2008 年更严重的金融危机，世界各国，特别是主要大国：中国、印度、俄罗斯和美国，有必要齐心协力，建立一个新的全球金融和政治结构，确保全人类的健康和福祉。在这方面，中国的"一带一路"倡议提供了一个值得效仿的模板。

参考文献

Spence, Jonathan. , *The Search for Modern China*, New York, Norton & Co, 1990.

Vogel, Ezra. , *Deng Xiaoping and the Transformation of China*, Belknap Press of Harvard University Press, Cambridge, Mass, 2011.

LaRouche, Lyndon. , *Earth's Next Fifty Years*, Lyndon LaRouche PAC, 2005, （A

Chinese version is in preparation by Phoenix Publishing Co.) .

LaRouche, Lyndon. , *There Are No Limits to Growth*, New Benjamin Franklin House, New York, 1983.

EIR News Service. Helga Zepp-LaRouche, ed. , *The New Silk Road Becomes the World Landbridge*, 2014 (A Chinese translation is available from Chongyang Institute for Financial Studies) .

EIR Special Report, The Eurasian Land-bridge – The 'New Silk Road' – Locomotive for Worldwide Economic Development, Washington, D. C. , 1997.

Askary, Hussein & Ross, Jason. , Extending the New Silk Road to West Asia and Africa, Schiller Institute Special Report, 2007.

（汪安楠 译）

中国的历史进程与经济全球化：
经济增长与包容性发展

保罗·安德里亚·帕奈尔（Paolo Andrea Panerai）
意大利克拉斯传媒集团总编辑兼首席执行官

    中国政府热情地欢迎了我们。中方向意大利银行前总经理里纳尔多·奥索拉和包括记者和部长在内的代表团成员献上了绿茶，并且就两国友谊进行了严肃的交谈，就像是现在的民间非正式会谈一样。这一传统代表了中国人民的友善与智慧，表明只有秉承友好的精神，双方才有可能长期发展业务往来。中国当局甚至在选择地点上也表现出了友好和尊重的态度。我们住在前缅甸大使馆，这是一座非常精致的建筑。与我们离开的罗马相比，北京少了些绿色，而且从机场出发的这一路上的风景都不多，但是随处可见毛泽东的四个现代化的标语。北京的大宅院，四周都是用酒红漆成的墙，从墙上甚至不能窥探到宅院的内部样子。我们在这里就能够感受这个亚洲国家特有的色彩与魅力。在北京宽阔的街道上没有很多的车辆，而且人们能在飞驰的自行车上感到快乐。寒冷的天气让公园难免被灰色笼罩，但是年龄各异的中国人都在进行日常锻炼（练习太极），他们有规律地进行锻炼来保持身体和思想的健康。奥索拉部长作为一位伟大的央行行长，提出过一个绝妙的建议：让意大利，这个虽不是欧洲最富有的国家但是世界第五大经济强国成为西方世界第一个给予中国大量财政援助的国家。中国有超过 10 亿的公民，其中大多数的生活水平远远低于贫困线，大都需要物质保障。此次成立的考察团正是为了签署西方国家向东方国家提供的第一笔金额相当于 15 亿欧元的贷款，贷款形式为备用贷款，即在中国当局在需要购买意大利产品和技术时随时使用。

这就是我第一次接触中国的故事。那是 1978 年 12 月，我当时是意大利代表团中的一名记者。这是一个难得的机会，因为在奥索拉部长第三次会见邓小平副总理期间，我有机会采访了新中国的缔造者。邓小平在一周内接见了意大利外贸部长三次，以此来表达他对意大利此举的感激之情，意大利的举动也代表着可以追溯到几个世纪以前的两国间的友谊。那时中华人民共和国诞生 29 年了，新中国正在建立。现在中国在不到 40 年的时间里取得了非凡的发展，这是十分神奇的事情。1978 年 12 月的景象令人难以想象，那个时候，北京机场的整条街都是荒芜的景色，到处都是四个现代化的横幅，北京的房子被红色的高墙包围着，看不见里面的景象。中国当时是封闭的，试图掩盖十几亿公民的极度贫困和饥饿的状况。当我问邓小平中国有多少人时，他并不能回答出来。

当时我有幸参与了奥莉娅娜·法拉奇和意大利时任总统桑德罗·佩蒂尼的著名访谈，邓小平副总理以现实的态度回答了中国遵循共产主义思想方面的问题："根据马克思的观点，社会主义是共产主义的第一阶段，这一阶段要跨越很长的时期。在此期间，我们将坚持这一原则：各尽所能，按劳分配。也就是说，我们要把个人利益和国家利益结合起来。我们现在需要面对的问题是我们没有办法激发民众生产的积极性。既然西方资本主义将帮助我们克服我们所处的落后状态——正如意大利所做的那样——我们发现困扰我们的贫困问题并没有想象的那么小。无论发生什么，积极的影响都会比消极的影响多。"

即使是坚定反对中国的批评者也不能不承认新中国取得了最非凡的成就：中国战胜了饥饿，甚至是战胜了贫穷（14 亿中国人中的 10 亿多人脱贫）。邓小平的经济政治纲领起了决定性的作用，而且在宪法中也借鉴了资本主义用来发展中国特色社会主义。没人可以预测马克思现在会说什么。邓小平的名言"不管黑猫白猫，捉住老鼠就是好猫"，总结了中国到今天的发展道路，再加上习近平主席的贡献，中国可以有能力成为世界上最大的经济体。邓小平的另外一句名言是："贫穷不是社会主义；致富光荣。"这种智慧和伟大的思想，应该会激发全世界领导人对相同目标的执着追求。

在贫困和饥饿猖獗的情况下，人口问题是中国最大的问题。在贫穷和饥饿的情况下，政府不可避免地采取了独生子女政策，每对夫妻只能有一个孩子，这个孩子通常是男孩。在资本主义和社会主义相结合的方式解决了饥饿和很大一部分人的贫困问题之后，人口问题成了一个巨大的机会，这种机会体现在了根据市场潜力，为技术和科学的进步选拔人才，甚至体现在足球比赛选拔中，中国有超过 6 万所足球学校，每个学校有 10 个操场，每个学校就有 3000 名儿童参加，这就能培养出与欧洲和南美球队同等水平的年轻冠军。人口因素现在在科技研究方面起着决定性的作用。华为被美国视为最具竞争力和最需要防范的公司，华为 18 万名员工中有 9 万人拥有博士学位。

但是，中国不仅会在经济方面而且会在领导全球化和包容性经济发展方面处于世界前列，这一转折点已经帮助更新了宪法并且创造了"一带一路"倡议。当习近平主席 2013 年第一次谈到与亚洲、欧洲和非洲超过 65 个国家合作开启有史以来最大的开发项目时，很少有人相信这个项目会奏效。但是现在参与这个项目的国家已经越来越多了。今年 3 月，七国集团中的意大利最早与中国就"一带一路"项目合作签署了谅解备忘录。我所在的克拉斯传媒集团和中国的新华社就大数据和资讯互通开展了合作，并在去年 6 月参与了来自 40 多个国家的企业关于信息和"一带一路"相关数据互通的协议。向各国人民提供正确和及时的信息对发展的贡献要大于其他方面。邓小平要求新华社成立一个部门以便向企业传播有用的信息。如果没有最新消息，公司就无法发展。中国经济信息服务中心就是这样诞生的。

1984 年，信息对经济发展至关重要。今天的互联网时代，数字和大数据是至关重要的。我们现在生活在一个新时代：一个充满希望、机遇和科学进步的时代，这是人类历史上前所未有的经历，但同时也充满了危险。只有注重各国人民的相互理解、增进人类福祉、立足全球化，才能遏制风险。美国现任总统特朗普通过关税战略完全改变了这一政策。这一巨变是由什么引起的？是什么让特朗普以"美国优先"的口号赢得大选？这个口号至少有两层含义：首先是美国是占据首要地位的，也就是说任何决定都必须对美国有利，同时美国必须要处于超越其他国家的第一的位置。

美国帮助终结了两次世界大战，即 1914～1918 年的第一次世界大战和由希特勒引起的第二次世界大战。美国资助了两次重建。所有这一切都使它理所当然地被视为世界领导者和民主的卫士。在美国，民主意味着两方面：政治民主和经济民主。一个多世纪以来，反垄断法一直在保护经济民主。这项法律的出台是为了阻止洛克菲勒家族标准石油公司的过度权力，后来被应用于电信市场的绝对统治者 AT&T 公司（美国的一家电信公司），该家公司被划分为 10 家公司，以恢复基础电信行业的竞争。

令人难以置信的是，过去三位分别执政 8 年的总统——比尔·克林顿、乔治·W·布什和巴拉克·奥巴马——没有将反垄断法应用于互联网和数字巨头：包括谷歌和脸书。谷歌已经占据了搜索市场 94% 的份额，在这个市场上排名第二的不是一家小公司，其规模甚至和微软相当，却只有 4% 的市场份额。难道是疏忽大意让美国政府无法评估这些巨头给其自身带来的风险？或者是故意选择让谷歌和脸书在世界上发展如此之快？

现在美国政府自己承受着这种做法的后果，直到最近美国司法部才对 OTT 展开调查，这可能是受到欧盟反垄断措施的刺激，因为欧盟还对谷歌和脸书违反用户隐私和逃税行为处以高额罚款。

事实上，多年来，在美国和中国这两个世界主要国家之间，存在着一种不成文的约定：中国生产美国购买的中低水平产品，同时中国可以利用强劲的国际收支顺差购买美国国债。基于这一默契，世界在没有通胀的情况下经历了几年的强劲发展，这样的例子在所有最好的大学使用的经济学书籍中都找不到。美联储前主席艾伦·弗里德曼向我解释道，这样的奇迹是因为数亿中国工人进入了世界生产循环之中。因为他们的工作成本低，生产的成本也就下降了很多，从而避免了全球 GDP 增长后会出现通货膨胀的传统问题。在采访结束时，弗里德曼教授特别指出："不必担心，这一奇迹将持续很长时间，因为有数亿中国工人必须进入生产循环之中。"

然而，敏锐的弗里德曼教授也没有考虑到中国经济的快速增长会形成中产阶级，劳动力成本会随之增加，中国也就不会满足于成为世界上生产一般产品的工厂。弗里德曼教授以及全体美国人，都没有考虑到像苹果这样的公司都已经将工厂设置在中国用来生产手机了。如果中国有能力生产苹果手机，为什么它就不能为中国的公司生产设备呢？事实上，像华为或百度、阿里巴巴和腾讯这样的巨头已经逐渐建立起来，它们通过一个平台就能提供多种服务和活动，虽然谷歌或者脸书也提供这些服务，但它们却不能将这些服务统一放在一个平台上。

如果美国政府没有规定实施反垄断规则，谁能重新平衡 OTT 的权力？唯一能做到这一点的是中国的互联网和技术公司。而这也是美国政府不允许美国公司向华为等公司购买技术，并且不允许华为在美国运营的原因之一。

给了曾经统治世界的美国一个沉重打击的正是"一带一路"倡议，该项倡议和美国曾经的做法一样，都将世界中的大部分地区涵盖进来了。"一带一路"不仅包含了整个亚洲大陆，也包括俄罗斯。在奥巴马总统就乌克兰危机对莫斯科实施制裁后，俄罗斯与中国展开了包括使用本国货币进行贸易在内的各种计划，这第一次打破了美元作为国际贸易官方货币的角色。

奥巴马总统还犯了另外一个相似的错误：尽管他是第一位非洲裔美国总统，但在八年的总统任期内，他只去过非洲三次。错误还远不及此。他认为民主可以通过互联网出口到北非，就像可乐一样。埃及和突尼斯发生的悲剧应该是一个不可以被忘记的警告。反观中国与非洲各国的合作，不仅解决了非洲大陆上数以百万计的中国公民的问题，也为这些国家的居民提供了发展的渠道，使他们能够改善生活条件，而不必靠移民的方式来提升生活水平，今天的非洲移民问题给欧洲带来了严重的后果。

在这一领域，中国和欧洲之间有很大的合作空间，现在双方主要是通过与美国的军事防御关系进行合作。然而，美国对欧洲产品征收关税的政策至少为中国和欧洲各国之间的商业合作提供了基础。但是为了使双方获取稳定且巨大的收益，中国必须成功地推出一项不仅仅基于并购投资的平衡政策，即对已经活跃在欧洲的公司进行投资，而且还要相互参与所谓的绿地投资，也就是说，通过创造新的就业机会来掌握主动性。这样的政策尤其适用于意大利。意大利和中国之间的贸易正在以不平衡的方式进行增长：中国的出口额明显高于意大利的出口额，中国在意大利的投资也明显高于意大利在中国的投资。重新平衡贸易流动是签署"一带一路"倡议谅解备忘录的一个目标。中国最近改变了外国在华投资的规则，使之变得更加容易。但这方面还有很多工作要做。

2020 年是中意两国建交 50 周年。两国政府决定，今年也是旅游和文化年，是两国人民建立友谊的机会。这次会议还强调，意大利决定成为七国集团中第一个参与新丝绸之路的国家，从历史上来看，古代的丝绸之路始于中国，最终到达意大利的威尼斯和罗马。

（汪安楠 译）

中国与世界一起发展的 70 年

冈本严（Iwao Okamoto）
日中经济协会前理事长

我很荣幸应邀参加"中国 70 年发展和人类命运共同体建设"，即第二届虹桥国际经济论坛分论坛，并发言。

让我先介绍一下我所属的机构。日本日中经济协会（JCEA）成立于 1972 年，旨在促进两国的经济联系，当时日本首相田中角荣和中国总理周恩来宣布了具有划时代意义的中日双边关系正常化联合声明。众所周知，包括贸易和外国直接投资（FDI）在内的经济联系，以及双向沟通和人员交流，是双边关系的主要支柱。这就是为什么 JCEA 是由 MITI（国际贸易和工业部）和日本商界，以及时任 ANA（全日空）总裁冈崎嘉平太先生共同发起的。他是 JCEA 的终身顾问。他在推动正常化的道路上起到了指导的作用。由于缺乏外交渠道，他多次访华，看望中国领导人，其中包括周恩来总理。他们在相互信任和尊重的基础上，探讨如何克服在走向正常化道路上出现的一系列问题和困难。

我有幸能听到习近平主席的讲话。2015 年 5 月 23 日，中国国家主席习近平在人民大会堂欢迎由 3000 人组成的日本旅游文化交流代表团时，发表了一篇关于中日友好的感人肺腑的讲话，特别提到冈崎先生是中国的老朋友，也是中日关系正常化的挖井人。

关于我个人，我 1970 年加入 MITI，并工作了 30 多年，主要负责工业和能源政策。

发展显著的 41 年

回到"中国与世界一起发展的 70 年"的主题上来，首先，我对有着 14 亿人口巨大市场的中国成功取得的快速经济增长表示衷心的敬佩。从 1978 年改革开放到 2018 年，41 年来，中国国内生产总值年均增长 9% 以上，人均收入从 385 元人民币增长到 64644 元人民币，接近 1 万美元。

中国于 2001 年加入世界贸易组织，在更好地进入世界贸易市场的同时，于随后的几年里成功地吸引了外国直接投资，这降低了中国的生产成本，为中国成为世界出口型工厂的中心铺平了道路。在 2008 年世界金融危机期间，中国采取了有力的刺激措施来应对经济放缓。毫无疑问，中国的举措帮助包括美国和日本在内的世界主要市场迅速复苏。2010 年中国已超过日本成为世界第二大经济体。

日本在 JCEA（日中经济会）的贡献和作用

在此，我想谈谈日本通过官方开发援助（ODA）和外国直接投资（FDI）为中国经济发展做出的贡献。通过包括专家和青年志愿者的技术援助在内的 3.6 万亿日元官方发展援助中，日本在铁路建设、工厂和医院现代化等方面援助了中国。截至 2018 年底，日本在中国的直接投资额累计超过 1000 亿美元，在主要的外国直接投资国中处于前列。外商直接投资往往伴随着技术和管理技能的转移，从而促进了中国产业结构的优化。

我这里有几个例子可以展示 JCEA 的作用。协会的第一项也是最重要的活动是每年向中国派遣日本最高级别的经济代表团，这一活动从 1975 年就已经开始了。由日本商界高层领导组成的日中经济协会访问团会见了中国领导人和分管宏观经济、贸易、外国直接投资和工业的部长或副部长。最近，一个 200 人的代表团跟进中国经济和商业环境信息的同时就宏观经济可持续发展和加强双边商业合作的必要措施提出建议。例如，近年来，代表团就降低钢铁行业产能过剩问题提出了建议。上世纪末，日本、美国和欧盟也遇到了类似的问题，通过经合组织成员国之间的磋商，这些国家就削减全球 1 亿吨产能达成了一致。

关于空气污染的问题，我仍然清楚地记得，2013 年初，日本几乎每天都有电视新闻向我们展示北京的雾霾有多严重。新闻播出后，JCEA 呼吁我们的成员公司和相关地方政府提供有用的经验、技术和设备，用来对抗空气污染。我们将这些信息存在 DVD 中，并派出了几个专家团前往北京和周边省市。我很高兴地看到这样的举措促成了一些商业合资企业的出现。

双边外交关系

中国自实施改革开放以来，长期采取对外低调，对内集中力量和资源建设经济强国的方针。但是特别当中国成为世界第二大经济体以来，其惊人的经济发展似乎引发了对包括日本在内的东亚邻国采取扩张性经济政策。我在 2011 年加入 JCEA，当时日中双边商业合作达到了历史最高水平。第二年也就是 2012 年，情况却急转直下。2012 年是中日两国关系正常化 40 周年。在专门委员会的密切协调下，两国政府和民间组织等共同策划了一系列的活动、展览和文化项目等。JCEA 原计划于 9 月 24 日派遣经济考察团访华，随后将在北京举行纪念仪式。然而，9 月 11 日，日本政府正式决定从一名日本人手中购买钓鱼岛的所有权。宣布这一决定后，声称对这些岛屿拥有管辖权的中国政府立即对这一决定表示强烈抗议。此举引发了中国多个城市的一系列反日示威，其中一些示威升级为对日本企业经营的百货公司和工厂的攻击。

在这种情况下，中日关系正常化 40 周年的纪念活动全部取消。JCEA 的经济代表团的活动也不例外。大多数日本人民和中国人民都认为我们现在面临的是战后最糟糕的双边关系。我们能做些什么来应对日益恶化的局势？我们日中经济协会在进行了内部和外部的一系列会议和讨论之后达成了一个简单而基本的认识：

①在中国有两万三千家日本公司，每天有超过十五万日本人与超过一千万的中国工人、合作伙伴、经销商进行工作。

②这些商业资产是我们两国互利的双边关系的核心。

基于以上的认识，我们有理由相信现在的局面不符合中日两国的利益，所以中日关系应该尽快走向正常化。

从这个角度看，JCEA 于 11 月 1 日向两国政府发出了一份"紧急建议"，我们呼吁两国政府应尽早举行首脑会议，以恢复最高级别的互信。与此同时，我们宣布了一项尽快派出一个规模小但水平高的 JCEA 代表团的计划。2013 年 3 月习近平上台一周之后，在中国驻日大使馆和相关人员的共同努力下，我们派出了 20 人的代表团到中国。在与中国领导人展开激烈讨论并交换意见之后，我们认为中日两国的共同利益促使日本企业快速正常化。

中国经济的未来前景

（1）增长方式转变与稳定增长

中国通过出口基础设施和产能的投资实现了经济快速增长。2012 年前后，由于劳动力成本的上升和金融环境的变化，中国似乎朝着以消费为中心的内需驱动的增长模式迈进。随着人均可支配收入的不断增加和生产力的提高，消费也在稳步增长。一方面，中国着手经济的供给侧改革，解决钢铁、煤炭等行业产能过剩的问题；另一方面，中国更加重视创新和服务业，以改善产业结构，创造就业机会。这些供给侧改革与互联网服务的迅速普及和"第四次工业革命"的出现不谋而合。

关于中国的成功改革创新，我想强调以下三个方面的重要性：

①组织良好的人力资源开发，特别针对海外学生的发展；

②稳定增长的研发投入，按法律规定每年的研发投入要超过国内生产总值的增长速度，目前已达到国内生产总值的 2.19%；

③由创业生态系统扶持的创业行为，为创业者提供了与硅谷相当的强有力的支持。

此外，中国还具有以下优势：

①拥有 14 亿人口、接近 1 万美元的人均收入、4 亿中产阶级人口的巨大市场；

②发达的全国性基础设施，特别是物流、电力、电信和高学历人才资源；

③熟悉主要发达国家的政策和经验教训，尤其具有熟知泡沫破裂后

果的政策制定者和研究人员。

中国经济上半年增长 6.3%，与增长 6.0%～6.5% 的目标一致。至于中期经济增长，根据国际货币基金组织预测，中国在 2024 年的实际 GDP 增速为 5.5%，而美国为 1.5%。因此，中国有望继续保持稳定增长，为世界经济做出重大贡献。

中国同时面临诸多挑战

虽然中国经济发展取得了举世瞩目的成就，但中国要实现可持续发展，还需要应对以下挑战。成功解决这些挑战会为中国提供巨大的商机。

①自 2011 年以来劳动力人口的减少：大量引进自动化系统、机器人和智能制造系统。

②加强养老、医疗、护理等社会保障体系建设：必须按照适当的政策准则调动公共和私人财政及人力资源以应对中国的人口老龄化问题。除了公共服务外，人们对医疗保健和护理服务的需求也在不断增长，同时还要兼顾智慧养老系统、个人保险和养老金计划。

③国有企业和地方政府的巨额债务：虽然近几年有了明显改善，但其债务仍然占 GDP 很高的比重。

④产能过剩：以钢铁行业为例，目前减少了 1.5 亿的钢铁产能，行业经营业绩显著改善。这说明将生产资源重新分配给更具生产力的工业成为可能。其他行业也存在类似的产能过剩问题。

⑤空气、水、土壤污染；北京及周边地区 PM2.5 减排成效显著：环保产业显然是中国最具发展前景的产业之一。

我希望中国政府继续尽最大努力克服这些挑战，我也相信这将确保中国未来的可持续发展。与此同时，爆发了中美贸易战。

中美贸易冲突的背景与前景

（1）背景

中美贸易冲突是两国乃至全世界面临的最大的不确定因素。根据官方公告和专家的评论，从美国的角度来看，冲突的主要内容可以概括为以下三点。

①对华巨额的贸易逆差

2018 年，美国对华贸易逆差达 4200 亿美元，这几乎占了美国总逆差的一半，其次是对墨西哥的 820 亿美元、德国的 680 亿美元和日本的 680 亿美元。即使美国失业率达到史上最低值，人们也很容易地将失业同贸易赤字联系起来。

②中国威胁挑战美国的主导地位

由于中国在世界经济、科学技术和军事力量上的迅速崛起，以及其雄心勃勃的长期战略规划，美国将中国视为影响美国主导地位的威胁。美国各界广泛认同"中国威胁论"以至于国会和特朗普政府都制定并实施了特别是应用在高科技领域的一系列旨在遏制中国发展的规则和指示。

③中国商业惯例与国际标准不符

就中国而言，尽管中国已经成为世界第二大经济体，但在巨额贸易顺差的基础上，仍然存在着与全球规则和标准不符的产业政策或做法。在这方面，我想补充一点，外国公司一直十分关注中国政府将在多大程度上和多快程度上执行 2013 年中共十八届三中全会确定的国内改革议程，决议中最重要的是让市场在资源配置中发挥决定性作用。

（2）近期发展与未来展望

由于中美贸易谈判的结果在很大程度上取决于最高领导人间不可预测的判断，因此没有人确切知道谈判结果如何。美国总统特朗普和中国国家主席习近平 2018 年 6 月底在大阪举行会晤，他们同意恢复贸易谈判，美国愿意暂停对下一轮 3000 亿美元中国商品加征关税。这条消息让所有人感到惊讶，我们都希望以某种方式避免贸易战。但令我们失望的是，一个月后，美国宣布计划从 9 月 1 日起对所有从中国进口的商品征收 25% 关税。此外，美国财政部将中国列入汇率操纵国。美国采取行动后不久，中国宣布准备采取措施，包括减少从美国进口农产品。

与此同时，两国官员讨论同意 10 月初在华盛顿举行中美经贸高级别磋商。几周后，美国总统在推特上表示，应中国的要求，美国同意将对中国原定于 10 月 1 日开始征收的额外进口关税推迟几周，以避开中华人民共和国成立 70 周年纪念日。为了回应这一小小的"善意"，中国宣布恢复对包括大豆在内的美国农产品进口。我希望，两国之间的这种善意交流将会为成果颇丰的中美经贸高级别磋商铺平道路，从而使今年 11 月中旬在智利召开的亚太经合组织（APEC）领导人非正式会议取得圆满成功。

对结束中美贸易战的期待

当前中美之间的贸易冲突，加上关税制裁和报复措施，不仅对两国经济，而且对整个世界经济都产生了显著的负面影响。世界银行（World Bank）8 月份估计，当前世界 GDP 增长率将降至 2.5% 左右。

从出口额的对比来看，中国在出口、生产、投资、消费等方面受到的影响要比美国大得多。为了尽量减少贸易战的负面影响，中国政府采取了必要的措施，如扩大出口市场代替转移和促进对国内基础设施的投资。国际货币基金组织称，如果两国全面实施贸易战，那么明年世界经济增长率将下降 0.8%。

在经历了十年的稳定增长之后，美国似乎也无法从中美贸易战的负面影响中独善其身，因为对中国产品施加的沉重进口关税已经转嫁到美国市场的资本和消费品价格上了，而且对中国的出口也在持续减少。在总统竞选中，特朗普政府对经济情况十分敏感。

除了贸易战，世界商界尤其是跨国公司一直在对向中国出口高科技产品和软件的严格限制而表示担忧。我们将处于与世界经济脱钩的边缘。假如我们真的进入了这样的状态，那么一方面我们将不得不花费大量的投资和很长的时间来重建全球供应链；另一方面，世界上每个角落的创新活动都将缺少技术信息和人员的自由流动，而这两者都是开放的科学创新时代不可或缺的。

我们目前面临的紧迫议程

一方面世界两个最大的国家深陷贸易战，另一方面我们现在正面临着以下日益紧迫的全球性议程，我们没有多余的时间可以浪费了。

①全球变暖：期待美国重返巴黎协议的同时，我们所有人都必须加

强个人的努力。中国一直在努力提高能源利用效率，同时以低碳社会为目标，实现能源结构的多样化。日本本土能源资源匮乏，所以在节能和新一代可再生能源技术方面小有成就，而且一直与新兴国家特别是中国开展合作。中日节能环保综合论坛一直是两国在这一领域合作的主要平台。令人欣喜的是，本次论坛一直是由日中经济协会与日本经济产业省、中国国家发改委和商务部共同主办的。第十三届论坛将于今年年底举行。

②人口老龄化：日本大约 50 年前进入老龄化社会，当时 65 岁以上老年人占总人口的比例超过 7% 。考虑到老龄化的高速发展，日本自1961 年开始实行全民健康保险和强制性的养老金计划，根据该计划，所有人都有资格享受社会保障服务。日本在 21 世纪初再次引入护理保险制度。现在包括中国在内的许多东亚国家都以同样的速度进入老龄化社会，需要调动大量的资金和人力资源来应对这个挑战。两国有关机构已经交流了日本的经验、商业模式和设备。

③基础设施：根据亚洲发展银行预测，到 2030 年，新兴经济体基础设施建设需要 2.6 万亿美元。除此之外，像日本和美国等发达国家需要翻修旧的基础设施以保护它们的"生命线"，并且最大程度减少自然灾害带来的破坏，最近日本的情况就是如此。今年日本经历了许多台风，这告诉我们要加快保障"生命线"的供应，特别是要尽快恢复供电。

结　论

从世界经济可持续发展的角度，我想重申在自由贸易原则基础上重建多边贸易机制的重要性。因此，我很高兴看到在大阪举行的 20 国集团首脑会议上签署了联合公报，其中确认了自由贸易的原则，支持世贸组织进行改革，并增加了"基于信任的数字流动"的议题。

日本在 TPP 和日本 – 欧盟经济伙伴关系协定（EPA）谈判中采取了主动的态度并取得了成功。中日两国一直在努力建立区域全面经济伙伴关系并将在今年内达成广泛共识。我坚信所有这些行动都有助于自由贸易的发展。

我衷心希望中美双方继续努力走出目前的对峙局面。基于多边自由贸易体制的原则，谈判结果将在适当时候通过多边贸易协定反映出来。

在进行这些谈判的同时，我希望世界两个主要国家能够携手在解决全球紧迫的议程上采取主动的态度。

谢谢大家！

（汪安楠 译）

经济增长中的社会政策：西方实践和中国经验对发展中国家的指导

奥莱纳·阿列克山德罗瓦（Olena Aleksandrova）

乌克兰基辅保利斯格林琴科大学历史哲学院院长

当代对社会政策的理解使之成了一种"福利国家"的公共监管方法。当今社会政策的主要目标是：

－努力保持国家的物质、知识、精神和道德潜力；

－以国家"人力资本"的积极再生产为导向，刺激符合市场要求的劳动动机；

－为公民、不同社会阶层和群体创造实现其需要和利益的制度和社会经济前提，激发他们的积极性，彰显他们的个性；

－为社会生活、个人自由和真正的民主创造先决条件。

在当今瞬息万变的世界里，转型中家的社会转型有两个标杆：西方的社会政策和中国的经验。

西方国家的社会政策对于正在经历社会转型的国家起到了标杆的作用，这与福利国家的类型相符（Aleksandrova，2009）。

福利国家类型：

1. 社会民主主义福利国家（丹麦、瑞典、芬兰）

－其特点是国家高度的社会家长制和最低程度的社会责任，具有较高的再分配水平：

－全体公民平等的社会福利；

－全面就业政策；

－高税率和高福利－低贫困率。

2. 保守主义（企业）福利国家（奥地利、比荷卢三国、法国和德国）。它们的特点是国家和个人之间对公民责任的平均分配。国家进行社会保障，但由公民通过各种保险机制（基金）自费进行；存在合理的利润再分配水平；国家制度具有以下特点：

－社会福利水平取决于个人对保险基金的贡献；

－不完全就业；

－税收和福利水平适中。

因为市场相对独立的承担了社会责任，所以国家不承担基本的社会责任。

3. 自由（有限）主义福利国家（爱尔兰、英国、美国）。它们的特点是最大程度上的将责任下放给公民，而国家只提供有限的支持。高水平的利润再分配和国家制度的特点是：

－确保相当一部分人口的最低社会保障水平；

－就业水平较高；

－高税率。

4. 南欧国家（天主教或拉丁语系国家——西班牙、意大利、葡萄牙、希腊、拉丁美洲国家）。这些国家对其人民的责任程度与自由主义福利国家一样低，对人民的必要帮助是建立在基督教道德原则之上的，并且是从亲密的环境中获得——家庭和亲属、社区、地方当局，最后才是国家。这种过渡模式与现代社会文化中的个人主义不太一致。一些国家的贫困率为 45% ~ 80% 。

为了接下来的进一步分析，这里有必要强调乌克兰作为一个正在转型的国家的现代社会政策的特点：

－拒绝家长式模式（因为国家财力有限）；

－缺乏一个成形的最优模型（基于社会项目基金的剩余原则）。

乌克兰面临的阻力：

1）还未选出一个适当的管理体系；

2）乌克兰权力合法化的具体细则；

3）日益深化的社会领域的财产分配的问题；

4）竞争模型的错误选择；

5）文化历史学科欠发达的状况；

6）越来越严重的失范现象；

7）需要改变或纠正国家在社会政策执行中的作用；

8）存在使社会保障适应社会经济环境发展的不透明体制；

9）社会凝聚力的选择和社会政策的实施问题。

鉴于缺乏关于选择最佳社会政策模式作为经济增长因素的明确指导方针，因此为了克服贫困，"中国发展模式"可能对发展中国家具有启发意义（Xu Lin，2014）。

因此，在苏联解体之后，在阻碍乌克兰过渡社会中产阶级形成的因素中，研究人员主要挑出了理论和方法上的原因：

－忽视马克思主义的方法论，特别是生产力与生产关系的统一，贬低了现代经济科学的科学基础。乌克兰改革的理论基础考虑到了乌克兰有限的资源但是没有考虑到过去发展的逻辑（生产方式的性质和水平）。这导致20世纪90年代初乌克兰改革出现混乱所造成的后果至今也没有被完全消除（Suimenko，2004）。

比如说，一些专家认为，在制定战略规划方面，中国的经验比其他国家更适合俄罗斯。与英国或德国相比，俄罗斯在人均国民生产总值方面太落后，这意味着盲目照搬它们的发展模式是没有意义的，但是我们也需要借鉴它们的模式（Tolstoukhova，2019）。

在中国经济改革模式的关键特征中，应强调引入新的经济机制的重要性，以确保经济改革过程中相关机制能发挥作用（Dingui Huang，2016）。专家强调了以下五项最重要的原则，这些原则是中国改革发展和实施的基础（Galagan，2016）。

1. 重视长期发展目标。这一原则的核心是在向市场经济原则过渡的过程中逐步实现国民经济现代化。此外，它主要是用于初级阶段中的转变，以便接下来向资源密集方向的改变。

2. 发展体制改革模式的灵活性。中国人密切关注外国和本国的历史经验，不是为了盲目照搬现有的例子，而是为了使它们适应本国的环境。采用"试错"的方法：先在全国某些地区测试解决方案，如果行之有效的话就推广到全国。

3. 利用国家的经济优势，注重现有的机会。在改革的第一阶段，人口因素得到了积极地利用。特别是廉价劳动力使得采用出口导向型的经济增长模式成为可能。吸引外国企业在中国开设现代化生产设施，引进技术，以确保就业和进步。

4. 国家资本主义（与社会主义计划经济和资本主义自由的市场经济不同）。国家的主导作用是决定宏观经济调控，允许某些经济部门在市场条件下发挥作用。此外，一党执政的政治领导，提供了一种既定的权力，以及数十年来发展的连续性和稳定性。

5. 从改革实施之初就依靠广大人民群众。改革的第一步就要关注普通民众的基本需求：解决食品和消费品问题，刺激包括贫困地区在内的私营企业，以确保收入增长（Yashen Huang，2012）。另外，重视社会计划的实施，重视"软实力"的运用，强调走自己的路，并在现代化的条件下使中国传统重新焕发生机。

为了更加深刻的理解这些原则，我们要回答这样的问题：在实现社会政策和实施经济增长战略方面，整个国际社会，特别是发展中国家可以向中国学习什么？

国际社会可以在文化层面学习中国发展的经验。这包括：唯物主义、保护主义和儒家思想。

1. 邓小平的唯物主义。邓小平所取得的成就的实质，简单来说就是回到了马克思主义的以实践为标准的真理上来。从这一点上来说，不是中国适应思想，而是思想适应中国（Salitsky，2014）。

2. 全球化背景下中国政府的保护主义。西方、晚期苏联、新乌克兰和俄罗斯都低估了相互关联事物的科学阐述，包括中国的战略、政策和实践，包括世界经济进程与经济战略和外交政策的协调问题。同时，它们也忽略了中国对国外社会学和政治经济学的研究成果。

乌克兰和俄罗斯的改革者接受了西方的全球化的论调，正如伊曼纽尔·沃勒斯坦（2001）所写，全球化是欧洲社会主义阵营瓦解和苏联解体的外部原因之一，20 世纪 70 年代末的改革之初，中国就需要发展适当的模式来抵抗来自外部的破坏性影响。因此，中国在 20 世纪 90 年代有了更充分的准备，并光荣地战胜了无数的挑战（*Chinese Civilization*，2014）。

中国全球化的过程一开始就充满了机遇与挑战。一方面，全球化被视为一种无法避免的全球经济竞争，另一方面，全球化又是一种双方都受益的经济互动。中国适应世界经济并逐步发展，与之相对比的是乌克兰、俄罗斯和后苏联时代的其他国家融入世界经济之后反而打击了这些国家的制造业。

3. 中国成功的思想根基是儒家思想。中国世界性成功的关键是在现代化进程中做到了传统与创新的巧妙结合。

中国人的全球化观念和社会经济发展战略的经验对发展中国家具有启发性。

中国的全球化概念是建立在将这一进程的政治和经济因素分开的需要上的。这一政治因素是中国目前无法接受的，因为其充满了西方主要国家对中国内政的干涉。经济全球化在中国被视为一个客观的、必然的过程，需要中国从国家发展的目标出发积极地影响经济全球化。这种影响是在旨在加强中国在全球经济中地位的积极外交经济政策框架内产生的。基于经济和政治利益，中国将主要在亚太地区加强对国际经济组织、多边协商机制、区域一体化进程的参与，从而对世界经济合作的发展产生越来越大的影响（Lyubomudrov，2011）。

中国的经济实力是建立在利用外部发展因素和内部发展因素的基础上的，在世界经济出现危机的情况下，这些因素的重要性越来越大。中国的例子说明了中国方法的优势。在改革政策的所有年份，包括全球经济危机期间，中国设法保持了经济发展的动力。在确保中国稳定增长的内部因素中，长期发展策略占据了首要的地位。这一策略涉及对发展目标的准确评估、资源评估、制定目标设定实施机制。与非生产成本相比，中国经济实力的其他重要内在因素包括高积累率和投资过程的快速发展。尽管中国是世界上最大的外国投资接受国之一，但绝大多数投资来自国内投资。中国经济增长也离不开大量的劳动力，然而，人口的逐渐老龄化导致年轻一代的负担增加，降低了这一因素的重要性。（Lyubomudrov，2011）

全球化和日益开放的国民经济带来的积极影响是新技术、新资本和先进管理做法可能加速进入中国。中国成功地将进口替代模式和出口导向模式结合起来，不仅在亚洲新兴工业化国家，而且在世界最发达国家，都成功地成为它们在世界市场中真正的竞争对手。

对中国来说，社会经济发展最重要的问题之一仍然是城市化和城乡人口的问题。在中国，城市化和经济增长是并行的。

据麦肯锡的专家称，现在中国的中产阶级家庭有 5500 万。到 2025 年，这一数字将增长 4 倍以上，达到 2.8 亿，占城镇家庭总数的 3/4。城市中产阶级的增加将为工业、农业、交通和通信以及整个服务部门创造重要的市场，城市将与经济发达国家目前普遍存在的类型相对应。国家政策对城市移民过程的调控具有重要意义，在中国国情下，国家政策能够确定移民的方向，以及城市化的首选形式——中小城市或大城市群。从城市发展技术的角度来看，中国拥有它所需要的一切，因为它发展了冶金并且成为水泥生产的领头羊，并且能够生产所有必要的建筑设备。上海的摩天大楼数量已经是纽约的两倍，这就足以证明中国建筑业的成功。

城市人口的老龄化成为中国潜在的危机。近年来在经济增长时期进城的年轻人和以前就在城市生活过的年轻人在有比之前更好的经济实力后开始购房。自 1998 年 7 月起，中国开始实施住房改革，旨在停止国家分配住房的政策。这一商业化改革导致了经济适用房的比例（而不是计划中的 60%～70%）已经下降到全国平均的 20%（Berger，2009）。东部地区房价最高，特别是北京、上海和沿海地区，也就是经济最发达、对外来务工人员最具吸引力的地区。未来，相当一部分城市住房将由退休养老金领取者居住。新一轮农村移民潮将去向何处会成为一个新的问题。向城市的流动使农村劳动力的结构恶化，因为年轻人最先离开村庄。在农村和从事农业生产的人口中，老人和女性的比例在增加，这样的变化不利于生产力的发展。与此同时，城市劳动力比农村劳动力更具竞争力，来自农村的劳动力得到的工作更差。同时在社会保障方面，受到保障的农村劳动力在数量上要少于城市劳动力，因此从农村到城市的流动造成了一系列复杂的社会问题，这也是中国政府需要解决的问题（Akimov，2017）。

整体经济潜力显著增强，人口福利的增长对民众的政治活动和公众意识产生积极影响。但随着社会的普遍繁荣和视野变得广阔，人们出现了新的需求，所以对生活的主观满意度下降。中国已陷入"现代化陷阱"：不断照搬西方的消费标准，所以背离了现代化最重要的理想之一——使各种人口群体拥有平等的社会和经济条件。扩大市场关系领域的经济改革必然伴随着相关价值观念的传播。公众心态正在发生剧烈变化，新的生活方式与以前盛行的文化之间产生了矛盾（Perelomov，2007）。

市场经济主张形式上的机会均等，但是不能容忍结果的平等；对利益的追求促进了生产的增长，但同时也产生贪婪、自私、敛财和冷漠的问题。市场竞争的重点是"强者"、"经济人"的利益，其主要动机是追求个人利益最大化。个人价值观的优先地位正在形成，企业家与生产者、富人与穷人之间的矛盾正在加剧。市场和准市场在中国社会的生活中引入了对金钱和物质成功的崇拜，这与传统的道德原则背道而驰（Kondrashova，2014）。

关于上述问题，发展和执行帮助发展中国家经济增长的社会政策和中国消除潜在的"现代化陷阱"的过程中都离不开人类命运共同体的想法。下面介绍了一种促进人类命运共同体建设的方法。

1. 必须将"人类命运共同体"的愿景与西方社会普遍存在的可持续发展理念联系起来。重要的是找到他们的共同点，展示习近平的这个想法有着不可否认的优势。

目前，可持续发展的概念与西方科学界息息相关。可持续发展的概念是应对现代文明危机的普遍战略，文明危机的症状在 20 世纪中叶就已显现。

2. 什么会成为实施新思想的障碍？对这两个概念的理想进行比较，我们可以发现在社会组织的任何层面都存在着矛盾，所以我们需要注意以下几点：

－首先，这种矛盾具有广泛性与普遍性；

－其次，要突出社会主导关系（主要是生产关系）的特殊性所引发的矛盾；

－第三，个人层面存在由现代文化特征所决定的矛盾（例如，消费文化的大规模传播）（Shiryaev，2007）。

3. 现在已经出现进一步全球化的趋势，解决其中出现的矛盾的过程包括：

－如果可能的话，建立一个促进行动自由的免签证空间（或简化获得签证的程序）；

－文化标准化；

－增加所有发展的媒介，并相应地促进所有人共同的"历史命运"。如果不能综合所有政治权力主体的努力，就不可能解决全球问题和安全问题。在未来的发展中，如果不考虑对其他国家的后果，也就无法追求个人的利益。

习近平在 2001 年博鳌亚洲论坛上表示，建设"人类命运共同体"需要：

－确保各国相互尊重、平等相待；

－创造合作共赢的发展途径；

－努力营造共同、综合、合作、可持续的安全理念；

－确保兼容并蓄与和文明互鉴（Brant Philippa）。

考虑到"人类命运共同体"的必要性，各国是可能在宽容、对话、妥协和共识的基础上就这一问题达成相互理解，并且确定建立"人类命运共同体"的方式方法的。

附录

表 1　对东亚人口的预测（截止到 2050 年）

	2015	2020	2025	2030	2035	2040	2045	2050
中国	1354506	1371522	1388753	1406200	1423866	1423866	1423866	1423866
日本	128070	128070	128070	128070	128070	124900	121809	118794
朝鲜	24652	24962	25275	25593	25593	25593	25593	25593
韩国	51291	51935	52588	53248	53917	54595	55281	55281
蒙古国	2899	3047	3163	3283	3408	3538	3672	3812

数据来源：Акимов А. В.《Долгосрочный глобальный демографический прогноз с использованием операционального описания демографического перехода. Обновленный вариант》. М. , 2014。

表 2　2015 年和 2050 年按主要年龄分布的东亚国家人口百分比

单位：%

国家或地区	2015			2050		
	0 – 14 岁	15 – 59 岁	60 + 岁	0 – 14 岁	15 – 59 岁	60 + 岁
世界	26.1	61.7	12.2	21.3	57.2	21.5
中国	17.2	67.6	15.2	13.5	50.0	36.5
朝鲜	…	…	…	…	…	…
日本	12.8	54.1	33.1	12.4	45.1	42.5
韩国	14.0	67.5	18.5	11.4	47.1	41.5

… 表示暂无数据

数据来源：World Population Prospects The 2015 Revision Key Findings and Advance Tables United Nations New York, 2015. TABLE S. 6. PERCENTAGE DISTRIBUTION OF THE POPULATION IN SELECTED AGE GROUPS BY COUNTRY, 2015, 2050 AND 2100（MEDIUM VARIANT）（Акимов А. В., Борисов М. Г., Дерюгина И. В., Кандалинцев В. Г. Страны Востока к 2050 г.：население, энергетика, продовольствие, инвестиционный климат. С. 127 – 128. Институт востоковедения РАН. – М.：ИВ РАН, 2017. – 288 с.）。

表 3　2014 年和 2050 年东亚主要国家城乡人口占总人口的数量和比例

国家或地区	每 1000 人中城市人口数量	每 1000 人中城市人口数量	每 1000 人中农村人口数量	每 1000 人中农村人口数量	城市人口数量占总人口数的百分比	城市人口数量占总人口数的百分比
	2014	2050	2014	2050	2014	2050
世界	3880128	6338611	3363656	3212333	54	66
亚洲	2064211	3313424	2278044	1850638	48	64
东亚	960 235	1250224	669186	355117	59	78
中国	758360	1049948	635424	335029	54	76
朝鲜	15195	19507	9832	7569	61	72
日本	118136	105784	8864	2546	93	98
韩国	40778	44709	8734	6325	82	88
蒙古国	2052	3181	829	572	71	85

数据来源：Source：compiled by World Urbanization Prospects. The 2014 Revision. Highlights. United Nations, New York, 2014, table 1.（Акимов А. В., Борисов М. Г., Дерюгина И. В., Кандалинцев В. Г. Страны Востока к 2050 г.：население, энергетика, продовольствие, инвестиционный климат. С. 127 – 128. Институт востоковедения РАН. – М.：ИВ РАН, 2017. – 288 с.）。

表 4　农业经济活动中人口的比例

单位：%

地区	1980	1990	1992	2000	2010	2012	2020	2030	2040	2050
世界	50.5	48.2	47.5	44.1	39.9	39.1	36.0	33.0	31.0	28.0
非洲	68.3	63.0	61.9	57.9	53.3	52.4	48.8	45.0	39.0	35.0
北非	52.7	41.2	39.6	34.4	28.6	26.5	22.3	18.5	12.5	8.0
美国	18.7	14.9	14.4	12.0	9.6	9.2	7.8	6.5	5.0	4.0
北美	3.8	2.9	2.7	2.1	1.6	1.5	1.2	1.0	0.8	0.6
南美	32.3	23.4	21.8	17.3	13.1	12.4	10.2	8.5	6.5	4.5
亚洲	65.8	62.3	60.6	56.2	50.4	49.3	44.7	42.5	40.4	37.5
中亚			29.3	25.1	20.5	19.6	16.5	16.0	15.0	14.0
东亚	66.6	64.9	63.8	59.8	54.8	53.8	49.3	48.0	46.0	44.0
南亚	67.2	61.7	60.8	56.5	51.2	50.1	46.0	44.0	42.0	40.0
东南亚	63.4	59.3	58.0	52.9	46.7	45.5	40.7	38.5	36.5	34.5
西亚	43.7	35.8	32.7	25.8	18.3	17.2	13.4	13.0	12.0	11.0
欧洲	17.3	13.7	11.3	8,5	5.9	5.5	4.2	4.0	3.5	3.0
西欧	7.1	4.6	4.3	3.0	1.9	1.8	1.3	1.0	0.8	0.6
澳大利亚	6.5	5.5	5.3	4.6	3.9	3.8	3.4	3.0	2.0	1.2
国家										
中国	73.9	71.9	70.9	66.6	60.9	59.7	54.7	50	40	30
印度	68.2	63.5	62.7	59.1	54.4	53.5	49.7	45	40	35
俄罗斯			13.0	10.5	8.0	7.6	6.3	5.5	5.0	4.0

　　1980 ~ 2012 年的数据来源：FAOSTAT//FAO Statistics division 16.05.2014，http://faostat.fao.org（Акимов А. В.，Борисов М. Г.，Дерюгина И. В.，Кандалинцев В. Г. Страны Востока к 2050 г.：население，энергетика，продовольствие，инвестиционный климат. С. 127 - 128. Институт востоковедения РАН. - М.：ИВ РАН，2017. - 288 с.）。

参考文献

　　Александрова О. С. Вза є модія конкуренції та партнерства як фактор розвитку середнього класу в Україні：філософський аналіз：монографія. — К.：Вид. ПАРАПАН，2009. — 252 с./Aleksandrova O. S.（2009）Interaction of competition and partnership as a factor of development of middle class in Ukraine：philosophical analysis：monograph. Kyiv. Edition PARAPAN. 252 p.（in Ukrainian）.

Xu Lin. （2014） Top 10 Most Influential Think Tanks in China, China Internet Information Center, 2014, February 3. URL: http://www. china. org. cn/top10/2014 – 02/ 03/content_ 31341799_ 3. htm （date of circulation: 03. 02. 2017）.

Суименко Е. И. Homo economicus современной Украины. Поведенческий аспект/ Е. И. Суименко, Т. О. Ефременко. – К.: Институт социологии НАН Украины, 2004. – 244 с. /Suimenko, E. I and Efremenko T. O. （2004） Homo economicus of modern Ukraine. The behavioral aspect. K.: Institute of Sociology of NAS of Ukraine, 244 p. （in Russian）.

Толстоухова Надежда. Стратегия развития Китая может лечь в основу российской экономики. Российская газета. Федеральный выпуск. 06. 02. 2019. /Tolstoukhova Nadezhda （2019）. "China's Development Strategy Can form the Basis of the Russian Economy", Rossiyskaya Gazeta, Federal issue, 02/06/2019. https://rg. ru/2019/02/06/strategiia – razvitiia – kitaia – mozhet – lech – v – osnovu – rossijskoj – ekonomiki. html （in Russian）.

Дингуй Хуан. Китай: подходы и особенности экономических преобразований. Проблемы теории и практики управления. №6/Dingui Huang. China: Approaches and Features of Economic Transformation. Problemy teorii i praktiki upravleniya. Number 6 http:// vasilievaa. narod. ru/2_ 6_ 00. htm （date of circulation: 12. 03. 2016） （in Russsian）.

Galagan A. B., Savinov Y. A. （2016）. Evolution of China's Model of Economic Growth. Rossiyskiy vneshneekonomicheskiy vestnik （Russian Foreign Economic Bulletin）. № 6. pp. 40 – 51. file:///C:/Users/Asus/Downloads/evolyutsiya – modeli – ekonomicheskogo – razvitiya – kitaya. pdf （in Russian）.

Яшен Хуан. Капитализм по-китайски: Государство и бизнес. – 2 – е изд. – М.: Альпина Паблишер, 2012. – С. 73 – 134. /Yashen Huang （2012）. Chinese Capitalism: State and Business. – 2nd ed. – M.: Alpina Publisher. pp. 73 – 134. （in Russian）.

Салицкий Александр, Таций Владимир. Анатомия китайского подъема и его мировое значение （критика цивилизационного дискурса）/Salitsky Alexander, Tatsy Vladimir. Anatomy of the Chinese Rise and its Global Significance （criticism of civilizational discourse）. http://www. perspektivy. info/oykumena/azia/anatomija_ kitajskogo_ podjema_ i_ jego_ mirovoje_ znachenije_ kritika_ civilizacionnogo_ diskursa_ 2014 – 05 – 21. htm （in Russian）.

Китайская цивилизация в глобализирующемся мире. По материалам конференции. В 2 – х тт. /Отв. ред. – В. Г. Хорос. – М.: ИМЭМО РАН, 2014. – 393 с. ISBN 978 – 5 – 9535 – 0408 – 9 Том I. – М.: ИМЭМО РАН, 2014. – 203 с./ Chinese Civilization in the Globalizing World. On the Base of the Conference Materials （2014）. In 2 vol. /V. G. Khoros, ed. M.: IMEMO RAS, 393 p., ISBN 978 – 5 – 9535 – 0408 – 9; vol. I. M.: IMEMO RAS, 2014. 203 p., ISBN 978 – 5 – 9535 – 0409 – 6 （in Russian）.

Любомудров А. В. Роль Китая в процессах глобализации мировой экономики. Дисс ертация на соискание ученой степени кандидата экономических наук.（Специальность 08.00.14. Высшая аттестационная комиссия Российской Федерации）. Москва, 2011. С. 147/Lyubomudrov A. V.（2011）. The role of China in the processes of globalization of the global economy. The dissertation for the degree of candidate of economic sciences.（Specialty 08.00.14. Higher Attestation Commission of the Russian Federation）. Moscow. p. 147（in Russian）.

https：//www. mckinsey. com/featured – insights/urbanization/comparing – urbanization – in – china – and – india.

Бергер Я. М. Экономическая стратегия Китая. М. ，ИД《Форум》. 2009. С. 425. / Berger Y. M.（2009）. The Economic Strategy of China. M.，Publishing House "Forum". p. 425.（in Russian）.

Акимов А. В.，Борисов М. Г.，Дерюгина И. В.，Кандалинцев В. Г. Страны Востока к 2050 г.：население，энергетика，продовольствие，инвестиционный климат. С. 127 – 128. Институт востоковедения РАН. – М.：ИВ РАН，2017. – 288 с. / Akimov A. V.，Borisov M. G.，Deryugina I. V.，Kandalintsev V. G.（2017）. Countries of the East by 2050：Population，Energy，Food，Investment Climate. S. 127 – 128. Institute of Oriental Studies RAS. M. 288 p.（in Russian）.

Переломов Л. С. Конфуцианство и современный стратегический курс КНР. Москва. 2007. с. 219./Perelomov L. S.（2007）. Confucianism and the Modern Strategic Course of the PRC. Moscow. p. 219.（in Russian）.

Кондрашова Л. И. Цивилизационные факторы реформ в современном Китае С. 164//Китайская цивилизация в глобализирующемся мире. По материалам конференции. В 2 – х тт./Отв. ред. – В. Г. Хорос. – М.：ИМЭМО РАН，2014. – 393 с. ISBN 978 – 5 – 9535 – 0408 – 9 Том I. – М.：ИМЭМО РАН，2014. – 203 с. ISBN 978 – 5 – 9535 – 0409 – 6/Kondrashova L. I.（2014）. Civilization Reform Factors in Modern China P. 164. Chinese Civilization in the Globalizing World. On the Base of the Conference Materials. In 2 vol. /V. G. Khoros, ed. – M.：IMEMO RAS, 2014. – 393 p.，ISBN 978 – 5 – 9535 – 0408 – 9；vol. I. – M.：IMEMO RAS, 2014. – 203 p.，ISBN 978 – 5 – 9535 – 0409 – 6，https：//www. imemo. ru/files/File/ru/publ/2014/2014_ 019. pdf（in Russian）.

Ширяев А. Е. Утопизм концепции устойчивого развития. Омский научный вестник. Серия《Философские науки》. 2007. – № 5（сентябрь – октябрь）. С. 85 – 88. /Shiryaev A. E.（2007）. Utopianism of the Concept of Sustainable Development. Omsk Scientific Herald（Omskiy nauchnyy vestnik）. Series "Philosophical Sciences". No. 5（September-October）. pp. 85 – 88.

Brant Philippa. One belt，One Road？China's Community of Common Destiny. https：// www. lowyinstitute. org/the – interpreter/one – belt – one – road – chinas – community – common – destiny.

Акимов А. В. 《Долгосрочный глобальный демографический прогноз с использованием операционального описания демографического перехода. Обновленный вариант》. М., 2014. / Akimov A. V. "Long-term Global Demographic Forecast Using An Operational Description of the Demographic Transition. Updated Version." M., 2014. (in Russian).

World Population Prospects The 2015 Revision Key Findings and Advance Tables United Nations New York, 2015. TABLE S. 6. PERCENTAGE DISTRIBUTION OF THE POPULATION IN SELECTED AGE GROUPS BY COUNTRY, 2015, 2050 AND 2100 (MEDIUM VARIANT).

World Urbanization Prospects. The 2014 Revision. Highlights. United Nations, New York, 2014, table 1.

FAOSTAT//FAO Statistics division 16. 05. 2014, http://faostat. fao. org.

（汪安楠 译）

中国与全球货币格局变化

盖尔·拉夫特（Gal Luft）

美国全球安全分析研究所联合主任

在过去 70 年的大部分时间里，中国在全球货币格局中起着相对较小的作用。中国着眼于国内经济发展，着眼于使数亿人民摆脱贫困的艰巨任务。中国的货币（人民币）几乎不在境外使用，中国的银行体系与世界隔绝，并且严重依赖于世界第三大金融中心香港，来筹集资金和促进金融互动。此外，通过与美国和其他主要经济体的大批贸易，中国已经积累了超过 3 万亿美元的外汇储备。中国对美国的贸易顺差使它能够购买大约五分之一的美国外债，成为美国第一债权国。只要两国友好相处，经济紧密相连，中国就没有理由对现状产生怀疑。但是现在情况已不同。由于巨大的市场规模加上中国在全球经济中的作用，中国与世界其他国家的贸易额不断增长的同时，技术也在不断进步。中国的迅速崛起让美国为之侧目，导致其对北京方面的态度发生了翻天覆地的变化。美国不再将中国视为经济伙伴，而是视为必须遏制其崛起的战略竞争对手。共和党和民主党同样致力于否认中国的关键技术，改变美中贸易关系，并向北京方面施压，要求其进行结构性改革。这意味着，新的对华方针不是一个过眼云烟的瞬间，而是未来多年的"新常态"。中美贸易战、中国科技企业被列入黑名单以及任意指定中国为汇率操纵国的行为，都使北京方面重新评估了与美国的关系，并重新思考了增加对美元敞口的明智之举。中国减少对美元依赖的原因是当今世界对人民币的接受度越来越高。自 2016 年国际货币基金组织（IMF）正式将人民币纳入特别提款权（SDR）货币篮子以来，已有 60 多个国家将其纳入储备货币组合，而这一数字还在不断增长。今天，人民币国际化是中国"走出去"战略的一个关键因素。人民币在各国央行外汇储备中所占的比重已经达到 2%，而且还在稳步增长，而美元所占的比重已经从 2000 年的72% 下降到现在的 62%。但人民币成为与美元或欧元等额的一级货币的道路依然漫长，人民币的升值不仅取决于中国的政策，甚至在更大程度上取决于未来几年美国和比利时做出的决定。

从单极货币制度到多极货币制度

二战后的货币体系于 1944 年在新罕布什尔州举行的布雷顿森林会议上正式建立。在那次会议上，获胜的盟国创建了国际货币基金组织（IMF）和世界银行（World Bank）等金融机构，作为战后金融世界秩序的支柱。更为重要的是，官方用美元取代英镑成为世界储备货币。储备货币是一种被广泛接受的货币，由中央银行持有，当其货币需要支持时，允许其干预外汇市场。它也是全球贸易中使用最为广泛的货币。贸易伙伴往往不愿意持有对方过多的货币。他们更喜欢使用一种既流动又稳定的普遍接受的货币。作为全球储备货币，美元今天占全球贸易的80%。这给了美国一定的优势：在某些方面，美元的特殊地位是美国实力的最重要体现，甚至超过其军事实力。一个货币被认为是储备货币的国家可以以相对较低的成本借到尽可能多的钱。这使得美国出现巨额财政赤字，并以低利率积累了非常高的债务水平。由于拥有美元储备货币，美国在与其他国家进行贸易时也免去了高昂的汇率费用。储备货币持有者还对全球金融体系的系统享有很大的控制权，允许其利用强制性经济措施将其法律和外交政策强加于其他国家。

但没有一种储备货币永远享有特殊地位。自 1450 年以来，有六种货币拥有全球储备地位：葡萄牙埃斯库多、西班牙比索、荷兰盾、法国法郎、英镑以及最近的美元。每一个国家都有大约 80 ~ 100 年的领导地位，这与该国在国际上的卓越地位相对应。自 20 世纪 20 年代以来，美元事实上一直是主导货币，但是现在已接近其预期寿命。它的命运是否会不同于以往的储备货币？

目前可以预见的是，以另一种单一主权货币取代美元的可能性不大，但可以预测的是，美元在全球货币篮子和国际贸易中所占的份额下降，而且会在国际贸易中出现由贵金属和替代性交易平台支持的其他货币组合。在未来几年里美元可能会出现加剧下跌的情况，原因如下。

第一，由于国际体系正从美国主导的单极体系向几个大国争夺影响力的多极体系转变，这些变化自然也会反映在货币格局中。换言之，美元的中心地位将被削弱，而其他货币，包括中国和印度等发展中经济体的货币，将承担与其经济和地缘政治态势相当的更大的作用。2018 年，国际货币基金组织预测，全球货币体系将从以美元和欧元为主导的两极体系，过渡到包括人民币在内的三极体系。

第二，美国为了将其法律和外交政策强加于他国而积极使用二级制裁等强制性经济措施，以及其执法机构的域外影响力，使世界日益感到不安。与美元体系脱节的威胁已经导致许多政府和企业勉强接受美国的命令。伊朗就是最近的例子。特朗普政府决定单方面退出与伊朗的核协议，并对伊朗石油出口实施禁令，迫使伊朗所有贸易伙伴都遵守协议，以免成为美国制裁的目标。今天，总共有十分之一的国家受到美国的制裁，而作为美国金融战争目标的政府、企业和个人俱乐部也在日益壮大。但正是这种过度使用权力的行为，加深了其他国家拒绝美国霸权、寻求加强其金融主权的想法。这是通过一种被称为"去美元化"的策略实现的，这种策略包括将双边贸易转移到非美元货币，多样化外汇储备：从储备美元到黄金和其他货币，以其他货币重新计价债务，创建新的跨境支付机制，采用金融科技和数字货币，而这些都是美国政府无法控制的。俄罗斯、中国、印度、巴基斯坦、土耳其、伊朗、委内瑞拉甚至欧洲都采用了其中的一些策略。除了国内的去美元化努力之外，这些国家还将去美元化议程注入与它们密切相关的国际组织，如东盟10＋3、欧亚经济联盟、上海合作组织，还有金砖国家。巴西前总统卢拉·达席尔瓦（Lula da Silva）最近透露，金砖国家是为发展中国家创造自己的货币而出现的，并帮助这些国家在贸易关系中独立于美元。"一带一路"倡议还为中国和数十个欧亚、东南亚和非洲国家提供了一个新框架，以加强双边贸易和以非美元货币发行债务。

第三，许多国家希望其经济实现去美元化，这是与美国不断增长的且不可持续的债务紧密相关。最近，美国每年的赤字支出已达到约1万亿美元。这迫使美国政府大幅增加向世界其他国家和本国公民的借款。这也为美国滋生了使其货币贬值的土壤，以便更容易地管理其债务。但是，国际社会对美国的信任正在削弱，特别是考虑到特朗普试图将美联储政治化并加以胁迫，加上美国长期债券收益率低，而且没有任何迹象表明未来政府打算在美国财政赤字中占主导地位（恰恰相反，所有2020年民主党总统候选人都承诺增加支出，一些人认为"赤字无关紧要"）正促使世界各国央行重新有智慧地思考增加外汇储备投资组合中美元持有量。

第四，每年交易总额约为5万亿美元的大宗商品市场正逐渐远离美元。自20世纪70年代以来，世界上大多数石油和其他商品都是以美元计价和交换的。欧洲能源与俄罗斯进行的大部分贸易，主要是使用美元，而不是欧元。全球增长最快的能源市场——亚洲也是如此。这对美国来说是十分方便的。随着对食品、能源和金属的需求增加，对美元的需求也随之增加，这使得美国可以通过印刷越来越多的美元来为其赤字支出提供资金。但现在情况也在改变。部分是由于上述原因，部分是由于页岩气革命使美国对进口能源的依赖性大大降低，因此在全球能源贸易中起的作用也在变小，越来越多的石油合同正在用美元的替代货币定价和执行。2018年12月，欧盟委员会（European Commission）发布了一份蓝图，旨在推动欧元发挥更强大的国际作用。该蓝图提出了众多提议要求政府间能源协议用欧元而不是美元计价。2019年，全球最大的石油生产国和出口国之一俄罗斯石油公司Rosneft在未来的所有交易中都用欧元替代美元。亚洲也在朝着去美元化的方向发展。2018年，中国推出了以人民币计价的石油期货合约Petroyaun（石油人民币），并在上海国际能源交易所（Shanghai International Energy Exchange）进行交易。这使得全球第一大石油进口国中国可以用人民币进行更多的石油贸易。此外，2019年7月，中俄同意主要在石油和天然气贸易方面以非美元货币开展越来越多的双边贸易并发展替代的支付体系。随着越来越多的国家试图使其石油交易去美元化，其他大宗商品可能也会效仿，从而降低对美元的总体需求。

最后，科学技术也在影响对美元的需求。信息经济的发展催生了基于分布式账本技术（区块链）和大数据分析等新技术的数字货币。这些技术使国家和非国家行为者都能操作新的金融工具，如果与 5G 互联网和量子计算相结合，未来的金融平台将能够每秒处理超过 100 万笔金融交易。在过去的十年里，已经有超过两千种加密货币被引进和测试，但是其中大部分都没有成功。尽管大多数密码货币未能赢得广泛的市场认可，但它是虚拟货币理念背后的原则，它将为未来货币体系奠定基础。像脸书、沃尔玛和摩根大通集团这样的跨国公司已经明白了这一点，它们正准备推出自己的数字货币，而一些央行也在认真考虑推出数字货币。中央银行数字货币（CBDC）的出现可能会产生一整套债务工具，这可能会降低国际商业和债务融资对美元的需求。

所有这些大趋势对美元作为储备货币的未来都不是好兆头，但它们并不一定意味着美元的下跌必然会导致人民币的升值。这将在很大程度上取决于欧元区的未来，更取决于中国能否在新形势下与美国及其美元体系保持尽可能强的联系，同时实现人民币国际化。

中国与新金融秩序

建国 70 年的中国不仅站在新的金融世界秩序的门口，而且是最有能力塑造这一秩序的国家。过去是欧洲和日本挑战美元霸权，但现在已经不是这样了。欧洲经济停滞不前，欧元区前途堪忧。日本经济 15 年来或多或少都处于冻结状态，其公共债务是世界上最高的。中国是唯一一个经济规模和活力都足以与其他类似国家一起对美元体系构成挑战的国家。但要实现这一点，中国必须建立一个替代性的支付体系，并召集尽可能多的贸易伙伴同意以非美元货币与中国进行贸易。作为其中的一部分，中国必须扩大人民币的使用范围，使其与作为世界第二大经济体的影响力和威望不相上下。但这将是一个漫长而富有挑战性的过程。目前，人民币是世界第五大支付货币、第三大贸易融资货币和第五大外汇交易货币。但这些排名不应掩盖上述事实，即中国货币仅占全球央行外汇储备的 2%，而美元占全球外汇储备的 62%。换言之，要赢得更大的国际认可和信誉，人民币仍有大量的工作要做。人民币国际化的关键在于市场接受度，但各国央行在慢慢失去对美元的额外敞口的同时，仍对采用人民币作为替代货币心存疑虑。为了使人民币成为一级储备货币，它必须可以完全兑换成其他货币，这样央行行长们可以随时放心地与其他资产进行兑换。现在的情况已经发生了变化。中国的资本管制仍然十分严格和烦琐，不清楚中国是否准备放弃对人民币的控制。即使中国准备这么做，同时它也面临着其他的挑战。近期中国国内经济放缓，部分原因是贸易战，这可能会削弱外国对人民币国际化的信心。由于人民币贬值，中国正经历资本外流，这可能会诱使中国政府收紧对人民币的控制，而不是放弃人民币。此外，国际形势正变得越来越不稳定，这使得接受新货币变得更加困难。

中国能否在开放和控制人民币升值之间取得正确的平衡，将取决于另外两个因素。首先是技术。下一次货币事务革命将是社会处理支付、信贷和银行业务方式的技术突破的结果。虽然现在确定加密货币和分布式账本技术领域的创新可能对全球金融体系产生何种影响还为时过早，但初步迹象表明，主要经济大国之间正在就新体系展开竞争。第一个成功部署中央银行数字货币并为新兴技术制定全球标准的国家，将在塑造世界货币结构方面具有巨大的战略优势。由于数字支付在中国的普及以及中国在金融技术研究和创新方面的投资，中国在这场竞争中处于强势地位。据报道，中国人民银行（PBOC）有望成为第一家发行央行数字货币的银行。脸书宣布有意推出一种名为 Libra 的数字货币，这在中国引起了人们的担忧，因为 Libra 最终会加强美元的主导地位，但是这只会增强中国击败美国的动机。

决定美元未来的第二个也是最重要的因素是美国自身的未来。美国正经历着自内战以来从未有过的内部社会和文化冲突。这导致它变得孤立，且政治"瘫痪"也时有发生。目前还不清楚现在的动荡和深重的党派之争是暂时的，还是预示着美国这个超级大国将长期、不可逆转地衰落。如果美国设法恢复其领导地位，恢复友谊，停止对全球机构和盟约的大规模破坏，平衡与中国的关系，并开始整顿其财政体系，美元将在未来许多年内保持其地位。如果不纠正目前的走势，美元将失去其战略地位。换言之，美元的未来将更多地取决于美国自身的行动，而不是其任何竞争对手的行动。

货币对地缘经济来说就像军事对地缘政治一样重要。在中国决定以何种程度塑造未来国际体系并发挥其主导的作用方面货币可以说是其不能忽视的治国手段。

参考文献

U. S. Treasury Department presentation，https：//www. treasury. gov/resource – center/data – chart – center/quarterly – refunding/Documents/q12019CombinedChargesforArchives. pdf.

Camilo E. Tovar and Tania Mohd Nor，*Reserve Currency Blocs：A Changing International Monetary System?*，IMF Working Paper，January 2018，https：//www. imf. org/ ~ /media/Files/Publications/WP/2018/wp1820. ashx.

Gal Luft and Anne Korin，*De-dollarization：The Revolt against the Dollar and the Rise of a New Financial World Order*，Amazon 2019.

"BRICS was created as a tool of attack，" *Asia Times*，August 29，2019，https：//www. asiatimes. com/2019/08/article/brics – was – created – as – a – tool – of – attack – lula/.

"Brussels sets out plan for euro to challenge dollar dominance，" *Financial Times*，December 3，2018，https：//www. ft. com/content/58927e22 – f729 – 11e8 – af46 – 2022a0b02a6c.

"China and Russia look to ditch the dollar with new payment system in move to avoid sanctions，" *South China Morning Press*，November 22，2018，https：//www. scmp. com/economy/china – economy/article/2174453/china – and – russia – look – ditch – dollar – new – payments – system – move.

"China's digital currency may be world first，" *The Telegraph*，September 9，2019，https：//www. telegraph. co. uk/china – watch/technology/china – digital – currency/.

（汪安楠 译）

中国如何应对全球化的"双刃剑"

加布里埃尔·艾科维诺（Gabriele Iacovino）

意大利国际研究中心主任

美国总统唐纳德·特朗普对全球化的民粹主义攻击引发了人们对经济力量的消亡或者说是"慢性死亡"的担忧，可以说，相对于其他力量而言，经济力量塑造了我们今天的生活方式。然而，这些想法忽略了全球化的真正含义和全球化演变的过程。全球化是一股比特朗普更强大、更久远的力量。我们常常认为，经济一体化和随之而来的思想、人员和商品的交流是一种最近才出现的现象。但其实它在历史早期就在我们身边了：想想人类历史上大众宗教的传播。全球化也不是一种静止的力量。今天，我们将全球化与航运集装箱联系起来，后者是一种 20 世纪 50 年代的发明，提高了全球货物贸易的效率，降低了成本。随着发达经济体的就业外包和中国这样的贸易大国的重生，我们正在进入一个新时代，在这个新时代，数据是新的航运集装箱，世界经济中有远比特朗普政府的关税更有破坏性的力量。3D 打印和工厂自动化等新的制造技术正在减少对海外生产的刺激。我们随身携带的智能手机不仅是全球化的产物，而且是全球化的助推器。不管好坏，我们比以往任何时候都更容易接触到一种全球化的思想文化。因此，我们只会变得更加全球化。

在美国奉行保护主义方针（"美国优先"政策）的同时，现在的中国似乎愿意向前迈进，在全球化的世界秩序中走在前列。习近平主席在 2017 年达沃斯世界经济论坛上发表讲话，表达了中国日益增长的建立开放型经济和倡导全球化的雄心，试图将中国摆在世界经济新秩序的中心。

中国和世贸组织之间关于西方贸易准则和价值观的争议仍然存在，主要的争议就是中国政府在企业中发挥作用，中国在国际经济秩序下蓬勃发展，现在，在美国部分地退出多边主义后，中国有足够的空间用具有"中国特色"的全球治理方式来挑战经济秩序。在这一点上，"一带一路"倡议可以被视为一项重大战略的起点，在这项倡议中，建立从亚洲到地中海地区的经济联系和新的贸易路线，试图通过双边和多边关系的结合，最终创造一种可推广的替代西方经济秩序的办法。

这种对全球化的态度是两个不同但相互联系的过程的结果：一方面，全球化是一种不可避免的现象，中国不能将全球化排除在外，所以中国参与了西方的国际经济制度，例如 20 世纪 80 年代加入世界银行和国际货币基金组织，2001 年加入 WTO。另一方面，中国人将全球化理解为一把"双刃剑"：既意味着长期利益（如获得竞争力、提高效率并吸引更多外国直接投资），也意味着短期劣势（如失业、国内和国际的收入差距和竞争压力），这样的理解让中国的政治精英在塑造国际经济秩序方面发挥更积极的作用，从而最大限度地发挥全球化带来的好处和最大限度地减少全球化带来的危害。

第一种趋势是邓小平在上世纪 70 年代末推行改革开放的结果，在他的领导下，中国在经济领域内奉行自由主义原则，并通过对外开放、出口导向型生产发展市场经济。通过这一政策，中国获得了可观的贸易顺差，这要归功于其低廉的劳动力成本和疲软的货币。由于中国已经崛起为一个大国，它的突出地位不仅让北京在世界经济秩序中占据一隅，而且让北京有机会在国际舞台上发挥有影响力的作用。因此，2001 年，经过艰难的谈判，中国加入了世贸组织，这标志着中国经济成了世界经济的一部分。

在借鉴国际货币基金组织和世界银行机构成员国的经验后，中国加入世界组织主要是出于提高参与世界经济的意愿，同时意在塑造国际经济体系方面发挥积极作用，这在某种程度上反映了发展中国家的利益和需求，充当了发达国家和发展中国家之间的桥梁。事实上，为了更好地融入世界经济，迎接全球化的挑战，中国做出了很大的努力使国家机构和社会结构能够承受由于中国展现出的新姿态而产生的可预见的变化，中国这样做的最主要的原因是出于对 1997 年发生的亚洲金融危机的恐惧。尽管中国没有受到这场危机的特别打击，但中国强调了全球经济力量对国家经济安全构成的威胁。因此，江泽民主席敦促中国进一步改革，进一步开放经济（当时中国严重依赖与美国的贸易），以创造一个能够在全球化世界中有效竞争的现代化经济。

因此，特别是在 WTO 成员国的压力下，中国通过不同方式积极调整内部结构，实施全球化政策。例如，通过将上千家大中型制造业企业改制为股份制企业，打破党和政府机构的行政干预。然后，中国政府进行了旨在优化国家机构的重要改革，以提高其效率，减少省级政府的管理。另一个改革领域是法律制度：为了查明那些不符合世贸组织规定的条例，25 个中央政府部门仍在审查自中华人民共和国成立以来政府制定的所有法律，并确定哪些法律必须被放弃或以新法规取代。在社会政策方面，中国政府实行了社会保障制度，这些制度在很大程度上依靠政府的资金和各种旨在发展人力资本和吸引高学历人才的计划。

然而，有着资本主义影子的政策是严格建立在中国政治精英们对全球化的现实看法之上的。与绝对乐观主义和盲目悲观主义相反，现实主义观点将全球化视为一把"双刃剑"（江泽民主席喜欢这样形容），但将中国融入当前的世界秩序是很实用的。根据这一观点，全球化带来的不利因素是短期的，有利因素则具有长期性。通过充分接受国际经济规则和开放经济，即使在短期内，农业、汽车和某些资本密集型生产商可能会受到外国竞争对手的竞争压力，但中国国内工业也有望变得更具竞争力和更有效率。尽管这可能导致失业率增加、收入差距加剧和不同社会阶层之间的差距不断扩大，但加快建立健全的市场经济将吸引越来越多的外国直接投资。

在许多学者看来，中国似乎正在接受西方制定的国际社会准则，以至于出现了许多关于中国"西化"的理论。但是中国融入国际体系并没有妨碍中国走现代化的道路，主要是因为中国对确保其独立发展和维护其经济安全方面的重视。

为了保持国民经济增长和社会发展，中国在构建经济秩序方面采取了更加积极的姿态，在中国政府看来，现有的经济秩序暴露出了国际经济体系中持续存在的不平衡和不平等现象。美国建立了一个失调的经济秩序的假设在这种情况下就应运而生了，因为这种经济秩序加大了发展中国家和发达国家之间的差距。因此，中国从建立以双边关系为主的关系网入手，通过走自己的现代化道路，提出了一种替代这种秩序的方法。为了在贸易和投资领域获得更成熟的经验，以期更积极地构建国际经济体系，中国加入世贸组织后的首要目标是在周边国家建立自由贸易区。

在这些早期阶段，中国采取了一种试验性和谨慎的做法：2010 年与东盟建立了第一个自由贸易区，并建立了中国 - 东盟自由贸易区。

这种循序渐进的战略甚至将用于与巴基斯坦和智利签订的下一个协定上，协定从减少货物贸易的关税壁垒开始，随后将扩大到服务业。然后，自 2008 年与新西兰达成协议以来，中国转向更全面的尝试，同时强调货物和服务。但尽管如此，中国还是倾向于实施一种试探性的战略，中国贸易协定涵盖的产品类别清单往往要比美国窄得多而且只有在必要时才增加清单上的类别。然而，在与要求较低的发展中国家合作取得经验后，中国将重点放在与发达国家签署协议上，如在 2015 年分别于澳大利亚和韩国签署协议。虽然谈判的第一阶段非常迅速（最多 3 年），但与澳大利亚和韩国达成协议却花了近 10 年的时间。

尽管困难重重，自由贸易区仍努力进一步转型以涵盖更多的领域。事实上，自由贸易区的建立被视为中国通过多边贸易协定和开放的世界经济参与更广泛的全球经济治理的起点。"十三五"规划（2016～2020年）提出了中国在国际范围上的目标：完成已经在进行的与日韩建立进一步自贸协定的谈判，与海湾合作委员会（Gulf Cooperation Council）成员国以及与以色列的双边谈判，以及更大的抱负，比如中国可能与俄罗斯领导的欧亚经济联盟和欧盟建立自由贸易区，或者最终建立亚太自由贸易区。

然而，中国在全球市场上的力量是无法用我们一开始总结的发展路线来进行衡量的。美国对来自中国的 2500 亿美元产品征收关税，并威胁再征收 3000 亿美元的关税的行为可能是特朗普实施的自 20 世纪 30 年代以来最大的贸易保护主义行动。美国对中国不满的焦点是知识产权问题，美国认为中国政府鼓励一种长期而系统的知识产权盗窃模式。但越来越多的专家表示，中国的激励机制正在发生变化。近年来，正如专利数据所示，中国已成为全球创新的真正贡献者。虽然仍有人质疑中国的创新能力，但数据也指出了目前的趋势。创新已经变得比以前更加全球化。这也是科技公司和各个大学担心中美贸易战将会演变成技术冷战的原因之一。这场战争的结果将使美国处于孤立状态，从而使美国无法利用跨国的创新。从这个角度来看，我们可以假设中国能够进入西方主导的世界经济并且接受一个中国没有参与制定的"游戏规则"，但现在随着中国的全球化足迹，全球化不仅仅应该在组织形式的决策上有所不同，至少因为北京将不再准备让西方独自决定国际事务的"游戏规则"，它还将试图以更加集中的方式影响全球化的方向。

（汪安楠 译）

中国和东亚地区的人口变化
如何促进了和平与繁荣

亨里克·乌德尔（Henrik Urdal）
挪威奥斯陆和平研究所主任

东亚地区经历了从动乱到和平的惊人变革，主要原因在于国内经济增长、政治稳定、经济一体化和相互依存，同时还有稳定的联盟以及中国在东亚地区拥有的领导权。本文提出了这样一个观点，精心制定的人口政策在一定程度上推动了中国和东亚地区的人口变化，从而支持了经济和政治发展，有助于进一步深化该地区和平的结构性决定因素。

早期关于人口变化导致的政治和经济后果的研究主要关注的是如人口总体增长等高度聚集的人口属性，并且往往得出人口因素影响不大的结论。但更细致的研究表明，特定的人口发展会影响经济增长（伯索尔和辛丁，2001）以及政治暴力（戈德斯通，2010），尽管根据其发生的不同背景，影响也有所不同。虽然这一点在讨论"亚洲四小龙"的经济崛起时常常被忽视，但该地区内的一些重要国家和地区（尤其是日本、韩国、中国台湾，以及后来的中国大陆和越南）有着年轻且相对受过良好教育的劳动力，儿童群体较少，公共投资得以转移方向，那么人口日益成熟则是强劲的经济发展以及出口导向型产业增长的一个重要驱动力（伯索尔和辛丁，2001）。因此，如果忽视该地区广泛的人口变化的重要性，人们就无法充分理解"贸易促进和平"和"发展促进和平"的观点。

本文提出的问题是，东亚地区近期的人口变化趋势是否推动和平？

可以说，该地区暴力水平的下降与许多东亚国家①目前面临的两个最紧迫的人口挑战有关：年轻化的年龄结构和城市人口的高度增长。特别是关于年龄结构转变重要性的讨论，它既涉及应对与"青年群体膨胀"相关的潜在安全问题，也涉及"人口红利"论，这一理论与劳动力增加带来的潜在经济增长有关。一个关键性干预因素——受分年龄段教育衡量的人力资本，也得到了讨论。

本文将进一步讨论一些更具体的争议性问题：比如在某些国家，性别选择性堕胎可能导致的安全问题，以及进而导致的"男性过剩"和人口结构日趋成熟的国家最终产生的人口老龄化问题。这些问题很可能会引发人们对不同地区的人口变化趋势、福利维持水平和军费开支能力的担忧。然而，尽管这些后期出现的人口发展可能对该区域各国构成政治和社会挑战，但它们是否会构成传统的安全问题还没有确切的答案。相反，随着东亚国家继续朝着低生育率和年轻人数量减少的方向发展，我们可能会在各国人口结构转型的过程中看到冲突风险下降。可以说，人口老龄化能够促进和平，这不仅是结构或物质发展的结果，而且是社会情绪变化的结果。本文将讨论有可能支持这种"老年和平"的机制（哈斯，2007）。

在本文中，和平主要被相对狭义地理解为没有武装冲突或其他形式的政治暴力。然而，目前的人口变化模式不仅仅让战争不再发生（比亚内格路和克罗伊策，2017），更可能影响到和平的深化。孩子数量的减少（中国独生子女家庭的增加）会让父母更加不愿意承担风险，甚至可能对军事化感到不满。随着越来越多的选民超过退休年龄，人口老龄化也可能产生类似的影响。城市化和教育扩大使人们接触到新思想，有可能提高他们的容忍度。

目前的研究在一些重要方面受到限制。首先，人口因素极少是政治暴力的唯一决定因素。一般来说，人口统计学的重要程度主要取决于社

① 这里的东亚指的是文莱达鲁萨兰国、柬埔寨、中国、朝鲜民主主义共和国、印度尼西亚、日本、老挝人民民主共和国、马来西亚、蒙古国、缅甸、菲律宾、大韩民国、新加坡、泰国、东帝汶和越南。

会、经济、政治和生态因素。虽然一些关键的背景因素得到了讨论，但更广泛的讨论超出了当前项目的范围。第二，虽然我们已经讨论过人口因素在暴力革命中的重要性，但近期关于人口变化和政治暴力的研究（乌德尔，2006）表明，人口因素似乎比大规模内战和州际战争更适合用来理解低强度的武装冲突。主要可以参考此类冲突的开端。第三，目前的数据结构只允许在一段时间内对各国进行系统的比较。然而，国家级的平均数可能掩盖非常显著的内部人口变化，无论是在地理上还是在亚洲人口内部。种族群体之间的人口动态差异本身就可能被视为一个潜在的安全问题。第四，目前的关注重点是政治暴力，而某些形式的人口变化，尤其是快速的城市化和男性过剩，也可能与社会暴力和动乱的增加有关。米兰德（Melander）表明，大多数东亚国家在实现性别平等方面做得不甚理想，具体表现为中国、越南和韩国等国偏爱男孩以及因而导致的大量性别选择性堕胎和男性过剩问题。正如比亚内格路（Bjarnegård）(2017) 指出，人类安全问题超出了武装冲突的范畴，其中一些涉及性别关系。赫德森（Hudson）和登布尔（den Boer）(2004) 认为，性别比例失调可能会导致人际暴力和卖淫增加。最后，对于其他有助于实现东亚地区和平的各方面发展来说，人口因素并不是外源性因素。

人口变化、发展与政治暴力

20 世纪 90 年代初期，关于人口变化的影响的讨论出现了强烈的两极分化。人口乐观主义者常建立观点于埃斯特·博塞拉普（Ester Boserup）（如博塞拉普，1981）的研究基础上，坚持认为人口增长是社会变革和经济发展的推动力。人口悲观主义者主要支持马尔萨斯的论点，认为人口增长是对经济发展和环境的威胁。不过，占主导地位的是人口中立者持有的观点，他们认为，社会变化很大程度上是由人口变化以外的因素决定的。人口中立主义是新自由主义经济学家、改革派经济学家和激进马克思主义者所信奉的一种观点，他们一致同意社会制度在决定社会发展方式方面发挥的作用大于人口。研究表明，人口增长对人均收入增长既无益处也无坏处，这就为中立主义提供了经验支持（概述见布鲁姆等，2003）。

然而，在过去 15 年中，这些观点已变得越来越过时。这是因为研究人员发现，年龄结构比人口规模更重要，以便了解人口对社会和经济发展的影响。最重要的是，人口增长集中在具有依赖性的年轻人（15 岁以下）年龄组，这就导致了人均收入持平或下降，而劳动年龄人口的增长对经济增长有积极影响（凯莉和施密特，2001）。因此，人口悲观主义者和乐观主义者的观点都可以得到数据的支持，主要取决于各年龄组人口增长的分布。另一方面，新的研究表明，人口变化对越来越多的宏观经济和政治变量产生了强烈的影响，因而中立主义越来越缺乏说服力了（见伯索尔、凯莉和辛丁，2001）。

认识到东亚地区的经济快速增长以及非洲撒哈拉以南大部分地区的人均收入停滞不增与不同的人口趋势密切相关，人们对将人口过渡视为总体社会变革的潜在推动力这一观点产生了新的兴趣。当一个拥有高死亡率和高出生率的社会经历了死亡率和出生率的长期下降时，就会发生人口变革。最早经历现代人口变革的国家出现在欧洲、北美以及大洋洲的英语国家。后来世界各地都发生了人口变化，现在大多数人都生活在死亡率和出生率都处于历史新低的国家。人口变革可能是一个普遍的过程，这一观点由普林斯顿大学（戴维斯，1945）的人口学家于 20 世纪 40 年代中期提出。这是一个备受批评和争议的观点，但事实证明，人口变革确实是一个持久的现象。

人口结构的变化导致了年龄结构的特征性转变（切斯奈，1992），这个观点直到近些年来才得到普遍理解。死亡率的下降首先导致儿童人口的增加，而后造成年轻人口的增加。只要生育率仍居高不下，年轻人口的增加就会导致儿童人口的进一步增加。因此，人口变革第一阶段的特点就是人口年轻化，即儿童和年轻人年龄组的大量增长。当生育率下降时，这种模式就会发生逆转。儿童人口增长速度放缓，甚至可能变为负增长。相反，人口增长则集中于劳动年龄人口。少儿抚养率（0 ~ 14 岁人口对 15 ~ 64 岁人口的比率）急剧下降，经济增长趋于加速。随后，当早期转型出生的大量人口变老时，老年抚养率（65 岁以上人口对 15 ~ 64 岁人口的比率）开始增加。

自 20 世纪 90 年代中期以来，越来越多的学者分析了人口转型期间年龄结构的变化是如何影响社会的不同方面的（概述见伯索尔、凯莉和辛丁，2001；马尔伯格，2008）。他们提出，早期转型阶段的特点是儿童抚养率增加，往往表现为高贫困率、账户赤字大、童工发生率高和资本积累水平低。年轻人口迅速扩大的社会的特点往往是高移民率、城市化速度快，以及如下文所述，国内武装冲突的风险更高。随着老年抚养率的提高，人均收入增长率趋于相对下降，储蓄率也会下降，而公共部门往往会扩大。

- 年龄结构转变与政治暴力

武装冲突的参与者几乎都是青年男子[①]，内战文献反复探讨人口转变是否会增加暴力叛乱的风险，因为人口转变通常会导致大量青年人口出现，俗称"青年膨胀"。年龄结构对冲突的产生有着重要影响，这个说法植根于冲突研究的两个传统中。第一，由于社会、经济和政治排斥，青年膨胀很可能会导致越来越多的不满情绪产生，从而引发青年人参与暴力冲突的动机。这种动机可能会因男性荣誉意识的存在而被放大，而这种意识在该地区的许多地方都普遍存在（米兰德，2017）。有报酬的工作往往与荣誉联系在一起，而失业可能让年轻人无法养家糊口，并降低年轻人的结婚率。第二，庞大的青年队伍为反叛组织提供了机会。武装冲突中的机会因素与一些结构性条件息息相关，有助于叛乱集团向政府发动战争。这些可能是为叛乱集团提供特殊财政手段进行战斗的条件，也可能是降低叛乱成本的因素，例如招募叛乱士兵的成本非常低。通过以较低的机会成本提供充足的反叛劳工，青年军队的可获得性可能是降低招募成本的一大因素（科利尔，2000）。叛军新兵加入是为了获得个人利益，他们权衡了潜在收益与被杀或致残风险所代表的预期成本。如果外部选择很差，或是反叛组织能通过掠夺行动提供更大的回报，那么相对收益是很高的（盖茨，2002：116）。与这两种观点相关的是，庞大的青年群体更有可能经历更高的失业率和男性工资压力（伊斯特林，1987；马丘诺维奇，2000）。

[①] 当然，这并不意味着年轻人天生就有暴力倾向。生活在受冲突影响国家的绝大多数年轻人并未参与武装冲突。

但是，年龄结构和政治暴力之间没有明显确定的关系。尽管为迅速增长的年轻人口提供机会的挑战相当大，但青年膨胀也可能是一项重要的资产。这里讨论了两个关键的背景因素：生育率迅速下降导致支持率上升，以及教育机会的扩大。

- 变化的支持率

近期的经济人口学研究表明，青年膨胀确实是一种好事，而非坏事。对于能够利用这种资源的经济体来说，较年轻的工作年龄段的大幅增长是推动经济生产力的巨大潜力。特别是大量的青年群体相比少量的青年群体来说，能够降低抚养比，从而有可能促进经济增长。这种现象通常被称为"人口红利"。经济增长通常被视为一个安抚因素，年龄或结构驱动的经济发展原则上可以遏制暴力冲突。然而，人口机会的实现并没有得到保证（普尔，2007）。

在有些国家，非常年轻的群体（0 至 14 岁）人口增长率很高，这些年轻群体在经济上没有生产力，他们保健和教育的财政费用可能很高。随着各国的抚养比率不断下降，如果社会将投资转向能产生更直接经济回报的活动，那么考虑到经济发展的安抚作用，与青年膨胀相关的冲突风险可能会减少。早期的研究发现，青年膨胀与以下因素有关：武装冲突和其他形式政治暴力的可能性增加（乌德尔，2006、2008）、政权不稳定（辛科特和多克斯，2012；韦伯，2013）以及国家镇压加剧（诺德斯和达文波特，2013）。马尔伯格（Malmberg）和乌德尔（Urdal）（2016）发现，在处于人口早期转型阶段的国家中，青年人口膨胀与冲突风险升高有关，但在抚养比下降的社会中则不然。这可能表明，在人口结构日趋成熟的社会中，青年人口膨胀更多的是一种幸事，而非坏事，因为庞大的年轻人群体成了一种经济资产。

- 教育机会的扩大

一般认为，教育会提高反叛劳工的机会成本。这意味着，随着社会教育水平的提高，招募叛军的成本越来越高，反叛时间发生的可能性也越来越小（科利尔和霍夫勒，2004）。这一论点的正确性建立在这个假设之上：教育增加了个人的劳动前景，从而增加了收入。虽然教育与收入之间的关系普遍适用，但其影响取决于具体情况。在中东和北非，事实证明这种关系相对较弱（迪伦和约瑟夫，2009）。在有大量潜在新兵的国家，提高受教育程度可以减少这一人数，因此青年人口激增可能主要与低教育社会冲突风险的增加有关。巴拉卡特（Barakat）和乌德尔（2009）发现，青年人口激增与武装冲突风险的增加有关主要发生在教育水平低下的环境中。因此，青年膨胀是否会破坏东亚和其他地区社会的稳定，主要取决于在人力资本投资、教育形式、经济结构和劳动力市场等方面的政治决定。虽然许多东亚国家的治理结构可能并未很好地适应解决当地的不满情绪，但该区域通过优先重视教育和追求劳动密集型工业经济发展，在很大程度上成功地利用了人口优势。

- 人口老龄化

虽然研究人员普遍认为，年龄结构从十分年轻的人口向更年长的人口变化会带来有益的经济、社会和安全影响，但随着大批退休老人被年龄更小的工作人口所取代，死亡率和生育率的持续下降最终将导致抚养比的大幅上升。这种情况导致人们开始担心，老龄化可能会削弱"老龄化大国"的军事能力。这与其说是人力减少的结果（军事技术的日益成熟弥补了人力的减少），不如说是为巨额军事预算提供资金的能力和意愿下降的结果。东亚地区正在发生的人口变化将会把人口老龄化的挑战扩大到许多目前是该地区经济引擎的国家。尽管老龄化的大国可能有办法部分补偿老龄化带来的损失，打破一些危言耸听的预测，但变化的规模将会是巨大的，甚至可能被视为安全问题。

- 城市化

许多"资源稀缺"学派的学者将城市化主要视为农村人口过剩，他们强调快速城市化是一种潜在的不稳定力量。吉泽夫斯基（Gizewski）和荷马·迪克森（Homer Dixon）（1995）提出了三个广泛的风险因素。首先，相对于其他城市居民，从农村到城市的移居者可能会经历经济边缘化和贫困问题，这会提高他们对自身处境的认识，从而可能出现政治激进主义。其次，移居者在适应城市生活时可能会在社交和心理方面遇到困难。传统的社会权力和社会控制来源也被削弱。第三，城市环境促进了高水平的社会交流，包括更多集体政治行动的机会。

戈德斯通（Goldstone）（2001）将重点放在人口和经济力量的相互

作用上。他认为，当高水平的城市化与欠发达（就业市场和经济无法跟上城市人口增长）结合起来时，暴力和不稳定可能会出现。以经济衰退甚至停滞形式出现的经济冲击，可能会加剧个人和群体之间经济特权的差异及重要性，进而导致不满的程度提高，引发暴力反应。虽然测量中国的城市人口增长因户籍（即户口）制度而变得复杂（这一制度正式表明许多城市居民是不受承认的），但中国国家统计局（NBSC）也提供了实际城市人口的数据（联合国，2015：77）。联合国人口司预测，自1990年以来，中国城市人口的年增长率处于4%至5%之间。仅在2000年至2010年间（联合国，2015），中国城市人口就增加了约2.1亿人。戈德斯通（2001：50）认为，中国之所以能够避免社会冲突和暴力，主要是因为其强有力的经济表现。

- 男性过剩

世界各地0~4岁人口中，男性人口本就比女性人口高出约2%至5%。有些国家重男轻女的文化理念加重了男性过剩程度。自古以来，杀女婴现象造成了性别比例失衡。随着现代科技的诞生，尤其超声波的出现，性别选择性流产现象更为严重，杀女婴率也因此升高。比亚内格路（2017）认为，武装冲突的直接受害者大都是男性，但是杀害新生女婴所体现的暴力形式却是有过之无不及。东南亚国家，也包括印度和中国，面临性别比例严重失衡的同时，也经历着城乡差异等在内的巨大变化。赫德森和登布尔（2004）提出，"光棍"现象，即男性过剩造成大量年轻男性（通常位于社会底层）无法结婚或组建家庭，将会滋生反社会行为——比如，他们更有可能被犯罪和反社会组织招募。这种现象存在潜在安全风险，或将巩固权威措施。更概括地说，两性关系和冲突研究体现了性别平等程度更高的国家，其暴力冲突率也更低。然而，在男女比例相对正常的国家里仍然广泛存在性别不平等现象。因为性别比例失衡本身就象征着性别不平等。米兰德（2017）强调，男性荣誉的意识形态仍然是削弱东亚各国之间以及国家内部和平力量的关键因素，且严重的性别比例失衡将会使形势更加严峻。

数　据

本文人口数据来自最权威的人口数据库——2012年联合国世界人口

展望（联合国，2013）①。1950 年至 2000 年间，东亚约占世界人口总数的三分之一。然而，该数字将一直下降，且在 2050 年以前，东亚人口占比将不到世界的四分之一。2025 年左右，日本人口开始呈下降趋势。韩国、中国和泰国的人口预计本世纪中之前开始下降（联合国，2013）。东亚国家持续下降的死亡率和生育率是人口增长缓慢和下降的主要原因。目前（2010 年至 2015 年），东亚 17 国中，只有 6 国（东帝汶、菲律宾、老挝、柬埔寨、蒙古国和印度尼西亚）的生育率超过"更替水平"（即为长期维持人口规模而所需的生育水平）。

下文将对文中提到的人口属性进行解释。"青年膨胀"即 15 岁至 24 岁人口占成年人口（15 岁及以上）的比例。分母中排除了 0 岁至 14 岁人口。否则，在高生育率的国家中，青年膨胀人口水平会因增加 15 岁以下人口而被低估。国家"支持率"即劳动人口（15 岁至 64 岁）占 100 位受赡养者（0 岁至 14 岁或 64 岁以上）的比例。"城市化"即 5 年内城市人口百分率增长。"男性过剩"指的是 0 岁至 4 岁人口中每 100 位女孩中，男孩超过 100 的数量〔100 * （男孩/女孩 - 1）〕。"老龄依赖率"的定义为 65 岁及以上的人口数量所占劳动人口（15 岁至 64 岁）的百分比。

人口发展与东亚和平

• 年龄结构转变

图 1、图 2 呈现了 1950 年至 2015 年间的青年膨胀趋势，分为"早期转变"和"后期转变"两个板块。日本转变开始较早，因此青年膨胀水平在 20 世纪 60 年代开始下降。剩余的早期转变由日本、新加坡和韩国领导，泰国、朝鲜、中国和文莱紧随其后，日本除外。直至 1990 年，该团体都不可避免地经历了青年膨胀水平上升 30% 的现象。第二张板块

---

① 值得注意的是，缅甸人口数据极不稳定。1931 年至 2014 年间，缅甸从未进行过全国人口普查。联合国人口司则一直沿用标准程序处理历史预测数据，并且依据人口发展水平相似的国家的情况绘制人口曲线。联合国 2015 年的人口预测（5400 万）与缅甸 2014 年人口普查时的总规模非常相似。然而，关于本文中讨论的年龄结构和其他人口属性，我们并不能衡量联合国数据的准确性。

中，约 10 年至 15 年后，青年膨胀水平开始下降，但趋势并不如早期转变国家明显。尽管生育率下滑已经导致或将持续导致青年膨胀团体下降，东帝汶、老挝、柬埔寨和菲律宾在 2010 年仍然有 30% 及以上的青年膨胀群体。东帝汶青年人口预计于 2015 年达到峰值——占成年人口的 44%，并将成为世界上最年轻的国家。鉴于菲律宾的生育率一直相对较高，因而其也是东亚地区下降趋势最慢的国家。

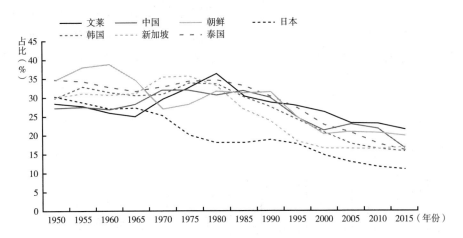

图 1 1950～2015 年东亚青年人口膨胀：早期转型国家

数据来源：联合国（2013 年）《世界人口展望：2012 年（修订版）》。

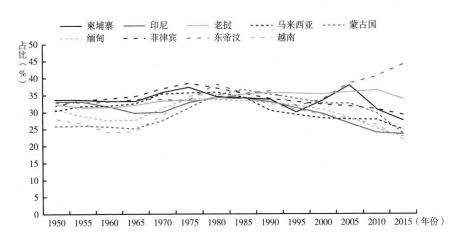

图 2 1950～2015 年东亚青年人口膨胀：后期转型国家

数据来源：联合国（2013 年）《世界人口展望：2012 年（修订版）》。

与上述"人口红利"观念一致，东亚人口变迁远在经济发展之前就已经开始，并与经济增长同步发展。2015 年，东亚人口成熟国家已达到或接近经合组织中值水平——15% 青年占比率。这些国家皆是经济最发达的国家，享有盛誉，其中包括泰国和中国（图 3）。然而，最不发达国家中，东帝汶和老挝两国的青年膨胀水平已远超均值，菲律宾仅略低于均值。鉴于图 4 的长期趋势和展望，越南青年膨胀水平将下降至 18% 以内。至 2020 年，老挝、菲律宾和柬埔寨青年膨胀水平将下降至 30% 以内，并在 2050 年达到 17% 至 21%。东帝汶青年膨胀水平预计从 2015 年的峰值 44% 持续下降，而至 2050 年，该值仅略高于 30%。

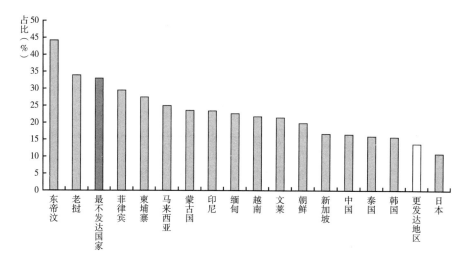

图 3　2015 年东亚地区青年人口膨胀

数据来源：联合国（2013 年）《世界人口展望：2012 年（修订版）》。

乌德尔（2006）初步估计，在所有其他因素都相同的情况下，青年人口膨胀率增加 1 个百分点，相当于武装冲突风险增加 4%。然而，考虑到抚养比的发展，乌德尔和马尔伯格（2016）发现，与青年膨胀相关的风险存在显著差异，取决于青少年抚养比是增加还是减少。只有在儿童人口（0～14 岁）增长非常强劲的国家，教育和儿童保健占用了社会更多的财政资源，才会出现与冲突风险增加相关的青年膨胀。在人口统计学上更为成熟的国家，生育率大幅下降，财政资源可能因此转移到更具经济生产力

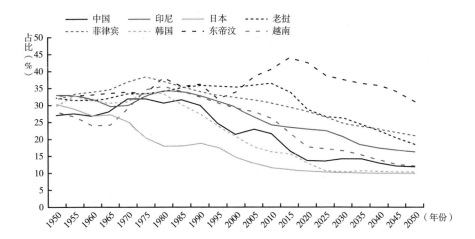

图 4　1950～2050 年东亚青年人口膨胀（预测）：所选国家

数据来源：联合国（2013 年）《世界人口展望：2012 年（修订版）》。

的部门。据统计，大量的青年群体与冲突没有联系。这表明，随着社会提供越来越多的经济机会，年轻人口的膨胀不再是冲突风险因素。

图 5 显示了韩国青年人口膨胀与支持率之间的关系，后者是测算出的工作的人口与受抚养人之间的比例。虽然韩国青年人口膨胀率直到 1985 年都一直保持在 30% 以上，但支持率从 1970 年左右才开始大幅增长，为韩国的经济"奇迹"做出了重要贡献（威廉森，2001）。

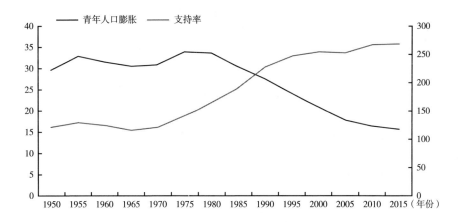

图 5　青年人口膨胀和支持率：韩国 1950～2015 年

数据来源：联合国（2013 年）《世界人口展望：2012 年（修订版）》。

  "早期转型"国家的支持率在 70 年代和 80 年代也有同样的增长
（图 6），这一增长促进了该区域强劲的经济增长。然而，对这些国家中
的大多数国家来说，支持率已经达到顶峰，而且由于生育率低和人口老
龄化，在未来几十年内支持率将显著下降。"后期转型国家"（图 7）落
后了 15～20 年，其中大多数国家的支持率在 1985 年之后才出现加速，
预计在 2025 年至 2050 年之间达到峰值。

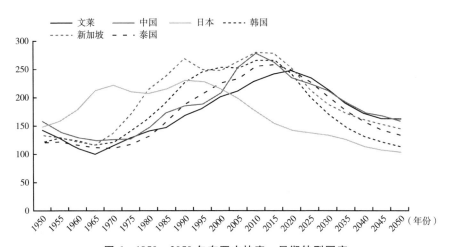

图 6　1950～2050 年东亚支持率：早期转型国家

数据来源：联合国（2013 年）《世界人口展望：2012 年（修订版）》。

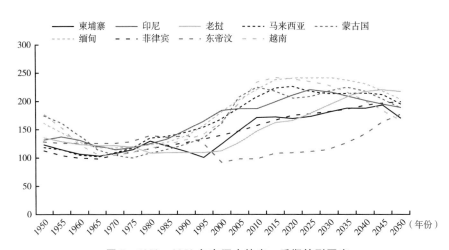

图 7　1950～2050 年东亚支持率：后期转型国家

数据来源：联合国（2013 年）《世界人口展望：2012 年（修订版）》。

自 20 世纪 70 年代以来，许多东亚国家的青年人口膨胀率下降，支持率上升，这与该地区的和平发展大体一致。特别是早期转型国家一直处于和平中，除了泰国自本世纪初以来经历了区域冲突。在晚期转型国家中，印尼政治暴力的减少与该国人口的成熟一致。2000 年后缅甸的青年人口膨胀率才开始加速下降，但在人口转变之后，暴力行为迄今没有明显下降。菲律宾在过去几十年中也经历过多次武装冲突，是东亚地区人口成熟最慢的国家之一，预计其青年人数将继续相对增加。然而，老挝人民民主共和国和东帝汶作为青年人数增长最快的两个国家，近期没有武装冲突（2006～2008 年东帝汶的内部军事战斗没有达到每年 25 人阵亡，这是我们定义"武装冲突"的基准）。

● 教育

如上所述，青年人受高等教育的程度与减少青年人口膨胀对武装冲突的影响有关。图 8 由国际应用系统分析研究所（IIASA）提供的数据显示了各个国家的中等教育水平（20～24 岁公民的水平）。同样，教育数据基本上与国家评定相一致。中国、马来西亚、泰国和印度尼西亚的教育率在 1970 年之后取得了最大的进步。尽管菲律宾继续面临与人口有关的挑战，但其教育水平很高，而且还在不断上升。越南和柬埔寨的教育水平处于该地区国家中最低，只有大约一半的 20～24 岁的人群在 2015 年完成了中等教育。此外，值得注意的是，中等教育中普遍与冲突风险增加有关的性别差异已大幅度下降。目前只有柬埔寨的中等教育中男孩所占比例明显高于女孩（2015 年男孩所占比例增加 17.6%）。图 9 阐述了性别差异，包括对 2050 年的预测，显示出进一步的趋同。

东亚的老年和平？

东亚人口的成熟使得老龄化和抚养比得到广泛提高。在欧洲和美国，老龄化人口被视为潜在的安全挑战，因为它们可能影响一个国家是否能够并愿意为大量的军事能力提供资金。可以说，在东亚所有经济和军事占主导地位的国家中，老龄化或多或少同时发生，这可能有助于减少冲突，即哈斯（2007）所说的"东亚老年和平"。对于这种发展，至少有四种不同的解释：两种解释是物质或结构的变化，另外两种则是人口变化刺激下社会情绪的可能发展。

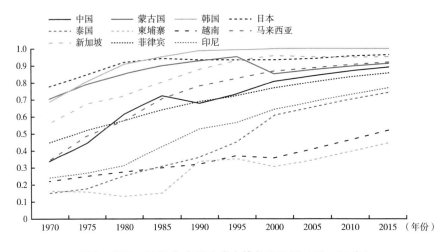

图 8　1970～2015 年东亚完成中等教育比例（20～24 岁）

数据来源：卢茨（Lutz）等人（2007 年）。

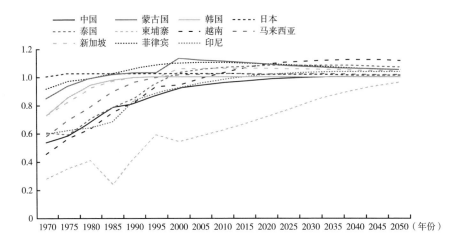

图 9　1970～2050 年东亚地区中等教育（20～24 岁）的性别平等

数据来源：卢茨（Lutz）等人（2007 年）。

首先，东亚的人口转变减少了可以动员去服兵役的青年人数。中国自古以来一直拥有庞大的武装力量。据估计，20 岁至 29 岁的中国男女人数将从 2015 年的 2.41 亿下降到 2050 年的 1.44 亿，降幅达 40%。在韩国，这一年龄组的降幅将达到 27%，在日本为 24%。然而，新兵的人口短缺并不一定会削弱各国的军事能力，因为军事实力预计将越来依赖于优越的技术、强大的联盟和军事效率。中国人口的一大特征在于其越来越高的独生子女比例，以及这是否会影响到中国人民解放军新兵的素质。1996 年，独生子女占解放军总数的 21%，2006 年达到 50% 以上。在技术训练方面，独生子女士兵的实际表现要优于非独生子女士兵，然而在个性和综合服务成绩方面两者似乎没有区别。

第二，对东亚军事能力可能具有更大意义的一个方面是，经济增长预期放缓，以及老年护理费用增加。如图 6 所示，在很多东亚人口成熟的国家中，64 岁以上人口的增加将导致支持率从每 100 名受扶养人中约 250 名工人的峰值，下降到 2050 年的不足 150 人。退休人口将占成人总人口的三分之一以上。休巴（Sciubba）称军费开支可能是老龄化的最大挑战，因为越来越多的受赡养老人耗尽了可用于国防开支的财政资源。尽管存在相当大的安全问题，日本已经不得不削减军费开支，以便为老年人的护理提供资金。即使中国设法以近期的速度保持经济增长，也不太可能摆脱老龄化问题，而且会产生未富先老的状况。显然，与大多数高度工业化国家相比，中国的社会福利水平普遍较低，这也降低了对经济扩张的预期。同时还有来自社会和政治的高度控制，民众对于高成本改革的压力小于许多其他大国。另一方面，中国的老年人口储蓄相对较少，家庭结构不断弱化，因此许多人退休后将严重依赖社会保障养老金。哈斯（2012：55）称，四分之三的中国工人没有任何养老金保障。虽然中国在 2000 年设立了国家社会保障基金，以筹集资金支付"国有企业积累的无资金准备的养老金负债"，但缺口已经很大，养老金安排的任何额外扩展都将恶化财政约束。

将老龄化与和平机会联系起来的第三种可能机制是，儿童较少的社会更加重视每一个儿童，从而导致国家不太可能或不愿承担战争伤亡的风险（休巴，2011：57）。勒特韦克（Luttwak）（1994）认为，这样的社会将不太愿意让他们的孩子去打仗，减少他们参战的倾向。然而，目前尚不清楚儿童的价值是否具有如此大的弹性。此外，越来越多的高技术战争和不断下降的伤亡率可能会降低整体关注度。

第四，老年人口可能引起社会情绪的变化，引起更加和平的发展。杰克逊（Jackson）和霍伊（Howe）（2008：116）声称，人们在更高年龄段会变得更厌恶风险，老龄化人口可能不太愿意追求更长期、但可能集体风险更高的政策。与此同时，老年人处理新信息和更新观点的能力也随着年龄的增长而下降，这可能为民族主义和排他性思想提供了一个机会。虽然老年人口的增加不一定会导致民族主义情绪的下降，但冒险的意愿降低可能会进一步发展孤立主义政策。代际差异影响政治结果和优先事项，人口变化也会同程度地引起政治变化。在日本，65 岁及以上的选民比例将从 2015 年的 31% 增加到 2050 年的 42.6%。在韩国，这一比例从 15.6% 上升到 40.4%。相反，在东帝汶，老年人的比例将从现在的 6.9% 下降到 2050 年的 5.2%。

冲突影响

在最近的冲突预测模型中，青年人口膨胀和教育水平是关键的预测因素，还有其他人口因素，如婴儿死亡率和人口规模，以及国家和邻国的冲突历史（衡量邻国的冲突水平）。该模型预测在世界范围内，武装冲突将减少。然而，东亚地区实际观察到的冲突水平低于 2009 年的预测，这表明该地区存在安抚因素，但该模型并未很好地解释它。这些因素可能包括政权稳定、政府质量、社会控制水平或存在一个稳定的区域霸权，因为它们的无法被预测，因此都被排除在模型之外。与当前估计的风险相比，长期预测是东亚地区冲突风险下降的一个因素。长期来看，与当前观察到的冲突水平相比，2013～2016 年的冲突水平低于预期。2017 年，3 个东亚国家是冲突风险预测最高的国家。菲律宾在全球风险排名第三（约 80% 的模拟预测冲突），缅甸第四（74%），泰国第五（68%）。然而，到 2050 年，菲律宾和缅甸的这种风险预计将下降到近一半，泰国下降到近三分之一。该模型假设了一定的人均冲突风险，主要由于中国人口众多，所以其冲突风险预计将有所增加，从 2017 年的 10% 增至 2050 年的 19%。虽然在人口众多、分布不均、领土辽阔的国家，国内冲突的风险似乎有理由上升，但这些因素在未来与中国毫不相关。印尼是该地区 2009 年没有发生武装冲突的国家中预计冲突风险最高的国家。尽管预计东亚的冲突风险总体上会下降，但由于世界其他地区的冲突风险下降幅度更大，东亚在世界冲突中的相对份额预计会增加。这些模型的一个局限性是，它们没有考虑到人口转变的影响以及青年抚养比下降带来的人口红利。

城市化和性别失衡会对东亚和平构成挑战吗？

另外两个人口发展在文献中占有突出地位，在东亚也很重要，即快速城市化和性别不平衡。它们是由于性别选择性堕胎引起的。这些因素在多大程度上对东亚和平构成了挑战？

对于中国是否能够满足不断增长的城市人口的需求，实现经济增长，戈德斯通对此表示关注。由于"饱和的农业部门"，中国在一段时间内一直是世界上人口最多的国家之一。东亚国家之间的城市化水平差异很大，如图 10（早期转型国家）和图 11（晚期转型国家）所示，尽管一些国家（特别是老挝人民民主共和国和东帝汶）在未来几十年将继续经历中等至高城市人口增长率，但所有国家的城市人口增长都将显著下降。

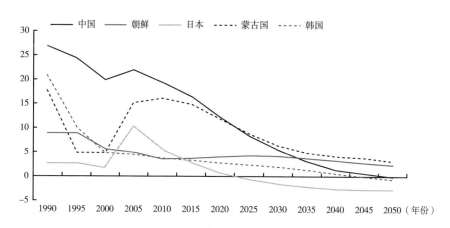

图 10　1990～2050 年城市人口五年增长率：早期转型国家

数据来源：联合国（2015 年）《世界城市化展望：2014 年（修订版）》。

尽管强劲快速的城市化带来的安全风险显出了不祥的预兆，但几乎没有证据表明这是对东亚和平的挑战。在先前的两项研究中，我没有发现任何统计数据显示人口的强劲增长与武装冲突之间的联系。同样，最近对亚洲和撒哈拉以南非洲 55 个主要城市的研究也发现，即使是在经

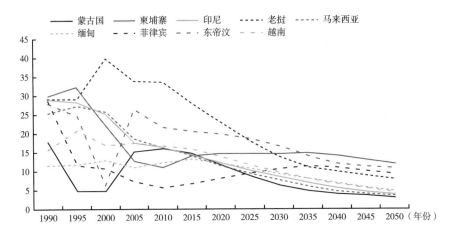

图 11　1990～2050 年城市人口五年增长率：后期转型国家

数据来源：联合国（2015 年）《世界城市化展望：2014 年（修订版）》。

济冲击的背景下，城市人口增长与"城市社会紊乱"，低强度暴力与非暴力事件之间也没有系统关系。虽然不能脱离经济和政治因素来评估快速的城市化，但人们普遍担心城市化是社会不稳定的潜在根源，并可能夸大这种担忧。

　　人们担心性别分布不均可能带来的全球影响，这主要是由于在印度和中国观察到了大量男性后代偏好和性别选择性堕胎（赫德森和登布尔，2004）。图 12 显示了受性别分布扭曲影响最大的东亚国家 0～4 岁年龄组的性别差异。从 20 世纪 90 年代中期开始，组别中年龄最小的男性人数显著增加。首先出现在韩国，之后在文莱和近期的越南也发现了类似的模式。虽然性别偏斜的趋势有所回落，但预计这种差异将继续高于自然性别差异。对于差异最大的中国来说，近期的失衡将在 2030 年转化为近 2500 万 20～39 岁的男性过剩。目前尚不清楚性别的偏向是否会转化为更大的政治暴力风险。乌德尔（2008）发现了证据，证明男性过剩在印度增加了暴力的风险。然而对于其他几个经历过更严重的男性过剩问题的东亚国家，这反而能更强有力地遏制暴力。作为一种人口现象，这种异常强烈的变化还是可能会引起广泛的社会后果，并导致负面的外部效应，如社会暴力、卖淫和妇女跨境贸易的增加（赫德森和登布尔，2004）。

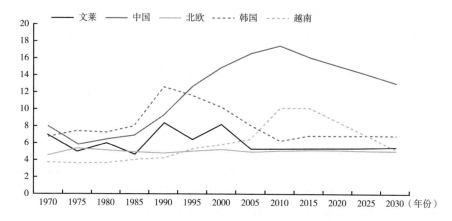

图 12 1970～2030 年部分东亚国家 0～4 岁男性过剩

数据来源：联合国（2013 年）《世界人口展望：2012 年（修订版）》。

参考文献

Auvinen, J.（1997）'Political Conflict in Less Developed Countries 1981 – 89.' *Journal of Peace Research* 34（2）: 177 – 195.

Birdsall, N. & S. Sinding（2001）'How and Why Population Matters: New Findings, New Issues.' In *Population Matters: Demographic Change, Economic Growth, and Poverty in the Developing World*, eds. N. Birdsall; A. C. Kelley & S. W. Sinding. New York: Oxford University Press, 1 – 23.

Barakat, B. & H. Urdal（2009）'Breaking the Waves? Does Education Mediate the Relationship between Youth Bulges and Political Violence?' World Bank Policy Research Working Paper 5114.

Boserup, E.（1981）*Population and Technological Change: A Study of Long-Term Trends*. Chicago: University of Chicago Press.

Buhaug H. & H. Urdal（2013）'An Urbanization Bomb? Population Growth and Social Disorder in Cities.' *Global Environmental Change* 23（1）: 1 – 10.

Caprioli, M.（2000）'Gendered Conflict.' Journal of Peace Research 37（1）: 51 – 68.

Cincotta, R. P. & J. Doces（2012）'The Age-Structural Maturity Thesis: The Impact of the Youth Bulge on the Advent and Stability of Liberal Democracy.' In *Political Demography: How Population Changes are Reshaping International Security and National Politics*, eds. J. A. Goldstone; E. P. Kaufmann & M. D. Toft. Oxford: Oxford University Press, 98 – 116.

Cincotta, R. P. , R. Engelman & D. Anastasion (2003) *The Security Demographic*: *Population and Civil Conflict after the Cold War*. Washington, DC: Population Action International.

Collier, P. (2000) 'Doing Well Out of War: An Economic Perspective'. In *Greed & Grievance: Economic Agendas in Civil Wars*, eds. M. Berdal & D. M. Malone. Boulder, CO & London: Lynne Rienner, 91 – 111.

Collier, P. & A. Hoeffler (2004) 'Greed and Grievance in Civil War'. Oxford Economic Papers 56: 563 – 595.

Dhillon, N. & T. Yousef, eds (2009) *Generation in Waiting: The Unfulfilled Promise of Young People in the Middle East*. Washington, D. C. : Brookings Press.

Easterlin, R. A. (1987) 'Easterlin Hypothesis. ' In *The New Palgrave: A Dictionary of Economics Vol 2*, eds. J. Eatwell; M. Millgate & P. Newman. New York: Stockton, 1 – 4.

Fearon, J. D. & D. D. Laitin (2003) 'Ethnicity, Insurgency, and Civil War. ' *American Political Science Review* 97 (1): 75 – 90.

Goldstone, J. A. (1991) *Revolution and Rebellion in the Early Modern World*. Berkeley, CA: University of California Press.

Goldstone, J. A. (2001) 'Demography, Environment, and Security. ' In *Environmental Conflict*, eds. P. F. Diehl & N. P. Gleditsch. Boulder, CO: Westview, 84 – 108.

Goldstone, J. A. (2010) 'The New Population Bomb: Four Population Megatrends that Will Shape the Global Future. ' *Foreign Affairs* 89: 31 – 43.

Haas, M. L. (2007) 'A Geriatric Peace? The Future of U. S. Power in a World of Aging Populations. ' *International Security* 32 (1): 112 – 147.

Haas, M. L. (2012) 'America's Golden Years? U. S. Security in an Aging World. ' In *Political Demography: How Population Changes are Reshaping International Security and National Politics*, eds. J. A. Goldstone; E. P. Kaufmann & M. D. Toft. Oxford: Oxford University Press, 49 – 62.

Hegre, H. , J. Karlsen, H. Nygård, H. Strand & H. Urdal (2013) 'Predicting Armed Conflict, 2011 – 2050. ' *International Studies Quarterly* 57 (2): 250 – 270.

Hegre, H. & N. Sambanis (2006) 'Sensitivity Analysis of Empirical Results on Civil War Onset. ' *Journal of Conflict Resolution* 50 (4): 508 – 536.

Hudson, V. M. & A. M. den Boer (2004) *Bare Branches: The Security Implications of Asia's Surplus Male Population*. Cambridge, MA: MIT Press.

Isaacs, M. (2016). 'Faith in Contention: Explaining the Salience of Religion in Ethnic Conflict, ' *Comparative Political Studies*, June, pp. 1 – 32

Jackson, R. & N. Howe (2008) *The Graying of the Great Powers: Demography and Geopolitics in the 21st Century*. Washington, DC: center for Strategic & International Studies.

Kelley, A. C. & R. M. Schmidt (2001) 'Economic and Demographic Change: A

Synthesis of Models, Findings, and Perspectives. ' In *Population Matters: Demographic Change, Economic Growth, and Poverty in the Developing World*, eds. N. Birdsall; A. C. Kelley & S. W. Sinding. New York: Oxford University Press, 67 – 105.

Li, X. (2007) 'The Impact of Social Changes on the PLA. ' In *Civil-Military Relations in Today's China: Swimming in a New Sea*, eds. D. M. Finkelstein & K. Gunness. Armonk, NY: ME Sharpe.

Lutz, W. , A. Goujon, S. KC & W. Sanderson (2007) *Reconstruction of Population by Age, Sex and Level of Educational Attainment for 120 Countries 1970 – 2000*. Laxenburg: IIASA.

Machunovich, D. J. (2000) 'Relative Cohort Size: Source of a Unifying Theory of Global Fertility Transition?' *Population and Development Review* 26 (2): 235-261.

Malmberg, B. (2007) 'Global Population Ageing, Migration and European External Policies: Geopolitical implications of the demographic transition. ' In Various Studies on the Policy Implications of Demographic Change in National and Community Policies. Stockholm: Institute for Futures Studies.

Malmberg, B. & H. Urdal (2016) 'Ungdomspucklar och krig. ' [Youth Bulges and War] Riksbankens Jubileumsfonds Årbok 2016. Stockholm: Riksbankens Jubileumsfond, 67 – 90.

Melander, E. (2005) 'Gender Equality and Intrastate Armed Conflict. ' *International Studies Quarterly* 49 (4): 695 – 714.

Nordås, R. & C. Davenport (2013) 'Fight the Youth: Youth Bulges and State Repression'. *American Journal of Political Science* 57 (4): 926 – 940.

Sciubba, J. D. (2011) The Future Faces of War: Population and National Security. Santa Barbara, CA: Praeger.

Toft, M. D. (2007) 'Population Shifts and Civil War: A Test of Power Transition Theory. ' *International Interactions* 33 (3): 243 – 269.

Tønnesson, S. , E. Melander, E. Bjarnegård, I. Svensson & S. Schaftenaar (2013) 'The Fragile Peace in East and South East Asia. ' In SIPRI Yearbook 2013: Armaments, Disarmament and International Security. Stockholm: SIPRI.

UN (2013) World Population Prospects: The 2012 Revision. New York: United Nations, Department of Economic and Social Affairs, Population Division. Data available at http: // esa. un. org/unpd/wpp/.

UN (2015) World Urbanization Prospects: The 2014 Revision. ST/ESA/SER. A/366. New York: United Nations, Department of Economic and Social Affairs, Population Division. http: //esa. un. org/unpd/wup/FinalReport/WUP2014-Report. pdf. Data available at http: // esa. un. org/unpd/wup/.

Urdal, H. (2006) 'A Clash of Generations? Youth Bulges and Political Violence. '

International Studies Quarterly 50 （3）: 607 – 630.

Urdal, H. （2005）'People vs. Malthus: Population Pressure, Environmental Degradation and Armed Conflict Revisited. ' *Journal of Peace Research* 42 （4）: 417 – 434.

Urdal, H. （2008）. 'Population, Resources and Violent Conflict: A Sub-National Study of India, 1956 – 2002. ' *Journal of Conflict Resolution* 52 （4）: 590 – 617.

Urdal, H. （2017）. 'Peace by Demographic Change'. Chapter 7 in E. Bjarnegård & J. Kreutz, eds, *Debating the East Asian Peace.* Copenhagen: NIAS Press, pp. 115 – 141.

Weber, H. （2013）'Demography and Democracy: The Impact of Youth Cohort Size on Democratic Stability in the World. ' *Democratization* 20 （2）: 335 – 357.

Williamson, J. G. （2001）'Demographic Change, Economic Growth, and Inequality. ' In *Population Matters: Demographic Change, Economic Growth, and Poverty in the Developing World*, eds. N. Birdsall; A. C. Kelley & S. W. Sinding. New York: Oxford University Press, 106 – 136.

（汤芷颖 译）

中国与发展中国家：过去和未来

吉列尔莫·何塞·托洛萨·席尔瓦（Guillermo José Tolosa Silva）

乌拉圭经济和社会现实研究中心执行主任

引　言

就在 25 年前，与我同代的大学生学习到的还是依附论支配着全球的经济增长，该理论认为发展中国家的增长速度必然要比发达国家慢。事实上，发达国家的优越地位是以牺牲发展中国家为代价的，因此两者增长速度不可能趋同。这种依附机制主导着拉丁美洲和其他发展中国家的经济发展，数据已有力地支持了这一点，发展中国家的经济增长确实落后于发达国家。

20 年来，世界经济发展状况较之前相比发生了根本性的改变，发展中经济体快速成长，其生活水平迅速赶上发达经济体（见图 1 和图 2）。依附论很有可能成为历史，各国的年轻一代将接触到更前沿的理论和数据资料。

图 1　GDP 增长加权平均数

数据来源：WEO。

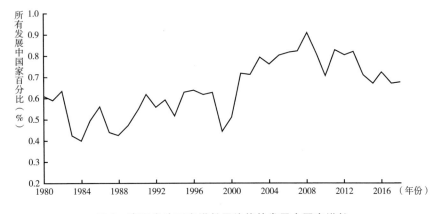

图 2　高于发达国家增长平均值的发展中国家增长

数据来源：WEO。

这种发展状况与中国在过去 20 年中涉足世界贸易和金融领域不谋而合，可以说，中国的发展起到了关键的推动作用。中国主要通过贸易途径来帮助其他发展中国家改变命运，近来又采取融资这一途径。第三条"软"途径出现得较迟，但也必定成为有同等效力的途径：提供发展思路。

中国发展中的经验教训未受到国际社会的充分重视，全球性讨论应突出其重要性。本文首先阐述了中国帮助发展中国家的一般途径，然后重点对第三条途径进行阐述。最后，我们就中国在未来将如何促进发展中国家发展提出展望。

中国对发展中国家的影响

贸易和金融

在过去 15 年中，中国为世界经济更快增长做出了贡献。在过去 20 年里，其经济增长量占全球经济增长总量的 1/4 以上（见图 3）。由于中国的进口需求更加密集，中国的经济增长对发展中国家的溢出效应比发达经济体更强。中国已经成为世界上最重要的商贸主体（见图 4）。相对来说，中国更多进口大宗商品，这导致大宗商品的平均价格大幅上涨，这也是推动大宗商品出口国发展的一个关键动力。中国经济发展对大宗商品价格的影响相当惊人，中国对某些主要大宗商品的需求约占全球的 70%（见图 5）。

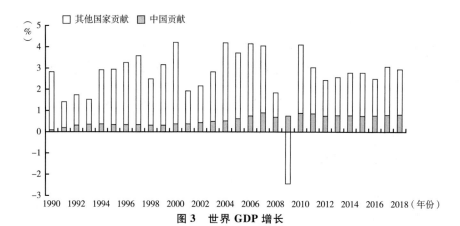

图 3　世界 GDP 增长

数据来源：World Bank。

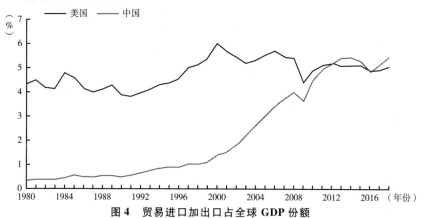

图 4　贸易进口加出口占全球 GDP 份额

数据来源：Omc/Weo/Fm。

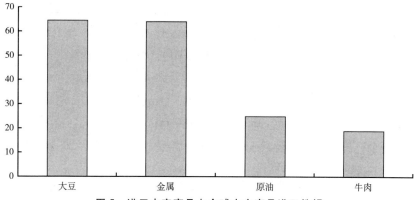

图 5　进口大宗商品占全球大宗商品进口份额

数据来源：ComTRADE。

中国也为世界经济融资便利化做出了重要贡献。在此期间，中国积累了大量的外部资产（见图6），这既是由于其经常账户大量盈余，也是其扩大对外资产负债表规模的结果（提高外部资产和外债金额）（见图7）。

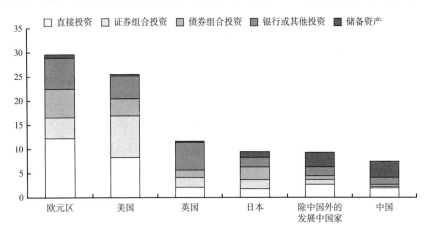

图 6　外部资产 2019 年第二季度或最新可用数据

数据来源：Oxford Economics/Haver Analytics。

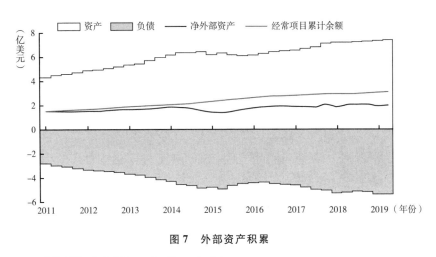

图 7　外部资产积累

数据来源：Oxford Economics/Haver Analytics。

中国对世界融资条件便利化的推动也日益惠及发展中国家。虽然中国与其他国家的外部资产直接接触总量仍然有限（见图8），但在过去五年中有所增加。2003 年至 2013 年间，中国重点通过增加安全的美国资产来积累外部资产（见图9）。蓬勃发展的世界经济本会推高贷款利率，但通过压低基准利率，发展中国家的全球借贷成本得以控制。近5年来，中国对外资产积累战略发生了转变，从资产组合积累转向直接借贷和直接投资，并在很大程度上向发展中国家倾斜。

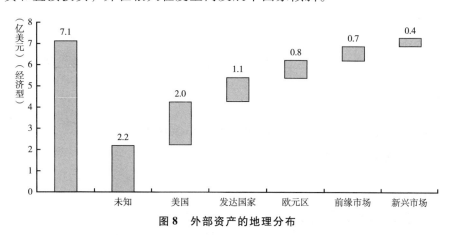

图8　外部资产的地理分布

数据来源：Marsh and Tolosa，Oxford Economics。

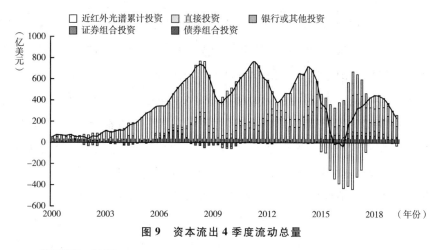

图9　资本流出4季度流动总量

数据来源：SAFE。

在过去五年中，中国已成为世界上存贷款类资产积累最多的国家（见图10）。这对资金短缺的低收入国家尤有帮助，中国已超越世界银行、国际货币基金组织和世界其他地区的私营部门，成为这些国家的主要贷款国（Reinhart 等）。

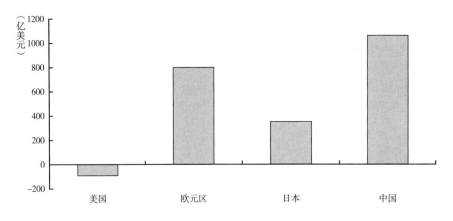

图 10　存贷款积累 2014～2018 年

数据来源：Oxford Economics/Haver Analytics。

成长之路上的经验

1. 发展初期

中国在短短 20 年内实现了系统性的高速发展，使 8.5 亿人摆脱贫困，这是中国发展之路上最成功的故事，为发展中国家提供了启示和重要的经验教训。发展中国家应更加积极努力地学习中国发展战略中的关键点。

中国经济高速稳定增长的经历与我们拉丁美洲的经历形成了鲜明的对比，拉丁美洲经济有着荣枯循环的特征，阶段性的希望总是伴随着绝望。经济繁荣时期的过度经济行为源于成熟的货币、银行业和主权危机，这些因素导致儿童辍学去谋生，使企业家变成短期投机者，摧毁人们对政治体系的信心，迫使家庭搬迁，继而动摇经济可持续增长的基础。

中国能够实现经济可持续增长有五大关键支柱，如果能将这五大支柱纳入我们的政策框架，我们将受益匪浅。更关键的是，中国已经意识到每一个关键支柱在不同发展阶段的固有局限性。至少在全球金融危机之前，这些支柱还能维持经济增长。本节的重点是对这几大支柱进行介绍。

首先，其他亚洲国家的共同经验是，可持续增长必须依靠出口作为基本引擎（见图 11）。国内市场，即使是中国这样大的市场，最终也会限制出口。发展中国家已多次参与"进口替代"战略，包括目前的南方共同市场。在这方面，仅仅降低贸易关税和壁垒是不够的，还需提升货币竞争力，防止货币受到突变影响而增加出口导向型企业的风险。

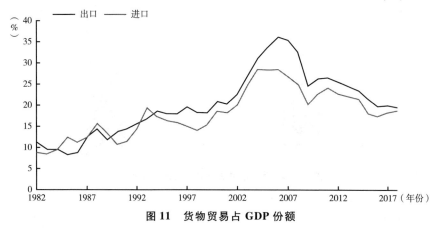

图11　货物贸易占GDP份额

数据来源：World Bank。

第二，要利用高国内储蓄来限制对外部资金的需求（见图12）。真正有助于经济发展的外部资金主要是以股权形式而不是债务形式存在（拉丁美洲也通常如此）（见图13）。中国现在是世界上外债较少的发展中国家之一（见图14）。债券持有人或银行类资金的流动过于变化无常：违约等离散事件说明，在羊群行为中，正确抓准退出时机至关重要。收益率推动着全球银行和债券流动。这种资金流动具有波动性和大规模的顺周期性，在经济最困难的时期雪上加霜。

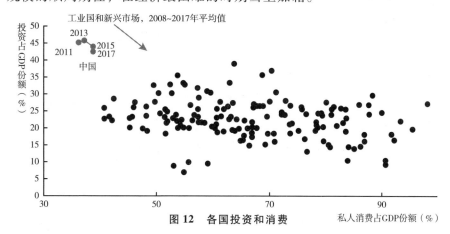

图12　各国投资和消费

数据来源：World Bank。

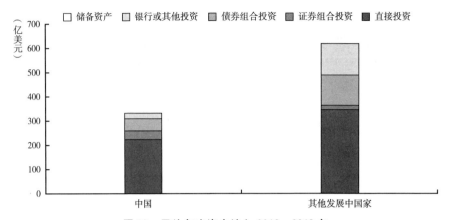

图 13　平均年度资金流入 2013～2019 年

数据来源：SAFE and Central Banks。

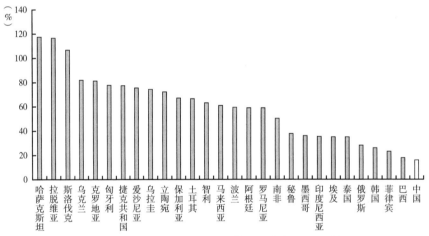

图 14　各国外债总量 2019 年第一季度占 GDP 份额

数据来源：National Central Banks 。

外商直接投资比较稳定，投资者是长期投资，承担着投资风险，其投资通过技术转让、形成人力资本，对当地经济产生溢出效应。

第三，基础设施至关重要。其他发展中国家为满足民众需求而轻易为当前支出拨款，牺牲了基础设施建设，而基础设施则成为其经济增长的瓶颈。

第四，以央行储备形式建立的缓冲机制对于提供金融和外部稳定以及避免货币突然波动来说至关重要（见图 15 和图 16）。

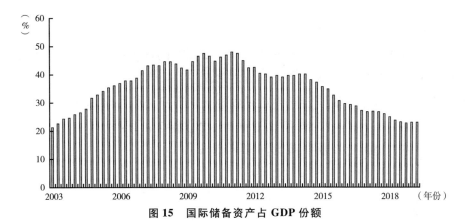

图 15　国际储备资产占 GDP 份额

数据来源：IMF。

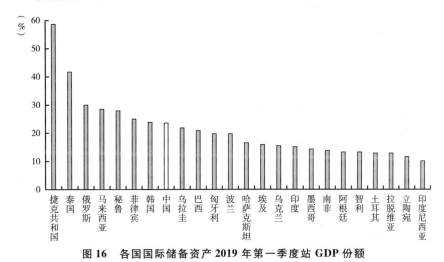

图 16　各国国际储备资产 2019 年第一季度站 GDP 份额

数据来源：own calculations based on Certral Banks and IFS。

第五，当政府和社会希望公有制成分在经济中占显著比重时，公有制企业就会在某些经济领域发挥突出的作用，它们也并不会以增长极慢的生产率拖累整国经济。通常来说，包括在中国，私营部门的生产率确实更高。但是，中国这一重要成功案例告诉我们，当公有制企业参与竞争，开放其资本结构以允许私人参与，并得到国资委等外部机构的有效监督时，公有制企业也能焕发生机。这点醒了那些只关注政府利益却忽视提高政府效率的国家。建立竞争机制、正确激励领导层以及调整企业结构，都是促进公有制企业发展的关键因素。

2. 第二阶段

中国进入了经济发展的更高阶段，需要新的增长引擎。中国已经成功实现经济转型，但新的挑战也随之出现。

基础设施建设最终会导致边际收益显著下降。2010 年以前，中国投资总量在 GDP 中所占的份额显著增加（见图 17），但 2010 年后，中国逐渐为消费提供更大的空间。

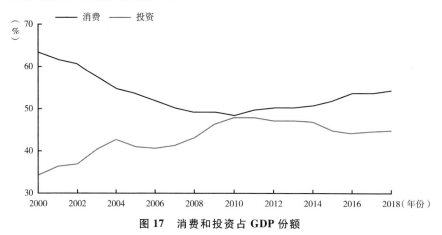

图 17　消费和投资占 GDP 份额

数据来源：NBS。

中国也从重工业向轻（清洁）工业过渡，从低端制造业向高端制造业过渡，从制造业向服务业过渡（见图 18），并从投资转向消费，融资方式由国内债务向其他渠道转变。

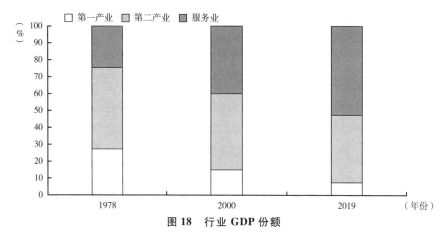

图 18　行业 GDP 份额

数据来源：NBS。

中国也正成功从以外资为基础的出口转向国内企业型出口（见图19）。虽然中国人均国内生产总值仍远低于发达国家，却在少数领域（例如无人机、电动汽车）成为全球领先者。

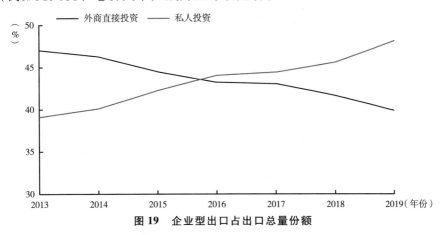

图19　企业型出口占出口总量份额

数据来源：China Costums Statistics。

最近，中国也开始转变以国内债务为基础的经济增长模式。尽管国债在某种程度上是中国家庭高储蓄倾向的必然结果，也通常是一种比外债更安全的融资渠道，但国债会导致金融不稳定（与其他遭受危机的国家相比，见图20）。在债务没有快速增长的情况下仍能保持经济增长，是中国经济增长模式中的一个里程碑（在所有其他国家，债务增长减缓通常在经济崩溃时发生）。

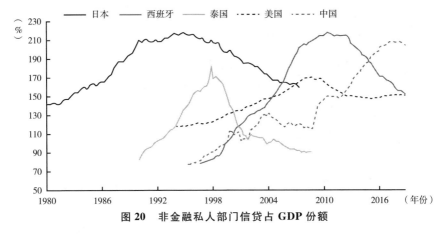

图20　非金融私人部门信贷占GDP份额

数据来源：own calculations based on BIS。

在"碰壁"之前及时应变的能力，是给发展中国家的一个重要经验。然而，还需注意到的是，在全球经济疲弱之际的总体经济活动中，公共投资的复苏部分减轻了经济艰难转型所产生的影响（见图21）。这推翻了数十年来私人投资在总投资中发挥更大作用的观念。鉴于上文讨论到私营部门投资的生产率较高，公共投资的增加可能会阻碍生产率持续高增长。

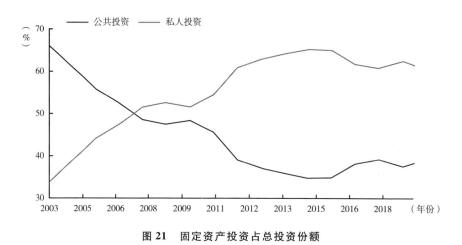

图 21　固定资产投资占总投资份额

数据来源：NBS。

对未来的展望

展望未来，我们相信中国将会继续加深对发展中国家的积极影响。

中国将会继续通过双边合作，在支持发展中国家贸易和增加融资机会的事务中发挥越来越关键的作用。

发展中国家将会继续从中国的经济发展中吸取经验教训，以改善政策框架，避免危机。中国可以在这一进程中发挥更加积极的作用，分享经验教训，以便发展中国家吸取前车之鉴，有所获益。

此外，中国日益坚定地维护全球贸易体系和全球化进程，将对发展中国家经济发展形成最有益的影响。

从长期来看，美国建立的全球秩序以日益开放的贸易体系为基础，良好地促进了发展中国家的发展。自1990年以来，随着开放度的提高，全球秩序也在优化。美国已决定从它创造的秩序中退出。中国作为世界上最大的商人，自然替代了美国的角色，中国也确实在为肩负起领导角色而采取重要举措。中国向世界其他地区展示了开放经济和融入全球化带来的成就，尤为适合承担起领导责任。

中国的领导角色体现在以下五个方面。一是"一带一路"倡议。发展中国家因基础设施建设贷款而连为一体，公路和桥梁为全球一体化做出了切实贡献。中国的资本流动，主要是官方资本，给其他发展中国家带去更稳定的资本流动，有助于稳定货币，从而进一步促进贸易发展，但也导致了过度负债，正如前一节所讨论的，这些债务负担需要谨慎处理，以支持经济增长。

第二个方面是中国能够继续以身作则，坚持开放。近来中国单方面减少对外国直接投资的限制，减少贸易壁垒，对全球资本市场开放，这些举措都表明中国坚持着正确的发展方向。尽管国际经验表明，为避免混乱应逐步开放经济，但中国持续走开放道路，这会直接或间接地对全球秩序产生至关重要的影响。

第三个方面是推动外国人来华学习和工作。在国外的中国留学生、教授和专业人员数量与来华留学生、教授和专业人员数量之间不对等。让世界各国对中国的文化和经济模式有更多了解，中国才能更好地在维护全球贸易体系方面发挥有效领导作用。中国可以减少对工作签证的限制，进一步在海外促进汉语学习，提供更多的外国留学生奖学金。

通过吸引更多的外籍人才来华，中国可以有效帮助其他发展中国家了解其发展道路。中国可以投资建设一些优秀的公共政策研究中心，来吸引到访的高级别领导人。美国的大学过于注重抽象的学术思维，这对经济从业者帮助甚微，教授们多基于纯抽象数学来写经济学论文，只有真正做决策的少数人才会读到这些文章。这对于中国和其他国家来说是一个巨大的机会，可以为全球决策者提供更多适用于实际的想法见解，促进全球性的讨论。此外，发展中国家的分析师和决策者越来越需要了解中国宏观经济的发展动态，因其对大宗商品价格（见图22和图23）及发展中国家的经济活动具有关键影响。

第四个方面是中国必须致力于守护多边主义。世界其他地区也应发挥支持作用，但是美国退出后，若缺乏中国领导，众所周知，全球体系

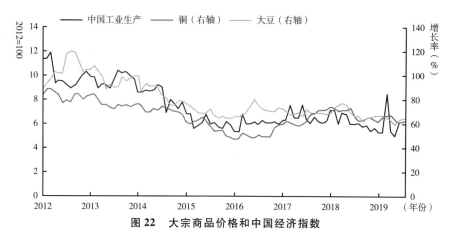

图 22　大宗商品价格和中国经济指数

数据来源：National Bureau of Statistics，World Bank。

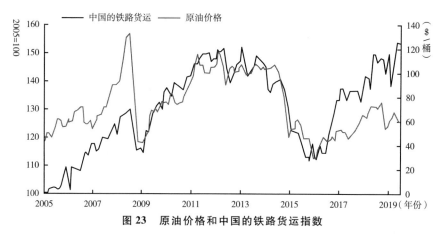

图 23　原油价格和中国的铁路货运指数

数据来源：National Bureau of Statistics。

将面临崩溃。维护双边贸易协定，将意味着作为战后全球进步基础的多边体系的瓦解。

多边体系正在逐步完善，如今却受到严重威胁。国际货币基金组织（IMF）、世界银行（WB）、联合国（UN）等全球性组织机构也在不断完善，但也正受到冲击。中国应当在法律上或事实上拥有更大的发言权，否则这些机构很可能违背初衷。

国际货币基金组织（IMF）和世界银行（WB）为各国提供合作土壤，支持中国推动构建人类命运共同体。

布雷顿森林体系没有建立全球政治自由秩序的使命，其本质上是威斯特伐利亚体系式的，符合中国的愿景，不基于政治制度而向他国施压或停止帮助他国。

国际货币基金组织（IMF）一定程度上也与中国的愿景相符，推动建立自由贸易体制，深化全球化。虽然 IMF 最初低估了快速变革的风险，但随着时间的推移，它已制定出更精简、更细致且针对具体国家的对策，以促进国家经济增长。

中国与日俱增的影响力预示着，IMF 政策建议中应纳入更多中国经济发展中的经验教训。以中国的成功为例，这样的全球合作平台将是中国分享重要发展经验的理想平台，同时，也有利于中国帮助 IMF 关注制度制约性。

中国在 IMF 享有更大的发言权，可能意味着 IMF 更加关注并优先考虑有利于经济增长的基础设施建设支出。IMF 要求的财政调整往往过于注重资本性支出，这是最容易削减的，却也会在长时段导致最严重的后果。例如，削减资本性支出将意味着要限制资本账户开放，因为资本账户开放往往导致过度的跨境资本流动，从而造成汇率急剧波动。

中国在 IMF 中更强大的影响力将阻止主要利益相关者从中渔利，例如最近希腊债务不可持续事件所反映出来的利益相关者。中国在国际贷款方面的举措将防止资金用于不可持续的预算，继而以改革精神促进国际贷款改革落实。

特别是，在贸易紧张局势加剧引起恐慌的时候，各国普遍加强并保护经济发展，中国支持贷款设限，促进多边贸易开放，让世界看到了曙光。

中国支持全球贸易和全球资本流动，包容政治制度差异，彰显出坚定维护世界和平的决心，这也将继续提高中国在全球的地位。通过传递思想，中国政府可以在全球性问题上发挥作用，成功捍卫并进一步建立一个以自身成功发展为核心的体系。

（张雨铮 译）

中国公共政策历程：
经验、发展中国家与世界的未来

劳埃德·乔治·阿杜·阿莫阿（Lloyd George Adu Amoah）
加纳大学亚洲研究中心主任

引　言

　　过去30年里，中国崛起并在全球经济政治上发挥重大影响力，这至今仍是贫穷国家实现社会经济转型最为杰出的案例之一。人们广泛认为，中国自1978年以来实行的改革开放政策在其转型过程中起着举足轻重的作用。在此期间，中国社会经济的各项指标都有力地证明了这个当代世界人口最多的国家所发生的诸多重大改变。就中国是如何坚定不移地实现这个发展转机的，各类解释层出不穷。其中一类分析涵盖了一种基于新古典经济学的方法（亦包含制度经济学），其特点是强调市场机制的作用，聚焦于产业战略和多学科论述。此类研究为分析中国发展进程的不同道路提供了宝贵的见解，却存在重大缺陷。在公共政策制定过程中未能采用中国发展的经验，也就不能够发展出一套相应的政策过程理论，以符合发展中国家政治体制的历史、社会经济和地缘政治现实。

　　本文旨在填补公共政策理论文献的空白，即对发展中国家经验与现实的反应与敏感性。中国与发展中国家有着相似的历史环境（这是个不争的事实），并且中国仍然将自己认作发展中国家。这一发展经历为我们提供了论述框架，我们可以从中国过去30年的发展进程中汲取到广泛而深刻的经验主题，从其潜在的概念性价值中发展出适用于发展中国家的相关政策过程理论。为实现这一点，我们将对政策过程的理论文献进行回顾综述。本文的第二部分将从中国的发展政策制定经验着手，提出一些我们认为极为重要的概念。本研究的最后一部分则将为发展中国家政策过程的相关理论建设提供建意。

公共政策分析与美国关联性

萨巴蒂尔（Sabatier，1991）简要地提出了公共政策研究与政治科学之间的关键性差异。他认为，政治科学致力于理解政治机构的运作方式，而公共政策研究则将重心放在政府政策上的行为与决定所带来的影响上。换句话说，政治科学的重要关注点在于机构，比如立法机构、司法机构、地方政府、利益集团和行政部门等，随之也更关注这些机构内部人员的行为表现、利益取向，而这使得政治科学常常无法顾及更广泛的政策环境和影响这个大环境的关键性因素。在提出这个区别时，萨巴蒂尔又给出了令人信服的案例。他将自己的理论称为"一系列合理清晰、可归纳、经得起实证的政策过程理论（1991：145）"。因此，其最主要关注点在于解释政策在不同政策领域中随时间产生的变化。

美国是政策分析公认的据点，这是历史事实。确实，公共行政（政策分析的父领域）作为一门自觉学科的出现必须追溯到威尔逊（Wilson，1887）的重要著作。在这本著作中，威尔逊强调了一些主题，例如政治与官僚之间的联系、事实与价值之间的区分、公共行政的本质。这些主题在此后连续几代公共行政领域的学者的工作中都占据了关键地位。美国在公共政策分析上的先例尤其伴随着评估学的兴起而出现〔评估学兴起于 20 世纪 60 年代林登·约翰逊（Lyndon Johnson）的大社会与反贫困战争项目崩溃后〕，其目的就是更好地理解公共政策的影响。在此期间和其后，各路美国学者便开始倾向于把他们的研究聚焦到程式化的政策过程中的各个阶段（在文献中被命名为启发性阶段划分），也即：议程设置、政策制定、政策实施、政策评估、政策变更、政策终止。事实证明，此方法在整个 20 世纪的最后 25 年里一直处于主导地位。也正是这一政策过程的分解法触发了一些学者对公理性政策过程理论的探寻。

理论探寻

萨巴蒂尔是公共政策领域学者中的一个领军人物，他力倡发展政策过程理论的必要性。他发出这样的呼吁主要出于两个理由。首先，萨巴蒂尔认为，现有的对政策过程理论化的尝试尽管有其贡献，却不足以就政策改变问题给出一套整体的、逻辑自洽且经得起实证的解释。就此他批判了启发性阶段划分，他认为这之所以是"主导范式"，本质上是因为它不是一个因果性的理论。第二，萨巴蒂尔认为启发性阶段划分并不能解释一个政策在至少十年的时间跨度上和不同政策领域上的纵向变化。另外，它也忽视了一些相关的政策概念，例如在政策形成过程中精英和技术信息起到的作用。公共政策研究这一领域也因此见证了过去二十年里人们建立新理论的诸多尝试。

政策过程的理论包括倡导联盟机制（ACF）、制度分析与发展（IAD）机制、多流（MS）机制、社会建设机制〔由海伦·英格拉姆（Helen Ingram）和安妮·施奈德（Anne Shneider）开发〕和标点均衡理论〔由弗兰克·鲍姆加特纳（Frank Baumgartner）和布莱恩·琼斯（Bryan D. Jones）开发〕，这些理论可以说是当今时代该领域主导模式中的典范。我们不会穷究这些理论中心思想的细节。我们的核心关注点在于，这些理论有两个共同的起源：一是美国环境，二是西方在人类行为和社会经济政治组织上的哲学设想。在此，我们将美国环境看作一个不可避免的、历史性的、社会经济上、政治上和文化上的背景条件，在这样的条件下上述理论得以发展。例如，ACF 是基于对加利福尼亚州特定环境和美国整体环境的广泛研究而发展出来的。约翰·金登（John Kingdon）的 MS 机制是美国卫生和运输领域研究的产物。至于英格拉姆和施奈德（1993），其政策制定的建构主义机制则是在决策者和目标人群（包括激进的焚旗示威者、文化精英和传统大众）之间的互动中发展出来的。换句话说，美国绝对的现实与经验充实了这些理论，也使得对此类理论的概述统一变得至关重要。值得一提的是，先前的论述强调了将公共政策理论化的重要性与普遍主义主张的局限性。在这个意义上，英格拉姆和施奈德的焚旗示威在例如越南和加纳等地则无需看作公共政策问题。

这项挑战引起了美国、欧洲和北美学者的注意。格蕾丝·斯托格斯塔德（Grace Stogstad，2001：419）在一篇颇具洞察力的文章中指出了美国在国际上对公共政策分析的理论贡献，但同时她又正确地补充道："尽管如此，理论和模型在不同制度、意识形态、文化、社会和经济上的可借鉴程度是一个重要问题。"斯特拉·塞杜杜（Stella Theodoulou）表示，尽管美欧政策分析趋于同步发展，但这些理论与美国的关联还有在美国政策论述中欧洲政策思想的缺失皆让人担忧。对此萨巴蒂尔的回应是：他将在最近的主要学术工作中为欧洲公共政策过程理论留出空间，并修整 ACF 以更好地解释一个多元性、组合性、威权性连续体的政策形成过程。

我们所讨论的理论反映了西方哲学中关于人类行为的根深蒂固的信条，这不是偶然，也无须过分强调。但是，我们必须解决一个问题，那就是诸如有限理性、多元主义和个人主义方法论等概念在不同的背景中会出现不同的解读，甚至直接被忽视。那么，这些概念要如何适用于这些情境？斯托格斯塔德（2001：420）指出："许多现有政策'理论'的优劣取决于诸多因素。其中一个重要的因素就在于理论的根据是否与所针对的社会、经济和政体相契合。"我们亟须解决的，正是理论体系的核心设想与社会经济、政治文化、历史条件加之发展中政体的现实情况之间的这种错位。

中国经验

鉴于中国在 20 世纪前半叶所遭受的苦难，其在当代社会的崛起是一件不容忽视的事。哥伦比亚大学全球政策研究所的莱斯特·布朗（Lester R. Brown）如是强调："中国不再仅仅是一个发展中国家。她是新兴的超级经济大国，她正在书写经济历史。"中国仅需一代人的时间就能将 8 亿人民带出绝对贫困。因此，从某种意义上来说，中国不仅创造了经济上的历史，更创造了制定公共政策的历史。要得到这样的成果，中国的公共政策制定过程和思想方针必然是正确的。基于此，本研究力求从中国政策的经验出发，研究并分析主辅信息，得出一些在我们看来推动中国过去 30 年里各领域政策变动的关键因素。

政策的制定似乎对中国有着至关重要的作用。国家因此对政策链有着公开的、强有力的保障队伍。根据中国宪法第一章和马克思列宁主义衍生的国家组织原则，这支队伍受到国家法律保护（杨，2004）。但是，除却意识形态中清教主义的部分，中国在其公共政策中扮演的角色仍处于发展阶段。言下之意就是，尽管市场的分配效用得到国家承认，但国家仍保有"适时"干预政策链的权力。也就是说，市场是有力的，但其并非最高权力。

中国政府在能源领域所扮演的角色正好佐证了上述观点。我们认为，中国政府在类似能源板块这样的关键性领域所做出的举动强烈表明了其在其他部门也会有类似的行为。到 1997 年，中国正式成为石油净进口国，这标志着能源来源对高度活跃的中国经济的重要性日益提高。因此，确保本地和国际能源来源的安全对于中国的国家、经济和社会安全至关重要。在这方面，中国政府的角色具有指导意义，甚至可以说，在中国能源政策形成过程中，中国政府从议程设定阶段到最终阶段都发挥着核心作用。

为确保其在全球的石油和天然气供应，中国已经在世界范围内部署起外交力量。中国国家石油公司（NOCs）包括：中国石油天然气集团有限公司（CNPC）、中国海洋石油集团有限公司（CNOOC）和中国石油化工集团有限公司（SINOPEC）。部署石油外交可保障这些石油公司安全地保有足量的可盈利石油和天然气资源，尤其是股本石油。国家发展和改革委员会（NDRC）国家能源领导小组办公室制定了中国能源政策的议程，该议程在范围上和特性上都具有战略意义。这个战略有两个方面：第一，降低对马六甲海峡运输的依赖以保障中国的能源供应；第二，限制中国对国际石油市场上西方石油大国供应的依赖。因此，中国的能源政策很大程度上不仅仅是受利益驱动，而且是取决于更广泛的地理战略考量，而这与决策者眼中中国在世界的定位息息相关。

这点使我们关注到战略在中国政策形成过程中所起的作用。先前的例证也说明了中国决策者在能源领域的战略考量。我们认为，战略主题也贯穿了其他领域的政策（林，2018），并且在当代中国历史发展上起着关键性作用。关于战略的文献庞大而密集。可以说，在文献中，似乎正是因为企业管理方面的学者在战略问题上的论述，公共部门才开始认真地对待这一概念。这也就解释了战略计划这一部分在公共政策形成中地位的上升〔战略计划最初出现在 20 世纪 60 年代的美欧，主要通过计划、项目和预算系统（PPBS）〕，而这遭到了明茨伯格（Mintzberg）的谴责。对明茨伯格而言，战略和计划大相径庭（后者可以说是前者形成的辅助）。他认为，战略包括四个概念，也即计划、模式、立场和视角。因此，按照明茨伯格所说，这里的战略应被理解为一种灵活的决策和行动模式，而此模式的基石则是一套明确的世界观，其内涵为在给定的时间范围内实现特定目标，从而最终获得相对的竞争优势。

中国的发展经历表明，其在本文所述的战略上的关注是毋庸置疑的。到了 20 世纪 50 年代，中国与苏联的合作主要聚焦于"建立一套提升储蓄和投资的机制（诺顿，1991：229）"和"有效地分配投资的政策（包括建立可用于做出分配决策的相关机构）（诺顿，1991：230）"。中国战略家已然意识到储蓄和投资的重要性（本质上是内部驱动的），并且将其与未来的政策目标挂钩。从这个角度看，50 年代见证了中国第一个五年计划的产生，而这个五年计划的重中之重就在于 156 个项目，这些项目不到四年就迅速取得了成果。这一战略手段为中国工业化和其将来成为全球经济强国奠定了基础。与此同时，中国也注重人力资源发展。诺顿（Naughton）（1991：32）明确说："人力资源的投资在某种意义上甚至更重要。50 年代的一大特点就是大规模投资人力资源伴随着大规模创建机构以发展人力资源。中国建成了重点大学和研究机构的网络，并广泛建立了培训和职业学校。"诺顿（1991：232）补充道：

> 这段时期的人力资源发展真正让人震惊之处莫过于其普及程度。几乎各行各业都在通过各种渠道发展技术。科学家和管理者、工人和技术人员可谓同等地得到培训；知识的传播既可通过文字和

图案，也可通过训练和现场顾问。

因此，改革开放是中国在仔细研究全球经济、金融、政治、产业和技术潮流后的一系列高瞻远瞩的战略性作为。所以说，邓小平访问新加坡和其他国家，建立经济特区，并在特定领域对外国直接投资开放中国经济，这些举动对中国政策的蓝图基本上是正确的。江泽民时期的关注点在于中国的国际科技竞争力，这一政策在胡锦涛时期得以延续。同时，胡锦涛的科学发展观还关注到社会和谐与可持续发展。而目前的习近平思想则反映了一个战略上既集中又灵活的政策形成过程。

此外，这些中国政策形成过程的主题中必须加入观念上的独立性和创新性。观念独立在此意指中国在制定政策时认识到别国的发展经验并不一定全然适用于中国。中国借鉴他国经验但依据本国历史、社会政治和文化等国情进行调整。中国用"社会主义特色的市场经济"一词来描绘其经济社会组织体系，这很好地佐证了我们的观点。

中国在改革时期与世界银行（WB）的关系强烈地证明了这种观念上的独立性。正如世界银行（2006）强调，"鉴于中国的财政状况与中国相应的发展规划"，世行力求使其与中国的关系基于"对（中国这个）客户利益的了解"。1980 年，中国与世界银行的关系正式开始。博特利耶（Bottelier）告诉我们，到 20 世纪 90 年代末，中国与世界银行的互动已经显著减少，其标志就是在诸如技术、体质和概念创新等领域上的选择性支持（博特利耶，2007：241）。世界银行趋于将其新自由主义市场经济强加于发展中国家，而与此情境形成鲜明对比的是，中国在发展议程中将世界银行的意图与自己的国情相结合。博特利耶（2007：243）如是强调之前的观点：

> 世界银行被视为一个宝贵的资源，它提供了技术建议、相关的国际经验和其他国家在发展进程中如何成功或失败的信息。世界银行成了一个向导（强调符号来自笔者）。

世界银行在其他的发展中国家那里一贯扮演着主人的角色，对中国却不能如此了。在任何情境中，中国都"很清楚她想从世界银行获取什么"（博特利耶，2007：245）；她要的是技术支持和金融援助，而不是一些关于如何运作社会和经济的权威指示。

在中国建立政策的过程中，她亦展现出了创新性，打破了一些尤其是来自西方的正统观念。在文献中，中国的政策发展之路也被特称为"摸着石头过河"。20世纪80年代邓小平在公共部门的改革中就有一个很好的案例。李（Li，1998：393-97）这样写道："中国政府行为的变革是戏剧性的，难以用传统的思想去解释。"比如，当时其中一个政策手段就是基于年龄和教育的强制性退休，这样既可以裁减多余的人员（从而减少公共部门的支出），又能提高效率和效力。尽管这样的手段在全球大多数公共部门改革中数见不鲜〔阿莫阿（Amoah），2008〕，但在中国的案例中，那些已退休（离休）的高级官员有权获取机密文件，也可以使用官方津贴，例如汽车、住房等。另外，政府机构也有权建立商业公司并雇佣那些即将退休的官员；从官僚机构到企业界的转变也称"下海"。有了这样独特的中式创新，改革得到了官僚届的支持，并防止了裁员造成的社会错位。

上文（粗略）探讨了中国的政策经验，其中一些关键的概念应当在发展中国家的政策建立机制中得到考量。诚然，这些概念或许不专属于中国。但中国从一个低收入、不发达的国家崛起成了世界大国，已是不争的事实。其他发展中国家在制定政策时若无视中国经验，则无疑是愚昧的。

结　语

本文的任务是引起人们对中国整个成功的发展经历中政策制定价值的重视。这个呼吁至关重要。首先，诸多关乎中国崛起的解说都忽略了政策形成问题。再者，发展中国家将政策理论依据自身国情量体裁衣的做法在文献中是缺失的，而这些发展中国家普遍的状态仍处于不发达阶段。本质上，本文受历史上其中一个成功的（甚至可以说是最成功的）发展中国家的经验启发，旨在为公共政策理

论的发展提供依据。这对于一个共同繁荣、更大公平的未来世界至
关重要。

（谢飞 译）

中国历史进程和经济全球化

艾哈迈德·拉沃尔（Ahmid Lawal）

尼日利亚《蓝图报》总编

本文将探讨中国全球化历史，并阐述已融入中国社会的经济、社会和文化因素。

汉　朝

中国历史上第一个参与国际事务的朝代是汉朝。汉朝（公元前 206 ~ 公元 220 年）是中国第二个王朝。汉初，北部的匈奴进攻边界并企图获取财富。汉武帝欲与大月氏联盟以共同抵抗匈奴。为此，汉武帝派张骞西行，以建立经济文化联结。据史料记载，汉朝时期中国与欧洲共有四大交通渠道，包括北部陆路、中央陆路、南部海路和远南海路。

这其中最著名的就是中央陆路，也就是传统的丝绸之路。丝绸之路的网络途经土耳其斯坦和北波斯的绿洲，从中国西北一直延伸到叙利亚和黑海港口。丝绸之路对中国皇帝来说至关重要，它使得中国在中亚占据了主导地位，并为中国珍贵资源的出口提供了新的市场。

唐　朝

唐朝（公元 618 ~ 907 年）通常被认为是中国古代历史上最伟大的王朝。它是中国改革与文化发展的黄金时代，其留下的政治财富在今天的中国政策中依旧可以看到。

大唐王朝见证了新一轮的城市化和海上商业的兴起。例如，唐代的国都长安就已然发展成了当时最大的城市之一。到了公元 742 年，长安人口几乎已经达到两百万人，人口普查表明，当时有五千个外国人生活在长安，他们来自土耳其、伊朗、印度和其他丝绸之路沿线国家。贸易蓬勃发展，为中国带来了更多的外国人、外国的宗教和思想。

宋　朝

宋朝（公元 960~1279 年）见证了中国的科技发展、人口增长、孜孜探索和诸多战事。

宋朝时期，丝绸之路不再依赖于国内贸易，转而聚焦于太平洋区域。此时的贸易得到了大型商船和国家海军的支持，远涉中东、印度和非洲海岸。在此期间，由于来自北部边界的军事威胁，政府开始严格管制对外贸易。为了检测国际贸易中的商品流动，政府还设立了商船局，对来往船只征税。另外，国际贸易不再仅仅被当成一种文化交流，而是中国经济上升的必然。

20 世纪的中国

中国在现代建国时期为平衡经济和社会政治教育付出了诸多努力，这样的努力可以追溯到清朝末期的艰苦斗争，彼时中国遭受外国侵略，现代化进程遭破坏，国家兴存亦遭到威胁。这样的境遇一直延续到中华民国（1912~1949 年）和中国人民共和国的建立，并持续走入现代中国。

1949 年后的中国迎来了社会制度的重新洗牌，旧社会的旧机构和旧世界观被彻底改革，以求适应现代国家体制。1989 年春夏之交的政治风波后，中国政府进行了一系列改革，旨在提升国家经济并抑制民主情绪在国内扩散。对中共而言，西方式民主会导致政治不稳，而政治不稳则会阻碍经济发展。这样的观念在国内被广为接受。

1989 年，中国已是世界上第一大人口国，但其国内生产总值（GDP）却只排到世界第九。而 25 年后，中国经济已然跃居世界第二，仅次于美国。这样的经济大发展并不是没有代价的。尽管经济改革和全球化为中国带来了史无前例的财富，但也带来了巨大的二氧化碳排放。

21 世纪的中国

自 2005 年以来，中国已在撒哈拉以南非洲地区投入超过 560 亿美元，在诸如石油、铂、铜、镍、锰以及其他采掘业上投入大量资金。中国与非洲国家的双边贸易额从 2000 年的 100 亿美元升至 2010 年 1250 亿美元，并有望在 2015 年达到 3000 亿美元，从而取代美国的非洲最大贸易伙伴地位。中国和拉丁美洲之间的贸易也急剧增长，以贷款和直接外贸投资为主，贸易额在 2000 年到 2010 年间上涨将近 1500%。中国是西方对伊朗制裁过程中主要赢家之一，她允许西方国家成为其最大贸易伙伴并以人民币的形式每天购买 40 万桶石油，从而提高人民币相对美元的国际地位。

中国推出"沪港通"和"深港通"，走出了其融入世界金融体系的第一步。中国在世界金融体系中参与度的提升会带来许多影响，对中国和西方而言都是有利有弊。

在香港，人们担心全球化的发展会带来更严重的"中国化"，许多政治斗争也因此展开。正如著作《圣战与麦当劳世界》（*Jihad vs. McWorld*）中探讨的那样，加大全球贸易和公司对政治过程的控制会削减当地社区的自治性和权力。社区越是和大陆一体化，就越是能繁荣富足，但问题在于大部分好处都分给了商业大亨和企业精英，这也可以看作中国收入愈发不平等的一个佐证。

自 1980 年以来，中国经历了一系列针对经济体制的改革，力求从计划经济转为结合了社会主义计划经济体制和资本主义市场机制的市场导向经济。随之便诞生了四大经济特区，国家商业法对这些地区倾斜，旨在增加贸易、投资并创造就业机会。这是由邓小平率先发起的，他力图打造一个在经济上更加开放的中国，而这种新的经济自由化和全球化的结果是可观的。1978 年至 2012 年间，中国 GDP 每年增长约 9.8%，GDP 总量增长了 22.5 倍，而人均 GDP 的年增长率则为 8.5%，同期增长了 15 倍。到 2010 年，中国已超过日本成为世界第二大经济体，同时其出口量也超过了德国，成为世界第一大出口国。中国 GDP 的大幅增长也使得中国人民的生活水平提高，人民收入每 10 年翻一番，甚至翻两番。在这场经济奇迹中，中国的收入分配不平等问题急剧加重。

经济全球化使中国改变了国家政策的偏向，使世界其他地区难以断言其真正意图为何。美国一直带头提倡中国加大经济自由化力度，而中国的快速发展则使之进退两难。中国经济实力的提升在本质上有利有弊，人们难以判断她是否会支持现有的国际秩序，或是挑战它。

人民币价值相对美元而言是被低估的，人们也由此思考，一个更灵活的汇率是否会更有利于中国经济。但大多数专家认为，汇率上的大幅调整是没有必要的。当下政策的重点应当放在国内金融板块，而非国际金融上。

文化转变

中国人民虽渴望全球化，但同时也担心失去自身的文化、身份和历史。英语渗入中国（乃至世界）文化，哪怕只是很小的程度，也同样使人担忧。在部分人眼中，英语无异于新型鸦片。从这里我们也可以看出中国国内对英语日益上升的排斥情绪，但问题在于，英语又是国际贸易与交流的主导语言。

中国如今在语言选择和母语认同方面面临着诸多问题，部分原因也是来自全球化背景下国外英语带来的冲击。尽管在"文化大革命"期间，英语被谴责为一门帝国主义和资产阶级的语言，但它仍被看作中国现代化和融入世界进程一个必要工具。在 20 世纪 90 年代，中国主要港口大连的市政规划者曾力图将这座城市打造成贸易、金融和旅游业的区域枢纽，使之成为"北方香港"。

参考文献

Killion，U.（2006），*A Modern Chinese Journey to the West*，New York：Nova Science Publishers，Inc.

Wild，O.（1992），The Silk road，Retrieved from "Archived copy"，archived from the original on 2016 - 03 - 15. Retrieved 2016 - 03 - 15.

G. Veeck，C. Pannell，C. Smith and Y. Huang.，"China's Geography：Rowman and

Littlefield", Lanham MD, 2007.

Duara, Prasenjit (2008), "History and Globalization in China's Long Twentieth Century", *Modern China.*

O'Mahoney, Joseph; Wang, Zheng (Fall 2014), "China's 1989 Choice: the Paradox of Seeking Wealth and Democracy", wilsonquarterly. com, *Wilson Quarterly.* Retrieved 2015 – 12 – 09.

"China: Empire Building in the Age of Globalization-The Globalist", *The Globalist*, 2013 – 04 – 17. Retrieved 2015 – 12 – 09.

Warner, Jeremy (2014 – 11 – 21), " 'Globalisation 2. 0' – the Revolution That Will Change the World", Telegraph. co. uk. Retrieved 2015 – 12 – 09.

Wang, Zheng. , "China's New Identity Crisis", TIME. com, Retrieved 2015 – 12 – 09.

Shen, Qianqi (2017), "Planning Special Economic Zones in China", *The Routledge Companion to Planning in the Global South*, Routledge, pp. 104 – 114, doi: 10. 4324/ 9781317392842 – 9, ISBN 9781315678993.

Xue, JinJun; Chuliang, Luo; Shi, Li (2014) . "Globalization, Liberalization and Income Inequality: The Case of China", *Singapore Economic Review.*

Liang, Wei (2007), "China: Globalization and the Emergence of a New Status Quo Power?", *Asian Perspectives.*

Bowles, Paul (2007), "Review of Economic Growth, Transition and Globalization in China", *The China Journal.*

Zhao, Yong (2007), "Reviewed Work: English and Globalization: Perspectives from Hong Kong and Mainland China", *Language in Society*, 36 (2). doi: 10. 1017/ s0047404507230131.

Jin, Liu (2012), *Chinese Under Globalization: Emerging Trends in Language Use in China*, Singapore: World Scientific Publishing Company.

（谢飞 译）

论西巴尔干半岛与中华人民共和国之间的政治经济关系

米洛斯·金吉奇（Milos Djindjic）

欧洲政策中心

摘 要

本文首先介绍欧洲西巴尔干地区与中华人民共和国之间近来日益频繁的合作。对于西巴尔干国家而言，其与中国日益增加的合作与其在欧盟的一体化进程是并驾齐驱的。合作主要表现在经济活动的增加和基础设施项目的实施，中国也由此成为西巴尔干国家最重要的发展伙伴之一。此外，本文更深入地探讨了双方合作增加的原因，并着眼于西巴尔干国家在其目前政治经济地位和加入欧盟的战略计划的双重背景下所面临的机遇、利益和潜在可能性。为解决这些问题，笔者参考了有关中华人民共和国与西巴尔干国家关系的政策文献。

引 言

西巴尔干国家加入欧盟的进程已开展十年有余。政治精英们有意促进西巴尔干国家走进欧盟当下的政治经济环境，基于此，尽管这些国家在加入欧盟的进程中各自处于不同的阶段，一些行政上、结构上和经济上的改革仍旧应运而生。与此同时，这些国家也在积极建立和维持与其他国际参与者（比如国家、国际组织和金融组织）的关系，它们为了自身的发展目标而追求更为国际化的经济政治战略。而其中一个在该地区日益彰显存在感的玩家，就是中华人民共和国，其主要策略就是和该地区国家在基础设施和开发工作上展开合作。本文解释了为何这些国家会寻求中方援助或是青睐发展合作，这样的合作又是否能帮助当地政府实现该地区走向欧盟的政策目标，如果能，又是如何实现的。

本文首先就西巴尔干国家与中国关系的尺度提供一些简要信息，以此设定文章背景。接着，本文会涉及西巴尔干国家与中国关系日益密切的背后原因。随后解释了这种愈发紧密的合作带来的成果和可能的结果（不管是否在计划内）。最后，文章将就此事在西巴尔干 - 欧盟关系中起到的作用提出见解。

中国与西巴尔干地区上升的关系

随着"中国与西巴尔干国家的金融经济联系自 2015 年来显著上升"①，中华人民共和国已是公认的西巴尔干地区越来越重要的经济参与者。在政治方面，中国与包括阿尔巴尼亚、黑山和塞尔维亚在内的西巴尔干国家建立了双边贸易协定②；其中中国与塞尔维亚的关系是最领先的，因为双方政府签订了战略伙伴协议③。一些学者认为，除却个别国家外，中国几乎只用了十年时间就已经位列西巴尔干国家外国投资的榜首④。这主要得益于集中在基础设施领域的开发项目，这些项目的展开靠的是中国直接借贷给西巴尔干国家⑤。

与此同时，欧盟依旧是所有西巴尔干国家的最大贸易伙伴，占西巴尔干地区贸易总额的 70%，且在十年内将该地区对欧盟的出口提

---

① Mariya Hake and Alice Radzyner, *Western Balkans*: *Growing Economic Ties with Turkey*, *Russia and China*, BOFIT Policy Brief, 2019 No. 1, p. 8.

② Mariya Hake and Alice Radzyner, *Western Balkans*: *Growing Economic Ties with Turkey*, *Russia and China*, BOFIT Policy Brief, 2019 No. 1, p. 8.

③ Dragan Pavlićević, *The Sino-Serbian Strategic Partnership in a Sino-EU Relationship Context*, China Policy Institute, The University of Nottingham, April 2011.

④ Mariya Hake and Alice Radzyner, *Western Balkans*: *Growing Economic Ties with Turkey*, *Russia and China*, BOFIT Policy Brief, 2019 No. 1, p. 9.

⑤ Plamen Tonchev, *China's Road*: *into the Western Balkans*, European Union Institute for Security Studies（EUISS）, February 2017, p. 2.

高了130%①。此外，尽管中国与西巴尔干地区之间的双边贸易实现了一定程度的增幅，但这在西巴尔干国家总体贸易（进口和出口）中仍然只占了一小部分，而大部分国家其实正面临着对中国的贸易逆差②。

然而整体来说，中国和西巴尔干地区在十年内还是取得了重大突破，尤其是在经济方面：从 2007 年到 2017 年，中国基础设施项目"向 16 个中欧和东南欧国家提供了约 122 亿欧元的贷款"，而西巴尔干国家"占据了大部分资金：光塞尔维亚的项目就占去了 29.4%，波斯尼亚和黑塞哥维那占了 20.7%，黑山 7.4%"。③ 尽管双方在其他诸如文化、人文关系等领域也已经出现一些倡议与交流，但经济上的联系已然成为主导力量，这既主要表现在中国在基础设施上的资金投入，也表现在其对该地区国家能源板块的兴趣④。

中国与西巴尔干地区建立关系的背后原因及其重要性

要解释中国与该地区关系加强的原因，就必须提到两项倡议：一是"一带一路"倡议，二是中国 – 中东欧国家合作，也就是所谓的"17 + 1 合作"。前者目的在于"建设联结亚非欧的能源、贸易和交

① https：//ec. europa. eu/trade/policy/countries – and – regions/regions/western – balkans/.

② Milan Igrutinovic，Milos Janjic，Strahinja Subotic，*Chinese Strategy in the Western Balkans，How Can the EU and the Western Balkan Countries Address the Political and Economic Impact of China's Involvement in the Region？* WeBuildEurope THINK Initiative GmbH，2019，p. 57.

③ Wolfgang Petritsch，Philipp Freund，*External Actors and European Integration in the Western Balkans*，Focus on European Economic Integration Q3/18，p. 62.

④ Milan Igrutinovic，Milos Janjic，Strahinja Subotic，*Chinese Strategy in the Western Balkans，How Can the EU and the Western Balkan Countries Address the Political and Economic Impact of China's Involvement in the Region？* WeBuildEurope THINK Initiative GmbH，2019，p. 56.

通基本设施的网络"①，而后者——"17 + 1 合作"——则代表了一项包括欧盟和非欧盟国家在内的区域性倡议，鉴于欧洲是"一带一路"全球路线中的其中一站，此倡议协调了各个项目和各类交流，以确保中国和欧洲国家的联结性②。在这个意义上，从"一带一路"的角度出发，西巴尔干地区与欧洲市场直接挂钩，可谓最重要的地缘经济区域之一。

另外，一些学者甚至认为中国 – 西巴尔干道路与欧盟互联互通规划③密切相关，而"一带一路"倡议则是欧盟在该地区"加大参与度"的潜在动机④。也有人指出，中国在该地区日益上升的参与度是得到当地政府欢迎的，因为它填补了发展过程中资本内流的缺口⑤。再者，有人认为"西巴尔干是中国物资抵达欧洲的一条重要的中转路线"，因为西巴尔干与希腊比雷埃夫斯港（该港口的设备受到中国企业的巨大投资）互有关联，而这给中国通往欧洲提供了一条新道路⑥。

这些原因考虑到了西巴尔干在"一带一路"途中的邻近性和重要性，是偏向地缘经济性的解释。与之并列的原因则是纯经济的因素，例

---

① Wolfgang Petritsch, Philipp Freund, *External Actors and European Integration in the Western Balkans*, Focus on European Economic Integration Q3/18, p. 62.

② http：//www. china – ceec. org/eng/zdogjhz_ 1/t1575579. htm.

③ 规划旨在提高西巴尔干地区内部的联结性、西巴尔干与欧盟的联结性，以此为西巴尔干地区的居民带来工作岗位和利益。更多信息参见 https：//ec. europa. eu/neighbourhood – enlargement/sites/near/files/connectivity – agenda – 2018 – sofia – summit. pdf。

④ Milan Igrutinovic, Milos Janjic, Strahinja Subotic. *Chinese Strategy in the Western Balkans*, *How Can the EU and the Western Balkan Countries Address the Political and Economic Impact of China's Involvement in the Region*? WeBuildEurope THINK Initiative GmbH, 2019, p. 70.

⑤ Plamen Tonchev. *China's Road*：*into the Western Balkans*, European Union Institute for Security Studies（EUISS）, February 2017, p. 2.

⑥ Wolfgang Petritsch, Philipp Freund, *External actors and European integration in the Western Balkans*, Focus on European Economic Integration Q3/18, p. 62.

如具有竞争力的价格、西巴尔干地区在投资上提供的适量回报①。另外，尽管中国与西巴尔干地区的联系在本质上是更偏经济的，但双方之间的双边政治合作也在增加，"主要表现在越来越多的年度峰会、外交接触和会谈"。②

中国－西巴尔干关系上升的成果和潜在影响

当前文献表明，人们对这个上升关系的当下和长期成果与影响持有多种观点。本节就中国－西巴尔干地区日益密切的关系所带来的利弊做一个简单陈述，并聚焦于经济方面、透明度和西巴尔干国家加入欧盟的进程。

如上所述，西巴尔干政府从中获得的一大利益在于重大投资项目上的资金援助，这笔钱从别的渠道是很难得到的。而这可以帮助它们实现一定程度的发展并加快加入欧盟的进程③。另一方面，对包括中国企业在内的外国投资者而言，西巴尔干地区有助于他们开发那些尚未属于欧盟且正处于调整期的欧洲市场④。换句话说，西巴尔干代表了中国与欧盟市场在以投资为导向的业务上的又一联结。

然而，从另外的角度来看，这件事情也存在潜在的负面效果。首先，人们越来越怀疑西巴尔干国家是否有这个能力来应对贷款性质的投资所带来的债务问题，这种情况会导致债务水平上涨且变得不可持续，并导致——尤其是该地区类似黑山这样公共债务水平（和对中国的负

---

① *Corporate China In Western Balkans. Seminar Report*, prepared by: Cooperation and Development Institute – CDI, Tirana, June 2019, p. 5.

② Milan Igrutinovic, Milos Janjic, Strahinja Subotic, *Chinese Strategy in the Western Balkans, How Can the EU and the Western Balkan Countries Address the Political and Economic Impact of China's Involvement in the Region?* WeBuildEurope THINK Initiative GmbH, 2019, p. 4.

③ Mariya Hake and Alice Radzyner, *Western Balkans: Growing Economic Ties with Turkey, Russia and China*, BOFIT Policy Brief, 2019 No. 1, p 10.

④ Wolfgang Petritsch, Philipp Freund, *External Actors and European Integration in the Western Balkans*, Focus on European Economic Integration Q3/18, p. 62.

债）已经很高的国家①——至少是短期的债务依赖②。同时，有人认为
这件事情对西巴尔干的经济并没有太大的溢出效应，因为西巴尔干国家
几乎不使用它们自己的资源；在实施上它们往往依赖于来自中国的工
作、供给和物料③。

尽管如此，最令人担忧的还是此事对西巴尔干加入欧盟进程的影
响，而加入欧盟一直是这些西巴尔干国家的战略目标。由于和欧盟达
成了一定的协议，这些国家在加入欧盟的进程中已经承担了一定程度
的义务，其中一些国家正在和欧盟谈判其成员资格。西巴尔干国家加
入欧盟的政治心愿是人尽皆知的，双方迄今为止也都在入欧进程中投
入了大量资源，即便如此，人们仍难免对西巴尔干国家在诸如竞争政
策、国家援助和不同社会、经济或环境标准实施上的贡献度产生疑问，
这一点和其他参与者在西巴尔干市场上的参与度相比则更明显。另外，
最新几则关于入欧的民意调查显示，公众愈发地支持入欧，这意味着
我们需要考虑到另一层面：根据巴尔干最新晴雨表显示，西巴尔干国
家对入欧的支持"持续加速上涨（从 2017 年的 49% 上升到 2018 年的
56%），这个数据也使得本次调查成了第一个有超过一半的受访者支持
入欧的调查"。④

也有人说我们几乎没必要担心。欧盟对西巴尔干地区在贸易上和外

---

① Milan Igrutinovic, Milos Janjic, Strahinja Subotic, *Chinese Strategy in the Western Balkans*, *How Can the EU and the Western Balkan Countries Address the Political and Economic Impact of China's Involvement in the Region?* WeBuildEurope THINK Initiative GmbH, 2019, p. 31.

② Mariya Hake and Alice Radzyner, *Western Balkans*：*Growing Economic Ties with Turkey*, *Russia and China*, BOFIT Policy Brief, 2019 No. 1, p 11.

③ Mario Holzner, Monika Schwarzhappel, *Infrastructure Investment in the Western Balkans*：*A First Analysis*, Vienna Institute for International Economic Studies, the European Investment Bank, 2018, p. 16.

④ *Balkan Barometer 2019*, *Public Opinion Analytical Report*, Regional Cooperation Council, 2019, p. 36.

资直接投资上都是最大的①。并且欧盟和中国在该地区开展的项目是互补而非竞争的②。尽管如此，西巴尔干国家已把加入欧盟作为战略方向，从这个角度来看，我们万不能小看这些国家入欧的进程，毕竟包括逐步遵守欧洲单一市场规则在内的诸多改革正在展开。

基于此，很多学者都担心西巴尔干外来投资的项目会威胁到透明性和竞争环境，因为这些项目并不一定在明令法规的框架内实施。换句话说，由于项目合同可以基于国家间的协议而无须正式的采购和招标，西巴尔干地区的决策者就可以纯粹出于政治标准而倾向于分包合同③。在承认此类主张重要性的同时，也有人认为"这样的担心不是唯独针对中国的项目，在与其他外国伙伴进行商业行为时也一样有效。这植根于国内政治和取向，而非来自国外的影响"。④

结　论

本文首先概述了近来西巴尔干国家与中华人民共和国之间合作上的兴起。接着，本文探讨了促进双方经济上双边关系愈发密切的一些因素。文章随后阐释了此类合作对西巴尔干国家和中国带来的利益，并通过对当代一系列专家和政策文献的解读，进一步针对西巴尔干国家就此

---

① Mario Holzner, Monika Schwarzhappel, *Infrastructure Investment in the Western Balkans: A First Analysis*, Vienna Institute for International Economic Studies, the European Investment Bank, 2018, p. 15.

② Mario Holzner, Monika Schwarzhappel, *Infrastructure Investment in the Western Balkans: A First Analysis*, Vienna Institute for International Economic Studies, the European Investment Bank, 2018, p. 167.

③ Milan Igrutinovic, Milos Janjic, Strahinja Subotic, *Chinese Strategy in the Western Balkans, How Can the EU and the Western Balkan Countries Address the Political and Economic Impact of China's Involvement in the Region?* WeBuildEurope THINK Initiative GmbH, 2019, p. 65.

④ Milan Igrutinovic, Milos Janjic, Strahinja Subotic, *Chinese Strategy in the Western Balkans, How Can the EU and the Western Balkan Countries Address the Political and Economic Impact of China's Involvement in the Region?* WeBuildEurope THINK Initiative GmbH, 2019, p. 65.

合作的成果和影响提出了一些关键性问题。

本文的主要信息在于两点，它们看似不同但又互相关联：第一，对西巴尔干地区经济发展的影响；第二，对整个西巴尔干加入欧盟进程的影响。在第一点上，许多学者反复强调：中国的资金投入"填补了当地基础设施缺口"①，这使得西巴尔干政府至少在一定程度上可以更加专注于发展。同时，人们也担心这些国家是否有能力规避潜在的困难，是否能在大额借款面前避免主权债务问题，又是否会为了当地的经济利益而在实施投资项目时更依赖于当地资源（且不打破市场竞争）。

第二个关注点关系到加入欧盟的进程和该地区国家在这点上的不同要求，这个点常常引发担忧。鉴于西巴尔干"在过去的几年里一直倾力于入欧进程"②，对当地国家而言，坚守入欧过程的一切原则至关重要，这样入欧进程才不会中断。基于此，尽管欧盟依旧是西巴尔干国家的长期性战略选择，一些政策分析家也认为：事实上，西巴尔干国家当下和未来的发展"很大程度上是由欧盟和中国共同促进的"③，这也展现了西巴尔干地区的动态发展环境。

参考文献

Mariya Hake and Alice Radzyner, *Western Balkans：Growing Economic Ties with Turkey, Russia and China*, BOFIT Policy Brief, 2019 No. 1.

---

① *Experiences with Chinese investment in the Western Balkans and the Post-Soviet Space：Lessons for Central Europe?* EU Frontier Policy Paper No. 16, edited by Łukasz A. Janulewicz, Center for European Neighborhood Studies, Central European University, 2018, p. 16.

② Milan Igrutinovic, Milos Janjic, Strahinja Subotic. *Chinese Strategy in the Western Balkans, How Can the EU and the Western Balkan Countries Address the Political and Economic Impact of China's Involvement in the Region?* WeBuildEurope THINK Initiative GmbH, 2019, p. 53.

③ *Western Balkans, Infrastructure and Energy from A Geopolitical Perspective*, Conference Report, The Warsaw Institute Review, Poland, 2019, p. 26.

Milan Igrutinovic, Milos Janjic, Strahinja Subotic, *Chinese Strategy in the Western Balkans, How Can the EU and the Western Balkan Countries Address the Political and Economic Impact of China's Involvement in the Region?* WeBuildEurope THINK Initiative GmbH, 2019.

Milan Igrutinovic, Milos Janjic, Strahinja Subotic, *Chinese Strategy in the Western Balkans, How Can the EU and the Western Balkan Countries Address the Political and Economic Impact of China's Involvement in the Region?* WeBuildEurope THINK Initiative GmbH, 2019.

Plamen Tonchev. China's Road: into the Western Balkans, European Union Institute for Security Studies (EUISS), February 2017.

Corporate China In Western Balkans. Seminar Report, prepared by: Cooperation and Development Institute – CDI, Tirana, June 2019.

Wolfgang Petritsch, Philipp Freund, *External Actors and European Integration in the Western Balkans*, Focus on European Economic Integration Q3/18.

Dragan Pavlićević, *The Sino-Serbian Strategic Partnership in a Sino-EU Relationship Context*, China Policy Institute, The University of Nottingham, April 2011.

Alexandr Lagazzi, Michal Vít, *Chinese Influence in the Western Balkans: An Annual Review*, Policy Paper, EUROPEUM, March 2019.

Experiences with Chinese Investment in the Western Balkans and the post-Soviet Space: Lessons for Central Europe? EU Frontier Policy Paper No. 16, edited by Łukasz A. Janulewicz, Center for European Neighborhood Studies, Central European University, 2018.

Mario Holzner, Monika Schwarzhappel, *Infrastructure Investment in the Western Balkans: A First Analysis*, Vienna Institute for International Economic Studies, the European Investment Bank, 2018.

Western Balkans, Infrastructure and Energy from A Geopolitical Perspective, Conference Report, The Warsaw Institute Review, Poland, 2019.

Balkan Barometer 2019, Public Opinion Analytical Report, Regional Cooperation Council, 2019.

（谢飞 译）

中国全球化进程新视角：
针对中国企业形象的全球看法调研

彼得·托马斯·齐斯克（Peter Thomas Zysk）

英国博然思维集团北京办公室主任

执行摘要

中国企业正加速扩展其在海外的业务和投资。博然思维集团（Brunswick Group）调查了18个国家的中国企业领导和大众后认为：尽管中美之间存在贸易摩擦，人们大多仍对中国的全球化发展持积极看法。

我们对18个国家共计7500名大众进行了调查（在这18个国家里，中国企业都投入了巨资且表现出强烈的发展雄心）。我们还对300位中国企业的高管进行了调查，他们所在的公司有的已经在国际上扩张，有的就算没有，也已经在准备扩张的过程中。

中国在"一带一路"沿线国家中的投资与参与使其在全球公众面前树立起积极正面的形象；伙伴国家的受访者也表达了对投资带来正面影响的期望，但他们同时也对随之而来的政治影响表示担忧。此外，全球公众也对中国创新力和中国科技的繁荣发展持积极态度。

挑战依旧存在。中美贸易局势愈发紧张，美国民众对中国企业的看法分歧很大。不过，民众怀疑的态度大多仅限于中美双边关系上；其余市场则尚未对中方投资产生消极态度。与此同时，全球民族主义和（贸易）保护主义正甚嚣尘上，没有消退的迹象。

中国企业若想实现其海外拓展的雄心，就必须解决各式各样的棘手难题。主流媒体的描述给中国企业的形象蒙上了阴影，这也导致人们的看法变得好坏参差。同时，中国企业与当地社区的互动有限，这使得民众对中国企业的信任度只能停留在初级阶段。

中国企业出境势头强劲，而这一切似乎才刚刚开始。然而中国企业却低估了交流的重要性，这使得它们的全球化雄心岌岌可危。当今世界，中美正处于贸易摩擦，欧洲经历了英国脱欧，"一带一路"倡议（BRI）下的伙伴关系亦错综变化。中国企业若想在这样的国际背景下崛起，就必须更好地沟通其企业使命和核心理念，以加深公众对其企业目标和战略的理解。

随着企业和公众之间的对话深入展开，中国商业必将取得全球领导地位。但若想使这个领导地位得到支持和信任，中国还必须克服各种障碍。

主要发现

1. 全球化的雄心

中国企业领导者将企业的国际拓展视为其持续性发展的核心支柱。尽管也在国内市场看到了增进销售的机会，但他们的目光看得越来越远，几乎一半（49%）的受访者认为中国的海外出口和销售已经在过去的一年里变得愈发重要。西方市场、亚洲发展中国家市场和其他市场对中国来说都是扩张的领域。

2. 全球化故事由他人转述

中国企业已然实现了全球化。在过去的一年里，全球公众有三分之二（67%）的人已经听说了"一些"或"很多"有关中国企业的事。然而，只有十分之一（12%）的人得到的信息是直接来自中国企业的。相对于中国企业自己，真正在讲述企业故事的却是一些别的声音。其中主导的信息来源有：媒体报道、社交媒体评论和口耳相传。

3. "中国的名号"虽强，却也给企业带来风险

尽管中美贸易纠纷备受关注，中国企业在全球却依旧保有正面形象。全球公众中有四分之三（74%）的人对中国企业持积极观点，三分

之一（32%）的人表示"非常支持"。全球受众对中国企业的看法往往和他们对中国的看法密不可分，而二者之间这样的联系则使得企业不得不冒险使公众对它的态度基于其无法控制的因素。

4. 沿丝绸之路经济带各国、沿 21 世纪海上丝绸之路各国和西方各国对中国企业评价的细微差异

全球对中国企业的评价总体上是正面的，尽管如此，海外公司仍必须对各地区评价中的细微差异足够敏感，这些不同的声音都意味着独特的声誉挑战。"中国的名号"在海上丝绸之路打得是最响的，但在西方国家（美国、欧洲）却遭到了一定的怀疑，而丝绸之路经济带上的国家的态度则处于二者的中间地带。南亚各国和中东国家对中国企业表示"非常支持"，其热情程度比起美国和欧洲国家要高涨许多。

5. 新兴的创新领导者

中国企业在创新方面的出色表现是公认的，创新领域前景一片大好，但也充满风险。全球五分之四（82%）的受访者认为自己所在国家的人民从中国企业的创新性发展中得到了利益，但也有一半以上（56%）的人认为中国企业的创新是其非法盗用知识产权的产物。

6. 巩固信任需更多的互动

赢得并维持好当地社区的信任，对企业全球化拓展至关重要。三分之二的全球受众（65%）和中国企业领导（63%）都认为：若想在当地开展业务，企业受到信任与否很关键。目前看来，中国企业的受信程度良好，约四分之三（74%）的人愿意去相信他们。不过这样的信任是很脆弱的，企业一旦在环保、员工待遇、透明度和道德行为上表现不佳，就很有可能失去信任。

7. 说出你是做什么的、站什么立场

若想深入受众对企业的支持和信任，企业需要对外沟通其前景、价值体系和核心理念。人们得到的信息越多，也就能给出越多的信任。那些在过去一年里对中国企业"一无所知"或"所知甚浅"的受访者明显比那些已经获得"大量"信息的人表现出更少的支持和信任，而那些获得信息的人里，有五分之四的人都表示愿意支持（80%）和信任

（83%）中国企业。

8. "一带一路"沿线的伙伴关系和政治事务

"一带一路"倡议是决定中国企业的领导层如何评估未来发展机遇的一个关键性因素。然而在"一带一路"沿线各部分，人们对中国作为基础设施金融伙伴和发展伙伴的态度却有所差异。许多将中国视为首要发展伙伴的国家都在担心中国的财政援助会伴随着一定的政治干涉。

9. 能力越大，责任越大

对中国企业而言，在全球商业体系中占据领导地位并不是一种可能性——这是一种必然。世界上超过三分之二（69%）的人和大部分中国企业领导层都希望中国企业在"大多数"或说"许多"全球产业中成为引领者。更重要的是，人们期望这样的影响会是有益的。数据显示，超过三分之二（68%）的人都希望中国企业能为全球人们的生活带来积极影响。

详细发现

中国境外拓展的新视野

中国经济在经历几十年爆发式发展后持续降温，这使得更多的企业转向海外寻求发展机遇。这是一个长期趋势，也正在改变着全球的商业格局，对企业所有者、投资者、工人和消费者都有影响。

中国的企业领导者们普遍认为对外扩张是必然。中国企业领导者标记了一系列"极其重要"的事项，其中就包括中国海外出口和销售（48%）和海外并购（42%）。人们认为，这两条渠道各自都在过去一年里变的愈发重要。对很多中国企业来说，企业的未来越来越依托于中国境外的市场。

在中美持续贸易战的背景下，企业的态度很坚定。我们发现贸易紧张局势并没有妨碍企业领导者看到美国市场的巨大潜力，事实上，有35%（最高比例）的企业认为和其他国家比起来，美国是机会最多的国家。

中国的全球抱负也在扩大，意在进一步拓展至西方发达国家市场、亚洲的近邻和其他发展中经济体。除美国外，企业领导者也把目光投向东南亚（30%）、东亚（22%）、澳大利亚（21%）和英国（20%），并将这些国家和地区视为其首要的发展机遇。

对商业机遇看法乐观，区域差异大

几乎每个受调查国家都对中国的海外发展持支持态度。在全球公众中，四分之三（74%）的人对中国企业持正面看法，并且有三分之一（32%）的人表示"非常支持"。美国和捷克共和国是仅有的两个例外，但即便是在这两个市场中，人们的看法也分积极和消极（正面评价在两国分别占47%和49%）。中美贸易纠纷的不确定性依然主导着美国人民对中美未来贸易和商业关系的看法。

我们的调查表明，与西方国家相比，"一带一路"倡议下沿线国家对中国的全球化扩张表示出更强烈的积极性。大体来说，21世纪海上丝绸之路（途径东南亚、南亚，延伸至中东、东非）沿线的市场对中国企业的评价最为积极，而西方国家则更持怀疑态度。丝绸之路经济带（中亚、亚欧大陆和东欧）上的市场态度介于两极之间：总体是积极的，但不似海上丝绸之路沿路国家那般热烈。

举例而言，在调查中，非洲和南亚与中东国家的民众对中国企业表示"非常支持"的百分比是美国、欧盟和中亚与东欧的两倍不止（非洲53%，南亚与中东47%；美国13%，欧盟15%，中亚与东欧20%）。如果我们说西方对中国企业的态度是"冷"、海上丝绸之路国家的态度是"热"，那么丝绸之路经济带国家的态度就可以说是"不冷不热"。

另一个因地区而异的指标则是对中国企业和企业目的的认识程度。海上丝绸之路的国家民众接触到的信息比丝绸之路经济带国家和西方国家都要更深入。各地区对中国企业熟悉程度的评估结果表明，非洲（74%熟悉）和南亚与中东（76%）的熟悉程度最高，其次是中亚与东欧（60%），最后是欧盟（40%）和美国（42%）。数据部分解释了海上丝绸之路的国家对中国企业扩张的支持态度，这种信息与信任之间的联系也是我们此次调查和2016年调查的关键发现。

传达信息，解绑企业与国家

对当地的了解和在当地的曝光度是中国企业在境外取得成功的关键。我们的调查显示，在过去一年里对中国企业"一无所知"或"所知甚浅"的受访者给出的支持和信任相对较少，而那些已经获得"大量"信息的人里则有五分之四表示愿意支持（80%）和信任（83%）中国企业。

人们对中国企业的看法和他们对中国这个国家的看法密切相关。这样的绑定是可以理解的，尤其对于"一带一路"沿线国家而言，毕竟，中国企业在此的拓展都是由中国政府领导的。这种绑定是福是祸则取决于市场。全球来说，中国企业本身在全球公众面前的口碑并不似其他国家的企业（诸如英国、日本、德国和法国）那样高。然而，这种联结又会使其他因素的表现——包括中国政府在内——影响到人们对中国企业的评价。

中国企业减轻这些影响的关键途径就是沟通。据中国企业领导者们反馈，他们正在使用一系列平台和全球公众进行沟通。为了向全球参与者传播相关信息，三分之二（65%）的企业使用的是公司网站，超过一半的企业使用了媒体采访（54%）、市场广告（54%）和社交媒体（52%）。然而，其中部分渠道似乎无法将信息有效地传递到目标人群中去。

尽管三分之二（67%）的全球公众已经在过去的一年里听过"一些"或"很多"中国企业的信息，但只有十分之一（12%）的人是直接从企业得到信息的。相反的，媒体报道（56%）、社交媒体评论（48%）和口耳相传（35%）才是人们信息的主要来源。

媒体的介入成了中国企业难能可贵的沟通手段。全球受众在了解这些企业时将媒体报道列为他们最信任的信息渠道（52%），第二是学术研究（35%），而第三就是中国企业自己发布的信息（33%）——这也说明人们愿意接受企业积极主动的直接交流。当然，和受到人们信任的媒体多多互动也至关重要。

中国企业需要一些在如何塑造企业故事上的建议，在与全球受众分享这个故事时也可以用到一些帮助。然而，这些企业领导者却没有充分认识到企业对此类帮助的需求。在我们的调查中，他们将沟通顾问视为他们国际扩张中最无关紧要的外顾。可是沟通顾问其实非常重要，他们可以帮助确保企业的信息既准确无误又能有效地推进业务。

重要的不是企业如何讲述它的故事，而是这个故事的内容本身。在评估哪种叙述方式能最有效地为企业赢得支持时，将近三分之二（62%）的公众受访者认为，他们最先应该知道这个企业是干什么的（产品和/或服务）。光说企业的核心业务也是不够的。人们还强烈希望能听到一个企业的前景展望和价值体系（48%）、社会影响倡议和理念（42%）、还有一些核心信念（42%）。受访者认为，这些信息远比公司领导（33%）、员工（32%）和区域布局（30%）方面的信息更为重要。

大多数中国企业领导者在构撰企业故事时也会涵盖这些重要主题。他们将公司前景展望和价值体系的介绍（53%）与公司产品和服务的信息输出（52%）列为同等重要。协调好了这两大块重要的沟通内容，中国企业面对更大的受众群体时就有了一定的空间来发展其沟通功能，中国企业走向全球化过程中传递的信息在不同地区也能更好地"对症下药"。

创新是中国企业的强项，但并非全无风险

在国际公众眼中，中国企业最强之处是什么？创新。全球受访者中有将近一半的人认为中国企业的创新能力比大部分公司都要强（45%的同意率）。他们也认为中国企业具备优良的高层领导力和财务业绩（二者同意率皆为36%），这样的认可佐证了中国企业的崛起。

人们对中国企业创新的乐观态度尤其令人激动。五分之四（82%）的受访者表示他们的国家从中国企业的创新进展中得到了利益。然而，在创新的驱动力上，人们的意见产生了分歧。有人将中国创新归因于：在华外企的技术转让、现有模型与产品的复刻、中国企业的研发和突破性进展。赞成此三点的受访者在总人数中占比相同（大约四分之三），但同时也有超过一半（56%）的人认为，中国企业的创新乃是非法盗取知识产权的结果。

中国企业在创新上的出色表现尽管已得到了公认，但其做出的贡献却很有可能得不到足够的认可。中国 2017 年度在研发上的总开销为

2540 亿美元，这个数目位列全球第二，仅次于美国且二者的差距正在迅速缩小①。在过去七年里，中国的专利申请数也一直位于世界前列，仅在 2017 年就有 136 万项专利申请②。企业做了那么多，向外界传递出去的信息似乎却有些脱节。

"一带一路"倡议：中国深入全球化的新领域

"一带一路"倡议是习近平在 2013 年提出的，它扩大了中国对外投资和发展的领域。"一带一路"共覆盖 71 个国家，加起来占到世界人口的一半和全球国民生产总值的四分之一。根据美国企业研究所显示，中国迄今已投入资金 2100 亿美元，而中国企业在"一带一路"沿线已拿下超过 3400 亿美元的建设合同③。

这对中国企业来说是一个共同的巨变：几乎每个企业领导者都说"一带一路"倡议对他们的商业规划十分重要（95%），并且它在将来五年里会变得更加重要（94%）。那么，各地对他们的商业抱负在看法上又有什么细微差别呢？

中国企业在"一带一路"沿线总体上是备受推崇的，但人们的看法并非完全一致。来自中国企业的贷款对当地居民是福是祸，非洲、亚洲和西方对此各执看法。非洲（南非、肯尼亚、尼日利亚），部分东南亚和南亚国家（巴基斯坦、马来西亚、泰国）和哈萨克斯坦对中方给出的发展援助十分欢迎。在新加坡、印度尼西亚、阿联酋、匈牙利和乌克兰则出现了不同的声音。而对印度、巴西和西方国家（美国、英国、德国和捷克共和国）而言，中国可否作为一个发展伙伴仍值得怀疑。

在马来西亚和巴基斯坦，人们认为，这些贷款之所以会给当地居民带来不利，是由于伴随经济援助而来的政治影响。另外，南非、尼日利

---

① https：//www. sciencemag. org/news/2018/10/surging – rd – spending – china – narrows – gap – united – states.

② https：//www. telegraph. co. uk/news/world/china – watch/business/research – and – development – success – in – china/.

③ https：//www. theguardian. com/cities/ng – interactive/2018/jul/30/what – china – belt – road – initiative – silk – road – explainer.

亚、哈萨克斯坦、匈牙利、阿联酋、英国和美国民众对这些贷款的利弊也各执看法。对许多国家（德国、捷克共和国、乌克兰、新加坡、印度和巴西）而言，发展援助是有助于当地的基础工程建设的，但中国并不是它们理想的合作伙伴。泰国和肯尼亚是仅有的两个既认为援助有用又视中国为提供此类援助的最佳选择的国家。

总而言之，"一带一路"沿线国家——从达卡到比雷埃夫斯——的民众对该倡议的看法有好也有坏；人们承认"一带一路"带来的利益，但也看到了投资附带的政治包袱。

信任是一种宝贵而又脆弱的资源，加强社区互动可促进信任

信任是一种宝贵的当地资源。三分之二的全球受众（65%）和中国企业领导者（63%）都认为当地民众的信任对中国企业在海外的运作起到了至关重要的作用。那么，中国企业得到这种信任了吗？

根据我们调查显示，人们目前愿意相信中国企业——全球公众有四分之三（74%）的人相信这些企业——但这份信任是脆弱的。一半的人（53%）表示，他们只是"一定程度上相信"中国企业会为当地谋来福利。只有少数人给出了十足的信任，大多数当地社区目前则更愿意保持一定的警惕。

人们的顾虑似乎源于他们眼中企业在社区的不佳表现和外部的干预。全球受众认为，确保一个公司受到当地社区的信任（65%）与确保该公司产品和服务的质量（70%）可以说一样重要，而且应当比增加利润和股价（45%）更为要紧。在他们看来，和全球大多数企业相比，这些企业在环保（30%）、员工待遇（26%）、透明度（24%）和道德规范（23%）上做得并不够好，而这些不足之处也削减了他们的信任。

中国企业领导者知道这些声誉上的难题。他们也承认企业在诸如环保和透明度等方面做得确实不够。但他们并不完全承认人们指出的所有缺点——超过五分之二的（企业）受访者认为这个企业在道德（43%）、商业活动沟通（46%）和解释决策意图（37%）方面做得比全球大多数公司都要好。无论这个说法有没有担保，中国企业都需要认识到人们对其商业行为常常会有相反——有时甚至消极——的想法。

塑造全球商业的未来轮廓

尽管中国企业还需面对沟通上的难题，仍有超过三分之二的全球公众期望中国企业在"大多数"或"大量"全球产业中成为引领者（69%），并为全球人民的生活带来积极影响（68%）。中国企业领导者甚至更乐观。他们中四分之三（76%）的受访者都期望中国企业成为全球领导力量，而且几乎每一位企业领导（95%）都期望企业能带来积极影响。

尽管所有的受访者都同意中国企业迟早会成为领导力量，但人们对此事带来的当地影响却抱有不同看法。海上丝绸之路沿线大多数国家民众都相信中国企业在将来十年里会为国外市场带来积极影响（南亚与中东78%，非洲82%），但西方国家对此不大认同（美国45%，欧盟49%）。而丝绸之路经济带上国家的态度则位于二者中间（中亚与东欧61%）。

中国企业不是正在走向全球化，而是已经实现全球化了。它现在一边沿"一带一路"继续扩展，一边巩固其在西方的利益。中国发展的新时代主要特征在于其破碎的增长模式和经济、地缘政治影响。我们的调查展示了全球公众和企业自身对于中国企业所带来的机遇和挑战的看法。这是个充满不确定性的时代，也是个充满可能性的时代。

建　议

我们的研究指出了中国企业加强国际地位可以采用的一些具体措施。企业若是不能实现与公众的互动和沟通，则会失去他们的信任，且会面临政治上和声誉上的风险，而这会损害到它们的社会经营执照。

企业若想树立起更积极正面的形象，就必须增加国际受众对其自身的了解，这便要求更多、更好的沟通。沟通可以建立起企业透明度，对任何企业的公信建设都至关重要。

倘若您的公司正在国际上运作或有这个打算，您应该采取以下几个步骤来实现抱负：

● 了解背景：认清并了解企业在当地市场受到的影响因素。调研人们的看法也可帮助企业了解民众的期望和担忧。预估人们可能会担心什么，并提前想好对策，而非等出现问题了才去应对。

- 确认受众：认清企业活动的主要利益相关者和影响者，了解他们对您和您企业的看法。整理出所有对企业可能感兴趣的人，他们的目的和顾虑，这将帮助您防止某件事变得政治化或出现别的问题。

- 解决可发现的缺陷：我们的研究表明，中国企业在透明度、企业管理、可持续性和社区互动方面表现不佳。积极地在这些方面先发制人可助您提高企业声誉。

- 讲述企业故事：打造出为主要受众群体量身定做的企业故事，展现企业价值和发展轨迹。企业故事中所呈现的企业拓展价值应超越财务本身，且应该阐明企业对当地经济、员工和社会带去的利益。注意监测受众的情绪反馈，以便调整到正确的语气和可视度。

- 建立交流计划：建立一个互动计划，细化到何时、如何与受众互动。保持沉默并不能使企业在舆论中脱身，而拒绝回答大众的问题也会带来声誉影响。方案规划和风险预备能在企业遇到困境时助您一臂之力。

- 设计交流材料：创建引人注目的交流材料和网站，以吸引当地和全球受众。有关业务运营的附带材料应翻译成当地语言，并做到与全球领先企业相同的质量。

- 准备和训练：企业发言人应事先了解当地媒体、政治和商业环境的细微差异，您本人也应为和主要利益相关者的互动做好充分准备。

- 和对的利益相关者互动：定期规律地和利益相关者——政府、监管机构、媒体、学术界等会影响到企业形象的人——互动，可有助于企业在实现当地市场的目标时得到更多的支持。

- 知会政治决策者：确保政治家们对企业和一些关键事务有足够的了解。沟通上的一点点延迟都会增加企业沟通空缺处被批判之声填补的风险。解释好您的公司将如何帮助到当地，可助公司免受敌对言论的指责。

- 持续互动：信息的透明化可建立信任。高级领导层应当定期与关键影响者举行面对面会议，这样可以避免一些误解。面对面联系意味着大家能看到对方的脸，这有助于加强彼此的相互理解。

- 评估：进行定期的反馈审计，考核利益相关者对企业的看法并评估交流活动的进程；评估结果有助于企业实现将来的交流目标。

研究方法论

本报告基于以下调查研究展开：

n＝300 个中国企业领导者：那些已经或正计划走向国际的中国企业（包括私有企业、公共企业和国有企业）的经理和高管。

n＝7500 个全球受众（成年人）：每个国家的代表性样本

- 美国 – n＝1000
- 英国 – n＝1000
- 德国 – n＝1000
- 新加坡 – n＝300
- 泰国 – n＝300
- 印度尼西亚 – n＝300
- 马来西亚 – n＝300
- 印度 – n＝300
- 巴基斯坦 – n＝300
- 阿联酋 – n＝300
- 南非 – n＝300
- 尼日利亚 – n＝300
- 肯尼亚 – n＝300
- 哈萨克斯坦 – n＝300
- 乌克兰 – n＝300
- 匈牙利 – n＝300
- 捷克共和国 – n＝300
- 巴西 – n＝300

全球样本合计分析时误差幅度为 ±1.13％，以国家为单位分析时，美国、英国、德国的误差幅度为 ±3.10％，其他国家误差幅度为 ±5.66％。中国企业领导者样本的误差幅度为 ±5.66％。

所有调查研究均于 2018 年 10 月 8 日至 11 月 21 日在线进行。

（谢飞 译）

中华人民共和国建国70周年：
纵观亚洲西端和欧洲东端

尤科赛尔·戈迈兹（Yüksel Görmez）

土耳其中央银行高级经济学家

中华人民共和国成立已有70多年，其成就斐然，正逐步发展成为一个独立、繁荣而强大的国家。华夏儿女亦勇追中华民族伟大复兴的中国梦，开创历史新篇章。

中国在过去70年里的作为拉开了新世纪的篇章：从"大跃进"到家庭联产承包责任制再到中国特色社会主义，中国已然成为人们追寻福利社会进程中的经济政治试验中心。

让我们把试验得出的事实和真理放到更简洁的语境中去：中国自20世纪80年代改革开放以来的宏观经济转型和发展表现是前所未有的奇迹，是注定要载入史册的。本文要说的不仅仅是使10亿人口摆脱持续的饥饿和贫困，或是使经济连续30多年以来增长十个百分点且没有出现高通胀风险。我们不会深入探讨这个比整个欧洲还大的大国是如何在不增加外债的情况下为如此迅速上升的福利条件提供资金。我们不会深究中国奇迹般的城市化。我们不会详述贵州这样的山区省份是如何在21世纪人类建筑水平的硕果中实现了更好的生活。同样，我们也不会强调中国是如何在全国范围内完成了一张公路和铁路的交通巨网，这张国家级别的网络看上去就和诸如纽约、伦敦和东京这样的全球重点城市的地铁网络一样发达。我们会写到学校和医院在普通市民的日常生活中是如何发生天翻地覆的变化吗？不会。我们亦不会提到上千万的中国海外学子，以及外国学子是如何在中国寻求新的技能，做好充分的准备以迎接未来。

那么，我们为什么这样取舍呢？我们为什么不去谈及这些关键时期的热门话题？我们为什么不随便说几句漂亮话，大谈中国的成功之处，洋洋洒洒地填满这篇文章？我们有充分的理由：我们来得比较晚，中国在 80 年代早期的转型理应由那些参与到新举措的专家们来记录整理。创下中国今日成功的那些方案和倡议大多数都是在那个时期设计、试验和发展的。那是个充满绝望的时期，人们在艰难的挑战面前亟须一些弹性的应对措施。人民亟须解决极端的人口增长带来的问题，还面临着饥饿和长期贫穷的危机，手头的资源根本难以满足日常生产、运输和消费所需的后勤支持。艰苦勤奋并不能神奇地解决这些难题。在那个时候，当地、区域性和国际的专家都在想尽一切方法来解决这些迫切需要资金的问题。另外，中国也必须处理好自身的转变，既要尽可能利用一切可用的资源，又要对国际合作敞开大门。当时的态度是：不管白猫黑猫，能抓住老鼠的就是好猫。这个态度成了那个时代的常态，也是当时中国解决待处理事项时的务实主义象征。多年来，许多专家都在使这种务实的方法制度化的过程中发挥了关键作用。

我们有幸在不同的学术场合中见到了一部分专家，并欣然聆听了他们的轶事记录，了解了中国是如何得出解决人民日常问题的直接方法，又是如何为人民谋得社会福利。这些专家让我们注意到，普通人民在中国从解决温饱、到降低贫困、再到实现中等收入的过程中做出了卓越的贡献。我们也听到了很多勇敢的故事，认识了很多英雄。很多匿名英雄的事迹都没有被记录下来也没有受到关注，他们主动要求销声匿迹，不想突出自己在中国务实主义的成功里发挥的作用。我们自然是赞赏他们为中国乃至全世界人民福祉所做出的贡献。

长话短说，我们来总结一下：在这中华人民共和国成立 70 周年之际，我们打算写一写中国的企业！我们将特别着眼于中国奇迹般的宏观经济大崛起之初时企业的形成阶段，中国向我们证明，这样的发展经验同样也适用于许多其他的新兴国家。我们相信一句老话：一个巴掌拍不响，两个巴掌响当当。在这里，"两个巴掌"指的就是一家企业为服务和发展特定的目标并长期稳定发展这个目标所需要的基石。它指的是任何一个经济发展的制度化。它撇开了获利过程中的取巧因素。

为更好地阐释我们的观点，让我们简短地回顾一下历史。让我们看看考古学和人类学对于人类最初走向群体的社交活动是怎么说的。让我们从历史的角度去回看企业形成的根本原因。这是一段如此漫长的历史，它涵盖了如此多的经验。

还有人记得历史上第一家企业吗？先别急着回答，让我们先与您分享一则来自小亚细亚的消息。根据人们在哥贝克力遗址（土耳其东南部桑尼乌法附近）的最新考古发现，最早的人类群居发生在一万两千年前。人类因为哥贝克力的神灵活动而"汇聚起来"，而这一刻见证了人类历史上第一次为"共同生活"而设立行为准则，人类集体第一次有了共同的命运和未来。哥贝克力可谓人类生活的第一个试验田，它证明了人类的集聚可以超越家族范围，他们可以用可持续的、弹性的方法论来制定共同生活的规则。在这里，人们第一次尝试除了家庭以外的社会形态，第一次完全或部分地与所谓的外邦人或陌生人聚集到一起。

我们从哥贝克力的这些发现中得出的论点很简单：人们对公司的需求起源于这种早期的试验田，他们汇聚到一起，需要共同设计、发展和运作一个目标，以实现一个比个体时期（有限的生存能力）更好的生活。有没有人猜一下一万两千年前人们的寿命水平？或许当时的寿命远远比不上现在，但事实证明，人类在很早的时候就已经具有团结一致共御外患（自然灾害和其他各种危险）的共同愿景。当然，这个愿景包容性很强。据目前考古发现，哥贝克力遗址的昔日文化不是单一的，而是多元的。哥贝克力周遭环境常常变动，任何周边的人似乎都被允许以这样或那样的形式加入集体。结果就是，为确保神灵活动的正常举办，这个地方光有人力已经不够了：这也成了建立公司的最初需求。除了组织公司外，新的集体生活方式在采集和狩猎之外也衍生出了新的需求，那就是"钱"的概念。这不是此节要讲的内容，不过我们可以简单发表一些看法。

除了货币的实体化，公司化也是吕甸文明中的一大发现。正如苏美尔人、古埃及人和古中国人在历史上都使用了各式各样的材料来代表金钱，吕甸人显然也发明了一种新的货币形式。货币形式上的创新在促进

"商店"的形成中发挥了惊人的作用，而所谓的"商店"也就是早期的"公司"，其运作形式哪怕在当今的电子时代也依旧得以沿用：企业，也即股票公司，为了实现利益最大化而买入和卖出商品和服务。自《大宪章》以来，人们就已经通过公司的形式将所有权制度化，在最近的 300 年里尤其如此。所有的福利机构都是公司组织、设计、发展和运作的主人。简单来说，公司若是没有强大且可持续的运作能力，就很难在长期的经济发展中存活。企业化是实现制度化的最佳方式，也是实现可持续的长期福利增长的前提。

我们的论点越来越清晰了：我们认为，中国宏观经济奇迹般的崛起主要依赖于一项成功的策略，那就是大规模的企业化计划。在企业的创立方面，世界上还从没有一个国家能像中国这样在如此短的时间里实现这样的成果。我们认为中国实现这个史无前例的转型的根本原因就在于中国式的企业组织、企业设计、企业发展和企业运作。

寻找最佳的企业设计、支持迅速的企业化进程皆非易事。自 20 世纪 90 年代以来，大规模的企业扩展和空前的合并与收购已然伤害了许多公民的利益。我们仍能看到关联公司为合并做出的努力。这般大规模的动态、务实的企业化方式给了中国其他新兴国家所没有的优势：中国企业在根本上是盈利的。为何？

事实上，我们不难找到一些线索。中国的国有企业保持盈利而并未成为中央政府预算的负担，也未曾遭遇发展中国家常遇到的一些典型问题（例如货币原罪和货币溢出），那是因为中央对这些可盈利的企业定期进行最高等级的结构重组。在对绩效进行定期概览和定期评估时，若是决策者能为任何公司或集团找出更有利可图的结构，那么企业马上就会自发地改革，为新的公司让位。这些新的公司要么是旧公司合并而来，要么是直接收购关联公司而来。中国这种决策方式比世界上任何国家都更为迅速。这是一种独特的、极快的决策策略，其主要目的在于为给定的公司找出最佳结构。公司肩负特定的社会责任，要对中国所谓的"人民"负责，并且在履行责任的同时还应当保持持续性盈利。

企业（哪怕是国企）在空前的经济规模面前都是无比盈利的。利润以巨额股息支付的方式支持着资本市场的深化。此外，和其他新兴国家相比，中国的公共财政有巨大财政空间来应对经营风险。这也部分解释了为何中国的人民币没有货币溢出和货币原罪问题。中国企业已经达到了空前的规模，其毫无疑问有这个能力去维持自身的盈利活动，并以股息支付的方式为个体投资者带去利益，而这一切，就是人民币坚强的后盾。公司交税，为国家贡献的大规模结构性财政盈余。这不就是1972年商品标准崩溃以来任何一种货币的真正后盾力量吗？除了这个，还有什么可以称得上人民币真正的后盾呢？中国有如此多的大型企业，这些企业都有着非常清楚的盈利记录，且同时受到规范和监管，以实现一定程度的持续盈利并确保企业正常交税和支付股息。如果哪天真的需要把经济从一个方向调到另一个方向，中国企业也有足够的空间来应对这种经济结构重组。所有国家都需要这样的空间，一个可以在经济压力下派上用场的财政空间。这是一种在其他国家不敢花钱时仍敢花钱的财政实力，也是一种在艰难时期实现转机、触发经济可持续性的弹药储备。若是哪天真到了要把下雨时储备的水用掉的时候，试问还有哪些新兴国家能比中国更有这个实力？

　　文章已经到尾声了，让我们再多强调一件事情：带有中国特色的企业在研发活动中会遇到什么？我们是否该简单地认为国有企业的创新能力就比通常的自由市场的微观和宏观结构都更强？或许我们不该这么绝对。为什么？因为中国特色社会主义依赖于市场经济价格发现机制的成果。而中国的独特之处在于她创造了一定的市场经济空间，而且与此同时并没有降低主体经济治理，也没有损害创新能力。创新在大局中举足轻重，因其在生产、分配和消费中提升了生产率。生产力的提升是增加盈利的前提。而更多的盈利就意味着更多的税或股息（如果不是二者兼得的话）。从这个角度来看，货币的后盾背后，其实是利益促进生产力提升，生产力提升反过来又促进更多的盈利，这样的利益由投资者和国家共享。这样看来，企业化是加强国家货币后盾的最佳助推剂。利润丰厚的公司腾出足够的资源用于研发和创新，这可帮助巩固长期的福利上涨。这样一个良性循环同时也支撑了宏观经济的良好发展。

　　下次您去北京时，记得在天安门的长安大街好好走一走。走到靠近中国人民银行总部时，您会看到许多塔楼。每个塔楼都是一个成功的中国企业总部，它们是人民币真正的后盾。同样的，在上海、广州、深圳、杭州和重庆等其他中国大都市里你也可以观察到这些摩天大楼，它们代表的也是一个个企业，其庞大的经济收入不仅为持股人带去利益，也以税收的形式造福中华人民共和国中央和地区的经济。这样的场景在其他发展中国家并不常见。中国的企业结构其实更接近发达国家而非发展中国家。

那么，我们最后的筹码是什么？我们的讨论最终走向哪里呢？我们该如何把这些观点融入目前的全球金融理论？我们的讨论又和国际货币金融体系有什么关联呢？

我们认为，造成目前贸易战局面的根本原因不在于国际贸易。另外，引发诸多热议的货币战争也和货币没有关系。如果您真的想了解为什么我们在这十年中有了这一场新的经济竞赛，那就将其视为企业化背景下可竞争的创新能力所引起的竞赛吧。这是一场创新能力的狩猎，这场战争的源头在于创新型企业化，创新型企业化带来的利益可以转为更高的股息和对国家财政的税收贡献。这是一场关乎可竞争性企业能力的战争，其和贸易、投资和货币的关系其实不大。这场战争比的是谁能率先察觉到下一个尖端技术并以此谋得大把利益，从而提供最高的股息和税收。这是一种可竞争性的企业化，目的就是找出下个世纪在提供产品和服务上最有利可图的企业形式，以求维持福利社会的标准，并继续为实现福利社会而奋斗。

若是把热议的"贸易战"一词换成"可竞争性"一词，那我们就得到"竞争"，而竞争是市场结构中人们广为接受的最佳形式：恭喜中华人民共和国喜迎七十华诞，感谢中国将世界带入一个更具竞争性的经济领域。这必将载入史册。这必将为世界人民带来一个更好的平衡局势。这必将激励更多的研发投资，带来更多的创新，更多的股息和利益。这将使盈余资金出口到那些有需要的地方去。这必将带领世界人民走向一个更好的未来，这个未来不仅是一个明天或是一个月，而是接踵而至的诸多世纪。

（谢飞 译）

论中国因素对现代世界金融体系
发展的意义：俄罗斯面临的挑战和机遇

维阿列塔·阿克希波娃（Violetta Arkhipova）

俄罗斯国家科学院高级研究员

2008 年至 2009 年的全球金融危机和二十国集团发起的全球改革共同预示了国际货币金融体系已发展到一个新的阶段。这个新阶段的一大特点就是活跃的中国因素正力争取得国际货币金融体系中的长期性引领地位，也即"核心"大国的地位。此处和下文所提到的"中国因素"一词，指的是中国自 1978 年"改革开放"以来在国内经济发展和国际货币金融体系中所取得的成就。本研究的目的在于评估目前中国国内金融体系水平，判断其是否具备成为国际货币金融体系"核心"国家之一并强化这个优势地位的可能性。

报告共包含五个部分。第一部分着重分析中国金融体系的水平、结构和特征。第二部分包含对国际货币影响的评估，主要针对人民币的货币自由化和国际化。第三部分包括中国在国际货币金融体系中的参与程度和深度，并以"绿色"金融工具市场为例，阐释中国在发展金融关系新领域中取得的成绩。第四部分笔者就如何维持进一步的质量上和数量上的经济发展给出预估和建议。第五部分为总结部分。

我们的统计和比较分析涵盖了大量的金融指标，例如金融深度水平、银行和非银行资产比率、银行集中度、实体经济的贷款量、市值、实际有效汇率、跨境交易的货币结构、外汇市场交易额、全球和国家"绿色"债券发行等。我们进行比较分析的例子和数据一般来自美国、英国、欧元区、日本和俄罗斯。

第一部分的结果显示，中国金融板块最大的特点就是银行资产的主导地位（金融业的模式可以称为"银行业"），银行集中度较高，金融深度较浅。这些事实既是优势也是劣势。一方面，这样的国家金融体系更便于国家控制和管理；另一方面，它人为地限制了融资能力。

基于研究的第二部分我们得出了以下结论。自 1978 年"改革开放"以来，伴随着中国的渐进政策，人民币实现了高水平的国际化，在 2016年已成为世界储备货币之一。这对国际金融关系来说是一桩大事件，因为中国是第一个达到如此成绩的发展中国家，这意味着世界货币金融原则和法律需要修订，也促进了人们开始重新思考世界金融组织的要求（主要是国际货币基金组织的那些要求）。

在第三部分中，我们确定了中国在成为国际货币金融体系"核心"国家时会遇到的挑战和限制因素，也即：外商直接投资的流入和流出特征，或者说"金融周期"和"非理性投资"效应，等等。但与上述消极效应强烈相抵的是，中国在"一带一路"倡议下与相关国家合作，取得了非常积极的、前瞻性的成果。在此我们也提到欧亚经济联盟与"一带一路"倡议之间的共轭过程中存在的问题和前景。另外，一些中国的银行和保险公司现已位列 2010 年代全球系统重要性机构之中。

第三部分还包括对国家和世界金融体系"绿化"发展的现代趋势的研究结果。此处的主要因素在于中国正一步步走向领导地位，这个领导地位不仅体现在国际层面上中国"绿色金融"的演进程度，也体现在中国在全球"绿色"金融市场框架内作为世界金融体系的新成员所发挥的作用。中国的成就主要体现在三个方面：第一，在国家"绿色"市场倡议上取得的重大实质性和潜在的成就；第二，在创造有效的"绿色金融"监管体制上取得的进展；第三，积极扩展国际合作，为发展中国家实现金融"绿化"提供全面支持。"绿色"金融在中国之所以这么流行，主要原因在于中国在变身"世界工厂"过程中出现的环境问题和其实现"生态文明"和"和谐社会"的需求。本研究的特别之处在于指出了中俄在此领域展开合作的可能性。

根据第一至三部分所述，两千年以来，中国既不能被归为国际货币金融体系的"核心"国家，也不是"边缘"国家。那么，这个国家现在就定位于中间层次的"近核""位置"。

第四部分是一些主要判断和建议，这些内容在笔者看来是有助于中国成为国际货币金融体系"核心"国家的。

首先，建议中国着重发展金融关系新领域和创新型金融产品，由此找到自身在全球金融体系中的"定位"并加强其在此领域的领导地位。现代世界经济中新兴的"定位"有：全球"绿色"金融工具市场、移动支付、电子商务，等等。

第二，建议中国在进一步的人民币国际化中首先将其转变为强有力的区域货币，比如先使亚洲地区感觉到"中国因素"活跃的存在感，然后再深化人民币"全球化"进程。正是区域性的多媒介合作帮助中国突破了在以美国为中心的全球金融体系中的"边缘"地位并由此改变了国际货币金融体系中发展中国家的地位。另外，中国提出互惠互利的国际合作原则，这比美国的"胜者通吃"战略、零和"游戏"和不公正的制裁管理体制更让人心动。

第三，建议中国用本国货币进行跨境结算并开发和实现国内支付系统的互联，以此来减少对美元的依赖。这一点对那些如今正面临制裁问题（尤其是俄罗斯）和贸易战（中国）的国家来说极其重要。

第四，建议中国维持国内发展目标的团结性和一致性，并坚持实现这些目标，建立"中国特色金融体系"。这样一个金融体系将有助于实现"生态文明"、"和谐社会"和"命运共同体"这些基于强大的哲学理念和均衡的市场管制理念而产生的目标。

最后，建议中国在金融和经济体制改革时继续遵循其渐进主义做法。这一方法不仅能使中国利用和发展必要的机构"链"、纠正错误并有效地应对挑战，更能使其在未来实现"爆发"。

第五部分总结了我们在研究过程中获得的所有成果，其中各个部分已在上文逐一介绍和分析。

（谢飞 译）

中国宏观经济三重彩和全球贸易体系治理所面临的挑战

马克·史蒂夫·克鲁格（Mark Steven Kruge）

加拿大国际治理创新中心高级研究员

引　言

近年来，中国决策者采取了不稳定的平衡政策。他们试图在宏观经济上同时实现三大目标。然而，这其中任何一个目标的实现都会降低另两个目标实现的可能性。而同时美国也不再支持那些设定国际贸易规则的全球性组织。

本文描述了在贸易战和世贸组织生存困境背景下中国艰难的宏观经济平衡政策。文章最后会为中国如何站出来成为国际社会亟须的领导力量提出建议。

中国宏观经济政策三重彩

近年来，中国的政策组合变得愈发艰难。在过去 30 年的大部分时间里，中国主要的政策目标就是实现高水平的经济增长。这项政策是由人口普查推动的。从 1980 年到 2010 年，中国劳动力人口增加了 4.11 亿，决策者必须确保有足够的经济活动来吸纳这些新增劳动力。这便引出了"保八"政策，因为百分之八的增长点被视为确保劳动市场稳定性的最低增长。而现在，随着劳动力人口的实际减少，政策要求已从"就业、就业、就业"转变成了提高生产率和工作效率。另外，中国公民在收入上涨后有了新的忧虑，例如保障性住房、减污、收入差距等，而经济政策必须解决这些问题。

中国经济政策的变化尺度和决策者的应对表现是一个极复杂的话题，其复杂程度已远远超出本文篇幅。在此处我们仅仅着眼于宏观经济政策和当前局面下各个宏观经济关键性目标之间的内在联系。

宏观经济三重彩如图1所示①。三个目标分别为：第一，完成国内生产总值（GDP）增长指标；第二，促进财政稳定性；第三，应对贸易保护主义带来的压力。不难看出，实现这其中一个目标会使得另两个目标变得更难实现。完成增长指标意味着要允许公司和政府增加借贷，从而抓住增量投资的机会。然而，借贷的增加会导致财政不稳。相对的，促进财政稳定要求更严格的信贷条件，这将导致经济无法快速发展。应对贸易保护主义可能需要增加汇率和降低关税，而这些措施往往会抑制经济增长。类似地，应对贸易保护主义也可能意味着加速金融市场的自由化。更开放的金融市场对于经济增长和财政稳定来说又是长期有益的。但是如果顺序不对，巨额双向资本流动也有可能在短期内破坏国内财政稳定性②。

现在让我们更详细地逐一分析一下中国这三大宏观经济目标。

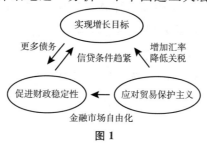

图1

---

①　"三重彩"一词源于赛马投注。在该投注中，人们必须对第一、第二和第三名的马匹按准确的顺序下注。做出正确的选择是极其困难的。但对于那些能够做到的幸运者来说，其回报也是巨大的。

②　一个更为自由的资本管理制度可能意味着中国必须协调潜在的大量资本流入。粗略计算表明，如果在20年的时间里，中国的国际债务占GDP之比收敛到二十国集团（除中国以外）的平均水平，那么中国每年资本流入将增加近5000亿美元。这将代表当前水平的流入量翻倍！详细信息参见：Mark Kruger and Gurnain Pasricha，"What to Expect When China Liberalizes Its Capital Account"，Bank of Canada Staff Discussion Paper 2016 - 10 （https: //www. bankofcanada. ca/ 2016/04/staff - discussion - paper - 2016 - 10/）。

实现 GDP 增长指标

中国一直以来都希望能在 2010～2020 年间实现国内实际 GDP 水平翻一番的目标。图 2 展现了中国在实现这个目标过程中取得的进展。在此，我们将 2010 年度中国实际 GDP 水平设为 100。到 2018 年，中国实际 GDP 水平比 2010 年的起点高出近 80%。若要实现目标，今年和明年的平均增长率需要达到 6%。鉴于 2016～2018 年度的平均增长率为 6.7%，人们自然而然认为，在正常情况下，这应该是一个容易实现的目标。然而，现在并不是正常时候。

国际货币基金组织在其 2019 年度第四条款报告中如是警醒：如果美国把中国剩下的进口商品关税提高到 25%，那么中国的 GDP 增长率可能会下降大概 0.8 个百分点①。

中国有足够的财政和货币空间来应对这种规模的冲击。它有专门的应急计划，可用于应对在住房、农业、农村连通和区域发展上的额外支出。另外，中国现在的一年期政府债券利率为 2.6%，这个数字远远大于零，而且各银行仍有约 10% 的存款可用作中国人民银行的储备金。

尽管如此，执行这些对策意味着中国需扩充公有或私有领域的资产负债表，而且财政稳定性上的进展也会有所回落。鉴于中国政府的资产负债表的实力是最强的，中央政府给予预算内的财政支持以应对贸易紧张局势的进一步升级，这样的做法合情合理。

促进财政稳定性

中国财政稳定性的主要风险如图 3 所示。此图显示，中国的债务占 GDP 之比自金融危机以来一路迅速上升：从 150% 升到 300%。债务占 GDP 之比达到 300%，这样的 GDP 并不是很高。从这个角度来看，中国在二十国集团中大概位列中间位置。在二十国集团里，中国是一个负债

① 参见 International Monetary Fund，"People's Republic of China：Staff Report for the Article IV Consultation"，July 12，2019（https：//www.imf.org/en/Publications/CR/Issues/2019/08/08/Peoples – Republic – of – China – 2019 – Article – IV – Consultation – Press – Release – Staff – Report – Staff – 48576）。

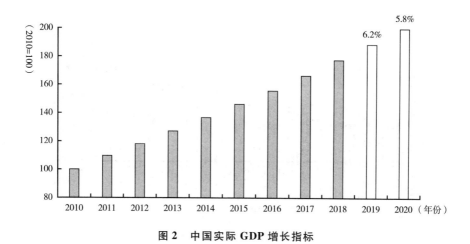

图 2　中国实际 GDP 增长指标

数据来源：National Bureau of Statistics。

水平相对较高的国家，毕竟它是个新兴市场经济体。事实上，二十国集团中所有负债超过中国的国家都是发达国家。然而，中国拥有一些绝大多数新兴市场经济体所没有的优势：它的经济增长相对较快，它是国际债权国，它几乎所有的借贷都是以人民币的形式完成。

财政稳定性的问题更多的是关乎债务积累的速度和这些信贷的质量，而不是债务本身的水平。此外，许多新债务是通过影子银行体系签下的，影子银行体系中交易对家风险是不透明的，并且流动性风险很高。

习近平主席高度重视提高财政稳定性。他反复强调，防范财政风险是中国"三大攻坚战"之一，另外两项则是污染防治和精准脱贫。中国正努力争取持续稳定地降低负债占 GDP 之比，并已经采取一定措施控制影子银行体系。正如图 3 所示，在过去的一年半时间里，中国已经在稳定负债占 GDP 之比上取得了进展。但是随着 GDP 增长变缓和贸易紧张局面的压力堆积，中国可否维持住其在促进财政稳定性上取得的进展还有待观察。

应对贸易保护主义压力

美国对中国的经济政策有着相当多的担忧。其中最主要的就是双边

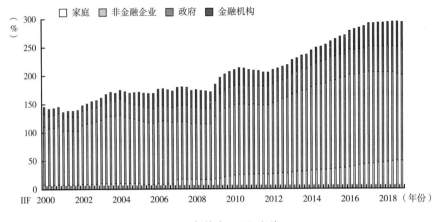

图 3　负债占 GDP 之比

贸易逆差（也许是因为这很容易测量）。在此我们不会去探讨这种把目光聚焦于双边而非整体贸易逆差的做法是否合理。我们也不会针对各国在储蓄－投资上的不平衡或针对决定一个国家储蓄和投资的诸多因素而对各国整体贸易水平展开分析。我们在这一节的主要关注点在于美国贸易代表罗伯特·莱特希泽（Robert Lighthizer）先生在其《2017 年度中国履行入世承诺情况报告》中的发言①。

莱特希泽先生说：自中国加入世贸组织以来，美－中贸易失衡程度以指数上升。……一个既不自然也不可持续的贸易关系。

图 4 展示了中美双边产品和服务的贸易差额。表格显示，美国的贸易逆差确实从 2001 年（该年中国加入世贸组织）的 810 亿美元爆炸性增长到 2018 年的 3800 亿美元。然而世界在此阶段也没有停滞不前。重要的是美国经济持续发展。根据图 4，若把该数据化为占美国 GDP 百分比来看，那么双边产品和服务的逆差在过去十年一直稳定在 2% 以下。一个温和而稳定的贸易逆差作为美国经济的一部分看上去并没有不自然或不可持续。另外值得一提的是，中国的逆差若是也放在占中国 GDP 百分比来看，那它已然是大幅降低了——从 2005 年将近 9% 降到 2018 年仅仅不到 3%。

---

① 参见 United States Trade Representative，"2017 Report to Congress On China's WTO Compliance"，January 2018（https：//ustr. gov/sites/default/files/files/Press/Reports/China% 202017% 20WTO% 20Report. pdf）。

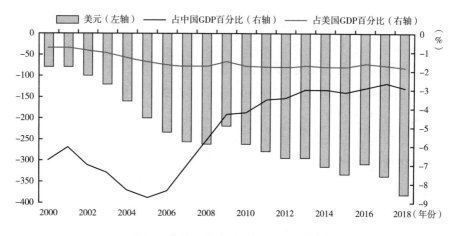

图4　中美双边产品和服务贸易差额

数据来源：IFS，WEO

美国决策者强烈认为，双边贸易逆差的部分原因在于人民币估值偏低。事实上，美国财政部8月时就已称中国为货币操纵国，谴责其试图"在国际贸易中获得不公平的竞争优势"①。这是自1994年以来美国财政部第一次指责中国操控人民币。然而，美国这种看法并不广为人接受。举例来说，上文提到过的国际货币基金组织第四条款报告指出，鲜有证据证明中国人民银行进行了外汇干预。另外，除了过去一年里对美元2.5%的温和贬值外，人民币在多边基础上大方向持稳。该报告发布后，国际货币基金组织中国代表团团长詹姆斯·丹尼尔（James Daniel）随即在电话会议上表示，人民币汇率"大体符合基本面"，估值没有出现重大偏高或偏低②。

当然，美国的忧虑远不止双边贸易逆差，而是更广泛地聚焦于中国

① 参见 US Treasury Press Release，"Treasury Designates China as a Currency Manipulator"，August 5，2019（https：//home. treasury. gov/news/press - releases/sm751）。

② 参见 Bloomberg，"IMF Says China Should Keep Yuan Flexible as Trade War Widens"August 9，2019（www. bloomberg. com/amp//news/articles/2019 - 08 - 09/imf - says - china - should - keep - currency - flexible - as - trade - war - widens）。

的产业政策。在接下来几段中我们将对比美国贸易代表的发言和在华美国商会 2019 年的调查结果。美国商会是一个非营利、非政府组织，其成员包括在中国运营的重要美国企业，例如苹果、思科和摩根大通。2019 年的这项调查在 2018 年年底展开，共有 317 份样本回馈。

莱特希泽先生说：……中国政府持续奉行和扩充其产业政策，这些政策可以提升、指导和支撑国内产业，但与此同时也主动阻碍、打击和损害外国同行。

那么，中国政策在事实上究竟有多少阻碍、打击和损害外国同行呢？

美国商会询问其成员：中国给外国企业的待遇和中国企业相比如何？针对 2016 年到 2018 年，商会得到的反馈如图 5 所示。在 2018 年，44% 的企业表示外国公司遭到了不公平对待。这显然不是一件好事——不论是对外国企业还是对中国经济的长期竞争性来说。然而比起 2016 年，2018 年感到被不公平对待的企业比例已经下降了 11%。2018 年将近一半的受访者都表示他们受到了和国内企业一样的待遇。更令人惊讶的是，还有 8% 的企业反馈其得到的待遇甚至超过国内企业。这些结果表明，尽管情况称不上大好，但它正在改善。

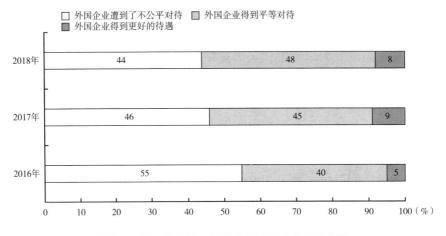

图 5　中国给外国企业的待遇和中国企业相比如何

数据来源：美国商会 2019 调查。

美国另一个担心的地方是强制性技术转让。莱特希泽先生说：中国监管机构……要求或迫使外国的公司转让技术，只有这样中国才批准投资或其他条件。

美国商会询问其成员：企业与中国的知识产权共享情况相比其他国家如何？图6显示，17%的受访者认为相比其他国家，企业和中国伙伴共享"较多"或"多很多"，而35%的受访者则认为他们共享"较少"或"少很多"。几乎一半的企业都表示中国和其他国家没有区别。把这些反馈综合考虑，我们认为，要么强制性技术转让在整体看来不是一个大问题，要么美国企业有能力应对知识产权转让的压力。

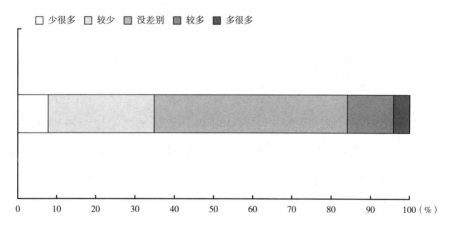

图6　企业与中国的知识产权共享情况相比其他国家如何

数据来源：美国商会2019调查。

另一个关注点是知识产权保护。莱特希泽先生说：中国继续奉行各种政策，要求或支持中国拥有或发展知识产权。

美国商会询问其成员：过去五年里企业的知识产权执法情况如何？图7显示，59%的受访者认为执法已有进步。只有4%的人认为情况恶化了，37%的人则表示没有变动。同样的，尽管起步的情况确实不尽如人意，但一切在好起来。

与此相反的是，莱特希泽先生认为事情正在变得越来越糟糕：……在过去五年里……中国政府在经济中的作用不断增强，美国和其他外国企业的担忧的严肃性和广度也随之一并上升。

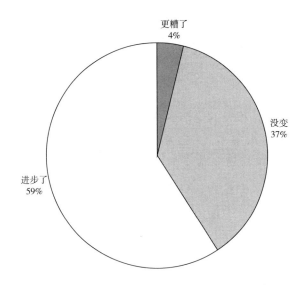

图 7 过去五年里，中国知识产权保护的执行情况

数据来源：美国商会 2019 调查。

美国商会在过去几年里一直在询问问其成员关于中国的投资环境质量。过去六年的结果如图 8 所示。除了略超过五分之一的受访者表示投资环境在恶化外，几乎有五分之二的企业都表示投资环境是在进步的。另外，这样的态度比例持续稳定，和莱特希泽先生的观点恰恰相反。

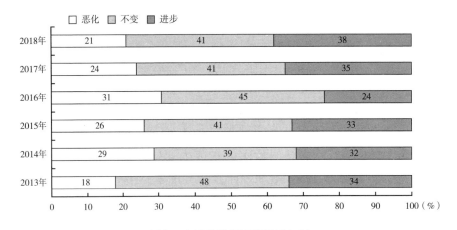

图 8 中国的投资环境质量如何

数据来源：美国商会 2019 调查。

经合组织也对此问题提供了一个有趣的观点。它为其内部成员和其他主要经济体构建了一个外商直接投资指数。这份指数包括：1. 外国股权限制；2. 歧视性筛选或投资批准机制；3. 外籍员工雇佣限制；4. 其他业务限制。该指数的时间序列如图9所示。中国的外商直接投资制度是有限制的——事实上，中国在受调查的68个国家中位列第63（加拿大位列55）。尽管如此，中国这些年也已经在降低其投资制度限制上取得了巨大的进步。特别值得一提的是，自2014年以来，中国外资直接投资制度限制下降的尺度就和加拿大（红线）与经合组织平均水平（黑线）之间的差值一样多。因此，经合组织的数据有力的佐证了美国商会调查反馈得出的趋势：外企在中国的商业环境正一点点好转。

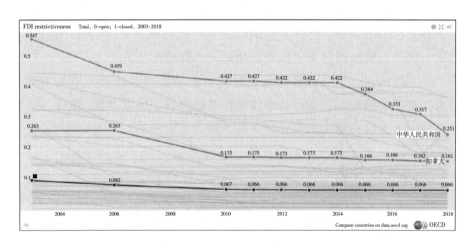

图9 外商直接投资指数时间序列

全球贸易体系治理面临的挑战

鉴于上文所述趋势，我们对莱特希泽先生以下言论深表遗憾："此外，现在很清楚，世贸组织的规则如今不足以约束中国扭曲市场的行为。"

然而，事实上中国对待世贸组织的态度是很严肃的。正如保罗·布鲁斯坦（Paul Blustein）所说，美国在一些案例中曾无视或避开了世贸组织对其不利的裁定，但中国却并不喜欢被打上"破坏规则"的烙印，哪怕世贸组织裁决中国败述，中国也会保持一贯的遵守态度①。

美国对中国产业政策最大的担忧莫过于其对世贸组织——尤其是世贸组织的上诉机构——的摇摆态度。罗伯特·麦克杜格尔（Robert McDougall）写道，这些担忧并不是新出现的，而是早在特朗普政府之前，甚至早在中美之间出现公开对弈之前就已经存在②。

詹妮弗·希尔曼（Jennifer Hillman）是一个曾在世贸组织上诉机构任职的美国人，她写道：美国并没有积极地参与解决它所提出的问题，而"莱特希泽先生似乎更情愿炸了整个系统"。她指出，世贸组织总理事会在 2018 年 12 月召开，当时，欧盟和十一国——包括中国、加拿大、墨西哥和韩国——都提出针对美国的怨言，并要求对世贸组织的争端解决制度进行整改。这些国家希望它们的建议可以说服美国允许它们填补上诉委员会中的缺口。然而，美国回绝了所有整改，并拒绝提出自己的建议，此外，美国还阻止它们重新任命上诉机构的法官③。

上诉机构在接下去一到两年的时间内还能够继续处理现有的案件，因为任期已满的成员国是可以继续处理其已经开始的案件的。但是在 12 月之后，上诉机构将无法受理新案件，而这极大地破坏了上诉系统。

中国能做什么?

外国企业在中国的经营环境是艰难的。根据美国商会所调查的那些企业反馈，企业遇到的最大挑战就是"监管解释不一致，法律和执法不明确"。因此，中国需要继续努力，将其贸易和投资管理透明化、公

---

① 参见 Paul Bluestein，"China Inc. in the WTO Dock Tales from a System under Fire"，CIGI Papers No. 157，December 2017（https：//www. cigionline. org/publications/china - inc - wto - dock - tales - system - under - fire）。

② 参见 Robert McDougall，"Crisis in the WTO Restoring the WTO Dispute Settlement Function"CIGI Papers 194，October 2018（https：//www. cigionline. org/publications/crisis - wto - restoring - dispute - settlement - function）。

③ 希尔曼女士（Ms. Hillman）是乔治敦法律中心的教授，曾任世界贸易组织上诉机构成员和美国贸易代表办公室大使兼总顾问。她的评论发表于 2018 年 12 月 17 日的《纽约时报》上（https：//www. nytimes. com/2018/12/17/opinion/trade - war - china - wto. amp. html）。

开化。

令人欣慰的是，中国近来确实在此方面有一些积极的作为。其创建的投资负面清单提高了透明度。另外，它在7月对此清单进行修订，使其更大程度为农业、矿业和基础设施服务。到2020年1月，新的外资投资法也将实施。此法将保障中外企业在国内得到同等待遇并且明确禁止强制性技术转让。这个夏天，中国允许外国企业在中资银行、人寿保险公司、资产管理公司持有控股权，以此放宽了外企的金融准入。随后，瑞银、野村证券、摩根士丹利和摩根大通都控制了其证券合资企业。这些所有权限制将于2020年取消。

继续实行规则制的国际贸易制度可能会变得愈发困难。中国是世界上最大的贸易国，如果世贸组织崩溃，中国受到的损失是最大的。因此，中国理应成为领导力量并帮助填补全球治理缺口。

中国应更加努力地让美国和其他国家相信其产业政策并不会破坏国际贸易。例如，中国完全有权拥有大型国有板块。事实上，中国以一种凯恩斯主义、反周期的形式有效地利用国有资产稳定了经济活动。然而，中国也需要进一步证明其国有企业不会以优惠的价格向出口商提供零部件，否则就会造成不公平的商业竞争。

美国对外关系委员会会长理查德·哈斯（Richard Haas）认为，美国的对外政策不再支持那些制定国际关系行为规则的国际组织，这是一次"大退位"①。既然美国退了一步，那世界便需要中国往前进一步。

（谢飞 译）

---

① 参见 Richard Haas，"The Great Abdication"，*The Atlantic*，December 28，2017
（https：//theatlantic. com/article/549296/）。

经济增长与包容性发展：
基于印度农民视角的一些观察

安吉·拉朱·韦吉拉朱（Anji Raju Vegiraju）

印度公共企业研究所副教授

摘　要

印度是公认的世界上发展最快的经济体之一，但其经济分布却并不均衡。过去 20 年里，印度在脱贫方面也做出了巨大贡献，但印度有大量农村地区的穷人，他们的生活主要依赖于农业和农业相关活动。政府一直致力于实施相关政策，以求为农民谋取福利、提高农民经济状态。本文旨在研究几个为农民生活带来可持续发展积极影响的关键因素。政府在节水、收货后供应链、综合农业、企业社会责任和减贫计划的参与性实施上设有关键性支持系统，对这些系统成功的案例研究已经提高了农业生产力、盈利能力和农民的收入水平。进一步扩大以上实践的范围显然有利于发展包容性增长。

引　言

这世界上的财富足以让每个世界公民都有机会过上体面的生活，然而，这些财富却愈发集中到一小部分富人手上，剩下的百千万的人民却只能勉强维持生计。全球最富有的 26 个亿万富翁手上的财富和地球上最贫穷那一半人口（38 亿人）加起来的财富一样多。

根据 2018 年度瑞士信贷全球财富报告，印度前 10% 的富人拥有的资产超过了余下的人所有财富的 90%。这个百分比在美国更为夸张，前

1% 的富人就拥有了底层人民财富总和的 90%。2018 年印度人均 GDP 排名第 142，但 GDP 排名却在第六，由此可见印度收入不平等问题多么严重。

印度的农民

印度谷物年产量为 2.8 亿吨（2017～2018 年），是世界上仅次于中国的第二大产粮国。但印度大部分穷人都生活在农村，以农业为生。农业在过去几年得到的关注没有服务业和制造业那么多。在 1950 年时，农业一度占据 GDP 的 52%，但之后就逐步下滑到低于 15%。然而，人们对农业的依赖却没有相应减少，四分之三的印度家庭仍然依靠农业和农业相关活动为生。印度的农业生产力水平低至每公顷大约只有 2.4 吨，这个数据几乎不及中国的一半。这样的发展趋势导致农民身陷债务，不得不向城市迁徙以求生计。这样的势头令人不安，它正在导致农村地区社会和经济的失衡。本文旨在结合成功的案例来探究提高农民收入的尺度。

政府的努力

印度政府已设下农民收入在 2022 年翻倍的目标，并为监察相关事宜成立了一个部际委员会。委员会已确立七大增收渠道，分别为：提高作物生产力、提高畜牧生产力、增加资源使用效率和节省生产成本、增加种植密度、高价值作物多样化、提高农民实际收入、促进农业向非农业转变。

农村减贫中已证实的因素

以下五个关键方面将在提高农业盈利能力和减少农村贫困方面发挥重要作用。

参与性的政策实施

政府为农村贫困人群减贫的政策一直广受褒奖，但究竟有多少资金是真正用于农民的呢？答案是，真正带给目标群体的利益并没有达到预期。因此，过程中一定出了问题。这些项目很多时候都是由政府机构计划、执行和监管的，但无论是确定优先需求还是实施过程，目标群体都没有参与进来。在这样的过程中，受益人既没有理解他们将得到什么，对这些政策也没有归属感。政府机构的目标是在规定的时间内施展项目，因此不能集中精力于质量。类似地，为提高农业生产力而进行的技术转让是从更广泛的层面展开的，并没有针对特定的地点和资源。由于每个农民都有其特定的需求，因此耕种上的要求是不能笼统概之的。特定的地点对耕种有很强的针对性，因此，笼统的方案起不到作用，只会白白浪费。

参与的方法在印度并不陌生。在牛奶和糖上，政府与人民的合作协同就已经让我们国家实现了自给自足。同样的概念在小额储蓄和小额信贷的自助管理上也可以良好受用。这些成功都是因为个体成员为了共同的利益参与到了自我管理的方方面面。这种集成的自下而上的方式尽管需要更多的时间和精力，但应该得到采用。

案例：海维巴扎村坐落于干旱多发的艾哈迈德纳加尔地区。在 1989 年前，这个村庄面临着许多难题，例如村民由于频繁的干旱和缺水而选择向附近城镇迁徙。但不到十年的时间里，这个村庄就通过保持水土、植树造林实现了自然资源的再生，翻身成为印度最繁荣的村庄之一。成功的原因就在于政府设立了一个强有力的乡村机构，并且每个人都参与到了政府政策的实施中。这证明，将受益者囊括进政策的计划、实施、监管和评估中去，不仅可以实现更好的成果，更能保持成果的可持续性。

保持水土

人类生存基本上依赖于空气、水和食物，但如今，这些东西不是受到了污染就是处于短缺状态。我们可以看到水源和发展繁荣之间的联系。正如尼罗河、黄河、底格里斯河和印度河对埃及、中国、伊拉克和印度的意义所证明的那样，人类四大文明的起源都离不开常年河。这也反映出了水源对农作物耕种和地方繁荣的重要性。

阿瑟·科顿（Arthur Cotton）在戈达瓦里河畔建造达瓦里斯瓦兰大坝（1947～1952年），成功将干旱和洪水多发的安得拉邦戈达瓦里地区变成了国家的"大米碗"。水利设施确保了当地的农耕收入，造福了当地人民。

建造灌溉用的水箱对干旱地区极其重要，水箱可以收集雨水，为印度各个干旱地区减轻旱情。

超过7300万公顷（占耕地面积的50%）的土地得到了润泽，这些土地贡献出了国内40%的粮食谷物、养活了60%以上的牲畜。总降水量中只有37.5%被吸收到土壤中，其余部分以径流（45%）和蒸发（17.5%）的形式被浪费掉了。很多时候，农作物歉收是由于干旱和地下水枯竭。节水措施可以在很大程度上减轻这种情况，因此在20世纪70年代印度政府农村发展部发起了国家水域发展计划以保持水土。

案例：马哈拉施特拉邦的拉莱昂·西迪村是广为议论的以保持水土实现村庄可持续发展的成功案例之一。拉莱昂·西迪村是位于马哈拉施特拉邦的一个干旱少雨的地区。1975年的时候，这个村庄一片贫穷，满目绝望。自然资源滥用、雨水流失、土壤退化和干井问题使得人们一年内部分时间甚至难以找到饮用水。最终人们只好离开村庄，去别处寻求生路。

1975年，安纳·哈扎尔退休后回到了他的村庄。他决定为村庄寻求一个出路并开始与社区讨论水利和丰收之事。他知道，振兴村庄唯一的办法就是让整个社区的人民都参与到水土保持工作中去。人们积极参与，修堤、建坝、植树造林，彻底实现了水土保护。如今，他们已经提高了耕种田地的地下水位线，实现了农业致富。

收获后管理

根据食品加工部的报告（2016年8月9日），印度农产品收获后的损失估计为920亿卢比。大量的新鲜农产品（主要是蔬菜和水果）在到达市场、消费者或加工厂前就已经受损或变质了，这在质量上和数额上都给经济带来了巨大损失。造成这些损失的主要原因有运输过程、储存湿度、鸟类采食、脱粒损失、田野和储存时的啮齿动物和蛀虫造成的损害。

企业对农产品加工产业的投资可有助于实现一个从农作物的收割、处理、运输和分配一直到销售的一体化包装。政府在继续监管机制时也可以考虑去除一些中间层面，这对农民的整体利益是有益的。

1. 加工业直接从村级采集中心购买农作物，自行装载，透明标价，合理称量，最小化农民的交易成本。

2. 他们可以与农民达成协议，根据他们的要求种植水果和蔬菜，并担保回购事宜。

3. 加工业提供有效的供应链机制，从而减少作物变质和浪费。现在的冷藏链基础设施——包括在设定温度下食品的采购、仓储、运输、分级和零售网络——是高度分散的。而产业的参与很有可能帮助提高储存和冷藏链等的基础设施，从而更好地应对农产品的供需波动。

4. 产业以增值产品前向联系顾客，在此聚焦于收入上涨、城市化和生活方式转变、消费者需求和人口年龄分布。食品加工业产品的所有增值都将增加农民的利润。

案例：诸如百事可乐、麦当劳、印度烟草公司（ITC）和帕坦伽利等企业正在和农民达成协议，企业所有农产品往后都直接从农场购买。另外，政府、产业和农民达成的棕榈油促销三边协议也是一个大力造福农民的案例。

棕榈油：农民和产业合作的棕榈油产出是一个成功的典范。在这个案例中，政府指定一些企业在特定地区以事先定好的价格购买棕榈果。企业必须发展技术，增加对农民的投入，并设立加工单位来采购、加工和销售。这种从技术转让到购买一体化的流程确保了农民的最低收入，使他们不用再受贸易商摆布。

帕坦伽利阿育吠陀有限公司是国内领先的快消公司之一，该企业为了大幅提高农民收入，在许多方面与农民有着密切合作，诸如生产、回购形式的购买、收割后的业务、产品增值加工、市场销售和农民培训。

百事可乐印度公司于2004～2005年率先在印度引入了马铃薯合作种植。目前和企业合作的农民遍布印度九个邦，这其中超过45%的农民生产规模较小且处于边缘地位。百事确保以预先约定的价格回购农产品，帮助提高了这些农民的收入。

应对气候变化的综合农业

雨养作物的生产力仍然很低，收成只达到灌溉作物的三分之一到二分之一左右。由于降水不足和雨水分布不均，旱地耕作常常歉收。很多时候，农村生计都依季节而定，农作物歉收导致农民陷入债务并向城市地区迁移。为扭转这个趋势，我们需要将农业活动多样化，使农民能够全年工作、维持收入。传统的旱地管理方法有：一年化作物、多年化作物和牲畜综合耕养，动物饲料种植，按时进行松土、耕种、除草等操作，有效使用自然资源——例如增加土壤肥力的有机肥料和防控害虫的植物提取物（凤眼莲、番荔枝、黄荆等的叶子）。

案例：南迪马拉加德是泰兰加纳州马哈布纳格尔区瓦纳帕蒂镇附近的一个小村庄。该村的农民改革了传统的混合农业概念，在生物农业的基础上更将多年生作物（水果、木本和饲料）、一年生作物和牲畜混合耕养，即使在干旱条件下，种子生产活动也能保障农民拥有一份可持续的最低收入。农民得到的不仅是粮食谷物，还有饲料、柴火、种子和绿肥。村庄内部的微气候也因绿化而有所提升。季风前后雨水得到有效利用，水土保持状况得到改善。村庄全年都在创收，就业机会也越来越多。

企业社会责任

企业本身就是牟利的，只要企业能建立起竞争性商业环境、生产出人们想买的产品、创造价值并承担社会责任，那么我们就不该敌视富人。企业出于对自身的持续性发展和长期利益的考量，也应当不仅仅着眼于盈利，更要反思其社会责任。

大多数公司每年都专注于如何赚更多的钱，却忽略了将其部分收益回馈给整个社会。由于担心员工流失率上升，一些公司正在集中精力提高员工的福利。但是他们却忽略了整个社会和一些相对不幸的人群，这些群体和企业使用社会资源的权力应是平等的。这其中唯一的区别是，企业人比其他人更有进取心。但难道一家公司的老板会忽略自己家里那些发展事业未果的家人吗？

企业要实现包容性发展，就需要将部分利润用在企业社会责任上。印度政府公司事务部已经立法实行强制性企业社会责任。许多公司在此都有合理的支出，2018 年至 2019 年度的金额约为 1200 亿卢比。教育板块获得的资金最多（占总额的 38%），其次是饥饿、贫困和医疗卫生（25%），环境可持续性（12%），农村发展（11%）。

以下这些企业做到了将企业社会责任纳入企业目标，而非利用其他机构分散支出。

印度斯坦联合利华（HUL）

联合利华的沙克提（Shakti）项目是一项旨在提高农村妇女生活水平的倡议，该项目是联合利华实现包容性的努力之一。沙克提项目通过女性企业家将女性快消产品带到偏远村庄。该项目有助于发展女性微型企业家，提高了她们的生活水平。此外，联合利华还投入了资源，直接给乡村经销店提供商品，并培训妇女经营自己的生意。联合利华在印度十八个邦设立了大约十万个经销店，实现了企业可持续的包容性发展。

大量的西红柿小农正在接受诸如滴灌、综合养分和病虫害管理等的最新农业实践的培训，并将其产品供给联合利华。

印度烟草公司（ITC）

印度烟草公司在村庄建立起了信息亭－电子聚落，实时提供有关天气、价格发现、农业知识和最佳实践等方面的最新信息。信息亭由受过训练的当地农民管理，这些农民可以帮助社区人民用当地语言了解这些信息。农民们不用出乡村就能得到适当的信息和服务，这有力地帮助他们提高了生产力和产品质量，使他们可以更好地应对风险，并获取更大的利润。

印度烟草公司通过其农业购买基础设施，并直接从农民手上采购公司食品业务所需产品，并为之增值。企业常购买一种特定的马铃薯，这种马铃薯是"宾果"（Bingo）品牌薯片的重要原材料之一。

结　语

发展经济固然重要，但降低不平等和减贫也同样重要。大部分穷人都生活在农村地区，以农业和农业相关活动为生。本文介绍了几个有关可持续农业发展和减贫的案例。人民若是参与到政府减贫政策的实施工作中去，会起到事半功倍的效果。诸如自然资源保护之类的减旱措施（如水土保持和综合农业）取得了优异的成果。企业帮忙降低收割后的损失并将提高农民收入纳入企业目标，这是企业社会责任的一部分，有效实现了农产品增值。

农业是高度因地制宜的，但这些案例对一些国家的决策者而言仍然大有裨益，因为一些针对贫困地区可持续发展和减少不平等现象的指标是共通的。

参考文献

Cecilia Marocchino, A Guide to Upgrading Rural Agricultural Retail Markets, FAO, Rome, 2009.

Bhalla, G S and Singh, Gurmail (2009), "Economic Liberalisation and Indian Agriculture: A Statewise Analysis", *Economic and Political Weekly*, 44 (52).

Bhattacharya, B. B. (2003), "Trade Liberalization and Agricultural Price Policy in India Since Reforms", *Indian Journal of Agricultural Economics*, Vol. 58, No. 3

Das Kashab (2001), *Endowments and Rural Infrastructure: Issues Today*, Oxford University Press, New Delhi.

Dev, S. Mahendra (2008), *Inclusive Growth in India*, *Agriculture*, *Poverty and Human Development*.

"Toma to: An Economic Analysis", *Indian Journal Of Agriculture Economics*, 57 (2), pp. 197 – 200.

Jalan J. And M. Ravollion（2002），"Geographic Poverty Traps? A Macro Model of Consumption Growth in Rural China"，*Journal of Applied Econometrics*.

Joshi P K and A. Gulati（2003），"From Plate to Plough：Agricultural Diversification in India"，Paper presented at the Dragon and Elephant：A Comparative Study of Economic and Agricultural Reforms in China and India?，New Delhi，India.

Kader，A. A.（2005）（PDF），Increasing Food Availability by Reducing Postharvest Losses of Fresh Produce，UC Davis.

K. L. Harris，W. J. Hoover，C. J. Lindblad，and H. Pfost，An Overview of the Postharvest System：The Food Grain Supply Pipeline（Determining the Interrelationship and Relative Magnitude of Losses）in Kenton L. Harris and Carl J. Lindblad，eds. *Postharvest Grain Loss Assessment Methods-A Manual of Methods for the Evaluation of Postharvest Losses. American Association of Cereals Chemists*，1976.

Prahalad，C. K. and Stuart L. Hart（2002），"The Fortune at the Bottom of the Pyramid".

Rao，C. H. Hanumantha，（1971），"Uncertainty，Entrepreneurship and Sharecropping in India"，*Journal of Political Economy*，Vol – 79，N0 – 3.

World Bank（2000），"India：Reducing Poverty，Accelerating Development"，*A World Bank Country Study*，Oxford.

（谢飞 译）

多双边关系

中国投资和融资对非洲之角经济增长和包容性发展的影响

阿里·伊萨·阿布迪（Ali Issa Abdi）

埃塞俄比亚非洲之角经济和社会政策研究所常务董事

背　景

大非洲之角由八个国家（译者注：原文如此，应为 11 个国家）组成，这八个国家都是非洲经济共同体的成员国。非洲之角的巨大优势有：战略性地理位置，生态多样化、海岸线辽阔的雄伟陆地，文化底蕴丰富多样的众多年轻人口，丰富的农业和矿产资源。根据世界银行的数据，截至 2018 年，该地区海岸线长约 7000 公里，人口约为 2.75 亿。平均人口密度相对较低，为每平方公里 30 人，但各国之间差异很大。

以上这些条件为商业投资提供了巨大的机会，例如农业和农产品加工业，制造、旅游、运输和物流业，自然资源开采，能源的生产、传输和分配等。该地区人口众多且人口不断增长，其中年轻人口更是不断增加，这也提供了发展机会。大量受过良好教育、拥有良好技能的年轻劳动力保障了生产力，但同时也给环境、就业市场和社会服务带来了压力。

该地区如今面临着诸多挑战，例如普遍贫困、干旱频发、一些国家动荡不安、城市失业率高和农村就业不足（尤其是对年轻人而言）。其中一个挑战就是区域内大量人口流离失所、向外迁移，而这个问题的产生部分是因为地区动荡和干旱，部分是因为现有的工作机会不能满足劳动力的需求。这些因素彼此间是互相关联的。气候变化导致了环境恶化和自然灾害加重。鉴于该地区大部分人口都以雨养农业为生，气候变化对该地的打击非常大。

因此，该地在国家和地区层面都需要因地制宜的政策、合作和行动，以此将风险最小化，并增加化挑战为机遇的可能性。若要有效地处理好这些问题，各个经济体就要采取在经济上、社会上和环境上平等、包容且可持续的发展策略。

非洲之角经济体必须转型。然而其巨大的融资需求无论是在个体国家层面还是地区层面都远远超出了自身能力。在长期巨大的储蓄投资缺口面前，确保多边、双边拨款和吸引外国直接投资对该地区至关重要。除了资金尺度外，资金类型、灵活性、质量、分配、成熟度和其他条件也都很重要。

在过去 20 年左右的时间里，中国已然成为该地区的一个绝佳选择，中国不仅仅是资金来源，更具备科技，专业技术，企业精神，相对支付得起的设备、机械和中间消耗，能力建设支持和非洲产品的市场。麦肯锡（McKinsey）在最近的一项研究中得出以下结论：

> 中国仅仅用了二十年时间就已经成为非洲最大的经济伙伴。没有一个国家能像中国这样如此深刻而广泛地参与非洲的贸易、投资、基础设施融资和援助事物。中国"巨龙"——各种规模、各个行业的公司——正在为非洲大陆的每个角落带来资本投资、专业技术管理和企业能量。中国"巨龙"的这些举动也加快了非洲"雄狮"的崛起。（麦肯锡公司，2017 年）

中国最近在中非合作论坛上为非洲分配了 600 亿美元的 3 年期资金，这增强了中国的资金可信度。不过，中国在非洲的参与也引起了一定的批判，有人直接给中国贴上标签，称其仅仅是在搜寻资源，并从非洲市场的机遇开发中获利；有人指责中国利用非洲大陆倾销廉价产品；还有人称中国正在推进的金融条款会使各国深陷债务。除了一些无根据的批判外，我们确实需要进一步考量和研究中国在非洲之角投资和融资带来的机遇和局限、中国在非洲之角经济发展和包容性发展中起到的作用和影响。

尽管目前已有一些相对重要的研究，但现有的研究对一些问题深度处理时却遗漏了地区和国家的重要差异，也没有根据具体情况进行研究。举例来说，一些研究聚焦于那些已经成为中国资金/投资的主要接受地/目的地的国家，却没有涵盖那些迫切想要吸引类似资金但又无法——或者说其国内制度或政策环境不允许它们复制成功国家的经验——获得资金的国家。基于这个情况，本研究将着眼于中国的投资和融资在非洲之角国家中起的作用，并详细考量两类不同接受国的发展战略和优先事项，第一类国家经济发展快速、经济表现优良，而第二类国家则是子区域地带相对实力较弱的国家。

非洲之角的中国外商直接投资评估

本研究的关注点在于受援国（政府和私营部门）是如何充分利用中国给的资金和投资所带来的机会的。与此同时，这些国家还需最大程度地减少一切不良影响，以促进其经济发展和包容性发展潜力。值得特别一提的是，本文研究了一些成功国家和实力较弱国家（及其采取国家级努力的要求）的案例，以增进合作，在有利的条款条件下吸引资金，并鼓励融资和投资用于最重要的领域从而支撑起国家经济转型。

非洲之角地区包括两类国家：经济表现优良的国家和相对较弱的国家。该地区拥有一些非洲发展最快的经济体，其中有吉布提、埃塞俄比亚、肯尼亚和乌干达四个国家。这些国家尤其能吸引中国的投资，其优势不仅在于该地区的地理位置，也在于这些国家的经济增长潜力、不断增长的消费市场、廉价的劳动力成本和丰富的自然资源。这四个国家在2017年和2018年的实际经济增长率平均达到5.3%至7.6%区间。

在非洲之角，这四个表现优良的国家已经取得了大量的中国资金流入。吉布提就一直是中国投资和项目融资的主要接受国，其项目包括多拉莱集装箱码头、多拉莱多用途港口、国际自由区工业园区运营和连接该国与埃塞俄比亚的铁路和公路项目。

埃塞俄比亚也是一个值得提到的案例。它是中国在非洲外商直接投资的第五大接受国，吸引了数十亿的中方贷款和投资，资金主要用于一些恢宏的基础设施建设工程，例如：埃塞俄比亚—吉布提铁路，亚的斯亚贝巴过境铁路和环线道路，埃塞俄比亚航空公司的现代化仓储设施，许多城市间道路项目和许多城市的工业园区发展等。

肯尼亚也是非洲前十大受益于中国投资和融资服务的国家之一。中国为肯尼亚的许多大型基础设施项目提供了资金，其中包括内罗毕—锡卡高速公路建设、蒙巴萨—内罗毕标准轨距铁路建设和图尔卡纳湖—苏斯瓦输电站建设。

乌干达在过去十余年时间里也得到了可观的中国投资。这些投资包括由中国投资兴建的五个工业园区、卡鲁马和伊辛巴的两个大型水坝和水力发电厂、三大道路建设项目（包括坎帕拉—恩德培高速公路）和阿尔伯丁大裂谷的油田开发。中国在农业、工业和旅游业方面的大量投资为该国创造了可观的就业机会。

中国在吉布提、埃塞俄比亚和大非洲之角的参与是其"一带一路"倡议的组成部分，这是中国长远外交和经济政策战略的一部分，旨在确保中国在更广阔的东地中海地区的重要外交和贸易利益，并使其不受束缚地进入欧洲市场。

在许多非洲国家，人们普遍对中国作为世界经济强国的崛起、其发展和其外交关系策略持有积极的看法。一些评论家强调，中国的互不干涉和互相尊重外交政策、其与非洲的友谊和日益增进的贸易和投资都标志着"中国应在非洲作为经济发展伙伴存在"。显然，中国在非洲之角的参与为该地区带来了亟须的外国直接投资和融资——特别是在经济基础设施项目上——如果没有中国，这些项目对这些发展中国家而言费用太高。另外，中国也支持该地区发展内部经济网络，从而刺激了就业、经济增长和包容性发展。

非洲之角这些较成功的国家吸引中国投资主要是为了加强其公共交通基础设施，提高供电和配电，并促进高度可持续发展。同时，这些国家也很力求获得高科技、增加就业、获取专业技术、通过扩大出口来增进外汇收入并从生产链前向和后向联系中获利。

这些表现优良的国家已将中国日益增长的投资和融资支持作为提升它们包容性发展和减贫的一大手段，并以此对国际市场开放，从而实现可持续的转型。更具体地说，各国对这种合作双赢式发展的预期是：各国通过贸易流、技术转让和全球价值链的整合来获取成比例的利益。如果没有和中国的关系，这些国家将无法获得这种收益。

毫无疑问，中国的投资和融资已经是这些（经济表现优良的）国家近年来实现高度可持续经济发展不可或缺的部分。中国的投资为这些国家提供了世界级的基础设施发展，注入了各国亟须的资金，引入了新的科技和现代化专业技术，并加强了这些经济体的示范效应。

这些受益于中国投资的国家——尤其是那些已将自己的国家战略与所寻求的中国投资和融资一体化的国家——已经开始致力于解决对其国民经济转型的主要约束事项。这些投资带来的生产率的提高和溢出效应使这些表现良好的国家能够很好地利用中国的外商直接投资和外部公共融资。

该地区决策者的广泛评价和一些本文参阅的学术报告都向我们表明：非洲之角地区表现优良的国家都从中国的投资里获取了极大的利益。中国在非洲之角的投资与其南南合作战略和目标高度一致，都是为了发展对中非彼此皆有利的贸易和投资关系。

中国投资和融资引发的担忧

值得注意的是，非洲之角内外一些学者和决策者对中国投资和融资流入的方式表示一定的担忧。这些担忧不包括工厂运作和对中非合作的政治性批判（有人认为这种合作是"利益的竞争，充斥着霸权主义色彩"）。但是除了这些误导性和散布恐慌的言论外，人们对中国在非洲之角（和非洲其他地区）投资和融资的条款条件也有一些客观的担忧，这些担忧值得我们考量评估，大致如下：

（1）中国只对那些资源充裕的非洲国家感兴趣。学术界和脆弱的非洲经济体的决策者们的共同担忧是，中国给非洲的投资和融资会进一步加剧非洲大陆富裕和不富裕国家之间的差距。中国投资和融资的优先接受国都是那些发展程度相对较高、矿物或碳氢化合物富足的国家。那些担忧人士认为，非洲大陆的收入差距将进一步拉大，而且与中国自身的发展模式不同，这个收入差距并不会促进非洲大陆的大幅减贫。

（2）非洲之角地区相对较弱的经济体不会从中国的投资和融资中受益。非洲之角主要的脆弱经济体有厄立特里亚、索马里、苏丹，这些国家经济长期不稳定，且常常陷入国家间和国家内部的种种冲突。中国企业已经在苏丹和南苏丹的石油和天然气领域进行了一些投资，但其对脆弱国家的其他经济领域却鲜有兴趣。以中国和索马里的长期关系为例，尽管中国和索马里自 1960 年来就有外交关系，中国也在 1970～1990 年间向索马里许多核心基础设施工程给予投资，但索马里方表示，在索马里过去历经动荡的 28 年里，中国并未对索马里国家恢复和重建做出任何重大贡献。中国参与度如此之低，显然是因为索马里政治不稳和体制治理不力。然而，在索马里的早期恢复阶段，中国仍可以像发展其他双边关系一样在索马里探索共同利益和合作互赢。

（3）中国投资的技术转让有待加强。决策者和学术界认为，中国自身在过去三四十年里在科技上取得的巨大提升可帮助非洲之角国家迅速掌握专业技术和相关技能。然而大量事实表明，中国投入到非洲投资建设的技术人才和先进设备大多数仍留在中国，并没有贡献于非洲之角国家的技术转让。例如，中国在非洲之角国家大力投资铁路产业，但并没有建立重型设备制造基地，而这对区域发展和当地最终实现重要运输目标却至关重要。值得指出的是，东道国若不能在教育程度、本地技术能力和工业发展方面达到一定的门槛，就无法获得外国直接投资中技术转让的好处。

（4）未充分考虑对环境的影响。据报道，中国向非洲之角提供贷款的谈判条款条件并没有充分考虑所有相关事项，而且缺乏透明度和责任制。评论家也指出，各国在签订贷款协议前对中国大型基础设施工程投资事宜缺少或根本没有进行可行性研究、成本效益分析和环境影响评估。项目的执行是在没有外部监督的情况下进行的，整个过程从开始、技术和资金评估、工程和建设到最终的审批均在内部进行。

（5）脆弱的经济体应避免不可持续的债务累积风险。一些非洲之角国家已经积累了高额的公共债务，其中一部分原因就是中国的贷款，这也引起人们发问：这笔贷款最终要怎样偿还，代价是什么，政府为还款要牺牲掉什么。一些评论家认为，政府积累这样巨额的债务是不明智的，对非洲之角国家和非洲各政府总体来说也是不可持续的。政府有责任确保将借入的资金用于能产生额外生产能力的生产性投资，以此提高外汇收益，使还本付息的开支更具价值。贷款国和借贷国都应保持谨慎，确保债务义务不会导致违约和债务危机——如果项目上"铺张"的支出导致一个国家迅速陷入债务困境，那么贷款国和借贷国无疑都应承担责任。非洲之角国家（和其他地方）负责任的决策者应该保持警惕，确保国家长期融资途径和条款条件是基于其可持续的债务能力之上。

（6）中国在各类基础设施工程、产能与能源分配和制造业上的外商直接投资对非洲之角国家而言是有利可图的。尽管如此，各国也应当从中国过去在该地区和世界其他国家投资的问题中吸取经验，考虑到这笔投资对当地经济、环境、就业和劳动力情况、移民和科技发展带来的影响，各国尤其需要建立起正式、透明、互利共赢的贸易和经济合作协议。

结　语

本文旨在探究中国和非洲之角部分国家建立起的重要经济关系，并由此联系到中国投资和融资对这些国家经济增长和可持续发展的影响。本次评估得出的一个明显结论是：在提高经济基础设施和促进经济增长上，中国的外商直接投资和融资为非洲之角国家带去了极可观的利益。特别是那些将中国的融资和外商直接投资作为其战略性增长转型计划不可或缺的组成部分的国家，它们在发展上取得了相当大的成功。

中国与非洲之角的经济关系和贸易联系对双方都至关重要，也积极贡献于该地区的经济转型。人们展望这样的关系可以长久发展，只要双方能解决决策者和中立的学者所提出的客观担忧、提高投资和融资流动的效力和效率，并将此经验衍生至非洲其他情况中。

若要提高中国投资和融资对该地区经济发展和可持续发展的经济影响，要解决的主要问题有：1. 中国的决策者和企业不应该只和经济表现较好的国家交涉，也应该帮助那些尚未从中国投资中获利的相对较弱国家，并以此对该区域包容性和可持续性发展带来更全面的影响；2. 现有中国投资的技术转让不多，有待加强；3. 脆弱的经济体应避免不可持续的债务积累风险。

表 1 2017 年度接受中国在非洲外商直接投资最多的国家

单位：百万美元

国家名称	2017 年外商直接投资	国家名称	2017 年外商直接投资
南非	7473	埃塞俄比亚	1976
刚果共和国	3884	阿尔及利亚	1834
赞比亚	2963	津巴布韦	1748
尼日利亚	2862	加纳	1575
安哥拉	2260	肯尼亚	1544

（谢飞 译）

美国与中国务必处理好双方的高科技竞争

克利福德·库普坎（Clifford Kupchan）

美国欧亚集团主席

中美之间的高科技竞争如今已全面展开。9 月 27 日，中国网络设备巨头企业华为首席执行官任正非表示，华为已开始生产首批不含美国零件的 5G 基站。这是特朗普政府在 5 月份以国家安全为由决定限制中国最重要的全球科技公司对美国硬件和软件的访问权的必然结果。这对美中之间日益紧张的科技冷战而言既是一个里程碑，又是一个关键的考验。

目前尚不清楚华为是否能在没有美国创新力——尤其是那些在半导体和移动操作系统中保持领先地位所需的技术和软件支持——的情况下保持其网络设备和手机市场的全球竞争力，尽管如此，华为似乎也已经决心搏一搏。就算美中贸易战最终的解决方案允许华为成功从特朗普政府那得到一定的缓和空间，强大的政治力量也很有可能驱使美中越来越多的科技公司在设计产品时尽量避免使用对方的技术。

美国对中国科技崛起给美国国家和经济安全带来的风险表示深切忧虑。唐纳德·特朗普（Donald Trump）政府依旧坚持切断美国和中国技术部门之间的联系，并将敏感的技术供应链撤离中国。中国则将持续以推动国内高科技的自给自足来回应美国的施压。

这次两国博弈不仅仅是一个占据当下新闻标题的贸易僵局，更是一场威胁到未来几十年全球繁荣和稳定的科技冷战。趁现在还有时间，坚定的国家和企业应当联合建立一个新的论坛，以应对这场 21 世纪新地缘政治竞争。

竞争性争斗和风险

美中两国日益将自己的科技公司所开发的人工智能、机器人技术、量子计算、5G 通信和其他技术视为一种经济和国家安全问题。双方目前正在通过限制对彼此的技术出口和加大敏感科技的投资限制来获取竞争优势。

竞争的战利品是在未来国际体系中的地位。这场竞争关系到国际市场的控制权，先进的技术将有助于控制全球经济。另外，技术上的领先地位也将在国家安全领域发挥优势。特朗普政府坚持认为美国的创新基地和军事应用对保护美国的安全至关重要。同样地，中国领导人也相信民用技术的进步与军事领域的飞跃应齐头并进。

华为事件表明，未来已经到来。美国对华为施加限制的主要原因是担心中国政府会利用华为来渗透和破坏全球重要的电信网络。而这将损害美国国家安全。5G 网络是一个复杂且昂贵的工程，它现在才刚刚起步，将持续长达十年。美国意欲美企能在下一代新兴科技应用的浪潮中脱颖而出，而这股科技新浪潮便建立在将来全面部署的 5G 网络之上。中国政府有意帮助中国企业在这场以科技带动经济的巨大竞争场中获得领先地位，一旦获胜，中国将引领一切，从智慧城市、到无人驾驶汽车、甚至于那些尚未可知的价值数十亿美金的新产业。而美国正在抵制这个趋势。

更广泛来说，特朗普政府正力促美中经济（尤其是在高科技领域）脱钩。美国政府切断华为对美科技的访问权限、禁止人们在美国网络中使用华为设备、施压同盟国效仿美国，等等，这些做法还仅是个开始。对于那些适用于敏感科技、有权访问核心基础设施或个人数据流量的外商投资，美国的审查力度越来越严格，而这已然带来了中国在美投资的寒冬。据荣鼎咨询（Rhodium Group）的数据显示，2018 年中国的外国直接投资与 2016 年相比下降了近 90%。美国外国投资委员会（CFIUS）采取了强硬手段并扩大了其审查的交易类型，这导致一些交易被中断或完全取消。

美国加强其对先进科技控制力的下一步做法则是列出那些受制于日

益严格的出口管控的"新兴"和"基础"技术。这些技术很有可能包括重要的半导体技术与相关的制造和设计技术，还有与人工智能相关的服务和组件。此举将进一步滞缓美国向中国和其他美国眼中威胁到其"国家安全创新基础"的国家的技术流动。

冷战后几十年来，美国对促进国家创新的电子科技一直秉持不干涉态度，此次的态度则与一贯的作风大相径庭。事实上，特朗普政府已然在硅谷划下了一道明晃晃的红线，宣布以中国为首的地缘政治对手国将无权获取美国创新体系中的一些重要部分。特朗普政府一直在力促此政策，而这项新的、更强硬的科技控制方案也已纳入了立法机构，在国会中亦得到了两党的大力支持，其持续时间将超过现任政府任期。

面对美国的施压，中国也相应地正在建立起一张不可信企业的名单，并将持续实施诸如 2016 年《中华人民共和国网络安全法》之类的法律来抑制美企的市场机遇——尤其是在贸易谈判走向不尽如人意之时。中国也在加倍进行国内创新。习近平主席近来将中国探寻对美科技独立之路评述为新的"长征"。随着双方态度越来越强硬，扭转局面也将变得愈发困难。

当前的关税战将加速这场技术竞争。关税战所引发的敌意会加剧并深化这场长期技术对峙。10 月 11 日，美中似乎达成了一个"迷你协议"，在这个协议下中国将购买更多的农产品并进行一定的改革，美国则将推迟提高关税。但美中达成一个全面协议的希望却很小，因为双方在一些核心问题上存在重大分歧。关税战很可能会进一步加剧美中关系的恶化，并引发双方对先进科技的竞争。

对其他国家而言，目前这场针对华为和 5G 的斗争也预示着未来，因为美中两国政府出于国家安全和经济原因，将进一步限制彼此的活动——这个限制不仅是针对对手国，也包括第三国市场。简而言之，在科技领域的商品买卖中，各国和各国企业将越来越不得不在美中之间做个选择——不仅仅是 5G，更是所有即将问世的建立于 5G 网络之上的所有潜在应用和服务。

最终的结果只会是满盘皆输。在过去 30 年的电子革命中，科技合作促进了全球创新的质量。全球化的科技供应链使得美国能将越来越复杂的制造和总装工作外包给中国，这让美国的科技公司和消费者受益匪浅。美国将半导体和软件售往中国那些日益强大的高科技企业，从而增加了财政收入，以此便可资助和驱动下一代创新科技的产品和服务。

中国企业同样也获利巨大：企业得到了专业技术，有更多工作岗位，还有一笔能让其继续攀登高科技价值链的投资。中国国内市场巨大且各个私营科技公司竞争激烈，受此激励，中国在过去十年里已然成为世界上除美国外唯一一个能催生大规模数字平台公司的国家，这些公司有实力和硅谷诸如云计算这般的最强领域进行竞争。这些企业和中国越来越多的人工智能初创企业一起有望创造出结合大数据和人工智能的新兴应用程序，例如智慧城市、先进制造业和无人驾驶汽车。华为在生产网络设备和移动手机的同时也正在加大生产尖端的移动芯片。华为的发展离不开从美国和其他供应国所购的科技的支持，而美国和其他供应国也能将获取的利润用回自身的研发当中。

这种良性的反馈循环将被当前的政治局面破坏。对于美国那些认为中国政府正逐步摧毁美国经济和国家安全的对华鹰派而言，这就是他们想要的结果。然而，那些主张美中脱钩的论点往往聚焦于中国通过在西方科技产品或网络基础设施中插入后门程序而实现间谍和破坏活动的可能性，或假定中国在一些关键领域上——例如人工智能、量子计算和先进的半导体产品——即将赶超美国。这样的观点往往对潜在的风险和代价考虑得过于狭隘。他们未能考虑到当今世界的全球创新生态系统在硅谷和其他欧亚技术中心是如何运作的——美中企业彼此高度依赖。

高科技的竞争代价高昂，也带来了新的风险。为回应美国对华的关税和非关税措施，美国企业已经开始从中国撤走一些技术供应链——据中国美国商会 2019 年研究显示，大约 40% 的在华美企正在或即将撤走在中国的制造设备。这种趋势的加速发展将导致国际商业严重复杂化。供应商被迫投资于冗余的生产力，并且不得不重建在中国已经磨炼了数十年的物流网络和制造流程，生产商也因此需承受愈发高昂的成本代价。

美中追逐同样的科技（例如 5G）却分开发展，这降低了经济规模，并且长远来看，科技和相关应用如若最终采用了不同的标准，可能会导致互操性问题。这样的情况使得科技发展变得更为昂贵。此外，无谓的重复劳动也会增加全国经济的交易成本。

双方对人才流动的限制越来越多，这将进一步损害良性创新。对美国而言，减少对中国和其他外国学生的 STEM 签证发放会阻碍顶尖的科技专家进入美企。对中国而言，政府在发放签证上的新限制措施意味着那些在中国开展研究业务的中美企业将更难获取美国专业技术。

甚嚣尘上的美中科技冷战还可能对全球安全带来消极影响，因为科技冷战将进一步降低全球协同处理人工智能安全问题或人工智能军事运用问题（包括致命自主武器系统）的前景。尖端企业和研究人员之间交流的减少所带来的风险在于，中美其中之一会率先在诸如量子计算之类的战略性科技上取得出人意料的突破。这个风险不在于量子计算上的突破本身，而在于一方会打得另一方措手不及并破坏军事和其他核心密钥，对全球安全带来直接的破坏性影响。

在长期科技冷战中，两国也更可能进行一些恶意的网络活动，因为双方都会更多地使用先进的网络攻击行动来实现政治上和经济上的目标。

最终，美中双方永久的科技纷争将会限制那些对新科技发展有促进作用的科技、投资和人力资本的良性交流。而这将损害全球创新，导致各方皆江河日下。

一个可能的解决方案——建立应对竞争的新论坛

美中之间的科技竞争趋于走向零和博弈，这个过程所暴露出的弊端广为当前政策性辩论诟病。为避免这些弊端，志同道合的国家应吸纳有关企业的专家共同建立一个应对这个新型关键领域竞争的新论坛。该项目可由联合国在欧盟的支持下引领展开，因为这两个组织支持这个论坛的可能性很大。

中国最初或许会抵制这个新组织可能带来的任何"侵犯主权"的行为。但中国政府对战略性科技竞争也充满担忧，其最终很有可能加入这个行动。特朗普政府对任何新的组织都抱有本能的抵触，但国际的规劝可以缓和美国的立场。

该论坛的首要任务是制定规范政策的条例。各国应划清人工智能和武器之间的界限，以免人类失去武器控制权而造成灾难性后果。各国也不应将量子计算用于攻破其他国家的密钥，因为每个国家只有拥有保护自身财政和核心基础设施相关数据的能力才有安全感。另一个重要目标则是减少商业目的所致的知识产权盗用，因为知识产权盗用会打击国家间的信任。此外，本论坛也需解决由大数据、人脸识别和其他人工智能应用所致的人权问题。

最后，各国需共同决定科技在什么情况下可以和国家安全挂钩——这种情况不可过多。各国需遏制那种以国家安全为由而限制科技流动的行为，否则有益的合作形式将会枯竭。

这要求我们承认：现代科技生态系统巨大的复杂性和相互依赖性意味着我们永远无法彻底消除一些重大的安全风险——例如 5G 网络容易受到黑客攻击和蓄意破坏。但这些风险是可以管理的，我们可以建立起严格的监管、外交手段并对不良行为设立全球统一的惩戒。

英国和德国的安全评估中心就是提高供应链安全性的一个很好的模型。在安全评估中心，技术专家持续检查设备和软件中包括潜在的后门程序在内的安全漏洞。此外，各国政府也可考虑要求那些不符合信任度和透明度标准的企业支付一笔可观的保证金——并交由第三方保管——此后企业才能将其科技用于国家基础设施中。这也将允许电子经济持续发展，而不必过多经历类似"华为事件"这种滞缓创新发展的插曲。

在就规范条例达成共识之后，各民族各国应建立一个有足够权力执行这些规范并管制技术竞争的新机构。新组织应采取不同的形式，其中任何一种形式都将是对当前空白处的重大改进。"最柔和"的选项就是不建立正式的机构，各国自愿参与和遵守规范。国家形成联盟，带头召开会议和研讨会，着力于设定规范条例，建立供应链和网络安全的最佳惯例，并确保电信网络和其他重要的数字基础架构在面对各种网络威胁时尽可能地具有抵御能力。

第二种选项则需要建立一个正式的国际机构，且各个成员国应尊重各国主权且不干涉他国内政。它的结构和运作形式与东盟相似。各国可自行选择是否加入，成员国建立一个正式的机构，在达成共识的基础上做出决议。

我支持的是第三种选项，这也是最正式、最具约束力的一种方案。此机构将以国际原子能机构（IAEA）为模型。以联合国为主导的国际联盟应施强压来促使各国加入此机构，此机构具备一支由技术专家组成的国际队伍，这些专家有着不容置疑的资历和特殊的外交地位。决议应由投票通过，所有通过的规范条例都应强制执行。

最重要的是，该机构将有权对违法行为进行监管。如果有强烈证据指向某个国家或公司，表明其违反了约定的规范，此机构将有权对目标进行监察——无论监察对象是由政府还是由私人公司运作。机构有权对违反者使用包括制裁在内的惩戒体制。

国际原子能机构是一个强有力的模板。其运作环境高度利益攸关且充满政治色彩，内部各方互不信任，甚至暗中发展非法军事武器。这样一种模板——我们称之为怀疑与核实模板——必须用于电子科技的独特问题：比起检测某个核设施是否已经开始浓缩武器级铀，核实某个国家是否已经在 5G 基站引进了隐藏的后门程序是一个非常不同的挑战。后者需要大笔资金，并且必须能够确保私营企业和政府二者的配合和透明性。该机构的终极任务就是确保各国配合，由此实现互操性，并减少全球科技创新领域的摩擦。

这是一剂强力药，这个方案中的一些部分对中国和美国来说都难以轻易咽下。但若非如此，其他的途径将不可避免地导致全球创新体系遭到瓦解，这样的结局要糟糕得多。

克利福德·库普坎是欧亚集团董事长。本文部分引用自克利福德·库普坎和保罗·特里奥罗于 2019 年 6 月 1 日在《海峡时报》上发表的《美中科技战的第三方解决方案?》（*A Third-party Solution to US-China Tech War?*）。保罗·特里奥罗是欧亚集团地缘科技部董事。

（谢飞 译）

智中关系：坚实的政治基础，
南美地区双边合作的先驱

恩尼奥·维瓦尔迪（Ennio Vivaldi）

智利大学校长

  2020 年是智利和中国持续建交第五十周年，智利取得这样的成就，在其所属地区属领先水平。事实上，在 20 世纪 70 年代初智利就是南美国家中第一个与中华人民共和国建立外交关系的国家，也是拉丁美洲继古巴之后第二个与华建交的国家。此外，智利也是拉丁美洲第一个支持中国加入世贸组织的国家，随后，在 2004 年又是该地区第一个承认中国这一亚洲巨头为市场经济的国家。再者，在商业领域，智利是拉丁美洲第一个与中国签署自由贸易协定的国家。这些里程碑已成为中智关系的基本组成部分，且无疑有助于巩固住中国这一重要伙伴国。

  两国坚持尊重贸易开放性原则，努力促进多边主义和加深世界多极化发展，这都有利于强化中智关系。两国在国际组织中支持世界和平事业，并充分参与亚太地区事务——双方都认为亚太地区是新型全球治理中重要的一极。

  在中智关系诸多值得一提的特色中，其中一项就是双方长期合作的意愿——双方都明白合作能促进两国更高水平的发展。正是因为有了这样的共识，智利和中国才能在过去 40 多年的外交关系中逐步深化两国在各方面的关系。制度性合作的发展和高级访问的深化也使得新领域的合作变得可能。基于此，两国在 2016 年将双边关系上升为全面的战略伙伴关系，并签署了新的备忘录以加深已生效十年的自由贸易协定。这一进展表明，两国之间的合作正变得越来越多样化，合作内容包括遥远的外太空、生物技术和高科技新型材料的发展。

智利对中国的外交政策基于互相尊重主权和领土完整原则，且一贯支持"一个中国政策"。智中两国进行了无数次的正式访问且建立了部委间协商机制，并以此维持永久对话，促进双方关系的稳定性和持久性。在过去的28年里，智利的每一任总统——无论政治意识形态如何——都对中国进行过至少一次正式访问。同时，智利也签署了多项合作协议来将两国关系制度化（其中最重要的有全面战略伙伴关系协议和自由贸易协议）。

在过去几十年里，我们在各个国际组织中提出多项倡议来促进多元主义、多极化国际体系和公平的国际经济秩序。在这个方面，智利对"一带一路"倡议这个亚太地区的补充提案深感兴趣，此倡议加深了亚太地区的联结性，改善了基础设施，从而减少了地域障碍和通信障碍。在2019年5月塞巴斯蒂安·皮涅拉总统最近的访问中，智利政府签署了一项新的谅解协议，该协议促进了我国对中国提出的倡议的参与。

在一些领域，这种关系的重要性甚至比商业和经济层面更明显。智利是拉丁美洲其中一个获利于对华贸易关系的国家。两国之间早期的自由贸易协定使智利能以较好的价格进口高科技产品并优先进入亚洲市场。自2017年以来，双方在积极评估自由贸易协定后进入了一个更深的阶段，在这个新阶段中，智利不但继续为中国提供重要资源，而且将进一步吸引中国投资——尤其是在基础设施方面和矿业、农业的技术发展方面。另一方面，智利也力求成为中国向南美市场出口主要产品与服务的商业入口平台。

因此，中国已然成为智利出口的首要目标市场。我国近年来也一直是中国一个重要的投资接受国。根据智利外国投资促进局（InvestChile，智利政府的投资机构）的数据显示，中国对智利投资流量从2016年的3.1亿美元增加到2018年的18亿多美元。在此我们必须阐述一系列旨在鼓励贸易和促进金融关系的措施和协议。

上海自由贸易试验区就是其中之一。2015年，两国政府当局建立了一个试验平台，该平台允许智利的中小型公司通过上海的自由贸易区直接与中国市场建立联系。这项倡议涵盖了物流和港口设施，旨在刺激中国市场自由化和吸引新投资。对智利而言，这项倡议可助力其成为中国的出口平台。根据中国当局自己所述，上海是一个试验田，意在测试以国际贸易促进国家发展的新方法。

类似地，2015 年 5 月，中国总理李克强先生访问智利，两国建立起了中央银行间的金融合作协议，意使人民币成为双方国际交易中的货币。在此领域的一系列协议促成了中国在智利建立起其在拉丁美洲的第一个人民币金融中心，这是智利在地区实现国际化的一大金融平台。此倡议向中国展示了通过智利这个桥梁在拉丁美洲拓宽金融合作与投资的可能性。

这无疑是一条充满成功和建设性机遇的道路。大学的义务是培养促进社会长期发展的人才，我们不应该阻止大学中的人看到呈现在两国面前的新机遇和新挑战。我们必须在商业领域实现飞跃。我们目前的商业交易建立在智利原材料的出口上，如今我们有必要以中国的投资和技术转让来促进智利经济转型。让我们说得更明白一点。我们的贸易往来是不平衡的。智利的出口主要集中于铜、水果和原材料，我们试着为此注入更高的价值链，但至今收效甚微。我们一致认为，现在的模式需要一个转型过程，这个过程既要避免经济二次初始化的陷阱，也要避免智利一个多世纪以来产业中心关系上"中心－外围体系"的经济特征。我们需要建立一个新的战略视野，充分利用中国在诸如人工智能和科学研究等技术革命中起到的变革性作用。在这方面，科学发展至关重要，大学的作用便举足轻重。

智利和中国已然增进科学合作，这一点非常重要。2015 年，为鼓舞智中研究人员共同合作，两国签署了中国科学院（CAS）与智利国家科学技术研究委员会（CONICYT）间的谅解备忘录协议（MoU），这一做法尤其是为了加大智利物理学家、工程师和专业技术人员在涉及双方共同利益的研究项目的工程中的参与度，这些项目和工程的合作范围包括天文学和天体物理学、自然灾害、极地研究和可再生能源等领域。

中国科学院南美天文研究中心（CASSACA）就是其中一个例子，该中心为我们提供了天文学研究平台和南美所需的科技发展平台。在2018 年 7 月，天文中心在安托法加斯塔地区的北方天主教大学（UCN）

开设了第一个办事处，并由此计划在智利建立第一个采用中国技术制造的天文台。鉴于智利和在智国际天文台的其他协议，该天文台将有 10% 的时间专门归智利研究员使用。

第一个用于发展区域天文信息学的数据中心也以同样的方式建立。该数据中心基于中国科学院、华为智利分公司和圣玛利亚理工大学（UTFSM）在 2015 年签署的合作协议而建，包含一个容量为 1PB 的模块化数据中心。这些新的合作案例的落成使中国和智利共同成了科学和电信发展的区域平台。

文化领域也有相似的发展。智利的孔子学院拉丁美洲中心发展和协调了拉丁美洲人民对汉语和中国文化的学习。圣地亚哥办事处这一战略性平台正稳步加深该地区和中华人民共和国的文化联系，协调各个培训活动，并出版整个地区的教育和文化资料。

智利大学一直都是智利与中国各机构的合作中心。在过去二十年间，智中多个科学和技术合作项目在此得以巩固，这使得各个知识领域在紧密联系中发展，这些领域包括农业、国际研究、经济学、公共政策等。其中，天文合作脱颖而出，一个名为"中智天文联合研究中心"的天文研究小组于 2013 年在智利成立，作为中国－南美发展的一环落户于赛罗卡兰。

如今，为了人类更美好的生活，智中打开了更多合作互动的大门，其层次既包括人文、教育、艺术，也包括数据科学、工程、技术，尤其是创新。值得强调的是，从智利大学的角度出发，我们在发展经济交流的同时也有必要加强在科学、技术、教育和文化方面的关系，以此催生更多的创新动力，为我们的社会所面临的机遇和挑战寻找良方。这意味着我们需要联合各学院，建立新协议，创造更多机会。这样，来自中国各个大学和智利大学的硕士和博士生们便可以在两国发展学业，并由此促进和激励双方的学术和文化联系。

为强化两国的互惠合作，智利大学与中国社会科学院（CASS）于 2016 年签署了谅解备忘录，旨在交流学术资料、出版刊物和研究工作，并促进学生和教授的人员流动。同时，作为"一带一路"倡议的一部分，智利大学加强了与中国科学院（CAS）的联系，并于 2018 年成为国际科学组织联盟（ANSO）的创始成员国之一。类似地，智利大学也提议今年在国际问题研究所开设一个中国研究中心；在哲学和人文科学学院下的世界语言和文化中心开设汉语研究生课程；并展望在与两国特别相关的领域建立联合实验室。

这一切的合作和倡议都被一个合理的目标贯穿，这个目标不仅仅是机构层面，更是国家层面的：那就是，在智中关系中确定好智利的利益。我们国家想要从智中关系中获得什么？我们该如何在这样一个加强两国实力的合作关系中前进？我们对这些问题的答案大体上决定了我们在 21 世纪会有怎样的发展。尽管找到这些问题的答案可以有多个渠道，但大学在此间无疑发挥着重要作用——智利大学尤其如此。

允许我说一些应当加强合作的领域。既然两国面临着一些共同问题——例如部分地区水资源短缺、能源受限和污染问题——那么智利应该扩大其与中国的学术交流和科学合作，由此产生可以继续深化智中关系的新力量。

同样地，智利也有机会成为研究、发展和创新项目的发展中心。在过去五年里，中国采取了更为主动的外交政策，以求在国内外创建解决全球问题的平台。在这样的背景下，智利有机会成为一个吸引非传统投资的平台，而这可助其实现技术转让、跨学科学术合作和面对亚太地区和中国的进一步开放。

智利逐渐陷入了一个两难困境，它必须决定是继续仅仅和中国做一个商业伙伴，还是成为中国不可分割的战略伙伴。2016 年，两国共同宣布将彼此外交地位提高到全面战略伙伴级别。尽管这不是一个具有约束力的协议，但战略伙伴关系涉及一个多维度、复杂的合作机制，合作内容包罗多个领域，例如科技、安全和文化等。在这样的背景下，我们必须更好地理解中国所呈现出的现实和转型。因此，我们必须继续通过大学和科学合作来深化对彼此的了解。

这次庆典不仅是为了致敬中国这个对人类文明的未来具有重大影响力的世界大国和友好民族，也是一个契机，让我们由此深入思考对智利本世纪发展至关重要的智中关系。

（谢飞 译）

马中文明间的开放、合作与对话

张添才（Peter T. C. Chang）

马来亚大学中国研究所副所长

引　言

中华人民共和国成立 70 周年以来，已然从一个以农业为基础的经济体转型为高科技强国。这个"经济奇迹"将一片农田为主的土地变成了一个现代城市化国家，且发展出了几个当今世界最发达的国际大都市。这些成就具有历史意义，而中国故事也无疑是我们这个时代的故事。中国重新崛起成为世界大国，意义深远。全球地缘政治和地缘经济的重心已然开始向亚洲回移。

事实上，中国政府正将中国模式国际化，并希望在其他地方重复这样的成果。比如，习近平主席通过"一带一路"倡议启动了推动泛亚地区经济复兴的雄伟基础设施蓝图。这项宏伟的陆地和海洋联结大业若是得以有效实施，将为整个亚洲带来发展和繁荣。由此，中国梦也膨胀为一个巨大的亚洲梦。正如会议标题所示，中国经历了 70 年的卓越发展，她的视野正变得更为宽阔，也有着更崇高的目标：那就是建设"人类命运共同体"。

实现这一宏伟愿景自然要面对许多挑战。其中一个困难就是亚洲丰富且复杂的文化组成。亚洲涵养着一些世界上最早、最长寿的文明，孕育出了各种各样的语言、文化遗产和信仰体系。这种错综复杂的多样性横跨多个民族，对于意图引领实现一个开明、包容性共同体的中国而言，既意味着可能性，也意味着风险。

本文着眼于中国在追求人类命运共同体路上会遇到的文明层面的挑战。我们将探讨马来西亚在维持马中稳固关系上的经验。本文首先对亚洲各个文明进行历史概述，随后分析影响马来西亚的一些复杂问题——马来西亚是个包含多种族、多宗教的国家。为了将马来西亚困境放到一个更宽泛的背景中，我们将重提塞缪尔·亨廷顿（Samuel Huntington）的文明冲突论，并探讨冷战后所面临的现实迷惘。接着，文本着眼于中国的作用，重点探讨"一带一路"倡议。我将解释这个雄心勃勃的泛亚基础设施项目如何跨越多个文明边界，这条路上充满了风险。最后，我们就这个世界努力实现人类命运共同体的前景和必要性进行一定的研究。

概述：亚洲多样的文明

一般来说，一个文明就是一个复杂的社会体，其特色取决于城市发展、文化精英影响下的社会分层、象征性交流系统、与自然环境的分离和对自然环境的驾驭。

人类社区从前大都坐落于肥沃的河流流域，而亚洲则孕育出了一些世界上最早期的文明。亚洲的人类社区始于西部美索不达米亚的底格里斯河和幼发拉底河，途径印度次大陆的印度河，一路直到广袤的东方的中国长江和黄河。

这些人类社区常被称作"文明的摇篮"，它们很多都能独立繁荣起来，变成复杂的文化力量和成熟的政治帝国。随后，大约在公元前8世纪左右——也即卡尔·雅斯贝尔斯（Karl Jaspers）所谓的"轴心时代"——人们开始发展出通用的哲学和宗教思想。并且，不同的地区演化出了当今世界最为主要的几大宗教：犹太－基督－伊斯兰教，印度佛教和印度教，中国儒教和道教。

这一发展为几个原本互相隔绝的文明产生交集铺平了道路。恰逢经历了一段帝国扩张的历史时期，各国的哲学和宗教风气得以传播，从而加速了从地中海到印度次大陆再一路直到中国的文化和社会变革。

这些文明之间的一个重要交汇点是东南亚的马六甲古城。而马来半岛地处连接中国与印度和近东的海峡中段，处于亚洲文明的十字路口。

马六甲由苏门答腊王子拜里米苏拉（Parameswara）于 15 世纪初建立，建成后迅速成为一个广受青睐的战略港口。拜里米苏拉传统上信奉印度教，后皈依伊斯兰教，并成了马六甲的苏丹。马六甲苏丹王朝在采用伊斯兰教后就开始吸引来自亚洲各地的商人，例如印度、阿拉伯和中国商人。

也正是在这个时期，著名的明朝航海家郑和顺着南洋进行了他史诗般的航行，到达了非洲之角。在这一系列海上探索中，郑和数次到访了马六甲。这些交流和互动使得马六甲成了一个真正的国际中心，且带有印度教、伊斯兰教和儒家文化的烙印。

1511 年，葡萄牙人占据马六甲，存在了将近一个世纪的马六甲苏丹王朝就此灭亡。葡萄牙人之后，马六甲又先后遭遇了欧洲荷兰和英国的殖民统治。直到 1957 年，马六甲和马来西亚其余地区才获得了独立，并由此开始缓慢地恢复其在亚洲的遗产。

多元化马来西亚的复杂性

现代马来西亚被描述为"亚洲的缩影"，是亚洲文明共存的缩影。马来西亚是一个多种族、多宗教的社会，许多族群在此保持着独特的文化身份和宗教信仰。

马来西亚的原始文化源于其土著部落和那些在远古时代移居该地的马来人。后来，自从亚洲几个巨头开始和马来苏丹国交易后，这片土地又迎来了大量中国和印度文明的输入。其他几股对马来西亚文化复杂性的影响力则包括波斯、阿拉伯和欧洲文化。

那些被称为"土著"（bumiputra）的马来人在政治上起着主导作用。根据马来西亚宪法，所有马来人都是穆斯林。华人是第二大的种群，大多数为佛教徒和道教徒。印度社区是三大种群中最小的。他们将他们的印度教和锡克教信仰带到马来西亚。马来西亚为数不多但重要的基督教少数群体则主要来自中国和印度社区。

马来西亚被广泛认为是一个稳定的多元文化社会，各个分散的种族和宗教社区对彼此的态度总体上是宽容的。其他国家也将马来西亚视为温和的伊斯兰国家的典范。

但马来西亚也不是没有遇到过困境。不和的情况自然是有的，比如1969 年就发生了种族骚乱。最近来说，也有人担心马来西亚越来越多的原教旨主义形式的伊斯兰教活动。伊斯兰教盛行并缓缓渗入马来西亚的日常生活中，这引起了非穆斯林群体的担忧。鉴于种族和宗教间的联系和各种族间的社会经济差异，以上现象对于努力维持多元社会和谐发展的马来西亚政府而言是一个严峻的挑战。

各文明间的冲突

马来西亚丰富的文化多样性是独特的，但事实上，这一切的基石却是脆弱的文化和社会经济环境。马来西亚的困境乃是一个更为广泛的现象的一部分。随着全球化将世界文明拉得越来越近，各文明间发生冲突的风险也在上升。政治科学家塞缪尔·亨廷顿认为，文明的冲突将是 21世纪的标志性特征。

根据亨廷顿的说法，不同文明之间的冲突将取代主宰了前几个世纪的民族国家和意识形态之间的冲突。造成这种可能性的其中一个主要原因在于，各文明之间的差异——尤其是在与宗教相关的事务上的差异——太根本性了。在信仰和信念主题上的纠纷相对而言较难解决。这些分歧不像政治和经济竞争那样容易妥协和解决。这个世界正在变得越来越小这一事实更是加重了这个困境。结果就是，世界上各个文明间的互动在增加，而这加剧了"文明意识"。文明内部的共识意识提高了，文明间的差异和分歧却也变得更为尖锐，这将引起一定的敌对。

亨廷顿在冷战后的世界秩序中看到了经济、军事和政治力量从西方国家向世界其他文明的重大转移。重要的是，他把伊斯兰和中国视为两个对西方而言最大的"挑战性文明"。

根据亨廷顿的评估，伊斯兰文明经历了大规模的人口爆炸，这使得伊斯兰边界和其内部都处于不安定中，原教旨主义和激进运动正越来越盛行。亨廷顿所说的伊斯兰复兴运动的表现包括 1979 年的伊朗革命和第一次海湾战争。

在东亚，人们认为中华文明代表着一种根本上不同于西方基督教的世界观。中国经济迅速增长，已经成为美国区域和全球霸权的一大竞争者。正如中国自己所说，鉴于中华文明潜在的价值体系，这种地缘政治性挑战也有其文化层面。事实上，亨廷顿认为中国的崛起是当今以西方为主导的世界秩序所面临的一大困境和长期威胁。

毫无疑问，中国改革开放四十年后已然重获国际地位。并且中国足迹现已遍布世界各洲。中国的对外发展一方面促进了社会经济活力，另一方面也在各个领域引起了激变和动荡，这些领域也包括文明的边界。2013 年发起的"一带一路"倡议就很好地佐证了中国日益提高的国际地位正如何面临着一些文化层面的挑战。

"一带一路"倡议和亚洲各文明边界

"一带一路"倡议是中国政府发起的一个对欧洲、亚洲和非洲进行基础设施发展和投资的发展战略。"一带"，即"丝绸之路经济带"，指的是针对公路和铁路基础设施的陆地路线；"一路"，即"21 世纪海上丝绸之路"，指的是海上路线。中国政府称此倡议为"为加强区域联结性、拥抱更美好的明天而奋斗"。许多人将此视为中国利用以中国为中心的贸易网络来实现国际事务主导权的手段。

"一带一路"倡议涵盖了超过 68 个国家，截至 2017 年已覆盖了世界人口的 65% 和全球 GDP 的 40%。现在已经有一些评估将这个倡议列为人类历史上最大的基础设施和投资工程之一。

这些担忧也延伸到了文明层面。复兴的中国是否也会像西方一样将其价值观和社会规范强加到世界其他文明之上？美国汉学家卢西安·佩伊（Lucian Pye）曾这样思考："现代中国是一个伪装成国家的文明。"佩伊的思考引起了人们对中国独特的民族文化基础的关注，也即儒学。

事实上，作为德国哲学家卡尔·雅斯贝尔斯口中"轴心时代"的传统文化之一，儒家将自己视作天道的拥护者，拥护着那些普遍的、对全人类有益的原则。如今的孔子学院工程大体上就可以看作当代中国对外文化延伸的一大举措。然而，批评家们——尤其是西方的批评家——将此类由国家赞助的学院称为传播不自由的中国思想的特洛伊木马。

出于对初衷被误解的担忧，中国政府已经重申其追求和平崛起以及与各民族各文化和平共存的承诺。尽管中国给出了这些保证，目前的情况却依旧复杂而不稳定。事实如此，"一带一路"倡议不但覆盖了广阔的地理面积，更纵横交错于那些充满种族和文化隐患的脆弱文明地带。

历史上曾经被劫匪掠夺过的丝绸之路西方边界如今也正面临着甚嚣尘上的伊斯兰战火。而在另一端的东方，中日、中越之间深深的敌意也常常引起民族主义抬头。

尽管两国之间的外交关系很牢固，但中马同盟也不得不受到这种困境的影响。首先，马来西亚是马来半岛一个主要的伊斯兰教国家，中国与马来西亚间的交涉需要跨文化和宗教间的敏锐度。马来西亚有着相当数量的华裔少数群体，他们与马来主要群体的关系有时并不友好，而这也使得这个任务变得复杂。这种紧张的共存方式对中马之间的关系也会造成这样或那样的影响。

中国将如何应对一般的海外事务和马来西亚这种特殊的情况，这一点在国际外交政治中很微妙。中国政府一旦干涉过多，很有可能造成不良影响，使双边关系变得紧张并且有损"一带一路"倡议。

事实上，中国文明在亚洲陆路和海路的传播可能是瓦解中国实现共同繁荣宏大理想的文化软肋。话虽如此，但经济力量也不总是受到民族文化变迁的影响。在一些情况中，前者可以超越并影响后者，马来西亚或许就是一个很好的例子。

目前中国的资金流入如果得以审慎管理，可有助于促进马来西亚经济增长并强化马来西亚脆弱的公共结构。当然，这件事也有对立面。如果处理得不够审慎，那么中国的重商主义也可能会加深两国之间已经十分复杂的种族关系问题。

"一带一路"倡议是中国的一张王牌，它主要是经济上的总体规划，兼具地缘政治意义和文明影响。这一倡议非常大胆，对中国和其他亚洲国家而言都举足轻重。这个宏伟的愿景一旦实现，将为整个亚洲乃至亚洲以外都带来一个繁荣和谐的黄金时代。但如果出现任何差池，那其带来的跨国影响将远远超越单纯的经济范围，而波及地缘政治和文化层面。

探寻人类命运共同体

除了"一带一路"倡议外，中国也发起了另外一个伟大宏图："人类命运共同体"。

这个宏图的主要目标就是建立起国际关系新框架，并促进和提升全球治理。一些分析家认为，这是四十多年来中国外交政策的一项突破性举措，已从面向国家转为关注全人类。根据中国领导层所说，这个共同体的必要性纯粹是因为"人类只有一个地球可以生存，所有国家也只有一个世界可以共享"。

由于全球化现象，这种需求在很大程度上引起了人们的注意。随着交通和通信技术的飞速发展，整个世界的联系越来越紧密。尽管这种互动主要是由经济驱动的，但它具有深远而广泛的社会和文化意义。基于此，我们几乎已经在人类生存的方方面面融为一体。

事实上，当代世界现在就是一个全球村。尽管这个现状在一些方面是有益的，但它也意味着我们所面临的风险和挑战也变得全球化了。鉴于这个理由，各个地方的人类命运也愈发紧紧相连。

没有什么比环境危机更能直接展示这一点。面对气候变化、跨国空气污染、人口过剩、森林砍伐、生物多样性丧失和物种灭绝时，全人类的命运都受到了威胁。

其他紧急情况则包括公共卫生领域（例如非典）、治理（与网络安全有关）和国际安全（恐怖主义和大规模毁灭性武器）等方面。

面对这些复杂问题，全世界以前所未有的姿态聚集到一起，合力解决这些威胁到人类命运的挑战。没有一个国家有这个能力独善其身。整个国际社会利益相关，已然成为一个命运共同体。

我们需要一个更公平、更平衡的全球新秩序。各民族各国家团结一致——尤其是在危机面前——共享权利，同担义务，保护并发展人类的共同利益。

结　语

21 世纪正带领全世界进入史无前例的格局。全球秩序正在经历一种无与伦比的转变，当前的美国单极领导局面很有可能被多极权力结构所替代。更重要的是，这不仅是经济和地缘政治上的调整，更具有广泛的文化层面影响。

亚洲这片大陆被称为"文明的摇篮"，是这些改变的中心。总体而来，亚洲形形色色的种族、语言和信仰体系是和平共处的，甚至可以说在跨文化交流和融合中丰富了彼此。当然，这种多元现实并不是没有争端和冲突。亚洲历史上也遭受过种族和宗教纷争。鉴于此，亚洲多个文明的和谐共存来之不易，它需要所有人共同奋斗。

中国作为一个正在崛起的地区（如果不是全球力量的话）在这个方面起着至关重要的作用。中国政府也已经朝着这个方向采取了许多措施。"一带一路"倡议是其一，人类命运共同体的愿景是其二。这些都是重要的宏伟举措，若是成功，将真正为整个亚洲乃至亚洲之外都带来一个繁荣稳定的时代。

参考文献

Barnes, Gina L. （1993） *The Rise of Civilization in East Asia：The Archaeology of China，Korea and Japan*，London：Thames & Hudson.

Bell, Daniel A. （2010） "Reconciling socialism and Confucianism? Reviving Rradition in China"，*Dissent* 57 （1）：91 – 99.

Chang, Peter （2011） "Confucian China and Jeffersonian America：Beyond Liberal Democracy"，*Asian Studies Review* 35 （1）：43 – 62.

Chen, Ming （2009） "Modernity and Confucian Political Philosophy in A Globalizing World"，*Diogenes* 56 （1）：94 – 108.

Ching, Julia （1993） *Chinese Religions*，Maryknoll，NY：Orbis Books.

Holcombe Charles, （2011） *A history of East Asia：From the Origins of Civilization to the Twenty First Century*，Cambridge，UK. Cambridge University Press.

Huntington, Samuel P. （1996） *The Clash of Civilizations and the Remaking of World Order*，New York，NY. Simon & Schuster.

Iskandar, Yusoff. （1992） *The Malay Sultanate of Malacca：A Study of Various Aspects of Malacca in the 15th and 16th Centuries in Malaysian History*，Kuala Lumpur，Malaysia：Dewan Bahasa dan Pustaka.

Kang, Xiaoguang (2006) "Confucianization: A Future in the Tradition", *Social Research* 73 (1): 77 – 120.

Schwartz, Benjamin I. (1985) *The World of Thought in Ancient China*, Cambridge, MA: Harvard University Press.

（谢飞 译）

吉尔吉斯斯坦和中国：高等教育在实现"文明对话"新型关系中的作用

古尔纳拉·穆尔扎梅多娃（Gulnara Murzakhmedova）
吉尔吉斯斯坦比什凯克国立大学副校长

吉尔吉斯斯坦是位于丝绸之路空间的重要国家之一，正在积极和充分地参与丝绸之路沿线各国密集推进的文化、人文、科技、社会和经济合作的各类项目，这些项目为吉尔吉斯斯坦和整个欧亚国家的发展做出了贡献。更为重要的是，这些进程将信息技术和数字经济引入了人们的日常生活，使其成为人们生活中不可或缺的一部分。

我所工作的比什凯克国立大学成立于1979年。它是以我们共和国首都比什凯克的名字命名的。2019年11月底，比什凯克国立大学的教授和教职员工们将隆重庆祝本校成立40周年。

目前，比什凯克国立大学与中国各类高校签订了50项友好学校结对以及合作协议。在这些协议框架内，吉尔吉斯斯坦大学与中国大学之间实现了教师、学生和研究人员的学术流动，学者们可以共同实施文化、科学研究项目。如今，这种密切合作的规模还在不断扩大，而且显著地提高了各种互动和合作的质量与范围。

比什凯克国立大学赴中国大学学习的学生人数逐年增加，仅在过去的2018～2019年，比什凯克国立大学就有300多名本科生、硕士研究生和博士研究生利用中国政府提供的政府奖学金到中国学习，与此同时，也有同样数量的中国留学生来到吉尔吉斯斯坦学习，包括进行学术交流。比什凯克国立大学建立的孔子学院是吉尔吉斯斯坦的第一所孔子学院，这也是一个成功的国际合作项目。

我们的科研和教学人员经常会去访问中国的大学，进行各种学术交流。我们也经常会接待来自中国高等教育机构的合作伙伴。当然，中国教育系统正在取得的进步也让我们感到欢欣鼓舞——首先是在教学领域。20 世纪 50 年代初，中国的现代教育体系才刚刚起步，而目前，中国的教育质量已位居亚洲第一、世界第三。尽管如此，中国政府仍在积极发展教育基础设施，尤其重视实现高等教育体系的现代化。

中国现在有着非常高效的教师培训机制，我们与中国建立了许多联合培训教师的项目，几代教育者正在不懈努力地推进着这项意义深远的重要事业——为实现公正、发达、可持续和光明的未来培养人才。

应该强调的是，比什凯克国立大学与中国高等教育机构之间的合作，是建立在相互理解、对话、共商基础之上的，因而也取得了许多突出的、实实在在的具体成果。

开放和对话，以及引进和交流，这也是各国之间和谐相处与和平发展的进程。我们两国之间在高等教育领域的友好关系和合作就证明了这一点。中华人民共和国提倡"和而不同"的理念，这为人类社会文明和谐发展和长期繁荣开辟了广阔的美好前景。

在政治互信、经济融合、文化包容的基础上，建立利益共同体、责任共同体和人类命运共同体方面，教育肩负着独特的使命。

从古至今，丝绸之路沿线各国之间都有着千丝万缕的联系，在教育领域的交流更可谓源远流长，而未来各国在这一领域的合作前景将更为广阔。所有国家共同参与教育事业的发展，并肩共建"一带一路"，这对沿线各国人民来说都是一件大好事。

为了增进丝绸之路沿线国家之间的相互理解、相互借鉴、取长补短，我们应该在平等、包容、互惠的原则基础上，进一步加强高等教育机构间的合作，携手发展教育，实现共同利益。显而易见，在共同推进"一带一路"的建设中，各国高等教育机构间的合作正在发挥着越来越重要的融合作用。

张苏琴　译

对华开放、合作与对话及其对北马其顿入欧的影响

玛利亚·利斯特卡（Marija Risteska）
北马其顿政策制定与研究中心执行主任

引　言

中国的崛起是当今世界最重要的历史发展之一。这个曾一度孤立、艰难求生的"中央王国"如今已经是一个全球超级大国。这样的现实可以说对全球每个角落的决策者和社会科学与政策研究者而言都是一大挑战。中国在过去几年里加大了在中欧、东欧和东南欧地区的外交和经济活动，这其中也包括北马其顿。基于这种种作为，中国有望成为重要的区域参与者和博弈改变者。在欧盟的政治危机下，欧盟正在解体①和欧盟扩张新机制尚未确定（而这与东南亚和北马其顿的利益尤其密切相关）的事实促使该区域拓宽与包括中国在内的其他国家的合作和对话。尽管中国经常被贴上"掠夺者"的标签且常被当作替罪羊，但欧盟议程和欧盟与中国的关系不应是竞争性的，而应相互兼容。

然而，在欧盟和北马其顿的公开讨论中鲜有学术讨论谈及与华关系的作用和影响。这种无知和淡漠当然也不仅仅是针对中国。大体上公共讨论都以欧盟或北马其顿为中心，很少对欧盟和跨大西洋安全合作有更广阔的视野。中国鲜少成为公共讨论的主题，就算讨论到了谈的也是腐败和金钱的滥用问题，北马其顿的发展方向跟随欧洲的自由民主模式，

---

① 主要是指英国脱欧，欧盟新战略正计划完成未尽的欧元区模型。

而中国的发展方向一般被视为与其相背。北马其顿政府目前正专注于其首要政治目标——成为欧盟成员国。

合作和与华关系的影响：错位与机遇

我们采用公认的事实和数据来评估如今中国的作用和影响，以便将中国的发展与其他我们更为熟悉的分析单位进行衡量和比较。在数据方面，我们对中国和中国形象的论述并不模糊：中国在许多经济相关的领域都位列前茅，而在其他领域则处于垫底位置。在这方面我们的评估在一定程度上遵循了传统的西式思维，西式思维模式崇尚市场经济和民主的结合。然而，中国框架的颠覆之处在于，西方思想从未预期到一个共产主义党派真的可以将经济运作好，也没预想到中国经济的发展既没有削弱政权也没有抛弃传统价值观，反而使之更强了。

从这个角度来看，中国常被看作一个向内看、追求务实对外政策的国家，中国主要关心的是自己国内事务，没有真正的野心去改变国外的世界。正如沃麦克（2008：1）所说，如果有人认为"'我们的'（欧洲／西方）规范不是世界上唯一可能的或唯一有效的"，那他或许会另类解读中国的行为——中国以她自己的方式行动并不是因为她有"道德缺陷"或缺少遵守现有的国际规范的动机，而是因为中国的领导层持有不同于西方的世界观和规范标准。这就使得中国和西方一样在对外政策上提倡采用其自身的那一套"通用"价值观和原则。从这个意义出发，中国的发展建立于她自己的例外主义——这个概念常常体现在"中国新型外交"或是"中国新型伟大战略"这些说法上。中国例外主义的政策解读源自其成功而独特的、量身定做的发展政策，这使其成功脱贫并成为一个有着全球影响力的区域大国。中国这个基于发展主义国家概念的独特发展之路也影响着她的对外政策偏向。

发展主义价值观在中国"优先于人权、民主和不受管制的市场"，而这些在传统上正好是西方价值和规范体系的核心。或许这就是中国想让包括中东欧及东南欧国家在内的西方世界接受其对外政策中最难的一个方面，这其中也包括北马其顿。中国对外政策的原则之一是"国家不分大小"，鉴于此，中国试着和中东欧及东南欧所有国家都建立合作伙伴关系。通过"一带一路"倡议，中国进一步加强同"17＋1 合作"中的欧洲国家的接触。希腊是在 2019 年正式加入这个合作模式的。考虑到东南欧国家在与华合作上事先未确定好优先事项并缺少区域战略，这些国家只能互相竞争中国的投资和其他优惠待遇。这常常会导致腐败、"债务陷阱"指控和各种标签。另外，"17＋1"机制有时也被视作中国的特洛伊木马，其真正意图乃是使欧盟所谓的西部和东部的成员国之间产生分歧，并使非欧盟国家脱离其加入欧盟的进程（Blazheska，A.；Risteska，M.，2018）。

表 1　欧盟－中国规范分歧

内容	中国的态度	欧盟的态度
对待欧盟	欧盟需拥抱中国的投资并最终将商业和政治分开 和欧盟相比，个体成员国（核心和边缘国家）与非欧盟国家相对更易处理	欧盟需巩固其共同的对华政策，不应使商业利益凌驾于政治利益之上
对待中国	中国应抓住机遇展开交易并在不同层次上开展业务 与个体国家合作对整个欧盟都有益	担心中国聚焦于个别国家和地区的做法是一种"分而治之"的战略

注：引自笔者自己的演讲报告。

然而这并不是合作中唯一的错位。尽管中国在"一带一路"倡议中制定了详细的策略，但北马其顿和其余东南欧国家也发起了一个区域投资改革议程，简称 RIRA①。我们可以将其看作一个平台，通过这个平台，东南欧地区与中国的合作得以展开，这个合作超越了当下各国为吸引外国直接投资而展开的竞争，并为更具针对性、更全面的区域战略留出了空间，而这将促进大规模的项目和投资。通过为实现 RIRA 目标而建立起的国家行动计划，各地区（包括北马其顿）和中国在"一带一路"倡议下的合作便可开展。REA 和 RIRA 是该地区经济增长战略的一

---

① 2017 年，西巴尔干国家在意大利的里雅斯特为实现"柏林进程"框架内西巴尔干地区的区域合作而努力，此后，西巴尔干国家决定着手建立区域经济区（REA）和区域投资改革议程（RIRA），旨在以欧盟最高标准和谐六个经济体的投资政策。

部分，和欧盟 2020 战略完全一致。这种策略不会造成发展议程间的竞争，而其当下的发展又无法由欧盟出资实现，故而中国的对外政策有助于促进经济合作。为实现这个目的，中国－东南欧合作有机会达到"互惠互利"或说"双赢"——东南欧国家希望得到更多借贷、投资和贸易机会，也希望在大规模基础设施工程上得到中国的支持。

另一错位则在于西巴尔干投资机遇和中国企业的优先项。中国倾向于并购、技术转让、品牌收购和先进的管理技能，但大多数东南欧国家都在寻求绿地或棕地投资，这些投资可以创造就业机会并促进当地经济发展（Blazheska, A；Risteska, M., 2018）。不过，在连通性基础设施项目上机遇和利益则是一致的，因为中国投资和欧盟或其他国际金融机构相比成本低，融资速度快，且准备接手看似"无望"的项目，使其重新实现盈利（Hackaj, A., 2018）。

因此，尽管东南欧－中国的合作有一些错位，但其中也有数不清的机遇。合作伙伴的开放态度，尤其是中国方面的适应能力，是双方关系的进一步发展的重要前提。中国政府强有力的反腐运动和对现有领导力的问责制度都是其自我审视态度的体现，这样的态度也反映到了中国的经济和外交合作中。中国企业知道外界有批判之声（主要来自东南欧的欧美同行）并开始积极与民间社会代表、非政府组织、商会和大学接触；也按照欧盟的治理标准调整了企业政策和行为。通过这个方式，中国在欧盟成员国内的投资变得得心应手，也正成为实施包括东南欧在内的欧盟政策的一个伙伴国。这在改变人们对中国投资的看法上至关重要。在东南欧，中国的投资者与来自其他国家的投资者有着明显的不同，几乎凡是有中国参与的地方，中方投资者都会先对可能出现的问题进行解释（Hackaj, A., 2018）。

北马其顿－中国对话和该对话对北马其顿入欧的影响

北马其顿和中国于 1993 年建立了双边关系。中国是联合国安理会常任理事国中最早承认北马其顿独立的国家之一；以宪法的名义承认这个国家尤其重要。两国在早期常常提及双边合作的可能性，并终于在 1995 年签订了经贸合作协议。根据协议内容，两国出于贸易和发展与提升贸易的目的而互相享有最惠国待遇。1995 年贸易协定中很重要的一个内容（第七条）是成立了北马其顿 - 中国经贸合作联合委员会。早在 1996 年，两国就发起了北马其顿历史上最大的合作项目——科佳水电站项目。自那以后到如今的"一带一路"倡议，两国间的经济交流不断增加。

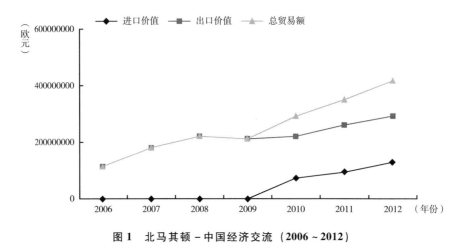

图 1　北马其顿 - 中国经济交流（2006～2012）

数据来源：国家统计局，www. stat. gov. mk。

北马其顿是中东欧首批接受"16＋1 合作"和"一带一路"倡议的国家之一，人们非常希望北马其顿能提高其在中国的知名度，尤其是在中国决策者和大企业中，以开辟经济合作的新途径并加快经济发展。因此，那些针对能开启新工厂和重启旧工厂的主要外国直接投资的战略也增加了人们对与中国进行更有成效的经济合作的希望。然而，中国没有一家大型企业来北马其顿投资并留在此处，中国的投资总额仍不到外国直接投资总额的 0.1%①。中国借贷和投资的情况也大同小异，中国在北马其顿的高速公路建设和铁路现代化建设上至今仅有两项投资。

---

① 由 Blazheska A. 和 Risteska，M. 计算，结果登于 "The creation of a Regional Investment Reform Agenda in the Western Balkans and its implications for Chinese investments：case study on the Republic of Macedonia"，CRPM 2018。数据来自公开渠道：贸发会议、货币组织、北马其顿国家银行、香港贸易发展理事会。

表 2　中国在希腊、塞尔维亚、北马其顿、波斯尼亚和黑塞哥维那的主要投资与借贷

年份	国家	板块	价值（欧元）	投资状况	投资属性
2014	希腊	运输/集装箱运输	11 亿	已完成	官方贷款
		运输/集装箱运输	3.40 亿	已完成	航运基础设施
		运输/集装箱运输	4.9 亿	已完成	航运基础设施
		运输/集装箱运输	1.58 亿	已完成	航运物流
	塞尔维亚	能源	293～608 百万	进行中	科斯托拉茨火力发电站
		多瑙河上的米哈伊洛普平桥	2.6 亿	已完成	建桥
	北马其顿	110 公里高速公路建设	5.74 亿	已完成	贷款/建筑,基塞沃 - 奥赫里德（Kicevo-Ohrid）标段、米拉蒂诺维奇 - 斯蒂普（Miladinovci-Stip）标段
		铁路	5000 万欧洲复兴开发银行担保贷款	已完成	电气火车/铁路现代化
	波斯尼亚和黑塞哥维那	火力发电厂/能源	7.22 亿	贷款合同框架协议,还需贷款担保	15% 来自波斯尼亚和黑塞哥维那电力部门联合融资,85% 来自进出口银行贷款
2015	希腊	能源	8.8 亿	谅解备忘录	发电
	塞尔维亚	汽车产业	6000 万	已完成	奥布雷诺瓦茨地区建设
	北马其顿	不适用	不适用	不适用	不适用
	波斯尼亚和黑塞哥维那	交通	6 亿	策划阶段	高速公路建设 + 贷款
		能源	3.5 亿	已完成	官方贷款 + 火力发电厂建设
		能源	3.88 亿	招标程序正在进行中	火力发电厂,煤矿运营
2016	希腊	运输港口	2.805 亿	已完成	多数股权
	塞尔维亚	11 号走廊塞尔维亚段	3.5 亿	进行中	跨境公路建设
		斯梅代雷沃钢厂	4600 万	进行中	现代化投资
		铁路建设	超过十亿	进行中	贝尔格莱德 - 布达佩斯快速铁路
	北马其顿	不适用	不适用	不适用	不适用
	波斯尼亚和黑塞哥维那				

续表

年份	国家	板块	价值（欧元）	投资状况	投资属性
2017	希腊	能源/电力	3.20 亿	第一阶段正在进行中	24% 的股权（有权获取 66% 的股权）
	塞尔维亚	部门银行	不适用	已完成	绿地投资，分公司网络
	北马其顿	电力机车	不适用	进行中	补充投资至 2014 年
	波斯尼亚和黑塞哥维那				

数据来源：笔者 2018 年对欧洲复兴开发银行的数据介绍。

因此，北马其顿见证了与中国政治、经济和文化合作的增加。两国在多个层面都展开了无数的双边交流，努力提高贸易量，并在斯科普里开设孔子学院。中国在公众话语中的存在感更高了（尽管第一手报道很少）。然而，随着 2016 年政府换届，双方对话的节奏减缓了。最新一次在杜布罗夫尼克举行的欧盟 - 中国峰会又进一步加深了北马其顿不活跃、不积极的形象。北马其顿 - 中国的关系在过去几年中不温不火的原因之一就是北马其顿政府一直专注于加入北约和欧盟，这也涉及解决与希腊之间的国名争议（Vangeli, A., 2019）。为了成为北约成员国并开始与欧盟进行谈判，北马其顿政府竭尽全力避免美中摩擦加剧和欧盟与中国之间紧张关系所带来的影响。

但是，考虑到国家将于明年初成为北约成员国且其扩展进程已停滞不前，北马其顿与中国对话的动力可能会改变。这取决于两个因素：1. 杜布罗夫尼克峰会后欧盟 - 中国承诺改善双边关系并发出联合声明，这使得该地区国家在同时追求入欧和深化与华合作时能有更多的解释空间；2. 欧盟呼吁扩大区域经济合作，而这也因现在希腊加入"一带一路"倡议而有了新的动力。另外，中欧和东南欧地区的合作平台本身就是基于区域合作的原则，因此北马其顿可以通过积极参与货物运输路线建设和大型跨国基础设施项目而受益于中国在该地区的利益。

最后，北马其顿只有进一步争取加入欧盟，才能从与华关系中真正受益。这个说法有以下几个根据。首先，规模问题——如果北马其顿无法完全进入欧洲市场，那国家与中国交易的杠杆微乎其微。再者，如果北马其顿不能克服入欧道路上剩下的挑战，它就失去了作为商业伙伴的整体信誉，因为许多改革对商业经营有直接影响。正如北马其顿研究与决策中心（CRPM）所总结的那样，"中国似乎并没有对该地区的欧盟一体化进程造成任何特别的破坏，她想要的是扩大其在欧洲的盟国网络，确立新的商业机遇，并通过提高其发展模式的成就来提升自身软实力"。[1]

（谢飞 译）

---

[1] Ana Krstinovska, Marija Risteska, Kristija Aleksovski, Aleksandar Cekov (2019), "The impact of Europeanization on the Balkan Countries and Their Potential Shift from the Periphery toward the Center", CRPM and Beijing Foreign Studies University, Center for Balkan Studies (unpublished study).

2019 中国—老挝旅游年

——加强文化和经济合作

布亚当·森卡姆霍特拉冯（Bouadam Sengkhamkhoutlavong）

老挝国立大学亚洲研究中心主任

摘　要

2019 中国‐老挝旅游年于 2019 年 1 月 25 日在老挝首都万象开幕。老挝计划吸引更多中国游客前往这个地处湄公河地区中心的内陆国家。老挝政府预测，到 2020 年，将有超过 620 万名游客到老挝旅游，这一数量与其人口数量几乎持平，同时其旅游收入也将达到 10 亿美元。根据对这一趋势和其他发展的分析，中国游客很有可能将在老挝旅游市场中占据更大的份额，这是因为中国中产阶级兴起。中国人正变得越来越富有，这将使他们能够在湄公河国家旅行。

目前，老挝正在修建一条从中老边界到首都万象的铁路。陆路交通的便利能够吸引更多的中国游客来老挝。中国提出的"一带一路"倡议和老挝"从陆锁国转变为陆联国"的战略为两国的经贸合作提供了源源不断的动力，两国在互联互通、能源、经济特区建设等领域开展了一系列富有成果的合作。目前，两国在农业、基础设施、制造业、能源、旅游等领域投资合作的潜力巨大。中老铁路的建设和通车，将进一步推动两国在建材、服务业、物流、餐饮、生态农业、加工、矿业、轻工业等领域的合作。

引　言

中老建交半个多世纪以来，两国经济文化关系不断发展前进，在贸易、投资等领域取得了巨大成就。目前，中国是老挝的第二大贸易伙伴、第一大对外投资来源国、第一大援助来源国，而老挝是中国在东盟国家投资的第三大目的地。

2019中国－老挝旅游年于2019年1月25日在老挝首都万象开幕。老挝计划吸引更多中国游客前往这个地处湄公河地区中心的内陆国家。老挝位于湄公河流域，旅游资源丰富，共有1900处旅游景点，其中自然景点1000处，文化遗产534处，历史遗迹约300处。美丽的风景和淳朴的自然环境使旅游业成为继矿业之后的该国第二大支柱产业。据老挝政府预测，到2020年，将有超过620万人次游客来老挝旅游，其旅游收入将达到10亿美元。根据对这一趋势和其他发展的分析，中国游客很可能会在老挝旅游市场中占据更大的份额。这是因为中国中产阶级兴起。中国人正变得越来越富有，这将使他们能够在湄公河国家旅行。

老挝正在修建一条从中老边境通往首都万象的铁路。陆路交通便利将带动更多中国游客到老挝旅游。老挝有许多可以吸引中国游客的旅游目的地，包括世界遗产琅勃拉邦（Luang Prabang）和卧佛寺（Wat Phou Champasak）。据报道，老挝还有许多风景名胜和文化名胜。

中国提出的"一带一路"倡议和老挝"从陆锁国转变为陆联国"的战略为两国的经贸合作提供了源源不断的动力，两国在互联互通、能源、经济特区建设等领域开展了一系列富有成果的合作。目前，两国在农业、基础设施、制造业、能源、旅游等领域投资合作的潜力巨大。中老铁路的建设和通车，将进一步推动两国在建材、服务业、物流、餐饮、生态农业、加工、矿业、轻工业等领域的合作。

本研究旨在对中老旅游背景下的澜沧江—湄公河合作进行回顾。本研究将反映过去几年来中国赴老挝旅游人数的增长趋势，并展望2021年底完成昆万铁路项目后，两国在旅游领域的合作将不断扩大的光明前景。

历史回顾

老挝人来自中国云南的一个部落，他们在13世纪被向南驱赶至高棉帝国的边境。由法恩于1353年建立的老挝第一个王国，称为南掌或

"百万象之乡"。90%的老挝人食用糯米。用来盛蒸熟的饭的篮子被称为迪普考或孔考，可以随身携带。房屋，尤其是低地老挝（老楼）的房屋，是建在高跷上的，屋顶下方留有自由空间，每侧屋顶都有三角形防风板。有两种类型的房屋：单层和双层屋顶楼梯上的台阶数取决于房屋的高度，但根据传统，它们应当是奇数，例如：3 阶，5 阶，7 阶和 9 阶。服装取决于性别和年龄。老挝妇女穿着丝绸裙子、衬衫和戴着围巾参加重要的仪式。老挝妇女裙子的设计如下：1. 裙子分为上下两部分。2. 长度适中。3. 上衣部分要在腰线以上。4. 下部分裙装要合身。5. 不能太性感。参加重大活动时，老挝妇女会戴上围巾，盘起头发。老挝男人穿上萨龙、大裤子或农民裤参加重要的仪式。Paekaoma 用于清洁身体，覆盖头部和其他部位。他们的头发从两边一直盘到后脑勺和耳环的地方。男人和女人穿着相同风格的无色纺织衬衫和裤子，没有任何装饰用品。

老挝是东南亚最古老的国家之一。这个地方叫作桑维纳方姆（Souvannaphoum），一些老挝人在中国南部定居，这些人是 Anachak Ai-Lao。由于战争，他们向南迁移，建立了南朝君主制，第一个国王是农塞的长官西努罗，中国人称之为塔利夫镇。农塞是南朝的首府，在很长一段时间内都很平静，那时人们主要从事农业、畜牧业和纺织。

经济合作

中国提出的"一带一路"倡议和老挝"从陆锁国转变为陆联国"的战略为两国的经贸合作提供了源源不断的动力，两国在互联互通、能源、经济特区建设等领域开展了一系列富有成果的合作。中老铁路、南瓯河水电站、赛塞塔开发区、Mohan-Boten 经济区、"老挝 1 号"地面站等重大合作项目不仅为相关地区创造了就业机会并增加了收入，而且为老挝的长期发展带来了好处，成为老挝经济增长的新引擎。

中老两国在地理位置、社会和文化、经济特点和发展战略上高度匹配和互补。两国的合作前景广阔，为企业提供了许多投资机会。老挝国内环境和平稳定，拥有广阔的发展空间。近年来，其经济一直保持中高速增长。其 2016 年的 7.02% 增长率不仅远高于全球平均水平，也高于亚洲新兴经济体 6.5% 的平均水平，老挝在未来具有保持中高速增长的潜力，这意味着它拥有稳定的环境和许多投资机会。两国发展战略的加速统一为两国贸易和经济合作提供了广阔前景，中国和老挝是全面的战略合作伙伴。

2017 年 11 月，中国国家主席习近平对老挝进行了国事访问，两国就进一步深化其战略一致性达成了协议。未来，他们将在中国的"一带一路"倡议、"十三五"规划以及老挝的"从陆锁国转变为陆联国"战略、"第八个五年计划"和"将老挝建设为东南亚蓄电池"的国家政策框架下开展广泛的实践合作。两个邻国的经济互补性强，文化相似，沟通便利。现中国处于工业化的中期阶段，其设备水平处于全球产业链的中游，具有较高的性价比，其出口主要是资本密集型和技术密集型。而老挝仍处于工业化初期，急需中国的资金，技术和人才。中国国家主席习近平在老挝媒体上发表的文章《中国与老挝：携手打造具有战略意义的命运共同体》中提出建立四个共同体：加强战略沟通，在相互尊重和互信的基础上建立共同体；通过相互协助，增强发展战略的互补性，并建立共同体；扩大务实合作，建立互利共赢的未来共同体；加强人与人之间的交流，建立共同学习的共同体。随着战略调整的加快，中老务实合作已进入快车道，必将为两国多领域合作开辟光明的前景。

中国与老挝人民民主共和国经济活动合作密切。自 20 世纪 90 年代中期以来，两国的合作不断发展。从中国进口的商品数量增长，分别从 2006 年的 11.4%，2010 年的 14.8%，2012 年的 17.4% 增长到 2014 年的 26%（JETRO，2016）。同时，中国在老挝人民民主共和国的投资也从 2006 年的 201722197 美元增加到 2010 年的 1070319017 美元（国家统计局，2015）。1989 年至 2012 年，中国在老挝人民民主共和国的投资总额为 417.7 万美元，是老挝的第三大投资国。到 2013～2014 年，投资额达到了 54 亿美元，中国成为老挝的第一大投资国（国家统计局，2015）。

2013 年，只有 245033 位中国游客来访老挝，然后在 2014 年数字大幅增加到 422440 位。这意味着中国游客人数在一年之内增长了 72.4%（国家统计局，2014）。此外，2013 年老挝人民民主共和国从中国进口的商品价值为 511213 美元，2014 年升至 537706 美元。如果将进口价值转换为百分比，老挝从中国进口的商品略有下降，从 15.53%（2013 年）下降到 13.58%（2014 年）。同时，老挝对中国的出口从 3.33344 亿美元，占 2013 年的 14.04%，增至 2014 年的 6.95986 亿美元，占老挝出口总额的 36.53%（国家统计局，2015）。

最近，老挝与中国合作的显著成果是中国于 2015 年 11 月 21 日帮助老挝发射了老挝人民民主共和国的第一颗卫星（信息、文化和旅游部，2015），以及对铁路建设项目的投资，该项目于 2015 年 12 月 2 日在老挝人民民主共和国成立 40 周年的庆祝活动上举行了奠基仪式（公共工程和交通部，2015）。这些都表明两国的合作在不断扩大和深化。

旅游合作

2019 中国–老挝旅游年于 2019 年 1 月 25 日在首都万象启动。信息、文化和旅游部部长 Bosengkham Vongdara 和中国文化和旅游部部长雒树刚一起在国家文化厅举行的开幕式上宣读了两国领导人的贺信。此后，中国国家主席就万象举办的 2019 中国–老挝旅游年发来贺电，表示希望加深两国人民之间的了解和友谊。

官方数据显示，过去六年来，前往老挝的中国游客人数已大大增加，中国将成为老挝旅游业的重要市场。根据《2017 年老挝旅游业统计报告》，自 2012 年以来，中国游客人数一直持续增长，这表明中国将成为老挝国内旅游业的重要市场。2012 年，只有 20 万中国游客来访老挝，2013 年增加到 245000 人，2014 年增加到 422440 人，2015 年增加到 511436 人，2016 年增加到 545493 人，2017 年增加到 639185 人。

老挝旅游官员意识到这一积极趋势，并相信由于区域联系加强，中国游客到老挝的人数将继续增加。老挝信息、文化和旅游部旅游发展局的数据显示，中国游客人数的增长使中国游客人数的份额从 2013 年的 6% 增长到 2017 年的 16%。

根据对这一趋势和其他发展的分析，中国游客很有可能将在老挝旅游市场中占据更大的份额。这是因为中国中产阶级兴起，中国人正变得越来越富有，这将使他们能够在湄公河国家旅行。

老挝正在修建一条从中老边界到首都万象的铁路。陆地运输连通性的改善将促使更多的中国游客前来老挝。老挝拥有众多吸引中国游客的旅游目的地，包括世界遗产琅勃拉邦和卧佛寺。据报道，老挝还有许多风景名胜和文化景点。

老挝计划吸引更多中国游客前往这个地处湄公河地区中心的内陆国家。根据《万象时报》的报道，这个计划将以老挝和中国剧团的文化表演、老挝和中国的食品博览会以及摄影展为特色。中方已经提出 4 月在万象举办"中国文化周"，同时纪念两国建交 58 周年。为期一周的活动预计在老挝人民民主共和国计划对中国进行国事访问之前举行，国事访问期间老挝文化舞蹈表演者将在北京奉献表演。

此外，旅游管理活动将于 6 月或 7 月在老挝南部的占巴塞省（Champassak）举行。今年活动的另一个亮点是 9 月在世界遗产城镇琅勃拉邦举行的中秋节庆祝活动。根据计划，双方还将在中国湖南省省会长沙市举办"老挝文化周"。该活动将包括老挝艺术家的舞台表演、老挝美食展、旅游展览以及促进老挝和中国旅游业的研讨会。

在中国四川省省会成都还将举办类似的老挝文化周，但这些文化周的日期尚未确定。旅游部长还建议老挝政府免除签证要求，或在 2019 年降低中国游客的签证费，以鼓励人们前往。他还呼吁结束"道路和旅游景点的不当检查和收费"，并取消要求旅行社在引入旅行团之前必须获得许可证的规定。2018 年前 9 个月，约有 568800 名中国人前往老挝，与 2017 年同期相比增长了 35%。

2017 年，老挝接待了 639185 名中国游客，使其成为第三大接待市场，仅次于第一的泰国（1797803 人次）和第二的越南（998400 人次）。老挝计划在 2019 年推出更简便的签证服务，其中包括十分成功的与缅甸模式相似的在线电子签证设施。但是，还需要做更多的工作来鼓励航空公司飞往老挝，陆路路线也需要改进。受欢迎的万象－琅勃拉邦路线上的安全性需要大大提高。虽然两个主要旅游目的地距离不到 400 公里，国外旅行咨询机构仍提醒旅客在两个主要旅游目的地之间要选择飞机，而不要走陆路。

在 2019 中国－老挝旅游年的活动计划中，老挝将着重吸引来自中国的游客，但同样缺少有关宣传活动中特定项目的信息。然而，老挝旅游业消息人士称，重点应放在引入更多直飞航线上，并建立激励机制，以支持高端中国旅行社在高端市场上创建新路线。他们声称，为期一年的中国宣传活动应完全侧重于鼓励个人和家庭旅行，而不是低价和大量的旅行团。但官方的说法是，有关部门将与中国当局合作开展丰富多彩的活动，并提高酒店和餐馆的质量。老挝政府设定了将中国游客从 40 万增加到 100 万的目标和到 2019 年底将达到 500 万的目标。根据信息文化旅游部旅游发展局的数据，今年前 9 个月，有 290 万休闲旅行记录在案，与去年相比增长了 3.2%。

为促进旅游业的发展，老挝采取了许多新的市场发展措施，以区域旅游一体化和跨界旅游相结合为重要策略。老挝对中国寄予厚望，于 2017 年 1 月开始加快其北部三个省和中国西双版纳州旅游业合作发展的步伐，以促进跨境合作旅游区的建设和试验性边境旅游区域。

为了吸引更多邻国游客，老挝于 2017 年 2 月进一步简化了相关签证申请程序。根据新规定，中国游客只需要出示护照或旅行许可证即可入境老挝。目前老挝已开放了 15 个国际旅游港口，并与 500 多家外国旅游公司签署了合作协议。老挝与中国之间已有许多直飞航线，极大地促进了双边合作的迅速发展。到 2021 年中老铁路建成通车后，将有更多的中国游客乘坐火车前往老挝。

结　论

老挝人民民主共和国位于湄公河流域，旅游资源丰富，拥有 1900 个旅游景点，其中包括 1000 个自然景点，534 个文化遗产和大约 300 个历史遗迹。优美的风景和简朴自然的环境使旅游业成为该国仅次于采矿业的第二大支柱产业。老挝政府预测，到 2020 年，老挝游客将超过 620 万人次，旅游收入将达到 10 亿美元。

因为有着相通的理想和具有远见卓识的战略关系，中国和老挝两国合作发展空间广阔，共同的使命和梦想使两国的未来和命运迅速融合。

双方同意加快协调中国提出的"一带一路"倡议和老挝的"从陆锁国转变为陆联国"战略，以共同建设中老经济走廊，建设中老铁路等标志性项目，提升相互经济合作的规模和水平。双方还同意促进两国实力的互补，并提高生产能力，加深金融、农业、能源、资源、水利和水电、通信、基础设施、卫生和医疗保健以及其他方面的务实合作，使两国的基层群众受益。

当前，随着中老两国加速推进务实合作，其战略合作步伐也正在加快。只要两国以互相信任的方式携手合作，两国一定会在各个领域开辟光明的前景。

习近平指出，中老两国在政治上相互支持，全面开展经济合作，传统友谊不断加深，中方把老挝视为好邻居、好朋友、好战友和好伙伴。他还说，中国愿与老挝方面更好地切合发展战略，加强"一带一路"建设合作，促进中老全面战略合作伙伴关系，以取得新成果。

参考文献

Phommahaxay, A. (2013). Impact of FDI on Economic Growth of Lao PDR. *Mekong Institute Research Working Paper* (p. No. 9/2013).

Foster, G. M. (1969). *Applied Anthropology*. Boston: Little Brown and Company.

JETRO. (2016). Laos Over view. *JETRO Vientiane Office*, pp. 12 – 14.

Kingkhambang, K. (2012). Impacts of Chinese Investments on Agricultural Exports and Poverty Reduction: Oudomxay, Northern La PDR. *Mekong Institute Research Working Paper Series 2012* (No. 7/2012).

Leebouapao, L. (2008). Lao PDR Country Report. H Soesatro, *Developing Roadmap toward East Asian Economic Integration*, *ERIA Research Project Report 2007 – 1 – 1*, pp. 117 – 120.

Seneduangdeth, D. (2014). *Local Transformation under Development of Regional Integration: A Case of Savan-SENO Special Economic Zone. PhD Disertation*. Vientiane: Sengsouvanh Printing Co., LTD.

S-NCSEZ. (2013). *Special Ecoomic Zone Development and Management in Lao PDR*. Vientiane Capital: S-NCSEZ.

Zhigang, J. (2015). *Promote One Belt and One Road Initiative with Pragmatic Measures*.

（沈依沁 译）

哈萨克斯坦共和国和中华人民共和国农业食品贸易与经济合作的主要方向

阿德米·耶拉塞洛娃（Ademi Yerassylova）

哈萨克斯坦国家农业大学战略分析和预测部主任

　　哈萨克斯坦在东方与西方、欧洲与亚洲、俄罗斯与中国的贸易交往中占有重要的战略地位。与此同时，中国提出的"丝绸之路经济带"倡议与哈萨克斯坦提出的"光明之路"新经济政策和欧亚联盟一体化方案不约而同，都致力于畅通欧亚大陆的运输往来。这也意味着哈萨克斯坦获得了将全球贸易作为国家经济发展新引擎的大好机遇。随着与中华人民共和国（以下简称中国）多边战略合作的不断深入，哈萨克斯坦的国际地位也将得到日益加强。

　　考虑到当前有利的社会经济和地缘经济条件，哈萨克斯坦共和国政府和中华人民共和国政府签署了《关于落实"丝绸之路经济带"建设与"光明之路"新经济政策对接合作规划的谅解备忘录》（2019 年 9 月），哈萨克斯坦共和国贸易和一体化部也与中国商务部签署了有关的谅解备忘录（2019 年 9 月）。哈萨克斯坦共和国农业部和中国海关总署还就"哈萨克斯坦与中国激活贸易关系路线图"达成共识，对双边贸易活动进行了规范，这将有利于哈中两国扩展贸易领域、优化贸易结构、扩大贸易规模，以及增加高技术产品在双边贸易中的份额。为此双方通过了 18 项议定书。哈萨克斯坦和中国合作委员会由两国副总理共同主持，下设农产品贸易与合作工作组。在此框架内，工作组将主要开展下列活动：

——在中国商务部的支持下，组织哈萨克斯坦对中国进口的订单，包括在区域合作框架内向中国山西省出口哈萨克斯坦的农产品；

——通过电子交易平台向中国市场推广哈萨克斯坦农产品；

——在霍尔果斯口岸建立兽医和植物卫生实验室，以及设立电子商务平台试点项目；

——作为试点，在东哈萨克斯坦州建立一个联合兽医实验室。

为加强哈萨克斯坦与中国的经贸合作，根据 2011 年 11 月 29 日哈萨克斯坦共和国总统令，哈萨克斯坦建立了"霍尔果斯—东门"经济特区。这是一个优先发展仓储物流、农产品生产加工的哈中工业园区，其功能包括在建立电子商务发展、物流中心平台的基础上扩展所有产品（包括农业产品）的贸易。园区共占地 5740 公顷，该经济特区依据哈萨克斯坦共和国政府 2011 年 7 月 21 日发布的《关于哈萨克斯坦共和国经济特区第 469 – V 号法令》进行管理。哈萨克斯坦共和国工业和基础设施发展部为该经济特区的管理和协调机构。

在当前形势下，中国和哈萨克斯坦共和国通过在两国建立物流综合体来发展贸易关系，并共同参与交通基础设施的建设，以形成运输走廊，这是实现经济增长，包括将农业产品打入国际市场、加强区域一体化、克服地区经济失衡的必要条件。

为此，建立单一的运输走廊，成为在农业领域开展粮食及食品贸易合作的最重要条件之一。在中国东部海滨城市连云港建成的中哈国际物流基地就是其中一个重要的项目，这也是"一带一路"对接"光明之路"计划的首个实体平台。中国和东南亚的许多出口商品都被汇聚到这里，之后，装满这些货物的国际班列过境哈萨克斯坦流向中亚和欧洲其他国家。这种合作也确保了哈萨克斯坦的出口和过境货物能够直接与海洋港口连接。近年来，各国之间通过这一方向进出口货物的总量超过了 800 万吨，集装箱吞吐量突破 10 万标准箱，集装箱进出口总量达到 230 万吨。

历史原因，哈萨克斯坦的交通运输系统原来只能与俄罗斯相连，并不具备与其他国家连接的路线。因此，当共和国将经济发展利益作为保障国家安全的最基本条件之一后，立刻提出要解决国家最重要也是最迫切的问题，即大力发展交通基础设施建设、打破交通僵局。

在全球层面，中国非常有兴趣利用哈萨克斯坦与中亚、欧洲、中东建立起直接的交通联系，其目标是构建广泛的基础设施网络，以便将中国的货物更快地运往西方。为了降低在这方面对俄罗斯的依赖程度，中国正在开发可以绕过俄罗斯领土的其他运输通道，增强中国进入中亚、高加索地区和欧洲市场的运输能力。

为此，扩建里海港口的项目就被提上日程，这将是重要交通干线的起点与终点。中国的公司正在对哈萨克斯坦阿克套的港口进行现代化改造，已在库里克港扩建了码头。哈萨克斯坦里海港口的货物运输量每年都在增长，其中石油产品的份额在下降，而其他货物的份额在增加。预计仅通过库里克港口进出的货物就将增加 450 万吨。此外，阿塞拜疆—格鲁吉亚—土耳其铁路业已贯通，在过境运输中，高加索路线是最为优先的事项。当然，中国在这里也遭遇了最复杂的地缘政治挑战。

如今，谈论中国有可能在"一带一路"沿线国家（包括中亚国家）的政治和经济发展影响中占据主导地位的文章有很多。然而，在我们看来，中国经济的影响力在包括哈萨克斯坦在内的中亚国家中所起的作用将增加，这似乎是不可避免的。

丝绸之路主要是一条贸易路线，"丝绸之路经济带"倡议更是旨在发展中国西部与中亚国家的贸易往来。

中国在哈萨克斯坦农产品出口多元化方面具有特殊作用，这源于我们共同边界的存在。此外，在欧亚国家盛行贸易保护主义，在相互贸易中设置了许多关税和非关税壁垒及技术和非技术限制，这使哈萨克斯坦的企业家在开拓欧亚国家市场中遇到很大困难。因此，中国市场正在日益成为哈萨克斯坦出口的战略方向之一。

从 2014 年到 2018 年，哈萨克斯坦和中国的贸易总额增长了 20%，仅 2018 年，哈中的贸易总额就达 4.25 亿美元（2014 年为 3.544 亿美元）。与此同时，这对哈萨克斯坦的农业也产生了积极的影响，自 2016 年以来，哈萨克斯坦的农产品贸易始终保持顺差（见图 1）。

在过去的五年里，哈萨克斯坦对中国的农产品出口翻了一番（2014

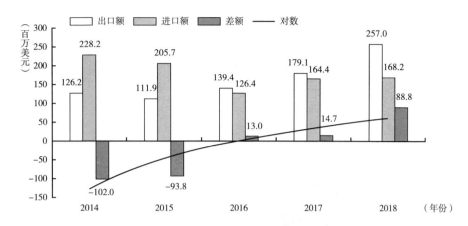

图1 哈萨克斯坦与中国农产品贸易状况

年为12620万美元，2018年为25830万美元）。

哈萨克斯坦向中国出口的农产品中份额最多的是小麦和混合麦，占比42%，其次为葵花籽（占比13%）、油菜籽（占比9.2%）、菜籽油（占比8.5%）、棉纤维（占比7.2%）、其他非挥发性植物油（占比7.1%）。与2017年相比，2018年出口的棉纤维增长了3倍（为1680万美元）、天然蜂蜜出口增长了1.3倍（为20万美元）、小麦和混合麦出口增长了0.7倍（为9900万美元）、小麦面粉出口增长了2倍（为830万美元）、大豆出口增长了1.4倍（为760万美元）、菜籽油出口增长了2倍（为2000万美元），麦糠出口增长了2.7倍（为560万美元）。

从中国进口的农产品中，柑橘类水果所占的比重最大（占比16.1%、为2620万美元），新鲜西红柿占比10.4%（为1690万美元），其他蔬菜占比9.7%（为1580万美元），番茄酱和其他加工罐头占比9.2%（为1490万美元），杏、酸樱桃和甜樱桃占比5.9%（为950万美元），苹果、梨等占比4.2%（为680万美元）（见图2）。

近年来，哈萨克斯坦企业在开拓中国市场方面取得了较大成功。2019年初，哈萨克斯坦的许多生产企业都通过了中国海关的进口许可认证，其中包括水产品加工企业44家、蜂蜜生产企业4家、羊肉加工企业5家、其他食品加工企业5家、食品仓储企业1家、饲料生产企业2家、粮库公司67家、大豆加工企业8家、菜籽油和糖浆生产企业5家、豆粉和秸秆生产企业 5 家、大麦生产企业 11 家、玉米生产企业 4 家。2018 年，哈萨克斯坦共向中国出口了 50.3 吨羊肉、3641.8 吨冷冻鱼、60.9 吨天然蜂蜜、55 万吨小麦、3.23 万吨面粉、1.73 万吨大豆、5.57 万吨植物油和 4.42 万吨谷糠。

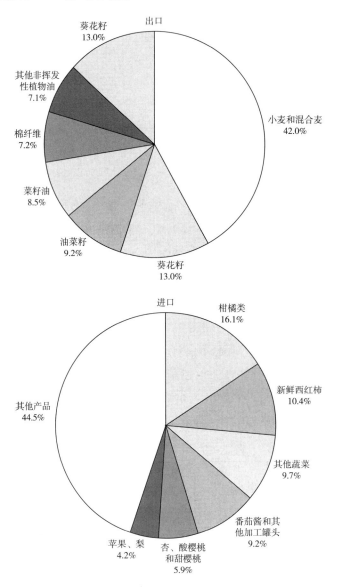

图 2　2018 年哈萨克斯坦与中国的农产品贸易结构

2018 年，中国海关总署解除了对海外地区口蹄疫风险提示的禁令，这等于打开了哈萨克斯坦肉制品进入中国市场的通道。双方确定了对肉制品的检疫标准，并对肉类产品进行了检疫检验。

同样也是在 2018 年，哈萨克斯坦共和国农业部与中国有关方面就哈萨克斯坦向中国出口紫花苜蓿、油菜籽、大麦和玉米等植物的检疫要求达成一致，并对哈萨克斯坦的大麦和玉米加工企业进行了 2 次检查。

截至 2018 年，哈萨克斯坦共和国向中国出口的农产品数量已达 9.19 亿吨，价值总额为 2.583 亿美元。哈萨克斯坦对中国出口最活跃的地区有东哈萨克斯坦州、图尔克斯坦州（包括奇姆肯特直辖市）、科斯塔奈州，以及共和国市阿拉木图和首都努尔苏丹市。而阿克莫拉州主要出口小麦和其他谷物，科斯塔奈州主要出口混合麦，而阿拉木图市主要出口植物油等。

非常重要的是，中国市场对哈萨克斯坦小麦、麦麸、油料等作物的开放也引起了中国买家的极大兴趣。哈萨克斯坦天然、环保、优质的食品在中国市场具有极大的竞争力。

投资合作也是一个重要的领域。哈萨克斯坦共和国农业部与中华人民共和国政府签订了有关在农业领域开展合作的协议，哈萨克斯坦将在这一框架协议内展开行动。

其中一个重大项目就是中国西安爱菊粮油工业集团在北哈萨克斯坦州建设的农产品加工物流园区，投资总金额为 5800 万美元。爱菊粮油工业集团是中国陕西省的龙头企业之一，其投资建设的是一个系统工程，既有强大完整的物流链系统，也注重将粮油种植与农产品深加工相结合，形成全周期高技术的加工联合体系。爱菊粮油工业集团在伊利切夫斯克建设了一座工厂，同时又在中哈边境（阿拉山口）和中国西安市建设了物流基地。这样，在西安就可以完成三大任务，即生产、交付和销售，这不仅保证了产品的质量，还保证能够及时交付和销售产品。

谈到哈萨克斯坦食品在中国的前景，首先值得提请注意的是，哈中两国合作所具有的战略性质，关于这一点，两国国家元首在不同场合和层面上都多次强调过。

总的来说，中国的首要任务是满足其居民日益增长的粮食需求，因此，与包括哈萨克斯坦在内的中亚邻国在农业方面开展充满活力的贸易和投资合作对中国而言至关重要。这同时也为中亚国家带来了重大机遇，包括改善基础设施、增加贸易和跨境投资。为此，哈萨克斯坦应该集中精力增加农业生产的多样化，配置更多资源，以便生产和提供更多也是附加值更高的中国所需的优质作物。

目前，哈萨克斯坦有潜力来满足中国不断增长的对某些农产品的庞大需求。在中国市场，哈萨克斯坦最具竞争力（或具有潜在竞争力）的商品包括小麦、葵花籽、油菜籽和牛肉。

随着中国人口饮食和营养结构的变化，哈萨克斯坦农产品的生产和出口也必须不断扩大和多元化，这样才能符合更加严格的食品质量要求和安全标准。目前，在哈萨克斯坦农产品的出口结构中，大宗的初级产品占据着主导地位，小麦就占其农产品出口总额的三分之一以上。这种出口结构很难适应中国的食品需求变化，中国的农产品进口正在向进口更多高附加值产品转变。

哈萨克斯坦的农业部门短期内还无法充分利用中国与哈萨克斯坦两国贸易协定所带来的好处，主要障碍是农业部门的出口潜力还难以迅速提升，目前该行业的特点是：

——农作物产量低；

——农产品的生产成本高；

——畜牧业产能低下；

——农业生产的商品率低（谷物除外），这在很大程度上抑制了生产中的工艺创新，降低了哈萨克斯坦农业商品的竞争力。

为了实现其高附加值产品的出口潜力，哈萨克斯坦必须突破现有农产品价值链内的限制，包括生产成本以及与贸易有关的限制。

与中国建立战略贸易关系是解决这一问题的逻辑起点。从长远来看，这也为吸引能够推进集约化生产和促进资源节约利用的创新技术提供了机会。只要创新发展，哈萨克斯坦就会具有巨大的国内市场，并提升农业部门的潜力，也才能够不仅生产出有出口竞争力的小麦、葵花籽，而且能够出口肉类，特别是带有大理石花纹的牛肉，此外还能出口大豆、蔬菜（特别是温带的蔬菜）及加工产品、水果（包括罐头产品）、马肉，以及豆粕、麸皮等饲料作物和麦麸等。

参考文献

哈萨克斯坦共和国农业部：《植物检疫备忘录》《关于哈萨克斯坦共和国向中国出口猪肉标准的议定书》，总理官网，https：//primeminister. kz。

哈萨克斯坦国民经济委员会统计数据，http：//stat. gov. kz。

《哈萨克斯坦农产品在中国市场》，哈萨克斯坦驻中华人民共和国大使馆官方网站，http：//www. mfa. gov. k。

（张苏琴 译）

吉尔吉斯斯坦与中国：
经济增长与包容性发展

库班西贝克·托克托尔巴耶夫（Kubanychbek Toktorbaev）
吉尔吉斯斯坦国家战略研究所高级研究员、代表团成员

2013 年，中华人民共和国国家主席习近平在出访中亚和南亚国家期间，提出了旨在扩大经济互利合作、建立中国与中亚及亚洲国家命运共同体的"一带一路"倡议。如今，"一带一路"倡议已被视为全球最重要和最具前途的国际项目之一。该项目的主要目标是深化本地区的经济一体化，消除贸易和投资壁垒，建设统一的交通基础设施，强化各国货币的重要性，提高合作水平。经过多年来的建设，"一带一路"倡议已成为连接中国与中亚地区的新桥梁，为各方深化互利合作、实现共同发展和繁荣提供了更为广泛的新机遇。

2017 年 1 月，中国国家主席习近平在联合国日内瓦总部发表了题为《共同构建人类命运共同体》的主旨演讲。习近平主席强调，中国奉行建设人类命运共同体的理念，并将努力实践之，以促进全球的和平、发展与繁荣。

2018 年，中华人民共和国国家主席习近平在青岛再次提出构建全球命运共同体的主张，这在全世界范围内得到了积极的反响和广泛的支持。中方提出的这一主张完全契合社会发展的需要，也符合全世界各国人民的共同利益，这不仅有助于推动世界进步和有利于经济发展，而且能够促进全球的和平与繁荣。应该指出的是，中国这一倡议最重要的特点是，它对世界各地区所有感兴趣的国家都持开放态度，具有广阔的地

理空间。构建人类命运共同体的理念也得到了全世界各国的高度赞赏，现在，这已被写入联合国等国际组织和其他国际机制的重要文件之中。

建设"中国—中亚—西亚经济走廊"是中国与中亚国家合作实施的重要项目之一。这条经济走廊东起中国的新疆，向西经中亚地区至波斯湾、地中海沿岸和阿拉伯半岛。建设这条走廊的目的在于推动中国与中亚和西亚国家的经济一体化进程，计划首先在运输、能源和燃料领域实施优先项目。中亚地区与中国的新疆维吾尔自治区接壤，新疆又拥有与中亚国家共同的民族文化和宗教传统，因而，中亚地区在中国外交政策中占有重要的地位。

吉尔吉斯斯坦和中国有着悠久的睦邻友好历史。建交 27 年来，两国的政治互信不断加强，经济合作不断扩大，文化和人文交流不断深化。地理上的相近为我们两国在经济、贸易、科技、文化、人文等领域发展关系提供了巨大的机会。

为了实现上述目标，2014 年，在联合国教科文组织世界遗产委员会第 38 届会议上，由中国、哈萨克斯坦和吉尔吉斯斯坦三个国家联合申遗的"丝绸之路：长安—天山廊道路网"被成功列入《世界遗产名录》。古丝绸之路再次成为连接中国和中亚各国人民心灵和思想的桥梁。

2019 年 4 月，吉尔吉斯共和国总统热恩别科夫对中国进行了国事访问，并在北京参加了第二届"一带一路"国际合作高峰论坛。在此期间，热恩别科夫总统与习近平主席进行了非常重要的会晤。两国领导人对在共建"一带一路"框架内加强吉尔吉斯斯坦与中国的合作有着广泛共识，并就"一带一路"倡议与吉尔吉斯共和国《2018～2040 年国家发展战略》的对接合作达成一致意见，以期全面提升两国的合作水平，给两国人民带来更多的实惠和好处。

吉尔吉斯斯坦总统热恩别科夫在北京期间还访问了北京表演艺术中心，并观看了由中国歌剧舞剧院原创的民族歌剧《玛纳斯》。演出结束后，热恩别科夫总统在致辞中说道："史诗《玛纳斯》是吉尔吉斯斯坦人民精神世界的巅峰之作。今晚我带着非常自豪和喜悦的心情观看了这部歌剧。你们创作的歌剧《玛纳斯》，表达了中国人民对吉尔吉斯斯坦文化的最高尊重。"总统代表他本人并代表吉尔吉斯斯坦人民向中国歌剧舞剧院的全体演员和创制作人员表示了诚挚的感谢，感谢他们创作了如此优秀的艺术作品，并发出邀请，欢迎歌剧舞剧院的演员和导演到吉尔吉斯斯坦来演出。

2019 年 6 月 11 日，中国原创民族歌剧《玛纳斯》巡回演出在比什凯克拉开序幕，吉尔吉斯斯坦艺术爱好者们在这里见证了《玛纳斯》作为世界级文化史诗的巨大胜利，它堪称世界文化史中一座非凡的纪念碑。优秀的歌剧《玛纳斯》是中国人民送给吉尔吉斯斯坦人民的精美绝伦的礼物，它架起了我们两国文化和精神之间的桥梁，受到了极大的欢迎，它也成为丝绸之路各国人民友好和共同繁荣的象征。

2019 年 6 月，中华人民共和国国家主席习近平对吉尔吉斯共和国进行了国事访问。这是中国领导人在热恩别科夫就任总统后首次对吉尔吉斯斯坦进行国事访问。此次访问对中吉关系发展具有重要的历史意义。两国领导人确定了中吉关系发展的基本框架，展望了新的前景，并就共同建设"一带一路"事宜达成重要共识，签署了重要协议，这将对两国未来的发展和繁荣产生积极的影响。

中国国家主席习近平在访问吉尔吉斯斯坦时表示，"一带一路"建设承载着我们共同发展的美好愿望，它将有助于各国克服在发展过程中遇到的瓶颈，缩小各国之间的发展差距，共同分享发展成果，打造休戚与共的利益共同体和命运共同体。

在中国的支持下，吉尔吉斯斯坦正在积极推进一系列战略基础设施的建设项目，如新北南公路建设项目、比什凯克 - 吐尔尕特和奥什 - 伊尔克什坦公路改建项目、灌溉系统改造项目、达特卡 - 克明 500 千伏输变电建设项目、卡拉巴尔塔炼油厂项目、塔尔迪 - 布拉克和列沃别列日内金矿项目，以及许多路网的重建项目。

这些项目正在并将继续对提高吉尔吉斯斯坦人民的生活水平产生积极的影响。目前，已有 500 多家中国与吉尔吉斯斯坦合资的企业在吉尔吉斯斯坦开展业务，创造了大量的就业机会，促进了吉尔吉斯斯坦社会和经济的发展。在中国的大力推动下，2018 年 2 月，连接中国、吉尔吉斯斯坦和乌兹别克斯坦的"中吉乌"国际高速公路正式通车。这条新的运输走廊将过境货物的运输时间从 8 ~ 10 天缩短到了 2 天，大大缩减了运输成本，对各国进一步扩展贸易活动起到了非常大的促进作用。

据 2018 年数据显示，中国与吉尔吉斯斯坦的双边贸易额首次超过 20 亿美元，对中国的贸易占吉尔吉斯斯坦对外贸易总额的 30%。截至目前，中国对吉尔吉斯斯坦的直接投资额已接近 2.5 亿美元，约占吉尔吉斯斯坦吸引外国投资总额的 43%。中国始终是促进我国经济发展的第一大外资来源国，也是吉尔吉斯斯坦的第一大贸易伙伴。

近年来，中国每年向吉尔吉斯斯坦提供约 1000 名奖学金名额，资助吉尔吉斯斯坦的学生和专家到中国接受培训，或进行学术访问。到目前为止，已有 4000 多名来自吉尔吉斯斯坦的学生到中国学习。在吉尔吉斯斯坦国立大学、比什凯克人道主义大学和吉尔吉斯斯坦的其他大学中设立了 4 所中国孔子学院。如今，在吉尔吉斯斯坦有 1 万多名小学生和大学生在坚持学习汉语，报名参加"汉语桥"比赛的吉尔吉斯斯坦人也越来越多。

2019 年是中华人民共和国成立 70 周年。在过去的 70 年里，中国经济的增长速度屡创新高，国内生产总值增长了 450 倍以上，创造了世界经济发展的奇迹。2018 年，中国国内生产总值突破了 13 万亿美元，占世界生产总值的 15.9%，继续稳居世界第二大经济体的位置。如今，中国已成为世界上最大的生产国、最大的商品贸易国和最大的外汇储备国。在过去的 5 年中，中国对全球经济增长的贡献率超过 30%，成为名副其实的世界经济第一引擎。

无论过去、现在，还是将来，中华人民共和国都是吉尔吉斯共和国最可靠的好朋友和好伙伴。我们希望并相信，增进友谊、保持和睦相处，永远都会是中国和吉尔吉斯斯坦的优先选择。在这方面，我们两国的学者和专家应该发挥更加积极的作用，推动世代睦邻友好的中吉关系继续稳步健康地发展。

谢谢大家。

张苏琴 译

"人类命运共同体"和日中韩三边合作

菊池誉名（Yona Kikuchi）
日本东亚共同体评议会执行副主席兼执行秘书长
日本国际关系论坛主任、高级研究员

本文简要探讨了在中国提出"人类命运共同体"倡议的背景下，东亚较有影响力的国家——也即日本、中国和韩国——间的三边合作。

当今国际社会不仅面临着常规的安全问题，诸如恐怖主义、传染病、环境/自然灾害、金融危机、移民/难民问题、能源问题等非常规的问题也正浮出水面。这些全球性的问题不是单一国家能解决的，它们需要诸如国际和区域组织，二轨外交等多元化、多层次的参与者共同发挥作用。当今世界需要加强由多方共同参与的全球治理。

中国自 20 世纪 90 年代以来就一直迅速发展，如今在国际社会形成全球治理的过程中起着越来越重要的作用——比如，中国发起了"一带一路"倡议并建立了亚洲基础设施投资银行。中国也通过协助联合国维和行动和参与世贸组织来帮助加强现有的国际组织。中国自 2015 年起就强调"人类命运共同体"，此前，其也在 2013 年提出过"周边国家命运共同体"，在 2014 年提出过"亚洲命运共同体"和"中欧命运共同体"。此倡议旨在改革目前的国际秩序，促进政治新常态。而"一带一路"倡议就是实现这一目标切实可行的政策。

在中国新倡议的基础上，东北亚三大国家——日本、中国和韩国——的深化合作对加深全球治理和建立东北亚与东亚区域秩序也至关重要。三方合作机制始于 1999 年第三届"东盟 10 + 3"峰会。自从三个国家第一次坐在一起以来，日中韩峰会每年都在"东盟 10 + 3"峰会召开之际展开，并且在 2008 年得以独立举办。因此，今年（译者注：2019 年）便是其 20 周年庆典。在去年 5 月东京的第七次日中韩三边峰会的联合声明中，我们决定以"中日韩 + X"的新概念来探寻三边合作。今年 8 月的三方外长会议中，这个概念再次得到深入发展，且会议通过了《"中日韩 + X"合作概念文件》。该文件建立在双赢的原则之上，提到了三个及以上国家和领域合作的可能性——尤其是在经济和减贫领域。

经济和贸易领域对"追求'中日韩 + X'模式"是不可或缺的。三国间的贸易关系是高度互补性质的，因此通过自由贸易协定（包括三边自由贸易协定，尤其是完成区域全面经济伙伴关系协定）来深化经济联系至关重要。鉴于市场规模，区域全面经济伙伴关系协定的实现不但可以整合自由贸易协定和一些新型领域（例如知识产权与成员国间电子商务），也有助于东亚生产网和供应链的进一步发展。

与此同时，三个国家也值得考虑一下中国和韩国加入全面与进步跨太平洋伙伴关系协定（CPTTP）的可能性。全面与进步跨太平洋伙伴关系协定将覆盖亚太地区，对知识产权、电子商务、政府对国有企业补贴和环境等都有着广泛的、21 世纪的规章制度。该协定将建立起一个庞大的、自由而公平的市场。如果中韩加入全面与进步跨太平洋伙伴关系协定，那么在亚太地区建立自由贸易区将变得更为可行。

与此同时，我们也应该协调好东亚地区的区域倡议，也即日本"自由开放的印太"战略（FOIP），中国"一带一路"倡议和韩国"新南方政策"。日本已表示有兴趣在透明和公平采购等条件下参加"一带一路"倡议。"自由开放的印太"战略有三大重点：1. 法治，航行自由，促进和建立自由贸易；2. 追求经济繁荣（联结性，通过经济合作协定、自由贸易协定或投资协定来加强经济联系）；3. 和平和稳定（海事执法、人道主义援助和救灾等方面的能力建设）。这些其实和中国"一带一路"倡议的追求是一致的，因此"自由开放的印太"战略和"一带一路"倡议实际上是可合作的。再加上"新南方政策"，三国之间的协调发展极有可能促进从东亚到非洲的广泛区域合作（尤其是在经济贸易上），而这如果实现，就能为国际社会的稳定和繁荣做出贡献。

然而，现实中的三边合作却面临着一些阻碍。合作中最重要的三国首脑峰会因为一些诸如历史或领土争端的政治问题而被推延了几次，可见其脆弱性。克服这种情况的一个想法是找到一个共同的目标，换句话说，就是共同的理想。法国和德国之所以能在二战后实现和解，尽管这其中的因素有很多，但最主要的还是实现欧洲一体化的共同理想。因此，东北亚若要加强联系，很有可能需要依靠现有的"人类命运共同体"或"东亚共同体"倡议。

（谢飞 译）

塔中全面战略伙伴关系范例下的
开放、合作与文明对话

帕尔维兹·穆罕默德作德（Parviz Muhammadzoda）

塔吉克斯坦总统战略研究中心副主任

亲爱的参会者们！

女士们，先生们！

首先，我想先感谢主办方的邀请，感谢你们的热情招待、高水平的组织工作，感谢你们建立这个开放的对话平台。

和平与民族团结的奠基人、国家领袖、塔吉克斯坦共和国总统埃莫马里·拉赫蒙（Emomali Rahmon）在中国社会科学院的演讲上对塔中两国之间的双边关系和中国的国际权威性作出了肯定，他说道："我们相信我们的邻国中国是一个可靠的朋友和真诚的伙伴，我们对中国的可持续发展感到满意。我们正见证着中国在各个经济领域的迅速发展，中国在国际舞台上的权威性越来越强。"

我应该强调一下过去的70年。在过去70年里，中国人民克服重重困难，勇往直前。70年里，中华民族重生了。这70年是中国与世界深度融合、共同发展的70年。

在过去70年里，中国的综合能力稳步增强，经济迅速发展，国际地位大幅提升。国际社会不仅广泛承认中国的发展成就，更认可其开放和包容性发展的概念和互惠互利的合作模式，这一切都深深扎根在人民心里。随着中国进一步开放，她在全球的朋友圈也日益扩增。

在过去70年里，中国在经历巨大的考验后已然进入了可持续、集约化的发展轨道。

可以肯定地说，中华人民共和国成立以来的 70 年是成功的。建立在开放的基础和创建"人类命运共同体"的目标之上，中国实现了 70 年来活跃的、建设性的社会经济发展。

习近平主席在"一带一路"国际合作高峰论坛、博鳌亚洲论坛和其他重要活动上一再强调："中国开放的大门不会关闭，只会越开越大。"中国将继续展现大国担当，坚持开放性改革并持续中国智慧和中国计划，以促进世界和平、发展和共同繁荣。

今天的中国是世界上当之无愧的最受尊敬和最有影响力的国家之一，在经济领域，它也已成为世界第二强国。在短短的 70 年的时间内，中国人民取得了巨大成就，中国目前是联合国安理会五个常任理事国之一，它也展现了世界上最高、最稳定的经济增长。与此同时，中国外交也值得特别关注，因为中国政府奉行的外交模式与联合国基本原则保持严格一致。

中国已成为世界上最大的工业国，最大的商品贸易国和最大的外汇储备国，并且中国有 200 多种工业产品的产量居世界第一。根据联合国贸易和发展会议发布的《2019 年世界投资报告》，随着市场准入的不断放松和投资环境的不断优化，中国已连续两年成为世界第二大外资流入国。2019 年，有 129 家中国企业跻身《财富》500 强。

必须指出的是，中国自成立伊始就在国际关系中奉行爱好和平的政策，坚决反对霸权主义和任何扩张行为。通过和平的发展与共存，中国成功在全球各地展开外交，而外交的基石则是 1953 年以来的和平共处五项原则。

70 年来，从"和平共处五项原则"到"亲、诚、惠、容的关系理念"，中国的外交理念也在不断变化和发展，并逐渐在国际上得到越来越多的认可。

在发展壮大的过程中，中国始终坚持和平发展之路和双赢的合作理念，坚定地支持多边贸易体制和开放的全球经济，为全球治理体制改革与建设新型国际关系和人类命运共同体做出积极贡献。如今"一带一路"共同建设已成为一个发展合作的平台，为全世界都带来巨大福祉。

而"人类命运共同体"的概念也多次出现在联合国的多个决议中。

今天的中国将继续展现其大国担当，奉行习近平外交理念，支持"亲、诚、惠、容的关系理念"并和世界上其他国家协力探寻共同繁荣与发展。

塔吉克斯坦共和国作为伟大中国的邻国，充分感受到了中国政府爱好和平政策的原则。塔吉克斯坦与中国的关系也有着悠久的历史渊源。

现在，塔吉克斯坦与中国两国历史上的文明间互动的精神正在经历"重生"。塔吉克斯坦共和国总统埃莫马里·拉赫蒙阁下在他的著作《历史倒影中的塔吉克民族》中清晰有力地写到了新型丝绸之路，这条丝绸之路不仅体现在两国的运输和经济上，也体现在大型塔中文化项目的落成上——它建起了联结两个文明的"人道主义大桥"。塔吉克斯坦人民与中国人民之间的跨文化对话在传统上可以追溯到上古时期。

而现代的塔中跨文化互动则吸收了传统价值和历史经验，两国合作体系中的机构组成、精神元素和各个项目都有机地融入到了塔中战略伙伴关系中。

因此，在文化和跨文明对话层面，我们发展出了新的项目和方向。两国间越来越流行彼此的民间艺术、电影、视觉艺术和教育（互学彼此的语言），等等。

您或许知道，文化间的对话有其自身特定的一套特色和"手段"。有时文化语言远比政治和经济词汇要来得更强、更有效。这一特征也正被如今塔中两个独立国家间的文化互动所践行和证明。

塔吉克斯坦和中国这两个邻国在 28 年里走过的路仿佛有一个世纪那么长。塔中两国的领导人在此发挥了重要作用，他们看到建立起符合国家利益的互相尊重、互相信任和友好邻国关系会为彼此带来利益。在两国的共同努力下，两国间的外交关系即将迎来第三个十年并进入新轨道——战略伙伴关系的轨道。

但最重要的是，双方都将彼此视为友好的邻居和可靠的朋友，是稳定而有经济基础的伙伴，充满信心共建繁荣未来。

值得指出的是，两国双边合作的主要领域为政治、经济、贸易和文化－人道主义层面。双方都在国际舞台上开展了有效的合作，也都是一些权威性国际组织的成员国，例如联合国、上海合作组织和亚信会议等。

人类如今面临着国际恐怖主义和贩毒等多种严峻的挑战和威胁，塔中两国的集体安全合作、对外政策理念与和平路径在这种背景下变得尤为相关和必要，其包含的基本原则可有助于和平解决国际关系中现存的问题。

在这样一个全球政治艰难发展的时期，考虑到新的国际现实，中国"一带一路"倡议的提出非常及时也很有必要，因为此倡议反映并联结了许多国家的经济利益，这其中也包括中亚国家。

事实上，这个倡议的主要目标就是促进共同发展与繁荣，其原则为：为了丝绸之路沿路所有国家的共同利益而共享国家优势。

我们两国之间的政治互信达到了前所未有的高度。在塔吉克斯坦总统莫马里·拉赫蒙阁下和中国国家主席习近平阁下的英明领导下，塔中两国关系打开了历史新篇章。

中国方面高度赞扬塔吉克斯坦自独立以来在埃马里·拉赫蒙总统的英明领导下取得的巨大成功，也赞赏塔吉克斯坦作为"一带一路"倡议第一批参与国之一所表现出的支持与参与。2019 年 4 月，埃马里·拉赫蒙总统访华并参与了第二届"一带一路"国际合作高峰论坛。6 月，习近平主席对塔吉克斯坦进行国事访问并参加了亚信峰会。在习近平主席访问期间，两国首脑签署了联合声明，宣布中塔两国将努力发展全天候友谊，进一步为"一带一路"倡议和《塔吉克斯坦共和国至 2030 年国家发展战略》的深入对接做出贡献。两国在"一带一路"联合建设等领域的务实合作不断深化。我们需要共同提升和创造新的互动方式，寻找和解新要点与合作新渠道，发挥好所有"一带一路"倡议支持国的资源和潜力。

中国依旧是塔吉克斯坦最大的投资来源国和主要贸易伙伴，有 300 多家中资企业在塔吉克斯坦从事生产和经营。

我要强调的是，我国政府有意积极建设与华全面合作，并在此基础上加强两国的信任度和友好关系。

最后，我相信所有参与"一带一路"倡议的国家在此过程中的经验与科技、创新和投资机遇都可用于联合建设重要且有前景的基础设施和生产工程。而这也将为"人类命运共同体"理念的成功实施做出贡献，其中，塔吉克斯坦和其他中亚国家都起着重要作用。

总而言之，我再次感谢中国为本次会议创造了良好的条件，并明确塔吉克斯坦已经充分准备好为实现共同目标而与中国展开进一步的互利合作。

感谢您的聆听。

（谢飞 译）

中国与非洲地区国家的伙伴关系：
促进社会和经济发展的共同合作

勒克森·穆加尼齐·凯诺（Luckson Muganyizi Kaino）

坦桑尼亚图马尼大学约西亚·基比拉学院

摘　要

本文关注中非经济伙伴关系，着重探讨中国 70 年的发展和人类命运共同体的建设。中非关系已走过几十年的风风雨雨，在社会、文化和经济方面都有深厚的伙伴关系。20 世纪 60 年代，许多非洲国家正努力摆脱殖民统治，实现政治独立，这时中非合作更加紧密。目前，中国与非洲大陆的许多国家开展广泛的外交论坛，贸易和经济项目。在本文中，通过回顾过往的合作交流，例如中非协商论坛（CACF），对中非经济发展合作进行概述。这些合作交流涉及的领域包括：债务减免，维和行动，提供基础设施发展相关的贷款以及相关的合作领域。此外，还介绍了关于中非农业合作，粮食安全和基础设施建设的开罗会议倡议，以及研究全球金融危机下中非商业关系的中非商业理事会。本文还强调了中国在撒哈拉以南非洲的贸易和直接投资。最后，列举了中国在非洲国家投资的例子。所提供的例子表明，中国和非洲国家之间的经济合作有利于各国的社会和经济发展。非洲领导人应采取更好的发展战略，以充分利用中非关系。

引　言

中国在和发展中国家特别是非洲国家开展的合作始于数十年前，20

世纪 60 年代后期修建了坦桑尼亚赞比亚铁路（TAZARA），这成为中国为非洲经济发展做出贡献的象征（Altorfer-Ong，2009）。这条铁路在修建时，正值南非地区反对葡萄牙殖民主义和南非种族隔离统治而进行解放斗争。坦桑尼亚和赞比亚站在最前线，帮助非洲人民解放自己的国家，因此 TAZARA 铁路为南部非洲地区的交流铺平了道路，尤其缓解了内陆国赞比亚对罗得西亚和南非的经济依赖，这两个国家都是由白人少数族裔政府统治的（Hall&Peyman，1976；Monson，2009）。TAZARA 铁路又被称为 Uhuru 铁路（自由铁路），是东非的一条铁路，它将坦桑尼亚东部的达累斯萨拉姆港口与赞比亚中部省的 Kapiri Mposhi 镇连接起来。单轨铁路长 1860 公里（1160 英里），由 TAZARA 管理局运营。

迄今为止，中国在非洲的优惠贷款规模在发展融资方面可与世界银行和国际货币基金组织相媲美（AidData，2018）。在过去的 20 年中，中国与非洲国家之间的经济关系引起了专家和从业者的极大兴趣。自 2000 年以来，中国已成为非洲最大的贸易伙伴，而中国对非洲的投资和资金流量也显著增长（Bridges Africa，2018）。因此，中国已成为非洲大陆建设的主要参与者，成为非洲国家可以在发展过程中促进互利经济关系的伙伴。人们普遍认识到，中国参与非洲的建设，为近年来非洲大陆取得的令人瞩目的增长做出了积极贡献（Bridges Africa，2018）。

中非协商论坛（CACF）

中国于 2000 年在北京主办了首届中非协商论坛（CACF），制定了中国和非洲在多层面合作的新政策（IDE-JETRO，2019）。由于西方国家在非洲有巨大的利益，中国通过独特的经济、政治和国家安全的一揽子计划，快速跟踪西方势力进入非洲主要自然资源生产地区的步伐（FOCAC，2019）。一揽子计划包括减免债务，参加非洲大陆的维和行动，提供基础设施发展有关的低利率贷款，在联合国（UN）、世界贸易组织（WTO）、国际货币基金组织（IMF）、世界银行等全球论坛上对非洲国家提供支持，以及其他领域的南南合作（FOCAC，2018）。

来自中国和 44 个非洲国家的 800 多名官员参加了第一次此类会议。17 个地区和国际组织的代表以及企业代表也参加了会议。南南合作，建立公平的新国际政治经济秩序是合作的关键问题。中非合作论坛中《北京宣言》和《中非经济和社会发展合作纲领》是会议上签署的两个关键文件。具体计划包括扩大贸易、投资，合作开展项目以及在农业、运输、医疗、自然资源开发和银行业等领域加强合作（FOCAC，2018）。

第二届中非合作论坛部长级会议于 2003 年在埃塞俄比亚的亚的斯亚贝巴举行。中国总理温家宝，七位非洲国家主席以及非洲国家的其他许多高级官员出席了会议。来自中国和 44 个非洲国家的 70 多位政府部长出席了会议。第二届部长级会议的中心主题是"务实和以行动为导向的合作"。温家宝总理提出了通过相互支持，进一步巩固中非关系的四点方案。

会议签署了《中非合作论坛 2004～2006 年行动计划》，进一步概述了中非未来的合作。在《亚的斯亚贝巴计划》的政治框架内，鼓励继续进行高层交流，加强政治对话，而中国政府再次承诺积极参与非洲维和行动，并承诺就一系列与安全有关的问题进行合作。在 2006 年中非合作论坛会议上，《北京宣言》的主要成果包括：中国打算到 2009 年将其对非洲的援助增加一倍；提供 30 亿美元的优惠贷款和 20 亿美元的优惠信贷；建立中非发展基金（CADF）。在埃塞俄比亚建立非洲统一（AU）会议中心，免除无息贷款的债务以及其他经济救济领域的债务（FOCAC，2018）。

开罗会议

中非合作论坛第六届高级官员会议于 2008 年 10 月在埃及开罗举行。会议旨在回顾中非合作论坛的发展历程，并明确 2009 年下半年将在埃及举行的下一届中非合作论坛部长级会议的议程。中国，48 个中非合作论坛的非洲成员国以及区域组织参加了会议（中非合作论坛，2008）。讨论的两个关键领域是"中非农业合作与粮食安全"和"基础设施建设"。此后，中国计划在苏丹、安哥拉和津巴布韦开展新的农业投资项目。成员们还同意在平等、互利、相互学习的原则基础上，建立中非新型战略伙伴关系。此外，中非合作论坛框架内对未来发展的建议包括：

扩大与非洲国家的高层外交交流；

非洲在中非合作论坛议程方面增加投入；

优先向非洲提供援助，推动实现千年发展目标（MDG）；

协助非洲加强粮食安全。

中非工商理事会

促成中非合作论坛的重要举措之一是成立了中非工商理事会
（CABC），该理事会于 2005 年在北京启动，各方广泛参与（UNAIDS，
2018）。该理事会由联合国开发计划署（UNDP）提供一百万美元初始资
金，也是联合国开发计划署、中国商务部（MOFCOM）和中国光彩促进
委员会（Guangcai）的一项联合倡议。中非工商理事会在中国的保定、
武汉、香港、澳门和重庆以及喀麦隆、加纳、肯尼亚、莫桑比克、尼日
利亚和坦桑尼亚这六个非洲国家设有办事处。

2008 年 12 月上旬，中非工商理事会在北京结束了一个研讨会，重点
讨论了全球金融危机对中非商业关系的影响。中方智囊团和非洲代表在北
京参加了此次活动。研讨会的结论是，中非合作论坛将继续为中国和非洲
应对并克服与全球危机有关的挑战提供坚实的框架。这些举措使中国与非洲
之间的贸易猛增。中非贸易往来年复一年地增长，而十年间一直保持这样的
增长。图 1 显示了 2001～2008 年中国在撒哈拉以南非洲的贸易和直接投资。

2008 年，中国在非洲的主要贸易伙伴如下：安哥拉（24%）、南非
（17%）、苏丹（8%）、尼日利亚（7%）、埃及（6%）和非洲其他地区（38%）。

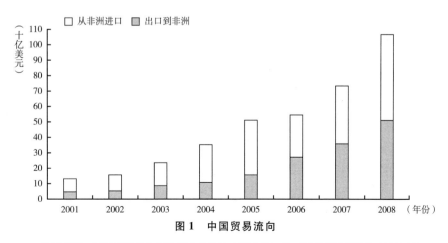

图 1　中国贸易流向

数据来源：国际货币基金组织的贸易统计（2006 年）和《世界贸易图集》（2008 年）。

中国在非洲的基础设施发展

目前，中国参与了 35 个非洲国家的基础设施项目，主要涉及三个领域：发电（特别是水电），运输（特别是铁路）和 ICT（主要是设备供应）（ICTSD，2018）。中国建筑业在国际上的竞争力可以通过公开招标的中国企业的业绩来衡量。例如，世界银行和非洲开发银行（ADB）等多边机构要求对其融资的所有重要合同进行无限制的国际竞争性招标（ICB），而中国企业则成功地在不同领域中占据市场份额（ICTSD，2018）。这表明中国建筑企业在非洲地区的竞争力十足。在非洲地区，中方投资在三个国家中占很大比例，这些国家是安哥拉，尼日利亚和苏丹。以下是中方在这些国家投资的情况摘要。

安哥拉

安哥拉内战结束后，中国从 2002 年开始涉足安哥拉的基础设施建设，始于铁路和电力传输基础设施的修复以及新光纤通道的安装。2004 年，安哥拉开始修复在长达 27 年的内战中受损的基础设施。信贷额度的总规模为 20 亿美元，而该贷款得到了一项协议的支持，该协议要求安哥拉每天为中国提供 1 万桶安哥拉原油，为期 17 年。这种以自然资源为基础的融资交易被称为"安哥拉模式"（Chen，2007）。这笔贷款的利息从最初的 1% 以上降低到 0.25%，并且该贷款具有 3 年的宽限期和 15 年的还款期限（Stellenbosch，2006）。

与中国贷款挂钩的协议是，在土木工程建设的公开招标中，主要由中国政府批准的中国国有企业中标（70%）。而中国进出口银行提供了经该行和中国当局批准，在安哥拉招标的 35 家中国企业的清单。据报道，中国进出口银行又提供了 20 亿美元贷款，全部用于基础设施建设。到 2018 年，超过 100 家中国公司活跃在安哥拉，约有 60000 名中国工人在安哥拉建设不同的项目。中国在安哥拉进行的另一个项目是建设一条连接安哥拉的威热市和 Maquela do Zombo 的国道。该项目估计耗资约8000 万美元。到 2016 年，安哥拉已成为中国在非洲的第二大贸易伙伴（Wikipedia，2016）。

尼日利亚

中尼两国之间的合作可以追溯到 2002 年，当时双方就国家农村电话项目（NRPT）达成了协议，当时中国的两家电信巨头中兴和华为开始积极地为有线和无线服务供应设备，部署项目（Udeala，2010）。中国机械设备进出口公司（CMEC）和山东省电力建设公司同意与尼日利亚电力和钢铁部达成 3.9 亿美元的交易，建造两座燃气发电站，总容量为 670 兆瓦。这些电厂旨在缓解尼日利亚的电力短缺，促进两国之间的经贸合作。

2005 年，尼日利亚得到了中国的第一笔贷款，以支持在奥贡州、翁多州和科吉州的帕帕兰托、大本町和盖尔古的电站建设。该交易使中国得到石油的回报，中国石油天然气集团公司（或中国石油天然气集团公司的上市部门）每天从尼日利亚国家石油公司（NNPC）购买 3 万桶原油。中国在尼日利亚的 37 个州中的 18 个州建造了 598 个钻孔，其中包括首都阿布贾，以支持尼日利亚的供水计划（UNAIDS，2018）。中国为尼日利亚免费援助水，旨在使普通尼日利亚人喝上清洁的饮用水。尼日利亚还接受了中国的另一项援助，即为国家供水计划和农业灌溉建设小型和大型水坝。孟买拉水电项目是中国有史以来在非洲最大的项目（Bami，2013）。

此外，中国还为拉各斯－卡诺（Lagos-Kano）重大铁路升级项目，阿布贾（Abuja）轨道交通项目以及连接穆塔拉·穆罕默德国际机场（Murtala Mohammed International Airport）、Nmandi Azikwe 国际机场与拉各斯和阿布贾（Abuja）市中心的轻轨系统做出了贡献。截至 2017 年，尼日利亚是中国最大的工程合同市场，第二大出口市场，第三大贸易伙伴和非洲的主要投资目的地（*Global Times*，2018）。

苏 丹

自 2001 年以来，中国已向苏丹的基础设施项目提供了 13 亿美元的资金。早期的基础设施项目都与电力部门相关，从 2001 年的 El Gaili 联合循环电厂和 2002 年的 QarreI 热电站开始（Peter，2011）。中国后来资助了三个重大的热力发电项目，分别用于苏丹港、富拉和拉巴克的燃煤和燃气站。因此，在中国的支持下，苏丹总共增加了超过 2200 兆瓦的新热发电容量。耗资 12 亿美元建造的 1250 兆瓦默罗水电大坝是当时中国参与的最大国际项目。该项目现已被尼日利亚的 Mambilla 水电项目所取代，该项目的规模是 Merowe 的两倍多（Bami-Yuno，2013）。

2008 年，苏丹与中国签订了价值 15 亿美元的发展合同。这些项目包括建设 6.8 亿美元的 Al-Fulah 405 兆瓦发电站，建设 1.2 亿美元的 Dongola-Halfa 管道以及建设 1 亿美元的 Dibaybat-Malakal 公路。截至 2011 年，中国是苏丹最大的贸易伙伴，中国从苏丹进口石油，同时向苏丹出口低成本商品和军备（Wikipedia，2019）。

总　结

本文研究了数十年间的中非经济伙伴关系。中非继续互信，使许多非洲国家参与大量经济发展项目，为非洲带来了社会和经济效益。非洲国家从各种渠道大量借贷，而中非协商论坛（CACF）的目标是减免非洲国家的债务。中国参与非洲的维和行动，化解地区冲突。此外，中国在非洲基础设施建设方面提供低利率贷款，有时还包括无偿贷款，有效减轻了非洲国家的经济负担。而关于中非农业合作和粮食安全的开罗会议倡议为这些非洲国家带来了更多的灌溉用水和电力，从而增加了粮食产量。中国在非洲的基础设施建设涉及许多项目，这些项目见证了新道路、机场和港口的修建，许多通信设施也得到了修复。中非工商理事会着眼于全球金融危机下的中非商业关系，在撒哈拉以南非洲产生了更多的中非贸易和直接投资。本文提供的有关中非合作的例子表明，中国的大额投资对非洲社会和经济发展起到了重要作用。非洲国家领导人应采取更有效的发展战略，充分利用中非伙伴关系。

参考文献

Altorfer-Ong, A. (2009). "Tanzanian 'Freedom' and Chinese 'Friendship' in

1965：Laying the Tracks for the TanZam Rail Link"（PDF）. *LSE Ideas*. London School of Economics（LSE）：655 – 670.

AidData（2018）. Chinese-infrastructure-investments. https：//www. aiddata. org. Retrieved on 07. 10. 2019.

Bami, Y.（2013）："Mambilla Plateau & Tourism in Nigeria", Paper at the Commissioning of the Mambilla National Museum, Bommi（Gembu）, 5 May 2013.

BRIDGES AFRICA（2018）. Reflections on China-Africa Economic Relations at a Time of Transition, 7 – 5. https：//www. bridgesafrica@ ictsd. ch. Retrieved on 07. 10. 2018.

Chen, C. & Orr R. J.（2009）. "Chinese Contractors in Africa：Home Government Support, Coordination Mechanisms, and Market Entry Strategies," *Journal of Construction Engineering and Management*, 135（11）, 1201 – 1210.

FOCAC（2019）. Forum on China-Africa Cooperation. https：//www. focac. org/. retrieved on the 9th October 2019.

FOCAC（2006）. Addis Ababa Action Plan 2004 – 2006. https：//www. fmprc. gov. cn/ zflt/eng/zyzl/hywj/t157710. htm. Retrieved on the 11th October 2019.

FOCAC（2008）：Milestone in Chinese-African Relations. https：//www. Egypttoday. com/Article/2/57011/FOCAC – milestone – in – Chinese – African – relations. Retrieved on th October 2019.

Global Times（2018）. China-Nigeria Economic Relations. Retrieved on 11. 10. 2019. http：//www. globaltimes. cn/content/1126084. shtml.

Hall, R. S. & Peyman, H.（1976）. *The Great Uhuru Railway：China's Showpiece in Africa*. Gollancz.

ICTSD（2018）. Crossing Rivers, Feeling Stones：The Rise of Chinese Infrastructure Finance in Africa. http：//www. ictsd. org/bridges – news/bridges – africa/news/crossing – rivers – feeling – stones – the – rise – of – chinese – infrastructure Retrieved on 05. 10. 2019.

IDE-JETRO（2019）. China-Africa Consultative Forum. https：//www. ide. go. jp/ English/Data/Io. html Retrieved on 9th October 2019.

Monson, J.（2009）. *Africa's Freedom Railway：How a Chinese Development Project Changed Lives and Livelihoods in Tanzania*, Indiana University Press.

Peter S.（2011）. China, Hip-hop and the New Sudan. https：//en. wikipedia. org/ wiki/China – Sudan_ relations. Retrieved on 09. 03. 2011.

Taylor, I.（2007）. "Sino-Nigerian Relations：FTZs, Textiles and Oil", *China Brief-Jamestown Foundation.* 7（*11*）, Retrieved on 10. 10. 2019.

Udeala, S. O.（2010）. "Nigeria-China Economic Relations Under the South-South Cooperation," *African Journal of International Affairs*, 13（1 – 3）, 61 – 88.

UNAIDS（2018）. The China-Africa Business. https：//www. unaids. org/en/resources/ presscentre/featurestories/2018/september/leaders – from – china – and – africa – come –

together. Retrieve on 10. 10. 2019.

Wikipedia（2019）. China-Sudan Economic relations. https：//en. wikipedia. org/wiki/ China – Sudan_ relations. Retrieved 09. 10. 2019.

Wikipedia（2016）. Angola-China Relations. https：//en. wikipedia. org/wiki/Angola – China_ relations#Chinese_ Development_ Finance_ to_ Angola. Retrieved on 08. 10. 2019.

Wolfe，A. W.（1970）. "Tanzania-Zambia Railway：Escape Route from Neocolonial Control?" *Non aligned Third World Annual*，St. Louis：Books International of D. H. – T. E. International，92 – 103.

（汤杰 译）

中国通过奖学金和培训奖励为坦桑尼亚的技术人力资源发展做出贡献

希斯隆·罗纳尔德·马孔迪（Hezron R. Makundi）

坦桑尼亚科技创新政策研究机构

引　言

在过去的 30 年中，中国在与日本、英国、美国和德国等领先国家的竞争中脱颖而出，成为非洲学生热门的出国留学目的地（King，2014）。根据联合国教科文组织统计研究所的数据，中国的非洲学生人数增长了 26 倍，从 2003 年的不到 2000 人增长到 2015 年的近 50000 人（Breeze and Moore，2017）。因此，中国成为非洲学生出国后第二大热门目的地，仅次于法国，位于美国和英国之前（Breeze and Moore，2017）。中国政府的人力资源和人才培养计划，例如针对非洲大陆的非洲人才培养计划，在一定程度上加速了这一趋势（Li，2005）。

尽管中国政府没有明确的人才培养和教育援助政策，但奖学金已是中非人才合作培养的重要组成部分（King，2014）。自 2006 年中非合作论坛（FOCAC）（King，2010）以来，中国政府给非洲提供了越来越多的培训和教育机会。每年有一万多名非洲中高级官员被邀请到中国，参加短期研讨会和学术培训计划（Tugendhat and Alemu，2016；Wenping，2006）。金（2014）表示，中国在 2009 年至 2015 年间给非洲人员提供了 9 万多个培训机会。中国政府在人才培养和教育援助方面的官方立场强调，更好的教育是社会稳定和经济发展的基础，更是关键，正如中非合作论坛（2009）决议所述。

中国的奖学金制度和人才培养计划可以追溯到 20 世纪 60 年代，当时在非洲并不出名，直到中非合作论坛推出这些计划之后才为人知晓（Nordtveit，2011；Varghese，2008）。除了像 Hevi（1964）和 Bodomo（2014）引用的一些早期研究外，有关该主题的文献大部分是最新的。较早的文献更关注中国对非洲人力资源开发援助的政策背景（参见 Ferdjani，2012；He，2006；King，2010，2013；Nordtveit，2011；Shao，2012；Yu，Shelton，2014）。最近对中国奖学金制度的研究工作已扩大到包括评估非洲学员在中国的社会文化生活和经历（Dong and Chapman，2008；King，2010）。然而，中国奖学金制度对非洲受培训人员及对其本国的广泛影响尚未引起学者的关注（Yuan，2013）。

本文探讨了 2005 年至 2015 年的十年间，中国奖学金制度对坦桑尼亚技术能力建设的贡献程度。本文旨在了解中国奖学金制度和培训奖励在中坦合作发展中发挥的作用，也通过非洲受培训学员在中国的收获得到一些经验。本文还将探讨中国人才培养和奖学金制度对坦桑尼亚在科学、技术和创新方面的人才培养工作的贡献。

中国奖学金制度与中坦伙伴关系

奖学金制度刺激了移民，导致潜在的人才流失，因而遭到批评（Tremblay，2005）。而在较发达国家接受培训的花费也更多。另一方面，奖学金制度和人才培养的机会也容易导致精英的权力腐败和不公平分配的问题。然而，随着中国和其他国家扩大国际培训和奖学金计划（Cuthbert，Smith 和 Boey，2008；King，2013；Woodfield，2009），奖学金对于提高发展中国家人力资源水平的作用有目共睹。统计数据显示，仅在 2010 年，用于人才培养和奖学金的支出就超过 31 亿美元，约占发达国家人力资源开发援助总额的四分之一（联合国教科文组织，2012，2015）。国际奖学金计划有助于拓宽受培训学员的知识面，并使他们开阔国际视野（Cuthbert 等，2008；Li and Bray，2007；Woodfield，2009）。研究生水平的培养方案通常与研究事业相结合，由此可以衍生出新的创新成果（Altbach and Knight，2007；Jöns，2009）。

中国学者研究了针对外国公民的奖学金计划，包括来自非洲、东亚和中亚国家的外国公民（Wang Yan and Wu Shu Cheng, 2014；Wu Ching－yan, 2009）。在评估中国教育体系的国际化时，学者们称赞他们的政府奖学金计划是促进中国国际外交的一种途径（Chu Zihui, 2012；Li, 2005；Teng Jun, Li Xiaoxu and Chen Liu, 2016）。文献还涵盖了奖学金受益人和中国自费国际学生之间的社会文化融合（Huidong Ye and Sun Chenbing, 2014；Yang Junhong, 2009）。中国研究人员通常对政府向非洲学员提供奖学金表示肯定，这促进了中非关系，也培养了未来非洲国家建设的中流砥柱（Chang song Niu and Jing Liu, 2016；Gujian Xin, 2008）。为了更好地相互理解，开展学术交流，中国学者强调中国的高等院校必须更多地与非洲校友互动，鼓励更多中国学生去非洲，并邀请非洲学者来中国表达"非洲声音"（Zeng Aiping, 2008）。

　　教育和文化是中国与坦桑尼亚建立伙伴关系的早期领域，这可以追溯到1962年，两国签署了文化合作双边协议（Moshi and Mtui, 2008；Shangwe, 2017）。除中国奖学金和研讨会奖励机制外，双边伙伴关系也涉及教育基础设施的建设，中国教师到坦桑尼亚交流学习，大学之间的合作以及孔子学院的建立（Tarrósy and Vörös, 2016；Yuan, 2011）。到2016年，坦桑尼亚在达累斯萨拉姆大学、多多玛大学和桑给巴尔州立大学拥有三个孔子学院。在2016/2017学年，共有5236名学生在达累斯萨拉姆、莫洛哥罗、乞力马扎罗山和多多马地区的孔子学院和其他三所高等教育机构参加了汉语课程（Kazoka, 2016）。2016年2月，启动了一个价值323万美元的项目，用于在Dodoma和Dar es Salaam的孔子学院沿线建设两所现代小学（Xinhuanet, 2016）。这些学校先于Msoga小学建设，后者是中非合作论坛中非友谊小学项目（Brautigam and Tang, 2012）的一部分，于2011年初启动。此外，2018年，总统约翰·马格富利（John Magufuli）为达累斯萨拉姆大学创立了一座价值4000万美元的现代化图书馆（Xinhuanet, 2016）。该图书馆是非洲最大的图书馆之一，可容纳6000人，收藏了80万本书（Abrams, 2016）。

研究方法

　　仅在2014年，约1400名坦桑尼亚人参加了中国的各种培训课程，其中包括奖学金获得者和自费学生。奖学金由不同的中国政府机构提供，包括商务部和教育部，公立大学，省政府和国有企业（King，2013）。中国奖学金委员会管理并协调为国际学生提供的奖学金等项目。坦桑尼亚总统办公室的公共服务管理（POPSM）也被称为 UTUMISHI，推荐 140、146 和 177 名坦桑尼亚公务员分别在中国参加 2009 年，2010 年和 2011 年的研讨会（UTUMISHI URT，2012）。对于研究生（硕士/博士学位）培训，坦桑尼亚人平均每年获得 120 个奖项。有一百多位坦桑尼亚的中国校友会成员建立了一个数据库，收录了在中国接受培训的坦桑尼亚人。2014 年至 2015 年间，在达累斯萨拉姆和坦桑尼亚的莫洛哥罗，100 位受访者中的 85 位接受了这项研究。

该研究调查了个别学员，包括他们在中国的学习经历以及对中文培训的总体看法，还考察了官方交流在提高坦桑尼亚人力资源水平方面的作用。调查数据主要通过问卷调查和一些后续访谈收集，而总体案例研究则深入访谈一部分人。编制了一份半结构的调查表，以收集学员在中国培训课程中的收获。这是在理论框架（Agmon and Glinow，1991；Debackere and Veugelers，2005；Kim，1999）和人才培养研究（Kaufman，Keller 和 Watkins，1996；Kirkpatrick，1975）的背景下设计的。大多数问题针对的是学员在中国接受培训的经历，形式是以 1 到 5 递进的量表。此外，还采访了一部分学员，他们在问卷中的回答很有意思。在中坦政府的合作机构中选取了一部分受访者。总共有 13 个人和 10 名受访者进行了深入访谈。

由于坦桑尼亚内部缺乏全面的数据库，无法获得 2004 年至 2014 年间获得中国奖学金的坦桑尼亚人的代表性样本，因为无法确定学员的实际人数。中国大使馆的被访者强调：一个全面的数据库只能从位于北京的中国奖学金委员会获得。

结果和讨论

研究发现，有 62% 的受访者在中国参加了为期至少一年的学术培训课程，而其余 38% 的学生参加了短期培训课程。学术受训者中 45% 获得学士学位，而 38% 接受了硕士学位培训，而 17% 接受了中国博士学位的培训。到 2013 年，双边奖学金计划包括学士、硕士和博士学位，而当时的重点仅转向研究生培训。MVET 的高级官员表示，不接受本科培训是因为年轻学生的表现不佳，辍学率高。在性别方面，男性受访者为 73%，女性为 27%。这种性别失衡反映了坦桑尼亚社会现有的挑战，坦桑尼亚社会在科学领域存在基于性别的技能差距（参见 Lihamba、Mwaipopo 和 Shule，2006；Onsongo，2009；Sanga、Magesa、Chingonikaya 和 Kayunze，2013）。

从受训人员的角度来看，在中国接受的大多数培训课程在绩效和整体质量方面均获得积极评价。当我们要求将中国的培训课程与坦桑尼亚的大学和培训机构提供的类似课程进行比较时，对中国课程的认可度更高。但是在比较中国和西方国家的学术培养时，反馈不是那么积极。这可能是因为受访者缺乏对西方学术培养的了解和体验。用来形容中国学术培养的评价一般是：实用，相关度高，时代性强。大多数受访者（99%）承认在中国完成培训课程后，他们对中国和中国人的看法发生了积极变化。此外，大多数受访者建议中国政府通过每年增加奖项的数量来扩大对坦桑尼亚的奖学金制度和人才培养。

同样，在开放式问题中普遍存在正面评价，其中至少有 7 位受访者给予正面评价。"中国有最好的教育体系"和"我们可以从中国人身上学到很多"之类的评价就是例证。

得分最低的绩效指标包括提供给受训人员的津贴和总体待遇。很大比例的受访者对办理签证期间的个人费用以及旅行费用有一些顾虑。坦桑尼亚政府方面的资金扶持问题似乎比中方更为严重。此外，在坦桑尼亚当地的企业中，这些学员也无法将所学的知识付诸实践。尤其是接受过学术培训的受访者表示，坦桑尼亚的机构不具备他们在中国学习时使用的设备、试剂和其他资源。

如图 1 所示，中国讲师的能力水平很高。除了课程设计中的一些小缺点外，大多数参加研讨会的坦桑尼亚人对他们这一次学习的经历印象深刻。他们在参观中看到了中国现代化的转型、基础设施的发展和对科学技术的投资。五名研讨会参与者赞扬了与来自肯尼亚、马拉维、赞比亚、乌干达和埃塞俄比亚的学员经验交流的平台。

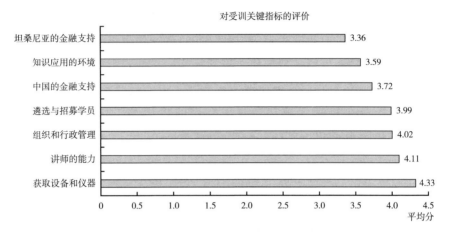

图 1　受训学员的评价（共 85 人）

数据来源：调查数据，2015 年。

参加中国培养课程的益处

有两组指标用于评估从中国培训课程中获得的益处。其一，参加中国培训课程后的知识输出。其二，参加培训对于职业发展、工作能力和企业其他员工的影响。在知识输出方面，被采访者认为自身技术的提高、知识的增长主要借助于在中国参加培训时购买的资料，包括电子文献资料以及一些设备。在"知识资源"中，有 87% 为文献资料，包括书籍、期刊文章，有 13% 为设备。正如 Ondari-Okemwa（2007）所指出的那样，出版物和其他文献资料的获取较多，这是因为非洲的学术资源较为稀缺，尤其是在研究所和学术机构中。

受训人员进口设备的趋势说明了中坦贸易的蓬勃发展。在政府中担任高级职位的受训者往往具有更高的购买力，这使他们能够进口他们在中国发现的各种机械设备。设备技术升级的问题并不总是与受访者的专业有关，有四次采访证实了这一点。此类设备由私人购买，助力小型家族企业的发展。在一个例子中，一名医学见习生报告说，他已经购买了家禽孵化场的机器，这使他得以创办一家小型家禽农场。除硬件设备外，受训人员表示，培训使他们能够在回国后传播知识，与中国伙伴保持科学合作。值得注意的是，即使在研究生这一类学员群体中，科研成果（例如学术出版物和专利注册）的产出也相当有限。

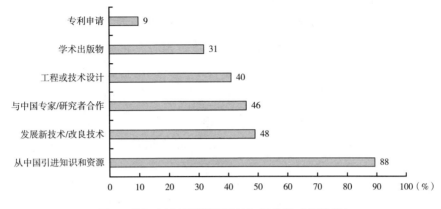

图2 参加中国培训课程后的知识输出（同意率）

数据来源：调查数据，2015 年。

在职业发展方面，所有受访者中有 53% 表示他们在中国完成培训课程后晋升到了更高的职位，而 47% 的受访者则保持了以前的职位。长期的学术训练往往与工作晋升机会增加有关。但是，除了晋升外，受访者还获得了更高水平的内在动力。在中国参加培训课程后，"改进工作态度"和"提升内在动力"之类评价的平均分为 4.3。关于上级、同事和所在社区成员的满意度问题，受访者的评价非常积极，为 4.2。当然，这仅仅代表受访者的看法，没有直接的因果证据。接受培训之后，学员最不满意的是坦桑尼亚国内机构的设施和条件，这在一定程度上强调了坦桑尼亚和中国在科学技术层面的差距。下一节中将对此进一步评述。

学习与知识获取面临的阻碍

受访者表示，对于在中国的学习经历，他们的感受比较复杂，有兴奋，也有失落。这个个体的感受和评价也不容忽视。调查中出现的主要挑战可大致分为三类：受训者与其所在国之间的社会文化差异，中国与坦桑尼亚之间的技术差距，某些培训课程的缺点。在大多数接受调查的学员中，语言障碍是造成挫败感的主要原因。调查记录显示，67% 的受访者接受了英语培训，19%接受了英语翻译的中文培训，其余 14%接受了以中文为媒介的课程。以中文为基础的教学是长期学术课程所独有的，在该课程中，应试者需花费至少 6 个月的时间学习中文。

70%的受访者都提到了语言障碍，除了课堂交流，社会互动，还包括日常生活的交流。参加英语课程的学员还担心其讲师的英语水平（包括发音）。学员还担心缺乏足够的非教学人员，包括会说英语的图书馆员和技术人员。除了人际交往的问题外，受训学员还抱怨与中文文献相比，英语文献和其他学习资源比较有限。虽然英语是临床培训的语言，但培训面临的挑战不仅仅是教学上的，正如以下坦桑尼亚医学生的案例所说明的那样。

> 练习是我们医学领域的核心。作为一名医学生，我不得不在教学医院的病房实习。但是我总是为大多数患者不会说英语而感到沮丧。英语是我医学硕士课程的主要语言。因此我几乎不可能记录患者的病史（华中医科大学毕业生，研究人员采访，达累斯萨拉姆，2015 年 4 月）

在调查中，至少有 18 次提到了非语言的社会文化适应困难，包括食物、宗教信仰和种族观念。在长期受训的学员中，他们产生了思乡的情绪和孤独感。受访的校友协会（CAAT）负责人估计，每年有 5%至 8%的学员，特别是本科生，无法在中国完成学业。据报道，这些学员未能毕业的原因包括社会文化的巨大差异。学生们还面临着在学习与工作之间取得平衡的压力，尤其在中国与坦桑尼亚之间蓬勃发展的贸易的大背景下。据报道，一些学员放弃了学业，移居到有多元文化的沿海城市，特别是广州和香港，在那里他们担任斯瓦希里语的贸易联络员和翻译。

在调查和深度访谈中，学员都表达了对中国先进技术的热情和认可。他们不但认可中国的基础设施，而且也很喜欢培训的内容。不过，学员也指出，所学知识在自身工作环境中相关度不高，不太适用。至少有十名受访者表示，他们在坦桑尼亚的组织和机构中不愿运用他们在中国学到的技术。中坦之间的技术差距削弱了培训课程的作用。因此，两国要共同合作，致力于提升中国培训课程对坦桑尼亚学员的适用性，进而推动两国在学员遴选方面的合作。

总　结

根据这项研究的结果，可以得出结论，尽管面临公认的挑战，坦桑尼亚的学员仍对中国的培训和奖学金制度给出很高的评价。坦桑尼亚的政府官员也对中国的工作非常满意。中国能满足坦桑尼亚政府对于学员培训的要求。研究还发现，奖学金计划加强了坦桑尼亚政府官员对中国的好感。这项研究的结论证实了 Yuan（2011；2013）的研究结果，奖学金计划在发展中坦政治和外交关系中发挥了重要作用。本研究的另一个发现是，中国扶持了坦桑尼亚的教育和培训部门，以及基础设施的发展。

文献中提到了中国向坦桑尼亚传播了知识和技能，出口了先进设备。然而，即使在长期培训之后，坦桑尼亚学员出版论文或申请专利都比较少。人们发现，由于文化障碍和中坦之间现有的技术差距，学员很难掌握高水平的技能。调查结果表明，坦桑尼亚在华学员所面临的个人挑战包括语言和其他文化差异。类似的研究也提到了这些障碍，尤其是 Yuan（2011，2013），Bodomo（2014）和 King（2013）的研究。

调查结果表明，中国有必要增进对坦桑尼亚和非洲创新体系的了解，以改进培训课程。例如，可以通过更精细的联合研究计划来提升学习效率（另请参见 King，2013）。由于坦桑尼亚的私营部门在经济中发挥重要作用，中国可以加强与这些部门的合作，调整培训的奖励机制。一些先前的研究提到了中国的跨国企业可以挖掘潜力，为坦桑尼亚学员提供培训。（Makundi，Devetere 和 Huyse，2016）研究表明，中国的跨国企业在招聘和培训坦桑尼亚员工方面做出了积极的贡献，但是企业间的联系和政府的援助还不够。在中国和坦桑尼亚蓬勃发展的经济交往中，私营部门发挥着重要作用，有必要更好地协调这一领域的合作（Makundi，2016）。

参考文献

Abrams, D. (2016, June 16), Tanzania and China Kick Off New Library Project. Retrieved July 5, 2017, from https：//publishingperspectives. com/2016/06/china - tanzania - university - dar - es - salaam/.

Agmon, T. , & Glinow, M. A. V. (1991), *Technology Transfer in International Business*, Oxford University Press.

Altbach, P. G. , & Knight, J. (2007), "The Internationalization of Higher Education：Motivations and Realities," *Journal of Studies in International Education*, 11 (3 - 4), 290 - 305. https：//doi. org/10. 1177/1028315307303542.

Banya, K. , & Elu, J. (2001), The World Bank and Financing Higher Education in Sub-Saharan Africa," *Higher Education*, 42 (1), 1 - 34. https：//doi. org/10. 1023/A：1017584501585.

Brautigam, D. , & Tang, X. (2012), "An Overview of Chinese Agricultural and Rural Engagement in Tanzania," *IFPRI*, Washington, DC, IFPRI Discussion Paper, 1214. Retrieved from http：//www. ifpri. org/sites/default/files/publications/ifpridp01214. pdf.

Breeze, V. , & Moore, N. (2017, June 28), Capturing Next Crop Of Elite With Soft Power：China Tops US And UK As Destination For Anglophone African Students. Retrieved July 5, 2017, from http：//www. roguechiefs. com/2017/capturing - next - generation - elite - soft - power - china - tops - us - uk - destination - anglophone - african - students/.

Changsong Niu, & Jing Liu. (2016), Positioning China's Aid to Educational Development in Africa：Past, Present, and Post - 2015. In *Post - Education - Forall and Sustainable Development Paradigm：Structural Changes with Diversifying Actors and Norms* (Vol. 29, pp. 269 - 299). Emerald Group Publishing Limited. https：//doi. org/10. 1108/S1479 - 367920140000029018.

Chu Zihui. (2012), *A Study on the Educational Exchange between China and Africa from the Perspective of Public Diplomacy*, Northeast Normal University.

Cuthbert, D. , Smith, W. , & Boey, J. (2008), "What Do We Really Know About the Outcomes of Australian International Education? A Critical Review and Prospectus for Future Research," *Journal of Studies in International Education*. https：//doi. org/10. 1177/1028315307308134.

Debackere, K. , & Veugelers, R. (2005), "The Role of Academic Technology Transfer Organizations in Improving Industry Science Links," *Research Policy*, 34 (3), 321 - 342. https：//doi. org/10. 1016/j. respol. 2004. 12. 003.

Dong, L. , & Chapman, D. W. (2008), "The Chinese Government Scholarship Program: An Effective Form of Foreign Assistance?" *International Review of Education*, *54* (2), 155 - 173. https://doi. org/10. 1007/s11159 - 007 - 9075 - 7.

Gujian Xin. (2008), "International Assistance to African Education and Its Enlightenment to China," *West Asia and Africa*, (3), 54 - 59.

Jöns, H. (2009), " 'Brain circulation' and Transnational Knowledge Networks: Studying Long-term Effects of Academic Mobility to Germany, 1954 - 2000," *Global Networks*, 9 (3), 315 - 338. https://doi. org/10. 1111/j. 1471 - 0374. 2009. 00256. x.

Kaufman, R. , Keller, J. , & Watkins, R. (1996), "What Works and What Doesn't: Evaluation Beyond Kirkpatrick," *Performance + Instruction*, 35 (2), 8 - 12.

Kim, L. (1999), "Building Technological Capability for Industrialization: Analytical Frameworks and Korea's Experience," *Industrial and Corporate Change*, 8 (1), 111 - 136.

King, K. (2010), China's Cooperation in Education and Training with Kenya: A Different Model? " *International Journal of Educational Development*, *30* (5), 488 - 496. https://doi. org/10. 1016/j. ijedudev. 2010. 03. 014.

King, K. (2013), "China's Aid and Soft Power in Africa: The Case of Education and Training," *JSTOR*.

King, K. (2014), China's Higher Education Engagement with Africa: A Different Partnership and Cooperation Model?" *International Development Policy | Revue internationale de politique de développement*, (5) . https://doi. org/10. 4000/poldev. 1788.

Kirkpatrick, D. L. (1975), *Evaluating Training Programs*. Tata McGraw-Hill Education.

Lancrin, S. V. (2004), Building Capacity through Cross Border Tertiary Education. In UNESCO/OECD Australia forum on trade in educational services (pp. 11 - 12) . Sydney. Retrieved from http://www. oecd. org/education/skills - beyond - school/ 33784331. pdf.

Li, M. , & Bray, M. (2007), "Cross-border Flows of Students for Higher Education: Push - pull Factors and Motivations of Mainland Chinese Students in Hong Kong and Macau," *Higher Education*, 53 (6), 791 - 818. https://doi. org/10. 1007/s10734 - 005 - 5423 - 3.

Lihamba, A. , Mwaipopo, R. , & Shule, L. (2006), "The Challenges of Affirmative Action in Tanzanian Higher Education Institutions: A Case Study of the University of Dar es Salaam, Tanzania," *Women's Studies International Forum*, 29 (6), 581 - 591. https:// doi. org/10. 1016/j. wsif. 2006. 10. 003.

Makundi, H. , Develtere, P. , & Huyse, H. (2016), *The Cooperation between Tanzania and China on ICT: Promoting Technological Dependency or Self-reliance?*

Moshi, H. P. . , & Mtui, J. (2008), *Scoping Studies on China-Africa Economic Relations: The Case of Tanzania*. Nairobi: AERC.

Nordtveit, B. H. (2011), "An Emerging Donor in Education and Development: A Case Study of China in Cameroon," *International Journal of Educational Development*, 31 (2), 99 – 108.

Ondari-Okemwa, E. (2007), "Scholarly Publishing in sub-Saharan Africa in the Twenty-first Century: Challenges and Opportunities," *First Monday*, 12 (10). Retrieved from http://128.248.156.56/ojs/index.php/fm/article/view/1966.

Onsongo, J. (2009), "Affirmative Action, Gender Equity and University Admissions – Kenya, Uganda and Tanzania," *London Review of Education*, 7 (1), 71 – 81. https://doi.org/10.1080/14748460802700710.

Perna, L. W., Orosz, K., Gopaul, B., Jumakulov, Z., Ashirbekov, A., & Kishkentayeva, M. (2014), "Promoting Human Capital Development A Typology of International Scholarship Programs in Higher Education," *Educational Researcher*, 43 (2), 63 – 73. https://doi.org/10.3102/0013189X14521863.

Sanga, C., Magesa, M. M., Chingonikaya, E., & Kayunze, K. A. (2013), Can E-learning Promote Participation of Female Students in STEM Disciplines in Higher Learning Institutions of Tanzania?" *International Journal of Education and Development Using Information and Communication Technology*, 9 (3), 86A, 87A, 88 – 102.

Shangwe, M. J. (2017), "China's Soft Power in Tanzania: Opportunities and Challenges," *China Quarterly of International Strategic Studies*, 03 (01), 79 – 100. https://doi.org/10.1142/S2377740017500026.

Shao, K. (2012), "Blackboard Cooperation: China's Role in Educating Africa, Consultancy Africa Intelligence," Retrieved from http://www.consultancyafrica.com

Tarrósy, I., & Vörös, Z. (2016), "Education and Development in the Sino-African Context of Relations: The Cases of Tanzania and Sudan," *Politeja; Krakow*, (42), 111 – 131. http://dx.doi.org/10.12797/Politeja.13.2016.42.08.

Teng Jun, Li Xiaoxu, & Chen Liu. (2016), "History and Challenges for China as An Emerging Educational Donor: A Critical Literature Review on Sino-African Educational Cooperation and Exchanges," *Journal of Beijing Normal University (Social Science Edition)*, (01 2016), 17 – 30.

Tremblay, K. (2005), "Academic Mobility and Immigration," *Journal of Studies in International Education*, 9 (3), 196 – 228. https://doi.org/10.1177/1028315305277618

Tugendhat, H., & Alemu, D. (2016), "Chinese Agricultural Training Courses for African Officials: Between Power and Partnerships," *World Development*. https://doi.org/10.1016/j.worlddev.2016.01.022.

UNESCO. (2012), "Youth and Skills: Putting Education to Work," *Education For All Global Monitoring Report*.

UNESCO. (2015), Education for all 2000 – 2015: Achievements and Challenges. UNESCO Paris.

Varghese, N. V. (2008), Globalization of Higher Education and Cross – Border Student Mobility. Unesco, International Institute for Educational Planning Paris, France. Retrieved from http：//unesco. atlasproject. eu/unesco/file/efee962c – 24ce – 408a – 8e2c – f4e19ae1c717/c8c7fe00 – c770 – 11e1 – 9b21 – 0800200c9a66/157989e. pdf.

Wang Yan, & Wu Shu Cheng. (2014), Reflections on the Management of Chinese Government Scholarship Students, https：//doi. org/10. 3969/j. issn. 2079 – 3111. 2014. 08. 223.

Woodfield, S. (2009), "Trends in International Student Mobility：A Comparison of National and Institutional Policy Responses in Denmark, Germany, Sweden and The Netherlands," Retrieved from http：//eprints. kingston. ac. uk/19772/1/Woodfield2009 – Trends_ in _ International _ Student _ Mobility_ A _ Comparison _ of _ National _ and _ Institutional_ Policy_ Responses_ in_ D. pdf.

Wu Ching-yan. (2009), The Development, Problems and Countermeasures of International Education. College of Business Administration, Zhejiang Normal University.

Xinhuanet. (2016), China Builds Schools in Tanzania as Sino-Africa Ties Deepen-Xinhua ｜ English. news. cn. Retrieved July 5, 2017, from http：//news. xinhuanet. com/english/2016 – 02/04/c_ 135072486. htm.

Yang Junhong. (2009), *A Study on Cross-cultural Adaptation of Chinese Students in China* (Vol. 176), Shanghai Academy of Social Sciences Press. Retrieved from https：//www. cnki. com. cn/lunwen – 2005082445. html.

Yu, K., Shelton, G., & April, Y. (2014), Educational Co-operation or Educational aid?：China, Africa and South Africa.

Yuan, T. (2013), "The Rising 'China Model' of Educational Cooperation with Africa," In S. Majhanovich & M. A. Geo-JaJa (Eds.), *Economics, Aid and Education* (pp. 183 – 198). Rotterdam：SensePublishers. Retrieved from http：//link. springer. com/10. 1007/978 – 94 – 6209 – 365 – 2_ 12.

Zeng Aiping. (2008), "Exploring the Sino-African Relations in the 21st Century and Grasping the Opportunities of African Studies in China," *West Asia and Africa*, (1). Retrieved from http：//qk. cass. cn/xyfz/qkml/2008year/1/200911/P020131220469103196047. pdf.

（汤杰 译）

中国对阿拉伯地区的投资：构建双边合作关系，实现共同发展

琳达·玛塔尔（Linda Matar）

新加坡国立大学讲师

引　言

　　作为加强与"一带一路"沿线国家经济伙伴关系战略的一部分，中国加强与阿拉伯国家的往来，并宣布计划对其基础设施部门和经济部门投资。从历史上看，中阿贸易关系与石油息息相关。约四成中国进口原油来自阿拉伯国家（CGTN，2018）。然而近年来，中国与阿拉伯多国间的合作拓展至石油部门以外，包括基础建设、工业、物流、农业、通信和交通运输领域的多个联合项目。由于阿拉伯国家位于丝绸之路经济带和 21 世纪海上丝绸之路沿线的重要节点上，它们自然成为"一带一路"倡议的合作伙伴。2008 年，该地区获得的中国投资额不足中国对外直接投资净额的百分之一，但在 2018 年，中国承诺向阿拉伯国家提供 230 亿美元的贷款和援助，并签署了价值 280 亿美元的投资协议（*The Economist*，2019）。中国的资金遍布阿拉伯地区：阿曼的港口、阿尔及利亚的工厂、叙利亚的通信业、阿联酋与沙特阿拉伯的工业园区和埃及新首都的摩天大楼。

　　在本文中，我重点关注"一带一路"倡议下中国在两个阿拉伯国家——阿曼和叙利亚的投资。阿曼是阿拉伯海湾地区的一个稳定经济体，我具体研究中国在阿曼的一个港口杜古姆的投资。我认为中国可以在阿曼进行投资以确保在多元化、增加非石油出口和保持当地成分方面

对经济产生积极的溢出效应。就叙利亚这个冲突经济体而言，我主要关注叙利亚经历了 8 年战争造成的破坏和西方制裁后，中国在其重建和复兴过程中发挥的作用。从这两个案例研究中可以看出，中国对阿拉伯国家的投资是有建设性的，有益于生产能力的提高和随之而来的社会条件的改善。

由于"一带一路"倡议的项目信息没有集中报告，我借助于二手资源（如美国国际战略研究中心重连亚洲数据库①）收集关于中国对外投资阿曼的数据。我主要借助媒体报道和中国学术文章获取与叙利亚有关的数据，这些文章是在新加坡国立大学说普通话的学生的帮助下翻译的。

中国在阿曼的投资

2015 年，阿曼和中国签订双边投资协定以促进两国间的投资。自2016 年起，随着中国采取更加具体的措施，将其与发展中国家的双边经济关系作为其宏大的"一带一路"倡议的一部分，中国投资流入阿曼的速度加快。目前，中国在阿曼的主要投资对象是基础设施、通信、交通运输和工业部门。经济学人智库等国际组织预期阿曼将在未来将收到更多此类投资（EIU，2018）。毫无疑问，增加基础设施投资能够在中短期内提高该经济体的生产能力。与此同时，阿曼的债务必须保持可偿还。阿曼可以更多地利用本国资源进行融资，从而避免过度依赖中国贷款，维持可持续的主权债务水平。

据重连亚洲数据库资料报告显示，2016 年至 2018 年间，中国在阿曼苏丹国的投资总费用共计 8.8 亿美元（Reconnecting Asia，2018），涉及项目包括修建一条新铁路，开发杜古姆海港，在阿曼建设宽带网络。阿曼政治稳定、社会开放，是一个极具吸引力的区域性投资中心。中国投资者对在阿曼投资很有兴趣，因为阿曼为中国进入海湾阿拉伯国家合作委员会的市场和东非海岸、印度洋的贸易路线提供了机会。中国投资

---

① 美国国际战略研究中心（CSIS）重连亚洲数据库（Reconnecting Asia Database），网址：https://reconnectingasia.csis.org/map/。

者对投资阿曼的物流领域特别感兴趣，主要投资当地的港口。从阿曼港口（塞拉莱港、苏哈尔港和杜古姆港）至波斯湾内港口（迪拜和科威特）的公路、铁路和管道吸引着想要获取海湾地区能源资源的投资者。另外，中国出口至欧洲、中东地区和非洲约三分之二的物资是经由阿联酋各港口运输的（*The Economist*，2019），这也就解释了为什么中国热衷于在杜古姆建立一个物流和转运基地。

杜古姆镇位于阿曼东南部阿拉伯海沿岸，原先是一个渔村。杜古姆地处亚洲和非洲的交叉路口，被视作海上丝绸之路沿线的战略节点。阿曼于 2011 年建立杜古姆经济特区，旨在实现经济多元化。杜古姆港是该经济特区的一部分。阿曼已邀请中国投资者来到杜古姆经济特区进行投资。2016 年，两国签署价值 107 美元的协议在杜古姆经济特区内建设工业园区（Reuters，2017）。中国在杜古姆的建筑和基础设施建设项目能够使该港口转型为工业和转运港。杜古姆能作为中国中小型企业的运营基地，还能作为中国面向海湾国家、大中东地区、东非市场、南亚次大陆的消费品的转运中心。目前，所有的转运工作都在阿曼西南部的塞拉莱港进行。但是，当地专家认为未来横跨东非和印度洋的贸易路线上的海上商业交通会变得更为繁忙，因而杜古姆的转运业务也能够充分地运行起来。

阿曼是通往非洲之角的重要通道，有利于中国进入东非肯尼亚、索马里、坦桑尼亚等国不断增长的消费者市场。中国的中小型企业可以满足面向东非市场的轻中型工业，并能受益于东部和南部非洲共同市场和东非共同体降低的关税税率。同时，东非也急需轻型机械、汽车零部件和许多中国的消费品。

从地缘经济学的角度来看，中国可以利用以下优势：

• 阿曼的地理位置在波斯湾以外，船只不需要绕道进入动荡不安的海湾地区，为保障中国船只的海上贸易安全铺平了道路。2017 年 6 月发生的卡塔尔断交事件就可以证明近期区域内局势紧张。

• 就杜古姆而言，中国人对其战略位置很感兴趣。如前所述，杜古姆享有靠近海上贸易路线的地理位置，这使得它能够成为中国消费品的转运中心。

- 由于杜古姆港靠近沙特阿拉伯的油田（如谢拜油田邻近阿曼边境），中国的投资与沙特的石油资源也十分接近（Lobe Log，2018）。

- 中国可以与杜古姆合作，在巴基斯坦的瓜达尔港和非洲之角东部的吉布提港进行其他海上基础设施投资，从而增加中国在印度洋地区的区域权益。

- 中国也有兴趣在东非站稳脚跟。中国已经计划在坦桑尼亚巴加莫约港建立一个工业园区并投资 100 亿美元（*Construction Review Online*，2017）。

- 在阿曼苏丹国还能眺望海湾地区的能源转运站霍尔木兹海峡。它是连接中东、印度、非洲和欧洲的一条主要贸易路线。据美国能源信息署估计，经由该海峡运输的原油和石油产品总量是全球最多的（日均 1850 万桶，而 2016 年经由马六甲海峡运输的石油仅为日均 1600 万桶）。这说明了霍尔木兹海峡作为全球能源安全的战略咽喉的重要性（美国能源信息署，2017）。众所周知，伊朗在这个关键咽喉处发挥着重要的地缘政治作用。每当伊朗和美国之间的政治紧张局势升级，伊朗就会威胁要关闭该海峡。美国也暗示要在该海峡内或周边地区发动武装冲突。在这种持续的紧张局势中，中国可能会选择在阿曼驻军，通过在阿拉伯海沿岸部署军事力量以改善区域的不平衡状况。

- 最近有分析表明，中国可能会热衷于在阿曼进行军事部署来补充其在当地的商业部署，从而增强其在巴基斯坦瓜达尔的商业和军事兴趣并巩固其在吉布提的军事支援基地（Lobe Log，2018）。中国的目标可能是实现其战略抱负，即在印度洋地区保持中国与美国军事权益的"平衡"。这种情况是否会成为现实尚不可知。

中国在叙利亚战乱后重建过程中发挥的作用

下一部分摘录自我今年早些时候与人合作发表的一个章节。① 我与合著者在写作该章节时不仅借助了西方的分析，还利用了中国的资料。

---

① 该章节请参阅：Matar, L., and Kadri, A. (2019)，"China's Role in Syria" s National Security" in Matar, L. and Kadri A. (eds)，*Syria：from National Independence to Proxy War*，Palgrave Macmillan。

我们在新加坡国立大学精通普通话的同事帮助我们查阅了中国的出版物，使我们掌握了中国对于叙利亚重建一事的看法。

您可能知道，2011 年叙利亚危机爆发以前，其他阿拉伯国家也已经爆发了政治抗议活动。自 2011 年起，介入叙利亚战争的外部参与者之间的固化矛盾使得叙利亚危机的复杂性升级。如今，叙利亚是一个饱受战争蹂躏和分裂的社会。最近的事态发展使得均势向有利于阿萨德（al-Asad）政府与其盟友——俄罗斯、伊朗和在背后提供政治支持的中国一方倾斜。①

与受西方势力影响的主流观点相反，在这一章节中，我与我的合著者认为重建工作能够增强叙利亚的恢复能力。无论是现在还是在冲突刚结束的时候，重建工作的目的都是使该国能够恢复对本国领土的合法主权。加强巩固和集中统治是恢复国家安全及缓和外部势力干预叙利亚内政的重要先决条件。有趣的是，一些中国作家和我们持相同观点。他们认为叙利亚不仅要进行经济重建，还要进行安全重建（Li，2018）。

中国能够在这方面发挥重要作用。叙利亚的盟友俄罗斯和伊朗财政紧张，因而无法负担高昂的重建费用。但即使是在叙利亚冲突过程中，中国过剩的生产能力和财力允许其在叙利亚重建中起到关键作用。中国在肯尼亚、坦桑尼亚等政治不稳定的非洲国家投资，表明中国不会回避对高风险经济体的投资，尤其是在为了其政治利益和长期经济利益而投资的时候。可见，中国可以在叙利亚重建过程中发挥建设性的作用，使叙利亚的经济、社会恢复原状。中国立即参与叙利亚的经济和物质重建工作对加强叙利亚的自治权和领土完整起到关键作用。反过来，中国可以把本国的各种产业和企业搬到叙利亚，在释放过剩产能的同时也为本国的消费品在叙利亚与其中东邻国开创新市场（Li，2018）。

自叙利亚危机爆发以来，中国为叙利亚提供了人道主义援助并承诺将会投资支持其重建项目。据中国官方媒体报道，中国为叙利亚公民提

---

① 叙利亚冲突爆发的过程中，中国作为叙利亚主权和领土完整的强烈支持者在政治上对该国给予援助。在联合国安理会上，中国多次介入并支持叙利亚。它和俄罗斯一同阻止西方各国对叙利亚政府涉嫌使用化学武器的谴责，并否决了其他可能导致军事入侵叙利亚的决议。

供了 1000 吨大米，这是中国"一带一路"倡议下人道主义计划的一部分（CGTN，2017）。2017 年上半年，中国和叙利亚签署了总价值超 4000 万美元的三项协议，援助叙利亚国内的流离失所者和回国后需要水、食物、住所和医疗服务的难民（Gao，2017）。此外，中国政府于 2017 年 5 月向国际红十字会提供了 100 万美元的资金，帮助在叙利亚国内流离失所的公民（Xinhua，2017）。

从商业角度来看，2014 年中国电讯盈科有限公司与叙利亚签署电信领域合约以改善哈塞克省的固定电话连接。自 2012 年起，电讯盈科有限公司一直活跃在叙利亚。它是叙利亚境内的主要网络供应商。2015 年，中国最大的通信设备制造商之一——华为与叙利亚政府签订合同，就该国的互联网技术和电信行业发展战略向该国政府提供专业咨询（*Daily Beast*，2015）。这不是华为第一次与叙利亚签署合约。早在 2011 年，这家中国公司就与叙利亚签署了一项价值 2000 万美元的合同，向其电信部门提供相关设备（The Syria Report，2011）。除此之外，特变电工是一家为发电厂提供可再生能源解决方案和电源变压器的中国公司，其代表于 2016 年与叙利亚官员会面。此次会面的目的是向阿勒颇热电厂供应燃气涡轮发动机，帮助其恢复生产（The Syria Report，2016）。上述所有交易都表明中国企业对在叙利亚开展业务具有强烈的兴趣。

从"一带一路"的角度来看，叙利亚相当于一个重要的枢纽和中转站。叙利亚享有特殊的地缘战略地位，提供了通往地中海的路线，经由该路线，中国能将货物和旅客送往欧洲。叙利亚在"一带一路"沿线的黎凡特交通走廊（即伊拉克－伊朗－叙利亚走廊）发挥着重要作用（埃斯科瓦尔，2017）。巴尔米拉是古代丝绸之路上的重要一站，来自东方的商人带着丝绸、香料和工艺品，搭乘旅车来到当地会聚。冲突爆发以前，叙利亚每年都会主办丝绸之路节以显示其作为连接东西方的中心点在丝绸之路上扮演的关键角色（Simmons，2009）。叙利亚与中国的关系几乎可以追溯到有历史记载以来。然而在现阶段，真正关系到中国的是叙利亚的重要战略意义。

在此背景下，中国会毫不犹豫地帮助叙利亚重建，并为叙利亚国内恢复政治稳定提供便利（Ministry of Foreign Affairs of the People's Republic of

China，2017b）。中国外交部长王毅多次在记者发布会和采访中表示中国意图维护叙利亚的领土完整以恢复该国的主权（Ministry of Foreign Affairs of the People's Republic of China，2017a）。毕竟从中国的立场来看，叙利亚的稳定可以保证"一带一路"在中东地区与其外围腹地的商业运营取得成功。

为了拉近中叙两国投资者之间的关系并加强双方的合作，两国间举办了一系列联谊活动。2017 年 7 月，由中国阿拉伯交流协会和叙利亚大使馆共同举办的叙利亚国家日博览会在北京召开。展会吸引了 1000 名中方企业代表，他们渴望在叙利亚展开业务（SANA，2017；Belt and Road，2018）。中国商业代表团不仅一直积极寻求在重建领域竞标，也积极寻求签署中国"一带一路"倡议成功实施所需的双边贸易协定。中叙两国政府已就在两国间开通直飞航班一事进行讨论，希望能够借此促进两国间贸易和商业往来，从而为中国企业参与叙利亚重建工作提供方便（Syria Times，2017）。

2017 年 7 月，中国还宣布计划对一个工业园区投资 20 亿美元，以吸引 150 家中国企业赴叙利亚投资，并提供了 4 万个就业岗位（Escobar，2017）。这个工业园区可以作为中国"一带一路"倡议在该地区潜在的实施和生产中心。2017 年 8 月召开的第 59 届大马士革国际博览会汇集了来自中国、俄罗斯和伊朗的多家企业。2017 年，包括中国能源建设集团和中国建筑第五工程局有限公司在内的 30 多家中国企业到访叙利亚。他们饶有兴趣地考察了基础设施部门的项目工程并计划重建当地的电力、能源和通信网络（Bai，2017；Zhang，2017b）。2018 年初，中国一家重型机械制造商三一集团也到访过大马士革。三一集团代表曾与叙利亚官员会面讨论投资机会，特别是制造业领域的投资机会（The Syria Report，2018）。由此可见，中国对叙利亚的产业投资的重点可能不仅限于基础设施和石油部门，而且有可能成为加速叙利亚经济复苏的又一个重要因素。

叙利亚的地缘政治环境仍然会很脆弱，这对全面恢复工作提出了挑战（Zhang，2017a）。由于缺乏整体安全、商业环境疲弱、财政困难，开展这些项目无疑会面临种种障碍。也正因如此，我与我的合著者认为战时的财政与物质重建工作主要能够增强叙利亚抵御外部威胁的能力。

此外，西方国家实施的制裁扰乱了叙利亚社会制度的运转，阻碍了以美元或欧元结算的商业交易。一个能使中叙两国克服这项财政障碍的方法是用人民币结算交易和进行贸易，双方正就此进行谈判。

结　论

最后，中国为促进与发展中国家的经济合作，向这些国家的基础设施和建设项目提供贷款。值得回顾的是，中国在"一带一路"倡议下开展项目的三大出发点包括共同协商、共同经营和共同利益。中方提出的条件往往仅限于项目本身。中国通常会要求在东道国开展的项目采用中国的建设公司、中国的材料和中国的人力资源。但是，中国从不会提出越过项目本身的条件来改变东道国的国家计划和发展战略。这与"华盛顿共识"形成对比，后者往往要求发展中国家调整它们的国家政策框架。布雷顿森林机构（国际货币基金组织和世界银行）通常在提供贷款时附加种种条件，如包括财政、货币、投资、资本和贸易措施在内的一整套政策改革。鉴于各个发展中国家的经验，这种"一刀切"的战略经常会导致不幸的社会经济结果。

参考文献

Bai Tiantian（2017），《叙利亚驻华大使：中国企业将优先获得参与叙重建的机会》[Syrian ambassador to China: China enterprises will be given priority in Syrian reconstruction opportunities.] Huanqiu online, 25 September 2017, available at, http://world. huanqiu. com/exclusive/2017 - 09/11279054. html（accessed 22 December 2017）。

Belt and Road（2018），Syria Economic Profile, available at http://beltandroad. hktdc. com/en/country - profiles/syria（accessed 22 January 2018）.

CGTN（2017），"China Delivers Food Aid to Syria under the Belt and Road Initiative", 21 November 2017, available at https://news. cgtn. com/news/3263544d78637a6333566d54/share_p. html（accessed 20 December 2017）.

CGTN（2018），"China and the Arab World: Revitalizing the Ancient Silk Road", *CGTN News*. 7th October 2018.

Construction Review Online（2017），Construction of US MYM10bn Bagamoyo Port in

Good Progress.

CSIS Reconnecting Asia Database, Center for Strategic & International Studies, available at, https：//reconnectingasia. csis. org/map/, (accessed May 2018).

Daily Beast (2015), "China Looks at Syria", Sees MYMMYMMYM, *Daily Beast*, 27 October 2015, available at, http：//thebea. st/1kKdWNr? source = email&via = desktop (accessed 22 January 2018).

Economist Intelligence Unit (EIU) (2018), *Oman Country Report.* London：EIU. September 2018.

Energy Information Administration (EIA) (2017), *World Oil Transit Chokepoints.* 25 July 2017.

Escobar, P (2017), "The New Silk Road will go through Syria", *Asia Times*, 13 July 2017.

Gao, Charlotte (2017), "Why China Wants Syria in its New Belt and Road", *The Diplomat*, 30 November 2017, available at https：//thediplomat. com/2017/11/why – china – wants – syria – in – its – new – belt – and – road/ (Accessed 3 December 2017).

Li, Shijun (2018),《"一带一路"对接叙利亚战后重建：时势评估与前景展望》["The Belt and Road" Initiative and Post-War Reconstruction in Syria：Assessments and Outlooks], *Arab World Studies*, March 2018。

Lobe Log (2018). "Oman's Port Strategy", *Lobe Log*, 31 August 2018.

Matar, L. , and Kadri, A. (2019), "China's Role in Syria's National Security" in Matar, L. and Kadri A. (eds). *Syria：from National Independence to Proxy War*, Palgrave Macmillan.

"Ministry of Foreign Affairs of the People's Republic of China (2017a)",《王毅就叙利亚局势阐述中方立场》[Wang Yi, on China's position on Syria.], April 13, 2017, available at, http：//www. fmprc. gov. cn/web/zyxw/t1453414. shtml (accessed 18 November 2017)。

"Ministry of Foreign Affairs of the People's Republic of China (2017b)",《王毅：反恐、对话、重建是新阶段解决叙利亚问题的三个着力点》[Wang Yi：Anti-terrorism, dialogue and reconstruction are the three key foci in Syria's new phase.], November 24, 2017, available at, http：//www. fmprc. gov. cn/web/zyxw/t1513697. shtml (accessed 12 December 2017)。

Reuters (2017),"Oman Counts on Chinese Billions to Build Desert Boomtown", *Reuters*, 5 September 2017.

SANA (2017), "Syrian Day Held in Beijing to Promote Damascus International Fair", *SANA news*, 10 July 2017.

Simmons, G. (2009), "Waypoint on the Old Silk Road," *The National*, October 31, 2009.

Syria Times（2017），"China's Participation in Reconstruction in Syria Discussed"，*The Syria Times*，23 February 2017，available at，http：//syriatimes. sy/index. php/economy/29294 – china – s – participation – in – reconstruction – in – syria – discussed（accessed 2 December 2017）.

The Economist（2019），"Middle Kingdom Meets Middle East；China and the Arab world"，*The Economist*，20 April 2019.

The Syria Report（2011），"STE Contracts Huawei for Cable Network"，*The Syria Report*，14 April 2011.

The Syria Report（2016），"Chinese Company Eying Aleppo Power Plant Contract"，*The Syria Report*，27 September 2016.

The Syria Report（2018），"Chinese Companies Starting to Look for Opportunities in Syria"，*The Syria Report*，30 January 2018.

Xinhua（2017），《记中国向叙利亚流离失所者提供人道主义援助》［China's provision of humanitarian aid to Syrian displaced persons］，Xinhua，1 November 2017，available at http：//www. xinhuanet. com/2017 – 11/01/c_ 1121886956. htm（accessed 12 January 2018）。

Zhang Bo（2017a），《中国参与叙利亚重建：优势与挑战》［Chinese participation in Syria's rebuilding：advantages and challenges］. *The Contemporary World*. 22 November 2017。

Zhang Jianli（2017b），《中国斥巨资参与叙利亚重建 港媒：中企迎绝佳机会》［China has heavily invested in Syrian construction. Hong Kong media：Chinese enterprises welcome good opportunities. ］，*Sina news*，December 21，2017，available at，http：//news. sina. com. cn/o/2017 – 12 – 21/doc – ifypxrpp3152421. shtml（Accessed 22 December 2017）。

（袁一蓬 译）

亚美尼亚与中国

——未来关系新举措

莉莉特·萨鲁坎扬（Lilit Sarukhanyan）

亚美尼亚国家和国际研究中心公关专家

亚美尼亚和中国的关系有一百年的历史。伟大的丝绸之路是连接中国、中亚、伊朗和拜占庭帝国首都君士坦丁堡的贸易之路，穿过亚美尼亚高原。丝绸之路不仅在发展贸易和经济方面发挥了重要作用，还为文化、宗教、语言和技术交流架起了桥梁，丰富了所有参与国的文化。

1991年，中国成为世界上最早正式承认亚美尼亚共和国独立的国家之一。1992年1月，两国签署《经济贸易合作基础协定》，这是两国进一步发展双边关系所依据的第一个法律框架。如今，两国间的经贸关系正在迅速发展。

每个国家都要选择自己的治理模式和发展道路。每个国家都有自己的历史、传统、思考方式和其他影响该国发展的因素。每个国家的发展方式都是独特的。

然而，找到人类文明发展的正确道路十分重要。习近平主席在2017年达沃斯世界经济论坛年会的开幕式上发表主旨演讲，指出："人类已经成为你中有我、我中有你的命运共同体，利益高度融合，彼此相互依存。每个国家都有发展权利，同时都应该在更加广阔的层面考虑自身利益，不能以损害其他国家利益为代价。"[1]

---

[1] Xi Jinping's keynote speech: "Jointly Shoulder Responsibility of Our Times, Promote Global Growth", at the opening ceremony of the World Economic Forum Annual Meeting 2017, *People's Daily*, Page 2, January 20, 2017.

今年（2019 年）是中华人民共和国成立 70 周年。在过去 70 年里，中国探索出了独特的发展道路和治理模式。而且，中国在促进经济持续增长、改善人民生活条件和推动社会全面发展方面取得了显著成就。

10 月 1 日，亚美尼亚总理尼科尔·帕希尼扬（Nikol Pashinyan）向中华人民共和国主席习近平致贺电，庆祝中华人民共和国成立 70 周年。贺电中特别提到："这一非凡的纪念日象征着中华民族这个世界上最古老的文明社会之一在建设现代化国家和社会上取得的巨大成就。我们亚美尼亚人十分高兴能够看到中华人民共和国和中国人民在经济进步、创新和文化发展方面取得的成就。亚美尼亚重视全面、持续、始终如一地加强和深化与中国的传统友好关系。我们在国际领域加强多方面的双边关系和往来并展开紧密合作符合我们两国和两国人民的切身利益。"①

中国人是勤劳的民族，很有组织性，他们的确取得了成功。近年来，中国坚定不移地推动经济全球化，扩大"一带一路"倡议下的国际合作，并为各国实现合作共赢而努力。经济全球化需要协议双方的合作与共同发展。越多国家参与合作，这些国家就越有可能实现发展并和平共处。

中国前文化部部长王蒙曾写道："中国文化的历史悠久辉煌，除了经历过各种各样的困难、尴尬、焦虑和痛苦，也为人类文明做出了巨大贡献。"②

显然，几个世纪以来，中国的文化和思考方式与亚美尼亚的一样没有发生改变。中国用其数百年的智慧和文明为世界各国关系的发展做出贡献。

智库的作用

亚美尼亚国家和国际研究中心于 1994 年 10 月由亚美尼亚首任外交部长拉菲·奥瓦尼相（Raffi K. Hovannisian）创立，得到大量来自亚美

① https://www.primeminister.am/en/congratulatory/item/2019/10/01/Nikol – Pashinyan – Congratulations/.

② Wang Meng：*The Chinese Way of Thinking*，China International Publishing Group，2018，p. 338.

尼亚国内和散居国外的追随者的支持。

这是亚美尼亚第一个独立的智库，年复一年地为其他类似机构的产生铺平道路，成为一个汇集具有新思想和高素质的政治科学家、专家和分析家的独特团体。亚美尼亚国家和国际研究中心能够迅速在后苏联时代占据其政治地位，在塑造地缘政治创造意识和帮助全面理解世界大事和国际局势方面发挥作用。

在过去的 25 年里，中心扩大了活动范围，包括区域安全与合作、国内外政策应用研究前景和与公众公开对话。在这方面，中心出版的材料，关于关键问题的案例研究、专著以及科学实践论坛和公众讨论都至关重要。自中心成立以来，除了发表专家文献、专著和特别编著以外，还发行了季刊《埃里温观点》，内容不偏不倚，覆盖了亚美尼亚、阿尔扎赫和散居地面临的问题与挑战，以及地区事件和国际生活等主题。

随后的几年里，中心主要开展与社会相关的社会学研究，举办有关公众问题、当地问题和国际问题的会议。中心就与当地社会最息息相关的议事日程在共和国公民和专家两个层面进行了数十次民意调查，调查结果定期在研讨会上和电子报刊文章中加以分析和总结。

两年前，即 2017 年 9 月，亚美尼亚国家和国际研究中心开始采用更加现代、迅捷、高效的信息传播方式和分析产品——电子形式。为了取代以前的发刊方式，电子刊物《亚美尼亚国家和国际研究中心：埃里温评论》每周更新一次。根据多年的经验，工作人员会继续坚持新闻界两项最重要的原则——完全的言论自由和公正性。比起印刷刊物，采用这种先进的新形式发刊传播速度更快、运销成本更低，还能够听取更为广泛的意见，面向更多受众。这两年的经验表明，电子版本能够提供适当的流量、节奏、每周分析主题和对我们研究活动的评论。

我很高兴能够于今年 5 月 15 日至 16 日在北京召开的亚洲文明对话大会上介绍亚美尼亚国家和国际研究中心。大会由中国社会科学院发起。中国社会科学院是在中国和世界智库排名中最著名和最具影响力的学术研究机构之一。大会的主要目的是深化各国智库之间的交流与合作，并建立更为紧密的智库伙伴关系。大会结束时，签署了《亚洲文明交流互鉴建设智库伙伴关系》意向书。

最近，我偶然发现一本有意思的书，是由韩震和章伟文撰写的《中国的价值观》，书中提到："中国走和平发展道路、倡导建设和谐世界的原因是出于中国对人类命运共同体的深刻认识和追求。越来越多的国家开始认同这种追求，它本质上是基于各国相互依存因而只有相互理解、互惠互利、团结患难才能实现合作共赢、共同发展的理念。"①

中国对"人类命运共同体"的愿景是一项浩大的工程，将会为我们两国之间，乃至全世界各国间的关系带来新变化。

（袁一蓬 译）

---

① Han Zhen and Zhang Weiwen: *China's Values*, China Social Science Press, 2018, p. 334.

乌干达媒体眼中的中乌事务

巴班加·西德尼·米里亚（Miria Babanga Sidney）

乌干达《新视野报》副刊编辑

摘　要

1949年，随着新中国的诞生，中国开始走上了发展道路。70年以来，中国与不同国家在各个层面上的交流往来都受到国外报刊的报道。这些报道能否对中国与乌干达等国互惠互利、共享未来的愿景产生影响？这些报道会如何影响当地对中国的看法？这篇研究论文将关注《新视野报》，并评估2018年1月和2019年1月这两个关键月份里中国与其他国家交往中的细微差别。定下这个研究范围有助于本论文聚焦为了配合中国改革开放40周年和2019年新中国迈入70周年的第一个月而发表的报刊文章。这两个月具有重要意义，因为这两个月内的报刊文章还涵盖了上一年度发生的重大事件。这篇研究论文会对随机挑选的文章进行定量分析，从而评估它们是如何预测与中国有关的问题的。这些预测是否适用于中国和乌干达之间互惠互利的关系哲学？

引　言

2015年，中国国家主席习近平在联合国大会上发表讲话，使得"人类命运共同体"一词广为流传。几年后，他在中国共产党第十九次全国代表大会上更详细地解释了这些思想。在一些区域性和国际性会议上，伙伴关系与合作一直是习主席在讲话中传递的关键信息。

作为中国的首席外交官，习主席逐渐成为国际社会上理性的声音，宣讲多边主义和大小国家之间的合作。我们生活在一个以民族主义的名义抢夺和藏匿自然本能的时代。随着全球人口猛增至80亿、资源日益稀缺，比起以往任何时候，今天世界上大大小小的国家在寻求应对国内和国际挑战的解决方案时，更加频繁地站在十字路口。因此，国家间关系的质量非常关键。

乌干达和中国之间的正式交往可以追溯到1962年乌干达脱离英国、宣布独立时。中国是最早向乌干达致贺电的国家之一。随后，两国分别在对方首都设立了外交使团。两国间的联系不仅限于外交、贸易和各种形式的援助，还涉及其他许多领域。

2018年，中国迎来改革开放40周年，改革开放政策推动中国发展，使其成为当今世界上的经济强国和领头羊。2018年度中国成就斐然，当年1月，《新视野报》[①] 发表了一系列关于中国的文章。

2019年恰逢新中国成立70周年，该年1月与2018年1月情况相仿。这两个月内，《新视野报》这份乌干达国内一流英文报刊的预测是我们深入了解中乌关系的基础。

根据美国广播公司（ABC）统计，《新视野报》是乌干达领先的英文报纸，2017年日发行量达26941份。乌干达政府持有该公司53.34%的股权，其余股权归其他个人、机构和公司所有。

习主席的愿景是共赢原则。这正是中国想要在与包括乌干达在内的其他国家展开交往时想要强调的。但是乌干达等国的媒体是怎样预测这些国家间关系的？这些预测对国家间关系又有何影响？

本文关注中国改革开放40周年第一个月和新中国成立70周年第一个月时发表的报刊文章，并在62份报纸中随机选择文章进行分析。本文分析选定文章的内容，并根据文章所解决的问题得出结论。

---

① 乌干达政府持有《新视野报》53.34%的股权，其余股权归个人、部分国有公司和私人持股公司所有。《新视野报》创始于1986年，于2004年首次登陆乌干达证券交易所。2017年日发行量达26941份，是国内发行量最高的英文报纸。《新视野报》的最强竞争对手——乌干达《箴言报》同期的日发行量为17132份。

2018 年 1 月

《新视野报》2018 年刊登的第一篇与中国有关的文章是经济学家爱德华·卡夫夫·巴里达瓦（Edward Kafufu Baliddawa）的评论，他的主要论点是过度依赖外国支持不可能使乌干达在 2020 年以前变为中等收入国家。他以中国和新加坡为例，这两个国家均利用本国资源发展本国。他写道："中国人和新加坡人并没有从纽约、巴黎或是伦敦获得解决问题的方案。事实上，现在是时候让我们开始对我们的国民和企业充满信心了。"

事实上，巴里达瓦指出中国为激励乌干达发展提供了一个基准。但是，他在论证时表示，他担心中国企业得到了当年大部分的施工合同，所有的利益都将归于中国。他还引用了早些时候的一份议会报告来支撑他的观点，该报告涉及一家中国公司的不当行为。不必多说就知道，这样的文章最终会导致当地人将中国视为剥削者，而非为长期基础设施项目提供专业知识和物质资源的合作伙伴，而乌干达凭自己有限的能力和资源是无法完成这些项目的。

下一篇被选中的文章是由新华社刊载的，回顾了前一年发生的重大事件。排在榜首的是联合国决议写入"构建人类命运共同体"理念，这正是之前习近平主席于 2017 年 1 月 18 日在日内瓦面向联合国发表的讲话中所提倡的。文章指出，该理念在得到联合国安理会、人权理事会和联合国大会第一委员会的支持后，是如何在全球舞台上被接受的。这篇文章将中国共产党第十九次全国代表大会也列为上一年度发生的关键事件，因为大会上商议的内容对世界上其他国家和地区产生了更为广泛的影响。

实际上，中国共产党为中国的外交关系定下了和平、发展、合作、共赢的基调。然而，中国对人类未来积极、开明的设想却因为一张美国总统唐纳德·特朗普（Donald Trump）宣布美国退出《巴黎气候协定》的配图而变得黯然失色，联合国秘书长安东尼奥·古特雷斯（Antonio Guterres）称美国的这个决定极其令人失望。由于特朗普总统公开反对《巴黎气候协定》，《新视野报》采用他的照片，使得这些重要事件对于中国的实质性意义并没有在报上得到应有的重视。

另一篇提到中国的文章是关于 2017 年乌干达经济状况的，其作者是记者塞缪尔·萨尼亚（Samuel Sanya），他在文中引述了坎帕拉贸易商协会主席埃弗里斯特·卡扬多（Everest Kayondo）对乌干达转口贸易的感慨。虽然卡扬多没有做详细的分析，也没有提供具体的细节，但是他指出乌干达的转口贸易公司受到了迪拜和中国制造商的竞争影响。这些海外制造商在当地开设分公司，以更低廉的价格销售产品，因此导致他的商会成员破产。然而，这篇文章有失偏颇，因为作者并没有试图采访文中提到的制造商。新闻界对中乌贸易关系偏颇的预测可能会对当地民众对于中国的看法产生负面影响。

毫无疑问，乌干达从中国进口了大量产品，其中就包括纺织品和皮革。多年来，乌干达一直是将这些产品再次出口至刚果民主共和国、南苏丹、卢旺达和布隆迪等该地区内其他国家的转口中心。乌干达意识到了这点，并与中国合作在当地建立工业园区，从而降低经商成本，创造就业机会，加快经济发展。旺康陶瓷厂是一家制造高质量陶瓷的企业，由于中乌两国间的友好往来，公司的主要投资商是中国人。为保持工业园区战略的可持续性，乌干达政府采用吸引外国直接投资①的政策来提振本国经济。

此外，伊曼纽尔·阿洛穆（Emmanuel Alomu）年初时写的文章中提到了中国交通建设股份有限公司。文章主要讲述一位乌干达工人因机械设备故障而意外丧命。尽管这篇文章摘自警方报告，但是它同样没有尝试了解中国交通建设股份有限公司和死者家属的看法。最终结论需要读者自行归纳得出。这家中国企业目前正在建设索罗提 – 莫罗托（Soroti-Moroto）公路，这是乌干达境内一项主要的基础设施工程。公司在不经

---

① 2018 年 1 月 3 日，《新视野报》第 16 页上刊载了约韦里·穆塞韦尼总统的 2018 年新年致辞，指出"目前正在进行的另一项尝试"是利用本国丰富的自然资源、有利的气候条件、良好的基础设施和受过高水平教育的人口"吸引更多的外国直接投资"。他在同一篇文章中还指出哈佛国际发展中心在近期的一项研究中表明，2025 年乌干达将成为世界上增长最快的经济体，而印度则名列第二。

意间由于其安全记录而站上了公众舆论的审判台，却得不到一个机会就此事故发表评论。

2018 年 1 月 4 日，《新视野报》国际新闻版刊载了一篇文章，报道 1.6 万辆电动公交车在中国南方城市深圳投入运营。文章强调了深圳控制空气污染的运动，这与中国签订的《巴黎气候协定》中减少全球碳排放量的要求相符。尽管报道十分简短，但它突出了中国在控制温室气体排放方面做出的努力，并认为中国是反对温室气体排放运动中的领导者。与深圳项目非常相似的工程正在乌干达兴起，该国目前与另一家中国公司合作，在当地试点制造电动公交车①。

下一篇选中的文章关注中国的象牙贸易禁令。全球环保组织世界自然基金会表示，中国的这个决定将有助于减少非法象牙贩卖和大象偷猎。文中提到，中国国家林业局称这项决定是"给大象的礼物"。这项决定引起了乌干达的共鸣。此前，乌干达的大象数量由于偷猎象牙而受到威胁。文章认为中国尊重对各国都有利的国际公约。

由贝农·奥加姆博（Benon Ojiambo）撰写的另一篇文章关注中国基于对话的外交政策。在一次旨在应对乌干达商人与中国人做生意时面临的挑战的会议上，中国驻乌干达大使郑竹强坚定地重申了习主席的设想，呼吁双方加强对话与合作以消除一切担忧。他还指出 2017 年 1 月至 9 月，中国企业平均在乌干达投资 2.92 亿美元，同比增长 217%。主持会议的乌干达贸易部长阿米莉亚·卡巴德德（Amelia Kyambadde）要求国内华商界在制造业部门探索机遇，从而进一步减少乌干达的贸易赤字。显然，两国都能够从这种合作中获利。

此外，一篇关于非洲商业投资论坛的文章发表于 2018 年 1 月 31 日，文中引用了约韦里·穆塞韦尼（Yoweri Museveni）总统对中国企业家精神的赞美。他指出中国企业家们能够快速在乌干达发现投资机遇。他称非洲为投资者的梦想之地，在这里人们能收获高额的投资回报。

---

① 中国汽车公司恒天汽车与乌干达基拉汽车公司合作为乌干达工程师提供技术交流和能力培训项目。六名乌干达工程师正在位于南昌的恒天汽车集团接受培训。目前，两辆能容纳 90 位乘客的电动公交车已经完工，将在 2019 年 12 月运送至乌干达。

2019 年 1 月

新年第一天，《新视野报》的同一页上刊载了两篇文章，分别涉及一位中国投资者和一家中国公司。其中，头条文章详细阐述了警察对一起欺诈交易的调查。该案中，几位乌干达人密谋将一片隶属于国立转诊医院的土地变卖给一位没有透露姓名的中国投资者。另一篇文章则关注一起诉讼案件——乌干达国家公路局和中国建筑公司中铁五局集团因电信设备受损被一同告上法庭。尽管这两篇文章原本毫无联系，但是以这种形式同时出现在报纸上，其背后含义一定是负面的。它使得基贡巴 - 布利亚 - 卡布瓦亚（Kigumba-Bulia-Kabwoya）公路和已经计划好的投资项目黯然失色。中国投资者和公司有必要逐渐提高声誉，这和习近平主席在中国共产党第十八届中央纪律检查委员会第三次全体会议上发出的警告一样是无可指摘的（Xi，2014）。①

美国前总统吉米·卡特（Jimmy Carter）② 在法国新闻社的一篇文章中强调合作的重要性，呼吁美国和中国共同致力于非洲的发展。这篇文章与习近平主席倡导构建人类命运共同体的设想完全一致。卡特的立场是对此积极的预测，这显然背离了唐纳德·特朗普总统主张的单边主义和对抗性外交政策。

据《新视野报》报道，嫦娥四号探测器成功登陆月球表面。这使得中国空间探索的形象在乌干达媒体眼中甚至是全球范围内得到了提升。四天后，另外一篇文章让人们对中国现在的太空影响力更加了解。这两篇文章都认为中国是空间探索领域中值得关注的国家。另外，朝鲜领导人金正恩（Kim Jong Un）于今年年初访问中国，说明中国在美朝对峙中将成为国际和平经纪人。

回到有关基础设施项目的报道，在四家通过预审有资格参与金贾 - 坎帕拉（Jinja-Kampala）高速公路竞标的企业中，有两家是中国公司。

---

① 2014 年 1 月 14 日，习近平主席在讲话中呼吁中国共产党官员秉持正直，打击腐败。

② 冷战期间，时任美国总统吉米·卡特与中国领导人邓小平于 1979 年就两国建交一事进行了接触。

因建造恩德培高速公路而闻名的中国交通建设股份有限公司正是其中之一。这篇文章正面评价了这些企业，认为他们是乌干达政府实施基础设施项目议程的关键。麦克雷雷大学和中国石油大学计划合作开设石油学院，从中也体现出对中乌两国间紧密联系的积极预测。

最后，约韦里·穆塞韦尼总统和到他位于鲁瓦基图拉的家中拜访的中国投资者代表团讨论在利安特－姆巴拉拉公路沿线建立工业园区的提议，预示着乌干达和中国之间紧密发展的伙伴关系。

结　论

总的来说，《新视野报》对中乌关系持积极态度。中国为支持保护环境而付出的努力、中国企业和制造业的深厚造诣、中国致力于通过技术创新应对气候变化的尝试都与乌干达的发展志向有着强烈的共鸣。

此外，几个被广泛报道的具有里程碑意义的基础设施项目，如：伊辛巴大坝、卡鲁马大坝、恩德培高速公路和乌干达机场扩建项目都是中国企业负责的。由于近期中国驻乌干达大使馆与《新视野报》合作，因而今年报上有关中国的内容增加了。

然而，一些文章在引述与中国有关的企业不当交易时，或缺少评论，或有失偏颇，还需要进一步的调查。遭到负面评价的中国企业保持沉默或没有机会发表评论会歪曲乌干达民众对中国、中国企业和中国公民的看法。

参考文献

Baliddawa, E. K. (2018, January 1), "Overdependence on Foreign Support Cannot Launch Us to Middle Income Status by 2020", *New Vision*. p. 19.

"Top 10 World News Events of 2017," (2018, January 1) *New Vision*. p. 20.

Sanya, S. (2018, January 1), "Economy trudges on," *New Vision*. p. 31.

Alomu, E. (2018, January 3), "Machine Crushes Construction Company Worker to Death," *New Vision*. p. 26.

"Chinese Roll Out Electric Buses," (2018, January 4), *New Vision*. p. 19.

Kitubi, M. (2019, September 9), "Kiira Motors Partnership with China Yields Result," *New Vision.* p. 31.

WWF lauds China over ending ivory trade. (2018, January 5), *New Vision.* p. 30.

Ojiambo, B. (2018, January 29), "Kyambadde Wants Chinese into Manufacturing," *New Vision.* p. 43.

"Africa A Dream Destination for Investors – Museveni," (2018, January 31), *New Vision.* p. 3.

"Police Probe Attempt to Sell Mulago Hospital Land," (2019, January 1), *New Vision.* p. 5.

"UTL sues UNRA for sh850m Compensation," (2019, January 1), *New Vision.* p. 5.

"Jimmy Carter Says US, China Should Partner in Africa," (2019, January 2), *New Vision.* p. 28.

Xi, J. (2014), *The Governance of China*, Beijing: Foreign Languages Press.

"Chinese Probe Lands on Moon's Far Side," (2019, January 4), *New Vision.* p. 26.

"China's New Space Clout Worries the US," (2019, January 7), *New Vision.* p. 18.

Balagadde, S. (2019, January 7), "4 Bidders Prequalified for Jinja-Kampala Expressway," *New Vision.* p. 27.

MAK to build first petroleum institute. (2019, January 10), *New Vision.* p. 5.

"North Korea's Kim Makes Unannounced China Visit," (2019, January 9), *New Vision.* p. 27.

"Chinese Investors Meet Museveni, Propose Industrial Zone," (2019, January 31), *New Vision.* p. 3.

（袁一蓬 译）

可持续发展

创新视角是改善未来的发展动力

弗朗西斯科·哈维尔·委拉斯开兹·洛佩斯
（Francisco Javier Velázquez López）
拉丁美洲发展管理中心秘书长

引　言

如今，个人行为的影响会即时产生，因此需要特别注意公共政策的结果，深刻改变行为方式，满足公民需求并重新设计公共措施的目标。另一方面，在过去几十年里，伊比利亚美洲的发展程度提高了，随之而来的是公民需求的增加和日益复杂，这就要求政府快速有效地响应。[1]

拉丁美洲发展管理中心批准通过的《伊比利亚美洲公共服务宪章》[2] 表明有必要取代"对公共管理基于采用标准化程序，复制既定程序，通过成果生产、创新和学习导向的方式代替现有程序的官僚主义观点"。在伊比利亚美洲，除了欧洲国家的属地和地区内一些国家的部分领域以外，必须小心审慎地对待官僚模式的取代。这是因为马克斯·韦伯[3]

---

[1]　OCDE（2016），*Government at A Glance：Latin America and the Caribbean 2017*，OCDEE Editions，Paris.

[2]　《伊比利亚美洲公共服务宪章》由拉丁美洲发展管理中心于 2003 年委托弗朗西斯科·隆戈（Francisco Longo）写成，中心董事会于 2003 年 6 月 26 日至 27 日批准《宪章》通过。见《宪章》第 31 页。

[3]　早在马克斯·韦伯之前几个世纪，中国人已经开创了高效的官僚主义模式：……从未挥过剑的高级官吏往往是战争中的领导者。中国谚语"好铁不打钉"的意思是，有天赋的人会加入民间官僚机构而非军队。Homo sapiens，Harari，178.

设计提出了官僚组织的基本原则并突出强调了官僚制存在的一些问题①，没有比官僚组织更好的公共管理组织体系了。常识告诉我们要开始制定官僚组织工作方案并纠正②现存的错误，而不应该根除现行的制度，或仅仅用一套基于党派执政规则而非组织运作的理性设计的公共管理方式来取代官僚组织。

现在存在什么疑问呢？今天的社会正处于第四次工业革命③的过程中，创新、技术和创造力是任何组织运转的必要元素。在私人持股公司和公共组织中，创新不仅仅是组织的发展趋势，还逐渐成为结构性需求。正如《伊比利亚美洲公共服务宪章》所述，强调取得结果、创新和学习这些方面是很自然的。

在拉丁美洲发展管理中心于 2006 年通过的《善治守则》④的一个板块中，其成员国指出它们应当确保公共管理以公民为中心，做到这一点的根本任务是不断改善和提高信息质量、专注度和服务质量。

因此，20 世纪的公共管理部门如今必须采取一种新的态度，而转变态度的第一步是：关心公民关注的事项，听取他们的意见，并将其作为

---

① "任何一种为了个人剥削而对君主或官员的受益权、税款和义务做出的妥协都暗示纯粹的官僚机构中总是存在一个弱点。"（第 29 页）——马克斯·韦伯《何为官僚主义》

② "任何一种为了个人剥削而对君主或官员的受益权、税款和义务做出的妥协都暗示纯粹的官僚机构中总是存在一个弱点。"（第 29 页）——马克斯·韦伯《何为官僚主义》

③ 费尔南多·亨利克·卡多佐这样定义第四次工业革命："第四次生产革命"的特点之一是"它融入了更多的金融技术革命，正在分裂旧的阶级、瓦解同一阶级内部的凝聚力，并形成相应的空洞的意识形态"。参考文献：El País, 10/20/2018。

④ 《善治守则》由拉丁美洲发展管理中心成员代表于 2006 年 6 月 23 日在蒙得维的亚市（乌拉圭）通过。

改善公共服务的重要突破口。①

请注意，在这方面，要对公民服务方案施加压力，使其进一步达到当今开放政府的标准。这是在前文提到的同样由拉丁美洲发展管理中心通过的《宪章》中的内容。②

然而，这种范式的改变与公共管理需要的其他变化相互联系，主要基于不同的工作方式、不同的选拔公职人员或公务员的方法和执政党对公共管理更加强烈的关注。在此基础上，我们讨论公共政策执行中的共同责任时，必须按照实施公共措施的需求改变心态和立法，这不仅能促使受影响公民对政策查问，还可以给予他们参与的机会。③

公共组织必须准备好展开联合行动进行项目设计、利益相关方咨询，实施共同责任机制并寻找满足需求的更优解决方案。使公职人员理解他们不仅仅要进行项目管理，还必须与公民一起参与项目制定的培训工作。

不同的公共管理实施方法

在今天和未来，公共管理的实施方法必然与过去不同，因为我们能够发现"反常的问题"，它们本身不确定且复杂，不能部分解决或是用传统的方式来就这些问题达成一致。但是经济合作与发展组织认为"它们需要通过协调一致、适应性强、精准定向的方法来解决"④。

---

① 近期，卡尔斯·拉米奥在拉丁美洲发展管理中心杂志上发表的文章提出了这一需求：……一方面，它包括推出新的途径、方法和实践，从而增加并加强公共机构内部的创新，促进社会行动者、私营部门和第三部门等其他组织之间的合作。另一方面，它包括承认社会本身的现有能力和设计、实施公共政策所提供的益处，让被动接受机构措施的公民成为解决问题的主角和解决方案的生产者。参见 "Reactionary Tensors to Avoid and Progressive Tensors to Promote the Achievement of Public Institutionalization and Innovation in Latin America", *CLAD Democracy and Reform*, N°. 61。

② "开放政府"的定义是有助于公共治理和善治的方法和策略的结合，基于透明、公民参与、问责制、合作与创新，让公民参与决策过程和公共政策的形成和实施过程，且过程以公民为中心，从而加强民主程度、公共行为合法性和集体福利。

③ 参考文献：Ibid Carles Ramió。

④ OCDE, Panoram of Public Administration, 2017.

商业需求

私人持股公司已经引进了新的提供服务的方式（直接应用互联网，线上销售，手机支付），提高了公民对公共服务的期望。概括来说，服务的目标将要改变：不再是对（在任何情况下都必须得到解决的）问题做出反应，而是让我们做好准备发挥主动性，预估事件的发生。

私人持股公司内的快速变化和随之产生的新方法导致公共管理必须立即关注新闻需求。假设任何公司或企业都没有特别的优势，这种公平的方法就能创造性地提出新的发展和实施手段。因此，管理不应该阻碍引进能够改善或有助于民生的项目，而应该成为引进此类项目的推动力。

建立参与渠道

人民参与公共事务代表着当今的政治和技术需要。政治需要是通过对政党项目的肤浅分析而凸显的。技术需要基于知识传播和知识延伸，公共管理和公职人员或公务员没有意识到一切，因为知识延伸是不可能的。因此，考虑其他的观点和不同的解决方案是必要的。

采纳技术创新

几十年以来，在公共管理工作中运用信息技术和信息通信已经成为现实。数百家中小型企业员工每天在事业单位里工作，开发并维护有助于促进公民和公共管理部门之间关系的应用程序和网页。另一方面，尽管拉丁美洲各国的国家规模较发达国家依然较小①，但是近几十年来，它们的国内生产总值实现增长，对技术手段造成了明显的扰乱，形成了一批要求公共管理部门做出不一样的数字②行为的数字人口。那么，现在是时候更明确地为此奠定基础了。所以基于技术的创新应该得到管理

---

① OCDE, Panoram of Public Administration。公共支出平均占 GDP 的 31%，而经济发展与合作组织成员国的公共支出占 GDP 的 41.5%；但是这一差距正在缩小。

② OCDE（2016）Public Administration's Panorama：Latin America and the Caribbean 2017，OCDE Editions，Paris.

部门的承认，变得充满潜力，甚至是由管理部门创新技术。例如，实验室创新和其他创新组织解决方案已经在许多伊比利亚美洲国家出现了[①]。

创新和技术不总是一对成功的组合。创新必须成为现实，但是创新并不是指做同样的事情，将书面文件转换为电子形式备份或通过互联网就同样数量的要求请求他人。

如果我们继续做之前做过的事情，借助应用程序可能会节约时间，但是这并不意味着我们进步了。用不考虑放弃者的网络预约功能取代公民集团会导致效率低下。我们从一些伊比利亚美洲国家身上吸取的经验使公民更加沮丧，使负责这些程序的官员或公务员生产力低下。技术必须与真正的管理能力相结合，才能避免效率低下，满足公民的需要和需求。

关注公民需求

如拉丁美洲发展管理中心通过的《伊比利亚美洲公共服务宪章》所述[②]，开放治理模式的要素之一是：公民的作用和他们参与公共事务同样重要。因此，可以确保公民了解他们自己的需求或他们相较于专家或制定公共政策者的优先权。现有的通信设备和社交网络的广泛使用可以支撑这个观点。我们还处理了一些会引起"不明群众运动"和受到特别关注的政治和工会问题，因为传统的民主机构无法对此进行控制和引导。因此，政府表现变得很复杂，不得不重新考虑它们之间的关系，创造新的管理方法。[③]

创新不仅仅包括技术

提到公共管理中，甚至是组织中的创新时，必然会引起混乱：当两个问题不可分割地联系在一起时，部门就产生了。但是创新不仅仅是技术问题，创新意味着新的做事方式的引入、组织文化的不断改变、"展

---

① 在最近关于创新实验室的招标公告中……

② See the Ibero-American Charter for the Public Service approved by CLAD.

③ See Fernando Vallespín in El País（3/23/2018）.

望未来"① 视野的扩大——即嘉奖创新者和提升提出创新措施或创造性
问题解决方案者的职业生涯。创新总是出现在舒适圈之外，在失败和已
经归档的项目之外。在此基础上，弹性似乎尤为重要，因为它不是一种
所有公共管理岗位都需要的技能，但是给了我们抵抗、克服困难并从中
学习的能力。

为了应对与第四次工业革命②有关的必要挑战，开创不同的工作模
式是不可避免的，这不仅关系到组织的负责人、公务员或官员，还关系
到适用于组织内部的法律和其他规定。官员或公务员必须灵活、准确、
开放地对待新理念，组织负责人也必须避免对实践失败的恐惧。的确，
如果我们比较私人持股公司或成功创建大型企业的伟大商人们的发展道
路，我们会发现，他们在获得经济和机构上的成功前都经历过重大失
败。在公共领域，这个过程会更为艰难，但是有一些手段（甚至是财政
预算手段）能够对某些试点项目设定限制，也有一些经验或其他与之相
关的方法允许我们在发现道路不正确之后选择一条新的道路，以此来使
影响最小化。在所有国家都经常有阻碍特定项目开展的例子，在某些情
况下，这种阻碍是通过与前总统任期相对应的循环方式进行的。③

有助于公共管理部门和公务员或官员转型的另一要素与包含新理念
的方法和不同于传统的方式有关。法律途径是重要的、必要的且急需
的，但不是唯一的。其他基于经济科学、政治学、统计学、社会学乃至
历史学的观点和法律途径一样，都是必需的，应该在执行公共政策时考
虑到。因此，必须调整筛选流程以引入这些学科知识。

另一个被关注的问题是要注意公共机构、组织和所有形式的团体，
它们往往依赖于不同的地方级别，使得处理拨款、许可或公民授权的过
程极其复杂。尤其是在联邦制或复合制国家，权力的地方分配有一个重
要的优势是协商一致的决定，这可以避免独断，因为这种决定往往是基

---

① 奥克塔维·帕斯（Octavio Paz）。

② 史蒂芬·平克采用的表达是：为实例辩护。

③ 在一些伊比利亚美洲国家，尚未完工的铁路公共工程和公路工程造成了一定的
　苦恼。当有人要求对此进行解释的时候，准确的理由或回答正是这个项目与前
　总统的任期有关。

于一国内不同地方和不同政党的建议而产生的。然而，对于公民（特别是对于假装建立贸易业务的私人持股公司）而言，这个过程必定和走一条漫长的、荆棘丛生的道路一样。对公民来说，法律授权的一个人物和一项重大进展都是不同组织之间就窗口单一化或共同手续达成一致的结果。在任何情况下，如果困难在短期内无法被克服，就必须通过配价式来解决它们。除此以外，急需问两个问题：这个程序是必要的吗？是强制性的吗？考虑这两个问题后，我们发现数据问题已经掌握在国家手中，避免新要求的力度必然会加大。

联合国可持续发展目标框架下，创新是发展的推动力

联合国可持续发展目标9（工业、创新和基础设施）将创新作为实现发展的要素之一。此处指的不只是公共事业领域，因为发展议程不仅仅是为了国家作为唯一的责任方参与其中而设计的，也是为了私营部门（作为共同责任方）参与发展而设计的。如《2030年可持续发展议程》所述，这个理念不会落下任何一个人。

就此处讨论的问题而言，在私营部门中，创新不仅会带来新的技术，还能够借助不同的方式制造物品，搜索新的想法，建立新的联盟，并因此与环境共享利益（社会责任）。

显然，从经济、社会和环境的角度来看，实际情况愈加复杂，因此我们需要更多的创新。从工业的角度来看，为了推动经济健康发展，在不损害环境的情况下实现资源利用、促进高质量就业和体面工作，必须实现创新；从基础设施的角度来看，为了建设可靠灵活、可以抵御大自然攻击的基础设施，我们需要创新。

结　论

可以得出结论，创新管理不能忘记给予法律时限和公民保障必要的尊重，因此，创新经验的实施必须在尊重规则和公民权利与关注并立即运用基于或不基于技术的创新之间实现平衡，这样可以直接为国家发展做出贡献。另一方面，在发达国家，私营部门作为发展的共同责任方为国家在全球范围内达到更高的发展级别所做的贡献更大。在私人持股公

司和公共组织中，创新不仅仅是组织的发展趋势，还逐渐成为结构性需求。

因此，这就是创新引领我们认识到进一步的发展从而改善未来的方式，要求所有愿意在将来拥有更好的生活条件的利益相关方改变自己的处事方法。

（袁一蓬 译）

现代化：从边缘国家的角度探讨

吉加·泽达尼亚（Giga Zedania）

格鲁吉亚伊利亚州立大学校长

引　言

如果一个术语同时蕴含两个相反方向的过程，那么这是值得注意的。20 世纪 70 年代末 80 年代初，随着"后现代状况"宣言出现和自由、发展或平等的"宏大叙事"在欧洲和北美宣告终结，"现代性"和"现代化"这两个术语被降级为了过去时代的语义；与此同时，对现代化进程所造成后果的生态批评也兴起了，总体情况不利于现代化的继续发展；但是，正是在这几年里，中国宣布了一个雄心勃勃的现代化计划；40 年后，世界因为这个计划发生了翻天覆地的变化，尽管许多国家认为这 40 年本应该把现代性抛在身后。

在讨论全世界的现代化计划和进程时，这种比较视角是唯一正确的。当然除了这两种方式以外，还有更多的方法和模式。有多种经验和模式可以用以讨论现代性和现代化的语义和实际情况。举一个有趣的例子，一个边缘国家原先是俄罗斯帝国的一部分，后来成了苏联的一部分，之后又变成了饱受政治和经济不稳定折磨的后苏联地区的一部分。这个例子就是格鲁吉亚，它能够为探讨现代化的理论、话语和实践提供有趣的角度。

"现代化"一词和它的替代者

"现代化"和"现代性"这两个词很晚才引入格鲁吉亚语。可以列举出它们迟来的几个原因。首先，"现代的"一词首次在欧洲语言中出现的时候，格鲁吉亚并没有参与到欧洲的思想辩论中。无论是中世纪西欧各国在哲学和神学讨论中使用这个词语的时候，还是在 17 世纪围绕艺术和文学问题展开"古代、现代之争"的时候，格鲁吉亚的思想界并没有受到它的影响（Gumbrecht，1978）。直到 1801 年，格鲁吉亚被俄罗斯帝国吞并后，格鲁吉亚语才借鉴俄语和德语，将"现代性"翻译成"新的时代"（格鲁吉亚语"Akhali Dro"，俄语"Новое Время"，德语"Neuzeit"），最后，到了 20 世纪，人文学科和社会科学开始把现代性和现代化问题作为关注的核心，但是，因为受到了来自苏维埃政权的意识形态压力，社会科学和人文学科不可能继续自由发展，所以格鲁吉亚国内对现代性和现代化的讨论停止了。

然而，20 世纪 90 年代初苏联解体后，当格鲁吉亚学术界摆脱了外部的约束，可以讨论这些问题、使用这些术语的时候，现代性和现代化又不一定是能够引人深思的话题了。

相反，出现了两个自相矛盾的事态发展：

• 在格鲁吉亚的人文学科界，关于后现代主义和后现代性的辩论比关于现代性的辩论开始得更早。20 世纪 90 年代，关于"宏大叙事"的终结——J. F. 利奥塔（J. F. Lyotard，1984）用它命名"后现代状况"的到来——的话语探索深深地吸引了刚刚成熟的知识分子阶层的思想与心灵。总的来说，人们试图把后苏联时代格鲁吉亚的情况描述成后现代状况的又一个实例。然而，尽管这些具体的尝试有些天真（Katsitadze，2013），但它们背后隐藏着深刻的见解——即对共产主义中或多或少的现代性的见解。格鲁吉亚的后现代性分析中存在两重问题：其一，没有对苏联现代性摇摆不定的本质进行反思；其二，这个术语的划时代感和美感之间存在大量的不确定。因为大多数时候，后现代主义是有人文学科背景的学者——如哲学家、心理学家、文学批评家——探讨的话题，所以经常会遇到有人奇特地尝试通过 J. L. 博尔赫斯（J. L. Borges）和 U. 艾柯（U. Eco）的美学分析角度来描述经历过 1992 年至 1993 年内战和两次民族政治冲突后的后苏联时代的格鲁吉亚。

• 社会科学中，关于由现代到后现代过渡的辩论取代了可能出现的关于现代化的辩论。"过渡范式"被 T. 卡罗瑟斯（T. Carothers）描述为共产主义垮台后立即出现的主流政治科学（卡罗瑟斯，2002），它控制了格鲁吉亚刚刚成熟的社会科学中的所有领域。后苏联时代的第一个十年里，讨论主要围绕由集权主义（或威权主义）政权向民主政权的过渡展开，辅之以关于由计划经济向市场经济过渡的讨论。这个原本被认为简单直接的过程在格鲁吉亚因为解决阿布哈兹和南奥塞梯民族政治冲突的紧迫性而被复杂化了。但是对于更广泛的社会环境的理论反思几乎不存在。

不仅政治和经济的话题性引起了人们对这两个过渡的普遍兴趣，社会科学极度稀缺的、碎片化的——在很多情况下根本不存在的——传统还使得利用西方学术界现有的理论和经验开发一种足以描述格鲁吉亚社会中发生的巨大变化的表达方式变得不可能实现。

变化出现在 2000 年代中期，当时占主导地位的后现代性话语和过渡范式被降格为边缘话题。现代性话语和现代化范式成为关注的前沿。这个变化和当时的政治社会背景——在民主口号下发生的革命有着密切联系，很快发展成为该国的现代化革命。打击腐败、建设公共机构、改造社会价值观——这些都是当时的新口号，往往有损于民主。现代化变成了新的关键词。

现代化理论

如果我们想要为现代性下定义，那么就很难避开与分化概念相关的中心语义场。从严格的社会学角度来看，这个概念可以被表述为自制社会制度的功能分化，如政治、经济、宗教、法律、科学或艺术（Luhmann，1997）。但是这个原理也可以用其他方式来阐述。例如，我们可以谈论皮埃尔·马内特（Pierre Manent）提出的政权分离，并说出其中最重要的六种分离形式：职业分离（分工），三权分立（立法权、行政权、司法权），政教分离，公民社会与国家分离，被代表人与代表分离，以及事实与价值分离（马内特，2003）。所以，现代生活一直是一种分裂的、碎片化的、差异化的生活，不再是一元化的了。

我想要跳过经典社会学理论，适当概述 20 世纪 50 年代至 60 年代发展起来的现代化理论。

现代化理论的问题在于它不仅是一个理论，还是一种话语（参看谢尔克和克里，2000：49－72）。它的第一语境不一定在学术界。它起源于二战后，当时苏维埃世界和西方世界的对峙也反映在了意识形态层面上。苏维埃世界以马克思列宁主义哲学作为国内外的思想基础；而现代主义和现代化思想体系在不断进步，依靠技术进步引领社会变革。现代化理论、美国和西欧的现代化话语被发展为了与马克思列宁主义对等的意识形态。

从某种程度上来说，现代化理论有两个起源，尽管第二个起源并不完全独立于第一个。在塔尔科特·帕森斯（Talcott Parsons）的社会学构想中，可以找到现代化理论的第一个来源和某种意义上的实例。帕森斯被认为发现了"进化共相"，即"任何组织的发展对于进一步的进化都足够重要以至于……有可能被在不同条件下运转的各种各样的体制'想到'"（帕森斯，1964：339）。据帕森斯所述，进化共相列表以现代社会为特征，包括"差异化的、在多数情况下具有普遍主义的法律制度、货币与市场、'官僚主义'机构和民主结社模式，特别是它在大规模社会中政府一级的发展"（帕森斯，1964：340）。帕森斯认为，这四种共相对于现代社会的重要性等同于宗教、语言、亲属关系和技术对我们现在所了解的早期人类社会的重要性。根据线性历史观，可以严格地为所有的"进化共相"一一对应地找到它们在历史上的形态，但是帕森斯从没有假设过由传统到现代的历史是呈线性发展的。帕森斯的目的是捕捉人类社会的复杂性，但正是因为这种复杂性导致了难以将他的理论全部运用于解释人类社会（参看乔亚斯和克诺贝尔，2009：315）。

现代化理论更容易理解、更通俗的版本是在 20 世纪 50 年代至 60 年代由丹尼尔·勒纳（Daniel Lerner）、华尔特·罗斯托（Walt Rostow）、马里恩·J. 列维（Marion J. Levy）和艾历克斯·英格尔斯（Alex Inkeles）等学者发展起来的，他们中的很多人都受到了帕森斯强烈的影响。丹尼尔·勒纳在他的书《传统社会的消逝：处于现代化进程中的中东》中阐述的理论是这类现代化理论的一个著名的例子，因为从发表时间上来看，它是最早的这类理论之一，也是最有影响力的这类理论之一。

从标题可以看出，勒纳选定了一个他认为很传统的具体地区，跟踪研究了大众传媒在该地区的出现如何打破旧的社会结构，用新的态度和价值观来取而代之，并带来经济活力。对勒纳来说，这种新的价值模式以他所说的"共情"——把自己从排他主义者的眼界和家庭网络中抽离出来的能力——的重要性为中心（勒纳，1958：54）。勒纳认为，这种共情的能力可以通过使用现代大众传媒（报纸、无线电广播、电视）形成。这提供了一个从传统社会向现代社会过渡的简单模型。

勒纳提出的现代化理论远没有帕森斯或卢曼提出的那么复杂。但正是这个简化的理论版本在学术圈内外，在决策和政治话语领域都大受欢迎。但是它的人气并没有持续很久。对此，一种解释指出（亚历山大，1987）由于现代化范式具有"种族中心主义"的特征，这已不再为左翼分子的时代精神所接受，因此1968年的学生起义标志着它的终结（乔亚斯和克诺贝尔，2009）；根据另一种解释，现代化理论的内部矛盾导致了它的消亡。但是无论你选择这两种解释中的哪一种，都不应该忘记现代化理论于20世纪90年代在理论层面和话语层面经历了一次不折不扣的复兴；例如，我们不应该忘记福山提出的历史终结论（福山，1992）正是现代化理论的一个版本。因此，鉴于苏联的灭亡，1989年战后自由主义的胜利使得人们认为永远不会有市场经济和自由民主的替代品，这只是20世纪50年代创造出的理论和话语的最后一个分支。

现代性和传统

在与现代化理论相关的所有问题中，一直有一个核心问题——传统问题。现代化理论依赖于传统和现代性之间的对立关系（Wehling，1992：117）。现代化被认为是从"传统的"社会向"现代的"社会发展的过程。这个模式完全是19世纪古典社会学（无论是托尼西亚主义形式还是涂尔干主义形式）对于礼俗社会和法理社会的区别的传统观念在二战后的版本。

这种区别因为其"种族中心主义"特征遭到了强烈的批评。它预先假定——它的批评家也是如此——社会进化的终极目标是西方式的社会，而所有其他类型的社会——尽管它们和西方式的社会有着巨大的文化差异和其他差异——只不过是"落后的"、原始的社会形式，终将在向着合理化和现代化发展的过程中被超越。

尽管这种批评的主要问题在于它无法在不重复资本主义、自由民主的西方社会结构的前提下提供可供替代的发展目标，但是它仍然很受欢迎。然而，这种批评针对的并非理论本身，它的观点基于政治假设而非该理论自身的理论和实验缺陷。但是，如果在 20 世纪 50 年代，传统社会这个名字被认为可以用来充分地描述一些第三世界国家的社会状况，那么在 21 世纪的全球化世界中，情况已不再相同了。后苏联时代的一些国家的社会——或是社会中的一部分——被称为传统社会，它们为这个难题提供了一个特别好的例子。

古典现代化理论在后苏联时代的格鲁吉亚的主要问题在于人们再也不能在真正意义上谈论传统和现代性的对立关系。格鲁吉亚至少经历了两次与现代性的邂逅——第一次是在 19 世纪，格鲁吉亚于 1801 年被俄罗斯帝国吞并后在帝国框架内遇到的；第二次是在 20 世纪，格鲁吉亚作为苏维埃共和国进行了彻底的现代化建设项目。格鲁吉亚在经历了两次现代化浪潮后留下的可以称之为"传统"的事物远非传统社会能够提供的任何真正的生命形式。尽管人们可以与霍布斯鲍姆（Hobsbawm）和兰杰（Ranger）一起称之为"被发明出来的传统"（霍布斯鲍姆和兰杰，1983），但是我们应该考虑到这个发明的过程本身也是现代化的产物。然而，用古典方式反对传统和现代的不可能性不应该被解读为"历史终结论"的新版本，根据这一观点，历史动力已经耗尽，没有为展开进一步的冲突和紧张局面而留下任何东西。相反，历史推动着我们探索思考现代化的新模式。

如果我们回过头来将现代化看作一个分化论题，我们可以诊断出不同的去分化方式是"现代化"道路上的主要障碍物。模糊不同体制之间的界限、通过废除分离边界以挑战"政权分离"将成为现代化过程中的决定性动力，甚至是其中的"熵"因素。分化和去分化之间的相互影响将覆盖社会进化和发展的所有领域，与独立于二者间相互影响而存在的传统无关。"传统"现象的出现无非是"再传统化"的产物，这也是现代化现象的另一方面。

人们可以用行动者网络理论提供的现代性理论作为功能分化理论的补充，从而把握现代化这个双重性的过程。拉图尔（Latour）认为我们可以在现代性的大标题下考虑两个截然不同的过程——杂化过程和分离过程。自相矛盾的是，分离过程是杂化过程的基础，反之则不成立。拉图尔（1993）说："我们越不允许自己想象杂合而成的混合物，它们的杂化就越有可能发生——这恰恰是现代化的自相矛盾之处，我们今天遇到的例外情况让我们最终掌握了这个悖论。"因此，现代化变成了永无止境、自我参照的去分化过程，不需要外部资源或限制。现代化通过模糊其在不同的社会体制之间和这些社会体制之内划分的界限并重新进行划分，在内部产生了自己的紧张局面、冲突和动力。

参考文献

Alexander, J. (1987), *Twenty Lectures: Sociological Theory since World War II*, Columbia University Press.

Carothers, T. (2002), "The End of the Transition Paradigm," *Journal of Democracy*, 13 (1), 5 - 21.

Dochanashvili, G. (2001), Katsi, romelsats literatura dzlier ukvarda [A Man who was Very Fond of Literature], Saari, Tbilisi.

Fukuyama, F. (1992), *The End of History and the Last Man. Perennial*, New York.

Gumbrecht, H. U. (1978), Modern, "Modernit. t, Moderne", in Koselleck, R., Conze W. And O. Brunner, *Geschichtliche Grundbegriffe*, vol. 4, Klett-Cotta, Stuttgart, pp. 93 - 131.

Hobsbawm, E. J. and Ranger, T. O. (1983), *The Invention of Tradition*, Cambridge University Press.

Inglehart, R. *Modernization and Postmodernization: Cultural, Economic and Political Change in 43 Societies*, Princeton University Press.

Javakhishvili, M. (1985), Kartuli sabchota romani. Jakos khiznebi, Tetri sakelo, Givi shaduri [Georgian Soviet Novel. Jako's Prisoners, The White Collar, Givi Shaduri], Merani, Tbilisi.

Joas, H. and Kn. bl, W. *Social Theory: Twenty Introductory Lectures*, Cambridge University Press.

Katsitadze, K. (2013), Kopiereba da kheleba [Being and Art], Georgian Biographical

Centre, Tbilisi.

Knoebl, W. （2007）, Die Kontingenz der Moderne. Wege in Europa, Asien und Amerika, Campus Verlag.

Latour, B. （1993）, *We Have Never Been Modern*, Harvard University Press.

Lerner, D. （1958）, *The Passing of Traditional Society*: *Modernizing the Middle East*, Free Press.

Luhmann, N. （1995）, Kausalit. t im Süden. Soziale Systeme 1, 7 – 28.

Luhmann, N. （1997）, Die Gesellschaft der Gesellschaft, Suhrkamp, Frankfurt a. M.

Lyotard, J. – F. （1984）, *The Postmodern Condition*: *Report on Knowledge*, Minnesota University Press.

Manent, P. （2003）, "Modern Democracy As A System of Separations," *Journal of Democracy*, 14 （1）, 114 – 125.

Parsons, T. （1964）, "Evolutionary Universals in Society", in *American Sociological Review*, v. 29, n. 3, 339 – 357.

Schelkle, K. and Kohli, E. （eds）（2000）, *Paradigms of Social Change*: *Modernization*, *Development*, *Transformation*, *Evolution*, Campus Verlag.

Stichweh, R. （2010）, Der Fremde, Studien zu Soziologie und Sozialgeschichte. Suhrkamp.

Wehling, P. （1992）, Die Moderne als Sozialmythos. Zur Kritik sozialwissenshaftlicher Modernisierungstheorien, Campus Verlag.

（袁一蓬 译）

可持续的全球粮食系统

克里斯蒂安·德拉尼（Cristiane Derani）

巴西圣卡塔林娜州联邦大学教授、博士

摘　要

本文旨在就联合国 A/Res/70/1 号决议提出的到 2030 年消除饥饿的目标展开讨论。食品安全和可持续的食品生产系统对适应气候变化和控制生物多样性流失十分重要。法律和管理在定义致力于重新组织全球范围内人类生产、贸易和消费关系的法律和政治系统，保护和修复生态系统，尊重当地有机食品生产商和传统知识方面发挥了特殊的作用。因此，需要采取地方、跨国和国际措施来致力于保持全球粮食系统的可持续性。

引　言

在不久的将来，人类可能会遭受食物短缺。这对于数百万人来说已是现实①。此外，由于营养不良和致癌添加剂而引起的疾病增加和其他健康问题已经成为我们社会和卫生系统担忧的一部分。本文旨在明确可

---

① 自 2015 年起，全球营养不良人口数量一直在增加；2018 年，全球约有 8. 21 亿人口营养不良。《2019 年世界粮食和营养状况》（The State of Food Security and Nutrition in the World 2019），参考文献：https：//www. un. org/en/sections/issues－depth/food/index. html。

持续理念，从而就如何组织全球粮食系统[①]并实现联合国可持续发展目标 2（消除饥饿，实现粮食安全，改善营养状况和促进可持续农业）展开以地球为中心的[②]（Bosselmann，2011）讨论。

营养是人类与自然的首要联系，是人类与外在自然不可避免的联系。我们与自然的关系越好，我们的营养就越好。合理的、可持续的粮食生产依赖于健康的环境。如今，我们在生活中忽略了这个必不可少的联系，更糟糕的是，我们把粮食变成了受市场规律支配的适销产品，而市场规律本质上违背了我们在粮食和营养面前所做的自然行为的规律。例如，对于粮食产业而言，粮食（特别是经过高度加工的、高度工业化的粮食）消耗量越大，利润就越多。而且，粮食商品化扭曲了任何人类社会世世代代丰收的喜悦。对于金融市场而言，粮食生产越少，如因为极端气候（干旱和洪涝）导致粮食产量减少，粮食的商品价格和市场就会越好。这样的文明能走多远？它认为自己发展到了什么程度？市场上有一句老话"生产还是毁灭"，作为对它的回应，我宁愿说生态生产还是我们集体毁灭。

污染和消除水道、污染土壤和造成土壤荒漠化、破坏文化和生物多样性等破坏自然的行为不仅仅对粮食安全和主权产生了严重危害。它反映出了我们的社会在发生结构性转变，变成一个极其不公平的社会。有史以来，受到饥饿和不公正威胁的社会都会用暴力和破坏性的方式来对此做出回应。

《联合国 2030 年可持续发展议程》设想"将消除饥饿、实现粮食安全作为首要任务，消除各种形式的营养不良"，从而推动可持续农业和渔业的发展（24）。此外，它特别关注小规模粮食生产者，特别是女性、土著居民、家庭农场主、牧民和渔民的生产能力和收入，包括安全平等

[①] 粮食系统是满足某地区人口的食品安全需求的所有工程和基础设施，即食品的收集/捕获、种植、收获（生产方面），储存、加工、包装、运输、销售和消费，以及厨余垃圾的处理（非生产方面）。它包括这些活动对食品安全产生的效果，涉及粮食的供应、利用和获取，以及其他的社会经济和环境因素（Ericksen，2008；埃里克森等人，2010；Ingram，2011）。

[②] http：//www.harmonywithnatureun.org/ejInputs/.

地获取土地的途径（目标 2，2.3）。

我们国际社会承担的任务至关重要，尤其是考虑到气候变化对粮食生产构成的威胁。同一份文件中的目标 2.4 意识到了这一点，并将上述目标与实施弹性农业相结合，后者能够提高生产能力和产量，有助于维持生态系统平衡，能够增强对气候变化、极端天气、干旱、洪涝和其他灾害的适应能力并逐步改善土地和土壤质量（目标 2，2.4）。

气候变化对粮食生产者来说是一个令人不安的现实。它要求采取适应性强的措施，还会导致地方性和区域性粮食短缺①。气候变化对粮食系统的影响也很大，因为它破坏了采取适应性强的措施所需要的资源。它加剧了生物多样性和水资源的流失，并破坏了土壤。气候变化导致全球粮食系统易受伤害，需要立即采取措施防止温室气体排放，还需要修复生态系统并使用可持续的清洁能源。

可持续的粮食系统

要理解什么是可持续的粮食系统，就有必要具体地理解可持续性在这个语境中的含义。如今，世界上的粮食系统分为地方的、区域的和全球的产品链和价值链循环。整体的可持续性取决于这些系统的活动、相互作用、平衡和特点。粮食系统的多样性和全球性加剧了建设可持续的粮食系统要考虑的参与者、资源、环境和活动的复杂性。

对于可持续发展的主要主张是在社会、经济和环境三大支柱之间建立平衡（Purvis，Mao and Robinson，2019）。这三大支柱明确地体现在联合国的可持续发展目标中（联合国，2012a）。

然而，这个观点存在对可持续发展的误解，因为它预先假设了这三个元素之间存在区别且会在交叉处相互影响。这个想法在现实中是没有依据的。社会是建立在自然和各种社会结构和社会关系的维系和调解之

---

① 在世界上一些地方，气候变化对庄稼和陆地粮食生产产生的影响是显而易见的（可信度高）（……）气候变化趋势正影响着待捕的水生物种（淡水生物和海洋生物）的丰富度和分布，也影响着世界各地的水产养殖生产系统（……）。参见：https：//www.ipcc.ch/site/assets/uploads/2018/02/WGIIAR5 — Chap7 _ FINAL.pdf。

上的文化和历史建筑（罗宾逊，2004）。

经济是社会组织的一种表现。经济由社会创造，并创造于社会之中，由于它的组织和发展，经济也依赖于自然。从这个意义上讲，三个不同支柱的形象与现实不相符。我们不能把三个相互冲突的事实当作三大支柱或在某些交叉处相互影响的事实来处理。我们在这个环境单元内塑造我们的社会，形成我们的经济行为，这个事实从历史学和人类学的角度来看都是正确的（博塞尔曼，2017）。构建同心圆更加恰当，这甚至标志着经济行为的膨胀极限。经济处于社会关系和环境安全的界限内。经济是社会创造的作品，是全球生态系统的子系统（Martínez-Alier，2001）。

图 1 自然不仅维系着地球上的生命，还为可持续发展提供了生产基础*

　　*一方面，自然为经济提供了环境资源储备（总体上来说，即不可再生可耗竭性资源）和持续供应的环境服务（总体上来说，即可再生不可耗竭性资源）来生产可供消费的有形商品和服务，从而达到预期的满意度；另一方面，自然使稳定状态最需要的生物量得到再生，并且吸收或消化或循环利用生产消费外部效应生成的'高熵'废料。因此，自然或环境或自然资源基础是自然资本的'来源'，也是经济的'水槽'。而且，在下面两个系统之间存在双向的相互联系、相互依赖和相互关联：（1）自然为经济提供生产资源和（2）经济对自然产生高熵废料。参见：Mittal，Ishwar and Gupta，Ravi Kumar，"Natural Resources Depletion and Economic Growth in Present Era（September 30，2015）"，*SOCH-Mastnath Journal of Science & Technology*（BMU，Rohtak）（ISSN：0976 – 7312）；Volume 10 No.3，July-September，2015..Available at SSRN：https：//ssrn. com/abstract = 2920080。

因此，对于粮食生产而言，贸易和消费要保持可持续发展，粮食生产必须尊重自然的有限性并保持自身与其他社会关系之间的平衡。换句话说，粮食系统必须在尊重自然资源保护的前提下发展。它还必须尊重并帮助建立繁荣和公平的社会。这是一种政治和法律态度，建立在联合国批准的可持续发展目标中设立的全球性原则的基础上。

可持续的粮食系统必须提供方法以保证自然资源在粮食系统中被消耗的同时不会出现资源稀缺、破坏或耗尽的情况。此外，粮食生产、保护、分配和消费必须纳入以下目标：（1）向消费者提供均衡健康的饮食；（2）减少粮食系统对环境的负面影响；（3）建立切实可行的、有竞争力的且可以保持社会平衡的农产品部门；（4）帮助实现社会公平目标和全球粮食安全（楚雷克等人，2018）。

除此之外，有关可持续发展的政治活动和可持续发展法则必须能够改善公平和财富的平均分配。塞赫佐（Seghezzo，2009）指出公平是可持续发展的核心。事实上，有几个例子表明社会和自然之间不平衡的关系导致了人与人之间的不平等关系，造成了物资稀缺、疾病和污染。这些被认为是引起流离失所、战争和其他形式的社会冲突的重要原因。

有证据表明，可持续发展是一种与均衡和公平相关联的态度，因为它包含了社会资源和生产成果在代内和代际的社会分配；与此同时，为了我们这一代人和后代的永续发展，它注重保护生态系统。所以，要在寻求可持续发展的同时，寻求生态公平和社会公平（Gottschlich and Bellina，2017）。

全球粮食系统的主体

至此，对粮食系统中的参与者做出一些解释，但又不详尽地讨论此事应该能引起人们的兴趣。

粮食生产者

全球粮食系统依靠一个连接起来自不同国家、文化和经济层面的参与者的复杂的全球网络。它由一个错综复杂的、各部分相互依存的网络组成。然而，影响这一系统运转的力量是独一无二且高度集中的。

尽管该系统内的生产者遵守同样的进出口规则，但是他们拥有不同的能力。这一点很重要，应该突出强调，因为任何变化都必须根据贸易规则进行调整，贸易体系应该能够为进行更可持续的粮食生产实践而做出必要的改变。

使全球粮食系统具有可持续性的一大难点在于大多数粮食生产者在三种非常常见的食物链中十分弱小。全球化粮食生产的食物链中的第二个环节是大型食品贸易公司。它们构成了一种买方垄断，即贸易商可以规定产品售价并指定产品种类，导致生产者处于非常弱势的地位。另一个障碍是大生产者和小生产者之间的竞争，其中后者没有机会在所谓的自由市场上反抗竞争对手的蚕食。

全球粮食贸易商市场体系导致一些基本的粮食产品被商品化，使其符合主要与粮食分配的物质需求相矛盾的市场逻辑。公司和大型生产商在大片土地上大规模发展大豆、肉类、橙汁和糖的生产，而它们的产品是即将在金融市场上进行买卖谈判的商品（梅库尔等人，2019）。产品商品化的趋势意味着以不正当的方式人为制定价格和颠倒生产逻辑，产量减少时，例如由于干旱和洪涝造成产量减少时，商品化趋势会给投资者带来利润，给生产者造成损失。在这种情况下，金融市场会获取利益，而生产者则会遭受收入降低。

生产者采取现实的方法把粮食系统转变为更加可持续、更加公平的系统，这需要纠正系统内不平衡的关系。因为粮食贸易在国际范围内进行，所以任何可持续性转型都有赖于国际贸易规则和全球治理（Oosterveer，2012）。

这种全球粮食系统引起了经济、文化、环境这几种类型的冲突。小农和土著居民的土地遭到剥削。水、土壤、森林和人类都忍受着自然资源集约利用和农药污染的影响。生产高度自动化，导致土地被城市取代，造成严重的社会和经济问题。

使用资源和资产的机会必须平均分配。支持逐步实现人们获得充足粮食的权利的《自愿准则》（联合国粮食及农业组织，2005）概述了尊重人权和法治的重要性。它们意识到了需要特别关注牧民和土著居民等群体和他们与自然资源的关系。它们还强调了各国有必要采取行动，使弱势群体成员能够获得机会和经济资源，以便使他们充分平等地参与到经济活动中。最后，保证小生产者（尤其是配合诸如有机农业和生态农业等生态理念展开工作的小生产者）收入公平非常重要。

关注生产农药和肥料的副产业也很重要。欧盟对这类产品的管控越发严格，而其他粮食生产国对许多已经被禁用的化学产品实行软监管。如果没有全球性的政策可以用来禁止有害化学品用于食物，那么原本开设在"高标准"国家的企业会迁移到标准不太严格的国家。

这些问题既是国内问题，也是跨国问题。需要借助国际视野来提高粮食系统的可持续性。健康的环境有赖于健康的全球食物链，可以增强环境健康意识并对食物链中所有环节产生更强的责任感（德莱尼等人，2018）。

相反，外国生产商遵守的是不同的法律规则和政策。他们来自于另一种社会背景，有地理、历史、经济、文化和环境等许多差异。国际环境和贸易法是用于标签和追踪的重要工具。此外，必须认识到一些欧盟政策能够促进出口国社会发生变化。具体的例子包括：植物检疫要求、由社会和环境原因造成的产品和工艺歧视，以及可以推动小农和有机生产者发展的积极举措。

消费者

国际贸易在空间上将环境开发的成本和效益分开。消费者未曾看到过他们购买的产品对环境或社会造成了什么影响（Daly，Herman，1993）。

生态足迹可以提供必要元素从而鼓励消费者选择环保的、更健康的食品。出于对生物多样性、水资源和土壤资源的保护，实施生态足迹制度能够让消费者行使其知情权，了解他们的粮食是在何处、由何人、通过何种方式生产的；该产品会给环境带来什么压力和损失；还有生产过程中碳排放量需达到多少，产品是否合乎生态规范。

在消费时不制造垃圾也是消费者的权利。因此，仅仅让消费者能够反向追溯产品的生产过程是不够的。生产者有责任适应最新、最先进的技术，快速有效地替换掉塑料和不可降解的包装，并允许消费者因为产品的包装使用了不利于环境可持续性的材料导致不可逆转的环境后果而拒绝购买产品。让消费者别无选择是不公平的。他们必须有权选择购买使用可降解材料包装的产品。消费者有责任选择退还不可降解的包装或是购买不使用此类包装的产品。所以，生产者有义务把用适当的环保材料包装的产品投入市场。

最后，有必要规范市场营销，尤其是禁止垃圾食品广告宣传（特别是针对儿童的垃圾食品广告）从而取消对高度工业化的化学品和食品的补贴。此外，必须有一个强有力的政策让支持健康营养、反对食物浪费的理念渗透到媒体和教育政策当中①。

因为粮食系统大多是全球性的，所以一个公平的粮食系统要求在全球范围内平均分配收益和损失。贸易和融资相互依存，直接影响了粮食生产的公平性。这种全球化的相互依赖关系在经济上是不对称的。

成本和利益的分摊是不平衡的，尤其是自然资源枯竭被视为是一种经济成本的时候。事实上，自由市场在环境外部效应生产方面是不平等的，这导致了生态债务分配不均。考虑到全球商业环境，必须明确生态债务并进一步纠正生态债务。

全球化生产允许在不同的空间和时间中分配引起环境问题的原因和对环境造成的影响。因此，如果某个环境问题是在世界范围内复杂的生产流程中形成的，那么国内规范和政策对此起不到什么作用。

鉴于市场面向的是未来收益，可持续发展需要整顿生产以实现人类活动和自然新陈代谢之间在当代和将来都保持平衡。平衡的社会意味着把公平作为制定制度（包括经济制度）基石的公正社会。当公平被认为是自由市场的里程碑时，环境和人权就会比金融和粮食生产方面的个别决策更为重要。

---

① 经济合作与发展组织针对气候变化发布的报告也强调了粮食系统和气候变化之间的联系。"农业部门在消除饥饿、为世界人口提供粮食和促进经济发展方面取得了重大成就，为全球 28% 的工作者提供了就业岗位。农业部门还向社会提供了农业环境服务，如减少洪水风险和增强抗旱能力。然而，取得这些成就需要付出代价。对环境和人体健康造成的许多不良影响是为满足日益增长的全球粮食需求而加强耕作导致的（如过度使用肥料、农药和抗生素）。粮食系统是导致气候变化的主要因素，全球排放的温室气体中约 30% 是粮食系统排放的……"参见：https：//www. oecd. org/environment/cc/Highlights－Accelerating－Climate－Action－Refocusing－Policiesthrough－a－Well－being－Lens. pdf。
《世界粮食安全罗马宣言》也值得一阅。参见：http：//www. fao. org/3/w3613e/w3613e00. htm。

结论：朝着生态可持续的粮食系统发展

粮食生产与自然及其行为、繁殖能力和协同效应直接相关。人类维持生存既是一项经济活动，也是一项必要的社会任务。这项活动的基础是自然，尽管技术不断发展，但是它依然深深地依赖着自然。因此，人类生产粮食的方式揭示了他们的文化和他们对自然和营养的认识（Atkins and Bowler，2016；Counihan，Esterik，2013）。

文献中提出的两个重要思想推动了向强有力的可持续发展概念的过渡。首先，文献科学呼吁人们改变基于人类中心论而对自然产生的功利观，将人类和他们的生命（社会和经济）置于自然框架中。此外，当全球社会决定发展其生产和消费活动时，考虑环境安全界限很重要（Rockström，2009）。第一个思想认为公平的范畴扩展了，还包括自然公平。必须要考虑地球母亲的权利，其权利能够保证人类活动不超过环境安全界限，这改变了生产的观念。关于生产什么、在哪里生产、如何生产和为谁生产的决定必须附加于生态公平的生态前提之上，而生态公平是社会、经济和粮食公平的基础。

至此，根据《联合国 2030 年可持续发展议程》，必须强调有必要将全球粮食系统变革为繁荣、公平的粮食系统，能够通过食物链实现经济可持续增长、创造体面工作机会的系统，所有自然资源——从空气到土地，从河流、湖泊和含水层到海洋——的利用都是可持续的系统。在该系统中，民主、善治和法治，还有国家和国际层面的有利环境对可持续发展至关重要，包括持续的包罗一切的经济增长、社会发展、环境保护和消除贫困和饥饿；技术发展和应用，对气候敏感，尊重生物多样性且适应力强；人类和自然和谐共处，野生动物和其他生物物种能够受到保护（可持续发展目标 12），减少生产和供应链上的粮食损失（12.3），确保所有地方的人都知晓可持续发展及与自然和谐相处的生活方式的相关信息并提高他们对此的意识（12.8）。

必须从种子到市场，从生产者到消费者设计全球粮食系统转型，尊重他们有助于粮食安全和主权的文化特性。粮食系统必须考虑生产者、消费者权利和贸易监管之间的公平公正，选择理智食品的权利、获得公平粮食系统的权利和参与全球生态粮食系统的主体的义务。

　　社会植根于自然，从各种各样的生态系统中摄取养分。各种生态系统之间的平衡对于我们生命的延续至关重要。当然，对不同的生产和消费模式的需要使我们人类得以继续生存。粮食生产是人类与外界自然的原始联系，因此，对具体的可持续发展而言，也是最敏感的话题。

参考文献

Atkins, P; Bowler, I. *Food in Society － Economy, Culture, Geography*, Routledge, 2016.

Bosselmann, K. "From Reductionist Environmental Law to Sustainability Law", in Brden (ed), *Exploring Wild law: the Philosophy of Earth Jurisprudence*, Adelaide: Wakefield Press, 2011.

Bosselmann, K. "The imperative of Ecological Integrity: Conceptualising a Fundamental Legal Norm for a New 'World System'", in Anthropocene. Kotzé, L (ed.). *Environmental Law and Governance for the Anthropocene*, Hart Publ, 2017, pp. 241 － 265.

Bosselmann, K. "Planetary Boundaries: Exploring the Safe Operating Space for Humanity Johan Rockström", https://www.stockholmresilience.org/download/18.8615c781250 78c8d338000219 7/145 9560331662/ES － 2009 － 3180. pdf.

Counihan, C; van Esterik, P. *Food and Culture － A reader*, Routledge, 2013.

Daly, Herman. "Problems with Free Trade: Neoclassical and Steady-State Perspectives", in Durwood Zaelke et al. eds., *Trade and the Environment: Law, Economics, and Policy*, 1993.

Gorrschlich, D., & Bellina, L. "Environmental Justice and Care: Critical Emancipatory Contributions to Sustainability Discourse", *Agriculture and Human Values*, 34 (4), 2017, 941 － 953. https://doi.org/10.1007/s10460 － 016 － 9761 － 9.

Robinson, J. "Squaring the Circle? Some Thoughts on the Idea of Sustainable Development", *Ecological Economics*, 48, 2004, pp. 369 － 384.

Seghezzo, Lucas. "The Five Dimensions of Sustainability", *Environmental Politics*, v. 18, n. 4, 2009, pp. 539 － 556.

UN (2012a) The Future We Want: Resolution Adopted by the General Assembly, 27 July 2012 (A/RES/66/288). United Nations, New York.

Zurek, Monika; Hebinck, Aniek; Leip, Adrian; et al. *Assessing Sustainable Food and Nutrition Security of the EU Food System – An Integrated Approach*, Sustainability (Switzerland), v. 10, n. 11, 2018.

（袁一蓬 译）

从人口角度探讨中国的
生态稳定和可持续发展

莱克什曼·迪萨纳亚克（Lakshman Dissanayake）
斯里兰卡科伦坡大学人口学教授
马诺里·韦拉通加（Manori Weeratunga）
斯里兰卡科伦坡大学人口学系主任、高级讲师

引　言

　　世界在庆祝中国 70 年以来的发展和人类命运共同体的构建，这真是一个伟大的时刻，因为过去几十年里我们见证的发展是前所未有的，它为世界提供了许多想法和观念，让人们用新的方式去思考，重新审视全世界目前采取的可持续发展战略。人们不应该忘记中国庞大的人口和其人口构成促进了中国的发展，也造成了一定的限制，因为大多数时候规划者都忘记强调人口结构是任何国家发展的基础。我们看到了科学技术加速发展，世界经济秩序和结构快速变革。在这种情况下，人口和发展已经成为至关重要的问题，因为寻求一个实现可持续发展与人口、经济、社会、资源和环境和谐相处的途径很有必要。目前，中国是世界人口第一大国，人口总数达到 14 亿[①]。在本文中，我们从人口角度强调将中国的人口规模和特征纳入发展议程并融入生态稳定和可持续发展的重要性。中国和世界上其他地方一样，人口动态和环境变化在各种各样的地理层面上，通过不同的社会和经济机制，以种种方式紧密相连。

---

　　① https：//www. worldometers. info/world－population/china－population/.

中国在环境问题方面对联合国可持续发展目标的承诺

中国承诺在其国家计划中实施《联合国 2030 年可持续发展议程》，并将可持续发展目标一一转换为中国的"行动计划"。该计划的目标是保护多边贸易体系，促进多哈回合谈判，同时反对贸易保护主义（可持续发展目标 2，3，17）。它还旨在加强有害化学品的预防和污染处理，促进各类废品的回收利用和安全处理，并建立覆盖所有固定污染源的排放许可制度（可持续发展目标 3，12）。到 2020 年，中国将建成国家集中实时环境监测系统，完善环境信息披露制度，并加强环境执法（可持续发展目标 3）①。为应对气候变化（可持续发展目标 13），预计中国将把"国家自主决定的贡献"目标纳入国家战略，并把气候变化减缓行动转移至建设推动环境保护的经济增长新模式。预计中国将敦促发达国家制定路线图和时间表，以推动国际社会承诺截至 2020 年每年出资 1000 亿美元，用于满足发展中国家与气候相关的需要并全面展开绿色气候基金的运作。

尽管中国正在尽力按计划实现其 2030 年"国家自主决定的贡献"目标②，但是气候行动追踪组织对中国的评价似乎是"严重不足"。这意味着中国的"国家自主决定的贡献"目标不够有抱负，不足以将全球升温幅度控制在 2 摄氏度以内，而《巴黎协定》要求将全球升温幅度控制在 1.5 摄氏度。然而，在继续执行当前政策的情况下，中国也有可能兑现它的 2020 年承诺。鉴于中国正走在实现其气候目标的正轨上，它下一步要做的可能是在 2020 年前向《巴黎协定》递交一份经过加强的"国家自主决定的贡献"目标，为各国树立榜样。这不仅仅是中国的问题，因为联合国环境规划署发布的《排放差距报告》指出，即使各国全面实施它们在《巴黎协定》下承诺的"国家自主决定的贡献"目标以减少排放，到 2100 年，地球仍然有可能面临至少 3 摄

---

① https：//sdg. iisd. org/news/china – releases – national – plan – to – implement – sdgs/.

② https：//climateactiontracker. org/countries/china/.

氏度的升温①。然而，好消息是，中国已表示正在致力于更新其"国家自主决定的贡献"目标。此外，绿色气候基金会已经与全球最大的开发性金融机构中国国家开发银行签署协议，互相协调促进气候行动的落实。这个重要事件表明中国承诺将寻找机会减少排放并和其他发展中国家一起适应气候变化②。

众所周知，消费与基于增长的经济模型直接相关。"改善个人的福祉使人类繁荣昌盛而不仅仅是勉强生存，要求目前的经济措施充分重视自然资本"（英国皇家学会，2012）。在这个背景下，似乎有必要重新调整关于重复利用设备和循环利用材料、减少浪费、从可再生资源中获取能源的国家战略并让消费者付出更多的消费成本，从而将经济活动与物质、环境区分开来。中国已通过创新、协调、开放、包容性的发展开创了经济全球化的前景。该国商品和服务跨境贸易规模日益扩大，国际资本流动，技术广泛快速传播，在很大程度上为加强世界各经济体之间相互依赖的关系做出了贡献。它反映了各国市场前沿持续扩张并相互融合，是世纪交替之际全世界经济发展不可逆转的趋势。中国在改革开放进程中，改革其制度并帮助制定国际规则，在推动全球经济开放与合作中发挥的作用令人印象深刻。它差不多加入了所有的国际条约和国际组织，与很多国家和地区签署了自由贸易协定，倡议并设立了亚洲基础设施投资银行和新发展银行，提出了"一带一路"倡议。现在，评估中国的生产和消费以了解中国的生态关怀和中国及世界可持续的未来有多少一致之处至关重要。

推动利用可再生能源，创造绿色就业机会

中国转向可再生能源的措施唤起了人们对低排放未来的希望。一直以来，中国在尽力转向可再生资源，主要是太阳能。由于中国人口众多，生产基地庞大，因而能源消耗量巨大，因此中国非常重视太阳能的

---

① https：//www. greenclimate. fund/news/developing – country – entrepreneurs – cause – for – hope – gcf – deputy – tells – meeting.

② https：//www. greenclimate. fund/news/gcf – slates – future – climate – cooperation – with – china – development – bank.

使用。太阳能现已成为全世界增长最快的新能源，超越了其他所有发电方式的增长。据报道，2016 年可再生能源增加的电力占全球电网新增电力的三分之二。新增的太阳能发电能力甚至超过了之前增幅最大的发电方式——煤炭发电的净增长。降价和政府政策推动了这一转变，在太阳能电池板安装量几乎占全球一半的中国更是如此[1]。

中国似乎在创造绿色就业机会方面处于领先地位。中国在可再生能源领域——包括太阳能、风能和水力发电——共创造了 364 万个就业岗位[2]，处于领先地位。人们已经认识到了有必要明确转向低碳经济，从而避免气候变化对经济和社会造成不可逆转的危险的影响。这会对与一切生产过程相关的材料消耗产生重大影响。一方面，减少温室气体排放需要企业和工人承诺改用清洁能源。另一方面，必须阻止自然资源的不可持续利用，减少浪费，防止污染，并为不断增长的人口保障可持续的粮食生产。这些转变肯定会对经济和劳动力市场产生重大影响。在这种背景下，国际劳工组织提出绿色就业机会这一概念迫在眉睫。绿色就业机会是指"能够减少能源和原材料消耗、限制温室气体排放、尽量减少浪费和污染及保护并修复生态系统的体面工作"[3]。在发展中国家，绿色就业机会的潜力似乎更大。因此，针对最需要就业的年轻人、女性和穷人推广绿色就业岗位切实可行。在这方面，对绿色就业岗位进行技能培养投资是企业和国家成功"绿化"的重要条件。因此，中国必须坚持致力于就环境、就业、经济之间的联系开展研究；培养意识并提出满足社会伙伴（雇主和工会）需求的方案；在废物管理、可再生能源、绿色制造、生态旅游和可持续住房等领域创造越来越多的绿色就业岗位和体面的工作。

让年轻人参与进来

中国的年轻人往往更关心气候变化，但和世界上许多国家相比，中

[1] https：//www. theguardian. com/environment/2017/oct/04/solar – power – renewables – international – energy – agency.

[2] https：//www. chinadailyhk. com/articles/109/72/35/1543821429501. html.

[3] www. ilo. org/wcmsp5/groups/public/@ ed. . . /wcms_ 158729. pdf.

国总体上对气候变化的关注度相对较低①。如今，许多年轻人没有意识到他们的消费方式对环境产生了严重的影响。因此，让年轻人了解气候变化科学和减缓方式并让他们意识到他们的消费行为造成的后果似乎非常合适。气候变化领域的教育和培训还可以让年轻人做好准备，把握住在向更加绿色的经济转变过程中产生的新的就业机会。向年轻人提供有关气候变化的信息和教育为环境保护宣传奠定了坚实的基础。近年来，环境保护部门、教育部门、文化部门、新闻单位、妇女青年组织、科学协会和学术团体都发起了自己的环境宣传工作和教育活动②。例如，高等教育为环境保护工作培养了一大批科研、技术和管理人员；在职培训提高了环境管理人员的素质；基础环境教育培养并提高了年轻人的环保意识，全国的中小学和幼儿园都提供环境教育，培养儿童热爱自然的品质和保护环境的责任感。年轻人是可持续发展辩论中的关键参与者，他们能够提供决策者有时想不到的宝贵观点。年轻人应在环境政治中享有发言权，这应该从提高年轻人对身边关键问题和对如何参与发展并实施可持续性的解决方案的认识做起。

我们需要认识到，青年是国家的生命线。我们关注的重点应该是创造有利的环境来培养基层青年干部。中国青年应对气候变化行动网络这个平台可能是一个好的开始，因为它的使命是：

> 聚集并服务有志青年及组织，推动青年参与公民社会，立足国内、联系国际，共建低碳可持续发展的未来。启迪和引导中国青年把握机遇，应对气候变化和能源变革所带来的挑战，使中国青年成为实现全球可持续发展的生力军③。

它的工作重点是：

① https://www.theguardian.com/world/2019/sep/18/china - young - climate - heroes - fight - apathy - party - line.

② http://www.china - un.ch/eng/bjzl/t176940.htm.

③ http://www.climatenetwork.org/profile/member/china - youth - climate - action - network - cycan.

1. 通过中国青年的共同行动和国际交流合作，广泛宣传并提高公众对气候变化和能源革命的认识；2. 支持并推动政府和公众参与应对全球气候变化和能源变革的行动；3. 提高中国青年在国际社会气候变化和能源变革领域的影响力。超过300所大专院校参与了中国青年应对气候变化行动网络组织或赞助的活动。超过一百万学生或人员直接参与到我们的行动中并间接受到我们行动的影响。中国青年应对气候变化行动网络的行动强烈地鼓舞着年轻人了解气候变化并积极参与应对气候变化。中国青年应对气候变化行动网络为有志向的青年提供了一个个人发展平台，供他们探索新机遇。

在世界范围内，经济发展与资源消耗看上去似乎没有关系。中国可以通过营造一种氛围以提高消费者对可持续产品的意识，从而在这方面发挥更大的作用。此外，在全球范围内，随着人们越来越关注健康和生活质量，我们可以看到越来越多的人开始购买绿色食品。然而，可持续消费的知识和工具（如标签和标准）仍然处于低水平，因为消费者很少能得到有关这些问题的信息，而环境署（联合国环境规划署）一直尽力在许多方面做出改变①。在中国青年当中推动可持续消费的概念不仅能为中国带来许多利益，还能为"一带一路"倡议沿线国家带来很多益处。可以通过与环境署的提高认识方案建立一系列联系，并利用中国青年提高"一带一路"倡议成员国青年的环境意识来做到这点。这将会为世界带来根本变化，可以期待这样的倡议将使下一代能够负责任地爱护自然和环境。这一方面可以被纳入中国提出的"人类命运共同体"的愿景，过去几年里，中国国家领导人在各种论坛上多次强调这一理念。过去我们看到的是西方势力控制发展中国家，剥削后者的物质和人力资源，最终导致这些发展中国家贫困状态延续，自然资源耗尽。然而，中国与其他国家合作的方式与西方国家大相径庭，因为中国强调以人民为中心的共享发展理念。"一带一路"倡议很好地强调了这一点。该倡议是中国国家主席习近平提出的，旨在团结所有"一带一路"沿线国家，

---

① http：//www.chinadaily.com.cn/cndy/2016－04/08/content_ 24367276.htm.

共享发展，最终改善所有团体的福祉。与中国有双边合作关系的各国应该在当地电视中推广中国的愿景以完善这个活动。因为共同体中一部分地区可能会出现反对的观点，但是可以通过展示中国对区域共同发展的愿景和共同价值观带来的益处来消除这种看法，所以有必要赢得普罗大众的心。

可以通过利用已经确定的关键合作者来做到这点，例如学术界中相信中国是为了人类的进步而非西方盟国所认为的是为了干预别国而提出倡议的这些学者。

结束语：人口动态、环境保护和可持续发展：中国发展战略关注的领域

即将来临的种群变动轨迹取决于对未来生育率、死亡率和人口移徙趋势的假设。此外，当前的人口年龄结构从根本上扰乱了由生育率、食物链和移徙率代表的出生、死亡和移徙总数，对未来的人口增长产生了影响。这三个影响人口构成的因素对未来的人口增长产生的正面或负面的影响都值得注意。人口规模对生态的影响不是一个新现象了，因为早在两百多年前，马尔萨斯（Malthus）就警告过人口不加控制地增长，会产生有害的影响。他声称人口数量将超过环境提供生产资料的能力范围。甚至最近的人口科学家也认为人口规模是环境退化的主要决定因素。联合国政府间气候变化专门委员会赞同如下观点：人为因素导致的大气中温室气体浓度增加很有可能是自 20 世纪 50 年代起世界经历的大多数气温上升的原因。似乎"人均国内生产总值和人口增长是 20 世纪最后 30 年内全球排放量增加的主要推动力"（罗格纳等人，2007）。此外，还有证据表明由于大型发展中国家的碳密集型产业、正在发生变化的消费模式和正在增长的人口，这些国家的排放量正在迅速上升（邦加茨等人，1997）。

中国经济和社会发展最令人印象深刻的一个方面是对人力资本的投资。中国对高等教育领域的援助令人印象深刻，因为相当一部分学者已经或打算在中国大学各重要学科接受高等教育培训。如果该区域内的发展中国家得不到这项援助，那么它们很难在发达国家的大学里

找到一席之地。这为加快各国经济和社会发展提供了一个适当的平台，中国本身就是最好的例子。对于中国的发展，人们最关心的领域和话题是：保持政治廉洁，以发展的新视野聚焦其经济快速增长，开放和包容性的发展，高度重视改善商业环境，高科技发展，通过提高男女性识字率推动社会发展，高预期寿命，消除、缩小城乡差距的战略计划，等等。

然而，当人口和发展互相关联时，中国似乎可以充分关注许多地区。为实现对所有社会群体而言相对平衡的社会经济发展，将人口各个方面的问题纳入国家发展战略始终更好一些。因为中国的发展在地方层面一直有些不平等①，所以必须留意人口的空间分布、国内人口流动、城市化和一些边缘化群体。这是因为一些农村欠发达地区仍然可能阻碍中国的发展计划，而明确中国的城市和发达地区起到的示范性作用则可以进一步推动不同地区的发展。在这种背景下，中国必须根据社会经济发展、资源利用和环境保护的理念，寻求符合人口增长和分布情况的各种政策措施。

更加注重生殖健康政策：众所周知，生殖健康和计划生育在实现联合国千年发展目标，降低儿童死亡率、改善产妇保健方面发挥了关键作用。母亲健康是确保孩子健康的第一步②。有人强调，如果人口问题和生殖健康问题没有直接解决，那么根除极端贫困和饥饿的目标也无法实现。这并不意味着中国没有关注这些问题，但是仍然有改进的空间，而且如果这个目标真的实现了，那么世界可以向中国学习一些最佳解决方案，因为拥有如此庞大人口的中国可以改善生殖健康，为什么其他人口规模较小的国家无法做到。中国的生殖健康方案需要政府全面承诺在生育权的框架下继续实施，以减少地区生育率差异，因为生育率增速放缓可以为温室气体排放增速放缓做出巨大贡献。有证据表明，大气中气体浓度的变化大多数是由人为因素引起的（考夫曼和斯特恩，1997；泰德

---

① https：//www.fmprc.gov.cn/ce/celt/eng/zt/zfbps/t125259.htm#1.

② https：//www.unfpa.org/press/population – and – reproductive – health – key –
achievement – mdgs.

等人，1996）。人为因素导致的二氧化碳排放来自能源消耗和工业生产活动中化石燃料的使用。此外，去森林化等土地利用变化影响了地球和大气之间的二氧化碳交换（戈迭和韦尔斯，1997）。另外，水稻栽培和畜牧生产等其他和消费相关的活动似乎对往大气中排放温室气体（尤其是排放甲烷气体）负有责任（海利格，1994）。研究表明，生育率增速放缓可以为温室气体排放增速放缓做出巨大贡献（邦加茨，1992）。奥尼尔（O'Neill）等人证实生育率降至低于生育更替水平，可以使 2100年全球预计排放量减少 37%。因此，由于中国人口处于上升势头，接受中国的排放量往往趋于增长这个现状是合情合理的。根据在线数据库公司全球人口（Global Demographics）和分析公司完全智能（Complete Intelligence）的预测，中国人口有可能在 2023 年达到最高值①。中国政府此前曾估计该国人口规模将在 2029 年达到最高水平。认为当庞大人口的人均收入迅速成倍增长时，会产生巨大的影响且这种影响在生态上不稳定是合理的②。

人口老龄化与环境：中国已经进入了流行病学转型的第三阶段，随着人口中老年人的比例不断上升，显然绝大多数人都很容易受到非传染性疾病的影响。由于经济条件、特定生活方式以及环境等因素，一些非传染性疾病（如慢性下呼吸道疾病和循环系统疾病）的流行非常普遍（维尔科娃等人，1997）。例如，接触灰尘、烟雾和气体也可能会导致慢性下呼吸道疾病（贝克莱克，1985）。据称，炎症和氧化应激不仅是引起阿尔兹海默症和帕金森病的主要因素，还是引起糖尿病、心血管疾病、代谢综合征、血脂异常、肥胖、哮喘和癌症的主要因素（史坦等人，2008）。21 世纪的前 25 年里，退化性疾病和人为疾病很有可能以越来越快的速度取代传染病和寄生虫病。随着中国人口迅速老龄化，中国慢性非传染性疾病负担肯定会增加。北京协和医学院和中国老年保健协会联合发布的报告中指出，截至 2030 年，中国慢性非传染性疾病负担

① https：//www.cnbc.com/2019/05/03/chinas – population – could – peak – in – 2023 – heres – why – that – matters.html.

② https：//www.jstor.org/stable/656133？seq = 1#metadata_ info_ tab_ contents.

预计较 2012 年至少增加 40%①。2012 年，中国近 80% 的老年人死亡病例是由慢性非传染性疾病引起的。当年，绝大多数 60 岁或以上的中国人患有脑中风、恶性肿瘤、缺血性心脏病、呼吸系统疾病和糖尿病。

因此，基本上有三种类型的发病情况：高致命性的慢性心脏疾病、癌症和中风，以及需要反复或持续接受治疗的慢性疾病，如糖尿病、肾脏疾病、关节炎、肥胖症、过敏等；事故且主要是交通事故；压力引起的疾病，如药物依赖、精神疾病、消化系统溃疡、自杀倾向等。似乎异常炎症和氧化应激是大量环境因素影响人体并引发各种各样的慢性疾病的主要途径。许多环境化学品会导致过度氧化应激和炎症，并引发患神经炎症和神经退化的风险。史坦等人（2008）指出，有大量证据表明空气污染会导致脑炎症和患阿尔兹海默症型神经退化疾病的风险。因此，如果未来几十年环境因素的有害影响得不到有效控制，那么可以想象，中国老年人患此类疾病是十分合乎逻辑的。此外，由于随着预期寿命不断增长，老年人口比例增加，患有此类疾病的老年人数可能会上升，因此政府将不得不拨出大量资金用于老年人的医疗保健。而且，所提供的医疗和保健设施将越来越昂贵，也越来越复杂，因为它不仅需要处理疾病的慢性性质，还需要获得解决生存和老龄化问题的新方法。

参考文献

Becklake, M. R. , 1985, "Chronic Airflow Limitation：Its Relationship to Work Industry Occupations," *Chest 1985*, 88：608 – 617.

Bongaarts, J. B. C. O'Neill and S. R. Gaffin, 1997, "Global Warming Policy：Population Left Out in the Cold", *Environment*, 39 (9)：40 – 41.

Bongaarts, J. , 1992, "Population Growth and Global Warming", *Population and Development Review*, vol. 18 (2)：299 – 319.

Goudie, A.；H. Viles, 1997, *The Earth Transformed：An Introduction to Human Impacts on the Environment*, Blackwell Publishers.

Heilig, G. K. , 1994, "The Greenhouse Gas Methane (CH_4)：Sources and Sinks, the

① http：//www. chinadaily. com. cn/a/201902/07/WS5c5bf3c2a3106c65c34e8538. html.

Impact of Population Growth, Possible Interventions", *Population and Environment*: *A Journal of Interdisciplinary Studies*, Vol. 16 (2): 109 – 137.

Kaufmann, Robert; D. Stearn, 1997, "Evidence for Human Influence on Climate from Hemispheric Temperature Relations", *Nature*, vo. 388: 39 – 44.

O'Neill, B. C.; F. Landis MacKellar and Wolfgang Lutz, 2000, Population and Climate Change, Luxemburg, Austria: International Institute for Applied Systems Analysis.

Tett, Simon; J. B. Mitchell; David E. Parker and Myles R. Allen, 1996, "Human Influence on the Atmospheric Vertical Temperature Structure: Detection and Observations", *Science*, vol. 274, Nov. 15: 1170 – 1173.

Velkova, A., Wolleswinkel-Van Den Bosh, J. H., Mackenbach, J. P., 1997, "The East-West Life Expectancy Gap: Differences in Mortality from Conditions Amenable to Medical Intervention, *International Journal of Epidemiology*, 26 (1): 75 – 84.

（袁一蓬 译）

中国领导全球可持续环境保护的必要性

安德鲁·马克·法默（Andrew Mark Farmer）

英国欧洲环境政策研究所项目主任

引　言

2019 年是中华人民共和国成立 70 周年。70 年来，中国发生了巨大的变化。在此期间，中国已经应对了许多不同的挑战，但是在未来几年中，中国将面临更多的挑战。新中国成立 70 周年之际正是应该展望未来的时候。本文探讨了一个对未来至关重要的问题——可持续环境保护问题。中国采取行动对中国乃至世界实现可持续的环境保护是必要的。中国国内产业、技术和土地利用的性质发生了改变，环境保护面临着挑战和机遇。中国与世界其他国家在各个领域的相互影响（经济、外交和社会方面）同样发生了变化，中国的领导作用将会成为应对该问题的关键。

可持续发展只有通过个体行为才能实现（通过个人、各个企业和各国政府的个体行为），但是可持续发展也只有通过就如何解决地球上的关键问题和需求（如联合国可持续发展目标中罗列的那些问题和需求）达成统一意见（和协议）才能实现。中国在这方面发挥的作用（无论是其个体行动还是其对实现共同目标所做的贡献）是巨大的，而且中国的所作所为将决定"人类命运共同体"的性质。

中国的领导作用可以通过不同的方式来体现，本文将依次探讨：

1. 以身作则：中国在国内采取行动，其他国家可以借鉴经验。

2. 应对其境外影响：中国的活动对其他国家或全球都产生了影响，

可以采取行动应对这些影响。

3. 贸易：中国在世界贸易中发挥的重要作用影响了环境的可持续性。

4. 国际环境治理：这对解决世界上许多问题至关重要，中国可以帮助实现有效的治理。

以身作则

中国在环境可持续性方面起到领导作用的第一个方面就是以身作则。中国面临的环境、社会和经济问题不容忽视，这些问题随着中国的发展逐渐演变。中国如何就这些问题做出可持续性选择对世界各地而言是重要的一课。

中国面临着许多环境挑战。最著名的也许是一些城市的极端空气污染事件，这导致中国于 2014 年向污染宣战。然而，中国在固体废物管理方面和水污染方面（例如水体农业污染）也存在问题，在生物多样性保护上面临压力。这篇短文并不是要回顾这些挑战，而是要反思中国处理这些问题的方式可能为全球提供了重要的经验教训——传达该国认为这类问题很重要这一简单信息，并传授有关其采取措施的经验教训和这些措施是否/如何有效。

必须强调，这些经验教训并不限于中国采取的主要政策，还包括中国是如何执行这些政策的。例如，政府指出，尽管已经有政策控制来自不同污染源的空气污染（如《中华人民共和国大气污染防治法》），但是要确保城市和乡村地区几百万个污染源全都遵守规定仍然是个问题。中国如何确保各污染源合乎规定，以及公众如何参与其中发挥作用，对其他国家来说都是重要的经验教训。

中国在发展循环经济方面将面临特别的挑战（最近已经通过了有关立法）。它在资源利用方面给中国带来了巨大的潜在利益。然而，这在概念上构成了挑战，因为尽管许多材料在中国境内循环利用，但中国是主要的材料净出口国，出口材料包括一些重要原材料①。此外，因为废

---

① European Commission, 2018, Report on Critical Raw Materials and the Circular Economy.

物经过加工后用以生产末端废物材料（或副产品），所以这些材料的质量将影响出口产品的质量。

中国如何审视国内相互矛盾的需求也是向其他国家发出的重要信号。如何在制定社会和经济发展目标的同时制定环境目标，如何分析这些目标和治理系统之间的相互影响以实现政策一体化（无论是国家层面、地方层面还是城市层面等）都是中国可以为其他国家树立榜样的领域。

应对其境外影响

中国境内的活动对其境外环境的可持续性产生了影响。这方面最引人注目的问题是温室气体排放和它对全球气候变化的影响。中国现在是全球温室气体排放量最高的国家。目前排放量持续上升（继 2014 年至 2016 年排放量基本持平后，2018 年增长了 2.3%）（译者注：原文如此，应为 2.5%）。中国已经采取控制温室气体排放的政策，包括于 2017 年宣布启动新的排放交易机制。中国还在大规模扩张其可再生能源发电规模。有人预测中国的排放量会持续上升直至 2030 年，也有人[1]认为排放量将会在更早的时候（而且是在中国实现其在《巴黎协定》中的承诺之前）达到最高值。解决这些排放问题对于应对全球气候紧急状况而言是完全必要的，对于中国展现其在全球环境可持续发展领域内的领导力而言是至关重要的。

然而，必须要指出，中国和全球温室气体排放之间的关系并不限于该国自身排放温室气体。它是世界上许多国家基础设施项目的重要融资提供者，其中包括对可再生能源项目的投资，但也有对化石燃料厂的投资。据估计[2]，目前中国境外正在开发的所有燃煤电厂中，三分之一（共计 102 吉瓦）是由中国机构或企业提供资金支持的。因此，中国需要审视其融资政策以确保能够胜任全球可持续发展进程中的领导者。当

---

[1] Haikun Wang et al., 2019, "China's CO_2 Peak before 2030 Implied from Characteristics and Growth of Cities," *Nature Sustainability*, DOI: 10.1038/s41893-019-0339-6.

[2] https://climateactiontracker.org/countries/china/.

然，这也适用于能源领域以外的活动，如为可能影响生物多样性的项目提供资金。此类政策的一个重要例子是关系到中国与多国合作的"一带一路"生态环境保护合作计划①。该计划在强调"生态文明和绿色发展"方面起到了重要作用，但是在发展过程中将这些原则运用于实践之中也很重要。

全球关注的另一个关键领域是海洋中存在的塑料及其对生态系统的影响和可能对人产生的影响。虽然这些塑料通过许多途径进入海洋，但其中最为关键的是从陆地进入海洋，例如通过河流流入或经沿岸地区排入海洋。即使中国的废物管理举措和基础设施已得到改善，但估计每年仍有 150 万吨至 350 万吨塑料从中国海岸进入海洋②。解决塑料污染渗入河流海洋不仅对中国保护其环境（和依赖于此的经济活动）至关重要，对中国展现其在处理这个亟待解决的全球问题中的领导力也十分关键。

中国活动影响境外的另一个例子是渔业。尽管中国已寻求控制渔业活动，但是有证据表明这方面的目标尚未实现，说明在确保合规性（如检查的有效性）上仍存在问题。近几十年来，中国的渔船数量急剧上升，而且它们捕捞鱼类的能力也有所提高。所以，1988 年至 2015 年间，中国渔船数量翻了一番，但是捕捞规模却增加了两倍，于 2015 年超过了 1300 万吨③。中国捕鱼业在中国水域和国际水域开展。未来，中国人对海产品日益增长的需求将继续给渔业活动施加压力。当然，世界上其他国家的渔船也对中国渔业施加了巨大的压力，但是，中国必须继续全力推进可持续的渔业打捞工作，并在适当的国际场合上支持其他国家发展可持续渔业。

---

① Ministry of Ecology and Environment, 2017, The Belt and Road Ecological and Environmental Cooperation Plan, http：//english. mee. gov. cn/Resources/Policies/policies/Frameworkp1/201706/t20170628_ 416869. shtml.

② J. R. Jambeck, et al. , "Plastic Waste Inputs from Land into the Ocean," *Science* 347, 2015, pp. 768 – 771.

③ http：//d. old. wanfangdata. com. cn/Periodical/zhongguosc201804015.

贸　易

贸易和环境可持续发展之间会互相产生重大影响。中国占据全球贸易很大份额，涉及领域从大量原材料的进出口到越来越多工业制成品的出口，从汽车到电器和服装。许多国家对各自市场上出售的产品都有一定的要求，从中可能反映出健康和安全问题。很多上述情况反映了环境保护问题，如对有害污染物的限制和支持再利用和/或循环利用材料以支持循环经济系统的规定。中国制造的产品需要满足境外销售地市场的要求。中国可以制定本国的产品要求以保障国内人民的健康、保护境内环境，并保证这些要求是针对中国生产并运往境外的产品的，从而为全球可持续的环境保护做出贡献。中国可以通过上述方式来体现它在这方面的领导能力。

贸易不仅仅是原材料、商品和资金的流动。它还包括废物的流动，因而中国对此做出的决定会产生重大的后果。例如，中国是塑料垃圾的主要目的地。据估计，自 1992 年起，世界上三分之二的塑料垃圾最终都来到了中国[1]。这对中国国内提出了巨大的挑战。自 2010 年起，中国开始出台更严格的废物处理政策；2013 年中国推出"绿篱"政策；2018年中国禁止 24 类可回收固体废物进入国内；2019 年 1 月禁止入境的固体废物增加至 32 类。这项禁令对那些废物出口国（例如欧洲各国和中国的东亚邻国）产生了重大影响。当然，这有助于欧盟推行新的塑料管理政策[2]。此前，欧盟将其 20% 的塑料垃圾送往中国。这项禁令对其他国家也造成了威胁，东南亚各国等地方可能会成为塑料垃圾的新目的

---

[1]　Amy L. Brooks, Shunli Wang and Jenna R. Jambeck, "The Chinese Import Ban and Its Impact on Global Plastic Waste Trade," *Science Advances*, 2018, Vol. 4, no. 6. DOI: 10.1126/sciadv. aat0131.

[2]　European Commission, 2018, A European Strategy for Plastics in a Circular Economy.

地①。这并不是对中国政策的批评——远非如此。这项政策是保护中国环境和中国公民的必要措施，有助于废物出口国重点关注有关政策的发展。这项禁令产生了积极的影响。但是，如果中国冒着接受这些废物的风险支持其他国家，例如提供中国国内吸取的经验教训和已经发生的政策和基础设施的变化，对其他国家将是有益的。

国际环境治理

国际环境治理形式多样，中国必须带头支持此类治理机制，如联合国环境署、全球环境基金、联合国可持续发展委员会、《2030 年可持续发展议程》等一系列全球框架和联合国气候变化框架公约等达成的协议。的确，中国已经表明其对多边主义的承诺。最近，中国称其"一直是多方共同应对气候变化事业的积极参与者和捍卫者"②。在所有全球治理的情况下，中国不仅必须继续发挥自己的作用（例如履行其承诺），在发展这些治理机制方面起带头作用——帮助它们逐渐演变以应对世界面临的不断变化的环境和社会挑战——对中国而言也越来越重要。

例如，在 2018 年中欧峰会上关于海洋问题的讨论中，中国就此表达的立场是积极的。双方联合发布的《宣言》③ 中指出"双方共同的目标是维持、加强并在适当情况下创建能够保持海洋清洁、健康、多产、安全的海洋治理机制和结构，包括渔业领域，同时建立有益于今世后代可持续利用的最佳投资环境，包括创造就业岗位和可持续的经济增长"，《宣言》还指出双方将"合作改善全球海洋治理，如在海洋保护，海洋、

---

① Politico, 2018, China's Trash Ban Forces Europe to Confront Its Waste Problem, https：//www. politico. eu/article/europe－recycling－china－trash－ban－forces－europe－to－confront－its－wasteproblem/.

② Ministry of Ecology and Environment, 2019, UN Climate Action Summit：China's Position and Action, http：//english. mee. gov. cn/News＿service/news＿release/201909/t20190917＿734051. shtml.

③ 2018 EU-China Summit, Declaration on the Establishment of A Blue Partnership for the Oceans：towards Better Ocean Governance, Sustainable Fisheries and A Thriving Maritime Economy between the European Union and the People's Republic of China.

海洋资源和生态系统服务的可持续利用等方面展开合作，包括解读联合国海洋法公约下关于保护和可持续利用国家管辖外区域海洋生物多样性的具有国际法律约束力的文件"。这样的合作对中国应对联合国政府间气候变化专门委员会近期发布的《气候变化中的海洋和冰冻圈特别报告》中列出的挑战而言是至关重要的①。

在应对全球治理问题的同时，还需要应对区域治理问题——特别是多变环境协定的类似协约的重要性。例如，中国与周边国家共享有 40 余条跨国境水道②，如湄公河（译者注：在中国境内为澜沧江）、布拉马普特拉河（译者注：在中国境内为雅鲁藏布江）、伊犁河、额尔齐斯河和黑龙江。在大多数情况下，中国是上游国家，因此，中国用水和向水道排放污染物可能会影响下游的用水者。跨国境治理这些水道的形式有正式的河流委员会和非正式沟通。随着水问题的重要性日益增加（而且中国对水的需求在逐渐增长），中国及其邻国在跨国境水道方面的关系将对双方的国家关系产生重要影响③。中国必须发挥建设性作用，发现这些河流面临的环境、社会和经济挑战，并制定出有利于全部水道的解决方案，从而确保长期的可持续发展。

此外，中国必须继续与其他国家开展建设性交往，就一系列议题制定环境解决方案，如自 2003 年起举办的中欧环境政策部长级对话会和中欧能源对话。这些会议中提出的共同承诺和共同探索的问题涉及《2030 年可持续发展议程》、污染治理中的共同优先领域、循环经济、绿色金融、能效、可再生能源等方面。

结 论

总而言之，必须强调中国不仅有能力在帮助实现环境可持续发展方

---

① IPCC 2019, Special Report on the Ocean and Cryosphere in a Changing Climate, https：//www.ipcc.ch/srocc/download – report/.

② Lei Xie and Shaofeng Jia, *China's International Transboundary Rivers Politics, Security and Diplomacy of Shared Water Resources*, Routledge, 2017, p. 222.

③ Hongzhou Zhang and Mingjiang Li, *China and Transboundary Water Politics in Asia*, Routledge, 2017, p. 242.

面起到带头作用，而且也必须在这一领域起到带头作用，否则无法实现全球环境可持续发展。

中国政府的很多部门都将被要求发挥领导作用。当然，最高层的部门需要做出承诺。但是各方都要发挥自己的作用。这意味着这种领导作用不能仅仅留给生态环境部发挥（尽管该部的领导尤为重要）。其他部门——能源、交通、农业、渔业等部门——也需要在这方面带头。此外，环境可持续发展不可能仅仅依靠中央的领导来实现，这需要各治理层级共同发挥领导作用。这是一项重大挑战，但又必不可少。

因此，如本文前面部分所述，对中国而言，就其在全球环境可持续发展的不同方面发挥领导作用的愿景制定战略或类似的声明将是有益的。这可以说明中国在国内争取实现的目标，它在行动中和在与其他国家的关系中旨在解决的问题和它对推动全球环境治理的愿景。为了使该战略行之有效，中国还需要确定哪些机构需要采取具体步骤来帮助实现这一战略。

中华人民共和国成立 70 周年是该国发展过程中的重要里程碑。对中国来说，探索如何为"人类命运共同体"做出贡献是非常合适的。没有可持续的环境，人类就没有未来，因此中国应该在这方面发挥领导作用，帮助全世界实现一个可持续的、共享的未来。

（袁一蓬 译）

人类有能力使发展变得可持续，以确保既满足当代人的需求，又不危及后代人满足自身需求的能力

杰拉德·阿方索·让·雅克（Gerard Alphonso Jean Jacques）

多米尼克政府部际协调和政策监测部主任

引　言

联合国开发计划署创立了人类发展指数以推动人们通过多维视角看待现代"人类发展"。它摆脱了纯粹理性的经济视角，即透过利率、经济回报和描述经济与基础设施成就的语言进行评估。它意识到了影响人类发展的至少三个元素：即"良好的"健康状况，有学问的、受过教育的公民（接受过多年正式教育）和"体面的"生活标准，其中后者是经济指标。该指数面临一些挑战，很难被认为是分析人类发展最可靠的衡量标准。例如，在一个区域内接受多年的正式教育不一定能够改善个人生活；此外，令人印象深刻的国家经济增长数据在逻辑上绝对不能说明该国大多数公民的生活得到了改善。事实上，历史已经证明，即使在发达的工业化国家，贫富差距和受教育者与穷人之间的差距依然很大。因此，财富创造本身并不是"发展"的指标。然而，该指数认识到了关于人类发展的话语必须摆脱传统的把发展视为一种结构特征的线性概念，而且必须考虑代理因素。

本文认为人类发展首先是一个过程。它随着时间的流逝不断发生，由代理人的行为（或无为）和空间现象形成。因此，发展的核心是个体行动者，而不是跨国公司。事实上，企业行为必须由个体行动者的需求

和愿望决定，因为在严格意义上，人类发展的核心是人类，而非银行令人印象深刻的实体结构或巨额储备；这些是人类发展过程中的输出，会反过来影响代理人行为。这个关于人类发展概念的探讨是我们在本文中讨论的关键，因为它提出了另一个概念，即可持续发展。如果代理人行为处于人类发展的核心地位，把物质资源转化为财富和其他能够为人类服务的结构的责任将重重地落在行动者的肩上。所以，他的行为必须受到约束，以使后代所有的行动者也能够参与发展的过程。否则就会阻挠这个过程并对每位行动者的生存构成持续威胁。因此，人类发展的概念不仅仅是以代理人行为和特征为核心的过程，还受到结构状况的限制和推动。正如这篇论文的开场白中所引述的，1987 年发布的《布伦特兰报告》已经清楚地阐明了这个观点。

混　乱

问题在于，在寻求将资源转化成对他自己（此处用男性称谓泛指所有的人）有益的产出的过程中，行动者往往创造出会导致自我混乱的结构（吉登斯，1991），使他疏远他所学到的价值观和他的同胞，并发展出表现为人类堕落和衰退的各种形式的反常的亚文化。所以，现代发展过程中的一类输出是孤立幻想破灭的二等公民。他们会在生活中铤而走险，冒着风险跨越边境，一生从事犯罪活动，滥用药物，等等。这种状况，即"自我的磨难"（吉登斯，1991），往往以"不安、预感"、失望和绝望为特征。例如，最近人类移徙的趋势表明，在经济财富尚未给行动者带来改善而且这些行动者感到自己正不惜一切改善现状的一些区域内，发展过程负担沉重。最终结果是：原籍社会中破碎家庭的数量增加；随着社会动员起来展开一场消耗物质资源以适应社会中人口日益增长和变化的欲望的竞赛，现代奴隶制和环境退化的情况增加；曾经有着共同身份的社会行动者在空间上分散；无国籍公民身份丧失。此外，现代人类发展的过程通常把行动者转变为他所创造的结构的奴隶；特别是技术结构使得他远离社会交往，破坏了将行动者们黏合在一起、促进个人和社会成长的胶水（普特南，2000）。因此，正如我们所了解的，人类发展的过程成功地产生了令许多人大为满意但又造成自我磨难的输出。这些磨难以威胁人类为了享受而创造出的结构的方式体现出来。让我们通过考察恢复公民政策和规划中心地位的选择来推进我们的讨论。

再　植

如果我们想要确保人类发展的过程能够使当代人和后代因为共同的挑战和共享的未来团结一致、共同受益，这个观点至少可以迫使我们考虑地方一级和国家一级所需要的国家与公民关系的类型。确保我们在后现代化时期有所获益需要我们对个人进行再植和再造。我们已经确定了个体行动者在发展中处于核心地位；任何为了共同的未来而重组制度的方式都必须首先思考人、普通市民和个体行动者的地位。这是本论文的主要关注点，即发展必须通过代理人的行为/无为来维持。因此，学术界和政治行动者必须在这个层面上集中力量研究。当然，这并非要否认制度的潜在影响。然而，制度建设是依具体情境而定的，历史教会我们，把精力用于建设忽视了人类的背景和制度之间的关键联系的制度，就是在浪费精力。多米尼克《公职廉政法》（2003）的演变过程（让·雅克，2016）以及其他国家（尤其是发展中国家）类似反腐败机构的发展过程显然可以证明这个事实。因此，不仅仅要呼吁建设有关机构，还要呼吁建设可以兼容不同的群居团体形成背景的机构，即能感知并理解个别居民不同的需求和愿望的机构。

我们在寻求再植个人公民以使他找回自我并充分参与发展过程的时候，意识到了他今天的行为/无为会对明天产生影响。我们可以回到罗尔斯（Rawls，1999）的最大最小原则。罗尔斯提出了正义的两项原则：

第一：每个人都应该有平等的权利，去享有最广泛的基本自由权，且该自由权与其他人所享有的同类自由权相容。第二：应该调整社会和经济不平等，使得（a）人们能够合理预期社会和经济对所有人都有利，（b）各项地位和职位必须对所有人开放（1971：53）。

第二项原则与本文有关；特别是罗尔斯将重点放在了弱势群体、较不幸者和被疏远者身上，这激励着我们寻求一条以个人行动者为发展过程中心的道路。从这个角度看，国家倡议的任何政策或公司做出的任何行为/无为必须以理解它们对社会中最弱势群体产生的影响为指导。其逻辑是：能够惠及最弱势群体的发展一定会更加公正、更加可持续，因为这样的发展一定考虑过社会中所有类型的行动者，即使是那些尚未出世的行动者。这种发展方式触及国家与社会关系的核心，因为它提出了促进发展的分配政策和再分配政策的问题。

当今世界技术发展日新月异，社会面临着随之而来的种种挑战，"自我的磨难"很容易被忽视。科技巨头们用闪闪夺目的广告和掠夺性的宣传活动设计和宣传他们的技术，以稳定和招募对此深信不疑的追随者和消费者的年度供应，而不管这些宣传对消费者会产生什么影响。似乎很少有人担忧这些先进技术对社会资本的有害影响。事实上，我们正以极快的速度向先进的机器人靠拢，它们将在某些我们一直认为很神圣的地方——厨房和卧室取代我们。此外，制药公司正在扩大其产品投资组合以跟上消费者购买力增长的速度。这些和现代机器人一样改善了我们的生活。然而，它们的价格往往是大多数生活在市中心区域的普通居民承受不起的，在发展中国家更是如此。因此，这些公民或是受尽病痛折磨或是为了生存诉诸犯罪手段。我们还可以设法解决第三个领域的问题。在该领域，各国似乎要么沉默不语，要么不愿意采取措施保护个体行动者，这个领域就是农业。农业是全球政治领袖都热爱的一个产业，因为它能够为很多人提供粮食和就业岗位。但是，可以说大多数国家推行的政策都未能真正地支持农民。当特朗普（Trump）当局对中国进口的农产品和商品征收一系列关税又遭到中国政府回敬时，美国农民因失去了中国的市场准入，率先反对美国对中国的制裁。在我的国家，尽管政府为改善道路通行和向农民提供其他形式的资源进行了大量的投资，但是许多农户依然以小规模家庭经营模式运作，而且他们的作物销售情况只能得到适度改善。随着人们寻求改善粮食产出、促进经济收益，使用对环境和人类有害的农耕方式的现象似乎增加了，这使得粮食生产问题变得更加糟糕。经济范式在发展中占主导地位，而人类生命的可持续性依然岌岌可危。

显然，结构特征的发展并不一定会帮助代理人能力的发展，从而使那些结构对所有行动者都有效。在后现代化时期，国家的作用发生了变化，国家的责任更加重大，对国家的要求也越来越高。无论国家和超国家组织在何处相互影响，国家对公民的责任和义务都增加了。越来越多的人强烈要求国家提供保护和物质支援。国家必须利用其权力控制那些对弱势群体的利益和需求漠不关心的行动者们。此外，许多人觉得"生活成本"已经远远超过他们的能力承受范围，为了他们，国家还必须扩大其社会安全网。个人行动者所需要的是能够保护每个个体权利和利益的积极干预，而不仅仅是让他们做出大度让步的企业。通信领域有一些规定，但沟通的成本仍然高得令一些人负担不起，因此许多上学的孩子不得不去网吧或邻居家上网进行研究。

当然，这种资源的部署不能只针对非国家行动者。国家在努力帮助公民在后现代化时期继续生存的同时，其自身必须寻求通过提供教育和培训的机会改善它与公民之间的关系，因为这么做能够使个体从技术奴役、制药公司的束缚与贫穷和/或犯罪的循环负担中解放出来。可以通过各级正规学习机构提供这些机会。最近成立的中国社会科学院国家高端智库可能是朝着正确方向迈出的一步，因为它似乎热衷于从全球选民的角度出发，对发展问题和可持续未来的解决方案十分敏感。它有志于重新配置国家间的空间互动，承认独特的身份和文化，同时也拥抱我们之间的共性。这将要求权力关系、国家公民关系和共享未来概念化的模式发生基本的转变。然而，国家高端智库是宏观层面上的。这里提出的是微观层面上的国家公民参与。个人可能不愿意参加正式的课程。许多人可能陷入了日常生活中的变化无常，参加课程对他们来说只是另一个负担。这些人需要受到物质奖励的刺激才会参与教育和培训计划。国家未能对公民教育采取这种强有力的手段将意味着个人和他周围出现的发展结构长期脱节，无论该发展结构是体现在人工智能领域、优雅的后现代摩天大楼、药物还是受到国际启发的立法之中。

总而言之，对结构而不是人类有偏见的普遍和传统的发展方式实际上与人类发展背道而驰，因为它们偏好经济溢价，而且看似没有关注的重点。只有从我们当中最弱势的群体开始，有意改善全体公民的生活质量的时候，结构发展才是有用的。例如，如果处于社会边缘地位的农村贫困人口不能使用先进的通信手段生产健康的食品，那么通信的进步就与我们人类这个物种的生存没有多大关系。

结　论

这个关于需要重新把政策和规划的重点放在公民个体、公民同志身上的讨论对所有人而言都意义重大，包括决策者、公职人员、学者、企业家等。这对拥有中国最富盛名的智库（国家高端智库）的中国社会科学院而言尤为重要，因为中华人民共和国政府一直在大步迈向后现代世界新领导者的位置。如果在对我们生存提出的日益严峻的挑战面前，中国能持续发挥领导作用，那么它能够成功呼吁各国重新把"普通的"公民视为发展议程的中心。

正是在这方面，多米尼克的例子可以为中国的领导作用提供帮助。2017 年可怕的飓风"玛丽亚"几乎彻底摧毁了多米尼克的社会和经济生活。此后，多米尼克政府和人民在一份题为《国家恢复发展战略——多米尼克 2030》的文件中规划了国家复苏和复兴的道路。该路线的核心愿景是人类的生存，即"要成为世界上第一个适应气候变化的国家"。对多米尼克而言，这意味着要付出有计划的、系统的努力，以确保基本的公共医疗卫生服务是"能够抵抗气候变化的"，而且即使在不良事件发生期间，依然能够为所有人提供服务；确保通过积极的住房改造运动，房屋（尤其是易坏的房屋）都"能够抵抗气候变化"；确保道路（即使是小村庄里的后街小巷）都"能够抵抗气候变化"；确保我们的机构灵活且在空间上安排有序，以致在收到关于即将发生事件的通知之后的一小时内和事件发生后的 30 分钟内，能够抵达事发现场并为易受伤害的群体提供服务（事实上，每一次暴风雨即将来临的警告都伴随着为年老者、体弱者和因为种种原因而社会地位低下的人提供住处和保护的需求）等。对我们而言，这是用我们的发展模式走向复苏旅程中的早期阶段。然而，我们相信可以大获成功，因为我们对未来人类存在的威胁的理解推动着我们。同样重要的是，我们意识到了如果大部分的人口没有复原，那国家也不可能复原。

中华人民共和国正在庆祝成立 70 周年的纪念日；自从它开始发展以来，已经过了 70 个年头。它取得了多项成就，现在正致力于建设一个具有共同价值观的社区、全球社区，从而巩固它在国际社会中的领导者地位。多米尼克国政府及人民与中华人民共和国政府及人民有着坚固的友谊。我们欢迎他们完成这项值得称道的使命。正如斯凯里特（Skerrit）总理此前所说的那样，中国可以指望多米尼克的支持。然而，我们的中国兄弟姐妹们要在发展过程中保持谨慎，这样我们就不会再次建立曾经一度使公民失望的发展模式了。我们必须不遗余力地将处于最不利地位的公民作为任何体制或使命的核心。如上所述，国家高端智库是一个进步的概念，但它也将会被放在这篇论文的主旨框架内加以评估。也就是说，评估其审议和行动在多大程度上考虑了最弱势群体的担忧、需求和想法；在我们追求全球社会这一理念的时候，它又在多大程度上旨在改善这些人口的状况。

这是一份代表公民的请愿书。

参考文献

Giddens, A., 1991, *Modernity and Self-Identity. Self and Society in the Late Modern Age*, Stanford (CA), Stanford University Press.

Gilpin, Robert, and Jean M. Gilpin., 2001, *Global Political Economy：Understanding the International Economic Order*, Princeton, N. J.：Princeton University Press.

Jean-Jacques, Gerard., 2016, "Power Relations and Good Governance：A Social Network Analysis of the Evolution of the Integrity in Public Office Act in the Commonwealth of Dominica," PhD diss., Université Laval.

Putnam, R. D., 2000, *Bowling Alone：The Collapse and Revival of American Community*, New York, Simon & Schuster.

Rawls, John., 1999, *A Theory of Justice*, Revised Edition, Cambridge, Mass：Belknap Press of Harvard University Press.

World Commission on Environment and Development, 1987, *Our Common Future*, Oxford: Oxford University Press.

（袁一蓬 译）

透明度能够促进金融市场发展

马蒂·申克（Marty Schenker）
美国彭博新闻社首席内容官

我谨代表彭博社感谢主办方邀请我们探讨中国过去 70 年以来的非凡发展。

中国的成长确实令人瞩目。中国经济已经从贫穷走向小康，从封闭经济体变为世界最大出口国，从在创新界初露头角到跻身领先地位。人均收入从 1980 年的每年 721 美元上升至 2018 年的每年 16097 美元——这一增长使得数百万人摆脱了贫困。

接下来的 70 年前景会同样光明。中国经济持续的改革与开放、新技术的采用和更多市场力量的引入将有助于进一步改善生活水平。但是，在继续前进的道路上也会有大量的挑战。

每个国家的情况都是独一无二的。历史上从未有过像中国这样人口众多的国家经历了如此迅速的经济转型。

随着中国向国际社会开放边境，彭博社也亲眼见证了中国开放和转型的过程。大约 20 年前，我们派出了一位驻上海记者，标志着我们在中国大陆地区工作的开始。今天，彭博社在北京和上海聘请了几百名专业人士，为数据、销售、研究和编辑等多个部门工作。我们也已经大大扩充了这两座城市新闻编辑部的工作人员。

我们的新闻覆盖范围也发生了变化。一位记者要报道整个中国的情况，首先就需要一支更加专注和专业化的团队，能够提供更加细致和全面的，对中国不同的市场、产业及其所面临的机遇和挑战的认识。中国金融市场的发展速度和规模确实需要实地资源来揭示和报道——因此全球投资者才能够理解在中国投资的细微差别和许多复杂的挑战。

让我举一个例子。汽车的电气化趋势给世界各地的汽车制造商和能源公司提出了严峻的挑战，但也带来了巨大的机遇。彭博社拥有一支全球记者团队专门报道电动汽车，我们在中国有多名同事追踪报道关于这个行业的新闻事件。此外，彭博新能源财经在北京有一支分析师团队致力于了解和预测包括新能源汽车需求和电池价格点在内的一切相关信息。

因此，彭博社率先指出中国强大的电池生产能力将如何帮助大幅降低电动汽车的价格，使全球更多的消费者能够负担得起。我们还率先发现了一批中国尖端的初创企业并对它们进行了简要描述，它们正在用电动汽车重塑汽车行业。

彭博社有能力利用数据和客观报道来启发市场和政策并非偶然。1802 年，美国政府体制的开国元勋之一托马斯·杰斐逊（Thomas Jefferson）写道："我们也许希望看到联邦的财政和商人的书一样清晰明了，这样每位国会议员和联邦的所有有才之士都能够理解它们，调查对它们的滥用，从而控制滥用的现象。"

杰斐逊的言论很可能是 200 年后迈克尔·布隆伯格（Michael Bloomberg）开创同名金融业服务公司的指导原则。从一开始，迈克尔·布隆伯格就明白照亮金融的黑暗之处能够产生各种良好的结果。提高计算机的性能和速度，就会拥有非常强大的投资工具。

此外，我们在中国成长并不仅仅是因为彭博社希望如此。它反映出了中国与全球市场不断变化的关系。

今天，彭博社是金融数据、信息和分析领域的全球领导者。全世界的客户把彭博社终端丰富的数据和新闻作为了解中国的窗口。每一天，这些人通过他们决定要阅读和观看的内容告诉我们，他们希望更好地了解中国。

中国实现金融市场自由化的过程取得了坚实的进展。最新的里程碑是中国的政府债券和政策性银行债券纳入了彭博巴克莱全球综合指数。摩根大通集团还宣布计划于明年 2 月开始分阶段将中国政府债券纳入其基准指数。最近，中国制定了结束外资持股上限的时间表。这些全都是好消息。

我们彭博社一再认识到高效的金融市场是可持续发展的基本组成部分且需要透明度。彭博社各种形式的服务都为金融市场提供了所需要的透明度。

随着中国继续加速市场开放和融入全球市场，提高透明度和加强沟通将变得更加重要。随着外国投资者进入中国市场，他们将希望看到政策和数据更加透明。如果政策和数据不够透明，那么他们会对投资持谨慎态度，迟迟不敢进入市场或要求更高的风险溢价。

透明度有许多不同的形式。以下是彭博社认定的两种形式，它们就像全球金融和商业界必不可少的资源一样，对我们的声誉地位而言是不可或缺的：

其一，政策透明——这并不意味着决策者们要公开他们内部辩论的全部内容，但这确实意味着要向市场澄清实际发生的事情，在很多情况下需要通过金融媒体来实现这点。

其二，数据透明——经济和企业数据必须全面、及时，最重要的是必须准确无误。

市场拥有的信息越多，它们分配资源就会越高效也越有效。同样地，随着中国经济持续开放，掌握的信息越多，中国融入全球市场的进程就会越顺利。

彭博董事长彼得·格劳尔（Peter Grauer）最近在中国发展高层论坛上指出，我们公司已经"认识到了开放透明的市场能够为各经济体抵御不稳定和金融冲击提供最好的支持"。

"最终，"他说，"融资转向更多元化的资金来源、开放市场发挥更大的作用和对风险与回报的清晰评估可以推动更高效的资本配置。"

我们在美国和世界各地的经验表明，通过客观的、数据驱动的媒体来保证市场透明度是值得信赖的市场的重要基础。

自彭博社于1981年成立以来，追求客观和透明一直是我们公司的责任。在此期间，我们还有幸观察到了信息发布方式的变化和由此引发的一些问题。在此，我想分享我们经历过的两个值得注意的例子。

第一个例子有关信息披露的公平性。20 世纪 90 年代，对于没有明确消息表明股价会发生变动的公司，彭博新闻社利用实时和历史数据追踪并报道它们股价的异常变动情况。最终，我们了解到这些公司一直在选择性地为分析师和投资者提供实质性信息，包括总经理的指示。美国证券交易委员会最后出台《FD 条例》，即《公平披露条例》作为回应。该条例规定所有公司必须平等地向所有股东提供重大信息。

第二个例子有关在确保市场稳定和透明度的重要性之间把握平衡。2011 年，彭博新闻社发表了一篇报道和一张电子表格，详述了 2008 年至 2009 年金融危机期间美国联邦储备系统向金融机构提供了 1.2 万亿美元未披露贷款。在我们赢得对美联储的诉讼后，这篇报道中的关键数据才被移交到我们手中。在我们看来，提供这些贷款的信息很重要，不仅仅因为它能够向纳税人保证财政的透明度，还因为它可以提高我们对危机和危机后果的认识，并可能有助于防范危机再次发生。

中国已经在提高透明度方面取得了进展，我们赞扬决策者为鼓励更多信息披露不断做出的努力。信息和明确的路线图、时间轴的及时披露有助于建立市场信心，使国际企业能够对未来进行规划。随着这个国家不断成长，它对世界的影响力将越来越大，对沟通和透明度的需求只可能会增加。及时可信的数据和信息对中国经济和全球经济更加光明的未来而言将是不可或缺的。

（袁一蓬 译）

中国的"生态文明"之路

卡西奥·路易塞利·费尔南德斯（Cassio Luiselli Fernández）

墨西哥国立大学研究员

"绿水青山就是金山银山"

——习近平谈生态文明

中国在世界事务中的惊人崛起显然是我们时代主要的全球性话题。它把世界经济的重心转移到了亚洲的东北部。中国是这片广阔区域内迄今为止最大的经济体和最重要的政治与军事力量。该地区人口众多，有许多经济强国——除了中国，还有日本和韩国——但是缺少重要的自然资源和化石能源。现在，无论如何都必须承认，中国和它所在的区域在全世界的力量和影响力。

尽管中国的力量和活力十分强大，但迄今为止它的崛起过程一直是非常和平的。毫无疑问，中国在崛起过程中经历过紧张局势、冲突和矛盾；但是因为中国在新世界的崛起和力量，近几十年内没有发生过重大的冲突。中国的崛起引发了中国和美国在贸易问题上的激烈竞争，但仍然是通过对话和谈判来解决的。例如，中国新提出的雄心勃勃的"一带一路"倡议（简称BRI）导致了欧亚大陆在地缘政治上的重组，为世界发展带来巨大的潜力。但迄今为止，这个倡议得到了许多国家热情的响应，它们都渴望参与其中而不是对此提出反对；甚至南美洲等远在千里之外的地方也是如此。世界上几乎没有哪个地区没有受到过中国崛起的影响。南美洲通过大量出口商品，改变了其经济景观；类似的情况也发生在非洲，而且中国对当地基础设施的投资是变革性的、引人注目的。

截至目前，中国"和平崛起"理论取得了显著的成功。然而，这一戏剧性的变化对中国内部产生了重大的影响，并造成了一些严重的两难局面。从影响范围来看，其中一些仅仅涉及中国国内，如人口增长问题，城市人口和国内人口移徙问题，或空气、土壤和水体污染问题。但是其他的两难局面对中国乃至全世界都有很大的影响。这是因为中国人口和经济规模庞大。在这些"全球困境"中最重要的是气候变化（全球变暖）问题，这与全球经济目前不可持续的生产和消费模式息息相关。如果没有中国的全面参与，这两类两难局面将不可能得到解决。

在这方面，中国提出的"生态文明"概念具有举世瞩目的全球性意义。如果生态文明并非全球性的，那么就不存在这样的生态文明。无论一个国家面积多大或实力多强大，这些事件在本质上都需要有一个全球性的、综合的解决方案和承诺。这就是为什么在这篇简短的"书面声明"中，我们指出中国现在有实力引领全球各国和国际——包括多边——组织合作。的确，如果中国崛起是我们这个时代最深刻的经济和政治现象，那么迄今为止其他同样戏剧性的现象就是气候变化造成的全球急剧变暖。只有全世界共同致力于实现低碳或无碳经济，全球变暖问题才可能得到解决：这将是新的世界"生态文明"的要旨。

让我们简要讨论一下中国提出的生态文明概念。这个概念最早是由中国前国家主席胡锦涛（Hu Jintao）于 2007 年提出的。

此后这个概念引起了许多学术界和政界人士的兴趣。2012 年，中国共产党将生态文明提升至首要目标。自 2013 年起，习近平主席认真对待这一概念并将其作为他的"新时代中国特色社会主义思想"的核心内容。因此，2018 年生态文明被写入《中华人民共和国宪法》也不足为奇了。在某种程度上，它被认为是继农业文明和工业文明之后逻辑进化的新阶段。也就是说，现在是时候进入"中国特色社会主义生态文明建设"阶段了。当然，虽然确切来说，这是中国的社会构想，但它预示着远离碳、化石燃料和浪费型消费的全球经济新秩序。因此，生态文明提供了能够带来新的全球能源和生态转型的新发展模式。

全球环境现状仍然相当黯淡。资源污染与枯竭、生物多样性流失和大规模物种灭绝等现象肆意增长。由于大多数国家没有做出坚定的承诺，温室气体排放量有增无减。在生态文明建设的背景下，鉴于特朗普（Trump）当局决定美国将退出全球气候和环境治理格局，因此中国扮演的新角色比以往任何时候都更为紧要。

关于气候变化，我们必须牢记，联合国政府间气候变化专门委员会和其他可靠的学术和科学来源发布的最新数据越来越负面①。的确，联合国政府间气候变化专门委员会是联合国设立的评估气候变化的科学组织②。而且，与之相关的2019年联合国气候行动峰会公布了一组令人十分担忧的数据和模型，涉及气候变暖和排放阈值。如果我们真的想要避免造成难以控制的后果，那么这组数据就不能被超越。

事实上，全球排放量不断创下新高，而且没有明确迹象表示该数据将接近顶峰。过去四年是有气象记录以来最热的几年。自1990年起，北极冬季气温上升了3摄氏度。我们可以从多个消息来源了解到，海平面正在上升，珊瑚礁正在死亡，而我们正看着气候变化通过空气污染和严重热浪等形式危害着我们的生命健康。部分国家的粮食安全已经受到威胁③。因此，可以说气候变化带来的影响随处可见，而且气候变化对人们的生活造成了实实在在的影响。气候变化扰乱了国民经济，今天我们为之付出了昂贵的代价，而明天我们所付出的将会比今天更多。但是，越来越多的人认为现在已经存在实惠的、可伸缩的解决方案让我们能够直接向前跨越一步，发展更清洁、更有弹性的经济。

宏大但务实的《巴黎协定》（2015）是能够帮助应对今后几十年气候变化最坏情况的指导方针。我们还有一定的时间——也许是十年到十二年——将全球平均气温降低并控制在目前公认的范围内，即前工业化时期水平之上1.5～2摄氏度以内。但是如果没有国家发挥领导作用并采取果断措施，那么《巴黎协定》将毫无意义。

---

① Wallace-Wells, David (2019), *The Uninhabitable Earth: Life after Warming*, Jim Duggan Books, New York.

② https://www.ipcc.ch/sr15/chapter/spm/.

③ https://www.un.org/en/climatechange/un-climate-summit-2019.shtml.

仅中国就占全球二氧化碳排放总量的 26.8%（中国与美国总排放量占全球的 43%），这些数据非常令人震惊（译者注：原文如此，应分别为 27.5% 和 42.3%）。作为世界上人口最多的国家和煤炭使用大国，中国在建设生态文明上发挥的作用至关重要：如果它能够发挥其巨大的减排潜力，那么这将是应对全球气候变化进程中具有划时代意义的改变。截至目前，我们有理由对此保持乐观态度。尽管最近遇到了一些挫折，但是中国政府一直致力于降低其"碳强度"指数。与此同时，他们将减少煤炭消耗与改善空气质量、限制温室气体排放总量的措施相结合，不断释放良好信号。但是，一旦情况再次恶化，就没有太多的空间和时间来做出应对了。中国政府首要的碳行动计划——碳市场必须持续成长以减少碳消耗：中国消耗煤炭的总量依然和全球其他国家的煤炭消耗总量相等（相应地，中国是世界上碳排放量最高的国家）。

但是，中国已经显示出了改变错误的环境发展路线的决心。他们的"生态文明"运动确实取得了成功，而且符合所有人的利益。我们必须向他们致敬，尤其是在美国政府无所作为、不愿意采取行动保护环境的当下，我们更应该这么做。

中国的生态文明建设将会面临重重挑战。至少在中短期内，会对中国为推进大规模城市化而制定的慎重积极的政策提出挑战。

出于种种原因，我们必须为习主席计划投资清洁能源、绿色金融，抑制碳排放并推行能源转型或过渡政策从而捍卫《巴黎协定》的抱负和行动鼓掌。中国不应失去在国内创造低碳经济和向国外推广低碳经济的动力。

中国正依靠市场力量和命令与控制标准措施的组合逐步向生态文明过渡，但是我们要记得这些措施植根于"市场社会主义"的设想。这是中国独有的模式，更确切地说，它被称为"中国特色社会主义市场"模式。该模式试图利用市场力量，对市场机制施以强有力的国家监管和社会领导。该模式具有高度集中的政治特色和国家干预主义思想，和过去韩国、日本，甚至是法国的发展模式没有很大区别。值得记住的是，正是这个中国"模式"成就了至少一个世纪以来世界经济增长和创造就业岗位速度最快的时代①。在 30 年不到的时间里，它帮助数亿人脱贫，并造就了庞大的中产阶级。这是过去未曾发生过的事情。现在的重大挑战是实现向更清洁、更高效的可持续经济的第二次过渡。这在很大程度上取决于国家如何利用市场力量以实现精准的环境目标，即：市场能自由发挥多少作用，国家能自由发挥多少作用，以及二者如何与最大的社会主体相互影响。

在这方面，我们不应忘记习近平提出的"中国梦"思想。"中国梦"与中国的繁荣、集体力量、社会主义和国家荣誉息息相关。习近平指出"中国梦"是实现民族复兴的一种形式。

"生态文明建设功在当代，利在千秋。""走向生态文明新时代，建设美丽中国，是实现中华民族伟大复兴的中国梦的重要内容。"②

的确，中国经济和物质的大幅扩张已经对环境产生了极大的影响。中国已经在努力克服这一局面了。一方面，大多数中国城市的空气污染问题非常严重，污染也延伸至土壤和许多水体，尤其是河流。除了导致许多生态系统退化以外，还造成了严重的健康风险，降低了人们的总体生活质量。此外，正如我们之前提到的，中国二氧化碳和其他温室气体的排放是导致全球变暖的主要原因，中国的排放量已经是世界之最了。

因此，对生态文明雄心勃勃的探求不仅仅包括可持续的经济发展：它与社会的道德体系相关，还包括了生产方式和消费方式的改变。让我们不要忘记中国是一个大国，有其独特的文明。的确，中国文明是世界上持续时间最长的文明。中国不仅仅是一个传统的"民族国家"。中国的千年文明赋予其一定的能力，使其善于应对文明挑战。中国必须超越西方国家甚至日本、韩国界定的生产模式和浪费型消费。特别是，中国还必须实现能源构成和消费模式的戏剧性转变。如果中国想要真正实现生态文明建设，那么这是必须做到的。因此，必须改变经济增长目标，使其变得更可持续，减少其对能源和材料的依赖。

---

① Maddison, Angus（2003），"The World Economy：A Millennial Perspective," Development Centre Studies（OECD），Paris.

② "Xi Jinping Work Together to Build a Good Home for the Good Ecology of the Earth," http：//politics. people. com. cn/n/2013/0721/c1024 – 22265318. html.

随着 21 世纪的时代发展，气候变化的影响将越来越强烈。如果我们真的想避免环境灾难，就必须偏离不可持续的道路，如温室气体排放和其他对大气、地球生物群系和生物多样性造成的威胁。这是一项全世界共同面对的艰巨任务。但是中国不仅因为其庞大的规模和实力，还因为它对建设生态文明做出的承诺，应该在其中发挥领导作用。我们不仅仅需要新的生产方式，还需要在全球范围内实现能够最小化浪费的"循环经济"和不同的消费方式。中国是世界上的贸易强国和制造业大国，在该过程中处于非常有利的地位。将能源消耗和生产商品使用的物料强度与经济增长脱钩应该是一个好的起点。

中国正在以极大的决心与迎面而来的许多环境问题和挑战作斗争。空气、土壤和水体污染尤其令人担忧。中国的主要城市正遭受着令人惊恐的空气污染。政府已"对污染宣战"并采取了一系列改善环境的措施。其中就包括提高能源效率，减少煤炭用量，使用更清洁的技术和重复并循环利用废物。在能源转型方面，中国带头使用清洁能源，主要是风能（风积的）和太阳能。需要耗费时间、财力和源源不断的创新来实现这点。但是具体的做法已经确定好了。为建设一个更加"美丽的中国"，政府将实行更加严格的实际规划和法规。这一切都将通过市场基本机制（激励机制和抑制机制）和"命令与控制"措施来共同实现。将会有非常严格的针对节水和保水计划、能源和其他关键资源的体系。他们会划出一条环境保护的"红线"，从而在不同区域和生态系统的承载力范围以内实现真正的可持续发展。

总的来说，中国近期的环境绩效明显改善，但仍有一些部门和行业在这方面比较落后。中国的碳排放量依然在增长，尽管近年来增长速度较慢。能源构成反映出了水力和其他可再生与"清洁"能源，使其在能源构成中的份额快速增长。中国计划增加可再生能源在能源矩阵中的比重，到本世纪 20 年代初期，使其从目前的 12% 左右增至 20%。中国已经拥有世界上最大的风能和太阳能装机容量，而且二者都在迅速增长。此外，能源强度或能源效率（单位产品产量能源消耗量）一直在稳步提升。

毕竟，除了保护经济的物质生态基础以外，文明的变化还必须包括我们生产和消费方式的转变，以及土地和生态系统的可持续利用。也就是说，要大幅度减少世界上最大的"生态足迹"，即中国的"生态足迹"① （按人均计算，数据相对较小）。据此，中国制定了一项名为"CIRCLE"的战略，包括将城市紧凑发展和减少对汽车内燃机（汽油）的依赖性相结合的良性循环；更加"循环"的经济和向低而稳定的城市"新陈代谢"（低废）及低碳消耗的逐步转变。中国的碳消耗量依然很高，大约占能源构成的三分之二。

墨西哥和中国的合作

尽管墨西哥比中国小得多，但从任何衡量和比较的标准来看，墨西哥在国土面积和经济体量方面都算得上是一个大国。墨西哥人口年轻化，大多数为城市人口，人口总数超 1.27 亿，超越日本成为世界人口第十大国（译者注：原文如此，应为 1.3 亿）。墨西哥的国内生产总值（购买力平价）略高于 2.5 万亿美元，位列世界第十一名（译者注：原文如此，应为 2.6 万亿美元）。墨西哥的人均收入和人类发展指数依旧领先于中国（译者注：原文如此，根据 2018 年人均 GNI 排名，中国的人均收入应高于墨西哥）。作为中上收入国家，墨西哥也受到了污染问题的困扰——主要是在城市范围内——并开始感受到全球变暖带来的影响。虽然墨西哥仅贡献了全球温室气体排放量的 1.3%，但也高居世界第 11 名（译者注：原文如此，应为 1.6%）。墨西哥与中国在这些问题上的合作空间充足。

近年来，墨西哥在应对全球化变革的过程中发挥了重要的领导作用。墨西哥始终积极参与《京都议定书》框架下的讨论和缔约方会议。在坎昆举办的世界瞩目的《联合国气候变化框架公约》第 16 次缔约方会议纠正了过去几次会议的失败之处后，墨西哥为成立多边"绿色基金"、建立气候变化融资框架发挥了作用。事实上，墨西哥很早就采纳

---

① 生态足迹估量的是人类对自然的需求：支撑人类或经济体所需的自然资源数量。因此，生态足迹是衡量人类对地球生态系统影响的标准，揭示了人类经济对自然资本的依赖性。

了气候政策，是世界上第二个颁布《气候变化法》的国家（于 2012 年颁布）。墨西哥还成立了公共政策机关——国家生态和气候变化研究所（其西班牙语首字母缩写为 INECC）。墨西哥通过了一项关键法案——《能源转型法》，并发布了《国家自主贡献声明》。

　　正是出于这些理由和事实，我确信中墨环境合作框架（尤其是在气候变化方面的合作框架）大幅扩展的时机已经成熟。两国间的紧密友好关系已经持续了 47 年之久。我们甚至在许多领域建立了战略联盟。我们在双边和多边气候和环境问题上共同努力，互惠互利，这是毋庸置疑的。继续推进真正的全球"生态文明"建设的道路向我们敞开着。让我们一起创造历史吧。

（袁一蓬 译）

发展中国家的战略研究

艾丁·努尔汗（Aydin Nurhan）

土耳其外交部战略研究中心前代理主席

定 义

从传统意义上讲，战略是为了达成预期目标而消除不确定性的手段，是基于现实评价的长期政策规划和触手可及的固体资源。劳伦斯·弗里德曼（Lawrence Freedman）在他的著作《战略：一部历史》中将战略方法定义为"超越短期、琐碎的眼光，长远地、透过本质看待问题的能力，治本而非治标的能力，看到整个森林而非树木的能力"。

战略研究中心是旨在促进上述过程的政府或非政府机构。它们的任务是获取原始数据并将其转化为能够被行政部门运用的"处理过的信息"。

在信息时代，人类可以接触到如此多的数据。然而，人们在"信息污染"的环境中迷失了方向，尤其是外交官与军事和情报机构。再加上他们每天不得不应对官僚体制的种种，他们的身份导致他们难以深入阅读、反思和创新理论或政策。因此，决策者们会选择令人尊敬的智囊团，借助于他们强大的分析头脑和经过他们处理的信息。

战略研究是一项昂贵奢侈的活动，需要花费数百万美元和许多时间，却有可能在短期内得不到实质性的利益。战略研究对尚未实施进攻型的、积极主动的外交政策的发展中国家而言尤其奢侈。这对它们而言是一个奢侈的领域，因为在外交上，被动国家的政客和官僚（战略研究的预期客户）不知道如何使用或处理经过加工的信息。

很多时候，发展中国家为表尊严花费成千上百万美元举办国际头脑风暴座谈会。这些国家不能把会议上产生的创造性想法运用于实践之中。但是强国的军队、外交官和情报机构却可以利用这些会议中的创见，迅速有效地将新思想转化为行动，对这些东道国产生敌对的想法。

战略研究不发达的国家面临的最不利的因素是信息渠道堵塞，即决策者接触不到经过处理的信息，更无法将其付诸实践。发展中国家的管理机构和商界尚没有醒悟过来，尚没有认识到如何将处理过的信息运用于实践之中。

信条文化

以美国为首，西方各国的心态，更确切地说是它们的政策，都以综合的、连贯的信条为基础。信条产生于多年来提炼出的一致可靠的思想。

西方的政府行政部门很容易就可以选择它们提出的其中一个信条，使之与他们的世界观协调统一，并将其设定为国家或企业的政策。

在战略研究中，一些国家被当成了显微镜下用来做实验的昆虫，受到全方位的观察和分析，然后为了观察国的利益接受操作评估。

战略研究中最重要的因素是决策者大脑觉醒过来并感到饥饿。当我们回顾近 10 年到 15 年内刊发的《外交事务》杂志，我们可以看到知识分子在研究和探求美国今天实施的政策。

当明智的决策者面临至关重要的抉择时，他们会把问题交给智囊团并让政府官员和民间思想家对之加以阐述。参考多位独立专家意见的传统使行政部门避免了由少数人关起门来做出随意武断的决定。

让我们从最近 20 年的角度出发探讨进攻型的、积极主动的国家在某些领域的做法：

a. 把问题交给大学，分配研究项目和博士学位奖学金；

b. 在国际战略机构之间花费数百万美元建立网络（特别是案例研究网络或长期战略互通网络）；

c. 为利用目标国家的有识之士，在当地建立智囊团的分支机构，并通过这些有识之士将他们的意识形态注入目标国家。

实施进攻型的、积极主动的外交政策的政府不会随意召开专题研讨会。他们会展开能够满足它们的好奇心与需求的项目计划，先制定目标，再做好预算以实现该目标。

防御型文化

与上述教条主义的做法相反，我们有发展中国家的防御型的、缓解型的、能够帮助我们"挽救局面反败为胜"的政策措施。

在国际象棋比赛中，区域强国和全球大国以外的国家处于防御地位。它们可能试图作为"游戏规则破坏者"反抗"游戏规则制定者"的战略。它们是被动的，等待总是从另一端发起的进攻，试图预测、阻止或破坏由进攻型强国制定的游戏规则。

教育哲学

问题的根源在于教育哲学，教育学生记住而不是形成概念，教育学生服从而不是发挥自由精神。

许多发展中国家的决策者认为金钱和社会地位能够带来智慧。他们的大脑尚不渴求创造性的解决方案，因此他们觉得不需要专家的意见，也不读专业的文献资料，不知道如何利用咨询师和顾问。他们做出的决定基于他们所能记住的有限的信息，甚至是他们所做的感性的、瞬时的、随意的、武断的选择。

在战略研究中，要得到正确的答案，就必须提出正确的、相关联的问题。正确的问题需要通过多年在某一领域的专注和大量反思逐渐演变而成。这种专注对于每天匆匆忙忙的官员来说毫无疑问是一种奢侈。

自由的氛围

战略机构的另一个特征是唱反调。从某种意义上说，战略研究类似于带有特立独行想法的虚荣的时装秀，往往十分奢华，无法运用于真实生活。然而，它们引导决策者们进行反思，开阔了决策者们的眼界和视野。

对于这些机构而言，另一种必不可少的事物则是自由的氛围。在这种氛围中，大脑作为负责任的思想家接受考验，能够主张特立独行的、反常的、异端的思想，而不必害怕被他人当成叛徒。

另一方面，在许多国家，培训公务员和培训战略工作人员之间微妙的分界线被忽略了。官员被要求牢牢记住他的话题，在被问及时向上级提供无可挑剔的数据，若非上级要求不得公开自己的观点。

然而，要培训战略工作人员提供"思想"而不是记住数据。他不习惯专注于个别数据，而是习惯于将它们综合起来，用他的智慧稀释它们并利用这一结合体提出创造性的思考。行政部门可能会犯下的最大的错误就是向这些拥有特殊宝贵才智的人讨要"无可挑剔的数据"而非思想，斥责他们势利，威胁并改变他们这支团队。

"Les absents ont toujours tort——缺席者即失败者"

战略家和外交官一样，同属一个国际大家庭，总是一起参与国际论坛。每个重大议题在这个大家庭内都有自己所属的族群。

发达国家会确保它们那些在本专业领域内高度专业老练的专家出席所有重要的国际集体讨论会。因为它们知道这句格言——"Les absents ont toujours tort——缺席者即失败者"。

防御型国家强大的智囊团不断参与有关这些族群的会议，可能会在多年后成为令人尊敬的成员，获得影响力。在这个漫长的过程中，他们首先会受到小组内盛行的国际文化的影响，在精神上加入他们，然后逐渐开始在组内受到重视。这是他们能够有说服力地把他们的想法推销给国际社会的方式。

然而，当发展中国家建立战略机构时，这些新中心起初会成为境外强国的最佳情报来源，因为这些国家最聪明的人才带着他们国内最好的"经过处理的信息"和"意向"来赴会，并以真诚的方式带着热情和渴望提出这些信息和想法。

在不知不觉中，它们可能为其他国家的利益而服务，而它们也有可能在不知不觉间陷入了进口意识形态的圈套，成为帮助境外强国传播知识和思想的中间人。因此，在战略研究的早期阶段，各国必须警惕这些威胁。

实际上，战略集体讨论会是各国间的一场比赛，各国就谁能够将会上产生的"经过处理的信息"运用于实践、转换为国家政策展开较量。

在这场开放的比赛中，每位专家都把他的专业知识和意见扔进一个帽子里，每个人都从这个帽子里得到了自己所需要的东西并对此加以利用。而这里最重要的一点是欠发达国家没有能力把这些经过处理的信息运用于实践之中，它们甚至没有意识到这场较量的开始。然而，发展中国家还是必须在某个时机加入这场比赛。

经过厄扎尔（Özal）总统、居尔（Gül）总统和埃尔多安（Erdogan）总统的改革，土耳其的战略机构目前已达到相当高的水平。政党和私营部门意识到战略的重要性在今天是非常鼓舞人心的。

强国的外交使团也与当地的智囊团进行着有效的沟通。然而，被动型国家的外交官甚至没有注意到他们工作的国家的智囊团。他们没有成为这些团体中的一员，而且就算他们偶然收到了智囊团的报告，他们也不知道如何利用其中的信息。

平行（二轨）外交

考虑到各国间冷淡的关系可能持续很长时间，导致双方关系陷入僵局，克服这些阻碍的有效途径之一就是让私人或半官方机构参与这场比赛。

在现代民主社会中，随着公共外交登上政治舞台，非政府组织作为有关外交政策的调解机构和压力集团发挥了非常积极的作用。

由于各个智囊团构成了一个国际大家庭，有它们自己的网络和国际会议，它们可能会为找到解决双边和多边冲突的办法提供有效帮助。

展望土耳其

从战略文化的角度来看，土耳其向我们展示了两个对立的形象。一方面，该国对于奥斯曼帝国的瓦解做出了被动的、防御型的反应；但是与此同时，它作为一个新兴的共和国采取了积极主动的、进攻型的反应策略，毫无准备地在惊喜中捕捉一切。

随着土耳其经济处于国内生产总值达到万亿美元级的门槛，土耳其正准备跻身区域和全球事物参与者之列；提速经济发展的同时，共和国政府感到有必要实施进攻型的、积极主动的政策，培训各发展领域的多语种专家，并将他们的政策建立在由严谨分析和其他替代手段发展而来的信条的基础上。

政党和智囊团

考虑到共和国历史上军事政变的频率，期望土耳其政党在制定政策时融入对战略文化老练的理解是不现实的。在这样的情况下，公务员还不能指望政治家做出战略决定和指示。

反对党建立影子政府和有成效的智囊团，从而向他们的影子部长提供信息和支持，但是这种做法离成熟似乎还有些遥远……

官僚机构和智囊团

从官僚机构的角度来看，经过智囊团处理的信息似乎对官僚主义实践也没有产生什么效果。很久以前，一位将军曾说过他们不需要通过社会学来理解这个国家……

土耳其的智囊团不是为了游说团体和企业的利益而工作的，而是为了支撑外交、军事、经济和社会决策。但渐渐地，他们也会为那些已经足够成熟的需要智囊团服务的全球化私营部门做“一些”调查研究。

我们可以说，外国驻土耳其的外交使团和企业更加重视我们的智囊团，比我们自己更热切地珍视这些智囊团的服务……

公司经济部门和智囊团

随着土耳其企业加入全球竞争，它们开始感到有必要进入战略计划和决策领域。因此，它们开始在内部重组，或向土耳其国内外的智囊团发出订单订购调查研究。

再次强调一下，进攻型的、积极主动的机构感到有必要对目标机构进行战略研究，以控制或击败它们。

商界需要战略研究不仅仅是为了业内相互竞争，还为了借此影响政府政策，从而谋取其切身利益。

智囊团作为"民间压力"机构

尤其是在西方世界，环保主义者和妇女权利团体等压力集团与企业部门一样向智囊团订购研究成果，从而说服公众和政府听从他们的建议和请求。在土耳其，该领域也在觉醒。

活　动

（略）

研　究

战略机构的首要任务是做研究或招标研究。它们有自己的研究员和客座研究员，它们为机构研究领域内的学术研究提供奖学金，等等。

会议、研讨会、基层战略文化

发展中国家的战略机构会议通常是精英会议、闭门会议，没有形成金字塔结构，没有从民主参与、基层参与中摄取到养分。它们的会议在拘谨、庄严的氛围中召开，在间谍、将军、外交官和信得过的学者之间举行，缺乏孕育创造力的自由主义气氛。我们也许可以说，这些会议因为有了受信赖的民间有识之士的参与，所以对于官僚们而言，有了更广泛的社会影响，为在门背后做决策的少数人拓宽了视野。

然而会议，尤其是主讲人午宴和晚宴，在西方世界，尤其是美国，是常见的草根活动。大约二三十人组成的友好小团体每月聚餐一次，并邀请一位专家做客担任主讲人。

这一传统不仅可以拓宽眼界，还可以反思建设实践。但是在土耳其，除了共济会和扶轮社，很少有其他团体进行此类活动。然而令人高兴的是，随着世界级的人才受到智囊团的邀请，人们对此的兴趣也在迅速增长，大都市的商界更是如此。

智囊团在唤醒知识分子参与此类讲座方面可以发挥建设性的作用；它们可以派出成员参加此类活动。州长、市长和非政府组织与大学进行合作，也可以在激发农村地区战略研究文化的兴趣方面发挥主导作用。

与外国机构合作（建立关系网）

在研究的同时，智囊团还会组织研讨会、专题讨论会、圆桌会议和小组讨论会，或赴邀，收集和生产知识。

由于发展中国家的机构力量微弱、资源稀少，它们可以在当地开展活动，但是富国的机构财力雄厚，可以举办需要花费成千上百万美元的国际活动。

财政困难的机构在国际舞台上处于被动地位；它们只能接受富有、强大的外国机构的倡议、知识探询和邀请。

欠发达国家由于腐败、裙带关系或否定选择缩小了有识之士的用武之地，不会向他们征求宝贵意见。当这些人才受邀参加国际会议时，他们会以极大的热情向外国人提供有关他们国家的最佳的经过处理的信息。这么做并不是为了背叛他们的国家，而是为了证明他们的知识、艺术和科学……

由于战略机构会相互邀请对方参加会议，它们也会在双边和多边达成协议的情况下展开机构间合作。先进的智囊团也会每天、每周或每月发布电子邮件，向它们在该领域内的合作机构和专家受众宣传它们的工作日程和世界观。

没有买家就没有产品（无政府组织与政府之间的关系）

战略家就像艺术家。他们是高智力的、有创造力的艺术家。就如其他艺术家一样，他们希望看到自己的创新想法被传播到社区和大众当中。战略家最大的梦想就是政府能够采纳他们的想法并付诸实践。

将智囊团处理过的信息转化为政府实践过程中的交叉机制是通过外交部、军事部、情报部门、内政部和经济部等部门的战略研究中心。

这些半官方的战略机构最好与民间智囊团展开密切合作，发挥桥梁作用、催化作用，获取经民间机构处理的信息并帮助它们将这些信息转化为官僚机构的行动措施。

在容易引起争论的危险领域，这些政府的战略机构不应该自己进行研究，而应该招标寻找独立机构进行研究。在急需经过处理的信息领域内，它们还可以在财政和后勤方面向有关民间机构提供支持（提供机票和每日津贴让它们参与重要的国家座谈会）和鼓励，并帮助民间机构成为国家需要的特定领域内的卓越机构。

政府战略研究机构和它们的官方研究也可以主动在它们嗅到某些趋势的领域内进行必要的研究，而这些由它们自主处理的信息也可以上交给决策者。

出版物

战略机构的另一项重要活动是出版期刊和研究员与国际专家的文章。严肃的智囊团出版严肃的、受裁判员管理的季刊。非政府组织的出版物更倾向于就它们的事业启迪公众并试图对政治权威施加压力，以满足它们的要求。

图书馆、档案馆、电子资料库

首先，一个战略研究中心的能力是以其图书馆的藏书量来衡量的。由于每个研究中心都有战略研究领域一般的图书馆，因此，好的研究中心会有专业化的图书馆和特别的藏书。

如果一个机构吸引了来自世界各地的专家，那么可能会有两个原因。其一，特别的、有价值的藏书；其二，研究员中有受人尊敬的全球权威人士。

技术正在迅速地数字化所有的历史数据，但是我们距离在互联网上找到最有价值的藏书仍然很远。

成为重要机构的另一个关键因素是拥有可靠的、每日更新的网页。如果机构没有严肃地更新和管理网页，那么我们不能说这是一个严肃的机构。链接应该有特殊的重要性；它们要能够帮助研究人员在正确的方向上搜索正确的信息。

在信息战和公共外交时代，网页的另一个作用可能是以基层受众为目标。一个实用的建议是根据不同受众的需求，制定长度不同的报告，例如 20 页、10 页、5 页、2 页和半页的每一项重要事项的执行信息，从而使世界上的每一个对某主题有兴趣的人都可以选择最佳长度的报告，充分满足他的快速需求，让他能够简单地感同身受。

这些报告能为研究人员提供概要，但更重要的是，能够节省广大受众为收集可靠全面的数据而浏览四五十个网站的精力。最后，这些概要可以让国家在用自身的事业影响世界受众方面采取积极主动的立场。

财务资助

智囊团从政府那里获得公开或秘密资金资助的同时，也会接受商界的订单，无论是以商业支付的形式还是以赞助的形式。智囊团的资金来源包括创始人、基金会、赞助商、政党、非政府组织或企业的捐款、客户订购的报告和研究。

人　员

对专家进入战略机构工作的最高资格要求是渴望、对知识的渴求和对智慧的热爱。因此，这些机构应该与大学合作，密切注意具有这些品质的最聪明的学生，支持他们赴全球大学攻读硕士和博士学位，让他们学习特定的语言，并用体面的薪水聘用他们，以使他们的才智不用被日常的世俗需求所困扰。

正如人们所意识到的那样，这是一项昂贵的长期投资，对发展中国家而言，则是一项奢侈的投资。和投资资本主义初级阶段的资本积累和国有企业一样，政府通过投资战略机构来进行倡议是明智的。这些专家在成熟后可能会退出政府机构，但他们仍然应该被视为国有资产。

西方国家在各个领域都有一大批专家。尤其是电视节目，每当面对一个特殊的议题时，节目制作人都会去这些专家的名单里，找该领域的一位权威人士询问意见。

然而，在发展中国家，由于没有这样的相关人员，因此电视节目采访了所谓的"媒体专家"。他们既没有深入了解过谈论的话题，也不知晓议程中涉及的国家或地区的文化和语言，只能就此给出表面的评价。

虽然在长时期内需要准备让拥有博士学位的战略专家承担专业职务，但在他们能够承担该职务以前，智囊团短期的解决方案是与大学合作，利用学校的院士，并聘请外国学者研究自己的国家。

这些极少数的专家作为这个专业大家庭的一员，应当出席一切国际会议，并在长时期内积累丰富的经验。我再重申一次，智囊团不需要官僚来挽救局面。它们需要狂热者，热情、好奇、有智慧、渴望知识的狂热者，他们愿意不停地将这些知识浇灌给广大的受众。

翻译办公室

智囊团最宝贵的品质之一便是"持续性"。外交部、军方、情报机构和警方的工作人员变动过于频繁，常常调动至不同地区的不同岗位。

这种流动性会导致组织记忆流逝。然而战略机构有多年来坚守在同一岗位上渐渐成熟起来的专家。持续性和记忆力是这些机构的必要资质。

有了不断积累的知识，有了了解特定领域文化和语言的专家，战略机构也拥有一大批翻译以满足政府和私营部门的需求，并获得收益作为回报。

结　论

战略研究开始成为渴望实施进攻型的、积极主动的政策的新兴大国的需要。发展中国家战略机构的增加让我们看到了一道曙光——基于行政人员每天心理的波动情况而进行的随意、不严肃的闭门决策的时代正在逐渐离我们远去……

（袁一蓬 译）

影响蒙古国可持续发展的外部因素

扎格泽塞姆·乌赫纳阿（Zagdtsesem Ukhnaa）

蒙古国科学院国际事务研究所研究员

本报告关注蒙古国的可持续发展政策和影响蒙古国可持续发展政策的外部因素，尤其是周边国家和蒙中合作带来的影响。

20世纪60年代末，知名科学家曾警告过，全球经济发展可能会因为不当利用自然资源和资本导致环境退化和风险而停滞。这个问题在国际社会上引起了关注，全面解决环境、社会和经济问题的全球发展新趋势通过联合国随后组织的会议逐渐确立起来。尤其是在2015年举办的以"改变我们的世界——2030年可持续发展议程"为主题的联合国大会第70届会议通过了截至2030年的"可持续发展"计划和17项关键目标。今天，世界各国都计划在提高发展水平的同时促进绿色经济。

我要感谢中国社会科学院国家高端智库常务副理事长兼秘书长王灵桂（Wang Guilin）教授和今天第七届"生态社会与可持续发展"大会的其他组织者能够给我机会做这个报告。

蒙古国政府和议会通过了若干有关绿色经济发展的文件，如1998年的《蒙古国21世纪全国可持续发展议程》、2008年的《蒙古国国家发展综合政策（2008~2021）》和2014年的《绿色发展政策》。根据上述文件，蒙古国大呼拉尔议会第19号决议通过了《2030年蒙古国可持续发展理念》，蒙古国政府第35号决议通过了《绿色发展政策行动计划（2016~2030）》，旨在执行长期的发展战略计划。

《2030年蒙古国可持续发展理念》确定了44个目标，并将通过14

个方向实现以下目标：到 2030 年，蒙古国人均收入将达到一线中等收入国家水平，各部门经济增长稳定，普通中产阶级和富裕中产阶级在社会上占主流地位，将蒙古国发展成为保持生态平衡、民主治理稳定的国家。蒙古国政府的有效政策、蒙古国的政治稳定性和每位蒙古国人民的努力对于实现这一目标而言都是至关重要的。

另一方面，在当前的情况下，各国之间的区域化、一体化和相互依赖日益增强，我们需要研究外部因素或周边国家的发展经验并进行调整使其适用于本国，从而实现共同的生产发展。在对外贸易、旅游业和投资等领域的双边和多边合作将是真正影响我们实施发展战略、实现发展目标的因素。

《约翰内斯堡宣言》（2002 年）和《里约宣言》（1992 年、2012 年）旨在促进与经济、社会和环境相关的三个相互依赖、相互维持的可持续发展要素一体化，扩大国际合作、实现普遍的可持续发展，改善可持续发展理念的落实。正如《里约宣言》原则 7 所述，"发展政府机构、地方当局、私营部门、公民和国内外投资者之间的合作伙伴关系尤为重要"。①

在各国相互依赖的世界里，各国和地区间的发展差异仍然阻碍着联合国 2030 年可持续发展目标的实现。但是，我希望中国提出的"一带一路"倡议下的"共同发展"能够遵循《里约宣言》原则 7，并为区域繁荣与发展做出巨大贡献。

蒙古国从一开始就支持并热衷于参与中国的"一带一路"倡议。该倡议为蒙古国这个内陆国家提供了机遇。另一方面，蒙古国和中国作为区域伙伴国，在区域和国际范围内相互支持彼此的倡议。

中华人民共和国主席习近平（Xi Jinping）应时任蒙古国总统查希亚·额勒贝格道尔吉（Tsakhiagiin Elbegdorj）邀请前往蒙古国进行国事访问。习近平访蒙期间，蒙中共签署了有关两国关系与合作的 26 项文件，包括《中华人民共和国政府和蒙古人民共和国政府关于蒙古通过中国领土出入海洋和过境运输的协定》和《中华人民共和国政府与蒙古国

---

① D. Dagvadorj, "Education for sustainable development", UB, 2004, p. 24.

政府关于发展铁路过境运输合作的协议》。此外，还签署了《中华人民共和国政府与蒙古国政府关于发展铁路运输领域合作的谅解备忘录》和《中国国家铁路局与蒙古国公路和交通部关于修订〈中蒙国境铁路协定〉的备忘录》。尽管上述合同与协议已经签订，但是我国只能通过天津港进行运输。这在很大程度上是因为我国缺少铁路基础设施政策，而且关于新的铁路基础设施发展方向的问题尚没有得到解决。虽然建设新铁路和改善基础设施需要花费大量金钱，十分复杂，但是我们有必要及时解决这些问题并开始参与区域经济往来。此外，这些问题显然会对我们国家的经济发展产生影响。《蒙古国政府 2016～2020 年施政纲领》中提到要"开展运输部门的国际合作、融入区域基础设施和运输一体化进程以发展过境运输"①。我们需要关注这项条款的实施，以吸引外国资本投资我国道路和运输部门，调动国内资源，建设中蒙俄经济走廊，这将在"一带一路"倡议合作框架下得到落实。

蒙古国、俄罗斯联邦和中华人民共和国的国家元首在 2015 年于俄罗斯联邦巴什基尔自治共和国首府乌法市举行的上海合作组织峰会和金砖国家峰会上进行第二次会晤，并就在三国间建设"经济走廊"达成一致。会上，他们正式签署了《关于编制建设中蒙俄经济走廊规划纲要的谅解备忘录》。

蒙古国、俄罗斯和中国的国家元首在 2016 年 6 月于乌兹别克斯坦首都塔什干主办的上海合作组织元首理事会第十六次会议上进行第三次会晤。尽管他们在 2015 年签订的《备忘录》框架下已签署了 32 项具体文件并采取了有关措施，但他们一直计划在高度执行的基础上再实施超过 10 项计划。

正如"蒙古国、俄罗斯和中国经济走廊"建设计划所述，合作首先应该促进交通基础设施的跨学科发展，其次应该发展边境口岸，改善海关与检疫监管，第三应该强化工业和投资领域合作，第四应该深化贸易和经济合作，第五应该扩大人文交流与合作，第六应该保护环境并加强生态领域合作，第七应该发展区域和边境合作。

---

① http：//zasag. mn/news/khotolbor.

该计划由蒙古国外交部、中华人民共和国国家发展和改革委员会和俄罗斯联邦经济发展部共同执行。

通过实施三国的"经济走廊"计划，蒙古国与第三国发展实际经济关系的机会将增加，为蒙古国加入区域经济一体化进程增添了可能性，同时我国在东北亚地区的地位也将有所提升。

对于我国而言，作为东北亚地区的国家之一，必须要提升区域内经济地位，加入公路、交通、信息和通信网络，与区域内各国维系平等的关系，在区域合作发展中保持不落后，为各国创造在蒙古国的经济和其他实际利益，发展与东北亚各国的关系并加强合作。

支持参与东北亚地区多边区域合作和加强战略稳定与安全合作的有关政策和活动在保护我国利益和提升我国在区域内的地位方面都将发挥至关重要的作用。

时任蒙古国总理扎尔格勒图勒嘎·额尔登巴特（J. Erdenebat）2017年访问中华人民共和国期间就"发展之路"倡议（"草原之路"计划）和"一带一路"倡议（"丝绸之路"）对接签署了蒙古国政府和中国政府之间的谅解备忘录。这成为蒙古国参与"一带一路"建设项目的一步。

如果"一带一路"建设项目成功实施而且蒙古国参与其中，那么我们产品出口至国际市场的过境运输可能遇到的障碍将会减少，区域内的经济合作将会增加。

蒙古国将能够发展互利的经济合作并积极参与区域经济进程。我国有兴趣与周边国家和区域内各国开展广泛合作。

运输部门需要吸引外国投资并调动内部资源，从而建立真正意义上的"中蒙俄经济走廊"。

中华人民共和国国务委员兼外交部长王毅（Wang Yi）应蒙古国外交部长达木丁·朝格特巴特尔（D. Tsogtbaatar）的邀请于2018年8月访问蒙古国。访问期间，两国外交部签署了2019～2020年合作计划并就为落实"一带一路"倡议和蒙方"发展之路"倡议制定具体工作计划达成一致。此外，双方还同意就蒙中跨境经济合作问题展开政府间谈判。

双方同意加强蒙古国、俄罗斯和中国间的三边关系，加速中蒙俄经济走廊建设并支持区域发展①。

中蒙俄经济走廊建设框架下共有 32 个项目将得到落实。但是，三方将于近期率先就铁路升级、公路和输电线路项目展开讨论。

"中蒙俄经济走廊"是蒙古国"发展之路"大型基础设施项目、中华人民共和国"一带一路"倡议和俄罗斯联邦主导的欧亚经济联盟的必要组成部分。

蒙中两国之间有着睦邻友好关系，且正在发展战略合作伙伴关系。今年是两国建立外交关系 70 周年，让我们纵览 70 年间两国的合作成果来庆祝建交 70 周年，并确定进一步的目标。

2019 年 4 月，蒙古国总统哈勒特马·巴特图勒嘎（Kh. Battulga）应中华人民共和国主席习近平的邀请对中国进行了正式访问，两国元首就蒙中在政治关系、经贸、人文、国际和区域问题等领域开展与扩大合作交换意见。访问期间，他们共签署了 18 项文件，其中包括两国政府合作建设"发展之路"倡议和"一带一路"倡议进展计划、联合举办中国—蒙古国博览会、蒙古国食品农牧业和轻工业部与中华人民共和国商务部的谅解备忘录、两国经贸合作发展中期计划的启动和蒙古国外交部与中国商务部的谅解备忘录。

双方的合作有助于改善贸易结构，增加港口吞吐量与农产品出口量，发展过境运输、人文合作与三方合作，深化两国关系，并根据发展的"互利合作伙伴关系"发展全面战略合作伙伴关系。这在维护两国人民的利益和开展区域合作方面都将发挥至关重要的作用。

（袁一蓬 译）

---

① www. mfa. gov. mn.

颠覆性技术时代的经济增长和包容性发展

博沃拉·苏马诺·陈普恩帕（Boonwara Sumano Chenphuengpawn）

泰国发展研究所研究员

我们生活在一个日新月异、瞬息万变的高度动态的世界里。新技术与创新影响着许多国家和社会，推动世界发生变化。如今最具变革性的技术大概是人工智能或 AI 了。过去几年里，人工智能水平显著提高，还显示出了和人类相同或优于人类的能力。例如，"阿尔法元"赢得了与"阿尔法狗"的比赛，而"阿尔法狗"曾击败过人类围棋世界冠军。人工智能系统 Libratus 在扑克比赛中击败了人类选手，而中国的"小忆"人工智能机器人通过了国家执业医师资格考试。

人工智能的进步使机器人能够与人类执行相似的任务，并已成为我们日常生活的一部分。人工智能可以用于各个业务部门。在营销和销售方面，人工智能有助于为顾客提供服务和分析以前的销售数据。在制造和供应链管理方面，人工智能可以帮助实现预防性维护，通过为昂贵的机器（如发电机）配备传感器以检测偏差，从而防止潜在的机器故障和重大损失。此外，人工智能有助于检测和防止欺诈交易。

越来越多的企业正在采用新技术和创新。例如，美国约翰迪尔公司发明了能够远程操控的智能拖拉机。日本利用运动传感器来提高和牛的产量。泰国电装公司在其汽车零件制造过程中采用精益自动化。因此，公司能够减少系统中的人力成分。

另一方面，技术对劳动力市场产生了重大影响。如那些需要重复工作的岗位等在不久的将来会被颠覆性技术所取代。根据弗雷（Frey）和奥斯本（Osborne）的研究，① 许多国家 50% 的工人将会被技术所取代。全球一些技术公司和初创企业已经证实，即使是那些拥有高学历和专业技术的工人也可能面临失业危机。例如，美国一家科技初创公司 Softwear Automation 成功研发了能够完成 T 恤衫全部制造流程的"缝纫机器人"；德国初创公司 SMACC 也在开发机器学习软件用于提取并处理发票数据、优化支付和流动性分析，颠覆了全世界的会计部门；机器人律师是由人工智能驱动的自动化系统，能够为客户提供法律咨询。因此，颠覆性技术很快将对各级工作产生不同程度的影响。

这些新技术和创新具有通过发明新产品与服务、降低企业成本、提高竞争力促进经济增长的巨大潜力。与此同时，人工智能的入侵可能会使许多人面临失业风险，从而增加政府的社会福利负担。为了确保在颠覆性技术时代取得经济增长和包容性发展之间的平衡，各国至少应重点关注三件事：采用新的学习方法以鼓励在未来拓展新技能，为受自动化影响的人们提供包容性的社会保护，并找到适当的政策来管理颠覆性技术。以下几节中，本文讨论了这三项措施。

为未来培养新技能

首先，为了在人工智能时代确保经济持续增长，我们非常期待当前一代和下一代劳动力不断用数字技能改造和武装自己。此外，在可预见的未来，人工智能在三个领域内无法与人类的能力相匹敌：即精细化、创造力和社会智力。这三个领域要求高水准高能力的职业（如外科医生），因此其被未来技术取代的风险较低。

这意味着必须改变教育课程和学习方式，用 21 世纪学习者所需要的态度、技能和知识来装备新一代。这样的学习者应该有机会通过积极的学习方法培养好奇心和创造力，训练他们的沟通、协作和解决问题的能力。

---

① Frey, Carl Benedikt and Michael A. Osborn, "The Future of Employment: How Susceptible Are Jobs to Computerization?" *Technological Forecasting and Social Change*, vol. 114, issue C, 2017, pp. 254 – 280.

一些政府已经采用了这种积极的学习方法。在爱沙尼亚，学生正通过包括从使用视觉编程语言到制造机器人帮助老年人的各种经历中学习编码。在新加坡，政府运行了一个名为"我的未来技能"的在线平台，帮助新加坡人找到与他们的简历或已有技能相关的工作，并识别任何他们缺少的技能。政府认证了由政府机构或私营部门开设的大约 24000 门课程。新加坡政府还补贴了此类课程费用的 95%；提供价值 500 新加坡元的培训优惠券；并将雇员花费在自我改造上的工时补偿给雇主。

在世界上某些地区，私营部门领导着这场运动。肯尼亚初创企业安德拉提供为期六个月的强化课程，学员们能够在学习软件工程的同时挣得可供生活的薪水。通过课程后，被选中的候选人将被外包加入全球企业的开发团队，他们得到的报酬远远高于其他公司。同样的模式也可以用于应对由技术创新和不断变化的经济状况导致的劳动力再培训与劳动力转移的需求。例如，美国一家名为 BitSource 的初创公司，将原先的煤矿工人重新培训为计算机程序员。

因此，不同部门和组织之间牢固的伙伴关系可能是技能改革举措成功的关键。为使伙伴关系发挥作用，每个行动者都应该调整其扮演的角色，并以更加开放的态度接受新方法。教育工作者可以认可在学习工具中应用技术并支持所有年龄段的人士参与学习。雇主可以提供内部培训活动或在不扣除休假天数的前提下允许雇员参加外部培训，从而增加对再培训的支持。政府还必须承诺促进终身学习政策，着重强调职业转变，确保处于人生任何阶段的人都能够加入再培训项目。

提供包容性的社会保护

一般来说，大多数政府提供了各种类型的社会福利制度以确保当地人口的生活质量得到改善。为确保由颠覆性技术刺激的经济增长不让任何人掉队，需要调整社会保护政策，尤其是为了那些因为自动化而失业的人、非正规就业者和弱势群体。

由于颠覆性技术增加了失业的可能性，因此必须重新设计对失业工人的社会保护。为确保申请失业救济的人数增加不会威胁到国家社会保障基金，应制定失业救济金一揽子计划鼓励人们迅速恢复就业。例如，失业率高、工会力量强大的丹麦实行了一种名为"弹性安全"的制度。该制度有两个实质性的组成部分：就业灵活性和财政支持稳定性。就业灵活性是指雇主根据业务情况灵活雇佣或不雇佣新雇员的能力。与此同时，失业救济金必须能够满足失业人员找到新工作之前的日常生活需要。为此，积极主动的政策在提供基本的技能培训和终身学习以应对劳动力市场的需求方面起着至关重要的作用。

根据国际劳工组织 2018 年的估计，全球约 61% 的劳动力处于非正式经济当中。许多发展中国家更是如此，当地大多数工人在非正规部门工作。预计在不久的将来，颠覆性技术将导致非正规工人的数量显著增加。因为技术水平提高了，人们能够利用在线平台成为自由职业者或创办小型企业。根据欧盟委员会 2018 年的一份报告，14 个成员国中有百分之二的成年人每周工作超过 20 小时，或者通过在线平台赚取至少一半的收入[1]。

然而，虽然非正规经济在提供额外收入、减少贫穷和不平等方面发挥着重要作用，但是许多国家的社会保护计划无法惠及非正规工人。因此，社会保障计划没有覆盖到的非正规工人无权享受诸如医疗保健、养老金、工伤和失业等社会保障福利，他们的数量增加可能意味着政府的社会援助预算会增加。

理论上，政府应该允许所有工人进入国家社会保障体系。由于检测到的自由职业者或其他非正规工人的数据有限，因此这样做将会极具挑战性。此外，因为缺乏有关非正规工人的收入和工作时间的数据，所以政府无法设计出一套有吸引力的社会保障福利计划和适当的贡献率。然而，一些数字平台，如优步和 Grab，已经收集了有关其成员收入和工作时间的信息。因此，政府可以从这些运营商出发，逐步扩大对其他非正规工人的覆盖面。

尽管技术对劳动力产生了负面影响，但是区块链、数字身份和电子货币等新技术确实可以用于为弱势群体提供更好的福利服务。传统上，

---

[1] Pesole, Annarosa et al., *Platform Workers in Europe: Evidence from the COLLEEM Survey*, Publications Office of the European Union, 2018.

社会福利供给往往以国籍和年龄等资格标准为基础。这意味着需要用身份证明文件核实这些标准。然而，无家可归者和国籍与移民身份有问题者等处于社会最弱势地位的人群往往没有身份证明文件。他们无法出示身份证件，无法获得国家的保护，因而变得更加脆弱。即使如今政府为避免现金支付过程中产生的腐败问题和节约操作的时间与成本，选择将福利金转入收款人的银行账户，不需要查看身份证明，但是收款人在银行开户通常需要出示身份证明。根据世界银行公布的数据，2018 年全球约有 17 亿成年人仍然无法在银行开户。

尽管存在这些限制，但是先进技术可以在为弱势群体提供社会保护方面提出替代方案。他们可以使用人脸识别、语音识别和指纹识别技术创建数字身份。电子货币系统可以扩大覆盖范围，把没有银行账户的人，尤其是没有身份证件的弱势群体纳入其中。电子货币系统还有助于最大限度地减少现金直接转账过程中发生欺诈行为的可能性。所有关于数字身份和福利金交易的信息都可以储存在区块链中，很难伪造。该系统可以防止涉及使用假身份证的腐败行为，因为所有关于身份和福利金交易的信息都将以电子形式储存，以便于监管和欺诈检测。

找到适当的政策

世界正在进入数字经济的伟大时代，数字技术将彻底改变生活和营商方式。世界各国政府必须出台一套政策以应对新技术和创新的运用。虽然这些技术将创造更多的商业机遇，但是如果没有适当的监管，它们也可能给现有企业和全体公众造成动荡。一个明显的例子是拼车软件，许多国家就这类应用程序的监管和合法化进行了激烈的辩论。

拼车软件在乘客之间越来越受欢迎的原因有三个。首先，它很方便。乘客可以随时随地通过智能手机获得服务，而且可以快速了解预计的上下车时间。其次，车费对乘客和司机而言都很公平，因为他们在接受或预订拼车之前可以看到车费是多少。第三，许多拼车平台运营商都采用了能够确保乘客安全和服务质量的系统。运营商通常只接受无不良（犯罪）记录的司机和工作状况良好的汽车。车牌号、司机姓名和路线等有关拼车的信息也可以与其他人共享，尤其是与担心乘客安全的家人和朋友共享。乘客也可以通过智能手机应用程序对司机进行评价并对服务做出反馈。

然而，在许多国家，拼车软件仍未受到监管。如果没有适当的监管，那么拼车服务严格意义上来说是非法的。拼车服务依然不受监管，这使得正规的出租车运营商感觉受到了不公平的对待，因为他们受到更严格的监管。通常来说，正规的出租车驾驶员必须通过考试才能获得执照；出租车本身必须登记为公共交通车辆并购买理赔范围覆盖乘客的出租车保险。此外，正规出租车可以按照监管机构制定的价格收费。一般而言，价格很少会根据经济规则做出调整。因此，这些监管矛盾成了正规出租车驾驶员反对拼车服务进入该行业与之竞争的动机。

另一方面，过多或过于严格的规定会限制创造力，从而阻止创新和初创企业的诞生。这反过来又会影响经济增长，并有可能使国家在第四次工业革命时代落后。因此，找到适当的规定是在倡导技术应用和最大限度减少颠覆性技术负面影响之间取得平衡的另一种途径。

一些国家正通过发布大量推动企业应用并实践新理念与新技术的政策和计划争夺人工智能发展领域的主导地位。其中，中国在人工智能推广政策方面树立了良好的榜样。2017 年 7 月，中国发布了《新一代人工智能发展计划》作为建设人工智能产业的国策，预计到 2030 年，中国人工智能发展将达到世界领先水平。为了实施 2030 人工智能策略，中国成立了几个机构。中国成立了新一代人工智能发展规划推进办公室，负责执行与协调同人工智能有关的项目，大多数项目是由政府资助的。2017 年 11 月，中国还成立了新一代人工智能战略咨询委员会，就与人工智能相关的问题开展研究项目并对这些问题提出建议。此外，超过200 家企业和机构参与了中国人工智能产业发展联盟的落成，该机构致力于为中国人工智能部门的发展打造一个公共服务平台。

最后，因为新的颠覆性技术的出现是不可避免的，所以世界各国的政府必须采用一个新的框架来实施政策条例，以便能利用这些技术促进经济增长、确保包容性发展。对此，至少有下列三项建议。

首先，各国政府应努力尝试更好地理解新技术的实质和影响。为此，允许应用新技术而不是从一开始就禁止一切是一种更加适当的方法。采用监管沙盒，或允许一些人群使用新技术从而评估此类技术的成本与效益，可以帮助政府决定适合该国的人工智能政策。

第二，即使一些现有的企业可能会失败，就像拼车软件这一案例中的正规出租车一样，但是考虑到经济体的净利益，政府还是应该促进技术发展。可以通过提供对改变职业有益的终身教育和技能培训以及充分的社会保障福利来帮助那些受颠覆性技术影响的人。

第三，监管机构应开发动态的检测系统，用于技术和创新应用。这种系统还必须有全面的数据收集机制，定期进行影响评估。技术正在以越来越快的速度发生变化，因此，影响评估必须具有前瞻性，将未来的情景纳入考虑范围。

正如加拿大总理贾斯廷·特鲁多（Justin Trudeau）曾经说过的那样："变革的步伐从未像今天这样快，但也永远不会再像今天这样慢……技术总能带来这样的承诺——更好的生活水平、新型创新、卓越的产品……但是它也会使我们的社会、经济和政治文化发生巨变。"因为技术将成为我们的未来，所以社会中的每一个人都必须做好准备迎接即将到来的颠覆性技术时代。

（袁一蓬 译）

从欧洲角度探讨绿色挑战

弗朗西斯卡·马内蒂（Francesca Manenti）

意大利国际研究中心亚太高级分析师

引　言

　　气候变化是当今世界面临的最紧迫的挑战。根据世界气象组织编制的数据资料①，2014 年至 2018 年这五年间是全球气温有记录以来最热的五年，全球平均气温比工业化前的基准（1850~1900）高出了约 1.04 摄氏度。全球二氧化碳浓度升至去年的百万分之 407.4，使温室气体对地球的升温影响自 1990 年以来增加了 43%。这个比率不仅表明人类活动正对气候产生影响，还表明了人类活动影响周围环境的速度正在失去控制。考虑到《巴黎协定》于 2015 年决定的 1.5 摄氏度限制，在当前全球工业发展和土地资源与能源系统开发水平上，只有到 2030 年温室气体排放减半，到 2050 年，消除温室气体排放，全球变暖超过临界值的上升趋势才能停止。

　　这些数据所强调的紧急情况直接引起人们对各国和国际社会致力于为下一代保持可持续性发展的怀疑。

　　确实，自 1992 年联合国环境与发展会议于里约热内卢召开以来，可持续性这一概念的含义已经扩展，超越了与"需求"②的联系，囊括

---

① WMO Statement on the State of the Global Climate in 2018, WMO – No1233, https：//library. wmo. int/doc_ num. php? explnum_ id = 5789.

② 《我们共同的未来》，又名《布朗特兰报告》，将可持续发展的概念定义为"在满足当代人的需要的同时不对后代人满足其需要的能力构成危害的发展"。

了最广泛的价值概念范围。事实上，根据《里约环境与发展宣言》，可持续发展关系到人类和他们的生活质量，需要根据社会与环境的公平性来追求①。人与自然之间的平衡局面解释了对可持续性的整体解释，即人类的习惯与行为对周围环境产生的影响和环境与气候状况对人类和社会条件产生的影响一样多。

这种相互依存的关系已经被纳入联合国政策框架，现在正领导着或应该领导国际社会面对这一全球挑战所做的承诺。2016 年 1 月 1 日生效的《2030 年可持续发展议程》指出了 17 项可持续发展目标。所有目标都应该允许各国有效解决发展普遍需求的根源问题，包含可持续发展的三个层面：经济增长，社会包容和环境保护。《2030 年可持续发展议程》特别指出气候变化现在被认为是该议程本身取得成功的必要条件，反之亦然。的确，如果一方面，一些可持续发展目标成功应对了气候变化的驱动因素，那么另一方面，气候行动对于实现可持续发展总是会变得越来越重要。这意味着如今应对气候变化和追求未来的可持续性是齐头并进的。

气候变化与安全

如果考虑到气候变化不仅仅与环境和环境保护有关，还确实与各国以及整个大洲的政治、社会和战略稳定性紧密相连，那么气候变化与未来全球稳定性之间的联系尤其如此。生态和自然条件的改变可以在资源获取、农业或养殖活动以及各地的宜居程度方面造成动荡。这些人类习惯的变化是不稳定和安全危机的种子。因此，气候变化可以被看作所谓人类安全的主要驱动因素，被定义为应对人们生存、生计和尊严面临的广泛而复杂的挑战的方法②。

就其规模和影响而言，气候行动不仅对其自身而言是潜在的威胁，

---

① "Rapporto della Conferenza delle Nazioni Unite sull'Ambiente e lo Sviluppo", http：//www. isprambiente. gov. it/it/formeducambiente/educazione – ambientale/ file – educazione – ambientale/eos/dichiarazione – rio. pdf.

② General Assembly Resolution 66/290, https：//www. un. org/en/ga/search/view_ doc. asp？symbol = A/RES/66/290.

而且的确是安全挑战的关键乘数，因为它进一步恶化了危急形势并加剧了其他现象的影响①。

考虑到气候行动在地方、区域和国际层面产生的后果，全球变暖与安全之间的联系是显而易见的。三者几乎无法分开而论。相反，在一个层面上产生的影响通常会引发下一层面的不稳定局面。

天气或腐殖质的变化影响了农业，不仅扰乱了当地的经济，甚至首先扰乱了当地居民的粮食安全。同样，它们可以改变土壤肥力，因而对农民和饲养者的土地分配产生影响，破坏传统社会关系和生计之间的平衡。所有这些因素都破坏了国家内部安全的稳定性：自然资源的获取越发困难或开发自然资产的竞争日益激烈可能促使社会内部产生矛盾，并可能加剧人们对政府和制度的仇恨与不满，削弱中央对社会秩序的掌控。

生活条件的恶化和匮乏的加剧往往是社区激进化和暴力极端主义的根源。一方面是中央政府保障最低生活标准的能力，另一方面是人民对国家机构的感情与信任，二者的分离确实为社会摩擦埋下了种子。这不仅可能演变为内部冲突，而且还允许激进的表达在外露的社会群体中生根发芽。

气候变化给各国政府带来的风险也可能成为挑起国家间紧张关系的因素。当气候行动不再只关系到一个国家，而是影响更多地区的自然资源，或者当一个国家引起的气候变化波及其邻国时，这种情况就会发生。重叠索要跨界水域开发权象征着混乱的基础，即全球变暖的影响可能进一步加剧。特别是在受缺水影响的地区（如中东），针对跨界河流或水资源的争端很容易煽动区域冲突和紧张局势的火焰。

在考虑全球层面时，气候变化作为效应乘数的作用变得特别明显。环境和自然变化确实可能成为关系到整个国际社会和全球平衡的现象或趋势的成因和催化剂。当城市化和后工业化发展引起各国社会关心的时候，它进一步使人类活动对环境和自然资源产生影响。此外，自然特征

---

① United Nation Trust Fund for Human Security, "Human Security：Building Resilience to Climate Threats".

日趋严酷和它对生活条件的影响是受影响地区居民迁徙的两个主要驱动因素。沙漠化、土地贫瘠化和冰川融化导致的全球海平面上升带来的后果正是如此。根据新的科学研究，到 2050 年，海平面上升将危及大约 1.5 亿人。届时，他们如今生活地方的海拔将位于涨潮线以下。中国、东南亚、印度和北非（仅列举其中一部分）的沿海城市和地区将有可能在大约 25 年后低于海平面，其中一些可能面临消失的风险[①]。人类的跨国界迁移会对过境国和最终目的地产生影响，失控的时候更是如此：事实上，移徙的经济和社会成本对当地政府有效应对该现象从而确保新的内部平衡的可持续性提出了挑战。

气候变化作为一种多方面现象的复杂性使人们认识到，各国政府和国际社会必须制定从根源上解决这一问题的整体战略。对防止环境条件进一步恶化的政策进行详细解读对各国而言越来越有必要，以便确保国家稳定和国际社会的长期可持续性。因此，应对环境变化带来的威胁意味着各国政府要承担比内政更加重大的责任。的确，这意味着一方面要在其他国家面前展现出负责任的形象，而另一方面还要求政治成熟，即要具备国际化的思维方式，准备好做出可能会在初级阶段导致成本与效益不平衡的选择。当发展中国家仍然在很大程度上依赖工业经济体系的时候，发达国家则在为减少排放与污染并产生将由更广大群体享有的利益而投资并支付更加高昂的费用。

解决全球变暖问题的紧迫性已经使不同国家采取措施，在共同认识到该问题是未来挑战的基础上，在彼此间开展更广泛的合作。

欧洲绿色发展战略

在过去 40 年里，欧盟越来越重视气候和环境政策。欧共体第一个环境行动计划可追溯到 1973 年，当时各国元首与政府首脑推动建立环境与消费者保护服务，首次在结构上增加了欧洲议程政策的绿色关切。环境行动计划成为尽可能为欧盟委员会提供帮助的工具，旨在确立和制

---

① Scott A. Kulp, "New Elevation Data Triple Estimates of Global Vulnerability to Sea-level Rise and Coastal Flooding", *Nature Communications*, October 2019.

定欧盟关注绿色问题的指导方针、原则和方向，也为决策者制定行动措施、培养环保文化提供了工具（时间限制为五年至十年）。自斯德哥尔摩欧洲理事会（2001 年）召开以来，欧盟制定了全面实现可持续发展的办法，由将经济增长、社会凝聚力与环境保护相结合的长期战略组成。《为了一个更加美好的世界，建设一个可持续的欧洲：欧盟可持续发展战略①》的总体目标是建立能够管理并有效利用资源、能够挖掘各经济体的生态与社会创新潜力的可持续社区，从而长期改善生活质量。

对绿色可持续性的关注在欧盟立法的核心部分奠定了基础。事实上，环境保护已写入欧盟的指导原则，出现在《欧洲联盟运作条约》第 3、11、37、191 条规定中。

－第 3 条第 3 款："联盟应建立内部市场。它应在平衡经济增长与价格稳定的基础上促进欧洲可持续发展，打造旨在实现充分就业与社会进步的极具竞争力的社会市场经济，维持高水平的环境保护与环境质量改善。"【……】第 5 款："在处理与更广大世界的关系上，联盟应维护和弘扬其价值观与利益，并保护其公民。它应为地球的和平、安全和可持续发展做出贡献。"【……】；

－第 11 条："尤其是为了促进可持续发展，必须将环境保护要求纳入联盟政策与活动的定义和实施。"；

－第 37 条："必须将高水平的环境保护与环境质量改善纳入联盟政策，并确保依照可持续发展原则实施。"；

－第 191 条第 1 款："联盟环境政策应为实现以下目标做出贡献：维持、保护与改善环境质量，保护人类健康，谨慎合理利用自然资源，在国际层面推广措施以解决区域性或世界性环境问题，尤其需要应对气候变化。"

下列协定和条约（马斯特里赫特、阿姆斯特丹、尼斯、里斯本）逐步完善了欧盟承诺的定义，并更加具体地确定了各国或联盟的环境决策、执行和审计机构的职权。特别是在过去十年里，应对气候变化已成

---

① https：//eur－lex.europa.eu/legal－content/EN/TXT/PDF/？uri＝CELEX：52001DC0264&from＝EN.

为欧盟对外行动不可或缺的组成部分和欧盟想要发挥积极作用的领域。通过以下两个路径实现了这一进程：一方面，继续发展环境行动计划以响应逐步演变的内部反应和对环境保护的承诺；另一方面，在提高全球对阻止气候变化的重要性的认识方面起带头作用。

在环境行动计划方面，欧洲理事会于 2018 年 6 月通过了《2019 ~ 2024 年战略议程》。通过该议程，理事会重申了确保使欧盟向气候中立过渡、依赖已商定的措施实现 2030 减排目标和扩大国际气候财政动员的目标。《战略议程》是本着欧盟在深入改造联盟经济与社会以实现气候中立和考虑各国国情以实现社会公正方面起示范作用的精神构想的。为实现绿色经济①，欧盟在三个具有互补能力的领域采取行动：

1. 通过支持公共机构鼓励私营部门和民间社会参与制定政策，激活有利环境，从而确保环境政策和经济政策保持一致；

2. 发展绿色商业，特别关注成员国采用的可持续消费与生产方式；

3. 获得融资和绿色投资以提高经济与金融机构的能力并改进它们的实践情况，为向绿色经济过渡提供资金以增加绿色部门投资的数量和权重。

正如《欧洲 2020 年战略》（第七次环境行动计划中所述）所设想的那样，为实现绿色发展，欧盟经历了三个层面的发展：智能发展（基于创新与知识的经济）、可持续发展（有效利用资源的经济）和包容性发展（以高就业率和社会与区域包容为基础的经济）。

为了使未来的目标和行动系统化，欧洲理事会制定了长期战略愿景，即到 2050 年实现经济繁荣、现代，有竞争力且气候中立②。欧盟处于向零排放过渡的最前沿。近几十年来，由于提高能源效率、推出燃料转型政策和发展可再生能源以大幅减少排放，欧洲温室气体排放量仅占全球的 10%，已经成功地切断了经济增长与环境剥削之间的必然联系。

---

① "绿色经济能够改善人类福祉与社会公平，显著减少环境风险与生态匮乏"，UNEP 2011。

② "A Clean Planet for All. A European Strategic Long-term Vision for A Prosperous, Modern, Competitive and Climate Neutral Economy"，https：//eur - lex. europa. eu/legal - content/en/TXT/PDF/？uri = CELEX：52018DC0773&from = en.

1990 年至 2016 年间，欧洲能源消耗减少近 2%，温室气体排放减少 22%，而 GDP 增长了 54%。欧洲为实现 2020 年能源与气候目标而落实的政策已经创造了新的产业部门、新的就业机会和更重大的技术创新。从这一成就来看，欧洲理事会制定的新愿景促进了以下领域的合作：

–能源效率：尤其是在目前占能源需求 40% 的建筑行业；

–可再生能源的使用：2050 年实现能源供应完全脱碳意味着 80% 的能源必须是可再生的。电气化被确认为关键经济部门脱碳的驱动因素；

–清洁、安全和互联的移动；

–有竞争力的产业和循环经济：欧洲产业应提高资源效率并增加循环利用；

–通过数字化手段实现的智能基础设施网络与互联发展；

–生物经济和碳排放减少：生物量的可持续供应能够为新的商业机会铺平道路；

–碳捕获与封存：通过发展碳捕获与封存技术应对剩余的排放。

欧盟战略的一个关键要素是发展循环经济，即有效利用能源，将资源投入和废物生产降至最低。欧盟支持在价值链的每一个环节中发展循环经济，从而推动投资并消除单一市场的障碍。

结论：中欧为绿色未来展开合作

欧盟对可持续发展与气候变化的关注象征着加强与中国合作的珍贵时机。事实上，在形成国际社会对解决气候变化的根源问题的承诺方面，中国的"绿色文明"理念与框架和欧盟利益非常符合。它始于 2015 年，标志着向绿色能源过渡的强有力的政策驱动转变，并开创了从污染严重的产业向可再生的高效能源系统、水循环保护系统和智能城市规划转变的发展轨迹。注意力从投资转移至可持续的基础设施、技术和绿色解决方案，象征着欧盟与中国能够加强全面合作的共同基础。由于中国和一些欧洲国家均为全球主要排放国，相互承诺才能真正使它们成为应对气候变化斗争中的游戏规则改变者。

欧亚两极之间的对话已经启动。目前，中国和欧盟的决策者可以利用几种磋商机制，就不同的技术问题表达他们的观点和目标：中欧环境政策部长对话会、中欧森林双边合作机制、中欧气候变化伙伴关系仅仅是其中几例。2018 年 7 月，中欧谅解备忘录的签署为启动循环经济对话奠定了基础，双方也将这一战略领域确定为检验未来共同经济模式的实际基础。

然而，欧盟与中国在绿色领域的伙伴关系远没有发挥出其全部潜力。事实上，绿色发展和气候变化也可以成为国际层面合作的引领者，使双方携手推动环境保护，可持续的资源利用和绿色、智能与可持续发展方面的全球协作。为克服实现更深层次协同作用在当前面临的障碍，加强对话和气候外交可以为欧盟和中国在实现目标方面提供新效能。由于欧盟和中国都相信多边主义的效能和力量，因此它们今后不仅可以在外交层面带头推广这一观点，还可以实施朝着这一方向发展的选择。这将意味着不仅要通过采纳绿色政策并将其转变为现实，在国内树立一个良好的榜样，同时还要携手帮助第三国和发展中国家开辟自己的道路，实现更可持续和更关注气候的经济增长。考虑到气候变化的多维性，通过这种方式，欧盟和中国之间的合作也将对努力维护发展中国家的稳定、推广可持续的解决方案以解决不稳定的根源做出积极的贡献，因此双方必须坚决带头落实《联合国 2030 年可持续发展议程》。

（袁一蓬 译）

自动化与新兴经济体的未来：
问题、现状和发展道路

伊亚纳图尔·伊斯兰（Iyanatul Islam）

格里菲斯大学亚洲研究所副教授

引　言

近年来，有大量文献探讨了自动化对人们工作和生活的影响。自动化伴随着各种形式的新技术而呈现。这其中突出的例子包括：机器人技术，人工智能以及促进跨国合作的数字平台的兴起。学者们尝试用合适的词汇来描述这些时代的最新发展，他们提出了各种各样的术语。有的人称其为"工业4.0"，有的人称其为"新全球化"，有的人称其为"机器时代"。与这一时期有关的文献中的很大一部分是评估人们正在进行的自动化任务是否具有技术可行性。很多学者和机构曾做出评估，包括弗雷和奥斯本（2017），麦肯锡全球研究所（2017）和世界银行（2016）[①]。这些评估工作发现，原则上目前人类的大部分工作，包括日常任务和认知任务，都可以被自动化。而发达国家和发展中国家都离不开自动化技术，这加剧了人们的"自动化焦虑"，也不禁使人发问：新兴经济体是否面临大规模技术自动化的挑战？

然而这个问题的答案并不明确[②]。技术的广泛使用改变了产品和要素市场的相对价格，从而给就业带来了两种相对的效应。一方面，用机

[①]　弗雷和奥斯本（2017），麦肯锡全球研究所（2017）和世界银行（2016）。

[②]　本文作者于2015年的论文中讨论过该问题。

器替代劳动力会导致工作岗位的减少。另一方面，这种"替代效应"可以被"收入效应"所抵消，在"收入效应"中，技术的广泛使用降低了生产成本和价格，增加了实际收入，导致对其他商品和服务的需求增加，从而催生了新的产业和岗位。技术进步也通过不同形式对就业产生了直接影响。在劳动力使用方面，技术和劳动力可以形成"技能互补"，缺一不可。而在一些情况下，技术的使用可以直接替代工人。现有证据可以表现出人们对技术的认同：每增加一个技术性岗位，将在非贸易部门中创造 5 个新岗位（弗雷和拉巴里 ，2017：17）[1]。

还应该注意的是，虽然自动化有替代劳动力的可能性，但这并不意味着事实如此。在现实中不可避免地存在经济、社会、法律和法规方面的限制，这导致了现代技术使用的滞后性，现代技术从诞生到真正投入使用需要一段时间，也导致了技术推广的滞后。某机构曾预估：自动化可能要花费"十年"才能影响全球，而这本身也面临许多的"不确定性"（麦肯锡全球研究所，2017：13）[2]。

一些人面对新技术对未来工作的影响持乐观态度，而 Sundararajan（2016，2017）的最新著作也许是表达这种态度的典型例子。他认为，就业形势会受到影响，但这种影响会随着数以百万计的创业者的出现而减弱，而这些创业者将受到数字化技术的支持。真的是这样吗？本文评估了该观点，并提出了技术发展的道路。

自动化对就业的影响：各国的现状及带给我们的启示

图 1 形象地体现出人们为什么会产生"自动化焦虑"，这种焦虑的根源便是机器将取代数百万个岗位。由图 1 可以看出，人口最多的发展中国家（中国、印度和东盟国家）与世界其他国家或地区相比，面临更高的"因自动化而失业"的风险（57% ~ 69%）。对经合组织国家而言，该数字为 57%，而世界其他国家的风险仅为 50%。

但是，我们应谨慎地解读这些数字。统计数据仅表明，原则上，人

---

[1] 弗雷和拉巴里（2017）。

[2] 麦肯锡全球研究所，2017。

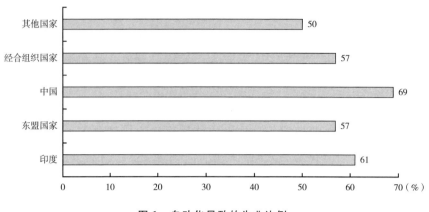

图 1　自动化导致的失业比例

资料来源和注释：摘自 BCG 和 CII（2017），《印度：新全球化中的增长和就业》，表 1，第 38 页。这些估计值来自以下多项研究：麦肯锡全球研究所（MGI），弗雷和奥斯本，ILO 和 CITI GPS 以及牛津马丁学校。在不同的研究中，"工作"的定义方式不同。在某些情况下，"工作"的定义是任务份额（MGI）；在某些情况下，"工作"是就业的一部分（劳工组织，弗雷和奥斯本）；在其他国家，定义为"工作的比例"（世界银行）。印度和中国的估计值是一系列估算值的平均值（印度为 52% 至 69%；中国为 51% 至 77%）。BCG 和 CII 中引用的都是所有原始资源。

们目前所从事的大部分工作有可能被机器代替。因此，这些估计揭示了理论上的可能性，而不是实际的结果。

还应强调指出，总体而言，发展中国家面临的挑战不是过多地使用现代技术，而是太少①。［本论点借鉴了 Verick（2017）］以亚洲大国印度为例。世界银行 2014 年的研究显示，极少数印度小微企业（少于4%）拥有外国技术许可，而在拥有 100 名以上工人的大型企业中，该比例为 20.5%。这限制了企业提高生产力和扩大业务运营的能力②。

即使在现代制造业中，与"工业 4.0"最紧密相关的技术（机器人）的使用在新兴经济体中也相当有限。全球统计数据表明，汽车和电子这两个行业占全球工业机器人供应量的 66%③。此外，五个国家（中

---

① 本论点借鉴了 Verick（2017）。

② http：//www. enterprisesurveys. org/data/exploreeconomies/2014/india。

③ 国际机器人联合会：https：//ifr. org/downloads/press2018/Executive_ Summary_ WR_ 2018_ Industrial_ Robots. pdf。

国、韩国、日本、美国和德国）就占了全球工业机器人总销量的 73%。自 2013 年以来，中国一直是世界上最大的机器人市场，并且这一市场持续不断地增长①。

新兴经济体中存在大规模的技术性失业，这样的观点似乎并不可取，人们应该关注的是如何利用现代技术，进而创造出更多的就业机会。数字化独立工作的兴起是否代表了"共享经济"的前景？通过哪些方式可以使现代技术的使用和推广提高弱势群体的生活水平？下一部分提供了一些相关的思考。

利用现代技术创造新的就业机会：对新兴经济体的启示

大约 20 年前，马龙和劳巴赫（1998：146）对"电子职业经济的曙光"做出了他们的思考。他们希望人们关注那些"电子职业者"，这群人在网络上生产、销售商品及服务。在他们二位写作的年代，互联网覆盖的范围还很小，全球大约仅有 9 千万用户。1998 年，马龙和劳巴赫推测，"电子职业者"的规模将扩大，而且增速也将提高，甚至可能随着互联网的推广而成为常态。

从那时起，尽管国家内部、国与国之间都一直存在着科技差距，但全球超过 51% 的人已成为互联网使用者。"电子职业者"的社群已经扩大。鉴于这种趋势，势必有大量的文献关注这种新的工作和就业形式。有各种术语被用来描述劳动力市场这种不断发展的特征："共享经济"，"零工经济"，"平台经济"，"数字化独立工作"，"数字劳动"和"在线劳动"。在随后的讨论中，这些术语将替换使用。

Sundararajan 可能是该领域最具影响力的学者之一，他认为，由创业者们推动的"共享经济"和数字平台开展的工作已经改变了我们传统认知中的"工作"，而改变仍在继续。他甚至提出观点，以后人们可能会和"一般形式的就业"告别。

人们可以轻易想到数字经济的典型例子，这些例子使个人资产"商

---

① https：//ifr. org/downloads/press2018/Executive ＿ Summary ＿ WR ＿ 2018 ＿ Industrial＿ Robots. pdf.

业化"，涉及领域包括交通运输（Uber），短期住宿（Airbnb），商品买卖（亚马逊）和自由劳动力平台（Upwork）。绝对数值给人留下了深刻印象。例如，Airbnb 拥有超过 200 万用户；Upwork 有 1200 万注册自由职业者①。图 2 描述了全球范围内数字平台的访问者数量。

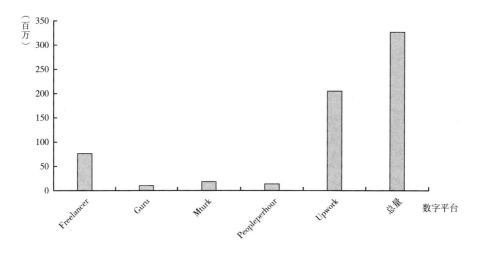

图 2　全球范围内数字平台的访问者数量

资料来源：卡西·奥（Kassi，O）和莱顿维尔塔（Lehdonvirta，V）（2018），《在线劳动力指数：评估在线经济的政策和研究》，《技术预测与社会变革》，第 137 期，第 241～248 页，表 1。

Sundararajan（2017：10）认为，"共享经济"在新兴经济体中的前景良好，因为在新兴经济体中，传统的朝九晚五的工作模式尚未成为主流，而传统的经济政策效果各异。在这种情况下，通过信誉良好的数字平台进行的经济交流可以"推动个体经营户和创业者数量的增长，并提高人们的生活水平"。

目前看来，一部分发展中国家的政府已经将"数字劳动力"定为创造就业岗位的新策略。格雷厄姆（Graham）等人（2017：138）关注了马来西亚的状况，马来西亚政府打算"使收入水平后 40% 的人们能够利用'微工作'和'在线自由职业'维持生计"。

———————————

① 此处引用的所有数据均来自 Sundararajan（2017）。

一些新兴经济体似乎处于有利的地位，它们可以从雇用"数字劳动力"中获得潜在的红利。根据牛津互联网学院（Oxford Internet Institute）创建的"在线劳动力指数"（OLI），印度已成为全球最大的"在线劳动力"供应商①。图 3 显示了基于 OLI 的"在线劳动力市场的最新趋势"。

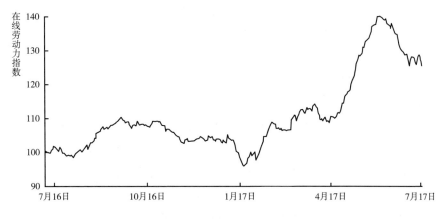

图 3　"在线劳动力市场"的最新趋势

资料来源：卡西·奥（Kassi，O）和莱顿维尔塔（Lehdonvirta，V）（2018），《在线劳动力指数：评估在线经济的政策和研究》，《技术预测与社会变革》，第 137 期，第 241 ~ 248 页。

人们应该警惕围绕"零工经济"进行的炒作，而一部分人希望将其作为发展中国家创造就业机会的重要手段，这也需要审慎的评估。我们需要了解更多东西。正如希利（Healy）等人（2017：243）指出的那样："公众对于'零工经济'的评论和推测远远超过了对其有效性和适用性的实证研究。"

在一部分行业领先的在线平台上，对在线工作者和在线交易展开调查。基于此，一些研究开展对某些发展中国家数字劳动力市场的评估，而研究结果各异。一方面，"在线工作给人们带来了重要而切实的利益，但还有一系列风险和成本会反过来影响在线工作"［格雷厄姆等人（2017 年）］。

---

① http：//ilabour. oii. ox. ac. uk/where – are – online – workers – located – the – international – division – of – digital – gig – work/.

经合组织的研究进一步补充了这种谨慎的观点。其结论是：平台经济中的（很多）工作是小规模地，不定期地进行。因此，平台工作者可能有多种工作，长时间工作并承受着巨大的压力……此外，此类工作通常没有社会保障，可以随意终止，并且由于竞争激烈，工资也很低。平台工作为新兴经济体的工作者创造了许多机会，但同时也冒着在薪酬和工作条件上造成"底线竞争"的风险。此外，可能还有许多工作尚未推出，这会刺激非正规经济的发展①。

最近有一项针对美国劳动力市场的研究，通过利用美国劳动力统计数据，系统地研究了"虚拟"工作者与从事类似工作的传统工作者之间是否存在工资差异。作者发现，"虚拟"工作者的收入始终低于从事类似工作的传统劳动者②。他的观点似乎违背了 Sundararajan（2017）的结论，即美国的"虚拟"工作者比普通工作者的报酬更高，一位看过他论文的读者认为，这可能是因为作者仅仅通过几个案例便得出了结论③。

再看印度的情况，这个国家"虚拟"劳动力的规模相对于庞大的劳动力市场而言很小。外界对于其工资水平和工作条件也知之甚少。此外，外界也不清楚"零工经济"在多大程度上可作为主要或补充性的收入来源，也不确定"零工经济"是否可以当作一种向正规劳动力过渡的途径④。

对于这一"创业浪潮"中的部分工作者，媒体报道似乎并未将他们描绘成正面的形象。以印度 Uber 和 Ola 的 900000 名"驾驶员伙伴"为例⑤。特别是对于 Uber 而言，印度已成为亚洲最大的市场。但是，由于

①　经合组织（2017：14）格雷厄姆等人（同上）指出，他们调查中的大多数受访者未交税。

②　邓恩（2017）。另请参阅《纽约时报》，该文章着重强调了乘车共享服务对出租车司机的工资和工作条件的负面影响，https://www.nytimes.com/2018/08/09/nyregion/uber - nyc - vote - drivers - ride - sharing.html。

③　参见 Weiner（2016）。

④　在美国进行的一项研究表明，超过 80% 的 Uber 驾驶员利用这份工作来增加收入。见哈尔和克鲁格（2015）。

⑤　https://www.statista.com/statistics/690856/number - of - ola - and - uber - drivers - in - india/.

印度汽车保有量低，该业务的发展受到了限制。因此，Uber 和 Ola 都为其驾驶员伙伴制定了汽车贷款计划，以此作为增加汽车拥有量的一种手段，然后可以将其转换为商业资产。但是，偿还贷款构成了汽车维修费用的主要部分。这压低了 Uber 和 Ola 司机的收入。Uber 司机之间的不满情绪爆发，导致乘车服务暂时中断[①]。

使 Ola 和 Uber 司机感到失望的体验并不是印度独有的，在印度尼西亚，也有类似的情况。

总结：政策和法规问题

总之，人们不应轻视数字技术带来的新工作机会，这些工作机会将带给他们切实利益。然而，数字技术的确需要在更多方面参与平台技术的未来，塑造不同形式的工作。

首先，对这种非标准形式的就业形式，需要对工资水平和工作条件进行系统的评估。这将使决策者和监管机构能够制定适当的干预政策，例如修改劳动法以涵盖平台经济中的工资和工作条件。我们面临的挑战是如何减少数字经济中工作不稳定的情况，同时以更低的价格和更多的选择保证消费者的权益。

在新兴经济体中，要在高级的网络基础设施领域开展适当的投资还面临另一个挑战。贫穷和基础设施不完善将不可避免地限制数字经济领域的扩展。尽管网络的发展迅猛，但发展中国家的互联网使用率仍然很低，仅占人口的一半以上，而发达国家的这一比例超过 85%。

政府的公共投资和推广项目以及私营部门都可以发挥作用，提高互联网的使用率，提升民众的网络素养。长期目标是普及网络的使用，确保一个都不掉队，这是重要的可持续发展目标。

最后，应该把重点放在更大的问题上，即电子技术如何能够刺激可以让弱势群体也参与其中的活动。一个很好的例子是数字金融的推广，试图以合理的成本将低收入群体纳入正式的金融体系。当前的评估表

---

① https：//www.ft.com/content/12bf0cce－0d99－11e7－a88c－50ba212dce4d.

明，数字金融的推广与经济增长和就业密切相关，同时能够减少一些非正式的交易手段，例如纯现金交易。

参考文献

Frey, C. B and Rahbari, E（2017），"Do Labor-saving Technologies Spell the Death of Jobs in the Developing World?" in Chandy, L（ed），*The Future of Work in the Developing World*, Brookings.

Graham, M, Hjorth, I and Lehdonvirta, V（2017），"Digital Labour and Development: Impacts of Global Digital Labour Platforms and the Gig Economy on Worker Livelihoods," *Transfer*, 23（20）135 – 162.

Hal, J and Krueger, A（2015），"'An Analysis of the Labour Market for Uber's Driver-Partners in the United States," *Industrial Relations Section*, Princeton University, WP no. 587.

Healy, J, Nicholson, D & Pekarek, A（2017），"Should We Take the Gig Economy Seriously?", *Labour & Industry*, 27: 3, 232 – 248.

Islam, I（2015），"Technology and the Future of Work in Advanced Economies," *Social Europe*, April 23, https://www.socialeurope.eu/technology – and – the – future – of – work – in – advanced – economies.

Islam, I（2018），"Automation and the Future of Employment: Implications for Lndia," *South Asian Journal of Human Resources Management*, Vol. 5, Issue 2.

Kassi, O and Lehdonvirta, V（2018），"Online Labour Index: Measuring the Online Gig Economy for Policy and Research," *Technological Forecasting and Social Change*, Vo. 137, pp. 241 – 248.

Malone, T. W and R. L, Laubacher（1998），"The Dawn of the E – lance Economy," *Harvard Business Review*, September – October.

Mckinsey Global Institute（2017），A Future that Works: Automation, Employment and Productivity, https://www.mckinsey.com/global – themes/digital – disruption/harnessing – automation – for – a – future – that – works.

OECD（2017），"Future of Work and Skills", Paper presented at the 2nd meeting of the G20 Employment Working Group, Hamburg, 15 – 17 February.

Sundararajan, A（2016），*The Sharing Economy: The End of Employment and the Rise of Crowd-Based Capitalism*, MIT Press.

Sundararajan, A（2017），"The Future of Work: The Digital Economy Will Sharply Erode the Traditional Employer-Employee Relationship," *Finance & Development* 54, *June*.

Verick, S (2017), "Should Developing Countries Fear the Impact of Automation on Jobs?", East Asia Forum, http：//www. eastasiaforum. org/2017/11/13/should – developing – countries – fear – the – impact – of – automation – on – jobs/.

Weiner, J. M (2016), "Yours and mine," *Finance and Development*, June, https：// www. imf. org/external/pubs/ft/fandd/2016/06/pdf/book3. pdf.

World Bank (2016), *Digital Dividends*, Washington DC.

（*汤杰 译*）

图书在版编目（CIP）数据

70 年中国发展与人类命运共同体建设：上下册：中
外联合研究报告 . No. 8 / 王灵桂主编. －－北京：社会
科学文献出版社，2021. 7
ISBN 978 - 7 - 5201 - 7341 - 4

Ⅰ. ①7… Ⅱ. ①王… Ⅲ. ①中外关系 - 研究报告
Ⅳ. ①D822

中国版本图书馆 CIP 数据核字（2020）第 183575 号

70 年中国发展与人类命运共同体建设（上下册）
—— 中外联合研究报告（No. 8）

主　　编／王灵桂

出 版 人／王利民
责任编辑／刘学谦

出　　版／社会科学文献出版社·当代世界出版分社（010）59367004
　　　　　　地址：北京市北三环中路甲 29 号院华龙大厦　邮编：100029
　　　　　　网址：www. ssap. com. cn
发　　行／市场营销中心（010）59367081　59367083
印　　装／三河市龙林印务有限公司

规　　格／开 本：787mm × 1092mm　1/16
　　　　　　印 张：64.25　字 数：980 千字
版　　次／2021 年 7 月第 1 版　2021 年 7 月第 1 次印刷
书　　号／ISBN 978 - 7 - 5201 - 7341 - 4
定　　价／298.00 元（上下册）